한국사능력검정시험

해커스한국사

history.Hackers.com

×

해커스임용

teacher.Hackers.com

듣기만 해도 외워지는 자동암기 한국사
해커스한국사 안지영

해커스 한국사능력검정시험
심화 기본서 종합 강의
무료수강권

A7AB632765K40000

유효기간: ~2025.12.31
교재 별도 구매 / 수강기간 : 60일

해커스 한국사능력검정시험
초단기 5일 합격 심화(3판)
무료 수강권

KK565D09B5933000

유효기간: ~2025.12.31
교재 별도 구매 / 수강기간 : 100일 / 강의 수 : 57강

쿠폰 등록 방법

| 해커스한국사
홈페이지 접속
(history.Hackers.com) | → | 우측
QUICK MENU | → | [쿠폰/수강권 등록]
클릭한 후,
위의 쿠폰번호 등록 | → | 해당 강의
결제 시
쿠폰사용 |

 해커스임용

02 566 6860   **teacher.Hackers.com**

김진구 전문상담 연간 강좌 계획

강좌	교과목	일정	교재	특징
2025학년도 합격전략설명회	전문상담교사 OT	**12월**	프린트	공개특강
[1-2월] 강좌 **기본개념반 ❶** 기초심리학	1. 성격심리학 2. 상담이론 3. 아동심리학 4. 청소년심리학 5. 학습심리와 행동수정	개강 1월 초	· 해커스임용 김진구 전문상담 기본개념 1: 6판(24년 출간) · 과목별 개념 구조도 · 과목별 1차 암기 노트(프린트) · 과목별 서답형 기출문제(프린트)	1. 기존 수험서(5판: 23년 출간) 사용 가능함. 2. 과목별 개념 구조도 (기본개념 교재 수록), 과목별 1차 암기 노트, 과목별 보충자료 제공 3. 과목별 서답형 기출문제 동시풀이 예정(전체 기출문제는 기출문제 풀이반 강좌에서 실시) 4. 매주 퀴즈 실시 5. 신청자에 한하여 스터디 구성: 밴드 활용
[3-4월] 강좌 **기본개념반 ❷** 상담실제	6. 상담실제 7. 학교상담 8. 진로상담 9. 가족상담 10. 집단상담	개강 3월 초	· 해커스임용 김진구 전문상담 기본개념 2: 6판(24년 출간) · 과목별 개념 구조도 · 과목별 1차 암기 노트(프린트) · 과목별 서답형 기출문제(프린트)	
[5-6월] 강좌 **기본개념반 ❸** 진단과 평가	11. 심리검사 12. 특수아 상담 13. 이상심리학 14. 심리학 개론 15. 교육심리학(일부)	개강 5월 초	· 해커스임용 김진구 전문상담 기본개념 3: 6판(24년 출간) · 과목별 개념 구조도 · 과목별 1차 암기 노트(프린트) · 과목별 서답형 기출문제(프린트)	
기출문제풀이반	06~24학년도 기출	수시	· 전문상담 기출문제 풀이집 06~23 (작년 교재) · 24학년도 기출문제(프린트)	· **2025학년도 패키지 수강생의 경우 수강생용 혜택 강의로** 강좌 무료제공 · 신청일정은 추후 공지
[7-9월] 강좌 **과목별 문제풀이반** (10주)	과목별 문제풀이	개강 7월 초	· 2025학년도 대비 과목별 전문상담 문제풀이집(출간 예정) 1, 2권 · 2024학년도 대비 과목별 전문상담 암기박스 1, 2권 ※ 과목별 문제풀이집 및 암기박스는 기수강생 구매 제한이 있음(추후 안내)	· 2022년~2024년 정규강의 수강생 선생님만 신청 가능 인/직강 포함. 중도환불자 제외) · 자세한 사항은 추후 공지
[9-11월] 강좌 **최종 모의고사반** (9주)	전과목 모의고사	개강 9월 중순	프린트/채점(자세한 사항은 추후 공지)	
수강생 특강	1) 학교폭력법 2) DSM-5-TR 진단체계 3) WAIS-IV, WISC-V 해석 4) 상담 프로그램 개발 및 평가 5) 상담정책	수시 (1~6월)	프린트	· 2024년 정규강의 수강생 전용 혜택강의로 무료제공 *2) DSM-5-TR 진단체계는 공개특강으로 진행됨

※ 강좌계획은 상황에 따라 변경될 수 있으며, 세부계획은 강좌별 수업계획서를 참조

해커스임용

김진구
전문상담

기본개념 ③

김진구

약력

현 | 해커스임용 전문상담 전임교수
마인드 21 진로학습 연구소 대표

전 | 박문각 임용고시학원 전문상담 전임교수
구평회 G고시학원 전문상담 전임교수
가톨릭대학병원 소아정신과 임상심리사
마인드 에듀 심리학습 연구소 소장
퓨처플랜 진로학습 연구소 소장
EBS 교육방송 생방송 60분 부모: 심리학습 클리닉
서울특별시 교육청 학습컨설팅 과정 자문위원
U-wing 자기주도 학습검사 등의 검사 제작
성균관대학교 교육학과 박사과정(석사 임상심리 전공)

저서

해커스임용 김진구 전문상담 기본개념 1, 2, 3
김진구 전문상담교사 U-wing 노트 기본개념 1, 2, 3, 지북스
김진구 전문상담교사 U-wing 노트, 박문각
1등 공부법(부모들이 꼭 알아야 할 학습클리닉 프로젝트), 경향미디어

저자의 말

〈해커스임용 김진구 전문상담 기본개념 3〉은 전문상담 예비 선생님이 임용시험을 효과적으로 대비할 수 있도록 도움을 주기 위한 목적으로 집필되었습니다.〈해커스임용 김진구 전문상담 기본개념 3〉 교재의 특징은 다음과 같습니다.

첫째, 본 교재는 2016년 7월 22일에 공시된 한국교육과정평가원의 '전문상담 평가영역 및 내용 요소'에 근거하여 만들었습니다. 또한 공시된 17개 평가항목을 토대로 교재를 크게 세 영역으로 분권하여 구성하였습니다. 3권에는 '심리검사, 특수아 상담, 이상심리학, 심리학개론, 교육심리학'의 과목을 수록하였습니다.

둘째, 과목별 핵심 이론 흐름을 한눈에 확인할 수 있는 구조도 '핵심 이론 흐름잡기'를 수록**하였습니다.** 방대한 전문상담 이론을 효과적으로 학습할 수 있도록 핵심 키워드를 중심으로 시각화하였습니다. 학습 전에는 전체 흐름을 파악하고, 학습 후에는 구조도를 활용하여 인출 연습을 한다면 서답형 시험에 철저하게 대비할 수 있습니다.

셋째, 다양한 학습요소를 통한 효과적인 이론 학습**이 가능합니다.** '개관', '기출연도 표시', '참고', '더 알아보기'와 같은 학습 요소로 학습한다면, 방대하고 다양한 상담이론을 좀 더 쉽고 체계적으로 학습할 수 있고, 기초부터 심화까지 한 번에 학습할 수 있습니다.

6판의 개정방향은 다음과 같습니다.

첫째, 2014학년도부터 2024학년도까지 기출된 개념을 연도로 표기**하였습니다.** 2014학년도부터 현재까지 진행 중인 시험 형태가 서답형이기 때문에 이전 기출문제는 따로 표시하지 않았습니다.

둘째, 각 과목을 공부하기 전에 전체적인 내용을 파악할 수 있도록 개념 구조도를 수록하였습니다.

셋째, 교재의 과목순서와 형식은 이전 판과 동일하지만 세부 내용은 최근 출간된 전공서를 중심으로 재정리**하였습니다.** 단, 세부내용 변경은 새롭게 출간된 전공서를 기반으로 하기 때문에 과목마다 차이가 있습니다.

매년 수험서를 정리할 때마다 가장 고민되는 것은 바로 교재에서 다룰 내용의 폭(width)과 충실도(fidelity)에 관한 것입니다. 내용의 '폭'은 '얼마나 많은 내용을 다룰 것인가'에 해당하는 '넓이'에 관한 것이며, '충실도'는 '얼마나 자세히 다룰 것인가'에 해당하는 '깊이'에 관한 것입니다. 심리학자인 켈리(Kelly)의 이론을 빌려 온다면, 폭에 해당하는 '편의 범위'와 충실도에 해당하는 '편의 초점' 중 어디에 중점을 둘 것인가에 대한 고민이라고 할 수 있습니다. 하지만 최근 기출문제 양상을 보면 평가영역을 벗어난 문제가 출제되고 있고, 해를 더해가면서 이론보다 실제 사례 중심의 문제 수가 증가하고 있습니다. 그렇기 때문에 한국교육과정평가원에서 제시된 영역보다 조금 더 넓고, 조금 더 깊은 내용을 반영하게 되어 교재 분량이 더 늘어난 것은 사실입니다. 그럼에도 불구하고 더 많은 내용을 다루지 못한 아쉬움이 또한 남아 있습니다. 특히, 〈해커스임용 김진구 전문상담 기본개념 3〉에서 가장 중점을 둔 것은 전문상담 임용시험 대비를 위한 학습에 적합하도록 모든 핵심개념에 번호를 부여하여, 번호에 따라 내용을 숙지하도록 한 점입니다. 부족한 책이지만 그래도 이 교재가 전문상담 예비 선생님들께서 원하는 꿈을 이루는 좋은 도구가 될 수 있기를 소망합니다.

김진구

목차

제11장 | 심리검사

목차

이 책의 활용법

 체계적인 구성으로 전문상담 임용 철저하게 대비하기

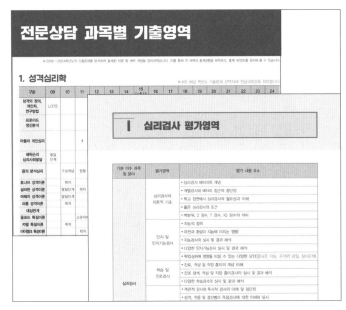

한눈에 볼 수 있는 기출영역 분석표 수록

2009~2024학년도에 출제된 전문상담 임용 시험 기출 문제를 분석하고, 기출 내용은 과목별로 정리하였습니다. 각 과목의 출제 이론과 세부개념을 자세하게 파악하고, 최근의 기출문제 흐름을 효율적으로 살펴볼 수 있습니다.

과목별 평가영역 및 평가내용 요소 제시

한국교육과정평가원이 제시한 과목별 평가영역과 평가내용 요소를 부록으로 수록하였습니다. 과목별로 분류한 세부적인 평가내용을 기반으로 출제 근거를 확인하고 학습 방향을 설정할 수 있습니다. 이로써 보다 철저하게 전문상담 임용 시험을 대비할 수 있습니다.

2 **과목별 구조도로 핵심 이론 흐름잡기**

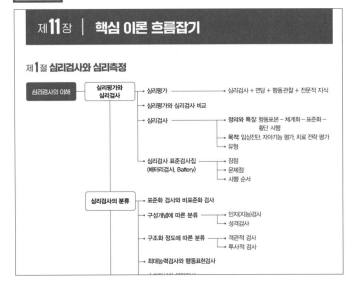

핵심 이론 흐름잡기

과목별 핵심 이론은 한 눈에 파악할 수 있도록 구조도 형식으로 수록하였습니다. 학습 전에는 이론의 흐름을 한눈에 파악할 수 있으며, 학습 후에는 인출 연습을 통한 키워드 암기학습이 가능하여 서답형 시험에 철저하게 대비할 수 있습니다.

3 다양한 요소를 활용하여 효과적으로 이론 학습하기

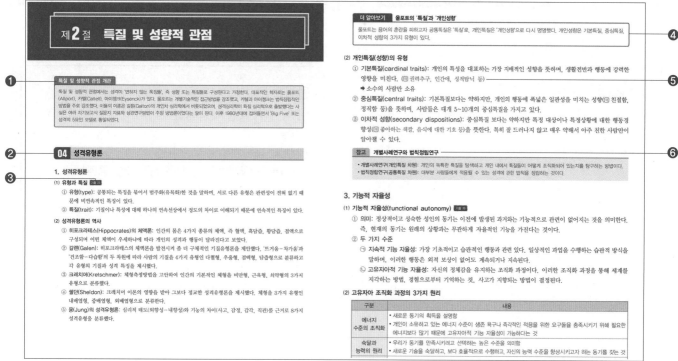

*1~3권 모두 동일한 요소가 수록되어 있습니다.

❶ 개관
해당 절을 학습하기 전에, 관련된 이론 내용이 정리된 '개관'에서 주요 학습내용을 미리 살펴볼 수 있습니다.

❷ 핵심개념 번호
이론의 암기, 점검에 활용할 수 있도록 이론 체계마다 고유번호를 기입하였습니다. 이 번호를 통해 이론 위치를 편리하게 확인하고 핵심 키워드를 손쉽게 정리할 수 있습니다.

❸ 기출연도 표시
기출되었던 개념에 기출연도를 표시하여 기출 이론을 쉽게 파악할 수 있습니다.

❹ 더 알아보기
심화된 이론 내용은 '더 알아보기'로 수록하여 이론에 대한 깊이 있는 학습이 가능합니다.

❺ 예
폭넓은 전문상담 이론의 예시를 보다 구체적이고 풍부하게 제시하여 이론을 쉽게 이해하는 데 도움이 됩니다.

❻ 참고
이론의 배경지식이 될 만한 내용을 '참고'로 제공하여, 보다 확실하게 이해할 수 있습니다.

중등임용 시험 Timeline

* 아래 일정은 평균적인 일정이며, 각 시점은 변경될 수 있습니다.

사전예고 — 6~8월

시행계획 공고 — 9~10월

원서접수 — 10월

사전예고

- **대략적 선발 규모(=가 T.O.)** : 선발예정 과목 및 인원
- **전반적 일정** : 본 시행계획 공고일, 원서접수 기간, 제1차 시험일 등
- 사전예고 내용은 변동 가능성 높음

원서접수

- 전국 17개 시·도 교육청 중 1개의 교육청에만 지원 가능
- 시·도 교육청별 온라인 채용시스템으로만 접수 가능
- **준비물** : 한국사능력검정시험 3급 이상, 증명사진

시행계획 공고

- **확정된 선발 규모(=본 T.O.)** : 선발예정 과목 및 인원
- **상세 내용** : 시험 시간표, 제1~2차 시험 출제 범위 및 배점, 가산점 등
- 추후 시행되는 시험의 변경사항 공지

☑ 아래 내용은 놓치지 말고 '꼭' 확인하세요!

- ☐ 응시하고자 하는 과목의 선발예정 인원
- ☐ 원서접수 일정 및 방법
- ☐ 제1차 ~ 제2차 시험 일정
- ☐ 스캔 파일 제출 대상자 여부, 제출 필요 서류
- ☐ 가산점 및 가점 대상자 여부, 세부사항

제1차 시험

11월

제1차 합격자 발표

12월

제2차 시험

1월

최종 합격자 발표

2월

제1차 합격자 발표
- 제1차 시험 합격 여부
- 과목별 점수 및 제1차 시험 합격선
- 제출 필요 서류
- 제2차 시험 일정 및 유의사항

제2차 시험
- 교직적성 심층면접
- **수업능력 평가** : 교수·학습 지도안 작성, 수업실연 등(일부 과목은 실기·실험 포함)
- 제1차 합격자를 대상으로 시행됨
- 시·도별/과목별로 과목, 배점 등이 상이함

최종 합격자 발표
- 최종 합격 여부
- 제출 필요 서류 및 추후 일정

제1차 시험
- **준비물** : 수험표, 신분증, 검은색 펜, 수정테이프, 아날로그 시계
- 간단한 간식 또는 개인 도시락 및 음용수(별도 중식시간 없음)
- **시험과목 및 배점**

구분	1교시: 교육학	2교시: 전공 A		3교시: 전공 B	
출제분야	교육학	교과교육학(25~35%) + 교과내용학(75~65%)			
시험 시간	60분 (09:00~10:00)	90분 (10:40~12:10)		90분 (12:50~14:20)	
문항 유형	논술형	기입형	서술형	기입형	서술형
문항 수	1문항	4문항	8문항	2문항	9문항
문항 당 배점	20점	2점	4점	2점	4점
교시별 배점	20점	40점		40점	

전문상담 기본이론 학습 가이드

1. 기본이론 학습시기별 전략

(1) 전문상담 임용 대비 연간 커리큘럼

※ 중등 임용 전문상담 과목의 연간 강의 커리큘럼을 기준으로 작성한 내용으로, 개인의 학습 성향에 따라 학습 방법, 시기 등이 다를 수 있으므로 아래 내용은 참고용으로만 확인하시기 바랍니다.

구분	상반기		하반기	
학습 내용	기본 이론	기출문제 분석	과목별 문제풀이 (10주)	실전 모의고사 (10주)
학습 전략	이론 학습, 개념 이해, 회독, 서브노트 작성 등	기출문제 형식 및 구조 파악, 해당 이론 복습 등	문제와 개념 연결하기, 암기박스로 핵심개념 암기하기	실전 모의고사 풀이, 핵심 이론 복습, 키워드 암기 및 인출 등
강의 시기	1~6월	4~6월	7~9월	9~11월

임용 시험을 처음 준비하는 수험생을 위한 작은 길잡이

- **회독**
  책 한 권(또는 강의)을 처음부터 끝까지 전반적으로 학습하는 것을 의미한다. 1회독은 1번, n회독은 n번에 걸쳐 학습하는 것이다. 수험생들이 주로 사용하는 단어로, 회독의 목적은 하나의 책(또는 강의)을 여러 번 반복적으로 학습하면서 이론에 대한 이해도를 높이는 것이다.

- **서브노트**
  학습한 내용 중 요약·보충할 만한 내용을 별도로 적어두는 노트를 말한다. 특히 임용 시험은 학습 범위와 양이 많기 때문에 핵심 키워드, 중요 이론 등을 서브노트에 따로 요약하고 이 노트를 활용하여 학습하는 수험생이 많다.

- **단권화**
  잘 체계화된 교재(주로 기본서)의 여백에 메모, 필기 등을 추가로 작성하여 여러 권의 교재를 보지 않고도 단 한 권의 교재만으로 학습할 수 있게끔 정리하는 방법이다.

(2) 기본이론 학습시기별 조언

① **초반:** 학습목표나 계획을 너무 높게 세우지 않습니다. 충분히 실천 가능한 작은 목표(예 교재 1~3절 학습하기, 학원 강의를 듣는 학생의 경우 결석하지 않기, 인터넷 강의 수강생은 강의 밀리지 않기 등)를 설정하고 우선 이 목표부터 지키도록 합니다. 공부가 습관화된 이후부터 서서히 공부 시간과 빈도를 늘려 나가는 게 좋습니다.

② **1~2월:** 대부분의 수험생에게 학습을 시작하는 초반 두 달이 가장 힘든 시기일 것입니다. (1년 단위로 학습하는 수험생의 경우는 1~2월이 고비일 것입니다.) 이 시기가 당연히 힘들다는 사실을 명심해야 합니다. 처음 두 달이 힘든 이유는 공부 습관이 공고화되어 있지 않기 때문입니다. 힘들겠지만 '최대한 버틴다'는 마음가짐으로 학습에 임하기를 바랍니다.

③ **짝수 달:** 학습을 처음 시작한 달을 기준으로, 짝수 달(둘째 달, 넷째 달……)은 학업 동기가 떨어지기 쉽습니다. 당장 눈에 보이는 결실이나 결과를 생각하지 말고, '재다짐하기', '주의환기하기' 등을 이용하여 자신의 동기를 의도적으로 높여야 합니다. 스스로에게 맞는 다양한 공부 방법을 고민하고 직접 실천하도록 합니다.

(3) 절, 파트 단위로 쪼개기

폭넓은 이론 단위를 절, 파트 등의 작은 단위로 쪼갠 다음 파트 단위로 학습하는 방법입니다. 하나의 파트를 정독하고 난 후에 해당 파트를 다시 반복하여 읽는 방법을 사용할 수 있습니다. 이때 주의해야 할 점은 반드시 각 이론을 개념별로 구조화해야 한다는 점입니다.

(4) 서브노트, 구조화

시간적으로 여유가 있다면 서브노트, 필기노트 등을 활용하여 구조화한 이론 내용을 직접 손으로 작성하는 것이 좋습니다. 교재를 눈으로 읽는 것도 도움이 되지만 스스로 직접 써 보면 이론의 이해나 암기에 더욱 도움이 될 수 있습니다.

(5) 정독 시 의미 부호화와 조직 부호화 사용하기

기본 이론서를 학습할 때는 내용 범주화하기, 새로 학습한 내용을 기존에 알고 있는 내용들과 연결하기, 개념을 설명할 수 있는 예시 만들기 등의 다양한 의미 부호화, 조직 부호화를 이용할 수 있습니다. 부호화를 활용하면 이론을 더욱 심도 깊게 학습하고, 학습 시에도 보다 몰입도 있게 집중할 수 있습니다.

전문상담 기본이론 학습 가이드

(6) 기본 이론을 학습하는 시기에는 암기보다 정독에 초점을 둘 것

기본 개념 학습 시에는 최대한 여러 개념의 상하관계를 명확하게 파악하고 개념의 의미를 이해하고 분석하는 데 중점을 두는 것이 좋습니다. 암기의 경우 큰 개념과 구성요소까지만 이루어져야 하고, 세부적인 암기는 하반기 문제풀이반 강좌에서 본격적으로 시작하는 것이 좋습니다

(7) 전체 텍스트(full-text) 위주로 정리하기

학습 초반에는 이론을 요점 위주로 정리하기보다 전체 텍스트 위주로 정리하면서 학습하는 것이 더욱 좋습니다. 암기와 마찬가지로 전반적인 이론 학습이 끝난 다음에 요점 정리 위주의 학습을 시작하는 것을 권장합니다.
(온라인 강의와 학원 강의 수강생은 매년 7월에 개강하는 문제풀이 반에서 요점 정리 텍스트를 제공합니다.)

(8) 학습한 내용은 반드시 설명하기

교재 내 이론을 학습할 때 혼자 거울을 보면서 설명한다거나 함께 학습하는 동료, 가족, 친구 등 누구든지 좋으니 다른 사람에게 직접 설명해 보면 좋습니다. 이론 내용을 입으로 직접 설명하는 과정을 통해 내용이 머릿속에 정리되고 더불어 이해한 부분과 이해하지 못한 부분을 파악하는 데 많은 도움이 됩니다.

(9) 이해가 어려운 부분은 넘어가기

학습 과정에서 모든 내용을 알고 넘어가면 좋겠지만 언제나 지나치게 이해하기 어려운 내용이 있기 마련입니다. 이해가 힘든 내용은 과감히 넘어가는 것도 하나의 방법입니다. 기본이론을 학습한 이후에도 기출문제 풀이 및 분석, 모의고사 등의 다른 학습과정을 통해 문제를 풀거나 분석하면서 다시 이해할 기회가 생길 수 있습니다.

(10) 직접 질문하거나 인터넷 카페에 질문 남기기

오프라인(학원) 강의 수강생은 수업 중간에 내용 이해가 어렵다면 언제든지 즉각적으로 물어봐도 좋습니다. 다만 수업의 흐름을 방해하지 않는 선에서 질문해야 합니다. 온라인 강의 수강생이나 교재로 학습하는 수험생도 인터넷 카페를 통해 질문을 남길 수 있습니다. 교재를 학습하면서 모르는 부분이 있으면 인터넷 카페에 가입하여 질문하는 글을 남기길 바랍니다.
(인터넷 카페 들어가는 방법: 해커스임용 사이트(teacher.Hackers.com) 〉 [수험정보] 〉 [강사별 카페 주소] 〉 '[전문상담] 김진구 선생님' 클릭)

2. 기본개념반 공부방법

(1) 공부전략

① **챕터별로 쪼개기**: 한 챕터를 정독한 후 다시 정독한 챕터를 읽기. 이때 반드시 개념별로 구조화 할 것

② **서브노트 이용**: 가능하면 서브노트 등을 이용하여 구조화 한 내용을 직접 손으로 쓸 것

③ **정독 할 때에는 의미 부호화와 조직적 부호화를 사용할 것**: 내용을 범주화하거나 새로운 내용을 기존에 알고 있는 내용과 연결시키거나 개념에 예시를 만드는 등 집중해서 볼 것

④ **암기는 최대한 지양할 것**: 본격적인 암기는 7월부터 시작. 기본개념반은 개념의 이해와 상하관계를 명확하게 하거나 의미를 분석하고 이해하는 데 중점을 둘 것.

⑤ **full-text 위주**: 초기에는 요점정리만 보지 말고 full-text 위주로 정리할 것. 요점은 7월 문풀에서 제공할 예정.

⑥ **공부한 내용을 반드시 설명 할 것**: 책 내용을 보면서 혼자서 거울을 보고 설명하거나 다른 스터디원에게 설명을 하는 시간을 가질 것. 자신이 설명을 하면서 내용 정리가 될 수도 있고, 이해한 부분과 이해하지 못한 부분을 파악하기가 용이해짐.

⑦ **이해가 너무 안되는 부분은 집착하지 말고 넘어갈 것**: 차후에 문풀이나 모의고사 등 문제를 통해 이해될 수도 있음.

(2) 초반 학습 시

초반에는 목표나 계획을 너무 높게 세우지 말고, 충분히 실천 가능한 작은 목표(예 직강의 경우 결석하지 않는다. 인강의 경우 강의를 밀리지 않는다 등)를 설정한다. 차후 공부가 습관화되면 서서히 공부의 시간이나 빈도를 늘려 나간다.

(3) 1~2월

흔히 1~2월이 가장 힘든 시기임을 명심할 것. 이 두 달 동안은 공부습관이 공고화 되어 있지 않았기 때문에 '최대한 버틴다'는 마음가짐으로 임한다.

(4) 짝수 달

짝수 달은 학업동기가 가장 떨어지는 시기임을 명시할 것. 이런 점을 감안하여 이 시기에는 재다짐으로 하거나 주의환기를 하는 등 의도적으로 동기를 높일 수 있는 다양한 방법을 생각해 본다.

(5) 질문하기

내용이 잘 이해되지 않는 부분은 반드시 질문을 하거나 카페에 글을 남길 것. 직강의 경우, 수업 중간에라도 내용이 이해되지 않을 경우(수업의 흐름이 방해를 받지 않는 범위 내에서) 즉각 질문을 해도 무방함.

전문상담 답안 작성 Tip

※ 아래 내용은 참고용이며, 자세한 사항은 한국교육과정평가원 사이트(www.kice.re.kr)에서 확인하시기 바랍니다.

1. 문제 유형에 따른 답안 작성 Tip

1) 기본 패턴
① 기입형은 '단어'로, 서술형은 '문장'으로 작성합니다.
② 기호 및 부호는 문제에서 요구한 경우를 제외하고 사용하지 않습니다. (예 ①, →, ※, :(쌍점) 등)
③ 답안에 밑줄(_____)을 긋는 경우 채점이 불가합니다.

2) 기입형: 주로 두 가지 패턴을 사용하며, 예외적인 경우도 있습니다.

문항 내용	작성 가이드	예시답안
순서대로 쓸 것을 요구하는 경우	요구한 순서대로 기재	모험시도, 마법
기호 또는 명칭을 요구하는 경우	기호 또는 명칭 표기	㉠ 모험시도, ㉡ 마법
과업, 목표 등을 작성하는 경우	짧은 구 또는 문장으로 작성	• 진로장벽 지각에 대한 분석 • 기준에 따라 대안을 평가하고 결정하기

3) 서술형: 문장으로 작성하는 것을 권장합니다.

① 권장하는 답안 형식

문항 3 (4점)	관계유형은 방문형이다. ㉠은 척도질문이다. ㉡은 악몽질문으로 사용 목적은 내담자에게 더욱 나쁜 일이 일어나야만 현재와 다른 무엇을 하거나 문제에서 벗어날 수 있을 것이라고 생각할 때, 이 질문을 사용한다.

② 권장하지 않는 답안 형식

문항 3 (4점)	관계유형: 방문형, ㉠: 척도질문, ㉡: 악몽질문, 목적: 내담자에게 더욱 나쁜 일이 일어나야만 현재와 다른 무엇을 하거나 문제에서 벗어날 수 있을 것이라고 판단될 때, 이 질문을 사용함

2. 서술형 답안지 작성 Tip

1) 문제와 답안지의 문항번호를 확인하고, 4행으로 구성된 답안란에 답을 기재합니다.

문항 3 (4점)	동주의 유형은 진로 미결정자다. 특징은 첫째, 자신의 모습, 직업, 의사결정을 위한 지식이 부족하다.
	둘째, 진로 결정을 못 하지만 성격적인 문제는 없다.

2) 줄을 비우거나 띄울 수 있습니다.

문항 3 (4점)	동주의 유형은 진로 미결정자다.
	특징은 첫째, 자신의 모습, 직업, 의사결정을 위한 지식이 부족하다.
	둘째, 진로 결정을 못 하지만 성격적인 문제는 없다.

3) 답안란 내에 세로 줄을 그어 다단으로 활용할 수 있습니다.

문항 3 (4점)	동주의 유형은 진로 미결정자다.	특징은 첫째, 자신의 모습, 직업, 의사결정을
		위한 지식이 부족하다.

4) 답안란 내에 가로 줄을 그어 작성 줄을 추가할 수 있습니다.

문항 3 (4점)	동주의 유형은 진로 미결정자다. 특징은 첫째, 자기 모습, 직업, 의사결정을 위한 지식이 부족하다.
	둘째, 진로 결정을 못 하지만 성격적인 문제는 없다.

5) 공간이 부족한 경우, 한 줄에 두 문장을 작성할 수 있습니다.

문항 3 (4점)	동주의 유형은 진로 미결정자다. 특징은 첫째, 자기 모습, 직업, 의사결정을 위한 지식이 부족하다. 둘째, 진로 결정을 못 하지만 성격적인 문제는 없다.

전문상담 답안 작성 Tip

3. 세부 내용 답안 작성 Tip
*'☺'은 권장하는 답안, '☹'는 권장하지 않는 답안을 의미합니다.

1) 문제지에서 작성해야 할 부분을 동그라미로 표시하면 확인하기 편리합니다.

2) 개념과 주제를 문장의 맨 앞부분에 배치하는 것이 좋습니다.

> ☺ 학생의 환경체계는 첫째, 외체계로 아버지 회사가 문을 닫은 것이다. 둘째, 미시체계로 부모님과 친구 때문에 초조하고 걱정이 많은 것이다.

> ☹ 학생의 환경체계는 아버지 회사가 문을 닫았다는 외체계와 부모님과 친구 때문에 초조하고 걱정이 많다는 미시체계가 있다.

3) 상위 개념과 하위 개념을 구분하도록 합니다.
   * 상위 개념인 '잠정기'와 하위 개념인 '가치기'가 있을 때, 문제가 요구하는 답안이 '가치기'인 경우

> ☺ 민규의 단계는 가치기로, 특징은 첫째, 자신이 추구하는 가치관이나 삶의 우선순위를 고려하면서 미래의 진로를 생각하는 것이다.

> ☹ 민규의 단계는 잠정기로, 특징은 첫째, 흥미, 능력, 가치 단계를 거치면서 잠정적인 진로 선택을 하는 것이다.

4) 반드시 주어를 넣어야 합니다. (주어가 없으면 채점이 불가함)

> ☺ 사례의 ㉠에서 나타난 강화가치는 사람들의 주목을 받는 것이다. ㉡은 강화순서에 대한 기대이며, 의미는 단계적으로 예견하는 것이다. ㉢은 행동잠재력이다.

> ☹ 강화가치는 사람들의 주목을 받는 것이다. 강화순서에 대한 기대는 단계적으로 예견하는 것이다. 마지막으로 행동잠재력이다.

5) 신조어, 합성 단어의 사용은 권장하지 않습니다. (주로 불안할 때 나타남)

> ☺ 대인간 위계구조, 사회관찰학습

> ☹ 위계구조, 관찰학습

6) 답안을 사례에서 찾아 쓰는 경우와 사례에 근거하여 설명하는 경우를 구분하도록 합니다.
   ① 답안을 사례에서 찾아 쓰는 경우: 사례에서 필요한 부분을 발췌하여 기입합니다.

> ☺ 영호가 겪은 심리적 문제는 낮은 자기효능감이다. 이 문제를 극복하는 데 도움을 준 요인은 첫째, 실제 성취경험이다. 영호는 다른 학교 학생들과의 시범경기에서 골도 많이 넣고, 한 경기에서는 MVP가 되었다.
> 둘째, 대리경험이다. 영호는 자신과 실력이 비슷한 친구들이 연습 경기에서 잘 하는 모습을 보면서 자신도 잘할 수 있다는 자신감이 생겼다.

   ② 사례에 근거하여 설명, 이유를 작성하는 경우: 근거한 사례(일부)와 함께 설명, 이유 등을 기입합니다.
   *사례에 근거하여 설명하는 문제나 사례에 근거하여 이유를 작성하는 문제는 답안에 '개념 정의'가 포함되어야 함

> ☺ (가)의 개념은 인지부조화이다. (나)의 심리적 상태는 첫째, 상상적 청중이다. 영수는 담배를 피울 때 사람들이 자신을 영화 속 주인공처럼 부러워하면서 쳐다본다고 보고하는데, 이는 자의식이 지나치게 과장된 나머지 자신의 행동이 모든 사람의 관심 대상이라고 생각하는 현상이다. 둘째, 개인적 우화이다. 영수는 담배를 많이 피워도 자신은 폐암에 걸리지 않는다고 보고하는데, 이는 자신이 독특하므로 남들이 겪는 위험이 자신에게는 일어나지 않을 것이라고 생각하는 믿음 때문이다.

7) 잘못된 부분을 고쳐 쓰는 경우, '…이 아니다.' 패턴의 답안은 피하는 것이 좋습니다.

① 틀린 부분을 먼저 명시합니다.

② 틀린 이유를 작성합니다. 틀린 이유 작성 시, '…이 아니다.'의 패턴은 권장하지 않습니다.

> ☺ 틀린 부분은 첫째, 자신이 잘 모르는 검사를 실시한 것이다. 상담교사는 자신이 훈련받은 검사를 사용해야 한다.

> ☹ 상담교사는 자신이 훈련받았거나 전문성 있게 사용할 수 있는 검사를 사용해야 한다. (틀린 부분 누락)

> ☹ 틀린 부분은 첫째, 자신이 잘 모르는 검사를 실시했다는 것이다. 상담교사는 자신이 잘 모르는 검사를 사용하면 안 된다. (근거 부족)

8) 기호와 용어를 구분하여 작성하는 것을 권장합니다.

① (가)와 (나) 개념의 의미만 작성하는 문제의 경우: 해당 개념의 기호를 작성합니다.

> ☺ 박 교사의 평가방법은 (나)다. 차이점은 (가) 방법이 특정 행동의 유무에 대한 응답만 하는 것이라면 (나) 방법은 …(중략)…

> ☹ 박 교사의 평가방법은 평정척도다. 차이점은 체크리스트가 특정 행동의 유무에 대한 응답만 하는 것이라면, 평정척도는 …(중략)…

② (가)와 (나) 개념과 의미를 모두 작성하는 문제의 경우: 해당 개념의 기호와 명칭(용어)을 함께 작성합니다.

9) 추상적인 답안은 정답이 되기 어렵습니다.

> ☺ ㉠에 해당하는 대처방법은 하위집단 형성에 따른 문제점을 직접적·공개적으로 다룸으로써 하위집단 형성이 비생산적이고 집단 응집력을 저해한다는 사실을 인식하게 하는 것이다.

> ☹ ㉠에 해당하는 대처방법은 집단 응집력을 높이는 것이다. (근거 부족)

10) 매개변인 없이 결과만 작성하는 것은 지양하도록 합니다. (설명하듯 작성하는 것을 권장함)

① 사례 1

> ☺ 교사가 고된 체험 기법을 사용한 이유는 증상을 유지하는 것이 포기하는 것보다 더욱 고통스럽다는 사실을 알게 함으로써 증상을 포기하게 하기 위함이다.

> ☹ 교사가 고된 체험 기법을 사용한 이유는 증상을 포기하게 하기 위함이다.

② 사례 2

> ☺ 문제가 되는 교사의 진술 내용은 "네가 아직 미성년자라 선생님이 너와 상담한 내용을 모두 부모님과 공유한다"라는 것이다. 미성년자라도 학생의 사적인 정보를 본인 동의 없이 공개하면 안되기 때문에, 상담교사는 학생에게 허락을 받은 후 최소한의 정보만을 제공해야 한다.

> ☹ 문제가 되는 교사의 진술 내용은 "네가 아직 미성년자라 선생님이 너와 상담한 내용을 모두 부모님과 공유한다"라는 것이다. 상담교사는 최소한의 정보만 제공해야 한다.

※ 2018 ～ 2024학년도의 기출문제를 분석하여 출제된 이론 및 세부 개념을 정리하였습니다. 이를 통해 각 과목의 출제경향을 파악하고, 출제 포인트를 정리해 볼 수 있습니다.

1. 성격심리학

※ #은 해당 학년도 기출문제 선택지에 언급되었음을 의미합니다.

구분	09	10	11	12	13	14	15 (+추시)	16	17	18	19	20	21	22	23	24
성격의 정의, 개인차, 연구방법	LOTS			LOTS+ 측정내용								실험연구				
프로이드 정신분석													방어기제	초자아, 남근기, 방어기제		
아들러 개인심리			#				콤플렉스 투사 생활양식							우월추구, 가상적 목표, 생활양식		
에릭슨의 심리사회발달	발달 단계							마르샤					자아, 위기			마르샤 유형
융의 분석심리		구성개념	원형		학자		자아, 투사				자기, 개성화 과정					자아의 태도와 기능
호나이 성격이론		학자		#	학자											
설러번 성격이론		발달단계	학자	#	성격이론	불안	성격이론									
머레이 성격이론		발달단계			학자						성격개념					
프롬 성격이론		학자														
대상관계						대상관계										
올포드 특질이론			고유자아	#	특질종류											
카텔 특질이론		학자											근원특질			
아이젱크 특성이론			학자		불안											
5요인 및 성격유형론							외향성	신경증, 성실성					유형과 특질	유형, 5요인 모델		클로닝거
켈리 성격이론		구성개념	학자	#	성격이론		Rep 검사									
로터 성격이론		학자									기대-강 화가치모 델					
미셸 성격이론																
반두라 성격이론	자기 효능		#	관찰학습			자기 효능감				관찰학습		효능감, 결과기대			사회학습 이론 특징, 관찰학습
매슬로우 성격이론			#								결핍과 성장욕구					
로저스 성격이론		구성개념				Q분류			주요개념		개념					성격개념
성격과 자기이론				자기괴리 이론										자기개념		히긴스의 자기안내
성격과 동기				학습된 무력감	Dollard 갈등유형	동기	기본심리 욕구, 귀인이론	학습된 무력감			귀인이론 , 암묵적 이론		유기체통 합이론, 과정당화 이론	숙달과 수행목표 , 학습된 무력감		
성격의 적응 및 정서										대인관계 원형모델						
공격성	사회인지				전 이론											

2. 상담심리학

구분	09	10	11	12	13	14	15 (+추시)	16	17	18	19	20	21	22	23	24
상담심리 개관				통합적 접근										과학자-실무자 모델		
프로이트 상담이론	목표	사례, 기법			사례	해석	전이(논)		역전이							
아들러 상담이론	목표	사례, 구성개념, 기법			전체 기법	생활양식 상담과정(논)	격려, 단추누르기			우월추구 생활양식				우월추구, 가상적 목표, 생활양식		
융 상담이론				단계												
인간중심 상담	목표				사례											
실존주의 상담	구성개념	기법	사례		역설적 의도			프랭클의 3가지 가치		탈숙고 기법		실존적 공허와 신경증				
행동주의 상담	목표	사례			체계적 둔감법	상담과정						체계적 둔감법		노출법, 자기교시		자기관리 프로그램, 토큰경제
합리적 정서행동상담			사례		사례	상담과정							비합리적 사고, 합리정서 심상법			
인지치료	구성개념		인지왜곡 종류				인지왜곡(논)	자동사고					목표, 철학적 관점, 과정		자동사고, 행동실험, 하향화살표 인지삼제, 인지오류	
게슈탈트 상담이론	목표	사례	접촉경계 유형		역할연습			접촉경계 혼란(논)					접촉경계 혼란	관계, 접촉경계 혼란, 신경증 층		접촉경계 혼란
현실치료			사례				상담과정	5가지 욕구(논)	전행동				선택이론, WDEP			질적세계
교류분석 상담		사례		각본분석	구성개념		게임분석			이면교류				자아상태, 생활각본		
여성주의 상담																
마음챙김에 근거한 상담									마음챙김		수용전념 치료					
상담과정				접수면접+ 초기단계	중기						초기 (구조화)			사례 개념화		
상담방법과 면담기법	초기단계	면담기법	면담기법	역전이 경험	전체 면담기법		BASIC-ID 직면/해석			심리극 기법	나-전달법	재진술 조하리창 실험연구	명료화, 질문, 종결과업, 동기강화	동기강화, 변화과정 모델, 실험설계		폐쇄질문, 즉시성
발달문제 상담	자살											자살, 인터넷 중독				
사이버 상담		상담과정														
상담윤리	윤리/법 책임	행동원칙	행동원칙	행동원칙	키치너	비밀보장	사전동의	키치너의 윤리원칙	집단상담 윤리	집단상담 윤리	키치너의 상담윤리	개인상담 윤리			종합적학교상담 모델, 상담정책	윤리적 의사결정 모델, 비밀보장
학교상담	구성요소	요구조사	특징, 자문, 학교상담 편성/ 절차	비행유형 상담정책 사업	생활지도 특징											
학교폭력법	●	●	●		●					●						

3. 심리검사

※ 2013년의 '객관적 성격검사: MBTI'는 진로상담 과목의 '홀랜드 해석'과 함께 출제되었음을 나타냅니다.

구분	09	10	11	12	13	14	15 (+추시)	16	17	18	19	20	21	22	23	24
심리평가	표준화 검사실시		검사선정 방법	선정, 실시								검사분류				
심리측정	신뢰도/ 타당도			신뢰도/ 타당도		신뢰도/ 타당도	신뢰도 표준화	표준점수		수렴/변 별타당도	편파성 문항, 신뢰도					
객관적 성격검사: MMPI			채점 및 해석	MMPI-A 해석	MMPI-A 해석		해석(논) 해석	해석	해석		해석 (SCT 포함)	2코드	2-4코드	F1-F2 해석, 456 코드 해석	VRIN, 2-3 코드	F2척도, Ma 척도 및 2-7코드
객관적 성격 검사: 기타			PAI 특징		MBTI+ 홀랜드 해석											기질 및 성격검사
웩슬러 지능검사	해석	측정내용	채점 및 해석	해석	K-WAIS 해석	K-WISC -IV 소검사	합산점수 해석	합산점수 해석		합산점수 /소검사 해석		편차지능, WAIS-IV 지표 및 소검사		WISC-V 검사체계 (지표)		WAIS-IV 소검사 및 병전 지능
지능 및 인지기능 검사: 기타																
투사 검사	실시	종류와 특징 SCT 해석	특징 (BG, 로샤, TAT)		TAT, HTP 해석	HTP, SCT 해석	로샤검사 실시/ 채점	SCT해석	SCT, 로샤 실시, SCT 해석		TAT, SCT 실시		KFD 실시			HTP: 강박
정서 및 행동평가		CBCL 해석	CBCL 해석 KPRC	인터넷 중독		CBCL 해석	CBCL 해석				평정척도 오류					
학습 및 진로평가	직업카드 분류	홀랜드 해석	학습방법 학습동기	STRON G		ALSA 해석										
통합 및 활용	검사 요청시 행동원칙, 검사의 윤리적 활용	해석상담		보고서 작성	활용			검사윤리								

해커스임용 김진구 전문상담 기본개념 3

4. 진로상담

구분	09	10	11	12	13	14	15 (+추시)	16	17	18	19	20	21	22	23	24
진로상담의 이해 및 진로이론	7차 교육과정													보딘 분류		
특성요인 이론			특징											직업정보 기능		
홀랜드 이론		검사해석					정체성						주요개념 및 검사해석		변별성, 일치성	
진로발달 이론	수퍼	타이드만, 수퍼		긴지버그 및 터크만 발달단계	긴즈버그와 수퍼	수퍼: 생애무지개			긴즈버그: 잠정기		수퍼: 탐색기 과업		수퍼:진로성숙도, 진로적응	수퍼: 생애역할, C-DAC 모형		
제한-타협 이론			타협	갓프레드슨	학자	내적고유자아지향, 타협요소							타협과정	사회적 가치지향	성역할	
사회인지 진로이론			용어		진로장벽 지각분석	선택모형		수행모형	맥락변인				선택모형		근접맥락변인	
크롬볼츠 사회학습			계획된 우연	크롬볼츠	주요개념	진로결정요인		우연학습모형 및 기술			진로선택요인			일반화		
직업적응						개인-환경 부조화					MIQ 가치유형			MIQ 가치유형		
관계적 접근				Roe 직업선택	Roe 직업분류	Reo 양육유형					Roe 양육유형					Roe의 따뜻한 자녀관계, 부모관여(참여) 진로탐색
의사결정	인지적 정보처리이론 특징		인지적 정보처리이론	하렌: 의사결정유형	하렌: 의사결정유형	의사결정 5단계		주관적 기대효용		하렌:의사결정유형, CIP 단계		CIP: 정보처리영역, 초인지	하렌: 의사결정유형		주관적 기대효용 모델	
구성주의 진로이론										구성주의: 진로적응도 차원			구성주의: 진로적응도 차원, 역량	진로유형 면접		
기타 진로이론		길리건		블러의 사회학적 이론									브라운 가치중심 모델: 가치, 흥미	소수민 여성을 위한 다문화 진로상담	진로 무질서 이론,	
진로상담 과정 및 기법		내담자 유형		내담자 유형	우유부단			생애진로사정, 진로가계도			내담자 유형			생애진로사정	우유부단	
진로평가	자기이해		직업카드		CMI, CBI, Strong, 적성검사	직업카드 분류의 목표		홀랜드 해석						홀랜드 해석		
직업세계와 직업정보 및 진로교육	직업정보 활용	직업정보 활용		진로정보 사이트 (워크넷, 커리어넷)								NCS				교육/직업/심리사회적 정보
진로 프로그램		개발단계														

전문상담 과목별 기출영역　23

5. 가족상담

구분	09	10	11	12	13	14	15 (+추시)	16	17	18	19	20	21	22	23	24
가족상담과 체계이론		일반체계 이론					가족규칙, 가족 항상성						순환적 인과			
정신역동 및 대상관계	특징												대상관계: 위니컷 거짓자기			
다세대	구성개념	기법	평가	Bowen	기법		분화	정서적 단절	분화, 핵가족 정서체계	삼각관계				상담목표, 정서단절		자아분화, 나의입장 기법
경험	기법		의사소통 유형	상담자 역할	특징		개인빙산 의사소통 유형	개인빙산 목표	의사소통 유형		의사소통 유형		폐쇄체계, 가족조각		빙산기법	
구조	가족지도		기법	미누친	가족지도	주요개념	목표 및 가족도표		모방	경계선 유형	실연화, 가족지도 해석			구조적 지도	목표 (재구조화)	재구조화 기법
전략				Haley	의사소통 이론		순환질문 이중구속	가장기법			고된체험 기법, 불변처방				항상성	긍정적 의미부여
이야기		기법		White, Epston	사회구성 주의와 해결중심 특징	정의예식	문제의 외재화, 독특한 결과			회원 재구성				독특한 결과		문제의 외재화
해결 중심	기법	유형	기본원리	질문기법	관계성 질문 기본가정, 질문기법			관계유형 예외질문		기적질문		관계유형, 척도 및 악몽질문		예외질문		
가족 평가	이론통합	가계도 해석 이론통합	이론통합	가계도 해석	가계도 해석	가계도 +KFD	순환모델	가계도 해석						가계도	순환모델	
가족생활 주기	단계특징															
가족상담 과정			행동지침	문제행동 대처												
특수 가족						재혼 (충성심 갈등)		재혼가족 과업			이혼가족 과업					

6. 집단상담

구분	09	10	11	12	13	14	15 (+추시)	16	17	18	19	20	21	22	23	24
집단상담					집단상담 장점		집단상담 단점									
집단유형과 형태	성장집단 선정	심리교육 집단		성장-문제해결 집단	집단의 종류		구조화집단, 동질집단					집단형태 분류				
집단역동과 치료적 요인	치료적 요인: 대인관계 학습	치료적 요인: Q분류		치료적 요인 (알롬), 바람직한 행동		치료적 요인 (논술)	치료적 요인: 대인관계 입력, 실존			치료적 요인: 실존, 희망고취		치료적 요인: 피드백, 자기개방, 코틀러: 모험시도, 마법				치료적 요인: 보편성
집단 상담자			초기단계 역할				인간적 자질, 전문성: 개인상담 경험									
집단원					침묵 (소극적 참여)			하위집단			일시적 구원	하위집단, 의존적 행동		소극적 행동	대화독점, 주지화 하위집단	
기법		차단기법	종류		해석	연결	초점, 연결, 자기개방				연결 나-전달법		지금-여기	차단, 초점		
집단상담계획 및 과정	구조화 반응문, 운영방식		비자발적 참여 다루기	종결 성과평가		집단윤리		구조화 활동내용	중도포기	집단윤리		집단규칙			예비(사전) 집단회기	회기종결 기술
집단의 발달단계	단계별 특징	연속적 단계이론 (터크만)	단계별 행동지침	단계별 상담자의 역할 (코리)	단계별 특징	마지막 단계		집단 작업단계						초기단계 과업		
프로그램 개발/평가	평가단계		학교집단 상담PR 편성절차									서스만의 활동요소				
이론		정신역동	교류분석					심리극 구성요소		심리극 기법						

7. 특수아 상담

구분	09	10	11	12	13	14	15 (+추시)	16	17	18	19	20	21	22	23	24
특수 아동과 상담			특수아 상담 고려사항	특수아 상담 특징	특수아 상담 특징							범주 및 차원적 분류 (이상)				
장애 발생 원인/평가 도구	(통합) 장애아동 상담											정서행동 장애선별 검사				
지적 장애			진단		진단					지적장애 적응기능						
자폐스펙트럼				아스퍼거			진단기준								진단기준	
ADHD	상담접근						진단 및 개입방법			진단	ADHD			지속주의, CPT, 자기교시		증상, 약물치료
CD와 ODD	학교폭력 다루기	진단준거		진단준거					CD진단	진단, CD: 아동기 발병형						
특정 학습 장애			진단		진단 및 특징		능력-성 취 불일치									
정서 및 행동 장애		진단평가 도구		청소년기 우울증			외상 후 스트레스 장애		학습된 무력감							
영재아 상담	특징				개입방법				특징				렌줄리, 비동시성 과 과흥분성			
행동 수정			연구설계		기법		기법			차별강화		변별		일반화	강화계획	토큰경제, 조형법
특수 아관리		장애아 부모								전환교육						

8. 심리학 개론 및 교육심리 등

1) 심리학 개론 및 교육심리(학습심리 포함)

구분	18	19	20	21	22	23	24
동기와 정서	동기: 성취목표 유형	– 위그필드 등의 기대가치 이론 – 드웩의 암묵적 이론	자기충족적 예언, 낙인, 기대지속효과	자기결정성 이론, 과정당화 이론	– 드웩의 숙달목표와 수행목표 – 자기장애전략	엘리어트 등 목표지향성 이론	라자러스의 정서에 대한 인지적 평가이론
감각과 지각					선택적 주의, 선택적 부주의		
신경과학					교감신경과 부교감 신경		
사회심리	인지부조화			동조			
기억		간섭현상	정보처리모형			조직화 전략	
스트레스		라자러스의 스트레스 대처방식			점진적 이완훈련		
지능과 창의성						확산사고와 창의성 요인, 가드너의 다중지능, 스턴버그의 지능 삼원론	
학습심리 및 행동수정	차별강화			조작적 조건화(변별)	– 고전적 조건형성 : 일반화 – 학습된무력감 : 조작적 조건형성	강화계획	조형법, 토큰경제

2) 아동 및 청소년 (발달)심리

구분	18	19	20	21	22	23	24
아동발달				– 비고츠키 발달개념 – 피아제 발달개념	– 에인스워스의 애착 유형 – 토마스 등의 기질 유형		– 시냅스 상실 – 가소성
청소년발달	– 개인적 우화 – 상상적 청중	– 셀만의 조망수용이론 – 콜버그 도덕성 발달단계 특징	생태체계 이론	– 에릭슨 주요개념 – 자살, 인터넷 중독	– 자기중심적 사고 – 자기개념	– 조직화 전략 – 이스트의 또래유형	– 마르샤 정체감 유형

3) 이상심리학(문제: 특수아 상담 기출문제에 포함)

구분	18	19	20	21	22	23	24
분류			범주적 분류와 차원적 분류				
DSM-5			추가연구가 필요한 진단적 상태: 비자살성 자해				
행동장애	반사회성 성격장애 진단(ADHD, CD 포함)						
기분장애						우울증 : 인지삼제	우울유발적 귀인
불안장애			범불안장애 : 지속기간	공황장애 : 클락 모형, 진단기준	2요인 모형		
급식 및 섭식장애			폭식장애				신경성 식욕부진증, 신경성 폭식증
강박장애				노출 및 반응방지법		사고억제의 역설효과, 사고중지 기법	
외상 및 스트레스 사건 관련 장애							PTSD 진단기준
해리장애	이인증				– 비현실감, 통합 – 국소적 기억상실		

제11장

심리검사

제 **1**절 **심리검사와 심리측정**

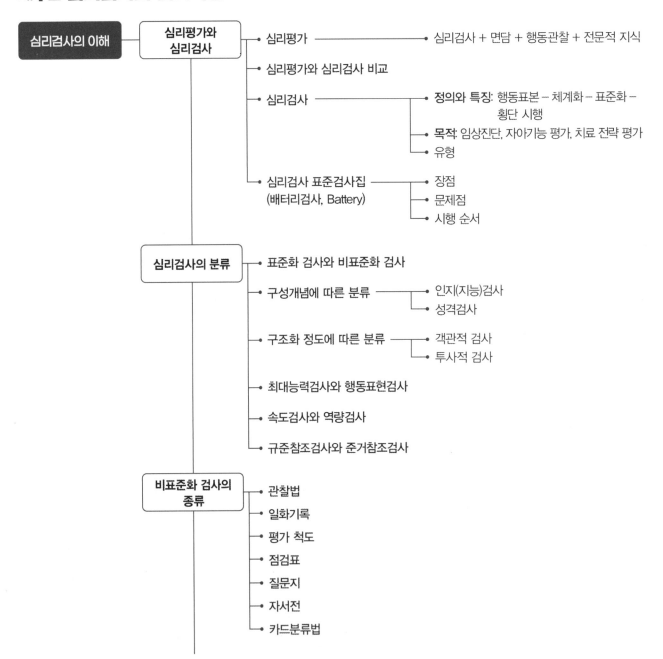

심리검사의 이해

심리평가와 심리검사
- 심리평가 ──────── 심리검사 + 면담 + 행동관찰 + 전문적 지식
- 심리평가와 심리검사 비교
- 심리검사 ────────
  - **정의와 특징**: 행동표본 – 체계화 – 표준화 – 횡단 시행
  - **목적**: 임상진단, 자아기능 평가, 치료 전략 평가
  - 유형
- 심리검사 표준검사집 ──────── 장점
  (배터리검사, Battery)
  - 문제점
  - 시행 순서

심리검사의 분류
- 표준화 검사와 비표준화 검사
- 구성개념에 따른 분류 ──────── 인지(지능)검사
  - 성격검사
- 구조화 정도에 따른 분류 ──────── 객관적 검사
  - 투사적 검사
- 최대능력검사와 행동표현검사
- 속도검사와 역량검사
- 규준참조검사와 준거참조검사

비표준화 검사의 종류
- 관찰법
- 일화기록
- 평가 척도
- 점검표
- 질문지
- 자서전
- 카드분류법

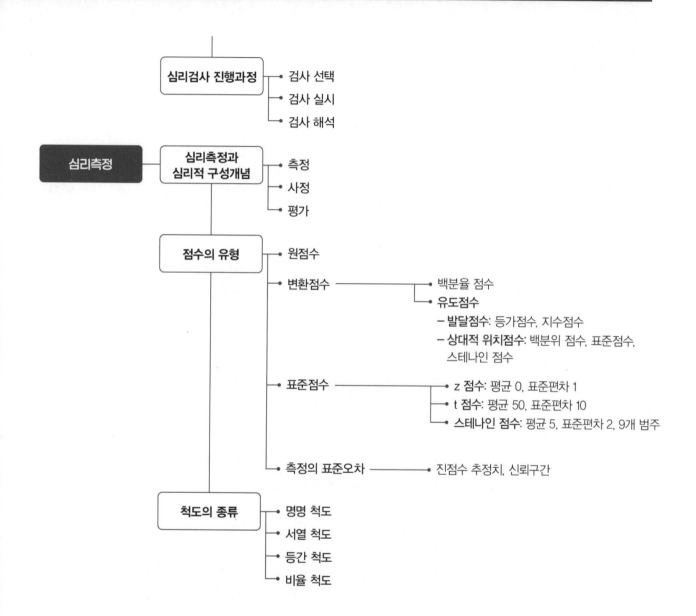

심리검사 진행과정 •— 검사 선택
                 •— 검사 실시
                 •— 검사 해석

심리측정 ── 심리측정과 •— 측정
       심리적 구성개념 •— 사정
                 •— 평가

점수의 유형 •— 원점수

                 •— 변환점수 ──── •— 백분율 점수
                                    •— 유도점수
                                    – 발달점수: 등가점수, 지수점수
                                    – 상대적 위치점수: 백분위 점수, 표준점수,
                                          스테나인 점수

                 •— 표준점수 ──── • z 점수: 평균 0, 표준편차 1
                                    • t 점수: 평균 50, 표준편차 10
                                    • 스테나인 점수: 평균 5, 표준편차 2, 9개 범주

                 •— 측정의 표준오차 ──── • 진점수 추정치, 신뢰구간

척도의 종류 •— 명명 척도
                 •— 서열 척도
                 •— 등간 척도
                 •— 비율 척도

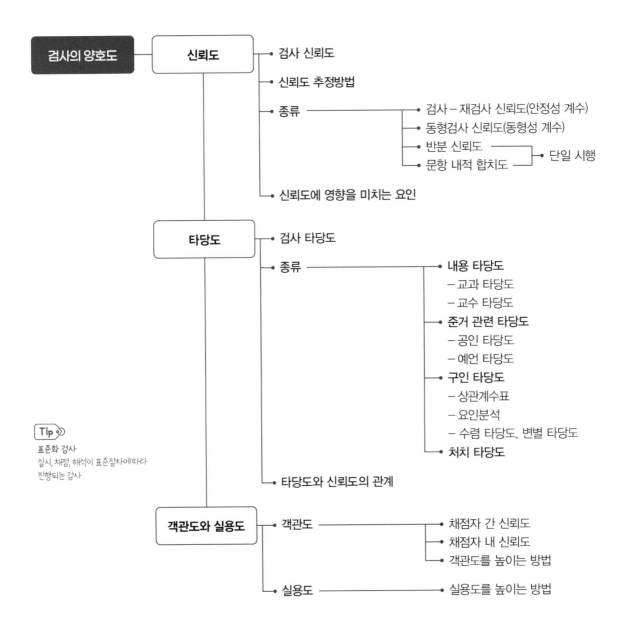

검사의 양호도 ─ 신뢰도
- 검사 신뢰도
- 신뢰도 추정방법
- 종류
  - 검사 – 재검사 신뢰도(안정성 계수)
  - 동형검사 신뢰도(동형성 계수)
  - 반분 신뢰도 ─┐
  - 문항 내적 합치도 ─┴─ 단일 시행
- 신뢰도에 영향을 미치는 요인

타당도
- 검사 타당도
- 종류
  - **내용 타당도**
    - 교과 타당도
    - 교수 타당도
  - **준거 관련 타당도**
    - 공인 타당도
    - 예언 타당도
  - **구인 타당도**
    - 상관계수표
    - 요인분석
    - 수렴 타당도, 변별 타당도
  - **처치 타당도**
- 타당도와 신뢰도의 관계

Tip 🔖
표준화 검사
실시, 채점, 해석이 표준절차에 따라
진행되는 검사

객관도와 실용도
- 객관도
  - 채점자 간 신뢰도
  - 채점자 내 신뢰도
  - 객관도를 높이는 방법
- 실용도
  - 실용도를 높이는 방법

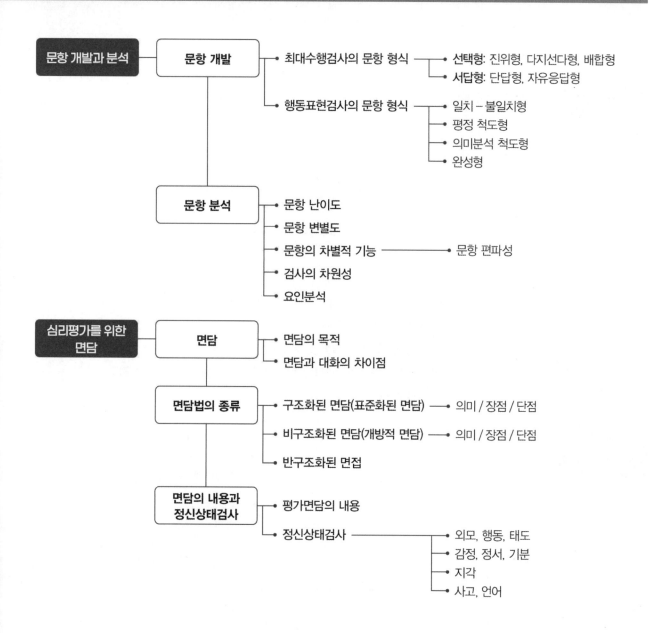

제**11**장 | 핵심 이론 흐름잡기

제**2**절 **객관적 성격검사1**

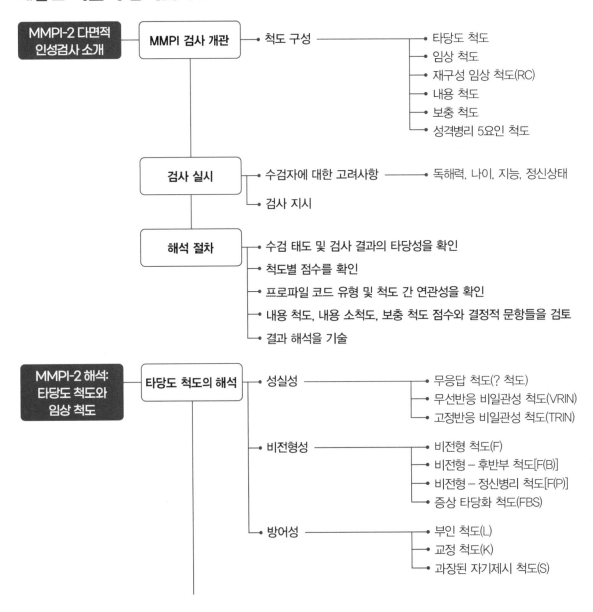

MMPI-2 다면적 인성검사 소개

MMPI 검사 개관 ── 척도 구성
- 타당도 척도
- 임상 척도
- 재구성 임상 척도(RC)
- 내용 척도
- 보충 척도
- 성격병리 5요인 척도

검사 실시
- 수검자에 대한 고려사항 ── 독해력, 나이, 지능, 정신상태
- 검사 지시

해석 절차
- 수검 태도 및 검사 결과의 타당성을 확인
- 척도별 점수를 확인
- 프로파일 코드 유형 및 척도 간 연관성을 확인
- 내용 척도, 내용 소척도, 보충 척도 점수와 결정적 문항들을 검토
- 결과 해석을 기술

MMPI-2 해석: 타당도 척도와 임상 척도

타당도 척도의 해석
- 성실성
  - 무응답 척도(? 척도)
  - 무선반응 비일관성 척도(VRIN)
  - 고정반응 비일관성 척도(TRIN)
- 비전형성
  - 비전형 척도(F)
  - 비전형 – 후반부 척도[F(B)]
  - 비전형 – 정신병리 척도[F(P)]
  - 증상 타당화 척도(FBS)
- 방어성
  - 부인 척도(L)
  - 교정 척도(K)
  - 과장된 자기제시 척도(S)

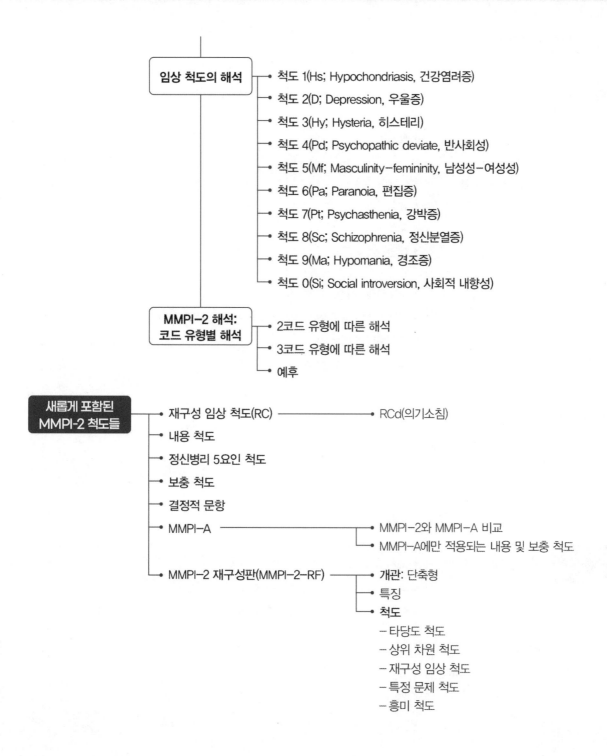

임상 척도의 해석
- 척도 1(Hs; Hypochondriasis, 건강염려증)
- 척도 2(D; Depression, 우울증)
- 척도 3(Hy; Hysteria, 히스테리)
- 척도 4(Pd; Psychopathic deviate, 반사회성)
- 척도 5(Mf; Masculinity–femininity, 남성성–여성성)
- 척도 6(Pa; Paranoia, 편집증)
- 척도 7(Pt; Psychasthenia, 강박증)
- 척도 8(Sc; Schizophrenia, 정신분열증)
- 척도 9(Ma; Hypomania, 경조증)
- 척도 0(Si; Social introversion, 사회적 내향성)

MMPI-2 해석: 코드 유형별 해석
- 2코드 유형에 따른 해석
- 3코드 유형에 따른 해석
- 예후

새롭게 포함된 MMPI-2 척도들
- 재구성 임상 척도(RC) ──── RCd(의기소침)
- 내용 척도
- 정신병리 5요인 척도
- 보충 척도
- 결정적 문항
- MMPI-A
  - MMPI-2와 MMPI-A 비교
  - MMPI-A에만 적용되는 내용 및 보충 척도
- MMPI-2 재구성판(MMPI-2-RF)
  - 개관: 단축형
  - 특징
  - 척도
    - 타당도 척도
    - 상위 차원 척도
    - 재구성 임상 척도
    - 특정 문제 척도
    - 흥미 척도

제**3**절 **객관적 성격검사 2**

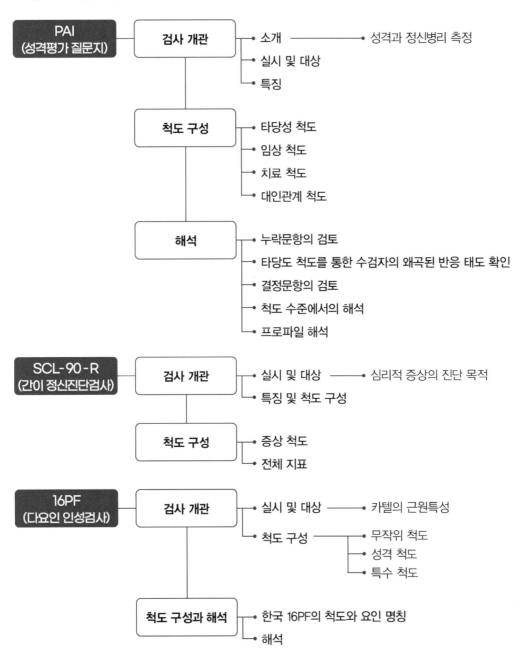

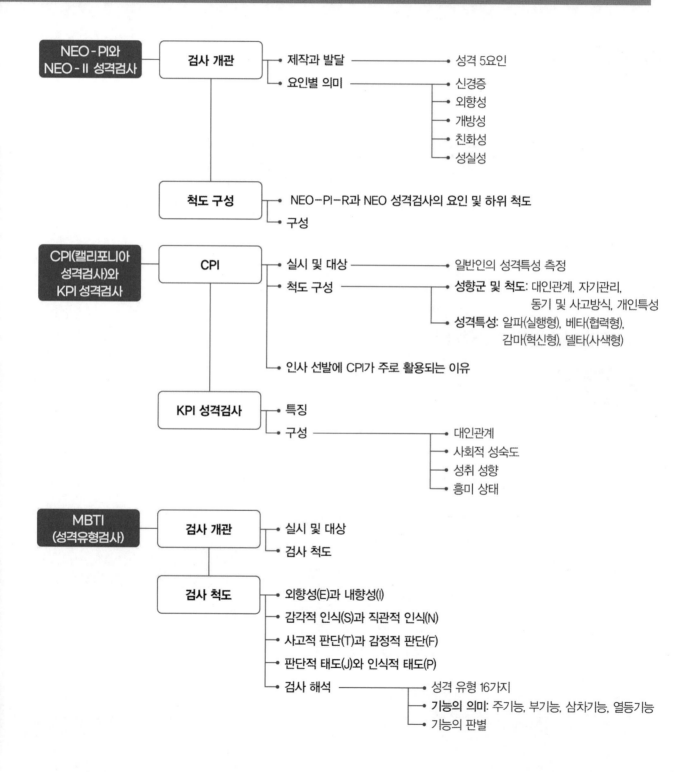

제11장 | 핵심 이론 흐름잡기

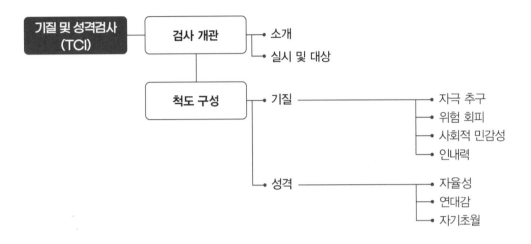

기질 및 성격검사 (TCI)
- 검사 개관
  - 소개
  - 실시 및 대상
- 척도 구성
  - 기질
    - 자극 추구
    - 위험 회피
    - 사회적 민감성
    - 인내력
  - 성격
    - 자율성
    - 연대감
    - 자기초월

제4절 지능 및 인지기능검사 1

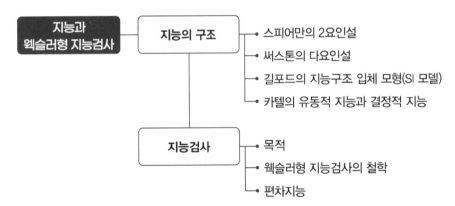

지능과 웩슬러형 지능검사
- 지능의 구조
  - 스피어만의 2요인설
  - 써스톤의 다요인설
  - 길포드의 지능구조 입체 모형(SI 모델)
  - 카텔의 유동적 지능과 결정적 지능
- 지능검사
  - 목적
  - 웩슬러형 지능검사의 철학
  - 편차지능

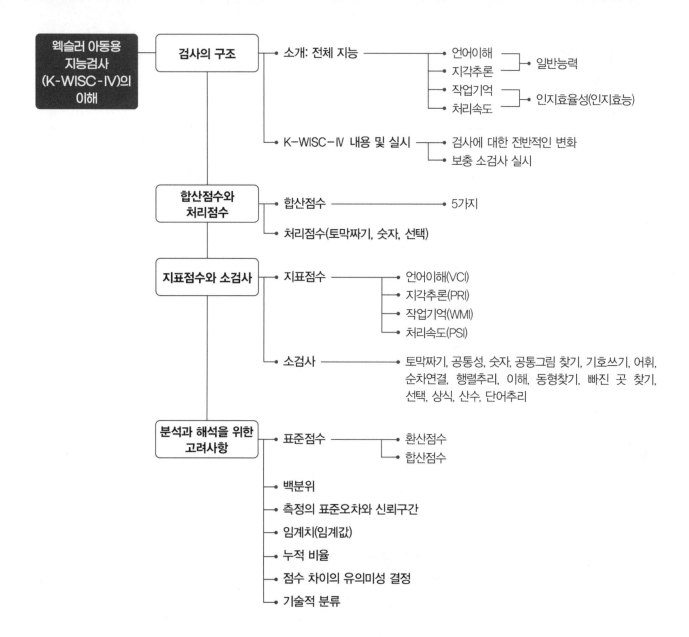

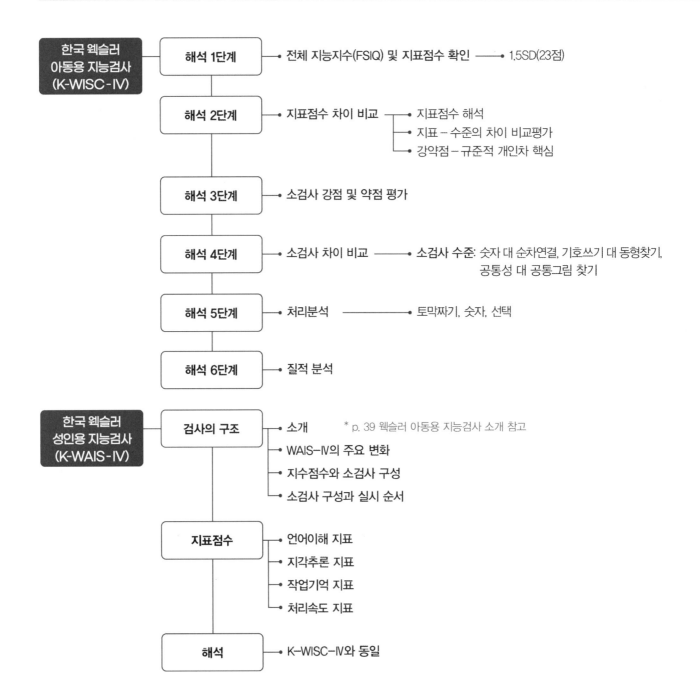

한국 웩슬러 아동용 지능검사 (K-WISC-IV)

해석 1단계 → 전체 지능지수(FSIQ) 및 지표점수 확인 —→ 1.5SD(23점)

해석 2단계 → 지표점수 차이 비교
- 지표점수 해석
- 지표 – 수준의 차이 비교평가
- 강약점 – 규준적 개인차 핵심

해석 3단계 → 소검사 강점 및 약점 평가

해석 4단계 → 소검사 차이 비교 —→ 소검사 수준: 숫자 대 순차연결, 기호쓰기 대 동형찾기, 공통성 대 공통그림 찾기

해석 5단계 → 처리분석 —→ 토막짜기, 숫자, 선택

해석 6단계 → 질적 분석

한국 웩슬러 성인용 지능검사 (K-WAIS-IV)

검사의 구조
- 소개   * p. 39 웩슬러 아동용 지능검사 소개 참고
- WAIS-IV의 주요 변화
- 지수점수와 소검사 구성
- 소검사 구성과 실시 순서

지표점수
- 언어이해 지표
- 지각추론 지표
- 작업기억 지표
- 처리속도 지표

해석 → K-WISC-IV와 동일

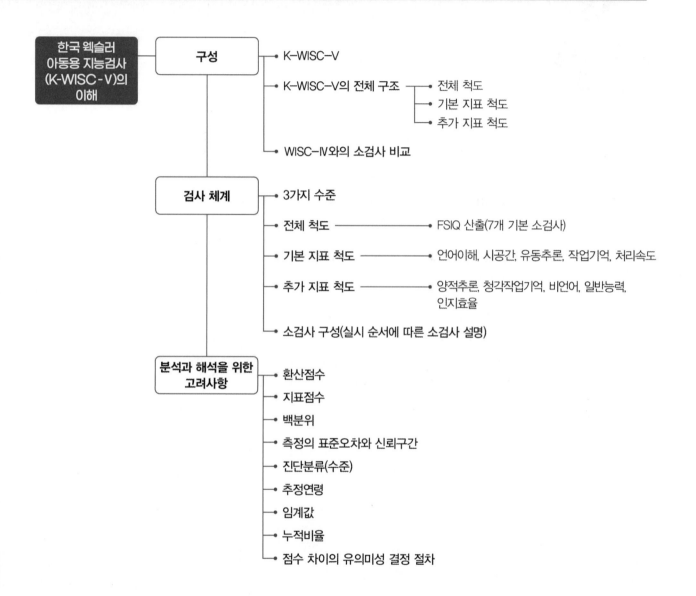

제11장 | 핵심 이론 흐름잡기

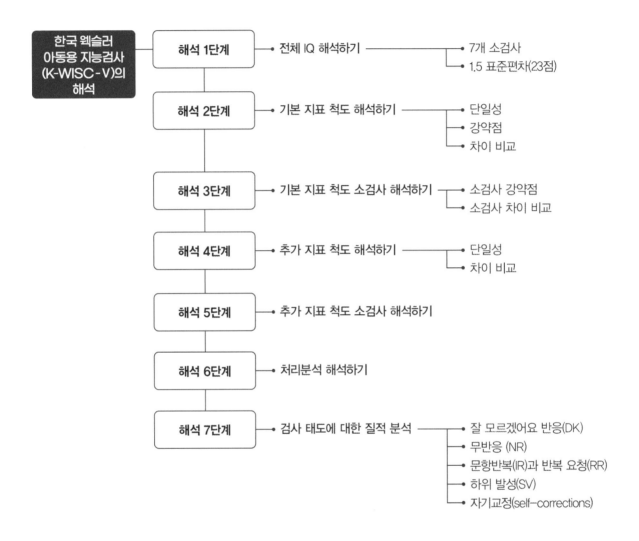

본 교재 인강·무료 기출해설 특강 teacher.Hackers.com

제 **5**절 **지능 및 인지기능검사 2**

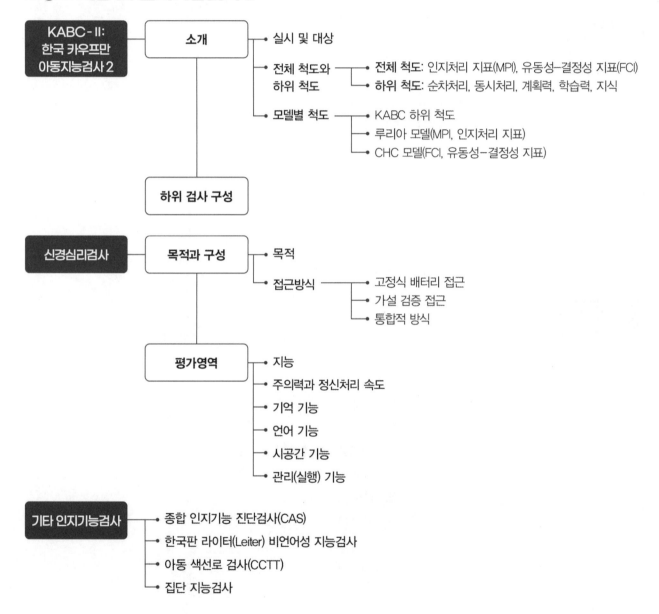

KABC-II:
한국 카우프만
아동지능검사 2

소개
- 실시 및 대상
- 전체 척도와 하위 척도
  - **전체 척도**: 인지처리 지표(MPI), 유동성-결정성 지표(FCI)
  - **하위 척도**: 순차처리, 동시처리, 계획력, 학습력, 지식
- 모델별 척도
  - KABC 하위 척도
  - 루리아 모델(MPI, 인지처리 지표)
  - CHC 모델(FCI, 유동성-결정성 지표)

하위 검사 구성

신경심리검사

목적과 구성
- 목적
- 접근방식
  - 고정식 배터리 접근
  - 가설 검증 접근
  - 통합적 방식

평가영역
- 지능
- 주의력과 정신처리 속도
- 기억 기능
- 언어 기능
- 시공간 기능
- 관리(실행) 기능

기타 인지기능검사
- 종합 인지기능 진단검사(CAS)
- 한국판 라이터(Leiter) 비언어성 지능검사
- 아동 색선로 검사(CCTT)
- 집단 지능검사

제**6**절 **투사검사**

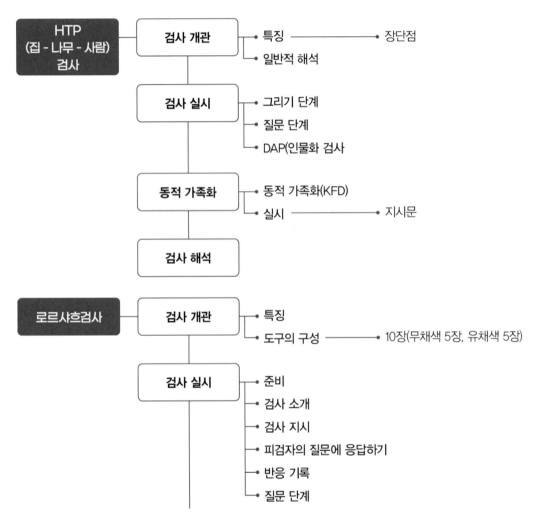

HTP (집 - 나무 - 사람) 검사

- 검사 개관
  - 특징 ── 장단점
  - 일반적 해석
- 검사 실시
  - 그리기 단계
  - 질문 단계
  - DAP(인물화 검사
- 동적 가족화
  - 동적 가족화(KFD)
  - 실시 ── 지시문
- 검사 해석

로르샤흐검사

- 검사 개관
  - 특징
  - 도구의 구성 ── 10장(무채색 5장, 유채색 5장)
- 검사 실시
  - 준비
  - 검사 소개
  - 검사 지시
  - 피검자의 질문에 응답하기
  - 반응 기록
  - 질문 단계

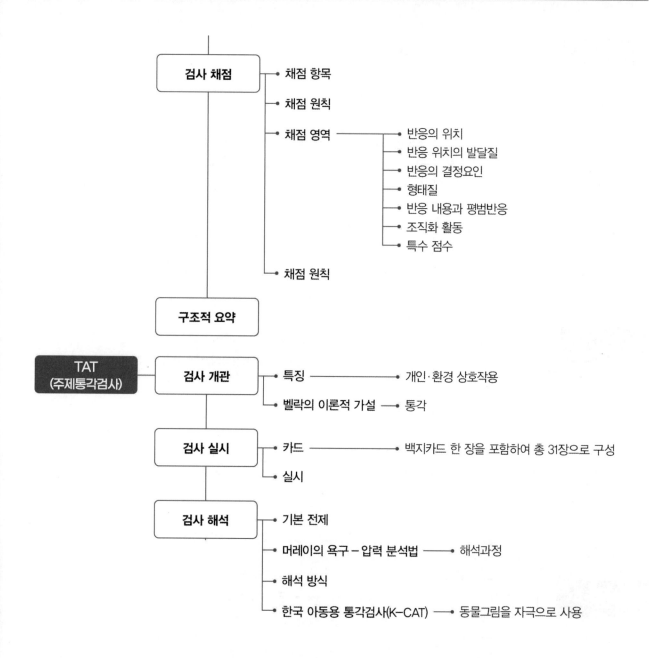

검사 채점 ●─ 채점 항목

●─ 채점 원칙

●─ 채점 영역 ─── ● 반응의 위치
● 반응 위치의 발달질
● 반응의 결정요인
● 형태질
● 반응 내용과 평범반응
● 조직화 활동
● 특수 점수

●─ 채점 원칙

구조적 요약

TAT
(주제통각검사) ─── 검사 개관 ●─ 특징 ─────── ● 개인·환경 상호작용

●─ 벨락의 이론적 가설 ── 통각

검사 실시 ●─ 카드 ─────── ● 백지카드 한 장을 포함하여 총 31장으로 구성

●─ 실시

검사 해석 ●─ 기본 전제

●─ 머레이의 욕구 - 압력 분석법 ───→ 해석과정

●─ 해석 방식

●─ 한국 아동용 통각검사(K-CAT) ───→ 동물그림을 자극으로 사용

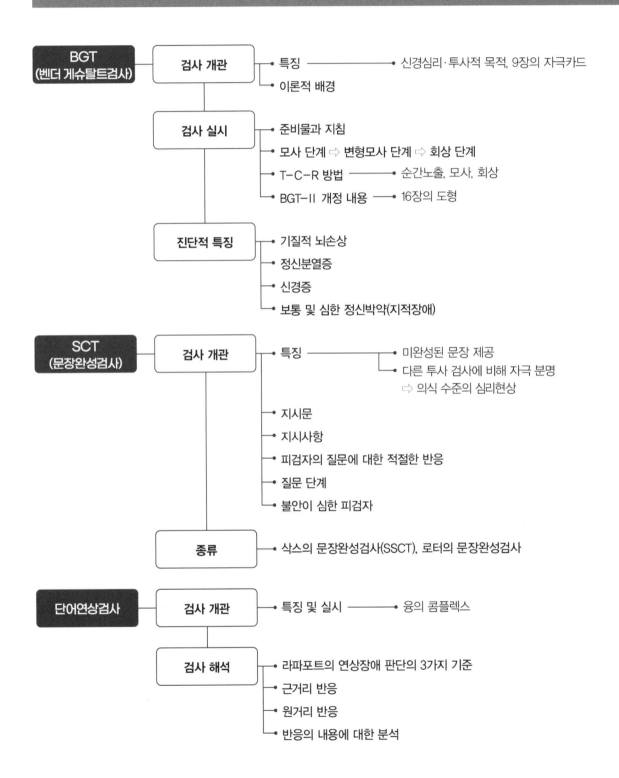

BGT
(벤더 게슈탈트검사)

검사 개관
- 특징 ── 신경심리·투사적 목적, 9장의 자극카드
- 이론적 배경

검사 실시
- 준비물과 지침
- 모사 단계 ⇨ 변형모사 단계 ⇨ 회상 단계
- T-C-R 방법 ── 순간노출, 모사, 회상
- BGT-II 개정 내용 ── 16장의 도형

진단적 특징
- 기질적 뇌손상
- 정신분열증
- 신경증
- 보통 및 심한 정신박약(지적장애)

SCT
(문장완성검사)

검사 개관
- 특징 ── 미완성된 문장 제공
   └ 다른 투사 검사에 비해 자극 분명
      ⇨ 의식 수준의 심리현상
- 지시문
- 지시사항
- 피검자의 질문에 대한 적절한 반응
- 질문 단계
- 불안이 심한 피검자

종류
- 삭스의 문장완성검사(SSCT), 로터의 문장완성검사

단어연상검사

검사 개관
- 특징 및 실시 ── 융의 콤플렉스

검사 해석
- 라파포트의 연상장애 판단의 3가지 기준
- 근거리 반응
- 원거리 반응
- 반응의 내용에 대한 분석

제**7**절 **발달 및 적응검사**

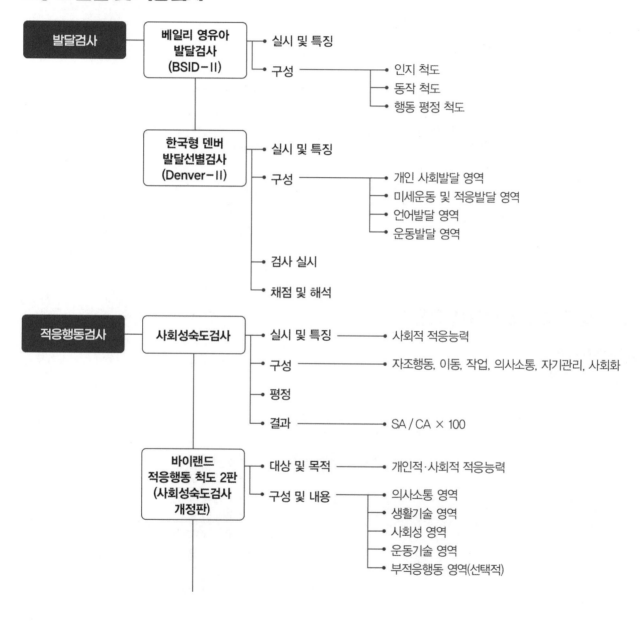

발달검사 ── 베일리 영유아 발달검사 (BSID-II)
- 실시 및 특징
- 구성
  - 인지 척도
  - 동작 척도
  - 행동 평정 척도

한국형 덴버 발달선별검사 (Denver-II)
- 실시 및 특징
- 구성
  - 개인 사회발달 영역
  - 미세운동 및 적응발달 영역
  - 언어발달 영역
  - 운동발달 영역
- 검사 실시
- 채점 및 해석

적응행동검사 ── 사회성숙도검사
- 실시 및 특징 ── 사회적 적응능력
- 구성 ── 자조행동, 이동, 작업, 의사소통, 자기관리, 사회화
- 평정
- 결과 ── SA / CA × 100

바이랜드 적응행동 척도 2판 (사회성숙도검사 개정판)
- 대상 및 목적 ── 개인적·사회적 적응능력
- 구성 및 내용
  - 의사소통 영역
  - 생활기술 영역
  - 사회성 영역
  - 운동기술 영역
  - 부적응행동 영역(선택적)

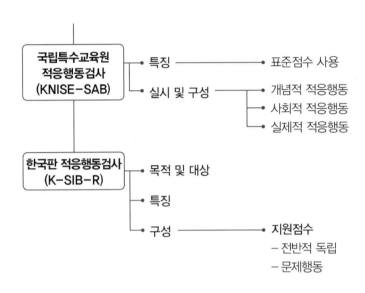

제 **8** 절 **행동평가 및 장애별 척도**

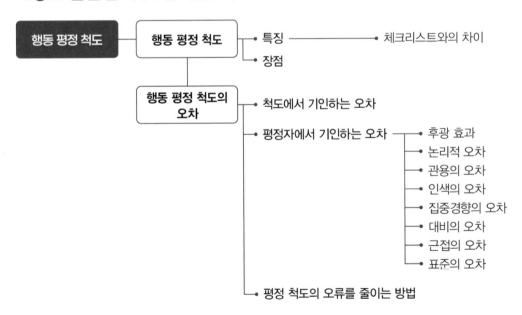

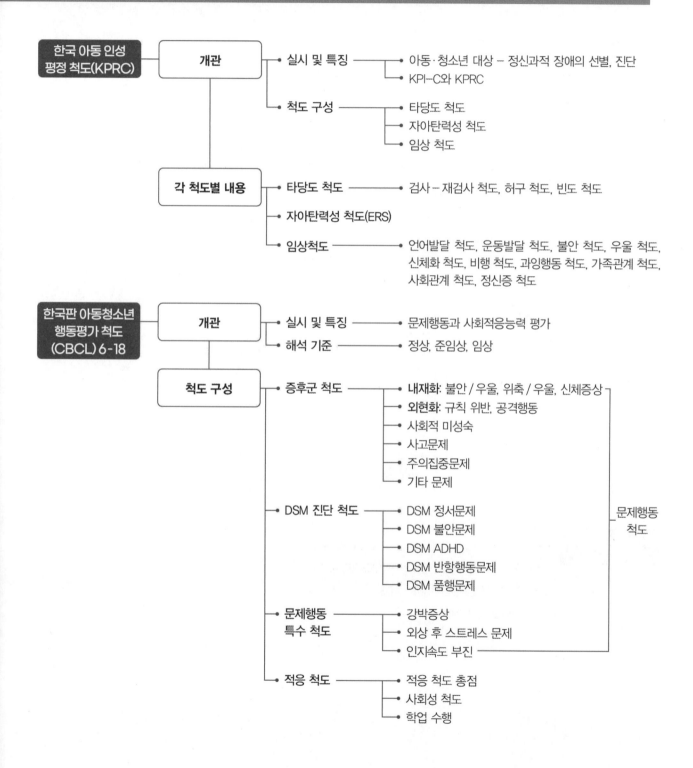

한국 아동 인성
평정 척도(KPRC)

개관
├ 실시 및 특징 ── • 아동·청소년 대상 − 정신과적 장애의 선별, 진단
│   • KPI−C와 KPRC
└ 척도 구성 ──── • 타당도 척도
                  • 자아탄력성 척도
                  • 임상 척도

각 척도별 내용
├ 타당도 척도 ── 검사 − 재검사 척도, 허구 척도, 빈도 척도
├ 자아탄력성 척도(ERS)
└ 임상척도 ──── 언어발달 척도, 운동발달 척도, 불안 척도, 우울 척도,
                 신체화 척도, 비행 척도, 과잉행동 척도, 가족관계 척도,
                 사회관계 척도, 정신증 척도

한국판 아동청소년
행동평가 척도
(CBCL) 6-18

개관
├ 실시 및 특징 ── 문제행동과 사회적응능력 평가
└ 해석 기준 ──── 정상, 준임상, 임상

척도 구성
├ 증후군 척도 ──
│   **내재화:** 불안 / 우울, 위축 / 우울, 신체증상 ─┐
│   **외현화:** 규칙 위반, 공격행동   │
│   사회적 미성숙   │
│   사고문제   │ 문제행동
│   주의집중문제   │ 척도
│   기타 문제   │
├ DSM 진단 척도 ──   │
│   DSM 정서문제   │
│   DSM 불안문제   │
│   DSM ADHD   │
│   DSM 반항행동문제   │
│   DSM 품행문제   │
├ 문제행동   │
│   특수 척도 ──   │
│   강박증상   │
│   외상 후 스트레스 문제   │
│   인지속도 부진 ───────────────────────────────────┘
└ 적응 척도 ──
    적응 척도 총점
    사회성 척도
    학업 수행

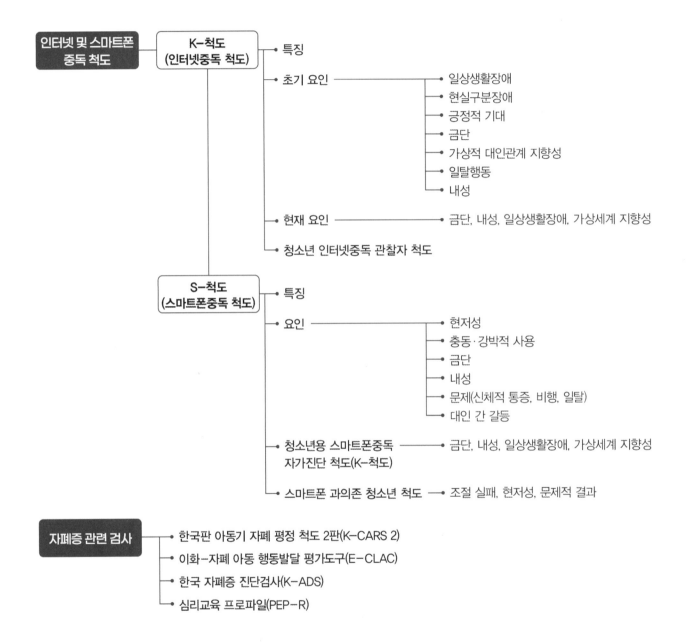

인터넷 및 스마트폰 중독 척도
- K-척도 (인터넷중독 척도)
  - 특징
  - 초기 요인
    - 일상생활장애
    - 현실구분장애
    - 긍정적 기대
    - 금단
    - 가상적 대인관계 지향성
    - 일탈행동
    - 내성
  - 현재 요인 — 금단, 내성, 일상생활장애, 가상세계 지향성
  - 청소년 인터넷중독 관찰자 척도
- S-척도 (스마트폰중독 척도)
  - 특징
  - 요인
    - 현저성
    - 충동·강박적 사용
    - 금단
    - 내성
    - 문제(신체적 통증, 비행, 일탈)
    - 대인 간 갈등
  - 청소년용 스마트폰중독 자가진단 척도(K-척도) — 금단, 내성, 일상생활장애, 가상세계 지향성
  - 스마트폰 과의존 청소년 척도 — 조절 실패, 현저성, 문제적 결과

자폐증 관련 검사
- 한국판 아동기 자폐 평정 척도 2판(K-CARS 2)
- 이화-자폐 아동 행동발달 평가도구(E-CLAC)
- 한국 자폐증 진단검사(K-ADS)
- 심리교육 프로파일(PEP-R)

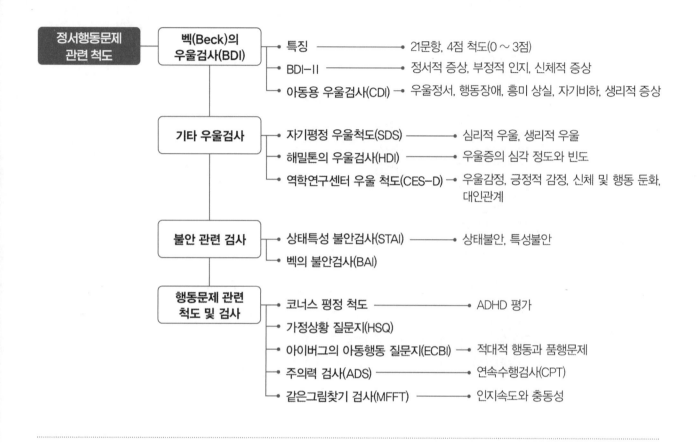

정서행동문제 관련 척도

- 벡(Beck)의 우울검사(BDI)
  - 특징 ──── 21문항, 4점 척도(0 ~ 3점)
  - BDI-II ──── 정서적 증상, 부정적 인지, 신체적 증상
  - 아동용 우울검사(CDI) → 우울정서, 행동장애, 흥미 상실, 자기비하, 생리적 증상

- 기타 우울검사
  - 자기평정 우울척도(SDS) ──── 심리적 우울, 생리적 우울
  - 해밀톤의 우울검사(HDI) ──── 우울증의 심각 정도와 빈도
  - 역학연구센터 우울 척도(CES-D) → 우울감정, 긍정적 감정, 신체 및 행동 둔화, 대인관계

- 불안 관련 검사
  - 상태특성 불안검사(STAI) ──── 상태불안, 특성불안
  - 벡의 불안검사(BAI)

- 행동문제 관련 척도 및 검사
  - 코너스 평정 척도 ──── ADHD 평가
  - 가정상황 질문지(HSQ)
  - 아이버그의 아동행동 질문지(ECBI) → 적대적 행동과 품행문제
  - 주의력 검사(ADS) ──── 연속수행검사(CPT)
  - 같은그림찾기 검사(MFFT) ──── 인지속도와 충동성

제 9 절 학습 관련 검사

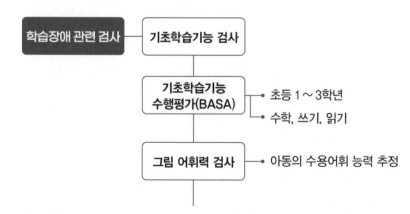

학습장애 관련 검사 — 기초학습기능 검사

- 기초학습기능 수행평가(BASA)
  - 초등 1 ~ 3학년
  - 수학, 쓰기, 읽기

- 그림 어휘력 검사 ──── 아동의 수용어휘 능력 추정

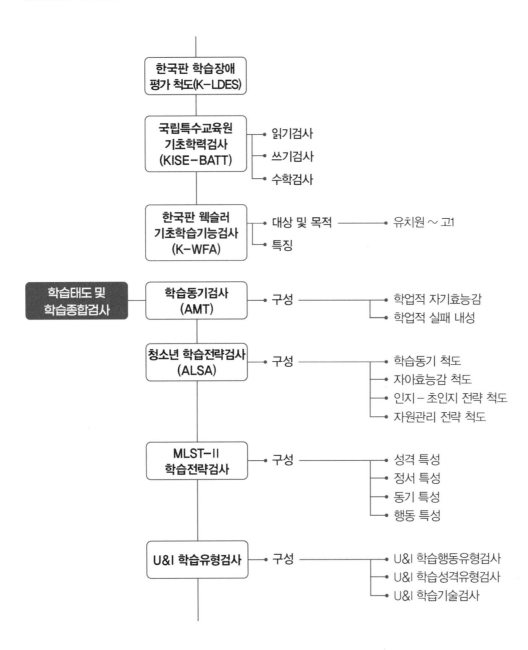

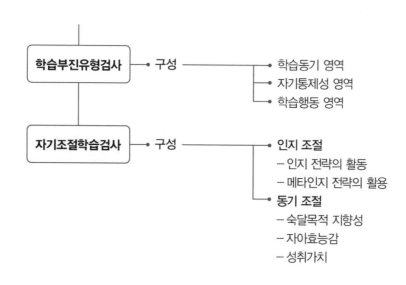

학습부진유형검사 — 구성
- 학습동기 영역
- 자기통제성 영역
- 학습행동 영역

자기조절학습검사 — 구성
- **인지 조절**
  – 인지 전략의 활동
  – 메타인지 전략의 활용
- **동기 조절**
  – 숙달목적 지향성
  – 자아효능감
  – 성취가치

제 10 절 평가자료 활용

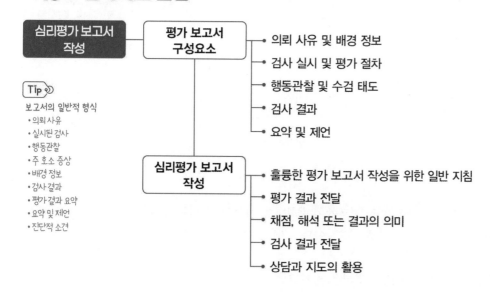

심리평가 보고서 작성 — 평가 보고서 구성요소
- 의뢰 사유 및 배경 정보
- 검사 실시 및 평가 절차
- 행동관찰 및 수검 태도
- 검사 결과
- 요약 및 제언

심리평가 보고서 작성
- 훌륭한 평가 보고서 작성을 위한 일반 지침
- 평가 결과 전달
- 채점, 해석 또는 결과의 의미
- 검사 결과 전달
- 상담과 지도의 활용

Tip
보고서의 일반적 형식
- 의뢰사유
- 실시된 검사
- 행동관찰
- 주 호소 증상
- 배경 정보
- 검사 결과
- 평가 결과 요약
- 요약 및 제언
- 진단적 소견

01 심리검사의 이해

1. 심리평가와 심리검사

(1) 심리평가

> • 심리평가 = 심리검사 + 면담 + 행동관찰 + 기타 작업
> • 심리평가 시행 단계: 검사 의뢰 → 문제 분석 → 평가방법 및 절차 결정 → 검사 시행 → 면담 → 종합 해석 → 심리평가 결과 제시
>   ↕
>   행동관찰

① 심리검사를 통해 개인에 대한 정보를 수집하고 면담, 행동관찰을 통해 정보를 수집한 다음 모든 자료와 정보를 종합하는 과정이다.

② 심리검사를 시행하고 결과를 해석하는 데 그치지 않고, 다양한 방식으로 자료를 수집하고 이 자료를 바탕으로 종합적인 해석을 내리는 보다 전문적인 작업이다.

(2) 심리평가와 심리검사 비교

구분	심리평가	심리검사
과정	심리검사, 면담, 행동관찰 등을 이용하여 정보를 수집하고 이를 정리·요약하는 종합적인 과정	심리검사를 시행하고 검사 결과를 중심으로 해석하는 과정
목적	문제의 원인을 찾고 해결을 돕는 것	현재 행동을 객관적으로 기술하고 앞으로의 행동을 예측하는 것
정보의 객관성	정보의 의미를 추론하는 과정에 전문가 작업이라는 주관적인 요소가 개입됨	검사에서 얻은 원점수를 규준에 근거하여 표준점수로 환산하여 객관적인 정보를 제공함
전문가 역량	정보를 해석하는 과정에 전문가의 역량이 매우 크게 작용됨	전문성이 미치는 영향이 제한적

(3) 심리검사

① 정의: 행동표본을 표준절차에 따라 측정하고, 결과를 수량화하여 점수로 기술하도록 하는 측정도구이다. 또한 규준을 마련하여 획득한 점수의 의미를 알게 하고, 이를 토대로 개인의 행동을 이해하고 예측하게 한다.

② 특징
    ㉠ 표준화와 체계화의 조건으로써 주관적인 판단을 방지한다.
    ㉡ 양적 측정을 통해 개인 간 행동을 비교할 수 있다.
    ㉢ 피검자의 검사반응을 비교함으로써 개인 내 비교도 가능하다.
    ㉣ 일회적이거나 횡단적인 시행을 통해 개인의 행동을 부분 또는 전체적으로 평가할 수 있다.

③ 심리검사의 기본 조건
- ㉠ 심리검사는 심리학적 측정도구이다.
- ㉡ 심리검사는 행동표본을 측정한다.
- ㉢ 심리검사는 표준화된 도구이다.
- ㉣ 심리검사는 규준을 갖추고 있다.
- ㉤ 심리검사는 개인의 행동을 예언하고자 한다.

④ 목적: 심리검사의 목적은 '임상 진단, 자아기능 평가, 치료전략 평가'이다.

⑤ 심리검사 유형

유형	특징
표준화 검사	• 정해진 절차에 따라 실시되고 채점되는 검사 • 검사조건이 모든 내담자에게 동일해야 하고, 채점이 객관적이어야 함 ➡ 규준에 의해 해석되며, 신뢰도 또는 타당도로 연구함
평정 척도	• 평정자의 관찰에 기초하여 다양한 성격, 행동을 평가하는 방법 • 대부분 주관적인 자료로 얻어지며, 자기평정, 타인평정, 환경평정 등이 있음
투사 기법	• 피검자에게 애매모호한 자극을 주고 이에 반응하도록 하는 방법 • 자극의 모호성 때문에 자극에 단순히 반응만 하기보다 자극을 해석하는 과정에서 자신을 드러내게 됨
행동관찰	• **행동**: 관찰과 측정이 가능한 행동 • **관찰**: 사전에 미리 계획하여 사건을 기록하는 것

생애사적 자료	• 내담자에 의해 보고되거나 역사적 기록에 반영되어 있는 개인의 성취, 경험을 말함
	   – **행동관찰과의 차이**: 관찰이 사전에 계획되지 않음
	   – **평정 척도와의 차이**: 판단에 의한 정보가 아닌 사실적인 정보임

생리학적 측정	• 근육 수축, 혈압 등의 본질적으로 비자발적인 신체적 기능 또는 신체적 언어를 측정하는 것 • 내담자의 행동을 모니터링하고 이해하는 데 중요함

(4) 심리검사 표준검사집(배터리검사, Battery)

① 장점
- ㉠ 어느 검사든 모든 영역을 다룰 수 있을 정도로 평가영역이 넓지 못하기 때문에, 여러 심리검사를 함으로써 수검자의 다양한 특성과 기능에 관심을 기울이고 개인에 대한 폭넓은 자료를 제공할 수 있다.
- ㉡ 다양한 심리검사는 평가영역이 어느 정도 중첩되기 때문에 단일 검사로부터 얻은 결과의 타당성이 다른 검사의 결과를 통해 검증될 수 있다.

② 문제점
- ㉠ 배터리검사는 검사를 시행한 후 수집된 검사자료 중 일부 결과만을 선택적으로 사용한다.
- ㉡ 심리검사의 예견적 능력이 배터리검사의 결과를 모두 합한다고 증가하는 것은 아니므로, 검사 시행에 소모되는 시간과 노력의 투자에 비해 효용성이 충분하지 않다.

③ 시행 순서(배터리검사를 임상 장면에서 사용할 경우)

> 1. 주로 간단하고 검사자와 수검자 간 거리가 유지되는 검사(예 벤더-게슈탈트검사, 인물화검사)를 시행한다.
> 2. 최대 능력이 요구되는 지능검사, 신경심리학적 검사 등을 시행한다.
> 3. 로르샤흐검사, 주제통각검사 등 투사적 검사를 시행한다.
> 4. 자기보고식 검사(예 MMPI, 문장완성검사)는 이러한 배터리검사의 시행 전후에 실시한다.

2. 심리검사의 분류

(1) 표준화 검사와 비표준화 검사

① 표준화 검사: 검사의 실시, 채점, 해석에 동일한 절차와 조건을 갖추고 규준이 있어, 동일한 조건인 사람 간의 상대적인 비교가 가능한 측정도구이다.

⑩ 지능검사, 적성검사, 성취검사, 흥미검사 등

② 비표준화 검사: 표준화되지 않은 평가도구로, 검사 제작과정을 설명하는 통계자료가 없는 검사도구이다.

⑩ 관찰, 일화기록, 평가 척도, 점검표, 질문지, 자서전, 카드분류법 등

(2) 구성개념에 따른 분류

① 인지(지능)검사: 지적능력과 관련된 인지적 능력을 측정한다.

⑩ 지능검사, 적성검사, 성취검사, 학력검사 등

② 성격검사: 행동의 정서적·비지적 측면을 측정하며, 정서 상태, 대인관계, 동기, 흥미, 태도 등이 포함된다.

⑩ 성격검사, 흥미검사, 불안검사, 가치관검사, 자아개념검사 등

(3) 구조화 정도에 따른 분류

구분	객관적 검사	투사적 검사
검사 자극	검사 자극의 의미가 명확함 (높은 안면 타당도)	검사 자극의 의미가 모호함 (낮은 안면 타당도)
질문	질문이 통일되어 있음	질문이 통일되지 않을 수 있음
응답 방식	정해진 형식에 따라 응답하도록 구성됨	자유롭게 응답할 수 있게 구성됨
예시	MMPI, MBTI, CPI, 웩슬러 지능검사 등	로르샤흐검사, TAT, SCT 등

더 알아보기 투사적 검사와 객관적 검사의 장단점

구분		내용
투사적 검사	장점	• 검사반응이 독특함: 개인의 독특한 반응이 드러나게 한다는 점에서 개인을 이해하는 데 유용함 • 방어가 어려움: 불분명하고 모호한 자극이 제시되므로, 수검자가 자극을 검토하여 의도적으로 방어적 행동을 하는 것이 어려움 • 반응이 풍부함: 검사 자극이 모호하고, 검사 지시에서 일정한 응답 방식을 요구하지 않아 개인의 반응이 다양하게 표현되며 개인의 독특한 심리적 특성을 잘 반영해 줌 • 개인의 무의식 내용이 반영됨: 무의식적인 심리 상태가 잘 반영되는 이유는 생소하고 모호한 자극을 제시함으로써 의식화되지 않던 사고나 감정이 표현되도록 하기 때문임
	단점	• 신뢰도가 낮고 일관성이 부족함: 표준절차를 실시한다고 해도 평가자에 따라 채점과 해석이 달라질 수 있고, 검사의 반응이 개인의 지속적인 특성을 반영하는 것이 아니라, 정신 상태나 변화된 상태를 반영하기 때문에 반응의 일관성이 부족함. 또한 검사 전체 또는 일부분이 일관된 내용을 평가하는지 확인하기도 어려움 • 타당도 문제가 있음: 투사적 검사 해석의 근거가 과학적으로 충분히 검증되지 않음 • 검사반응이 상황에 따라 영향을 받음: 검사자의 성, 태도, 수검자의 선입견 등이 검사 반응에 영향을 미치므로 수검자의 특성 외에도 검사 시행의 상황적 조건이 영향을 끼칠 수 있음

객관적 검사	장점	• **검사 실시가 간편함**: 검사 실시와 채점의 표준절차가 마련되어 있고, 객관적인 근거에 따라 해석이 이루어진다는 점에서 사용이 간편함 • 검사 제작과정에서 신뢰도와 타당도가 확보되어 있으며, 표준화 검사라는 장점이 있음 • **객관성이 보장됨**: 검사자 변인이나 검사 상황 변인에 따른 영향을 적게 받고, 준거에 따라 개인 간 비교가 가능하므로 검사자의 주관성이 배제될 수 있음
	단점	• **사회적 바람직성 문제**: 수검자가 검사 내용에 대해 사회적으로 바람직한가에 따라 반응하는 경향이 있는데, 이것이 응답 결과에 영향을 줌 • **반응 경향성이 나타남**: 개인마다 응답 방식에 특정한 흐름이 있음. 긍정적인 방향으로 응답하거나 부정적인 방향으로 응답하거나 중간 수준에서 응답하는 등 개인의 독특한 반응 경향성에 따라 검사반응이 영향을 받음 • **문항 내용이 제한됨**: 알아내고자 하는 행동을 대표적으로 나타내는 문항을 중심으로 구성되므로, 개인에게 의미 있는 독특한 내용은 제시되지 못함

(4) 최대능력검사와 행동표현검사

① **최대능력검사**: 자신의 능력을 최대로 시험해 보이도록 최선을 다해 응답하는 검사이다.

ⓔ 지능검사, 적성검사

➡ 정답과 오답이 존재하며 인지 기능과 발달적 기능의 수준과 양상을 측정한다. 이 검사는 수검자가 능력을 발휘하기 위해 최대한 노력한다는 점이 전제가 된다.

② **행동표현검사**: 일상생활에서 흔히 보이는 행동이나 가상으로 주어진 상황에서 취할 확률이 가장 높은 행동을 측정하는 검사이다.

ⓔ 성격검사, 흥미검사 등

➡ 정답과 오답이 없고 시간 제한을 받지 않는다. 성격, 태도, 동기 등의 측정에 흔히 사용된다.

(5) 속도검사와 역량검사

① **속도검사**: 짧은 시간 안에 완성해야 하는 많은 문제로 구성되는 검사이다.

ⓔ 손가락 및 손동작 검사, 계산 속도 및 정확도 검사 등

② **역량검사**: 난이도가 다양한 문제를 주어진 시간 안에 응답해야 하는 검사이다.

ⓔ 지능검사, 성취도 검사 등

(6) 규준참조검사와 준거참조검사

① **규준참조검사**: 검사 개발자가 특정 개인의 점수를 다른 사람들의 점수와 비교하는 데 우선적인 관심을 둔다.

➡ 점수를 규준집단에서의 상대적 위치, 서열에 비추어 해석하는 평가방식이다.

② **준거참조검사**: 검사 개발자가 개인의 점수를 이미 정해진 기준점수와 비교하여 전체적으로 기준점수를 넘은 사람이 얼마나 되는지 파악하는 데 우선적인 관심을 둔다.

➡ '무엇을 어느 정도 할 수 있는가?'에 비추어 점수를 해석하는 평가방식이다.

3. 비표준화 검사의 종류

(1) 관찰법(observation)

① 의미: 관찰자가 특정 개인의 행동을 일정 시간 동안 지켜본 후에 대상에 대한 소견과 인상을 기록하는 질적 평가방법이다.

② 관찰내용: 표준화된 점수체계로 변환하거나 특정 행동이 발생하는 빈도를 계산하여 자료로 활용하기도 한다.

③ 장점: 특별히 전문적인 교육을 받지 않아도 다양한 시간과 장소에서 자연스럽게 실시할 수 있다.

④ 한계점

　㉠ 관찰이 자연스러운 상태에서 이루어지고 관찰자의 시각적 인상에 의지하게 되면서 관찰 결과를 지나치게 정확한 것으로 과대평가할 수 있다.

　㉡ 관찰내용은 시간이 흐를수록 기억에서 사라지기 쉽다.

　㉢ 관찰자마다 다른 조회체계(frame of reference) 내에서 관찰이 이루어진다.

(2) 일화기록(anecdotal record)

① 의미: 관찰자가 특정 학생을 특정 시점에 관찰한 사항이나 기록으로 남길 만큼 중요하다고 판단되는 사건 또는 삽화(episode)를 객관적으로 기술하고 소견을 첨부하는 방법이다.

② 관찰대상, 관찰자, 관찰장소와 시간에 관한 정보, 관찰자의 관찰내용, 소견을 보고하기 위한 도구이다.

③ 장점: 관찰내용을 기록, 보고하는 지침을 제공하여 행동관찰 결과를 보다 객관적이고 정확하게 기술할 수 있다.

④ 일화의 올바른 해석을 위해 관찰대상이 되는 사건의 배경과 상황을 고려하여 기록해야 한다.

(3) 평가 척도(rating scale)

① 의미: 학생을 체계적·객관적으로 평가하기 위한 지시적이고 구조화된 도구이다.

② 장점: 주로 성격적 특성이나 행동에 관한 일련의 목록으로 구성되고 각 목록에 대한 정도를 파악하기 용이하여 구체적인 정보를 손쉽게 얻을 수 있다.

③ 관찰항목을 구체적으로 제시하고 반응을 기록할 수 있는 척도가 있어 다른 자료와 비교할 수 있다.

(4) 점검표(checklist)

① 의미: 학생들의 성격특성과 구체적인 행동이 제시되는 구조화된 평가도구로 '체크리스트'라고도 불린다.

② 관찰자가 관찰을 통해 어떤 판단을 이루면 관찰대상 학생의 특성으로 여겨지는 항목에 표시하도록 고안된다.

③ 장점: 실시가 쉽고 작성 방법도 단순하다.

④ 한계점: 일화기록처럼 실제적이고 상세한 진술을 제공하거나 평가 척도처럼 특성의 정도를 나타내지 못한다.

(5) 질문지(questionnaire)

① 의미: 특정 목적을 위해 대상자로부터 구체적인 정보나 자료를 이끌어낼 수 있는 일련의 질문으로 구성된다.

② 장점: 비교적 쉽게 원하는 자료 수집이 가능하고 통계처리가 용이하며, 대상자가 직접 참여할 수 있다.

(6) 자서전(autobiography)

① 의미: 개인의 생애를 본인이 직접 글로 기록한 것으로, 삶의 과정에서 생긴 사건들에 대한 통찰을 가져다주는 글로 이루어진다.

② 장점: 개인의 생애사를 조명하고 독특한 성격특성, 삶에 대한 조망, 사고, 활동세계를 그려낼 수 있다.

③ 한계점

　　㉠ 초등학교 저학년 아동의 경우, 언어 구사능력의 한계로 인해 도구의 사용이 다소 제한적일 수 있다.

　　㉡ 학생이 자서전을 얼마나 정직하게 작성해주는지의 문제가 있다.

　　㉢ 자서전의 내용을 정확하고 의미 있게 해석하려면 성격심리학이나 인성 발달에 대한 전문 지식이 필요하다.

(7) 카드분류법

① 의미: 자극물이 인쇄된 카드 세트를 이용하여 개인의 흥미와 가치를 평가하는 도구이다.

② 주로 일대일로 이루어지며, 대상자에게 카드를 나누어주는 것으로 시작한다.

③ 가치관, 전공 선택, 직업 선택, 취미생활 등과 관련하여 자신을 탐색하고 발견하도록 돕는 데 활용할 수 있다.

4. 심리검사 진행과정

(1) 검사 선택

① 검사를 실시하는 목적에 합당한 검사의 특성과 조건에 근거한다.

② 고려사항: 검사의 타당도, 신뢰도, 실용도, 객관도를 비롯한 척도, 점수체계, 표준분포, 표집이론, 기술통계 등

③ 개별적으로 돕기 위해 검사를 실시하는 경우: 학생의 안녕과 복지에 해가 없고 가장 유익한 검사를 선택한다.

> **참고**　검사 선택과정에 내담자를 참여시키는 이유
>
> • 검사 결과와 해석을 받아들이는 과정에서 방어적인 태도를 거의 보이지 않게 되고 검사 결과를 객관적으로 인식할 수 있다.
> • 심리검사에 대한 막연한 불안감을 가지는 학생이 있을 수 있다.
> • 검사 결과와 해석에 대한 방어를 감소시키고 기꺼이 받아들일 가능성을 높일 수 있다.
> • 학생에게 선택권을 부여함으로써 검사 효과를 극대화할 수 있다.

(2) 검사 실시

① 검사 실시자는 검사 실시요강을 잘 알고 있어야 한다.

② 피검자의 흥미와 관심, 자발적인 협조를 이끌어낸다.

③ 검사에 적합한 물리적 환경을 갖춘 공간에서 실시한다.

④ 검사시간을 엄수하여 검사결과의 정확도를 높인다.

⑤ 컴퓨터로 검사를 실시하는 경우, 그에 따른 지시사항을 철저히 준수한다.

(3) 검사 해석

① 검사에 대한 전문적인 지식을 가진 사람이 담당한다.

② 검사 해석에 앞서 피검자가 검사에 대해 비현실적 기대를 하고 있는지 확인한다.

③ 검사 결과는 해당 검사의 규준에 따라 해석하고, 측정 용어에 대한 상세한 설명은 혼란을 초래할 수 있으므로 가급적 생략하며, 설명이 필요한 경우 피검자의 지적 수준에 맞게 설명한다.

④ 검사 결과는 잠정적인 어조로 설명한다.

⑤ 검사 해석 시 상담기술을 활용하여 학생의 적극적인 참여를 유도한다.

⑥ 검사 결과로 인해 피검자가 낙인찍히는 상황이 생기지 않도록 한다.

1. 심리측정과 심리적 구성개념

(1) 개념

① 측정(measurement): 관심 있는 대상의 특정한 속성에 숫자를 부여하는 것이다.

② 사정(총평, 평가, assessment): 교육적 의사결정에 필요한 자료를 수집(조사)하는 과정으로 정의된다. 이때 얻은 자료에는 양적·수량적 자료뿐만 아니라 질적 자료도 포함된다.

③ 평가(사정, evaluation): 측정과 사정을 통해 얻은 자료를 바탕으로 관심 대상이 가진 속성에 값어치를 매기는 것, 즉 가치판단을 하는 것으로 '수집된 자료에 근거한 가치판단을 통해 의사결정을 내리는 과정'이다.

(2) 심리측정

① 상황적 조건에 따라 달라질 수 있는 개인의 행동을 대표할 수 있는 행동을 표집하여 추상적 구성개념을 간접적으로 측정하는 과정이다.

② 접근방식

㉠ 이론적 접근방식: 측정하려는 이론적 구성개념을 문항이 다루고 있는지를 기준으로 선정된다.

㉡ 경험적 접근방식: 검사 제작의 첫 단계에서 측정하고자 하는 구성개념의 조작적 지표를 경험적 방식에 따라 결정한다.

㉢ 절충식 접근방식: 문항은 이론에 따라 작성되지만 문항의 심리측정적 속성과 경험적 관계에 따라 선정한다.

(3) 심리적 구성개념 측정의 문제점

① 모든 구성개념이 보편적으로 받아들여지는 유일한 측정방법은 존재하지 않는다.

② 심리측정은 보통 제한된 표본의 행동들을 근거로 한다.

③ 측정은 항상 오차 가능성이 있다.

④ 측정 척도상에 잘 정의된 단위가 없다는 것이 또 하나의 문제를 제기한다.

⑤ 심리학적 구성개념은 조작적 정의의 측면에서만 정의될 수 없고, 다른 구성개념이나 관찰 가능한 현상과의 관계를 입증해야만 한다.

> **참고** **심리측정 관련 용어**
>
> • **측정(measurement)**: 사물이나 사물의 어떤 속성, 특질을 대상으로 일정한 규칙에 따라 수를 할당하는 과정이다.
> • **평가(assessment)**: 심리학적 판단을 내릴 목적으로 심리검사, 면담, 행동관찰 등의 방법을 이용하여 개인에 관한 자료를 수집하고 통합하는 과정을 의미한다.
> • **사정(evaluation)**: 피검자의 행동에 관한 측정 결과를 표준적인 기준과 비교하여 그 가치나 질을 판단하는 과정을 의미한다.
> • **인벤토리(inventory)**: 성격, 흥미, 태도, 활동 등의 측정을 위해 구성된 일련의 질문 문항 세트인 질문형 검사로, 자기보고형 검사가 이에 속한다.
> • **설문지(questionnaires)**: 흔히 자기보고식 인벤토리와 동의어로 사용된다. 개인이 직접 응답하는 자가 진술을 얻기 위해 설문지가 사용되고 각 진술은 '네', '아니요' 등의 답을 요구한다.
> • **검사(test)**: 정보를 얻고, 얻은 정보를 수치나 점수로 전환하기 위해 구체적인 절차를 이용하는 측정의 한 유형이다. 검사는 관찰, 면접과 같은 주관적인 측정기법과 구분될 수 있지만 넓은 의미에서는 이러한 주관적인 평가기법을 포함하기도 한다.
> • **척도(scale)**: 심리검사와 관련하여 척도가 사용될 때 심리적 특성을 재는 측정도구를 의미하는 경우가 많다. 비네(Binet)와 시몬(Simon)이 만든 지능검사는 'scale'이라는 명칭이 사용되었고 성격 척도, 태도 척도 등 검사를 지칭하는 용어로 사용되기도 한다. 원래 척도는 길이, 무게, 넓이 등을 재기 위해 만든 일정 단위의 눈금 또는 도량형을 의미한다.

2. 점수의 유형

(1) 원점수(raw score)

① 피검자가 옳은 반응을 보이거나 옳은 반응을 보인 것으로 가정되는 문항에 부여되는 배점들을 합산한 점수로, '획득점수'라고도 한다.

② 피검자의 수행에 대해 의미 있는 해석을 할 수 있는 정보를 제공하지 못한다.

(2) 변환점수

① 백분율점수(percentage score): '총점에 대한 획득점수의 백분율'을 말하며, 백분율은 다른 점수와 상대적으로 비교할 수 없다.

② 유도점수(derived score): 점수 간의 상대적 비교가 가능하도록 원점수를 변환한 점수이다.

  ㉠ 발달점수(developmental score): 평가대상 학생의 발달 정도를 나타내는 점수로, 등가점수와 지수점수가 있다.

구분	내용
등가점수 (equivalent score)	• 연령 등가점수와 학년 등가점수로 나눌 수 있음 • 특정한 대상 학생이 얻은 원점수가 어떤 연령 또는 학년의 평균적인 수행에 해당하는지를 나타내는 점수 예 사회연령, 정신연령, 발달연령 등
지수점수 (quotient score)	• 대상 학생의 연령 등가점수를 생활연령으로 나누고 100을 곱해 산출한 값 • 생활연령에 대한 연령 등가점수의 비율(%)이므로 '비율점수(ratio score)'라고도 함

  ㉡ 상대적 위치 점수 [기출 16]: 대상 학생의 수행 수준을 그가 속한 집단 또는 또래집단 내에서의 상대적 위치로 표현한 점수로, 백분위점수, 표준점수, 스테나인점수 등이 있다.

구분	내용
백분위점수 (percentile score)	어떤 점수가 서열순위 내에 위치할 때 그 밑에 위치하는 비교집단의 사람 비율 (자신보다 점수가 낮은 사람들의 백분율)
표준점수 (standard score)	• 사전에 결정된 평균과 표준편차를 가지고 정규분포를 이루도록 변환한 점수를 총칭함 • 정규분포에서 특정 원점수가 평균에서 얼마나 떨어져 있는지를 표준편차 단위로 환산한 점수 ➡ z 점수(평균 0, 표준편차 1), T 점수(평균 50, 표준편차 10), 능력점수(평균 100, 표준편차 15 또는 16) 등이 있음
스테나인점수 (stanine score)	• 정규분포를 9개의 점수구간(범주)으로 분할한 것 • 특정 점수가 아닌 수행수준의 범위를 나타내며 9개 범주 간에 등간성도 없음

(3) 표준점수

① 검사나 조사에서 얻은 원점수는 절대영점이 없거나 측정단위가 다를 수 있어 서로 비교하는 데 어려움이 있다. 따라서 원점수를 상대적 위치로 표시하여 의미 있는 비교를 가능하게 할 필요가 있는데, 이때 원점수의 상대적 위치를 알려주는 점수를 표준점수라고 한다.

② 표준편차와 평균에 기초하며 원점수와 평균 간의 거리(표준편차 단위상에서의 거리)로 정의할 수 있다.

③ 표준점수는 평균에서 벗어난 크기뿐 아니라 벗어난 방향까지도 알려주기 때문에 심리검사에서 활용된다.

④ 표준점수의 종류

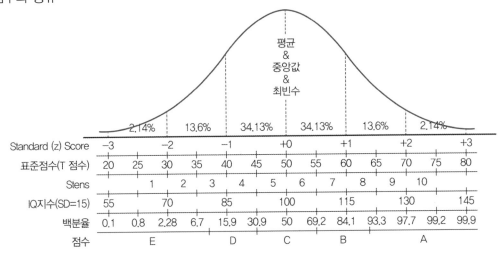

[그림 11-1] 표준정규분포곡선

x/σ	면적	종축치		x/σ	면적	종축치		x/σ	면적	종축치
0.00	0.0000	0.3989		1.00	0.3413	0.2420		2.00	0.4772	0.0540
0.20	0.0793	0.3910		1.20	0.3849	0.1942		2.20	0.4861	0.0355
0.40	0.1554	0.3683		1.40	0.4192	0.1497		2.40	0.4918	0.0224
0.60	0.2257	0.3332		1.60	0.4452	0.1109		2.60	0.4853	0.0136
0.80	0.2881	0.2897		1.80	0.4641	0.0790		2.80	0.4974	0.0079
1.00	0.3413	0.2420		2.00	0.4772	0.0540		3.00	0.4987	0.0044

※ 부록 1: 'Ⅰ 표준정규분포표' 참고(p.778)

㉠ z 점수

ⓐ 집단의 평균이 0, 표준편차가 1인 정규분포곡선(z 점수)을 사용하여 집단 내에서의 개인의 상대적인 위치를 알려주는 수치이다.

ⓑ 원점수로부터 표준점수를 구하는 공식

> z = (Xi－M)÷SD
> "z 점수 = (원점수－집단 평균점수)÷표준편차"

ⓒ 개인의 상대적인 위치를 알려주는 가장 정확한 수치이지만 소수점으로 표현되어 사용이 불편하다.

㉡ T 점수

ⓐ z 점수에 임의의 표준편차를 곱하고 임의의 평균을 더해 사용하기 편리한 수치로 전환한 점수이다.

ⓑ T 점수 공식: '(z 점수×임의의 표준편차값)＋임의의 평균값'으로, 지능검사와 적성검사는 표준편차 15, 평균 100으로 전환하고, 성격검사는 표준편차 10, 평균 50으로 전환하는 것이 관행이다.
  • 지능검사: '(z×15)＋100' 또는 '[(Xi－M)÷SD]×15＋100'으로 계산한다.
  • 성격검사: '(z×10)＋50' 또는 '[(Xi－M)÷SD]×10＋50'으로 계산한다.

ⓒ 스테나인 점수

스테나인	1	2	3	4	5	6	7	8	9
비율	4%	7%	12%	17%	20%	17%	12%	7%	4%
의미	상위 4% 이내	상위 4~11%	상위 11~23%	상위 23~40%	상위 40~60%	상위 60~77%	상위 77~89%	상위 89~96%	상위 96~100%

ⓐ 평균을 5, 표준편차를 2로 표준화하여 9개의 범주로 표현한 표준점수이다.

ⓑ 백분위 점수의 범위를 나타낸다. 예 수학능력시험

ⓒ 장점: 소수점이 없는 정수점수이므로 계산이 간편하고, 피검자의 점수가 작은 점수 차로도 확대해석되는 것을 방지할 수 있다.

ⓓ 단점: 단일점수가 점수의 범위를 나타내므로 정밀하지 못하고, 사람들이 하나의 수치가 여러 원점수를 나타낼 수 있다는 사실을 이해하지 못할 수 있다.

(4) 측정의 표준오차

① 표준화 검사는 측정오차를 가지므로, 점수는 학생의 진점수의 근사치에 불과하다.

예 동일한 검사를 반복 실시하면 학생의 점수가 변하는 것이 발견되는데, 이때 점수들의 평균값을 구하면 학생의 진점 수에 대한 추정치를 얻을 수 있다.

② 진점수: 이상적인 조건에서 반복적인 검사가 가능한 경우 얻게 되는 개인점수의 가설적인 평균값이다.

③ 한 개인에게 동일한 검사를 반복하여 시행하는 것이 실제적이진 않지만, 측정의 표준오차를 사용하여 진점수의 추정치를 얻을 수 있고, 측정의 표준오차는 한 개인의 진점수가 위치할 가능성이 있는 점수들의 범위이며, 이때 범위는 신뢰구간으로 표현된다.

예 학생의 원점수가 50이고 표준오차가 5인 경우, 학생의 진점수는 45~55 사이에 위치한다.

3. 척도의 종류

(1) 척도

① 척도(scale): 측정하고자 하는 대상의 속성을 숫자로 표기하기 위하여 사용하는 점수체계.

② 척도를 사용한 측정 결과는 심리적 속성의 정도 및 여부 등을 나타낸다.

(2) 척도의 종류

척도	분류	순서(크다, 작다)	동간(같은 간격)	절대영점
명명 척도	○	×	×	×
서열 척도	○	○	×	×
등간 척도	○	○	○	×
비율 척도	○	○	○	○

① 명명 척도: 대상을 구분하거나 분류할 목적으로 이름을 부여하는 것이다.

예 성별, 인종, 색깔 등

② 서열 척도: 측정대상을 구분·분류하는 명명 척도의 특성뿐만 아니라 측정대상의 상대적 서열을 표시하기 위해 사용하는 것으로, 척도 단위 사이의 등간성이 존재하지 않는다.

예 석차, 학생들이 얻은 점수를 등위로 변환하는 것, 성적을 수우미양가로 분류하는 것 등

③ 등간 척도: 측정대상에 대한 '분류'와 '서열' 정보를 담은 서열 척도의 속성과 더불어 등간성(동간성)을 가진다.
  예 온도, 연도(서기, 단기, 불기 등), 지능지수 등
  ㉠ 등간성: 측정 단위 간의 간격에 동일한 수적 차이를 부여하는 속성이다.
  ㉡ 임의영점과 임의단위(가상단위)를 가짐: 숫자 0을 부여할 지점인 영점과 척도의 눈금을 매기는 임의의 기준이 약속에 의해 성립된 것이라는 의미로, 똑같은 간격에 똑같은 단위를 부여하는 등간성을 지닌다.
  ㉢ 덧셈법칙은 성립하나 곱셈법칙은 성립하지 않는다.
④ 비율 척도: 측정대상의 분류, 서열, 등간성의 정보를 담은 등간 척도의 속성에 비율성, 절대영점, 임의단위까지 갖는다.
  예 거리, 무게, 나이, 연간 소득, 제품 가격 등
  ㉠ 비율성: 측정된 수치 간에 곱셈법칙을 적용하여 해석할 수 있음을 의미한다.
  ㉡ 사칙연산을 적용할 수 있고, 덧셈법칙과 곱셈법칙을 적용해야 하는 모든 통계량을 산출할 수 있다.

03 검사의 양호도

1. 신뢰도

(1) **검사 신뢰도** `기출 15 추시`
① 검사 측정치가 얼마나 일관적인가를 의미하며, 결과에 있어 우연 등의 외부적 요인을 제거하는 정도를 의미한다.
② 비슷한 개념: 신뢰 가능성, 안정성, 일관성, 예언 가능성, 관찰점수에서 체계적인 부분이 차지하는 부분이 진점수이고 비체계적인 부분이 오차점수이며, 체계적인 부분이 차지하는 비율이 신뢰도이다.
③ 존재 여부가 아닌 정도의 문제: 보통 0에서 1 사이의 값으로 표현되며, 클수록 신뢰도가 높음을 의미한다.

(2) **신뢰도 추정방법**
① 검사-재검사 신뢰도의 안정성 계수: 같은 검사를 반복적으로 실시하는 것을 상정한다.
② 동형검사 신뢰도의 동형성 계수: 한 검사의 동형검사를 만들 수 있다는 전제를 가진다.
③ 동질성 계수 혹은 내적 일관성 계수: 한 검사의 단일 시행 결과만을 가지고 신뢰도를 추정할 수 있는 방법이다.

참고 신뢰도의 종류에 따른 장단점

종류	장점	단점
검사-재검사 신뢰도	분석 방법이 간단함	• 검사를 2번 실시해야 함 • 검사 실시간격 설정에 따른 문제가 발생할 수 있음
동형검사 신뢰도	검사 실시간격으로 인한 문제를 극복할 수 있음	동형검사의 제작이 어려움
반분 신뢰도	• 검사를 1번만 실시함 • 연습효과, 반복검사로 인한 문제를 극복할 수 있음	검사를 적절하게 양분하는 과정이 어려움
문항 내적 합치도	• 검사를 1번만 실시함 • 문항 간 일관성에 의해 단일한 신뢰도를 얻음	검사도구의 신뢰도를 과소추정하는 경향이 있다

(3) 검사-재검사 신뢰도(안정성 계수)

① 의미: 하나의 검사를 동일한 피험자 집단에 일정한 시간 간격을 두고 2번 실시하여, 결과가 얼마나 일관되게 나오는지를 살펴보는 방법이다.

② 절차: 동일 검사를 동일 집단에게 두 번 실시하여 얻은 두 점수 간의 상관계수로 추정한다.

③ 장점: 추정방법이 간단하다.

④ 실시 문제

    ㉠ 검사 간격 설정에 따른 문제

        ⓐ 두 검사 사이의 시간 간격이 짧으면 신뢰도가 높아짐: 연습과 기억의 영향으로 실제의 신뢰도와 무관하게 신뢰도가 높아진다(이월 효과).

        ⓑ 두 검사 사이의 시간 간격이 너무 긴 경우 신뢰도가 낮아짐: 측정대상의 속성이나 특성이 변화될 가능성이 높고, 실제의 신뢰도와 무관하게 신뢰도가 낮아진다.

        ⓒ 검사를 치르는 경험: 개인의 진점수를 변화시킬 가능성이 있다(반응 민감성).

    ㉡ 검사를 두 번 실시하는 데 따른 문제점: 검사를 두 번 실시해야 한다는 어려움과 동일한 검사환경, 동일한 동기와 검사 태도를 만들기 어렵다.

    ㉢ 시간과 경비: 시간이 오래 걸리고, 경비도 이중으로 든다.

(4) 동형검사 신뢰도(동형성 계수)

① 의미: 하나의 검사에 대한 2개의 도구 또는 방식(동형검사)을 같은 집단의 사람들에게 2번 실시하여 얻은 점수 간의 일관성을 비교하여 계산한다.

② 동등계수: 개발한 검사 A를 한 집단에게 실시하고 동형의 검사 B를 바로 이어서 실시한 후, 두 검사점수 간의 상관계수를 구하는 것이다.

③ 절차: 두 개의 동형검사가 제작되어야 하며 동일 피험자에게 검사가 두 번 시행되어야 한다.

④ 장점: 두 개의 동형검사를 동일 집단에 동시에 시행하므로, 검사 간격이 문제가 되지 않고, 신뢰도 계수 추정이 쉽다.

⑤ 실시 문제

    ㉠ 동형검사 제작이 어렵고, 제작된 동형검사의 동등성 보장 문제가 발생한다.

    ➡ 한 심리검사의 동형검사가 되기 위해서는 모든 피험자의 진점수가 두 검사에서 동일하고 관찰점수 분산도 동일하도록 제작해야 하므로, 실제로 완벽한 동형검사의 제작이 어렵다. 따라서 하나의 검사만 필요한 상황이면 신뢰도를 추정하기 위해 군이 추가적인 비용과 노력을 들여 동형검사를 제작할 필요가 없다.

    ㉡ 두 검사가 가능한 한 동일한 조건에서 실시될 필요가 있음: 하지만 두 검사를 연달아 실시하는 경우 두 번째 검사에서 피험자의 피로도가 높을 수 있어 동일한 조건을 충족하기 어렵다.

    ➡ 이월 효과를 완전히 배제하기 어려움: 한 문항을 해결하면 이와 유사한 문항도 쉽게 해결할 수 있다.

(5) 반분 신뢰도(동질성 계수: 단일 시행을 통한 신뢰도 추정)

① 의미: 검사를 두 부분으로 나누어 각 개인의 결과점수를 비교함으로써 신뢰도를 측정한다.

② 반분 신뢰도는 내적일관성 신뢰도의 한 종류로 검사를 두 부분으로 나누어 두 부분검사 점수에 대한 측정의 유사성을 추정하는 방법이다.

③ 절차
　　㉠ **전후법**: 한 검사의 문항을 배열된 순서에 따라 전반부와 후반부로 반분한 후에 두 점수 간의 상관계수를 추정하여 신뢰도를 구한다.
　　　➡ 비교적 문항 수가 적거나 난이도가 골고루 분포된 경우 적합하다.
　　㉡ **기우법**: 검사 문항의 번호에 따라 홀수 또는 짝수로 양분하는 방법으로 신뢰도를 구한다.
　　　➡ 검사 문항이 비교적 많고 난이도에 따라 문항이 배열되어 있는 검사에 적합하다.
　　㉢ **짝진 임의 배치법**: 동급의 문항이라고 판단되는 문항을 임의로 짝을 지어 반분하는 방법이다.
④ **장점**: 검사를 한 번 실시하기 때문에 시간과 비용이 절약되며 측정 속성의 변화, 이월 효과, 반응 민감성 등의 문제점을 극복할 수 있다.
⑤ **실시 문제**
　　㉠ 검사를 양분하는 방법에 따라 다른 신뢰도가 추정된다.
　　㉡ 반분 신뢰도의 가장 큰 단점은 표본의 문항 수가 많을수록 측정의 안정성이 커진다는 일반화의 원칙에 있다. 모든 것이 동일하다면 검사 길이가 길수록 신뢰도가 높아지는데, 반분 과정에서 검사 길이가 반이 되므로 신뢰도 계수가 작아진다.

(6) 문항 내적 합치도(문항 내적 일관성, 동질성 계수: 단일 시행을 통한 신뢰도 추정)
① **의미**: 한 검사에 있는 문항 하나하나를 각각 독립된 별개의 검사로 간주하고 그들 사이의 합치성, 동질성, 일치성을 종합하여 신뢰도를 추정한다.
② **대표적 방법**
　　㉠ **쿠더-리차드슨(Kuder-Richardson)**: 응답 방식이 진위형과 같이 '정답-오답' 또는 '예-아니요' 등의 이분 문항인 경우에 사용한다.
　　㉡ **크론바흐 알파(Cronbach's α)**: 응답 방식이 리커트(Likert)식 평정 척도와 같이 정의적 영역의 검사인 상황에서 많이 사용된다.
③ **장점**
　　㉠ 반분 신뢰도처럼 검사의 단일 시행만으로 신뢰도를 구할 수 있고, 계산방법이 편리하며, 다양한 적용이 가능하다는 점에서 가장 인기 있는 추정방법이다.
　　㉡ 검사를 양분하지 않아도 되고 문항 간의 일관성에 의하여 단일한 신뢰도 추정 결과를 얻을 수 있다는 장점이 있으므로, 재검사 신뢰도, 동형검사 신뢰도, 반분 신뢰도가 지니는 단점을 극복할 수 있다.
④ **실시 문제**
　　㉠ 한 검사 내의 모든 문항이 단일한 구인 혹은 개념을 측정하고 있다고 가정할 수 있을 때 적절한 방법이다.
　　㉡ 검사도구의 신뢰도를 과소추정하는 경향이 있지만, 이는 검사도구의 질을 분석함에 있어 어느 정도의 엄격성이 요구되기 때문에 과소추정되는 정보가 더 바람직할 수 있다.
　　　➡ 문항 푸는 속도가 검사 결과에 영향을 미치는 속도검사는 크론바흐 알파가 과대추정될 수 있으니 주의한다.

(7) 신뢰도에 영향을 미치는 요인 `기출 19`
① 다른 요인이 모두 같다면 더 많은 문항이 존재할수록, 즉 검사의 길이가 길수록 신뢰도가 높아진다.
② 검사 신뢰도는 문항의 난이도가 적절할 때(중간 정도) 신뢰도가 증가한다. 즉, 검사가 피험자에게 너무 어렵거나 쉬운 문항으로 구성될 때 낮아지는 경향이 있다.

③ 검사도구의 측정 내용이 보다 좁은 범위의 내용일 때 신뢰도는 증가함: 한 검사가 측정하는 내용 영역이 다양할수록 검사 신뢰도가 낮아지는 경향이 있으며, 측정하는 내용 범위가 좁을수록 다양한 내용 영역을 다루는 경우보다 피험자의 점수 순위가 일관되게 나타나기 쉽다.

④ 피험자의 능력 분포의 표준편차가 적을수록, 즉 전체 피험자의 능력이 동질적일수록 피험자의 능력 분포 영역이 넓은 경우에 비해 신뢰도가 작아지는 경향이 있다. 이는 피험자 상호 간 능력 차이가 작을수록 검사 결과에 따른 피험자 순위가 일관되게 나타나기 어렵기 때문이다.

⑤ 검사 시간이 충분하여야 함: 충분한 시간이 부여될 때 응답의 안정성을 보장받을 수 있다. 그러므로 속도검사보다는 역량검사가 신뢰도 측면에서 바람직하다.

더 알아보기 **신뢰도의 측정오차**

- 개인의 심리적 특성은 상황이나 심리적 변인에 민감하다.
- 문항 수가 많을수록 신뢰도가 높아진다. 그러나 비례적으로 증가하진 않는다.
- 문항 난이도가 중간 정도이고 변별도가 높으면 신뢰도는 증가한다.
- 문항의 범위가 좁을수록, 문항표본이 적절할수록, 문항이 동질적일수록 신뢰도는 증가한다.
- 검사대상이 되는 집단의 개인차가 클수록 검사점수의 변량이 커지고, 신뢰도 계수도 커진다.
- 시간 제한이 없는 검사의 경우, 검사시간에 기인한 검사수행의 일관성 때문에 신뢰도 추정치가 부당하게 증가된다.
- 신뢰도는 검사 길이가 길어짐에 따라 증가하며, 증가의 폭은 검사의 길이가 길어짐에 따라 감소한다.
  ➡ **준거참조 검사의 신뢰도**: 기준 점수에 근거하여 개인을 특정 범주에 진단, 분류 또는 등급화를 시도한다. 이는 개인을 특정 범주에 분류하는 것이므로 범주화 결과의 일치도가 바로 신뢰도가 된다.

---

2. 타당도

(1) 검사 타당도

① 검사가 측정하고자 하는 바를 제대로 측정하는지를 나타내며, 한 검사의 타당도는 검사가 무엇을 측정하는지 얼마나 잘 측정하는지를 의미한다.

② 타당도: 심리검사가 개발된 목적에 부합하는 정도로, 검사의 목적과 관련된 증거에 따라 평가된다.

참고 **타당도의 종류에 따른 장단점**

구분	내용 타당도	예언 타당도	공인 타당도	구인(구성) 타당도
정의	검사 내용의 속성을 논리적으로 판단한 정도	미래 행동의 특성에 대한 현재 검사결과의 예측 정도	새롭게 개발된 검사의 결과와 현재 공인된 검사의 상관 정도	검사에서 측정하려 하는 구인에 대한 확보 정도
방법	검사 내용을 전문가적인 소견에 의해 주관적으로 판단	• 검사 실시 • 일정 기간 경과 후 관련 행위 측정 • 검사 결과와 행위 간의 상관 산출	• 새로운 검사와 타당도가 확보된 기존 검사를 동시에 실시 • 두 검사 결과 간 상관 산출	• 구인의 조작적 정의 • 구인을 측정할 수 있는 검사 제작 • 통계적인 방법을 통한 구인 확인
장점	전문가에 의해 이루어지므로 검증방법이 비교적 용이함	선발, 채용, 배치 등의 상황에 활용도가 높음	• 계량화된 객관적 정보 제공 • 현재 공인된 검사를 활용하여 예언 타당도에 비해 신속한 산출 가능	• 과학적·객관적 접근 • 많은 연구의 기초가 됨
단점	• 전문가의 주관적 견해에 따라 상이한 검증 결과가 산출되기도 함 • 수량화되지 않음	시간의 흐름에 따른 피검자의 자연스러운 변화로 타당도가 과소추정될 가능성이 있음	공인된 검사가 존재하지 않을 경우 추정이 어려움	요인분석을 통해 추정할 경우, 많은 사례 수가 필요

(2) 내용 타당도

① 의미: 검사로 측정하고자 하는 구성개념의 영역을 문항이 얼마나 잘 대표하는지를 의미하며, 내용 문항을 하나 하나 검토하며 검사 사용자가 측정하고자 기대하는 바를 충족시키는지를 확인한다.

② 전문가가 검사 내용을 보고 내리는 질적 판단에 의존하는 경우가 많다. 대개 문항, 척도의 내용 타당도가 낮은 경우는 기초 이론에 대한 불완전한 이해, 이론의 부족, 문항 제작에서의 과잉일반화 결과와 관련된다.

③ 교수·학습 상황: 학업성취도 검사의 타당성 검증을 위해 내용 타당도가 주로 사용되는데, 이러한 이유로 교과 타당도와 교수 타당도로 구분하기도 한다.

ⓐ 교과 타당도(curriculum validity): 검사가 교육과정에 있는 내용을 얼마나 잘 포함하고 있느냐를 의미한다.

ⓑ 교수 타당도(instructional validity): 교수·학습 중에 가르치고 배운 내용이 검사에 얼마나 잘 포함되어 있느냐를 의미한다.

➡ 학업성취도 검사에서 교과·교수 타당도를 증진시키기 위하여 내용소와 행동소로 나누어서 이원분류표를 작성하는 것은 매우 중요하다.

④ 안면 타당도: 검사가 실제 무엇을 측정하는지가 아닌 어떤 검사가 무엇을 측정하는 것처럼 보이는지와 관련된다. 이는 문항들이 피험자들과 얼마만큼 친숙도를 형성하고 있는가와 일반적인 대표성을 지니고 있느냐의 문제로서, 어떤 특성을 측정할 때 자주 접해 본 문항들이 있으면 안면 타당도가 높다고 말한다.

ⓐ 내용 타당도는 전문가의 판단과 관련이 있는 반면, 안면 타당도는 수검자의 판단과 관련이 있다.

ⓑ 안면 타당도는 검사가 측정하고자 하는 것을 파악하는 정도로서 수검자의 시각을 반영한다.

⑤ 절차

ⓐ 주관적 판단에 의존하므로 객관적 자료를 사용하지 않으며, 타당도에 대하여 수치로 표현되는 객관적 정보를 제공하지 않는다.

ⓑ 검사 내용 전문가의 전문지식에 의하여 내용 타당도가 검증된다.

ⓒ 학업 성취도 검사의 내용 타당도 검증: 문항들이 검사 제작 전 작성한 이원분류표에 따라 제작되었는지를 검토하는 방식으로 시행한다.

⑥ 장점: 전문가들의 판단에 의하여 검사의 타당성을 검증받게 되므로 검사의 목적에 부합하는지 여부를 검증할 수 있다. 일반적으로 전문가들은 어느 특정 영역에 대한 인식으로 공유하므로 검사의 타당성 입증에 다른 견해를 표출하는 경우가 많지 않다.

⑦ 단점

ⓐ 공통적으로 합의된 개념 정의가 없는 요인, 특히 정의적 행동특성을 측정할 때 전문가마다 각기 다른 견해를 가지므로 검증 결과에 이견이 있을 수 있다.

ⓑ 계량화되지 않으므로 타당성의 정도를 표기할 수 없다는 단점도 지니고 있으나, 내용 타당도 평가 점검표를 활용하면 이러한 문제를 보완할 수 있다.

(3) 준거 관련 타당도(criterion-related validity)

① 의미: 검사점수와 어떤 준거점수와의 상관에 의해 검사의 타당도를 검증하는 방법이다.

ⓐ 준거: 검사를 사용하는 사람이 관심을 가지는 속성이나 결과를 말한다.

　　예 학업성적에 관심 있는 경우 학업성취도가, 직무에 만족하는 정도에 관심 있는 경우 직무 만족도가 준거가 된다.

② 한 검사가 측정하려는 바를 제대로 측정하고 있다면 관련된 준거와 높은 상관을 보일 것이라는 논리에 기반하여, 준거의 시간적 속성에 따라 공인 타당도와 예언 타당도로 나눈다.

③ 공인 타당도와 예언 타당도 `기출 14`

구분	내용
공인 타당도	• **의미**: 이미 타당성을 인정받은 기존의 심리검사를 통해 타당성을 입증하는 방법 • **장점**: 계량화되어 있어 타당도에 대한 객관적인 정보를 제공하고 타당도의 정도를 나타낼 수 있음 • **단점**: 기존에 타당성을 입증 받은 검사가 없는 경우 공인 타당도를 추정할 수 없으며, 기존에 타당성을 입증 받은 검사가 있어도 그 검사와의 관계에 의해 타당도가 검증되므로 기존 검사의 타당도에 의존함 ➡ 기존 검사가 있는 상황에서 새로운 검사가 필요하다는 것이 정당화되려면 보다 저렴한 비용, 소요시간 단축 등의 이점이 존재하거나 검사 형식 또는 내용 측면에 기존 검사를 넘어서는 장점이 있어야 함
예언(예측) 타당도	• **의미**: 특정 검사의 결과가 응답자의 미래 행동을 어느 정도 예측하는지를 의미하며, 검사를 통해 점수와 미래의 어떤 행위, 예를 들어 적응, 성취도, 성공 여부 등과의 관계로 추정되는 타당도 • 공인 타당도는 검사점수와 준거점수가 동일한 시점에 수집되는 반면, 예언 타당도는 검사점수와 예측 행동 자료가 일정한 간격을 두고 수집됨 예 한 불안검사의 예언 타당도가 높은지 확인하려면 대학 입학 초기에 실시한 불안점수와 일정 시간이 지난 후 대학생들의 불안신경증이나 적응장애 정도의 상관관계를 확인하면 됨 • **장점**: 검사도구가 미래 행위를 예언해주므로, 예언 타당도가 높으면 선발, 채용, 배치 등의 목적을 위해 검사를 실시할 수 있음 • **단점**: 동시 측정이 불가능하므로 검사의 타당성을 검증하는 데 시간적 여유가 필요하며, 예언 타당도는 자료의 절단으로 인해 추정된 상관계수가 실제 타당도 계수보다 과소추정되는 문제가 발생할 수 있음

④ 공인 타당도 추정 절차

㉠ 피험자 집단에게 새로 제작된 검사를 실시한다.

㉡ 동일 집단에게 동일한 시험 상황에서 타당성을 인정받고 있는 검사를 실시한다.

㉢ 두 검사 점수 간의 상관계수를 추정한다.

⑤ 예언 타당도 추정 절차

㉠ 피험자 집단에게 새로 제작한 검사를 실시한다.

㉡ 일정 기간 후 검사한 내용과 관계가 있는 피험자들의 행위를 측정한다.

㉢ 검사 점수와 미래 행위의 측정치와 상관 정도를 추정한다.

(4) **구인(구성) 타당도**

① **의미**: 검사가 재고자 하는 이론적 구성개념이 검사에서 재어지는 정도를 말하는 것으로, 해당 구인에 대한 심리학적 이론들이 존재하므로 이러한 이론적 측면이 검사에서 잘 구현되고 있는지를 의미한다.

② **추정 절차**

㉠ 측정하고자 하는 심리적 특성을 구성하는 구인, 즉 요인들이 무엇인지 이론적·경험적 배경을 토대로 밝힌다. 즉, 심리적 특성에 대해 조작적 정의를 내린다.

㉡ 구인과 관련된 이론에 근거하여 구인을 측정할 수 있는 문항을 제작한다.

㉢ 구인을 측정하는 문항들로 검사를 제작한다.

㉣ 측정 대상에게 검사를 실시하여 응답자료를 얻는다.

㉤ 응답자료를 분석하여 검사가 측정하고자 하는 구인들을 제대로 측정하였는지를 밝힌다.

㉥ 심리적 특성을 규명하는 조작적 정의에 따른 구인과 관련 없는 문항을 제거하거나 수정·보완하여 검사를 완성한다.

③ 구성 타당도를 알아보는 대표적인 방법
  ㉠ 문항의 점수 간 상관계수표를 구하여 이론적 기대와 달리 작용하는 문항이 없는지 살펴보는 방법이 있다.
  ㉡ 탐색적 요인분석을 통해 검사 문항의 하위 영역들이 이론적으로 예상한 바와 같이 묶일 수 있는지 살펴보는 방법이 있다.
  ㉢ 중다특성-중다방법(multitrait-multimethod) 행렬을 기반으로 수렴 타당도, 변별 타당도 등의 개념을 이용하여 구성 타당도를 검증하는 방법이 있다.
④ **상관계수표**: 두 문항 간 양(+)의 상관이 존재하면 이들은 이론적으로 유사한 구인을 측정한다고 볼 수 있고, 반대로 음(-)의 상관을 가진다면 이들은 상반되는 특성을 측정한다고 볼 수 있다.
  ➡ 양의 상관이 존재할 때 한 검사의 문항들이 하나의 구인 및 개념을 측정하고 있음을 보여주는 증거가 된다.
⑤ **요인분석**: 복잡하고 정의되지 않은 변수 간의 상호 관계를 분석하여, 상관이 높은 변수들을 모아 요인으로 규명하고 그 요인의 의미를 부여하는 통계적 방법이다.
  ㉠ 문항을 제작하여 검사를 실시한 후 문항점수를 얻는다.
  ㉡ 문항들 간의 상관계수 행렬을 구한다.
  ㉢ 회전하지 않은 요인을 추출한다.
  ㉣ 요인구조를 회전시킨다.
  ㉤ 요인 부하량을 기준으로 각 문항이 어떤 요인에 속하는지를 결정하고 추출된 요인과 해당 문항이 검사 제작 시의 구인 구조와 일치하는가를 검증한다.
⑥ 수렴 타당도와 변별 타당도 `기출 18`

구분	내용
수렴 타당도 (convergent validity)	• 새롭게 개발한 검사를 동일하거나 유사한 특성을 측정하는 기존의 검사와 비교하여 이들 간의 상관관계를 살펴보는 방법 • 유사한 특성을 재는 다른 검사나 평가방법과 상관이 있어야 수렴 타당도가 높음
변별 타당도 (discriminant validity)	• 새로운 검사가 측정하는 구성개념과 다른 영역을 측정하는 기존의 검사를 비교하여 이들 간의 상관관계를 구하는 방법 • 다른 특성을 측정하는 다른 검사와 상관을 보이지 않아야 변별 타당도가 높음

더 알아보기 중다특성-중다방법 행렬에서 상관계수들에 대한 해석법

첫 번째 측정 결과

두 번째 측정 결과		As	Ae	Ds	De	Ss	Se
	As	신뢰도	T	M		M	
	Ae	T	신뢰도		M		M
	Ds	M		신뢰도	T	M	
	De		M	T	신뢰도		M
	Ss	M	·	M		신뢰도	T
	Se		M		M	T	신뢰도

1. 상관계수 행렬
   - 각 개인의 '불안(A)', '우울(D)', '스트레스(S)'에 대해 리커트 5점 척도를 이용하여 '자기보고(s)'와 '전문가 면담 후 판단(e)'의 2가지 방법으로 측정했다.
   - 6개 변수(= 3가지 구인×2가지 측정방법)의 측정을 일정한 시간 간격을 두고 2번 실시한 후에 총 12개 변수 간의 상관계수를 그리면 위의 표와 같다.
2. 결과
   - 대각선에 존재하는 상관계수 값: 검사-재검사 신뢰도를 나타내는 값이다.
   - T: 수렴 타당도
     - 같은 구인에 대해 다른 측정방법을 적용한 경우의 상관계수를 의미한다.
     - 같은 구인을 다른 방법으로 측정했을 때 해당 상관계수가 크게 나타난다면 이는 이론적 구인이 실제로 존재한다는 간접적 증거가 될 수 있다. 달리 말하면 '무엇을 측정하는가'의 사실이 '어떻게 측정하는가'보다 상관계수를 설명하는 데 더 큰 영향을 준다는 것이다.
   - M: 변별 타당도
     - 다른 구인에 대해 같은 측정방법을 적용한 경우의 상관계수이다.

(5) 처치 타당도

① 검사 결과가 처치에 어떤 변화를 일으키는지에 대한 타당도이다.

② 검사 결과가 유용하고 상담과정에 변화를 주었다면 처치 타당도가 높은 것으로 볼 수 있다.

(6) 검사 목적별로 중요시되는 타당도

① 규준 참조검사: 준거 타당도와 구성 타당도가 부각된다.

② 영역 참조검사: 상대적으로 내용 타당도가 부각된다.

③ 산업 장면에서 규준 참조검사가 쓰이는 채용 선발이나 승진 선발: 준거 타당도에 중점을 둔다.

(7) 타당도와 신뢰도의 관계

① 신뢰도가 있어야 타당도가 보장되므로, 신뢰도는 타당도의 필요조건이 된다.

② 신뢰도가 낮아지면 타당도는 낮아진다.

③ 다만 신뢰도가 높다고 타당도가 높아지는 것은 아니며, 신뢰도가 높아도 타당도는 낮을 수 있다.

3. 객관도와 실용도

(1) 객관도

① 평정 또는 채점과정에 평가자의 주관이 개입될 여지가 배제되어, 어떤 평가자가 평가해도 동일한 점수가 나올 수 있는 정도이다.

② 구분

    ㉠ **채점자 간 신뢰도**: '어떤 한 채점자가 다른 채점자와 유사하게 평가했는가'에 초점을 둔다.

    ㉡ **채점자 내 신뢰도**: '한 채점자가 많은 평가대상을 일관성 있게 평가했는가'에 초점을 둔다.

③ 채점자 간 신뢰도의 기본 가정

    ㉠ 연구대상은 동일한 행위나 같은 문항에 응답하여야 한다.

    ㉡ 관찰자는 상호 독립적이어야 한다.

    ㉢ 관찰자는 동일한 대상들을 평정하여야 한다.

④ 객관도를 높이는 방법

    ㉠ 평가도구를 객관화한다.

    ㉡ 평가자의 소양을 높인다.

    ㉢ 명확한 평가기준을 마련한다.

    ㉣ 다수에 의한 공동평가를 실시한다.

(2) 실용도

① 실시와 채점, 해석이 용이하고 비용이 적게 드는 정도: 흔히 검사의 해석 가능성, 비용, 시간을 대상으로 한다.

② 검사 사용자가 검사 결과의 해석방법을 포함한 세부사항을 이해하고 있다면 실용도가 높다고 할 수 있고, 좋은 검사라도 지나치게 비용이 많이 드는 검사나 지나치게 긴 시간이 필요한 검사는 실용도가 낮다고 할 수 있다.

③ 실용도를 높이는 방법

    ㉠ 실시의 용이성, 시간 제한, 실시과정, 방법이 명료하고 간결해야 한다.

    ㉡ 채점과 검사 해석, 활용이 용이해야 한다.

    ㉢ 비용과 시간, 노력이 절약되어야 한다.

참고   **표준화 검사의 구성요소** 기출 15 추시

1. 표준화 검사
   - 제작, 실시, 채점, 해석을 위한 절차와 조건이 동일하고, 규준에 있어 동일한 조건에 있는 사람과의 비교가 가능한 측정도구를 말한다.
   - 검사의 실시, 채점, 해석이 표준화된 절차에 따라 진행되는 심리검사이다. 이때 규준은 대표집단 내의 세분화된 집단의 평균점수를 의미하며, 표준화된 표본으로 선발된 집단을 대상으로 제작되기 때문에 개인 간 또는 개인 내 비교가 가능하다.

2. 표준화 검사의 기능
   - 피검자와 참조집단 또는 규준집단의 점수를 비교하게 하는 기능이 있다.
   - **감별기능**: 감별에 필요한 자료는 경험적 과정을 통해 산출된 규준에서 얻어진다. 표준화 검사를 실시한 피검자의 응답내용은 참조집단과 비교되며, 피검자는 차별점수 척도로 자신의 반응이 특정 집단의 사람, 일반인과 얼마나 비슷한지 다른지 알 수 있다.
   - **예측 가능한 기능**: 예측에 필요한 자료를 얻는 데 적성검사가 빈번히 사용되고, 지능검사와 성취검사도 사용된다.

3. 표준화 검사의 기본 요소
   - **척도와 점수체계**
     - 척도
     - **점수체계**: 표준점수, 백분위 등
     - 표준 정규분포
     - **표집이론**: 검사문항 선택과 규준이나 참조집단 설정
     - 기초 기술통계
   - **타당도**: 한 검사가 측정하려는 내용을 특정한 목적에 비추어 충실하게 측정하는 정도를 말한다.
   - **신뢰도**: 한 검사가 측정하고자 하는 내용을 오차 없이 정확하고 일관성 있게 측정하는 정도를 말한다.
   - **객관도**: 한 검사에서 여러 채점자의 채점 결과가 일치하는 정도를 말한다.
   - **실용도**: 검사의 실시와 채점, 해석이 용이하고 비용이 적게 드는 정도를 의미한다.

04 문항 개발과 분석

1. 문항 개발

(1) 최대수행검사의 문항 형식

① **선택형**: 2개 이상의 선택지 중 가능한 것을 선택하는 형식으로 진위형, 다지선다형, 배합형 등이 있다.

② **서답형**: 직접적인 반응 생성을 요구하는 형식으로 단답형, 자유응답형 등이 있다.

③ **종류**

종류		내용
선택형	진위형	• 진술문의 '참–거짓' 또는 'O–X'를 판단하도록 하는 문항 형식 • 문항 제작이 비교적 용이하고, 대답하기 쉽고, 주어진 시간 안에 다수의 문항으로 많은 내용을 측정할 수 있음 • 문항에 대한 이해가 부족한 경우나 중립적인 입장에 있을 경우 응답이 곤란하고, 추측에 의해 정답을 맞힐 확률이 높음
	다지선다형	• 2개 이상의 선택지 중 적절한 것을 선택하도록 하는 문항 형식 • 점수화가 쉽고 선택지가 많아짐에 따라 추측에 의한 정답률이 감소됨 • 좋은 질문과 매력적인 답지를 만드는 것이 어렵고, 문항 개발에 많은 노력과 시간이 요구됨
	배합형	용어, 명칭, 구, 개념, 정의 등 일련의 질문과 답지 중 서로 관련된 것을 연결하게 하는 문항 형식
서답형	단답형	질문을 의문문이나 명령문으로 제시하고 1~2개의 단어나 숫자, 기호, 짧은 문구, 문장 등으로 답하도록 하는 문항 형식
	자유응답형	• 질문에 대한 답을 자유롭게 기술하도록 하는 문항 형식 • 피검사자의 다양한 의견을 얻을 수 있음 • 응답의 표현상 차이로 전혀 다른 해석이 이루어질 수 있고, 평가 시 검사자의 주관과 편견이 개입될 수 있음 • 표현 능력이 부족한 피검사자는 응답하기 어려워함

(2) 행동표현검사(전형적 수행검사)의 문항 형식

① 태도, 성격 등의 특성을 측정하는 검사로는 일치–불일치형, 평정 척도형, 의미분석 척도형, 완성형 등이 있다.

② **종류**

종류	내용
일치–불일치형	진술문에 피검자가 '찬성–반대' 반응을 통해 자신의 생각, 느낌과의 일치 여부를 결정하는 문항 형식
평정 척도형 (리커트 척도, Likert scaling)	• 진술문에 어느 정도 동의하는지를 평정하여 응답하도록 하는 문항 형식 • 개인의 태도와 같은 정의적 가치가 연속선상의 어느 위치에 있는지를 파악하기 위함 • 평정의 단계는 대개 홀수로 나누고, 일반적으로 3, 5, 7단계의 척도가 많이 쓰임
의미분석 척도형 (어의차이 척도형)	서로 대립되는 형용사가 쌍으로 제시된 연속선상에서 피검자가 어느 위치에 속하는지 결정하도록 하는 문항 형식 예 '학교'에 대한 이미지를 알아보기 위해 '지루한–활기찬', '좋은–싫은' 등의 형용사 쌍을 양쪽 끝에 두고, 그 사이에 3, 5, 7단계 등의 연속선이 있어 피검사자가 어느 쪽에 더 가까운지를 판단하여 적당한 곳에 표시하도록 함
완성형	문장의 일부분을 비워둔 불완전한 문장을 완성하도록 하는 문항 형식

2. 문항 분석

(1) 문항 난이도(item difficulty)

① 의미: 검사 문항의 쉽거나 어려운 정도를 나타내는 지수로서, 총 피험자 중 답을 맞힌 피험자의 비율, 즉 확률이 된다.

② 공식

$$P = (R/N)$$

N: 총 피험자 수, R: 문항의 답을 맞힌 피험자 수

③ 난이도 지수: 0.0에서 1.0의 범위이며, 1.0은 모든 피험자가 정답을 맞힌 쉬운 문항이고, 0.0은 모든 피검자가 정답을 맞히지 못한 어려운 문항을 말한다. ➡ 수치가 클수록 쉬운 문항을 의미한다.

④ 일반적으로 .30 미만은 어려운 문항, .30~.80은 적절한 문항, .80 이상은 매우 쉬운 문항으로 판단한다.

(2) 문항 변별도(item discrimination)

① 의미: 검사 문항이 피험자의 능력을 변별하는 정도를 나타내는 지수이다.

② 능력이 높은 피험자가 문항의 답을 맞히고, 능력이 낮은 피험자가 문항의 답을 틀렸다면, 이 문항은 피험자들을 제대로 변별하는 문항으로 분석된다.

③ 0에 가까운 문항: 능력과 관계없이 모든 피검자가 문항의 답을 맞히지 못하거나 모두 맞힌 문항이다.

④ ─ 값: 능력이 낮은 응답자는 맞히고 능력이 높은 응답자는 대부분 틀리는 문항이다.

⑤ .40 이상: 변별도가 높은 문항이다.

(3) 문항의 차별적 기능(DIF; Differential Item Functioning, 문항 편파성) 기출 19

① 편파성 문항: 특정 집단에 유리하거나 불리하게 제작된 문항으로, 같은 능력 수준의 피검자가 성별, 인종 등 다양한 집단 특성 때문에 답을 맞힐 확률이 다른 경우를 말한다.

② 차별기능 문항을 측정하는 방법: 고전검사이론과 문항반응이론에 기초한 방법으로 분류할 수 있다.

(4) 검사의 차원성

하나의 검사가 몇 개의 차원으로 이루어져 있는지, 즉 몇 개의 구성개념을 측정하는지를 알아보는 것이다.

(5) 요인분석

① 각 문항이 공통적으로 측정하는 잠재 특성 또는 요인을 밝히고자 상관이 높은 문항을 묶어 요인으로 규명하고 의미를 부여하는 통계적 방법이다.

② 탐색적 요인분석: 개별 문항이 어떤 요인으로 구성되는지에 대한 사전 정보가 없을 때 개별 문항 중 상관이 높은 것을 모아 요인으로 규명하는 방법이다.

③ 확인적 요인분석: 검사의 하위 요인과 요인 수에 대한 정보를 알고 있을 때 실시하며, 각 요인이 포함된 문항들이 해당 요인을 측정하기 위한 항목으로 집단화되는지 확인하는 방법이다.

④ 문항과 요인 간의 관련성 여부는 요인부하량을 통해 결정: 일반적으로 요인부하량은 .30 또는 .40 이상이면 적절하다고 판단하며, 50 이상이면 매우 양호하다고 판단한다.

05 심리평가를 위한 면담

1. 면담

(1) 면담의 목적

① 면담(interview): 내담자가 직면한 문제에 대한 정보를 수집·평가·진단하는 과정이다.

② 목적: 면담자와 피면담자가 관계를 형성하여 다른 수단으로는 얻기 어려운 정보를 모으고, 문제행동에 대한 이해를 돕고 피면담자에게 문제행동을 해결할 수 있는 방향성과 지지를 제공한다.

(2) 면담과 대화의 차이점

① 면담은 내담자를 도울 목적으로 사용된다.

② 면담의 과정은 체계적이고 계획적이다.

③ 면담자는 면담을 이끌어가며 합의된 목적이 이루어지도록 내담자의 자기탐색을 격려하고, 내담자는 이 과정에 동의하고 참여하는 역할을 한다.

2. 면담법의 종류

(1) 구조화된 면담(표준화된 면담)

① 의미: 질문의 내용, 방식, 순서 등을 미리 정해놓고 사전에 준비한 질문을 중심으로 면접하는 방식이다.

② 장점: 전문가가 아닌 경우에도 단기간의 훈련을 거친 후 실시할 수 있으며 수량화나 자료 정리가 수월하다. 또한 진단의 신뢰도를 높여주고, 특정한 증상의 유무를 기록함에 있어서 정확도를 높여준다.

③ 단점: 미리 준비된 질문의 범위를 벗어나는 정보를 얻을 수 없고, 실시 절차상 면담의 상황이나 내담자의 준비와 상태에 따른 융통성을 발휘할 수 없다.

(2) 비구조화된 면담(개방적 면담)

① 의미: 질문방식이나 내용을 미리 정해 놓지 않고, 면접자가 상황에 맞추어서 유연하게 진행되는 방식이다.

② 장점: 상황의 변화에 따라 정보를 얻을 수 있으며, 내담자의 정보를 심층적으로 탐색할 수 있다.

③ 단점: 면담자의 전문성이 요구되며 수집된 자료를 객관적으로 수량화하기도 어렵다. 또한 신뢰도가 낮을 수 있으며 수집한 자료의 정리가 쉽지 않다.

(3) 반구조화된 면접

① 구조적 면접과 비구조적 면접의 장점을 조합한 면접으로, 면담자의 판단에 따라 내용과 절차를 수정할 수 있고, 상황에 따라서 전반적인 평가과정에서 취약한 부분은 면담의 일부를 따와서 보완할 수 있다.

② 방법: 구조화된 면담의 장점인 필요한 정보를 꼭 파악하고, 비구조화된 면담의 장점인 융통성 있고 심도 있는 면담이 이루어지도록 몇 가지 핵심 질문으로 구성하고, 나머지는 면담자가 유연하게 진행하도록 구성된다.
예 간편 정신상태검사(MMSE)

3. 면담의 내용과 정신상태검사

(1) 평가면담의 내용

① 검사를 받는 이유: 부적응 문제, 의뢰된 사유, 문제와 관련된 환경과 생활상황에 관한 정보 등이 있다.

② 환경 및 발달사: 개인의 역사적·사회적·가족적·발달사적 정보 등을 포함한다.

(2) 정신상태검사

① 신체적 의학검사를 모방하여 만들어짐: 신체적 의학검사에서 주요 기관체계를 조사하는 것처럼, 정신상태검사도 주요한 정신의학적 기능(예 외모, 인지기능, 통찰력 등)을 조사하는 것이 목적이다.

② 포함되는 내용

    ⊙ 잠정적 진단, 예후, 손상 정도: 가장 적합한 치료 등의 결정을 포함한 현재 정신병리적 문제를 평가한다.

    ⓒ 성격구조를 파악하고 이를 통해 정신병리적 문제의 역사적·발달적 선행 요인을 확인한다.

    ⓒ 치료에 필요한 능력과 참여 의지를 평가한다.

③ 정신병리적 문제에 초점을 맞춘 검사: 일반적인 외모, 면담 행동, 면담과 면담자에 대한 태도, 정신운동기능, 감정과 기분, 언어와 사고, 지각과 감각, 기억, 지남력, 일반적 지적능력 등을 포괄적으로 검토한다.

④ 통상적으로 정신상태의 평가는 관찰 또는 보고된 정보의 포괄적인 추론을 통해 이루어지며, 필요한 경우에는 정신상태 평가를 위해 만들어진 MMSE와 같은 반구조적 면담도구를 이용할 수 있다.

⑤ 영역

구분	내용
외모, 행동, 태도	얼굴표정, 머리 모양, 옷차림새, 자세, 동작 등을 평가함
감정, 정서, 기분	• 기분(mood): 면담 동안 표현되는 주요 정서 • 정동(affection): 수검자의 정서의 범위 • 정동상태와 기분상태의 정보는 수검자의 언어 내용, 얼굴표정, 신체 움직임 등에서 유추됨

지각	• 수검자가 세상과 자신을 지각하는 방식으로, 환각이나 착각이 있는지 여부를 평가하는 것이 중요함
	  – 착각: 외부 자극을 잘못 해석하여 지각하는 현상
	  – 환각: 외부 대상이나 자극이 없는데도 감각을 지각하는 현상

사고, 언어	• 인지(지적)기능: 읽기, 쓰기, 이해, 지식, 수리 능력, 속담의 의미를 추론하는 능력 등으로 구성 • 지남력: 자신이 누구인지, 어디에 있는지, 현재와 과거에 발생한 일이 언제 일어난 것인지를 얼마나 정확하게 알고 있는지에 따라 달라짐 • 기억, 주의력, 집중력: 기억의 인출, 획득 능력은 주의력과 집중력을 요구하는 과정이므로 3가지의 기능을 함께 고려해야 함 • 통찰 및 판단력: 내담자는 자신의 문제를 과거의 문제와 관련하여 어떻게 이해하는지, 자신의 문제에 대해 무엇을 탓하고 있는지를 파악해야 함 • 언어 • 사고 내용: 언어 능력은 사고를 반영하며, 수검자가 표현하는 언어는 사고 내용을 반영함

06　MMPI-2 다면적 인성검사 소개

1. MMPI 검사 개관

구분	MMPI	MMPI-2	MMPI-A
문항 수	566문항	567문항	478문항
반복 문항	16개	없음	없음
부적절한 문항	부적절한 문항(예 성차별적, 종교적 편향 등)과 어색하거나 구식 표현인 문항 포함	• 부적절한 문항 삭제 • 14%의 문항의 단어나 표현 수정	• 부적절한 문항 삭제 • 단어나 표현 수정은 물론, 청소년의 시각에 맞는 표현으로 문항 기술
문항의 채점	채점에 사용되지 않는 문항 존재	• 채점에 사용되지 않는 문항 삭제 • 자살, 약물 및 알코올 남용, Type A 행동, 대인관계, 치료순응 등의 중요 내용영역의 문항 추가	• 채점에 사용되지 않는 문항 삭제 • 청소년에게 중요한 내용영역 문항 추가
T 점수	Linear T 점수 사용	Uniform T 점수 사용 (8개 임상 척도, 재구성 임상 척도, 내용 척도, PSY-5 척도에 적용)	Uniform T 점수 사용 (8개 임상 척도, 내용 척도, PSY-5 척도에 적용)
규준 연령	• 미국: 16~65세 • 한국: 13세 이상	• 미국: 18~84세 • 한국: 19~78세	• 미국: 14~18세 • 한국: 13~18세
타당도 척도	4개 (?, L, F, K)	10개 (?, VRIN, TRIN, F, F(B), F(P), FBS L, K, S)	8개 (?, VRIN, TRIN, F, F1, F2; L, K)
임상 척도	10개	• 10개 • F, Hs, D, Mf, Si 척도에서 13개의 부적절한 문항 삭제	• MMPI-2와 동일한 10개 임상척도 • Mf와 Si 척도의 문항 수가 줄어듦
K 교정 점수	Hs, Pd, Pt, Sc, Ma 척도 K 교정	MMPI와 동일	K 교정을 적용하지 않음
재구성 임상 척도	없음	9개의 재구성 임상 척도 개발(2003)	없음
Si 척도	Serkownek Subscales	Si에 대한 새로운 하위 척도 개발	MMPI-2와 동일
내용 척도	Wiggins 내용 척도 13개	확장된 문항을 기초로 하여 15개의 새로운 내용 척도 개발	청소년의 문제에 적합한 15개의 새로운 내용 척도 개발
알코올 또는 약물 문제	MAC Scale	• MAC Scale-Revised • APS(Addiction Potential Scale) • AAS(Addiction Admission Scale)	• MAC Scale-Revised • PRO(Alcohol and Drug Problem Proneness) • ACK(Alcohol and Drug Problem Acknowledgement Scale)
핵심 문항	Koss-Butcher critical items	Koss-Butcher critical items에 depressed-suicide와 alcohol-crises 영역 추가	경험적으로 도출된 critical items 없음

(1) 개관

① MMPI-2: 1940년대 전후로 개발된 이래 임상 장면에서 가장 널리 사용되었던 자기보고형 검사인 MMPI를 현재 실정에 맞게 재표준화한 검사이다.

② MMPI: 효율성이고 신뢰성 있는 진단도구로, 실시와 채점이 쉽고 규준에 따른 간편한 해석방식으로 세계에서 널리 사용되는 구조화된 자기보고식 검사이다.

③ 특징

    ㉠ 정신질환자를 평가하고 진단하는 목적으로 개발되었다.

    ㉡ 성격과 증상에 대한 종합검사이다.

    ㉢ 경험적 문항 선정 방식으로 만든 최초의 검사이다.

    ㉣ 타당도 척도(?, L, F, K)를 가진 최초의 검사이다.

    ㉤ 다양한 장면에서의 방대한 경험적 자료가 축적되어 있다.

    ㉥ 정보: 내담자의 검사 태도, 적응 수준, 증상, 방어수단, 진단명, 심리적 역동, 바람직한 치료지침을 포함한다.

    ㉦ 해석법: '단일 척도 → 보험통계적 해석 → 프로파일 해석' 순으로 진행한다.

    ㉧ 성격검사임에도 투사법적인 함축(projective implication): '명백문항 + 모호문항'으로 구성된다.

(2) 타당도 척도와 임상 척도

구분	척도명	MMPI-II 추가 척도	기호	약자	문항 수
타당도 척도	'모르겠다'(Cannot say)			?	–
	무선반응 비일관성(Variable Response Inconsistency)	●		VRIN	49
	고정반응 비일관성(True Response Inconsistency)	●		TRIN	20
	비전형(Infrequency)			F	60
	비전형-후반부(Back Infrequency)	●	–	F(B)	40
	비전형-정신병리(Infrequency-Psychopathology)	●		F(P)	27
	증상 타당도(Symptom Validity)	●		FBS	43
	부인(Lie)			L	15
	교정(Defensiveness)			K	30
	과장된 자기제시(Superlative Self-Presentation)	●		S	50
임상 척도	건강염려증(Hypochondriasis)		1	Hs	32
	우울증(Depression)		2	D	57
	히스테리(Hysteria)		3	Hy	60
	반사회성(Psychopathic Deviate)		4	Pd	50
	남성특성-여성특성(Masculinity-Feminity)		5	Mf	56
	편집증(Paranoia)		6	Pa	40
	강박증(Psychasthenia)		7	Pt	48
	정신분열증(Schizophrenia)		8	Sc	78
	경조증(Hypomania)		9	Ma	46
	사회적 내향성(Social introversion)		0	Si	69

(3) 척도 구성

- 타당도 척도
- 내용 척도
- 임상 척도
- 보충 척도
- 재구성 임상 척도(RC)
- 성격병리 5요인 척도

2. 검사 실시

(1) 수검자에 대한 고려사항

① **독해력**: 적어도 초등학교 6학년 수준 이상의 독해력이 필요하다.

② **나이**

ㄱ 만 19세 이상은 MMPI-2 검사를, 만 13~18세는 MMPI-A 검사를 받는다.

ㄴ 만 18세 이상은 두 검사 모두 실시가 가능한 연령이지만 대체로 만 18세 고등학생의 경우 MMPI-A를, 만 18세 대학생이나 직장인의 경우 MMPI-2를 권장한다.

③ **지능**: 지적 기능이 다소 낮아도 가능하나 표준화된 지능검사로 측정되는 IQ가 적어도 80 이상은 되어야 적절한 수행이 가능하다고 본다.

④ **정신상태**

ㄱ 심하게 혼란되거나 동요된 상태인 경우를 제외하면 정신적 손상이 수행에 방해가 되지 않는다.

ㄴ 다만 수검자의 인지적·심리적 상태에 따라 검사 수행에 걸리는 시간이 달라질 수 있으므로 검사의 소요시간을 기록하는 것이 중요하다.

(2) 검사 지시

① **지시문**

> "이 질문지에 일상생활에서 당면하는 여러 문제를 문항으로 만들어두었습니다. 문항을 하나하나 읽어가면서 그 문항이 당신을 잘 나타내고 있거나 당신의 생각과 같으면 답안지의 '그렇다'에 해당하는 칸에 빗금 표시를 하고 그렇지 않으면 '아니다'에 해당하는 칸에 빗금 표시를 하십시오."

② **질문**

> - "내가 요즘 느끼는 대로 답해야 하나요? 아니면 과거의 일을 생각해서 대답해야 하나요?"
>   ➡ "현재의 상태를 기준으로 답하십시오."
> - "이런 일은 해본 적이 없어서 답하기가 힘들어요."
>   ➡ "이에 대해 ○○씨가 어떻게 생각하고 느끼는지가 더 중요할 수 있습니다."
> - "그럴 때도 있고 아닐 때도 있어서 '예/아니요' 중 어느 하나로 답하기 힘들어요."
>   ➡ "자신과 가장(좀 더) 비슷하다고 느껴지는 방향으로 응답하세요."
> - 기타: 검사지 앞에 적힌 지시문을 다시 한 번 주의깊게 읽어보세요. 본인이 이해한 대로 답하면 됩니다.

③ **수검자 답안지 점검사항**

ㄱ 답안지를 끝까지 완성했는가?

ㄴ 평가자가 응답 내용을 알아볼 수 있도록 표기했는가?

ㄷ 응답하지 않은 반응은 얼마나 되는가?

ㄹ 답안지를 반복적으로 지우거나 수정했는가?

3. 해석 절차

(1) 수검 태도 및 검사결과의 타당성을 확인
① 수검 태도는 양적 측면과 질적 측면에서 평가한다.
  ㉠ 양적 측면: MMPI 결과에 산출되는 여러 타당도 척도 점수
  ㉡ 질적 측면: 검사 완료에 소요된 시간, 검사 수행 시 관찰된 구체적인 행동 등
② 수검 태도 및 검사 결과의 타당성을 확인하기 위해 다양한 타당도 척도가 제시: ?, L, F, K와 같은 기존의 4개 타당도 척도에 VRIN, TRIN, F(B), F(P), FBS, S의 6개 타당도 척도가 새로 추가되었다.

(2) 척도별 점수를 확인
① 각 임상 척도의 상승 정도를 파악하고 그것이 수검자의 현재 감정상태, 성격 등에 대해 어떤 해석적 의미를 가지는지 가설을 수립한다.
② 척도 점수가 정상 범위에 속하는지 여부뿐만 아니라 성별, 연령, 교육 수준, 수검자의 증상, 상황, 의뢰 사유 등에 비추어 가장 가능성 있는 해석이 무엇인지를 고려해야 한다.
③ 상승된 임상 척도의 소척도 중 어떤 요인이 모척도의 상승에 영향을 미쳤는지, 재구성 임상 척도는 어떤지를 함께 확인함으로써 수검자에게 중요한 문제가 무엇인지에 대한 가설을 정교화할 수 있다.

(3) 프로파일 코드 유형 및 척도 간 연관성을 확인
① 코드 유형: 가장 높이 상승되어 있는 2개 혹은 3개의 임상 척도군을 말하며, 대체로 척도 간 분산이 큰 경우에 코드 유형이 나타나는 특징이 뚜렷해진다.
② 척도 간 연관성 검토: 예를 들어 척도 2가 상승한 경우 척도 9의 점수가 낮을 것으로 예측하는 것이 일반적이다. 따라서 이러한 예측에 맞는 프로파일이라면 임상가는 자신의 가설에 확신을 가질 수 있지만, 이와 불일치하는 결과에 대해서는 의문을 가지고 새로운 가설을 세우게 된다.

(4) 내용 척도, 내용 소척도, 보충 척도 점수와 결정적 문항들을 검토
① MMPI-2는 임상 척도의 하위 소척도뿐만 아니라 전체 문항 군집을 기초로 한 15개의 내용 척도가 개발되어 있으며, 이 중 12개의 내용 척도에 대한 소척도가 개발되어 있다. 또한 문항을 다양하게 재조합한 보충 척도도 개발되어 있다.
② 내용 척도, 내용 소척도, 보충 척도를 추가적으로 검토하여 수검자의 증상, 문제, 성격특성에 대해 일관성 있고 통합된 가설을 다듬어간다.
③ 이 외에도 결정적 문항을 검토하여 특정 문제에 응답을 많이 했는지, 간과된 증상이나 문제가 있는지 확인한다.

(5) 결과 해석을 기술
① 앞서 검토된 사항을 바탕으로 임상가의 해석을 기술한다.
② 결과 해석은 다른 심리검사 해석 결과와 마찬가지로 다음 내용을 포함해야 한다.

> • 수검자의 수검 태도가 결과 해석에 미치는 영향
> • 수검자의 전반적인 적응 수준
> • 수검자의 현재 증상, 정서, 행동
> • 수검자의 행동, 성격특성: 주요 욕구, 환경 및 대인지각, 자기개념, 감정조절, 대처전략 및 방어기제, 대인관계, 심리적 강점과 약점 등
> • 진단적 시사점과 치료적 함의

07 | MMPI-2 해석: 타당도 척도와 임상 척도

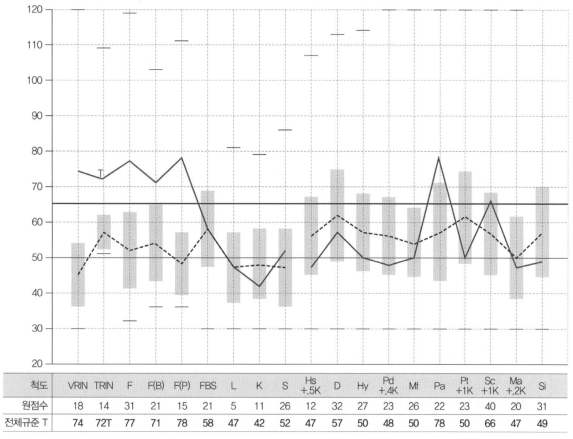

척도	VRIN	TRIN	F	F(B)	F(P)	FBS	L	K	S	Hs +.5K	D	Hy	Pd +.4K	Mf	Pa	Pt +1K	Sc +1K	Ma +.2K	Si
원점수	18	14	31	21	15	21	5	11	26	12	32	27	23	26	22	23	40	20	31
전체규준 T	74	72T	77	71	78	58	47	42	52	47	57	50	48	50	78	50	66	47	49

* Mf 척도의 T 점수는 성별 규준에 의한 것임

[그림 11-2] MMPI-2: 타당도 척도와 임상 척도 프로파일

참고 **MMPI-2 해석**

- MMPI 원판 70T 이상, MMPI-2, A는 65T 이상을 의미 있는 상승으로 해석한다.
- MMPI-2에서는 척도 5와 0을 제외하고는 낮은 점수에 근거한 해석은 삼간다.

1. 타당도 척도의 해석

구분	척도명	측정 내용
성실성	?(무응답)	문항에 빠짐없이 응답했는지, 문항을 잘 읽고 응답했는지에 대한 정보 제공
	VRIN(무선반응 비일관성)	
	TRIN(고정반응 비일관성)	
비전형성	F(비전형성)	일반인들이 일반적으로 반응하지 않은 방식으로 응답했는지에 대한 정보 제공
	F(B)(비전형 – 후반부)	
	F(P)(비전형 – 정신병리)	
	FBS(증상 타당화)	
방어성	L(부인)	자신의 모습을 과도하게 긍정적으로 제시하고자 했는지에 대한 정보 제공
	K(교정)	
	S(과장된 자기제시)	

(1) 무응답 척도(? 척도)

① 수검자가 응답하지 않고 생략한 문항의 개수를 나타낸다.

② 무응답 10개 이하: 타당성에는 영향을 미치지 않지만 누락된 문항이 무작위인지, 패턴을 이루는지에 대한 탐색이 필요하다. 패턴을 이룬다면 그 문항들이 피검자에게 의미 있을 수 있으므로 문항 내용을 검토할 필요가 있다.

③ 무응답 30개 이상: 타당한 해석을 어렵게 만들기 때문에 무효 프로파일로 간주한다.

④ 무응답이 많은 이유

> • 수검자가 부주의하거나 혼란스러워 의도와 무관하게 반응을 누락하는 경우
> • 자신의 바람직하지 않은 특성에 대해 고의로 거짓응답을 하기보다 회피하는 경우
> • 양자택일 상황에서 어느 하나를 선택하지 못하는 우유부단한 수검자의 경우
> • 문장을 읽고 이해하는 데 어려움이 있는 경우
> • 검사와 검사자에 대한 강한 불신감이 존재하는 경우
> • 검사와 검사자에 대한 반항적이고 비협조적인 태도를 가진 경우
> • 자신의 정보를 누설하지 않으려는 경향성이 있는 경우
> • 지나친 강박성으로 인해 어떤 것이 바른 정답인지에 대한 결정을 내리기 어려운 경우
> • 개인에게 특별히 민감한 부분을 개방하기를 꺼리는 경우
> • 심한 우울증으로 인해 문항에 대한 결정을 내리기가 어려운 경우

(2) 무선반응 비일관성 척도(VRIN) 기출 23

T 점수	프로파일 타당성	가능한 해석	특징
80 이상	무효 (타당하지 않음)	• 무선반응으로 인해 프로파일 해석 불가능함 • 독해능력이 부족하거나 혼란스러운 상태에 있거나 의도적으로 무선반응을 했을 가능성이 있음	• 무선적 반응을 탐지하는 척도 • 비슷하거나 반대되는 문항의 내용에 비일관적으로 응답한 문항쌍의 수 • 49개 문항쌍, 67개 반응쌍 (5개 T-T, 5개 F-F, 57개 T-F/F-T) • F 척도와 함께 해석되면 유용
65~79	유효(타당)하지만 일부의 비일관적인 반응이 포함됨	• 해석이 가능하긴 하지만, 일부 비일관적 반응이 포함되었을 가능성이 있으므로 해석에 주의할 필요가 있음 • VRIN 점수가 79점에 가깝다면 보다 강한 주의가 필요함 • 많은 무선반응은 부주의하거나 일시적인 주의집중력 상실이 이유가 될 수 있음	
40~64	유효함	피검사자는 검사문항을 일관성 있게 이해하고 반응함	
39 이하	유효함	피검사자는 매우 주의 깊고 신중하게 문항에 응답함	

① 수검자의 무선반응을 탐지하려는 척도로, 내용이 서로 비슷하거나 상반되는 문항으로 구성된다.

② 비전형 척도와 함께 해석할 경우 유용

　㉠ 비전형 상승 + VRIN 상승: 무작위 반응으로 인해 프로파일 해석이 불가능하다.

　㉡ 비전형 상승 + V, TRIN 정상: 정신병리적 문제나 나쁘게 보이려는 의도가 있었는지 파악해야 한다.

(3) 고정반응 비일관성 척도(TRIN)

T, F 점수	프로파일 타당성	가능한 해석	특징
80T 이상	무효	'그렇다' 반응 경향이 강한 프로파일로 해석이 불가능	• 모두 '예', 모두 '아니요' 반응을 탐지하는 척도 • 반대되는 문항 내용에 비일관적으로 응답한 문항쌍의 수 • 20개의 문항쌍, 23개의 반응쌍 (14개 T-T, 9개 F-F) • 원점수 계산: 그렇다-아니다 +9, T 점수: 항상 50 이상으로 환산 • L, K, S와 함께 해석되면 유용
65T~79T	유효하지만 일부의 반응이 '예' 반응인 경향이 있음	반응 경향상 L, K, S 척도가 낮아질 수 있음에 주의하여 해석해야 함	
50~64T 또는 50~64F	유효함	피검사자는 검사문항들을 일관성 있게 이해하고 반응할 수 있었음	
65F~79F	유효하지만 일부의 반응이 '아니요' 반응 경향이 있음	반응 경향상 L, K, S 척도가 높아질 수 있음에 주의하여 해석해야 함	
80F 이상	무효	'아니요' 반응 경향이 강한 프로파일로 해석이 불가능	

① 수검자가 모두 '그렇다' 또는 '아니다'로 반응하는 경향을 탐지하는 척도로, 내용이 서로 상반되는 문항 쌍만으로 구성된다.

② 80점 이상인 경우

　　㉠ T 점수 80 이상: '예' 반응 경향으로 인해 프로파일 해석이 불가능하다.

　　㉡ F 점수 80 이상: '아니요' 반응 경향으로 인해 프로파일 해석이 불가능하다.

③ T 점수 65~79T: 타당한 프로파일로 간주하지만, 부분적인 '그렇다' 경향으로 인해 L, K, S 척도가 낮아질 수 있으므로 이들 척도의 해석에 주의를 요한다.

④ T 점수 65~79F: 타당한 프로파일로 간주하지만, 부분적인 '아니다' 경향으로 인해 L, K, S 척도가 높아질 수 있으므로 이들 척도의 해석에 주의를 요한다.

　➡ • '예' 반응 → TRIN T 점수 상승 → L, K, S가 낮아질 가능성이 있음
　　　• '아니요' 반응 → TRIN F 점수 상승 → L, K, S가 높아질 가능성이 있음

(4) 비전형 척도(F)

T 점수	프로파일 타당성	점수 상승의 가능한 이유들	가능한 해석	특징
80 이상	무효일 수 있음	• 무작위/고정반응 • 심각한 정신병리 • 부정 왜곡 (faking bad)	• VRIN, TRIN의 T 점수가 79 이상이면 프로파일은 무효로 해석 불가능 • VRIN, TRIN의 T 점수가 정상 범위에 있다면 F(P)를 검토 • 만약 F(P) 역시 정상 범위에 있다면, 프로파일은 타당한 것이며 심각한 정신병적 증상을 반영 • F(P)가 100 이상이면 피검사자는 정신병리를 실제보다 더 의도적으로 과장하여 보고한 것	• 검사 전반부의 비전형 반응 탐지 (1~370번 문항에 분포) • 한 사람의 생각, 경험이 다른 사람들과 다른 정도를 측정 • 규준집단에서 매우 낮은 빈도로 응답되는 60개의 문항으로 구성 • F가 높으면 특히 임상 척도에 영향 • F(P) 척도를 함께 고려하여 F 척도 상승의 의미를 추론
65~79	과장된 것일 수 있으나 유효할 것	문제를 과장하여 표현함	'도움을 청하는' 의도로써 증상을 과장하는 것	
40~64	유효할 것	–	피검사자가 심리적인 문제를 정확하게 보고함	
39 이하	방어적일 수 있음	–	피검사자가 심리적 문제를 부인하거나 축소하고 있는지 판단하는 것이 필요. 방어성 척도, 특히 L 척도를 검토할 것	

① 검사 전반부의 비전형 반응을 탐지하고, 한 사람의 생각 또는 경험이 다른 사람들과 다른 정도를 측정한다.

② 비전형적 반응 탐지: F, F(B), F(P), FBS

　　㉠ 무작위반응 또는 고정반응

　　㉡ 심각한 정신병리 문제

　　㉢ 자신을 고의적으로 나쁘게 나타내려는 시도(faking bad)

③ 척도 상승 시의 가능성

　　㉠ 문항 내용과 상관없이 반응했을 가능성: VRIN, TRIN 척도와 비교한다.

　　㉡ 일반 사람은 좀처럼 경험하지 않는 심각한 심리적 문제를 겪고 있을 가능성이 있다.

　　㉢ 심각한 문제를 겪진 않지만 의도적으로 부적응을 부각하고 심리적 문제를 가장했을 부정 왜곡의 가능성: VRIN 척도, TRIN 척도, F(P) 척도 등 다른 타당도 척도의 점수를 고려하여 F 상승의 의미를 밝혀야 한다.

- 비전형 반응의 4개 지표는 F 척도, F(B) 척도, F(P) 척도, FBS 척도이다.
- F는 비전형 반응, F(B)는 검사 후반부의 비전형 반응, F(P)는 비전형 정신병리로, 환자들조차 매우 낮은 빈도로 반응하는 문항으로 구성된다.
- FBS는 개인상해 소송 시 꾀병으로 판단된 사람과 꾀병이 아닌 사람의 반응을 비교하여 선정된 문항으로 구성되었다.

참고 원판 MMPI F 척도 특징

- 심리적 고통의 정도와 부적응 정도를 측정한다.
- 현재 자신의 상태를 얼마나 편안 또는 불편한가를 반영한다. 이 척도의 점수가 K 척도의 점수에 비해 낮은 것이 바람직하다.
- F 척도의 점수가 상승될 경우(T 점수 60점 이상), 생활 장면에서 적응상의 어려움과 심리적인 스트레스의 경험을 추정할 수 있다.
- F 척도의 점수가 K 척도의 점수에 비해 현저히 높을수록 심리적으로 더욱 힘들어하고 있을 것으로 추정할 수 있다.
- F 척도의 점수가 낮은 경우(T 점수 40점 이하), 대체로는 사회적 순응도가 높고 현재 별다른 스트레스를 느끼지 않고 잘 적응하고 있다고 해석할 수 있다. 그러나 이러한 순응은 지나치게 관습적이기 때문이거나 긍정 왜곡(faking good) 경향성 때문일 수도 있다.
- F 척도는 임상 척도(특히, 척도 6 및 척도 8)와 정적 상관이 있으며, L 척도 및 K 척도와 부적 상관이 있다. 따라서 임상 척도들이 높은 경우에는 F 척도 점수도 높아야 한다. 이때, F 척도 점수의 상승 정도는 부적응의 정도 또는 심리적인 고통의 정도를 나타낼 뿐만 아니라 문제의 지속 기간을 나타내기도 한다.
- 임상 척도들의 점수가 전반적으로 낮다면 F 척도 점수도 낮은 경우가 보통인데, 이때는 지나치게 관습적이고 순응적이거나, 긍정 왜곡 경향성을 지니고 있을 가능성을 고려해야 한다.

(5) 비전형 – 후반부 척도[F(B)] 기출 22, 24

T 점수	프로파일 타당성	점수 상승의 가능한 이유들	가능한 해석	특징
90 이상 (임상 장면 110 이상)	무효일 수 있음 (타당하지 않을 수 있음)	• 무작위/고정반응 • 심각한 정신병리 • 증상의 과장된 응답 (faking bad) • 응답 태도의 변화	• F(B)의 T 점수를 F의 T 점수와 비교해야 함. 만약 F(B)의 T 점수가 최소 30점 이상 더 높다면, 검사 후반부에 피검자의 태도에 유의미한 변화가 있었다는 것을 의미함 • F(B) 척도가 F 척도에 비해 유의미하게 높으면, 검사 후반부의 문항들이 위치한 척도들(내용 척도 등)은 해석하지 말아야 함	• 검사 후반부의 비전형 반응 탐지 • 구성 방법은 F 척도와 같음 • 40문항(281~334에 12문항, 387~555에 28문항) • 무선반응, 고정반응, 정신병리, 부정가장에 민감 • F(B)가 높으면 특히 내용 척도에 영향 • 검사과정에서의 수검 태도 변화를 알려줌

① 검사 후반부의 비전형 반응을 탐지하는 척도로, 검사과정에서 수검자가 보이는 태도 변화를 알려준다.

② F 척도와 유사하게 무선반응, 고정반응, 심각한 정신병리, 부정 왜곡에 민감하다.

③ F 척도가 정상 범위에 있고 F(B) 척도가 상승할 경우

⊙ 수검자의 검사 태도가 후반에 달라졌음을 반영하는 것일 수 있다.

⊙ 검사지 전반부에 배치된 문항을 중심으로 채점되는 표준 척도(L, F, K 및 임상 척도)는 해석할 수 있지만 후반부에 배치된 문항을 중심으로 채점되는 보충 척도, 내용 척도, 기타 척도는 해석해선 안 된다.

④ F < F(B) 30점 이상 차이: 검사 후반부에 피검자의 태도에 유의미한 변화가 있었음을 의미하며, 후반부 문항을 통해 산출되는 척도는 해석하지 않아야 한다.

(6) 비전형 – 정신병리 척도[F(P)]

T 점수	프로파일 타당성	점수 상승의 가능한 이유들	가능한 해석	특징
100 이상	무효일 것	• 무작위 반응 • 부정 왜곡 (faking bad)	• VRIN, TRIN의 T 점수가 79점 이상이라면 프로파일은 무효로써 해석 불가능 • VRIN과 TRIN의 T 점수가 정상 범위에 있다면 피검사자는 실제보다 정신병리를 의도적으로 더 과장하여 표현하려는 것	• Arbisi와 Ben – Porath(1995) • 규준집단과 외래환자 모두에서 비전형 반응 • F 척도에 비해 정신병리에 덜 민감함 • 27개 문항 • F 척도 상승의 의미를 명확하게 해줌
70~99	과장된 것일 수 있으나 유효할 것	문제를 과장하여 표현함	'도움을 청하는' 의도로써 증상을 과장하는 것	
69 이하	유효할 것	–	피검사자가 현재의 정신건강 상태를 정확하게 보고함	

① F 척도의 상승이 실제 정신병리 문제에 기인한 것인지, 의도적으로 부정적인 모습을 보이려는 것인지 판단하는 데 도움이 된다. ➡ 정신의학과 환자들조차 매우 낮은 빈도로 반응하는 문항으로 구성된다.

② F 척도와 함께 F(P) 척도가 상승하는 경우: 수검자의 부정 왜곡이나 꾀병을 반영할 가능성이 높다.

③ F 척도는 높지만 F(P) 척도가 높지 않은 경우: 실제 정신병리를 반영하고 있다고 볼 수 있다.

④ T 점수 100 이상: VRIN, TRIN이 정상 범위라면 실제보다 정신병리를 의도적으로 과장하여 표현하고 있다.

더 알아보기　**부정 왜곡 또는 꾀병 판별 단계**

1. STEP 1: 무응답 문항 개수를 확인한다.
   • 30개 이상: 무효 프로파일, 해석 중단
   • 30개 미만: STEP 2 진행
2. STEP 2: VRIN 척도와 TRIN 척도의 점수를 확인한다.
   • VRIN과 TRIN 중 어느 하나라도 T 점수가 80 이상: 무효 프로파일, 해석 중단
   • VRIN과 TRIN 척도 모두 T 점수가 80 미만: STEP 3 진행
3. STEP 3: F와 F(B) 점수를 확인한다.
   • F와 F(B) 척도 모두 T 점수가 80 미만: 타당한 프로파일로 간주하고 해석 진행
   • F와 F(B) 척도 중 어느 하나라도 T 점수가 80 이상: 증상 과장 가능성, STEP 4 진행
4. STEP 4: F(P) 점수를 확인한다.
   • F(P) 척도의 T 점수 100 이상: 꾀병 가능성이 높으므로 프로파일을 해석하지 않음
   • F(P) 척도의 T 점수 80~99: 꾀병 가능성 의심, 신중한 해석을 요하므로 부가정보를 수집
   • F(P) 척도의 T 점수 70~79: 타당성 여부가 불명확하고 신중한 해석을 요하므로 부가정보를 수집
   • F(P) 척도의 T 점수 69 이하: 타당한 프로파일로 간주하고 해석 진행

(7) FBS(증상 타당화 척도)

① 신체장애 신청이나 상해 관련 소송 장면에서 개인적인 이득을 취하기 위해 보이는 다양한 방식의 증상 과장을 탐지할 목적으로 개발되었다.

② 문항 구성: 꾀병으로 판정받은 사람과 꾀병이 아닌 것으로 판정받은 사람의 반응을 비교하여 구성했다.

③ FBS 척도가 상승하더라도 VRIN과 TRIN의 점수가 80 이상이면 무선반응의 가능성을 우선적으로 고려하여 FBS 척도를 해석하지 않는다.

④ 해석 지침

T 점수	해석
100 이상	과대보고가 시사되므로 타당하지 않음 ➡ 비일관적인 반응의 가능성이 없다면 이 정도 점수 상승은 실제로 상당한 의학적 문제를 가진 사람에게도 흔하게 나타나지 않는 점수로, 주요 척도에서의 높은 점수는 증상의 과대보고를 반영할 가능성이 있음
70~99	신체적·인지적 증상의 신뢰할 수 없는 보고로 인한 과대보고의 가능성이 있음 ➡ 비일관적인 반응의 가능성이 없다면 이 정도의 점수 상승은 실제로 상당한 의학적 문제를 가진 사람에게 나타날 수 있으나 과장을 반영한 것일 수 있으며, 이때 주요 척도에서의 높은 점수는 증상의 과대보고를 반영할 가능성이 있음
69 이하	과대보고의 증거가 없으므로 프로파일 해석이 가능함

(8) 부인 척도(L)

T 점수	프로파일 타당성	점수 상승의 가능한 이유들	가능한 해석	특징
80 이상	무효일 것	• 긍정 왜곡 (faking good) • 주로 '아니요'로 응답하는 경향	• TRIN이 79F보다 크면, 전반적으로 '아니요'로 응답한 경향이 강하고, 프로파일은 무효이며 해석이 불가능 • TRIN이 정상 범위라면 높은 L 점수는 자신을 좋게 보이려고 노력하는 긍정 왜곡을 반영, 프로파일은 무효	• 방어적인 태도를 측정하기 위한 15개 문항으로 구성 • 대부분의 사람이 인정하는 사소한 결점, 약점을 부인하고 자신을 좋게 보이려는 경향을 측정 ⑩ '가끔 화를 낸다.'에 '아니다.'로 응답하는 것
70~79	무효일 수 있음	• 긍정 왜곡 (faking good) • 전통적인 성장 배경 • '아니요'로 응답하는 경향이 중간 정도	• TRIN이 65F-79F 범위라면 L의 상승은 왜곡하려는 것보다 '아니요' 패턴으로 응답한 것을 반영함 • TRIN이 정상 범위라면 상승된 L은 세련되지 못한 방식으로 좋게 보이려는 태도가 반영된 것 • L 점수가 높을수록 MMPI-2 척도가 실제 정신병리를 정확하게 나타내지 못할 것	
65~69	타당도가 의심됨	지나치게 긍정적인 자기표현	• 피검사자가 심리적·행동적 문제를 최소화했을 가능성이 높음 • 문제를 과소평가하게 될 수 있음	
60~64	유효할 것	세련되지 못한 방어	• 대부분의 사람들이 쉽게 인정하는 사소한 실수와 결점까지 부인하는 응답으로, 아마도 그렇게 하는 것이 더 좋다고 믿기 때문인 것으로 보임 • 피검사자가 전통적인 성장 배경을 가지고 있을 수 있음	

① 자신을 지나치게 긍정적으로 표현하려는 수검자의 방어적 태도를 탐지할 목적에서 개발된 척도로, 대부분의 사람들이 망설임 없이 인정할만한 사소한 결점들을 '아니다'로 응답할 경우 채점된다.

② 교육 정도나 사회경제적 지위와 부적 상관이 있으며, 이 척도의 상승은 때로 임상 척도 1과 임상 척도 3의 상승을 동반한다.

(9) 교정 척도(K)

T 점수	프로파일 타당성	점수 상승의 가능한 이유들	가능한 해석	특징
75 이상	무효일 수 있음	• 긍정 왜곡 (faking good) • 주로 '아니요'로 응답하는 경향	• TRIN이 79F보다 크면, 전반적으로 '아니요'의 패턴으로 응답한 것으로 프로파일은 무효이고 해석 불가능 • TRIN이 정상 범위라면 높은 K 점수는 피검자의 방어적인 태도를 반영하는 것이고 타당하지 않은 프로파일일 수 있음	• 정상 프로파일을 보인 환자와 정상인의 프로파일을 비교하여 변별력 있는 30개의 문항으로 구성 • L 척도에 반영되는 것보다 조금 더 세련되고 교묘한 방어성을 탐지 • 정상인의 경우, 자아강도 또는 심리적 자원을 의미 예 '처음 만나는 사람과 대화가 어렵다.'에 '아니다.'로 응답
65~74	무효일 수 있음	• 중간 수준의 방어성 • '아니요'로 응답하는 경향이 중간 정도	• TRIN이 65F~79F 범위라면 K 상승은 좋게 보이려는 것보다 '아니요' 패턴으로 응답한 것을 반영함 • TRIN이 정상 범위라면 상승된 K는 중간 수준의 방어적인 태도를 반영하는 것 • K 점수가 높을수록 MMPI-2 척도들이 실제 정신병리를 정확하게 나타내지 못할 것	
40~64	유효함	–	–	
39 이하	무효일 수 있음	• 부정 왜곡 (faking bad) • 주로 '예'로 응답하는 경향	• TRIN이 79T보다 크면, 전반적으로 '예'의 패턴으로 응답한 것으로, 프로파일은 무효 • TRIN이 정상 범위라면 낮은 K 점수는 피검자가 나쁘게 보이려고 왜곡한 결과일 수 있음. 그러나 이러한 해석은 비전형 척도가 상승했을 때만 적용 가능함	

① 보다 세련된 방어적 수검 태도를 탐지하는 척도로 정상인의 경우 자아강도, 심리적 자원을 의미하기도 한다.

② 매우 높게 상승하는 경우 전형적으로 방어적 수검 태도를 시사하지만, 경미하게 상승하는 경우 자아강도가 강하고 심리적 자원이 풍부하여 현실대처능력을 갖추고 있음을 반영하기도 한다.

③ K 교정 척도: 방어적 태도가 임상척도 점수에 미치는 영향을 교정하기 위해 척도 1, 척도 4, 척도 7, 척도 8, 척도 9에서는 K 교정이 적용된다.

④ L 척도와 차이: 순진하고 단순하게 자신의 심리적 문제를 부인하는 경우 L 척도가 상승하고, 세련되고 교묘한 태도로 자신을 방어하는 경우 K 척도가 상승할 가능성이 높다.

⑩ 과장된 자기제시 척도(S)

T 점수	프로파일 타당성	점수 상승의 가능한 이유들	가능한 해석	특징
75 이상	무효일 수 있음	• 긍정 왜곡 (faking good) • 주로 '아니요'로 응답하는 경향	• TRIN이 79F보다 크다면 전반적으로 '아니요' 패턴으로 응답한 것으로 프로파일은 무효이고 해석 불가능 • TRIN이 정상 범위라면 높은 S 점수는 피검자의 방어적인 태도를 반영한 것이고 타당하지 않은 프로파일일 수 있음 • 방어성의 구체적인 영역을 확인하기 위해 하위 척도를 검토할 것	• Butcher와 Han(1995) • 파일럿 응시자와 규준집단의 반응을 비교하여 문항 선정 • 추가적인 문항분석과 내용분석 ➡ 동질성을 높임 • 50문항으로 검사의 전후반에 골고루 퍼져 있음 • 44문항이 '아니요'(TRIN을 고려해야 함) • 5개의 하위 척도가 있음
70~74	무효일 수 있음	• 중간 수준의 방어성 • '아니요'로 응답하는 경향이 중간 정도	• TRIN이 65F~79F 범위라면 S의 상승은 좋게 보이려는 것보다 '아니요' 패턴으로 응답한 것을 반영함 • TRIN이 정상 범위라면 상승된 S는 중간 수준의 방어적인 태도를 반영하는 것 • S 점수가 높을수록 MMPI-2 척도가 실제 정신병리를 정확하게 나타내지 못할 것	
69 이하	유효함	—	—	

① L 척도나 K 척도가 임상집단을 대상으로 긍정 왜곡의 가능성을 탐지할 목적에서 개발되었다면, S 척도는 비임상 집단을 대상으로 자신에게 도덕적 결함이 전혀 없음을 강조하여 드러내고자 하는 수검자의 방어적 태도를 탐지할 목적에서 개발되었다.

➡ 인사 선발, 보호감찰 평가, 자녀 양육권 평가 등의 비임상 장면에서 흔히 관찰된다.

② S 척도와 K 척도

ㄱ S 척도: 검사의 전후반에 골고루 관련 문항이 배치되어 있고, 비임상 집단에 초점을 둔다.

ㄴ K 척도: 검사의 전반부에 문항이 분포해 있으며 임상집단에 초점을 둔다.

1. L 척도와 K 척도가 T 점수 50 이하 / F 척도는 T 점수 60 이상
   - 자신의 신체적·정신적 곤란을 인정하고, 스스로 문제를 해결할 수 없어 문제해결을 위한 도움을 필요로 하는 상태이다.
   - F 점수가 증가할수록 힘든 상태에 있거나 증상을 과장하는 것일 수 있으며, 당면한 문제가 해결되고 상태가 호전되기 시작하면 F 척도의 상승은 감소하고 K 척도가 상승한다.

2. L 척도와 K 척도가 T 점수 50~60 사이 / F 척도는 T 점수 70 이상
   - 자신의 문제를 인정함과 동시에 방어하려 애쓰는 사람으로, F 척도가 상승함에 따라 문제의 심각성도 함께 증가한다.
   - 비효율적인 방어로 인해 문제를 해결하지 못하고 만성적인 적응곤란을 경험하는 사람에게 나타나며 치료적 변화가 쉽지 않다.

3. L 척도의 T 점수가 50 이하 / F 척도는 K 척도와 같거나 보다 큼 / K 척도는 T 점수 55 이상
   - 오랫동안 가지고 있던 문제에 적응되어 별로 불편해하지 않으며 문제점만 인정하는 상태이다.
   - F 척도가 70 이상 상승해도 심리적 고통을 느끼지 않고, 현재의 문제만이 처리되기를 바란다.

4. V형: L과 K 척도는 T 점수 60~70까지 상승, F 척도는 T 점수 50 이하
   - 바람직하지 못한 충동이나 문제를 부인하거나 회피하려 하며 자신을 가능한 좋게 보이려 애쓰는 상태를 반영한다.
   - 직업 응모자, 방어적 정상인, 히스테리 환자, 건강염려증 환자에게서 많이 나타나며 치료에 자발적이지 않다.
   - 주된 방어기제: 억압과 부인 등이 있다.

5. 정적 기울기
   - 현재 스트레스, 갈등을 경험하지 않는 정상인이 보이는 전형적인 형태로 일상에서 당면한 문제를 해결할 적절한 능력이 있다.
   - 자신을 좋게 보이려고 애쓰는 사람, 입사 지원자, 상담직 종사자에게서 나타날 수 있다.

6. 부적 기울기
   - 순박하고 세련되지 못한 방식으로 좋게 보이려 애쓰는 사람의 전형적인 형태로 사회경제적 수준, 교육 수준이 낮은 계층에서 흔히 볼 수 있는 프로파일이다.
   - 좋게 보이려고 노력하지만 고지식하고 미숙한 태도로 인해 실패하고 오히려 신경증 척도가 상승하는 경우가 많다.

7. F-K 지수
   - F 척도 원점수에서 K 척도 원점수를 뺀 점수를 말한다.
   - 이 지수는 MMPI에서 좋게 보이려고 하거나 나쁘게 보이려는 태도를 탐지하고자 했지만, 부정 왜곡 프로파일에만 사용하도록 추천하며 나쁘게 보임으로써 얻는 이득이 보일 때만 사용할 것을 권한다.
   - 한국에서는 F-K 지수를 사용할 때 'F-K≥20'을 부정 왜곡 지표로 사용할 것을 권한다.

2. 임상 척도의 해석

(1) 척도 1(Hs; Hypochondriasis, 건강염려증) 기출 15

> MMPI 척도 중 가장 단일 차원적 성질을 보인다. 신체적 증상과 기능 이상에 대한 과도한 집착과 불안을 측정하는 척도로, 32문항으로 구성된다.

① 기본 차원: 신중성

② 이 척도의 문항들은 특별한 증상이나 구체적인 병과 관련된 문항들도 있지만 대부분 전반적인 신체에 대한 집착과 자기중심성과 연관된 것들이다.

③ 높은 점수

　㉠ 다양한 신체 증상과 만성적인 피로감, 통증, 무력감을 호소한다.

　㉡ 자기중심적이고 외부 세계에 비관적이고 냉소적이며, 스스로 불만스럽고 불행하다고 느낀다.

　㉢ 다른 사람에게 요구가 많은 동시에 매우 비판적이다.

　㉣ 신체증상으로 다른 사람을 조종하려 하고 성가시게 한다.

　㉤ 심리적 문제나 책임을 회피하고 주위 사람들을 지배하거나 조종할 목적으로 신체 증상을 호소하기도 한다.

(2) 척도 2(D; Depression, 우울증) 기출 17

> 검사 당사자가 느끼는 기분 상태를 반영하며 비관, 슬픔의 정도를 측정한다. 우울의 주된 증상은 우울감, 의기소침, 자긍심 저하, 흥미 범위 축소, 주의집중 곤란, 불면, 신체적 기능 이상 등이다. 척도 2는 수검자가 자기 자신 및 자신의 생활환경에 대해 얼마나 안정되고 안락하게 느끼는가를 알려주는 좋은 지수로써 점수가 높을수록 강한 불만도를 나타낸다.

구분		증상
D1	주관적 우울감	불행감, 우울감, 흥미 저하, 자신감 상실, 열등감, 사회적 상황에 대한 불편감, 대처능력 약화
D2	정신운동 지체	심신 에너지 소진, 대인관계 회피, 적대감이나 충동성 부인
D3	신체적 기능장애	신체 기능에 몰두, 대인관계 회피, 적대감이나 충동성 부인
D4	둔감성	긴장감, 주의집중 어려움, 무쾌감, 삶의 가치를 느끼지 못함
D5	깊은 근심	깊은 근심과 염려, 비관적이며 자기비판적인 사고, 부정적인 사고의 반추, 쉽게 마음이 상함, 사고과정에 대한 통제 불능감

① **기본 차원**: 평가
② 피검자가 느끼는 기분 상태를 반영하는데, 비관 및 슬픔의 정도를 측정한다.
③ **우울증의 주된 증상**: 우울감, 의기소침, 자긍심 저하, 흥미 범위 축소, 주의집중 곤란, 불면, 신체적 기능 이상, 사회적 관계 회피 등이다.
④ 척도 2는 반응성 혹은 외인성 우울증을 측정하기 때문에 기분이 변함에 따라 그리고 자기 자신 및 상황에 대한 평가가 달라짐에 따라 점수가 바뀔 수 있다.
⑤ **특징**
　㉠ 우울감, 의기소침, 자긍심 저하, 흥미의 범위가 축소된다.
　㉡ 주의집중 곤란, 심리적 기능에 대한 불신이 나타난다.
　㉢ 불면, 소화기 이상 등 신체적 기능 이상이 나타난다.
　㉣ 사회적 관계의 회피, 분노나 격한 감정반응을 부인한다.
⑥ **높은 점수**
　㉠ **불안하고 위축되며 자신의 미래에 비관적**: 어려운 문제를 해결해 나갈 자신감이 없고 자신을 쓸모없는 사람이라고 생각한다.
　㉡ 말하기를 거북해하고 잘 울며 기운이 없다.
　㉢ 혼자 있기를 좋아하며 간단한 결정도 내리기 힘들어하고, 지나치게 자신을 억제하고 양보한다.
　㉣ 중간 정도 높이의 점수는 너무 심하지 않거나 만성화된 우울감을 반영한다.
　㉤ 척도 2의 상승은 피검자의 심리적 상태를 나타내지만 그것의 원인은 다른 문제이다.
　　예 척도 4와 척도 9가 상승했다면 자신에게 가해진 상황적 구속에 대한 반응일 가능성이 많다.

(3) 척도 3(Hy; Hysteria, 히스테리) – 60개 문항

> 사람들에게 현실적인 어려움이나 갈등을 회피하는 최선의 방법은 그 존재를 부인하는 것인데, 척도 3은 이 같은 부인의 양과 형태를 측정한다. 척도 3은 2가지 유형의 문항으로 구성되는데, 하나는 신체적 증상을 나타내는 문항이며 다른 하나는 심리적 또는 정서적 문제를 가지지 않고 사회적으로 잘 적응하는 것을 나타내는 문항이다.

구분		증상
Hy1	사회적 불안의 부인	사회적 외향성, 사회적 상호작용을 편안하게 느낌(단, 문항 수가 6개로 적기 때문에 65T 이상을 얻기가 어려우므로 척도 3의 상승을 해석하는 데 유용하지 않음)
Hy2	애정 욕구	애정과 관심을 받고자 하는 욕구가 강함, 타인에 대한 긍정적 혹은 낙관적 기대, 대인관계에서의 순진함, 관계를 의식하여 자신의 감정을 솔직하게 표현하지 못함
Hy3	권태–무기력	신체적 불편감, 쇠약감, 피로감, 식욕 감퇴, 불면, 주의집중의 어려움
Hy4	신체증상 호소	흉통, 심혈관 증상, 현기증, 두통, 메스꺼움, 구토 등 다양한 특정 신체증상 호소, 타인에 대한 적대감 부인
Hy5	공격성의 억제	적대적이고 공격적인 충동을 부인, 다른 사람의 반응에 예민함

① 기본 차원: 표현

② 현실적인 어려움이나 갈등을 회피하는 최선의 방법은 그것의 존재를 부인하는 것인데, 척도 3은 이 같은 부인의 양과 형태를 측정한다.

③ 높은 경우, 부인과 피암시성이 강하고 대체로 신체적 증상을 보임으로써 스트레스에 대처하거나 책임을 회피하려는 사람이다.

④ 사회적 불안의 부인, 외향성, 타인에 대한 신임이나 낙천성 강조, 자신이 타인에게 비판적이지 않다고 보고 공격성을 부인한다.

⑤ 높은 점수
  ㉠ 신체증상은 두통, 흉통, 무기력감, 심박항진, 급성 불안, 발작 등이 많으며 스트레스와의 시간적 관계가 비교적 분명하다.
  ㉡ 부인과 피암시성이 높고, 신체적 증상을 이용하여 스트레스에 대처하거나 책임을 회피하려는 경향이 있다.
  ㉢ 미성숙하고 감정 변화가 많으며, 자기중심적이다.
  ㉣ 타인의 주의와 애정에 민감하고 이것이 채워지지 않으면 쉽게 기분이 상하지만, 직접적 표현은 하지 않는다.
  ㉤ 대인관계에서 외향적으로 우호적·정열적이지만 실제로는 피상적이기가 쉬우며, 특히 척도 0이 30 정도로 낮은 경우 더욱 그렇다.

⑥ 척도 1과의 관계
  ㉠ 척도 1이 더 높은 경우: 피검자는 잡다하고 모호한 신체적 증상을 보이고, 심리적 요인의 역할을 쉽게 확인할 수 있는 경우가 많다.
  ㉡ 척도 3이 더 높은 경우: 신경증적인 면이 잘 드러나지 않을 수 있고, 실제로 스트레스에 당면한 경우 외에는 정상으로 보인다.

더 알아보기	신경증 척도(척도 1, 2, 3)의 형태별 해석

1. 전환 V형
- 척도 1과 3이 65점 이상이고, 척도 2가 그보다 낮은 V자형 프로파일이다.
- 자신의 심리적 고통을 사회적으로 수용될 만한 신체적 문제로 전환하려고 한다.
- 척도 2와 비교하여 척도 1과 3의 상대적 상승도가 크면 클수록 자신이 생활에서 겪는 어려움의 실제 원인과 직면하지 않으려는 방어적 태도가 강하고 만성적이며 변화를 거부하려 한다.
- **척도 3 > 척도 1**: 신체적 고통에 비관적이기보다 낙관적이다.
- **척도 3 < 척도 1**: 증상이 모호하고 비관적인 태도를 보이며, 예후가 좋지 않다.

2. 삿갓형
- 세 척도가 모두 높으면서 척도 2가 척도 1과 3보다 높은 형태이다.
- 만성적인 신경증 증상을 보이는 사람으로 우울증이나 히스테리 양상을 보인다.
- 척도 1의 점수가 65보다 낮고 척도 2와 3의 점수가 70보다 높을 때 정서적으로 과도한 통제 상태에 있으며 화가 목구멍까지 차 있는 느낌을 가진다. 이들은 자신의 감정이 어떤지 잘 알지 못하고 우울한 것이 신체증상 때문이라고 생각한다.

3. 정적 기울기
- 세 척도 모두가 65점 보다 높으면서 척도 1, 2, 3 순으로 점수가 높아지는 상태이다.
- 이 척도를 '자궁 적출 프로파일'이라고도 하는데, 부인과 병력을 가진 여성에게 전형적으로 나타나기 때문이다. 이러한 여성은 성과 관련된 갈등과 문제를 가지고 있으며, 남자의 경우 만성적인 불안상태나 장기간의 긴장이나 걱정으로 인한 위장장애를 보이는 경우가 많다.

4. 부적 기울기
- 세 척도 모두가 65점보다 높고 척도 1, 2, 3 순으로 점수가 낮아지는 상태이다.
- 사소한 기능장애에도 과민한 반응을 보이고 신체에 대해 장기적으로 과다하게 걱정하며 병이 없어도 신체적 고통을 호소한다.
- 신체적 증상에 대한 집착은 심리적인 문제를 회피하는 수단으로 쓰는 경우가 많으며 중년기의 남성에게 흔히 나타난다.

(4) 척도 4(Pd; Psychopathic deviate, 반사회성) 기출 17

'무언가와 싸우고 있는 것'과 관련된 문항들로 구성되며, 사회적 적응 곤란을 인정하는 동시에 사회적 침착성과 자신감을 측정한다. 이 척도의 충동성은 반드시 행동이 외부적으로 표현되는 것을 의미하진 않으며 척도 8, 9가 상승하면 비행률이 높고, 반대로 척도 1, 2, 7이 상승하면 비행률이 낮아진다.

구분		증상
Pd1	가정 불화	• 원가족이나 현재의 가족관계에서 애정, 긍정적 관심, 이해, 지지가 부족했다고 느낌 • 자신의 가족이 비판적이며 제재와 간섭을 많이 가했다고 여김
Pd2	권위 불화	• 사회적 규범·관습에 반감, 적대감을 표현하고 옳고 그름에 단호한 입장을 취하며 자신의 관념을 옹호함 • 과거 학교생활에서 규칙 위반, 법적인 문제가 있었음을 보고함
Pd3	사회적 침착성	• 사회적 상황에서 자신감 있고 편안하게 느끼며, 자신의 의견을 강하게 옹호함 • 6개 문항으로 구성되어 65T 이상 점수를 얻지 못하므로 척도 4의 상승을 설명하는 데 유용하지 않음
Pd4	사회적 소외	• 대인관계로부터 동떨어진 느낌인 소외감, 고립감을 느낌 • 사람들로부터 이해나 공감을 받지 못하고 부당한 대우를 받는다고 여김
Pd5	내적 소외	• 불행감, 불쾌감, 불편함을 호소함 • 일상생활에서의 보상이나 즐거움을 찾지 못하고 과거의 행동에 대한 후회, 죄책감을 표현함

① 기본 차원: 주장성
② '무언가와 싸우고 있는 것'과 관련된 문항들로 구성되어 있다. 충동적인 행동, 반항성, 권위적 대상과의 갈등을 측정하는데, 좌절 인내력이 낮고 분노를 통제하기 어렵기 때문에 공격성을 표출할 수 있다.
③ 가장 빈번하게 사용되는 방어기제: 행동화, 합리화, 지능화 등이다.
④ 정상인의 긍정적 특성으로 기술하자면 자기주장성, 진취성, 사교성, 자신감 등으로 표현된다.
⑤ 높은 점수
　　㉠ 충동성, 참을성 부족, 욕구 좌절에 대한 인내심 부족, 모험적, 경험으로부터 배우지 못했다.
　　㉡ 권위나 규범에 대한 거부감, 분노감, 저항성을 느낀다.
　　㉢ 정서적 피상성, 공감이나 정서적 친밀감 형성 곤란, 자기중심적, 과시적 또는 허세적이며, 첫인상은 정력적이고 외향적이라 좋을 수 있으나 오래 사귀면 무책임성, 신뢰성 결여 등의 단점을 알게 된다.
　　㉣ 주관적인 불안이나 우울감을 호소하지 않을 가능성이 있더라도 우울한 감정이나 생각은 보이며 정신운동 지체나 극단적인 무력증을 보이는 경우는 드물고, 이는 자신에게 가해진 속박에 대한 불만의 표현이지 자신의 행동에 대한 진지한 걱정이나 죄책감을 나타내는 것은 아니다.
　　㉤ 심리치료의 예후는 좋지 않고, 특히 척도 2의 점수가 낮으면 더욱 그렇다.
　　㉥ 나이가 들면 다소 점수가 낮아지고 65세 이상이 점수가 높으면 반사회적 행동보다 사회적 소외, 무감동, 쾌락의 상실, 깊은 관계 형성의 결여를 나타낸다.
　　㉦ 이 척도가 나타내는 충동성은 반드시 행동이 외부적으로 표현되는 것을 의미하지는 않으며, 척도 8, 9가 같이 상승하면 비행률이 높고, 반대로 척도 1, 2, 7이 상승하면 비행률이 저하된다.

(5) 척도 5(Mf; Masculinity-femininity, 남성성-여성성) 기출 19

> 직업과 취미에 대한 관심, 심미적 및 종교적 취향, 능동성-수동성, 대인 민감성 등을 측정하기 위한 문항으로 구성된다.

① 기본 차원: 역할 유연성
② 남성은 여성적인 특성을, 여성은 남성적인 특성을 많이 나타낼수록 높은 점수를 얻게 된다. 특히 이 척도는 역할 유연성을 측정하고 있는데, 낮은 점수는 전통적인 성 역할을 과도하게 동일시한다.
　　㉠ 남성: 다양한 분야에 흥미가 있고, 참을성이 많으며 차분하고 통찰력이 있다.
　　㉡ 여성: 전통적인 여성 역할에 합당한 행동이나 외모에는 흥미가 없으며, 이를 강요하면 불안해지거나 공격적인 모습을 보인다.
③ 높은 점수: 자기 성별(gender)로부터 이탈됨을 의미하나 남성성과 여성성이 각각 단일 차원이 아니라는 사실이 밝혀졌다. 따라서 남자의 높은 점수가 반드시 여자의 낮은 점수를 의미하는 것은 아니며, 성별에 따라 다르게 해석해야 한다.

구분		내용
남자		**• 높은 점수** – 광범위한 취미, 참을성이 많고 통찰력이 높음 – 60 이상 상승한 경우 미술, 음악, 문학 등에 심미적인 흥미가 많고, 이는 교육 수준과 비례하며 행동 특성은 공공연하고 직접적으로보다 은밀하고 간접적으로 문제를 처리하고자 함 – 70 이상이면 성적 자아정체성 갈등으로 자신의 남성적인 역할에 대해 불안정하며 의존적이고 여성적인 행동을 보이고 동성애의 가능성이 있음 – 창조적이며 사회적 예민성, 따뜻한 감정을 지님 – 척도 4, 6, 9의 외현적인 공격성을 무력화시키며 수동–공격적인 행동을 보일 수 있음 **• 낮은 점수** – 강박적으로 남성적인 특성을 강조하는 경우(macho)로 신체적인 힘이나 정력을 강조, 공격적 모험적, 거칠고 부주의한 특성을 보임 – 생각보다 행동하기를 좋아함 – 흥미 범위가 좁고 독창성이나 유연성이 없음
여자		**• 높은 점수** – 여자로서 높은 상승은 드물고, 전통적인 여성 역할에 관심이 적은 경향을 의미하나 점수가 높다고 반드시 남성적 흥미가 높은 것은 아니므로 주의해야 함 – 공격적이고 불친절·경쟁적·지배적임(특히 척도 4가 상승한 경우) – 자유분방, 자신만만, 자발적, 자기주장적임 **• 낮은 점수** – 수동적이고 복종적이며 유순함 – 극단적으로 낮은 경우, 위축되고 자기연민에 빠져 있으며 흠잡기를 잘하고 의존적임 – 교육 수준이 높은 여성의 경우 양성적인 생활방식을 나타낼 가능성이 있음

(6) 척도 6(Pa; Paranoia, 편집증)

- 이 척도는 3가지 특징을 나타낸다.
  - 이 척도가 조금 높을 때(60~70)는 대인관계 민감성을 측정한다.
  - 70 이상은 예민성에 의심성이 첨가되어 다른 사람이 악의를 가지고 있으며 경계할 필요가 있다고 느끼는 상태이다.
  - 자기 정당성으로 인해 타인이 자신을 정당하게 대우하지 않는다는 확신을 가지고 분노를 보인다.

구분		증상
Pa1	피해의식	• 세상을 위협적이라고 지각하며, 자신의 오해나 부당한 대우, 불필요한 통제와 간섭을 받는다고 지각함 • 타인의 의도를 의심하고 불신하며, 자신의 문제를 타인에게 투사하고 비난함 • 높은 점수를 보이는 경우 관계사고나 피해망상을 보일 수 있음
Pa2	예민성	• 다른 사람보다 더 민감하고 과민하며 쉽게 흥분함 • 강렬한 감정 경험을 하며, 기분전환을 위해 위험하거나 자극적인 활동을 추구함
Pa3	순진성	• 다른 사람들에 대해 비현실적으로 긍정적·낙천적 태도를 보임 • 일반적으로 사람들이 정직하고 이타적이며 관대하다고 생각하고, 사람을 쉽게 믿음 • 도덕적 가치기준이 높고, 적대감과 부정적 충동을 부인함

① 기본 차원: 호기심

② 피해의식, 타인에 대한 예민성, 순박성으로 인해 태도와 가치관이 경직되어 있고 매우 도덕적이라 윤리적인 문제에 지나치게 엄격하며 고지식하다.

③ 피해의식, 예민성의 내용과 순박성이나 도덕적 경직성의 내용은 외견상 반대되지만 편집성 환자가 스스로의 공정함, 정당성에 대한 확신을 가지고 자신에 대한 박해에 분노를 보인다는 면에서 2가지는 척도 6의 상승에 기여한다.

④ 높은 점수

ㄱ 정신병적 증상(피해망상), 분노, 적개심, 원한 등의 감정을 느낀다.

ㄴ 의심과 경계심이 많고 지나치게 민감하며, 논쟁을 많이 하고 남탓을 잘 한다.

ㄷ 주변의 떠도는 말이나 일어나는 일이 특별히 자신을 겨냥한 것이라고 생각한다.

ㄹ 사소한 거부에도 상처를 받고 기억한다.

ㅁ 경직성과 의심성 때문에 대인관계에서 불편하다.

참고 스칼렛 오하라 V(Scarlett O'Hara V) 혹은 수동공격성 V `기출 22`

여자에게서 잘 나타나는 형태로, 척도 4, 6이 65 이상이고 척도 5는 35 이하인 형태를 보이며, 스칼렛 오하라 V형 또는 수동공격형 V형이라고 부른다. 적대적이고 화가 나 있으나 이 감정을 직접적으로 표현하지 못하는 사람들이다. 다른 사람을 약올려 그들이 공격하게 만들기를 잘하는데, 과도하게 요구가 많고 지나칠 정도로 애정에 대한 욕구를 보인다. 하지만 이러한 행동은 결과적으로 사람들을 쫓아버리는 효과를 가지는 경우가 많고, 따라서 이들은 불행하다고 느낀다. 이와 동시에 척도 3이 높을 경우 사교적으로 보이지만 피상적이고, 다른 사람을 조종하려 하며 자신의 감정을 더욱 억압하는 경향이 두드러진다.

(7) 척도 7(Pt; Psychasthenia, 강박증) `기출 15`

이 척도에서 측정하는 것은 만성적 불안으로 걱정을 많이 하는 성격형에서 나타나며 스트레스 상황을 측정한다. 이러한 행동 이외에도 공포, 자기비판, 자신감의 저하, 주의집중 곤란, 과도한 예민성, 우유부단, 죄책감을 측정한다.

① 기본 차원: 조직화

② 이 척도가 측정하는 것은 오랫동안 지속된 만성적 불안으로 강박적인 행동 이외에도 비정성적인 공포, 자기비판, 자신감의 저하, 주의집중 곤란, 과도한 예민성, 우유부단 및 죄책감이다.

③ 높은 점수

ㄱ 불안하고 긴장되며, 매우 사소한 일에도 걱정이 많고 겁도 많다.

ㄴ 자신감이 부족하고 긴장을 통제할 수 없는 상태인 사람으로, 자의식이 강하고 완벽주의를 추구하며, 수행에 대한 기대치가 엄격하고 높다.

ㄷ 타인의 반응에 민감하고 수줍음이 많아 대인관계가 어렵다.

ㄹ 생각이 많고 이들의 생각은 불안정감이나 열등감에 집중된다.

ㅁ 다른 척도는 70 이상으로 상승하지 않고 척도 7만 60~70으로 상승한 경우, 중요 약속과 시간을 잘 지키고 긴장감을 유지하며, 임무에 매우 성실하고 꼼꼼한 모습을 보인다. 만약 이를 지키지 못하는 경우 불안하고 초조해진다.

ㅂ 척도 2가 같이 상승하면 우울감과 우유부단한 행동이 두드러지고, 척도 8이 동반 상승하면 혼란감이 크고 사고장애가 나타날 수 있다.

(8) 척도 8(Sc; Schizophrenia, 정신분열증)

이 척도는 다양한 사고, 감정, 행동 등의 장애로 특히 외부 현실에 대한 해석의 오류, 망상, 환각 등이 있을 수 있다. 하지만 이러한 특성은 여러 요인에 의해 점수가 높아질 수 있기 때문에 단독으로 해석하기가 가장 어렵다.

구분		증상
Sc1	사회적 소외	• 사람들로부터 사랑과 이해를 받지 못하고 부당한 대우나 학대를 받는다고 느끼며, 다른 사람이 자신을 해치려 한다고 믿기도 함 • 외롭고 공허해하며 소외감을 경험하지만 사회적 상황과 대인관계를 회피함
Sc2	정서적 소외	두려움, 우울감, 절망감이나 무감동
Sc3	자아통합 결여 (인지적)	비현실감, 기이한 사고, 주의 및 기억이 어려움
Sc4	자아통합 결여 (동기적)	• 삶의 재미와 보람을 찾지 못하고, 인생살이가 힘겹다고 느낌 • 과도하게 염려하며, 스트레스를 경험하면 공상, 백일몽에 빠져듦
Sc5	자아통합 결여 (억제부전)	• 감정과 충동 통제력 약화, 안절부절못하고 과잉행동, 짜증스럽고 과민한 반응을 보이기도 함 • 울음과 웃음을 참지 못하거나 자신의 행동을 기억하지 못하는 경우가 많음
Sc6	기태적 감각 경험	• 자신의 신체에 기이하고 특별한 변화가 있다고 느낌 • 피부가 민감해지고 음성 변화, 근경련이나 마비, 균형감각 상실, 동작이 서툴러진다고 느낌 • 환각, 관계사고 등을 보이기도 함

① **기본 차원**: 상상력
② 다양한 사고, 감정, 행동 등의 장애로 특히 외부 현실에 대한 해석의 오류, 망상, 환각 등을 지닐 수 있다.
③ 감정반응의 위축이 보편적으로 나타나며 현실도피적·공격적·기태적 행동 등을 나타낸다.
④ 척도 8은 여러 가지 요인에 의하여 그 점수가 높아질 수 있기 때문에 단독으로 해석하기에 가장 어렵다. 따라서 척도 8만으로는 정신분열증(조현병)을 진단할 수 없다.
⑤ **증상**: 사회적 소외, 정서적 소외, 의욕 상실, 무력감, 과도한 억제, 비논리적이고 비현실적인 생각, 충동 억제가 불가능함, 기태적 감각 경험 등이 증상으로 나타난다.
⑥ **높은 점수**
  ㉠ 정신병적 사고를 가진다.
  ㉡ 인간이면 갖추어야 할 근본적인 무엇이 결여된 듯한 경험과 소외감을 느낀다.
  ㉢ 실제적인 대인관계보다 백일몽, 환상을 즐기고 열등감, 고립감, 자기불만감을 가지고 있다.
  ㉣ 자아정체감의 혼란을 겪으며 괴팍하다.
  ㉤ 극단적으로 높은 경우(90 이상) 급성 자아통합 상실로 전형적인 정신분열증과는 다소 다르다.
  ㉥ 정신분열병일 수도 있지만 장기적인 스트레스에 대한 반응일 수도 있다.
  ㉦ 척도 0이 동반 상승하는 경우 사회적으로 고립된 상태로 문제를 더욱 악화시킬 수 있다.

(9) **척도 9(Ma; Hypomania, 경조증)** 기출 24

이 척도는 정신적 에너지를 측정하는데, 이 척도가 높을수록 정력적이고 무언가를 하지 않고는 못 견딘다.

구분		증상
Ma1	비도덕성	• 사람들이 이기적이고 기회주의적이며 정직하지 못하므로 자신도 이와 같이 행동하는 것이 당연하다고 생각함 • 남을 속이고 착취하는 것에서 대리만족을 느낄 수 있음
Ma2	심신운동 항진	• 말, 사고과정, 행동량이 증가되어 있고 정서적 흥분, 긴장, 들뜬 기분을 느낌 • 쉽게 지루해하며 이를 달래고자 위험하고 모험적인 일을 찾음
Ma3	냉정함	• 사회적 불안을 부인함 • 타인과의 상호작용을 편하게 느낀다고 보고하지만, 상대의 의견과 가치, 태도에 관심이 부족함
Ma4	자아팽창	• 자신의 능력과 가치에 비현실적으로 긍정적이고 과장된 평가를 내림 • 다른 사람의 지시나 명령에 분개할 수 있음

① 기본 차원: 열의

② 정신적 에너지 수준을 측정하며, 이 척도가 높을수록 그 사람은 정력적이고 무언가를 하지 않고는 못 견딘다.

③ 사고의 다양성, 비약과 과장성을 보이고(인지 영역), 과잉활동적이고 안절부절못하며(행동 영역), 불안정성, 흥분성, 민감성 및 기분의 고양(정서 영역)을 보인다.

④ 척도 9는 다른 임상척도들이 나타나는 행동이나 문제를 활성화시키는 역할을 한다.

⑤ 높은 점수

   ⊙ 과잉활동, 정서적 흥분성, 사고 비약, 공격적 행동 등의 특성을 보인다.

   ⓒ 경쟁적이고 말이 많고 자기도취적이며, 피상적인 사회적 관계를 가지고 있을 뿐만 아니라 화를 잘 내고 기분이 불안정하다.

   ⓒ 쉽게 지루함을 느끼고 실패나 좌절을 견디기 어렵다. 한 번에 여러 일을 추진할 수 있지만 마무리가 어렵고 세부사항이나 일상적인 일은 신경 쓰지 않는다.

   ⓔ 근거 없는 낙관주의가 특징이다.

   ⓜ 자신감과 안정에도 불구하고 이 척도가 높은 사람은 자기가 인생에서 얻은 것에 불만족할 가능성이 높고, 긴장되고 안절부절못하고 스스로를 걱정이 많은 사람이라고 묘사하고, 때로 주기적인 우울 기간이 있다.

   ⓗ 정상적인 경우 우호적이고 사교적이며 정력적이다.

   ⓢ 다른 척도가 시사하는 행동이나 문제를 활성화하는 역할을 한다.

(10) **척도 0(Si; Social introversion, 사회적 내향성)**

이 척도는 다른 사람과 함께 있는 것을 좋아하는지, 혼자 있는 것을 좋아하는지를 측정하는 척도이다.

① 기본 차원: 자율성

② 대인관계를 불편하게 느끼는 사람들로, 사회적 고립, 일반적 부적응 및 자기비하 등이 나타난다.

③ 사회적 상황에서의 불편감, 고립, 일반적 부적응 및 자기비하를 측정하는 문항들로 구성되어 있으며, 내향성은 성격일 수도 있고, 증상일 수도 있다.

④ 높은 점수

　　㉠ 사회적 상황에서 불안하고 불편해진다.

　　㉡ 자기억제가 심해 감정표현을 잘하지 못한다.

　　㉢ 사회적 접촉, 대인관계 형성에 관심이 적고 자기비하적이다.

　　㉣ 혼자 또는 몇 명의 친한 사람과 있는 것이 편하고 여러 사회적 활동에 참여하는 것을 싫어한다. 특히 이성 앞에서 더욱 불편해진다.

　　㉤ 내향적이고 수줍어하며 회피적이다.

　　㉥ 자신감이 부족하고 남의 눈에 잘 띄려 하지 않는다.

　　㉦ 마음을 알기가 어렵다. 차갑고 거리감이 느껴진다는 평을 듣는다.

　　㉧ 조심스럽게 문제를 처리하지만 독창성, 유연성이 부족하며 곤란해지면 쉽게 포기한다.

⑤ 낮은 점수

　　㉠ 외향적이고 사교적이며, 사람을 좋아하고 다양한 사람과 잘 어울린다.

　　㉡ 활발하고 유쾌하고 말이 많은 편이다.

　　㉢ 남 앞에 나서기 좋아하고 과시적이며, 적극적·정력적이고 경쟁적 상황을 찾아 나선다.

　　㉣ 충동 억제가 부족하고 만족을 지연시키기 어려우며 다소 미숙하다.

　　㉤ 극단적으로 낮으면 피상적이고 진실한 친근성이 없고 변덕스럽고 다른 사람을 조정하고 기회주의적이다. 특히 척도 3, 4가 상승하면 이 특징이 현저하며, 타인에게 매력적으로 보이는 것에 과도한 관심을 가진다.

　　㉥ 나이가 들면 상승하고, 청소년은 낮은 점수가 흔하다.

08 | MMPI-2 해석: 코드 유형별 해석

※ 코드 유형 해석의 기본 지침

• 단독상승인 경우를 제외하고, 대부분 2코드 유형 또는 3코드 유형을 해석한다.

• T 점수가 적어도 65점 이상 상승한 프로파일을 대상으로 해석하는 것이 적절하며, T 점수가 60~70점 정도의 범위에 있을 경우 극단적인 해석을 하지 않도록 주의한다.

• 10점 이상 차이가 나는 척도인 경우, 높은 척도를 중심으로 해석하며 두 척도의 점수 상승이 비슷하다면 2가지 척도를 모두 해석한다.

1. 단독상승 1

오랫동안 모호한 신체적 증상을 호소해왔으며 이를 통해 타인의 동정심을 이끌어내려고 한다. 이들은 미성숙하고 통찰력이 결여되어 있으며 자기중심적이다. 자신의 심리적 문제를 부인, 억압하고 신체 증상을 통해 내적인 긴장, 갈등을 다루려 한다. 이들이 나타내는 신체적 증상의 호소는 타인을 조정하려는 목적을 가지거나 위장된 분노감의 표현일 수 있다.

(1) 1-2/2-1

① **주요 특징**: 다양한 신체적 증상을 호소하며, 신체 기능에 대한 과도한 염려를 보인다.

② 임상적으로 기질적인 원인이 발견되지 않았음에도 신체적 고통을 호소하며, 실제로 신체증상이 있다고 하더라도 그 정도를 과장한다.

③ 주로 호소하는 증상은 두통, 소화불량, 복통, 구토, 불면증, 피로감 등이다.

④ 어떤 스트레스나 갈등에 직면하면 신체적인 증상을 나타내는데, 이러한 신체적 증상은 심리적 문제를 회피하는 수단으로 사용된다.

⑤ 신체적 증상 외에 나타나는 증상으로는 우울, 불안, 긴장과 같은 정서적 고통에 대한 호소가 있다.

⑥ 내향적이고 수줍음이 많으며 위축되어 있다.

⑦ 대인관계는 수동-의존적이라 충분한 관심을 주지 않는 사람에게 종종 적의를 품지만 직접적으로 나타내지는 않고 신체적 증상을 통해 조정하려고 한다.

⑧ 자신의 정서적 문제나 심리적 갈등을 억압, 부인하고 변화보다 신체적 고통을 견디려 하기 때문에 심리치료의 예후가 좋지 않다.

(2) 1-3/3-1

① 전환 V 프로파일(척도 1과 3이 65점 이상으로 상승하고 척도 2는 그보다 많이 낮은 형태를 보이는 프로파일)의 경우 신체형 장애, 특히 전환장애로 진단 받는 경우가 많다.

② **전형적 특징**: 자신의 심리적인 문제를 신체 증상으로 전환시킴으로서 문제를 자신이 아닌 외부로 돌리려 한다. 즉, 문제를 외재화(externalization)한다.

③ 스트레스에 처하면 신체적 증상을 나타내며, 신체적 고통에 대해서만 과도한 불편감을 호소하고, 만일 척도 3이 1보다 높을 때 이러한 증상은 2차적 이득과 관련되는 경우가 많다.

④ 척도 2-7이 높을 경우 전환증상이 이들 갈등을 효과적으로 처리하지 못해 불안, 우울을 함께 경험하고 있음을 의미한다.

⑤ 척도 3 > 척도 1의 경우, 스트레스에 직면하여 신체적 증상을 나타내는 경향이 현저하며 종종 신체적 불편감을 2차 이득을 위해 사용하는 경우가 많다. 이때 신체적 증상은 책임과 의무를 피하게 하고 다른 사람으로부터 동정을 이끌어냄으로써 타인을 통제하도록 해준다.

⑥ 척도 3이 높을수록 억압(repression)과 부인(denial)의 방어기제를 강하게 사용하며 낙천적 태도를 보이고, L과 K가 동반 상승하는 경우가 흔하다.

⑦ 성격적으로 미성숙, 자기중심적, 이기적이며 애정과 주의에 대한 욕구가 강하고 매우 의존적이다.

⑧ 증상의 기저에 있는 심리적 요인을 인정하지 않으려 하기 때문에 심리치료의 효과를 기대하기 어렵다. 치료에 끌어들이기 위해서 타인으로부터 좌절된 애정욕구를 치료자가 이해하고 공감할 수 있다는 것을 보여 주어야 하며, 치료의 목적은 내담자의 현재 증상이 아닌 성격적 특성에 두어야 한다.

(3) 1-4/4-1

① 드물게 나타나지만 남성들에게 발생 빈도가 높으며 건강염려증을 가지고 있을 수 있다.

② 사회적 규칙에 불만이 많고 부모 등의 권위적 대상에 반항적이지만 이를 직접적으로 표현하지 못해 우유부단하다.

③ 척도 4의 상승은 척도 1이 나타내는 비관적이고 잔소리 많은 성질을 강조하는 것을 보인다.

④ 알코올 남용이나 약물중독, 대인관계 문제를 보이며, 실직, 범법 행위의 과거력을 가질 수 있다.

⑤ 흔히 내려지는 진단은 건강염려증, 성격장애, 특히 반사회성 성격장애이다.

⑥ 치료에 저항적이고 자신의 심리적 문제를 부인하므로 심리치료에 잘 반응하지 않는다.

(4) 1-6/6-1

① 누적된 스트레스에서 비롯된 신체화 증상과 적대감이 특징적으로 나타난다.

② 자신의 적개심을 깨닫지 못하고 모든 문제는 다른 사람들 때문에 생긴다고 생각하므로 대인관계에 갈등이 많다.

③ 이들의 신체증상은 망상적인 성질을 내포하기 쉬운데 특히 척도 8이 조금이라도 상승되어 있으면 망상적 요소를 내포한 편집증적 장애나 조현병을 감별해 보아야 한다.

(5) 1-7/7-1

① 만성적인 긴장, 불안, 신체화 증상을 보이며 우울감과 감정 억제가 심하고 강박적인 사고를 수반한다.

② 대인관계를 회피하려는 경향이 있고 죄책감, 열등감, 자기주장의 어려움이 내재되어 있다.

(6) 1-8/8-1

① 기태적인 신체증상을 호소하는 경우가 많고, 때로는 신체적 망상을 나타내기도 한다.

② 신경증이나 성격장애로 진단되는 경우도 있으나 조현병 진단이 우세하다.

③ 혼란된 사고, 지남력 상실, 주의집중 곤란 등 정신증적 장애를 경험하고 있을 가능성이 있으나 신체적 증상에 초점을 맞춤으로써 정신증적 증상의 발현을 억제하거나 혼란된 사고를 통제하려고 한다.

④ 타인에 대한 신뢰감이 부족하여 사람을 멀리 하고 사회적 관계에서 부적절감과 소외감을 느끼며 사교술이 서툴고 대인관계가 빈약하여 사회적 적응 수준이 낮다.

(7) 1-9/9-1

① 급성적인 정신적 스트레스에서 나타나는 긴장, 불안과 관련된다.

② 신체 기능의 저하나 역기능을 과도하게 염려하며 주로 소화기 장애, 두통, 피로감을 호소한다. 때로 중추신경계, 내분비계의 기능 이상과 관련된 기질적 문제를 시사할 수도 있다.

③ **기질적 원인인 경우**: 신체적 고통을 회피하고자 과도한 에너지를 사용한다.

④ **비기질적 원인인 경우**: 신체적 증상이나 증가된 에너지 수준은 우울을 숨기려는 시도일 수 있다. 이들의 우울은 강한 의존 욕구에서 비롯된 것이며, 표면적으로는 외향적·공격적이지만 근본적으로 수동적·의존적이다.

⑤ 심리적 특성은 부인하고, 야심차고 높은 목표를 설정하지만 확고한 목표를 설정하지 못해 결국 좌절에 이른다.

2. 단독상승 2

> 단독상승하는 일은 드물고 현재의 정서 상태나 정서적 변화에 민감하다. 그러므로 척도 2는 나머지 척도 형태를 고려하여 이루어져야 한다. 척도 2는 환경적 스트레스에 대한 반응성 우울을 나타내는데, 척도 9가 T 점수 45 이하인 경우에는 보다 만성적이고 심각한 우울이 존재할 가능성이 있다. 부적절감, 자신감의 결여, 자신에 대한 평가절하, 미래에 대한 비관 및 강한 죄책감과 같은 전형적인 우울증의 특징이 나타난다. 특히 자살사고나 계획에 대한 주의 깊은 평가가 이루어져야 한다. 척도 2가 높은 사람은 대개 순응성이 높기 때문에 치료에 잘 반응하며 예후도 비교적 좋은 편이다.

(1) 2-3/3-2 기출 23

① **주요 특징**: 만성적 피로감과 무력감, 소화기 계통의 증상을 호소하며, 현저한 우울과 불안을 경험하고 이것이 모두 신체 증상 때문이라고 생각한다.

② 정서적으로 과도하게 억제되어 있어 자신의 감정을 적절히 표현하는 것을 어려워하며 미성숙하고 부적절하며 의존적이다.

③ 사회적 상황에서 자신의 정서가 수용되지 않을 때 쉽게 불안해하고 마음의 상처를 받지만, 만성적인 문제에 익숙해 있고 비효율적인 상태에서 오랫동안 기능을 유지하고 있다.

④ 성격 특징은 수동적·순응적·의존적이기 때문에 타인으로부터 관심과 수용·보호를 받기도 한다.

⑤ 일과 관련하여 성공·성취에 대한 욕구를 강하게 느끼지만 경쟁 상황에 대한 부담감과 실패에 대한 두려움으로 인해 이러한 상황에 직면하는 것을 회피하게 된다.

⑥ **주요 방어기제**: 부인과 억압이며, 통찰력이 부족하고 갈등이 생길 때 불편감을 신체증상으로 설명하려고 한다.

⑦ 오랫동안 불편감, 불행, 고통을 참고 견디는 데 익숙해 있어서 치료가 어렵지만, 치료 시 통찰치료보다는 지지치료가 도움이 된다.

(2) 2-4/4-2 기출 17, 21

① **주요 특징**: 충동 조절의 어려움으로 이들은 충동을 행동화한 후 행동의 결과에 대해 죄책감과 불안을 경험한다.

② 내부적(만성적 우울) 원인에 의한 것인지, 외부적(반응성 우울) 원인에 의한 것인지 확인해야 한다.

③ **상황적 원인인 경우**: 우울증은 현재 처한 곤경이나 외부에서 가해진 제약 때문에 일시적으로 생겨난 것으로, 일단 어려움에서 벗어나면 우울이나 정서적 고통은 금방 사라진다.

④ **내부적 원인인 경우**: 만성화된 우울로 인해 적개심이나 분노, 불만족감을 경험하며 적응상 문제를 가지고 있을 수 있는데, 이유는 결혼 생활의 갈등, 가정 문제 또는 환경적인 압박인 경우가 많다.

⑤ 적대심을 수동공격적인 방법으로 표현하며, 미성숙·의존적·자기중심적이어서 자기연민에 빠지거나 타인에 대한 원망을 반복한다.

⑥ 특히 두 척도가 모두 높을 때 자살생각이나 자살기도가 있을 수 있는데, 이는 주변 사람에게 죄의식을 느끼게 하려는 동기에서 비롯될 수 있다.

⑦ 알코올 또는 약물 중독자에게서 빈번하게 나타나는데, 이들은 술을 마시거나 약물을 남용함으로써 스트레스 상황이나 우울을 피하려고 한다.

⑧ 치료과정에서 오는 압력을 견디지 못해 탈락하는 경우가 많으며, 동기도 낮고 통찰력도 결여되어 있어서 심리치료의 예후가 좋지 않다.

(3) 2-6/6-2

① **주요 특징**: 화나고 우울한 상태에 있는 사람들로서, 이들의 분노는 자신 및 타인을 향해 있다.

② 다른 사람에 대해 노골적으로 화를 내고 적대적이며 결과적으로 대인관계가 원만하지 못하고 가까운 사람들로부터 소외당한다.

③ 사소한 비판·거절에도 극도로 민감하게 반응하여 적대심을 가지고 분노감을 쉽게 표출하는 경향을 보이지만, 척도 2가 많이 상승한 경우 타인에 대한 분노감을 내재화하여 스스로를 비난하며 우울감을 경험한다.

④ 이 프로파일 형태는 잘 고쳐지지 않는 만성적인 적응 양상을 보이며, 척도 6이 높을수록 편집형 장애의 가능성이 있고 7번과 8번이 함께 상승한다면 조현병의 가능성이 있다.

(4) 2-7/7-2 기출 20, 24

① **주요 특징**: 우울하고 긴장되어 있으며, 불안과 걱정이 많고 예민하다. 어떤 문제가 생기기도 전에 걱정하고, 실제적이거나 상상적인 위협에 취약하여 사소한 자극에도 과민반응을 보이며 쉽게 불안해진다.

② 피로감, 불면증, 식욕부진, 흉통 등의 신체증상을 호소하고 체중 감소, 동작의 느림, 사고의 지연과 같은 우울증 양상을 보인다.

③ 세상과 자기에 대해 비관적이고 어떤 문제에 대해 오래 생각하는 습관이 있으며 자신의 성취에 대해 높은 기대를 가지고 있기 때문에 목표에 미달했거나 어떤 결점이 발견되면 강박적으로 집착하고 죄책감을 느낀다.

④ 대인관계에서 수동-의존적이어서 자기주장을 못하고 공격적으로 싸우는 것을 싫어하며, 정서적 관계를 형성할 수 있는 능력은 있지만 타인의 기대에 지나치게 맞추려고 하는 경향을 보인다.

⑤ 임상적으로 대개 신경증(예 우울, 불안, 강박성) 진단을 받는 경우가 많으며, 때로는 양극성 장애와 같은 심한 우울증의 진단을 받기도 한다.

⑥ 2-7-3(7-2-3) 프로파일: 수동-의존적인 대인관계를 가장 편하게 생각하며 특히 다른 사람들이 세상으로부터 이들을 보호하도록 하는 데 비상한 재주를 가졌다. 진단으로는 불안증에 속하는 신경증적 장애가 많으며 우울증이 주된 진단이 되기도 한다.

⑦ 2-7-4(7-2-4, 4-7-2) 프로파일: 만성적 우울과 불안을 가지고 있으며 수동-공격적인 패턴을 보인다. 분노 감정을 가지고 있으나 적절히 표현하지 못하고 부적절감과 죄책감을 가진다. 특히 척도 4가 가장 상승되어 있을 때는 보다 충동적이고 화를 쉽게 내는 경향이 있으며 우울감을 경감시키기 위해 알코올에 의존하기도 한다. 흔히 우울감 경감을 목표로 하는 치료를 하게 되는데, 장기치료는 비협조적이기 때문에 단기치료를 하게 된다.

⑧ 2-7-8(7-2-8) 프로파일: 주요 증상은 우울, 불안, 강박적 사고, 긴장과 같은 만성적인 신경증적 증상이다. 생각과 걱정이 많고, 우유부단하고 위축되어 있으며 자기반추적인 사고를 많이 하여 자살에 집착한다. 사교기술이 부족해 친밀한 대인관계를 형성하기 어렵기 때문에 사회적으로 고립되어 있다. 심리치료는 당면한 문제를 해결하는 것부터 시작해야 하며 깊은 내면을 다루는 치료는 피하는 것이 좋다.

⑨ 심한 고통으로 인해 치료 동기가 높고 자기성찰이나 내성 능력을 갖추고 있어 심리치료에 적합한 조건을 가진다.

(5) 2-8/8-2

① **주요 특징**: 주된 문제는 우울증이며 불안과 초조, 안절부절못하는 증상을 나타내고, 통제력 상실의 두려움을 보인다.

② 대인관계와 사회적 활동을 회피하여 고립되는 경향이 있으며 자살에 대한 생각이 있는 경우가 많고, 때로는 구체적인 계획을 가지고 있기 때문에 자세한 평가가 필요하다.

③ 실제로 조현병 증상을 보이는데, 특히 대인관계 회피가 주된 특징으로 다른 사람들의 반응에 예민하고 타인의 동기에 대해 의심한다.

④ 척도 8이 높을수록 사고장애를 동반한 환상, 환청, 환시, 망상이 있을 수 있으며 신체적 망상을 보이기도 한다.

(6) 2-9/9-2

① **기질적인 뇌손상 가능성**: 기능 저하나 능력 손실을 인식하고 우울감을 느끼지만 이를 방어하기 위해 지나친 활동을 나타낸다. 척도 9의 상승은 보상활동뿐만 아니라 기질적 뇌 손상에 의한 통제력 상실을 반영하기도 한다.

② **양극성 장애 환자**: 자신에 대한 부적절감과 무가치감, 내면의 우울감을 방어하기 위해 과대감, 과잉활동, 고양된 정서와 같은 경조증의 양상을 드러내지만 이러한 행동이 우울증적 요소를 충분히 은폐하지 못하고 있음을 나타낸다. 아동의 경우 관심을 얻기 위해 과잉행동이나 지나친 감정표현을 나타낼 수 있다.

③ **자기반추나 자기몰입의 상태**: 정체감의 위기를 겪는 청소년에게 흔하게 나타나지만, 자기 자신이나 자신이 중심이 되는 세상에 대한 문제에 자기도취적으로 몰입한 성인에게도 나타날 수 있다.

④ 심리치료로는 우울증을 중심으로 인지행동치료를 하는 것이 추천된다.

3. 단독상승 3

타인과의 친밀한 관계나 조화를 중시하며 지나치게 관습적인 사람들이다. 타인의 승인이나 지지, 애정을 추구하며 분노를 표현하거나 독립적인 의사결정을 내리는 상황에 불편감을 느낀다. 자기 자신이나 당면한 상황의 부정적인 측면은 무시하고 지나치게 낙관적인 태도를 유지하며, 극심한 재앙 앞에서도 '모든 게 잘될 것이다'라는 자세를 취하기도 한다. 성격적으로 미성숙하고 자기중심적이며 의존적이다. 순응적이고 어린아이 같은 순진한 모습을 보이며 타인에게 깊은 인상을 심어주기 위해 애쓴다. 불만이나 적대감의 감정을 부인, 억압하며 이를 간접적으로 표현하는 경향이 있고 특히 스트레스 상황에서 이차적 이득을 얻기 위해 신체적인 증상을 보이기도 한다. 심리치료를 받는 경우, 신체적 증상만 강조하고 자신의 심리적인 문제를 보는 것은 매우 어려워한다.

(1) 3-4/4-3

① 공격성과 적개심의 통제 여부를 확인하는 지표가 된다.

② 주요 특징은 만성적이고 강한 분노감을 가지고 있으나 이를 적절하게 표현하거나 발산하지 못한다.

③ **척도 3 > 척도 4**: 감정이나 충동을 억제하는 경향이 강하며, 분노를 간접적으로 표현하거나 반항적이고 공격적인 사람들과 어울려 다니면서 대리적으로 표출하는 양상을 보인다. 이러한 사람은 의존과 독립의 갈등을 경험하며 대인관계에서 양가적인 태도를 보일 수 있다.

④ **척도 3 < 척도 4**: 감정을 과하게 억제하다가 주기적으로 분노감과 적개심을 폭발적으로 나타내는 경향이 있다. 평소에는 말이 없다가 사소한 자극에도 격렬하게 화내기 때문에 주변 사람은 이를 이해하지 못하고 놀라움을 나타낸다. 감정폭발은 오랫동안 감정을 억눌렀다가 터트리기 때문에 나타나는 것으로, 척도 8이 동반 상승될 때 나타나는 것과 같은 비논리적·비합리적인 성격을 띠지는 않는다.

⑤ 척도 3-4, 4-3 유형 모두 가족원에 대한 만성적 적개심을 지닌다. 타인의 인정이나 주의를 원하는 욕구가 강하며 거부에 매우 민감하고, 비난을 받으면 적대적인 반응을 보인다. 특히 자살기도율, 음주에 대한 의존도가 높다.

(2) 3-6/6-3

① 만성적인 분노와 적개심을 부인하고 합리화하려고 애쓰며 긴장과 불안, 두통과 소화기 장애를 포함하는 신체적인 증상을 호소하지만 심각한 수준은 아니다.

② 세상을 우호적이고 긍정적으로 바라보며 낙천적인 태도를 취하는 것처럼 보이지만 이면에 가족관계에 뿌리를 둔 만성적이고 광범위한 분노와 적개심이 내재되어 있으며 자신의 분노는 타인의 행동 때문이라고 정당화한다.

③ 자기중심적이고 반항적이며 비협조적이어서 사귀기 어려우며 만약 척도 6이 3보다 T 점수가 5점 이상 높으면, 편집증이나 정신증적 상태를 고려해야 한다.

(3) 3-8/8-3

① 다양한 신체증상(예 두통, 불면증, 소화기 장애, 마비 등)을 호소하고 특이한 사고와 행동을 보이며 망상이나 기괴한 연상과 같은 사고장애, 주의집중 곤란, 기억력 장애를 가진다.

② 강한 애정욕구와 의존욕구가 있음에도 불구하고 거부당하는 것에 대한 두려움으로 타인과의 관계를 회피하고 사회적 소외감을 경험한다.

③ 정신병적 상태를 보일 때는 유아적이고 자기도취적이며 퇴행적인 행동을 보이고, 망상이나 환각 및 강박적인 사고를 보이기도 한다.

④ 정신증적 요소가 잠재되어 있으므로 통찰치료는 부적절하고, 히스테리적 방어기제를 강화시켜 주는 지지치료가 도움이 된다.

4. 단독상승 4

충동적인 행동, 반항성, 권위적 대상과의 갈등이 주요 특징이라고 볼 수 있다. 좌절 인내력이 낮고 분노를 통제하기 어려우며 쉽게 공격성을 표출할 수 있다. 이들은 미성숙하고 자기중심적이며 타인의 입장이나 감정을 무시하고 자신의 욕구만을 주장하는 경향이 있다. 대인관계에서 얕은 관계를 재빨리 형성하나 타인에 대한 감정이 피상적이어서 친밀한 관계를 이루는 데는 어려움이 많고 자신의 욕구 충족을 위해 타인을 조정하거나 이용하려는 경향이 있다. 사회생활에서 적응곤란이 흔히 나타나는데, 자신의 태도에 대한 통찰이 부족하고 대인관계에서의 문제를 타인의 탓으로 돌리려 하며 자신은 희생자라고 주장한다.

(1) 4-5/5-4

① 사회적인 가치에 비순응적이고 공격적인 특징을 보인다.

② 여자: 자기상을 수동적인 것과 결부하기를 거부하고 전통적인 여성상에 반발한다. 능동적이고 자기주장적이며 실제적이다.

③ 남자: 자신의 비순응적 측면을 별다른 갈등 없이 공공연하게 나타내는 경향이 있으며, 특히 교육 수준이 높은 경우 자신의 불만족을 사회적인 원인으로 돌리고 주류 문화에 대한 조직화된 분노를 표현하는 경우가 많다.

④ 문제가 만성적이고 뿌리 깊은 성격적 특성에 기인하므로 치료에 의한 변화 가능성이 낮은 편이다.

(2) 4-6/6-4

① 분노를 잘 드러내고 타인을 원망하며 논쟁을 자주 벌이는 사람들이다.

② 억압된 분노가 이들의 특징이며, 권위적인 대상에 적개심이 많고 권위에 손상을 입히려 한다.

③ 평소에는 적대심을 잘 통제하다가 가끔씩 터트리고 타인에게 지나치게 주의와 동정을 요구하고 사소한 비판이나 거부에 심한 분노감을 표출한다.

④ 타인의 동기를 의심하고 깊은 정서적 관계를 회피하며 갈등을 유발하는 자신의 태도에 대해서는 생각하지 않으면서 분노나 갈등의 원인을 외부로 돌린다.

⑤ 자신의 심각한 심리적 문제를 부인하고 스스로의 행동을 합리화하며 타인을 비난한다.

⑥ 정신과 환자 집단에서는 흔히 성격장애(특히 수동-공격적)와 조현병(특히 망상형) 진단이 내려지며, 특히 척도 4와 6의 상승도가 높을수록, 척도 6이 척도 4보다 더 높을수록 성격장애보다는 정신증적인 상태에 있을 가능성이 높다.

(3) V 모양의 456 형태(수동-공격형 V) 기출 22

① 척도 4와 6이 상승되고 척도 5가 이들 척도보다 10 이상 낮거나, T 점수가 50 이하로 하락된 형태를 말한다. '수동-공격형 V', '스칼렛 오하라 V'라고도 하며 여자에게서 많이 나타난다.

② 매우 수동적·의존적이며 전통적인 여성적 역할에 과도하게 동일시하는 경향이 있다.

③ 표면적으로 사교적이고 자신만만해 보이지만, 내면에는 분노감과 적대감이 가득 차있으며 애정에 대한 강한 욕구가 숨어 있다.

④ 타인에게 지나칠 정도로 애정을 요구하면서 만족할 줄 모르고, 특히 남자에게 의지하는 경향이 있다. 남자에 대한 의존성은 다소 수동-공격적인 양상을 보이는데, 이들은 원하는 것을 얻기 위해 요구적이고 도발적인 태도를 보이며 타인을 조정하려 한다. 이러한 방식은 타인을 짜증나게 만들고 중요한 타인을 떠나가게 하는 결과를 가져온다.

⑤ 척도 6의 상승은 편집적 경향을 나타내는 것이 아니라 자신의 결점이나 실패를 외부 환경으로 돌리려는 경향성 또는 만성적인 분노감을 반영한다. 타인을 화나게 하는 데 능숙하나 그것에 기여한 자신의 책임을 인정하지 않으려 하기 때문에 치료적 개입이 매우 어렵다.

(4) 4-7/7-4

① **주요 특징**: 분노의 충동적 표현, 이에 대한 죄의식과 자기비난의 주기적 반복이다.

② 한 동안 척도 4가 우세하게 나타나서 사회적 관습, 타인의 욕구, 감정을 무시하고 충동적으로 행동하다가 척도 7이 우세하여 그와 같은 행동을 저지른 것을 후회하고 죄책감을 느끼며 자기비하에 빠진다. 이러한 죄의식과 행동억제 양상은 일시적인 것으로, 충동적 행동의 재발을 방지하지는 못한다.

③ 이러한 행동의 기저에는 의존과 독립에의 갈등이 있다. 이들은 자신의 가치에 대해 확인받기를 기대하지만 주변 사람들로부터 많은 제지를 받고 충분히 인정받지 못했다는 것에 대한 분노감이 있다.

④ 치료를 통해 자기가치에 대한 확신을 갖도록 해 주는 것이 필요하며 장기간의 치료 관계가 요구된다.

(5) 4-9/9-4

① **주요 특징**: 공격적이고 충동적인 행동의 외현화된 표출(acting out)로, 내면에 강한 적개심이나 공격성을 가지고 있으며 이를 외현적 행동으로 표현하는 것이다.

② 사회 규범과 가치관에 무관심하거나 이를 무시하고 권위상 문제가 흔히 나타나는 등 반사회적 경향을 보인다.

③ 욕구좌절에 대한 인내력이 약하고 충동적이고 자신의 행동에 대한 책임을 지려 하지 않고 타인에게 그 원인을 돌린다.

④ 도덕적 발달 수준이 낮아 비행 행동이나 범죄 행동까지도 보이는데, 알코올 및 약물 남용, 강간, 아내 구타, 아동 학대, 부부 문제 등을 범하는 사람들에게 이 프로파일이 자주 나타난다.

⑤ 대인관계는 피상적이고 착취적이다. 외견상 불안, 걱정이 보이지 않고 활력이 넘치고 화술도 좋아 일시적으로 좋은 인상을 주지만 시간이 흐를수록 대인관계가 피상적이고, 타인을 이용하거나 착취하려 하며 무책임하고 신뢰할 수 없는 사람임이 드러난다.

⑥ 방어기제: 행동화(acting-out)이며, 합리화(rationalization)도 자주 나타난다.

⑦ 임상 진단: 반사회성 성격장애가 흔하고 기분장애(양극성장애)가 진단되기도 한다. 청소년 환자의 주된 문제는 반항적이고 도발적인 행동과 불복종, 무단결석이다.

5. 단독상승 5

병리적인 특성을 재는 척도가 아니므로 다른 척도들을 해석한 다음 척도 5의 특성과 통합하는 것이 바람직하다. 척도 5가 높은 남자는 수동-의존적이며 비주장적이고 유약하며 특히 척도 4가 낮을 경우 더욱 그러하다. 높은 점수는 성 정체감의 갈등을 경험하고 있음을 반영한다. 척도 5가 높은 여자의 경우, 전통적인 여성적 역할에 비순응적이며 자유분방한 태도를 보인다. 이들은 공격적이고 경쟁심이 강하며 지배적인 성격을 지니고, 특히 척도 4가 높을수록 이러한 특성이 두드러진다. 남자와 여자 모두 교육수준이 높을수록 척도 5가 상승하는 경향이 있다.

6. 단독상승 6

대인관계에서 예민하고 경계적이며 의심이 많고 타인을 불신하는 등 편집증적 경향을 보인다. 융통성이 부족하고 완고하며 경직된 사람으로, 타인의 비판에 민감하고 자신의 정당성, 도덕성을 강조한다. 세상을 신뢰할 수 있고 우호적인 것보다 적대적이고 위협적인 것으로 지각하며, 자신이 대우를 잘못 받았다고 생각하는 경향이 많다. 주된 방어기제는 투사로, 자신의 문제를 인정하기보다 타인에게 책임을 전가하려는 특징을 보인다.

(1) 6-7/7-6

① 불안정하고 걱정이 많으며 의심이 많은 사람들이다.

② 완고하고 고집불통이며 적대적인 감정을 간접적으로 표현하고 겉으로는 편집증적 모습을 나타내지 않지만, 이들의 문제는 만성적인 성격문제에 뿌리를 두고 있는 경우가 많다.

③ 신경증으로 진단되는 경우가 많지만 때로는 조현병으로 진단받기도 한다.

(2) 6-8/8-6

① 편집증적 경향과 사고장애로 조현병을 의심해 봐야 하며 보통 F 척도가 함께 상승한다.

② 주요 증상: 현저한 사고과정의 어려움, 자폐적이고 산만하고 우회적인 사고경향성, 기괴한 사고내용이다. 주의집중 곤란, 기억력 저하, 판단력 장애도 흔히 나타나며, 피해망상, 과대망상, 환각과 현실검증에 장애를 보인다.

③ 정서적으로 둔화되어 있으며 심한 스트레스를 받으면 긴장하고 깊은 걱정에 빠지거나 우울증상을 보인다.

④ 친밀한 대인관계를 회피하고 사회적으로 고립되고 의심성과 불신감이 많고 적대적이며 다른 사람과 정서적인 거리를 유지한다.

⑤ 방어기제 발달에 실패하여 적절한 방어기제가 결여되어 있으며, 스트레스에 부딪히면 공상과 백일몽으로 도피한다.

⑥ 임상 진단: 조현병(편집형)이 진단되며, 다음으로는 분열성 혹은 편집성 성격장애가 진단된다.

(3) 6-9/9-6

① 일차적으로 정신과적 진단이 필요하다. 공격적이고 적개심을 내포하여 정서적으로 불안정하고 화를 잘 내고 흥분도 잘 한다.

② 주의집중 곤란, 판단력 장애, 현실검증력 장애, 환청, 과대망상, 피해망상이 주로 나타나며 급성 정신증적 상태인 경우가 많다.

③ **방어기제**: 투사를 주된 방어기제로 사용한다. 자신이 하는 일의 정당성을 끊임없이 주장하며, 타인의 비판에 예민하고 문제가 발생할 경우 외부로 원인을 돌리려 한다.

④ **임상 진단**: 조현병(편집형)이 진단되며, 다음으로 양극성장애가 진단되는데 이 경우 편집증적 사고와 과대망상이 함께 나타난다.

7. 단독상승 7

> 불안하고 긴장되어 있으며 걱정이 많고 우유부단하다. 사고의 융통성이 부족하고 경직되어 있으며, 높은 도덕성과 완벽성을 추구하여 자신과 타인에게 높은 행동 기준을 요구한다. 내성적이고 수줍음을 잘 타며 자기반추적인 생각이 많고 죄책감을 잘 느낀다. 불안장애가 흔히 고려되는데, 특히 점수가 상승할수록 공황장애나 공포증일 가능성이 높다. 불안을 수반한 우울장애에서도 나타나는데, 점수가 비교적 덜 높은 경우 강박장애일 가능성이 많다.

(1) 7-8/8-7

① 이 프로파일은 진단이 신경증과 정신증으로 양분되는 경향을 보인다.

② **주요 특징**: 걱정과 생각이 많고 정서적으로 혼란되어 있다. 이들은 예민하고 안절부절못하며 우울이나 정서적 불안정성을 호소한다. 심한 주의집중 곤란, 판단력 및 사고장애를 보이기도 한다.

③ **7-8형**: 비록 효율성은 저하되어 있으나 자신의 문제와 능동적으로 싸우고 있으며 심각한 사고나 행동장애의 정착에 저항하고 있는 상태다. 이로 인해 과도한 불안과 초조가 나타나고 심리적인 불편을 경험하지만 치료적 예후는 좋다.

④ **8-7형**: 비교적 심한 정신증적 증상에 적응된 상태이며, 정신병이나 조현형 성격장애로 진단된다. 특히 척도 2가 상승되는 경우 조현정동장애를 시사하며, 이러한 경우 자살위험률이 높다.

(2) 7-9/9-7

① 만성적으로 불안하고 걱정이 많고 긴장되어 있으며 높은 에너지 수준이 오히려 강박적 사고를 더 악화시키는 역할을 한다.

② 관계가 없는 말을 쉴 새 없이 하며 때로는 충동적인 행동이나 과대망상을 하는 시기와 죄책감과 자기비난을 하는 시기가 번갈아 나타나는 경우가 있기 때문에 조증 가능성을 잘 고려해 봐야 한다.

8. 단독상승 8

현실적 압박으로부터 도망가려는 경향성 또는 수용할 수 없는 충동을 공상세계에서 대리충족하려는 특징을 보인다. 독창적이고 비관습적이며 독특한 사고양상을 보이고, 적당히 상승한 경우는 과묵하고 초연하며 진보적 관점을 가지는 것으로 보인다. 대인관계에 어려움이 많고 현실에 불만족하며 자신에 대한 부적절감이나 사회적인 고립이 나타난다. 점수가 높은 경우, 제한된 현실검증력과 정서 조절의 어려움을 반영하며 기괴한 생각, 망상, 비현실감, 환각 등 정신분열증 증상을 보일 수 있다. 반드시 사고장애를 감별해야 한다.

(1) 8-9/9-8

① 두 척도 점수가 70을 조금이라도 넘기면 심각한 정신병리가 있는 것으로 볼 수 있다.
② 주의집중의 어려움, 혼란, 망상, 환각, 지남력 장애를 보이며 현실검증력에 손상이 있다. 사고는 기괴하고 자폐적이며, 하나의 주제를 중심으로 사고를 진행할 수 없다.
③ 부적절한 정서나 퇴행이 특징적이며 자제력이 부족하여 쉽게 흥분하고 화를 잘 낸다.
④ 타인에 대한 의심과 불신이 많고 깊은 정서적 관계를 두려워하기 때문에 친밀한 관계 형성을 회피하며 사회적으로 철수되어 있다. 이 같은 특성으로 인해 치료 관계 형성 및 치료 작업이 어렵다.
⑤ 발병 형태는 급성인 경우가 많고 전형적으로 정서적 흥분, 지남력 상실, 비현실감, 당혹감의 증상을 보인다.
⑥ **진단**: 조현병이 가장 흔하고, 양극성장애와 약물로 인한 정신증도 의심할 수 있다.

9. 단독상승 9

높은 활동성이나 충동성이 특징이다. 부적응적인 과잉활동, 안절부절못한 양상을 보일 수 있으며 욕구 지연을 참지 못하고 사소한 장애나 좌절에도 화를 잘 내는 경향이 있다. 그러나 실제로는 우울한 사람들로, 이들이 보이는 과도한 활동성은 우울감을 피하기 위한 노력일 수 있다. 점수가 적당히 상승하는 사람은 그들의 에너지를 생산적인 방향으로 쏟을 수 있으며 독립적, 낙천적이고 열정적인 사람일 수 있다. 진단은 일차적으로 조증 상태인지를 확인해야 하며 기분장애, 정신분열증, 성격장애의 진단이 내려질 수 있다.

10. 단독상승 0

척도 0만 상승하는 경우는 매우 드물게 나타나는데, 이들은 다만 대인관계를 불편하게 느끼는 사람들로서 사회적 기술이 부족하고 내향적이고 자신감이 부족하며 수줍고 소심하다.

11. 3코드 유형에 따른 해석

(1) 1-2-3/3-2-1/2-3-1 기출 15 추시

① 일반적으로 신체형 장애, 불안장애, 우울증 진단을 받는 경우가 많다.
② 신체적 불편감, 소화기 계통과 관련된 불편감을 호소하며, 증상으로 인해 명백한 2차 이득을 얻는 경우가 많다.
③ 우울증상을 드러내고 수면곤란, 당혹감, 낙심, 무망감, 비관주의 등의 징후를 보인다.
④ 의존성과 자기주장 사이에서 갈등을 겪고 있는 것처럼 보이며, 다른 사람들과 정서적으로 거리를 두며 지낸다.
⑤ 피로감을 느끼고 활력 수준이 낮으며 성적인 욕구도 적은 편이다.

(2) 1-3-2/3-1-2

① 척도 1과 3의 점수가 척도 2보다 높기 때문에 '전환 V'라고 불린다.

② 고전적인 전환 증상을 드러낼 수 있으며 흔히 전환장애, 신체형 장애, 통증장애의 진단을 받는다.

③ 스트레스가 가중되면 흔히 신체증상을 보인다.

④ 부인과 억압 기제를 지나치게 구사하며 증상의 원인에 대한 통찰이 결여되어 있고, 자신의 문제를 심리적 요인으로 설명하는 것에 저항한다.

⑤ 사교적이지만 대인관계에서는 수동-의존적인 편이다.

⑥ 남이 자신을 인정해주는 것을 중요하게 생각하며, 전형적으로 남에게 동조하고 관습에 따르는 행동을 한다.

⑦ 신체증상을 완화하기 위해 의학적인 치료를 받으려고 하며, 심리적인 문제에 대한 논의를 종용하면 조기에 종결할 가능성이 높다.

(3) 1-3-8

① 편집형 정신분열증이나 편집성 성격장애의 진단을 받는다.

② 망상 수준에 이르는 다소 기태적인 신체증상을 지니고 있을 가능성이 크다.

③ 우울 삽화, 자살사고, 성적 혹은 종교적인 생각에 집착하는 모습을 보이기도 한다.

④ 명백한 사고장애의 양상을 보일 수 있으며 흥분을 잘 하고 시끄럽고 화도 잘 낸다.

⑤ 알코올을 남용한 적이 있을 수 있으며 대부분의 시간을 안절부절못하고 지겨워하면서 보낸다.

⑥ 친밀한 관계를 형성하는 것에 양가적인 태도를 보이며 흔히 남을 의심하고 질투하는 경향이 있다.

(4) 1-3-9

① 신체형 장애나 기질성 뇌 증후군의 진단을 받는다.

② 후자의 진단을 받을 경우 초조발작, 폭력적인 행동, 분노폭발 등을 보일 수 있다.

③ MMPI의 어떤 척도도 기질성 뇌 증후군을 진단하는 데 사용되어서는 안 된다.

(5) 2-4-7

① 수동-공격성 성격장애를 진단 받을 수 있으며 알코올, 약물을 남용하는 환자에게서 가장 흔하게 관찰된다.

② 가족문제나 부부문제를 겪는 사람이 많다.

③ 우울하고 비관적인 기분을 느끼며 자살사고, 강박사고, 강박행동을 경험하기도 한다. 스트레스에 과도하게 반응하며 충동을 잘 통제하지 못한다.

④ 타인의 관심과 지지를 받고 싶은 충족되지 못한 강한 욕구가 있고, 자신이 부당한 대접을 받는다고 느낀다. 의존성과 성에 대한 갈등을 느끼며 이성과 함께 있을 때 불편해한다.

⑤ 공포증을 지니고 있을 수 있으며, 반추하고 생각이 많고, 분노감과 관련된 죄책감을 느낀다.

⑥ 치료시간에 유발되는 불안을 견디지 못하며, 지시적이고 목표지향적인 치료에 가장 잘 반응한다.

(6) 2-7-8

① 심각한 정서적 혼란을 경험하고 다소 분열적인 생활방식을 지닌다.

② 긴장되고 초조해하고 두려워하며 주의집중 곤란을 보인다.

③ 슬프고 우울한 기분을 느끼며, 미래를 낙담하고 비관적이고 희망이 없다고 여기고, 흔히 자살에 대한 생각을 곰곰이 반추한다.

④ 여러 종류의 신체적 불편감을 호소할 수 있으며 여성의 경우 섭식장애를 보고하기도 한다.

⑤ 이 상승 척도쌍을 보이는 정신과 환자는 다른 환자에 비해 과거 성적 학대를 당했을 가능성이 크다. 기본적인 사회적 기술이 결여되고 수줍음이 많고 위축되어 있으며, 사회적으로 고립되어 지낸다.

⑥ 지나치게 높은 목표를 세우고 이를 성취하지 못하면 죄의식을 느낀다.

⑦ 모호하고 신비한 주제에 관심을 갖는다.

(7) 6-8-7/8-6-7

① 척도 6과 8의 점수가 척도 7에 비해 높은데, 이를 가리켜서 '정신증적 V'라고도 부른다.

② 심각한 정신병리를 시사하며, 편집형 정신분열증 진단이 가장 많이 내려진다.

③ 환각, 망각, 극도의 의심성을 나타내고 정서는 둔마되어 있다.

④ 수줍음이 많고 내향적이며 사회적으로 위축된 성격이지만 술을 마시면 매우 공격적인 모습을 보이기도 한다.

⑤ 기억력과 주의집중에 곤란을 겪으며, 진단 당시 심한 정서적 혼란을 경험하고 있지 않더라도 입원치료와 약물치료가 요구된다.

12. 예후

구분	내용
척도 K	• 정서적으로 부담되는 주제에 대해 논의하길 꺼리고, 자신이 노출되는 것이 두려워 자신의 대답을 검열하기도 함 • 부적절한 면을 지적하면 위협을 느끼고 경직된 방어를 함 • 문제 해결을 위한 행동 변화에 초점을 두는 실용적인 치료적 접근에 잘 반응함
척도 1	전통적 심리치료에 잘 반응하지 않고 어려움의 원인에 대한 통찰이 부족하며, 자신의 문제에 대한 심리학적 해석을 잘 받아들이지 않음
척도 2	• 치료를 받으려는 동기가 높지만 85T 이상인 경우 우울에 압도되어 무능해짐 • 우울증이 없는 집단에서 이 척도가 상승하면 예후가 좋은 편이라고 할 수 있음
척도 3	애정에 대한 강한 욕구로 처음에는 심리치료에 열성적이지만, 행동의 원인에 대한 통찰이 느리고 문제에 대한 심리학적 해석에 저항하기 때문에 예후는 제한적임
척도 4	• 유연한 사회 기술로 처음에는 심리치료에 좋아 보일 수 있지만, 주요 방어기제인 투사로 인해 자신의 어려움에 대한 책임을 받아들이려고 하지 않음 • 대부분은 불쾌한 상황을 피하기 위해 치료를 받음
척도 6	• 타인의 동기에 대해 불신감을 가지고 비판을 잘 수용하지 않음 • 관계 형성이 어렵고 치료자가 자신을 얼마나 수용하는지를 평가하기 위해 장애물을 세워놓음 • 예후는 제한적임
척도 7	척도 2와 비슷하게 치료 동기가 높고 예후도 좋은 편이지만, 85T 이상 상승하면 불안이 심하고 무능력해짐
척도 8	• 판단력이 빈약하고 분열성적인 적응을 보이며 치료자와 의미 있는 방식으로 관계를 맺기가 어려움 • 문제가 오래 지속되고 만성적인 특성 때문에 다소 제한된 예후를 보임
척도 9	참을성이 없고, 즉각적이고 구체적인 문제 해결을 원하므로 심리치료를 종결하려는 경향이 있음

1. 재구성 임상 척도(RC)

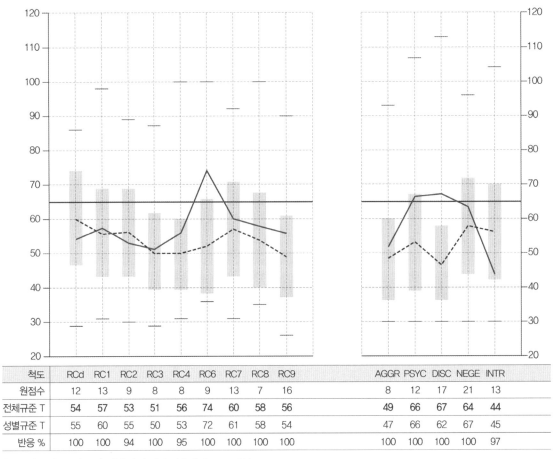

척도	RCd	RC1	RC2	RC3	RC4	RC6	RC7	RC8	RC9		AGGR	PSYC	DISC	NEGE	INTR
원점수	12	13	9	8	8	9	13	7	16		8	12	17	21	13
전체규준 T	54	57	53	51	56	74	60	58	56		49	66	67	64	44
성별규준 T	55	60	55	50	53	72	61	58	54		47	66	62	67	45
반응 %	100	100	94	100	95	100	100	100	100		100	100	100	100	97

* 각 척도별 T 점수의 최댓값과 최솟값은 "–"로 표시됨
* 비교집단(임상집단, N=395)의 T 점수 평균과 ±1 표준편차가 각각 점선 그래프와 막대 그래프로 표시됨
* 전체규준 T 점수가 실선 그래프로 표시됨

[그림 11-3] MMPI-2 재구성 임상 척도와 성격병리 5요인 척도(RC & PSY-5 scales)

(1) 구성

척도명		높은 점수의 의미
RCd (dem)	의기소침 (demoralization)	• 전반적으로 정서적 불편감이 큼 • 낙심하고 의기소침함 • 자존감이 낮고 자신과 미래에 비관적임 • 현재의 상황을 극복할 능력이 없다고 느낌
RC1 (som)	신체증상 호소 (somatic complaints)	• 신체적 불편감을 호소함 • 피로, 허약함, 만성적인 통증을 호소할 수 있음 • 건강에 대한 걱정이 많음
RC2 (lpe)	낮은 긍정 정서 (low positive emotions)	• 사회적 상황에서 철수되어 있고 즐거움을 못 느낌 • 결정을 내리고 일을 마무리하는 데 어려워함 • 우울증을 경험할 위험성이 높음
RC3 (cyn)	냉소적 태도 (cynicism)	• 다른 사람의 진실성을 믿지 않음 • 다른 사람의 동기를 의심함
RC4 (asb)	반사회적 행동 (antisocial behavior)	• 다양한 반사회적 행동에 관여할 수 있음 • 공격적으로 행동하는 경향이 있음
RC6 (per)	피해의식 (ideas of persecution)	• 다른 사람들로부터 학대, 괴롭힘 당한다고 느낌 • 신뢰관계 형성에 어려움을 보일 수 있음
RC7 (dne)	역기능적 부정 정서 (dysfunctional negative emotions)	• 쉽게 불안을 경험하고 불안장애로 발전할 위험이 높음 • 걱정이 많고 비판에 민감한 경향이 있음 • 실수, 실패에 집착하고 죄책감을 경험할 수 있음
RC8 (abx)	기태적 경험 (aberrant experiences)	• T 점수 74 이상: 환각, 망상 등의 정신증적 증상을 보고할 수 있음 • T 점수 65~74: 정신분열형 성격 특징을 보일 수 있음
RC9 (hpm)	경조증적 상태 (hypomanic activation)	T 점수 75 이상: 과장된 자기상, 전반적인 흥분감, 감각 추구 경향, 위험 감수, 충동통제 어려움 등 다양한 경조증 증상을 보고할 수 있음

1. 재구성 임상 척도의 개발 배경
- 임상 척도의 2가지 제한점을 극복하기 위해
  - 타당성이 의심스러운 문항들
  ➡ 척도 상승의 의미를 명확히 하기 힘듦(convergent validity)
  - 임상 척도 간의 상관이 높음
  ➡ 척도의 차별적 해석이 어려움 (discriminant validity)

2. 재구성 임상 척도의 개발 과정
- 공통 요인의 추출: 의기소침 요인
- 임상 척도별 핵심 요인의 추출: 8개의 임상 척도에 대한 핵심 요인 추출

3. 재구성 임상 척도의 심리측정적 특징
- 최소한 대응되는 임상 척도만큼의 신뢰도
- RCd와 상관이 임상 척도보다 낮음
- RC 척도 간 상관이 낮음
- 수렴 타당도는 임상 척도보다 높거나 같음
- 변별 타당도는 임상 척도보다 현저히 높음

4. 해석상 지침
- 현재로서는 임상 척도 해석의 명료화에 사용 가능함
- 아직 경험적 자료와 임상가의 경험이 제한적임
- 향후 유망하지만 독립적인 사용을 위해서는 추가 연구가 필요함

(2) 척도에 따른 해석

① 임상 척도는 상승했지만 RC 척도는 상승하지 않은 경우

㉠ 전반적인 의기소침(RCd) 때문에 얻어진 결과일 수 있다.

㉡ 임상 척도의 핵심적인 구성개념과 연관된 특성을 지니고 있음을 시사하는 것이 아닐 수 있고, 다른 임상 척도의 영향으로 상승할 가능성이 높다.

② 임상 척도는 상승하지 않고 RC 척도만 상승한 경우

㉠ 상승한 RC 척도의 핵심적인 구성개념과 연관된 특성을 반영하는 것으로 추론할 수 있다.

㉡ 임상 척도가 상승하지 않은 것은 의기소침 성향이 적은 것에 기인할 가능성이 있다.

2. 내용 척도

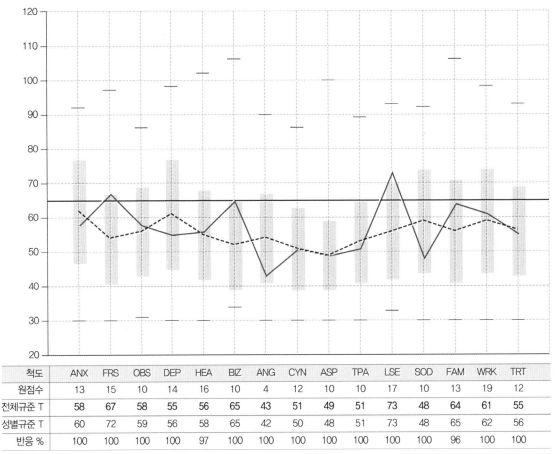

척도	ANX	FRS	OBS	DEP	HEA	BIZ	ANG	CYN	ASP	TPA	LSE	SOD	FAM	WRK	TRT
원점수	13	15	10	14	16	10	4	12	10	10	17	10	13	19	12
전체규준 T	58	67	58	55	56	65	43	51	49	51	73	48	64	61	55
성별규준 T	60	72	59	56	58	65	42	50	48	51	73	48	65	62	56
반응 %	100	100	100	100	97	100	100	100	100	100	100	100	96	100	100

* 각 척도별 T 점수의 최댓값과 최솟값은 "-"로 표시됨
* 비교집단(임상집단, N=395)의 T 점수 평균과 ±1 표준편차가 각각 점선 그래프와 막대 그래프로 표시됨
* 전체규준 T 점수가 실선 그래프로 표시됨

ANX	anxiety(불안)	ASP	antisocial practices(반사회적 특성)
FRS	fears(공포)	TPA	type A(A 유형 행동)
OBS	obsessiveness(강박성)	LSE	low self-esteem(낮은 자존감)
DEP	depression(우울)	SOD	social discomfort(사회적 불편감)
HEA	health concerns(건강 염려)	FAM	family problems(가정 문제)
BIZ	bizarre mentation(기태적 정신상태)	WRK	work interference(직업적 곤란)
ANG	anger(분노)	TRT	negative treatment indicators(부정적 치료 지표)
CYN	cynicism(냉소적 태도)		

[그림 11-4] MMPI-2 내용 척도(content scales)

(1) 구성

① MMPI의 위긴스(Wiggins) 내용 척도 13개는 MMPI-2에서 15개의 내용 척도로 대체되었다.

② 부적 정서 및 이와 관련된 척도, 대인관계 또는 일에서의 특징적인 태도나 행동을 측정하는 척도, 갈등이나 스트레스의 주요 원천으로서 가정과 직장, 정신병적 증상과 치료의 예후를 측정하는 척도가 있다.

(2) 내용

① 환자의 가정이나 직장 생활은 어떤지, 행복의 주요 원천인 대인관계나 직업에서의 특징적인 행동패턴은 무엇인지, 현재 어떤 고통을 받고 있으며 심리적 고통이나 증상의 성격이 신경증의 범위를 벗어났는지, 치료에 어떤 반응을 보일지를 짐작할 수 있다.

② 내용 척도에서의 T 점수가 전반적인 부적응 지표인 A보다 높으면 특히 그 영역에서의 어려움이 시사된다.

③ 해석

    ㉠ T 점수가 65 이상일 경우 높은 점수로 고려하며, 60~64이면 해당 척도의 일부 특성만 적용될 수 있다.

    ㉡ 모척도가 60T 이상인 동시에, 해당 내용의 소척도가 65T 이상인 경우에만 해석한다.

3. 정신병리 5요인 척도

(1) 구성

척도명		높은 점수의 의미(T > 64)
AGGR	공격성 (aggressiveness)	• 목표 달성을 위해 공격적인 방법을 쓸 수 있음 • 대인관계에서 지배적이고 주도적임 • 외향적임
PSYC	정신증 (psychoticism)	• 비현실감을 느낄 수 있음 • 이상하고 기묘한 경험을 보고할 수 있음 • 사고가 기이하고 혼란되어 있을 수 있음 • 관계망상을 가지고 있을 수 있음
DISC	통제 결여 (disconstraint)	• 위험추구적이고 충동적임 • 관습적이지 않은 경향이 있음 • (T < 41) 자기통제력이 강하고 규칙을 잘 따름
NEGE	부정적 정서성 또는 신경증 (negative emotionality/neuroticism)	• 부정적인 정서를 경험할 가능성이 높음 • 걱정, 자기비판, 죄책감 등을 많이 경험할 수 있음 • 불안하고 우울하고 슬픈 기분상태를 보임
INTR	내향성 또는 낮은 긍정적 정서성 (introversion/low positive emotionality)	• 기쁨이나 즐거움을 잘 경험하지 못함 • 내향적이고 친구가 적은 경향이 있음 • (T < 41) 사교적이고 에너지가 넘치며 외향적임

(2) 목적

이 척도는 정상적인 기능과 임상적 문제 모두에 관련된 성격 특질들을 평가하기 위해 제작되었다.

4. 보충 척도

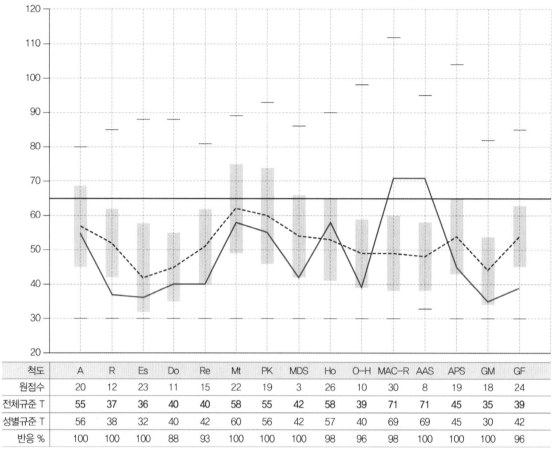

척도	A	R	Es	Do	Re	Mt	PK	MDS	Ho	O-H	MAC-R	AAS	APS	GM	GF
원점수	20	12	23	11	15	22	19	3	26	10	30	8	19	18	24
전체규준 T	55	37	36	40	40	58	55	42	58	39	71	71	45	35	39
성별규준 T	56	38	32	40	42	60	56	42	57	40	69	69	45	30	42
반응 %	100	100	100	88	93	100	100	100	98	96	98	100	100	100	96

* 각 척도별 T 점수의 최댓값과 최솟값은 "–"로 표시됨
* 비교집단(임상집단, N=395)의 T 점수 평균과 ±1 표준편차가 각각 점선과 막대 그래프로 표시됨

A	anxiety(불안)	Ho	hostility(적대감)
R	repression(억압)	O-H	overcontrolled-hostility(적대감 과잉통제)
Es	ego strength(자아강도)	MAC-R	MacAndrew alcoholism-revised
Do	dominance(지배성)		(MacAndrew의 알코올 중독)
Re	social responsibility(사회적 책임감)	AAS	addiction admission(중독 인정)
Mt	college maladjustment(대학생활 부적응)	APS	addiction potential(중독 가능성)
PK	post-traumatic stress disorder (외상 후 스트레스장애)	GM	masculine gender role(남성적 성 역할)
MDS	marital distress(결혼생활 부적응)	GF	feminine gender role(여성적 성 역할)

[그림 11-5] MMPI-2 보충 척도(supplementary scale)

(1) 내용

① '특수 척도'라고도 불리며, 타당도 척도와 임상 척도의 해석을 보충하는 목적으로 개발된 척도이다.

② 지배성과 같은 성격차원을 측정하는 척도부터, 알코올 중독처럼 임상 척도로는 직접 평가할 수 없는 이상행동의 특수한 패턴을 확인하기 위한 척도에 이르기까지 다양하다.

(2) 구성

① MMPI-2의 두 가지 차원을 대표하는 두 척도(A, R), 정신역동적 심리치료에 대한 예후의 지표로 만들어진 Es(자아강도) 척도, 긍정적 지배성을 측정하는 Do(지배성) 척도와 행동에 대한 책임 및 집단에 대한 의무감을 측정하는 Re(사회적 책임감) 척도가 있다. 또한 대학생활, 외상적 스트레스, 결혼생활과 관련된 세 척도(Mt, PK, MDS), 적대감과 관련되는 두 척도(Ho, O-H), 물질 남용과 관련된 세 척도(MAC-R, AAS, APS), 성 역할과 관련된 두 척도(GM, GF)가 있다.

② 해석: 65T 점수를 기준으로 한다(소척도 없음).

5. 결정적 문항

(1) 결정적 문항(critical items)

① '질병특유 문항', '중지문항'으로 불려 온 결정적 문항은 채점을 통해 척도를 해석하는 방식이 아니고, 정신병리의 특징을 잘 나타내 주는 문항의 내용을 토대로 단일문항 혹은 몇 개의 문항 군집의 의미를 해석하는 것이다.

② 결정적 문항은 척도로 받아들여서 해석해서는 안 되고, 문항 내용과 관련된 주제에 대한 단서를 제공하는 정도로 보아야 한다.

③ 결정적 문항은 수검자와 면담할 때 면담재료로 이용하고 면담을 통해 명료화하는 것이 바람직하다는 것이 일반적인 의견이다.

(2) 구성

구분	내용	
Koss-Butcher의 결정적 문항	• 급성 불안 • 위협적 폭력 • 정신적 혼란	• 우울 자살 사고 • 알코올 중독으로 인한 상황적 스트레스 • 피해의식
Lachar-Wrobel의 결정적 문항	• 반사회적 태도 • 신체증상 • 불안 및 긴장 • 기이한 사고 및 경험 • 기이한 믿음 • 문제형 분노	• 가족 갈등 • 성적인 염려 및 성적 이탈 • 수면장애 • 우울 및 걱정 • 물질 남용

6. MMPI-A

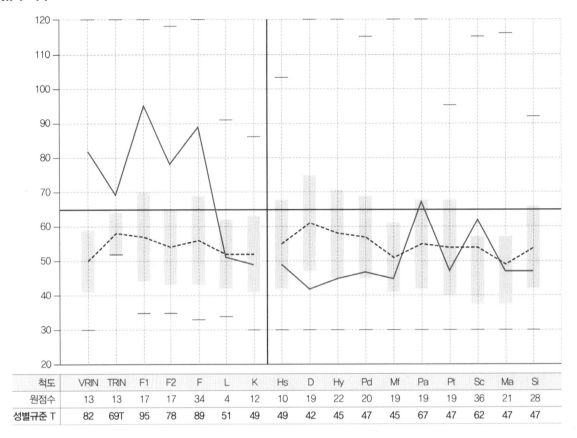

척도	VRIN	TRIN	F1	F2	F	L	K	Hs	D	Hy	Pd	Mf	Pa	Pt	Sc	Ma	Si
원점수	13	13	17	17	34	4	12	10	19	22	20	19	19	19	36	21	28
성별규준 T	82	69T	95	78	89	51	49	49	42	45	47	45	67	47	62	47	47

[그림 11-6] 타당도 척도와 임상 척도

(1) 개발 배경

① MMPI-2를 청소년에 그대로 적용하기에는 부적합한 면이 있었다.

    ㉠ 성인을 기준으로 하는 문항으로 구성된다.

    ㉡ 청소년에게 필요한 학교생활과 관련된 척도가 없었다.

② MMPI-2와 MMPI-A 비교

구분	MMPI-2	MMPI-A
문항 수	567문항	478문항
문항 내용	주요 내용 영역의 문항 추가	청소년에 적합한 문항 내용 및 표현
규준 연령	• 미국: 18-84세 • 한국: 19-78세	• 미국: 14-18세 • 한국: 13-18세
타당도 척도	10개(?, VRIN, TRIN, F, F(B), F(P), FBS, L, K, S)	8개(?, VRIN, TRIN, F, F1, F2, L, K)
임상 척도	10개	• MMPI-2와 동일한 임상 척도 10개 • Mf, Si 척도에서 문항 수가 줄어듦
K 교정 점수	K 교정 점수를 적용함	K 교정 점수를 적용하지 않음
재구성 임상 척도	9개의 재구성 임상 척도 개발(2003)	없음

내용 척도	15개의 새로운 내용 척도 개발	• 11개의 내용 척도는 MMPI-2와 동일 • 4개의 내용 척도는 청소년용으로 개발
보충 척도	15개의 새로운 보충 척도 개발	• 3개의 보충 척도는 MMPI-2와 동일 • 3개의 보충 척도는 청소년용으로 개발

※ 타당도 척도 중 F 척도: F1(검사 전반부의 비전형적 양상), F2(검사 후반부의 비전향적 양상)

(2) MMPI-A에만 적용되는 내용 및 보충 척도

구분	척도명	내용
내용 척도	소외 (A-aln)	• 타인과의 정서적 거리감을 측정함 • 이 척도의 점수가 높으면 자신을 이해하거나 돌봐 주는 사람이 별로 없고, 자신을 좋아하지 않으며 자신이 정당한 대우를 받지 못한다고 느낌
	품행문제 (A-con)	• 청소년기에 보이는 다양한 행동문제(예 절도, 좀도둑질, 거짓말, 기물파손, 무례한 말이나 행동, 욕설, 반항적 행동 등)를 측정함 • 이 척도의 점수가 높으면 품행문제 외에도 약물, 알코올 사용, 성적인 문제 등 법적인 문제에 연루되거나 낮은 학업성취, 정학 및 징계 등 학교 부적응을 보이기도 함
	낮은 포부 (A-las)	• 저조한 학업 수행 및 학교 활동 등에서의 소극적·회피적 태도를 측정함 • 이 척도의 점수가 높으면 학업흥미, 성취동기나 포부가 낮고, 힘든 일에 직면하거나 일을 개시하기 어려워 쉽게 포기함
	학교문제 (A-sch)	• 학업문제 및 학교에서의 행동문제를 측정하며, 일반적인 부적응을 예측하는 데 유용함 • 이 척도의 점수가 높으면 저조한 학업성적 혹은 학습장애, 주의집중의 어려움, 등교 거부, 징계 및 처벌, 대인관계 기술 부족 우유부단함, 권태 등이 시사됨
보충 척도	알코올/약물문제 인정 척도 (ACK)	• 알코올이나 다른 약물 사용과 관련된 문제를 인정하는 정도를 측정함 • 이 척도의 점수가 높으면 알코올(또는) 약물 관련 문제를 인정하고, 의식적으로 자각하고 있음을 나타내는데, 감정을 자유롭게 표현하기 위해 알코올 혹은 대체물에 의존한다든지 해로운 물질 남용 습관을 갖고 있을 가능성, 음주 중 싸움에 가담할 가능성 등이 높아짐
	알코올/약물문제 가능성 척도 (PRO)	• 알코올을 비롯한 약물 문제를 보일 가능성을 측정함 • 이 척도에서 점수가 높으면 알코올 혹은 약물 관련 문제, 학교와 가정에서의 행동문제를 보일 가능성이 시사되기는 하지만, 현재의 알코올 또는 약물 사용 패턴을 명백히 반영하는 것은 아니므로 주의가 필요함
	미성숙 척도 (IMM)	• 대인관계 양식, 인지적 복잡성, 자기인식, 판단력 및 충동조절 등의 영역에서 미성숙함을 측정함 • 이 척도에서 점수가 높으면 타인에게 신뢰감을 주지 못할 뿐만 아니라 의존적이고 좌절에 대한 내성이 약하며 감정조절에 어려움을 보임 • 다른 사람들을 괴롭히고 저항적·반항적 태도를 취해 학교생활이나 또래 관계에서 부적응을 보일 가능성이 높음

(3) 내용

① 문항 구성: 청소년을 위한 문항으로 구성된다.

ㄱ 문항 수: 478개이다.

ㄴ 삭제: 중복 문항, 채점되지 않는 문항, 청소년에게 부적절한 내용의 문항을 삭제했다.

ㄷ 수정: 청소년에게 적합한 내용과 표현으로 수정했다.

ㄹ 추가: 청소년을 위한 새로운 문항을 추가했다.

② 타당도 척도

ㄱ VRIN, TRIN, L

ㄴ K(defensiveness, 방어성)

ㄷ MMPI-A에서는 K 교정 점수를 사용하지 않는다.

ㄹ F1, F2, F

ㅁ 문항 수: F1(33), F2(33), F(66)

ㅂ 문항 배치: F1(전반부), F2(후반부), F(F1+F2)

ㅅ F1과 F2의 임상적 해석은 MMPI-2의 F, F(B)와 유사하다.

ㅇ 청소년 규준집단에서 20% 미만의 응답 비율을 보인 문항들로 구성된다.

ㅈ 기존 F 척도에서 27문항을 삭제하고, 37문항은 유지했다.

ㅊ 원판 MMPI의 F 척도 이외의 문항에서 12문항을 추가했다.

ㅋ MMPI-A에 고유한 새로운 17문항을 추가했다.

7. MMPI-2 재구성판(MMPI-2-RF)

(1) 개관

① MMPI-2-RF는 MMPI-2의 대안적 도구이며 독립적인 검사도구로서의 기능을 갖추고 있다. 전체 문항 수는 338개로 단축되어 MMPI-2에 비해 실시시간이 짧고 실시가 간편하다.

② MMPI-2-RF는 MMPI-2에 포함되는 하위 세트에 기초하고 MMPI-2의 규준표집을 사용했으며, MMPI-2와 거의 동일한 방식으로 타당도 척도가 개발되었다.

③ MMPI-2-RF는 별도의 임상 척도를 포함하지는 않지만, 재구성 임상 척도(RC)와 성격병리 5요인 척도(PSY-5)를 포함한다. 이 두 척도는 MMPI-2-RF의 핵심적인 척도라고 볼 수 있다.

④ MMPI-2-RF는 임상가가 관련된 정보를 수집하는 데 도움이 될 수 있도록 추가적인 척도를 개발했는데, 이 척도는 측정하고자 하는 바를 잘 나타내는 용어로 명명했다.

⑤ 비교

구분	MMPI-2	MMPI-2-RF	MMPI-A	MMPI-A-RF
문항 수	567문항	338문항	478문항	241문항
규준 집단	• 미국 　– 남자: 1,138명 　– 여자: 1,462명 • 한국 　– 남자: 651명 　– 여자: 701명	• 미국 　– 남자: 1,138명 　– 여자: 1,138명 • 한국 　– 남자: 651명 　– 여자: 651명	• 미국 　– 남자: 805명 　– 여자: 815명 • 한국 　– 남자: 775명 　– 여자: 759명	• 미국 　– 남자: 805명 　– 여자: 805명 • 한국 　– 남자: 759명 　– 여자: 759명
T 점수	전체 규준 및 성별 규준	전체 규준	성별 규준	전체 규준
K 교정 점수	Hs, Pd, Pt, Sc, Ma 척도에 K 교정 적용 (K 교정 안한 T 점수도 함께 제공)	없음	임상 척도에 K 교정 적용하지 않음	없음
타당도 척도	VRIN, TRIN, F, F(B), F(P), FDS, L, K, S	VRIN-r, TRIN-r, F-r, Fp-r, Fs, FBS-r, L-r, K-r	VRIN, TRIN, F, F1, F2, L, K	VRIN-r, TRIN-r, CRIN, F-r, L-r, K-r
임상 척도	10개(Hs, D, Hy, Pd, Mf, Pa, Pt, Sc, Ma, Si)	없음	10개(Hs, D, Hy, Pd, Mf, Pa, Pt, Sc, Ma, Si)	없음
재구성 임상 척도	9개 (RCd, RC1, RC2, RC3, RC4, RC6, RC7, RC8, RC9)	9개 (RCd, RC1, RC2, RC3, RC4, RC6, RC7, RC8, RC9) * MMPI-2와 동일함	없음	9개 (RCd, RC1, RC2, RC3, RC4, RC6, RC7, RC8, RC9)
척도 구성	• 무응답척도 제외한 타당도 척도 9개 • 임상 척도 10개 • 임상 소척도 31개 • 재구성 임상 척도 9개 • 성격병리 5요인 척도 5개 • 내용 척도 15개 • 내용 소척도 27개 • 보충 척도 15개	• 타당도 척도 8개 • 상위 차원 척도 3개 • 재구성 임상 척도 9개 • 특정 문제 척도 23개 • 흥미 척도 2개 • 성격병리 5요인 척도 5개	• 무응답척도 제외한 타당도 척도 7개 • 임상 척도 10개 • 임상 소척도 31개 • 내용 척도 15개 • 내용 소척도 31개 • 보충 척도 6개 • 성격병리 5요인 척도 5개	• 타당도 척도 6개 • 상위 차원 척도 3개 • 재구성 임상 척도 9개 • 특정 문제 척도 25개 • 성격병리 5요인 척도 5개
결정적 문항 (critical items)	• Koss-Butcher 결정적 문항(6개 영역) • Lachar-Wrobel 결정적 문항(11개 영역)	없음	청소년용 결정적 문항 (Forbey & Ben-Porath, 1998)	청소년용 결정적 문항 개정 (Forbey & Ben-Porath, 1998)
주의를 요하는 척도 반응 (critical responses)	없음	척도 7개 (SUI, HLP, AXY, RC6, RC7, SUB, AGG)	없음	척도 6개 (HLP, AXY, RC6, RC7, SUB, AGG)

(2) 특징

① 단축되거나 달리 수정된 형태의 VRIN., TRIN, F, Fp, FBS, L, K 척도, 새로운 타당도 척도인 신체반응(Fs) 척도가 있다.

② 3개의 상위 척도로 정서적/내재화 문제(EID), 사고문제(THD), 행동적/외현화 문제(BED)가 있다.

③ 5개의 신체적·인지적 척도, 9개의 내면화 척도, 5개의 외재화 척도, 5개의 대인관계 척도, 2개의 흥미 척도가 있다.

(3) 척도

① 타당도 척도

구분	내용
비일관적 반응탐지 척도	1. VRIN-r(무선반응 비일관성) 2. TRIN-r(고정반응 비일관성)
과대보고 탐지 척도	3. F-r(비전형 반응) 4. Fp-r(비전형 정신병리 반응) 5. Fs(비전형 신체적 반응) 6. FBS-r(증상 타당도)
과소보고 탐지 척도	7. L-r(흔치 않은 도덕적 반응) 8. K-r(적응 타당도)

② 상위 차원 척도

1. EID(정서적/내재화 문제)
2. THD(사고문제)
3. BED(행동적/외현화 문제)

③ 재구성 임상 척도: 척도명과 그 구성은 MMPI-2와 동일하다.

④ 특정 문제 척도

구분	내용	
신체/인지 증상 척도	1. MLS(신체적 불편감) 3. HPC(두통 호소) 5. COG(인지적 증상 호소)	2. GIC(소화기 증상 호소) 4. NUC(신경학적 증상 호소)
내재화 척도	6. SUI(자살/죽음 사고) 8. SFD(자기회의) 10. STW(스트레스/걱정) 12. ANP(분노 경향성) 14. MSF(다중 특정 공포)	7. HLP(무력감/무망감) 9. NFD(효능감 결여) 11. AXY(불안) 13. BRF(행동제약 공포)
외현화 척도	15. JCP(청소년기 품행문제) 17. AGG(공격 성향)	16. SUB(약물 남용) 18. ACT(흥분 성향)
대인관계 척도	19. FML(가족문제) 21. SAV(사회적 회피) 23. DSF(관계 단절)	20. IPP(대인관계 수동성) 22. SHY(수줍음)

⑤ 흥미 척도

1. AES(심미적-문학적 흥미)
2. MEC(기계적-신체적 흥미)

제 3 절 객관적 성격검사 2

10 PAI(Personality Assessment Inventory, 성격평가 질문지)

1. 검사 개관

(1) 소개

① 다양한 정신병리를 측정하기 위해 구성된 성격검사: 성격과 부적응 평가, 정신병리 선별, 임상진단, 치료계획, 치료결과 평가에 대한 정보를 제공할 수 있다.

② 과거 정신장애 진단분류에서 중요하게 다루어지는 임상 증후군을 선별하여 측정할 수 있도록 했다.

③ 과거 MMPI가 가졌던 낮은 구성 타당도, 진단집단 간 낮은 변별력 등의 문제점을 극복하기 위해 심리검사의 이론적 측면과 방법론적 측면을 고려하여 '모리(Morey)'가 개발했다.

　㉠ 합리적·경험적 접근을 강조하는 구성 타당도를 기반으로 개발되었으며, 잠정적 변별 문제를 줄이기 위해 중복 문항을 피했다.

　㉡ MMPI와 달리 척도명이 구성하는 구성개념과 실제 척도 내용 간에 직접적인 관련성이 있고 약물 및 알코올 사용장애, 알코올문제, 약물문제, 자살 가능성에 대한 척도가 포함되어 있다.

　㉢ 4점 평정 척도로 구성되어 행동의 손상 정도와 주관적 불편감 수준을 좀 더 세밀하게 측정할 수 있다.

　㉣ 중복 문항이 없어 변별타당도가 높다.

　㉤ 임상 장면에서 반드시 확인해야 할 잠재적 위기 상황과 자살 가능성을 확인할 수 있다.

(2) 실시 및 대상

① 개인별 실시와 집단별 실시가 모두 가능하며, 채점은 수작업과 컴퓨터 채점이 동시에 가능하다.

② 한국판 PAI: PAI-A(12~18세 중고등학생, 청소년용)와 PAI(만 18세 이상 대학생, 성인용)가 있다.

(3) 특징

① 환자 집단의 성격과 정신병리적 특징뿐만 아니라 정상 성인의 성격평가에도 매우 유용: 일반적인 성격검사는 환자집단에 유용하고 정상인의 성격을 판단하는 데 다소 제한적이지만, PAI는 두 장면 모두에서 유용하다.

② DSM-Ⅳ의 진단분류에 가장 가까운 정보를 제공: 우울, 불안, 정신분열병 등의 축Ⅰ장애와 더불어 반사회적, 경계선적 성격장애와 같은 축Ⅱ장애를 포함하여 DSM 진단분류에 가장 가까운 정보를 제공한다.

③ 정확한 평가에 도움을 주는 4점 평정 척도로 구성: 대부분의 질문지형 성격검사가 '예-아니요'의 양분법적 반응 양식으로 되어 있으나 PAI는 4점 평정 척도로 구성되어 행동의 손상 정도와 주관적 불편감 수준을 정확히 측정하고 평가할 수 있다.

④ 분할점수를 사용한 각종 장애 진단 및 반응 탐지에 유용: 분할점수를 사용한 각종 장애의 진단과 꾀병, 과장, 무선적 반응과 부정적 반응 왜곡, 물질남용으로 인한 문제의 부인과 긍정적 또는 방어적 반응 왜곡의 탐지에 특히 유용하다.

⑤ 하위 척도로 세분화하여 장애의 상대적 속성을 정확히 파악: 10개 척도로 해석을 용이하게 할 수 있고 임상적 구성개념을 포괄적으로 다루기 위해 개념적으로 유도한 3~4개의 하위 척도를 포함하고 있어, 장애의 상대적 속성을 정확히 측정·평가할 수 있다. 예컨대, 불안 척도는 인지적·정서적·신체적 불안으로 하위 척도를 구분하고 하위 척도의 상대적 상승에 따른 해석적 가정을 제공한다.

⑥ 높은 변별 타당도 및 여러 유용한 지표 활용: 문항이 중복되지 않아 변별 타당도가 높고 꾀병 지표, 방어성 지표, 자살 가능성 지표 등 여러 유용한 지표가 있다.

⑦ 정확한 임상 평가를 위해 결정문항 기록지 마련: 환자가 질문지에 반응하게 하는 데 그치지 않고 임상 장면에서 반드시 체크해야 할 결정문항을 제시하여 그 내용을 직접 환자에게 물어봄으로써 추가적인 정보를 수집할 수 있고, 임상 척도의 의미를 보다 정확하게 평가할 수 있다.

⑧ 수검자가 경험하는 다양한 증상, 심리적 갈등을 이해하는 데 도움: 결정문항 기록지를 통해 수검자가 경험하는 다양한 증상과 심리적 갈등을 이해하고 프로파일의 의미를 구체화하고 해석하는 데 도움이 된다.

2. 척도 구성

	척도	내용
타당성 척도	비일관성(ICN)	문항에 대한 반응과정에서의 수검자 반응의 일관성을 알아보기 위한 척도로, 정적 상관 또는 부적 상관이 높은 문항쌍으로 구성
	저빈도(INF)	부주의하거나 무선적인 반응 태도 및 반응의 특이성을 알아보기 위한 척도
	부정적 인상(NIM)	지나치게 나쁜 인상을 주거나 꾀병을 부리는 태도를 알아보기 위한 척도
	긍정적 인상(PIM)	자신을 지나치게 좋게 보이려 하고 사소한 결점도 부인하려는 태도를 알아보기 위한 척도
임상 척도	신체적 호소(SOM)	건강과 관련된 문제에 대한 집착과 신체화장애, 전환장애에서 나타나는 신체적 불편감
	불안(ANX)	불안의 상이한 반응 양상을 평가하기 위해 불안현상과 객관적인 징후를 측정
	불안 관련 장애(ARD)	공포증, 외상적 스트레스, 강박적 증상 등 불안과 관련 있는 증상과 행동을 측정
	우울(DEP)	우울의 증상과 현상을 측정
	조증(MAN)	조증과 경조증의 정서적·인지적·행동적 증상의 특징을 의미
	망상(PAR)	망상의 증상과 망상형 성격장애의 특징을 의미
	정신분열병(SCZ)	광범위한 정신분열병의 증상 특징을 의미
	경계선적 특징(BOR)	불안정하고 유동적인 대인관계, 충동성, 정서적 불안정성, 통제할 수 없는 분노 등을 시사하는 경계선적 성격장애의 특징을 측정하기 위한 척도
	반사회적 특징(ANT)	범죄행위, 권위적 인물과의 갈등, 자기중심성, 공감과 성실성 부족, 자극 추구 등을 측정
	알코올문제(ALC)	문제적 음주와 알코올 의존적 특징을 측정
	약물문제(DRG)	약물 사용에 따른 문제와 약물 의존적 특징을 측정
치료 척도	공격성(AGG)	분노, 주장성, 적대감 및 공격성과 관련된 특징과 태도를 측정
	자살관념(SUI)	무력감부터 자살에 관한 생각과 구체적인 계획까지 자살하려는 관념 등을 측정
	스트레스(STR)	일상에서 최근 경험하는 스트레스를 측정
	비지지(NON)	접근 가능한 지지의 수준과 질을 고려해서 지각된 사회적 지지의 부족에 관한 내용
	치료 거부(RXR)	치료에 대한 동기와 치료를 조기에 종결시킬 수 있는 위험한 태도를 측정

대인 관계 척도	지배성(DOM)	대인관계에서 개인적 통제와 독립성을 유지하는 정도를 평가하기 위한 척도로, 대인관계적 행동방식을 지배와 복종의 차원으로 개념화(점수가 높을수록 지배적, 낮을수록 복종적)
	온정성(WRM)	대인관계에서 지지적이고 공감적인 정도를 평가하기 위한 척도로, 대인관계를 온정과 냉담의 차원으로 개념화(점수가 높을수록 온정적·외향적, 낮을수록 냉정적·거절적)
	DOM, WRM ≥ 65T	대인관계에서 매우 불안정하고 양가적이며, 여러 대안적 불편감을 겪을 가능성이 큼
	DOM, WRM ≤ 35T	대인관계에서 위축되어 있을 가능성이 높음 ※ SCZ-S와 NON의 T 점수가 모두 높은 경우 집단따돌림, 우울, 성격적 문제(예 성격장애) 　등의 병리적 현상과 관련 있을 수 있음

3. 해석

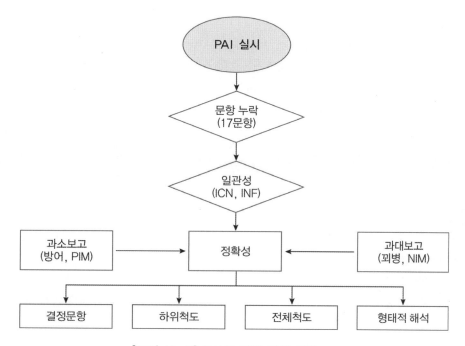

[그림 11-7] PAI의 기본 해석 전략

(1) 누락문항의 검토

① 해석상 의미를 가지기 위해서는 95% 이상의 문항에 응답해야 한다.

② 17개 문항 이상을 응답하지 않은 경우 프로파일 해석을 제한한다.

(2) 타당도 척도를 통한 수검자의 왜곡된 반응 태도 확인

① 왜곡된 반응양식 확인: 수검자의 반응에 일관성이 있는지, 수검자의 반응이 부주의나 무관심 등으로 인해 일반
인이나 임상집단이 시인하는 비율로부터 멀리 떨어지게 된 것은 아닌지, 극단적으로 부정적·긍정적 인상을
주기 위한 반응을 했는지, 타당도 척도의 4개 척도에서 상승된 점수가 있었는지 확인한다.

② 상승된 척도 점수가 있는 경우 전체 검사의 결과를 매우 신중하게 해석한다.

(3) **결정문항의 검토**

　① 임상적 평가에 곧바로 사용할 수 있는 '결정문항'을 확인한다.

　② 결정문항: 7개의 영역에 걸쳐 총 27개 문항으로 구성된다.

　③ 7개 영역: 망상과 환각, 자해 가능성, 공격 가능성, 물질 남용, 꾀병 가능성, 비신뢰성과 저항, 외상성 스트레스원으로 이루어진다.

(4) **척도 수준에서의 해석**

　① 프로파일 기록지에 정상표본 원점수와 2 표준편차에 해당되는 임상표본의 점수분포를 실선으로 제시한다.

　② 따라서 수검자의 분포는 정상표본에서의 상대적인 위치 및 임상표본의 점수와 비교 가능하게 제시되므로 이를 기준으로 해석할 수 있다.

(5) **프로파일 해석**

　① 전문가 요강에는 24개의 진단집단에 대한 프로파일이 제시되어 있다.

　② 평균 프로파일은 이 장애를 시사하는 모든 요소를 제대로 반영한다고 보기 어려우므로 진단과 프로파일 형태의 관계를 이해하는 바탕으로 삼는 정도가 바람직하다.

11 SCL-90-R(Symptom Checklist-90-Revision, 간이 정신진단검사)

1. 검사 개관

(1) **실시 및 대상**

　① 중고등학생용과 일반용이 있다.

　② 개인별-집단별 실시가 모두 가능하다.

　③ 90문항으로 이루어진 검사로, 심리적 증상의 진단을 목적으로 하는 자기보고식 검사이다.

(2) **특징 및 척도 구성**

　① 문항 내용이 이해하기 쉽고, 문항 수가 90문항으로 적다.

　② 상담이나 심리치료의 효과를 측정하는 도구로 편리하게 사용할 수 있다.

　③ 수검자의 증상을 대체로 포괄한다.

　④ 전문적인 도움을 필요로 하는 사람을 선별하는 일차적인 도구로 사용할 수 있다.

2. 척도 구성

	척도	척도내용	문항 수
증상 척도	신체화(SOM)	순환기, 소화기, 호흡기, 기타 기관의 장애와 두통, 동통 등의 증상을 호소하는 문항으로 구성됨	12문항
	강박증(O-C)	자신이 원하지 않는데도 어쩔 수 없이 되풀이하는 사고, 정동, 행동 등의 강박 증상을 반영함	10문항
	대인예민성(I-S)	타인과의 관계에서 나타나는 불편감, 불동합감 등을 측정함	9문항
	우울(DEP)	삶에 대한 관심의 철수, 활력 상실, 절망감, 자살에 대한 생각 등 임상적으로 우울증 증상을 말함	13문항
	불안(ANX)	신경과민, 긴장, 초조, 두려움, 불안과 관련된 신체적 증상으로 이루어짐	10문항
	적대감(HOS)	분노, 공격성, 자극과민성, 격분, 울분 등 부정적 정서상태를 내포하는 사고·정서·행동을 반영함	6문항
	공포불안(PHOB)	특정 사람, 장소, 대상, 혹은 상황에 대해 지속적이고 비합리적인 두려움으로 회피하는 상태를 평가함	7문항
	편집증(PAR)	적대감, 의심, 자율성 상실에 대한 두려움과 망상 등을 반영한 내용을 담음	6문항
	정신증(PSY)	가벼운 대인관계에서 정신병 증상에 이르는 넓은 영역의 증상을 반영함	10문항
전체 지표	부가적 문항(9개 증상 차원에 포함되지 않으나 의미적으로는 매우 중요함)		7문항
	전체 기도지수(GSI)	각 문항에서 1점 이상에 평정한 점수의 합계를 총 문항 수로 나눈 점수	
	표출증상 합계(PST)	1점 이상에 평정된 문항의 수	—
	표출증상 기도지수(PSDI)	각 문항에서 1점 이상에 평정한 점수의 합계를 1점 이상에 평정된 문항 수로 나눈 점수	

12 16PF(Sixteen Personality Factor Questionnaire, 다요인 인성검사)

1. 검사 개관

(1) 실시 및 대상

① 카텔(Cattell)의 16PF를 토대로 한국 표준화한 검사: 카텔이 주장한 근원특성을 중심으로 요인분석법을 통해 성격특성을 추출한 것으로, 단순한 성격 측정·해석에 그치지 않고 실제적인 학교장면의 상담, 생활지도, 가정에서의 자녀지도에 준거로 활용할 수 있게 구성했다.

② 피검자의 일반적인 성격특성과 상황적인 요인 간의 상호 관련으로 인해 야기된 부적응을 변별하여 즉각적인 상담과 지도의 자료로 활용 가능하도록 제작되었다.

③ 대상: 성인용, 대학생용, 고등학생용이 있다.
➡ 한국에서 표준화한 다요인 인성검사는 대상에 중학생도 포함된다.

④ 문항은 5점 척도로 평가: 답지에 문항별로 1점에서 5점 사이의 숫자를 표기한다.

⑤ 계산된 원점수는 1~10까지의 범위로 표시되는 표준점수 스텐(STEN)으로 환산된다.

⑥ 성인, 대학생, 고등학생별로 9개 규준집단을 대상으로 표준화되어 남성, 여성, 전체 집단 각각에 활용 가능하다.

(2) 특징

① 16PF의 성격 척도 16개는 요인분석을 통해 추출된 여러 성격요인의 공통요인이다.

② 16PF는 인간에게서 관찰되는 거의 모든 성격범주를 포괄하므로 일반인의 성격 이해에 매우 적합하다.

③ 임상적 특징과 같은 표면특질은 기저의 높은 잠재적 성격특성으로부터 영향을 받기 때문에 내담자의 문제가 가진 근본 특징을 이해하고 문제를 진단하는 데 매우 유용하다.

④ 목적: 성격진단, 임상진단, 직업 적성진단, 연구 등의 목적으로 실시한다.

⑤ 척도 구성

구분	내용
무작위 척도	무작위 척도(신뢰도 측정)
성격 척도	온정성, 자아강도, 지배성, 정열성, 도덕성, 대담성, 예민성, 공상성, 실리성, 자책성, 진보성, 자기결정성, 자기통제성, 불안성, 우울
특수 척도	2차 요인 척도(내향성−외향성, 강한 불안−약한 불안, 강정성−유약성, 자립성−종속성, 강한 초자아−약한 초자아)

2. 척도 구성과 해석

(1) 한국 16PF(다요인 인성검사)의 척도와 요인 명칭

1차 요인	요인명	낮은 점수 명칭	높은 점수 명칭
척도 1	A 요인(온정성)	냉정성(coolness)	온정성(warmth)
척도 2	C 요인(자아강도)	약한 자아강도(unstableness)	강한 자아강도(stableness)
척도 3	E 요인(지배성)	복종성(submissiveness)	지배성(dominance)
척도 4	F 요인(정열성)	신중성(desurgency)	정열성(surgency)
척도 5	G 요인(도덕성)	약한 도덕성(low superego)	강한 도덕성(high superego)
척도 6	H 요인(대담성)	소심성(shyness)	대담성(boldness)
척도 7	I 요인(예민성)	둔감성(tough−mindedness)	예민성(tender−mindedness)
척도 8	M 요인(공상성)	실제성(praxernia)	공상성(autia)
척도 9	N 요인(실리성)	순진성(naivete)	실리성(shrewdness)
척도 10	O 요인(자책성)	편안감(untroubled−adequacy)	자책감(guilt−proneness)
척도 11	Q1 요인(진보성)	보수성(conservatism)	진보성(liberalism)
척도 12	Q2 요인(자기결정성)	집단의존성 (group−dependency)	자기결정성 (self−sufficiency)
척도 13	Q3 요인(자기통제성)	약한 통제력(self−conflict)	강한 통제력(self−control)
척도 14	Q4 요인(불안성)	이완감(relaxation)	불안감(tension, anxiety)
특수 척도	요인명	낮은 점수의 의미	높은 점수의 의미
동기 왜곡 척도	MD 요인	솔직하게 대답함	잘 보이려는 의도로 대답함
무작위 척도	RANDOM	진지하게 대답함	아무렇게나 대답함

(2) 해석

① 동기 왜곡 척도와 무작위 척도의 점수들이 있는지 확인하여 참조: 검사 보고서 작성 시, 동기 왜곡 척도(MD)의 높은 점수를 우선적으로 언급한다.

② 2차 요인을 측정한 경우 불안점수와 외향점수를 먼저 고려: 불안점수는 정신병리를 가장 잘 나타내는 중요한 지표이기 때문이다.

③ 동기 왜곡 척도가 두드러지지 않는 경우, 프로파일 중 표준점수의 최고 점수(10점)와 최저 점수(1점)의 방향, 즉 평균으로부터 이탈이 심한 척도의 순서대로 해석한다.

④ 위 3단계를 거치면서 문제의 가설 설정이 가능해지므로, 가설을 확인할 수 있는 모든 자료를 통합하여 해석한다.

⑤ **검사 결과를 요약**: 이는 정신의학적 진단으로 제안될 수도 있다.

⑥ **본 검사 결과 해석으로 얻은 수검자에 대한 가설과 다른 검사자료를 비교**: 검사자료 간 해석이 서로 일치하지 않는 경우 다른 검사를 추가로 실시할 수 있다.

⑦ 추적 자료를 이용하여 해석의 정확성을 확인한다.

13　NEO-PI와 NEO-Ⅱ 성격검사

1. 검사 개관

(1) 제작과 발달

① 성격심리학의 특성이론을 근거로 하며 요인분석 방법을 통해 개발되었다.

② 코스타(Costa)와 맥클레이(McCrae)

　㉠ 1985년에 성격의 5요인을 측정하고자 NEO 성격검사(NEO-PI)를 개발했다.

　㉡ 1992년에 NEO-PI의 하위 요인을 보강하여 수정한 NEO-PI-R을 구성했다.

③ 한국판 NEO-PI-R

　㉠ 안창규와 채준호(1997): NEO-PI-R S형(만 17세 이상 대상)을 번안하여 표준화했다.

　㉡ 안현의, 김동일, 안창규(2005): 청소년용으로 NEO 청소년 성격검사를 개발했다.

　㉢ 현재 'NEO-Ⅱ 성격검사'로 불리며, 초등학교 4학년부터 성인까지를 대상으로 활용된다.

(2) 요인별 의미

요인	의미
신경증	• 신경증 요인이 측정하려는 것은 감정을 잘 조절하는 것(affective adjustment)과 정서적으로 안정적이지 못한(emotional instability) 상태를 진단하는 것 • 이 영역에서 높은 점수를 받는 사람은 심리적 고통(psychological distress), 비현실적 생각(unrealistic ideas), 과도한 욕구 또는 열망(excessive cravings or urges), 부적절한 반응(maladaptive coping responses) 등을 경험할 소지가 높음 • 이 영역의 높은 점수가 병리학적(임상학적)으로 문제가 있음을 직접적으로 보장하지는 않지만 병리학적으로 문제가 있는 사람은 대개 이 영역에서 높은 점수를 받는 경향을 보였으므로, 이 영역에서 높은 점수를 받은 경우 정신의학 진단을 받을 필요가 있음

요인	의미

외향성	• 대인관계의 양과 강도, 즉 자극에 대한 요구(need for stimulation)와 즐길 줄 아는 능력을 말함
	• 사교적, 활동적, 대인관계지향적인 사람과 내성적, 진지한, 나서기 싫어하는(retiring), 조용한 사람을 구분함
	• 평가하고자 하는 점은 2가지로 압축
	  – 대인관계의 정도(interpersonal involvement): 타인과의 무리에서 즐거움을 느끼는 정도
	  – 에너지: 개인적 속도(personal tempo)와 활동 수준

개방성	• 자극에 대한 단순한 반응이 아니라 적극적으로 무언가를 찾아가는(proactive seeking), 경험 자체의 가치를 인정하는(appreciation of experience for its own sake), 익숙하지 않은 일을 끝까지 해내고, 나아가 그러한 일을 찾아가는 것 등을 의미함 • 호기심 있고 독창적이며 전통에 얽매이지 않고 창의적인 사람과 틀에 박히고(conventional) 비창의적이며 분석적이지 못한(unanalytical) 사람을 구분함 • 5요인 중 가장 논쟁이 심한 영역으로 가장 적게 개발·탐구되었으며 단어의 측면에서 볼 때 5요인 중 이 영역을 묘사하는 단어 수가 가장 적은데, 그럼에도 인간을 표현하는 데 분명 가치 있는 요인으로 계속 인식되어옴
친화성	• 외향성이 개인이 다른 사람들과 어울리는 것을 선호하는 정도를 평가한 것이라면, 친화성은 개인이 타인에 대해 견지하는 태도(attitudes)를 탐구하는 것 • 태도: 한쪽 극단에는 사람에게 친화적인, 신뢰하는, 관용적인, 마음씨 고운, 인정 많은 태도 등이 자리할 수 있고, 반대 극단에는 적대적, 냉소적인, 속임수에 능한, 복수심에 가득 찬, 잔인한 등의 태도가 놓일 수 있음 • 인간관계 측면에서는 양 극단에 테레사(Teresa) 수녀류와 마키아벨리안(Machiavellian)류가 존재할 수 있음
성실성	• 목표를 이루기 위해 행동하는 데 있어서의 개인의 체계성(organization)과 인내성, 동기의 정도를 판단하는 것 • 신뢰할 수 있고 아주 꼼꼼한 사람과 무기력하고 부주의한 사람이 대조됨 • 개인적 조절의 양과 욕구의 만족을 조금 미룰 수 있는 능력도 성실성의 일부분이 됨

2. 척도 구성

(1) NEO-PI-R과 NEO 성격검사의 요인 및 하위 척도

요인	NEO-PI-R		아동		청소년 및 성인용	
N (신경증)	N1: 불안 N2: 적대감 N3: 우울	N4: 자의식 N5: 충동성 N6: 심약성	N1: 불안 N2: 적대감 N3: 우울	N4: 충동성 N5: 사회적 위축 N6: 정서충격	N1: 불안 N2: 적대감 N3: 우울 N4: 충동성 N5: 위축	N6: 정서충격 N7: 심약성 N8: 특이성 N9: 신체신경 N10: 자존감
E (외향성)	E1: 온정 E2: 사교성 E3: 주장	E4: 활동성 E5: 자극 추구 E6: 긍정적 정서	E1: 사회성 E2: 지배성 E3: 자극 추구		E1: 사회성 E2: 지배성	E3: 자극 추구 E4: 활동성
O (개방성)	O1: 상상 O2: 심미성 O3: 감정의 개방성	O4: 행동의 개방성 O5: 사고의 개방성 O6: 가치의 개방성	O1: 창의성 O2: 정서성 O3: 사고유연성		O1: 창의성 O2: 정서성	O3: 사고유연성 O4: 행동진취성
A (진화성)	A1: 온정성 A2: 신뢰성 A3: 관용성	A4: 이타성 A5: 겸손 A6: 동정	A1: 온정성 A2: 신뢰성 A3: 관용성		A1: 온정성 A2: 신뢰성	A3: 공감성 A4: 관용성
C (성실성)	C1: 유능감 C2: 정연성 C3: 충실성	C4: 성취동기 C5: 자기규제성 C6: 신중성	C1: 유능감 C2: 조직성 C3: 책임감		C1: 유능감 C2: 성취동기	C3: 조직성 C4: 책임감

(2) 구성

① NEO 청소년 및 성인용 성격검사: 상위 요인 5개와 하위 요인 26개로 구성된다.

② 아동용: 상위 요인 5개와 하위 요인 18개로 구성된다.

③ 5단계 평정: 0점인 '전혀 그렇지 않다'부터 4점인 '매우 그렇다'까지 중 하나를 선택하도록 한다.

14 CPI(캘리포니아 성격검사)와 KPI 성격검사

1. CPI(California Psychological Inventory)

(1) 실시 및 대상

① 고프(Gough, 1957): MMPI를 기초로 개발했지만 일반인의 성격특성을 측정하기 위해 고안된 성격검사이다.

② 전형적인 행동유형과 태도를 측정하는 문항으로 구성되어, 정상적인 개인의 대인관계 행동과 정서적인 안정, 지적인 탐구와 관련된 성취욕구 등을 이해하는 데 도움을 준다.

③ 미국에서 사용되는 검사는 434문항과 축약형인 260문항이 사용되며, 한국은 주로 채용 장면에서 이 검사를 실시한다.

④ 대상: 중고등학생용, 대학생용, 성인용이 있다.

(2) 척도 구성

① 성향군 및 척도

  ㉠ 대인관계: 주도성, 지위상승 욕구, 사교성, 사회적 존재감, 자기수용, 독립성, 공감성

  ㉡ 자기관리: 책임감, 사회성, 자기통제, 호감성, 동조성, 안녕감, 관용성

  ㉢ 동기, 사고방식: 순응적 성취, 독립적 성취, 지적 효율성

  ㉣ 개인특성: 예민성, 융통성, 대인민감성

  ➡ 20개 척도의 프로파일 분석을 통해 알파, 베타, 감마, 델타의 4개 성격특성을 제시한다.

② 성격특성

구분	내용
알파 (실행형, Alpha)	• 대인관계를 중시하고 생산적·과업중심적·능동적임 • 다른 사람을 이끄는 것을 선호하고 리더로서의 책임감이 강함 • 기준·관습을 고수하며 목표지향적이고 진취적임
베타 (협력형, Beta)	• 주어진 기준·규범을 수용하고 따르며 자신보다 타인을 우선적으로 고려함 • 본인의 의견을 잘 드러내지 않는 내향적인 성격이며 통제력이 강함 • 성실하고 체계적이며 인내심이 강하고 자신의 내적 감정을 중시함
감마 (혁신형, Gamma)	• 대인관계가 원만하고 유머가 있으며, 즐거움을 추구하고 즉흥적인 편임 • 창의적인 모습을 보일 때가 있고 전통과 관습보다 개인의 가치를 더욱 중요하게 여김
델타 (사색형, Delta)	• 자신의 사생활을 중시하고 사회적 관습에 저항하는 경향이 있음 • 사심이 없고 솔직하고 사색적이며 독특한 경향을 가짐 • 겸손하고 조용하며 관습에 얽매이지 않고 혼자 일하는 것을 선호함

③ 업무지향 척도

    ㉠ 관리자적 잠재력, 작업 지향성, 창의적 기질, 우수성, 법/규범 지향성, 강인함으로 구성된다.

    ㉡ 7개의 업무지향 척도를 통해 인사 선발 장면에서 활용하는 데 도움을 준다.

(3) 인사 선발에 CPI가 주로 활용되는 이유

① 검사에 임하는 자세를 평가하는 3가지 타당도 척도를 가지고 있다.

② 채용 장면은 자신을 좋게 보이고자 하는 피검자의 왜곡된 반응이 일어나기 쉽기 때문에 성격 척도로 평가하기 전에 우선적으로 검사에 얼마나 솔직하게 임하는지를 파악해야 한다.

③ MMPI와 유사한 타당도 척도로 안녕감(well-being), 좋은 인상(good impression), 동조성(communality) 척도를 사용하여 왜곡반응 정도를 살펴볼 수 있다.

2. KPI 성격검사

(1) 특징

① 행동과학연구소에서 CPI를 모델로 하여 개발한 검사로, 대학생 및 성인용과 중고등학생용이 있다.

② **중고등학생용**: 개개인의 올바른 진로 선택을 위해 성격을 객관적으로 파악하는 데 목적을 둔다.

③ 청소년을 대상으로 학습 및 생활 장면에서의 특징과 대인관계, 문제 해결 양상을 파악하여 성격을 이해하고 예언하는 데 목적을 둔다.

④ **실시**: 지필검사와 온라인검사 모두 가능하며, 학교에서 집단으로 활용할 수도 있다.

⑤ **중요 특징**: 각 하위 척도에 대한 기술과 더불어 개인별 프로파일의 구체적인 해석이 제공된다. 기존 검사들이 각 하위 척도의 점수만 제공하여 결과 활용에 한계가 있었다면, KPI는 하위 성격 특성 간의 상호 관계를 기초로 종합적 해석을 내려주어 교사와 학부모의 검사에 대한 수월한 이해가 가능하도록 돕는다.

⑥ **활용**: 진학 및 직업지도, 성격지도, 학습지도, 교육연구에 활용할 수 있다.

(2) 구성

구분	내용
대인관계	주도성, 사교성, 자신감
사회적 성숙도	책임감, 자기통제성, 동조성
성취 성향	성취 욕구
흥미 상태	유연성, 여향성

1. 검사 개관

보고서명		보고서 대상자	오프라인 형태	온라인 형태
$MBTI^®$ Form G	한국형	중학교 3학년 ~ 성인	자가, 자동	X
$MBTI^®$ Form K 기본	한국형	중학교 3학년 ~ 성인	자동	O
$MBTI^®$ Form K 전문해석	한국형	중학교 3학년 ~ 성인	X	O
$MBTI^®$ MBTI Form M 고등학생용	한국형	고등학생	자가, 자동	O
$MBTI^®$ MBTI Form M 일반용	한국형	대학생 ~ 성인	자가, 자동	O
	글로벌	대학생 ~ 성인	자가	O
$MBTI^®$ Form M 조직용	글로벌	성인	자가	O
$MBTI^®$ Form Q 기본	한국형	고등학생 ~ 성인	X	O
	글로벌	고등학생 ~ 성인	X	O
$MBTI^®$ Form Q 전문해석	한국형	고등학생 ~ 성인	X	O
CATi	한국형	초등학교 3학년 ~ 중학생	자가, 자동	O

(1) 실시 및 대상

① 융(Jung)의 유형이론을 기반으로 브릭스(Briggs)와 마이어스(Myers)가 개발한 성격검사이다.

② 대상: 성인용과 아동청소년용(MMTIC, 초등학교 3학년~중학교 2학년)이 있다.

③ G형: 가장 일반적으로 사용되는 표준형 검사이다.

④ K형: 같은 유형의 성격 내에 존재하는 개인차를 설명하는 경우, 유형을 찾기 어려운 경우, G형의 검사 결과로 나타난 4가지 선호 지표의 점수가 낮아 구체적인 정보가 필요한 경우에 사용한다.

⑤ M형과 Q형: 2013년도부터 두 검사를 활용목적에 따라 취사선택하여 사용한다. Q형은 M형의 93문항에 다면 척도를 산출할 수 있는 문항을 추가하여 총 144문항으로 구성되며, M형의 결과에 20개의 다면 척도를 추가하여 보다 풍부한 해석을 할 수 있도록 구성되었다.

(2) 검사 척도

① 선호 경향

4가지 지표			선택 방향
E-I	• 외향성(E, Extroversion) • 내향성(I, Introversion)	주의 초점 및 에너지의 방향에 대한 선호	의식, 판단의 주의집중이 외부 세계로 지향하는가 (E) 내부 세계로 지향하는가(I)
S-N	• 감각적 인식(S, Sensing) • 직관적 인식(N, Intuition)	정보를 인식하는 방식에서의 경향성	어느 인식 기능을 통해 정보를 수집하는가
T-F	• 사고적 판단(T, Thinking) • 감정적 판단(F, Feeling)	인식된 정보를 가지고 판단을 내릴 때 쓰는 기능의 선호	판단할 필요가 있거나 판단을 원할 때 어떤 종류의 판단을 더 신뢰하는가
J-P	• 판단(J, Judgement) • 인식(P, Perception)	외부 세계에 대한 태도, 적응에 있어 선호하는 과정	외부 세계를 다루는 방식이 판단적인 태도(사고/감정)인가 인식적인 태도(감각/직관)인가

② 다면 척도: MBTI Form Q는 다면 척도를 측정하기 위해 Form M보다 문항 수가 증가했다. 이 척도는 선호 경향 및 유형에 대한 세부적인 이해를 도모하기 위해 개발된 척도로, 4가지 선호 경향의 복합적인 다면성을 정의하는 20개의 다면 척도가 포함되어 있다.

선호 지표	다면 척도	
외향-내향	• 능동성 – 수동성 • 표현적 – 보유적 • 다양한 관계 – 밀접한 관계	• 활동적 – 반추적 • 열성적인 – 정적인
감각-직관	• 구체적 – 추상적 • 현실적 – 창의적 • 실용적 – 개념적	• 경험적 – 이론적 • 전통적 – 독창적
사고-감정	• 논리적 – 정서적 • 이성적 – 감정적 • 질문 지향 – 협응 지향	• 비평적 – 허용적 • 강인한 – 온건한
판단-인식	• 체계적 – 유연성 • 목표 지향적 – 개방적 • 조기 착수 – 임박 착수	• 계획성 – 자발성 • 방법적 – 과정적

③ 일관성 지표: 다면 척도 점수의 일관성을 나타내는 지표이다.
   ㉠ 문항을 읽지 않고 무작위로 응답하거나 문항 내용을 잘 파악하지 못하고 응답한 경우, 신뢰할 수 있게 응답했는지 알려주는 타당도 지표로 사용할 수 있다.
   ㉡ 흔히 45점 미만인 경우 검사의 프로파일이 유효하지 않을 수 있으므로 검사 결과의 해석에 유의한다.

2. 검사 해석

(1) 외향성(E)과 내향성(I)

① 외향적 태도(E)
   ㉠ 외향적 태도를 가진 사람은 관심을 외부 세계의 사람이나 사물에 쏟고, 환경에 영향력을 행사하고 외부 세계의 중요성을 확인하고 영향력을 증대하고 싶어 한다.
   ㉡ 습관적으로 외향적 태도를 취하는 사람은 외향성과 관련된 특성을 발달시킨다. 외부 환경의 자극을 부단히 찾아 나서고, 행동 지향적이고 때로 충동적으로 사람을 만나며, 솔직하게 말하기를 좋아하고 사교성이 많다.

② 내향적 태도(I)
   ㉠ 내향적 태도를 가진 사람은 외부 세계를 벗어나서 자기 자신 안으로 몰입하고, 주로 관심을 쏟는 대상은 자신의 내부 세계 개념과 관념이다.
   ㉡ 습관적으로 내향적 태도를 취하는 사람은 내향성과 관련된 특성을 발달시킨다. 마음속의 개념과 관념을 분명히 하는 데 관심을 기울이고 일시적인 외부 사건보다 지속적인 개념을 더 신뢰하며, 사려 깊고 주위와 떨어져 명상에 잠기기를 좋아하고 고독과 사생활을 즐긴다.

③ 일반적으로 외향성은 사교적이고 내향성은 수줍음이 많다고 한다. 그러나 융과 마이더스가 사용하는 외향성, 내향성 개념은 이 일상적인 의미보다 범위가 훨씬 넓다. 외향성과 내향성 모두 정상적인 성격의 한 측면이며, 각각 사회에 기여한다.

(2) **감각적 인식(S)과 직관적 인식(N)**

① 융은 모든 인식활동을 감각과 직관으로 나누고 이를 비합리적 기능이라고 했다.

    ㉠ 이 두 기능은 어떤 합리적인 방향에 얽매이지 않고 자유로이 작용하기 때문이다.

    ㉡ 브레인스토밍(brainstorming)도 비합리적 기능으로, 융이 명명한 직관을 사용하게 하는 기법이다.

    ㉢ 브레인스토밍: 어떤 비판이나 평가도 하지 않고 자유롭게 영감이 떠오르도록 하는 것이다.

② 감각적 인식(S)

    ㉠ 감각은 우리의 감각을 통해 관찰하는 인식이며, 구체적으로 존재하는 것을 통해 이루어진다.

    ㉡ 감각은 현재 일어나는 일만 깨닫는 것이므로, 감각적 인식을 선호하는 사람은 직접적인 경험에 초점을 두고 이러한 인식과 관련된 특징이 발달하여 현재를 즐길 줄 알고, 구체적이고 실제적이며, 관찰 능력이 뛰어나고 상세한 것까지 잘 기억한다.

③ 직관적 인식(N)

    ㉠ 직관은 통찰을 통해 가능성, 의미, 관계를 인식하는 것이며, 융은 직관을 무의식에 의해 나타나는 인식으로 특징짓기 때문에 때로는 무의식적인 인식이라고도 말한다.

    ㉡ 직관은 관련이 없어 보이는 일들을 갑작스럽게 인식하는 패턴, 즉 육감, 예감, 창의적인 발견과 같이 의식에 돌발적으로 떠오르기도 한다.

    ㉢ 직관은 미래에 일어날 수 있는 사건을 포함하여 감각으로는 볼 수 없는 것을 인식한다. 직관적인 인식을 선호하는 사람은 구체적인 현실을 보는 것보다 가능성을 추구하므로 상상적, 이론적, 추상적, 미래지향적 또는 창조적인 특징이 발달한다.

④ 감각적 인식과 직관적 인식의 비교: 예를 들어 사과를 인식할 때 감각적 인식을 사용하는 사람은 '저 사과는 달콤하겠다, 파삭하겠다, 참 붉다'는 식으로 기술한다. 그러나 직관적 인식을 사용하는 사람은 '윌리엄 텔'이나 '하루 한 개의 사과를 먹으면 의사가 필요 없다.'라는 격언이나 학교에서 돌아올 때 옷가슴에 숨겨둔 사과를 꺼내주던 할머니의 따뜻한 정을 생각한다.

(3) **사고적 판단(T)과 감정적 판단(F)**

① 융은 사고와 감정을 합리적 기능이라고 하는데, 이 두 가지 판단방법이 생활사건을 이성의 법칙에 따라 조화시키려고 하기 때문이다.

② 사고적 판단(T)

    ㉠ 사고는 아이디어를 논리적으로 연관시키는 기능으로, 인정에 얽매이지 않고 인과원리에 따라 이루어진다.

    ㉡ 사고기능을 선호하는 사람은 사고와 관련된 특징을 발달시킨다. 분석적·객관적이고 정의와 공정성의 원리에 관심을 기울이고 비판적이며, 과거·현재·미래 사이의 관계를 중시한다.

③ 감정적 판단(F)

    ㉠ 감정은 상대적인 가치와 문제의 장점 등을 고려하여 의사를 결정하는 기능이며, 개인이나 집단의 가치를 중시하므로 사고보다 주관적이다.

    ㉡ 가치는 주관적이고 개인적인 것이기 때문에, 감정기능으로 판단하는 것을 선호하는 사람은 자신이나 타인의 가치를 더욱 중요하게 여긴다.

    ㉢ 감정을 선호하는 사람은 의사결정을 할 때도 상대의 입장을 고려하기 때문에 상대를 이해하려고 하고, 문제에 있어 기술적인 측면보다 인간적인 측면을 중시하고, 친화(親和)와 온정과 조화를 바라며, 과거의 가치를 중시한다.

⑷ 판단적 태도(J)와 인식적 태도(P)

① 융은 외향성－내향성(EI), 감각－직관(SN), 사고－감정(TF)은 설명했으나 판단과 인식의 중요성은 암시만 할 뿐 분명하게 제시하지 않았으며, 판단과 인식은 이사벨 마이어스와 캐서린 브릭스가 MBTI를 개발할 때 명확히 정의되었다.

② 판단적 태도(J)

ㄱ 판단적 태도를 선호하는 사람은 결정을 빠르게 잘 내리고 인식형처럼 주어진 정보를 느긋하게 받아들이는 대신 결정을 내릴 만큼 정보를 얻었다 싶으면 재빨리 결론에 도달하려 하며, 계획을 잘 수립하고 활동을 체계적으로 펼친다.

ㄴ 사고적 판단형(TJ)은 논리적인 분석을 바탕으로 결정하고 계획을 수립하는 반면, 감정적 판단형(FJ)은 결정을 하거나 계획을 수립할 때 인간적인 요인을 많이 고려한다.

ㄷ 그러나 이 둘 중 어떤 유형이든 판단적 태도(J)를 선호하는 사람은 의사결정을 내릴 만큼만 관찰했다 싶으면 얼른 인식을 닫아버린다(인식적 태도를 선호하는 사람은 아직 결정을 내릴 만큼 제대로 알지 못했다고 말하는 것처럼, 좀 더 다른 관점을 얻을 수 없나 싶어 섣불리 결정을 내리지 못함). 섣불리 편견에 사로잡히는 것은 인식이 결여된 판단 때문이다.

ㄹ MBTI를 처음 접한 사람은 판단형이 판단적인 것이나 판단 능력과 연관되는 것이라고 생각하기 쉽지만 MBTI에서의 판단은 의사결정, 판단의 실행에 필요한 가치 있고 필요불가결한 도구라는 사실을 확실히 이해할 필요가 있다.

③ 인식적 태도(P)

ㄱ 인식적 태도를 선호하는 사람은 자신에게 들어오는 정보 자체를 즐긴다.

ㄴ 감각적 인식형(SP)은 직접적이고 구체적인 사실에 관한 정보를 잘 받아들이고, 직관적 인식형(NP)은 새로운 가능성을 내다보려고 한다.

ㄷ SP형과 NP형 모두 지각하는 태도는 개방적이고 호기심과 관심이 많다. 이렇게 인식적 태도를 선호하는 사람이 외부로 보이는 행동을 살펴보면 자발적이고 호기심 많고 적응력이 높으며, 새로운 사건이나 변화에 개방적이고 어떤 것이든 놓치지 않고 받아들이려고 한다.

⑸ **성격 유형 16가지**

ISTJ	ISFJ	INFJ	INTJ
신용가, 절약가 보수파, 준법자	보호자, 관리자 공급자, 봉사자	예언가, 현자 예술가, 신비가	과학자, 이론가 발명가, 독창가
ISTP	ISFP	INFP	INTP
낙천가, 소비가 모험파, 개척자	예술가, 온정가 낙천가, 연기자	탐색가, 예술가 신념가, 이상가	건축가, 철학가 과학자, 이론가
ESTP	ESFP	ENFP	ENTP
활동가, 주창가 수완가, 촉진자	낙천가, 현실가 접대자, 사교가	열성가, 작가 참여가, 외교술가	창의자, 활동가 능력가, 해결사
ESTJ	ESFJ	ENFJ	ENTJ
행정가, 운영자 사업가, 추진가	사교가, 봉사자 친선도모자, 협조자	지도자, 교사 언변가, 협조자	지도자, 통솔자 정책자, 활동가

(6) 기능의 의미

① 주기능: 인식과 판단의 4가지 기능 중 가장 편하게 쓰는 기능이다.

② 부기능: 주기능 다음으로 편하게 사용하는 기능으로, 주기능을 보완하고 균형을 유지하는 데 사용된다.

③ 삼차기능: 상대적으로 잘 쓰지 않는 기능으로, 부족한 성격 경향성을 의미한다.

④ 열등기능: 내부에 존재하지만 가장 잘 사용하지 않아 상당히 퇴색된 기능을 말한다.

(7) 기능의 판별

① J와 P가 주기능과 부기능을 결정한다.

> 例 J라는 판단적 태도를 사용하는 사람은 그가 외향적인 경우 판단기능인 T와 F가 그의 주기능이며, 나머지 인식기능인 S와 N이 부기능이다. 하지만 내향적인 사람의 경우 반대가 된다. J를 내향적으로 사용하여 밖으로 드러나지 않으므로 주기능은 S 또는 N이 된다. 이때 남은 판단기능인 T 또는 F가 부기능이 된다.

② 삼차기능은 부기능의 반대이다.

> 例 T가 부기능이면 F가 삼차기능이다.

③ 열등기능은 주기능의 반대이다.

> 例 S가 주기능이면 N이 열등기능이다.

16 기질 및 성격검사(TCI) 기출 24

1. 검사 개관

(1) 소개

① 클로닝거(Cloninger)의 심리생물학적 인성이론에 근거하여 개발된 검사로, 다른 인성·성격검사와 달리 기질과 성격을 구분하여 측정할 수 있다는 장점이 있고 이에 따라 인성발달에 미치는 유전적 영향과 환경적 영향을 구분하여 인성발달 과정을 이해할 수 있다.

② 기질과 성격을 종합적으로 평가하는 TCI를 통하여 한 개인의 사고방식, 감정양식, 대인관계 양상, 선호 경향 등을 폭 넓고 정교하게 이해할 수 있다.

③ TCI family: 전 연령대를 포괄하는 체계적인 검사이다.

> ㉠ 동일한 개념의 기질 또는 성격차원을 만 3세부터 60대 이상까지 평가할 수 있다.
> ㉡ 각 연령대에 적합한 문항과 규준을 사용한다.
> ㉢ 개인의 인성발달을 전생애적으로 탐색할 수 있다.

(2) 실시 및 대상

검사	TCI-RS 성인용	JTCI 12-18 청소년용	JTCI 7-11 아동용	JTCI 3-6 유아용
대상	대학생, 성인	중고등학생	초등학생	취학 전 유아, 아동

2. 척도 구성

(1) 기질

기질	내용
자극 추구	• 행동 활성화 체계(BAS)와 관련된 척도 • 새로운 자극이나 보상 단서 앞에서 행동이 활성화되거나 처벌과 단조로움을 적극적으로 피하려는 유전적 성향에서의 개인차와 관련됨
위험 회피	• 행동 억제 체계(BIS)와 관련된 척도 • 처벌이나 위험 단서 앞에서 수동적인 회피 성향으로 행동이 억제되거나 이전의 행동이 중단되는 유전적 성향에서의 개인차와 관련됨
사회적 민감성	• 행동 유지 체계(BMS)와 관련된 척도 • 행동 특성 중 사회적 보상 신호에 민감하게 반응하는 유전적인 경향성을 측정함
인내력	• 행동 유지 체계(BMS)와 관련된 척도 • 사회적 민감성이 사회적 관계에서의 지속적 성향으로 나타나는 반면, 인내력은 지속적인 강화가 없어도 한 번 보상된 행동을 일정 시간 동안 꾸준히 지속하려는 성향으로 나타남

(2) 성격

성격	내용
자율성	• 개인이 자신을 얼마나 자율적인 자아로서 이해하는가와 관련된 척도 • 자기결정력과 의지력의 2가지 기본 개념에 기초하는 특성으로, 자신이 선택한 목표와 가치를 이루기 위해 (자기결정력) 자신의 행동을 상황에 맞게 통제·조절·적응하는 능력(의지력)으로 정의할 수 있음
연대감	• 개인이 자신을 얼마나 사회의 한 일부로서 이해하는가와 관련된 성격 척도 • 타인에 대한 수용능력 및 타인과의 동일시 능력에서의 개인차를 측정함
자기초월	• 개인이 자신을 얼마나 우주의 한 일부로서 이해하는가와 관련된 성격 척도 • 우주만물과 자연을 수용하고 동일시하며 이들과 일체감을 느끼는 능력에서의 개인차를 측정함

제4절 지능 및 인지기능검사 1

17 지능과 웩슬러형 지능검사

1. 지능의 구조

(1) 스피어만(Spearman)의 2요인설

① 일반 요인(g 요인): 모든 개인이 일반적으로 가지는 공통 요인이다.

② 특수 요인(s 요인): 특정 분야에 대한 능력(예 언어능력, 공간능력)이다.

(2) 써스톤(Thurstone)의 다요인설

① 스피어만의 일반 요인에 더욱 다양한 지적 요소가 포함된다고 보고, 7가지 요인의 정신능력(PMA)을 제안했다.

② PMA: 언어, 단어유창성, 수능력, 기억력, 공간능력, 지각속도, 추론능력이 포함된다.

(3) 길포드(Guilford)의 지능구조 입체 모형(SI 모델)

① 지능을 상이한 종류의 정보를 다양한 방법으로 처리하는 능력들의 체계적인 총체로 설명했다.

② 지능을 정보의 내용(그림, 상징, 의미, 행동), 조작(평가, 수렴적 조작, 확산적 조작, 기억, 인지), 결과(단위, 분류, 관계, 체계, 전환, 함축) 차원으로 나누어지고 각 차원의 세부 요소 조합에 의해 120개 구조로 구성된 것으로 보았다.

(4) 카텔(Cattell)의 유동적 지능과 결정적 지능

① 유동적 지능

㉠ 유전적·선천적으로 타고난 능력으로, 뇌와 중추신경계의 성숙에 비례하여 발달하고 쇠퇴하는 특성이 있다.

㉡ 새로운 상황에 대한 문제 해결능력으로, 웩슬러 지능검사에서는 동작성 지능이 유동적 지능과 관련이 높다.

② 결정적 지능

㉠ 유동적 지능을 바탕으로 환경, 경험, 문화적 영향을 받아 후천적으로 계발되는 지능이다.

㉡ 따라서 개인의 노력에 따라 나이가 들어도 계속 발달할 수 있다.

③ 연령이 높아짐에 따라 유동적 지능이 감소하지만 결정적 지능은 오히려 증가하기 때문에, 전체 지능은 거의 변함이 없는 패턴을 보인다.

1. 유동적 지능
  • 생물학적으로 결정되는 지능으로, 뇌의 중추신경계 성숙에 비례하여 발달하고 쇠퇴한다.
  • 새로운 상황에 대한 문제 해결능력이다.
    예 속도, 기계적 암기, 지각능력, 일반 추론능력 등
  • 연령에 따라 감소하는 경향이 있다.
  • 환경, 경험 등의 문화적 영향을 적게 받는다.

2. 결정적 지능
  • 유동적 지능을 바탕으로 환경, 경험, 문화적 영향을 받아 후천적으로 계발되는 지능이다.
    예 언어 이해력, 논리적 추리력 등
  • 개인의 노력 여하에 따라 나이가 들어서도 계속 발달할 수 있다.

2. 지능검사

(1) 목적

① 개인의 지적인 능력 수준을 평가한다.
② 인지적·지적 기능의 특성을 파악한다.
③ 임상적 진단을 명료화한다.
④ 기질적 뇌손상 유무와 뇌손상으로 인한 인지적 기능의 저하를 평가한다.
⑤ 합리적인 치료목표를 설정하는 데 필요한 정보를 얻는다.

(2) 웩슬러형 지능검사의 철학

① 지능검사의 소검사는 개인이 학습해온 것을 측정한다.
② 지능검사의 소검사는 개인의 행동표본일 뿐 총체는 아니다.
③ 개인 대상의 표준화된 검사는 특정한 실험적 환경하에서 정신기능을 평가한다.
④ 지능검사와 같은 종합검사는 이론적 모형에 근거하여 해석해야 유용하다.
⑤ 검사 프로파일을 통해 도출된 가설은 다양한 출처의 자료로부터 지지되어야 한다.

(3) 편차지능 [기출 20]

① 동일 연령 집단의 수행에 관한 정규분포상에서 각 개인의 이탈 정도를 표준점수(z score)로 수치화한 것이다.
② 산출방법: '검사의 원점수 → 표준점수의 환산점수로 전환(평균 10, 표준편차 3) → 언어성과 동작성별로 합산한 각 환산점수의 합(평균 100, 표준편차 15) → 언어성, 동작성, 전체 지능지수 산출' 순으로 계산한다.
③ 장점
  ㉠ 원점수를 환산점수로 전환함으로써 개인 내 각 소검사의 점수 간의 비교가 가능하다.
  ㉡ 지능점수를 표준편차 단위에 따라 정의함으로써 보다 명백하게 정의할 수 있다.
  ㉢ 발달과정에서 정신연령과 생활연령의 직선적 관계에 대한 가정을 요구하지 않는다.
  ㉣ 이 방식으로 산출된 아동기 이후 성인의 지능지수는 연령에 관계없이 동등하게 해석할 수 있다.

1. 검사의 구조

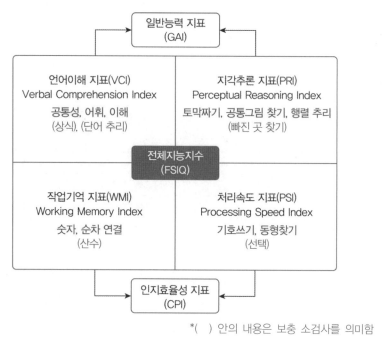

*( ) 안의 내용은 보충 소검사를 의미함

[그림 11-8] K-WISC-Ⅳ 검사의 구조

(1) 소개 `기출 14`

① K-WISC-Ⅳ(곽금주 등, 2001): 만 6~16세 11개월의 아동, 청소년을 대상으로 개발되었다.

② 이 도구는 다음의 4가지 개정 목표를 가지고 이전의 웩슬러 아동용 지능검사에 비해 대폭 개정되었다.

　㉠ 이론적 토대를 업데이트했다.

　㉡ 발달적 적합성을 증가시켰다.

　㉢ 심리측정적 속성을 향상시켰다.

　㉣ 검사자의 편의성을 증가시켰다.

③ 주요 변경사항과 특징

　㉠ 언어성 IQ와 동작성 IQ 산출을 폐기했다.

　㉡ 전체 IQ와 언어이해 지표, 지각추론 지표, 작업기억 지표, 처리속도 지표의 4가지 지표점수를 산출한다.

　㉢ 처리점수를 산출한다.

　㉣ 10개 주요 소검사와 5개의 보충 소검사로 구성된다.

　㉤ K-WISC-Ⅲ의 기본 소검사인 상식, 산수, 빠진 곳 찾기는 '보충 소검사'로 수정되었고, 보충 소검사였던 숫자, 동형찾기는 '주요 소검사'로 수정되었다.

　㉥ 아동에 대한 지시, 시행규칙, 채점기준, 검사도구를 수정하여 발달적 적합성이 증가되었다.

　㉦ 단어 추리, 공통그림 찾기, 행렬 추리, 순차 연결, 선택의 5가지 소검사가 새롭게 추가되었다.

　㉧ K-WISC-Ⅲ의 미로, 차례 맞추기, 모양 맞추기는 K-WISC-Ⅳ에서 삭제되었다.

(2) K-WISC-Ⅳ 내용 및 실시 기출 14

① 검사에 대한 전반적인 변화

    ㉠ 삭제된 소검사: 새로운 소검사가 추가되어 검사에 포함되는 전체 소검사 수를 줄일 필요성이 있었다. K-WISC-Ⅲ에 있던 3가지 소검사(차례 맞추기, 모양 맞추기, 미로)가 삭제되었으며, 삭제한 목적은 시간 제약하에서의 수행에 대한 강조를 줄이기 위함이다.

    ㉡ 유지된 소검사: K-WISC-Ⅲ에서 유지된 10개 소검사는 토막짜기, 공통성, 숫자, 기호쓰기, 어휘, 이해, 동형찾기, 빠진 곳 찾기, 상식, 산수이며 이들 검사의 문항 내용, 실시 및 채점절차가 개정되었다.

    ㉢ 새로운 소검사: 5개의 새로운 소검사가 개정되어 추가되었는데 공통그림 찾기, 순차 연결, 행렬 추리, 단어 추리는 학령기 아동에게 사용되는 다른 웩슬러 지능검사에서 가져와 적용한 것이다.

구분	새로운 소검사	실시	기록과 채점	새로운 문항
토막짜기		●	●	●
공통성		●	●	●
숫자		●	●	●
공통그림 찾기	●			
기호쓰기		●	●	
어휘		●	●	●
순차연결	●			
행렬추리	●			
이해		●	●	●
동형찾기		●	●	●
빠진 곳 찾기		●	●	●
선택	●			
상식		●	●	●
산수		●	●	●
단어추리	●			

② 보충 소검사 실시

구분	언어이해 지표(VCI)	지각추론 지표(PRI)	작업기억 지표(WMI)	처리속도 지표(PSI)
주요 검사	공통성, 어휘, 이해	토막짜기, 공통그림 찾기, 행렬추리	숫자, 순차연결	기호쓰기, 동형찾기
보충 검사	상식, 단어 추리	빠진 곳 찾기	산수	선택

    ㉠ 아동의 지능에 대한 최대한의 정보를 획득하고자 주요 소검사들과 함께 보충 소검사를 실시할 수 있다.

    ㉡ 검사자는 평가하기 전에 어떤 보충 소검사를 실시할지 결정하기 위해 추가적인 임상정보, 차이 분석 또는 처리점수를 고려해야 한다.

2. 합산점수와 처리점수

(1) 합산점수

① 언어이해 지표: 공통성, 어휘, 이해, (상식), (단어 추리)

② 지각추론 지표: 토막짜기, 공통그림 찾기, 행렬추리, (빠진 곳 찾기)

③ 작업기억 지표: 숫자, 순차연결, (산수)

④ 처리속도 지표: 기호쓰기, 동형찾기, (선택)

⑤ 전체 검사 지능지수: 토막짜기, 공통성, 숫자, 공통그림 찾기, 기호쓰기, 어휘, 순차연결, 행렬추리, 이해, 동형 찾기

➡ 전반적인 인지능력을 나타내는 전체 IQ와 언어이해 지표, 지각추론 지표, 작업기억 지표, 처리속도 지표의 합산점수를 구할 수 있다.

(2) 처리점수(토막짜기, 숫자, 선택)

처리점수	약자
시간 보너스가 없는 토막짜기	BDN
숫자 바로 따라 하기	DSF
숫자 거꾸로 따라 하기	DSB
가장 긴 숫자 바로 따라 하기	LDSF
가장 긴 숫자 거꾸로 따라 하기	LDSB
선택(무선배열)	CAR
선택(일렬배열)	CAS

① 3개 소검사(토막짜기, 숫자, 선택)에서 7개의 처리점수를 제공: 이러한 점수는 아동의 소검사 수행에 기여한 인지능력에 대한 더 자세한 정보를 제공하도록 고안되었다.

② 이러한 점수를 얻기 위해 추가적인 실시절차가 필요하지 않으며, 해당 소검사에 대한 아동의 수행에 기초하여 점수를 얻을 수 있다.

③ 처리점수는 다른 소검사 점수로 대체할 수 없으며, 합산점수에도 포함되지 않는다.

3. 지표점수와 소검사

(1) 지표점수

구분	내용
언어이해(VCI)	언어적 추론, 이해, 개념화, 단어 지식 등을 이용하는 언어능력을 측정함
지각추론(PRI)	시각적 자극을 통합하거나 비언어적으로 추론하는 능력, 학습을 통해 배울 수 없는 문제를 해결하기 위해 시공간적인 시각-운동기술을 적용하는 능력을 측정함
작업기억(WMI)	주의력, 집중력, 작업기억 등의 제시되는 정보를 효율적으로 처리하기 위해 아주 짧은 시간 동안 머릿속에 정보를 유지하는 능력을 측정함
처리속도(PSI)	간단한 시각적 정보를 빠르고 정확하게 탐색하고 변별하는 능력, 정신 속도와 소근육 처리 속도를 측정함

(2) **소검사** `기출 18`

소검사	약호	설명
토막짜기	BD	아동이 제한시간 안에 흰색과 빨간색으로 이루어진 토막을 사용하여 제시된 모형이나 그림과 똑같은 모양을 만듦
공통성	SI	아동이 공통적인 사물이나 개념을 나타내는 두 개의 단어를 들은 다음, 두 단어가 어떻게 유사한지를 설명함
숫자	DS	• **숫자 바로 따라 하기**: 검사자가 큰 소리로 읽어준 것과 같은 순서로 아동이 따라 함 • **숫자 거꾸로 따라 하기**: 검사자가 읽어준 것과 반대의 순서로 아동이 따라 함
공통그림 찾기	PCn	아동에게 두 줄이나 세 줄로 이루어진 그림들을 제시하고, 아동은 공통된 특성으로 묶일 수 있는 그림을 각 줄에서 한 가지씩 고름
기호쓰기	CD	아동은 간단한 기하학적 모양이나 숫자에 대응하는 기호를 그리고, 제한시간 안에 기호표를 이용하여 해당하는 모양이나 빈칸 안에 각각의 기호를 그림
어휘	VC	• **그림 문항**: 아동이 소책자에 있는 그림들의 이름을 말함 • **말하기 문항**: 아동이 검사자가 크게 읽어주는 단어의 정의를 말함
순차연결	LN	아동에게 연속되는 숫자와 글자를 읽어주고, 숫자가 많아지는 순서와 한글의 가나다 순서대로 암기하도록 함
행렬추리	MR	아동은 불완전한 행렬을 보고 제시된 행렬의 빠진 부분을 다섯 개의 반응 선택지 중에서 찾아냄
이해	CO	아동은 일반적인 원칙과 사회적인 상황에 대한 이해에 기초하여 질문에 대답함
동형찾기	SS	아동은 반응 부분을 훑어보고 반응 부분의 모양 중 표적 모양과 일치하는 것이 있는지를 제한시간 내에 표시함
빠진 곳 찾기	PCm	아동은 그림을 보고 제한시간 내에 빠져 있는 중요한 부분을 가리키거나 말함
선택	CA	아동은 무선 배열된 그림과 일렬로 배열된 그림을 훑어본 후, 제한시간 내에 표적 그림에 표시함
상식	IN	아동은 일반적인 지식에 관한 광범위한 주제를 다루는 질문에 대답함
산수	AR	아동은 구두로 주어지는 일련의 산수 문제를 제한시간 내에 암산으로 풀어냄
단어추리	WR	아동은 일련의 단서에서 공통된 개념을 찾아내어 단어로 말함

4. 분석과 해석을 위한 고려사항

(1) **표준점수**
① **환산점수**: 동일한 연령대의 규준집단에서 아동의 수행에 대한 상대적인 위치를 알려주는 점수로, 각 소검사의 총점을 평균 10, 표준편차 3으로 변환하여 산출한 수치이다.
② **합산점수**: 소검사 환산점수의 합계에 근거하여 산출되는 점수로, 평균 100, 표준편차 15로 변화된 표준점수다. K-WISC-Ⅳ의 합산점수는 언어이해 지표, 지각추론 지표, 작업기억 지표, 처리속도 지표, 전체검사 지능지수 등 5개이다.

(2) **백분위**
① 동일 연령대의 다른 아동과 비교하여 아동이 받은 점수의 상대적 위치를 제시해주는 또 다른 점수이다.
② 동일 연령대에서 얻어진 원점수를 가장 낮은 점수부터 가장 높은 점수까지 순서대로 배열했을 때 아동의 수행이 어느 위치에 놓이는지 알려주는 순위이며, 아동의 지능 수준을 보다 정확하게 기술해준다.

(3) **측정의 표준오차와 신뢰구간**

① **측정의 표준오차**: 개별검사 점수에서 오차의 양에 대한 추정치로, 신뢰구간을 계산할 때 사용되는 값이다.

② **신뢰구간**: 점수의 정확성을 표현하는 방법이다.

③ 지능검사 도구를 통해 얻은 점수는 아동의 진점수 추정치로, 아동의 실제 능력과 측정 오류가 함께 반영된다. 아동의 진점수가 위치할 가능성이 있는 점수 범위는 추정된 진점수를 통해 산출된 신뢰구간으로 제시하는 것이 보다 정확하다.

(4) **임계치(임계값)**

① 지표 수준 또는 소검사 수준에서 지표점수끼리, 소검사끼리 쌍별 비교에서 나타나는 점수 차이가 측정 오류, 무선변동, 우연에 의한 것이 아니라 실제 존재하는 진짜 차이를 반영하는 것인지 결정하는 수치이다.

② 두 점수 간 차이의 절대값이 통계적으로 유의미한지를 결정할 때 기준이 되는 점수이다.

(5) **누적 비율**

① 기저율, 누적 백분율이라고 하며 아동이 보인 점수 차이가 얼마나 빈번히 발생하는지 결정하는 데 사용한다.

② 지표 수준 또는 소검사 수준에서 나타난 점수 차이가 얼마나 드물고 임상적으로 의미 있는 차이인지를 평가하는 데 유용하다.

(6) **점수 차이의 유의미성 결정**

① **1단계**: 비교점수 간 차이를 산출한다. 예 VCI와 WMI 간 점수 차이는 22점이다.

② **2단계**: 차이와 임계치를 비교한다. 차이가 임계치보다 크면 통계적으로 유의미한 차이이다.

    예 10세 규준집단에서의 유의 수준 0.05에서 VCI와 WMI 간 임계치는 12.66이다. 22점 차이는 임계치보다 크므로 이 아동의 언어이해와 작업기억의 점수 차이는 통계적으로 유의미하다.

③ **3단계**: 누적 비율을 확인한다. 표본의 15% 이하에 해당되는 점수 차이는 드문 현상으로 간주할 수 있다.

    예 22점 차이는 전체 IQ가 90~109인 집단에서 10.3% 정도로 드물게 발생한다.

(7) **기술적 분류**

① 동일 연령대의 아동과 비교했을 때 아동의 수행 수준에 대한 범주를 의미한다.

② 합산점수에 대한 기술적 분류와 백분위를 참조하고, 아동의 합산점수를 분류하여 기술할 수 있다.

IQ	분류	백분율	
		이론적 정상분포	표본분포
130 이상	최우수(very superior)	2.2	2.3
120~129	우수(superior)	6.7	6.7
110~119	평균 상(high average)	16.1	18.0
90~109	평균(average)	50.0	48.6
80~89	평균 하(low average)	16.1	15.3
70~79	경계선(borderline)	6.7	7.3
69 이하	매우 낮음	2.2	1.8
총합		100.0	100.0

19 한국 웩슬러 아동용 지능검사(K-WISC-IV)

1. 해석 1단계, 전체 지능지수(FSIQ) 및 지표점수 확인 기출 20

지표	환산점수 합산	지표점수	백분위	95% 신뢰구간	질적 분류(수준)
언어이해	40	120	91.3	110-127	우수
지각추론	32	104	61.6	95-113	평균
작업기억	27	120	90.8	109-126	우수
처리속도	27	121	91.5	108-127	우수
전체 IQ	126	123	93.5	115-128	우수

(1) **해석 방법**

① 전체 지능지수와 4가지 지표점수, 백분위, 신뢰구간 등을 기술: 이를 통해 점수가 어떤 범주로 분류되었는지, 아동의 수행 정도가 규준집단의 어디에 위치하는지, 진점수의 범위 등을 확인할 수 있다.

② 4개의 지표점수가 균일하게 분포되어야 전체 IQ가 아동의 전반적인 인지능력을 정확하게 요약해준 것으로 여길 수 있다.

③ 지표점수 간 편차가 1.5 SD 이상일 때: 가장 높은 지표점수와 낮은 지표점수의 차이가 23점 이상이라면 편차가 매우 큰 것으로 간주하여 전체 IQ로 아동의 지적능력을 산출할 수 없고, 대안적으로 일반적인 능력지표(GAI)를 활용하여 지적능력을 설명할 수 있다.

④ GAI(일반적인 능력 지표): 언어이해 지표 점수와 지각적 추론 지표의 표준 소검사 점수를 합산하여 산출되는 부가 지표로, 지능의 보다 안정적인 요인들로 구성된다.

⑤ CPI(인지효능 지표): 작업기억 지표와 처리속도 지표의 점수의 표준 소검사 점수를 합산하여 산출되는 부가 지표로, 어떤 유형의 정보를 능숙하게 처리하는 능력을 반영한다.

➡ 이 능력은 신속한 시각 속도와 정신적 통제를 통해 숙달된 정보처리를 함으로써 새로운 과제에 요구되는 인지적 노력을 줄이고 유동적 추론과 새로운 학습을 촉진한다.

(2) **4개 지표 중에서 가장 높은 지표점수와 가장 낮은 지표점수의 차이가 표준점수 단위로 1.5SD보다 작은가? (= 23점 미만인가?)**

① YES: FSIQ를 개인의 총체적인 지적능력에 대해 신뢰할 수 있고 타당한 추정치로 해석 가능하다.

② NO: 개인의 총체적인 지적능력에 대해 신뢰할 수 없고 타당한 추정치로, GAI 채택 가능성을 검토해야 한다.
➡ (3)으로 이동할 것

(3) **VCI와 PRI의 차이가 표준점수 단위로 1.5SD보다 작은가? (= 23점 미만인가?)**

① YES: GAI를 개인의 총제적인 지적능력에 대해 신뢰할 수 있고 타당한 추정치로 해석 가능하다.

② NO: FSIQ와 GAI 모두 단일 지표로 총체적인 지적능력을 의미 있게 설명하지 못하므로 개별 지표점수, 군집 분석 등을 검토해야 한다.

> **더 알아보기** **지능지수 및 지표점수 작성 예시**
>
> 아동의 전체 IQ는 123으로 우수 수준이며, 백분위는 93.5%ile로 100명 중에서 상위 6~7명에 위치하고, 전체 IQ 진점수는 95% 신뢰구간에서 115~128 사이에 해당한다.

2. 해석 2단계, 지표점수 차이 비교 기출 15 추시, 16, 18

구분	환산점수 1	환산점수 2	차이	임계치	유의미한 차이 (Y/N)	누적 비율
지표 수준	언어이해 지표	지각추론 지표	16	13.1	Y	15.9
	언어이해 지표	작업기억 지표	0	13.07	N	–
	언어이해 지표	처리속도 지표	−1	15.18	N	49.0
	지각추론 지표	작업기억 지표	−16	13.58	Y	16.9
	지각추론 지표	처리속도 지표	−17	15.63	Y	17.6
	작업기억 지표	처리속도 지표	−1	15.6	N	48.3
소검사 수준	숫자	순차연결	5	3	Y	7.27
	기호쓰기	동형찾기	−1	4.06	N	43.71
	공통성	공통그림 찾기	0	3.92	N	–

(1) 지표

① **언어이해(VCI)**: 언어적 추론, 이해, 개념화, 단어 지식 등을 이용하는 언어능력을 측정한다.

② **지각추론(PRI)**: 시각적인 자극을 통합하거나 비언어적으로 추론하는 능력, 학습으로는 배울 수 없는 문제를 해결하기 위해 시공간적인 시각-운동기술을 적용하는 능력을 측정한다.

③ **작업기억(WMI)**: 주의력과 집중력, 작업기억(제시되는 정보를 효율적으로 처리하기 위해 아주 짧은 시간 동안 머릿속에 정보를 유지하는 능력)을 측정한다.

④ **처리속도(PSI)**: 간단한 시각적 정보를 빠르고 정확하게 탐색하고 변별하는 능력으로, 정신 속도와 소근육 처리 속도를 측정한다.

(2) 지표점수 해석원칙

① 해당 지표점수 내의 소검사 수행이 개념적으로 단일한 인지능력을 반영하는 경우에만 의미가 있다.

② 일반적으로 동일한 지표에 속한 소검사 중 최고 점수와 최저 점수의 차이가 1.5SD 미만(환산점수 5점 미만)인 경우 해당 지표점수가 단일한 인지능력을 반영한다고 간주할 수 있다.

③ 동일한 지표 내 소검사 중 최고 점수와 최저 점수의 차이가 1.5SD 이상(환산점수 5점 이상)인 경우는 해당 지표점수에 대해 단일 인지기능으로 가정하여 해석할 수 없다. 이 경우 다른 요인 구조에 기초한 군집분석이 의미가 있는지를 검토한다.

(3) 지표-수준의 차이비교 평가 ⇨ 지표점수 간 차이

① **점수 차이의 절대치가 통계적으로 유의미한지의 여부를 검토**: 두 점수 간 차이의 절대치가 임계치보다 같거나 크면 이 차이는 측정오차나 무작위적 변동이 아닌 진정한 차이로 간주된다.

② **두 점수 간 차이가 없는 경우**: 검사된 여러 영역에서 아동의 능력이 상당히 고르게 발달되었음을 의미한다.

③ **점수 간 비교에서 유의미한 차이를 보이는 경우**: 이 차이가 전체 인구에서 얼마나 드문지를 판단한다.

④ **차이 점수의 드문 정도를 결정할 때**: 아동의 문화적 배경, 의학적 조건, 신체적 조건과 같은 임상적 판단과 요인을 고려해야 한다(15%, 10%, 5%, 1%).

아동의 지표점수 간 차이는 VCI와 PRI 점수에서 유의미하게 나타났다. VC는 120, PR은 104로 VC-PR 간 점수 차이는 16점이고, 절대값은 16점이다. 이때 점수 차이의 절대값 16점은 임계치인 13.1보다 크기 때문에 두 점수 간의 차이는 통계적으로 유의미하다. 또한 이러한 점수 차이는 전체 IQ가 115~128인 집단에서 15.9% 정도로 발생한다. 따라서 아동은 언어적 이해와 개념 형성능력에 비해 시공간적 자극을 분석하고 종합하는 능력에 어려움을 보이고 있다.

(4) 규준적 강점과 약점

① 지표점수가 115보다 크면(>115) 규준적 강점이다.

② 지표점수가 85보다 작으면(<85) 규준적 약점이다.

③ 지표점수가 85~115이면(85~115) 정상 범위이다.

(5) 개인적 강점과 개인적 약점

① 지표점수의 평균을 구함: 4개 지표점수의 총합을 4로 나눈다.

② 평균과의 차이를 구함: 각 지표점수에서 지표점수 평균을 뺀다.

③ 평균과의 차이를 임계치와 비교함: 차이가 임계치보다 크면 개인적 강점 또는 약점이다.

(6) 핵심 강점과 핵심 약점

① 개인적 강점과 개인적 약점이 기저율 10% 미만에 해당될 때: '드문' 것으로 평가한다.

② 개인적 강점과 개인적 약점이 기저율 10% 이상에 해당될 때: '드물지 않은 것'으로 평가한다.

③ 핵심 강점: 규준적 강점이면서 드물게 발생하는 개인적 강점이다.

④ 핵심 약점: 규준적 약점이면서 드물게 발생하는 개인적 약점을 일컫는다.

더 알아보기 　규준적 · 개인적 · 핵심 강약점 작성 예시

• 7세 6개월 여아(전체 IQ=123)의 지표점수와 소검사 환산점수

VCI=114			PRI=140			WMI=103		PSI=100	
공통성	어휘	이해	토막	공통그림	행렬추리	숫자	순차연결	기호쓰기	동형찾기
12	14	11	14	17	17	12	9	13	7

• 지표점수 평균과의 차이값(임계치: 유의 수준 0.05)

VCI	PRI	WMI	PSI
7.7	7.7	8.2	10.3

• 지표점수 평균과의 차이값(임계치: 누적비율 10%)

VCI	PRI	WMI	PSI
14.0	13.5	15.0	17.0

1. 규준적 강점과 약점 결정하기
   • PRI 점수가 140으로 115보다 크므로 규준적 강점이다.
   • VCI 점수와 WMI 점수는 정상 범위에 해당된다.
   • PSI에 포함된 소검사 간 차이가 6점이라 PSI를 단일한 능력의 측정치로 간주하기 어려워 규준적 강점과 약점을 결정할 수 없다.

2. 개인적 강점과 개인적 약점
   • 지표점수 평균은 114.25다.
   • PRI 지표점수에서 지표점수 평균과의 차이는 25.75다. 이 값은 임계치 7.7보다 크기 때문에 개인적 강점이다.
   • WMI 점수에서 지표점수 평균과의 차이는 -11.25다. 이 값은 임계치 8.2보다 크기 때문에 개인적 약점이다.

3. 핵심 강점과 핵심 약점
   • PRI 점수와 지표점수 평균 간의 차이는 기저율 10%에 해당하는 임계치보다 크므로 드문 것이다.
   • PRI는 규준적 강점인 동시에 드문 경우의 개인적 강점에 해당되므로 핵심 강점으로 결정된다.
   • 규준적 약점에 해당되는 지표가 없으므로 핵심 약점에 해당하는 지표는 없다.

(7) 군집분석

① 15개의 하위 소검사가 모두 시행되어야 해석이 가능하다.

구분	군집	소검사	의미
CHC 모델 군집	유동적 추리 (Gf)	행렬추리 + 공통그림 찾기 + 산수	• 새로운 과제에 직면하여 자동적 처리가 불가능한 상황에서 가용할 수 있는 조작 능력을 일컬음 • 개념 형성, 조직화, 여러 패턴 간의 관계를 지각하는 능력, 추론능력, 문제 해결능력 등을 반영함
	시각적 처리 (Gv)	토막짜기 + 빠진 곳 찾기	시각적 패턴과 자극의 생성, 지각, 분석, 종합화, 저장, 회상, 조작, 변형 능력 등 광범위한 시각적 처리능력을 반영함
	비언어적 유동적 추리 (Gf-nonverbal)	행렬추리 + 공통그림 찾기	문화적 경험을 통해 축적된 지식의 범위와 깊이, 이를 효과적으로 사용하는 능력과 같은 광범위한 결정적 지능뿐 아니라 언어 자극에 특화된 유동적 추리능력도 반영함
	언어적 유동적 추리 (Gf-verbal)	공통성 + 단어추리	
	어휘 지식 (Gc-VL)	단어추리 + 어휘	문화적 경험으로 축적된 지식의 범위와 깊이 및 이 지식을 효과적으로 사용하는 능력 등 광범위한 결정적 지능을 반영함
	일반 지식 (Gc-KO)	이해 + 기본지식	개인이 습득한 일반적인 지식과 같이 광범위한 결정적 지능을 반영함
	장기기억 (Gc-LTM)	기본지식 + 어휘	• 광범위한 결정적 기능의 하위 요인 • 개인이 습득하여 장기기억으로 저장한 지식을 반영함
	단기기억 (Gc-WM)	순차연결 + 숫자	• 광범위한 단기기억의 하위 요인 • 정보를 수초간 즉각적인 각성상태로 유지, 사용하는 능력을 반영함 • 즉, 정보를 단기기억 수준에서 일시적으로 저장하고, 주의 배분 등의 정신적 조작을 가하는 능력이 필요함

- 유동적 추리 군집 대 시각적 처리 군집
- 비언어적 유동적 추리 군집 대 시각적 처리 군집
- 비언어적 유동적 추리 군집 대 언어적 유동성 추리 군집
- 어휘지식 군집 대 일반지식 군집
- 장기기억 군집 대 단기기억 군집

② 해당 군집 내의 소검사 간 환산점수가 5점 이상이라면, 이 군집은 단일한 요인을 설명하지 않으므로 군집에 근거한 의미 있는 해석이 어렵다.

3. 해석 3단계, 소검사 강점 및 약점 평가

소검사	소검사 환산점수	평균 환산점수	평균과의 차이	임계치	강점(S) 또는 약점(W)	누적 비율
토막짜기	8	12.6	−4.6	2.33	W	94.1
공통성	11	12.6	−1.6	2.52	NA	100.0
숫자	16	12.6	3.4	2.04	S	99.9
공통그림 찾기	11	12.6	−1.6	2.74	NA	100.0
기호쓰기	13	12.6	0.4	2.32	NA	100.0
어휘	10	12.6	−2.6	2.2	W	99.9
순차연결	11	12.6	−1.6	2.27	NA	100.0
행렬추리	13	12.6	0.4	2.42	NA	100.0
이해	19	12.6	6.4	3.03	S	84.9
동형찾기	14	12.6	1.4	3.16	NA	100.0

* S는 강점, W는 약점, NA는 뚜렷한 강점이나 약점을 보이지 않는 경우를 의미함

구분	핵심 소검사	언어이해 소검사	지각추론 소검사
환산점수의 합계	126	40	32
소검사 수	10	3	3
평균 점수	12.6	13.3	10.7

(1) 강약점 해석

① 기록용지는 소검사 수준에서 아동의 강점과 약점을 결정하는 부분을 제공하고, 검사자는 전체 IQ를 계산하기 위해 10가지 소검사의 평균을 사용해야 하는지, 언어이해와 지각추론 소검사들의 평균을 따로따로 사용해야 하는지 결정한다.

② 후자의 방법을 사용할 경우, 실시된 3가지 언어이해 소검사의 평균 점수는 언어이해 소검사 각각을 비교하기 위해 사용할 수 있는 기준이 되고, 실시된 3가지 지각추론 소검사의 평균 점수는 지각추론 소검사 각각을 비교하기 위해 사용할 수 있는 기준이 된다.

③ 일반적으로 지표점수 간에 유의미한 차이가 없으면 10가지 소검사의 평균을 강점 및 약점 분석에 사용한다.

④ 언어이해 점수와 지각추론 점수의 차이가 유의미하거나 전체 IQ에 과도하게 영향을 미친 하나의 소검사가 있는 경우: 언어이해 소검사 평균과 지각추론 소검사 평균을 이용한다. 이때 언어이해 소검사의 평균 점수는 언어이해 소검사 각각을 비교하기 위해 사용할 수 있는 기준이 되고, 지각추론 소검사의 평균 점수는 지각추론 소검사 각각을 비교하기 위해 사용할 수 있는 기준이 된다.

(2) 소검사 구성

소검사 구성		측정능력
언어이해 소검사	공통성	언어적 추론과 개념 형성능력
	어휘	획득된 지식과 언어적 개념 형성능력
	이해	행동의 관습적 기준, 언어적 추론과 개념화, 실제적인 지식을 발휘하는 능력
지각추론 소검사	토막짜기	추상적 시각 자극을 분석하고 종합하는 능력
	공통그림 찾기	추상화와 범주적 추론능력
	행렬추리	비언어적 유추적 추론능력
작업기억 소검사	숫자	청각적 단기기억과 주의력
	순차연결	계열화와 정신적 조작능력
처리속도 소검사	기호쓰기	시각운동 처리능력과 시각적 단기기억, 시각운동 협응능력
	동형찾기	시각운동 처리와 시각적 변별 및 주사(scanning) 능력

> **더 알아보기** **소검사 강약점 예시**
>
> 1. 아동은 숫자와 이해 소검사에서 강점을, 토막짜기 소검사에서 약점을 보이고 있다. 먼저 숫자 소검사의 환산점수는 16이고, 평균과의 차이는 절대값 3.4이다. 이러한 점수차는 해당 집단의 임계치 2.04보다 크기 때문에 두 점수 간 차이는 통계적으로 유의미하다. 따라서 청각적 단기기억과 주의력에 강점을 보이고 있다. 또한 이해 소검사의 환산점수는 19이고, 평균과의 차이는 절대값 6.4이다. 이러한 점수 차는 해당 집단의 임계치 3.03보다 크기 때문에 두 점수 간 차이는 통계적으로 유의미하다. 따라서 행동의 관습적 기준에 대한 지식에 강점을 보이고 있다.
> 2. 토막짜기의 경우 환산점수는 8이고, 평균과의 차이는 -4.6점으로 절대값 4.6점이다. 이러한 점수 차는 해당 집단의 임계치 2.33보다 크기 때문에 두 점수 간 차이는 통계적으로 유의미하다. 따라서 추상적 시각 자극을 분석하고 종합하는 능력에 약점을 보이고 있다.

4. 해석 4단계, 소검사 차이 비교

(1) 소검사 수준

① **숫자 대 순차연결**: 두 가지 소검사 모두 청각적이고 기계적인 단기기억을 측정하지만, 숫자는 숫자자극으로만 이루어지는 반면 순차연결은 숫자와 글자로 구성되어 더 많은 정보처리가 요구된다.

② **기호쓰기 대 동형찾기**: 두 가지 소검사 모두 처리 속도, 지각적 변별, 정확성, 주의력, 집중력을 측정하는데, 기호쓰기는 시지각적 상징–연합기술을 더 잘 측정하고, 동형찾기는 연합을 포함하지 않은 시지각적 변별을 더 잘 측정한다.

③ **공통성 대 공통그림 찾기**: 두 소검사 모두 개념화와 범주화를 포함한 추상적 추론능력을 반영하며 제시되는 사물들 간 연관성에 대한 추론이 요구된다. 공통성은 언어적 자극에 대한 추상적 추론능력, 언어적 반응이나 언어적 표현이 요구되는 반면, 공통그림 찾기는 시각적 자극에 대한 추상적 추론능력, 가리키기(pointing), 언어반응을 요구하지만 범주화 개념을 언어적으로 표현하는 것은 요구되지 않는다.

소검사 간 점수 차이 비교 작성 예시

아동의 소검사 간 점수 차이는 〈숫자-순차연결〉에서 유의미하게 나타났다. 숫자는 16, 순차연결 11로 두 점수 차이는 절대값 5점이며, 숫자-순차연결 임계치인 3보다 크기 때문에 두 점수 간 차이는 통계적으로 유의미하다. 따라서 아동은 숫자 자극으로 이루어진 청각적 단기기억에 비해 숫자와 글자로 이루어진 청각적 단기기억에 어려움을 보이고 있으며, 특히 더 많은 정보처리가 요구되는 과제일수록 수행 수준이 저하되는 경향이 있다.

5. 해석 5단계, 처리분석

처리점수	약자
시간 보너스가 없는 토막짜기	BDN
숫자 바로 따라 하기	DSF
숫자 거꾸로 따라 하기	DSB
가장 긴 숫자 바로 따라 하기	LDSF
가장 긴 숫자 거꾸로 따라 하기	LDSB
선택(무선배열)	CAR
선택(일렬배열)	CAS

구분	환산점수 1	환산점수 2	차이	임계치	유의미한 차이 (Y/N)	누적 비율
처리 수준	토막짜기	시간 보너스가 없는 토막짜기	4	3.34	Y	1.1
	숫자 바로 따라 하기	숫자 거꾸로 따라 하기	−4	3.02	Y	13.9
	선택 (무선배열)	선택 (일렬배열)	1	3.76	N	41.7

(1) **처리분석**

① 처리분석은 소검사의 수행에 영향을 미치는 인지적 과정을 확인하는 단계이다.

② 이 단계를 통해 정반응에 접근한 문제 해결 전략, 오반응의 이유, 오류의 특성을 알 수 있다.

③ 진단, 교육적 개입, 치료적 전략 수립에 핵심적일 수 있는 구체적인 인지적 정보처리 과정을 평가하는 데 도움이 될 수 있다.

④ 처리분석에서는 토막짜기, 숫자, 선택의 3가지 소검사에 대해 평가한다.

(2) **토막짜기**

① 시간 보너스가 없는 토막짜기 > 토막짜기

ㄱ 속도가 요구되지 않을 때 시공간적 지각화 과제를 더 잘 수행하며, 시공간적 구성능력이 양호하다.

ㄴ 빠른 시지각적 정보처리의 어려움이나 운동 실행의 어려움과 관련 있을 수 있다.

ㄷ 시각 구성능력은 양호하지만 신중한 문제 해결 전략을 선호할 수 있다.

② 시간 보너스가 없는 토막짜기 < 토막짜기: 처리 속도와 운동 실행의 문제를 시사하지 않는다.

(3) 숫자

① 숫자 바로 따라 하기 > 숫자 거꾸로 따라 하기

㉠ 청각적 단기기억이 변환을 포함하는 청각적 단기기억보다 더 양호하게 발달되어 있다.

㉡ 정신적 조작능력이 상대적으로 부진하였을 가능성을 시사한다.

② 숫자 바로 따라 하기 < 숫자 거꾸로 따라 하기

㉠ 드문 패턴으로 비일관적인 주의, 불안이나 다른 요인에 의한 것일 수도 있다.

㉡ 단순한 반복보다 난이도가 높은 숫자 거꾸로 따라 하기 과제에 더 흥미가 있음을 반영하며, 도전적인 과제에서 청각적 단기기억이 더 잘 발휘되고 있음을 시사한다.

➡ 가장 긴 숫자 바로 따라 하기(LDSF)와 가장 긴 숫자 거꾸로 따라 하기(LDSB)는 가장 길게 기억한 숫자열의 원점수, 즉 주의의 폭을 나타낸다.

(4) 선택

① 선택(일렬배열) > 선택(무선배열): 일렬로 구조화된 배열이 아동의 수행에 도움을 주거나 연습효과로 이득을 얻었음을 의미한다.

② 선택(일렬배열) < 선택(무선배열): 일렬로 구조화된 배열이나 연습효과에서 이득을 얻지 못했거나 아동의 피로감이 부정적으로 영향을 미쳤을 수 있다.

> **참고** **처리분석의 목적**
>
> 처리분석은 소검사의 수행에 영향을 미치는 인지적 과정을 확인하는 단계이다. 이 단계를 통해 정반응에 접근한 문제 해결 전략, 오반응에 대한 이유, 오류의 특성을 알 수 있다. 또한 진단과 교육적 개입 및 치료적 전략을 수립하는 데 핵심적일 수 있는 구체적인 인지적 정보처리 과정을 평가하는 데 도움이 될 수 있다. 처리분석에서는 토막짜기, 숫자, 선택 3가지 소검사에 대해 평가한다.

6. 해석 6단계, 질적 분석

(1) **소검사 문항은 쉬운 문항에서 어려운 문항 순으로 배열**

쉬운 문항에서 실패하고 어려운 문항에서 성공하거나 난이도와 무관하게 고르지 않은 수행 패턴을 보이는 아동의 경우 그 이유를 탐색할 필요가 있다.

(2) **비전형적인 수행 패턴**

주의력의 문제, 기억 인출 효율성의 문제, 피질 혹은 피질하 영역의 미만성 손상 등이 영향을 미칠 수 있다.

(3) **극히 쉬운 문항에서도 실패하는 수검자**

수검자가 의도적으로 속일 가능성(faking)을 고려할 수 있다.

➡ 1~6단계는 일반적인 해석절차이고, 7단계와 8단계는 선택적 해석절차이다.

1. STEP-1. WISC-Ⅳ의 주요 지표들(FSIQ, GAI, CPI, PRI, WMI, PSI)의 표준점수와 소검사 환산점수를 기술하라.

   (1) FSIQ와 지표점수의 경우 표준점수(IQ), 백분위, IQ의 범위 및 신뢰구간 등을 기술한다.

   (2) 소검사의 경우 연령 환산점수와 그에 대한 백분위를 기술한다.

2. STEP-2. 전반적인 지적능력을 요약할 수 있는 최상의 방법을 결정하라.

   (1) 2a. 4개의 지표점수 중에서 가장 높은 지표점수와 가장 낮은 지표점수의 차이가 1.5SD(23점)보다 작다면 FSIQ가 아동의 전반적인 지적능력에 대한 신뢰성 있고 타당한 측정치로 해석될 수 있으므로 3단계로 가라.

   (2) 2b. 4개의 지표점수 중에서 가장 높은 지표점수와 가장 낮은 지표점수의 차이가 1.5SD(23점) 이상이라면, FSIQ가 아동의 전반적인 지적능력을 설명할 수 없으므로 2c로 가라.

   (3) 2c. GAI로 전반적인 지적능력을 요약할 수 있는지 확인해야 한다.

   ① VCI와 PRI 지표점수 간 차이가 1.5SD(23점)보다 작다면, GAI가 아동의 전반적인 지적능력에 대한 신뢰성 있고 타당한 측정치로 해석될 수 있다. 따라서 GAI의 표준점수, 표준점수의 범위, 백분위, 신뢰구간 등을 기술하고 3단계로 이동하라.

   ② VCI와 PRI의 지표점수 간 차이가 1.5SD(23점) 이상이라면, GAI도 역시 아동의 전반적인 지적능력의 측정치로 해석할 수 없다. 3단계로 이동하라.

3. STEP-3. 4개의 지표점수 각각을 단일한 능력으로 해석할 수 있는지를 결정하라.

   (1) 3a. VCI의 3개 핵심 소검사(공통성, 어휘, 이해) 중 가장 높은 소검사의 환산점수와 가장 낮은 소검사의 환산점수 간의 차이가 유의한지(1.5SD, 즉 5점 이상 기준)를 결정한다.

   ① 1.5SD(5점)보다 작은 경우: VCI가 단일한 능력을 나타낸다는 가정하에 해석이 가능하다.

   ② 1.5SD(5점)이상인 경우: VCI는 단일 능력을 나타내는 것으로 해석할 수 없다.

   (2) 3b. PRI의 3개 핵심 소검사(토막짜기, 공통그림 찾기, 행렬추리)에 대해 3a와 같은 절차를 따른다.

   (3) 3c. WMI의 2개 핵심 소검사(숫자, 순차연결)에 대해 3a와 같은 절차를 따른다.

   (4) 3d. PSI의 3개 핵심 소검사(기호쓰기, 동형찾기)에 대해 3a와 같은 절차를 따른다.

   (5) 3e. 4개의 모든 지표에 대한 해석이 불가능하다면 7단계로 가라.

4. STEP-4. 지표 프로파일에 대해 규준에 따른 인지적 강점과 약점을 결정하라.

   (1) 3단계에서 단일 지표로 확인된 지표에 대해서만 기술하라.

   (2) 지표의 표준점수가 115보다 크면, 그 지표는 규준적 강점으로 기술한다.

   (3) 지표의 표준점수가 85보다 작으면, 그 지표는 규준적 약점으로 기술한다.

   (4) 지표의 표준점수가 85~115 사이에 있다면, 그 지표는 정상범위로 기술한다.

5. STEP-5. 지표 프로파일에 대해 아동 개인의 인지적 강점과 약점을 결정하라.

   (1) 5a. 4개 지표점수 평균을 산출한다. 이 경우 해석할 수 있는 지표점수와 해석할 수 없는 지표점수를 모두 포함하여 산출한다.

   (2) 5b. 5a에서 산출된 평균값과 해석 가능한 지표의 표준점수 간 차이가 유의한지를 결정하라.

   ① 이 점수 차이가 유의하고 지표의 표준점수가 평균값보다 높다면, 그 지표는 아동의 인지적 강점이 된다.

   ② 이 점수 차이가 유의하고 지표의 표준점수가 평균값보다 낮다면, 그 지표는 아동의 인지적 약점이 된다.

   (3) 5c. 개인적 강점과 약점이 일반적인지 비일반적인지를 결정하라(이때 비일반적인 강점 혹은 약점의 기준으로 기저율 준거 10% 미만을 적용).

   ① 제시된 기저율 준거 점수 이상인 경우, 비일반적인 차이로 간주한다.

   (4) 5d. 진단·교육적으로 가장 중요한 개인적 강점과 약점을 확인하기 위해 다음과 같은 준거를 사용하여 핵심 강점(key assets)과 우선적 관심사(high-priority concerns)를 확인하라.

   ① 비일반적인 개인적 강점이면서 표준점수가 115점보다 크다면 핵심 강점으로 간주한다.

   ② 개인적 약점이면서 표준점수가 85점보다 작다면 우선적 관심사로 간주한다.

6. STEP-6. 지표 프로파일에서 변산성을 해석하라.

   (1) 아동의 지표 프로파일을 해석하는 것은 진단적 결정과 교육적 결정에 있어 신뢰성 있고 유용한 정보를 제공한다.

   (2) 핵심 강점을 포함한 인지적 강점을 먼저 해석한 다음 우선적 관심사를 포함한 인지적 약점을 해석하라.

   (3) 그 다음으로 강점과 약점 어느 것에도 해당하지 않는 지표를 해석하라.

   (4) 마지막으로 해석할 수 없는 지표에 대해 기술하라.

   (5) 지표별로 문단을 달리하여 기술하라.

1. 검사의 구조

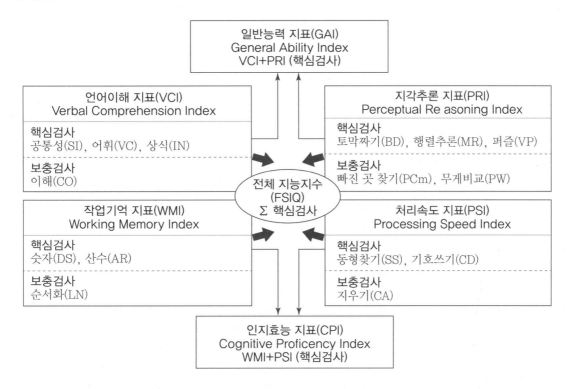

[그림 11-9] K-WAIS-IV 검사의 구조

(1) 소개

① WAIS의 개정판으로, 16세부터 69세 11개월까지의 청소년과 성인의 인지능력을 측정한다.

② 지능에 대한 이론적 기초에 보다 중점을 두고, 발달적 관점에서 검사의 적절성을 증대하고 임상적인 효용성을 높일 목적으로 개정되었다.

(2) WAIS-IV의 주요 변화

① 언어성 IQ와 동작성 IQ 산출 방식을 폐기했다.

② 전체 IQ와 4가지 합성점수에 근거한 해석: 언어이해 지표(VCI), 지각추론 지표(PRI), 작업기억 지표(WMI), 처리속도 지표(PSI)

③ 부가적인 지표로 일반적인 능력 지표(GAI; General Ability Index)를 추가했다.

④ 합성점수 측정을 강화하기 위해 일부 소검사를 추가하거나 폐기했다.

    ㉠ 총 15개 소검사로 구성: 핵심검사 10개와 보충검사 5개로 구성된다.

    ㉡ 3개의 소검사 추가: 퍼즐, 무게 비교, 지우기 등 3개 소검사를 추가했다.

    ㉢ 2개의 소검사 폐기: 모양 맞추기, 차례 맞추기를 폐기했다.

⑤ 토막짜기, 숫자, 순서화 소검사에 대한 과정점수를 추가했다.

(3) 지수점수와 소검사 구성

구분	언어이해 지표(VCI)	지각추론 지표(PRI)	작업기억 지표(WMI)	처리속도 지표(PSI)
핵심소검사	공통성, 어휘, 상식	토막짜기, 행렬 추리, 퍼즐	숫자, 산수	동형찾기, 기호쓰기
보충소검사	이해	빠진 곳 찾기, 무게비교	순서화	지우기

(4) 소검사 구성과 실시순서 기출 20

실시순서	소검사	내용
1	토막짜기 (Block Design)	제한시간 내에 제시된 모형과 그림 또는 그림만 보고 빨간색과 흰색으로 이루어진 토막을 사용하여 자극과 똑같은 모양을 만들어야 함
2	공통성 (Similarity)	공통적인 사물이나 개념을 나타내는 두 개의 단어가 제시되면 서로 어떠한 유사점이 있는지 기술해야 함

3	숫자 (Digit Span)	• 검사자가 읽어준 일련의 숫자를 동일한 순서로 기억해야 함
		  － **숫자 거꾸로 따라 하기**: 검사자가 읽어준 일련의 숫자를 역순으로 기억 함
		  － **숫자 순서대로 배열하기**: 검사자가 읽어준 일련의 숫자를 작은 숫자부터 차례로 기억해냄

4	행렬추론 (Matrix Reasoning)	일부가 빠진 행렬을 보고 이를 완성할 수 있는 반응 선택지를 골라야 함
5	어휘 (Vocabulary)	• **그림 문항**: 시각적으로 제시되는 물체의 이름을 말해야 함 • **언어적 문항**: 인쇄된 글자와 동시에 구두로 제시되는 단어의 뜻을 말해야 함
6	산수(Arithmetic)	정해진 제한시간 내에 일련의 산수 문제를 암산으로 풀어야 함
7	동형찾기 (Symbol Search)	제한시간 내에 탐색 집단에서 표적 기호와 동일한 것을 찾아 표시해야 함
8	퍼즐 (Visual Puzzles)	완성된 퍼즐을 보고, 제한시간 내에 그 퍼즐을 만들 수 있는 세 개의 반응을 찾음
9	상식(Information)	폭넓은 영역의 일반 지식에 관한 질문에 대답해야 함
10	기호쓰기(Coding)	제한시간 내에 숫자와 짝지어진 기호를 옮겨 적음
11	순서화* (Letter－Number Sequencing)	일련의 숫자와 글자를 읽어주면 숫자와 글자를 순서대로 회상해야 함
12	무게비교* (Figure Weights)	제한시간 내에 양쪽 무게가 달라 균형이 맞지 않는 저울을 보고, 균형을 맞추는 데 필요한 반응을 찾음
13	이해* (Comprehension)	일반적 원리와 사회적 상황에 대한 이해에 근거하여 질문에 답해야 함
14	지우기* (Cancellation)`	제한시간 내에 조직적으로 배열된 도형들 속에서 표적 모양을 찾아 표시해야 함
15	빠진 곳 찾기* (Picture Completion)	제한시간 내에 중요한 부분이 빠진 그림을 보고, 빠진 부분을 찾아야 함

* 보충 검사

2. 지표점수 [기출 24]

(1) 언어이해 지표(verbal comprehension index)

소검사	해석
공통성	논리적이고 추상적인 추론능력, 인지적 융통성 및 이와 결합된 연상능력
어휘	언어발달의 정도, 일반적인 언어지능, 언어적 유창성
상식	일반적·사실적·전반적인 지식의 범위
(이해)	관습적인 행동기준, 도덕, 사회규칙 등에 대한 지식과 이해력

(2) 지각추론 지표(perceptual reasoning index)

소검사	해석
토막짜기	시지각 능력, 시지각적 조직화 및 시공간 구성능력
행렬추리	시지각 능력, 시지각 조직화 능력, 전체를 세부 요소로 분석하는 능력
퍼즐	지각적 재인 및 검증 능력, 전체를 부분적 요소로 분석하는 능력
(무게비교)	비언어적 수학적 추리력, 수량에 대한 추리 및 유추능력
(빠진 곳 찾기)	시각적 기민성, 시각적 기억력

(3) 작업기억 지표(working memory index)

소검사	해석
숫자	자극을 수동적으로 수용하는 능력, 주의의 폭과 주의집중력
산수	주의력과 집중력, 청각적 단기기억력, 계산능력
(순서화)	주의의 폭, 집중력, 청각적 단기기억력, 연속적 처리능력

(4) 처리속도 지표(processing speed index)

소검사	해석
기호쓰기	정신운동 속도, 주의지속력, 연속적 처리능력
동형찾기	시각적 탐지 속도 및 정보처리 속도, 시각-운동 협응능력
(지우기)	지각적 주사, 변별력, 재인능력

3. 해석

※ K-WISC-Ⅳ 해석방식과 동일함

21 한국 웩슬러 아동용 지능검사(K-WISC-V)의 이해

1. 구성 기출 22

(1) K-WISC-V

① WISC의 가장 최신 버전으로, 만 6세~16세 11개월의 아동청소년을 대상으로 규준이 개발되었다.

② **16개 소검사로 표준화**: 미국 원판 WISC-V는 총 21개의 소검사로 구성되어 있으나, K-WISC-V 연구진은 WISC-IV에 보완 지표로 새로 추가된 5개 소검사(명명속도독해, 명명속도량, 즉각기호전환, 지연기호전환, 재인기호전환)가 필수적이지 않다고 판단하여 이를 제외한 총 16개 소검사로 표준화했다.

③ **구성**: 16개 소검사는 K-WISC-IV와 동일한 13개 소검사와, K-WISC-V에서 새롭게 개발된 3개의 소검사(무게비교, 퍼즐, 그림기억)로 이루어진다.

(2) K-WISC-V의 전체 구조

A. 전체 척도(Full Scales)				
언어이해(VCI)	시공간(VSI)	유동추론(FRI)	작업기억(WMI)	처리속도(PSI)
공통성(SI)	토막짜기(BD)	행렬추리(MR)	숫자(DS)	기호쓰기(CD)
어휘(VC)		무게비교(FW)		동형찾기(SS)
상식(IN)	퍼즐(VP)	공통그림 찾기(PC)	그림기억(PS)	선택(CA)
이해(CO)		산수(AR)	순차연결(LN)	

B. 기본 지표 척도(Primary Index Scales)				
언어이해(VCI)	시공간(VSI)	유동추론(FRI)	작업기억(WMI)	처리속도(PSI)
공통성(SI)	토막짜기(BD)	행렬추리(MR)	숫자(DS)	기호쓰기(CD)
어휘(VC)	퍼즐(VP)	무게비교(FW)	그림기억(PS)	동형찾기(SS)

C. 추가 지표 척도(Ancillary Index Scales)				
양적추론(QR)	청각작업기억(AWMI)	비언어(NVI)	일반능력(GAI)	인지효율(CPI)
무게비교(FW)	숫자(DS)	토막짜기(BD)	공통성(SI)	숫자(DS)
산수(AR)	순차연결(LN)	퍼즐(VP)	어휘(VC)	그림기억(PS)
		행렬추리(MR)	토막짜기(BD)	기호쓰기(CD)
		무게비교(FW)	행렬추리(MR)	동형찾기(SS)
		그림기억(PS)	무게비교(FW)	
		기호쓰기(CD)		

① 전체 IQ(FSIQ)

언어이해(VCI)	시공간(VSI)	유동추론(FRI)	작업기억(WMI)	처리속도(PSI)
공통성(SI)	토막짜기(BD)	행렬추리(MR)	숫자(DS)	기호쓰기(CD)
어휘(VC)		무게비교(FW)		

② 기본 지표 척도

언어이해(VCI)	시공간(VSI)	유동추론(FRI)	작업기억(WMI)	처리속도(PSI)
공통성(SI)	토막짜기(BD)	행렬추리(MR)	숫자(DS)	기호쓰기(CD)
어휘(VC)	퍼즐(VP)	무게비교(FW)	그림기억(PS)	동형찾기(SS)

③ 추가 지표 척도

양적추론(QR)	청각작업기억 (AWMI)	비언어 (NVI)	일반능력 (GAI)	인지효율 (CPI)
무게비교(FW)	숫자(DS)	토막짜기(BD)	공통성(SI)	숫자(DS)
산수(AR)	순차연결(LN)	퍼즐(VP)	어휘(VC)	그림기억(PS)
		행렬추리(MR)	토막짜기(BD)	기호쓰기(CD)
		무게비교(FW)	행렬추리(MR)	동형찾기(SS)
		그림기억(PS)	무게비교(FW)	
		기호쓰기(CD)		

(3) WISC-Ⅳ와의 소검사 비교

구분	WISC-Ⅳ	WISC-Ⅴ
소검사 수	15개의 소검사	21개의 소검사(한국판: 16개)
구성	핵심 소검사와 보충 소검사	기본 소검사와 추가 소검사
대체 가능 여부	• FSIQ 수준에서는 2개 소검사까지 대체 가능 • 지표 수준에서는 1개 소검사만 대체 가능	• FSIQ 산출 시, 7개 중 1개 소검사만 대체 가능 • 지표 수준에서는 대체 불가능

① 전체 IQ

㉠ 5판의 전체 IQ는 5가지 지표로 구성되어 있기 때문에 4판에 비해 전반적인 인지능력을 더 폭넓게 측정한다. 즉, 4판의 지각추론 지표가 5판에서는 시공간 지표와 유동추론 지표로 나뉘면서 시각처리 능력과 유동추론 능력을 더 구체적으로 해석할 수 있다.

㉡ 5판에서는 새롭게 개발된 3개의 소검사(무게비교, 퍼즐, 그림기억)가 추가되었다.

㉢ 숫자 소검사 중 숫자 순서대로 따라하기 과제가 새롭게 추가되면서 작업기억을 더 세부적으로 측정할 수 있게 되었다.

② **검사 해석**: 임계값 유의 수준(.01, .05, .10, .15)의 선택지가 늘어났다. 임계값 유의 수준은 통계적 유의미성을 나타내는 것으로, 검사자가 얼마나 더 엄격하게 결과를 측정할 것인지 결정할 수 있는 선택지가 늘어난 것이다.

③ 5판에서는 4판에 비해 처리점수가 늘어나면서 처리점수의 차이 비교를 더 세부적으로 할 수 있다.

④ 5판에서는 추가 지표 척도가 추가되어 전체 척도와 기본 지표 척도 분석 후 아동의 인지능력에 대한 추가적인 정보를 파악할 수 있다.

⑤ 아동의 발달 수준에 더 적합하도록 검사를 수정하였다.
　㉠ 소검사 과제를 충분히 이해할 수 있도록 시범문항, 연습문항, 가르치는 문항 등을 늘렸다.
　㉡ 아동의 인지능력을 평가할 때 과제수행 속도를 지나치게 강조하지 않기 위해 시간보너스 점수의 비중을 줄였다.

2. 검사 체계

기본 분석-소검사 점수 분석							
지표	소검사	약어	원점수	환산점수	백분위	추정연령	측정표준오차 (*SEM*)
언어이해	공통성	SI	23	9	37	9:2	1.12
	어휘	VC	19	10	50	9:10	0.64
	(상식)	IN	14	11	63	10:2	0.83
	(이해)	CO	17	11	63	10:2	1.19
시공간	토막짜기	BD	34	9	37	8:10	1.28
	퍼즐	VP	19	11	63	10:2	1.06
유동추론	행렬추리	MR	18	9	37	8:6	1.31
	무게비교	FW	22	9	37	9:2	0.70
	(공통그림 찾기)	PC	12	9	37	8:10	1.02
	(산수)	AR	21	11	63	10:2	1.14
작업기억	숫자	DS	27	10	50	9:2	0.83
	그림기억	PS	24	8	25	7:10	1.09
	(순차연결)	LN	13	8	25	8:2	1.16
처리속도	기호쓰기	CD	52	11	63	9:10	1.06
	동형찾기	SS	30	11	63	10:2	1.35
	(선택)	CA	66	10	50	9:6	1.44

* FSIQ 점수 산출에 필요한 소검사는 볼드체로 표기되었으며, 추가 소검사는 괄호로 표기됨

(1) 3가지 수준

① 전체 척도(full scales): FSIQ 산출과 관련된다.
② 기본 지표 척도(primary index scales): 지능의 구성 개념에 대한 5요인 이론에 기초한다.
③ 추가 지표 척도(ancillary index scales)

(2) 전체 척도

① 구성: 언어이해 지표, 시공간 지표, 유동추론 지표, 작업기억 지표, 처리속도 지표의 5개 기본 지표 소검사로 구성되어 있다.
② 전체 IQ: 전체 5개 기본 지표를 구성하는 10개의 기본 소검사 중에서 아동의 일반지능을 추정하는 데 가장 신뢰할 만하고 타당하다고 선별된 7개의 기본 소검사 점수를 기반으로 산출된다.
③ 전체 IQ를 구성하는 7개의 기본 소검사: 토막짜기, 공통성, 행렬추리, 숫자, 기호쓰기, 어휘, 무게비교이다.
④ 전체 IQ는 다양한 영역의 소검사를 포함하기 때문에, 전체 IQ를 통해 아동의 전반적인 지적능력이 또래 집단과 비교하여 어떤 수준인지 평가할 수 있다.

⑤ 일반능력 지표(GAI)와 인지효율 지표(CPI)
  ㉠ 일반능력 지표: 언어이해(VCI), 시공간(VSI), 유동추론(FRI) ➡ 논리적 사고, 문제해결 관련 능력
  ㉡ 인지효율 지표: 작업기억(WMI), 처리속도(PSI) ➡ 정보처리 효율성 관련 능력

(3) 기본 지표 척도

① **언어이해 지표(VCI):** 결정지능과 언어 정보를 개념화하는 능력, 언어로 자신의 생각을 표현할 수 있는 능력 등을 측정하며, 공통성과 어휘 소검사로 구성된다.

② **시공간 지표(VSI):** 시각 정보를 분석하고 시공간 관계를 이해하는 시공간 추론능력, 정신적 회전능력, 시각작업기억을 측정하며, 토막짜기와 퍼즐 소검사로 구성된다.

③ **유동추론 지표(FRI; Fluid Reasoning Index):** 사전지식이나 문화적 기대, 결정지능으로는 풀 수 없는 새로운 문제를 해결할 수 있는 능력을 측정하며, 행렬추리와 무게 소검사로 구성된다.

④ **작업기억 지표(WMI):** 주의집중하여 짧은 시간 동안 의식적으로 시청각 정보를 입력하고, 유지하고, 조작하여 결과를 재생산할 수 있는 능력을 측정하며, 숫자와 그림기억 소검사로 구성된다.

⑤ **처리속도 지표(PSI):** 의사결정을 위해 시각정보를 빠르고 정확하게 처리하는 능력을 측정하며, 기호쓰기와 동형찾기 소검사로 구성된다.

(4) 추가 지표 척도

① **양적추론 지표(QRI):** 암산능력, 양적 관계를 이해하고 적용하는 능력, 수리적 추론 기술 등을 측정하며, 무게비교와 산수 소검사로 구성된다.

② **청각작업기억 지표(AWMI):** 청각적 단기기억, 작업기억, 청각적 순차처리 능력, 정신적 조작능력 등을 측정하며 숫자와 순차연결 소검사로 구성된다.

③ **비언어 지표(NVI):** 언어적 요구를 최소화하여 아동의 전반적인 지능을 측정하며(비언어적 추론기술 측정), 토막짜기, 퍼즐, 행렬추리, 무게비교, 그림기억, 기호쓰기 소검사로 구성된다.

④ **일반능력 지표(GAI):** 작업기억과 처리속도 요구를 최소화하여 아동의 전반적인 지능을 측정하는 지표이며, 전체 IQ 산출에 적용되는 전체척도의 핵심 소검사 중 VCI(공통성, 어휘), VSI(토막짜기), FRI(행렬추리, 무게비교)에 포함되는 5개의 핵심 소검사로 구성된다.

⑤ **인지효율 지표(CPI):** 학습, 문제 해결, 고차원적인 추론과정에서 이루어지는 정보처리의 효율성을 측정하는 지표이며, WMI(숫자, 그림기억)와 PSI(기호쓰기, 동형찾기)에 포함되는 4개의 소검사로 구성된다.

(5) 소검사 구성(실시 순서에 따른 소검사 설명)

실시 순서	소검사	약어	설명
1	토막짜기 (Block Design)	BD	제한시간 내에 2가지 색으로 이루어진 토막을 사용하여 제시된 모형이나 그림과 똑같은 형태를 만드는 과제
2	공통성 (Similarity)	SI	제시된 두 단어의 유사점을 설명하는 과제
3	행렬추리 (Matrix Reasoning)	MR	행렬이나 연속의 일부를 보고 행렬(연속)을 완성하는 보기를 선택지에서 고르는 과제
4	숫자 (Digit Span)	DS	평가자가 읽어준 일련의 숫자를 동일한 순서대로 따라 하는 과제(바로 따라 하기), 역순으로 따라 하는 과제(거꾸로 따라 하기), 작은 숫자부터 큰 숫자까지를 순서대로 따라 하는 과제(순서대로 따라 하기)
5	기호쓰기 (Coding)	CD	제한시간 내에 기호표를 사용하여 간단한 기하학적 모양이나 숫자에 대응되는 기호를 그리는 과제
6	어휘 (Vocabulary)	VC	그림 문항에서는 소책자에 그려진 사물의 이름을 말하고, 말하기 문항에서는 평가자가 들려주는 단어의 뜻을 설명하는 과제
7	무게비교* (Figure Weights)	FW	제한시간 내에 양팔저울이 균형을 이룰 수 있도록 보기 중에서 답을 선택하는 과제
8	퍼즐* (Visual Puzzle)	VP	제한시간 내에 완성된 퍼즐을 보고 퍼즐을 구성할 수 있는 3개의 조각을 선택하는 과제
9	그림기억* (Picture Span)	PC	제한시간 내에 사물들이 그려진 자극 페이지를 제시한 후, 반응 페이지에 그려진 사물 중 이전에 봤던 그림을 가능한 한 순서대로 고르는 과제
10	동형찾기 (Symbol Search)	SS	제한시간 내에 표적 모양과 동일한 모양을 보기에서 찾아내는 과제
11	상식 (Information)	IN	광범위한 일반 지식에 관한 질문에 응답하는 과제
12	공통그림찾기 (Picture Concepts)	PCn	제시된 두 줄 또는 세 줄의 그림에서 공통 특성으로 묶일 수 있는 그림을 각 줄에서 하나씩 고르는 과제
13	순차연결 (Letter-Number Sequencing)	LN	평가자가 읽어주는 일련의 숫자와 글자를 들은 후, 숫자는 오름차순으로 글자는 가나다 순으로 회상하는 과제
14	선택 (Cancellation)	CA	제한시간 내에 무선으로 배열된 그림과 일렬로 배열된 그림을 훑어보며, 표적 자극과 동일한 모양들을 찾아 표시하는 과제
15	이해 (Comprehension)	CO	제시된 질문에 일반적 원칙과 사회적 상황에 대해 자신이 이해하고 있는 바에 기초하여 답하는 과제
16	산수 (Arithmetic)	AR	제한시간 내에 말이나 그림으로 제시된 산수 문제를 암산으로 푸는 과제

* K-WISC-V에 포함되지 않지만 WISC-V에는 포함되는 소검사

3. 분석과 해석을 위한 고려사항

(1) 환산점수(scaled score)

① 환산점수는 아동의 원점수가 동일 연령집단의 원점수 분포에서 어느 위치에 있는지를 나타내는 점수로, 아동의 수행에 대한 상대적인 위치를 알려준다.

② 환산점수의 평균은 10, 표준편차는 3이며, K-WISC-V에는 16개의 소검사(기본 소검사 10개, 추가 소검사 6개)와 7개의 처리점수를 포함해 전체 23개의 환산점수가 있다.

> 예 9세 6개월 15일 남아: 행렬추리 원점수 22점은 환산점수로 13이다. 규준집단인 9세 4개월 0일~9세 7개월 30일 연령대 아동들과 비교했을 때, 이 아동의 행렬추리 수행은 평균에서 1 표준편차 위에 위치한다.

(2) 지표점수(index score)

① 지표점수는 소검사 환산점수의 합계에 근거해서 산출되는 것이며, 평균 100, 표준편차 15로 변환된 표준점수이다.

② K-WISC-V의 지표점수는 총 11개로, 전체 IQ(FSIQ), 기본 지표점수와 추가 지표점수로 이루어져 있으며, 환산점수와 마찬가지로 동일 연령대에서 아동의 상대적인 수행 수준을 알려준다.

> 예 9세 6개월 15일 남아: 전체 IQ를 산출하는 데 필요한 소검사 환산점수의 합계 39점은 전체 IQ로는 70에 해당하며, 규준집단인 9세 4개월~9세 7개월 연령대 아동들과 비교했을 때, 이 아동의 전체 IQ는 평균에서 2 표준편차 아래에 위치한다.

(3) 백분위(percentile ranks)

① 백분위는 동일 연령대의 다른 아동들과 비교하여 아동이 받은 점수의 상대적 위치를 제시해주는 또 다른 점수 중 하나로, 어떤 점수 미만에 있는 사례의 백분율이다.

② 백분위는 동일 연령대에서 얻어진 원점수를 가장 낮은 점수부터 가장 높은 점수까지 순서대로 배열했을 때, 아동의 수행이 어느 위치에 놓이는지 알려주는 순위이며 아동의 지능수준을 보다 정확하게 기술해준다.

➡ 백분위의 평균과 중앙값은 50이다.

> 예 전체 IQ 85는 백분위가 16에 해당한다. 백분위 16은 전체 IQ 85 아래에 있는 아동이 동일 연령대에서 16%가 있다는 것을 말한다. 백분위 16인 아동은 전체 100명 중에서 하위 16번째, 84등에 해당하는 점수를 받은 것이다.

(4) 측정의 표준오차와 신뢰구간

지능검사 도구를 통해 획득된 점수는 아동의 인지적 능력을 표현하는 진점수(true scores)의 추정치이다. 이 점수에는 아동의 실제 능력과 측정의 오류가 함께 반영되어 있다. 그러므로 아동의 진점수가 위치할 가능성이 있는 신뢰구간으로 제시하는 것이 보다 정확하며, 신뢰구간은 검사점수의 정확성을 나타내는 것이다.

> 예 9세 6개월 15일 남아의 전체 IQ가 118인 경우, 95%의 신뢰구간은 113~122이다. 이것은 아동이 K-WISC-V 검사를 100번 실시하면, 전체 IQ가 95번은 113에서 122 사이의 점수를 받을 수 있다는 것을 의미한다.

(5) 진단분류(수준)

① 진단분류(qualitative descriptors)는 동일 연령대 아동과 비교했을 때 아동의 수행 수준에 대한 기술을 의미한다.

② 지표점수에 대한 진단분류와 백분율을 참조하여 아동의 지표점수를 분류할 수 있다.

IQ	분류	백분율	
		이론적 정상분포	표본분포
130 이상	매우 우수	2.2	2.5
120~129	우수	6.7	7.2
110~119	평균 상	16.1	16.6
90~109	평균	50.0	49.5
80~89	평균 하	16.1	15.6
70~79	낮음	6.7	6.5
69 이하	매우 낮음	2.2	2.1

(6) 추정연령(age equialents)

① 추정연령은 원점수가 전형적으로 나타난 평균연령이다.

② 추정연령은 아동이 인지적 능력을 다양한 연령대 아동의 전형적인 능력과 비교할 때 유용하지만 몇 가지 제한점이 있기 때문에 추정연령을 사용하는 것을 추천하지 않는다.

③ 추정연령의 제한점

ㄱ 추정연령은 동일 연령대와 비교한 아동의 위치에 대한 정보를 제공해주지 않는다는 것이다. 즉, 아동의 추정연령과 생활연령 사이에 의미 있는 연령 차이가 있을 수 있지만, 아동의 인지적 능력을 동일 연령대와 비교한 위치는 알려주지 않는다.

ㄴ 추정연령은 동일한 간격을 두지 않는다. 원점수의 차이는 작은 데 반해 추정연령에서는 큰 차이를 보일수도 있다.

(7) 임계값

① 지표 수준 또는 소검사 수준에서 어떤 점수들끼리 비교했을 때 나타난 점수 차이는 측정 오류, 무선변동이나 우연에 의한 것이 아니라 실제 존재하는 진짜 차이를 반영한 것인지 결정할 수 있어야 한다. 이처럼 두 점수 간 차이가 통계적으로 유의미한 것인지를 결정할 때, 기준이 되는 점수가 임계값(critical value)이다.

② 유의 수준에 따라 임계값은 다른 값을 나타낸다.

예 VCI는 101이고 PRI는 112로, VCI와 PRI의 차이는 11점으로서 유의 수준 0.15의 임계값 9.74보다 커서 두 지표의 점수 차이는 0.15의 유의 수준에서는 통계적으로 유의미하다.

(8) 누적비율(base rate)

① 누적비율은 기저율 또는 누적 백분율이라고도 하며 아동이 나타낸 점수 차이가 표본에서 보인 빈도를 말한다.

② 누적비율은 두 점수 간 차이가 얼마나 빈번하게 발생하는지 결정하는 데 필요하다. 다시 말해 누적비율은 지표 수준에서 또는 소검사 수준에서 나타난 점수 차이가 규준에서 얼마나 드물게 나타나는 것이며, 임상적으로 의미 있는 차이인지를 평가하는 데 유용하다.

예 전체 IQ는 96이고 VCI는 102이고 WMI는 80이며, VCI와 WMI의 섬수 차이는 22섬이다. 이 아동이 보인 섬수 차이 22점은 전체 표본의 9.5%에서 나타나며, 반면 [90 ≤ FSIQ ≤ 109]에 해당하는 집단에서는 약 10.3%에서 나타난다. 즉, 이 점수 차이는 전체 표본에서는 약 9.5%가, 전체 IQ가 90에서 109인 집단에서는 약 10.3%가 보이는 차이라 할 수 있다.

(9) 점수 차이의 유의미성 결정 절차

① 1단계: 두 점수 간 차이를 산출한다.

② 2단계: 차이 점수의 절대값과 임계값을 비교한다.

차이 점수의 절대값이 임계값보다 크다면 통계적으로 유의미한 차이이다.

차이 점수의 절대값이 임계값보다 작다면 통계적으로 유의미한 차이가 아니다.

③ 3단계: 누적비율을 확인한다. 표본의 15% 이하에 해당된다면 그 차이는 드문 현상으로 간주할 수 있다.

예 FSIQ = 104, VSI = 102, FRI = 118, WMI = 97

점수1	점수2	차이	임계값	유의미한 차이	누적비율
VSI = 102	FRI = 118	-16	10.99	Y	11.6
VSI = 102	WMI = 97	5	11.75	N	-

1. VSI와 FRI의 차이

1단계, VSI와 FRI의 차이는 -16점이다.

2단계, 차이 점수 -16의 절대값은 16이다. 8세 규준집단에서 VSI와 FRI의 차이에 대한 임계값은 유의 수준 0.05에서 10.99이다. 16점 차이는 임계값보다 크므로 VSI와 FRI의 차이는 통계적으로 유의미하다.

3단계, 16점 차이는 [90 ≤ FSIQ ≤ 109]인 집단에서 11.6% 정도로 드물게 발생하는 차이이다.

2. VSI와 WMI의 차이

1단계, VSI와 WMI의 차이는 5점이다.

2단계, 8세 규준집단에서 VSI와 WMI의 차이에 대한 임계값은 유의 수준 0.05에서 10.99이다. 5점 차이는 임계값보다 작으므로 VSI와 WMI의 차이는 통계적으로 유의미하지 않다.

22 한국 웩슬러 아동용 지능검사(K-WISC-V) 해석

1. 해석 1단계: 전체 IQ 해석하기

(1) 전체 IQ

언어이해(VCI)	시공간(VSI)	유동추론(FRI)	작업기억(WMI)	처리속도(PSI)
공통성(SI)	토막짜기(BD)	행렬추리(MR)	숫자(DS)	기호쓰기(CD)
어휘(VC)		무게비교(FW)		

① 전체 IQ는 7가지 소검사를 통해 산출된다.

② 7가지 소검사 중 하나를 실시하지 못했을 때, 다른 소검사로 대체하거나 전체 IQ 대신 비례배분된 환산점수의 합계를 산출할 수 있다.

③ 비례배분: 비례배분된 환산점수의 합계는 6가지 소검사의 환산점수를 합한 후 7/6을 곱하여 구한다.

④ 소검사 대체

FSIQ 핵심 소검사	FSIQ 산출에 허용 가능한 대체 소검사
공통성	상식 또는 이해
어휘	상식 또는 이해
토막짜기	퍼즐
행렬추리	공통그림 찾기
무게비교	공통그림 찾기 또는 산수
숫자	그림기억 또는 순차연결
기호쓰기	동형찾기 또는 선택

ⓐ 7개의 핵심 소검사 중 측정의 신뢰성에 문제가 발생했을 때 다른 9개 소검사 중 하나로 대체할 수 있다.

ⓑ FSIQ를 산출할 때 이와 같은 대체 소검사는 단 한 번만 적용할 수 있다.

ⓒ FSIQ 산출에 투입할 수 없는 핵심 소검사와 동일한 영역의 소검사로만 대체해야 한다.

　예 공통성 대신 상식 또는 이해/기호쓰기 대신 동형찾기나 선택

　ⓐ 행렬추리 소검사는 유동추론 지표의 소검사 중 공통그림 찾기만이 대체가 가능하다.

　ⓑ 대체 방식 이외에도 비례배분 방식(proration)으로 FSIQ를 산출할 수 있다.

(2) 해석

지표		환산점수 합	지표점수	백분위	신뢰구간 (95%)	진단분류 (수준)	측정표준오차 (SEM)
언어이해	VCI	29	124	95	115–130	우수	3.55
시공간	VSI	26	116	86	106–123	평균 상	4.61
유동추론	FRI	27	120	91	111–126	우수	4.30
작업기억	WMI	20	100	50	92–108	평균	3.93
처리속도	PSI	30	127	96	115–132	우수	4.89
전체 IQ	FSIQ	95	126	96	119–131	우수	2.77

① 전체 IQ 단일성 확인: 가장 높은 기본 지표 점수와 가장 낮은 기본 지표 점수의 편차가 표준편차 1.5이상(23점) 미만일 때 전체 IQ가 전반적인 지적 능력을 반영한다고 판단한다.

② 가장 높은 기본 지표점수와 가장 낮은 기본 지표점수의 편차가 표준편차 1.50이상(23점) 이상일 때

　ⓐ 전체 IQ가 전반적인 지적 능력을 충분히 반영하지 못한다고 판단한다.

　ⓑ 전반적인 지적능력을 설명하기 위하여 전체 IQ 대신 일반능력 지표, 인지효율 지표 또는 비언어 지표를 사용한다.

③ 일반능력 지표(GAI): 추상적 추론능력, 언어적 문제 해결능력 등을 측정하며 작업기억과 처리속도의 영향을 적게 반영한다.

④ 인지효율 지표(CPI): 빠르고 정확하게 정보를 처리 및 조작하는 인지적 효율성을 측정한다.

⑤ 비언어 지표(NVI): 언어적 요구를 최소화 한 지표로 언어장애가 있거나 언어표현에 어려움이 있는 아동의 지적 능력을 측정하는 데 유용하다.

⑥ **결과표 해석**

　ⓐ 가장 높은 기본 지표점수인 처리속도 지표(127) 점수와 가장 낮은 기본 지표점수인 작업기억 지표(100) 점수차가 23점 이상이다. 그러므로 아동의 전체 IQ(126) 점수가 해당 아동의 전반적인 인지능력을 충분히 반영한다고 볼 수 없다. 이 경우, 전체 IQ 점수로 전반적인 인지능력을 해석하기보다, 다른 개별 지표점수들로 의미 있는 해석을 해야 한다.

　ⓑ 전체 IQ 대안으로 일반능력 지표, 인지효율 지표 또는 비언어 지표를 활용할 수 있다.

　ⓒ 전체 IQ의 단일성을 확인하여 해석할 수 있는지 판단했던 것과 마찬가지로, 일반능력 지표, 인지효율 지표나 비언어 지표를 활용할 때도 단일성을 확인하여 지표점수를 해석한다.

2. 해석 2단계, 기본 지표 척도 해석하기

언어이해(VCI)	시공간(VSI)	유동추론(FRI)	작업기억(WMI)	처리속도(PSI)
공통성(SI)	토막짜기(BD)	행렬추리(MR)	숫자(DS)	기호쓰기(CD)
어휘(VC)	퍼즐(VP)	무게비교(FW)	그림기억(PS)	동형찾기(SS)

(1) 기본 지표 척도의 단일성

지표	소검사	약어	원점수	환산점수	백분위	추정연령	측정표준오차 (SEM)
언어이해	공통성	SI	33	14	91	16:6	1.12
	어휘	VC	38	15	95	13:2	0.64
	(상식)	IN	26	16	98	>16:10	0.83
	(이해)	CO	22	13	84	12:6	1.19
시공간	토막짜기	BD	41	11	63	11:6	1.28
	퍼즐	VP	24	15	95	>16:10	1.06
유동추론	행렬추리	MR	20	10	50	10:2	1.31
	무게비교	FW	30	17	99	>16:10	0.70
	(공통그림찾기)	PC	10	7	16	7:6	1.02
	(산수)	AR	27	16	98	15:10	1.14
작업기억	숫자	DS	35	13	84	13:10	0.83
	그림기억	PS	23	7	16	7:6	1.09
	(순차연결)	LN	19	14	91	16:2	1.16
처리속도	기호쓰기	CD	73	15	95	12:10	1.06
	동형찾기	SS	40	15	95	13:10	1.35
	(선택)	CA	49	6	9	6:10	1.44

① 각 지표를 구성하는 소검사들 중 가장 높은 소검사와 가장 낮은 소검사의 차이가 1.5(5점) 표준편차 미만일 경우에만 해당 지표점수로 추정한 능력을 단일한 능력으로 보며, 이때 지표점수를 해석하고 아동의 인지적 강약점을 평가할 수 있다.

② **결과표 해석**: 언어이해 지표, 시공간 지표, 처리속도 지표를 구성하는 소검사의 차이가 5점 미만이기 때문에 단일하다고 볼 수 있다. 하지만 유동추론 지표와 작업기억 지표를 구성하는 소검사의 차이는 5점 이상이기 때문에, 이들 지표의 경우 해석할 때 주의를 기울여야 한다.

(2) 해석

구성		측정능력
언어이해 지표	측정	• 언어적 개념 형성능력, 언어적 추론능력, 어휘지식, 자신의 생각을 적절하게 표현하는 능력을 측정함 • 결정지능을 측정하는데, 이는 후천적으로 학습하고 오랜 시간에 걸쳐 축적한 언어 기반 지식을 의미함
	높은 점수	어휘지식과 결정지능이 우수하고, 정보 재인능력, 장기기억 인출능력, 언어적 추론과 언어적 문제 해결능력이 뛰어남
	낮은 점수	어휘지식과 언어적 의사소통 능력이 부족하고, 장기기억에 저장된 정보를 인출하는 데 어려움이 있음을 의미함
	개입방법	• 가능한 설명을 단순하게 하고, 새로운 용어의 개념을 알려주는 방법이 도움이 됨 • 새로운 용어를 가르칠 때는 아동이 이미 알고 있는 주제의 맥락에서 가르치거나, 이미 알고 있는 개념이나 정보와 연관 지어 가르쳐야 함 • 수학·과학 능력을 평가할 때는 쉬운 언어를 사용하여 부담을 줄이거나 차트, 모형, 그래프와 같은 시각적 자료를 활용하는 것이 도움이 됨
시공간 지표	측정	• 시각정보와 규칙을 분석하고 조작하는 시공간 처리능력을 측정함 • 비언어적 추론능력, 시공간 추론능력, 시각–운동 처리속도, 시각–운동 협응능력, 정신적 회전능력, 시각 작업기억, 부분–전체 관계에 대한 이해 등을 측정함
	높은 점수	시공간 추론능력, 부분–전체 관계에 대한 이해, 시각적 세부 사항에 대한 주의, 시각–운동 협응능력 등이 뛰어나다는 것을 의미하며 특히 수학에서 높은 학업성취를 보일 수 있음
	낮은 점수	시각–운동 협응능력의 부족이나 작업기억과 일반적인 추론능력의 결함을 나타낼 수 있으며 특히 방향감각이 부족하거나 수학, 계산, 암산 능력이 부족할 수도 있음
	개입방법	• 차트나 모형과 같은 시각적 자료를 가급적 사용하지 않고 언어적으로 지시를 함 • 초등 저학년의 경우, 손으로 직접 만질 수 있는 교구를 제공하여 아동의 이해를 도와야 함 • 수업 중 필기를 해야 하는 경우에는 시간을 충분히 제공하고, 수학 문제를 풀 때는 여백이 많은 연습지를 제공해야 함
유동추론 지표	측정	• 유동지능 측정 시 후천적으로 학습된 지식이 아닌, 여러 가지 정보와 인지능력을 활용하여 새로운 문제를 해결하는 능력을 측정함 • 귀납추론 능력, 양적추론 능력, 추상적 사고 능력 등을 반영함
	높은 점수	• 시각 정보로부터 추상적인 개념을 추론하는 능력이 뛰어나다는 것을 의미함 • 비언어적 정보에 대한 귀납추론 및 양적추론 능력, 동시처리 능력, 추상적 사고능력, 인지적 유연성이 높음을 나타냄
	낮은 점수	• 새로운 과제에 직면했을 때의 문제 해결능력과 전반적인 추론능력이 부족하다는 것을 의미함 • 시각정보를 분석하고 추론하는 것과 양적 개념을 이해하고 적용하는 것에 어려움을 보임
	개입방법	• 개념과 절차를 언어적으로 제시하여 아동이 이해했는지 확인하고, 과제의 문제 해결 단계를 구조화하는 전략을 연습시키는 방법이 있음 • 모호한 질문보다는 명확하고 구체적인 질문을 하여 아동 스스로 추론해야 하는 인지적 부담을 덜어주어야 함 • 과제를 수행한 과정(예 수학 문제의 풀이과정)을 보며 올바르게 수행한 부분을 확인함

작업기억 지표	측정	• 시각·청각정보를 일시적으로 유지·조작 및 활용할 수 있는 능력을 측정함 • 주의집중력, 단기 및 작업기억, 시연능력, 통제 및 조절능력, 암기력, 순서화 능력과 연관이 있음 • **작업기억**: 주어진 정보를 단기기억에 일시적으로 저장하여, 그 정보를 정확하게 기억해내거나 추론 과제에 활용하는 능력을 의미함
	높은 점수	작업기억, 주의집중력, 정신적 통제능력, 순서화 능력이 뛰어나다는 것을 의미함
	낮은 점수	부주의, 시각 및 청각적 변별 능력의 부족, 낮은 작업기억 용량 등을 반영함 ➡ **작업기억 결함**: ADHD나 학습장애와도 밀접한 관련이 있음
	개입방법	• 짧고 간단하게 반복적으로 지시하며, 아동에게 자신이 기억하고 있는 지시내용을 반복해서 말하게 하는 방법이 있음 • 기억을 돕기 위한 시각단서를 사용하고, 정보를 의미적으로 연결 지어 기억하는 등의 다양한 기억 전략을 가르쳐 아동의 작업기억 능력을 발달시킬 수 있음 • 주의력이 부족한 아동의 경우, 깨끗한 작업공간을 제공하여 주변에 방해 자극이 없는 상태로 과제를 수행할 수 있도록 함
처리속도 지표	측정	• 주의를 유지하면서, 간단한 과제를 빠르고 정확하게 수행하고 의사결정을 내릴 수 있는 능력을 측정함 • 시각적 변별능력, 주의집중력, 정신운동속도, 시각–운동 협응능력, 소근육 운동능력, 글씨쓰기 능력 등과 관련이 있음 • 빠른 처리 속도는 일상적인 정보를 처리하는 데 시간이 더 적게 걸리게 하고, 복잡한 과제에 인지적 자원을 더 효율적으로 활용할 수 있도록 함
	높은 점수	시각–운동 협응능력, 시각 단기기억, 인지적 유연성, 집중력, 시각적 변별능력, 시각적 탐색 능력, 과제 수행 속도가 뛰어나다는 것을 의미함
	낮은 점수	• 시각적 변별의 문제, 부주의, 시각–운동 협응능력의 부족, 느린 의사결정 속도 또는 느린 인지 속도 등을 반영함 • 일반 아동에 비해 같은 시간 동안 배우는 양이 적거나 같은 양을 배우는 데 더 오랜 시간이 걸리며, 정신적으로 쉽게 지칠 수 있음 • 학습장애, ADHD, 자폐 스펙트럼장애와 같은 신경발달장애와도 관련이 있음 • 시간 압박하에 작업하는 능력이 다소 부족하다는 것을 나타냄 • 완벽주의적이고 강박적인 성향이 있는 경우, 과제 수행에 시간이 오래 걸리기 때문에 낮은 점수를 받을 수 있으며, 충동적 성향이 있는 경우 오류를 많이 범하기 때문에 낮은 점수를 받을 수 있음
	개입방법	• 과제 수행 시간을 더 길게 제공하여 시간 압박을 줄이는 방법, 쉬운 문제를 짧은 시간 안에 가능한 한 빨리 해결하는 연습을 시키는 방법, 긴 시험을 치러야 할 경우 쉬는 시간을 제공하는 방법 등이 있음 • 아동의 능력을 평가할 때, 답안을 빠른 시간 내에 서술하는 형식보다는 객관식, OX 퀴즈, 빈 칸 채우기 등의 형식을 사용할 수 있음

(3) 강약점 분석

지표		지표점수	비교점수	차이	임계값	강점(S)/약점(W)	누적비율
언어이해	VCI	124	117.4	6.6	8.61	–	25%
시공간	VSI	116	117.4	−1.4	10.41	–	〉25%
유동추론	FRI	120	117.4	2.6	10.03	–	〉25%
작업기억	WMI	110	117.4	−17.4	9.25	W	2~5%
처리속도	PSI	127	117.4	9.6	10.92	–	15~25%

① 지표점수 평균(MIS)이나 전체 IQ와 비교하여 해당 지표가 아동의 능력 안에서 인지적 강점 혹은 약점인지 알아볼 수 있다.

② **지표점수 평균**: 5개의 지표점수의 합을 나눈 값이며, 비교점수는 전체 IQ보다 지표점수 평균을 주로 사용한다. 이는 지표점수 평균이 전체 IQ보다 더 많은 소검사로 구성되어 있어 아동의 인지능력을 더 폭넓게 반영하기 때문이다.

③ **해석**

　㉠ 각 기본 지표점수에서 비교점수를 뺀 차이의 절대값이 해당 임계값보다 크거나 같을 경우 유의미한 차이로 판단한다.

　㉡ **임계값**: 통계적으로 유의미하다고 볼 수 있는 최소한의 차이 값으로, 차이가 통계적으로 유의미할 때, 그 차이가 양수이면 강점, 음수이면 약점으로 볼 수 있다.

　㉢ **임계값 유의 수준 선택**: 유의 수준은 얼마나 엄격하게 통계적 유의미성을 평가할 것인지를 나타낸다. 임계값 유의 수준으로는 .01, .05, .10, .15가 있으며 검사자가 목적에 따라 선택한다.

　㉣ **누적비율**: 해당 점수 차이가 축적된 비율을 의미하며, 누적비율을 통해 아동의 점수 차이가 얼마나 빈번하게 또는 희소하게 일어나는지 평가할 수 있다(누적비율이 15% 미만일 경우에 드문 것으로 간주함).

④ **결과표 해석**: 기본 지표 중 작업기억 지표가 아동의 인지적 약점에 해당한다. 작업기억 지표(100) 점수와 비교 점수(117.4) 사이의 절대값(17.4)이 해당 임계값(9.25)보다 크고 점수의 차이가 음수이기 때문이다. 그리고 누적비율은 2~5%에 해당하여 15% 미만이므로 해당 점수 차이는 드문 경우라고 볼 수 있다.

(4) 기본 지표의 차이 비교

지표 비교				점수 1	점수 2	차이	임계값	유의미한 차이(Y/N)	누적비율
언어이해	VCI	−	시공간	VSI	124	116	8	11.39	N	33.8%
언어이해	VCI	−	유동추론	FRI	124	120	4	11.06	N	40.1%
언어이해	VCI	−	작업기억	WMI	124	100	24	10.38	Y	5.7%
언어이해	VCI	−	처리속도	PSI	124	127	−3	11.84	N	45%
시공간	VSI	−	유동추론	FRI	116	120	−4	12.47	N	38.6%
시공간	VSI	−	작업기억	WMI	116	100	16	11.87	Y	17.2%
시공간	VSI	−	처리속도	PSI	116	127	−11	13.17	N	26.8%
유동추론	FRI	−	작업기억	WMI	120	100	20	11.55	Y	9.4%
유동추론	FRI	−	처리속도	PSI	120	127	−7	12.88	N	35.1%
작업기억	WMI	−	처리속도	PSI	100	127	−27	12.3	Y	5.8%

* 임계값의 유의 수준은 0.05입니다.
* 누적비율의 준거집단은 전체 표본입니다.

① 5개의 기본 지표점수를 서로 비교하여 아동의 인지능력에 유의미한 차이가 있는지 볼 수 있다.

② 해석: 각 지표점수 간 차이의 절대값을 해당 임계값과 비교하여 분석한다.

　　㉠ 각 지표점수 간 차이의 절대값이 해당 임계값보다 크거나 같다면 그 차이는 유의미한 것으로 볼 수 있다.

　　㉡ 차이가 통계적으로 유의미하다면 누적비율을 통해 그 차이가 얼마나 드물게 발생하는 경우인지 판단한다.

③ **결과표 해석**: 언어이해-작업기억, 시공간-작업기억, 유동추론-작업기억, 작업기억-처리속도에서 유의미한 차이가 나타났다. 우선 언어이해 지표(124) 점수와 작업기억 지표(100) 점수 차이의 절대값(24)이 해당 임계값(10.38)보다 크기 때문에 두 지표점수의 차이는 통계적으로 유의미하다. 누적비율은 5.7%로 15% 미만이기 때문에 두 지표의 점수 차이는 드문 경우라고 볼 수 있다. …(중략)… 마지막으로 작업기억 지표(100) 점수와 처리속도 지표(127) 점수 차이의 절대값(27)이 임계값(12.3)보다 크기 때문에 두 지표점수의 차이는 통계적으로 유의미하다. 누적비율은 5.8%로 해당 점수 차이는 드문 경우라고 할 수 있다.

④ 기본 지표점수의 차이 비교 해석

기본 지표점수의 차이 비교	해석
언어이해 – 시공간	• **언어이해 지표점수가 시공간 지표점수보다 높을 경우**: 아동이 문제를 해결할 때 시각·공간적 자극보다는 언어적 자극을 활용하는 것에 더 뛰어나며 시공간 추론능력보다는 언어적 추론능력이 더 뛰어나다는 것을 의미함 • **시공간 지표점수가 언어이해 지표점수보다 높을 경우**: 문제를 해결할 때 언어적 자극보다는 시각·공간적 정보를 활용하는 것에 더 뛰어나며 언어적 추론능력보다는 시공간 추론능력이 더 뛰어나다는 것을 의미함
언어이해 – 유동추론	• **언어이해 지표점수가 유동추론 지표점수보다 높을 경우**: 이미 학습된 지식을 언어로 표현하는 능력이 새로운 문제를 접했을 때 추론하는 인지능력보다 더 뛰어나다는 것을 의미함 • **유동추론 지표점수가 언어이해 지표점수보다 높을 경우**: 아동이 새로운 문제를 접했을 때 추론하는 인지능력이 이미 학습된 지식을 언어로 표현하는 능력보다 더 뛰어나다는 것을 의미함

기본 지표점수의 차이 비교	해석
언어이해 – 작업기억	• 언어이해 지표점수가 작업기억 지표점수보다 높을 경우: 언어적 자극을 이해하고 의미를 조합하여 자신의 생각을 전달하는 능력이 일시적으로 정보를 저장하고 조작하는 능력보다 더 뛰어나다는 것을 의미함 • 작업기억 지표점수가 언어이해 지표점수보다 높을 경우: 일시적으로 정보를 저장하고 조작하는 능력이 언어적 자극을 이해하고 의미를 조합하여 자신의 생각을 전달하는 능력보다 뛰어나다는 것을 의미함
언어이해 – 처리속도	• 언어이해 지표점수가 처리속도 지표점수보다 높을 경우: 언어적 자극을 이해하고 자신의 생각을 전달하는 능력이 의사결정을 위해 시각 정보를 빠르고 정확하게 파악하고 처리하는 능력과 시각–운동 협응능력보다 더 뛰어나다는 것을 의미함 • 처리속도 지표점수가 언어이해 지표점수보다 높을 경우: 의사결정을 위해 시각 정보를 빠르고 정확하게 파악하고 처리하는 능력과 시각–운동 협응능력이 언어적 자극을 이해하고 자신의 생각을 전달하는 능력보다 더 뛰어나다는 것을 의미함
시공간 – 유동추론	• 시공간 지표점수가 유동추론 지표점수보다 높을 경우: 시공간 자극을 통하여 문제를 해결하는 시공간 추론능력이 새로운 문제를 접했을 때 해결해 나가는 추론능력과 창의적인 문제의 답을 찾아내는 능력보다 더 뛰어나다는 것을 의미함 • 유동추론 지표점수가 시공간 지표점수보다 높을 경우: 새로운 문제를 접했을 때 해결해 나가는 추론능력과 창의적인 문제의 답을 찾아내는 능력이 시공간 자극을 통하여 문제를 해결하는 시공간 추론능력보다 더 뛰어나다는 것을 의미함. 유동추론 지표과제는 시공간 지표과제에 비해 더 높은 수준의 추론능력을 요구하기 때문에 유동추론 지표점수가 더 높을 경우 고차원적인 인지적 추론능력이 잘 발달했다는 것을 의미함
시공간 – 작업기억	• 시공간 지표점수가 작업기억 지표점수보다 높을 경우: 시공간 자극을 통하여 문제를 해결하는 시공간 추론능력이 정보를 저장하고 유지하고 조작하는 능력보다 더 뛰어나다는 것을 의미함 • 작업기억 지표점수가 시공간 지표점수보다 높을 경우: 정보를 저장하고 유지하고 조작하는 능력이 시공간 자극을 통하여 문제를 해결하는 능력보다 더 뛰어나다는 것을 의미함
시공간 – 처리속도	• 시공간 지표점수가 처리속도 지표점수보다 높을 경우: 시공간 자극을 통하여 문제를 해결하는 시공간 추론능력이 시각 정보를 빠르고 정확하게 파악하고 의사 결정을 내리는 능력보다 더 뛰어나다는 것을 의미함 • 처리속도 지표점수가 시공간 지표점수보다 높을 경우: 시각 정보를 빠르고 정확하게 파악하고 의사 결정을 내리는 능력이 시공간 자극을 통하여 문제를 해결하는 시공간 추론능력보다 더 뛰어나다는 것을 의미함
유동추론 – 작업기억	• 유동추론 지표점수가 작업기억 지표점수보다 높을 경우: 새로운 문제를 접했을 때 연관성을 찾아내고 창의적인 문제의 답을 하는 능력이 정보들을 저장하고 유지하고 조작하는 능력보다 더 뛰어나다는 것을 의미함 • 작업기억 지표점수가 유동추론 지표점수보다 높을 경우: 정보들을 저장하고 유지하고 조작하는 능력이 새로운 문제를 접했을 때 연관성을 찾아내고 창의적인 문제의 답을 하는 능력보다 뛰어나다는 것을 의미함
유동추론 – 처리속도	• 유동추론 지표점수가 처리속도 지표점수보다 높을 경우: 새로운 문제를 접했을 때 여러 가지 정보를 활용하여 추론해 나가는 능력이 정보를 빠르고 정확하게 파악하여 처리하는 능력보다 더 뛰어나다는 것을 의미함 • 처리속도 지표점수가 유동추론 지표점수보다 높을 경우: 정보를 빠르고 정확하게 파악하여 처리하는 능력이 새로운 문제를 접했을 때 여러 가지 정보를 활용하여 추론해 나가는 능력보다 더 뛰어나다는 것을 의미함
작업기억 – 처리속도	• 작업기억 지표점수가 처리속도 지표점수보다 높을 경우: 시각·청각 정보를 저장하고 유지하고 조작하는 능력이 시각 정보를 빠르고 정확하게 파악하고 처리하는 능력보다 더 뛰어나다는 것을 의미함. 이 경우 단기기억이 정신적 조작 속도, 시각–운동 협응능력보다 잘 발달되어 있다고 볼 수 있음 • 처리속도 지표점수가 작업기억 지표점수보다 높을 경우: 시각 정보를 빠르고 정확하게 파악하고 처리하는 능력이 시각·청각 정보를 저장하고 유지하고 조작하는 능력보다 더 뛰어나다는 것을 의미함. 이 경우 정신적 조작 속도, 시각–운동 협응능력이 단기기억보다 잘 발달해 있다고 볼 수 있음

3. 해석 3단계, 기본 지표 척도 소검사 해석하기

(1) 소검사 점수의 분류

소검사 점수	분류
16~19	매우 우수/예외적 강점/매우 잘 발달
13~15	평균 상/강점/잘 발달
8~12	평균
5~7	평균 하/약점/빈번하게 발달
1~4	매우 낮음/예외적 약점/매우 빈약하게 발달

(2) 소검사 해석

구성		측정능력
언어이해 지표	공통성	• 두 개의 단어를 듣고, 두 단어의 공통적인 속성을 말해야 함 • 언어적 추론능력과 개념 형성능력, 추상적 사고능력을 측정함
	어휘	• 사물이 그려진 그림을 보고 사물의 이름을 말하거나 단어를 듣고 그 단어의 의미를 말해야 함 • 언어적 개념을 갖고, 그 개념을 정확하게 표현하는 능력을 측정함. 또한 결정지능, 어휘지식, 언어유창성, 학습능력, 추상적 사고능력 등과 관련이 있음
시공간 지표	토막짜기	• 제한시간 내에 빨간색과 흰색으로 이루어진 토막을 사용하여, 제시된 모형과 똑같은 모양을 만들어야 함 • 추상적인 시각자극을 분석하고 종합하는 능력을 측정함. 또한 비언어적 추론능력, 시지각 조직화 능력, 동시처리 능력, 시각–운동 협응능력 등과 관련이 있음
	퍼즐	• 제한시간 내에 완성된 퍼즐을 보고 퍼즐을 구성할 수 있는 3개의 조각을 선택해야 함 • 추상적인 시각자극을 분석하고 통합하는 능력을 측정함. 또한 시지각 정보처리 능력, 정신적 회전능력, 공간적 시각화 능력, 작업기억, 동시처리 능력, 비언어적 추론 등과 관련이 있음
유동추론 지표	행렬추리	• 행렬이나 연속의 일부를 보고, 전체를 완성하는 보기를 찾아야 함. 즉, 시각 정보를 사용하여 모든 자극을 연결하는 근본적인 규칙을 파악하고 적용할 수 있어야 함 • 시지각적 정보처리 능력과 추상적 추론능력을 측정함. 또한 동시처리 능력, 부분–전체의 관계에 대한 이해, 세부 사항에 대한 주의력 등과 관련이 있음
	무게비교	• 양쪽 무게가 달라 균형이 맞지 않는 저울 그림을 보고 균형을 맞출 수 있는 보기를 골라야 함 • 비언어적 시각 정보에 대한 양적추론 능력, 수학적 추론능력, 시각 작업기억, 인지적 유연성 등을 측정함
작업기억 지표	숫자	• 일련의 숫자를 듣고 기억하여 따라해야 함 • 단기기억, 작업기억, 기계적인 암기력, 주의집중력, 청각적 변별능력을 측정함 • **숫자 바로 따라 하기**: 청각적 시연, 단기기억, 작업기억 등을 측정함 • **숫자 거꾸로 따라 하기**: 작업기억, 순차처리 능력, 정신적 조작능력 등을 측정함 • **숫자 순서대로 따라 하기**: 숫자 거꾸로 따라하기와 비슷한 능력을 측정하지만 더 복잡한 정신적 조작능력과 주의집중력을 필요로 하며 양적 지식까지 측정함
	그림기억	• 제한시간 내에 1개 이상의 그림을 기억하고, 해당 그림을 다양한 그림 속에서 가능한 순서대로 찾아야 함 • 작업기억, 주의집중력, 시각처리 능력, 순서화 능력, 시각 단기기억과 반응억제 능력 등을 측정함

구성		측정능력
처리속도 지표	기호쓰기	• 제한시간 내에 기호표를 보고 간단한 기하학적인 모양이나 숫자에 상응하는 기호를 그려야 함 • 시각 단기기억, 주의집중력, 시각–운동 협응능력, 정신운동 속도, 시각적 변별능력, 연합학습 능력 등을 측정함. 또한 손을 사용하여 기호를 직접 써야 하기 때문에 소근육 운동능력도 측 정함
	동형찾기	• 제한시간 내에 반응 부분을 훑어보고 표적 모양과 동일한 것을 찾아야 함 • 시각적 변별능력, 시각–운동 협응능력, 주의집중력, 의사결정 속도, 통제 및 조절능력, 시각 단기기억 등을 측정함

(3) 소검사의 강약점 해석

소검사	환산점수	비교점수	차이	임계값	강점(S)/약점(W)	누적비율
공통성	14	13.2	0.8	2.97	–	>25%
어휘	15	13.2	1.8	1.87	–	15–25%
토막짜기	11	13.2	−2.2	3.33	–	15–25%
퍼즐	15	13.2	1.8	2.82	–	15–25%
행렬추리	10	13.2	−3.2	3.42	–	5–10%
무게비교	17	13.2	3.8	1.99	S	5%
숫자	13	13.2	−0.2	2.28	–	>25%
그림기억	7	13.2	−6.2	2.88	W	<2%
기호쓰기	15	13.2	1.8	2.81	–	15–25%
동형찾기	15	13.2	1.8	3.51	–	25%

* 비교점수의 평균은 10가지 소검사 환산점수의 평균입니다.
* 임계값의 유의 수준은 0.05입니다.

① MSS-P 방법과 MSS-F 방법과 비교하여 해당 소검사의 강약점을 알아볼 수 있다.
  ㉠ MSS-P 방법: 10개의 기본 지표 척도 소검사 점수의 평균으로, 유효한 비교점수로 사용하려면 10개 소검사 중 원점수 총점이 0점인 소검사가 5개 이하여야 한다. ➡ 권장방법
  ㉡ MSS-F 방법: 전체 IQ를 구성하는 7개의 소검사 점수의 평균으로, 유효한 비교점수로 사용하려면 7개 소검사 중 원점수 총점이 0점인 소검사가 4개 이하여야 한다.
② 해석: 소검사 환산점수에서 비교점수를 뺀 차이의 절대값이 해당 임계값보다 크거나 같을 경우 유의미한 차이로 판단한다.
  ㉠ 차이가 유의미할 때, 그 차이가 양수이면 해당 소검사는 강점, 음수이면 약점으로 간주한다.
  ㉡ 누적비율을 통해 해당 점수 차이가 얼마나 빈번하게 또는 드물게 일어나는 경우인지 평가한다.
③ 결과표 해석: 무게비교 소검사가 인지적 강점, 그림기억 소검사가 인지적 약점으로 나타났다. 우선, 무게비교 (17) 점수와 비교점수(13.2) 차이의 절대값(3.8)이 임계값(1.99)보다 크고 점수의 차이가 양수이기 때문에 무게 비교 소검사는 개인 내 강점에 해당한다. 누적비율은 5%에 해당하여 15% 미만이므로 해당 점수 차이는 드문 경우라고 볼 수 있다.

(4) 소검사 차이 비교

소검사 비교		점수 1	점수 2	차이	임계값	유의미한 차이(Y/N)	누적비율
공통성	– 어휘	14	15	−1	3.04	N	43.1%
토막짜기	– 퍼즐	11	15	−4	3.52	Y	10.7%
행렬추리	– 무게비교	10	17	−7	2.82	Y	2.7%
숫자	– 그림기억	13	7	6	2.93	Y	3.4%
기호쓰기	– 동형찾기	15	15	0	3.36	N	–

* 임계값의 유의 수준은 0.05입니다.

① 소검사 차이 비교를 통해 아동의 인지적 특성에 대해 추가적인 정보를 얻을 수 있다.

② 해석: 두 소검사 차이의 절대값이 해당 임계값보다 크거나 같으면 그 차이는 통계적으로 유의미하다고 본다. 또한 차이가 통계적으로 유의미하다면 누적비율을 통해 두 소검사의 점수 차이가 얼마나 빈번하게 혹은 드물게 발생하는 경우인지도 판단할 수 있다.

③ **결과표 해석**: 토막짜기–퍼즐, 행렬추리–무게비교, 숫자–그림기억에서 유의미한 차이가 나타났다. 우선, 토막짜기(11) 점수와 퍼즐(15) 점수의 차이의 절대값(4)이 임계값(3.52)보다 크기 때문에 두 소검사의 점수 차이는 통계적으로 유의미하다. 누적비율은 10.7%로 15% 미만이기 때문에 해당 점수 차이는 드문 경우로 볼 수 있다.

④ 차이 비교 해석

구성		측정능력
공통성과 어휘	공통	모두 언어적 개념 형성능력과 의사소통 능력을 측정함
	공통성	상대적으로 논리적인 추론능력, 상위 개념 형성능력, 관계파악 능력, 인지적 유연성과 더 연관됨
	어휘	이미 학습된 어휘지식과 단어의 의미를 정확하게 표현하는 능력과 더 연관됨
토막짜기와 퍼즐	공통	모두 시공간적 처리 및 추론능력을 측정하며, 전체와 부분의 관계를 파악하여 자극을 재구성함
	토막짜기	시각자극을 분석하고 구성하는 능력, 시각–운동 협응능력과 더 연관됨
	퍼즐	자극을 눈으로만 보고 정신적으로 조작하여 정답을 찾아야 하므로 유동추론 능력, 시각화 능력, 정신적 조작능력, 인지적 유연성 등과 더 연관됨
행렬추리와 무게비교	공통	모두 비언어적 유동추론 능력을 측정함
	행렬추리	자극을 보고 규칙성을 발견하여 적용하는 귀납추론 능력과 더 연관됨
	무게비교	양적추론 능력, 양적 균등 개념, 수학적 추론능력과 더 연관됨
숫자와 그림기억	공통	모두 작업기억을 측정함
	숫자	청각단기기억, 단순 암기력, 기계적 학습능력과 더 연관되며 단서 없이 자극을 떠올리는 자유회상을 통해 기억해야 함
	그림기억	자극이 시각적으로 제시되므로 시각 작업기억과 더 연관되며 기억한 그림자극을 보기에서 선택하도록 하므로, 이미 접했던 자극을 재인을 통해 기억해야 함
기호쓰기와 동형찾기	공통	모두 시각처리 능력과 주의집중력을 측정함
	기호쓰기	기호를 빠르게 학습하는 능력, 글씨쓰기 능력, 시각–운동 협응능력과 더 연관됨
	동형찾기	시각적 변별능력, 시각적 주사(scanning) 능력과 더 연관됨

4. 해석 4단계, 추가 지표 척도 해석하기

(1) 추가 지표 척도 구성

양적추론(QR)	청각작업기억(AWMI)	비언어(NVI)	일반능력(GAI)	인지효율(CPI)
무게비교(FW)	숫자(DS)	토막짜기(BD)	공통성(SI)	숫자(DS)
산수(AR)	순차연결(LN)	퍼즐(VP)	어휘(VC)	그림기억(PS)
		행렬추리(MR)	토막짜기(BD)	기호쓰기(CD)
		무게비교(FW)	행렬추리(MR)	동형찾기(SS)
		그림기억(PS)	무게비교(FW)	
		기호쓰기(CD)		

(2) 추가 지표 척도의 단일성

추가 지표		환산점수 합	지표점수	백분위	신뢰구간 (95%)	진단분류 (수준)	측정표준오차 (SEM)
양적추론	QBI	24	111	77	104-117	평균 상	4.29
청각 작업기억	AWMI	20	100	50	93-107	평균	4.07
비언어	NVI	66	107	68	100-113	평균	3.40
일반능력	GAI	54	105	64	99-111	평균	3.50
인지효율	CPI	41	102	54	94-109	평균	3.96

① 각 추가 지표를 구성하는 소검사들 중 가장 높은 소검사 점수와 가장 낮은 소검사 점수의 차이가 5점 미만일 경우에만 해당 추가 지표가 단일한 능력을 측정한다고 볼 수 있다.

② 추가 지표를 구성하는 소검사들 중 가장 높은 소검사 점수와 가장 낮은 소검사 점수의 차이가 5점 이상일 경우에는 해당 추가 지표에서 측정하고자 하는 능력을 충분히 반영하지 못할 수 있으므로 해석 시, 주의를 기울여야한다.

(3) 해석

구성	측정능력
양적추론	• 일차적으로는 비언어적 시각 정보이든, 언어적 정보이든, 제시된 정보에 대해 양적 관계를 이해하여 추론하는 능력을 측정함 • 수리 혹은 계산능력, 주의집중력, 작업기억력 등도 이 과제들을 수행하는 데에 영향을 미침
청각 작업기억	기억력, 암기, 주의집중, 청각 단기기억, 작업기억, 수리능력, 청각적 순차처리, 계획능력, 정신적 조작능력을 측정함
비언어지표	이 지표는 10개의 기본 지표 척도 소검사 중 언어적 반응이 필요하지 않은 6개의 소검사에 기초해 산출되므로 언어적 요구를 최소화한 상태에서의 전반적인 지적능력을 반영함
일반능력	• 이 지표는 인지적 효율성의 영향을 적게 받는 척도로, FSIQ 산출에 적용되는 전체 척도의 핵심 소검사들 중 VCI(공통성, 어휘), VSI(토막짜기), FRI(행렬추리, 무게비교)에 포함되는 5개의 핵심 소검사로 구성됨 • K-WISC-IV 및 K-WAIS-IV 의 일반능력 지표와 구성개념이 기본적으로는 동일하겠으나, 소검사 항목의 변화를 고려해 해석해야 함
인지효율지표	• 이 지표는 학습, 문제 해결, 추론과정에서 이루어지는 정보처리의 효율성을 측정함 • WMI(숫자, 그림기억)와 PSI(기호쓰기, 동형찾기)에 포함되는 4개의 소검사로 구성되므로 K-WISC-IV 및 K-WAIS-IV의 인지효율 지표와 구성개념이 기본적으로 동일할 것이지만, 이전 버전의 CPI와는 달리 언어적-청각적 정보처리가 주가 되는 순서화(K-WISC-IV) 혹은 산수(K-WAIS-IV) 소검사 대신 그림기억 소검사가 새롭게 추가되어 비언어적, 시각 정보처리에 대한 비중이 상대적으로 증가하였을 가능성을 고려해야 함

(4) 추가 지표 차이 비교

추가 지표 비교			점수 1	점수 2	차이	임계값	유의미한 차이 (Y/N)	누적비율
일반능력	GAI	– 전체 IQ	123	126	-3	3.06	N	28%
일반능력	GAI	– 인지효율	123	116	7	9.49	N	32.1%
작업기억	WMI	– 청각작업기억	100	119	-19	8.72	Y	2.5%

* 임계값의 유의수준은 0.05입니다.
* 누적비율의 준거집단은 전체표본입니다.

① 일반능력 지표와 전체 IQ 비교: 작업기억과 처리속도가 전반적인 지적 능력에 미치는 영향을 평가할 수 있다.

   ㉠ 일반능력 지표 점수가 전체 IQ 점수보다 유의미하게 높을 경우: 작업기억과 처리속도가 아동의 능력 안에서 상대적으로 약점이라는 것을 의미한다.

      ➡ 신경발달장애(ADHD, SDL, ASD 등)가 있는 아동의 경우 주로 작업기억과 처리속도에 결함이 있기 때문에 일반능력 지표점수가 전체 IQ 점수보다 높게 나타나는 경향이 있다.

   ㉡ 전체 IQ가 일반능력 지표점수에 비해 유의미하게 높을 경우: 작업기억과 처리속도가 아동의 전반적인 지적 능력을 강화하고 있다는 것을 의미한다.

   ㉢ 점수가 유의미하게 차이나지 않을 경우: 작업기억과 처리속도가 전반적인 지적능력에 많은 영향을 미치지 않는다고 볼 수 있다.

② 일반능력 지표와 인지효율 지표의 비교: 신경발달장애 아동의 지적능력을 평가할 때 주로 사용한다.
  ㉠ 일반능력 지표 점수가 인지효율 지표점수에 비해 유의미하게 높을 경우: 언어능력, 전반적 추론능력, 시공간적 처리능력 등과 같은 상위 인지능력이 정보를 빠르고 효율적으로 처리하는 인지적 효율성에 비해 우수하다는 것을 의미한다.
  ㉡ 인지효율 지표가 일반능력 지표에 비해 유의미하게 높을 경우: 정보를 빠르고 효율적으로 처리하는 인지적 효율성이 상위 인지능력보다 더 우수하다는 것을 의미한다.
③ 작업기억 지표와 청각 작업기억 지표의 비교: 작업기억 지표는 시각 및 청각 작업기억을 모두 측정하지만, 청각 작업기억 지표는 청각 작업기억만 측정한다. 따라서 두 지표 간의 비교를 통해 청각 작업기억이 우수한지 혹은 부족한지 여부를 평가할 수 있다.
  ㉠ 작업기억 지표 점수가 유의미하게 높은 경우: 시각과 청각 작업기억 모두 우수하며 특히 정보가 청각적으로 제시되었을 때보다 시각적으로 제시되었을 때 작업기억 수행이 향상된다는 것을 의미한다.
  ㉡ 청각 작업지표 점수가 유의미하게 높은 경우: 청각 단기기억, 청각적 변별능력 등이 우수하며, 정보가 시각적으로 제시되었을 때보다 청각적으로 제시되었을 때 작업기억 수행이 향상된다는 것을 의미한다.
④ 결과표 해석: 작업기억-청각 작업기억에서 유의미한 차이가 나타났다. 작업기억 지표(100) 점수와 청각 작업기억 지표(119) 점수 차이의 절대값(19)이 임계값(8.72)보다 크기 때문에 두 지표점수의 차이는 통계적으로 유의미하다. 누적비율은 2.5%로 15% 미만이기 때문에 두 지표점수의 차이는 드문 경우라고 볼 수 있다.

5. 해석 5단계, 추가 지표 척도 소검사 해석하기

(1) 소검사 점수 해석(3단계 소검사 추가)

소검사	측정능력
산수	• 양적추론 지표 소검사로, 제한시간 내에 그림문항과 언어문항으로 구성된 산수 문제를 암산으로 풀어야 함 • 주의집중력, 단기기억, 작업기억, 장기기억, 수학적 추론능력, 청각적 순차처리 능력, 정신적 조작능력, 양적 지식 등을 측정함 • 자극을 청각적으로 제시하기 때문에 청각적 변별능력과 이해능력이 중요함
순차연결	• 청각 작업기억 지표 소검사로, 연속되는 글자와 숫자를 듣고 숫자는 오름차순, 글자는 가나다 순으로 암기해야 함 • 청각적 변별능력, 주의집중력, 청각적 시연능력, 단기기억, 기계적 암기력, 청각적 순차처리 능력 등을 측정함

(2) 추가 지표 척도 차이 비교

① 무게비교와 산수: 모두 수학능력과 양적 추론능력을 측정한다.
  ㉠ 무게비교: 문제가 추상적인 시각자극으로 제시되기 때문에 작업기억이 적게 요구되며, 정답을 손으로 가리킬 수 있기 때문에 언어적 표현능력의 영향을 덜 받는다.
  ㉡ 산수: 그림문항을 제외한 대부분의 문항들을 듣고 암산으로 계산해서 대답해야 하기 때문에 작업기억과 언어적 표현능력을 필요로 한다.
② 숫자와 순차연결: 모두 청각적 단기기억, 기계적인 암기력을 측정한다.
  ㉠ 숫자: 단일한 숫자자극이 사용되기 때문에 순차연결 소검사에 비해 유의미하게 높을 경우에는 청각 단기기억은 잘 발달했으나 더 복잡한 정신적 조작능력은 부족하다는 것을 의미한다.
  ㉡ 순차연결: 숫자와 글자 자극이 사용되기 때문에 숫자 소검사에 비해 유의미하게 높을 경우에는 단순한 청각적 단기 기억보다 고차원적인 정보처리 능력과 정신적 조작능력이 더 잘 발달했다고 볼 수 있다.

6. 해석 6단계, 처리분석 해석하기

(1) 처리분석

① 아동이 사용하는 문제 해결 전략이나 오류의 특성 등 아동의 인지과정에 대한 정보를 제공함: 처리분석을 통해 아동의 검사 수행에 대한 질적 분석과 구체적인 오류분석을 할 수 있고, 수행에 영향을 주는 다양하고 복합적인 원인을 파악할 수 있다.

② 해당 소검사: 토막짜기, 숫자, 그림기억, 순차연결, 동형찾기, 기호쓰기, 선택 소검사에 대한 총 18개의 처리점수가 있다.

③ 소검사별 처리점수 종류

소검사	처리점수
토막짜기	시간 보너스가 없는 토막짜기, 토막짜기 부분점수, 토막짜기 공간크기 오류, 토막짜기 회전 오류
숫자	숫자 바로 따라 하기, 숫자 거꾸로 따라 하기, 숫자 순서대로 따라 하기, 가장 긴 숫자 바로 따라 하기, 가장 긴 숫자 거꾸로 따라 하기, 가장 긴 숫자 순서대로 따라 하기
그림기억	가장 긴 그림기억 자극, 가장 긴 그림기억 반응
순차연결	가장 긴 순차연결
동형찾기	동형찾기 세트 오류, 동형찾기 회전 오류
기호쓰기	기호쓰기 회전 오류
선택	선택(무선배열), 선택(일렬배열)

(2) 처리점수 환산점수 변환 및 해석

처리점수		원점수	환산점수
시간 보너스가 없는 토막짜기	BDn	32	9
토막짜기 부분점수	BDp	40	8
숫자 바로 따라 하기	DSf	10	11
숫자 거꾸로 따라 하기	DSb	9	9
숫자 순서대로 따라 하기	DSs	8	10
선택(무선배열)	CAr	34	11
선택(일렬배열)	CAs	32	9

① 토막짜기 처리점수

처리점수	내용
시간 보너스가 없는 토막짜기	• 시간 보너스 점수를 부여하지 않았을 때의 토막짜기 소검사 점수 • 과제에서 속도의 영향을 줄인 점수이기 때문에, 신체적 어려움이 있어 토막을 빠르게 움직이지 못하는 아동, 완벽주의적이고 강박적인 경향이 있어 제한시간 내에 과제를 수행하지 못하는 아동의 수행을 파악할 때 활용될 수 있음
토막짜기 부분점수	• 제한시간 안에 토막을 다 완성하지 못했어도 맞게 완성한 부분에 대해서만 점수를 부여하는 것 • 완성된 만큼 점수를 받을 수 있기 때문에 충동적이거나, 부주의하거나, 완성해야 하는 토막의 모양을 잘 인식하지 못하는 아동의 시공간 구성능력을 평가하는 데 유용함

② 숫자 처리점수

처리점수	내용
숫자 바로 따라 하기	• 숫자 바로 따라하기 과제에 대한 처리점수 • 청각적 단기기억, 기계적 암기력, 작업기억을 나타냄
숫자 거꾸로 따라 하기	• 숫자 거꾸로 따라하기 과제에 대한 처리점수: 제시된 자극을 역으로 재배열해야 함 • 자극의 변환이 필요한 청각 단기기억과 더 복잡한 주의처리 능력, 정신적 조작능력, 작업기억을 나타냄
숫자 순서대로 따라 하기	• 숫자 순서대로 따라하기 과제에 대한 점수: 제시된 숫자 자극을 기억했다가 크기 순서대로 배열해야 함 • 청각 단기기억, 작업기억, 주의집중뿐 아니라 숫자에 대한 양적 지식까지 나타냄 • 숫자 거꾸로 따라하기 과제와 비슷하게 정신적 조작능력을 나타내며, 숫자 바로 따라하기 과제보다 주의집중력과 작업기억을 훨씬 더 많이 반영함

③ 선택 처리점수

처리점수	내용
선택 (무선배열)	시각 자극이 비조직적으로 제시되었을 때 아동의 처리속도와 선택적으로 주의를 기울이는 능력을 측정함
선택 (일렬배열)	시각 자극이 일렬로, 즉 조직적으로 제시되었을 때 아동의 처리속도와 선택적으로 주의를 기울이는 능력을 측정함

(3) 처리점수 환산점수 차이 비교

처리점수 비교			점수 1	점수 2	차이	임계값	유의미한 차이(Y/N)	누적비율
토막짜기 총점	−	시간 보너스가 없는 토막짜기 점수	11	11	0	3.95	N	−
토막짜기 총점	−	토막짜기 부분점수	11	11	0	3.67	N	−
숫자 바로 따라 하기	−	숫자 거꾸로 따라 하기	11	12	−1	3.35	N	45.1%
숫자 바로 따라 하기	−	숫자 순서대로 따라 하기	11	15	−4	3.45	Y	12.8%
숫자 거꾸로 따라 하기	−	숫자 순서대로 따라 하기	12	15	−3	3.55	N	19.1%
순차연결 총점	−	숫자 순서대로 따라 하기	14	15	−1	3.38	N	46.5%
선택(무선배열)	−	선택(일렬배열)	7	7	0	4.17	N	−
임계값의 유의 수준은 0.05입니다.								

① 토막짜기 총점과 시간 보너스가 없는 토막짜기 점수의 차이 비교

처리점수	내용
토막짜기 총점이 더 높은 경우	시간 압박하에서 과제를 빠르고 정확하게 수행할 수 있으며, 처리속도와 소근육 운동능력에 어려움이 없다는 것을 의미함
시간 보너스가 없는 토막짜기 점수가 더 높은 경우	제한시간 안에 시공간 자극을 조직하고 구성하는 능력은 양호하지만, 빠른 시각처리 능력이나 소근육 운동능력이 부족할 수 있음

② 숫자 바로 따라 하기와 숫자 거꾸로 따라 하기 차이 비교

처리점수	내용
숫자 바로 따라 하기 점수가 더 높은 경우	• 인지적 변환을 필요로 하는 정신적 조작능력 보다 청각 단기기억, 기계적 암기력이 더 우수하다는 것을 의미함 • 또한 숫자 거꾸로 따라하기 과제의 지시사항을 잘 이해하지 못했거나 숫자 바로 따라 하기 과제가 끝난 후 주의집중력을 유지하지 못한 경우
숫자 거꾸로 따라 하기 점수가 더 높은 경우	• 드문 현상으로, 숫자 바로 따라하기 과제의 지시사항을 잘 이해하지 못했거나, 비일관적인 주의집중력이나 불안 등 다른 여러 요인이 수행에 영향을 주었음을 의미할 수 있음 • 또는 단순한 과제에는 흥미를 느끼지 못하고 어려운 과제에 흥미를 보이는 아동의 성향을 반영할 수 있음

③ 숫자 바로 따라 하기와 숫자 순서대로 따라 하기 차이 비교

처리점수	내용
숫자 바로 따라 하기 점수가 더 높은 경우	• 청각 단기기억은 양호하지만 작업기억과 정신적 조작능력이 상대적으로 저조하다는 것을 의미함 • 또는 아동이 숫자를 순서대로 배열하는 방법을 배우지 못했거나, 숫자를 순서대로 말하라는 추가적 지시사항을 이해하지 못한 것일 수 있음
숫자 순서대로 따라 하기 점수가 더 높은 경우	• 드문 현상으로, 단순한 기계적 암기보다 복잡한 과제에 더 흥미를 느끼고 집중하는 성향이 반영된 결과일 수 있음 • 또는 아동의 비일관적인 주의집중력, 거부적 태도, 불안 등을 나타냄

④ 숫자 거꾸로 따라 하기와 숫자 순서대로 따라 하기 차이 비교

처리점수	내용
숫자 거꾸로 따라 하기 점수가 더 높은 경우	청각 단기기억 및 정신적 조작능력은 양호하게 발달하였지만, 숫자를 순서대로 배열하는 것을 어려워하거나 숫자 순서대로 따라하기의 일부 문항 중 동일한 숫자가 반복되는 것에 혼란을 느꼈을 가능성이 있음
숫자 순서대로 따라 하기 점수가 더 높은 경우	순서화를 잘 하거나, 숫자를 거꾸로 따라하는 데 어려움이 있다는 것을 의미함

⑤ 순차연결 총점과 숫자 순서대로 따라 하기 점수의 차이 비교

처리점수	내용
순차연결 총점이 더 높은 경우	청각 단기기억, 정신적 조작능력 등이 잘 발달했으며 아동이 숫자보다 글자를 순서대로 배열하는 것에 더 능숙하거나, 복잡한 이중과제를 더 잘 처리한다는 것을 의미함
숫자 순서대로 따라 하기 점수가 더 높은 경우	• 두 종류의 자극을 처리하는 이중과제에서 작업기억 수행능력을 잘 발휘하지 못하는 것을 의미함 • 또한 아동이 글자를 순서대로 배열하는 방법을 익히지 못한 경우일 수도 있음

⑥ 선택(무선배열)과 선택(일렬배열)의 차이비교

처리점수	내용
선택(무선배열)이 더 높은 경우	시각자극이 비조직적으로 제시되었을 때 아동의 시각적 주사능력, 처리속도를 더 효율적으로 발휘할 수 있음
선택(일렬배열)이 더 높은 경우	• 시각자극이 일렬로 조직적으로 제시되었을 때 아동이 시각적 주사능력 처리속도를 더 효율적으로 발휘할 수 있음 • 또한 일렬배열 과제를 무선배열 과제 다음에 시행하기 때문에 연습효과로 인해 수행이 향상되었을 가능성도 있음

7. 해석 7단계, 검사 태도에 대한 질적분석

(1) 잘 모르겠어요 반응(DK)

① 검사의 난이도가 다양하기 때문에 이러한 반응은 때로 적절할 수도 있고, 틀린 반응을 하는 것을 막아준다.

② 아동이 답하는 것을 주저하면서 DK 반응을 보인다면: 아동에게 답하도록 격려할 수도 있다.

③ 아동이 빈번하게 DK 반응을 보인다면: 지식이나 이해의 부족, 미숙한 탐색과 인출 전략, 동기나 인내심 문제, 불안 등을 반영할 수 있다.

(2) 무반응(NR)

① 무반응은 평가 참여도를 알려주고, 사회적 기술의 부족, 자신감, 반항행동, 심한 불안, 사회적 관계와 같은 심리사회적 기능, 혹은 언어기술에 대한 임상적 정보를 제공해 준다.

② 아동이 한 과제에서만 빈번히 NR 반응을 보인다면: 측정 영역의 내용과 관련된 문제일 수 있다.

③ 아동이 여러 과제에서 빈번히 NR 반응을 보인다면: 평가 참여도와 관련된 문제일 수 있다.

(3) 문항반복(IR)과 반복요청(RR)

① 아동이 지시사항이나 검사질문 등을 가끔씩 반복해서 말해달라고 요청하는데, 이러한 검사 태도는 평가과정에 대한 좋은 참여도와 잘하고자 하는 욕구와 관련 있다.

② 반항반복과 반복요청이 빈번하다면, 주의력, 청각적 혹은 언어적 정보처리 과정에서 나타나는 문제의 신호일 수 있다.

③ 매우 불안한 아동은 지시사항이나 내용을 정확하게 이해했는지에 대해서 검사자의 확인을 구하고자 반복해달라고 요청할 수 있다.

(4) 하위 발성(SV, subvocalization)

① 하위 발성은 말을 하지 않으면서 입술을 움직이거나 들릴 정도로 혼잣말을 하는 것으로, 과제 수행 시 인지적 부하를 감소시키기 위한 전략이다.

② 관찰 가능한 하위 발성: 주어진 과제에 대한 정보처리 용량이 한계에 다다랐음을 보여주는 것, 작업기억 기제의 관여를 나타내는 것이다.

③ 하위 발성 시연은 정보를 부호화하는 과정에 도움을 줄 수 있다.

(5) 자기교정(self-corrections)

① 문제라고 보기는 어렵고, 성숙한 자기점검능력을 반영하는 것일 수 있다.

② 때로 충동적인 아동은 빠르게 반응하고 나서 다시 생각한 뒤 자기교정을 하는 경향이 있다.

제5절 지능 및 인지기능검사 2

23 KABC-Ⅱ: 한국 카우프만 아동지능검사 2

1. 소개

(1) 실시 및 대상

① KABC-Ⅱ

  ㉠ 만 3~18세 아동 청소년의 정보처리능력, 인지능력을 측정하기 위한 개인 지능검사이다.

  ㉡ 심리, 임상, 심리교육, 신경심리적 평가를 목적으로 개발되었다.

  ㉢ 사고력과 전반적인 인지능력을 모두 측정할 수 있는 측정도구이다.

② 임상, 심리-교육, 신경심리학적 측면의 평가 가능: 검사를 통해 임상, 교육적 측면의 상태를 진단할 수 있고, 치료계획과 배치계획을 세우는 데 도움을 준다.

③ 인지능력과 사고력에 있어 개개인의 강점과 약점을 파악할 수 있도록 구성되어 있다.

④ 학습장애의 핵심적인 양상인 기본적인 사고처리과정의 장애를 파악하는 데도 유용하다.

⑤ 기존 개인용 지능검사와 구별되는 특징

  ㉠ 지능을 인지처리 과정으로 보고, 이를 문제 또는 과제 해결이 순차적인지 혹은 동시적인지에 따라 측정한다.

  ㉡ 비언어성 척도가 포함되어 있어 언어장애 아동의 지능을 효과적으로 평가할 수 있다.

  ㉢ 학교나 가정, 기타 후천적으로 습득한 지식을 지능척도와 분리하여 평가함으로써 아동의 문제해결력을 사용하여 습득한 능력을 비교할 수 있다.

  ㉣ 기존 대다수의 내용 중심 검사와 달리 처리과정 중심의 검사이기 때문에 수행과정에 대한 설명이 가능하다.

  ㉤ 주로 좌뇌지향 검사인 전통적 검사들과 달리 좌뇌와 우뇌의 기능을 고루 측정하도록 검사가 구성되어 있다.

(2) 전체 척도와 하위 척도

> • 검사자는 아동이 검사받는 이유와 배경요인에 근거하여 2개의 전체 척도(MPI, FCI) 중 어느 척도를 사용할지 결정한다.
> • 검사 모델로 루리아 모델(MPI)과 CHC 모델(FCI) 중 하나를 선택하여 진단·해석(이원적 구조 해석)을 할 수 있다.
> • **지표**: 인지처리 지표(MPI), 유동성-결정성 지표(FCI)
> • **하위 척도**: 순차처리, 동시처리, 계획력, 학습력, 지식

	루리아(Luria) 모델	CHC 모델	KABC-Ⅱ 하위 척도
-	순차처리 동시처리 학습력 계획력	단기기억(Gsm) 시각적 처리(Gv) 장기저장-회생(Glr) 유동성추리(Gf) 결정성능력(Gc)	순차처리(Gsm) 동시처리(Gv) 학습력(Glr) 계획력(Gf) 지식(Gc)
KABC-하위 척도 명칭	인지처리 지표(MPI)	유동성-결정성 지표(FCI)	

① 모델별 척도

KABC 하위 척도	루리아 모델 (인지처리 지표, MPI)	CHC 모델 (유동성 – 결정성 지표, FCI)
• 순차처리 　일련의 정보들을 제시된 순서에 따라 정확히 재현하는 하위 검사로 구성	• 순차처리 　제시된 자극들을 정해진 순서에 따라 입력하고 연속적으로 처리하는 능력	• 단기기억 　즉각적인 지각 속에서 정보를 수초 동안 파지하고, 그 정보를 잊어버리기 전에 적절하게 사용하는 능력으로, 문제를 해결하기 위해 주어진 정보를 순차적·연속적으로 조작하는 정보처리능력
• 동시처리 　시각 정보가 포함된 자극이 제시되고 일부 하위 검사는 복잡한 문제를 정확하게 풀기 위해 비언어적 추론 또는 시공간적 조작이 필요	• 동시처리 　여러 개별 자극을 하나의 범주로 통합하거나 전체적으로 개념화하여 통합시키는 동시적 처리과정	• 시각적 처리 　시공간적인 패턴을 지각·생각·조작하고 실제로 해보지 않더라도 정신적으로 대상을 공간에서 회전시켜 볼 수 있는 인지능력
• 학습력 　시각 자극과 짝지어진 언어 자극이 제시되고 이를 연합학습하는 과제와 20~25분 경과 후 그 자극들을 회상하는 과제로 구성	• 학습력 　새로운 정보를 학습하는 능력으로, 선택적 주의력, 주의 지속력, 집중력 등 주의력 요소와 더불어 청각·시각적 자극을 통합하고 감각정보를 저장하는 과정에 순차적·동시적 처리를 적용하는 능력, 새로운 정보를 부호화하고 저장하는 능력 등 루리아의 3가지 기능적 단위(주의력, 순차처리/동시처리, 계획 능력)를 연합·통합하는 능력이 필요	• 장기저장 – 회생 　장기기억고에 정보를 능숙하고 효율적으로 저장·인출하는 능력으로 광범위한 인지능력에 해당됨. 여기에서 강조하는 점은 정보 저장에 필요한 타고난 능력이 아닌 정보를 저장·검색·인출함에 있어서의 효율성임
• 계획력 　기존에 배운 것과 다른 종류의 새로운 비언어적 문제가 제시되고, 수검자는 언어적으로 간접적인 추론을 사용하여 정답을 도출해야 함	• 계획력 　가설을 생성하는 능력과 계획을 행동으로 전환하는 능력, 문제 해결을 위한 최상의 가설을 모니터링하고 평가하여 의사결정하는 능력, 융통성, 충동 통제 능력 등이 필요	• 유동성 추리 　새로운 문제를 적응적으로 융통성 있게 해결하기 위해 사용하는 다양한 정신적 조작능력이며, 이때 정신적 조작이란 귀납적·연역적 추론을 적용하고 암시를 이해하며 추론을 형상화하는 능력을 의미함
• 지식 　지식, 사실, 어휘력을 평가하는 다양한 과제로 구성		• 결정성 능력 　자신이 속한 문화에서 획득한 특정 지식의 양과 지식을 효율적으로 적용하는 능력. 학습력이 저장과 인출에 초점이 맞춰진 것과 달리 습득해놓은 특정 정보의 범위와 깊이를 강조함. 이는 학교교육에 국한되지 않고 일상생활에서의 경험을 통한 학습도 포함됨. 이 과정에 많은 능력이 관여함

2. 하위 검사 구성

척도/하위 검사	실시대상 연령			척도/하위 검사	실시대상 연령		
	핵심	보충	비언어성		핵심	보충	비언어성
순차처리(Gsm)				계획력(Gf, 7-18세)			
수회생	4-18	3		형태추리	7-18		5-18
단어배열	3-18			이야기 완성	7-18		6-18
손동작		4-18	3	학습력(Glr)			
동시처리(Gv)				이름기억	3-18		
블록세기	13-18	5-12	7-18	암호해독	4-18		
관계유추	3-6		3-6	이름기억-지연		5-18	
얼굴기억	3-4	5	3-5	암호해독-지연		5-18	
형태추리	5-6			지식(Gc, CHC 모델에만 해당)			
빠른 길 찾기	6-18			표현어휘	3-6	7-18	
이야기 완성		6		수수께끼	3-18		
삼각형	3-12	13-18	3-18	언어지식	7-18	3-6	
그림통합		3-18					

24 신경심리검사

1. 목적과 구성

(1) 목적

① **진단**: 뇌손상이나 뇌기능장애의 진단을 목적으로 사용될 수 있다.

② **환자 관리 및 치료계획 수립**: 신경심리검사를 통해 얻어진 환자의 강점과 약점에 관한 정보는 환자를 관리하고 치료계획을 수립하는 데 사용된다.

③ **재활 및 치료평가**: 치료효과를 민감하게 측정할 수 있고, 환자의 능력과 욕구에 맞는 치료목표를 설정하고 프로그램을 적용할 수 있으며, 수행 실패를 검토하여 수행을 향상할 방법을 분석할 수 있다.

④ **연구**: 뇌와 행동 간의 관계를 밝히고자 하는 연구 목적으로 사용된다.

(2) 접근방식

구분	내용
고정식 배터리 접근 (fixed battery approach)	• 실시해야 하는 검사의 종류와 절차가 미리 정해져 있는 경우로, 검사자는 모든 환자에게 미리 정해진 검사 배터리를 실시함 예 Halstead-Reitan 신경심리검사 배터리 • 검사 배터리들은 거의 모든 뇌기능을 포괄하는 다양한 소검사를 포함하므로 광범위한 행동 스펙트럼에 대한 강점과 약점을 평가할 수 있음 • 규준 정보를 이용할 수 있고, 관련 연구가 확립된 경우가 많으며, 연구용으로도 쉽게 활용이 가능함

구분	내용
가설 검증 접근 (hypothesis- testing approach)	• 검사를 실시하기 전에 평가를 하는 동안 환자에 대해 얻은 정보를 바탕으로 뇌손상의 원인과 본질에 대한 가설을 세우고 이 가설에 기초하여 검사를 선택함 • 비교적 온전한 영역은 간단히 검사하고 넘어가는 반면, 문제 영역은 초점을 맞추어 자세하게 검사하는 방식으로 접근함
통합적 방식	• 양적인 심리측정적 전략과 질적인 가설검증 전략을 통합한 방식 • 비교적 짧게 '고정된(fixed)' 또는 핵심 배터리를 근간으로 하되, 환자의 독특성이나 의뢰 사유 특성에 기초하여 부가적인 검사를 융통성 있게 추가함으로써 '융통성 있게 고정된(flexible-fixed)' 배터리를 사용함

2. 평가영역

구분		내용
지능		① 웩슬러 지능검사 ② 레이븐의 진행성 색채 매트릭스(Raven's Progressive and Coloured Progressive Matrices)
주의력과 정신처리 속도	① 각성	의식이 깨어 있어 반응을 할 수 있는 주의의 가장 기초적인 수준을 의미함
	② 경계 또는 지속 주의력	일정 시간 동안 각성상태, 즉 주의를 유지하는 능력
	③ 선택적 주의	동시에 제시되는 여러 정보 중 꼭 필요한 정보에 선택적으로 반응하고 불필요한 경쟁 자극에는 주의를 억제하는 능력
	④ 주의 분할/배분 능력	동시에 여러 정보에 주의를 기울여야 하는 경우 각 정보에 필요한 만큼의 주의 자원을 배분하는 능력
	⑤ 주의력 검사 종류	– **선로잇기검사(Trail Making Test)**: A형(숫자), B형(숫자와 문자)으로 구성 – **연속수행검사(CPT)**: 경계, 지속적 주의력을 측정하는 대표적인 검사이며, 컴퓨터를 이용하여 실시함 – **충동성 평가**: MFFT(같은그림찾기 검사) 등의 검사가 있음 – **스트룹 검사(Stroop Test)**: 색상 자극과 단어 자극을 동시에 사용하여 목표 자극에 대한 선택적 주의력을 측정하는 검사 – **웩슬러 지능검사의 소검사**: 숫자 외우기, 산수, 글자-숫자 연결하기가 있음 – 연속빼기(예 100-7, 20-3 등)와 같은 검사가 있음
기억 기능	① 단기기억(작업기억) 검사	– 숫자 외우기 – 시공간 단기기억 검사
	② 언어 기억검사	– 레이 청각 언어학습검사(Rey Auditory Verbal Learning Test) – 캘리포니아 언어학습검사(California Verbal Learning Test) – 홉킨스 언어학습검사(Hopkins Verbal Learning Test)
	③ 시공간 기억검사	– 레이 복합도형검사(Rey-Osterrieth Complex Test) – 워링턴(Warrington)의 재인기억검사 – 문-사람검사(Doors and People Test) – 벤더도형검사(Bender Visual Motor Gestalt Test)
	④ 배터리형 기억검사	– 웩슬러 기억검사(WMS) – 기억평가검사(MAS) – Rey-Kim 기억검사 – 리버미드 행동기억검사(RBMT)

언어 기능	① 보스톤 진단용 실어증 검사(Boston Diagnostic Aphasia Examination) ② 보스톤 이름대기 검사(Boston Naming Test) ③ 통제단어 연상 검사(Controlled Oral Word Association) ④ 토큰 검사(Token Test) ⑤ 웨스턴 실어증 검사(WAB)
시공간 기능	① 벤더 도형 검사(Bender Visual Motor Gestalt Test) ② 레이 복합도형 검사(Rey-Osterrieth Complex Test) ③ 시계 그리기 검사 ④ 얼굴변별 검사
관리(실행) 기능 (전두엽 기능)	① 위스콘신 카드분류 검사(WCST) ② 스트룹 검사(Stroop Test) ③ 하노이의 탑(Tower of Hanoi) ④ 선로잇기검사 B형 ⑤ 언어유창성 및 범주유창성 검사 ⑥ Go-No-Go Test ⑦ Kims 전두엽 관리기능 신경심리 검사

25 기타 인지기능검사

1. 종합 인지기능 진단검사(CAS)

(1) 소개

① 개인의 인지기능 측정 및 진단: 영재 아동 판별, 성취 수준 예측, 학습의 강약점 진단 등 지능지수를 측정한다.

② 대상: 5~12세를 대상으로 한다.

③ 구성: 계획(P), 주의집중(A), 동시처리능력(S), 순차처리능력(S)으로 구성된다.

(2) 활용

① 성취도 예언: PASS 처리과정에 대한 평가를 통해 앞으로의 성취 정도를 예언한다.

② 영재아 판별 및 학습장애아동의 평가: 계획력, 주의력, 동시처리, 순차처리의 4가지 척도는 영재 아동의 능력을 판별하는 데 필수요소로, 기존 검사에서 측정할 수 없었던 인지영역의 추리가 가능하다.

③ 정신지체 및 ADHD: 매우 적은 수준의 지식을 요구하고 광범위한 인지과정을 측정한다는 측면에서 정신지체 아동의 진단을 내리는 데 매우 유용하다.

④ 다양한 정서적 방해요인을 가진 아동을 평가: 심각한 정서적 방해를 가진 아동은 행동 통제에 어려움을 가지고 충동적인 성향을 보이는데, 이 경향은 CAS의 계획 척도와 매우 밀접한 관련이 있다.

⑤ 계획기능에 문제를 가진 아동의 평가: 계획과 조직화에 대한 체계적이고 구조화된 방법의 평가를 제공하므로 아동의 행동 조직화를 민감하게 평가할 수 있고 행동 전략 생성, 충동 통제, 공식화 등의 측정에 매우 유용하다.

2. 한국판 라이터(Leiter) 비언어성 지능검사

(1) 구성

① 라이터가 개발한 비언어성 지능검사로 일반 아동과 청소년의 지능 및 인지기능을 평가할 수 있고, 일반적인 지능검사로는 평가할 수 없는 특수 아동의 지적능력, 주의력, 기억력을 평가할 수 있다.

② 대상: 2세 0개월 ~ 7세 11개월 아동이다.

③ 구성

　ㄱ 시각화 및 추론(VR): 일반적인 지능을 평가하는 10개의 소검사로 구성된다.

　ㄴ 주의력 및 기억력(AM): 주의력, 기억력, 신경심리, 학습장애(LD)와 ADHD 아동의 인지적 처리과정을 평가하는 10개의 소검사로 구성된다.

④ 검사자는 필요에 따라 VR과 AM을 둘 다 평가하거나, 둘 중 하나만 선택하여 평가할 수 있다.

⑤ 사회-정서 평정 척도: 검사자, 부모, 교사가 아동의 행동관찰에 대해 평가할 수 있다.

(2) 실시

① VR 검사와 AM 검사: 일반적인 지능만 확인하고 싶다면 VR을 선택하고, 아동의 인지문제, ADHD, 학습장애 가능성을 평가하고 싶다면 AM을 선택한다.

② 사회-정서 평정 척도: 검사자용, 학부모용 2개가 있으며, 특히 검사자용은 시각화 및 추론(VR) 검사 혹은 주의력 및 기억력(AM) 검사가 끝난 후 바로 실시한다. 검사 실시 중 직접 관찰한 아동의 행동에 근거하여 각 문항을 평가하며, 학부모용은 아동을 이해하기 위한 것으로 부모가 직접 작성하거나 전화면담 등을 통한 간접적인 평가도 가능하다.

3. 아동 색선로 검사(CCTT)

(1) 구성

① 지각추적능력, 정신운동 속도, 순차적 처리능력, 분할시각 주의력, 지속적 시각주의력을 측정하는 전두엽 관련 검사이다.

② 대상: 만 5~15세 아동 및 청소년을 대상으로 한다.

③ 특징

　ㄱ 글자 대신 색과 숫자를 활용하여 글자 읽기능력과 같이 잠재적으로 수행에 영향을 미치는 오염 요소를 제거하고, 글자 대신 전 색과 수를 이용하여 문화의 영향도 제거했으며, 이중문화 연구에 대한 의견 교환이 가능하다.

　ㄴ 글자를 읽어야 할 필요가 없기 때문에 언어적 능력이나 상징화 능력이 손상된 언어 및 특정 읽기장애 아동에게도 실시할 수 있다.

　ㄷ 주의력, 초기 실행기능장애와 같은 미세한 신경학적 기능장애를 평가할 수 있다.

(2) 실시

구분	내용
CCTT-1	• 특정 숫자가 적힌 원들을 가능한 빨리 순서대로 연결하는 것 • 인지적 융통성, 정신운동 속도, 순차 처리능력, 지속적 시각주의력을 요구함
CCTT-2	• 숫자가 적힌 원을 순서대로 연결하되 원 안의 색(분홍색, 노란색)을 번갈아가며 연결하는 것 • 인지적 융통성, 실행기능, 정신운동 속도, 순차 처리능력, 지속적 분할주의력을 요구함

4. 집단 지능검사

(1) 특징

① **효율성**: 실시와 채점에 요구되는 시간적인 면에서 개인 지능검사에 비해 효율적이다.

② 검사지, 선다식 답안지, 연필, 채점판만 준비하면 많은 사례 수에 대한 정보를 수집할 수 있으므로 정상분포에 관한 많은 정보를 제공한다.

③ **한계점**: 개인 지능검사에 비해 신뢰도와 타당도가 낮고, 개인의 다양하고 구체적인 지적 특성을 파악하는 데 어려움이 있다.

(2) 종류

검사	개발자	대상
L-S식 진단성 지능검사	이상로, 서봉연	중고등학생
종합인지능력검사 A, B형	송인섭, 문정화, 박정옥	만 4~7세
일반지능검사	정범모, 김호권, 임인재	유아~대학생 (각 급별로 대상을 달리하여 제작)
종합능력진단검사(지능, 적성)	한국행동과학연구소	중고등학생
한국교육개발원 지능검사 시리즈 (1, 2, 3, 4)	-	초등학생~대학생
현대지능검사	이종승	중고등학생

제 **6** 절 투사검사

- 투사검사의 특징
  - 검사자의 주관적인 해석에 좌우되고 비표준화 검사가 많으며 규준이 없는 경우도 많다.
  - 정신역동적 관점을 가진 심리학자들이 주로 사용한다.
  - 검사 자료가 덜 구조화되어 있으며 내담자는 원하는 방식으로 자유롭게 반응하므로 성격의 동기적이고 갈등적인 측면에 대한 이해가 용이하다.
  - 투사는 일종의 통각 왜곡으로, 통각은 지각에 개인의 주관적인 형태가 영향을 준 상태로 '지각의 의미적 해석'이라고 볼 수 있다.

26 HTP(집 - 나무 - 사람) 검사

1. 검사 개관

(1) 특징

① 집, 나무, 사람의 3가지 과제 사용

  ㉠ 누구에게나 친밀감을 주고 모든 연령의 피검자가 그리기의 대상으로 기꺼이 받아들이는 것이다.

  ㉡ 다른 과제보다 솔직하고 자유로운 언어표현을 할 수 있는 자극으로 이용할 수 있다.

② K-HTP: 번스(Burns)가 기존의 HTP를 변형한 동작성 HTP를 고안했다.

  ㉠ 한 장의 종이에 집, 나무, 사람을 모두 그리되 움직임이 들어가게 그리도록 지시한다.

  ㉡ 이때 사람-집-나무 간의 거리가 개인적으로 중요한 단서를 제공한다.

③ 장단점

장점	단점
• 실시가 쉬움 • 시간이 많이 걸리지 않음 • 채점 절차를 거치지 않고 즉시 해석할 수 있으며, 피검자의 투사를 직접적으로 목격할 수 있음 • 언어표현이 어려운 사람, 수줍거나 억압된 아동, 외국인, 문맹자에게도 사용할 수 있음 • 연령, 지능, 예술적 재능에 제한받지 않음 • 환상에 시달리는 환자는 환상의 해소가 가능하며, 때로는 치료적 효과도 가짐	• 로르샤흐(Rorschach)나 TAT 검사보다는 반응성이 적어 정보량이 빈약함 • 신체적 제약이 있는 경우, 표현의 제약을 받음 • 폐쇄적인 사람과 같이 자원이 빈곤한 사람에게는 다른 투사 검사에 비해 투사를 유발하지 못함

(2) 일반적 해석

① 집: 전반적인 가정생활과 가족 간 관계에 관한 인상을 반영한다.

② 나무와 사람: 성격의 핵심적인 갈등과 방어에 대한 정보를 제공한다.

  ㉠ 사람 그림: 의식적인 측면을 반영한다.

  ㉡ 나무 그림: 보다 깊은 무의식적인 측면을 반영한다.

③ 사람 그림은 기본적으로 자기개념이나 신체 심상을 나타낸다고 볼 수 있으나 때로 상황에 따른 태도, 정서가 나타나기도 한다.

④ 그림 검사의 해석: 구조적 요소와 내용적 요소의 두 가지 측면을 모두 고려해야 하며, 하나의 반응을 해석의 결정적인 증거로 삼아서는 안 된다.

2. 검사 실시 기출 17

(1) 그리기 단계

① 준비물: A4 용지 5장 이상, HB연필, 지우개, 초시계

② 실시

> • 전체 검사에 대한 지시: "지금부터 그림을 그려봅시다. 이것은 그림을 잘 그리고 못 그리는 것을 조사하는 게 아니므로, 즐거운 마음으로 그리십시오. 자기가 생각한 대로 그리면 좋습니다. 한 장의 종이에 하나씩 그려 모두 네 장의 그림을 그립니다."
> • "먼저 이 종이에 집(가로 제시)을 그리십시오."
> • "이번에는 나무(세로 제시)를 한 그루 그려보십시오."
> • "이번에는 사람(세로 제시)을 한 명 그려보십시오."
>   – 얼굴만 그리는 피검자에게는 '전신 그림을 그리도록' 지시한다.
>   – 그려진 그림이 만화적이거나 막대형의 그림이라면 '온전한 사람'을 다시 한번 그리도록 한다.
>   – 사람을 다 그리면 그림 속 사람의 성별을 묻고, 피검자가 응답한 성별과 함께 첫 번째 사람 그림이라는 것을 완성된 종이에 표시해둔다.
> • 그 다음 네 번째 종이를 제시하고 방금 그린 그림과는 '반대인 성별의 사람을 그리도록' 지시하고 시간을 측정한다.

③ 검사 수행 시, 수검자의 말과 행동을 관찰하고 기록: 이는 모호한 상황에서 수검자가 어떻게 대처하는지에 대한 단서를 제공한다.

④ 수검자의 여러 질문에 "당신이 생각한대로 그리십시오."라고만 대답하고 받은 질문은 기록해둔다.

⑤ 수검자가 "나는 그림을 잘 그리지 못 합니다."라고 할 경우: "이 검사는 당신의 그림 솜씨를 보려고 하는 것이 아니라 당신이 어떻게 그리는지에 집중하는 것이니 편안하게 그려보세요."라고 한다.

⑥ 도구를 이용하여 그림을 그리고 싶어 하는 경우: "그냥 손으로만 그려야 합니다."라고 말한다.

(2) 질문 단계

① 정해진 형식은 없고 각 피검자에게 맞는 질문을 하는 게 좋음: "이 그림에 대한 느낌을 자유롭게 말해보세요.", "이 그림에 대한 이야기를 만들어보세요."와 같은 질문도 좋다.

  ➡ 그림에서 피검자가 나타내는 개인적인 의미인 현상적 욕구, 압박의 투사 등을 알아내기 위함이다.

② 일반적인 질문 예시

구분	질문	
집	• "어느 곳에 있습니까?" • "분위기는 어떻습니까?" • "앞으로 어떻게 될 것 같습니까?"	• "누가 있습니까?" • "이 집의 사람들은 무엇을 하고 있습니까?" • "이 집에 사는 사람들에게 소원이 있다면 무엇일까요?"
나무	• "어떤 나무입니까?" • "어느 곳에 있습니까" • "앞으로 어떻게 될 것 같습니까?"	• "몇 년 정도 되었습니까?" • "상태는 어떻습니까?"
사람	• "몇 살쯤 되었습니까?" • "기분은 어떤 것 같습니까?" • "소원이 있다면 무엇입니까?"	• "누구와 닮았습니까?" • "무엇을 하고 있습니까?" • "앞으로 어떻게 될 것 같습니까?"

(3) DAP(인물화 검사)

① 도구: 2B연필, 지우개, 백지 2장

② 실시

> • 종이는 세로로 제시하고, 종이가 제시된 후 그림을 완성하기까지 걸리는 시간을 기록한다.
> • 피검자가 만화 캐릭터와 같은 방식으로나 너무 단순하게(예 허수아비) 그리면 다시 그리도록 지시한다.
> • 그림을 다 그리면 인물의 성별을 묻고 남자라면 여자, 여자라면 남자를 한 번 더 그리도록 한다.

③ 피검자가 그림을 그리는 동안 관찰되는 모든 특징적인 행동을 기록한다.

④ 그림이 완성되면 그림에 대한 연상을 이끌어낼 다양한 질문을 할 수 있다.

⑤ 질문을 할 때는 기계적으로 미리 준비된 질문을 하기보다 그때그때 상황에 맞게 피검자의 자유연상이 방해받지 않도록 자연스럽게 질문 목록을 선택하거나 중요한 주제와 관련된 연상이 나왔다고 판단되면 즉흥적으로 그와 관련된 다른 질문을 해나가기도 한다.

3. 동적 가족화(KFD) 기출 21

(1) 동적 가족화

① 내담자가 주관적·심리적으로 느끼는 가족 구성원에 대한 내적인 상이 시각적으로 표현되는 투사적 평가기법으로, 가족 구성원 사이에 형성되는 힘의 분포, 친밀감, 단절감 등의 가족 내 역동성을 엿볼 수 있다.

② 내담자는 동적 가족화를 통해 내담자의 눈에 비친 가족의 일상생활이나 가족에 대한 감정의 반영을 평가하고 자신에게 영향을 주었거나 부정적인 영향을 끼친 인물에게 느끼는 감정을 솔직하게 드러낼 수 있다.

(2) 실시

① 준비물: A4 정도 크기의 백지 한 장, 2B 또는 HB연필, 지우개

② 시간: 시간제한은 없지만 검사자는 초시계로 시간을 기록한다.

③ 지시문

> 가로로 종이를 제시한 후 한 장의 종이에 "당신을 포함하여 가족 모두가 무엇을 하고 있는 그림을 그려보세요. 만화나 막대기 모양 사람이 아니고 온전한 사람을 그려 주세요."라고 지시한다.

④ 주의: 검사 시행과정에서 검사자는 내담자가 스스로 그리고 싶은 대로 자유롭게 그리도록 하며, 그림의 모양이나 크기, 위치, 방법 등에 대한 어떠한 단서도 제공하지 않도록 주의한다.

⑤ 사후질문의 예시

> • "이 사람은 누구인가요? 누구를 먼저 그렸나요?"
> • "지금 이 가족은 무엇을 하고 있나요?"
> • "이 사람은 지금 무엇을 하고 있나요?"
> • "이곳은 어디인가요?"
> • "가족들은 기분이 어떤가요? 기분이 좋은(나쁜) 이유는 무엇인가요?"
> • "이 그림을 보면 무슨 생각이 드나요?"
> • "앞으로 이 가족은 어떻게 될 것 같나요?"

4. 검사 해석 [기출 14, 24]

※ 부록 1: 'Ⅱ HTP와 KFD의 해석' 참고(p.779)

27 로르샤흐검사(Rorschach test)

1. 검사 개관

(1) 특징

① 인지, 정서, 자기상, 대인관계 등 개인 성격의 여러 차원에 대한 종합적이고 다각적인 정보를 제공한다.

② 목적: 현실검증력, 사고장애의 유무와 특징, 심층적인 정서 및 욕구, 대인관계의 양상, 스트레스 대처방식의 특징, 성격 특성 등을 확인한다.

③ 접근방식

   ㉠ 실증적 접근: 엑스너의 종합체계와 같은 심리측정적 접근이다.

   ㉡ 개념적 접근: 정신분석이론과 공식 적용 등의 임상적 접근이다.

④ 엑스너(Exner)의 종합체계

   ㉠ 기존의 각 방식에서 경험적인 근거를 바탕으로 실증적으로 입증된 연구 결과만을 채택하고 종합함으로써 과학적인 근거와 풍부한 해석 틀을 가지게 되었다.

   ㉡ 그동안 각 체계에서 다르게 쓰이던 채점방식에 하나의 명백한 기준을 제시하여, 채점자 간 신뢰도를 높이고 연구자 간의 의사소통을 원활하게 만들었다.

   ㉢ 구조적으로 체계화되어, 임상가들이 질적 분석방식에 비해 용이하게 접근할 수 있는 장점을 가진다.

(2) **도구의 구성**

① 카드: 총 10장으로 구성된다.

⊙ 5장의 무채색 카드: 카드 Ⅰ, Ⅳ, Ⅴ, Ⅵ, Ⅶ

ⓒ 5장의 유채색 카드: 카드 Ⅱ, Ⅲ, Ⅷ, Ⅸ, Ⅹ

② 카드 특징: 모든 카드가 특정한 대상이나 사물로 명명할 수 있을 만큼 명확한 형태를 가지지 않는다. 이 때문에 보는 사람에 따라 다양한 내용의 보고를 하게 되며, 이 과정에서 피검자의 다양한 성격특징이 영향을 미친다.

2. 검사 실시 `기출 17`

(1) **준비**

① 준비물: 로샤카드(잉크카드), 반응 기록지, 반응영역 기록지, 필기도구

② 좌석배치: 얼굴을 마주보는 위치는 피하고 옆으로 나란히 앉거나 90도 방향으로 앉는 것이 좋다.

③ 피검자의 눈이 닿는 곳에 산만하게 할 만한 것은 두지 않는 것이 좋다.

(2) **검사 소개**

① 소개하기

> • 지시문: "이제 우리가 시작할 검사는 잉크로 만든 검사입니다. 당신은 이 검사에 대해 이야기를 듣거나 이전에 이 검사를 해본 적이 있습니까?"
> - '없다'고 대답하는 경우: "이제 당신에게 몇 장의 잉크카드를 차례대로 보여주겠습니다. 이 잉크카드가 당신에게 무엇처럼 보이는지를 나에게 이야기해주시기 바랍니다."
> - '있다'고 대답하는 경우: 언제, 어디서, 어떤 이유로 검사를 시행했는지, 피검자는 그 당시의 반응을 기억하고 있는지를 질문한다. "굳이 그때의 반응과 똑같이 하려고 하거나 다르게 하려고 하실 필요는 없습니다. 그때 어떤 반응을 하셨는지와 상관없이 지금 보이는 것을 말씀해주시면 됩니다."라고 말한다.

② 어떤 목적으로 실시하는지 알고자 하는 경우: 성격특징을 알려줄 수 있는 검사라고 한다.

③ 주의사항

⊙ 상상력을 검사한다는 잘못된 개념을 심어주어서는 안 됨: 그렇게 되면 피검자는 '본 것' 그대로에 대해서가 아니라 잉크반점에 대해 연상한 것을 보고하게 된다.

ⓒ 검사를 소개할 때 '모호한', '체계적이지 않은' 검사라는 식으로 소개해서는 안 됨: 단지 잉크브롯(반점) 검사라고만 소개한다.

(3) **검사 지시**

① 지시: 검사 지시는 간단하게 한다. 첫 번째 카드를 제시하면서 "이것은 무엇처럼(무엇으로) 보입니까?"라고 말하는 것만으로 충분하며 그 외의 말은 필요치 않다. 이 외의 말이나 다른 형태의 지시는 오히려 피검자의 반응이 달라지게 할 수 있다.

② 수검자의 반응이 하나에 그칠 때: "좀 더 시간을 드릴 테니 그 외에도 보이는 것이 있으면 모두 말씀해주세요."라고 말한다.

⑷ 피검자의 질문에 응답하기

① 응답 원칙: 비지시적으로 짧게 대답한다.

② 질문에 따른 응답 예시

구분	피검자의 질문	검사자의 응답
예시	• "이 카드를 돌려 볼 수 있나요?" • "전체를 봐야 합니까?"	• "마음대로 할 수 있습니다." • "편한 대로 하십시오."
	"다른 사람은 몇 개나 반응합니까?"	"대부분 한 개 이상의 대답을 합니다."
	"사람들은 이 카드에 무엇이라고 반응합니까?"	• "여러 종류의 반응을 합니다." • "사람에 따라 다릅니다."
	"검사를 받는 목적은 무엇입니까?"	"당신의 문제를 보다 잘 이해할 수 있도록 하는 하나의 방법입니다."

⑸ 반응 기록

① 원칙적으로 피검사자가 말하거나 표현한 내용은 그대로 기록한다.

② 피검자의 반응을 받아적는 속도 자체보다는 검사 진행에 있어 일정한 속도가 유지되도록 한다.

③ 반응을 받아적으면서 반응 내용을 배열할 때, 각 반응 간에 충분히 간격을 두고 작성: 질문 단계에서 피검자가 말하는 내용을 빠짐없이 받아쓸 수 있도록 공간을 미리 확보하기 위함이다.

⑹ 질문 단계 [기출 15]

① 목적: 피험자의 반응을 정확히 기호화하고 채점하는 것으로, 피검자가 어떻게 그렇게 보게 되었는지를 명료화하는 것이 목적이며 새로운 반응을 이끌어내는 것은 목적이 아니라는 점을 분명히 한다.

② 질문 과정

> • "지금까지 10장의 카드에 대해 잘 대답해주셨습니다. 이제 카드를 다시 보면서 당신이 본 것을 저도 볼 수 있도록 말씀해주시기 바랍니다. 제가 당신이 말했던 것을 그대로 읽으면 그것을 어디에서 그렇게 보았는지, 어떻게 해서 그렇게 보게 되었는지를 설명해주십시오."
> • 카드를 하나씩 건네주면서 "여기서 당신은 …라고 말하셨습니다."라고 하며, 피검자가 했던 반응을 그대로 반복하여 들려준다.
>   – 피검자가 "예, 그랬습니다."라고만 말하고 가만히 있는 경우(피검자가 충분히 이해하지 못한 경우): "당신이 그렇게 본 것을 저도 볼 수 있게 해주십시오. 어디에서 그렇게 보았는지, 무엇 때문에 그렇게 보았는지 말씀해주십시오."라고 하면서 질문 단계의 목적과 방법을 주지한다.
>   – 피검자가 "그 이유는 모르겠어요, 그냥 그렇게 보였어요."라고 반응하는 경우: "그렇게 보였다는 것은 알겠지만 저도 그렇게 볼 수 있어야 한다는 점을 기억하세요. 자, 저도 그렇게 볼 수 있도록 도와주세요. 그 부분에서 그렇게 보도록 만든 것이 무엇이었는지를 저에게 말해주세요."라고 한다.

③ 이 단계에서 얻어야 할 정보(질문의 결정)

㉠ 반응 위치: '어디서 그렇게 보았는지'이다.

㉡ 반응 결정요인: '무엇이 그렇게 보도록 만들었는지'이다.

㉢ 반응 내용: '어떤 내용인지 혹은 무엇으로 보았는지'이다.

④ 추가 질문(피검자의 보고가 모호하여 채점하기 어려운 경우): "당신이 본 것을 볼 수가 없군요. 저도 그렇게 볼 수 있도록 다시 한번 말씀해주세요."

⊙ 질문은 비지시적이어야 하며, 피검자가 반응 단계에서 했던 반응 이외에 다른 새로운 반응을 하도록 유도하는 것이어서는 안 된다.

ⓒ 만일 반응 위치가 확실히 파악되었다면 반응 결정요인에 초점을 두고 "당신이 무엇 때문에 거기서 그렇게 보았는지 잘 모르겠습니다. 그 부분을 그렇게 보도록 만든 것이 무엇인지 다시 한번 말씀해주세요."라고 하는 것도 적절할 수 있다.

3. 검사 채점

(1) 채점 항목

항목	내용
반응의 위치	피검자가 반점의 어느 부분에서 반응했는가?
반응 위치의 발달질	그 위치는 어떤 발달 수준을 나타내는가?
반응의 결정요인	반응을 결정하는 데 영향을 준 반점의 특징은 무엇인가?
형태질	반응의 내용이 자극의 특징에 적절한가?
반응 내용	반응한 내용은 어떤 내용 범주에 드는가?
평범반응	일반적으로 흔히 하는 반응인가?
조직화 활동	자극을 어느 정도 조직화하여 응답했는가?
특수 점수	특이한 언어 반응을 하고 있는가?
쌍반응	사물을 대칭적으로 지각했는가?

(2) 채점 원칙

① 원칙 1: 피검자가 반응 단계에서 자발적으로 응답한 반응만 채점되어야 한다. 따라서 질문 단계에서 검사자의 질문을 받고 유도된 반응은 원칙적으로 채점되지 않는다.

② 원칙 2: 반응 단계에서 나타난 모든 요소가 채점에 포함되어야 한다.

  ⊙ 원칙 1에도 불구하고 원칙 2에 의해 질문 단계에서 응답되더라도 검사자의 질문을 받지 않고 자발적으로 피검자가 응답한 경우라면 채점에 포함한다.

  ⓒ 여러 개의 결정요인이 복합적으로 사용된 경우, 각 요인은 모두 개별적으로 채점되어야 한다(혼합반응).

(3) 채점 영역 기출 15

① 반응의 위치: 피검자가 반점의 어느 부분에서 반응했는가?

구분	내용
W	반점의 전체를 사용한 경우 모든 부분이 사용되어야 함
D	흔히 사용되는 반점 영역
Dd	드물게 사용되는 반점 영역
S	흰 공간이 사용된 경우(WS, DS 또는 DdS처럼 다른 반응역 기호와 같이 사용)

② 반응 위치의 발달질: 그 위치는 어떤 발달 수준을 나타내는가?

구분	내용
+ (통합반응)	• 두 가지 이상의 대상이 분리되어 있지만 서로 관련을 맺고 있는 경우 • 반응에 포함된 대상 중 적어도 하나는 형태가 있어야 함 • 구체적인 형태를 나타낼 수 있도록 묘사된 경우
o (보통반응)	• 브롯의 한 영역이 단일한 사물을 가리키는 데 사용된 경우 • 이때 사물은 원래 일정한 형태를 지니고 있거나 형태를 지니고 있는 상태로 묘사된 경우
v/+ (모호/통합반응)	• 두 가지 이상의 대상이 분리되어 있지만 상호 관련이 있을 경우 • 포함된 대상이 구체적인 형태를 포함하고 있지 않아야 하고 반응에 언급된 대상 중 어떤 것도 형태를 묘사하지 않은 경우
v (모호반응)	브롯의 영역에서 한 사물이 응답되는데, 응답된 사물이 특정한 형태를 지니고 있지 않으며 사물 묘사가 특정한 형태를 드러내지 않음

③ 반응의 결정요인: 반응을 결정하는 데 영향을 준 반점의 특징은 무엇인가?

구분	내용
형태(F)	반점의 형태에 반응하는 경우
운동(M)	반응에 움직임이 묘사된 경우(인간운동반응 M, 동물운동반응 FM, 무생물 운동반응 m)
유채색(C)	색채가 반응을 결정하게 한 경우
무채색(C')	무채색이 반응을 결정하게 한 경우
음영	반점의 음영을 사용한 정도에 따라 재질(T), 깊이 또는 차원(V), 확산(Y)의 3가지 하위 범주를 가짐
형태 차원(FD)	반점의 크기나 모양을 근거로 차원을 지각한 경우
쌍반응과 반사반응	반점이 대칭성에 근거하여 반응한 경우(쌍반응(2), 반사반응 r)

④ 형태질: 반응의 내용이 자극의 특징에 적절한가?

구분	내용
+ (우수한, 정교한)	• 매우 정확하게 형태가 사용됨으로써 형태가 적절하면서도 질적으로 상승된 수준에서 반응됨 • +반응이 반드시 독창적일 필요는 없으나 부분들이 구별되고 형태가 사용되며 명료화되는 방식이 매우 독특함
o (보통의)	• 흔히 지각되는 사물을 묘사함에 있어 명백하고 쉽게 이해되는 방식으로 반점의 특징이 사용됨 • 반응 내용은 평범하며 쉽게 알아볼 수 있음 • 반점의 특징을 사용하는 수준은 평범하므로, 반점 특징의 사용이 매우 정교하여 반응 내용을 풍부하고 독특하게 해주는 우수한 형태질과는 구별됨
u (드문)	• 흔히 사용되지 않는 낮은 빈도의 반응으로, 반응 내용이 반점의 특징과 크게 부조화되지는 않음 • 이 종류의 반응은 비교적 쉽게 알아볼 수 있지만 흔히 일어나는 반응은 아님
− (왜곡된)	• 반응과정에서 반점의 특징이 왜곡되고 인위적이며 비현실적으로 사용됨 • 반점의 특징을 완전히 혹은 거의 무시한 반응이 지각됨. 즉, 반응과 반점의 특징이 전혀 조화되지 않음 • 때로는 반응된 형태를 지각할 만한 반점의 특징이 없는 상태에서 독단적으로 형태가 지각됨

⑤ **반응 내용과 평범반응**: 반응한 내용은 어떤 내용 범주에 드는가?

반응 내용	기호	반응 내용	기호
전체 인간	H	식물	Bt
전체 인간(가공적, 신화적)	(H)	의복	Cg
인간 부분	Hd	구름	Cl
인간 부분(가공적, 신화적)	(Hd)	폭발	Ex
인간 경험	Hx	불	Fi
전체 동물	A	음식	Fd
전체 동물(가공적, 신화적)	(A)	지도	Ge
동물 부분	Ad	가구	Hh
동물 부분(가공적, 신화적)	(Ad)	풍경	Ls
추상반응	Ab	자연	Na
알파벳	Al	성반응	Sx
해부	An	과학	Sc
예술	Art	X-선	Xy
인류학	Ay	직업적 반응(이차적 채점)	Vo
피	Bl		

➡ **평범반응**: 수검자 집단에서 나타나는 빈도가 매우 높은 13개 반응인 평범반응은 P로 기호화하여 반응 내용 기호 뒤에 기록한다.

⑥ **조직화 활동**: '자극을 어느 정도 조직화하여 응답했는가?'를 평가한다. 이를 Z 점수라고 하는데, 개별적인 Z 점수만으로는 해석적 의미가 없고 Z 점수가 나타나는 빈도(Zf)와 Z 점수의 총합(Zsum)과의 관계를 통해 피검 자의 인지적 조직화 경향과 그 효율성에 대한 정보를 얻게 된다.

    ㉠ ZW: 전체 위치반응의 발달 수준이 +, v/+, o 일 때(Wv는 Z 점수가 부과되지 않음)

    ㉡ ZA: 2개 이상의 근접한 부분이 서로 의미 있는 관계에 있을 때

    ㉢ ZD: 서로 근접하지 않은 부분들이 의미 있는 관계를 이루고 있을 때

    ㉣ ZS: 공백반응이 다른 부분반응과 의미 있게 통합되고 있을 때

⑦ **특수 점수**: 특이한 언어반응을 하고 있는가?

구분	내용
특이한 언어반응	• 일탈된 언어표현(DV, DR; deviant verbalization) • 부적절한 반응 합성(INCOM, FABCOM, CONTAM; inappropriate combination) • 부적절한 논리(ALOG; inappropriate logic)
반복반응	말이나 행동의 반복(PSV; perseveration)
통합실패	사실 왜곡(CONFAB; confabulation)
특수내용	• 추상적 내용(AB) • 공격적 운동(AG) • 협조적 운동(COP) • 병적인 내용(MOR) • 개인적 반응(PER) • 특수한 색채투사(CP)

(4) 채점 원칙

① 원칙 1: 피검자가 반응 단계에서 자발적으로 응답한 반응만 채점한다. 따라서 질문 단계에서 검사자의 질문을 받고 유도된 반응은 원칙적으로 채점되지 않는다.

② 원칙 2: 반응 단계에서 나타난 모든 요소가 빠짐없이 채점된다.

    ㉠ 원칙 1에도 불구하고 원칙 2에 의해 질문 단계에서 응답되더라도 검사자의 질문을 받지 않고 자발적으로 피검자가 응답한 경우라면 채점에 포함한다.

    ㉡ 혼합반응에서처럼 피검자가 응답한 내용을 어느 부분도 빼놓지 않고 모두 채점해야 된다는 점은 채점과정에서 주의해야 하는 중요한 원칙이다.

4. 구조적 요약

(1) 구조적 요약

① 각 반응을 정확하게 기호화하는 목적: 구조적 요약을 완성하기 위한 것이다.

② 요약: 채점 기호의 빈도, 비율, 백분율과 같은 수치를 기록한다. 이 자료를 근거로 하여 수검자의 심리적 특성과 기능에 대해 해석적 가치가 있는 여러 가정을 상정할 수 있다.

③ 요약지

    ㉠ 첫 번째 페이지: 수검자의 신상자료를 기록한다.

    ㉡ 두 번째 페이지의 점수 계열: 반응들을 채점한 결과를 기록한다.

    ㉢ 세 번째 페이지: 구조적으로 요약한다.

    ㉣ 네 번째 페이지: 여러 중요한 지표들의 군집을 기록한다.

    ㉤ 다섯 번째 페이지: Z 점수와 추정한 Z 점수의 표와 3가지 변인에 대한 연령교정 자료가 제시된다.

    ㉥ 마지막 페이지: 수검자가 검사를 수행할 때 선택한 반점 영역을 나타내기 위해 사용하는 반점 영역 기록지를 첨가한다.

④ 구조적 요약 단계

> 1. 각 반응의 기호나 점수 계열을 기록한다.
> 2. 각 변인의 빈도를 기록한다.
> 3. 여러 비율, 백분율, 산출한 점수 등을 기록한다.

(2) 구조적 요약지 예시 – 로르샤흐 구조적 요약지 4판

이름:　　　　　나이:　　　　　성별:　　　　　검사일:

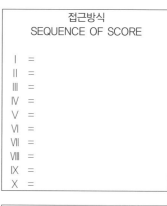
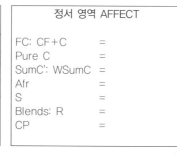

반응 영역 LOCATION FEATURES		결정인 DETERMINANTS 혼합 BLENDS 단일 SINGLE		반응 내용 CONTENTS		접근방식 SEQUENCE OF SCORE	
조직화 활동		M =		H =		I =	
Zf =		FM =		(H) =		II =	
Zsum =		m =		Hd =		III =	
ZEst =		FC =		(Hd) =		IV =	
반응 영역의 빈도		CF =		Hx =		V =	
W =		C =		A =		VI =	
D =		Cn =		(A) =		VII =	
W+D =		FC' =		Ad =		VIII =	
Dd =		C'F =		(Ad) =		IX =	
S =		C' =		An =		X =	
		FT =		Art =			
발달질(DQ)		TF =		Ay =			
+ =		T =		Bl =			
o =		FV =		Bt =			
v/+ =		VF =		Cg =			
v =		V =		Cl =			
		FY =		Ex =			
		YF =		Fi =			
		Y =		Fd =			
		Fr =		Ge =			
		rF =		Hh =			
		FD =		Ls =			
		F =		Na =			
				Sc =			
				Sx =			
		(2) =		Xy =			
				Id =			

형태질 FORM QUALITY

	FQx	MQual	W+D
+	=	=	=
o	=	=	=
u	=	=	=
−	=	=	=
none	=	=	=

특수 점수 SPECIAL SCORINGS

			LV1		LV2
DV	=		×1		×2
INC	=		×2		×4
DR	=		×3		×6
FAB	=		×4		×7
ALOG	=		×5		
CON	=		×7		
Raw Score 6	=				
Wgtd Sum 6	=				
AB	=		GHR	=	
AG	=		PHR	=	
COP	=		PER	=	
			CP	=	
MOR	=		PSV	=	

비율 RATIOS, 백분율 PERCENTAGES, 산출한 점수 DERIVATIONS

핵심 영역 CORE

R = 　　　　　　L =

EB =	EA =	EBPer =
eb =	es =	D =
	Adj es =	Adj D =
FM =	All C' =	All T =
m =	All V =	All Y =

정서 영역 AFFECT

FC: CF+C =
Pure C =
SumC': WSumC =
Afr =
S =
Blends: R =
CP =

대인관계 영역 INTERPERSONAL

COP = 　　　　　AG =
GHR: PHR =
a: p =
Food =
SumT =
Human Cont =
Pure H =
PER =
소외지수 =

관념 영역 IDEATION

a: p =	Sum6 =
Ma: Mp =	Lv 2 =
2AB+(Art+Ay) =	WSum6 =
MOR =	M− =
	M none =

중재 영역 MEDIATION

XA% =
WDA% =
X−% =
S − =
Popular =
X+% =
Xu% =

처리 영역 PROCESSING

Zf =
W: D: Dd =
W: M =
Zd =
PSV =
DQ+ =
DQv =

자기지각 영역 SELF−PERCEPTION

3r+(2)/R =
Fr+rF =
SumV =
FD =
An+Xy =
MOR =
H:(H)+Hd+(Hd) =

PTI = 　　　DEPI = 　　　CDI = 　　　S−CON = 　　　HVI = 　　　OBS =

(3) 점수 계열 예시

카드	반응 번호	반응 영역과 발달질	영역기호	결정인	쌍반응	내용변인	P반응	조직화 점수	특수 점수
I	1	Wo	1	Fo		A	P	1.0	
	2	D+	4	Mao	2	H, Id		4.0	GHR
	3	Wv	1	Fu		Ge			DR2
II	4	Ddo	99	Mp−		Hd			MOR, PHR
	5	Dd+	99	Ma, mp−	2	Hd		5.5	AG, PHR

> **참고** **아동용 로르샤흐검사**
>
> - 아동과 성인 간 로르샤흐검사의 채점 및 해석방법에 근본적인 차이는 없다.
>   ➡ 동일한 채점방식과 해석기준을 적용한다.
> - 아동과 성인 간에 로르샤흐검사를 실시하고 채점할 때는 상당한 차별적인 지식과 임상 실습 필요하다. 아동·청소년의 연령에 따른 발달적 규준과 심리장애에 대한 전문적 지식이 필요하다.
> - 아동 청소년을 검사할 때도 가능한 한 표준적인 실시와 절차를 따라야 한다.
> - 지나치게 저항적이거나 비협조적인 태도로 검사가 힘든 경우 각 카드에 대해 반응하게 한 후 바로 질문 단계로 들어가는 수정된 절차로 실시할 수 있다. 수정된 절차는 예외로 생각해야 하며, 이 절차를 실시할 경우 "이것을 보고 나에게 무엇처럼 보이는지 말해주고, 내가 그것을 볼 수 있게 보여주면 돼. 네가 본 그대로 나도 볼 수 있도록 그것이 어디에 있고 무엇 때문에 그렇게 보이는지 말해주면 돼."라고 말한다.

28 TAT(Thematic Apperception Test, 주제통각검사)

1. 검사 개관

(1) 특징

① 개인의 성격과 환경 간의 관계: 개인이 환경과 어떻게 상호작용하는지를 알려준다.

② 비교적 분명한 상황이 제시: 다양한 대인관계상의 역동적 측면을 파악하는 데 유용하다.

③ 모호한 내용의 그림자극을 제시하고 그에 대한 이야기를 구성하게 하는 방법 사용: 개인의 과거 경험, 상상, 욕구 갈등 등이 투사되고 성격의 특징적인 면, 발달적 배경, 환경과의 상호작용 방식 등의 정보를 제공한다.

   ➡ 동기, 정서, 기분, 콤플렉스, 대인관계, 역동을 이해할 수 있다.

④ 제작자: 머레이(Murray)가 제작하였다.

(2) **벨락(Bellak)의 이론적 가설**

① 통각(apperception)

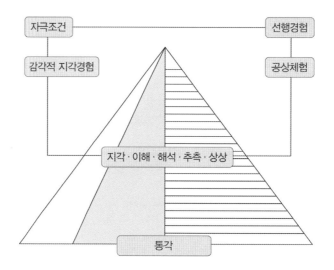

[그림 11-10] 통각

- ㉠ 외부 대상을 인지하는 과정: 주관적인 해석을 하거나 대상에 대한 어떤 상상을 하면서 받아들인다.
- ㉡ 객관적인 내용 또는 조건에서 어느 정도 벗어난 주관적 과정이 개입되면서 '지각 → 이해 → 추측 → 상상'의 과정을 거쳐 대상에 대한 결론을 내리게 된다.
- ㉢ 대상을 인지하는 방식에는 대상의 자극 특성에 크게 의존하는 공통적 요인이 작용하는 동시에, 자극 특성에 의존하지 않고 개인의 선행 경험에 의존하는 요인이 있는데, 이 양자가 결합한 것이 '통각'이다.
- ㉣ 통각 내용의 분석을 통해 성격의 측면을 파악한다.

② 주제
- ㉠ 공상 내용: 개인의 내적 욕구와 환경적 압력의 결합이자 개인과 그 환경의 통일이며 실생활에서 생기는 일에 대한 역동적 구조이다.
- ㉡ 피검자의 이야기: 욕구와 압력의 관계, 생활체와 환경의 상호 의존적 관계에서 발생한다.

③ 외현화: 전의식 수준에 있는 개인의 욕구가 의식화되는 외현화 과정을 통해 반응이 일어난다.

④ 심적결정론: 외적인 자극에 대한 반응으로 이야기되는 모든 것은 역동적인 의미가 있다.

⑤ 중복결정: 투사된 내용은 하나 이상의 성격구조 수준을 반영한다.

⑥ 구성성: 그림에서 인물의 수와 성별, 상황의 배경이 제시된다.

⑦ 모호성: 그림의 내용이 불확실하여 여러 해석이 가능하다.

2. 검사 실시 `기출 19`

(1) **카드**

① 백지카드 한 장을 포함하여 총 31장으로 구성되며, 각 카드의 뒷면에 M(성인 남성), F(성인 여성), B(소년), G(소녀) 등의 구별이 표기된다.

② 피검자의 연령과 성별에 따라 카드를 선정하도록 한다. 이 중 10장은 모든 피검자에게 실시되며 나머지 카드는 성별과 연령에 따라 각각 10장씩 실시한다. 따라서 개인은 총 20장의 카드를 보게 된다.

더 알아보기 **실시 대상에 따른 도판**

- 공용 도판(숫자): 11매(백지도판 포함)
- 남자 공용 도판(BM): 7매
- 여자 공용 도판(GF): 7매
- 성인 공용 도판(MF): 1매
- 미성인 공용 도판(BG): 1매
- 성인 남자 전용 도판(M): 1매
- 성인 여자 전용 도판(F): 1매
- 소년 전용 도판(B): 1매
- 소녀 전용 도판(G): 1매

(2) 실시

① 한 번에 한 시간가량 실시하고, 두 번의 회기로 나누어 시행: 두 검사 회기 간에 적어도 하루 정도의 간격이 있어야 하는데, 이는 피로 효과를 최소화하여 피검자가 충분히 반응하도록 하기 위해서이다.

② 지시문

> "지금 몇 장의 카드를 보여드리겠습니다. 각 그림을 보면서 될 수 있는 대로 극적인 이야기를 만들어보십시오. 이런 장면이 있기까지 어떤 일들이 있었고 현재 무슨 일이 일어나고 있는지, 등장하는 사람들이 어떻게 느끼고 무엇을 생각하는지, 그 일의 결과가 어떻게 될지에 대해 이야기해주십시오. 각 카드마다 약 5분 정도씩만 이야기해주시면 됩니다. 어떻게 하는지 이해하셨나요?"

③ 2회 검사: "오늘 진행방법도 지난번과 동일한데, 단지 좀 더 자유롭게 상상해보십시오. 상상력을 마음껏 발휘해보세요."

④ 16번 백지카드: "이 카드는 아무 그림도 없는 백지입니다. 이 백지 위에 무엇이든 좋으니 마음속으로 그림을 떠올려보세요. 눈을 감고 생각해도 좋습니다. 지금까지 본 다른 카드와 마찬가지로 어떤 사람이 어떤 일을 하고 있는 장면을 상상하십시오."

⑤ 피검자가 지시에 잘 따르지 못할 때: "눈을 감고 무언가를 상상해보십시오. 그 상상을 이야기로 꾸며 저에게 말해주십시오."

⑥ 짤막한 지시를 보충해야 하는 경우

> - 장면을 기술하기만 할 때(예 "아이가 바이올린 앞에 앉아 있다."): "그림을 잘 묘사했습니다. 이제 좀 더 구체적으로 이야기를 만들어보십시오."
> - 과거나 미래를 생략하거나 현재의 생각, 행위를 적절하지 않게 기술할 때: "무엇을 하고 있는지 잘 말해주었습니다. 그런데 이 장면이 있기까지 어떤 일이 있었고 앞으로 어떻게 될지도 이야기해주십시오."
> - 수검자가 카드의 분명치 않은 세부를 결정하기 어려워하며 그에 대해 물어볼 때(예 3번 카드에서 "이게 총인가요?"): "보이는 그대로 보시면 됩니다."
> - 이야기가 지나치게 짧을 때: "잘 했습니다. 그런데, 그래서 어떻게 되었나요?"
> ➡ 이러한 개입은 원칙적으로 처음의 두 카드에만 적용되며, 그 후부터는 중간 개입 없이 그대로 진행하고, 나중에 추가 질문을 통해 보충한다.

⑦ 중간 질문: 검사자가 생각하기에 불완전해 보이는 부분에 대해 질문한다.

예 "이 소년은 친구와 같이 가지 않았다."라고 응답한 경우, "이 소년은 그때 어떤 느낌이었을까?"나 "이 소년과 같이 가지 않은 친구에 대해 더 이야기해 줄 것은 없는가?"라고 질문할 수 있다.

⑧ 종결 질문: 20개 카드에 대한 반응이 모두 끝난 다음 첫 카드부터 검사자가 보충하고 싶은 부분에 대해 질문을 던진다. 가장 좋았던 카드와 싫었던 카드를 고르게 하고 이유를 묻는 것도 도움이 될 수 있다.

3. 검사 해석

(1) 기본 전제

① 일차적인 전제는 미완성의 구조화된 상황을 완성하는 데 개인의 동기, 성향, 갈등을 드러낼 수 있다는 점이다.

② 그 외에 5가지의 기본 전제를 더 들고 있다.

　㉠ 이야기를 구성하는 사람은 자신을 이야기 속 한 사람과 동일시하게 되며, 동일시된 가상적인 인물이 가진 소망, 욕구, 갈등은 이야기하는 사람 자신의 것을 반영한다.

　㉡ 이야기를 만드는 사람의 성향, 욕구, 갈등은 이따금씩 간접적이거나 상징적인 방식으로 표현된다.

　㉢ 충동과 갈등을 진단하는 데 모든 이야기가 다 동등한 중요성을 가지는 것은 아니다. 어떤 결정적 이야기는 광범위한 진단적 자료를 제공하는 반면, 다른 이야기는 거의 정보를 주지 않을 수 있다.

　㉣ 그림 자체의 속성에 의해 직접적으로 도출된 듯한 주제는 그렇지 않은 주제보다 덜 중요할 수 있다.

　㉤ 반복되는 주제는 이야기를 만들어내는 사람 자신의 충동과 갈등을 특히 잘 반영한 것일 수 있다.

(2) 머레이(Murray)의 욕구-압력 분석법

① 개인의 욕구와 환경의 압력 사이의 상호작용 결과를 분석함으로써 개인의 심리적 상황을 평가하는 방식이다.

② 해석 과정

- 주인공을 찾는다.
- 환경의 압력을 분석한다.
- 주인공의 반응에서 드러나는 욕구를 분석한다.
- 주인공이 관심을 표현하고 있는 대상을 분석한다.
- 주인공의 내적인 심리상태를 분석한다.
- 주인공의 행동이 표현되는 방식을 분석한다.
- 일의 결말을 분석한다.

예 도판 1

남자 아이가 바이올린을 보고 있다. 바이올린을 켜 보고 싶다고 생각하고 있다. 그렇지만 자기 악기가 아니기 때문에 켜 보지 못한다. 이 아이에게는 바이올린이 없다. 집이 가난하다. 잠깐 연주해 보지만……별로 좋아하지 않을 것 같다. 나중에도 좋아하지 않고 결국 싫어하게 될 것 같다. 왜 싫어하게 되는지는 모르겠다.

- 주인공: 남자아이
- 환경의 압력: 결여의 압력(물질적으로 빈곤, 주인공이 가진 요구 대상을 상실함)
- 주인공의 욕구: 확보의 욕구(어떤 대상 자치하고 빌려주지 않으며 물건들을 저장/모음), 거부의 욕구
- 주인공이 관심을 표현하고 있는 대상: 바이올린
- 주인공의 내적 심리상태: 갈등상태
- 주인공의 행동방식: 소극적 태도, 수동-공격적 대처 방식
- 결말: 갈등은 해결되지 못하고, 회피적 방식으로 처리

---

1. 주인공을 찾는다. 대체로 다음과 같은 경우를 주인공으로 본다.
   - 제일 먼저 이야기에 등장하는 인물
   - 이야기 전체에서 피검자가 관심을 집중시키는 인물
   - 중요한 행동을 주동하는 입장에 있는 인물
   - 이야기를 전환시키는 역할을 하는 인물
   - 다른 사람으로부터 행동을 강요받는 인물
   - 연령, 성, 기타 심리적 특징이 피검자와 유사한 인물

2. 환경의 압력을 분석한다.
   - **인적 압력**: 착취, 친화, 공격, 인지, 존경, 지배, 예시(모법), 전달, 양육, 배척, 확보, 성, 구원, 가정불화, 경쟁, 동생 출산, 지배-양육, 공격-지배, 사기 또는 배신 등이 있다.
   - **환경적 압력**: 재해, 운명, 불행, 결여, 위험, 다양성 등이 있다.
   - **내적 압력**: 죽음, 질환, 좌절, 죄, 신체 부적절감, 심리 부적절감, 수술, 열등감 등이 있다.

3. 주인공의 반응에서 드러나는 욕구를 분석한다. 주요 욕구는 빈도나 강도, 지속시간에 따라 결정된다.
   - **사물이나 상황에 대한 주인공의 활동에서 드러나는 욕구**: 성취, 획득, 변화/여행, 모험 추구, 인지, 구성, 만회, 흥분, 섭취, 수동, 유희, 확보, 관능, 이해 등이 있다.
   - **다른 사람의 행동에 대한 반응에서 드러나는 주인공의 욕구**: 굴종, 자율, 비난 회피, 존경과 복종, 재난 회피, 방어, 은둔, 불가침, 해독 회피 등이 있다.

4. 주인공이 관심을 표현하고 있는 대상을 분석한다. 특히 반응 내용 가운데 주인공에게 긍정적이거나 부정적인 감정을 일으키는 사물, 활동, 사람, 관념을 찾아본다.

5. 주인공의 내적인 내적 심리 상태가 행복한가, 갈등을 느끼고 있는가, 비관적인가를 분석한다.

6. 주인공의 행동이 표현되는 방식을 분석한다.
   - 주인공이 환경적 힘에 자극될 때 반응하는 행동양식을 분석한다.
   - **구분**: 공상 수준, 행동 이전 수준, 억제된 행동 수준, 행동 수준으로 구분된다.
   - **행동 수준**: 제스처, 능동적 반응, 수동적 반응, 외향적 행동, 내향적 행동으로 구분된다.

7. 일의 결말을 분석한다. 욕구와 압력의 관계에 의해 상황의 결말이 행복한가, 불행한가, 성공적인가, 실패인가, 문제 해결이 이루어지고 욕구충족적인가, 갈등 해결이 이루어지지 못하고 문제 해결이 지연되는 상태인가를 살펴본다.

(3) 해석 방식

방법	특징
표준화법	• TAT 해석을 수량화하려는 입장으로, 평면적이고 통계적인 분석을 시도함 • 각 개인의 검사기록에서 뽑아낸 반응의 특징을 항목별로 분류하여, 유사 혹은 이질 피검자군에서 작성된 표준화 자료와 비교하여 분석함
주인공 중심의 해석법	• 이야기에 나오는 주요 인물, 주인공을 중심으로 분석하는 방법 • 주인공 중심법, 욕구-압력 분석법, 이야기 속의 인물 분석법 등이 있음
직관적 방법	• 정신분석에 기초한 가장 비조직적인 분석 방법 • 해석자의 통찰적인 감정이입 능력을 바탕으로 이루어짐
대인관계법	• 인물들의 대인관계 사태분석법으로, 이야기 중 인물들에 대한 피검자의 역할에 비추어 공격, 친화, 도피 감정을 중심으로 분석하는 방법 • 이야기에 나오는 여러 인물의 사회적 지각 및 인물들의 상호 관계 분석법 등이 있음
지각법	• 피검자가 한 이야기 내용의 형식을 분석하는 방법 • 도판의 시각자극 왜곡, 언어의 이색적 사용, 사고나 논리의 특성, 이야기 자체의 기묘한 왜곡 등을 포착하는 방법

(4) 한국 아동용 통각검사(K-CAT) 기출 19

① 벨락이 TAT의 적용 연령을 보다 어린 아동으로 확대하여 제작한 아동용 투사검사이다.

② 대상: 만 3~10세 아동이다.

③ 도판의 그림 장면을 아동에게 맞는 그림으로 바꾸고, 도판에 등장하는 주인공도 동물로 변경했다.

④ 동물을 자극으로 사용한 이유

　⊙ 검사목적을 위장하기가 편하다.

　ⓒ 사회적으로 용납되지 않는 욕구나 부정적인 감정을 드러내기가 쉽다.

　ⓒ 문화적 영향을 상대적으로 덜 받는다.

　ⓔ 성과 연령이 분명하지 않아 등장인물이 가진 성, 연령의 특징에 영향을 덜 받는다.

⑤ 구성

　⊙ 벨락판 CAT: 표준그림 10장+보충그림 10장

　ⓒ 한국판 CAT: 벨락판 중 표준그림 9장+보충그림 9장(문화 요인을 고려하여 9번 그림인 캥거루를 고양이로 교체)

⑥ 실시

- 초기 지시문: "지금부터 그림을 가지고 이야기하는 놀이를 할 거야. 그림을 보여줄 테니, 그림을 보고 거기에서 어떤 일이 일어나고 있는지 말해봐. 자, 그림을 봐. 여기 나온 동물들은 지금 무엇을 하고 있지? 여기서 지금 어떤 일이 일어나고 있는지 말해봐. (어느 정도 이야기한 다음) 그럼 이 일이 있기 전에 어떤 일이 일어났을까? 그 다음에는 어떻게 될까?"
- 중기 지시문: "그럼 그 전에 무슨 일이 있었을까? (이에 대한 대답을 하면) 그럼 그 다음에는 어떻게 될까?"
- 심층 질문: 한 그림에 대한 이야기를 다 마친 다음 이야기의 특수한 사항에 대해 보다 상세히 물어본다.
  예 "어느 동물이 그런 이름을 갖게 되었니?", "동물들은 몇 살이지?", "그 중에 넌 누가 되고 싶니?"
- 아동의 질문에 대한 적절한 반응
  - "이건 뭐예요? 남자예요. 여자예요?" ➡ "너는 어떻게 생각하니? 네 생각대로 말해봐."
  - "앞의 그림에 이어지는 이야기로 만들어야 해요?" ➡ "그렇게 해도 되고, 다른 이야기를 만들어도 돼."

29 BGT(Bender Gestalt Test, 벤더 게슈탈트검사)

1. 검사 개관

(1) 특징

① 간단한 기하학적 도형이 그려진 9장의 자극카드를 피험자에게 1장씩 보여주며 종이에 그리도록 하고, 여러 변형된 추가 단계를 실시한 후에 이 정보들로 인지, 정서, 성격 등의 심리적 특성을 분석하는 검사이다.

② 초기: 기질적 손상이 있는 환자를 진단하는 목적으로 사용되었다.

③ 현재: 신경심리적인 목적과 투사적인 목적을 위해 사용된다.

④ HABGT: 허트(Hutt)는 벤더(Bender)가 사용한 도형을 보다 모사하기 쉬운 형태로 개발하여 정신분석학적 이론에 근거한 투사법 검사로 개발했다.

⑤ 장점

  ㉠ 피검자가 말로써 의사소통할 능력이 충분히 있어도 그의 언어적 행동에서 성격의 강점이나 약점에 대한 적절한 정보를 제공받을 수 없을 때 사용한다.

  ㉡ 적절히 말할 수 있는 능력이 없거나 능력이 있어도 표현할 의사가 없는 피검자에게 실시한다.

  ㉢ 뇌기능 장애가 있는 피검자에게 실시할 수 있다.

  ㉣ 지적장애가 있는 피검자에게 실시할 수 있다.

  ㉤ 문맹자, 교육을 받지 못한 피검자, 외국인 등의 글을 모르는 피검자를 대상으로도 실시할 수 있다.

(2) 이론적 배경

① 지각적 원리: 접근성의 요인, 유사성의 요인, 폐쇄성의 요인, 공통 운명의 요인, 연속성의 요인이 있다.

② 개인의 심리적 요인 개입: 형태의 재구성, 오류, 왜곡 등은 개인의 심리적 특징과 심리 과정에 의해서도 발생할 수 있다.

2. 검사 실시

(1) 준비물과 지침

① 준비물: BGT 카드, 모사할 A4 용지 여러 장, 지우개, 연필, 초시계 등

② 실시

> - 자극카드는 보이지 않게 순서대로 엎어두고, 도형 A부터 시작하여 도형 8까지 차례대로 제시한다.
> - 자극카드는 피검자의 왼쪽에 놓아둔다.
> - 모사 용지는 여러 장을 준비하여 피검자가 요구하면 더 사용할 수 있게 한다.
> - 모사 용지는 세로로 놓아둔다.
> - 모사 중에 자 등의 보조기구 사용은 금지한다.
> - 제시된 내용 이외의 질문에 대해서는 "좋을 대로 하십시오.", "마음대로 해도 됩니다."라고 한다.
> - 스케치, 용지나 도형의 회전, 도형을 구성하는 점의 수를 헤아리는 것 등의 행동은 첫 번째에는 제지하는 것이 원칙이다. 하지만 연속으로 같은 반응을 보일 때는 행동관찰에 기록하여 해석에 참고한다.
> - 피검자의 검사 태도, 검사 행동을 관찰하여 해석에 참고한다.

참고 검사목적에 따른 실시방법

실시방법으로는 순간노출, 모사, 변형모사, 회상이 있다. 검사자는 검사목적에 따라 모사 단계만 실시할 수도 있고, '모사-변형모사 단계' 순이나 '모사-회상 단계' 순으로 실시할 수도 있다. 기질적 장애의 경우 'T(순간노출)-C(모사 단계)-R(회상 단계)' 순으로 실시하는 것이 좋다.

(2) 모사 단계

① 지시문

> "지금부터 이 카드들을 한 번에 한 장씩 보여드리겠습니다. 각 카드에는 간단한 그림이 있습니다. 이 그림을 보고 그대로 그려주세요. 이 검사는 당신의 그림 그리기 실력을 보는 검사가 아닙니다. 그러나 가능한 한 정확히 그리도록 노력하고 빨리 하든 천천히 하든 당신이 원하는 대로 하십시오."

② 피검자의 질문에 대한 적절한 반응

> - 어떻게 그려야 하는지의 방법에 대한 질문
>   ➡ "당신이 하고 싶은 대로 하되, 할 수 있는 한 최선을 다하시면 됩니다."
> - "종이를 얼마나 사용해야 되는가?"라고 묻는 경우
>   ➡ "당신이 쓰고 싶은 대로 사용하세요."라고 대답한다.
> - "지우개로 지워도 되는가?"라고 묻는 경우
>   ➡ "물론 당신 마음대로 하세요."라고 대답한다.

③ 검사자가 알아두어야 할 사항

   ⊙ 수검자의 종이 사용: 자유롭게 놔두어야 한다.

   ⓒ 카드가 몇 장인지를 수검자가 알고자 할 때: 몇 장인지 말하지 말고 "이 정도입니다."라고 하며 손에 쥐고 있거나 놓아둔 카드 더미를 보여주기만 한다.

   ⓒ 종이를 세로로 제시: 세로로 한 종이를 가로로 놓고 그리려 하면 한 번은 다시 세로로 놓아주고 "이렇게 그려 보라."라고 하되 그 이상 종이를 돌리는 것은 고쳐주지 않는다.

   ② 연필, 지우개: 연필심은 중간 정도의 부드러운 것으로 선택하고 필압을 잘 관찰하여 이후 검사를 해석할 때 자료로 사용하며, 지우개 사용은 수검자 자유로 한다.

④ 그림 그리기에 소요되는 시간은 꼭 기록해야 할 사항은 아니지만, 전체 도형을 그리는 시간이 상당히 지연되는 경우에는 개인의 정신병리를 반영하는 것일 수 있으므로 간과해서는 안 된다.

(3) 변형모사 단계

① 목적: 투사적 반응을 극대화시켜 피검자의 독특한 심리적 특성이 드러나게 한다.

② 지시문

> "그림을 다시 한번 차례대로 보여줄 테니 자신이 원하는 모양을 변형시켜 자유롭게, 그리고 싶은 대로 그려보세요. 제 말을 이해했나요?"라고 한다.

③ 피검자가 "별로 생각도 안 나고 그대로 그리고 싶다."라고 할 경우: "당신이 원하는 대로 하세요."라고 한다.

④ 자유연상 단계: 각 카드의 원래 자극 도형과 변형한 도형 모두를 자유연상시킨다.

   예 도형 1 카드와 수검자가 변형한 그림을 보여주면서 "이것은 원래 도형이고 당신이 변형한 그림은 여기 있습니다. 이 그림을 각각 보면서 무엇이 생각나는지, 무엇처럼 보이는지를 이야기해주세요."라고 말한 다음, 수검자의 반응 내용을 기록한다.

(4) 회상 단계

① 모사 단계 이후에 실시하거나 순간노출 단계와 모사 단계를 실시한 이후에 실시할 수 있다.

② 지시문

> "보고 그린 그림을 기억하여 생각나는 것을 다시 그려보세요."라고 지시한다.

③ 수검자가 "그린 도형 형태나 개수가 맞아야 하는가?"를 묻는 경우: "기억나는 대로 그리면 됩니다."라고 한다.

⑸ T-C-R 방법

① T단계(순간노출 단계)

> - 수검자에게 카드 더미를 보여주고 "당신에게 몇 장의 카드를 보여드리겠습니다. 이 카드에는 어떤 그림이 그려져 있습니다. 이 카드를 몇 초 동안만 보여주고 치울 테니 그림을 잘 기억해뒀다가 그리면 됩니다. 아시겠습니까?"라고 말한다.
> - 그 다음 검사자는 도형 1을 5초간 수검자에게 제시한다.
> - 5초가 지나면 카드를 치우고 용지에 본 도형을 그리게 한다.
> - 이후 9개의 도형을 차례로 보여주고 그리도록 한다.

② C단계(모사 단계)
③ R단계(회상 단계)

⑹ BGT-II 개정 내용

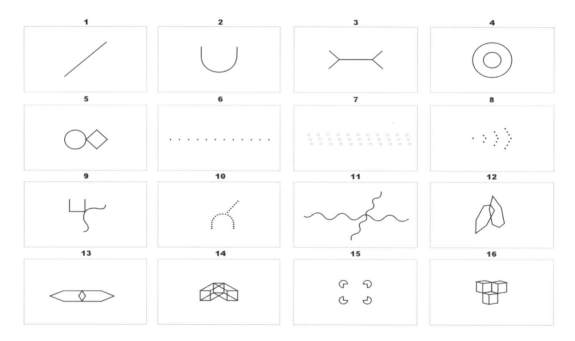

① 대상: 4세 이상의 아동 및 성인을 대상으로 한다.

② 16장의 도형: 9개의 원본 도형이 유지되면서, 지능이 낮고 연령이 더 어린 수검자를 대상으로 한 낮은 난이도의 도형 4개와 더 높은 난이도의 도형 3개가 추가되었다. 기존 카드 9장에서 7장이 추가적으로 새롭게 개발되어 총 16장으로 카드로 구성되어 있다.

③ 8세 이하의 아동: 4개의 쉬운 도형과 원래의 9개 도형(항목 1~13)을 실시한다.

④ 8세 이상의 아동 및 성인: 원래의 9개 도형과 3개의 더 어려운 도형(항목 5~16)을 실시한다.

3. 진단적 특징

구분	진단적 특징
기질적 뇌손상	• 그림의 중첩과 중첩 경향 • 뚜렷한 각의 변화 • 심한 지각적 회전(피검자가 회전 사실을 모르거나 수정 불가 시) • 단순화 또는 심한 단편화 • 중복곤란/보속증/경미한 정교화/전도형의 재묘사 • 선의 불협응/경직성/병리적인 스케치와 무력감
정신분열증	• 순서의 혼란 • 도형 A의 심한 비정상적 배치 • 지나치게 큰 그림 또는 용지를 과도하게 많이 사용 • 심한 폐쇄곤란 또는 심한 곡선곤란 • 경미한 회전(대부분 수정 가능)/퇴영/단편화 • 심한 정교화, 전 도형의 재묘사, 단순화
신경증 (성격장애 제외)	• 순서가 지나치게 엄격하거나 불규칙 • 심하게 작은 그림 • 현저한 고립적인 크기의 변화 • 경미한 곡선곤란/경미한 각의 변화/경미한 회전 • 그려나가는 방식의 비정상 또는 불일치 • 교차곤란 • 선의 질이 매우 굵거나 가늘거나 심하게 비일관적
보통 및 심한 정신박약 (지적장애)	• 불규칙한 순서 또는 아주 불규칙한 공간 • 중첩 경향 또는 아주 큰 그림 • 지각적 회전(특히 역회전) 또는 경미한 단순화 • 도형 7과 8의 단편화 • 심한 폐쇄곤란 • 곡선곤란(평평하게 그림)

30 SCT(Sentence Completion Test, 문장완성검사)

1. 검사 개관 기출 17, 19

(1) 특징

① 미완성된 문장 제공: 자신이 갈등이나 정서적으로 관련된 문장의 일부를 완성하는 과제로 구성된다.

② 로르샤흐검사에 비해 자극이 분명한 편이며, 비교적 의식적인 수준의 심리적 현상이 반응되는 경향이 있다.

장점	단점
• 피검자는 '예/아니요/모릅니다' 식의 단정적인 대답이 아니라 자기가 원하는 대로 답변할 수 있음 • 검사목적을 피검자가 의식하기 어려워서 비교적 솔직한 답을 얻을 수 있음 • 다른 투사검사에 비해 검사의 실시와 해석에 있어 특별한 훈련을 필요로 하지 않음 • 검사의 집단적 실시가 가능하여 시간과 비용 면에서 경제적	• 표준화 검사에 비해 객관적으로 채점할 수 없음 • 피검자가 언어 표현력이 부족하거나 검사에 비협조적인 경우 검사 결과가 사실과 다르게 왜곡될 수 있음

(2) 지시문

> "다음에 제시된 문장은 뒷부분이 빠져 있습니다. 각 문장을 읽으면서 가장 먼저 떠오르는 생각으로 뒷부분을 이어 문장이 되도록 완성하면 됩니다. 시간의 제한은 없으나 되도록 빨리 하십시오. 만일 문장을 완성할 수 없으면 표시를 해두었다가 나중에 완성하십시오."

(3) 지시사항

> • 답에는 정답, 오답이 없으며 생각나는 것을 쓰도록 할 것
> • 글씨나 글짓기 시험이 아니므로 글씨나 문장의 좋고 나쁨을 걱정하지 말 것
> • 주어진 어구를 보고 제일 먼저 생각나는 것을 쓸 것
> • 주어진 어구를 보고도 생각이 안 나는 경우에는 번호를 표시해 두고 다음 문장으로 넘어가고 마지막에 완성함
> • 시간제한은 없으나 너무 오래 생각하지 말고 빨리 쓰도록 할 것
> • 볼펜이나 연필로 쓰되, 지울 때는 두 줄을 긋고 다음 빈 공간에 써야 함

(4) 피검자의 질문에 대한 적절한 반응

> • "천천히 좋은 대답을 생각하면 안 되나요?"
> ➡ "각 문항을 읽고 가장 먼저 떠오르는 것을 써야 하며 논리적인 구성을 위해 지체하면 안 된다."라고 강조한다.
> • "한 단어만 적어도 되나요?"
> ➡ "한 단어든 여러 문장이든 상관없고 단지 자극 문장을 읽고 떠오른 생각이면 된다."라고 대답한다.
> • 자기의 반응을 "(검사자가) 한 번 보고 맞게 썼는지 말해주세요."라고 요청하는 경우
> ➡ 그 반응이 자극 문항에 대한 피검자의 자발적인 반응이라면 좋은 반응이라고 말한다.
> • 단어의 뜻을 물어보는 경우
> ➡ 기본적인 뜻을 말해주는 것은 괜찮지만 문장의 전체 뜻을 설명해달라고 하는 경우에는 피검자에게 어떤 뜻으로 생각하는지를 물어보고 "그렇게 생각한 대로 하면 된다."라고 한다.

(5) 질문 단계

① 피검자의 반응에서 중요하거나 숨은 의도가 있다고 보이는 문항이 있으면 "이것에 대해 좀 더 이야기해주세요."라고 부탁한다.

② 이 단계를 통해 피검자는 말하기 힘든 문제에 대해 상담자에게 이야기하는 계기가 될 수 있다.

(6) 불안이 심한 피검자

① 피검자에게 문항을 읽어주고, 피검자가 대답한 것을 검사자가 받아적는 것이 도움이 된다.

② 피검자의 비언어적 행동을 관찰함으로써 어떤 문항에서 막히는지 구체적으로 알 수 있음: 검사과정에서 피검자가 종종 기분이 나아졌다고 말하기도 하는데, 이 반응은 문장완성검사가 감정적 해소의 도구로도 사용될 수 있음을 보여준다.

2. 종류

(1) 삭스(Sacks)의 문장완성검사(SSCT) 기출 15 추시, 16, 19

① 가족, 성, 대인관계, 자기개념의 4가지 영역에 관한 중요한 태도를 이끌어낼 수 있는 미완성 문장을 작성하는 50개 문항으로 구성된다.

② 4개 영역을 세분화하여 최종적으로 총 15개 영역으로 분류: 손상 정도에 따라 0, 1, 2점으로 평가한다.

③ 4개 영역

영역	구성
가족 영역	아버지, 어머니와 가족에 대한 태도를 측정하며, 이와 관련된 문장으로 구성됨
성적 영역	이성관계에 대한 태도를 포함함
대인관계 영역	• 친구, 지인, 권위자에 대한 태도를 포함함 • 이 영역의 문항은 가족 외의 다른 사람에 대한 감정이나 자신에 대해 타인이 어떻게 느끼는지에 관한 생각을 표현하게 함
자기개념 영역	자신의 능력, 과거, 미래, 두려움, 죄책감, 목표 등에 대한 태도가 포함됨

④ 평점

점수	손상 정도	해석
2점	심한 손상	이 영역의 정서적 갈등을 다루기 위해 치료적 도움이 필요한 것으로 보임
1점	경미한 손상	이 영역에 대한 정서적 갈등이 있지만 치료적 도움 없이 다룰 수 있을 것으로 보임
0점	손상 없음	이 영역에서 유의한 손상이 발견되지 않음
–	확인 불가	충분한 증거가 부족함

(2) 로터(Rotter)의 문장완성검사

① 총 40문항으로 구성되어 있으며, '적응점수'를 산출하여 수검자의 전반적인 적응 정도를 측정할 수 있다.

② 반응: 점수가 높을수록 부적응적인 것으로 평가한다.

㉠ 갈등 혹은 불건강한 반응: 강도에 따라 +1 ~ +3점이 부여된다.

㉡ 긍정적 혹은 건강한 반응: −1 ~ −3점이 부여된다.

㉢ 중립적 반응: 0점이 부여된다.

③ 반응채점 기준

　　㉠ 누락(생략)반응: 반응이 없거나 의미를 추론하기 어려울 정도로 간단한 반응이다.

　　㉡ 갈등반응: 적대감이나 불행한 감정을 시시하는 반응이다.

　　　　예 나는 온 세상을 미워한다.

　　㉢ 긍정적 반응: 긍정적이고 희망적인 태도를 나타내는 반응이다.

　　㉣ 중립적 반응: 긍정적 혹은 부정적 정서가 담기지 않은 단순 기술 반응이다.

　　　　예 대부분의 소녀는 여자다.

31 단어연상검사

1. 검사 개관

(1) 특징

① 융(Jung)의 콤플렉스: 어떤 정서적 에너지에 의하여 밀접하게 연합되어 있던 관념이나 심상들의 군집체이다. 어떤 관념이 자극받았을 때 무언가 정서적인 경험을 한다면 콤플렉스를 건드렸기 때문이며, 그러한 정서와 직간접적으로 관련된 관념을 연상하는 데 장애가 발생한다.

(2) 실시

① 준비물: 자극어가 인쇄된 용지와 필기도구, 반응시간을 기록할 기록시계가 필요하다.

② 지시문

> "이제부터 단어를 하나씩 불러줄 테니 그 단어를 듣고 제일 먼저 머리에 떠오르는 단어 한 개를 될 수 있는 대로 빨리 대답해보십시오."

③ 시간 기록: 지시문이 끝남과 동시에 기록시계를 누르고, 피검자가 반응어를 발음하기 시작한 순간부터 연상되기까지의 시간을 기록한다.

④ 재생 과정: 첫 번째 과정에서 제시된 자극어를 다시 불러주고 각 자극어에 대해 첫 번째 시행에서 응답했던 단어를 다시 회상하여 대답해줄 것을 요구한다.

⑤ 재생어가 원래의 반응어와 일치하면 +, 일치하지 않으면 −로 표시하고, 일치하지 않은 응답도 기록한다.

⑥ 질문 단계: 검사 후에 왜 그런 반응을 나타내는지를 묻는다.

2. 검사 해석

(1) 라파포트(Rappaport)의 연상장애 판단의 3가지 기준

① 지시문과 일치하지 않는 반응의 측면이다.

② 대체로 연상되는 반응으로부터 의미 있게 일탈되어 있는 반응들이다.

③ 두 번째 과정에서의 지시와 일치하지 않는 반응들이다.

(2) 근거리 반응

자극어 자체와 너무 밀착된 반응으로, 피검자의 사적인 연상 내용이 반영되지 않은 반응이다.

예 자극어를 그대로 반응하는 경우, 복합단어로 자극어를 설명하는 경우, 자극어를 포함 혹은 축소시켜 반응하는 경우, 자극어의 음가에 따라 반응하는 경우, 검사실에 있는 사물을 보고 응답하는 경우

(3) 원거리 반응

자극어와 관련이 없는 듯한 반응이다.

예 자극어와 전혀 관련이 없는 듯한 반응을 하는 경우, 자극어와 희미하게 관련 있지만 불합리하거나 임의적인 경우 등

(4) 반응의 내용에 대한 분석

① 형식적 내용의 측면에서 기술한 다양한 방식의 연상장애가 일어나는 자극어와 반응어 혹은 재생어가 무엇인지, 그 단어의 내용 사이에 어떤 표면적·상징적·무의식적 연관이 있는지 찾아내는 것이다.

② 어떤 특정한 의미 계열에 있는 공통된 단어에서 연상장애가 일어난다면 그 단어와 관련된 콤플렉스가 잠재되어 있음을 가정한다.

③ 라파포트의 해석

　㉠ 연상의 장애 증상이 어떤 특정한 연상 내용(반응어 혹은 재생어)에 집중되면 될수록, 그 자극어에 의해 참조할 수 있는 관념 영역은 피검자에게 가장 정서적으로 의미 있는 영역이다.

　㉡ 또한 전체 반응 기록 내용상 연상장애 증상이 더 많으면 많을수록, 반응시간이나 재생시간 혹은 재생 실패 외의 다른 형태를 취하면 취할수록 부적응 정도와 사고조직 손상이 더 심각할 가능성이 높다.

제**7**절 발달 및 적응검사

32 발달검사

1. 베일리 영유아 발달검사(BSID-Ⅱ)

(1) 실시 및 특징

① 목적: 영아의 현재 발달 정도를 평가하고 정상 발달로부터의 일탈 여부와 정도를 파악한다.

② 대상: 1~42개월의 영유아를 대상으로 한다.

③ 발달지수를 통한 발달지체 여부 평가, 조기 개입 프로그램의 효과 평가, 아동의 발달에 대한 부모교육 자료 등에 활용도가 높다.

④ 발달 이상 여부를 선별하는 검사이므로 의사소통장애, 지적장애, 자폐 아동 등 특정 영역의 장애를 진단할 목적으로 사용하지 않도록 주의한다.

(2) 구성

① 인지 척도: 인지 발달, 언어 발달, 개인/사회성 발달을 측정한다.

② 동작 척도: 운동의 질, 감각 통합, 지각-운동 통합을 측정한다.

③ 행동 평정 척도(ERS): 아동의 주의/각성 요인, 과제 지향성 요인, 정서조절 요인, 운동의 질 요인을 측정한다.

2. 한국형 덴버 발달선별검사(Denver-Ⅱ)

(1) 실시 및 특징

① 덴버 발달검사(DDST): 발달 지연이나 문제 가능성이 있는 유아를 선별하기 위한 검사이며, 우리나라에 맞게 재표준화한 것이 한국형 Denver-Ⅱ이다.

② 대상: 생후 2주부터 6세 4개월까지의 아동을 대상으로 한다.

③ 검사 실시가 쉽고 30분 이내로 빠르게 실시할 수 있으므로 발달지체의 초기 판별도구로서의 유용성이 높다.

(2) 구성: 4개 영역 총 110개의 항목으로 구성되어 있다.

영역	문항 수	구성
개인 사회발달 영역	22문항	사람들과 상호작용하고 일상생활을 위해 개인적 요구를 스스로 해결할 수 있는 신변처리능력 평가
미세운동 및 적응발달 영역	27문항	눈-손의 협응, 작은 물체의 조작, 문제 해결능력 평가
언어발달 영역	34문항	듣고 이해하고 언어를 사용하는 능력 평가
운동발달 영역	27문항	앉고 뛰고 걷는 대근육 운동능력 평가

(3) 검사 실시

① **연령선 그리기**: 문항이 가로막대 형태로 제시되며 검사지 위와 아래에 연령 눈금이 24개월까지는 1개월 간격으로, 그 후부터는 3개월 간격으로 표시된다. 검사자는 피검자의 생활연령을 계산하고 검사지 위와 아래의 해당 연령을 연결하여 세로로 연령선을 긋는다(생활연령이 24개월 이하이고 2주 이상 조산인 유아는 생활연령에서 조산한 달과 날을 뺀 조정된 연령으로 연령선을 그음).

② 연령선이 지나는 각 항목의 검사를 먼저 시행하고, 적어도 연령선 왼쪽에서 가장 가까운 3개 항목은 전부 시행한다. 아동이 이 단계에서 특정 항목을 실행하지 못하면(실패, 거부, 기회 없음) 아동이 3개의 항목을 통과할 때까지 해당 영역의 왼쪽으로 항목을 추가하여 검사를 시행한다.

③ **결과 표시방법**: 'P(Pass, 통과)', 'F(Fail, 실패)', 'NO(No Opportunity, 기회 없음)', 'R(Refusal, 거부)' 등으로 표시한다.

(4) 채점 및 해석

① 각 행동을 합격(P)과 불합격(F)으로 평가한 후 정상, 의문, 검사 불능, 이상으로 해석한다.

② 채점

영역	구성
정상 (Normal)	• 지연이 없고 주의항목 최대 1개 • 다음 방문 때 재검사
의문 (Questionable)	• 1개의 지연항목 또는 2개나 그 이상의 주의항목 • 공포, 질병, 피곤함 같은 일시적인 요소를 배제하기 위해 1~2주 내에 재검사
검사 불능 (Untestable)	• 완전히 연령성 왼쪽의 항목에서 1개 이상의 거부나 75~90% 사이에 연령선이 지나는 항목에 2개 이상의 'R' 점수가 있는 경우 • 1~2주 내에 재검사
이상 (Abnormal)	• 2개 이상의 지연항목이 있을 경우 • 진단적 평가를 위해 의뢰

33 적응행동검사

1. 사회성숙도검사

(1) 실시 및 특징

① **김승국과 김옥기(1985)**: 사회적 적응능력의 발달 수준을 평가하여 아동의 인지적 성숙도를 간접적으로 측정할 수 있는 검사로, 적응 수준을 알아보는 데 보편적으로 사용된다.

② **적응행동**: 개인의 대처방법의 기초가 되는 것으로, 다음의 능력이 포함된다.

ㄱ **독립기능**: 일반 사회나 특정 연령군에 대해 전형적으로 기대되는 행동 또는 개인에게 요구되는 행동을 수행하는 능력

ㄴ **개인적 책임**: 중요한 과제를 성취하고자 하는 의지와 행동에 책임을 지는 능력

ㄷ **사회적 책임**: 사회집단의 구성원으로서 책임을 받아들이는 능력

③ 대상: 0~30세까지의 유아에서 성인을 대상으로 하며, 정신지체인과 일반인 모두에 사용할 수 있다.

④ 실시: 검사대상을 잘 알고 있는 부모나 보호자와의 면담을 통해 실시한다.

(2) 구성

영역	측정 내용
자조행동(SH)	• **자조일반(SHG)**: 조작능력, 배변관리, 이동, 자기관리, 기본적인 의사소통능력 등과 관련됨 • **자조식사(SHE)**: 식사도구 사용, 식사행동, 식이행동 통제, 판별력 등과 관련됨 • **자조용의(SHD)**: 세면, 착의 등과 관련됨
이동(L)	기어 다니기, 걷기, 독립적인 외출, 이동 등을 평가
작업(O)	단순한 놀이행동, 장난감 사용부터 성인으로서의 전문성, 독립성, 책임을 요하는 작업수행 능력 등을 평가
의사소통(C)	간단하고 관습적인 제스처, 언어적 의사소통, 문자 등 매체를 사용하는 수용성, 표현성 의사소통 능력을 평가
자기관리(SD)	돈의 용도를 인식하고 사용하는 능력, 구매, 경제적 자립 준비, 책임 있고 분별력 있는 행동, 독립성과 책임감 등을 평가
사회화(S)	사회적 활동, 사회적 책임, 현실적 사고 등을 평가

(3) 평정

구분	문항 판단기준	채점
+	부당한 강요나 인위적인 유인 없이도 각 문항이 지시하는 본질적인 행동을 습관적으로 수행할 경우, 현재는 습관적으로 하고 있으나 하려고 하면 쉽게 수행할 수 있는 경우	2점
+F	검사 시에 특별한 제약으로 각 항목이 지시하는 행동을 성공적으로 수행하지 못했지만 평상시에는 성공적으로 수행한 경우	1점
+NO	지금까지는 기회의 부족으로 각 항목이 지시하는 행동을 수행하지 못했지만 기회가 부여된다면 성공적으로 수행 또는 습득할 수 있는 경우	※ 1점, 0.5점, 0점
±	각 항목이 지시하는 행동을 가끔 하기는 하나 그 행동이 불안정한 경우로, 과도적 상태에 있는 경우	0.5점
−	• 각 항목이 지시하는 행동을 전혀 수행하지 못하는 경우 • 부당한 강요나 유인이 있을 때만 수행이 가능한 경우 • 과거에는 성공적으로 수행했으나 현재는 노쇠나 비교적 항구적인 정신적·신체적 장애로 수행하지 못하는 경우	0점

※ +NO의 채점 기준

- +와 + 사이에 있는 경우: 1점
- +F와 +F 사이에 있는 경우: 1점
- +NO와 + 또는 +F 사이에 있는 경우: 1점
- −와 − 사이에 있는 경우: 0점
- 그 밖의 경우: 0.5점

(4) 결과

① 계산방법

$$SQ = SA \div CA \times 100$$

SQ(Social Quotient): 사회지수, SA(Social Age): 사회연령, CA(Chronological Age): 생활연령

⑩ 만 12세 3개월(= 12.25세)인 아동이 사회성숙도검사에서 총점 88점을 받은 경우
- 총점 88점의 SA = 12.5세
- SQ = (12.5세 ÷ 12.25세) × 100 = 102

② 활용

㉠ 정신지체 판정과 임상적 연구에서 발달사를 고찰한다.

㉡ 언어적 제한이 심하여 발달검사나 지능검사가 불가능한 경우에 대략적인 적응지표로 활용한다.

㉢ 개인의 성장이나 변화를 측정하고 개인차를 측정하는 도구로 사용한다.

2. 바이랜드 적응행동 척도 2판(사회성숙도검사 개정판)

(1) 대상 및 목적

① 0~90세 영유아부터 성인을 대상으로, 개인적·사회적 능력의 발달 정도를 평가하는 도구이다.

② 구성: 면담형(보호자와 면담을 하면서 평가: 반구조화 면담), 평정형(보호자가 대상에 대해 직접 평가: 문항을 읽고 수검자의 기능 정도를 기입)으로 구성된다.

③ 측정: 사회적응능력의 발달 수준의 평가를 통해 인지적 성숙도를 간접적으로 측정할 수 있다.

④ 구성: 4개의 주영역(의사소통, 생활기술, 사회성, 운동기술)과 11개의 하위 영역으로 구성된다.

(2) 구성 및 내용

① 의사소통 영역: 수용, 표현, 쓰기의 3개 하위 영역이 있다.

② 생활기술 영역: 개인, 가정, 지역사회의 3개 하위 영역이 있다.

③ 사회성 영역: 대인관계, 놀이 및 여가, 대처기술의 3개 하위 영역이 있다.

④ 운동기술 영역: 대근육 운동, 소근육 운동의 2개 하위 영역이 있다.

⑤ 부적응행동 영역(선택적): 내현화 하위 영역, 외현화 하위 영역, 부적응행동 지표, 결정적 문항의 4개 하위 지표를 구할 수 있다.

3. 국립특수교육원 적응행동검사(KNISE-SAB)

(1) 특징

① 우리의 사회문화적 맥락과 생활양식에 적합한 내용과 방법을 통해 적응행동을 평가하는 문항으로 구성된다.

② 첫 단계에서는 아동용판과 청소년용판으로 구분하여 타당성을 검증하고, 그 결과를 반영하여 두 번째 단계에서 하나의 도구로 구성하여 타당성을 검증하는 등 2단계의 실험과정을 거쳐 개발한 적응행동검사이다.

③ 비장애 학생과 지적장애 학생을 대상으로 표준화하여 비장애 학생은 물론 지적장애 학생집단의 규준으로도 비교할 수 있도록 구성되었다.

④ 표준점수를 이용하여 검사 결과를 해석할 수 있게 개발되었다.

(2) **실시 및 구성**

① 대상: 일반 아동과 지적장애 아동 모두에게 실시 가능하다.

　㉠ 일반 아동: 만 21개월~17세

　㉡ 지적장애 아동: 만 5~17세

② 실시: 피검자를 6개월 이상 관찰해 피검자의 특성과 행동을 제대로 파악하고 있는 부모나 교사 등의 정보 제공자를 대상으로 실시한다.

③ 구성

구분	세부 기술		
개념적 적응행동	• 언어이해 • 돈 개념	• 쓰기 • 읽기	• 언어표현 • 자기지시
사회적 적응행동	• 사회성 일반 • 자기보호 • 책임감	• 자기존중 • 대인관계	• 놀이활동 • 규칙과 법
실제적 적응행동	• 화장실 이용 • 교통수단 이용 • 식사 준비	• 집 안 정리 • 옷 입기 • 안전, 건강관리	• 먹기 • 작업 기술

　㉠ **개념적 적응행동**: 구체적이고 현실적인 실제가 아닌 학문적 상황에서 성공하는 데 필요한 기술로 구성된다.

　㉡ **사회적 적응행동**: 사회적 기대와 다른 사람의 행동을 이해하고 사회적 상황에서 자신이 어떻게 행동하는 것이 적절한지를 판단하는 기술인 사회적 기술로 구성된다.

　㉢ **실제적 적응행동**: 평범한 일상생활을 위해 독립된 인간으로서 자신을 유지해나가는 실제적 적응기술로 구성된다.

4. 한국판 적응행동검사(K-SIB-R)

(1) **목적 및 대상**

① 목적: 다양한 일상생활 영역에서 정신지체 아동의 적응행동 수준을 평가하고 교육목표와 프로그램의 계획을 위한 정보 제공을 목적으로 개발된 검사이다.

② 대상: 11개월~17세의 영유아, 아동, 청소년을 대상으로 한다.

(2) **특징**

① 정신지체(지적장애) 아동의 진단과 분류에 기여하여 적절한 배치와 훈련목표의 설정을 돕고, 훈련 프로그램과 연결이 가능하도록 구성되어 있다.

② 검사 결과는 개별화된 가족 서비스 계획, 개별화 교육 계획, 개별화 프로그램 계획, 개별화 전환 계획의 교수 및 훈련목표 설정에 적합하다.

③ 선발과 배치의 목적으로도 사용되며 서비스의 적격성 혹은 필요에 대한 평가나 서비스의 우선순위를 결정하는 데 중요한 정보를 제공한다.

④ 문제행동의 출현 유무를 반영하는 부분과 독립성을 측정하는 4개의 범주 아래 14개 하위 영역에서의 수행과 기능을 평가할 기회를 제공한다.

⑤ 특정 서비스 프로그램에서의 K-SIB-R 점수는 프로그램 운영 결정에 필요한 자료와 강점, 요구사항 등에 대한 프로파일을 제공한다.

⑥ 적응행동 점수, 부적응행동 지표, 지원점수와 적응행동 간의 비교와 인지적 수행은 지원계획, 훈련과 연수 프로그램에 중요한 표준집단의 정보를 제공한다.

(3) 구성

구분		영역	행동 수준
지원점수	전반적 독립	운동기술	• 대근육 운동 • 소근육 운동
		사회적 상호작용 및 의사소통기술	• 사회적 상호작용 • 언어이해 • 언어표현
		개인생활기술	• 식사와 음식 준비 • 신변 처리 • 옷 입기 • 개인위생 • 가사 또는 적응행동
		지역사회 생활기술	• 시간 이해 및 엄수 • 경제생활 • 작업 기술 • 이동 기술
	문제행동	내적 부적응행동	• 자신을 해치는 행동 • 특이한 반복적인 습관 • 위축된 행동이나 부주의한 행동
		외적 부적응행동	• 타인을 해치는 행동 • 물건을 파괴하는 행동 • 방해하는 행동
		반사회적 부적응행동	• 사회적으로 공격적인 행동 • 비협조적인 행동

제 8 절 행동평가 및 장애별 척도

34 행동 평정 척도

1. 행동 평정 척도

(1) 특징

① 표준화된 척도에서 아동 청소년의 행동특성에 관한 종합적인 판단을 그들을 잘 아는 정보제공자(⑩ 부모, 교사)로부터 얻는 것이다.

② **평가방법**: 직접적인 행동관찰이나 구조화된 행동 면접방법에 비해 덜 직접적인데, 어떤 행동이 존재하는지를 일차적으로 측정하는 것이 아니라 특정 행동에 대한 정보제공자의 '지각'을 측정하는 것이기 때문이다.

③ 단순한 체크리스트와 평정 척도의 차이: 체크리스트가 특정 행동의 유무를 응답만 하는 것이라면 평정 척도는 특정 증상의 유무와 정도를 평가하는 방법이다.

④ 복수 정보제공자의 정보를 수집할 수 있는 다축적 평가체계를 갖춘 평가도구다.

(2) 장점

① 관찰회기 내에 측정할 수 없는 발생빈도가 낮고 중요한 행동을 확인할 수 있다.

② 자신의 문제에 대해 스스로 정보를 제공하지 않으려는 수검자에 대한 평가가 가능하다.

③ 자연적인 환경에서 일정 기간 동안 이루어진 관찰 결과를 이용할 수 있고 부모, 교사 등 아동 청소년의 행동에 익숙한 사람으로부터 정보를 얻을 수 있다.

2. 행동 평정 척도의 오차

(1) 척도에서 기인하는 오차

① 척도의 내용과 표현이 모호하여 평정자에 따라 다르게 해석되어 평정오차를 유발하는 것이다.

② 이 문제를 해결하려면 평정하고자 하는 특성을 관찰과 측정이 가능하도록 구체화하고, 특성의 각 수준에 해당하는 구체적인 행동을 제시해야 한다.

(2) 평정자에서 기인하는 오차 `기출 19`

구분		내용
후광 효과 (halo effect)		• 평정자가 비평정자에 대해 가지고 있는 전반적인 인상, 선입견이 평정 결과에 무의식적으로 영향을 주는 현상 • '인상의 오차'라고도 함
논리적 오차 (logical error)		• 두 특성이 서로 관련되어 있다고 가정함으로써 범하는 오차 • 후광효과와 달리 특정 사람의 인상, 편견 때문에 발생하는 것이 아니라 특성들이 논리적으로 관련된다고 가정하는 데서 기인함
개인적 편향의 오차	관용의 오차 (generosity error)	전반적으로 높은 점수를 주는 평정자의 반응 경향
	인색의 오차 (severity error)	평정자가 전반적으로 낮은 점수를 주는 경향
	집중경향의 오차 (error of central tendency)	극단적인 점수를 피하고 중간 정도의 점수를 주는 평정자의 경향
대비의 오차 (contrast error)		• 평정하려는 특성이 자신에게 있으면 낮은 점수를 주고, 없으면 높은 점수를 주는 현상 • 즉, 평정자가 자신과 비슷한 사람에게 낮은 점수를 주는 현상 • 평정자가 피평정자에게 자신을 투사하여 평정하기 때문에 나타남
근접의 오차 (proximity error)		평정하려는 특성들이 시간적이나 공간적으로 근접할수록 비슷한 점수를 주는 현상
표준의 오차 (standard error)		• 점수를 주는 표준이 평정자마다 다르다는 점에서 기인하는 오차 • 즉, 어떤 평정자는 표준이 높고 어떤 평정자는 표준이 낮기 때문에 발생함

(3) 평정 척도의 오류를 줄이는 방법

① 아동을 가장 잘 알고 있는 사람을 평정자로 활용한다.

② 아동의 여러 행동, 즉 중다행동 관찰을 요구한다.

③ 한 명 이상의 관찰자로부터 평정을 얻는다.

④ 관찰 가능한 영역을 활용한다.

⑤ 문제와 관련된 관찰을 할 수 있도록 행동을 제시한다.

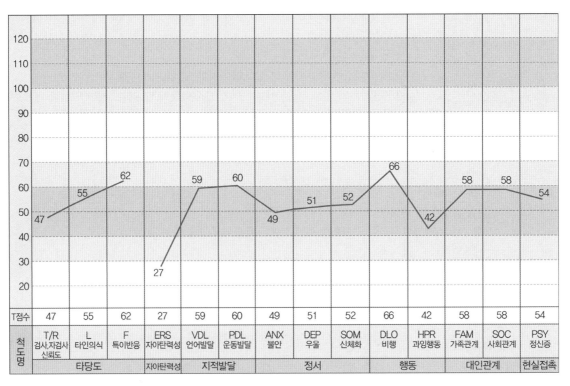

T점수	47	55	62	27	59	60	49	51	52	66	42	58	58	54
척도명	T/R 검사,자검사 신뢰도	L 타인의식	F 특이반응	ERS 자아탄력성	VDL 언어발달	PDL 운동발달	ANX 불안	DEP 우울	SOM 신체화	DLO 비행	HPR 과잉행동	FAM 가족관계	SOC 사회관계	PSY 정신증
	타당도			자아탄력성	지적발달		정서			행동		대인관계		현실접촉

[그림 11-11] 아동 청소년 인성 평정 척도

1. 개관

(1) 실시 및 특징

① 아동, 청소년을 대상으로 정신과적 장애의 선별과 진단, 학교 장면에서 심리적 도움이 필요한 학생의 조기 발견 등을 평가할 목적으로 개발된 주양육자 평정 척도이다.

② KPRC는 기존에 개발된 아동인성검사(PIC)와 한국판 PIC(KPI-C)를 수정·보완한 척도로, 주양육자 평정에 기초한다.

　㉠ KPI-C: 4~15세 아동 청소년을 대상으로 하고 255문항으로 구성되며 이분 척도(예/아니요)가 적용되었다.

　㉡ KPRC: 적용 연령범위를 3~17세까지 확대하고, 문항 수를 177문항으로 줄이는 대신 4점 척도(0~3점)로 세분화했다.

③ 실시: 아동과 매우 친숙한 어른(부모)이 응답하는 타인보고식 검사이다.

　➡ 표준점수로 제공한다.

(2) 척도 구성

구분		내용
타당도 척도	? 척도	무응답 혹은 '그렇다-아니다'에 모두 응답
	T-R 척도	검사-재검사 신뢰도
	L 척도	방어적인 태도
	F 척도	증상의 과장이나 무선반응
자아탄력성 척도	ERS 척도	자아탄력성
임상 척도	VDL 척도	언어발달
	PDL 척도	운동발달
	ANX 척도	불안, 긴장, 걱정
	DEP 척도	우울, 자신감 결여
	SOM 척도	신체화 경향성
	DLQ 척도	비행, 품행장애
	HPR 척도	주의력 결핍, 과잉행동
	FAM 척도	가정불화, 부모-자녀관계
	SOC 척도	사회적 관계에서의 어려움
	PSY 척도	현실접촉의 어려움, 정신증상

2. 각 척도별 내용

(1) 타당도 척도

구분	특징
검사-재검사 척도 (T-R)	• 각 문항에 일관성 있게 반응한 정도를 평가함 • 원점수는 해당 쌍의 두 문항 간 점수 차의 절댓값들의 합이며, T 점수는 9쌍의 문항점수 간 차이의 절댓값의 평균과 표준편차를 이용하여 산출함 • T-R 척도의 만점: '3(문항 차이 절댓값의 최고치)×9(문항쌍의 수)=27점'
L(허구) 척도 (L)	• 아동에게서 흔히 볼 수 있는 문제행동을 부정하고 아주 바람직한 아동으로 기술하고자 하는 보호자의 방어적 태도를 측정하기 위한 척도 • 아동의 문제를 의도적으로 낮게 보고하는 경우에 상승함
F(빈도) 척도 (F)	• 의도적이거나 비의도적인 증상의 과장, 무선반응 등의 일탈된 반응 자세를 가려내기 위한 척도 • F 척도의 극단적으로 높은 점수는 프로파일이 과장되어 있거나 타당하지 않음을 나타내며, 만일 과장된 것이 아니라면 정신병리가 심각하다는 것을 반영함

(2) 자아탄력성 척도(ERS)

① **자아탄력성**: 내적·외적 스트레스에 융통성 있고 적절하게 대처하는 개인의 전반적인 능력을 말한다.

② **자아탄력성이 높은 아동**: 상황의 요구에 맞게 행동하고, 환경적 변화에 적절히 대처하며, 가능한 문제 해결의 책략을 융통성 있게 사용한다.

③ **자아탄력성이 낮은 아동**: 적응적인 융통성이 없고, 상황의 역동적인 요구에 반응하지 못하며, 환경 변화 또는 스트레스 상황에 직면하면 쉽게 좌절하고, 외상적인 경험 후 재적응하는 데 어려움을 보인다.

(3) 임상 척도

구분	특징
언어발달 척도 (VDL)	• 전반적인 지적수준의 평가와 언어이해, 읽기, 쓰기, 기본적인 연산능력, 시간개념 등 언어발달과 관련된 문항으로 구성됨 • 이 척도의 상승은 언어발달이 또래에 비해 뒤처짐을 시사함
운동발달 척도 (PDL)	• 정신 운동기능의 협응 정도와 속도, 신체발달, 운동발달 정도를 측정함 • 이 척도의 상승은 운동발달이 또래에 비해 뒤처짐을 시사함
불안 척도 (ANX)	• 자연현상이나 대인관계, 사회관계에서의 두려움, 불안, 긴장을 측정함 • 두려움, 공포, 긴장감, 예민함, 예기불안, 걱정 등과 관련된 증상을 측정하는 문항으로 구성됨 • 점수가 상승할수록 쉽게 불안해지고 긴장하며 이와 관련된 증상을 보임
우울 척도 (DEP)	• 우울한 기분, 자신감 결여, 활동성 저하, 사회적 철수, 자살사고 등 우울과 관련된 문항으로 구성됨 • 이 척도의 상승은 아동이 우울한 상태에 있고, 이와 관련하여 신체적 무기력감, 사회적 고립감을 느끼고 있음을 나타냄
신체화 척도 (SOM)	• 전반적인 건강 정도와 다양한 신체증상을 측정하는 문항으로 구성됨 • 이 척도의 상승은 신체적 피로감, 건강과 관련된 호소 정도를 평가함. 실제적·신체적으로 취약한 경우를 반영하기도 하지만 때로는 신체증상을 이용하여 책임감을 피하고, 불편한 상황으로부터 도피하기 위해 사용하는 것일 수도 있음
비행 척도 (DLQ)	• 아동의 비행 성향을 측정하며 반항과 불복종, 공격성과 적대감, 거짓말, 도벽 등 비행이나 품행상의 문제를 측정하는 문항으로 구성됨 • 이 척도의 상승은 규칙을 따르지 않고 적대적이고 충동적이며, 무책임한 행동을 하는 성향이 있음을 시사함. 즉, 사회적 가치기준과 도덕을 무시하고 분노를 잘 통제하지 못하며 타인의 고통에 공감하는 능력이 부족함을 나타냄
과잉행동 척도 (HPR)	• 주의력 결핍이나 과잉행동장애의 특징을 보이는 아동을 가려내기 위해 만들어짐 • 과잉행동, 충동성, 부주의한 측면 등을 평가하는 문항으로 구성됨 • 주의산만, 과잉행동, 충동성과 함께 이에 수반되는 학습이나 대인관계의 어려움, 우울 등을 측정하는 문항으로 이루어짐
가족관계 척도 (FAM)	• 가족 내에서의 긴장감, 불화 정도, 자녀와의 관계 등을 평가하는 문항으로 구성됨 • 이 척도의 상승은 가정이 화목하지 못하며 아동에게 필요한 심리적인 지지를 제공하지 못하고 있음을 나타냄. 부부간 불화나 가정 내 긴장이 아동에게 스트레스의 주요 원천이 되고 있음을 시사함
사회관계 척도 (SOC)	• 대인관계에서의 어려움을 측정함 • 또래관계에 대한 관심 정도와 소외된 정도, 대인관계에서의 불안 수준, 수줍음, 인간관계의 폭과 빈도 등을 측정함 • 이 척도의 상승은 아동이 친구를 사귀는 데 어려움이 있고 위축되어 있으며, 고립되어 있을 가능성을 시사함
정신증 척도 (PSY)	• 정신병적인 증상이 있는 아동을 가려내기 위해 만들어짐 • 상동적인 행동, 부적절하고 특이한 언행, 망상과 환각, 비현실감 등 언어, 사고, 행동에서의 특이함이나 현실접촉의 어려움을 측정하는 문항으로 구성됨 • 실제로 아동기 정신병은 매우 드물며, 정신병으로 진단된 아동 대부분이 이 척도에서 점수가 상승하지만 이 척도에서의 상승이 항상 정신병을 시사하는 것은 아님

검사	평가대상	검사지 작성자
CBCL 6-18	초등학생~고등학생(6~18세)	양육자(부모)
YSR	중학생~고등학생(만 11~18세)	청소년 본인(자기보고식)
TRF	초등학생~고등학생(만 6~18세)	교사

1. 개관

(1) 실시 및 특징

① 아동의 문제행동과 사회적응능력을 포괄적으로 평가하기 위해 개발되었다.

② 부모가 대상인 아동 청소년의 사회능력 영역과 문제행동 증후군 영역을 평가한다.

③ 실제 임상 장면이나 학교 장면 등 아동 개인의 평가를 필요로 하는 상황뿐만 아니라 역학조사, 병인론 연구, 치료효과 연구 등의 여러 연구에서 다양하게 활용된다.

④ 평정자 간 불일치를 확인하는 과정을 통해 평가자인 부모가 자신의 문제 때문에 아동에게 객관적인 평가를 할 수 없었는지, 관찰시간이 충분하지 않았는지, 한쪽 부모만 아동의 문제를 심각하게 보고하고 있는지 등의 다양한 원인을 고려하여 진단에 활용해야 한다.

⑤ 평정: 3점 척도(0, 1, 2점)로 평정한다.

(2) 해석 기준

척도		척도명	정상 범위	준임상 범위	임상 범위
문제행동 척도	문제행동 증후군 척도	**상위 척도**: 외현화, 내재화, 총 문제행동	60 미만	60~63	64 이상
		하위 척도: 문제행동 증후군 척도	65 미만	65~69	70 이상
	DSM 진단 척도	6개 소척도	65 미만	65~69	70 이상
	문제행동 특수 척도	3개 소척도	65 미만	65~69	70 이상
적응 척도		적응 척도 총점	41 이상	37~40	36 이하
		사회성, 학업 수행	36 이상	31~35	30 이하

2. 척도 구성

척도	내용
문제행동 척도	• 문제행동 증후군 척도 - **내재화**: 불안/우울, 위축/우울, 신체증상 - **외현화**: 규칙위반, 공격행동 - 사회적 미성숙 - 사고문제 - 주의집중문제 - 기타 문제 • **DSM 진단 척도**: DSM 정서문제, DSM 불안문제, DSM 신체화문제, DSM ADHD, DSM 반항성행동문제, DSM 품행문제 • **문제행동 특수 척도**: 강박증상, 외상 후 스트레스 문제, 인지속도 부진

척도	내용
적응 척도	• **사회성**: 속해 있는 모임이나 단체의 수, 참가 활동에서의 활발한 정도, 친구의 수, 친구와 어울리는 정도, 형제자매, 부모, 또래 등 사회적 관계의 질을 평가하는 문항으로 구성 • **학업 수행**: 국어, 영어, 사회, 과학, 수학 등 5개 과목별 학업 수행 정도, 특수학급에 있었는지 여부, 휴학 여부 • 적응 척도 총점

(1) 증후군 척도

하위 척도		평가내용	예시 문항
내재화	불안/우울	정서적으로 우울하고 지나치게 걱정이 많거나 불안해하는 것과 관련된 문항	• 외로움을 호소한다. • 잘 운다.
	위축/우울	위축되고 소극적인 태도, 주변에 대한 흥미를 보이지 않는 것 등과 관련된 문항	• 다른 사람들과 있는 것보다 혼자 있는 것을 좋아한다. • 말을 하지 않으려고 한다.
	신체증상	의학적으로 확인된 질병이 없음에도 불구하고 여러 신체적 증상을 호소하는 것과 관련된 문항	뚜렷한 의학적 원인 없이 나타나는 신체적 문제(예 몸이 이곳저곳 아프다/두통/메스꺼움/눈의 이상)가 있다.
외현화	규칙위반	규칙을 잘 지키지 못하거나 사회적 규범에 어긋나는 문제행동을 충동적으로 하는 것과 관련된 문항	• 부모님의 허락 없이 술을 마신다. • 물건이나 돈을 훔친다.
	공격행동	언어적·신체적으로 파괴적이고 공격적인 행동이나 적대적인 태도와 관련된 문항	• 남에게 잔인한 짓을 하거나 괴롭히고 못살게 군다. • 자신의 물건을 부순다.
사회적 미성숙		나이에 비해 어리고 미성숙한 면, 비사교적인 측면 등 사회적 발달과 관련된 문항	• 나이에 비해 너무 어리게 행동한다. • 어른들에게 붙어 있으려 하거나 너무 의존적이다.
사고문제		어떤 특정한 행동이나 생각을 지나치게 반복하거나 실제로는 존재하지 않는 현상을 보거나 소리를 듣는 등의 비현실적이고 기이한 사고, 행동과 관련된 문항	• 어떤 생각들을 마음에서 떨쳐버리지 못한다. • 헛것을 볼 때가 있다.
주의집중문제		주의력 부족, 과다한 행동 양상, 계획 수립에 곤란을 겪는 것 등과 관련된 문항	• 집중력이 없고 어떤 일에 오래 주의를 기울이지 못한다. • 가만히 앉아 있지 못하고 안절부절못하며 지나치게 많이 움직인다.
기타 문제		8가지 증후군에 포함되지 않지만 유의미한 수준의 빈도로 나타나는 문제행동과 관련된 문항	• 손톱을 깨문다. • 지나치게 수다스럽다.

➡ **9가지 하위 척도**: 표준점수가 70(백분위 98) 이상이면 임상 범위, 65(백분위 93) 이상 70 미만이면 준임상 범위로 해석한다. 하위 척도 중 불안/우울, 위축/우울, 신체증상의 세 척도를 합해 '내재화 척도'라고 하고 규칙위반, 공격행동의 두 척도를 합해 '외현화 척도'라고 하는데, 내재화 척도, 외현화 척도, 문제행동 총점의 표준점수가 64(백분위 92) 이상이면 임상 범위, 60(백분위 84)이상 64 미만이면 준임상 범위로 해석한다.

① **내재화 문제**: 소극적이고 사회적으로 위축된 행동, 신체적 증상 등 내재화되고 과잉통제된 행동을 평가하는 척도이다.

② **외현화 문제**: 타인에게 해를 끼치거나 공격적인 행동, 싸움, 비행 등 외현화되고 과소통제된 행동을 평가하는 척도이다.

③ **총 문제행동**: 전체 문제행동 문항을 합한 것으로, 문제행동의 정도를 수치화할 수 있다.

(2) DSM 진단 척도

① DSM 정서문제: 정서문제와 관련된 문항으로 구성된다.

② DSM 불안문제: 불안 증상과 유사한 행동을 평가하거나 구체적인 상황에서의 불안을 측정하는 문항으로 구성된다.

③ DSM ADHD: 행동에 일관성이 없고 부산하거나 한 가지 일에 주의집중하는 데 어려움을 겪고 즉각적인 욕구 충족을 바라는 것과 관련된 문항으로 구성된다.

④ DSM 반항행동문제: 행동적으로 나타나는 폭력성, 비협조적 행동 등과 관련된 문항으로 구성된다.

⑤ DSM 품행문제: 사회적으로 용납되지 않는 행동을 하는 것과 관련된 문항으로 구성된다.

(3) 문제행동 특수 척도

① 강박증상: 특정 사고나 행동을 반복적으로 하는 것과 관련된 문항으로 구성된다.

② 외상 후 스트레스 문제: 심각한 외상적 사건에 직면한 후 나타나는 문제행동과 관련된 문항으로 구성된다.

③ 인지속도 부진: 정신적·신체적으로 수동적이고 활동 저하와 관련된 문항으로 구성된다.

(4) 적응 척도

① 적응 척도: 아동 청소년이 집, 학교 등에서 가족 및 친구 관계를 유지하고 학업을 수행하는 면에서 어느 정도의 적응수준을 보이는지를 평가한다.

② 사회성 척도: 친구 수, 친구들과 어울리는 횟수, 각 관계(친구, 형제, 부모 또는 혼자 있는 경우)별로 얼마나 잘 어울리고 시간을 잘 보내는지를 평가한다.

③ 학업 수행: 교과목 수행 정도와 학업 수행 수준을 평가한다.

④ 검사별 적응 척도 구성

검사	척도명
CBCL 6-18	사회성, 학업 수행, 적응 척도 총점(사회성 + 학업 수행)
YSR	사회성, 성적, 적응 척도 총점(사회성 + 성적), 긍정자원 척도(문제행동 척도 중 긍정적 행동과 관련된 14개 문항의 합)
TRF	성적, 학교 적응

37 인터넷 및 스마트폰중독 척도

1. K-척도(인터넷중독 척도)

(1) 특징

① 한국정보화진흥원(구 한국정보문화진흥원)은 2002년 인터넷중독의 개념을 가져오면서 K-척도라는 대표적인 인터넷중독 척도를 개발했다.

② 개발 과정

  ㉠ 처음(2002년): 40문항으로, 4점 리커트 척도[전혀 그렇지 않다(1), 때때로 그렇다(2), 자주 그렇다(3), 항상 그렇다(4)]로 개발되었으며 7개의 요인으로 구성된다.

  ㉡ 2008년: 개정을 거치면서 20문항의 간략형 척도로 변화했다.

  ㉢ 2011년: 3단계 고도화 연구를 통해 유아동, 청소년, 성인으로 나누어 개편하고, 15문항에 금단, 내성, 일상 생활장애, 가상세계 지향의 4개 구인으로 구성되도록 개발되었다.

③ K 척도(2011): 현재 유아동용 관찰자 척도, 청소년용 자가진단 척도, 청소년용 관찰자 척도, 성인용 관찰자 척도로 개발되어 사용되고 있다.

④ 구분: 모든 척도는 채점 후에 고위험군, 잠재적 위험군, 일반사용자군으로 구분된다.

(2) 요인

요인	특징
일상생활장애 (disturbance of adaptive functions)	• 여러 환경과 마찰, 갈등을 일으키거나 신체 및 건강상의 문제가 생기는 것을 포함함 • 이 장애로 인해 나타날 수 있는 증상은 크게 가족 간 갈등, 학교 내 갈등, 건강문제 등이 있음
현실구분장애 (disturbance of reality testing)	• 극히 드물게 나타나는 증상이지만 매우 심각한 단계라고 볼 수 있음 • 게임 속 세상과 현실 세상을 정확히 구분하지 못하고 혼동하는 것, 게임에 나온 음악이 평상시에도 귀에 맴돌아 실제로 듣고 있다고 믿는 것, 수업시간에 칠판을 보고 있으면 게임 영상이 계속 아른거려 수업에 집중을 못하게 되는 것과 같은 증상이 현실구분장애에 가까움
긍정적 기대 (자동적 중독 사고, addictive automatic thought)	• 인터넷을 하면 기분이 좋아지고 자신감도 생길 것이라는 기대감을 가지고 인터넷을 사용하는 것 • 이 기대 때문에 처음에는 인터넷 사용으로 긍정적인 정서가 올라온다고 느낄 수 있으나 시간이 지날수록 이러한 정서는 사라질 수 있음
금단 (withdrawal)	• 인터넷을 하다가 갑자기 못하게 하면 분노나 짜증과 같은 부정적 감정이 폭발하고, 다른 일도 잘 하지 못할 정도로 불안하거나 초조해짐 • 이 증상으로 인해 가족이나 교사와의 갈등을 일으키기 쉬움
가상적 대인관계 지향성 (virtual interpersonal relationship)	실제 삶에서 직접 만나는 대인관계보다 인터넷에서 만나는 가상관계를 더 좋아하고 원하는 것
일탈행동 (deviate behavior)	• 일탈행동으로는 거짓말, 도둑질, 폭력 등이 있음 • 여기에서는 인터넷중독과 관련하여 일탈행동을 하게 되는 것을 의미함
내성 (tolerance)	점점 더 많은 시간을 사용하고 점점 더 자극이 강한 것을 추구하게 된다는 것을 의미함

(3) 초기 K 척도

① 검사 문항

문항		질문 내용
1	1	인터넷 사용으로 인해서 생활이 불규칙해졌다.
	2	인터넷 사용으로 건강이 이전보다 나빠진 것 같다.
	3	인터넷 사용으로 학교 성적이 떨어졌다.
	4	인터넷을 너무 사용해서 머리가 아프다.
	5	인터넷을 하다가 계획한 일들을 제대로 못한 적이 있다.
	6	인터넷을 하느라고 피곤해서 수업시간에 잠을 자기도 한다.
	7	인터넷을 너무 사용해서 시력 등에 문제가 생겼다.
	8	다른 할 일이 많을 때에도 인터넷을 사용하게 된다.
	9	인터넷 사용으로 인해 가족들과 마찰이 있다.
2	10	인터넷을 하지 않을 때에도 하고 있는 듯한 환상을 느낀 적이 있다.
	11	인터넷을 하고 있지 않을 때에도, 인터넷에서 나오는 소리가 들리고 인터넷을 하는 꿈을 꾼다.
	12	인터넷 사용 때문에 비도덕적인 행위를 저지르게 된다.
3	13	인터넷을 하는 동안 나는 가장 자유롭다.
	14	인터넷을 하고 있으면, 기분이 좋아지고 흥미진진해진다.
	15	인터넷을 하는 동안 나는 더욱 자신감이 생긴다.
	16	인터넷을 하고 있을 때 마음이 제일 편하다.
	17	인터넷을 하면 스트레스가 모두 해소되는 것 같다.
	18	인터넷이 없다면 내 인생에 재미있는 일이란 없다.
4	19	인터넷을 하지 못하면 생활이 지루하고 재미가 없다.
	20	만약 인터넷을 다시 할 수 없게 된다면 견디기 힘들 것이다.
	21	인터넷을 하지 못하면 안절부절못하고 초조해진다.
	22	인터넷을 하고 있지 않을 때에도 인터넷에 대한 생각이 자꾸 떠오른다.
	23	인터넷 사용 때문에 실생활에서 문제가 생기더라도 인터넷 사용을 그만두지 못한다.
	24	인터넷을 할 때 누군가 방해를 하면 짜증스럽고 화가 난다.
5	25	인터넷에서 알게 된 사람들이 현실에서 아는 사람들보다 나에게 더 잘해준다.
	26	온라인에서 친구를 만들어본 적이 있다.
	27	오프라인에서보다 온라인에서 나를 인정해주는 사람이 더 많다.
	28	실제에서보다 인터넷에서 만난 사람들을 더 잘 이해하게 된다.
	29	실제 생활에서도 인터넷에서 하는 것처럼 해보고 싶다.
6	30	인터넷 사용시간을 속이려고 한 적이 있다.
	31	인터넷을 하느라고 수업에 빠진 적이 있다.
	32	부모님 몰래 인터넷을 한다.
	33	인터넷 때문에 돈을 더 많이 쓰게 된다.
	34	인터넷에서 무엇을 했는지 숨기려고 한 적이 있다.
	35	인터넷에 빠져 있다가 다른 사람과의 약속을 어긴 적이 있다.

문항		질문 내용
	36	인터넷을 한 번 시작하면 생각했던 것보다 오랜 시간 인터넷에서 보내게 된다.
	37	인터넷을 하다가 그만두면 또 하고 싶다.
7	38	인터넷 사용시간을 줄이려고 해보았지만 실패한다.
	39	인터넷 사용을 줄여야 한다는 생각이 끊임없이 들곤 한다.
	40	주위 사람들이 내가 인터넷을 너무 많이 한다고 지적한다.

② 결과 및 해석

고위험 사용자군	중고등학생	전체총점 108점 이상, 1번 요인총점 26점 이상, 4번 요인총점 18점 이상, 7번 요인총점 17점 이상
	초등학생	전체총점 94점 이상, 1번 요인총점 21점 이상, 4번 요인총점 16점 이상, 7번 요인총점 15점 이상
	위 점수기준에 모두 해당되는 경우	
	인터넷 사용으로 인하여 일상생활에서 심각한 장애를 보이면서 내성 및 금단 현상이 나타남. 사이버 공간에서의 대인관계가 대부분이며, 해킹과 같은 비도덕적 행위와 막연한 긍정적 기대가 있고, 현실생활에서도 인터넷에 접속하고 있는 듯한 착각을 하기도 함. 접속시간은 중고등학생은 1일 약 4시간 이상, 초등학생은 약 3시간 이상이며, 중고등학생은 수면시간도 5시간 내외로 줄어듦. 대개 자신이 인터넷중독이라고 느끼며, 학업에도 곤란을 겪고, 또한 심리적으로 불안감 및 대인관계 곤란감, 우울한 기분 등이 흔하며, 성격적으로 자기조절에 심각한 어려움을 보이고 무계획적인 충동성도 높은 편임. 현실세계에서 사회적 관계에 문제가 있으며, 외로움을 느끼는 경우도 많음 ➡ 인터넷중독 경향성이 매우 높으므로 관련 기관의 전문적 지원과 도움이 필요함	
잠재적 위험 사용자군	중고등학생	전체총점 95-107점 사이, 1번 요인총점 23점 이상, 4번 요인총점 16점 이상, 7번 요인총점 15점 이상
	초등학생	전체총점 82-93점 사이, 1번 요인총점 18점 이상, 4번 요인총점 14점 이상, 7번 요인총점 13점 이상
	위 점수기준에 한 가지라도 해당되는 경우	
	고위험 사용자에 비해 경미한 수준이지만 일상생활에 장애를 보이며, 인터넷 사용시간이 늘어나고 집착하게 됨. 학업에 어려움이 나타날 수 있으며 심리적 불안정감을 보이지만 절반 정도의 학생은 자신이 아무 문제가 없다고 느낌. 대체로 중고등학생은 1일 약 3시간 정도, 초등학생은 2시간 정도의 접속시간을 보이며, 다분히 계획적이지 못하고 자기조절에 어려움을 보이며 자신감도 낮아짐 ➡ 인터넷 과다 사용의 위험을 깨닫고 스스로 조절하고 계획적인 사용을 하도록 노력해야 함. 인터넷중독에 대한 주의가 요망되며, 학교 및 관련 기관에서 제공하는 건전한 인터넷 활용 지침을 따름	
일반 사용자군	중고등학생	전체총점 94점 이하, 1번 요인총점 22점 이하, 4번 요인총점 15점 이하, 7번 요인총점 14점 이하
	초등학생	전체총점 81점 이하, 1번 요인총점 17점 이하, 4번 요인총점 13점 이하, 7번 요인총점 12점 이하
	위 점수기준에 모두 해당하는 경우	
	중고등학생의 경우 1일 약 2시간, 초등학생은 약 1시간 정도의 접속시간을 보이며, 대부분이 인터넷중독 문제가 없다고 느낌. 심리적 정서문제나 성격적 특성에서도 특이한 문제를 보이지 않으며, 자기행동을 관리한다고 생각함. 주변 사람들과의 대인관계에서도 자신이 충분한 지원을 얻을 수 있다고 느끼며, 심각한 외로움이나 곤란감을 느끼지 않음 ➡ 때때로 인터넷의 건전한 활용에 대하여 자기점검을 지속적으로 수행함	

(4) 청소년 인터넷중독 자가진단 척도(K 척도)

① 검사 문항

번호	항목	전혀 그렇지 않다	그렇지 않다	그렇다	매우 그렇다
1	인터넷 사용으로 건강이 이전보다 나빠진 것 같다.				
2	오프라인에서보다 온라인에서 나를 인정해 주는 사람이 더 많다.				
3	인터넷을 하지 못하면 생활이 지루하고 재미가 없다.				
4	인터넷을 하다가 그만두면 또 하고 싶다.				
5	인터넷을 너무 사용해서 머리가 아프다.				
6	실제에서보다 인터넷에서 만난 사람들을 더 잘 이해하게 된다.				
7	인터넷을 하지 못하면 안절부절못하고 초조해진다.				
8	인터넷 사용시간을 줄이려고 해보았지만 실패한다.				
9	인터넷을 하다가 계획한 일들을 제대로 못한 적이 있다.				
10	인터넷을 하지 못해도 불안하지 않다.				
11	인터넷 사용을 줄여야 한다는 생각이 끊임없이 들곤 한다.				
12	인터넷 사용시간을 속이려고 한 적이 있다.				
13	인터넷을 하고 있지 않을 때는 인터넷이 생각나지 않는다.				
14	주위 사람들이 내가 인터넷을 너무 많이 한다고 지적한다.				
15	인터넷 때문에 돈을 더 많이 쓰게 된다.				

※ 요인: 일상생활장애(1, 5, 9, 12, 15번), 가상세계 지향성(2, 6번), 금단(3, 7, 10, 13번), 내성(4, 8, 11, 14번)

② 결과 및 해석

채점방법	[1단계] 문항별	전혀 그렇지 않다: 1점, 그렇지 않다: 2점, 그렇다: 3점, 매우 그렇다: 4점 ※ 단, 문항 10번, 13번은 다음과 같이 역채점 실시 〈전혀 그렇지 않다 : 4점, 그렇지 않다: 3점, 그렇다: 2점, 매우 그렇다: 1점〉
	[2단계] 총점 및 요인별	총　점 ▶ ① 1~15번 합계 요인별 ▶ ② 1요인(1, 5, 9, 12, 15번) 합계: 일상생활 장애 　　　　③ 3요인(3, 7, 10, 13번) 합계: 금단 　　　　④ 4요인(4, 8, 11, 14번) 합계: 내성
고위험 사용자군	중고등학생	총　점 ▶ ① 44점 이상 요인별 ▶ ② 1요인 15점 이상　③ 3요인 13점 이상　④ 4요인 14점 이상
	초등학생	총　점 ▶ ① 42점 이상 요인별 ▶ ② 1요인 14점 이상　③ 3요인 13점 이상　④ 4요인 13점 이상
	판정: ①에 해당하거나, ②~④ 모두 해당하는 경우	
	인터넷 사용으로 인하여 일상생활에서 심각한 장애를 보이면서 내성 및 금단 현상이 나타난다. 대인관계는 사이버 공간에서 대부분 이루어지며, 오프라인 만남보다는 온라인 만남을 더 편하게 여긴다. 인터넷 접속시간은 중고등학생은 1일 약 4시간 이상, 초등학생은 약 3시간 이상이며, 중고등학생은 수면시간도 5시간 내외로 줄어든다. 대개 자신이 인터넷중독이라고 느끼며 학업에 곤란을 겪는다. 또한 심리적으로 불안정감 및 우울한 기분을 느끼는 경우가 흔하며 성격적으로 충동성, 공격성도 높은 편이다. 현실세계의 대인관계에 문제를 겪거나 외로움을 느끼는 경우도 많다. ➡ 인터넷중독 성향이 매우 높으므로 관련 기관의 전문적 지원과 도움이 요청됨	

	중고등학생	총 점 ▶ ① 41점 이상~43점 이하 요인별 ▶ ② 1요인 14점 이상 ③ 3요인 12점 이상 ④ 4요인 12점 이상
잠재적 위험 사용자군	초등학생	총 점 ▶ ① 39점 이상~41점 이하 요인별 ▶ ② 1요인 13점 이상 ③ 3요인 12점 이상 ④ 4요인 12점 이상

판정: ①~④ 중 한 가지라도 해당되는 경우

고위험 사용자보다 경미한 수준이지만 일상생활에서 장애를 보이며, 인터넷 사용시간이 늘고 집착하게 된다. 학업에 어려움이 나타날 수 있으며 심리적 불안정감을 보이지만 절반 정도의 학생은 자신이 아무 문제가 없다고 느낀다. 중고등학생은 1일 약 3시간 정도, 초등학생은 2시간 정도의 접속시간을 보이며, 다분히 계획적이지 못하고 자기조절에 어려움을 보이며 자신감이 낮은 경향이 있다.
➡ 인터넷 과다 사용의 위험을 깨닫고 스스로 조절하고 계획적으로 사용하도록 노력해야 함. 인터넷중독에 대한 주의가 요망되며, 학교 및 관련 기관에서 제공하는 건전한 인터넷 활용 지침을 따름

	중고등학생	총 점 ▶ ① 40점 이하 요인별 ▶ ② 1요인 13점 이하 ③ 3요인 11점 이하 ④ 4요인 11점 이하
일반 사용자군	초등학생	총 점 ▶ ① 38점 이하 요인별 ▶ ② 1요인 12점 이하 ③ 3요인 11점 이하 ④ 4요인 11점 이하

판정: ①~④ 모두 해당되는 경우

중고등학생은 1일 약 2시간, 초등학생은 약 1시간의 접속시간을 보이며, 대부분 인터넷중독 문제가 없다고 느낀다. 심리적 정서문제나 성격적 특성에서도 특이한 문제를 보이지 않으며, 자기 행동을 잘 관리한다고 생각한다. 주변 사람과의 대인관계에서도 충분한 지원을 얻을 수 있다고 느끼며, 심각한 외로움, 곤란함을 느끼지 않는다.
➡ 인터넷의 건전한 활용에 대해 자기점검을 지속적으로 수행함

(5) 청소년 인터넷중독 관찰자 척도

① 검사 문항

번호	항목	전혀 그렇지 않다	그렇지 않다	그렇다	매우 그렇다
1	인터넷 문제로 가족들과 자주 싸운다.				
2	평소와 달리 인터넷을 할 때만 할 말을 다 하고 자신감 있어 보인다.				
3	인터넷에 빠진 이후 폭력(언어적, 신체적)적으로 변했다.				
4	하루에 4시간 이상 움직이지 않고 한 곳에서 인터넷을 한다.				
5	식사나 휴식 없이 화장실도 가지 않고 인터넷을 한다.				
6	인터넷 사용으로 인해 주변 사람들의 시선이나 반응에 무관심하다.				
7	인터넷 하는데 건드리면 화내거나 짜증을 낸다.				
8	하루 이상을 밤을 새우면서 인터넷을 한다.				
9	인터넷 사용으로 학교 성적이 떨어졌다				
10	인터넷하는데 건드려도 화내거나 짜증내지 않는다.				
11	밤새워서 인터넷을 하지는 않는다.				
12	인터넷 사용 때문에 피곤해서 수업시간에 잔다.(혹은 잔다고 한다.)				
13	인터넷을 안 할 때, 다른 것에 집중하지 못하고 불안해 보인다.				
14	점점 더 많은 시간 동안 인터넷을 사용한다.				
15	인터넷 사용으로 인해 약속을 지키지 않고 거짓말을 자주 한다.				

※ 요인: 일상생활장애(1, 5, 9, 12, 15번), 가상세계 지향성(2, 6번), 금단(3, 7, 10, 13번), 내성(4, 8, 11, 14번)

② 결과 및 해석

채점 방법	[1단계] 문항별	전혀 그렇지 않다: 1점, 그렇지 않다: 2점, 그렇다: 3점, 매우 그렇다: 4점 ※ 단, 문항 10번, 11번은 다음과 같이 역채점 실시 〈전혀 그렇지 않다: 4점, 그렇지 않다: 3점, 그렇다: 2점, 매우 그렇다: 1점〉

	[2단계] 총점 및 요인별	총 점 ▶ ① 1~15번 합계
		요인별 ▶ ② 1요인(1, 5, 9, 12, 15번) 합계
		         ③ 3요인(3, 7, 10, 13번) 합계
		         ④ 4요인(4, 8, 11, 14번) 합계

고위험 사용자군	중고등학생	총 점 ▶ ① 35점 이상 요인별 ▶ ② 1요인 14점 이상 ③ 3요인 12점 이상 ④ 4요인 11점 이상
	초등학생	총 점 ▶ ① 30점 이상 요인별 ▶ ② 1요인 14점 이상 ③ 3요인 12점 이상 ④ 4요인 11점 이상
	판정: ①에 해당하거나, ②~④ 모두 해당되는 경우	
	인터넷 사용으로 인하여 일상생활에서 심각한 장애를 보이면서 내성 및 금단 현상이 나타난다. 대인관계는 사이버 공간에서 대부분 이루어지며, 오프라인 만남보다는 온라인의 만남을 더 편하게 여긴다. 인터넷 접속시간은 중고등학생은 1일 약 4시간 이상, 초등학생은 약 3시간 이상이며, 중고등학생은 수면시간도 5시간 내외로 줄어든다. 대개 자신이 인터넷 중독이라고 느끼며 학업에 곤란을 겪는다. 또한 심리적으로 불안정감 및 우울한 기분을 느끼는 경우가 흔하며 성격적으로 충동성, 공격성도 높은 편이다. 현실세계에서 대인관계에 문제를 겪거나 외로움을 느끼는 경우도 많다. ➡ 인터넷중독 성향이 매우 높으므로 관련 기관의 전문적인 지원과 도움이 요청됨	
잠재적 위험 사용자군	중고등학생	총 점 ▶ ① 32점 이상~34점 이하 요인별 ▶ ② 1요인 13점 이상 ③ 3요인 11점 이상 ④ 4요인 10점 이상
	초등학생	총 점 ▶ ① 28점 이상~29점 이하 요인별 ▶ ② 1요인 13점 이상 ③ 3요인 11점 이상 ④ 4요인 10점 이상
	판정: ①~④ 중 한 가지라도 해당되는 경우	
	고위험 사용자보다 경미한 수준이지만 일상생활에 장애를 보이며, 인터넷 사용시간이 늘어나고 집착하게 된다. 학업에 어려움이 나타날 수 있으며, 심리적 불안정감을 보이지만 절반 정도의 학생은 자신이 아무 문제가 없다고 느낀다. 대체로 중고등학생은 1일 약 3시간 정도, 초등학생은 2시간 정도의 접속시간을 보이며, 다분히 계획적이지 못하고 자기조절에 어려움을 보이고 자신감도 낮은 경향이 있다. ➡ 인터넷 과다사용의 위험을 깨닫고 스스로 조절하고 계획적으로 사용하도록 노력함. 인터넷중독에 대한 주의가 요망되며, 학교 및 관련 기관에서 제공하는 건전한 인터넷 활용지침을 따름	
일반 사용자군	중고등학생	총 점 ▶ ① 31점 이하 요인별 ▶ ② 1요인 12점 이하 ③ 3요인 10점 이하 ④ 4요인 9점 이하
	초등학생	총 점 ▶ ① 27점 이하 요인별 ▶ ② 1요인 12점 이하 ③ 3요인 10점 이하 ④ 4요인 9점 이하
	판정: ①~④ 모두 해당되는 경우	
	중고등학생은 1일 약 2시간, 초등학생은 약 1시간 정도의 접속시간을 보이며, 대부분 인터넷중독 문제가 없다고 느낀다. 심리적 정서문제나 성격적 특성에서도 특이한 문제를 보이지 않고 자기행동을 잘 관리한다고 생각한다. 주변 사람들과의 대인관계에서도 충분한 지원을 얻을 수 있다고 느끼며, 심각한 외로움이나 곤란함을 느끼지 않는다. ➡ 인터넷의 건전한 활용에 대해 자기점검을 지속적으로 수행함	

2. S-척도(스마트폰중독 척도)

(1) 특징

① 인터넷 사용이 빠르게 스마트폰으로 옮겨가면서 한국정보화진흥원(2011)이 스마트폰중독 척도를 개발했다.

② 2011년에 개발된 스마트폰중독 척도: 인터넷중독 척도인 K-척도 하위 구인인 금단, 내성, 일상생활장애, 가상
세계 지향을 그대로 차용하고 문항을 스마트폰에 맞게 수정하여 15문항의 청소년용, 성인용으로 개발됐다.

③ 이후: 27문항으로 문항 수를 늘리고 하위 구인을 현저성, 충동·강박적 사용, 금단, 내성, 문제(신체적 통증,
비행, 일탈), 대인 간 갈등의 6가지로 구성했다.

④ 최근에 개발된 스마트폰중독 척도: 유아동용 관찰자 척도(2015), 청소년용 자가진단 척도(2016), 성인용 자가
진단 척도(2014)가 있다.

(2) 요인

요인	특징
현저성	• 스마트 미디어를 사용하는 것이 자신의 삶에서 중요한 위치를 차지하고 삶을 지배하는 상태 • 즉, 사고, 정서, 행동이 강하게 지배되는 상태를 의미함
충동·강박적 사용	스마트폰을 특별한 목적 없이 사용하거나 불안 등의 부정적 감정을 해소하기 위한 수단으로 사용하는 것을 의미함
금단	• 스마트 미디어를 사용하지 못하면 불안하고 초조해지며 짜증이 나는 상태 • 주위 사람이 사용을 통제하려 하면 폭발적인 분노와 공격성을 드러냄
내성	• 스마트 미디어를 예전보다 더 많은 시간 사용해야 만족감을 느끼는 것을 의미함 • 스마트 미디어를 늘 손에 달고 살지만 더 이상 이전만큼의 짜릿함은 느끼지 못하는 경우가 많음
문제 (신체적 통증, 비행, 일탈)	• 스마트 미디어 사용으로 인해 신체적 통증, 직업상에 문제를 일으키게 되는 것을 의미함 • 신체적 통증으로 수면 부족이나 손목 통증 등을 호소하며, 성적이 떨어지거나 업무능력이 저하되는 현상을 보임 • 비행, 일탈행동에도 영향을 주어 스마트 미디어 사용을 위해 거짓말을 하거나 돈을 훔치는 등의 행동을 보이기도 함
대인 간 갈등	• 스마트 미디어 사용으로 인해 주변 사람과 갈등을 빚는 것을 의미함 • 청소년의 경우 부모나 친구와의 갈등, 성인의 경우 직장 상사나 동료와의 갈등이 발생함 • 스마트 미디어에만 집중하여 주변 사람에 소홀해지고 갈등이 발생하며 실제 관계에서 멀어지는 현상이 나타남

(3) 청소년용 스마트폰중독 자가진단 척도(K-척도)

① 검사 문항

번호	항목	전혀 그렇지 않다	그렇지 않다	그렇다	매우 그렇다
1	스마트폰의 지나친 사용으로 학교성적이 떨어졌다.				
2	가족이나 친구들과 함께 있는 것보다 스마트폰을 사용하고 있는 것이 더 즐겁다.				
3	스마트폰을 사용할 수 없게 된다면 견디기 힘들 것이다.				
4	스마트폰 사용시간을 줄이려고 해보았지만 실패한다.				
5	스마트폰 사용으로 계획한 일(공부, 숙제, 학원수강 등)을 실행하기 어렵다.				
6	스마트폰을 사용하지 못하면 온 세상을 잃은 것 같은 생각이 든다.				
7	스마트폰이 없으면 안절부절못하고 초조해진다.				
8	스마트폰 사용시간을 스스로 조절할 수 있다.				
9	수시로 스마트폰을 사용하다가 지적을 받은 적이 있다.				
10	스마트폰이 없어도 불안하지 않다.				
11	스마트폰을 사용할 때 "그만 해야지."라고 생각하면서도 계속 한다.				
12	스마트폰을 너무 자주 또는 오래한다고 가족이나 친구로부터 불평을 들은 적이 있다.				
13	스마트폰 사용이 지금 하고 있는 공부에 방해가 되지 않는다.				
14	스마트폰을 사용할 수 없을 때 패닉상태에 빠진다.				
15	스마트폰 사용에 많은 시간을 보내는 것이 습관화되었다.				

※ 요인: 일상생활장애(1, 5, 9, 12, 13번), 가상세계 지향성(2, 6번), 금단(3, 7, 10, 14번), 내성(4, 8, 11, 15번)

② 결과 및 해석

채점방법	[1단계] 문항별	전혀 그렇지 않다: 1점, 그렇지 않다: 2점, 그렇다: 3점, 매우 그렇다: 4점 ※ 단, 문항 8번, 10번, 13번은 다음과 같이 역채점 실시 〈전혀 그렇지 않다: 4점, 그렇지 않다: 3점, 그렇다: 2점, 매우 그렇다: 1점〉
	[2단계] 총점 및 요인별	총 점 ▶ ① 1~15번 합계 요인별 ▶ ② 1요인(1, 5, 9, 12, 13번) 합계 ③ 3요인(3, 7, 10, 14번) 합계 ④ 4요인(4, 8, 11, 15번) 합계

고위험 사용자군	총 점 ▶ ① 45점 이상 요인별 ▶ ② 1요인 16점 이상 ③ 3요인 13점 이상 ④ 4요인 14점 이상
	판정: ①에 해당하거나, ②~④ 모두 해당되는 경우
	스마트폰 사용으로 인하여 일상생활에서 심각한 장애를 보이면서 내성 및 금단 현상이 나타난다. 스마트폰으로 이루어지는 대인관계가 대부분이며, 비도덕적 행위와 막연한 긍정적 기대가 있고 특정 앱이나 기능에 집착하는 특성을 보이기도 한다. 현실 생활에서도 습관적으로 사용하게 되며 스마트폰 없이는 한순간도 견디기 힘들다고 느낀다. 따라서, 스마트폰 사용으로 인하여 학업이나 대인관계를 제대로 수행할 수 없고 자신이 스마트폰중독이라고 느낀다. 또한 심리적으로 불안정감 및 대인관계 곤란감, 우울한 기분 등이 흔하며, 성격적으로 자기조절에 심각한 어려움을 보이며 무계획적인 충동성도 높은 편이다. 현실세계에서 사회적 관계에 문제가 있으며, 외로움을 느끼는 경우도 많다. ➡ 스마트폰중독 경향성이 매우 높으므로 관련 기관의 전문적 지원과 도움이 요청됨

잠재적 위험 사용자군	총 점 ▶ ① 42점 이상~44점 이하 요인별 ▶ ② 1요인 14점 이상 ③ 3요인 12점 이상 ④ 4요인 13점 이상
	판정: ①~④ 중 한 가지라도 해당되는 경우
	고위험 사용자군에 비해 경미한 수준이지만 일상생활에 장애를 보이며, 필요 이상으로 스마트폰 사용시간이 늘고 집착을 하게 된다. 학업에 어려움이 나타날 수 있으며, 심리적 불안정감을 보이지만 절반 정도는 자신이 아무 문제가 없다고 느낀다. 다분히 계획적이지 못하고 자기조절에 어려움을 보이며 자신감도 낮아진다. ➡ 스마트폰 과다 사용의 위험을 깨닫고 스스로 조절하고 계획적인 사용을 하도록 노력해야 함. 스마트폰중독에 대한 주의가 요망됨

일반 사용자군	총 점 ▶ ① 41점 이하 요인별 ▶ ② 1요인 13점 이하 ③ 3요인 11점 이하 ④ 4요인 12점 이하
	판정: ①~④ 모두 해당되는 경우
	대부분이 스마트폰중독 문제가 없다고 느낀다. 심리적 정서문제나 성격적 특성에서도 특이한 문제를 보이지 않으며, 자기행동을 관리한다고 생각한다. 주변 사람들과의 대인관계에서도 자신이 충분한 지원을 얻을 수 있다고 느끼며, 심각한 외로움이나 곤란감을 느끼지 않는다. ➡ 때때로 스마트폰의 건전한 활용에 대하여 자기점검을 지속적으로 수행함

(4) 스마트폰 과의존 청소년 척도

① 검사 문항

번호	항목	전혀 그렇지 않다	그렇지 않다	그렇다	매우 그렇다
1	스마트폰 이용시간을 줄이려 할 때마다 실패한다.				
2	스마트폰 이용시간을 조절하는 것이 어렵다.				
3	적절한 스마트폰 이용시간을 지키는 것이 어렵다.				
4	스마트폰이 옆에 있으면 다른 일에 집중하기 어렵다.				
5	스마트폰 생각이 머리에서 떠나지 않는다.				
6	스마트폰을 이용하고 싶은 충동을 강하게 느낀다.				
7	스마트폰 이용 때문에 건강에 문제가 생긴 적이 있다.				
8	스마트폰 이용 때문에 가족과 심하게 다툰 적이 있다.				
9	스마트폰 이용 때문에 친구 혹은 동료, 사회적 관계에서 심한 갈등을 경험한 적이 있다.				
10	스마트폰 때문에 업무(학업, 직업 등) 수행에 어려움이 있다.				

② 결과 및 해석

채점방법	[1단계] 문항별	전혀 그렇지 않다: 1점, 그렇지 않다: 2점, 그렇다: 3점, 매우 그렇다: 4점
	[2단계] 총점	문항 1~10번 합계
	[참고] 요인별	• 1요인 조절 실패: 문항 1~3번 합계 • 2요인 현저성: 문항 4~6번 합계 • 3요인 문제적 결과: 문항 7~10번 합계
과의존 위험군	고위험 사용자군	**총점 ▶ 31점 이상** 스마트폰 사용에 대한 통제력을 상실한 상태로 일상생활의 상당 시간을 스마트폰 사용에 소비하며 이로 인해 대인관계 갈등, 일상의 역할 문제, 건강 문제 등이 심각하게 발생하여 ICT 역량발달을 지체시킬 위험성이 높은 상태 ➡ 스마트폰 과의존 경향성이 매우 높으므로 관련 기관의 전문적 지원과 도움이 요청됨
	잠재적 위험 사용자군	**총점 ▶ 30점 이하~23점 이상** 스마트폰 사용에 대한 조절력이 약화된 상태이며 그로 인해 이용시간이 증가하여 대인관계 갈등이나 일상의 역할에 문제가 발생하기 시작한 단계로, ICT 역량발달에 부정적 영향을 미칠 위험성이 존재하는 상태 ➡ 스마트폰 과의존 위험을 깨닫고 스스로 조절하고 계획적으로 사용하도록 노력해야 함. 스마트폰 과의존에 대한 주의가 요망됨
일반 사용자군		**총점 ▶ 22점 이하** 스마트폰을 조절된 형태로 사용하고 있어 일상생활의 주요 활동이 스마트폰으로 인해 훼손되는 문제가 발생하지 않았으며 ICT 역량발달 및 발휘를 위한 기본조건을 충족하는 상태 ➡ 스마트폰을 건전하게 활용하기 위해 지속적으로 자기점검을 함

㉠ 1요인 조절 실패: 스마트폰 이용시간을 줄이려 할 때마다 실패하고, 스마트폰 이용시간을 조절하는 것에 어려움을 보이며, 적절한 스마트폰 이용시간을 지키는 것에 어려움을 보인다.

ⓛ 2요인 현저성: 스마트폰이 옆에 있으면 다른 일에 집중하기 어렵고, 스마트폰 생각이 머리에서 떠나지 않으며, 스마트폰을 이용하고 싶은 충동을 강하게 느낀다.

ⓒ 3요인 문제적 결과: 스마트폰 이용 때문에 건강에 문제가 생긴 적이 있고, 스마트폰 이용 때문에 가족과 심하게 다툰 적이 있고, 스마트폰 이용 때문에 친구 혹은 동료, 사회적 관계에서 심한 갈등을 경험한 적이 있으며, 스마트폰 때문에 업무(학업, 직업 등) 수행에 어려움이 있다.

38 자폐증 관련 검사

1. 한국판 아동기 자폐 평정 척도 2판(K-CARS 2)

구분	내용
목적	자폐성장애를 판별하고, 대상자의 자폐적 특성과 정도를 확인함
연령	전 연령
특징	• 아동, 청소년, 성인을 포함함 모든 연령의 대상자에게 적용 가능함 • 직접적인 행동관찰과 부모 및 양육자 면담을 통해 객관적이고 수량화된 평정 척도로 활용 가능함 • 고기능형 평가지가 추가되어 자폐성장애에 관련된 다양한 행동특성을 진단하는 데 유용함 • 간략하면서도 신뢰할 만한 종합적 정보를 제공함
구성	• 표준형 평가지(K-CARS2-ST): 초판을 개정하여 다시 명명한 것으로, 6세 이하의 아동에게 사용되며, 6세 이상도 IQ가 79 이하거나 주목할 만한 의사소통 결함을 지닌 아동에게 사용하는 평가지(15개 문항) • 고기능형 평가지(K-CARS-HF): 개정판에 새롭게 추가된 평가지로, IQ 80 이상이고 구어가 유창한 6세 이상의 아동을 대상으로 사용함 • 부모/양육자 질문지(K-CARS-QPC): 표준형 평가지로, 고기능형 평가지와 공통적으로 실시하는 검사지이며 행동관찰과 양육자 면담 시 사용함
평가지 항목내용	• 표준형 평가지(K-CARS2-ST): 사람과의 관계, 모방, 정서반응, 신체 사용, 사물 사용, 변화에 대한 적응, 시각반응, 청각반응, 미각·후각·촉각 반응 및 사용, 두려움 또는 불안, 구어 의사소통, 비구어 의사소통, 활동 수준, 지적 반응 수준 및 일관성, 전반적 인상 • 고기능형 평가지(K-CARS-HF): 사회-정서 이해, 정서표현 및 정서조절, 사람과의 관계, 신체 사용, 놀이에서의 사물 사용, 변화에 대한 적응/제한된 관심, 시각 및 청각반응, 미각·후각·촉각 반응 및 사용, 두려움 또는 불안, 구어 의사소통, 비구어 의사소통, 사고/인지적 통합 기술, 지적 반응수준 및 일관성, 전반적 인상
실시상의 유의점	• 15개의 항목 점수와 총점을 통해 특정 증상에서의 정도와 전반적인 심각도를 알 수 있음 • 분할점을 기준으로 해석하는데, 이를 엄격하게 적용하기보다 다양한 정보를 종합적으로 고려해야 함 • 장애를 진단할 때 수준별 기준점수만을 공식적인 양적 근거로 사용해서는 안 됨
결과	• 수준별 기준점수 표 참조 • 표준점수(T 점수, 백분위 점수)

원점수(총점)	진단적 분류
15~29.5	증상이 없거나 최소한의 자폐 관련 행동
30~36.5	경도에서 중등도 수준의 자폐 관련 행동
37~60	중도 수준의 자폐 관련 행동

2. 이화-자폐 아동 행동발달 평가도구(E-CLAC; Ewha-Check List for Autistic Children)

구분	내용
목적	자폐로 의심되는 경우나 자폐성장애, 지적장애, 기타 발달장애 아동의 행동발달과 병리성 수준을 평가함으로써 치료교육의 근거를 제시함
연령	만 1~6세
특징	• 면접용 자폐아동 행동발달 평가도구로서 초기 면접 시 저항, 주의산만 등으로 검사 실시가 불가능한 자폐아를 대상으로 실시 가능함 • 부모나 부모 대리자를 통해 아동의 행동발달 상태를 객관적으로 평가하는 것이므로 시간·경제적 손실을 최소화하면서 실시할 수 있음 • 자폐 및 발달장애 아동의 일반적인 행동 특징과 지능 수준을 측정할 수 있음
구성	• 척도 문항 43문항과 비척도 문항 13문항의 총 56개 문항으로 구성됨 • 발달 단계로 체크하는 문항과 해당되는 모든 항목에 표시하는 문항으로 나누어짐 • 척도 문항은 다시 발달 문항(18개 문항)과 병리 문항(25개 문항)으로 나누어짐
실시	• 아동의 전반적인 일상생활을 잘 알고 있는 부모(시설 아동의 경우 보모)와의 면담을 통해 실시함 • 가정에서 일상적인 생활 장면에 한정되는 문항은 어머니, 보모 등 일상생활을 돌보는 사람이 평정할 수 있으나 학교나 기타 장면에서 관찰할 수 있는 부분은 교사나 치료자가 평정할 수 있음
결과	• 발달 문항과 병리 문항별로 원형 사이코그램을 통해 제시됨 • 원형 사이코그램에서 각 문항은 방사선 하나하나로, 각 단계는 5개의 동심원으로 나타냄 - 1단계는 각 문항을 나타내는 방사선과 중심원의 교차점, 5단계는 방사선과 외곽원의 교차점으로 되어 있음 • 각 문항의 해당 달성 단계를 따라 원주선을 연결하면 사이코그램이 완성되며, 2개의 사이코그램이 완성되면 그림의 면적이나 각 문항에 따른 요철상태로 대상 아동의 발달이나 병리상태를 알 수 있음

3. 한국 자폐증 진단검사(K-ADS; Korean Autism Diagnostic Scale)

구분	내용
목적	자폐가 의심되는 아동 청소년의 자폐 증상과 심각도를 평가하고 치료와 교육의 효과를 알아봄
연령	만 3세~만 21세
특징	• 관찰 가능하고 측정 가능한 행동들로 구성되어 자폐장애를 진단하고 판별하는 데 효과적임 • 하위 검사별로 표준점수를 산출하고, 이를 토대로 자폐 지수를 산출하도록 되어 있어 어떤 영역에서의 문제가 심한지와 전체적인 자폐 심도를 알 수 있음 • 자폐증의 진단과 평가는 물론 치료와 교육 효과를 알아보는 데 유용하게 사용됨 • 상동행동, 의사소통, 사회적 상호작용 등 3개의 하위 검사로 이루어짐 • 검사문항은 각 하위 검사별 14개로 총 42문항으로 구성됨
구성	• 3개의 하위 검사(상동행동, 의사소통, 사회적 상호작용)로 구성됨 • 각 하위 검사마다 14개의 문항이 포함되어 총 42개 문항으로 이루어짐 - 상동행동 14개, 의사소통 14개, 사회적 상호작용 14개
실시	• 피검자와 적어도 2주 이상 정기적으로 접촉한 부모, 교사 또는 치료사가 실시할 수 있음 • 검사지에 제시된 일정한 순서에 따라 문항 1에서 문항 42까지 빠짐없이 '0(전혀 발견하지 못함), 1(드물게 발견함), 2(때때로 발견함), 3(자주 발견함)'으로 응답하도록 함
결과	• 하위 검사별로 표준점수(평균이 10이고 표준편차 3인 표준점수)와 백분위 점수, 하위 검사의 표준점수들의 합에 의해 자폐 지수(평균이 100이고 표준편차가 15인 표준점수)와 백분위 점수 제공

4. 심리교육 프로파일(PEP-R; PsychoEducational Profile-Revised)

척도		하위 영역	내용	문항 수
발달 척도	1	모방	다른 사람이 말한 것을 반복하거나 다른 사람이 하는 것을 흉내 내는 능력	16
	2	지각	소리에 대한 반응, 시각추적, 형태·색깔·크기의 지각능력	13
	3	소근육 운동	손 협응, 쥐기와 같은 운동기능	16
	4	대근육 운동	팔·다리 등 대근육 사용의 운동기능	18
	5	눈-손 협응	눈과 손을 함께 사용하는 능력	15
	6	동작성 인지	언어에 의존하지 않는 과제들의 수행능력과 언어이해능력	26
	7	언어성 인지	언어나 몸짓을 통해 표현하는 능력	27
합계				131
행동 척도	1	대인관계와 감정	사람들(부모 및 검사자)과의 관계와 정서 반응	12
	2	놀이와 검사재료에 대한 흥미	선호하는 놀이유형과 검사재료 사용방법	8
	3	감각반응	시각·청각·촉각 자극에 대한 반응민감성과 감각 통합 양상	12
	4	언어	의사소통 유형, 억양, 언어모방(반향어) 등	11
합계				43
총 문항 수				174

① 발달적 접근에 바탕을 두고 발달지체, 자폐증 아동, 정신병적 아동을 평가한다.
② 대상: 만 1~12세 아동을 대상으로 한다(생활연령은 만 1~12세이고 정신연령은 1~5세인 아동에게 적합).
③ 아동의 개인용 특수교육 프로그램을 구성하는 데 기초: 발달지체 아동, 자폐증 아동, 정신병적 아동의 기능별 현재 발달 수준도 제공한다.

---

39 정서행동문제 관련 척도

1. 벡(Beck)의 우울검사(BDI)

(1) 특징

① 우울증 환자의 우울 정도를 평가하고 일반인의 우울증에 대한 1차 선별에 가장 많이 사용되어온 검사도구 중 하나로, 우울의 정서적, 인지적, 동기적, 생리적 영역을 포괄하는 우울증상을 측정하기 위해 개발되었다.
② 대상: 중학교 이상의 청소년과 성인을 대상으로 하며, 5학년 이상의 읽기 수준을 요구하고, 정서적·인지적·행동적·생리적 측면에서 우울증상을 설명한다.
③ 문항: 총 21문항이며, 문항은 심한 정도를 0~3점 범위 내에서 응답하는 4점 척도로 구성된다.

(2) 해석

① 점수에 따른 해석

점수	0~9점	10~16점	17~29점	30~63점
해석	낮은 우울 수준	경미한 우울 수준	중간 정도의 우울 수준	심한 우울 수준

② 리커트식 척도가 아닌 증상의 정도를 표현하는 구체적인 진술문에 응답하게 함으로써, 응답자가 자신의 심리상태를 수량화함으로써 겪는 혼란을 줄일 수 있다.

(3) BDI-II

① 3개의 구성요인과 총 21개의 문항으로 이루어진다.

② 구성요인

    ㉠ **정서적 증상**: 슬픔, 비관, 짜증, 울음, 초조함, 즐거움 상실 등

    ㉡ **부정적 인지**: 자기비판, 벌 받는 느낌, 죄책감, 과거의 실패 등

    ㉢ **신체적 증상**: 피로와 피곤, 에너지 상실, 수면 변화, 식욕 변화 등

③ BDI와 동일하게 각 문항마다 우울증상의 심한 정도를 기술하는 4개의 문장 중 지난 2주 동안 피검자의 경험에 적합한 한 문장을 선택하도록 하며, 총점이 높을수록 우울 수준이 높음을 의미한다.

(4) 아동용 우울검사(CDI)

① BDI를 아동과 청소년에게 실시할 수 있도록 개발한 것이다.

② 대상: 만 8세~13세 아동 및 청소년을 대상으로 한다.

③ 아동기 우울증의 인지, 정서, 행동적 증상을 평가하기 위해 개발한 자기보고형 척도이다.

④ 문항: 각 문항을 0~2점으로 평정한다.

⑤ **영역 및 요인**: 우울정서, 행동장애, 흥미 상실, 자기비하, 생리적 증상으로 구성되어 있다.

⑥ 해석

점수	22~25점	26~28점	29점 이상
해석	약간 우울한 상태	상당한 우울 상태	매우 심한 우울 상태

⑦ K-CDI: 한국어판으로 만 7세~17세까지의 아동 및 청소년을 대상으로 하며, 자기보고형(단축형, 표준형), 부모용, 교사용으로 구분된다.

    ㉠ **정서적 문제**: 부정적 기분, 신체적 증상, 부정적 자존감 등의 우울증상을 의미한다.

    ㉡ **기능적 문제**: 비효율성, 대인관계 문제 등의 우울증상을 의미한다.

2. 기타 우울검사

(1) 자기평정 우울 척도(SDS)

① 중(Zung)이 개발한 자기보고식 우울검사: 우울증상을 심리적 우울과 생리적 우울로 구분하며, 총 20문항으로 구성된다.

    ㉠ **심리적 우울**: 심리적인 과정에 부정적인 영향을 주는 것으로 혼동, 정신운동 지연, 정신운동 흥분, 절망감, 과민성, 우유부단, 자기비하, 공허감, 자살사고의 반복, 불만 등을 일으키는 우울증상을 지칭한다.

    ㉡ **생리적 우울**: 신체적·생리적인 과정에 영향을 주는 것으로 수면장애, 식욕감소, 성욕감소, 체중감소, 변비, 두근거림, 피로 등이 있으며, 전반적인 정동을 포함하고 있는 우울, 울음 등의 문항으로 구성된다.

② **문항이 짧아 사용과 채점이 간단**: 집단 검사가 편리하다는 장점이 있다.

③ **각 문항에 대한 평정**: 증상에 따라 '전혀 아니다' 1점부터 '항상 그렇다' 4점까지 4점 척도로 구성된다.

④ 해석

점수	49점 이하	50~59점	60~69점	70점 이상
해석	정상적 우울	가벼운 우울	중한 우울	심한 우울

(2) 해밀톤(Hamilton)의 우울검사(HDI)

① 임상적 면접에 근거한 성인의 우울 측정검사인 HDRS의 새로운 지필용 검사이다.
② 우울증상의 심각 정도와 빈도를 동시에 평가할 수 있다.
③ 임상적으로 우울증을 진단받은 사람과 그렇지 않은 사람을 구별하는 데 매우 효과적이다.
④ 문항: 38개로 구성되며, 총점과 함께 내성적인 우울에 대한 평가도 포함한다.

(3) 역학연구센터 우울 척도(CES-D)

① 목적: 지역사회 일반인을 대상으로 이들이 경험하는 우울증상을 측정하기 위해 개발되었다.
② 평정: 지난 한 주 동안 경험한 각 증상의 빈도에 따라 심각성을 4단계 수준으로 평가하도록 설계되었다.
 ㉠ 각 문항과 같은 증상을 지난 1주 동안 느낀 빈도를 기록한다.
 ㉡ 1일 이하로 느끼면 극히 드물게(0점), 1~2일 정도로 느끼면 가끔(1점), 2~4일 정도 느끼면 자주(2점), 5~7일
  정도 느끼면 거의 대부분(3점)을 평정하도록 한다.
③ 구성요인: 우울감정, 긍정적 감정, 신체 및 행동 둔화, 대인관계의 4개 요인으로 구성된다.
 ㉠ 우울감정: 우울, 실패, 걱정, 외로움, 슬픔 등
 ㉡ 긍정적 감정: 즐거움, 희망, 행복, 즐거움 등
 ㉢ 신체 및 행동 둔화: 괴로움, 식욕, 수면, 수고, 말하기 등
 ㉣ 대인관계: 비우호적, 반감

3. 불안 관련 검사

(1) 상태특성 불안검사(STAI)

① 스필버그(Spielberg) 등이 개발한 자기보고식 검사: 모든 종류의 불안을 측정하는 데 가장 많이 사용된다.
② 구성
 ㉠ 상태불안 척도(S 불안 척도): 내담자가 '지금' 어떻게 느끼는지를 측정한다.
  ➡ 불안반응의 강도를 측정한다.
 ㉡ 특성불안 척도(T 불안 척도): 내담자가 '전반적으로 느끼는' 정도를 측정한다.
  ➡ 불안반응의 빈도를 측정한다.
③ 문항: 각각 20개 문항으로 구성되며, 문항 중 절반은 '불안 없음'을 측정하고 나머지 반은 '불안 있음'을 측정한다.
④ 아동용 버전(STAIC): 8~13세를 대상으로 한다.

(2) 벡의 불안검사(BAI)

① 목적: 불안의 정도를 측정하기 위한 평가도구이다.

② 대상: 중학생 이상의 청소년과 성인을 대상으로 하며, 불안의 인지적·정서적·신체적 영역을 포함한 불안증상을 설명한다.

③ 문항: 21문항이며, 문항은 심한 정도를 0~3점 범위 내에서 응답하는 4점 척도로 구성된다.

④ 해석

점수	22~26점	27~31점	32점 이상
해석	불안 상태(관찰과 개입 요망)	심한 불안 상태	극심한 불안 상태

⑤ 장점: 내담자의 진전 정도를 모니터하기 위해 상담과정 중에 쉽게 실시할 수 있으며, 검사 결과를 범주로 나누어 분석(예) 신경생리적, 주관적, 공황, 자동화된)할 수 있고, 불안의 여러 유형을 구별하는 데도 유용하다.

4. 행동문제 관련 척도 및 검사

(1) 코너스(Conners) 평정 척도

① **코너스 평정 척도(CRS)**: 3~17세 아동을 대상으로 과잉행동과 문제행동을 평가하기 위한 척도로, 아동기 문제행동 측정에 가장 광범위하게 사용되는 평가도구 중 하나이다.

② **종류**: 코너스 부모 평정 척도, 코너스 교사 평정 척도, 축약형 질문지, IOWA 척도 등이 있다.

　㉠ 코너스 부모 평정 척도(CPRS): 총 48문항으로, 행동의 심각도에 따라 0~3점으로 표시하며 5개의 소척도(행동문제, 학습문제, 정신신체문제, 충동-과잉행동문제, 불안문제)로 구성된다.

　㉡ 코너스 교사 평정 척도(CTRS): 총 28문항으로, 행동의 심각도에 따라 0~3점으로 표시하며 3개의 소척도(행동문제, 과잉행동문제, 부주의-피동성)로 구성된다.

　㉢ 축약형(단축형) 질문지(ASQ): 3~17세 연령 범위의 유아와 청소년이 보이는 여러 행동문제를 평가하는 척도로, ADHD 연구에서 피험자를 정의하고 치료효과를 측정하는 도구로 많이 쓰인다.

　　ⓐ 총 10개 문항으로 구성되며, 행동의 심각도에 따라 0~3점(0, 1, 2, 3)으로 점수를 매긴다.

　　ⓑ 대체로 17점 이상이면 ADHD로 간주한다.

(2) 가정상황 질문지(HSQ)

① 다양한 가정상황에서의 아동의 행동문제에 대해 16개 항목에서 문제의 유무와 심한 정도를 간단하게 부모가 평정할 수 있는 도구로, 가정상황에서 보여지는 과잉운동성과 주의산만을 평정한다.

② 4~18세의 연령 범위를 대상으로 하며, 16개의 상황에서 보이는 문제행동의 유무를 평정한다.

③ 전체 항목 가운데 50% 이상에서 문제가 있으면 ADHD 가능성이 있다고 간주한다.

(3) 아이버그(Eyberg)의 아동행동 질문지(ECBI)

① 아동기 행동문제 중에서도 특히 적대적 행동과 품행문제에 대한 부모 평정 척도이다.

② 연령 규준이 13~16세 범위로 제한되고 남녀 성비도 고르지 못하다는 문제점이 있으나, 요인 분석결과 행동문제 평가에 우세하고 일반적인 척도로서의 신뢰도와 타당도도 비교적 높은 편이다.

(4) 주의력 검사(ADS)

① CPT의 한 종류로, 지속적인 주의력을 평가하기 위해 홍강의, 신민섭(1999) 등이 개발한 전산화된 검사이다.

② **연속수행검사(CPT)**: 주의력 영역 중에 특히 주의지속과 주의산만성을 평가하는 데 유용하며, 표적자극에만 반응해야 하므로 선택적 주의집중력도 평가한다.

③ **대상**: 5~15세 아동 청소년을 대상으로 표준화했다.

④ 주의력을 평가하는 객관적이고 표준화된 도구로, 비언어적으로 전산화된 검사이다.

⑤ **구성 및 내용**: 오경보 오류, 정반응시간 평균, 정반응시간의 표준편차, d' 또는 반응민감도, β 또는 반응기준, 다중반응으로 구성된다.

(5) 같은그림찾기 검사(MFFT)

① **카건(Kagan, 1965)이 개발**: 시각적인 문제 해결에 대한 아동의 인지 속도와 충동성을 측정하는 평가도구로, 정상 및 부적응 아동·청소년의 충동 통제에 대한 정보를 제공한다.

② 총 12문항을 실시하며, 반응오류 수와 반응잠재기(아동이 반응할 때까지 걸린 시간의 평균)를 산출한다.

③ 반응잠재기와 반응오류 수는 연령별 백분위 점수를 찾아 기록하며, 반응잠재기가 짧고 반응오류 수가 많은 경우 충동 조절에 어려움을 겪는 것으로 해석할 수 있다.

④ 경험적인 증거에 근거하여 사려성-충동성을 판정할 수 있으며, 검사자가 아동의 움직임을 관찰하기 때문에 인지 수준과 행동 수준에서 충동성을 측정한다.

⑤ 다른 수행검사에 비해 검사시간이 짧고 실시가 용이하면서도 유용한 정보를 제공: 언어능력과 산수능력이 요구되지 않는다.

참고 **특수교육아동 선별검사 – 정서행동장애**

- 요인
  - 대인관계 형성
  - 부적절한 행동이나 감정
  - 불행감이나 우울감
  - 신체적인 통증이나 공포
- 기준
  - 진단검사가 필요한 아동은 각 영역 중 하나에서 4점 이상인 아동이다.
  - 반드시 각 영역별로 4점 이상을 받은 아동이어야 진단검사 필요 아동이며, 1~4 영역의 합이 4점인 경우는 해당되지 않는다.
  - 예 I영역이 2점, II영역이 1점, III영역이 0점, IV영역이 1점으로 총점이 4점인 경우, 진단검사가 필요한 아동이 아님

40 학습장애 관련 검사

1. 기초학습기능 검사

구분	내용				
목적	• 아동의 학습 수준이 정상에서 어느 정도 떨어지는지를 알아보거나 학습집단 배치에서 어느 수준의 집단에 들어가야 하는지를 결정함 • 아동의 구체적인 개별화교육계획과 효과를 확인함				
대상	유치원 ~ 초등학교 6학년				
구성	정보처리 영역, 언어 영역, 셈하기 영역으로 구성됨				

기능	측정 요소	소검사		문항 수	총 문항 수
정보처리 기능	관찰능력, 조직능력, 관계능력	1	정보처리	60	
언어 기능	문자와 낱말의 재인능력	2	읽기 I	50	
	독해능력	3	읽기 II	50	270
	철자의 재인능력	4	쓰기	50	
수 기능	기초개념 이해능력, 계산능력, 문제해결능력	5	셈하기	60	

실시	• 5개의 소검사를 정보처리, 셈하기, 읽기 I, 읽기 II, 쓰기의 순서로 실시함 • 각 소검사는 아동의 학년에 따라 검사설명서에 제시된 시작 문항번호에서 시작함
결과	학년별 백분위 점수와 연령별 백분위 점수를 제공함
검사 활용 시 유의점	• 언어 기능 부분에서 읽기(I, II)와 쓰기를 측정하도록 되어 있음 • 읽기와 쓰기의 기초 영역이 되고 독해력이 낮은 학생의 읽기와 쓰기능력을 잴 수 있다는 장점이 있지만 보다 높은 수준의 읽기능력을 측정하려면 다른 어휘력 검사와 독해력 검사의 사용이 요구될 수 있음 • 기초 학력과 정보처리를 묶어 배터리 형식으로 제시함. 정보처리 영역은 아동의 학습지도안 작성 시 크게 도움이 될 것으로 생각됨

2. 기초학습기능 수행평가(BASA)

(1) 개요

구분	내용
목적	아동의 기초학습 수행 발달 수준과 발달 정도를 기초평가와 형성평가를 통해 반복적으로 평가하고 진전도를 측정함으로써 추후 학업에서 발생할 수 있는 문제점을 예방함
연령	초등학교 1~3학년
결과 해석	백분위 점수, T 점수, 학년 점수
실시상 유의점	• 기초학습기능 수행평가체제: 수학검사 　– 기초선은 3번 실시하여 얻은 점수 중 중간값으로 결정됨 　– 학년 수준과 통합 수준의 점수 중 자신이 원하는 수준의 검사지에서 얻은 점수들의 중간값을 기초선으로 삼고, 형성평가를 실시할 때도 선택한 수준의 검사지를 이용함 　– 검사결과 백분위가 15% 이하인 경우에는 아래 학년 수준의 검사를 실시함 • 기초학습기능 수행평가체제: 쓰기검사 　– 아동의 기초선을 확인하기 위한 기초평가는 1회 실시를 원칙으로 하되, 아동의 검사 수행태도에 근거하여 재검사를 실시할 수 있으며, 그 중 높은 점수를 채택함 　– 재검사에서 사용될 이야기의 서두는 형성평가용 이야기 중 하나를 선택함 　– 검사지의 여백이 부족한 경우, 준비된 여분의 종이를 제공함 • 기초학습기능 수행평가체제: 읽기검사 　– 읽기검사자료는 각각 학생용과 검사자용으로 이루어짐 　– 기초평가용으로 제작된 읽기검사를 3회 실시하여 중간값을 기초선으로 결정함

① 학습부진이나 특수교육 대상자의 읽기, 쓰기, 수학능력의 현재 수행 수준을 진단하고 평가할 수 있다.

② 특징

　㉠ 초등학교 1~3학년 아동을 대상으로 실제 학생들이 배우는 기초학습기능에 근거하여 학생의 수행 정도를 평가하기 위해 개발되었다.

　㉡ 구성: 읽기, 쓰기, 수학 등 3개의 검사로 구성되며, 학생이 실제 학습하는 자료 자체를 평가도구로 사용함으로써 학생의 수행을 정확하게 측정할 수 있다.

　㉢ 수학검사: Ⅰ, Ⅱ, Ⅲ 수준의 학년단계 검사와 통합단계 검사로 구성되어, 교육과정에 따른 아동의 수준 파악이 용이하다.

　㉣ 기본 체제: 기초평가와 형성평가로 구분된다.

　　ⓐ 읽기검사: 기초평가용으로 제작된 읽기검사를 3회 실시하여 학생의 기초선을 확인하고, 이후 형성평가를 통해 대상 아동의 지속적인 향상을 점검할 수 있다.

　　ⓑ 쓰기검사: 기초평가를 통해 수행 수준을 확인한 후 형성평가에서 다양한 이야기 서두를 활용하여 지속적으로 대상 아동의 쓰기발달을 모니터링할 수 있다.

　㉤ 검사 결과: 규준과 비교하여 학생의 상대적인 학년 위치를 파악하거나 학생 자신의 이전 점수와 비교하여 진전도를 파악하는 데 중요한 정보를 제공한다.

(2) 기초학습기능 수행평가체제-읽기검사(Basic Academic Skills Assessment-Reading)

구분	내용
목적 및 대상	초등학교 1학년에서 3학년까지의 아동을 대상으로 읽기곤란이나 읽기장애를 진단하는 검사
구성	• 기초평가와 형성평가로 나누어짐 • 기초평가용으로 제작된 읽기검사는 읽기검사 자료 1과 읽기검사 자료 2로 구성됨 • 읽기검사 자료 1은 다시 읽기검사 (1), (2)로 나누어지고 읽기검사 자료 2는 빈칸채우기 검사임
실시	• 기초평가용으로 제작된 읽기검사를 실시할 때는 먼저 읽기검사 자료 1을 이용하여 읽기검사 (1), (2), (1)의 순서로 3회 실시한 뒤 원점수의 중앙값을 산출함 • 그 후에 읽기검사 자료 2인 빈칸채우기 검사를 1회 실시하여 원점수를 산출함 • 마지막으로 규준을 참조하여 읽기검사의 결과 기록표를 작성함
특징	• 아동의 읽기 수행 수준에 관한 명확하고 효과적인 자료를 제공함 • 교육적 의사결정을 위해 상대적으로 짧은 기간 동안의 학습자 성장 정도 측정에 유용함 • 반복 측정을 통한 아동의 학습능력 발달 정도를 확인 가능함 • 특수교육 대상자를 위한 교육적 정보를 제공함 • 교사나 치료사가 집단보다는 아동 개인을 지도하고자 하는 경우 프로그램 효과 판단에 적합함 • 검사 결과에 따른 대상 아동의 현재 수행 수준을 진단하고 적합한 개별화 교수 전략을 수립하는 데 유용함
결과	백분위 점수, T 점수, 학년 점수를 제공함

(3) 기초학습기능 수행평가체제-수학(Basic Academic Skills Assessment-Math)

구분	내용
목적 및 대상	수학학습의 발달 수준 진단을 위한 것으로, 초등학교 1학년에서 3학년까지의 아동을 대상으로 함
특징	• 아동의 수학 수행 수준에 관해 명확하고 효과적인 의사소통이 필요할 때 사용함 • 교육적 의사결정을 위해 상대적으로 짧은 기간 동안 수학 학습 수준 발달과 성장을 측정하는 데 유용함 • Ⅰ·Ⅱ·Ⅲ 수준의 학년 수준 검사와 통합 수준 검사로 구성되어 교육과정에 따른 아동의 수준 파악에 용이함 • 학습부진 아동이나 특수교육 대상자를 위한 교육적 정보를 제공함 • 교사나 치료사가 집단보다 아동 개개인을 지도하고자 하는 경우 프로그램 효과 판단에 적합함

3. 그림 어휘력 검사(Peabody Picture Vocabulary Test-Revised)

(1) 특징

① **아동의 수용어휘 능력을 측정하기 위해 개발**: 정상 아동은 물론이고 다양한 장애로 인해 언어에 문제가 있는 아동의 수용어휘 능력을 평가하는 데도 활용할 수 있다.

② **대상**: 2세~8세 11개월 아동을 대상으로 개발되었다.

③ **실시 방법**: 검사자가 어휘를 말하면 아동은 해당 어휘에 적합한 그림 4개 중 하나를 선택한다.

(2) 활용

이 검사는 정상 아동과 지적장애, 청각장애, 뇌손상, 자폐증, 정서행동장애, 지체장애 등으로 인해 언어 문제가 있는 아동의 수용어휘 능력을 평가하는 데 활용 가능하다.

4. 한국판 학습장애평가 척도(K-LDES)

(1) 특징

① 학습장애 특성이 드러날 수밖에 없는 교실 내에서 교사가 학습장애를 선별할 수 있도록 개발된 검사도구이다.

② 대상: 6세~11세 아동을 대상으로 개발되었다.

③ 학습장애 학생의 가장 공통된 특징을 기술하고 있으며 광범위한 평가 프로그램으로 활용 가능하고, 특수교육으로의 의뢰 이전 교사의 관찰 결과를 객관적인 정보로 변화하는 데 유용하다.

(2) 구성

① 7개의 하위 영역에서 아동이 보이는 문제를 부모나 교사가 '전혀 그렇지 않다, 가끔 그렇다, 항상 그렇다'의 3점 척도로 평가한다.

② 하위 영역

ㄱ 주의력: 주의집중의 어려움을 평가한다.

ㄴ 생각하기: 시공간적 능력, 계기적 정보처리 능력을 평가한다.

ㄷ 말하기: 말할 때 음을 빠뜨리거나, 단어를 전혀 틀리게 발음하거나, 대화를 잘 이어가지 못하거나 어휘력이 한정된 것 등을 평가한다.

ㄹ 읽기: 단어나 행, 문장을 빠트리고 읽는 것과 같은 읽기의 정확성과 독해력을 평가한다.

ㅁ 쓰기: 반전 오류(글자나 숫자를 거꾸로 씀), 띄어쓰기의 어려움 등을 평가한다.

ㅂ 철자법: 철자법, 받아쓰기의 어려움 등을 평가한다.

ㅅ 수학적 계산: 수학적 연산과 수학적 추론에서의 어려움을 평가한다.

5. 국립특수교육원 기초학력검사(KISE-BATT)

(1) 대상 및 목적

① 대상: 만 5세 0개월~만 14세 11개월(유치원~중학교 3학년)의 아동 청소년을 대상으로 한다.

② 목적: 읽기, 쓰기, 수학의 기초 학력을 측정하기 위한 목적으로 개발되었다.

(2) 특징

① 규준참조검사로 구성된다.

② 개인용 검사로 구성된다.

③ 읽기, 쓰기, 수학을 포함하여 읽기, 쓰기, 수학의 기초학력을 측정하는 배터리검사로 구성된다.

④ 가형과 나형 2종의 동형검사로 구성되고, 특히 사전·사후검사를 활용하여 전이 효과, 일반화 효과를 측정할 수 있도록 구성했다.

⑤ 수행검사로 구성된다.

⑥ 범교과적 접근으로 구성된다.

⑦ 특수 아동에 대한 접근성을 고려하여 구성되었다.

⑧ 학력지수를 산출하여 아동의 학습집단 배치를 지원할 수 있는 도구로 구성되었다.

(3) 구성

① 읽기검사: 선수기능, 음독능력, 낱말이해, 문장완성, 어휘선택, 문장배열, 짧은 글 이해
② 쓰기검사: 선수기능, 표기능력, 어휘구사력, 문장구사력, 글구성력
③ 수학검사: 수, 도형, 연산, 측정, 확률과 통계, 문제해결

(4) 결과 및 해석

소검사별로 백분위 점수, 학력 지수(평균 100, 표준편차 15인 표준점수), 학년 규준(학년 등가점수)을 제공한다.

6. 한국판 웩슬러 기초학습기능검사(K-WFA)

(1) 대상 및 목적

① 대상: 유치원~고등학교 1학년 아동 청소년을 대상으로 하며 A형과 B형이 있다.
② 목적: 학습장면에서 가장 필요한 낱말 읽기, 읽고 이해하기, 쓰기 및 셈하기(수계산) 기능이나 성취 수준을 측정해 준다.

(2) 특징

① 개별 수검자의 점수를 학년이나 또래와 비교해 주며, 소검사를 통해 학습에 어려움을 느끼는 영역을 찾아내고, 경과를 관찰하며 개입에 따른 추가적인 평가와 사정을 할 수 있는 근거를 제공한다.
② 능력-성취의 차이를 비교하여 저성취자를 확인할 수 있으며, 대안적 성취검사로서 학습기능의 변화를 평가하는 데 활용 가능하다.

---

41 학습태도 및 학습종합검사

1. 학습동기검사(학업동기검사, AMT)

(1) 특징

① 김아영(2003): 다양한 동기변인 중 학습자가 자신의 수행능력에 보이는 기대, 신념인 '학업적 자기효능감'과 자신의 실패 경험에 건설적으로 반응하는지 여부를 나타내는 '학업적 실패 내성'을 측정하고 평가한다.
② 대상: 초등학생부터 대학생까지를 대상으로 하며, 개별검사와 집단검사의 2가지 형태가 있다.
③ 문항: 리커트식 6점 척도이며 비교적 적은 수의 문항으로 10~20분 정도 간편하게 실시한다.
④ 학생의 동기적 특성을 구체적으로 이해하고, 세분화된 동기적 측면에 대한 정보를 제공한다.

(2) 구성

학업적 자기효능감	학업적 실패 내성
자신감, 자기조절 효능감, 과제 수준 선호	감정, 행동, 과제난이도 선호

① 학업적 자기효능감 척도: 학습자가 자신의 수행능력에 대해 보이는 기대나 신념을 평가하기 위한 척도로, 자신감, 자기조절 효능감, 과제 수준 선호의 3개 하위 척도로 구성된다.
② 학업적 실패 내성 척도: 자신의 실패 경험에 건설적으로 반응하는지 비건설적으로 반응하는지를 나타내는 척도로, 감정, 행동, 과제난이도 선호의 3개 하위 척도로 구성된다.

2. 청소년 학습전략검사(ALSA) 기출 14

(1) 특징

① 김동일(2004): 학습 전략과 함께 자아효능감과 학습동기를 측정하여 학업성취의 정서적 측면과 교수적 측면의 정보를 제공한다.

② 대상: 초등학교 5학년부터 고등학교 2학년까지를 대상으로 개발되었다.

③ 검사 결과를 학습 전략 프로그램과 연계하여 청소년의 학습동기를 높이고 학습 전략을 지도하도록 한다.

④ 구성

척도	측정내용
학습동기 척도	학습에 대한 선택, 잠재성, 강도, 지속성을 측정함
자아효능감 척도	학업적 과제수행에 필요한 행위를 얼마나 잘 조직할 수 있는지를 측정함
인지-초인지 전략 척도	학습과 관련된 인지적 전략, 정교화 전략, 조직화 전략의 사용 여부를 측정함
자원관리 전략 척도	시간, 환경, 노력, 타인의 조력을 관리하는 능력을 측정함

(2) 검사 요인

① 학습동기

ㄱ 학습동기는 학습에 대한 선택, 잠재성, 강도, 지속성, 수반된 인지적·정서적 반응 등을 고려하는 것이다.

ㄴ 내재동기: 공부를 즐기거나 학습과제에 도전하기를 선호하는 학생은 외부의 어떤 보상이 없어도 공부를 지속적으로 한다. 이러한 학생은 학습에 대한 내재동기가 상당히 높은 것으로 볼 수 있다.

ㄷ 외재동기: 같은 학급의 다른 친구보다 공부를 잘해야 한다고 생각하거나 이후에 주어지는 부모의 칭찬, 선물을 기대하여 공부를 하는 학생은 외재동기가 높은 학생이다.

ㄹ 학년이 높아지면서 학습과제 양이 늘어나고 과제 내용이 복잡해질수록 내재동기가 강화되어야 지속적인 학습행동을 할 수 있다.

② 자아효능감

ㄱ 자아효능감은 학습자가 학업적 과제의 수행을 위해 필요한 행위를 조직하고 실행해가는 자신의 능력에 대해 내리는 판단으로, '자신이 어느 정도의 능력을 갖춘 사람인가'에 대한 스스로의 판단에 해당한다.

ㄴ 자아효능감이 높은 학습자는 도전적인 과제를 선택하고 주어진 과제를 성공적으로 수행하기 위해 더 많은 노력을 기울이며 어려운 일이 닥쳐도 과제를 끈기 있게 지속한다.

ㄷ 자아효능감이 높을수록 불안을 느끼는 정도가 낮고, 보다 효과적인 학습 전략을 사용하며 뛰어난 자기조절 능력을 보인다.

③ 인지-초인지 전략

ㄱ 인지-초인지 전략은 학습자가 자신의 부호화 과정에 영향을 주거나 학습하는 동안 자신의 학습에 관여하는 모든 사고와 행동을 의미하며, 인지적 학습 전략, 초인지 전략, 자원관리 전략의 3가지 범주로 구분할 수 있다.

ㄴ 인지적 전략: 시연 전략, 정교화 전략, 조직화 전략 등이 있다.

ㄷ 초인지 전략: 계획하기, 조절하기 등이 포함된다.

ㄹ 인지-초인지 전략이 뛰어난 학생은 새로운 정보를 학습하는 방법을 알고 있으며, 다음과 같은 활동에 익숙하다.

ⓜ 인지-초인지 전략과 관련된 활동

구분		활동
인지 전략	시연 전략	암송, 따라 읽기, 베끼기, 자구적 노트정리, 밑줄치기
	정교화 전략	매개단어법, 심상, 장소법, 의역, 요약, 유추생성, 생성적 노트정리, 질문-대답
	조직화 전략	결집, 기억조성법, 핵심아이디어 선택, 개요화, 망상화, 다이어그램화
초인지 전략	계획 전략	목표 설정, 대충 훑어보기, 질문 생성
	점검 전략	자기검사, 시험 전략
	조정 전략	독서속도 조절, 재독서, 복습, 수검 전략

④ 자원관리 전략

  ㉠ 학습 전략의 한 범주로서, 자신에게 주어진 주변 환경을 효율적으로 활용하여 새로운 정보를 효과적으로 학습하는 방법이다.

  ㉡ 시간 관리, 공부환경 관리, 노력 관리, 타인의 조력 추구 등으로 구성된다.

  ㉢ 이 전략이 뛰어난 학생은 학습 시 다음과 같은 활동에 익숙하다.

  ㉣ 자원관리 전략과 관련된 활동

구분	활동
시간 관리	시간표 작성, 목표 설정
공부환경 관리	장소 정리, 조용한 장소, 조직적인 장소
노력 관리	노력에 대한 귀인, 기분조절, 스스로에게 이야기하기, 끈기 가지기, 자기강화
타인의 조력	교사로부터 조력 추구, 동료로부터의 조력 추구, 동료/집단학습, 개인지도 획득

3. MLST-II 학습전략검사

(1) 특징

① 검사 명칭은 '학습전략검사'이나 학습과 관련된 다양한 차원의 요인을 포함하므로 종합적인 학습능력을 측정할 수 있다.

② 학습 전략뿐만 아니라 학습 성취도에 영향을 미치는 심리적 특성과 동기 수준에 대한 정보를 포함하고 있어, 하나의 검사로 학생의 학습부진의 원인을 탐색하고, 이후의 공부방법이나 지도방법을 수정하고 보완하는 방향으로 삼을 수 있다.

③ 대상: 초등학생용, 청소년(중고등학생용), 대학생용이 있다.

(2) **구성**

척도명	요인
성격 특성	효능감, 결과기대, 성실성
정서 특성	우울, 불안, 짜증
동기 특성	학습, 경쟁, 회피
행동 특성	시간관리, 수업듣기, 노트필기, 공부환경, 집중 전략, 읽기 전략, 기억 전략, 시험 전략

※ 신뢰성 지표: 반응일관성, 연속동일반응, 사회적 바람직성, 무응답
※ 부가정보: 성적, 학습시간, 성적 만족도, 심리적 불편감

① 4개 영역(성격, 정서, 동기, 행동)을 측정하며, 자기주도학습 지수(LQ)를 산출해 준다.
② 학습에서의 강약점과 학습 전략의 유형(주도형, 성실형, 잠재형, 정체형)이 무엇인지 제시해 주는데, 이 유형은 학습에 투자되는 학습량과 학습동기의 수준, 학습 전략의 효율성 정보에 따라 결정된다.

4. U & I 학습유형검사

(1) **특징**

① **이기학, 김만권**: 성격이론가인 커시(Keirsey)의 이론과 학습행동에 관한 히콕스(Heacox)의 연구를 근거로 개발되었다.
② **대상**: 초등학교 4학년부터 중고등학생까지를 대상으로 한다.
③ 개인이 학습과정에서 가지는 심리적 문제와 성격적 문제의 특성을 이해하여 개인에게 가장 적합한 학습방법을 제안할 수 있고, 이 결과는 학생의 성격적 특성에 맞는 진로를 탐색하는 데 기초 자료로 널리 활용된다.

(2) **구성**

구분	내용
U & I 학습행동유형검사	반항형, 완벽주의형, 고군분투형, 잡념형, 만족형, 외골수형
U&I 학습성격유형검사	행동형, 규범형, 탐구형, 이상형
U&I 학습기술검사	학습태도, 학습동기, 시간관리, 불안조절, 주의집중, 정보처리, 중심주제, 학업 보조, 자기점검, 시험 전략

5. 학습부진유형검사

(1) **특징**

① **황매향 등**: 한국교육과정평가원에서 제공하는 검사로, 학습부진 학생을 대상으로 개발되었다.
② **대상**: 초등학교 4~6학년과 중학생을 대상으로 한다.
③ 한국교육과정평가원의 기초학력지원 사이트(www.basics.re.kr)에서 교사 인증과정을 거쳐 온라인 검사를 실시하고 결과지를 제공받을 수 있다.
  ㉠ **교사용 결과지**: 추후상담과 교육처리에 필요한 처방적 정보를 담고 있다.
  ㉡ **학생용 결과지**: 학생이 자신의 학습동기와 전략을 점검하고 이후 학습행동을 개선하는 데 참고할 수 있는 내용을 담고 있다.

(2) 구성

① 학습유형 검사

척도명	요인
학습동기 영역	목표 유무, 내재적·외재적 동기, 동기 관련 요인 및 저해 요인
자기통제성 영역	학습부진을 예언하는 만족지연, 즉각만족추구 경향성
학습행동 영역	주의집중, 공부방법, 시험준비, 자원관리

➡ 3개 대영역 및 하위 영역별 학생 점수 프로파일을 토대로 학습부진 학생을 4가지 유형으로 분류하고, 유형별 학생의 특성에 부합하는 집단지도 프로그램을 연계하여 활용할 수 있도록 구성된다.

② 학생의 기본정보 및 위기요소 평가

ⓐ 환경 차원: 부모 무관심, 경제적 곤란, 다문화 가정, 비행집단, 기타

ⓑ 개인 차원: 학업 관련 장애, 중독, 건강문제, 기타

6. 자기조절학습검사

(1) 특징

① 한국교육과정평가원의 기초학력지원 사이트(www.basics.re.kr)에서 제공하는 검사로, 학습을 수행하기 위한 인지, 동기, 행동을 적극적으로 조절하는 자기주도적 학습능력을 진단한다.

② 대상: 고등학교 1~3학년 학생을 대상으로 한다.

③ 목적: 자기주도적 학습능력 정도를 파악하고 학습의 과정에 있어 자기조절이 부족한 측면과 그렇지 않은 측면들을 확인하여 적절히 학습능력을 조절하는 것이다.

(2) 구성

차원	하위 요인	측정내용
인지 조절	인지 전략의 활용	학생이 학습할 때 다양한 인지 전략을 어느 정도 자발적이고 적극적으로 활용하는지 측정
	메타인지 전략의 활용	학생이 학습할 때 다양한 메타인지 전략을 어느 정도 자발적이고 적극적으로 활용하는지 측정
동기 조절	숙달목적 지향성	학습을 하는 이유에 있어 학습에 대한 내재적 가치나 노력 등을 어느 정도 지향하는지 측정
	자아효능감	자신의 학습 및 과제 수행에 있어서 자신의 능력에 대한 기대나 믿음이 어느 정도인지 측정
	성취가치	주어진 학습을 가치롭게 여기는 이유에 해당하는 것으로 학습에 대한 중요성, 유용성, 내재적 흥미 등을 어느 정도 지각하는지 측정

제10절 평가자료 활용

42 심리평가 보고서 작성

1. 평가 보고서 구성요소

(1) 의뢰 사유 및 배경 정보

① 수검자의 배경 정보, 문제의 특징 등을 간단히 기술하고 평가를 실시하는 이유를 언급한다.

② 의뢰 사유와 배경 정보를 같이 기술하는 경우도 있고, 별도의 영역으로 분리하여 기술하기도 한다.

③ 배경 정보: 수검자의 발달력, 의학력, 교육력, 가족구조, 직업력 등의 개인사가 포함되기도 하며, 대부분이 연대기 순으로 요약된다.

④ 수검자의 모든 과거력을 포함하는 것보다 현재 상황과 관련된 내용을 쓰는 것이 좋다.

(2) 검사 실시 및 평가 절차

① 이 영역에서는 실시한 검사항목을 기술한다.

② 검사 수행 순서가 중요한 경우라면 이를 함께 기술할 수도 있다.

(3) 행동관찰 및 수검 태도

① 검사 과정 동안 수검자의 일반적인 행동관찰이나 평가자−수검자 상호작용에서 나타난 행동을 기술한다.

② 신체적 외모에 대한 설명은 표정, 옷, 체구, 독특한 버릇, 동작 등 일반적이지 않은 특징에 초점을 둔다.

③ 검사 태도를 기록할 때는 명백하게 보이는 불안, 우울을 나타내는 표현, 적대감의 정도를 반영하는 행동을 포함하여 기술하며, 평가자의 추론에 근거한 표현은 삼가고 명백히 행동과 관련된 용어로 표현한다.

④ 심리평가 결과에 영향을 미칠 수 있는 수검 태도나 수검자의 행동특성은 자세히 관찰하여 기술한다.

⑤ 행동관찰은 보통 간결하고 명확하고 적절해야 함: 행동 기술이 수검자에 대한 통찰 또는 수검자의 독특성을 설명하지 못한다면 기술하지 않는 것이 좋다. 즉, 행동관찰을 기술할 때는 수검자의 구체적이고 독특한 인상에 초점을 맞추어야 한다.

(4) 검사 결과

① 지적능력: 지적능력을 기술할 때는 IQ 점수에 의한 개인의 지적능력의 일반적인 추정과 더욱 구체적인 능력, 예컨대 기억, 문제 해결, 추상적 추론, 집중력, 정보의 축적과 같은 영역에 대해 자세히 기술한다. 대부분의 보고서에는 IQ 점수, 백분위, 지능 분류도 포함하며 인지적 강점과 약점을 제시한다.

② 사고: 사고능력, 사고형식 및 조직화 능력, 사고내용 등을 기술한다.

③ 정서 및 성격: 수검자가 경험하고 있는 정서, 정서 인식능력, 정서표현 강도, 정서 조절능력 등을 포함하여 기술한다. 성격 부분에는 평소의 욕구, 관심사, 행동특성, 대처방식 등을 기술한다.

④ 진단: 진단과 관련해서는 DSM 또는 ICD 체계에 근거한 의학적 진단과 수검자의 증상, 부적응을 초래하는 성격특성 기술에 초점을 맞춘 임상적 진단을 고려할 수 있다.

(5) 요약 및 제언

① 지금까지 기술된 내용의 주된 결론을 다시 언급: 지능, 사고, 정서, 성격, 대인관계, 자존감 등의 영역별로 핵심적인 내용을 간결하게 요약하고, 이때 앞에 나온 문장을 단순히 반복하고 나열하는 것보다 바꾸어 표현하는 것이 좋다.

② 요약: 의뢰된 문제의 심리평가 결과를 한 번 더 강조하고, 요약의 마지막 부분에서는 진단적 제언과 치료적 개입방법을 언급한다.

③ 제언: 일반적보다 구체적일 때 유용하고, 분명하고 실용적이며 보고서의 목적과 직접적인 관련이 있어야 한다.

> **참고 보고서의 일반적 형식**
>
> • **의뢰 사유**: 의뢰원이 제시한 문제 또는 평가를 실시하게 된 일반적 이유
> • **실시된 검사**: 피검자에게 실시한 검사명칭 기록
> • **행동관찰**: 검사결과 해석과 관련된 행동과 수검 태도, 특이한 행동 등을 기록
> • **주 호소 증상**: 현재 상태나 문제에 대해 기록
> • **배경 정보**: 검사 결과 해석과 관련된 발달사
> • **검사 결과**: 인지영역, 정서 및 성격영역, 사고영역, 대인관계 영역 등
> • **평가 결과 요약**: 전체 결과의 압축적 정보
> • **요약 및 제언**: 전체 결과의 통합, 임상적 진단
> • **진단적 소견**

2. 심리평가 보고서 작성

(1) 훌륭한 평가 보고서 작성을 위한 일반 지침

- 평가가 끝난 후, 다음 내담자를 평가하기 전에 보고서를 작성한다.
- 평가자 자신에게 가장 좋다고 생각되는 양식과 표현방식을 개발한다.
- 보고서의 길이는 의뢰 목적, 실시된 검사 및 기법의 수, 얻어낸 자료 등의 여러 요인에 의해 달라질 수 있으나, 간략하고 명확하게 작성한다.
- 보고서는 얻은 결론을 명료하게, 직접적으로 작성한다.
- 흥미 있는 보고서 작성: 극적으로 쓰라는 것은 아니지만 그렇다고 무미건조하고 지루하게 쓸 필요는 없다. 실제 평가과정에서 나왔던 단어, 문구 등을 신중하게 선택하여 기술하는 것이 보고서를 예리하고 초점 있게 만들어준다.
- 의뢰자로부터 피드백 받는 것은 평가자가 어떤 영향력을 가지고 약점을 어떻게 보완하며 성공적인 보고서를 쓰게 된 이유가 어디에 있는지를 정확하게 알게 한다. 따라서 평가자는 보고서에 대한 의뢰인의 피드백을 요구해야 하며 그들의 느낌이 어떠했는지, 그것을 어떻게 활용할 것인지를 물어봐야 한다. 평가자는 의뢰자가 어떤 사람인지, 어떤 종류의 보고서를 원하는지 정확히 파악하여 그에 맞는 보고서를 작성한다.

(2) 평가 결과 전달

① 평가 결과는 상담자의 판단·평가 없이 객관적으로 전달: 예컨대 대학적성검사의 성적을 해석해줄 때, "당신의 점수로는 대학에 갈 수 없습니다."라고 말하는 대신 "이러한 점수를 가진 학생 4명 중 3명은 대학 1학년 과정을 수료하지 못합니다."라고 설명할 수 있다.

② 평가 결과는 논리적이고 합리적인 수준에서 받아들여지지 않을 수도 있다.

    ㉠ 상담자는 검사가 야기한 만족, 의심, 두려움 등의 정서적 태도를 다루어줘야 한다.

    ㉡ 상담에서 평가 결과를 치료적으로 다루는 방법

        ⓐ 평가 결과를 갑자기 제시하거나 한꺼번에 또는 너무 서둘러서 제시하지 않는다.

        ⓑ 내담자의 반응·느낌을 표현하게 하고 함께 검토: 평가 결과를 제시하기 전에 "검사에 대해 어떻게 생각했습니까?"라고 물음으로써 검사에 대한 내담자의 반응을 알아볼 수 있다.

        ⓒ 감정이 표현되면 상담자는 이를 인정하고 치료적으로 다루어줘야 한다. 검사점수를 받아들이는 데 저항한다고 해서 검사나 검사의 신뢰도, 타당도를 변명하거나 논쟁, 설득하는 식으로 다루면 안 된다.

(3) 채점, 해석 또는 결과의 의미

① 학생 개인 간의 차이와 개인 내적인 차이를 절대적인 차이로 이해해서는 안 되며, 전적으로 양적인 차이에만 의존하여 해석하는 것도 지양한다.

② 양적인 결과를 기초로 하되, 개인의 특성을 발견하고 기술하는 질적인 해석이 바람직하다.

(4) 검사 결과 전달

① 학교심리검사의 목적: 학생이 발달하고 일상생활에 잘 적응하며 건강하고 행복한 삶을 살아가도록 돕는다.

② 검사 결과의 전달: 학생이 자신을 보다 잘 이해할 수 있고 성장과 발달의 동기를 자극할 수 있는 범위 내에서 전달한다.

③ 검사 결과를 학생 본인이 모두 수용할 수 없는 연령인 경우: 부모 면담 등을 통해 부모에게 별도로 검사 결과를 알릴 필요가 있으며, 전달의 원칙은 교사와 부모가 협력하여 학생을 보다 잘 이해하고자 학생의 발달을 돕는 방식으로 전달하는 것이다.

(5) 상담과 지도의 활용

① 검사 결과는 원칙적으로 학생에게 도움이 되는 방향으로만 사용되고 활용되어야 한다.

② 검사 결과는 개인을 이해하기 위한 대략적인 판단자료일 뿐이며, 특히 하나의 검사에서 제시되는 검사결과는 여러 정보 중의 하나의 정보로 이해해야 한다.

③ 학생의 일상적 행동에 대한 관찰 없이 한 개의 검사 결과에 의존하여 학생 전체의 특성을 평가해서는 안 되며, 관찰, 면담과 가능한 한 여러 검사 결과를 통합하여 이해하는 노력이 필요하다.

④ 학생은 성인이 될 때까지 활발한 성장과 발달이 계속되는 시기: 측정 결과는 얼마든지 변화 가능하다.

⑤ 심리검사는 반복하여 계속적으로 이루어져야 하고, 누적된 검사결과는 발달상의 변화 특성과 변화량에 대한 결과로서 체계적으로 관리되어야 한다.

제12장

특수아 상담

제12장 | 핵심 이론 흐름잡기

제1절 특수아 상담의 기초

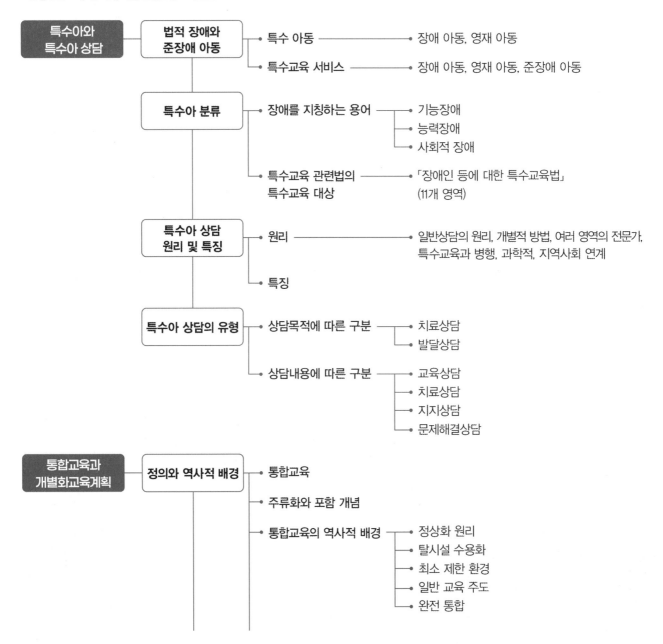

특수아와 특수아 상담

- **법적 장애와 준장애 아동**
  - 특수 아동 —— 장애 아동, 영재 아동
  - 특수교육 서비스 —— 장애 아동, 영재 아동, 준장애 아동

- **특수아 분류**
  - 장애를 지칭하는 용어
    - 기능장애
    - 능력장애
    - 사회적 장애
  - 특수교육 관련법의 특수교육 대상 —— 「장애인 등에 대한 특수교육법」 (11개 영역)

- **특수아 상담 원리 및 특징**
  - 원리 —— 일반상담의 원리, 개별적 방법, 여러 영역의 전문가, 특수교육과 병행, 과학적, 지역사회 연계
  - 특징

- **특수아 상담의 유형**
  - 상담목적에 따른 구분
    - 치료상담
    - 발달상담
  - 상담내용에 따른 구분
    - 교육상담
    - 치료상담
    - 지지상담
    - 문제해결상담

통합교육과 개별화교육계획

- **정의와 역사적 배경**
  - 통합교육
  - 주류화와 포함 개념
  - 통합교육의 역사적 배경
    - 정상화 원리
    - 탈시설 수용화
    - 최소 제한 환경
    - 일반 교육 주도
    - 완전 통합

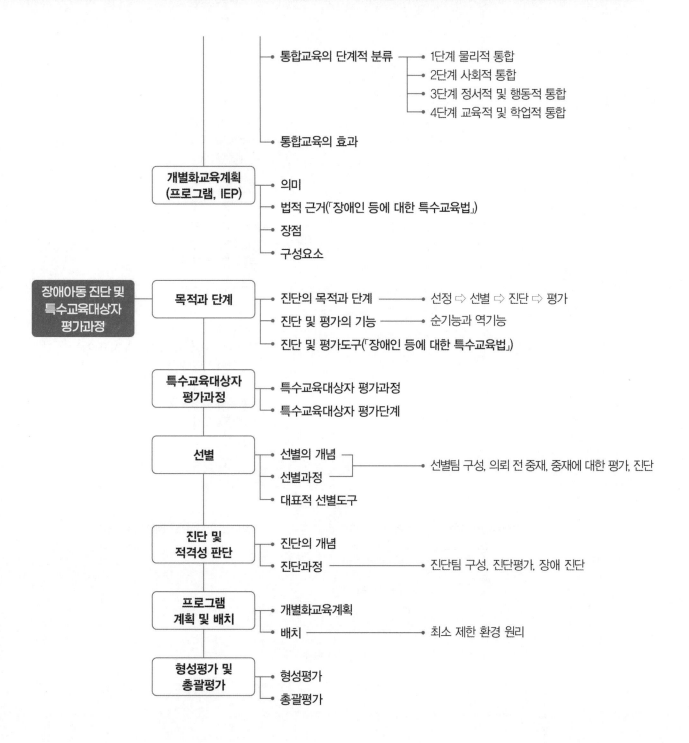

통합교육의 단계적 분류 — 1단계 물리적 통합

2단계 사회적 통합

3단계 정서적 및 행동적 통합

4단계 교육적 및 학업적 통합

통합교육의 효과

**개별화교육계획
(프로그램, IEP)** — 의미

법적 근거(『장애인 등에 대한 특수교육법』)

장점

구성요소

**장애아동 진단 및
특수교육대상자
평가과정**

목적과 단계 — 진단의 목적과 단계 ——— 선정 ⇨ 선별 ⇨ 진단 ⇨ 평가

진단 및 평가의 기능 ——— 순기능과 역기능

진단 및 평가도구(『장애인 등에 대한 특수교육법』)

**특수교육대상자
평가과정** — 특수교육대상자 평가과정

특수교육대상자 평가단계

선별 — 선별의 개념 ┐

선별과정 ┘ ——— 선별팀 구성, 의뢰 전 중재, 중재에 대한 평가, 진단

대표적 선별도구

**진단 및
적격성 판단** — 진단의 개념

진단과정 ——— 진단팀 구성, 진단평가, 장애 진단

**프로그램
계획 및 배치** — 개별화교육계획

배치 ——— 최소 제한 환경 원리

**형성평가 및
총괄평가** — 형성평가

총괄평가

제 **12**장 │ 핵심 이론 흐름잡기

제 **2**절 **장애영역별 상담**

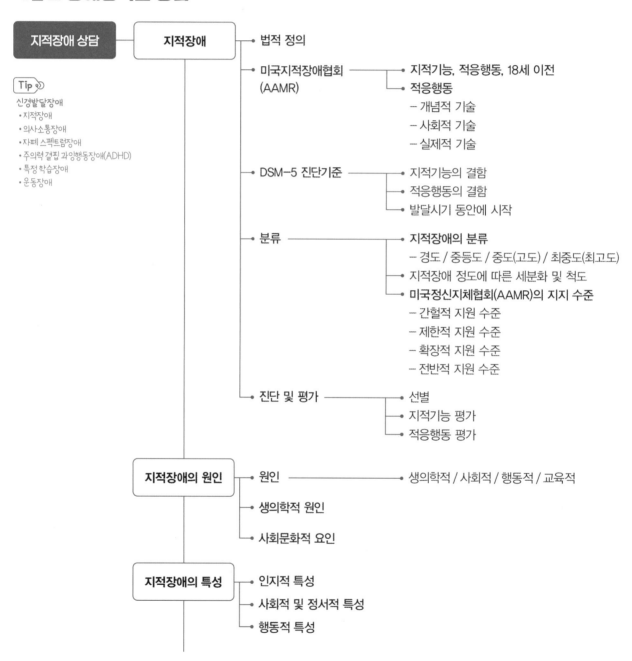

| 지적장애 상담 | 지적장애 | 법적 정의 |
| | | 미국지적장애협회 (AAMR) — 지적기능, 적응행동, 18세 이전 / 적응행동 – 개념적 기술 / – 사회적 기술 / – 실제적 기술 |

Tip

신경발달장애
- 지적장애
- 의사소통장애
- 자폐 스펙트럼장애
- 주의력 결핍 과잉행동장애(ADHD)
- 특정 학습장애
- 운동장애

지적장애
- 법적 정의
- 미국지적장애협회 (AAMR) — **지적기능, 적응행동, 18세 이전** / **적응행동**
  - 개념적 기술
  - 사회적 기술
  - 실제적 기술
- DSM-5 진단기준 — 지적기능의 결함 / 적응행동의 결함 / 발달시기 동안에 시작
- 분류 — **지적장애의 분류**
  - 경도 / 중등도 / 중도(고도) / 최중도(최고도)
  - 지적장애 정도에 따른 세분화 및 척도
  - **미국정신지체협회(AAMR)의 지지 수준**
    - 간헐적 지원 수준
    - 제한적 지원 수준
    - 확장적 지원 수준
    - 전반적 지원 수준
- 진단 및 평가 — 선별 / 지적기능 평가 / 적응행동 평가

지적장애의 원인
- 원인 — 생의학적 / 사회적 / 행동적 / 교육적
- 생의학적 원인
- 사회문화적 요인

지적장애의 특성
- 인지적 특성
- 사회적 및 정서적 특성
- 행동적 특성

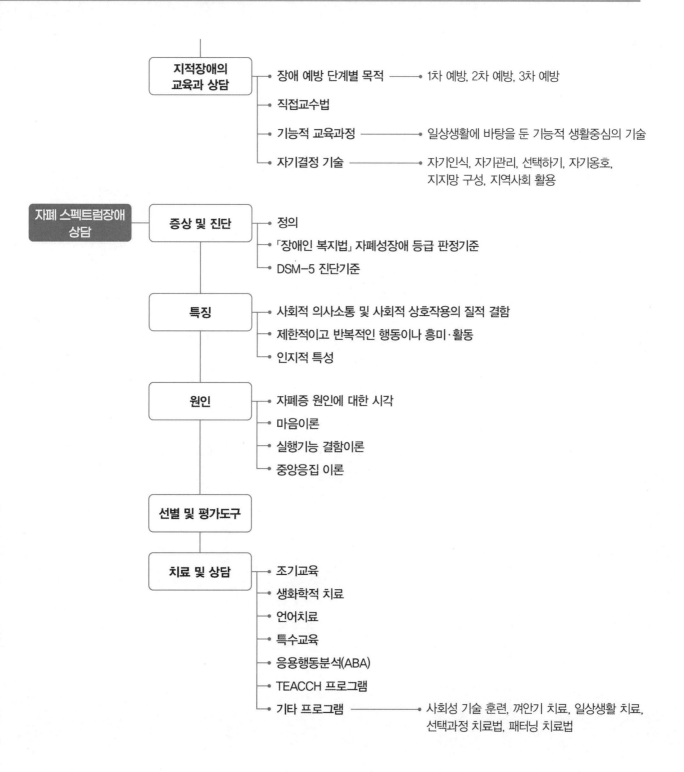

지적장애의
교육과 상담
- 장애 예방 단계별 목적 ──── 1차 예방, 2차 예방, 3차 예방
- 직접교수법
- 기능적 교육과정 ──── 일상생활에 바탕을 둔 기능적 생활중심의 기술
- 자기결정 기술 ──── 자기인식, 자기관리, 선택하기, 자기옹호,
지지망 구성, 지역사회 활용

자폐 스펙트럼장애
상담

증상 및 진단
- 정의
- 「장애인 복지법」 자폐성장애 등급 판정기준
- DSM-5 진단기준

특징
- 사회적 의사소통 및 사회적 상호작용의 질적 결함
- 제한적이고 반복적인 행동이나 흥미·활동
- 인지적 특성

원인
- 자폐증 원인에 대한 시각
- 마음이론
- 실행기능 결함이론
- 중앙응집 이론

선별 및 평가도구

치료 및 상담
- 조기교육
- 생화학적 치료
- 언어치료
- 특수교육
- 응용행동분석(ABA)
- TEACCH 프로그램
- 기타 프로그램 ──── 사회성 기술 훈련, 껴안기 치료, 일상생활 치료,
선택과정 치료법, 패터닝 치료법

제**12**장 │ 핵심 이론 흐름잡기

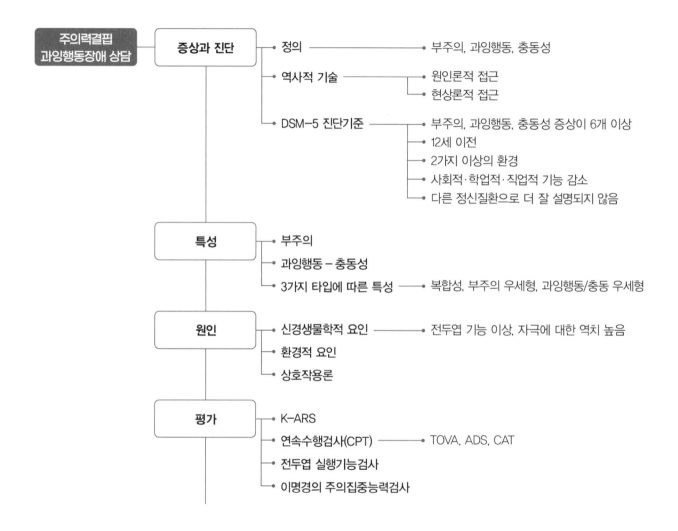

주의력결핍 과잉행동장애 상담

증상과 진단
- 정의 —————→ 부주의, 과잉행동, 충동성
- 역사적 기술 ————→ 원인론적 접근
  - 현상론적 접근
- DSM-5 진단기준 ————→ 부주의, 과잉행동, 충동성 증상이 6개 이상
  - 12세 이전
  - 2가지 이상의 환경
  - 사회적·학업적·직업적 기능 감소
  - 다른 정신질환으로 더 잘 설명되지 않음

특성
- 부주의
- 과잉행동 – 충동성
- 3가지 타입에 따른 특성 ————→ 복합성, 부주의 우세형, 과잉행동/충동 우세형

원인
- 신경생물학적 요인 ————→ 전두엽 기능 이상, 자극에 대한 역치 높음
- 환경적 요인
- 상호작용론

평가
- K-ARS
- 연속수행검사(CPT) ————→ TOVA, ADS, CAT
- 전두엽 실행기능검사
- 이명경의 주의집중능력검사

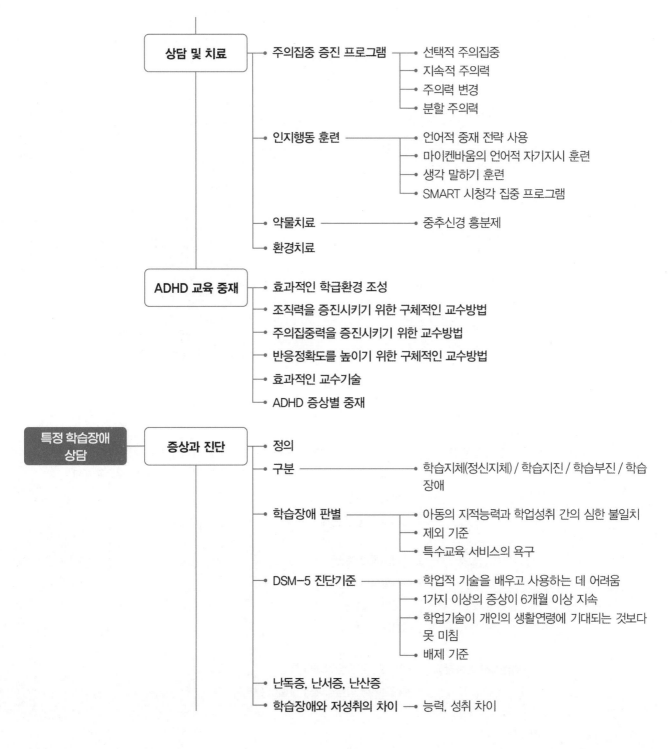

상담 및 치료 ─── 주의집중 증진 프로그램 ─── 선택적 주의집중
　　　　　　　　　　　　　　　　　　 지속적 주의력
　　　　　　　　　　　　　　　　　　 주의력 변경
　　　　　　　　　　　　　　　　　　 분할 주의력

　　　　　　　　── 인지행동 훈련 ─── 언어적 중재 전략 사용
　　　　　　　　　　　　　　　　　 마이켄바움의 언어적 자기지시 훈련
　　　　　　　　　　　　　　　　　 생각 말하기 훈련
　　　　　　　　　　　　　　　　　 SMART 시청각 집중 프로그램

　　　　　　　　── 약물치료 ─── 중추신경 흥분제
　　　　　　　　── 환경치료

ADHD 교육 중재 ─── 효과적인 학급환경 조성
　　　　　　　　── 조직력을 증진시키기 위한 구체적인 교수방법
　　　　　　　　── 주의집중력을 증진시키기 위한 교수방법
　　　　　　　　── 반응정확도를 높이기 위한 구체적인 교수방법
　　　　　　　　── 효과적인 교수기술
　　　　　　　　── ADHD 증상별 중재

특정 학습장애 상담 ─── 증상과 진단 ─── 정의
　　　　　　　　── 구분 ─── 학습지체(정신지체) / 학습지진 / 학습부진 / 학습장애
　　　　　　　　── 학습장애 판별 ─── 아동의 지적능력과 학업성취 간의 심한 불일치
　　　　　　　　　　　　　　　　 제외 기준
　　　　　　　　　　　　　　　　 특수교육 서비스의 욕구
　　　　　　　　── DSM-5 진단기준 ─── 학업적 기술을 배우고 사용하는 데 어려움
　　　　　　　　　　　　　　　　 1가지 이상의 증상이 6개월 이상 지속
　　　　　　　　　　　　　　　　 학업기술이 개인의 생활연령에 기대되는 것보다 못 미침
　　　　　　　　　　　　　　　　 배제 기준
　　　　　　　　── 난독증, 난서증, 난산증
　　　　　　　　── 학습장애와 저성취의 차이 ─── 능력, 성취 차이

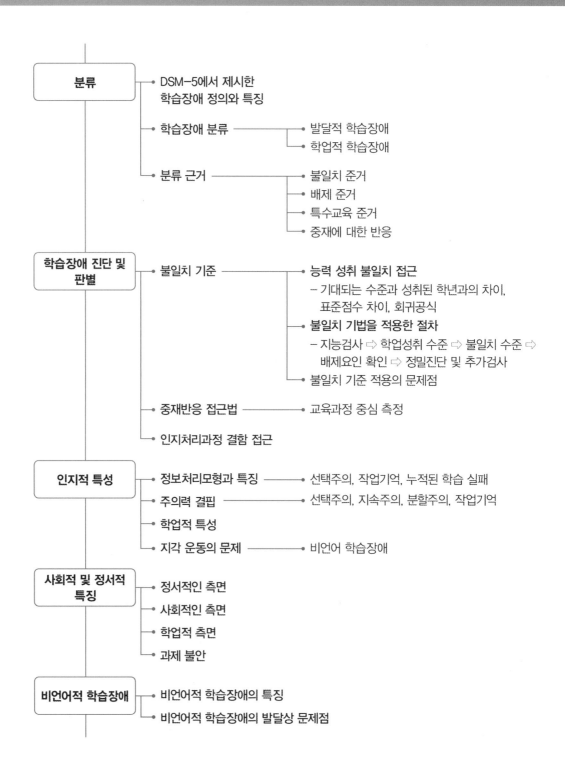

분류
- DSM-5에서 제시한 학습장애 정의와 특징
- 학습장애 분류
  - 발달적 학습장애
  - 학업적 학습장애
- 분류 근거
  - 불일치 준거
  - 배제 준거
  - 특수교육 준거
  - 중재에 대한 반응

학습장애 진단 및 판별
- 불일치 기준
  - **능력 성취 불일치 접근**
    - 기대되는 수준과 성취된 학년과의 차이, 표준점수 차이, 회귀공식
  - **불일치 기법을 적용한 절차**
    - 지능검사 ⇨ 학업성취 수준 ⇨ 불일치 수준 ⇨ 배제요인 확인 ⇨ 정밀진단 및 추가검사
  - 불일치 기준 적용의 문제점
- 중재반응 접근법
  - 교육과정 중심 측정
- 인지처리과정 결함 접근

인지적 특성
- 정보처리모형과 특징
  - 선택주의, 작업기억, 누적된 학습 실패
- 주의력 결핍
  - 선택주의, 지속주의, 분할주의, 작업기억
- 학업적 특성
- 지각 운동의 문제
  - 비언어 학습장애

사회적 및 정서적 특징
- 정서적인 측면
- 사회적인 측면
- 학업적 측면
- 과제 불안

비언어적 학습장애
- 비언어적 학습장애의 특징
- 비언어적 학습장애의 발달상 문제점

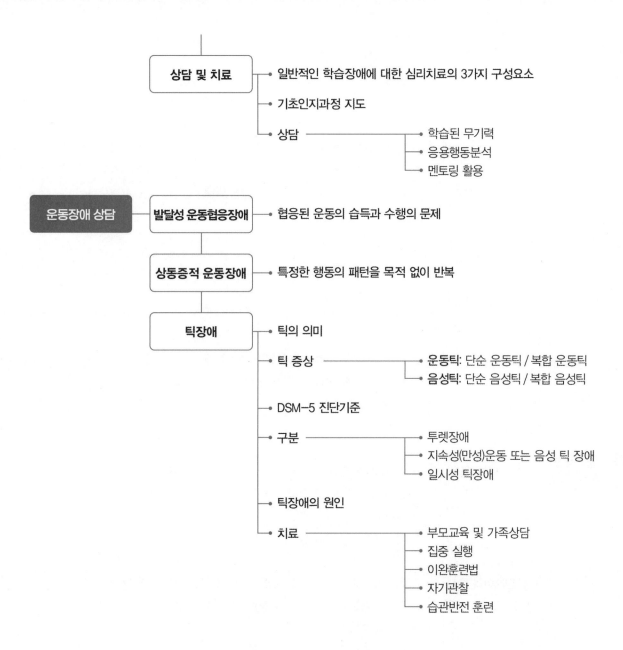

상담 및 치료 → 일반적인 학습장애에 대한 심리치료의 3가지 구성요소

→ 기초인지과정 지도

→ 상담 ─── 학습된 무기력
         ─── 응용행동분석
         ─── 멘토링 활용

운동장애 상담 ── **발달성 운동협응장애** → 협응된 운동의 습득과 수행의 문제

상동증적 운동장애 → 특정한 행동의 패턴을 목적 없이 반복

틱장애 → 틱의 의미

→ 틱 증상 ─── **운동틱**: 단순 운동틱 / 복합 운동틱
           ─── **음성틱**: 단순 음성틱 / 복합 음성틱

→ DSM-5 진단기준

→ **구분** ─── 투렛장애
          ─── 지속성(만성)운동 또는 음성 틱 장애
          ─── 일시성 틱장애

→ 틱장애의 원인

→ **치료** ─── 부모교육 및 가족상담
          ─── 집중 실행
          ─── 이완훈련법
          ─── 자기관찰
          ─── 습관반전 훈련

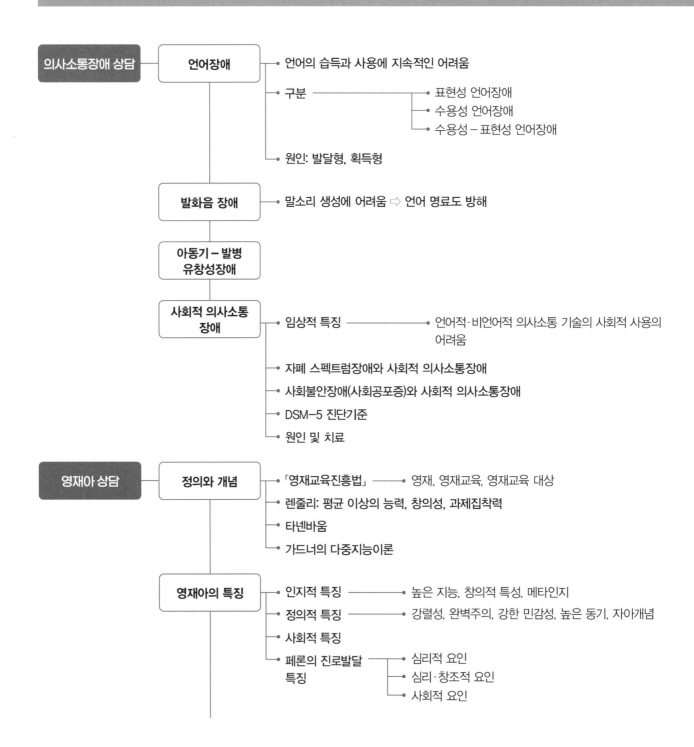

의사소통장애 상담

언어장애
- 언어의 습득과 사용에 지속적인 어려움
- 구분
  - 표현성 언어장애
  - 수용성 언어장애
  - 수용성 – 표현성 언어장애
- 원인: 발달형, 획득형

발화음 장애
- 말소리 생성에 어려움 ⇨ 언어 명료도 방해

아동기 – 발병 유창성장애

사회적 의사소통 장애
- 임상적 특징
  - 언어적·비언어적 의사소통 기술의 사회적 사용의 어려움
- 자폐 스펙트럼장애와 사회적 의사소통장애
- 사회불안장애(사회공포증)와 사회적 의사소통장애
- DSM−5 진단기준
- 원인 및 치료

영재아 상담

정의와 개념
- 「영재교육진흥법」 ── 영재, 영재교육, 영재교육 대상
- 렌줄리: 평균 이상의 능력, 창의성, 과제집착력
- 타넨바움
- 가드너의 다중지능이론

영재아의 특징
- 인지적 특징 ── 높은 지능, 창의적 특성, 메타인지
- 정의적 특징 ── 강렬성, 완벽주의, 강한 민감성, 높은 동기, 자아개념
- 사회적 특징
- 페론의 진로발달 특징
  - 심리적 요인
  - 심리·창조적 요인
  - 사회적 요인

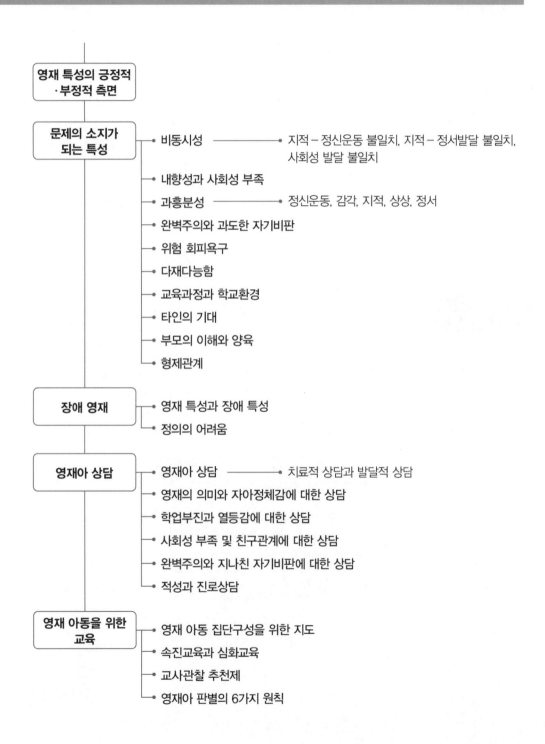

영재 특성의 긍정적
·부정적 측면

문제의 소지가
되는 특성
- 비동시성 ──────── 지적 – 정신운동 불일치, 지적 – 정서발달 불일치,
  사회성 발달 불일치
- 내향성과 사회성 부족
- 과흥분성 ──────── 정신운동, 감각, 지적, 상상, 정서
- 완벽주의와 과도한 자기비판
- 위험 회피욕구
- 다재다능함
- 교육과정과 학교환경
- 타인의 기대
- 부모의 이해와 양육
- 형제관계

장애 영재
- 영재 특성과 장애 특성
- 정의의 어려움

영재아 상담
- 영재아 상담 ──────── 치료적 상담과 발달적 상담
- 영재의 의미와 자아정체감에 대한 상담
- 학업부진과 열등감에 대한 상담
- 사회성 부족 및 친구관계에 대한 상담
- 완벽주의와 지나친 자기비판에 대한 상담
- 적성과 진로상담

영재 아동을 위한
교육
- 영재 아동 집단구성을 위한 지도
- 속진교육과 심화교육
- 교사관찰 추천제
- 영재아 판별의 6가지 원칙

제**3**절 **파괴적 충동조절 및 품행장애 상담**

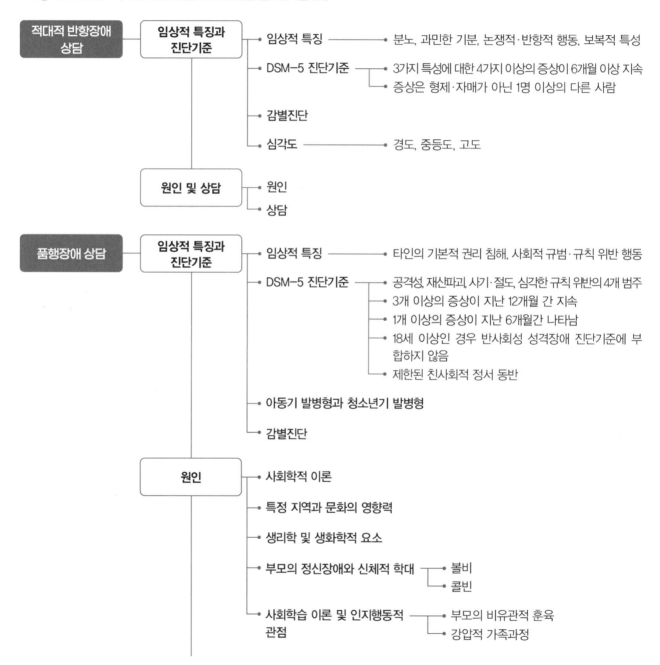

적대적 반항장애 상담

임상적 특징과 진단기준
- 임상적 특징 ── 분노, 과민한 기분, 논쟁적·반항적 행동, 보복적 특성
- DSM-5 진단기준 ┬ 3가지 특성에 대한 4가지 이상의 증상이 6개월 이상 지속
  └ 증상은 형제·자매가 아닌 1명 이상의 다른 사람
- 감별진단
- 심각도 ── 경도, 중등도, 고도

원인 및 상담
- 원인
- 상담

품행장애 상담

임상적 특징과 진단기준
- 임상적 특징 ── 타인의 기본적 권리 침해, 사회적 규범·규칙 위반 행동
- DSM-5 진단기준 ┬ 공격성, 재산파괴, 사기·절도, 심각한 규칙 위반의 4개 범주
  ├ 3개 이상의 증상이 지난 12개월 간 지속
  ├ 1개 이상의 증상이 지난 6개월간 나타남
  ├ 18세 이상인 경우 반사회성 성격장애 진단기준에 부합하지 않음
  └ 제한된 친사회적 정서 동반
- 아동기 발병형과 청소년기 발병형
- 감별진단

원인
- 사회학적 이론
- 특정 지역과 문화의 영향력
- 생리학 및 생화학적 요소
- 부모의 정신장애와 신체적 학대 ┬ 볼비
  └ 콜빈
- 사회학습 이론 및 인지행동적 관점 ┬ 부모의 비유관적 훈육
  └ 강압적 가족과정

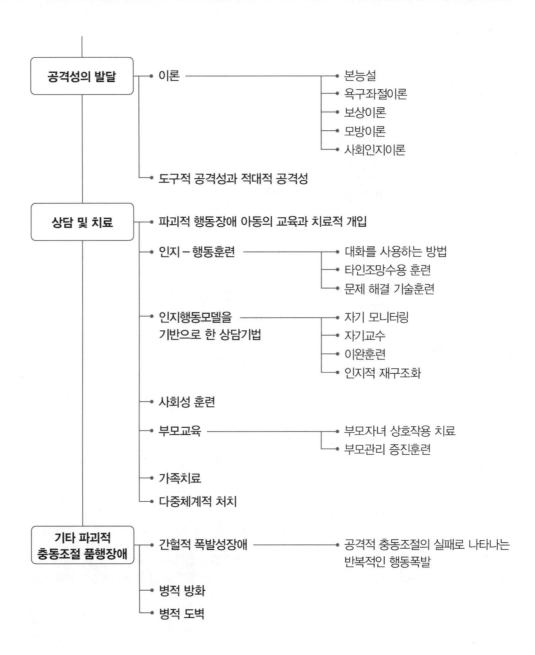

공격성의 발달 ── 이론 ─────────── 본능설
├─ 욕구좌절이론
├─ 보상이론
├─ 모방이론
└─ 사회인지이론

└─ 도구적 공격성과 적대적 공격성

상담 및 치료 ── 파괴적 행동장애 아동의 교육과 치료적 개입

├─ 인지 – 행동훈련 ─────── 대화를 사용하는 방법
│ ├─ 타인조망수용 훈련
│ └─ 문제 해결 기술훈련

├─ 인지행동모델을 ─── 자기 모니터링
│ 기반으로 한 상담기법 ├─ 자기교수
│ ├─ 이완훈련
│ └─ 인지적 재구조화

├─ 사회성 훈련

├─ 부모교육 ─────── 부모자녀 상호작용 치료
│ └─ 부모관리 증진훈련

├─ 가족치료
└─ 다중체계적 처치

기타 파괴적 ── 간헐적 폭발성장애 ─────── 공격적 충동조절의 실패로 나타나는
충동조절 품행장애 반복적인 행동폭발

├─ 병적 방화
└─ 병적 도벽

제**4**절 **특수아 상담의 실제**

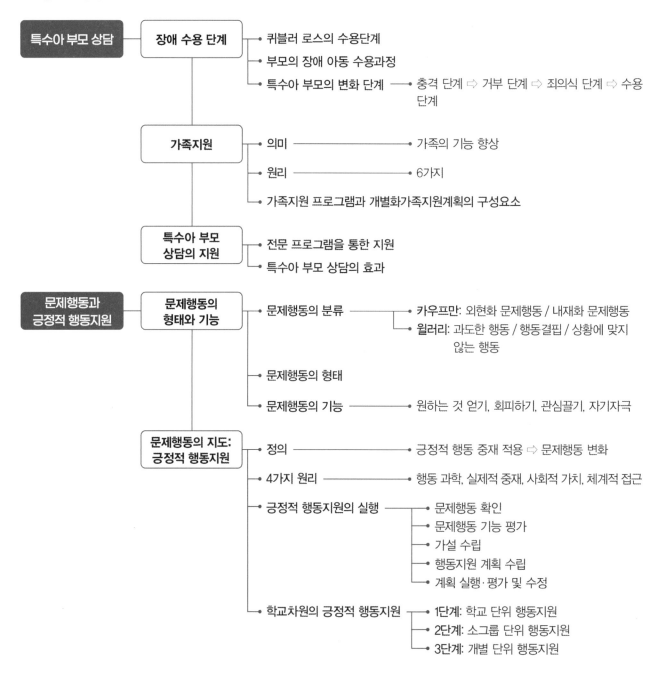

```
특수아 부모 상담 ─ 장애 수용 단계 ─ • 퀴블러 로스의 수용단계
                              • 부모의 장애 아동 수용과정
                              • 특수아 부모의 변화 단계 ── 충격 단계 ⇨ 거부 단계 ⇨ 죄의식 단계 ⇨ 수용
                                                              단계

              ─ 가족지원 ── • 의미 ──────────── 가족의 기능 향상
                          • 원리 ──────────── 6가지
                          • 가족지원 프로그램과 개별화가족지원계획의 구성요소

              ─ 특수아 부모 ── • 전문 프로그램을 통한 지원
                 상담의 지원    • 특수아 부모 상담의 효과

문제행동과    ─ 문제행동의 ── • 문제행동의 분류 ──── • 카우프만: 외현화 문제행동 / 내재화 문제행동
긍정적 행동지원    형태와 기능                       • 윌러리: 과도한 행동 / 행동결핍 / 상황에 맞지
                                                      않는 행동

                          • 문제행동의 형태
                          • 문제행동의 기능 ──── • 원하는 것 얻기, 회피하기, 관심끌기, 자기자극

              ─ 문제행동의 지도: ── • 정의 ──────── 긍정적 행동 중재 적용 ⇨ 문제행동 변화
                 긍정적 행동지원   • 4가지 원리 ──── 행동 과학, 실제적 중재, 사회적 가치, 체계적 접근
                                • 긍정적 행동지원의 실행 ── • 문제행동 확인
                                                        • 문제행동 기능 평가
                                                        • 가설 수립
                                                        • 행동지원 계획 수립
                                                        • 계획 실행·평가 및 수정

                                • 학교차원의 긍정적 행동지원 ─ • 1단계: 학교 단위 행동지원
                                                            • 2단계: 소그룹 단위 행동지원
                                                            • 3단계: 개별 단위 행동지원
```

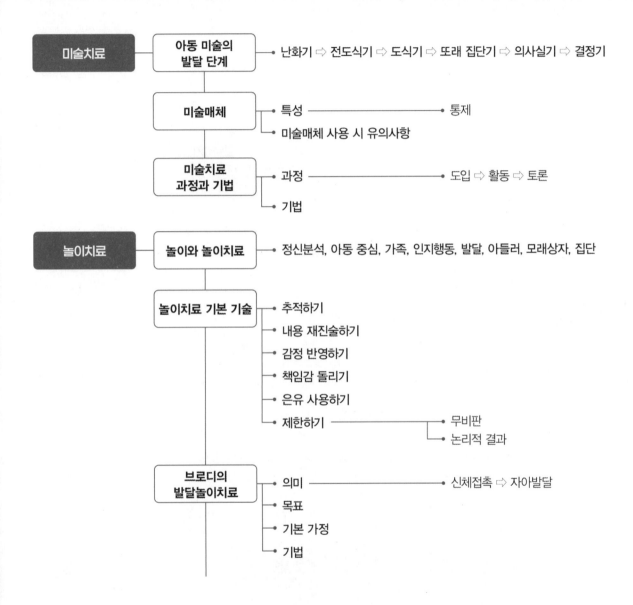

미술치료 ── **아동 미술의 발달 단계** ── 난화기 ⇨ 전도식기 ⇨ 도식기 ⇨ 또래 집단기 ⇨ 의사실기 ⇨ 결정기

미술매체
- 특성 ──── 통제
- 미술매체 사용 시 유의사항

미술치료 과정과 기법
- 과정 ──── 도입 ⇨ 활동 ⇨ 토론
- 기법

놀이치료 ── **놀이와 놀이치료** ── 정신분석, 아동 중심, 가족, 인지행동, 발달, 아들러, 모래상자, 집단

놀이치료 기본 기술
- 추적하기
- 내용 재진술하기
- 감정 반영하기
- 책임감 돌리기
- 은유 사용하기
- 제한하기 ──── 무비판
  - 논리적 결과

브로디의 발달놀이치료
- 의미 ──── 신체접촉 ⇨ 자아발달
- 목표
- 기본 가정
- 기법

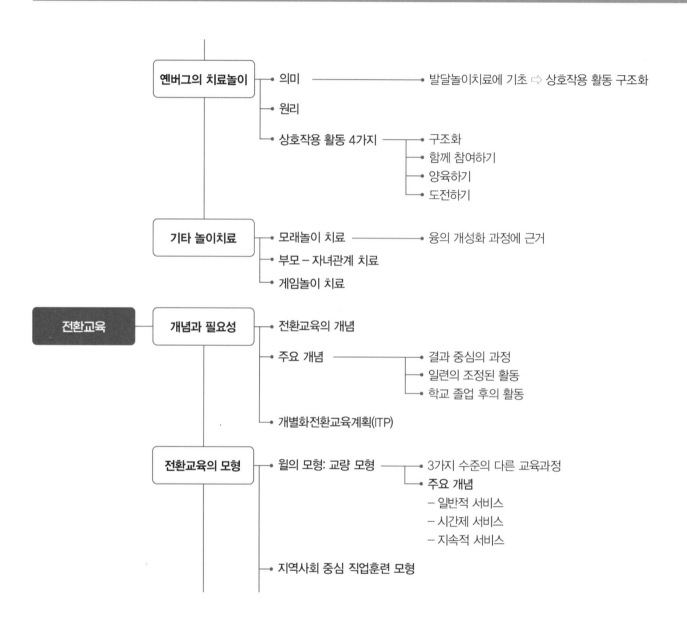

엔버그의 치료놀이
- 의미 ──── 발달놀이치료에 기초 ⇨ 상호작용 활동 구조화
- 원리
- 상호작용 활동 4가지 ──── 구조화
  - 함께 참여하기
  - 양육하기
  - 도전하기

기타 놀이치료
- 모래놀이 치료 ──── 융의 개성화 과정에 근거
- 부모 – 자녀관계 치료
- 게임놀이 치료

전환교육

개념과 필요성
- 전환교육의 개념
- 주요 개념 ──── 결과 중심의 과정
  - 일련의 조정된 활동
  - 학교 졸업 후의 활동
- 개별화전환교육계획(ITP)

전환교육의 모형
- 윌의 모형: 교량 모형 ──── 3가지 수준의 다른 교육과정
  - **주요 개념**
    - 일반적 서비스
    - 시간제 서비스
    - 지속적 서비스
- 지역사회 중심 직업훈련 모형

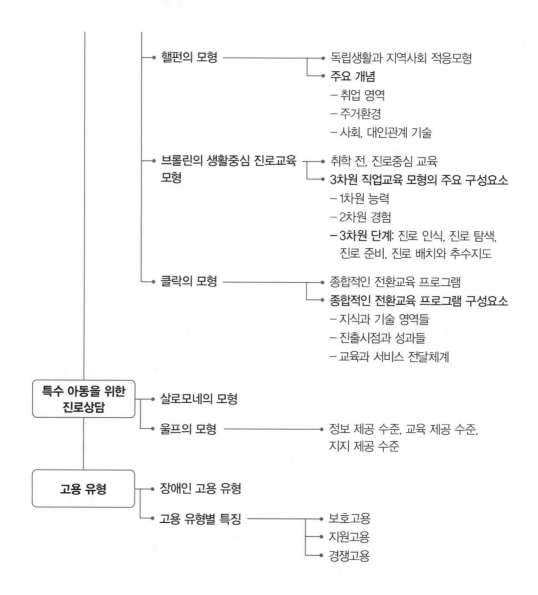

핼펀의 모형 ─── 독립생활과 지역사회 적응모형
 주요 개념
  – 취업 영역
  – 주거환경
  – 사회, 대인관계 기술

브롤린의 생활중심 진로교육 ─── 취학 전, 진로중심 교육
모형
 3차원 직업교육 모형의 주요 구성요소
  – 1차원 능력
  – 2차원 경험
  – 3차원 단계: 진로 인식, 진로 탐색,
   진로 준비, 진로 배치와 추수지도

클락의 모형 ─── 종합적인 전환교육 프로그램
 종합적인 전환교육 프로그램 구성요소
  – 지식과 기술 영역들
  – 진출시점과 성과들
  – 교육과 서비스 전달체계

**특수 아동을 위한
진로상담** ─── 살로모네의 모형

울프의 모형 ─── 정보 제공 수준, 교육 제공 수준,
지지 제공 수준

고용 유형 ─── 장애인 고용 유형

고용 유형별 특징 ─── 보호고용
 지원고용
 경쟁고용

제1절 특수아 상담의 기초

01 특수아와 특수아 상담

1. 법적 장애와 준장애 아동

(1) **특수 아동**: 특수 아동은 장애 아동과 영재 아동을 말하지만, 특수교육 서비스 대상에는 준장애 아동도 포함한다.
  ① 장애 아동: 법에서 정한 장애 아동을 말한다.
  ② 준장애 아동: 법에서 정한 장애 아동의 범주에는 포함되지 않지만 일상의 과제를 순조롭게 수행하기 어려운 아동으로, 장애 아동과 마찬가지로 여러 형태의 특수교육이 요구된다.

(2) **준장애 아동과 영재 아동**
  특수학교에 수용되지 못한다고 해도 상담은 적응적 기능을 향상시키는 것을 주목적으로 하는 서비스이기 때문에 법적 장애 아동뿐만 아니라 준장애 아동과 영재 아동에게도 제공되어야 한다.

(3) **장애별 서비스**
  ① 특수교육 대상: 신체장애, 발달장애, 정서장애를 지닌 아동이다.
  ② 상담 대상: 신체장애, 발달장애, 정서장애, 정신장애를 지닌 아동이다.

(4) **장애의 분류(「장애인 복지법」)**

분류		세부 장애
신체적 장애	외부 신체	지체장애, 뇌병변장애, 시각장애, 청각장애, 언어장애, 안면장애
	내부 기관	신장장애, 심장장애, 간장애, 호흡기장애, 장루·요루장애, 뇌전증장애
정신적 장애	–	지적장애, 정신장애, 자폐성장애

2. 특수아 분류

(1) **장애를 지칭하는 용어(세계보건기구 WHO)**

용어	정의	예시
장애 (disorder)	정신적·신체적·심리적 과정의 역기능을 의미하며, 정상적인 기능을 방해하는 것	–
기능장애 (impairment)	어떤 원인에 의한 신체구조와 조직기능의 비정상성	다리가 없는 경우
능력장애 (disability)	신체적 기능의 상실로 인해 시각, 청각, 이동 등에서 한 가지 이상의 능력이 저하되어 어려움이 있는 상태	다리가 없어 다른 사람처럼 걸어서 이동하지 못하는 경우 예 휠체어, 목발
사회적 장애 (handicap)	기능장애와 능력장애가 원인이 되어 개인이 불이익을 당하는 상태로, 개인과 환경의 상호작용에서 오는 것	다리가 없어 의족을 착용하고 또래들과 축구 시합을 하는 경우

① **기능장애**: 의학적인 개념으로 신체기능이 일시적 혹은 영구적으로 손상된 상태를 의미하며, 주로 감각장애의 영역에서 사용된다.

> 예 시각장애, 청각장애 등

② **능력장애**: 능력 부족의 개념으로 일상생활의 불능 상태를 의미하며, 학습장애에서 주로 사용된다. 기능장애가 곧 능력장애로 이어지는 것은 아니며 여기에서는 교육, 재활, 사회적 역할의 중요성이 대두된다.

③ **사회적 장애**: 사회적 측면에서 인간에게 주어지는 주관적 차원의 장애로, 사회 환경의 열악함, 사회 전반의 이해 또는 원조 부족 등으로 불편, 부자유, 불이익을 겪는 것을 의미한다. 장애인이 장애로 인해 사회로부터 편견을 겪는 등의 사회적 결과가 이에 해당된다. 따라서 사회·문화적 배경, 사회적 책임의 증가가 요구된다.

(2) 특수교육 관련법의 특수교육 대상

구분	「장애인 등에 의한 특수교육법」(11개 영역)		「장애인 복지법」(15개 영역)	
종류	• 시각장애 • 지적장애 • 정서·행동장애 • 의사소통장애 • 건강장애 • 그 밖에 대통령령으로 정하는 장애	• 청각장애 • 지체장애 • 자폐성장애 • 학습장애 • 발달지체	• 지체장애인 • 시각장애인 • 언어장애인 • 자폐성장애인 • 신장장애인 • 호흡기장애인 • 안면장애인 • 뇌전증장애인	• 뇌병변장애인 • 청각장애인 • 지적장애인 • 정신장애인 • 심장장애인 • 간장애인 • 장루·요루장애인

3. 특수아 상담의 원리 및 특징

(1) 특수아 상담

① 특수교육대상자를 상담하는 것이다.

② 특수 아동이 살아가면서 경험하는 내외적인 일은 비장애인이 경험하는 일과 다르지 않고, 단지 성장과 성숙에 차이를 보인다.

③ 상담과정에서도 초기, 중기, 종결기에 걸친 상담과제는 비장애인의 상담과제와 동일하다.

④ 상담자의 역할

　　㉠ 비장애인과 같은 방식으로 특수아를 상담하기에는 언어능력이 충분한 사람을 대상으로 한다는 통념 때문에 **특수아에게 적용되기 어렵다고 생각하는 경향이 있음**: 상담자는 필요에 따라 언어적 수준을 조정하거나 감정을 알아차리고 조절하는 일, 생활능력을 작게 나누어 가르치는 일(예 과제분석) 등 상담을 다양한 형태로 실천해야 한다.

　　㉡ 상담을 지적인 내용을 충고하거나 가르치는 것으로 이해할 때 특수아 상담은 가능하지 않고 효과도 없는 일로 생각할 수 있으나 특수아에게 자조능력, 자기교시 등을 가르치는 일도 상담자가 할 일이다.

　　㉢ 상담자는 특수아가 어떤 행동, 표정, 말로써 어떤 메시지를 전달하려고 하는지 정확히 공감하고 특수아가 살고 있는 상황에서 어떤 경험을 하고 있는지 파악해야 한다.

　　㉣ 특수아 내담자가 할 수 있는 대안적 행동이나 자신이 지닌 자원을 활용하도록 안내한다.

(2) 특수아 상담의 원리

① 특수아 상담은 일반 상담의 원리와 방법을 기본으로 한다.
② 특수아 개인의 문제 종류와 심각성에 따라 개별적인 방법으로 접근한다.
③ 여러 영역의 전문가에 의한 종합적인 평가 결과에 기초한 상담이어야 한다.
④ 장애아의 경우, 특수교육과 병행하고 통합하여 이루어져야 한다.
⑤ 특수아 상담은 과학적·전문적인 일로서 특수아 상담의 목적에 따라 다양하면서도 체계화된 프로그램을 실시하고 활용되어야 한다.
⑥ 특수아 상담은 아동과 가정, 학교, 지역사회의 연계를 필요로 한다.
⑦ 특수아 상담은 특수한 영역에서, 담당하는 전문가(예 팀 접근)에 의해 이루어져야 한다.

(3) 특징

① **일반 상담과의 차이**: 특수아 상담과 일반 상담의 차이는 원리보다는 방법과 도구에 있다.
② 부모, 특수교사와 협력해야 한다.
③ 비장애 상담보다 더 다양한 과제를 사용한다.
④ 일반 상담보다 더 적극적이고 포괄적인 방식으로 문제에 접근해야 한다.
⑤ 특수 아동의 사회심리적 경험이나 경험을 표현하는 방식은 일반 아동과 동일하다.
⑥ 정신건강과 적응문제에 있어 장애와 비장애 아동의 문제는 동일하다.
⑦ 장애 특성에 대한 평가와 직업훈련 계획, 적합한 직업의 선정, 취직 후 심리적 적응에의 조력이 필요하다.
⑧ **부모 개인의 심리과정이나 가족관계에 개입**: 특수아 상담 시, 부모교육 원리와 자녀 조력방법 등의 지식을 제공해야 한다.
⑨ **생활지도 포함**: 개인과 학교생활에 대한 자문을 상담과정에 포함한다.
⑩ **상담**: 문제 상황에 직접 개입하여 도움을 주는 '치료적 상담'과, 학생의 교육적 성장을 도와주는 심리적 환경을 형성하는 '발달적 상담'으로 구분할 수 있다.

4. 특수아 상담의 유형

(1) 상담목적에 따른 구분

구분	내용
치료상담	• 특수아가 직면한 문제 상황에 직접 개입하여 이들이 직면한 여러 문제를 해결하도록 도와주는 상담 - 발달상담보다 상담자의 에너지와 시간이 많이 들고, 문제 상황에 적극적·직접적으로 개입함 - 발달상담보다 전문성이 요구되며, 특수아의 문제 해결, 증상 해소, 고통 감소, 현실 적응을 도와주는 것을 주목적으로 함
발달상담	• 특수아의 교육적 성장을 돕는 학교환경을 조성하는 것으로, 특수아의 정서적·인지적 욕구를 이해하고 부모와의 연계를 통해 이루어짐 - 기본적인 인간 성장과 발달의 내면적 욕구를 채워주고 적응능력을 향상하며, 자신의 스트레스나 갈등에 직면하고 적절히 해결하는 내적인 힘을 기르는 것을 주목적으로 함 - 사회성 훈련, 도덕 발달, 자아개념과 자존감 향상, 의사소통 및 자기주장 훈련, 리더십 향상, 학습동기 및 진로 탐색 등이 포함됨

(2) 상담내용에 따른 구분

구분	내용
교육상담	• 문제 해결능력의 향상을 위해 특정 기술, 자기표현 훈련, 역할연습, 시범, 모델, 관찰, 연습 등을 지도하고 가르치는 상담 • 특히 학업에 문제가 있는 경우, 학업기술 훈련을 통해 학업 문제를 해결하도록 도움
치료상담	특정한 증상, 만성적인 문제가 반복적으로 발생하는 경우 이를 제거하도록 돕는 상담
지지상담	정서적 지지, 격려, 수용 등을 통해 자신의 감정을 정리하고 현실적으로 적응하도록 돕는 상담
문제해결상담	• 적응 문제, 의사결정, 진로 선택 등의 현실적인 문제를 해결하도록 도와주는 상담 • 적절한 정보를 제공하는 것도 포함됨

> **참고** **데노(Deno)의 특수교육 전달체계**

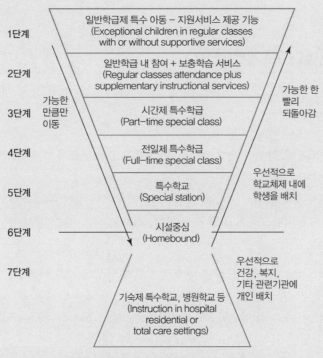

[그림 12-1] 특수교육 전달체계

• **1단계: 일반교사 주도 + 필요시 특수교사 도움**
 배치되는 학생 가운데 특수교육적 도움이 필요한 경우 특수교사와 일반학급 담임교사가 함께 장애 학생의 교육자료를 구성하고 교육과정을 수정하여 제시하며, 전문적인 도움이 필요 없는 경우에는 일반학급 담임교사가 장애 학생을 지도하는 형태로 교육이 이루어진다.
• **2단계: 일반학급 참여 + 특수교사가 보충수업 및 자문/순회**
 일반학급에 참여하면서 특수교사로부터 보충학습을 받는 학생이 포함된다. 이러한 교수 형태에는 장애 학생이 필요로 하는 특수교육적 도움을 직접적·간접적으로 제공하는 자문 서비스가 있는데, 여기서 고려해볼 것은 순회교사의 형태이다. 순회교사는 한 학교에 있는 여러 학급 또는 한 교육구의 여러 학교를 순회하며 일반교사에게 전문적인 특수교육 자문을 제공하는 것을 말한다. 협력교수는 일반교사와 특수교사의 협력이 필수적이고 학급 내에서 그들의 동등한 역할분담이 이루어져 책임분담도 동등하게 이루어져야 한다.

- **3단계: 일반학급+특수교육적 도움(일부 과목, 학습 기술)**

  장애 학생이 대부분의 학교시간을 일반학급에서 지내고, 특정한 학업기능, 전략, 과목에 대해서는 학습도움실로 이동하여 특수교육적 도움을 제공받는 형태를 말한다. 경도 및 중도 정서·행동장애 학생, 의사소통장애 학생, 청각장애 학생 등이 여기에 배치된다.

- **4단계: 특수학급+일반학습(일부 과목)**

  장애 학생이 특수학급에서 교과교육을 받고, 그 외의 몇 가지 과목 시간에 비장애 학생들과 통합된 학급에서 교과교육, 수업을 받는 형태이다. 대부분 학교시간을 특수학급에서 보내는 학생이 포함된다.

- **5단계: 특수학교(분리된 환경), 비장애 학생들과의 통합 기회 제한**

  앞서 설명한 배치 형태가 일반학교에 기반을 두는 반면, 특수학교는 물리적으로 분리된 학교환경을 구성한다. 그러나 여전히 학교체제 안에 포함되어 있는 형태이며 단, 비장애 학생들과의 통합 기회가 제한된다는 단점이 있다.

- **6단계 및 7단계: 가장 분리된 환경, 관련 시설 전문가와 특수교사의 협력**

  장애 학생을 가장 분리된 환경에 배치하는 것이다. 일시적이거나 지속적일 수 있는데, 정도가 너무 심하거나 일시적인 질병 또는 사고로 인한 경우일 때 배치된다. 이 교육환경에서는 관련 시설 전문가들과 특수교사 간의 적극적인 협력이 양질의 특수교육을 제공하는 데 중요한 요인이 된다.

---

02 통합교육과 개별화교육계획(IEP)

1. 정의와 역사적 배경

(1) 통합교육

① **정의:** 장애 학생과 비장애 학생이 함께 생활하고 배움으로써 서로를 이해하고 상호 협력하여 공동체 의식을 함양하고자 하는 교육환경을 의미한다.

② **장애인 등에 대한 특수교육법:** 특수교육대상자가 일반학교에서 장애 유형·장애 정도에 따라 차별을 받지 아니하고 또래와 함께 개개인의 교육적 요구에 적합한 교육을 받는 것을 말한다.

(2) 주류화와 포함

① **주류화(mainstreaming):** 과거에는 장애 학생과 비장애 학생이 서로 다르다는 것을 전제하고, 이들이 분리된 채 서로 다른 환경에서 교육받는 것을 당연하다고 여겼다. 따라서 당시의 통합교육은 특수교육을 받는 소수의 장애 학생이 주류 집단으로서의 일반학급으로 들어오는 것을 뜻하며, 이는 곧 장애 학생의 주류화를 의미하는 동시에 서로 분리된 집단 간의 결합(integration)을 의미했다.

② **포함(inclusion):** 오늘날에는 장애 학생과 비장애 학생의 분리를 전제로 한 주류화 개념에서 벗어나, 처음부터 비분리를 전제로 하는 포함으로서의 통합교육이 강조된다. 이 관점에서의 통합교육은 처음부터 장애 학생과 비장애 학생이 분리되는 것이 아닌, 우선 통합교육을 시작한 후 필요에 따라 분리할 수 있음을 의미한다.

③ 오늘날 통합교육은 '선 분리 후 통합'이라는 주류화와 결합에서 '선 통합 후 필요에 따른 분리'라는 포함의 의미가 더욱 강조되는 방향으로 나아가고 있다.

(3) 통합교육의 역사적 배경

구분	내용
정상화 원리 (the principle of normalization)	• 모든 인간이 문화적으로 정상적인 수단을 사용해야 한다는 철학적 신념에서 비롯함: 장애나 기타 불이익을 경험하는 모든 사람에게 가능한 한 사회의 일반적인 환경 및 생활방식과 유사하거나 실제로 동일한 삶의 형태와 일상생활의 조건을 제공하는 것
탈시설 수용화 (deinstitutionalization)	• 장애인을 거대 시설에 수용하는 것에서 벗어나 지역사회 기반의 생활로 이동시키는 것 • 탈시설화 결과, 점점 더 많은 장애인과 장애 아동이 자신의 가정이나 그룹홈(group home) 같은 장애인 공동가정에서 생활할 수 있게 됨

최소 제한 환경
(LRE; Least Restrictive Environment)
	• 장애 아동을 장애가 없는 또래, 가정, 지역사회와 되도록 최소한으로 분리해야 한다는 개념
	• 이 개념에 따르면, 학교의 장애 학생을 가능한 한 또래와 함께 가르칠 필요가 있고 시간제 특수학급에서 충분히 원하는 도움을 받는 학생을 전일제 특수학급에 격리하여 배치하면 안 됨
	• **최소 제한 환경을 결정하는 지침 5가지**
	  − 최소 제한 환경은 개별 아동의 필요를 근거로 결정되어야 함
	  − 장애 아동을 일반학급에서 분리하는 결정을 하기 전에 통합 환경에 배치하기 위한 진정한 의미에서의 노력이 선행되어야 함
	  − 개별 아동이 필요로 하는 정도로 특수교육 서비스를 받을 수 있는 연계적인 특수교육 서비스 체계가 운영되어야 함
	  − 최소 제한 환경을 결정함에 있어 대상 아동의 또래도 함께 고려되어야 함
	  − 아동이 좀 더 제한된 환경에 배치될 때는 적절한 범위 내에서 가능한 한 최대로 통합교육을 제공해야 함

일반교육 주도 (regular education initiative)	• **핵심 내용**: 장애 학생을 특수교육 환경이 아닌 일반교육 환경에 배치하여 궁극적으로 특수 학생을 일반적인 학교생활 속에 통합하는 것 • 주류화를 통해 장애 학생은 일반 학생과 더 많은 시간을 보낼 수 있고, 이로써 자연스럽게 일반 학생의 사회적 기능을 익힐 수 있음 • 또한 주류화는 장애 학생과 비장애 학생 집단 간의 통합을 통해 학생 간 상호 이해를 증진하고, 일반교사가 장애 학생을 더 깊이 이해함으로써 자신의 태도를 변화하는 데도 기여할 수 있음
완전 통합 (full inclusion)	• 장애의 형태나 정도에 상관없이 모든 장애 아동이 일반학급에 참여함 • 모든 장애 아동은 자신이 속한 지역사회의 학교에 다님 • 특수교육이 아닌 일반교육이 장애 아동에 대한 주된 책임을 짐

(4) 통합교육의 단계적 분류

① **1단계, 물리적 통합**: 장애 학생을 일반 학생과 함께 일반학교 내의 일반학급이나 특수학급에 배치하는 것이다. 물론 물리적 통합 후에도 두 집단 간 상호작용이 매우 적거나 아예 일어나지 않을 수 있다.

② **2단계, 사회적 통합**: 장애 학생이 같은 학급에 배치된 또래와 상호작용하고, 이러한 긍정적 상호작용을 통해 일반 학생과 관계를 형성하도록 하는 것이다. 학생들은 교과 수업시간, 점심시간, 쉬는 시간, 특별활동 시간에 사회적 통합을 위한 활동을 계획할 수 있다.

③ **3단계, 정서적 및 행동적 통합**

  ㉠ **정서적 통합**: 장애 학생이 같은 학급 내에서 실시되는 활동의 목적과 가치들을 공유하고, 다른 학생들과 감정적으로 연결되는 상태를 말한다.

  ㉡ **행동적 통합**: 장애 학생이 통합된 상태에서 다른 또래와 마찬가지로 규칙을 준수하고 또래에게 적절한 행동을 하는 것을 의미한다.

④ 4단계, 교육적 및 학업적 통합

　　㉠ 장애 학생이 모든 교육적 활동을 일반 학생과 똑같이 수행해야 한다거나 수행할 수 있는 것은 아니지만 유사한 활동이나 일반 아동이 받는 교육내용과 일관된 수행을 하는 상태를 가리킨다.

　　㉡ 특히 학업적 통합에 있어 장애 학생이 일반학급에서 공부할 때 교육과정 또는 교수방법의 수정이 없이는 얻을 수 있는 교육적 효과에 한계가 있을 수밖에 없으므로, 교육과정과 교수방법의 수정이 반드시 필요하다.

(5) 통합교육의 효과

대상		효과
유아	장애 유아	• 분리교육으로 인한 부정적인 명함(예 표찰의 부정적인 영향, 접촉 부족으로 인한 부정적인 태도 형성)을 방지함 • 또래들을 통해서 새로운 적응 기술을 배우고, 그러한 기술을 언제 어떻게 사용할 수 있는지를 모방을 통해서 학습함 • 상호작용을 할 수 있는 능력을 지닌 또래들을 통해서 새로운 사회적 기술과 의사소통 기술을 학습함 • 실제적인 생활 경험을 통해서 지역사회에서의 삶을 준비함 • 전형적인 발달을 보이는 또래들과 우정을 형성할 기회가 됨
	비장애 유아	• 장애인에 대한 좀 더 사실적이고 정확한 견해를 학습할 수 있는 기회가 됨 • 자신과 다른 사람들에 대한 긍정적인 태도가 발달함 • 이타적인 행동을 학습하고 그러한 행동을 언제 어떻게 사용해야 하는지 학습함 • 어려움에도 불구하고 성공적으로 성취하는 사람들에 대한 모델을 제공 받음
부모	장애 유아 부모	• 전형적인 발달에 대해서 알 수 있음 • 사회로부터 소외감을 줄일 수 있음 • 전형적인 발달을 보이는 유아의 가족들과의 관계 형성과 의미 있는 지원이 됨
	비장애 유아 부모	• 장애 유아의 가족들과 관계를 형성하고, 이들과 함께 지역사회에 기여함 • 자녀에게 개별적인 차이와 그러한 차이를 수용하는 것에 대해서 가르칠 기회가 됨
기타	교사	• 장애 아동 및 통합교육에 대한 인식을 개선함 • 교육효과 확인을 통한 성취감이 증진됨 • 다양한 사례관리를 통한 전문성이 증진됨
	지역사회	• 교육자원(인적, 물적)이 분리된 특수교육 프로그램에서만 제한되게 사용되는 것을 방지함 • 장애 유아가 분리교육이 아닌 일반교육에 배치된다면 교육적 지원 보존이 가능하며, 교육비용 절감의 경제적인 혜택이 있음

2. 개별화교육계획(프로그램, IEP)

(1) 의미

① 각 아동이 지닌 개인차와 장애로 인한 발달상의 개인차로 인해 단일 교육과정으로는 그들의 필요를 충족할 수 없으므로, 교육을 계획하고 실시함에 있어 각 아동의 발달에 적절한 프로그램을 계획하고 실행하는 것이다.

② **특수교육법**: 각급학교의 장이 특수교육대상자 개인의 능력을 계발하기 위하여 장애 유형 및 장애 특성에 적합한 교육목표·교육방법·교육내용·특수교육 관련 서비스 등이 포함된 계획을 수립하여 실시하는 교육을 말한다.

(2) 법적 근거(「장애인 등에 대한 특수교육법」)

① 22조 개별화교육

> ① 각급학교의 장은 특수교육대상자의 교육적 요구에 적합한 교육을 제공하기 위하여 보호자, 특수교육교원, 일반교육교원, 진로 및 직업교육 담당 교원, 특수교육 관련서비스 담당 인력 등으로 개별화교육지원팀을 구성한다.
> ② 개별화교육지원팀은 매 학기 마다 특수교육대상자에 대한 개별화교육계획을 작성하여야 한다.
> ③ 특수교육대상자가 다른 학교로 전학할 경우 또는 상급학교로 진학할 경우에는 전출학교는 전입학교에 개별화교육계획을 14일 이내에 송부하여야 한다.
> ④ 특수교육교원은 제1항부터 제3항까지의 규정에 따른 업무를 수행하기 위하여 각 업무를 지원하고 조정한다.
> ⑤ 제1항에 따른 개별화교육지원팀의 구성, 제2항에 따른 개별화교육계획의 수립·실시 등에 관하여 필요한 사항은 교육부령으로 정한다.

② 시행규칙 제4조 개별화교육지원팀의 구성

> ① 각급학교의 장은 법 제22조 제1항에 따라 매 학년의 시작일부터 2주 이내에 각각의 특수교육대상자에 대한 개별화교육지원팀을 구성하여야 한다.
> ② 개별화교육지원팀은 매 학기의 시작일부터 30일 이내에 개별화교육계획을 작성하여야 한다.
> ③ 개별화교육계획에는 특수교육대상자의 인적사항과 특별한 교육지원이 필요한 영역의 현재 학습수행수준, 교육목표, 교육내용, 교육방법, 평가계획 및 제공할 특수교육 관련서비스의 내용과 방법 등이 포함되어야 한다.
> ④ 각급학교의 장은 매 학기마다 개별화교육계획에 따른 각각의 특수교육대상자의 학업성취도 평가를 실시하고, 그 결과를 특수교육대상자 또는 그 보호자에게 통보하여야 한다.

(3) 장점

① 연간 교육목적과 단기 교육목적의 구체화로써 복합적인 단계에 따라 수준을 높일 수 있다는 데 있어 계열적인 교육과정을 구성하는 데 기여를 한다.

② 학생의 발달 상태에 따라 프로그램 작성을 조정할 수 있고, 특수 아동의 욕구에 초점이 맞추어져 학생 중심의 교육을 가능하게 함으로써 개인의 욕구에 대한 관심을 증대시킨다.

③ 모든 프로그램은 개인에 따라 아주 구체적으로 짜여지므로 학생이 원하는 바를 정확히 알 수 있고, 이를 바탕으로 효과적인 교육을 실시할 수 있으며 따라서 체계적인 평가도 가능해진다.

(4) 구성요소

> • 인적사항
> • 현재 학습 수행 수준
> • 교육목표
> • 평가계획
> • 교육내용 및 교육방법
> • 특수교육 관련 서비스: 특수교육대상자의 교육을 효율적으로 실시하기 위하여 필요한 인적·물적 자원을 제공하는 서비스로서 상담지원·가족지원·치료지원·보조인력지원·보조공학기기지원·학습보조기기지원·통학지원 및 정보접근지원 등을 말함

1. 목적과 단계

(1) 진단의 목적과 단계

① 목적: 한 아동에게 특정 장애가 있는지의 여부와 회복 가능한 영역, 동원할 수 있는 자원 등에 대한 포괄적인 판단을 내리는 것이다.

② 단계

구분	내용
선정 단계	• 지역사회에서 특수교육을 필요로 하는 아동과의 접촉 시도, 서비스에 대한 대중적 인식 제고 • 프로그램 요원, 자원봉사자, 지역사회 구성원
선별 단계	• 심도 있는 조사를 필요로 하는 유아 선별 • 전문가, 보조전문가, 자원봉사자
진단 단계	• 의학적·발달적·교육적 손상의 범위 판정, 처리 프로그램 배치 결정 • 다학문 간, 전문가 집단
평가 단계	특별 프로그램의 실시 및 종결 기준 결정, 프로그램 잔류 아동 결정, 목표 프로그램 설정

(2) 진단 및 평가의 기능

① 진단의 기능

구분	내용
순기능	• 아동이 경험하고 있는 장애의 특성을 요약할 수 있음 • 전문가들 간의 의사소통을 원활히 하도록 도움 • 개입방법에 대해서도 시사점을 줌
역기능	• 꼬리표(labeling)를 붙임으로써 아동에 대한 몰이해를 초래할 수 있음 • 특정 유형으로 진단될 경우 그 유형 내에서의 개인차가 무시될 수 있음 • 아동에 대해 낙인을 찍고 편견이나 부정적인 기대를 가질 수밖에 없음

② 평가자의 자세

ⓐ 장애를 평가할 때 우리가 아직 인간의 내면세계에 대해 충분히 모른다는 점을 기억한다.

ⓑ 동일한 범주의 장애로 진단되어도 지적능력, 학습방식, 기질은 서로 다르다는 점을 이해한다.

(3) 진단 및 평가도구(「장애인 등에 대한 특수교육법」)

구분		영역		
장애의 조기 발견을 위한 선별검사		• 사회성숙도검사	• 적응행동검사	• 영유아발달검사
진단평가 영역	시각장애, 청각장애, 지체장애	• 기초학습기능검사 • 시력검사 • 시기능검사, 촉기능검사(시각장애의 경우에 한함) • 청력검사(청각장애의 경우에 한함)		
	정신지체	• 지능검사 • 기초학습검사	• 사회성숙도검사 • 운동능력검사	• 적응행동검사
	정서행동장애, 자폐성장애	• 적응행동검사 • 학습준비도검사	• 성격진단검사	• 행동발달평가
	의사소통장애	• 구문검사	• 음운검사	• 언어발달검사
	학습장애	• 지능검사 • 시지각발달검사	• 기초학습기능검사 • 지각운동발달검사	• 학습준비도검사 • 시각운동 통합발달검사

[비고] 장애영역의 진단, 평가 시에는 장애인 증명서, 장애인 수첩 또는 진단서 등을 참고자료로 활용할 수 있음

2. 특수교육대상자 평가과정

(1) 특수교육대상자 평가과정

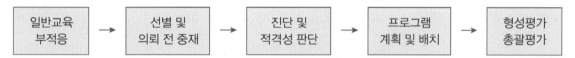

[그림 12-2] 특수교육대상자 평가과정

(2) 특수교육대상자 평가 단계

평가의 단계	평가의 중점	평가방법
선별 (screening)	보다 심층적인 진단평가에 의뢰할 것인가?	검사, 관찰, 교육과정 중심 사정
진단 (diagnosis)	아동이 장애를 가지고 있는가? 어떤 장애인가? 장애의 특성과 원인은 무엇인가?	검사, 관찰, 면접, 교육과정 중심 사정
적격성 판단 (eligibility)	특수교육대상자로 적격한가?	검사, 관찰, 면접, 교육과정 중심 사정
프로그램 계획 및 배치 (placement)	어떤 교육 서비스를 어디에서 얼마만큼 제공할 것인가?	검사, 관찰, 면접, 교육과정 중심 사정, 수행 사정, 포트폴리오 사정
형성평가 (formative evaluation)	프로그램에 배치된 이후 아동이 적절한 진전을 보이는가? 현재의 교수방법과 내용이 적절한가?	검사, 관찰, 면접, 교육과정 중심 사정, 수행 사정, 포트폴리오 사정
총괄평가 (summative evaluation)	아동이 계획한 만큼 진전을 보였는가? 특수교육 서비스가 계속 필요한가?	검사, 관찰, 교육과정 중심 사정, 수행 사정, 포 트폴리오 사정

3. 선별

(1) 선별의 개념
① 선별: 잠재적인 문제가 발견되어 추후 보다 세밀한 진단이 필요한지의 여부를 결정하는 단계로, 해당 아동의 학업 수행이나 행동이 또래 아동의 평균적인 수행에서 얼마나 벗어나는지를 평가한다.
② 일반적으로 '선별팀 구성, 의뢰 전 중재, 중재에 대한 평가, 진단 의뢰'의 과정으로 이루어진다.

(2) 선별 과정
① 선별팀: 교사나 학부모의 요청으로 아동의 문제가 접수되면 우선 선별팀이 구성되어 아동의 구체적인 문제가 무엇인지 파악한다. 선별팀은 담임교사, 특수교사, 검사전문가, 교장, 언어임상전문가 등이 포함되며, 아동이 가진 문제의 특성에 따라 선별팀 구성은 달라질 수 있다.
② 의뢰 전 중재: 아동의 문제가 구체적으로 파악되면 문제 해결을 위한 목표를 설정하고 중재계획을 수립하는데 이를 '의뢰 전 중재'라고 한다. 중재의 목표가 학업성취든 행동이든 목표는 명료하고 관찰과 측정이 가능하도록 기술해야 하며, 중재계획은 연구를 통해 해당 문제의 향상에 효과가 있다고 검증된 소위 연구 기반(research-based) 혹은 증거 기반(evidence-based) 교수법이어야 한다.
③ 진단: 선별 절차를 거친 후 진단평가 절차에 의뢰된 아동만을 대상으로 진행된다. 따라서 보다 심층적인 진단에 의뢰되기 전 체계적인 선별 과정을 통해 정확한 의사결정을 내릴 수 있어야 한다.

(3) 대표적 선별 도구

> • 표준화된 선별 검사도구 ⑩ 학습준비도검사, 교육과정 중심 측정(BASA), 교육진단검사 등
> • 선별 척도 또는 체크리스트 ⑩ 국립특수교육원 학습장애 선별 체크리스트
> • 직접 관찰   • 의학적 검사결과   • 학교성적표
> • 이전 중재기록   • 교육력(educational history)   • 부모면담 기록

4. 진단 및 적격성 판단

(1) 진단의 개념
① 진단: 선별 결과를 토대로 아동에게 어떤 장애가 있는지 판단하기 위해 관련된 모든 영역에 대한 심층적이고 종합적인 평가를 실시하는 데 목적이 있다.
② 진단 결과: 아동이 어떤 특수교육을 받을 것인지, 어디에 배치될 것인지 등의 교육적 의사결정에 직접적인 영향을 미친다.
③ 진단 과정: 진단팀 구성, 진단평가, 장애 진단이 포함된다.

(2) 진단 과정
① 진단 의뢰: 해당 교육지원청 산하의 특수교육지원센터에 의뢰하며, 선별 과정에서 수집한 모든 검사자료와 기타 정보를 첨부한다.
② 시·도 교육감(교육장)이 특수교육지원센터에 진단·평가를 의뢰하는 즉시 진단·평가를 실시하며, 그 결과를 30일 이내 시·도 교육감(교육장)에게 제출해야 한다.

③ 시·도 교육감(교육장)은 특수교육대상자 선정 여부 및 결정된 교육지원 내용을 2주 이내에 보호자에게 통보해야 한다.

④ **진단팀**: 의심되는 장애를 명확히 진단해야 하는 만큼 다양한 학문적 배경을 지닌 전문가들이 모인 다학문팀으로 구성된다. 진단팀은 일반적으로 담임교사, 언어임상전문가, 언어병리사, 사회복지사, 작업치료사, 상담전문가, 학부모 등이 포함된다. 진단팀의 목적은 다양한 시각에서 장애의 가능성을 평가할 뿐만 아니라 해당 아동에게 가장 적합하고 효과적인 교육을 제공하는 것이다.

⑤ 진단팀이 구성되면 의심되는 장애에 초점을 두고 검사 방향을 결정하며, 각 장애에 대한 진단은 「장애인 등에 대한 특수교육법」상의 특수교육대상자 진단기준에 의거한다. 진단팀이 특수교육대상자로서의 적격성을 판단하면 그 결과를 토대로 교육지원청 특수교육운영위원회에서 최종 진단을 내린다.

⑥ **장애 명칭**: 장애라는 딱지가 아동의 자아개념 발달에 부정적으로 작용하지 않는지, 교우관계나 교사와의 상호작용에 부정적인 영향을 주지 않는지 유의할 필요가 있다. 장애의 명칭 자체에 초점을 두기보다 특수교육이 아동에게 가장 적합하고 효과적인 교육서비스를 제공하기 위한 장치임을 인식하고 교사를 포함한 학교 전체가 완벽한 조력체제를 구축하는 것에 힘을 기울여야 한다. 장애 명칭의 공개적인 사용은 최대한 지양하고 학부모, 교사, 또래가 아동이 가진 약점보다 강점을 발견함으로써 지지자·조력자가 될 수 있도록 한다.

5. 프로그램 계획 및 배치

(1) 개별화교육계획(IEP; Individualized Education Plan)

① 아동의 인적사항, 현 수행 수준, 장·단기 교육목표, 일반교육 참여 정도, 관련 서비스, 평가계획 등이 포함된다.

② **관련 서비스**: 특수교육 대상 아동 또는 그 가족에게 제공되는 서비스로, 치료(예 언어, 물리)서비스, 보조공학서비스, 상담서비스 등이 포함된다.

③ **「장애인 등에 대한 특수교육법」**: 매 학년 시작일로부터 2주 이내에 개별화교육지원팀을 구성하고, 매 학기 시작일로부터 1개월 이내에 IEP를 작성하도록 한다.

④ IEP는 법적 문서로, 진단 및 적격성 판단 시 참여한 전문가, 부모와 필요시 아동이 참여한 가운데 작성된다.

(2) 배치

① 아동에게 가장 적합한 교육환경을 결정하는 절차로, 통합교육 환경에서는 최소 제한 환경(LRE) 원리에 의거하여 결정한다.

② **진단팀**: 선별과 진단 과정에서 수집된 다양한 자료에 기반하여 아동에게 가장 적절한 교육장소를 선정하는데, 최대한 제한 정도가 적은 교육환경에 배치한다.

③ 배치

ㄱ. 일반학급에 배치되더라도 보조교사나 특수교사의 지원을 받는 환경에 배치될 수 있다.

ㄴ. 시간제 특수학급 배치의 경우, 일부 과목만 일반학급에서 수업 받는다.

ㄷ. 제한의 정도가 강한 배치로는 전일제 특수학급, 특수학교 기숙학교, 자택, 병원 또는 시설 등이 있으며, 이 연속적 스펙트럼 가운데 가장 적합한 교육장소를 결정하는 것이 배치의 목표이다.

ㄹ. 제한 정도가 상대적으로 강한 특수학교 이상에 배치할 경우 일반학교에 배치할 수 없는 이유를 진단평가에 근거하여 작성해야 한다.

6. 형성평가 및 총괄평가

(1) 형성평가(formative evaluation)

① 수업방법이나 교육과정을 개선하기 위해 실시하는 평가이다.

② **목적**: 현재 제공되는 교수방법의 효과성을 판단하여 교수방법에 수정이 필요한지 여부를 결정하고, 지속적이고 주기적인 형성평가를 통해 아동의 문제영역(학업 또는 행동)에서의 수행 진전도를 확인할 수 있다.

③ **교육과정 중심 측정(CBM)**: 본래 특수교사의 교수적 의사결정(instructional decision making)에 도움을 주기 위해 고안된 것으로, 측정학적으로 우수하면서 간편하게 사용할 수 있는 검사도구이다.

  ㉠ 교사는 읽기, 쓰기, 수학 등의 주요 학업기술 영역에서 주기적으로 측정된(예 주 1회) 학생들의 CBM 검사결과를 그래프로 산출한다.

  ㉡ 목표선(goal line)과의 비교를 통해 현재 적용 중인 교수의 효과성 여부를 판단한다.

(2) 총괄평가(summative evaluation)

① IEP를 통한 특수교육을 제공하기 전과 후의 차이를 종합적으로 판단하는 절차이다.

② **초점**: 프로그램이 원래 계획한 성취기준에 비해 얼마만큼의 성공을 이루었는지에 있다.

③ 최종적으로 총괄평가 결과가 특수교육을 더 받아야 한다는 결론으로 모아지면 아동의 IEP를 수정하여 다시 적절한 교육환경에 배치하고 보완된 프로그램을 적용해야 한다.

장애영역별 상담 개관

신경발달장애 하위 유형		주요 진단 특징
1. 지적장애		지능 수준이 현저하게 낮아 학습과 사회적 적응에 어려움을 나타내는 경우
2. 의사소통 장애	언어장애	언어의 습득과 사용에 지속적으로 곤란이 있는 경우
	말소리장애	발음의 지속적인 곤란 때문에 언어적 의사소통에 지장이 초래되는 경우
	아동기 발병 유창성장애(말더듬)	말더듬기 때문에 언어의 유창성에 방해가 초래되는 경우
	사회적 의사소통장애	언어적·비언어적 의사소통 기술을 사회적 상황에서 적절하게 사용하지 못하는 경우
3. 자폐 스펙트럼장애		• 사회적·정서적 상호작용의 결함이 있는 경우 • 언어적·비언어적 의사소통의 결함이 있는 경우 • 대인관계를 발전시키고 유지하고 이해하는 것에 결함이 있는 경우 • 관심이 제한적이고, 부적절하며 상동증인 행동을 반복적으로 나타내는 경우
4. 주의력결핍 과잉행동장애(ADHD)		주의집중 곤란, 산만하고 부주의한 행동, 충동적인 과잉행동을 보이는 경우
5. 특정 학습장애		정상적인 지능 수준에도 불구하고 특정 학습 분야에서 학습부진이 현저하게 나타나는 경우
6. 운동장애	발달성 운동협응장애	운동발달이 늦고 동작이 서툴러 일상생활에 지장이 초래되는 경우
	상동증적 운동장애	특정한 패턴의 행동을 아무런 목적 없이 반복적으로 지속하여 부적응적 문제가 초래되는 경우
	틱장애	신체의 일부가 갑작스럽고 빠르게 비율동적으로 움직이거나 소리를 내는 부적응적 행동이 반복적으로 나타나는 경우

➡ **신경발달장애**: 신경발달장애는 중추신경계, 즉 뇌의 발달 지연 또는 뇌 손상과 관련된 것으로 알려진 정신장애를 포함한다. 심리사회적 문제보다는 뇌의 발달장애로 인해 흔히 생의 초기부터 나타나는 아동기 및 청소년기의 정신장애를 포함한다. 신경발달장애는 위와 같은 6가지 하위 장애로 분류되고 있다.

04 지적장애 상담

1. 지적장애(intellectual disability)

(1) 법적 정의

① 「장애인 등에 대한 특수교육법」: 지적장애를 지닌 특수교육대상자를 '지적기능과 적응행동상의 어려움이 함께 존재하여 교육적 성취에 어려움이 있는 사람'으로 정의한다.

② 「장애인 복지법」

ⓐ 지적장애인은 '정신 발육이 항구적으로 지체되어 지적 능력의 발달이 불충분하거나 불완전하고 자신의 일을 처리하는 것과 사회생활에 적응하는 것이 상당히 곤란한 사람'을 말한다.

ⓛ 장애 등급 판별기준

구분	내용
1급	지능지수가 35 미만으로 일상생활과 사회생활에 적응하는 것이 현저하게 곤란하여 일생 동안 다른 사람의 보호가 필요한 사람
2급	지능지수가 35 이상 50 미만으로 일상생활의 단순한 행동을 훈련할 수 있고, 어느 정도 감독과 관리를 받으면 복잡하지 아니하고 특수기술이 필요하지 아니한 직업을 가질 수 있는 사람
3급	지능지수가 50 이상 70 이하로 교육을 통한 사회적·직업적 재활이 가능한 사람

(2) 미국지적장애협회(AAMR)

① **지적장애(2010):** '지적기능과 함께 광범위한 사회적 및 실제적 일상기술에 걸친 적응행동 영역에서 심각한 제한이 있고, 18세 이전에 나타나는 장애'로 정의한다.

➡ 11차 정의에 해당한다.

② **지적기능:** '지능'이라고 불리며 학습, 추론, 문제 해결 등과 같은 일반적인 정신능력을 말한다.

ㄱ **측정:** 지능검사를 실시하는 것으로 IQ가 70~75 이하인 경우 지적기능에 제한이 있다고 본다.

ㄴ **미국정신지체협회(AAMR):** 지적기능이 유의미하게 낮다는 준거를 −1 표준편차(85 이하)에서 −2 표준편차(70 이하)로 제시했다.

ㄷ **DSM-5:** 지적기능의 결함 여부 판단 시 평균 100, 표준편차 15인 지능검사에서 전체 평균보다 2 표준편차 이상 낮은 점수 기준을 적용하되, 측정의 표준오차(일반적으로 5점)를 경계에서 포함하여 65~75점을 포함하도록 했다.

③ **적응행동:** 사람이 일상생활에서 학습하고 수행하는 개념적·사회적·실제적 기술을 총칭한 개념으로, 적응행동에 제한이 있는지의 여부도 표준화검사를 통해 판별할 수 있다.

기술	내용
개념적 기술	• 개념 습득과 관련된 능력 • 언어와 문해, 화폐, 시간, 수 개념, 자기지시 등이 포함됨
사회적 기술	• 사회성과 관련된 능력 • 대인관계 기술, 사회적 책임감, 자아존중, 잘 속아 넘어가는 특성(gullibility), 경계심, 사회적 문제 해결, 규칙 준수 및 준법능력, 희생양이 안 되는 능력 등이 포함됨
실제적 기술	• 일상생활에서의 자기관리 능력 • 일상생활(자조) 활동, 직업기술, 건강, 여행/교통, 스케줄/일과, 안전, 화폐 사용, 전화 사용 등이 포함됨

④ **발현 연령:** 지적장애가 발달시기 동안에 나타나는 증거임을 의미하며, 미국에서는 이를 18세 이전까지라고 조작적으로 정의했다.

⑤ **추가적 요소:** 언어적 다양성과 문화적 차이도 고려해야 한다.

⑥ **사정:** 개개인의 제한점(약점)이 강점(장점)과 동시에 존재하는 경우가 많다는 점과, 적절하고 개별화된 지원이 지속적으로 제공될 경우 개인의 일상생활 기능 수준이 향상될 수 있다는 점을 전제로 이루어져야 한다.

(3) DSM-5 [기출 18]

① **지적기능**: 추론, 문제 해결, 계획, 추상적 사고, 복잡한 착상의 이해, 판단, 학업 수행, 경험으로부터의 학습을 포함한 전반적인 정신능력으로 정의한다.

② **맥락(영역) 3가지**

ⓐ **개념적 영역**: 언어, 읽기, 쓰기, 산수, 추론, 지식, 기억에 있어 문제 해결에 사용되는 기술들이 포함된다.

ⓑ **사회적 영역**: 타인의 경험 인식, 공감, 대인 간 의사소통, 교우관계 능력, 사회적 판단, 자기조절이 포함된다.

ⓒ **실행적 영역**: 개인관리, 직무에 대한 책임, 금전 관리, 여가활용, 행동 관리, 학교·직무조직 등 다양한 생활 장면에서의 자기관리가 포함된다.

③ **심각도 수준**: IQ보다 적응기능에 초점을 둔다.

④ **적응기능**: 3가지 일반영역에서 '일상생활의 과업에 얼마나 잘 대처하는가?', '개인이 유사 연령, 사회문화적 배경, 지역사회 사람들에게 기대되는 개인적 독립성과 사회적 책임에 대한 기준을 일상생활 활동(예 의사소통, 지역사회 참여, 학교나 직장에서의 기능, 가정 또는 공동체에서의 독립성)의 한 가지 이상의 측면에서 얼마나 잘 충족하는가?'를 나타낸다.

⑤ **진단기준**

> 지적장애는 발달시기에 시작되며, 개념, 사회, 실행 영역에서 지적기능과 적응기능 모두에 결함이 있는 상태를 말함. 다음의 3가지 진단기준을 충족해야 함
>
> A. 임상적 평가와 개별적으로 실시된 표준화된 지능검사로 확인된 지적기능(예 추론, 문제해결, 계획, 추상적 사고, 판단, 학업, 경험학습)의 결함이 있음
>
> B. 적응행동의 결함으로 인해 독립성과 사회적 책임 의식에 필요한 발달학적·사회문화적 표준을 충족하지 못함. 지속적인 지원 없이는 적응 결함으로 인해 다양한 환경(예 가정, 학교, 일터, 공동체)에서 한 가지 이상의 일상활동(예 의사소통, 사회적 참여, 독립적 생활) 기능에 제한을 받음
>
> C. 지적 결함과 적응기능의 결함은 발달시기 동안에 시작됨
>
> ※ 현재의 심각도를 명시할 것
>
>   경도, 중등도, 고도, 최고도
>
> ※ 명시자
>
> 심각도는 적응기능에 기초하여 정의함. 지능지수에 기초하지 않는 이유는 필요한 지원의 정도가 적응기능에 의해 결정되고, 더욱이 하위지능 범위에서는 지능지수 측정의 타당도가 낮기 때문임

⑥ **전반적 발달 지연 진단기준**

ⓐ 이 진단은 5세 미만 아동의 임상적 심각도 수준을 신뢰성 있게 평가할 수 없을 때 사용하기 위한 것이다.

ⓑ 이 범주는 개인이 지적기능의 여러 영역에서 기대되는 발달이정표에 도달하지 못할 때 진단하게 된다.

ⓒ 너무 어려서 지적기능의 체계적 평가를 위한 표준화된 검사를 시행할 수 없는 개인에게 적용될 수 있다.

ⓓ 이 범주를 적용하고 나서 일정 기간이 지난 후 재평가가 요구된다.

(4) **분류**

① 지적장애의 분류

분류	지적기능에 따른 분류	요구되는 지원	「장애인 복지법」
경도	IQ 50, 55 ~ 70	간헐적 지원	3급 IQ 50 ~ 70
중등도	IQ 35, 40 ~ 50, 55	제한적 지원	2급 IQ 35 ~ 49
중도(고도)	IQ 20, 25 ~ 35, 40	확장적 지원	1급 IQ 34 이하
최중도(최고도)	IQ 25 미만	전반적 지원	–
참고	Grossman(1983)	AAMR(2002)	보건복지부

② 지적장애 정도에 따른 세분화 및 척도

장애 정도	지능지수에 따른 세분화		일상생활 척도
	우리나라	미국	
경도 (가벼운 정도의 지적장애, mild)	지능지수 50~55에서 약 70까지	지능지수 50~55에서 70~75까지	• 초등학교 고학년 만 8~10세에 해당 • 자발적, 개인 위생관리, 식생활 가능 • 주변 보조하에 직업활동 가능 • 주위의 도움하에 독립생활 가능 • 교육 가능 수준(구 3급)
중등도 (중간 정도의 지적장애, moderate)	지능지수 35~40에서 50~55까지	지능지수 35~40에서 50~55까지	• 초등학교 저학년 만 4~8세에 해당 • 자발적 개인 위생관리, 식생활 가능 • 주변의 적극적인 보조하에 단순 직업활동 가능 • 주변의 도움하에 독립생활 가능 • 훈련 가능 수준(구 2급)
중도 (심한 정도의 지적장애, severe)	지능지수 20~25에서 35~40까지	지능지수 20~25에서 35~40까지	• 정신연령 2~3세 • 간단한 의사소통만 가능 • 개인 신변관리가 혼자서 불가능함 • 주변의 도움 필요 • 완전한 보호가 필요한 수준(구 1급)
최중도 (아주 심한 정도의 지적장애, profound)	지능지수 20 또는 25 이하	지능지수 20~25 이하	• 정신연령 2세 미만 • 언어의 발달이 거의 되지 않음 • 보호자의 완전한 보조가 필요
정도를 세분할 수 없는 지적장애	• 지적장애라는 강한 심증은 있으나, 표준화 검사에 의해 지능을 측정할 수 없는 경우		
장애의 정도가 심하지 않은 장애인	• 지능지수가 71이상 79이하인 사람으로 교육을 통한 사회적·직업적 재활이 가능한 사람 (23년 하반기부터 분류)		

③ 미국정신지체협회(AAMR)의 지지 수준(필요한 지원 강도에 따른 분류)

수준	지지와 필요성의 정도
간헐적 지원 수준	• 인생 전반에서 변화나 위기상황 동안 산발적으로 또는 단기간 지지가 필요한 사람으로, 지지의 강도는 높을 수도 낮을 수도 있음 • 필요한 경우에만 지원이 제공되고, 특성상 단속적이며 지속시간은 짧음 • **지능 수준**: IQ 50~70 정도(정신연령: 9~12세 정도) • **특징**: 초등학교 정도의 학력과 사회상식 획득, 원조를 받아가며 독립된 생활 가능
제한적 지원 수준	• 제한된 일정 기간 동안에는 지속적으로 높거나 낮은 강도의 지지가 필요한 경우 • 간헐적 지원보다는 지원의 시간이 길지만, 지원의 강도가 그리 크지는 않음 • **지능 수준**: IQ 35~55 정도(정신연령: 6~9세 정도) • **특징**: 소아기에 발달지체가 두드러지게 나타남, 어느 정도의 자조기능과 의사소통 및 학습기술을 획득, 적절히 지도하면 단순한 작업 가능
확장적 지원 수준	• 적어도 직장이나 가정과 같은 특정한 환경 속에서 거의 매일 정규적으로 투입되는 지지의 정도 • 특정 환경(예 일터)에서 규칙적인(예 매일) 지원이 제공되며, 지원 시간은 제한되지 않음(예 장기 지원) • **지능 수준**: IQ 20~40 정도(정신연령: 3~6세 정도) • **특징**: 최소한의 언어발달 가능, 훈련을 하면 신변처리 겨우 가능, 생활 전반에서 보호 필요
전반적 지원 수준	• 거의 전반적인 환경에서 지속적이면서 높은 강도의 지지를 제공하는 경우 • 전형적으로 전문요원의 개입이 포함되며, 잠재적으로 삶을 유지하는 데 필요함 • 지원의 강도가 높고 지속적이고 장소를 제한하지 않으며, 특성상 평생 지속될 수 있음 • **지능 수준**: IQ 20 미만(정신연령: 3세 미만) • **특징**: 언어발달 거의 없음, 의사소통 불가능, 최소한의 감각과 운동기능 발달 가능, 기본적인 생활습관(예 배설, 식사, 옷 벗고 입기 등)과 신변처리에 개별적 보호 필요

(5) **진단 및 평가**

① **선별**: 지적장애를 가지고 있는지 심층적으로 진단하기에 앞서, 평상시 학교학습 수준이나 일상생활능력 등을 바탕으로 장차 지적장애로 판별될 가능성이 높다고 판단되는 학생을 골라내는 작업이다. 특수교육대상 아동선별검사(국립특수교육원)에서 5점 이상인 경우, 심층적인 진단평가에 의뢰한다.

② **지적기능 평가**: 인물화에 의한 간편지능검사, 종합인지기능검사(CAS), 한국판 웩슬러 아동용 지능검사, 한국판 그림지능검사(K-PIT), 한국판 라이터 비언어성 지능검사(K-Leiter-R), 한국판 색채누진행렬(K-CPM), 한국판 K-ABC, 국립특수교육원 한국형 개인지능검사(KISE-KIT) 등이 있다.

③ **적응행동 평가**: 사회성숙도검사로 한국판 적응행동검사(K-ABS), 지역사회적응검사(CIS-A), 국립특수교육원 적응행동검사(KISE-SAB), 파라다이스 한국 표준 적응행동검사(PABS-KS), 한국판 적응행동검사-개정판(K-SIB-R) 등이 있다.

2. 지적장애의 원인

(1) 원인

시기	생의학적	사회적	행동적	교육적
출생 전	• 염색체 이상 • 단일유전자장애 증후군 • 대사장애/뇌발생장애 • 산모 질병/부모 연령	• 빈곤 • 산모의 영양실조 • 가정폭력 • 출생 전 관리 결여	• 부모의 약물중독 • 부모의 음주 • 부모의 흡연 • 부모의 미성숙	• 인지장애를 가진 부모에 대한 지원 결여 • 부모가 될 준비 부족
출생 전후	• 조산 • 출생 시 손상 • 신생아 질환	출산 관리의 결여	• 부모의 양육 거부 • 부모의 아동 유기	중재서비스를 위한 의료적 의뢰의 결여
출생 후	• 외상성 뇌손상 • 영양실조 • 뇌막염 • 발작장애 • 퇴행성 질환	• 아동-양육자 상호작용 문제 • 적절한 자극의 결핍 • 가정 빈곤 • 가정 내 만성질환 • 시설 수용	• 아동학대, 방치 • 가정폭력 • 부적절한 안전조치 • 사회적 박탈 • 다루기 힘든 아동의 행동	• 잘못된 양육 • 지체된 판단 • 부적절한 조기 중재서비스 • 부적절한 특수교육서비스 • 부적절한 가족지원

(2) 생의학적 원인

원인	내용
다운증후군 (Down syndrome)	• **신체적 특징**: 키가 작고 뚱뚱하며 특징적인 얼굴 모양을 보임. 얼굴 형태가 둥글고 납작하며 목이 짧고 작은 눈, 작고 낮은 코, 작은 입에 비해 상대적으로 큰 혀를 가짐. 손은 짧고 뭉뚝하며 일반적으로 키가 작고 팔다리가 짧음. 첫 번째와 두 번째 발가락 사이가 지나치게 넓고 주변 안구에 작고 하얗거나 회색인 점들이 있음 • **감각적인 측면**: 듣기와 보기에서 어려움을 보일 수 있음 • **지능**: 평균 60 정도로 경도 지적장애에 해당하지만, 모자이크형인 경우 훨씬 더 지능이 높을 수 있음 • 염색체 이상 유형과 부모의 사회·경제적 지위에 따라 지적 및 언어능력의 정확한 진단과 평가 실시가 필요
프래더-윌리 증후군 (Prader-Willi syndrome)	• **신체적 특징**: 키가 작고 지나칠 정도로 매우 뚱뚱함. 지적장애, 끝없는 식욕, 포만감의 결여, 낮은 신장, 강박-충동성 장애를 보임 • **지능**: 20~90 정도로 다양하지만, 대부분 지능지수와 상관없이 학습성취에 어려움을 보임 • **행동**: 음식을 찾으려 뒤지거나, 남몰래 많은 양의 음식을 먹거나, 계속 먹으려는 변이적인 행동을 보임. 말이나 행동을 할 때 공격성을 보이거나, 거짓말하거나, 훔치거나, 할퀴고, 찌르는 행동도 보일 수 있음
윌리암스 증후군 (Williams syndrome)	• **신체적 특징**: 저체중으로 태어나 체중이 늘지 않는 특성을 보임. 몸집이 매우 작아 겉모습이 요정과 같음 • **행동**: 과잉친화적이고 매우 열정적임. 지나칠 정도의 정중함이나 친밀감을 표시하기도 하고, 낯선 사람을 두려워하지 않고 남에게 지나치게 관심이 많은 특성을 보임 • **지능**: 50% 이상의 지능이 70 이하이며 평균 지능지수는 58 정도. 성장발달지연을 보이며, 미세한 운동이나 공간적 사고를 필요로 하는 능력이 떨어지고, 일부 학생은 소근육 협응, 수학에 어려움을 보임
레쉬-니한 증후군 (Lesch-Nyhan syndrome)	• 주로 남아에게 발생함. 대사장애 질환으로 3개월에서 6개월경에 근긴장 저하와 발달지연을 보이며, 앉는 것이 힘들고 걷지 못하는 보행장애를 보임 • **행동**: 강박적 공격성을 보이며, 남을 꼬집거나 때리고 언어폭력으로 해하는 행동을 자주 할 수 있음 • **지능**: 평균 지능지수는 40~80 사이 • **언어발달**: 근육 조절의 어려움으로, 불완전한 마비성 구음장애와 말더듬 현상이 나타남
페닐케톤뇨증 (PKU)	• 아미노산 대사장애로, 결함 효소가 신체의 필수 아미노산 신진대사를 방해함. 페닐알라닌이 티로신으로 전환되는 것을 방해하여, 축적된 페닐알라닌이 정상적인 두뇌발달을 방해하는 유전적인 상태 • 이로 인한 뇌손상과 지적장애를 유발을 막기 위해 조기 발견과 식이요법을 통한 예방이 필요함. 고단백 음식에 많은 페닐알라닌의 섭취를 제한하여 유해한 영향을 크게 줄일 수 있음

(3) 사회문화적 요인

① 결정적인 인지발달 시기에 필요한 적절한 환경자극의 결핍을 들 수 있다.

② 청각장애 부모 밑에서 자란 아동이 있다.

③ **부모의 낮은 교육 수준이나 사회경제적 지위**: 아동의 인지발달에 부정적 영향을 주는 위험요인(risk factors)으로 작용하며, 위험요인에 대한 아동의 기질적 민감성이 높은 경우, 환경적 결핍이 결과적으로 경도의 정신지체를 유발하는 원인이 될 수 있다.

④ 발달시기에 제공되는 적절한 환경자극이 인지발달과 성공적인 사회생활에 중요한 영향을 미친다.

⑤ **환경적 요소**: 폐기물 처리장, 대기오염, 수질오염 등이 영향을 줄 수 있다.

⑥ **부적절한 산전관리**: 산모가 임신 중 독소에 노출되는 것은 선천적인 기형이나 저체중 출산과 관련이 있으며, 대체로 불충분한 산전관리는 빈곤과 관련된 경우가 많다.

⑦ **태아기의 기형 발생**

   ⊙ 임신 중 음주: 태아알코올증후군을 가진 아기를 출산할 위험성이 있다.

   ⓒ 산모가 후천성면역결핍증, 수두, 성병, 매독, 결핵 등의 질병에 걸린 경우도 태아의 장애를 초래한다.

   ⓒ 기타: 니코틴, 코카인, 마리화나, 납 중독 등은 태아의 생명을 위태롭게 하고 성장발육을 지체할 수 있다.

⑧ **사고**: 사고로 의한 뇌손상이 지적장애를 초래하는 요인이 되기도 한다.

3. 지적장애의 특성

(1) 인지적 특성

① **일반 특성**: 낮은 기억력, 느린 학습속도, 주의집중 문제, 배운 내용을 다른 영역에 적용하는 일반화 능력 부족, 동기 결함을 보인다.

② **인지능력과 학업성취**

   ⊙ 주의력이 부족하고 기억력이 떨어지며 관찰, 모방을 통해 배우는 모방학습, 우발학습의 능력이 부족하다.

   ⓒ 초인지에서도 낮은 능력을 보이므로 공부할 때 학습 전략, 추상적 사고나 고차원적 사고능력을 사용하는 데 어려움을 보인다.

③ **언어능력**

   ⊙ 언어발달에서 지체되거나, 전형적인 발달 패턴을 보이지 않는다.

   ⓒ 피아제(Piaget)의 인지발달이론: 인지발달은 아동과 주위 환경의 상호작용 결과로 이루어지므로, 교육자의 역할은 아동이 주변 환경과 상호작용하도록 돕고, 발달 단계에 적절한 교재와 기회를 제공하는 것이다.

(2) 사회적 및 정서적 특성

① **사회적 기술이 낮은 것으로 보고**: 일반 아동에 비해 또래, 교사와 긍정적인 관계를 맺고 유지하는 능력이 떨어지거나 사회적 관계 형성에 방해되는 문제행동을 보이는 경우가 많다. 한편 낮은 지적능력에 비해 사회적·정서적 특성은 긍정적으로 기술되는 경우도 있다.

② 지적장애 아동이 어릴 때부터 일반 아동과 많은 상호작용 기회를 가지고 다양한 사회성 기술(⑩ 대화 시작하기, 차례 지키기)을 연습하고 습득하게 도우면 사회성 발달에 도움이 될 수 있다.

(3) 행동적 특성

① 주의산만, 과잉행동, 불안장애, PTSD, 성격장애 등의 다양한 행동적 특성이 나타날 수 있다.

② 특히 이러한 행동적 특성으로 인해 학업에 어려움을 보일 수 있으므로 문제행동에 대한 적절한 중재와 관리 기법을 교육·훈련받을 필요가 있다.

4. 지적장애의 교육과 상담

(1) 장애 예방 단계별 목적

구분	1차 예방	2차 예방	3차 예방
일반적 목적	새로운 문제 발생 감소에 의한 예방으로 발생률 감소	기존의 발생 숫자에 의한 문제 발생 예방으로 출현률 감소	직·간접적인 영향 감소에 의한 문제 발생 예방으로 후유증 감소
장애 예방의 목적	위험에 놓이게 될 아동의 새로운 문제 발생 감소	지속시간과 정도의 경감에 의한 예방	직·간접적인 영향 감소에 의한 문제 발생 예방
아동을 위한 조기교육 조력	환경의 풍부화와 주요 발달 영역의 자극을 통해서 새로운 발생률 감소	새로운 기술의 학습과 유지를 위한 조기교육을 통해 발달지체의 지속시간과 정도 감소	행동, 기능을 보완하고 보상하기 위한 조기 개입을 통해서 장애의 직·간접적인 영향 감소
가족을 위한 조기교육 조력	양육기술을 증진시키고 가족의 자존감과 차이에 대한 인식을 증진시키는 예견적 안내	협력과 양육기술을 증진시킴으로써 현실의 요구에 부응하도록 촉진	영향을 받는 가족의 구조와 관계, 가치를 위해서 적응 측면과 구조상의 통합적인 촉진

(2) 효과성이 입증된 지적장애 교육방법

① 교사 주도적으로 이루어지는 직접교수법

② 학생 주도의 자기점검법

③ 자기교수법 및 자기강화법

④ 또래 주도적 방법으로 또래교수를 활용하는 방법

⑤ 컴퓨터를 활용하여 개별화된 프로그램을 사용하는 방법

⑥ 자기결정력을 증진하는 방법

(3) 직접교수법

① 가르치는 내용이 분명하고 체계적일 때 가장 잘 배울 수 있으며, 과제를 분석하여 작게 나누고 직접적·반복적으로 가르치는 것이 중요하다.

② 벤더(Bender, 2009): 직접교수는 '도입 → 수업 시작 → 교사의 안내와 함께 연습 → 독립적 연습 → 점검 → 재교수'의 단계를 거쳐 진행한다.

③ 직접교수의 원리

원리	내용
아동의 수행능력 수준 평가	가장 중요한 교수목표와 학습내용을 설정하기 위해 아동의 현재 수행능력을 평가함
과제분석	복잡하거나 여러 단계로 이루어진 목표행동을 쉽게 가르칠 수 있는 하위 과제로 나누어서 지적장애 아동이 새로운 기술을 쉽게 배울 수 있도록 과제를 만들어 제공함
교수자료나 활동 제작	지적장애 아동이 교실 상황에서 다른 학생들과 더불어 학습할 때 적극적으로 반응하는 시간과 기회를 많이 줄 수 있게 교수자료를 만들어 제공함
학습의 중간 발판 단계	• 학습과제를 수행할 때 일상적 단서에 자연스럽게 반응하도록 도와줌 • 교수의 지원과 단서를 점차 감소시켜 독립적이고 자발적으로 하는 단계에 이르게 함
아동의 수행 결과에 대한 후속결과물 제공	• 현재 수행과 과거 수행을 비교하여 아동에게 현재 수행에 대한 정보를 구체적이고 즉각적으로 제시함 • 과제를 성공적으로 수행하거나 더 나은 수행을 보일 때 정적 강화로 긍정적인 피드백을 주고, 과제 수행에 오류가 있을 때는 오류를 수정해주는 교정적 피드백을 제공함
학습과정에 유창성을 위한 활동 포함	지적장애 아동이 새로운 기술을 정확하게 수행할 수 있게 학습활동에서 연습기회를 충분히 제공함
일반화와 유지 전략 포함	학습한 기술을 다른 환경이나 과제에 적용하는 일반화 능력과 학습을 한 후 어느 정도 시간이 지나도 그 기술을 적용할 수 있는 능력을 함께 길러주어야 함

> **참고** **직접교수의 원리**
>
> 직접적으로 자주 측정하여 교수계획에 활용한다.

(4) 기능적 교육과정

① 지적장애 아동이 사회에서 독립적으로 살아가려면 학교교육을 통해 일정 수준의 학습능력을 습득하는 것이 꼭 필요하지만, 기능적 교육과정으로 교육활동을 구성하여 일상생활에 바탕을 둔 기능적 생활중심의 기술을 지도하는 것이 최선의 방법으로 제안된다.

② 기능적 교육과정의 영역

영역	주요 활동
의사소통	• **전화 사용**: 약속이나 서비스를 위한 전화, 친구나 친지에게 전화, 위급 시 전화하기, 전화 받기 • 상징적 행동(예 구어, 문어)과 수화, 비상징적 행동(예 얼굴표정, 제스처)을 이해하고 표현하기
자기관리	**신변처리 기술**: 샤워/목욕, 머리손질, 손톱, 치아관리, 용변보기 등
가정생활	• **집 안 청소**: 진공청소기 이용, 먼지털기와 닦기, 정리정돈 • **옷 세탁과 관리**: 세탁 및 건조, 옷 갈아입기, 정리 • **식사 계획 및 준비**: 메뉴 계획, 식사 준비, 음식 저장 • 일과 시간표 짜기
사회적 기술	• **타인과의 협상, 자기주장**: 룸메이트와의 책임 영역 협상하기, 공동 혹은 개인적 물건 영역 협상하기, 이웃과 협상하기, 다른 사람이 중요한 책임을 다하도록 주장하기, 필요한 지원 주장하기 • 충동 통제
지역사회 활용	• **지역사회 안에서의 이동**: 대중교통 이용하기 • 도서관 공공 편의시설 활용교육
자기주도	**시간관리와 활동일정표 작성**: 일과표 준수하기, 달력 이용, 알람시계 활용

영역	주요 활동
건강과 안전	식사하기, 병의 처치 및 예방, 위급 시 119에 전화하기, 화재 시 대피하기, 소화기 사용하기, 안전하게 문 열어주기, 기본적 안정성 고려하기
기능적 교과	개인적인 독립적 생활의 견지에서 기능적인 학업기술 획득: 읽기, 쓰기, 셈하기 등
여가	TV 보기, 음악 듣기, 취미생활, 손님맞이, 여가활동
직업	직업기술, 직업을 유지하기 위한 사회적 행동기술

(5) 자기결정 기술

① 자기결정(self-determination): 외부 영향이나 간섭을 부당하게 받지 않고 자신의 삶의 질에 관한 선택과 결정을 내리는 데 주체적으로 활동하는 것을 말한다.

② 지적장애 아동이 자율적으로 성장하려면 어린 시절부터 다양한 교육경험과 학습경험을 쌓을 기회를 많이 제공하고 자기결정 기술과 능력을 갖추도록 도와야 한다.

③ 자기결정 프로그램의 하위 영역

㉠ 자기인식: 자신을 독특한 개인으로 개념화하는 것으로, 특정 장애로 인해 초래된 자신의 제한된 능력을 인식하는 장애인식을 포함한다.

㉡ 자기관리: 장애 아동의 문제행동을 줄이고 새로운 기술을 가르치는 방법으로 자기교수법, 자기강화법, 자기평가법 등의 중재 유형이 있다.

㉢ 선택하기: 자신이 선호하는 것을 표현하고 선택할 기회를 제공하여 아동이 스스로 선택하게 하는 기술이다.

㉣ 자기옹호: 자신의 권리를 주장하고, 타협점을 찾기 위해 상대방의 의견과 절충하는 기술을 말한다.

㉤ 지지망 구성: 장애 아동이 가능한 한 독립적인 생활을 할 수 있도록, 그들을 포함한 모든 사람이 지역사회의 다른 구성원들에게 지원과 도움을 제공할 수 있는 능력을 말한다.

㉥ 지역사회 활용: 장애 아동이 성인이 되어 독립적인 기능을 하도록 하기 위해 지역사회에서의 일상생활에 적용할 수 있는 생활기술을 교수한다.

---

05 자폐 스펙트럼장애(autism spectrum disorder) 상담

1. 증상 및 진단

(1) 정의

① 사회적 의사소통 능력과 사회적 상호작용 능력의 현저한 결함과 더불어 틀에 박힌 정형화된 행동, 지나친 집착 행동을 수반하는 언어·정서·행동 전반에 걸친 장애를 의미한다.

② 뇌와 관련된 신경학적 장애이며, 성인기에도 계속되는 평생장애이다.

③ 사회적인 관계의 형성과 유지, 의사소통 기술에 심각한 문제를 가지며, 자신만의 의식(rituals)적인 행동이나 반복적인 정형화된 행동(stereotypes)을 보인다.

④ 1943년에 아동정신과 의사 레오 캐너(Leo Kanner)가 작성한 『정서적 접촉에 대한 자폐적 혼돈』 논문에서 처음 소개되었다.

⑤ 원인

    ㉠ 1960년대: 차갑고 무관심한 부모의 특성을 원인으로 보았다.

    ㉡ 1990년대: 부모 특성이 아동의 자폐를 유발하는 원인이라는 주장이 근거 없는 것으로 밝혀졌고, 아동의 기질적 요인에 의한 선천적인 생물학적 장애라는 사실이 지지되었다.

⑥ 진단

    ㉠ DSM-Ⅳ: 자폐성장애, 아스퍼거장애, 레트 증후군, 소아기 붕괴성장애, 달리 분류되지 않는 전반적 발달장애를 포함한 기타 관련된 장애가 이 범주에 포함되었다.

    ㉡ DSM-5: 위의 모든 진단이 단일 진단인 자폐 스펙트럼장애로 대체되었다.

(2) 「장애인 복지법」 자폐성장애 등급 판정기준

구분	내용
1급	ICD-10 진단기준에 의한 전반성 발달장애(자폐증)로 정상발달의 단계가 나타나지 아니하고 지능지수가 70 이하이며, 기능 및 능력장애로 인하여 GAS 척도 점수가 20 이하인 사람
2급	ICD-10 진단기준에 의한 전반성 발달장애(자폐증)로 정상발달의 단계가 나타나지 아니하고 지능지수가 70 이하이며, 기능 및 능력장애로 인하여 GAS 척도 점수가 21~40인 사람
3급	ICD-10 진단기준에 의한 전반성 발달장애(자폐증)로 정상발달의 단계가 나타나지 아니하고 지능지수가 70 이하이며, 기능 및 능력장애로 인하여 GAS 척도 점수가 41~50인 사람

(3) DSM-5 진단기준 기출 15 추시, 23

① 사회적 상호작용과 의사소통에서 장애를 나타낼 뿐만 아니라, 제한된 관심과 흥미를 지니고 상동적인 행동을 반복적으로 나타내는 장애들을 포함한다.

② DSM-Ⅳ에 포함된 자폐증, 소아기 붕괴성장애, 아스퍼거장애, 기타 전반적 발달장애를 통합한 것이다.

③ 4가지 장애가 증상의 심각도만 다를 뿐, 연속선상에 존재하는 하나의 장애를 나타내는 것이라는 연구 결과를 반영한 것이다.

④ 4가지 핵심 증상

    ㉠ 사회적-정서적(감정적) 상호성의 결함

    ㉡ 사회적 상호작용을 위한 비언어적 의사소통 능력의 결함

    ㉢ 관계의 발전·유지 및 관계에 대한 이해력의 결함

    ㉣ 제한적이고 반복적인 행동이나 흥미, 활동

⑤ 심각도에 따라 3가지 수준으로 평가한다.

수준	수준 1	수준 2	수준 3
평가	도움 필요	상당한 도움 필요	매우 상당한 도움 필요

⑥ DSM-5 진단기준

A. 다양한 분야에 걸쳐 나타나는 사회적 의사소통 및 상호작용의 지속적인 결함으로 현재 또는 과거력상 다음과 같은 특징으로 나타남(예시들은 실례이며 증상을 총망라한 것이 아님)
  1. 사회적-감정적 상호성의 결함
    예 비정상적인 사회적 접근과 정상적인 대화의 실패, 흥미나 감정 공유의 감소, 사회적 상호작용의 시작 및 반응 실패
  2. 사회적 상호작용을 위한 비언어적인 의사소통행동의 결함
    예 언어적·비언어적 의사소통의 불완전한 통합, 비정상적인 눈 맞춤과 몸짓 언어, 몸짓의 이해와 사용의 결함, 얼굴표정과 비언어적 의사소통의 전반적 결핍
  3. 관계 발전, 유지 및 관계에 대한 이해의 결함
    예 다양한 사회적 상황에 적합한 적응적 행동의 어려움, 상상 놀이를 공유하거나 친구 사귀기가 어려움, 동료에 대한 관심 결여
  ※ 현재의 심각도를 명시할 것: 심각도는 사회적 의사소통 손상과 제한적이고 반복적인 행동양상에 기초하여 평가함 (표 참조)
B. 제한적이고 반복적인 행동이나 흥미, 활동이 현재 또는 과거력상 다음 항목들 가운데 적어도 2가지 이상 나타남(예시들은 실례이며 증상을 총망라한 것이 아님)
  1. 상동증적이거나 반복적인 운동성 동작, 물건 사용 또는 말하기
    예 단순 운동 상동증, 장난감 정렬하기, 또는 물체 튕기기, 반향어, 특이한 문구 사용
  2. 동일한 것에 대한 고집, 일상적인 것에 대한 융통성 없는 집착 또는 의례적인 언어나 비언어적 행동 양상
    예 작은 변화에 대한 극심한 고통, 변화의 어려움, 완고한 사고방식, 의례적인 인사, 같은 길로만 다니기, 매일 같은 음식 먹기
  3. 강도나 초점에 있어서 비정상적으로 극도로 제한되고 고정된 흥미
    예 특이한 물체에 대한 강한 애착 또는 집착, 과도하게 국한되거나 고집스러운 흥미
  4. 감각 정보에 대한 과잉 또는 과소 반응, 또는 환경의 감각 영역에 대한 특이한 관심
    예 통증/온도에 대한 명백한 무관심, 특정 소리나 감촉에 대한 부정적 반응, 과도한 냄새 맡기 또는 물체 만지기, 빛이나 움직임에 대한 시각적 매료
  ※ 현재의 심각도를 명시할 것: 심각도는 사회적 의사소통 손상과 제한적이고 반복적인 행동양상에 기초하여 평가함 (표 참조)
C. 증상은 초기 발달 시기부터 나타나야 함(그러나 사회적 요구가 개인의 제한된 능력을 넘어서기 전까지는 증상이 완전히 나타나지 않을 수 있고, 나중에는 학습된 전략에 의해 증상이 감춰질 수 있음)
D. 이러한 증상은 사회적·직업적 또는 다른 중요한 현재의 기능 영역에서 임상적으로 뚜렷한 손상을 초래함
E. 이러한 장해는 지적장애(지적 발달장애) 또는 전반적 발달지연으로 더 잘 설명되지 않음. 지적장애와 자폐 스펙트럼장애는 자주 동반됨. 자폐 스펙트럼장애와 지적장애를 함께 진단하기 위해서는 사회적 의사소통이 전반적인 발달수준에서 기대되는 것보다 저하되어야 함
  ※ 주의점: DSM-Ⅳ의 진단기준상 자폐성장애, 아스퍼거장애 또는 달리 분류되지 않는 광범위성 발달장애로 진단된 경우에는 자폐 스펙트럼장애 진단이 내려져야 함. 사회적 의사소통에 뚜렷한 결함이 있으나 자폐 스펙트럼장애의 다른 진단 항목을 만족하지 않는 경우에는 사회적(실용적) 의사소통장애로 평가해야 함

2. 특징

(1) 사회적 의사소통 및 사회적 상호작용의 질적 결함

특징	내용
사회적–감정적 상호작용 결함	• 비정상적인 사회적 접근과 정상적인 대화의 실패, 흥미나 감정 공유의 감소, 사회적 상호작용의 시작 및 반응에 실패를 함 • 처음 보는 사람에게 접근하지 않거나 접근하는 경우에는 가까이 다가와 손을 꼬집고 가는 등의 비정상적인 행동을 함 • 다른 사람을 의식하지 않음(다른 사람의 존재를 염두에 두지 않음) • 다른 사람에게 반응하지 않음 • 다른 사람이 다치거나 흥분할 때 관심을 보이지 않음(위로하지 않음)
사회적 상호작용을 위한 비언어적 의사소통 행동의 결함	• 타인에게 가까이 다가오는 행동을 보이는 것과 가까이 다가와 눈을 맞추는 데 어려움 그리고 타인의 표정이나 몸짓을 보고 이해하는 데 어려움을 보임 • 대화 중 몸짓을 거의 사용하지 않음 • 얼굴표정을 거의 사용하지 않거나 이상하게 사용함 • 독특한(평범하지 않은) 억양이나 음성을 사용함
관계의 발전·유지 및 관계에 대한 이해 결함	• 대화 시 자신만의 관심을 가지고 이야기를 하고 다른 사람들이 관심있는 주제를 가지고 대화하는 데 어려움을 보임 ➡ 자신의 신변과 관련된 일이나 요구에 대해서는 정상 아동과 같은 대화를 할 수 있음 • 처음 보는 아동과 상호작용을 통해 친구관계 맺기 및 유지와 발전하는 데 상당한 어려움을 보여 친구 사귀기에 문제를 보일 수 있음

(2) 제한적이고 반복적인 행동이나 흥미, 활동

특징	내용
상동증적·반복적인 운동성 동작, 물건 사용 또는 말하기	• 하나의 동작을 계속해서 반복함 예 손을 비틀거나 목을 돌리는 행동을 계속해서 반복함 • 특이한 반향어를 사용하거나 특정 문구를 계속적으로 반복해서 말함 • 기타: 흥분했을 때 양 손을 펴서 흔듦, 손가락을 눈앞에 대고 흔들거나 꿈틀거림, 장시간 빙빙 돌거나 몸을 앞뒤로 흔듦, 발뒤꿈치를 들고 걷거나 뜀
동일성에 대한 고집, 일상적인 것에 대한 융통성 없는 집착, 또는 의례적인 언어나 비언어적 행동양상	• 작은 변화에도 극도로 저항하거나 원래 상태로 되돌려 놓으려는 행동을 보임 • 정확한 순서에 따라 특정 활동을 수행하기를 원함 예 자동차에서 내려 문을 닫을 때 정해진 순서에 따라서 행동함 • 일과의 사소한 변경에 대해 쉽게 흥분함 예 학교에서 돌아오는 길을 다른 길로 변경할 때 • 기타: 의례적인 인사, 매일 같은 길로만 다니기, 매일 같은 음식 먹기
강도나 초점에 있어 비정상적으로 극도로 제한되고 고정된 흥미	• 특정 주제에만 지나친 관심을 보이고 다른 주제에는 전혀 관심을 보이지 않음 • 특정 주제나 활동을 종료하는 데 어려움을 보임 • 다른 활동에 방해가 됨 예 활동에 집착하느라 식사나 화장실 가는 일을 지체함 • 독특한 주제에 관심을 보임 예 물뿌리개, 영화 등급, 우주 물리학, 영화 관련 동영상 • 특정 관심 영역에 대한 비상한 암기력

특징	내용
감각정보에 대한 과잉·과소반응 또는 환경의 감각영역에 대한 특이한 관심	• **자극에 대한 과잉반응:** 고통 역치나 촉각에 대해 과도한 민감성을 보임 예 소리나 빛에 대해 지나치게 민감한 반응을 보이거나 특정 소리를 참지 못하며, 타인이 몸을 대는 것이나 어떤 옷감에 대한 감촉을 싫어할 수 있으며, 특정 냄새나 맛이 나는 음식물을 거부할 수 있음 • **자극에 대한 과소반응:** 대부분의 사람들이 반응하는 감각자극에 둔감함 예 고통에 대해 무감각한 반응을 보이거나 온종일 빙글빙글 돌아도 어지러움을 느끼지 않고, 자기 자극을 줄이기 위하여 자기 피부에 단단한 물체로 문지르거나 밀어 넣는 행동을 함 • **감각경험에 대한 비정상적 반응:** 대부분의 사람들이 반응하는 감각자극에 대해 둔하거나 기계음, 세탁기 소리, 비행기 소리, 천둥 소리 등 특정 일상적 소리를 견디지 못하여 귀를 막거나 빛, 소리, 회전물체, 촉감에 사로잡혀 있기도 함

(3) 인지적 특성

① **지적기능 수준:** 지적장애부터 매우 우수한 수준까지 매우 다양하게 평가된다.

② **지능검사:** 사회적 상황에의 적응과 관련 깊은 소검사(예 이해, 차례 맞추기)에 낮은 수행을 보이고, 기계적인 암기나 조작이 필요한 소검사(예 토막 짜기, 숫자 외우기)는 우수한 수행을 하는 등 인지기능 간 편차가 큰 편이다.

③ 75% 정도는 지적장애이며, 고기능 자폐나 아스퍼거 증후군으로 분류되는 약 20% 이상 아동은 평균 이상의 지적기능을 보이기 때문에 일정 수준 이상의 학업성취를 보이기도 한다.

④ **자폐성 영재 및 서번트 증후군:** 암기, 수학적 계산, 음악, 미술, 기계 조작 등의 특정 영역에서 천재성을 발휘하기도 한다.

⑤ **주의 영역:** 특정 자극에 대한 과잉선택성을 보이며, 정보처리 영역에서 청각적 자극처리는 어려우나 시각적 단서는 비교적 잘 알아차리는 등 자극 특성에 따라 다른 수행양상을 보인다. 상황에 따른 주의 이동이 어렵고 특정 상황에 지나치게 주의를 기울여 다양한 감각적 정보를 놓치는 경우가 많다.

⑥ **마음이론:** 타인의 마음을 읽는 능력에 결함이 있다. 타인의 생각과 감정을 파악·이해하는 능력이 심각하게 손상되어 타인의 조망을 수용하는 것이 어렵고, 타인의 사회적 의사소통을 이해·반응하는 데 영향을 준다.

3. 원인

(1) 자폐증 원인에 대한 시각

① 자폐증의 원인이 되는 정확한 신경생물학적 기제는 아직 발견되지 않았지만 최근 비정상적인 두뇌 발달, 구조, 신경화학의 형태에서 자폐증의 정확증과 관련한 수많은 유전 문제가 확인되었다. 다만 여전히 자폐증과 유전의 인과관계는 완전히 이해하지 못하고 있다.

② 자폐장애 원인론

　㉠ **정신분석적 이론:** 심리학적 과정을 자폐 원인의 핵심으로 본다.

　㉡ **생물학적 이론:** 자폐장애 발병의 기초를 생물학적인 원인에 있다고 본다.

　㉢ **인지이론:** 자폐장애의 특정 인지결함의 관점에서 증상 패턴을 설명한다.

- 자폐성장애에 대한 관심의 증가와 진단방법이 개선되었다.
- 좁은 의미의 자폐성장애 대신에 아스퍼거장애나 자폐 스펙트럼장애를 포함하는 넓은 의미의 자폐성장애의 진단기준이 사용되고 있다.
- 실제적으로 자폐성장애의 발생이 증가하고 있을 것이라고 예상했다.

(2) 마음이론

① 자폐 아동의 사회성 결핍을 타인의 생각을 지각하고 이해하지 못하는 인지 결핍에서 비롯한 것으로 봄: 이들은 마음읽기가 사회적 이해와 의사소통에 미치는 영향의 중요성을 강조했는데, 이러한 기능이 가장 중요하기 때문이다.

② 특징
- ㉠ 타인의 감정에 무감각하다.
- ㉡ 타인이 무엇을 아는지 고려할 수 없다.
- ㉢ 타인의 의도를 알아내고 이에 반응함으로써 친구와 협상하지 못한다.
- ㉣ 자신의 이야기를 듣고 있는 사람이 자신의 이야기에 얼마나 관심이 있는지 판단하지 못한다.
- ㉤ 화자가 의도한 의미를 알지 못한다.
- ㉥ 자신의 행동을 다른 사람이 어떻게 생각할지를 예측하지 못한다.
- ㉦ 모를 수 있다는 사실을 이해하지 못한다.
- ㉧ 남을 속이지 못하면 속임수를 이해하지 못한다.
- ㉨ 사람이 행동을 하는 이면의 이유를 이해하지 못한다.
- ㉩ 명시되지 않은 규칙 또는 관습을 이해하지 못한다.

(3) 실행기능 결함이론

① 계획을 짜고 충동을 조절하며 생각이나 행동에 융통성을 주는 것과 체계적으로 환경을 탐색하는 것은 뇌의 전두엽(frontal lobe) 기능의 하나인 실행기능이다. 자폐 아동에게서 나타나는 융통성이 없는 모습, 사소한 변화에도 민감한 모습 등이 실행기능의 장애와 관련 있다고 본다.

② 자폐 아동이 결함을 보이는 실행기능: 계획하기, 충동 억제, 조직적 탐색, 사고와 행동의 유연성 등이 있다.

③ 자폐 아동의 실행기능에서 보이는 인지 결함의 원인을 두뇌의 전두엽이라고 생각하기도 한다.

(4) 중앙응집 이론

① 자폐성장애를 직접적인 손상보다 인지양식에 의한 것이라고 본다.

② 자폐 아동은 사물을 볼 때 전체보다 부분에 집착: 정보처리 투입관리 접근방식으로, 하향식 접근(top-down approach)이 아닌 상향식 접근(bottom-up approach) 방식을 취한다.

4. 선별 및 평가도구

유형	검사도구	특징
평정 척도	아동기 자폐증 평정척도 (CARS)	• 15개 항목으로 구성됨 • 아동 직접관찰, 기록, 부모 보고를 통한 정보를 기초로 평정함
직접관찰 척도	한국판 자폐증 진단관찰스케줄 (ADOS)	• 의사소통, 사회적 상호작용, 놀이와 상상력, 상동적 행동과 제한된 관심, 기타 이상 행동 등을 평가하는 반구조화된 평가도구 • 4개 모듈로 구성됨 • 아동의 직접관찰과 검사 실시를 기초로 하여 0~8점으로 평정 • 개별 항목의 등급을 알고리즘 양식에 기록한 후에 사회적 상호작용, 의사소통 영역, 의사소통-사회적 상호작용 총점을 기준으로 분류함
선별	사회적 의사소통질문지 (SCQ)	• 부모 보고를 통해 자폐 스펙트럼장애와 관련된 증상을 선별하는 도구 • 보호자가 작성함(전문가의 도움이 필요 없음) • 생활연령 만 4세/정신연령 2세 이상부터 사용이 가능함 • ASD 가능성 지표가 되는 절단점(cut-off score)을 제공함
	한국형 덴버Ⅱ 검사	• 생후 2주~6세 4개월 아동을 대상으로 함 • 발달장애 가능성이 있는 아동 선별과 주관적 장애가 의심되는 아동을 객관적으로 선별하는 데 활용함 • 총 104개 문항 • 개인-사회성, 미세운동 및 적응, 언어, 전체운동 영역으로 구성됨 • 검사자의 직접관찰과 검사를 실시함

5. 치료 및 상담

(1) 조기교육

① 아동을 위한 조기교육 프로그램 제공과 관련하여 가족 구성원과 함께 중요한 역할을 수행할 수 있는 위치에 있어야 한다.

② 상담자는 아동의 발달수준에 대한 정확한 정보를 알고 있어야 한다.

③ 상담자가 관심 가져야 할 사항: 아동의 사회성 및 정서발달, 인지발달, 언어발달, 동작발달, 사회적 적응기능을 들 수 있다.

(2) 생화학적 치료

① 약물치료: 과잉행동, 주의산만, 자해행동 억제·조절에 도움을 주기 위해 사용한다.

② 음식 조절을 통한 치료: 아동의 증상에 대한 적절한 영양 섭취를 전문가나 전문의에게 지도 받는 것이 유리하다.

(3) 언어치료

① 자폐 아동의 언어는 말로 전하는 낱말의 이해, 몸짓의 사용, 한 가지 감각양식을 다른 감각양식으로 전환하는 것 등에 대해 열등하므로 손으로 의사소통하는 과정을 거쳐 그림을 사용하여 의사소통을 하는 과정이 필요하다.

② 어떤 경우의 자폐 아동은 사춘기가 될 때까지도 그림언어를 사용하여 의사소통하기도 한다.

⑷ **특수교육**

① 다양한 현장학습을 통해 아이의 행동을 조절하고 통제하는 경험을 가지게 한다.

② 최근에는 자폐 아동도 최소한의 제한된 환경에서 교육해야 한다는 통합교육의 입장을 취하고 있다.

⑸ **응용행동분석(ABA; Applied Behavior Analysis)**

① 행동을 환경적 변인의 함수로 보고 조작적 조건형성의 적용을 강조하는 일종의 행동수정 방법으로, 행동에 영향을 주는 변인들을 분석하고 평가하여 학습과 행동 변화를 정확히 측정하고, 체계적이고 과학적인 방법으로 접근한다.

② ABA는 선행사건, 행동, 결과의 3가지 측면에서 실행함으로써 긍정적인 행동 변화를 가져올 수 있다.

ㄱ 문제행동을 보이기 전에 환경과 조건을 바꿔줌으로써 긍정적 행동을 촉진하거나 문제행동을 최소화할 수 있는 선행사건을 변화시킨다.

ㄴ 좀 더 적응적인 행동기술을 가르쳐서 자신의 욕구를 충족하기 위해 문제행동을 하지 않아도 욕구가 충족되도록 행동을 다룬다.

ㄷ 긍정적인 행동을 보상하거나 그동안 문제행동을 통해 얻었던 보상을 제거하거나 문제행동을 처벌함으로써 행동 결과를 변화시킨다.

⑹ **TEACCH(Treatment and Education of Autistic and related Communication handicapped Children) 프로그램**

① 애릭 샤플(Eric Schopler)이 개발한 프로그램으로, 발달장애인이 가정, 학교, 지역사회에서 효과적으로 일하고 자립하도록 돕는 것을 주목적으로 한다.

② TEACCH는 자폐성장애와 관련 의사소통장애 아동의 치료와 교육을 의미한다.

③ 이 접근은 부모를 대상으로 도움을 주며, 처음부터 가족이 중요한 역할을 담당했다. '가정에서의 적응, 교육, 지역사회에서의 적응'의 3가지 영역에 초점을 두고 부모훈련이나 상담활동을 도와주거나 부모 지원 단체를 격려한다.

④ 자폐 스펙트럼이 가지고 있는 특성을 강점으로 보고, 의사소통, 학습, 가정생활, 직업생활 등에서 환경의 재구성을 통해서 강점 기반의 중재를 제공한다.

⑤ **구조화된 교수**: 교수학습이 이루어지는 학교, 가정, 직장 등의 환경을 재조정하여 과제집중행동과 자기주도적인 학습을 증진하면서 문제행동을 감소시키는 데 목적이 있다.

ㄱ **물리적 구성**: 예측 가능한 방식으로 시각적 정보를 제공한다.

ㄴ **시각적 일과표**: 어떤 활동이 어떤 순서로 일어나는지 알려준다.

ㄷ **작업시스템**: 학생이 독립적으로 해야 할 작업을 결정해 준다.

ㄹ **과제 구성** : 과제 내에서 무엇을 해야 하며, 얼마나 많은 항목들을 완수해야 하는지, 최종 성과물이 무엇인지에 대한 정보를 제공한다.

(7) 기타 프로그램

구분	내용
사회성 기술 훈련	• 자폐장애인이 사회적으로 상호작용하도록 도와주는 데 사용되는 광범위한 기법 • 훈련 내용은 전화하는 법, 쇼핑하는 법, 버스 안에서 행동하는 법 등 사회성과 관련된 기술임
껴안기 치료 (holding therapy)	• 마스 웰셔(Marth Welch)가 개발한 방법 • 아동이 저항하면서 빠져나가려고 몸부림쳐도 부모가 자녀를 오랫동안 꼭 붙들어 안고 있게 함으로써 결국 아동이 저항을 포기하게 함 • 많은 부모가 이 방법의 효과를 주장하지만 객관적인 증거를 위해 과학적 평가가 필요함
일상생활 치료	• 이 치료는 집단 활동이 강조됨 • 훈련된 교사의 지도하에 자폐 아동이 자폐적 폐쇄 속에 빠지지 않도록 엄격한 스케줄에 따라 강력한 신체활동에 참여함 • 동경의 기요 기타하라(Kiyo Kitahara)에 의해 개발되었으며 과학적 평가가 필요함
선택과정 치료법	• 베리(Barry)와 수지 카프만(Suzi Kauffman)이 개발함 • 자원봉사자들이 자폐 아동과의 사회적 관계를 개발하기 위해 24시간 집중적인 프로그램에 참여하고, 부모는 가족 프로그램에 참여하도록 권장함
패터닝 치료법	• 지오프레이 웰든(Geoffret Walden)이 개발함 • 자폐성 장애 아동이 비정상적인 민감성을 극복하고 대뇌발달이 재활성화되도록 하기 위해 다른 감각적 방법을 사용하도록 권장하는 방법 • 이 치료방법은 비언어적인 과제를 통해 이해와 문제 해결기술을 점진적·단계적으로 개발하는 데 목적이 있으며, 아동이 주도적으로 활동하도록 함

06 주의력결핍 과잉행동장애 상담

1. 증상과 진단

(1) 정의 기출 19

① 주의력결핍 과잉행동장애(ADHD; Attention Deficit Hyperactivity Disorder): 부주의, 과잉행동, 충동성 등을 주요 행동 특성으로 나타나는 장애로, 학령 전기 또는 학령기 아동에게 가장 흔히 관찰되는 질환 중 하나이며, 약 3~20%의 아동이 이 질환을 앓는 것으로 보고된다.

② 남아는 여아에 비해 3~9배 정도 더 흔히 발병한다고 알려져 있으며, 약 50%는 만 4세 이전에 발병되는 것으로 보고되나 대개 유치원이나 학교 입학과 함께 행동상 문제가 뚜렷이 드러나는 경우가 많다.

③ 임상적 특성: 부주의(inattention), 충동성(impulsivity), 과잉행동(hyperactivity)의 특성을 보인다.

(2) 역사

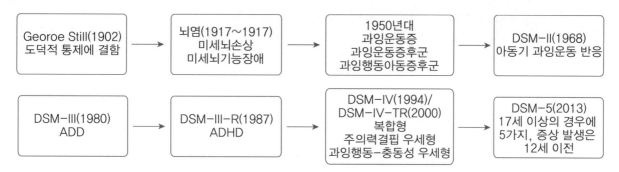

[그림 12-3] 주의력결핍 과잉행동장애의 역사

(3) 역사적 기술

① 원인론적 접근(minimal cerebral dysfunction 또는 developmental hyperactivity): 원인을 명확하게 밝히긴 어려우나, 뇌 또는 대뇌의 미세한 손상과 함께 발현될 수 있는 증상군으로 간주되거나 아동의 정상적인 발달과정에서 필요한 환경적 요건에 장애가 있어 일시적으로 나타나는 현상으로, 지속적인 발달과 함께 극복될 수 있는 질환이다.

② 현상론적 접근(hyperactive reaction): 과잉행동을 가장 특징적인 증상으로 기술하며, 이 장애의 원인을 명확히 밝힐 수가 없기 때문에 아동이 나타내는 임상적인 특성, 즉 현상을 정확하게 기술하는 접근법이다.

(4) DSM-5 진단기준 `기출 24`

A. 기능 또는 발달을 저해하는 지속적인 부주의 및/또는 과잉행동-충동성이 1 그리고/또는 2의 특징을 가짐

1. 부주의: 다음 9개 증상 가운데 6개 이상의 증상이 적어도 6개월 동안 발달수준에 적합하지 않고 사회적·학업적/직업적 활동에 직접적으로 부정적인 영향을 미칠 정도로 지속됨

   ※ 주의점: 이러한 증상은 단지 반항적 행동, 적대감 또는 과제나 지시 이해의 실패로 인한 양상이 아니어야 함. 후기 청소년이나 성인(17세 이상)의 경우에는 적어도 5가지 증상을 만족해야 함

   ⓐ 종종 세부적인 면에 대해 면밀한 주의를 기울이지 못하거나 학업, 직업 또는 다른 활동에서 부주의한 실수를 저지름

   　예 세부적인 것을 못 보고 넘어가거나 놓침, 작업이 부정확함

   ⓑ 종종 과제를 하거나 놀이를 할 때 지속적으로 주의집중을 할 수 없음

   　예 강의, 대화 또는 긴 글을 읽을 때 계속해서 집중하기가 어려움

   ⓒ 종종 다른 사람이 직접 말을 할 때 경청하지 않는 것으로 보임

   　예 명백하게 주의집중을 방해하는 것이 없는데도 마음이 다른 곳에 있는 것처럼 보임

   ⓓ 종종 지시를 완수하지 못하고 학업, 잡일 또는 작업장에서의 임무를 수행하지 못함

   　예 과제를 시작하지만 빨리 주의를 잃고 쉽게 곁길로 샘

   ⓔ 종종 과제와 활동을 체계화하는 데 어려움이 있음

   　예 순차적인 과제를 처리하는 데 어려움, 물건이나 소지품을 정리하는 데 어려움, 지저분하고 체계적이지 못한 작업, 시간관리를 잘 하지 못함, 마감시간을 맞추지 못함

   ⓕ 종종 정신적 노력을 요구하는 과제에 참여하기를 기피하고 싫어하거나 저항함

   　예 학업 또는 숙제, 청소년기이나 성인의 경우 보고서 준비하기, 서류 작성하기, 긴 서류 검토하기

   ⓖ 과제나 활동에 꼭 필요한 물건들(예 학습과제, 연필, 책, 도구, 지갑, 열쇠, 서류 작업, 안경, 휴대폰)을 자주 잃어버림

   ⓗ 종종 외부의 자극(후기 청소년과 성인의 경우에는 관련이 없는 생각들이 포함될 수 있음)에 쉽게 산만해짐

   ⓘ 종종 일상적인 활동을 잊어버림

   　예 잡일하기, 심부름하기, 후기 청소년과 성인의 경우에는 전화 회답하기, 청구서 지불하기, 약속 지키기

2. 과잉행동-충동성: 다음 9개 증상 가운데 6개 이상이 적어도 6개월 동안 발달수준에 적합하지 않고 사회적·학업적/직업적 활동에 직접적으로 부정적인 영향을 미칠 정도로 지속됨

　　※ 주의점: 이러한 증상은 단지 반항적 행동, 적대감 또는 과제나 지시이해 실패로 인한 양상이 아니어야 함. 후기 청소년이나 성인(17세 이상)의 경우에는 적어도 5가지 증상을 만족해야 함

　　ⓐ 종종 손발을 만지작거리며 가만두지 못하거나 의자에 앉아서도 몸을 꿈틀거림

　　ⓑ 종종 앉아 있도록 요구되는 교실이나 다른 상황에서 자리를 떠남

　　　예 교실이나 사무실 또는 다른 업무 현장 또는 자리를 지키는 게 요구되는 상황에서 자리를 이탈

　　ⓒ 종종 부적절하게 지나치게 뛰어다니거나 기어오름(주의점: 청소년 또는 성인에서는 주관적으로 좌불안석을 경험하는 것에 국한될 수 있음)

　　ⓓ 종종 조용히 여가 활동에 참여하거나 놀지 못함

　　ⓔ 흔히 '끊임없이 활동하거나' 마치 '태엽 풀린 자동차처럼' 행동함

　　　예 음식점이나 회의실에 장시간 동안 가만히 있을 수 없거나 불편해 함. 다른 사람에게 가만히 있지 못하는 것처럼 보이거나 가만히 있기가 어려워 보일 수 있음

　　ⓕ 종종 지나치게 수다스럽게 말함

　　ⓖ 종종 질문이 끝나기 전에 성급하게 대답함

　　　예 다른 사람의 말을 가로챔, 대화 시 자신의 차례를 기다리지 못함

　　ⓗ 종종 자신의 차례를 기다리지 못함

　　　예 줄 서 있는 동안

　　ⓘ 종종 다른 사람의 활동을 방해하거나 침해함

　　　예 대화나 게임, 활동에 참견함, 다른 사람에게 묻거나 허락 받지 않고 다른 사람 물건을 사용하기도 함, 청소년이나 성인의 경우 다른 사람이 하는 일을 침해하거나 꿰찰 수 있음

B. 몇 가지의 부주의 또는 과잉행동-충동성 증상이 12세 이전에 나타남

C. 몇 가지의 부주의 또는 과잉행동-충동성 증상이 2가지 또는 그 이상의 환경에서 존재함

　예 가정, 학교나 직장, 친구들 또는 친척들과의 관계나 다른 활동에서

D. 증상이 사회적·학업적 또는 직업적 기능의 질을 방해하거나 감소시킨다는 명확한 증거가 있음

E. 증상이 조현병 또는 기타 정신병적 장애의 경과 중에만 발생되지는 않으며, 다른 정신질환(예 기분장애, 불안장애, 해리장애, 성격장애, 물질 중독 또는 금단)으로 더 잘 설명되지 않음

※ 다음 중 하나를 명시할 것

　• 복합형: 지난 6개월 동안 진단기준 A1(부주의)와 진단기준 A2(과잉행동-충동성)를 모두 충족함

　• 부주의 우세형: 지난 6개월 동안 진단기준 A1(부주의)은 충족하지만 A2(과잉행동-충동성)는 충족하지 않음

　• 과잉행동/충동 우세형: 지난 6개월 동안 진단기준 A2(과잉행동-충동성)는 충족하지만 A1(부주의)은 충족하지 않음

※ 현재의 심각도를 명시할 것

　• 경도: 현재 진단을 충족하는 수준을 초과하는 증상은 거의 없으며, 증상으로 인한 사회적·학업적 또는 직업적 기능의 손상은 경미한 수준을 넘지 않음

　• 중등도: 증상 또는 기능적 손상이 '경도'와 '고도' 사이에 있음

　• 고도: 진단을 충족하는 수준을 초과하는 다양한 증상 또는 특히 심한 몇 가지 증상이 있음. 혹은 증상이 사회적 또는 직업적 기능에 뚜렷한 손상을 야기함

2. 특성

(1) 부주의(학업 상황)

① 학습할 내용에 주의를 기울이는 대신 창밖을 보거나 낙서하거나 딴 생각에 쉽게 빠진다.

② 학용품이나 물건을 잘 정리정돈하지 못하고 책상 주변이 지저분하다.

③ 자기 물건이나 기억해야 할 사항을 잘 잊어버린다.

④ 시작은 하지만 끝을 내지 못하는 과제가 많다.

⑤ 교사의 지시와 다른 엉뚱한 과제나 행동을 자주 한다.

(2) 과잉행동-충동성(학업 상황)

① 한자리에 가만히 앉아 있지 못하고 몸을 불필요하게 많이 움직인다.

② 수업시간에 떠들썩하게 구는 등 상황에 알맞은 행동을 하지 못한다.

③ 아무데나 올라타고 뛰어넘고 기어오르는 등 위험하게 행동한다.

④ 지나치게 질문하거나 끼어듦이 많고 시끄럽다.

⑤ 질문이 끝나기도 전에 큰소리로 답을 외친다.

⑥ 순서나 규칙을 잘 지키지 못하고 자기 마음대로 하려고 한다.

⑦ 한 과제를 마치기 전에 다른 과제에 덤벼든다.

⑧ 쉽게 화를 내거나 흥분을 잘 한다.

(3) 3가지 타입에 따른 특성

복합형	부주의 우세형	과잉행동 또는 충동 우세형
• 증상의 종류가 다양하고 많음 • 파괴적인 행동과 내재화 장애를 동시에 지니고 있음 • 학업과 과제 수행에서 성취도가 낮음 • 부모의 양육환경이 열악함	• 사회적으로 위축되는 경향이 있음 • 자의식이 강함 • 인지처리 속도가 느림 • 학습부진이나 학습장애 가능성이 높음	• 문제행동을 더 많이 보임 • 자기파괴적인 행동을 많이 함 • 품행장애를 함께 보일 가능성이 높음

3. 원인

(1) 신경생물학적 요인

① 여러 연구에서 ADHD의 유전적 발생 가능성이 높음을 제시하고 있으나, 아직까지 특정 유전자나 정확한 유전적 기전은 발견되지 않은 상태이다.

② ADHD를 뇌손상이나 미소대뇌 기능장애의 결과로 보아 전두엽 기능에 이상이 있을 경우 과잉행동, 충동성과 억제력 결함, 계획력 부족 등 다양한 증상이 나타날 수 있다고 했다.

③ 생화학적 장애로 보는 견해는 ADHD가 전두-변연계의 뇌기능장애와 관련 있다는 연구 결과들과 일치한다. 주의집중의 부족을 도파민과 노르에피네프린 결핍의 결과로 보기도 했다.

④ 뇌의 수많은 신경전달물질은 서로 상호작용하므로 한 신경전달물질의 이상을 증상 발현의 원인으로 단정짓기 어렵고, 이 신경전달물질이 어떻게 ADHD 발현에 영향을 미치는지는 아직 정확히 밝혀지지 않았다.

⑤ 신경학 기제의 검사들은 ADHD 원인으로 전두엽 기능장애의 증거를 제시하고 있는데, 이때 전두엽은 정보유지, 주의집중, 동기, 사고 등을 관장하는 대뇌피질이다.

⑥ 생물학적 요인과 관련하여 ADHD 아동은 자극에 대한 역치가 높아 평소의 자극수준이 저각성 상태가 되므로, 최적의 자극을 얻기 위해 아동이 과활동적이 된다는 가설도 유력하다.

(2) 환경적 요인

① 환경적 요인이 ADHD의 원인과 직접적으로 관련되지는 않지만 이들이 가진 취약성을 악화시키면서 발달경과에는 중요한 영향을 미칠 수 있다.

② 위험 요인: 낮은 사회경제적 수준, 부모의 정신병리 병력, 부모의 일관성 없는 양육, 부모-자녀 관계, 가정폭력 등이 원인이다.

③ 무조건적인 인내나 과잉보호를 받는 경우도 절제, 자기조절력을 배울 수 있는 기회를 박탈하게 만들기 때문에 좌절 인내력과 충동 조절에 어려움을 겪을 수 있다.

④ 가정환경과 관련된 변인, 특히 부모 변인은 유전적인 요인과도 관련이 많아, 과연 어느 부분까지가 유전적 요인이고 어느 부분까지가 순수한 환경적 요인인지 명확한 경계를 지우기가 힘들다.

(3) 상호작용론

① 핵심: 아동의 까다로운 기질이나 양육자의 높은 스트레스 상황이 맞물려 아동이 생애 초기에 심리적 외상을 경험하거나 주 양육자와 안정적인 애착을 형성하지 못할 경우, 아동은 뇌의 발달이 저해되어 쉽게 과잉각성되고 부주의와 충동성이 부적절한 수준으로 나타난다고 본다.

② 전두엽 손상: 선천적이기보다 후천적일 수도 있다. 전두엽은 태어날 당시 거의 발달되지 않지만 지속적으로 자극되고 사용되면서 성장과 함께 20대 초중반까지 지속적으로 발달하는 영역이기 때문이다.

4. 평가

(1) K-ARS(Korean ADHD Rating Scale)

① DSM 진단기준을 근거로 18개 문항으로 구성: 부주의성을 반영하는 9개 문항, 과잉행동-충동성을 반영하는 9개 문항으로 구성되며 문항은 빈도에 따라 0~3점의 점수로 평정된다.

② DSM 진단기준의 A 항목만을 포함하기 때문에, 나머지 B~E의 정보는 부모 및 아동 면담, 심리검사 등을 통해 보충해야 한다.

(2) 연속수행검사(CPT; Continuous Performance Test) 기출 22

① 컴퓨터를 이용하여 연속적으로 제시되는 자극에 대한 수행능력을 평가하는 검사이다.

② 측정: 각성, 반응 억제, 신호 탐지 등의 신경심리학적 특성을 측정하며, 화면에 제시된 연속적인 자극에 대한 반응률과 반응시간을 주요 지표로 삼아 외부 자극에 대한 선택적 반응능력인 주의력을 측정한다.

③ 방법

구분	내용
TOVA (Test Of Variables of Attention)	• 대표적인 CPT • 매우 단순한 자극(예 세모, 네모, 원 등)에 대한 연속적인 반응을 통해 주의력을 평가함
ADS (ADHD Diagnostic System)	• 국내에서 개발된 것 • 5~15세 아동 및 청소년을 대상으로 함 • 시각자극과 청각자극으로 구분하고, 단순자극에 대한 반응을 산출하여 주의력을 평가함
CAT (Comprehensive Attention Test)	• 국내에서 개발된 것 • 4~15세 아동을 대상으로 단순 선택 주의력(시각, 청각), 억제 지속 주의력, 간섭, 선택 주의력, 분할 주의력, 작업 기억력 등을 측정함

(3) 전두엽 실행기능검사

① 실행기능(executive function): 특정 자극에 대한 가장 적절한 반응을 산출하기 위해 주의, 언어, 기억 등 하위 인지기능을 조절하며, 일반적으로 뇌의 전두엽에서 관장하는 것으로 알려져 있다.

② 실행기능의 하위 요소 중 억제력을 주로 측정한다.

③ 종류: 그림찾기 검사(MFFT), 위스콘신 카드분류 검사(WCST), 스트룹 색상-단어 검사(STROOP color and word test), 색 선로 검사(color trials test) 등이 있다.

(4) 이명경의 주의집중능력 검사(2011)

① 주의력과 집중력을 개념으로 구분했다.

  ㉠ 주의력: 외부 자극에 선택적으로 주의를 기울여 단기기억을 하는 데 필요한 능력을 의미한다.

  ㉡ 집중력: 선택된 정보에 초점을 맞추어 주의를 분할하거나, 작업기억 용량을 조정하여 단기기억 정보를 장기기억으로 전환하는 데 필요한 능력을 의미한다.

② 측정 영역: 시각 주의력, 청각 주의력, 학습 집중력, 지속적 집중력, 정보처리 속도의 영역으로 세분화하여 측정하며, 초등학교 1학년부터 고등학교 2학년까지 측정이 가능하다.

5. 상담 및 치료

(1) 주의집중 증진 프로그램

① 주의집중력은 과제학습에 기본이 되며, 과제수행능력이 좋아짐에 따라 주의집중력도 향상된다. 또한 사회·정서적 어려움은 상황 판단력이나 문제해결력 증진, 또래관계의 개선, 동기화, 자기조절 훈련, 기타 심리적 접근 등을 통해 해결해나가야 한다.

② 주의집중장애 아동과 학습장애는 밀접한 관련이 있으므로, 학습장애가 의심이 되면 정확한 진단평가를 거쳐 학습장애와 관련된 치료 프로그램이 개입되어야 한다.

③ 심리학에서는 주의집중력을 환경에 관련된 자극에 초점을 맞추는 선택적인 과정으로 본다. 아동은 과제학습과 관련된 요구사항에 주의를 집중하고 초점을 맞추며 일정한 양의 심리 에너지를 사용하여 과제를 완성해야 한다.

④ 주의집중의 종류 4가지 `기출 22`

  ㉠ 선택적 주의집중: 여러 자극 중에서 관련된 중요 자극에 초점을 맞추고, 대신 관련 없는 자극을 선별하는 것이다.

  ㉡ 지속적 주의력: 과제를 완성하기 위해 주어진 시간 동안 주의집중을 계속 지속하는 것이다.

  ㉢ 주의력 변경: 과제 수행 시 한 종류에서 다른 종류로 주의를 이동해야 하는 일로, 눈 ↔ 귀, 공간적 위치 이동(책상↔칠판), 여러 과제의 이동이 포함된다.

  ㉣ 분할 주의력: 주의력을 배분함으로써 동시에 둘 이상에 주의집중하는 것이다.

⑤ 주의집중 향상을 돕는 방법의 예시

> - 아동이 완성해야 할 과제를 정확히 구체적으로 설명해줌
> - 큰 덩어리는 하위 과제로 세분화시켜 하위 과제를 하나씩 완성해가도록 함
> - 주의집중 시간을 아주 작은 단위에서부터 점진적으로 늘려 지속시간을 늘려가도록 함
>   예 60초 → 3분 → 5분 → 10분
> - 타이머를 이용하여 주의집중 시간을 체크하고 도표로 그려서 확인함
> - 짧은 과제를 제시하고 점차 긴 과제로 이동함
> - 스스로 과제 수행에 걸리는 시간을 추측한 후 실제로 걸린 시간을 측정하고 비교함
> - 아동이 과제를 수행할 때 방해받을 만한 다른 자극을 배제시킴
> - 과제 도중에 말을 걸거나 설명하여 주의집중이 끊기게 만들지 않음

(2) 인지행동 훈련 기출 22

① 인지행동 수정방법은 학습을 위한 인지 전략 훈련에 중점을 두고, 아동의 문제에 대한 일상적인 반응 형태를 변화시키는 것을 시도하거나 상태를 통제하도록 훈련하여 학습 상태를 변화시키는 방법이다.

② 인지행동 훈련: 아동이 스스로 언어적 중재 전략을 사용하여 좀 더 사려 깊은 문제 해결 행동과 자기통제력을 증진하는 훈련이며, 이때 언어적 중재는 일종의 제3자의 시각에서 말하는 것이다.

③ 인지행동 수정방법: 문제 해결 훈련으로서 ICPS(Interpersonal Cognitive Problem Solving) 프로그램의 10단계 문제 해결 기술 훈련과정과 마이켄바움의 언어적 자기지시 훈련이 효과적으로 사용된다.

  ㉠ 이 기법들은 문제 해결 과정에서 사용하는 생각과 행동에 대한 구체적인 언어로, 밖으로 표현하여 적절한 방법으로 문제를 해결하도록 하는 것이다.

  ㉡ 무엇을 생각하는지가 아니라 어떻게 생각하는지의 사고과정에 따라 행동할 수 있도록 하여 자신의 행동을 언어로 조절하는 능력을 기르게 한다.

  ㉢ 4단계 질문

단계	질문
1단계	내가 해결해야 할 문제가 무엇인가?
2단계	이 문제를 해결하기 위해 내가 사용할 수 있는 방법은 무엇인가?
3단계	문제 해결방법을 잘 사용하고 있나?
4단계	문제 해결방법을 사용한 결과는 어떤가?

  ㉣ 자기지시방법 훈련과정

단계	내용
1단계	4단계 질문을 순서대로 함(부모 앞에서도 가능)
2단계	실제 문제를 가지고 4단계 질문을 이용하여 교사가 모델링을 함
3단계	교사의 시범에 따라 아동이 따라 하게 함
4단계	아동이 4단계의 순서대로 큰 목소리로 함
5단계	이번에는 밖으로 소리를 내지 않고 속으로 중얼거리면서 함
6단계	숙제를 내주고, 정확하게 순서대로 하도록 함

④ 생각 말하기(think aloud) 훈련
　　㉠ 인지적 문제 해결 과정에서 내재적인 언어를 활성화시키는 자기교시 훈련과 사회적 문제 해결 상황에서 계획 세우기, 해결책 탐색, 결과 산출 과정을 언어화하는 문제 해결 훈련을 적절하게 병행하는 접근법이다.
　　㉡ 훈련 단계

단계	내용
문제 정의	내가 해결해야 하는 문제가 무엇이지?, 나는 무엇을 해야 할까?
문제 탐색	나의 계획은 무엇이지?, 나는 그것을 어떻게 해결할까?
자기점검	나는 나의 계획을 어떻게 활용하고 있는가?
자기평가	나는 어떻게 했는가?

⑤ SMART 시청각 집중력 프로그램
　　㉠ 자기 조절을 위한 언어를 내재화하도록 돕기 위해 5단계 생각법을 교육하고 시청각 정보처리능력과 정서조절능력 등을 높여 언어적 작업기억과 비언어적 작업기억, 정서동기 각성에 대한 자기조절능력을 향상시키는 대표적 인지행동치료 모델이다.
　　㉡ 5단계 생각법

1단계	2단계	3단계	4단계	5단계
'무엇을 해야 하지?'	'어떻게 해야 하지?'	'어떻게 하고 있지?'	'어떻게 했지?'	'잘했어! 열심히 노력한 덕분이야.' 혹은 '괜찮아. 다음에 더 노력하자.'

⑥ 강점: ADHD 아동이 자기 행동에 대한 통제감을 경험하면서 주도적으로 문제에 대처하도록 도와 무력감, 낮은 자존감, 불안 등의 이차적 문제까지 다룰 수 있고, 개입 효과가 비교적 오래 지속되는 강점이 있다.

> **참고** 　**자기교시 훈련, 문제 해결 훈련, 생각 말하기 훈련의 접근**
>
> 공통적으로 자기 조절에 필요한 언어를 내재화하는 기술을 가르치고 작업기억능력을 높여 자기통제능력의 향상을 꾀한다.

(3) 약물치료 　기출 24

① ADHD 아동 청소년의 치료에 사용되는 약물은 주로 중추신경흥분제이며, 그 중 가장 많이 사용되는 약물로는 메칠페니데이트, 덱스트로암페타민, 페몰린이 있다.
② 약물 사용 시 다음과 같은 사항을 알리는 것이 중요하다.

- ADHD를 치료하기 위해 사용되는 약물의 유형
- 투약과 관련된 부작용과 그로 인해 나타나는 행동
- 아동 개인에게 투약을 실시할 때 고려해야 할 요인들
- 학교 상황에서 처치효과를 평가하는 방법들
- 의사나 다른 치료 전문가와 함께 평가 자료에 관해 논의하는 방법
- 투약의 문제점

(4) **환경치료**

① 자극에 아주 민감하게 반응하기 때문에 주변 환경을 차분하게 만들 필요가 있다. 조용한 공간을 제공하는 일이 중요하며, 방안의 벽지나 가구 등도 요란스럽지 않은 색깔로 꾸며주는 것이 좋다.

② 장난감도 한꺼번에 여러 가지를 주면 이것저것 만지다가 적절하게 가지고 놀지 못하기 때문에 한 번에 한두 가지의 정도의 장난감을 주는 것이 좋다. 장난감을 서랍 속에 넣어 두어 눈에 띄지 않도록 하며, 한두 가지 장난감에 익숙해지면 서서히 종류를 다양하게 해준다.

③ 친구들과 놀이를 할 때도 한꺼번에 여러 친구가 있으면 산만하여 적절한 놀이가 이루어지지 않을 가능성이 높기 때문에 한두 명의 친구와 함께 놀고 익숙해지면 점차 많은 친구와 놀게 한다. 특히 놀이를 할 때 순서를 지키지 않는다거나 충동적으로 행동하여 따돌려지는 경우가 많기 때문에 어른들과 함께 놀며 이러한 행동을 즉시 지적해주는 것이 많은 도움을 줄 수 있다.

6. ADHD 교육 중재 `기출 15`

(1) **효과적인 학급환경 조성**

① 가능한 한 시각적인 자극을 줄인다.

② 도와줄 짝을 정해준다.

③ 주변에 태도가 좋은 학생을 앉힌다.

④ 학생의 자리를 정할 때 ADHD임을 고려하여 앞자리나 교사 가까이에 앉도록 한다.

⑤ 변화(예 규칙을 수시로 바꾸는 경우)를 줄인다.

⑥ 복합적 지시사항은 금하며, 짧고 명확하게 지시한다.

⑦ 지시사항을 얘기할 때 눈을 맞춘다.

⑧ 일을 시키기 전에 지시사항을 말해보게 한다.

⑨ 질문을 권장하고 언제든지 도움을 청하게 한다.

(2) **조직력을 증진시키기 위한 구체적인 교수방법**

① 활동을 작은 단위로 제시해야 하며, 각 활동을 목록으로 만들게 하거나 만들어 주어야 한다.

② 지시는 간단하고 명료하게 전달되어야 하며, 전달되었는지를 확인하여야 한다. 또한 지시사항을 정확하게 기록했는지도 확인한다.

③ **시간 배분**: 각각의 수업 시간을 작은 단위로 나눈 시간표를 만든다. 그런 다음 각 단위의 시간마다 완수해야 하는 활동들의 목록을 만들어 학생이 활동을 한 가지씩 완수할 때마다 강화한다. 학생이 직접 시간표를 작성할 수 있을 때까지 도와준다.

④ **지시 전달**: 숙제나 교실 활동을 위한 지시를 전달할 때에는 필요한 말한 하며 분명하고 정확하게 한다. 특히 고학년 학생의 경우에는 매주 과제 일정표를 제시해 주는 것이 좋다.

⑤ **과제 전달**: 숙제나 학급 과제를 전달할 때는 구두나 문자로 동시에 전달한다. 이때 학생들로 하여금 처음에는 듣고 필기하는 것을 통해서 연습하고, 다음에는 문서로 전달된 과제와 자신의 필기가 맞는지 점검함으로써 자신의 지시 수용 정확도를 확인하게 한다.

⑥ **과제 난이도**: 단순한 지시에서 점차적으로 복잡한 지시를 사용한다. 과제를 완성하기 위해 걸리는 시간도 처음에는 짧은 것부터 시작하여 점점 길게 한다. 과제 완수의 정확도 기준도 처음에는 낮게 시작하여 점점 높인다.

⑦ **교재 준비**: 과제를 완성하기 위해서 필요한 준비물의 목록을 작성하여 학생으로 하여금 과제를 시작하기 전에 모두 준비하게 한다.

⑧ **숙제하기**: 부모들에게 요구하여 조용한 시간(예 TV 등의 방해가 없는 시간)을 정하여 공부하거나 숙제를 하도록 해 준다.

(3) 주의집중력을 증진시키기 위한 교수방법

① **주의집중을 위한 신호 사용**: 학생에게 중요한 정보를 제공하기 전에 주의를 집중하도록 경고하는 신호를 한다. 이러한 신호로는 언어적 지시의 사용과 기본적인 특정 신호를 정해 놓고 학생들이 주의집중을 필요로 할 때마다 사용하는 것이 좋다.

② **강화**: 주의집중하는 행동을 보일 때 교사의 관심이나 기타 강화물을 제시한다. 주의집중 문제가 심한 학생의 경우에는 즉각적인 강화물 제공이 필요하다.

③ **좌석 배치**: 교사가 모든 학생의 시선을 확인하고 서로 마주 볼 수 있도록 좌석을 반원이나 U자로 배치한다.

④ **지시 전달**: 지시를 할 때에는 분명하게 한다. 주의집중의 문제가 있는 학생은 여러 가지 지시가 포함되어 있는 복합 지시를 따르기 어렵기 때문에 지시 내용을 단순하게 만들어야 한다.

⑤ **수업 진행**: 수업은 속도감 있게 진행한다. 중요하지 않은 내용이나 이미 학생들이 습득한 기술에 관해서는 주의 집중이 잘 이루어지지 않을 수 있으므로 그러한 내용을 지속적으로 제시하는 것은 좋지 않다.

⑥ **지속적인 점검**: 수업에 집중하고 있는지 지속적으로 점검한다. 만일 학생이 내용을 혼동하고 있거나, 집중하지 않고 있거나, 교재가 어렵다고 판단될 경우 교수방법을 수정해 본다.

⑦ **신체적 근접성**: 학생과의 신체 거리를 가깝게 유지한다. 학생이 주의를 다른 곳으로 돌리기 시작하면 좀 더 가까이 접근하여 자신의 행동에 대해서 인식하도록 한다.

(4) 반응정확도를 높이기 위한 구체적인 교수방법

① **정확도 점검**: 과제를 제시할 때 과제의 일부분으로 정확도를 점검하게 하고, 점검하는 것에 대해 강화한다.

② **교정 연습**: 교정하는 방법을 연습하도록 시범을 보인다. 여러 가지 실수가 포함되어 있는 문장을 사용하여 어떻게 교정하는지를 연습하게 한다.

③ **적절한 교재**: 학생의 성취도를 높이기 위해 적절하게 고안된 교재를 사용한다.

④ **시험 연습**: 시험을 치르는 방법을 연습시킨다.

⑤ **생각하기**: 말하기 전에 생각하게 한다. 질문을 한 뒤 약 5~10초 정도의 '생각하는 시간'이 지난 후에 대답하도록 한다.

(5) 효과적인 교수기술

① 한 번에 한 가지 일만 시킨다.

② 수시로 확인해준다.

③ 필요하다면 과제 형태를 바꿀 수도 있다.

④ 과제 완성을 위한 보충시간을 준다.

⑤ 과제의 양을 줄인다.

(6) ADHD 증상별 중재

증상	행동 특성	대응방안

과잉
행동
	• 손발을 꼼지락거림
	• 자리에 가만히 앉아 있지 못하고 임의로 돌아다님
	• 마구 뛰어다니는 등 과도한 행동을 선호함
	• 쓰기, 미술 등의 세밀한 동작을 요구하는 과제 수행이
	  곤란함
		• 마주보는 원형보다는 직선형 좌석 배치
		• 선생님과 가까운 앞자리에 자리 배치
		• 창가나 문 옆 등 주의력이 분산될 수 있는 곳으로부터
		  멀게 앉히기
		• 모범생 자리에 가깝게 앉히기
		• 또래와 긍정적인 교류를 위한 학습 테이블
		• 교실 내에서 돌아다니다 앉을 수 있는 빈 의자 마련
		• 미세근육을 활용할 수 있는 컴퓨터실 활용

충동성	• 반응을 억제하지 못함
	• 놀이 및 학습상황에서 자기 차례를 기다리지 못함
	• 다른 사람들의 대화나 놀이에 끼어듦
	• 감정적 폭발, 사실이 아닌 감정에 기만한 반응
	• 시험 등 계획이 필요한 활동 수행능력 저하
		• 바람직한 행동에 대해 보상체계를 활용하고, 행동 발달
		  상황을 도표화하여 관리
		• 교실 내에서 바람직한 행동과 해서는 안 되는 행동을
		  종이에 적어 걸어놓고, 각 행동에 대한 보상책도 명시

주의력
결핍
	• 불필요한 자극을 스스로 걸러내지 못함
	• 환경이 바뀌면 변화에 과다하게 반응
	• 어떤 자극을 경험할 때 행동 수행이 억제됨(주의력 부족)
	• 충분한 자극을 느끼지 못할 때는 뭔가 자극적인 것을
	  찾아 나섬
		• 교실 내에서 다양한 활동을 할 수 있게 이동성이 높은
		  집기를 사용
		• 그룹 단위나 학급 단위로 활용할 수 있는 별도의 교실
		  확보, 오버헤드 프로젝터(overhead projector) 활용
		• 음악이나 녹음된 강의 등을 들을 수 있는 듣기 방
		  (listening room) 활용

생활 조직의 결핍	• 물건을 엉뚱한 곳에 두거나 잘 잃어버림 • 여러 부분으로 구성된 물건을 잘 다루지 못함 • 책상이 어지러움 • 주어진 시간 안에 과제를 끝내지 못함 • 과제 중간의 휴식시간을 과도하게 사용함 • 필적을 알아보기 어렵고 해괴함	• 학생 개인의 우편함 마련 • 공책, 교재, 기타 개인 교구를 보관할 수 있는 색깔로 구별된 수납함 활용 • 누구나 볼 수 있는 시계 배치 • 컴퓨터실 활용

07 특정 학습장애 상담

1. 증상과 진단

(1) 정의

특정 학습장애(specific learning disorder): 정상 수준의 지능(70±5 이상)을 가지고 있으나, 학습기술을 배우고 사용하는 데 있어서의 어려움이 적절한 개입을 제공함에도 불구하고 단어 읽기, 읽은 것의 의미를 이해하기, 철자법, 수 감각, 단순 연산 암기 및 연산 절차, 수학적 추론 영역에서 한 가지 이상의 학습곤란 증상이 6개월 이상 지속되는 경우이다.

(2) 구분

구분	내용
학습지체 혹은 정신지체	원인 불명으로 지능지수 IQ 70 이하인 경우나, 기질적인 뇌손상을 가진 아동의 학습 성취도가 떨어지는 경우
학습지진	• 선천적 지적능력의 결핍으로 인해 학습 진보가 떨어지는 아동 • 대개 일반 아동(IQ 70~80) 집단의 하위 15~20%에 해당함 • 경도 지체 아동과 비슷한 학습상 문제를 가지지만 그 정도가 가벼움
학습부진	• 정상 지능이며 신경계 이상은 없으나, 정서 문제나 사회·환경적 원인 때문에 학업성취도가 떨어지는 아동 • 내·외적 요인이 제거되거나 치료적 개입을 실시하면 정상 학습능력과 학업성취도를 보일 수 있음
학습장애	• 정상 이상의 지능지수이며 정서적인 문제나 사회·환경적 문제가 없음에도 학업성취도가 떨어지는 아동 • 학습과 관련된 뇌기능의 특정 영역에 결함을 보이거나 발육지연 또는 장애를 가지고 있기 때문이며, '특수 학습장애'라고 불리기도 함

(3) 학습장애 판별

① 아동의 지적능력과 학업성취 간의 심한 불일치
   ㉠ 학업 수행에 있어서 영역 간 불균형한 성취 즉, 듣기, 말하기, 쓰기 산수 등의 영역 중 한 가지 이상의 영역에서 어려움을 나타내는데, 일반적인 교수법에도 불구하고 특정 기술이나 일련의 기술들을 학습하지 못한다.
   예 5학년 아동이 수학은 6학년 수준의 성취를 보이는 반면, 읽기는 2학년 수준으로 나타나는 경우
   ㉡ 지능검사에서 정상 범주의 지적능력을 보이면서도 실제로 학업성취도는 그보다 훨씬 더 낮게 나타나기 때문에 지니고 있는 잠재력과 실제로 나타나는 성취도 간에 차이를 나타내는 것이다.
   ㉢ 이와 같은 학업성취의 불일치는 잠재적인 능력은 있으나 특정 학습영역에서 문제를 나타내기 때문에 특정 학습장애라는 용어를 사용하기도 한다.

② 아동의 어려움이 학습문제를 일으킬 수 있는 어떤 장애의 직접적인 결과가 아니어야 한다는 제외 기준
   ㉠ 아동의 학습문제가 시각·청각·운동장애로 기인하거나 환경적인 불이익이나 지적장애, 정서 및 행동장애 등의 기타 장애로 인해 나타나는 학습문제는 포함하지 않는다.
   ㉡ 학습장애가 기타 장애와 함께 나타날 수 있지만, 주 장애가 학습장애로 간주되기 위해서는 학습문제가 1차적으로 학습장애에 의한 것이어야 한다.

③ 특수교육 서비스의 욕구
   ㉠ 정상적인 교육에도 불구하고 특정 영역에서 심한 학습문제를 보이기 때문에 그들의 독특한 욕구를 충족시키기 위해서는 특별히 고안된 수업이 필요하다.
   ㉡ 학습부진: 자신의 현재 능력에 맞는 교과 수준에서 효과적인 수업을 받게 되면 곧 정상적인 진보를 보인다.

(4) DSM-5 진단기준

① DSM-5에 따르면, 특정 학습장애는 정상적인 지능과 신체 상태를 가지고 있으면서도 자신의 생활연령, 전반적 지능과 현재까지 받아온 교육 수준을 고려할 때 기대되는 수준에 비해 특정 영역(예 읽기, 쓰기, 산술적/수리적 계산)에서 학업기능이 매우 낮은 경우를 말한다.
   ㉠ 학업적 기술을 배우고 사용하는 데 어려움을 나타낸다.
   ㉡ 진단기준 A의 6가지 중 1가지 이상의 증상이 6개월 이상 지속된다.
   ㉢ 학업기술이 개인의 생활연령에 기대되는 것보다 상당히 못 미친다.

@ ㉠~㉢으로 인해 학업적·직업적 또는 일상생활 활동에서 심한 지장이 초래되는 경우 진단된다.

② 진단기준

A. 학업적 기술을 배우고 사용하는 데 있어서의 어려움. 이러한 어려움에 대한 적절한 개입을 제공함에도 불구하고, 아래에 열거된 증상 중 적어도 한 가지가 최소 6개월 이상 지속됨
  1. 부정확하거나 느리고 힘겨운 단어 읽기
    예 단어를 부정확하거나 느리며 더듬더듬 소리 내어 읽기, 자주 추측하며 읽기, 단어를 소리 내어 읽는 데 어려움이 있음
  2. 읽은 것의 의미를 이해하기 어려움
    예 본문을 정확하게 읽을 수 있으나 읽은 내용의 순서, 관계, 추론 또는 깊은 의미를 이해하지 못함
  3. 철자법의 어려움
    예 자음이나 모음을 추가하거나 생략 또는 대치하기도 함
  4. 쓰기의 어려움
    예 한 문장 안에서 다양한 문법적·구두점 오류, 문단 구성이 엉성함, 생각을 글로 표현하는 데 있어 명료성이 부족함
  5. 수 감각, 단순 연산값 암기 또는 연산 절차의 어려움
    예 숫자의 의미, 수의 크기나 관계에 대한 빈약한 이해, 한 자리수 덧셈을 할 때 또래들처럼 단순 연산값에 대한 기억력을 이용하지 않고 손가락을 사용함, 연산을 하거나 진행이 안 되거나 연산 과정을 바꿔 버리기도 함
  6. 수학적 추론의 어려움
    예 양적 문제를 풀기 위해 수학적 개념, 암기된 연산값 또는 수식을 적용하는 데 심각한 어려움이 있음
B. 보유한 학습기술이 개별적으로 실시된 표준화된 성취도검사와 종합적인 임상평가를 통해 생활연령에 기대되는 수준보다 현저하게 양적으로 낮으며, 학업적·직업적 수행이나 일상생활의 활동을 현저하게 방해한다는 것이 확인되어야 함. 17세 이상의 경우 학습 어려움에 대한 과거 병력이 표준화된 평가를 대신할 수 있음
C. 학습의 어려움은 학령기 나이에 시작되나, 해당 학습기술을 요구하는 정도가 개인의 능력을 넘어서는 시기가 되어야 분명히 드러날 수 있음
    예 주어진 시간 안에 시험 보기, 길고 복잡한 리포트를 촉박한 마감기한 내에 읽고 쓰기, 과중한 학업부담
D. 학습의 어려움이 지적장애, 교정되지 않은 시력 또는 청력문제, 다른 정신적 또는 신경학적 장애, 심리사회적 불행, 학습지도사가 해당 언어에 능숙하지 못한 경우, 불충분한 교육적 지도로 더 잘 설명되지 않음

※ 다음의 경우 명시할 것
  • 읽기 손상 동반: 단어 읽기 정확도, 읽기 속도 및 유창성, 독해력
    ※ 주의점: 난독증은 정확하거나 유창한 단어 인지의 어려움, 해독 및 철자능력의 부진을 특징으로 하는 학습장애의 한 종류를 일컫는 또 다른 용어임. 이러한 특정 패턴의 어려움을 난독증이라고 명명한다면, 독해나 수학적 추론과 같은 부수적인 어려움이 동반되었는지 살펴보고 명시하는 것이 중요함
  • 쓰기 손상 동반: 철자 정확도, 문법과 구두점 정확도, 작문의 명료도와 구조화
  • 수학 손상 동반: 수 감각, 단순 연산 값의 암기, 계산의 정확도 또는 유창성, 수학적 추론의 정확도
    ※ 주의점: 난산증은 숫자 정보 처리, 단순 연산값의 암기와 계산의 정확도와 유창성 문제의 어려움을 특징으로 하는 또 다른 용어임. 만일 이러한 특정 패턴의 수학적 어려움을 난산증으로 명명한다면, 수학적 추론이나 단어 추론의 정확성과 같은 부수적인 어려움이 동반되었는지 살펴보고 명시하는 것이 중요함

※ 현재의 심각도를 명시할 것
  • 경도: 1가지 또는 2가지 학업 영역의 학습기술에 있어 약간의 어려움이 있으나 적절한 편의나 지원 서비스가 제공된다면(특히 학업기간에), 개인이 이를 보상할 수 있고 적절히 기능할 수 있을 정도로 경미한 수준임
  • 중등도: 1가지 또는 2가지 학업 영역의 학습기술에 있어 뚜렷한 어려움이 있으며, 그로 인해 학업 기간에 일정한 간격을 두고 제공되는 집중적이고 특수화된 교육 없이는 능숙해지기 어려움. 활동을 정확하고 효율적으로 완수하기 위해서는 적어도 학교, 직장 또는 가정에서 보내는 시간의 일부 동안이라도 편의와 지원서비스가 제공되어야 함
  • 고도: 여러 학업 영역에 영향을 끼치는 학습기술의 심한 어려움이 있으며, 그로 인해 대부분의 학업 기간에 집중적이고 개별적이며 특수화된 교육이 지속되지 않는다면 이러한 기술을 습득하기 어려움. 가정, 학교, 직장에서 일련의 적절한 편의와 서비스를 제공받았음에도 불구하고 모든 활동을 효율적으로 수행하지 못할 수도 있음

(5) 난독증, 난서증, 난산증

구분	내용
난독증 (dyslexia)	• **DSM-5**: '정확한 단어인지능력에 비해 부족한 해독능력과 철자능력을 보이며 이로 인해 심각한 학업적 어려움을 보이는 아동'으로 명시함 • **국제난독증협회의 정의**: 음운요소 결함으로 인한 이차적인 결과로 독해 문제, 어휘능력의 저해를 가져올 수 있다고 봄
난서증 (dysgraphia)	• 학습장애 유형 중 쓰기 곤란을 일컬음 • **난서증의 유형**: 문자와 수에 대한 부정확한 쓰기, 쓰는 것의 지연, 글자 간의 간격 오류, 줄 맞추기 오류, 좌우역전 성향성 등으로 분류됨 • 보편적으로 쓰기 기술은 듣기, 말하기, 읽기 기술을 습득한 후 언어 사용의 마지막 단계에서 습득되기 때문에 난서증을 보이는 아동은 이미 읽기에도 어려움을 겪고 있을 확률이 높음
난산증 (dyscalculia)	• 숫자 정보를 처리하거나 단순 연산값의 암기와 계산의 정확도, 유창도에서 어려움을 보이는 것을 말함 • 선천적 또는 정규 수학학습을 받기 전부터 개인에게 존재하는 계산 장애를 의미하며, '발달적 산술장애(developmental dyscalculia)'라고도 불림 • 난산증을 가진 아동은 많은 경우 성인기까지 계속 장애 특성이 유지되는 것으로 보이며, 다른 학습장애 정의와 유사하게 구체적 영역인 수와 관련된 정보처리기능 외 다른 인지영역에서는 평균 수준을 보이는 경우가 흔함

(6) 학습장애와 저성취의 차이

① 저성취와 학습장애가 구별되는 개념인가에 대한 논의: 학습장애 전문가 사이에서 오래 전부터 중요한 논쟁의 대상으로 다루어져왔다.

② 학습장애와 저성취를 구별하는 개념 요인으로 전문가들로부터 많은 관심을 끈 것은 능력-성취 차이(差異, discrepancy)이다. 이는 학습장애가 자신의 능력보다 현저하게 낮은 학업성취를 나타내는 집단으로서, 낮은 능력으로 인한 낮은 학업성취를 나타내는 저성취 집단과는 구별됨을 의미한다.

2. 분류

(1) DSM-5에서 제시한 학습장애 정의와 특징

① 읽기학습장애, 쓰기학습장애 등으로 분리되었던 학습장애 영역을 특정 학습장애로 통합하고, 하위 요소들을 분류했다.

 ㉠ DSM-5에서는 각 하위 영역에서 상호 배타성, 적용 가능 정도, 발달상의 민감도, 심리측정 기준으로서의 임상적 유용성과 타당성 문제를 보완하기 위해 '특정 학습장애(SLD)'로 통합했다.

 ㉡ 또한 하위 요소에 대해서도 경도, 중등도, 고도로 명확하게 해석할 수 있도록 했다.

② 불일치 진단기준을 삭제하고 '중재반응모형(RTI; Response To Intervention)'을 수용했다.

 ㉠ 지능과 학업 수준의 차이로 학습장애를 진단하는 불일치 진단기준을 삭제했다.

 ㉡ 어려움이 있는 학습영역에 적절한 중재를 제공했음에도 지속적인 학업 어려움을 6개월 이상 보이는 경우와 읽기, 쓰기, 수학 등의 영역에서 구체적인 학습 어려움을 보이는 경우를 나누어 제시했다.

③ 생애 주기를 고려하여 학습장애를 진단할 수 있는 시기를 확장했다.
  ㉠ DSM-Ⅳ에서는 특정 학업기술의 결손을 학령기에 국한하여 적용했다.
  ㉡ DSM-5에서는 저성취 기준을 도입하여 학업기술이 동일 연령보다 낮은 수준의 점수(최소 -1.5 표준편차)를 보이고, 표준화된 검사와 종합적인 임상결과가 있을 경우 학습장애로 정의할 수 있음을 명시했다.
④ 학습장애의 정의와 관련된 배제 기준을 구체적으로 제시했다.
  ㉠ DSM-Ⅳ에서는 시각, 청각의 결함에 따른 학업의 어려움만을 배제요인으로 제시했다.
  ㉡ DSM-5에서는 지적장애, 시청각 결함 또는 다른 신경학적 장애, 심리사회적 문제, 언어문제, 부적절한 교수로 발생하는 학업 어려움을 배제요인으로 제시하면서 학습장애가 과잉 진단되는 것을 방지했다.
⑤ 난독증과 난산증에 관한 명확한 개념을 제시했다.
  ㉠ 난독증은 정확한 단어인지능력에 비해 부족한 해독능력과 철자능력을 보이고 이로 인해 심각한 학업적 어려움을 보이는 것으로 정의했다.
  ㉡ 난산증은 수 정보처리과정에서 결함을 보이고 수 연산과 관련된 학업적 어려움을 보이는 것으로 정의했다.

(2) 학습장애 분류(Kirk와 Chalfant, 1984)

① **발달적 학습장애:** 발달기 동안 일어나는 학습장애로 1차적 장애(예 주의력, 기억, 지각)와 2차적 장애(예 사고, 구어)로 구분된다.
② **학업적 학습장애:** 읽기, 산수, 쓰기를 평가하기 위해 개별적으로 시행된 표준화검사에서 나이와 지능에 비해 기대되는 수준보다 성적이 현저하게 낮게 나오는 경우이다.

(3) 분류 근거

① **불일치 준거:** 아동은 형식적 및 비형식적 사정에 의해 측정될 때 지각된 잠재능력과 실제적 성취도 간에 심한 불일치(통계적으로 유의미한 차이)를 나타내야 한다.
② **배제 준거:** 아동의 학습장애는 시각 및 청각장애, 정신지체, 심한 정서장애나 문화적 차이의 1차적인 영향을 받지 않는다.
③ **특수교육 준거:** 아동은 특수교육서비스의 필요성을 표명해야 한다. 특수한 지원 없이는 아동의 장애가 학습에 지장을 초래할 것이다.
④ **중재에 대한 반응:** 평가과정의 일부로서 아동이 과학적이고 연구에 기초한 중재에 어떻게 반응하는지의 여부를 결정하는 과정이다. 예컨대 아동의 학업성취 수준이 개선되지 않은 경우에는 더 강도 높은 다양한 교수 수준의 중재를 제공하여 학습장애의 여부를 결정하는 방법이다.

3. 학습장애 진단 및 판별

(1) 불일치 기준 기출 16

① 능력성취 불일치 접근
  ㉠ 일반적인 학습장애 아동 선별방법은 해당 아동의 현재 학업성취 수준과 잠재적 지적능력에 기준 이상의 차이가 있을 경우 이를 학습장애로 보는 방식이다. '지적능력이 이 정도면 이 정도는 성취해야 하는데, 실제 성취 수준이 지적능력에 비해 얼마나 부족한가?'로 판단한다.

ⓛ 판별 기준

구분	내용
기대되는 수준과 성취된 학년과의 차이	학업성취검사의 점수에 근거한 학년 수준과 아동 자신의 기대되는 학년 간의 차이로 간단히 정의함 예 5학년으로 기대되는 학생이 학업성취검사의 결과가 3학년 수준이었다면 그 학생의 학력 수준은 두 학년이 뒤진다고 할 수 있음. 편차의 기준을 가진 정의의 경우 항상 어느 정도의 편차를 심각한 차이로 볼 것인가에 대한 규준을 정하고 있음. 여기에서 한 가지 문제는 8학년에서의 2년 차이는 상당히 다름. 따라서 초등학교 저학년은 1년, 초등학교 고학년은 1.5년, 중등학교 이상에서는 2년 등으로 편차 규준을 다르게 하는 경우도 있음
표준점수의 차이	각 검사의 표준점수를 비교하여 그 차이를 알아보는 방법이지만, '두 검사 사이의 완전 상관'과 '검사점수의 표준분포'를 만족해야 한다는 실현하기 힘든 전제조건이 따름 예 학업성취도검사 점수와 능력검사(주로 지능검사) 점수 사이의 차이를 1~2 표준편차 정도로 정하고 있음. 이 방법에서는 지능지수의 학업성취로의 회귀를 설명하지 못하며, 기대 공식과 같이 능력과 학업성취 사이의 완전한 상관이 있고 검사의 표준점수 분포도 동일하다는 것을 실현하기 어려운 전제조건도 있음
회귀공식	• 기댓값을 구하는 보다 정교한 방법은 회귀공식을 이용하는 것으로, 이 공식에서는 두 측정값 간의 관계가 완전 상관이 아닐 때 생기는 중간값으로의 회귀 현상과 측정의 표준오차가 고려됨 • 회귀공식을 잘 사용하기 위해 그 식에 들어가는 두 검사 사이의 상관에 대해 잘 알고 있어야 함
통계적 접근방법에 따른 판별방법의 고려사항	• 학생의 불규칙한 발달 속도: 학생은 개인에 따라 발달의 특정 단계에서 다른 학생보다 발달 속도가 늦을 수 있는데, 이 경우 그 학생을 학습장애로 판별할 위험이 있음 • 표출행동의 복잡성 – 일반적으로 학습장애를 겪는 학생들은 교실에서 부적절한 행동을 보이게 됨 – 부적절한 행동으로는 적대적이거나 과격한 행동, 정서불안적 행동 등이 있음

② 불일치 기법을 적용한 학습장애 선별 및 판별 절차

단계	주요 검사도구나 관련 자료	고려할 사항
지적능력 산출을 위한 지능검사 실시	• K-WISC-Ⅳ • K-ABC • 고대 – 비네 지능검사	두 가지 이상의 표준화된 지능검사 사용
학업성취 수준 산출	• 국어와 수학 영역에서의 기초학습검사, 기초학력검사, 표준화된 학업성취검사, 국가 수준 학업성취도검사	지역 교육청 내 또래 기준
불일치 수준 산출	• 지적 잠재능력에 해당하는 또래의 평균 학업성취 수준과 학생의 학업성취 수준의 차이 산출 • 저학년의 경우 1.5년 혹은 평균에서 –1.5 표준편차 이상, 고학년의 경우 2년 혹은 평균에서 –2.0 표준편차 이상 차이 기준	학년별로 다른 기준 적용
배제요인 확인	• 낮은 지능(예 75 이하), 감각적 결손(예 보이지 않거나 들리지 않음), 정서적 문제(예 학습동기 등), 사회·문화적 결손, 수업의 질 등	뇌신경계통상의 결함이나 문제가 직접적인 원인일 것
잠정적 판별 후 정밀진단 및 최종 판결을 위한 추가 검사	• 지각 관련 검사(예 시/지각 발달검사, 지각운동 발달검사, 시각운동 통합발달검사), 기억력검사, 학습준비도검사 • 오류 유형 파악 예 학업성취도 검사, 교사 제작 검사에서의 오류 유형 파악 • 교과활동의 체계적 관찰과 면담	다양한 자료를 다수의 전문가가 여러 번에 걸쳐 검토 후 결정

③ 불일치 기준의 적용의 문제점

    ㉠ 불일치 모델에 의한 학습장애 진단 결과의 일관성이 부족하다.

    ㉡ 지능검사 점수에 따른 평균적인 학업성취 수준을 설정하려면 지능검사 점수와 학업성취 수준 간에 거의 완벽에 가까운 상관관계를 가정할 수 있어야 하는데, 읽기장애 아동은 지능지수 정도와는 상관없이 읽기의 다양한 영역에 결함을 보인다.

    ㉢ 지능검사 자체가 피험자의 언어능력에 의해 영향을 받는다.

    ㉣ 학생이 학업 영역에서 낮은 성취가 명확히 드러날 때까지 교수학습 차원의 지원이 불가능하다.

(2) 중재반응 접근법

① 효과적인 수업에 얼마나 반응하는지의 정도로 학습장애 여부를 판단하는 접근: 아동이 과학적이고 연구에 기초한 중재에 어떻게 반응하는지 그 여부를 결정하는 과정으로, 아동의 학업성취 수준이 개선되지 않은 경우에는 더 강도 높은 다양한 교수 수준의 중재를 제공하여 학습장애의 여부를 결정하는 방법이다.

② 절차는 일반교육 상황에서 각 학생이 어떻게 반응하는지 알아보고자 교육과정 중심 측정(CBM; Curriculum-Based Measurement)과 같이 간편하게 실시할 수 있고 타당도, 신뢰도를 어느 정도 갖춘 검사를 적용한다.

    ㉠ 교육과정 중심 측정: 학생의 교육과정을 고려하여 평가문항을 작성하며, 평가가 지속적으로 이루어지고, 결과가 교수와 관련된 의사결정에 활용되는 검사를 말한다. 대표 국내 검사로 BASA 시리즈(인싸이트)가 있다.

    ㉡ 또래에 비해 심각하게 반응도가 낮은 학생: 단계적으로 소집단, 개별화 집중수업을 통해 효과적인 수업을 일정 기간(보통 10~15주 정도) 동안 체계적이고 집중적으로 투입하면서 반응을 추적해간다.

③ 문제점

    ㉠ 전통적으로 학습장애는 뇌와 척수를 포함하는 중추신경계 통상결함으로 인한 심리과정상의 기능 결함이 일차적인 원인으로 지목되어 왔음에도 중재반응 모형을 적용하면 원인에 대한 어떠한 정보도 제시할 수 없다는 점이 문제이다.

    ㉡ 어느 것이 효과적인 교육방법인가, 그에 대한 반응을 어떻게 타당하고 신뢰도 있게 측정할 것인가에 관해 합의를 도출하기가 어렵고, 합의를 본다고 해도 이를 '누가' 교사에게 '어떤 훈련'을 '얼마나' 교육하도록 할 것인가의 문제와 개발된 검사 영역에서만 반응도를 확인할 수 있는 등의 실제적인 문제가 남아 있다.

(3) 인지처리과정 결함 접근

① 지각, 상상, 추리, 판단 등의 인지적 처리과정 변인이나 해당 교과의 기본 학습기능에서의 수행 정도를 바탕으로 개인 내 혹은 개인 간 기능의 수행 정도와 어떠한 차이가 있는지, 그 차이가 해당 교과 학업성취의 차이를 얼마나 설명하는지 등을 확인하는 방법이다.

② 인지처리과정 결함 접근은 적어도 3가지 사항을 전제로 한다.

    ㉠ 전반적인 인지능력과 비교적 독립적으로 특정 교과영역의 학습에 영향을 미친다.

    ㉡ 외적인 요소, 즉 심리적 동기나 학습기회 등의 요인에 직접적인 영향을 받지 않는 개인 내적인 특징이다.

    ㉢ 처리과정은 검사도구 등 다양한 측정방법을 통해 그 수행 정도를 나타낼 수 있다.

③ 문제점

    ㉠ 이론적으로나 실제적으로 아직 충분한 근거가 확립되지 않았다.

    ㉡ 인지처리과정으로 진단하고자 하는 개인 내 차이 모형은 학습장애 진단의 대안적 모형으로서 많은 관심을 받고 있지만 실제적으로 사용하기에는 여전히 더 많은 연구가 필요하다.

4. 인지적 특성

(1) 정보처리모형과 특징

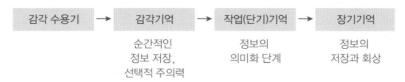

[그림 12-4] 정보처리모형

① **감각기억**: 감각기억이 떨어진다는 연구 결과는 없지만, 감각기억에서 작동기억으로 넘어가기 위해 주의를 집중해야 하는데, 이 능력이 일반 아동에 비해 낮다.

② **선택적 주의력의 문제**: 학습장애 아동은 정보가 주어졌을 때 무엇이 중요한지 적극적으로 찾으려고 하지 않는 경향이 있다.

③ **작업기억 결함**: 사전 지식(장기기억과 연관), 인지 전략(시연, 조직화, 정신적 표상, 언어장애)과 초인지 전략을 활용하는 데 어려움이 있다.

④ **누적된 학습 실패**: 일반 아동에 비해 지식기반이 빈약하며, 이는 계속되는 학습에 부정적인 영향을 미친다.

(2) 주의력 결핍

① **선택적 주의력**: 특정 과제에 주의를 집중하는 동시에 대립된 생각이나 외부 자극을 배제하는 것이다.

② **지속적 주의력**: 장시간 동안 하나의 활동에 주의를 지속하는 능력을 의미한다.

③ **분할 주의력**: 주의력을 배분함으로써 동시에 둘 이상에 주의집중하는 것이다.

④ **작업기억**: 동시에 제시된 정보의 일부를 기억하고, 이를 유지하면서 작업하는 능력을 의미한다.

⑤ 학습한 정보를 인출하는 전략의 부재가 두드러진다.

(3) 학업적 특성

① 실제로 80% 이상의 학습장애 아동이 읽기 문제를 가진 경우가 많은데, 읽기는 다른 교과 학업능력뿐 아니라 삶 전체에 영향을 미치는 중요한 능력이다.

② **읽기 문제**

ㄱ) 생략(예 문장을 읽을 때 단어나 단어 일부분을 빠뜨리기), 첨가(예 제시된 문장에 없는 단어나 문장 추가하기), 대치(예 주어진 단어를 다른 말로 바꾸기), 도치(예 문자나 단어 좌우를 바꾸어 읽기) 등과 같은 외형적인 특징과 낮은 독해력이 포함된다.

ㄴ) 글자와 소리와의 대응관계 학습이 느리고, 결과적으로 개별 단어 읽기와 문장 읽기에 어려움을 보인다.

ㄷ) 비슷한 단어를 서로 혼동하고(예 그러나-그런데, 소풍-소품) 단어를 읽는 속도와 정확성이 또래에 비하여 현저히 낮다.

③ **쓰기 문제**

ㄱ) 전반적으로 글자의 크기, 간격, 글자 간의 조화가 심한 불균형을 보일 뿐만 아니라 글자 모양이 심하게 왜곡된 경우가 많다.

ㄴ) 받아쓰거나 베껴 쓰는 속도가 느리다.

ㄷ) 작문할 때는 구두점, 맞춤법 등과 같은 기술적인 측면은 물론이고 주제에 일관되게 글을 조직화하거나 적절하면서도 풍부한 어휘를 구사하는 데 심한 어려움을 보인다.

④ 수학 영역의 문제: 숫자를 쓰거나 읽는 데 어려움을 보인다.
  ㉠ 숫자를 시각적·공간적으로 조직하는 능력이 부족하다.
    예 자릿값에 따른 숫자의 배열에 어려움을 느끼거나, 비슷한 글자(6과 9, 21과 12)를 혼동하는 경우
  ㉡ 연산문제 해결과정에서 아동이 자주 보이는 연산 오류는 잘못된 오류, 계산상 오류, 결함이 있는 알고리즘,
    받아올림과 받아내림 오류, 자릿값 혼동, 부주의로 인한 오류, 연산과정 중 중단하는 불완전한 오류이다.
  ㉢ 대다수의 수학 학습장애 아동은 단순연산뿐만 아니라 수학 응용문제 해결, 기본 수학 개념 이해 등 여러
    수학 영역에 걸쳐 매우 낮은 학업성취도를 보인다.

(4) 지각운동의 문제
① 지각적 정보처리에 결함: 한 단어와 다른 단어의 소리 구별, 문자 간 차이를 지각하는 데 어려움을 보인다.
② 대근육, 소근육 운동, 시각-운동 협응능력, 지각속도상의 결함을 보인다.
③ 비언어적 학습장애, 우반구 학습장애: 공간-지각능력상의 결함을 보인다.

5. 사회적 및 정서적 특징

(1) 정서적인 측면
① 행동 이전에 자신의 사고와 문제 해결과정, 결과에 대해 생각하는 반성적 사고가 부족하고, 충동적인 경향이
  많으며, 전반적으로 인내심이 약하고 쉽게 좌절하는 경향을 보인다.
② 때로는 집단놀이 중에 지나치게 흥분하는 등 비교적 감정과 반응의 변화가 심한 편이다.

(2) 사회적인 측면
① 많은 학습장애 아동이 정서·행동상 결함을 보이고 부적절한 사회적 판단을 내리며, 애정을 표현하는 정도나
  시기, 대상이 부적절하다.
② 상황에 맞지 않는 행위를 하거나 자신의 행위 결과를 의식하지 못하는 경향이 있다.
③ 전형적인 학습장애 아동은 일반 아동보다 두드러진 행동문제를 보이고 사회적 기술이 부족하며 동료에게 쉽게
  거절당하고 덜 수용적이다. 하지만 모든 학습장애 아동이 정서·행동문제를 보이는 것은 아니다.

(3) 학업적 측면
① 학업에서 누적된 실패 경험과 주위 사람의 낮은 기대는 학습장애 아동의 정의적 발달에 부정적 영향을 미친다.
② 낮은 자기 존중감, 실패에 대한 두려움, 부정적인 귀인 행동과 같은 정의적 특성은 또 다시 계속적인 학업 실패
  와 주위 사람들의 낮은 기대를 가져오는 악순환의 고리를 만들어내게 된다. 이러한 악순환적 관계는 학습장애
  아동의 이차적 장애 문제이지만, 이들 정의적 문제에 대한 체계적인 교육 및 상담 프로그램이 계획되고 제공되
  어야 함을 시사한다.

(4) 과제 불안
① 기질적(특성적) 불안보다 특정 과제 수행과 관련된 심리적 불안을 가진다. 특히 시간제한을 두고 과제를 수행해
  야 하는 상황이나 다른 학생들과의 경쟁·비교가 강조되는 상황에서 더 많은 심리적 불안을 나타낸다.
② 심리적 불안은 과제에 기울여야 할 주의를 분산시키고, 과제에 대한 성취동기를 저하시킴으로써 학습과 평가
  결과에 부정적인 영향을 미친다.
③ 학업성취를 향상하기 위해서는 심리적 상담 서비스와 함께 학습활동과 직접적으로 관련이 있는 학습 전략과
  기법을 동시에 제공할 필요가 있다.

6. 비언어적 학습장애

(1) 비언어적 학습장애의 특징

① 촉각/정신운동 협응능력, 시공간적 조직화능력, 비언어적 문제 해결능력, 부적합함 및 유머에 대한 판단능력에 결함이 있다.

② 기계적 언어나 언어적 기억술은 비교적 잘 발달되지만, 언어에서 어용론이나 작시가 빈약하다.

(2) 비언어적 학습장애의 발달상 문제점

① 말은 많이 하지만 일관성 있는 내용의 메시지를 전달하는 것에 어려움을 보인다.

② 비언어적 단서에 둔하다.

③ 직관이나 즉각적인 대응이 필요한 새로운 상황에 적절하게 대처하거나 그러한 상황에서 주변 규칙들에 따라 행동하는 데 어려움을 보인다.

④ 구어적 표현을 이해하거나 구어체를 적절하게 사용하는 데 어려움을 보인다.

⑤ 공감이 형식적이며 자발적이거나 깊이 있지 못하다.

⑥ 사회적 관습에 대해 경직된 사고방식을 지니고 있다.

⑦ 사회적 상호작용 시 외현적으로 드러나는 언어적 표현에 근거하여 행동하고, 일방적인 의사소통의 형식으로 이루어진다.

⑧ 자신이나 주변 상황에 대한 전반적인 통찰 능력이 부족하다.

7. 상담 및 치료

(1) 일반적인 학습장애에 대한 심리치료의 3가지 구성요소

① 학습을 위한 기술을 가르치는 것: 읽기, 산술, 쓰기 과제를 해결하는 데 필요한 구체적인 학습기술을 체계적으로 가르치는 것이 필요하다.

② 아동에게 심리적인 지지를 하고 자존감과 자신감을 키워주는 것: 학습장애 아동은 흔히 수동성과 무기력감을 나타내는데 이를 극복하고 동기를 유발하는 일이 중요하다.

③ 학습장애 아동이 가정과 학교에서 효과적으로 공부하고 자신의 생활을 관리하도록 지도하는 것이 중요: 예컨대 정리하고 계획하기(예 시간표를 짜게 함, 학교에서 내준 숙제는 반드시 적어오게 함, 숙제를 확인), 주의력과 듣기 능력 향상시키기(예 과제를 부분으로 쪼개서 정하고 그에 따르도록 함, 해야 할 과제의 목록을 만들도록 도와줌)를 부모나 교사가 구체적인 방법으로 꾸준히 지도하면 아동의 생활습관과 학습활동이 달라진다.

(2) 기초인지과정 지도

① **주의집중**: 중요한 관련 자극을 선택하는 방법, 주의집중행동의 지속시간을 늘리는 방법, 한 가지 자극에서 다른 한 가지 자극으로의 전환과정에서 주의를 연속으로 기울이는 방법, 행동상의 개선 방략이 있다.

② **지각**: 시각, 청각, 촉각, 근육운동 지각, 전경-배경 변별 활동, 시-청각의 음을 결합하는 활동, 좌우 및 측면성 등의 방향감각을 익히는 활동, 시각-운동 협응능력을 촉진하는 활동 등으로 지도한다.

③ **기억**: 기억해야 할 내용의 목표 설정과 진술, 기억해야 할 정보의 조직, 기억할 내용의 제시, 기억 방략, 실제 활용 및 기억 점검하기 등을 훈련한다.

④ **언어**: 언어듣기와 언어표현을 촉진하고 듣기, 말하기와 함께 그림이나 글자자료를 이용하여 사물, 내용이나 주제가 맞고 적합한 것을 선택하여 연합하는 방법 등으로 지도한다.

⑤ 사고기능: 유추, 분류, 순서, 집합, 추론, 판단, 비교, 평가, 비판, 문제 해결, 의사결정 등의 사고력 프로그램으로 이루어진다.

(3) 상담

① **학습된 무기력**: 누적된 실패 경험을 통한 심리적 좌절로, 이를 극복할 수 있도록 도와주는 방법으로 응용행동분석이 있다.

② **응용행동분석**: 문제행동(학습된 무기력)에 영향을 미치는 선행자(antecedents)와 결과물(consequences)을 관찰과 면담을 통해 밝혀내고, 이들 선행자와 결과물의 체계적인 변화를 위해 문제행동의 변화를 도모하는 접근 방법이다.

  ㉠ 학습된 무력감의 선행요인: 과제의 난이도, 수업의 체계성, 학습환경 등이 있다.

  ㉡ 행동에 뒤따르는 결과요인: 노력이나 결과에 대한 주위의 관심과 인정, 아동 자신의 내적 성취감, 외부에서 주어지는 긍정적 평가 등이 있다.

③ **멘토링 활용**: 반두라(Bandura)의 사회학습이론에 근거한 것으로, 멘토링을 통한 사회적 망(networking)의 형성을 통해 계속된 실패로 인한 자신감을 잃은 아동을 도와줄 수 있다.

08 운동장애 상담

운동장애 상담 개관

• **운동장애(motor disorder)**: 나이나 지능수준에 비해 기대되는 수준보다 움직임과 운동능력이 현저하게 미숙하거나 부적응적인 움직임을 반복적으로 나타내어 일상 활동에서 심한 지장을 받는 경우를 말한다.
• 운동장애는 발달성 운동협응장애, 상동증적 운동장애, 틱장애의 3가지 하위 유형으로 구분된다.

1. 발달성 운동협응장애/발달성 협응장애(developmental coordination disorder)

(1) 임상적 특징

① 어떤 신체적 질병(예 뇌성마비, 근육성 영양실조)과는 관계없이 일상활동에서 뚜렷한 지장을 초래하는 운동협응능력에 실제적인 결함(예 부정확성, 서투름)이 나타나는 경우를 말한다.

  ㉠ 개인의 연령과 기능 수준을 고려할 때 운동협응기술의 습득과 실행이 기대치보다 상당히 뒤처진다.

  ㉡ 연령에 적합한 운동발달(예 기어 다니기, 앉기, 걷기, 뛰기 등)이 늦고 동작이 서툴러 일상생활 활동에 심한 지장이 초래된다.

  ㉢ ㉠~㉡에 해당하는 경우, 발달성 운동협응장애로 진단된다.

② 움직임에 관해 근육운동의 협응능력에 결함이 있는 것이므로 '운동기술장애(motor skill disorder)'라고도 한다.

③ 증상: 나이와 발달 단계에 따라 다양하게 나타난다.

연령	증상
어린 아동	• 서투른 동작을 나타내고 운동발달 과제가 지체됨 • 몸을 뒤집거나, 기어 다니거나, 앉거나, 서거나, 걷거나, 단추를 채우거나, 신발끈을 묶거나, 바지를 입고 지퍼를 올리는 데 지장을 보임 • 물건을 제대로 못 잡고 자주 떨어뜨려 깨뜨리거나 걸음걸이가 불안정해 곧 넘어질 것처럼 보임
18개월의 아동	• 걸을 때는 안정된 자세를 보이는데 뛸 때 매우 불안한 자세를 보임 • 공 던지기가 어렵고 손을 잡아줘도 계단 오르내리기를 매우 힘들어 함
24개월의 아동	• 평지에서는 비교적 잘 뛰는데 계단을 혼자 오르내릴 때는 어려움을 보임 • 제자리 뛰기가 안 되며 공을 힘 있게 차기가 어려움
36개월의 아동	• 어린이집에서의 율동놀이의 정확성이 크게 떨어짐 • 2초 이상 한 발 들고 서 있기를 하지 못함 • 구슬 꿰기를 힘들어 하고, 연필로 동그라미를 정확히 그리지 못함
48개월 이상의 아동	그림 그리기, 퍼즐 맞추기, 공놀이하기, 글씨 쓰기 등에서 어려움을 보임

(2) DSM-5 진단기준

A. 협응된 운동의 습득과 수행이 개인의 생활연령과 기술 습득 및 사용의 기회에 기대되는 수준보다 현저하게 낮다. 장애는 운동기술 수행(예 물건 잡기, 가위나 식기 사용, 글씨 쓰기, 자전거 타기 또는 스포츠 참여) 지연과 부정확성뿐만 아니라 서투른 동작(예 물건 떨어뜨리기 또는 물건에 부딪히기)으로도 나타난다.
B. 진단기준 A의 운동기술 결함이 생활연령에 걸맞은 일상생활 활동(예 자기 관리 및 유지)에 현저하고 지속적인 방해가 되며, 학업/학교생활의 생산성, 직업활동, 여가, 놀이에 영향을 미친다.
C. 증상은 초기 발달 시기에 시작된다.
D. 운동기술 결함이 지적장애(지적발달장애)나 시각 손상으로 더 잘 설명되지 않으며, 운동에 영향을 미치는 신경학적 상태(예 뇌성마비, 근육퇴행위축(muscular dystrophy), 퇴행성 질환)에 기인한 것이 아니어야 한다.

(3) 원인

① 정확한 원인은 알려지지 않았으나 여러 요인이 작용한 것이라고 추정된다.
② 어떤 아동의 경우 뇌의 시각-운동 영역에 어떤 손상을 수반한 조숙아 병력이나 저체중과 관련 있고, 서툴고 빈약한 협응운동능력을 지닌 다른 가족구성원의 가족력이 있다는 보고도 있다.
③ **동작의 어색함과 넘어지는 경향성**: 대근육 운동협응의 불충분한 균형에서 찾아볼 수 있고, 내이(inner ear)의 전정계와 관련이 있다. 전정은 균형과 협응의 유지를 돕는 신체기관이다. 또한 모든 감각정보는 전정에 전달되고 움직임과 연합된 소뇌가 이를 해석하는데, 이때 소뇌의 해석방식에 문제가 있어서 감각 통합에 기능장애가 초래되고 운동감각에 장애가 유발된다고 한다.

(4) 치료

① 신체적 요인이 있을 경우 원인 치료에 초점을 두어야 한다. 신체적 원인이 아니면 각 아동에게 맞는 개별화된 치료방법이 적용되어야 한다.
② 운동협응능력을 키울 목적으로 고안된 또래 놀이치료, 감각통합 치료, 신체 훈련, 특수체육 프로그램 등의 활동을 통해 도움을 받을 수 있다.

③ 운동협응능력이 떨어진다고 해서 부모가 야단을 치거나 처벌하고 엄마의 눈을 똑바로 쳐다보게 하는 훈육방법을 사용하면 아동이 공포감을 느낄 뿐만 아니라 자존감이 떨어져 부모에 대한 반항심만 키운다.

④ 또래집단에서 놀 때 적극적으로 나서지 못하는 경우, 자꾸만 해보라고 하기보다는 친구의 행동을 더 오랜 시간 관찰하다가 자신감이 생기면 섞이도록 충분한 시간을 주어야 한다. 운동놀이를 기피하는 경우 아동의 자존감이 손상되지 않도록 부모가 아동과 단둘이서 운동놀이를 해보는 것도 좋은 방법이다.

2. 상동증적 운동장애(stereotypic movement disorder)

(1) 임상적 특징

① 비기능적이고 비효율적인 특정 행동의 패턴을 외견상 아무런 목적 없이 반복적으로 지속하여 부적응적 문제가 초래되는 경우를 말한다. 다음의 경우에 진단되며 증상의 심각도는 경도, 중등도, 고도로 구분된다.

ⓐ 반복적이고 억제할 수 없는 것처럼 보이는, 뚜렷하게 목적이 없는 운동 행위(예 손 떨기나 흔들기, 몸 흔들기, 머리 돌리기 등)가 반복적으로 지속된다.

ⓑ ⓐ의 증상이 초기 발달시기에 시작되어 4주 이상 지속된다(4주 이상 지속되어야 한다는 기준은 DSM-IV에서 제시된 것).

ⓒ ⓐ~ⓑ으로 인해 학업적·사회적·기타 활동이 심각하게 저해되는 경우 이 장애로 진단된다.

② 필수적 증상: 반복적이고 억제할 수 없는 것처럼 보이고, 목적도 없어 보이는 운동 행동이다. 이러한 행동은 흔히 뚜렷한 목적 없이 머리, 손 또는 몸의 율동적인 운동으로 나타난다. 어떤 경우에는 자기 억제적인 행동(예 손을 깔고 앉기, 팔을 옷으로 감싸기, 보호 장비를 탐색하기)을 보이기도 한다.

③ 비자해적 상동증적 행동: 몸을 좌우로 흔들기, 머리를 뒤로 젖히기, 고개 끄덕이기, 팔 흔들기 또는 퍼덕거리기, 손 흔들기 또는 양손 퍼덕거리기, 얼굴 앞에서 손가락 튕기기 또는 펄럭이기, 손가락을 무의미하게 움직이기 등이 있다.

④ 상동증적인 자해적 행동: 머리 부딪치기 또는 머리박기, 몸에 구멍자국 내기, 얼굴 때리기, 피부 물어뜯기, 피부 또는 콧구멍 후비기, 눈 찌르기, 손을 깨물거나 빨기, 손톱을 물어뜯기, 이갈기, 손이나 입술 또는 기타 신체부위를 물어뜯기 등이 있다.

⑤ 자해가 수반되는 경우 때로 심각한 신체 손상이 초래될 수 있으므로 주의가 필요하다. 머리를 부딪치는 행동은 남자가 여자에 비해 2 : 1 정도로 많고, 자신을 물어뜯는 행동(예 자기 깨물기)은 여자에서 더 많이 나타나는데 이러한 행동은 모두 신체 손상을 초래할 수 있다.

(2) DSM-5 진단기준

A. 반복적이고, 억제할 수 없는 것처럼 보이고, 목적이 없는 것 같은 운동 행동(예 손 흔들기, 손 장난하기, 몸 흔들기, 머리 흔들기, 물어뜯기, 자기 몸 때리기)

B. 반복적인 운동 행동이 사회적, 학업적 또는 기타 활동을 방해하고 자해의 원인이 될 수 있다.

C. 초기 발달 시기에 발병한다.

D. 반복적 운동 행동은 물질의 생리적 효과나 신경학적 상태로 인한 것이 아니며, 다른 신경발달장애나 정신질환(예 발모광, 강박장애)으로 더 잘 설명되지 않는다.

※ 다음의 경우 명시할 것
  • 자해 행동을 동반하는 경우(또는 예방 조치가 없다면 부상을 초래할 수 있는 행동)
  • 자해 행동을 동반하지 않는 경우

※ 다음의 경우 명시할 것

알려진 의학적·유전적 상태, 신경발달장애 또는 환경적 요인과 연관된 경우

예 레쉬-니한 증후군, 지적장애(지적발달장애), 태아기 알코올 노출

※ 부호화 시 주의점: 연관된 의학적 또는 유전적 조건이나 신경발달장애를 식별하기 위해 추가적 부호를 사용한다.

※ 현재의 심각도를 명시할 것
- 경도: 감각 자극이나 주의 전환에 의해 증상이 쉽게 억제된다.
- 중등도: 증상에 대한 확실한 방어책과 행동 조정이 필요하다.
- 고도: 심각한 부상을 예방하기 위해 지속적인 관찰과 예방이 필요하다.

(3) 원인

① **지적장애와 관련 높음**: 지적장애가 심할수록 상동증적인 자해적 행동의 위험성은 증가한다. 심한 지적장애로 말을 하지 못하는 아동은 고통스러운 신체적 질병 이후 자해적 행동을 나타내기도 한다. 예를 들어 심한 중이염 (또는 치과적 문제, 위식도 역류 등)은 머리 부딪치기나 피부 물어뜯기 등의 행동을 유발할 수 있다.

② 자폐증이나 아동기 조현병 발병과 관련이 있다. 때로는 맹아, 농아와 같이 시각이나 청각상 감각장애에 동반되어 상동증적 운동장애가 나타나는 경우도 있다. 사회적 고립도 상동증적인 자기자극의 위험요인이다.

③ 충분하고 적절한 자극을 받지 못하는 보호시설 환경의 아동에게서 상동증적인 행동이 보다 흔히 나타난다.

④ 환경적 스트레스는 상동증적 행동을 촉발시키는 원인으로 작용한다. 정서적인 긴장과 불안, 적개심과 분노감도 이 장애를 일으킨다. 머리 부딪치기는 어머니의 태만이나 학대, 정서적 동요, 사회적 자극 결여, 신체자극 결여 등과 관련하여 잘 나타난다.

(4) 치료

① 행동의 유형과 특성을 파악하여 집중적인 행동치료 기법을 적용하면 효과가 있다. 정신사회적 환경을 개선하여 적절한 돌봄을 받게 하고, 자기의사 표시를 잘 할 수 있도록 유도하고, 정상 활동은 적극적으로 격려해야 한다. 머리 부딪치기가 심할 때는 머리에 패드를 적절히 사용하여 손상을 방지한다.

② **정신역동치료**: 나이가 들고 지능이 정상일 때, 내적 갈등이나 대인관계의 곤란이 있을 때 도움이 된다.

③ **약물치료**: 신경억제제에 속하는 페노티아진(phenothiazine), 아편 수용체에 작용하는 아편류 길항제(opiate antagonist), 강박증 치료에 사용되는 삼환계 항우울제인 클로미프라민(clomiprmine) 등의 약물이 치료에 사용될 수 있다.

④ 때로는 상동증적 운동장애가 틱장애나 투렛장애로 잘못 오인되는 경우도 있으나, 상동증적 운동장애는 더 강한 유형의 움직임을 나타낸다는 점에서 차이가 있다. 틱 행동이 비의도적이고 급작스럽게 나타나는 것이면 상동증적 행동은 의도성이 있고 자해적인 측면이 있다.

3. 틱장애(tic disorder)

(1) 임상적 특징

① 틱: 아무런 목적 없이 무의식적으로 반복되는 갑작스러운 불수의적(비의도적) 동작이나 음성으로, 운동틱과 음성틱으로 구분된다.

② 틱장애: 자신도 모르게 얼굴, 목, 어깨, 팔, 다리 등을 빠르게 반복적이며 비율동적으로 움직이거나 갑자기 이상한 소리를 내는 부적응적 행동이 반복적으로 나타나는 경우를 말한다.

③ 모든 형태의 틱은 흥분, 긴장, 피곤 상태, 스트레스를 받는 동안 악화되는 반면, 편안한 상태로 어떤 활동이나 일에 집중할 때는 감소된다.

④ 시간 경과에 따라 증상 정도가 변화: 일시적으로 생겼다가 없어지기도 하고, 없어졌다가 다시 생기기도 하고, 여러 형태를 달리하면서 오랫동안 지속되기도 한다.

⑤ 틱 때문에 아동이 부모, 교사에게 꾸지람을 듣거나 또래 아이들로부터 놀림을 받는 경우도 흔히 있다. 틱은 당사자에게는 불수의적(비의도적)이고 저항할 수 없는 것으로 경험되기도 하지만, 경우에 따라서 일시적으로 억제될 수도 있다.

⑥ 틱장애와 상동증적 운동장애의 비교
  ㉠ 틱: 비의도적이고, 갑작스러운 방식으로 나타난다.
  ㉡ 상동증적 운동장애: 의도성이 있고, 율동적이며, 자해적 측면이 강하다.

(2) 틱 증상

구분		내용
운동틱 (motor tic)	단순 운동틱 (simple motor tic)	• 하나의 근육집단이 수축되어 나타나는 것 • 가장 흔한 증상: 눈 깜빡임, 어깨 들썩이기, 얼굴 찌푸리기 등
	복합 운동틱 (complex motor tic)	• 여러 근육집단의 수축과 관련되는 것 • 가장 흔한 증상: 특이한 얼굴표정 짓기, 어깨 들썩이기, 손 냄새 맡기, 남의 행동 따라 하기 등
음성틱 (vocal tic)	단순 음성틱 (simple vocal tic)	• 빠르고 의미 없는 소리를 내는 것 • 가장 흔한 증상: 헛기침하기, 끙끙거리기 등
	복합 음성틱 (complex vocal tic)	• 자신도 모르게 사회적 상황과 맞지 않는 관계가 없는 단어나 구, 절 등을 말하는 것 • 가장 흔한 증상: 엉뚱한 단어나 구절 반복하기, 남의 말 따라 하기 등

(3) DSM-5 진단기준

주의점: 틱은 갑작스럽고 빠르며 반복적이고 비율동적인 동작이나 음성 증상을 말한다.

〈투렛장애〉
A. 다수의 운동틱과 한 가지 또는 그 이상의 음성틱이 질병 경과 중 일부 기간 동안 나타난다. 2가지 틱이 반드시 동시에 나타날 필요는 없다.
B. 틱 증상은 빈도에 있어 악화와 완화를 반복하지만 처음 틱이 나타난 시점으로부터 1년 이상 지속된다.
C. 18세 이전에 발병한다.
D. 장애는 물질(예 코카인)의 생리적 효과나 다른 의학적 상태(예 헌팅턴병, 바이러스성 뇌염)로 인한 것이 아니다.

〈지속성(만성) 운동 또는 음성틱 장애〉
A. 한 가지 또는 다수의 운동틱 또는 음성틱이 장애의 경과 중 일부 기간 동안 존재하지만, 운동틱과 음성틱이 모두 나타나지는 않는다.
B. 틱 증상은 자주 악화와 완화를 반복하지만 처음 틱이 나타난 시점으로부터 1년 이상 지속된다.
C. 18세 이전에 발병한다.
D. 장애는 물질(예 코카인)의 생리적 효과나 다른 의학적 상태(예 헌팅턴병, 바이러스성 뇌염)로 인한 것이 아니다.
E. 투렛장애의 진단기준에 맞지 않아야 한다.
※ 다음의 경우 명시할 것
  • 운동틱만 있는 경우   • 음성틱만 있는 경우

(4) 구분

① **투렛장애(Tourett's disorder)**: 여러 가지 운동틱과 한 가지 이상의 음성틱이 1년 이상 지속적으로 나타나는 경우를 말한다. 틱장애 중 가장 심각한 유형으로, 투렛장애에서의 틱은 운동틱과 음성틱이 함께 존재하면서 복합적으로 같이 나타나기도 하고, 교차하면서 나타나기도 한다.

② **지속성(만성) 운동 또는 음성틱 장애[persistent(chronic) motor or vocal tic disorder]**
- ㉠ 운동틱과 음성틱 중 한 가지 틱이 1년 이상의 기간 동안 거의 매일 또는 간헐적으로 하루에도 몇 차례씩 일어나는 경우를 말한다.
- ㉡ 흔히 운동틱과 음성틱이 함께 나타나지는 않으며, 운동틱과 음성틱이 함께 나타난다면 투렛장애로 진단되어야 한다.
- ㉢ 특히 운동틱은 틱이 얼굴에 국한되어 나타나는 경우가 사지나 몸통에 나타나는 경우보다 예후가 좋다.

③ **일시성 틱장애(provisional tic disorder)**: 운동틱 또는 음성틱이 비교적 일시적으로 나타나는 경우이며, 한 가지 이상의 운동틱 또는 음성틱이 최소 4주 동안 거의 매일 하루에 여러 번씩 나타나지만, 연속적으로 1년 이상은 지속되지는 않는 경우를 말한다.

(5) 틱장애의 원인

① 유전적인 요인, 뇌의 구조적 또는 기능적 이상, 뇌의 생화학적 이상, 호르몬의 이상, 임신 및 출산 과정에서의 뇌손상, 세균감염과 관련된 면역기능 계통의 반응 이상 등이 거론된다.

② **뇌의 구조적 또는 기능적 이상**: 전두엽과 대뇌 기저핵 이상과 관련이 있다.

③ **심리사회적 요인**
- ㉠ 스트레스 상태가 지속되는 것, 부모의 아이에 대한 지나친 기대수준, 강압적이고 처벌적인 훈련방식이 위험 요인으로 작용한다.
- ㉡ **일시적 틱장애**: 선천적인 취약성 요인과 심리사회적 요인이 결합된다면 만성 운동틱 또는 음성틱 장애나 투렛장애로 이행될 위험성이 있다. 원인이 심리적인 요인에 기인하는 경우, 대개 일정 기간을 지속되다가 사라지는 경우도 있다.

(6) 치료

① **부모교육 및 가족상담**: 자녀가 틱 증상을 보일 때 그 행동을 언급하지 말고 무반응하는 게 바람직하며, 자녀를 힘들게 하는 것을 파악하여 제거해줘야 한다. 일과성 틱장애 초기에도 틱 발생 시 무반응하는 것이 좋다.

② **집중 실행**: 틱장애 아동으로 하여금 의도적으로 가능한 한 빨리 틱 증상을 지속·반복하도록 하는 방법이다.

③ **이완훈련법**: 근육의 긴장과 이완법, 심호흡, 시각상 등의 방법 적용이 가장 효과적이라고 알려져 있다.

④ **자기관찰**: 틱 증상을 스스로 평가하도록 일기를 쓰는 등 자신의 틱에 대한 통제능력을 길러주는 방법이다.

⑤ 습관반전 훈련(HRT; Habit Reversal Training): 틱 장애에 대체할 수 있는 바람직한 다른 행동을 가르쳐 주는 것으로, 습관반전에는 틱 알기 훈련, 경쟁반응 훈련, 이완훈련과 상황훈련이 포함된다.

    ㉠ 틱 알기 훈련: 틱의 본질, 빈도, 선행사건 및 후속결과 등에 대해 교육하는 것을 목표로 한다. 즉, 자기 모니터링을 통해서 틱에 대해서 알고, 그것을 통제하고자 하는 동기를 가지며, 틱의 전조증상을 일찍 발견할 수 있게 된다.

    ㉡ 경쟁반응 훈련: 틱이 발생한 2분 동안 또는 틱이 발생하려는 전조증상에 대해 경쟁반응을 하도록 훈련한다. 이때 틱 행동과 관련 있는 것과 반대의 근육긴장을 같은 크기로 가지는 것이다.

        예 눈 깜빡거림의 틱 증상의 경쟁 반응은 눈 크게 뜨기다.

    ㉢ 이완훈련: 스트레스 상황에서 자각 수준을 낮출 수 있도록 이완하는 것을 배움으로써 틱의 발생 빈도를 줄이게 한다. 이때 근육긴장과 이완법, 심호흡, 시각적 심상 등의 방법을 적용하는 것이 가장 효과적이다.

    ㉣ 목적: 3가지 기술(자기 모니터링, 경쟁반응 사용, 이완훈련)을 사용하고자 하는 동기를 부여하는 것이다. 자신의 불편한 습관에 대해 살펴보고, 그 습관으로 인한 역기능적 후속결과를 적고, 틱을 줄임으로써 얻게 되는 기능적인 후속결과에 대해 논의하게 된다. ➡ 후속결과 중재법

---

09 의사소통장애 상담

의사소통장애 상담 개관

1. 의사소통장애(Communication Disorder)
   - 정상적인 지능수준임에도 의사소통에 필요한 말(speech)이나 언어(language)의 사용에 결함이 있는 경우를 말한다.
   - 자신의 연령에 맞게 언어를 이해하거나 표현하는 데 곤란이 있고, 언어 구사력이나 리듬을 발성하거나 말하는 데 어려움을 보인다.
2. 의사소통장애의 하위 유형
   - 언어장애, 발화음장애, 아동기-발병 유창성장애(말더듬기), 사회적 의사소통장애의 4가지가 있다.
   - 4가지 하위 유형의 진단기준에는 맞지 않지만 의사소통에 결함이 있는 경우, 예컨대 음의 고저나 크기, 질, 억양, 공명에서의 비정상성과 같은 특정 문제가 있는 경우 '미분류형 의사소통장애'로 분류된다.

1. 언어장애(language disorder)

(1) 임상적 특징

① 언어의 발달과 사용에 지속적인 곤란을 나타내는 경우를 말한다.

② 진단: 어휘의 부족, 문장구조의 빈곤(예 문법규칙에 따라 문장을 구성하기 위해 단어를 조합하는 능력 부족), 대화 능력의 장해(예 어떤 주제·사건을 설명하거나 대화하기 위해 어휘를 사용하고 문장을 연결하는 능력 손상)를 비롯한 언어 이해나 표현 능력의 손상에 의한 것이다. 이 손상으로 인해 언어능력이 나이에 비해 현저하게 저하되어 효과적인 의사소통, 사회적 참여, 학업적 성취, 직업적 수행에서 기능적 저하를 초래할 때 언어장애로 진단되며, 언어장애의 증상은 초기 발달시기에 시작된다.

③ 언어장애를 지닌 아동: 어휘가 제한되어 있거나 짧고 단순한 구조의 말을 주로 사용하며, 어순이나 시제가 잘못된 언어적 표현을 사용한다. 또한 단어나 어휘를 부적절하게 사용하고 문장의 주요 부분을 생략하며, 길고 복잡한 문장을 만들지 못한다.

(2) 구분

① **표현성 언어장애**: 언어를 이해하는 데는 문제가 없으나 언어를 표현하는 능력에 결함이 있는 경우를 말한다. 어린 아동의 경우 흔히 발화음장애가 동반된다. 장애가 심하면 3세 이전에도 쉽게 알 수 있지만, 정도가 가벼우면 언어가 복잡해지는 초기 청소년까지 잘 드러나지 않을 수 있다.

② **수용성 언어장애**: 언어를 이해하고 받아들이는 능력에 결함이 있는 경우를 말한다.

③ **수용성-표현성 언어장애**: 수용성 언어장애와 표현성 언어장애가 함께 나타나는 것을 말한다. 다만 아동기의 경우 표현성 언어발달이 수용성 언어기술 습득에 좌우되므로 수용성 언어장애가 있을 경우 표현성 언어장애도 항상 함께 동반된다.

(3) DSM-5 진단기준

A. 언어에 대한 이해 또는 생성의 결함으로 인해 언어양식(예 말, 글, 수화나 기타) 습득과 사용에 지속적인 어려움이 있으며, 다음 항목들을 포함한다.
  1. 어휘(단어에 대한 지식과 사용) 감소
  2. 문장구조(문법이나 형태론적 법칙을 기초로 단어와 어미를 배치하여 문장을 만드는 능력)의 제한
  3. 담화(주제나 일련의 사건을 설명하거나 기술하고 대화를 나누기 위해 어휘를 사용하고 문장을 연결하는 능력)의 손상
B. 언어 능력이 연령에서 기대되는 수준보다 상당히 그리고 정량적으로 낮으며, 이로 인해 개별적으로나 어떤 조합에서나 효율적인 의사소통, 사회적 참여, 학업적 성취 또는 직업적 수행의 기능적 제한을 야기한다.
C. 증상의 발병은 초기 발달 시기에 시작된다.
D. 이러한 어려움은 청력이나 다른 감각의 손상, 운동 기능 이상 또는 다른 의학적·신경학적 상태에 기인한 것이 아니며, 지적장애(지적발달장애)나 전반적 발달지연으로 더 잘 설명되지 않는다.

(4) 원인: 발달형(developmental type)

① 특별한 신체적 문제가 없는데도 아동이 성장하면서 언어장애가 나타나는 경우를 말한다.

② 언어발달이 이루어지는 유아기에 언어 사용과 관련된 적절한 환경과 자극을 받지 못한 결과로, 환경적인 원인(예 부모의 무관심, 방치와 학대, 언어적 의사소통의 무시와 처벌, 언어 사용 의욕 상실)과 관련 있다.

③ **유병률**: 아동의 3~5%로 추정되며, 남자아이가 여자아이보다 2~3배 정도 더 많다. 발달형 아동 중에 절반은 성장하면서 좋아지는 반면, 절반 정도는 장애가 오래 지속되는 경향이 있다.

(5) 원인: 획득형(acquired type)

① 청력기능의 문제, 뇌손상, 뇌염, 두부외상, 뇌졸중 등 신체적 원인에 의해 언어발달이 지체되는 경우이다.

② 어떤 연령대에서든 발생할 수 있으나 발달형의 유병률보다는 드물다.

③ **경과와 예후**: 장애가 있던 시기의 언어발달 정도, 나이, 손상 부위, 심각도와 관련이 있다.

(6) 치료

① 언어장애를 나타내는 아동은 먼저 이비인후과, 소아과, 치과 등에서 감각적·신체적 문제가 있는지 점검하는 것이 필요하다. 아울러 아동이 지니고 있을지 모르는 정서적인 문제나 부모-자녀관계를 잘 탐색하여 이를 잘 해결해주는 것이 중요하다.

② 언어치료사나 교사에 의해 아동에게 체계적인 언어교육을 실시하고, 부모도 아동에게 적절한 언어적 자극을 제시하고 아동의 언어적 표현을 격려하고 강화하는 꾸준한 노력을 통해 아동의 언어적 발달을 촉진한다.

2. 발화음장애(speech sound disorder)

(1) 임상적 특징

① 발음의 지속적인 곤란 때문에 언어적인 의사소통에 지장이 초래되는 경우를 말한다.

➡ 발음장애, 발성장애, 발달성 구음장애, 음성학적 장애라고도 한다.

② 진단

㉠ 말의 명료성을 저해하거나 언어적 의사소통을 방해하는 말소리 생성에 지속적인 곤란이 있다.

㉡ 이러한 곤란이 효과적인 의사소통의 제한을 초래하여 사회 참여, 학업 수행, 작업 수행을 방해한다.

㉢ ㉠~㉡의 증상이 초기 발달시기에 시작되는 경우, 발화음장애로 진단된다.

③ 발화음장애가 있는 아동: 자신의 나이, 지능, 교육 수준, 발달 수준에 비해 발음이 현저하게 정확하지 않거나 잘못된 발음을 사용하고, 단어의 마지막 음을 발음하지 못하거나 생략하는 등의 문제를 나타낸다.

④ 언어음을 올바르게 생각해내지 못하고 의미상 차이를 나타내는 음들을 제대로 분류하여 발음하지 못한다. 빈번하게 잘못 발음되는 자음은 'ㅅ, ㅆ, ㅊ, ㅈ' 등으로 알려져 있고, 모음의 장애도 흔히 나타난다.

(2) DSM-5 진단기준

A. 말소리 생성에 지속적인 어려움이 있고, 이는 언어 명료도를 방해하거나 전달적인 언어적 의사소통을 막는다.
B. 장애가 효과적인 의사소통을 제한하여 사회적 참여, 학업적 성취 또는 직업적 수행을 각각 혹은 조합해서 방해한다.
C. 증상의 발명은 초기 발달시기에 시작된다.
D. 이러한 어려움은 뇌성마비, 구개열, 청력 소실, 외상성 뇌손상이나 다른 의학적 또는 신경학적 조건과 같은 선천적 혹은 후천적 조건으로 인한 것이 아니다.

(3) 원인

① 심리적 원인: 뇌성마비와 같은 신경학적 장애, 구순구개열(언청이)과 같은 발성기관의 구조적 결함, 지능 저하와 같은 인지장애, 신경학적인 문제, 청각 손상 등의 결함에서 오는 것을 제외한다면 취학 전 아동의 상당수는 심리적 원인(예 정서적 불안과 긴장, 사회적 상황에 대한 부적절감 또는 두려움, 분노와 적대감) 때문이다.

② 기능적 음성학적 장애: 취학 전 아동의 상당수가 심리적 요인에 의해 가지는 원인불명의 음성학적 장애이다.

③ 유병률: 6~7세 아동의 2~3%가 중간 정도에서 심한 정도의 발화음 문제를 보인다. 남자아이가 여자아이보다 2~3배 정도 더 많다.

(4) 치료

① 음성학적 문제를 유발하는 신체적 또는 심리적 불안과 긴장을 해결하는 방법: 수술로 발성기관을 치료하거나 정서적 불안과 긴장을 완화할 수 있도록 심리치료를 하는 방법이 있다.

② 올바른 발성습관을 교육: 언어치료사가 정확한 발음을 가르치고 올바른 발성을 위한 호흡조절능력을 키우며 일상적 대화에서 정확한 발음을 사용하게 지도하는 것이 바람직하다.

3. 아동기-발병 유창성장애(childhood-onset fluency disorder)

(1) 임상적 특징

① 말더듬기로 인해 언어의 유창성에 장애가 있는 경우를 말한다.

② 말더듬기(stuttering): 말을 시작할 때 첫 음이나 음절을 반복하여 사용하거나(예 난-난-난-난 기분이 좋다.) 특정한 발음을 길게 한다거나(예 나는 하~악교에 간다.) 말을 하는 도중에 부적절하게 머뭇거리거나 갑자기 큰 소리로 발음하는 등 다양한 형태로 나타난다.

③ 진단

　㉠ 개인의 연령과 언어기술에 적합하지 않은 말의 평균 유창성과 말하는 시간 패턴에서의 곤란들이 시간이 지나도 지속되고, 진단기준 1의 7개 중 1개 이상의 증상이 빈번하고 뚜렷하게 발생된다.

　㉡ 이러한 곤란이 말하기에 불안을 일으키거나 효과적인 의사소통, 사회 참여, 학업적·직업적 수행의 제한을 초래한다.

　㉢ ㉠~㉡의 증상이 초기 발달시기에 시작되는 경우, 아동기-발병 유창성장애로 진단된다.

④ 말더듬기는 말을 할 때 음이나 음절을 자주 반복하거나 지연시키거나, 또는 한 단어를 쉬어서 발음하거나 특정한 발음을 길게 함으로써 유창하게 말하는 것이 나이에 비해 현저하게 떨어지는 경우로, 정상적으로 유창하게 말을 하지 못하고 말하는 시간 양상에서 장애를 나타낸다.

⑤ 말더듬기의 정도는 심리적 원인과 상황에 따라 달라진다. 스트레스나 불안과 긴장을 느끼면 악화되고, 말을 해야 하는 특별한 압력이 있으면 더욱 심해지는 경향이 있다.

(2) DSM-5 진단기준

A. 말의 정상적인 유창성과 말 속도 양상의 장애로서 이는 연령이나 언어 기술에 비해 부적절하며, 오랜 기간 동안 지속된다. 다음 중 한 가지 이상이 자주, 뚜렷하게 나타나는 것이 특징이다.
　1. 음과 음절의 반복
　2. 자음과 모음을 길게 소리내기
　3. 단어의 깨어짐(예 한 단어 내에서 머뭇거림)
　4. 소리를 동반하거나 동반하지 않는 말 막힘(말의 중단 사이가 채워지거나 채워지지 않음)
　5. 돌려 말하기(문제 있는 단어를 피하기 위한 단어 대치)
　6. 과도하게 힘주어 단어 말하기
　7. 단음절 단어의 반복(예 "나-나-나-나는 그를 본다.")
B. 장애는 개별적으로나 복합적으로 말하기에 대한 불안 혹은 효과적인 의사소통, 사회적 참여 또는 학업적·직업적 수행의 제한을 야기한다.
C. 발병은 초기 발달시기에 시작된다(주의점: 늦은 발병의 경우 307.0[F98.5] 성인기 발병 유창성 장애로 진단한다).
D. 장애는 언어-운동 결함 또는 감각 결함, 신경학적 손상(예 뇌졸중, 종양, 외상)에 의한 비유창성 또는 다른 의학적 상태로 인한 것이 아니며, 다른 정신질환으로 더 잘 설명되지 않는다.

(3) 원인

① 단일 요인에 의한 것이 아니고 여러 요인이 복합적으로 작용하여 발생하는 경우가 대부분이다.

② 말더듬기는 흔히 말을 더듬는 사람을 흉내 내거나 정서적 흥분이나 불안 상태에서 우연히 말을 더듬으면서 시작된다. 심리적 압박감이나 긴장감이 고조되어 자연스러운 말과 행동이 억제되는 상황에서 시작되기도 한다. 이렇게 시작된 말더듬기가 반복되면서 점차 증상이 악화되어 스스로 통제하기 어려운 심한 말더듬기 상태로 발전한다. 다른 사람 앞에서 말을 더듬는 것에 대한 불안과 두려움으로 인해 심리·신체적 긴장이 증대되어 더욱 악화되고, 말하는 상황을 회피하게 되어 교정할 기회를 갖지 못하고 증상이 지속된다.

(4) 치료

① 개인이 나타내는 증상과 심리적 특성을 고려하여 시행해야 한다.

② 개인이 어려움을 겪는 말더듬기 행동의 정밀한 평가와 분석이 이루어져야 한다.

③ 말더듬기가 악화되는 상황과 그에 관련된 심리적 요인에 대한 분석이 이루어진 후에 적절한 치료가 시행되어야 한다. 예컨대 말더듬기에 대한 과도한 의식과 그로 인한 불안과 긴장, 타인에게 말을 더듬는 모습을 노출하지 않으려는 강렬한 욕구, 자신의 말더듬기를 타인이 알게 될 경우 매우 심각한 결과가 초래될 것이라는 생각, 말을 해야 하는 상황에 대한 회피행동 등이 말더듬기를 유지시키는 경우가 많다. 이러한 요인들을 수정하는 인지행동적 치료와 언어치료적 훈련을 병행하는 것이 가장 바람직하다.

4. 사회적 의사소통장애(social communication disorder)

(1) 임상적 특징

① DSM-5에서 처음으로 추가된 장애로, 언어적·비언어적 의사소통 기술의 사회적 사용에 지속적인 어려움을 나타내는 경우를 말한다.

② 진단: 의사소통 기술의 사회적 활용의 4가지 기능 모두에서 어려움을 보여 사회적 적응에 현저한 지장이 초래되는 경우 사회적 의사소통장애로 진단되며, 사회적 의사소통장애는 초기 아동기에 시작된다.

③ 의사소통 기술의 사회적 활용능력 4가지

㉠ 인사하기나 정보 교환과 같은 사회적 목적을 위해 맥락에 적절하게 의사소통하는 능력

㉡ 맥락이나 듣는 사람의 필요에 맞춰 의사소통을 적절하게 변화시키는 능력

  예 놀이할 때와 교실에서 달리 말하기, 아이와 어른에게 달리 말하기

㉢ 대화와 이야기하기에서 규칙을 따르는 능력

  예 대화에서 번갈아 말하는 것, 잘 이해하지 못했을 때 되묻는 것

㉣ 명시적으로 표현되지 않은 것이나 언어의 함축적이거나 이중적 의미를 이해하는 능력

(2) 자폐 스펙트럼장애와 사회적 의사소통장애

① 공통점: 둘 다 언어적·비언어적 의사소통 및 상호작용에 결함이 있다는 점에서 증상이 유사하다.

② 차이점: 자폐 스펙트럼장애는 제한적이고 반복적인 상동증적 행동·흥미·활동 패턴을 보이는 반면, 사회적 의사소통장애는 상동증적 특성이 나타나지 않는다는 점에서 차이가 있다.

- 만약 과거에 제한적인 흥미와 반복적인 상동증적 행동들이 존재했다면 현재 증상이 없어도 자폐 스펙트럼장애로 진단된다.
- 사회적 의사소통장애는 발달력상 제한적·반복적 패턴의 행동·흥미·활동의 증거가 없는 경우에만 진단이 가능하다.
- DSM-5는 '사회적 의사소통장애'라는 새로운 진단범주를 사용함으로써 자폐 스펙트럼장애와의 차이를 쉽게 식별하고, 보다 적합한 치료를 효율적으로 제공할 수 있도록 했다.

(3) 사회불안장애(사회공포증)와 사회적 의사소통장애

① **공통점**: 사회적 상황을 회피하는 경향이 높다는 점에서 사회불안장애와 유사하다.

② **차이점**: 사회적 의사소통장애는 효과적인 사회적 의사소통을 경험하지 못한 결과로 인해 사회적 상황을 회피하는 반면, 사회불안장애는 사회적 의사소통 기술이 적절히 개발되었음에도 사회적 상호작용에 대한 불안, 공포, 고통으로 인해 사회적 의사소통 기술을 활용하지 못한다.

(4) DSM-5 진단기준

A. 언어적·비언어적 의사소통의 사회적인 사용에 있어 지속적인 어려움이 있고, 다음과 같은 양상이 모두 나타난다.
   1. 사회적 맥락에 적절한 방식으로 인사 나누기나 정보 공유 같은 사회적 목적의 의사소통을 하는 데 있어서의 결함
   2. 교실과 운동장에서 각기 다른 방식으로 말하기, 아동과 성인에게 각각 다른 방식으로 말하기, 매우 형식적인 언어의 사용을 피하는 것과 같이 맥락이나 듣는 사람의 요구에 맞추어 의사소통 방법을 바꾸는 능력에 있어서의 손상
   3. 자기 순서에 대화하기, 상대가 알아듣지 못했을 때 좀 더 쉬운 말로 바꾸어 말하기, 상호작용을 조절하기 위해 언어적·비언어적 신호를 사용하기와 같이 대화를 주고받는 규칙을 따르는 데 있어서의 어려움
   4. 무엇이 명시적 기술이 아닌지(예 추측), 언어의 비문자적 또는 애매모호한 의미(예 관용구, 유머, 은유, 해석 시 문맥에 따른 다중적 의미)가 무엇인지를 이해하는 데 있어서의 어려움
B. 개별적으로나 복합적으로 결함이 효과적인 의사소통, 사회적 참여, 사회적 관계, 학업적 성취 또는 직업적 수행의 기능적 제한을 야기한다.
C. 증상의 발병은 초기 발달 시기에 나타난다(그러나 결함은 사회적 의사소통 요구가 제한된 능력을 넘어설 때까지는 완전히 나타나지 않을 수 있다).
D. 증상은 다른 의학적 또는 신경학적 상태나 부족한 단어구조 영역과 문법능력에 기인한 것이 아니며, 자폐 스펙트럼장애, 지적장애(지적발달장애), 전반적 발달지연 또는 다른 정신질환으로 더 잘 설명되지 않는다.

(5) 원인 및 치료

① 유전적 및 생리학적 영향과 관련이 깊은데 자폐 스펙트럼장애, 의사소통장애, 특정 학습장애의 가족력이 있는 경우 위험률이 높게 나타난다.

② **최근**: 외둥이가 늘어나는 데다 아동이 스마트폰, 컴퓨터 게임과 같이 혼자 하는 놀이에 많이 노출되면서 사회성 결여가 늘어나는 것도 발병 진행의 한 원인으로 작용한다.

③ **치료**: 치료의 목적은 특정 말하기 기술을 가르치기보다 사회적 상호작용을 개선해주는 것에 있다. 신체적 원인이 없는데도 문제가 나타난다면 아동이 어설프게 말하거나 말을 잘 알아듣지 못해도 비난하거나 무시하지 말아야 한다. 아동이 일부러 그러는 것이 아니라 사회적 의사소통의 중요성과 필요성을 잘 모르거나 알고 있다고 해도 효과적인 표현을 하지 못하는 경우가 많기 때문이다.

1. 정의와 개념

(1) 「영재교육진흥법」

① **영재:** '재능이 뛰어난 사람으로서 타고난 잠재력을 계발하기 위하여 특별한 교육이 필요한 사람'으로 정의한다.

② **영재교육:** 영재를 대상으로 각 개인의 능력과 소질에 맞는 내용과 방법으로 실시하는 교육을 말한다.

③ **영재교육 대상자:** 영재교육기관의 장은 다음 각 호의 어느 하나의 사항에 대하여 뛰어나거나 잠재력이 우수한 사람 중 해당 교육기관의 교육 영역 및 목적 등에 적합하다고 인정하는 사람을 영재교육대상자로 선발한다.

1. 일반 지능	2. 특수 학문 적성	3. 창의적 사고 능력
4. 예술적 재능	5. 신체적 재능	6. 그 밖의 특별한 재능

(2) 렌줄리(Renzulli) 기출 17, 21

① 영재는 평균 이상의 높은 능력, 창의성, 과제집착력의 3요인을 가지고 있어야 한다고 주장한다.

② 3가지 요소가 모두 상위 15% 이내에 들고, 그 중 1가지 요소가 상위 2% 안에 들면 영재라고 볼 수 있으며 3가지 요소 간의 공통 부분이 클수록 영재성도 크다고 본다.

③ 지적 능력이 매우 뛰어날 필요는 없으며, 지적 능력이나 창의성뿐만 아니라 과제집착력과 같은 성격적 요인이 영재의 성취에 매우 중요하다는 점을 강조한다.

(3) 타넨바움(Tannenbaum)

① 충분히 계발된 재능은 성인에게서만 찾아볼 수 있다.

② 영재성이란 인간의 윤리적·신체적·정서적·사회적·지적·심미적 생활에서 새로운 아이디어를 생산하는 표상 또는 결정적으로 존경을 받는 수행자가 될 가능성을 말한다고 정의한다.

③ 타넨바움이 주장한 영재의 조건: 뛰어난 일반지능, 뛰어난 특수적성, 비지적 촉진제, 환경의 영향, 기회나 행운

(4) 가드너(Gardner)의 다중지능이론

① 언어, 논리－수학, 공간, 음악, 신체운동, 인간관계, 개인내적 지능, 자연 친화의 8가지 유형의 지능으로 세분화되며, 따라서 이러한 분야 중 우수성을 보이는 분야가 발견되면 그에 따라 흥미와 능력을 확장시킬 수 있도록 기회가 제공되어야 한다.

② 가드너 이론이 관심을 받는 이유는 간과되기 쉬운 영역에 대한 능력을 인정한다는 점과, 서로 다른 영역의 지능에 대한 중요성을 인식하고 동일한 기초를 제공한다는 점이다.

③ **문제점:** 모든 사람이 동등한 능력을 가진다고 잘못 이해될 수 있다.

(5) 정의에 대한 종합

① 영재는 재능뿐만 아니라 이를 키워나가는 성격적 특성도 필요하다.

② 영재성은 IQ보다 개인이 가진 재능과 더불어 창의적 성취를 이루어낼 수 있는 동기, 과제집착력, 적극성 등의 인성이 포함되어야 한다.

③ 지금 현재는 재능, 창의성, 인성적인 면에서 영재적 특성을 많이 지니고 있고, 영재교육에 의해 잠재능력을 향상시켜 앞으로의 창의적 성취를 이룰 가능성이 아주 높은 아동을 의미한다.

2. 영재아의 특징

(1) 인지적 특징

① **높은 지능**: 보통 이상의 지적 능력을 소유하고 있다. 하지만 모든 영재가 지능지수가 높은 것은 아니다. 예술영역과 같이 영역별 또는 개인별로 차이를 보일 수 있으며, 오히려 지능지수가 평균보다 낮아도 노력과 열정으로 지능의 한계를 충분히 극복하여 자기 영역에서 성공한 영재도 많다.

② **창의적 특성**: 일반적으로 영재는 높은 창의성을 지닌 것으로 알려져 있다.

③ **메타인지**: 메타인지가 학습증진 전략과 정신적 활동 전반을 통제하는 것이라는 점에서 보면, 학습 전략과 능력에 대한 지식이 많은 영재일수록 새로운 시각과 기법을 보다 쉽게 터득할 수 있을 것이다.

④ **기타 인지적 특성**: 언어와 사고력이 일반 아동과 달리 조숙하다. 나이에 비해 더 발달된 말과 어휘를 알고 이를 정확하게 사용한다. 영재 아동은 글을 명확하게 쓰며, 또래 아동보다 긴 문장을 쓰고, 명확하고 논리적으로 사고한다. 또한 의미를 이해하고 자기행동을 설명할 수 있으며, 문제에 대한 선택적인 해결책을 찾는다.

(2) 정의적 특징

① **강렬성**: 어떤 일에 대한 열정을 의미하는 것으로, 수월한 경지에 도달하는 데 필수적인 요소 중 하나이다.

② **완벽주의**: 모든 일을 자신의 기준에서 완벽하게 하려는 특성으로, 수월성을 추구하도록 하는 데 필요한 추동력 역할을 한다.

③ **강한 민감성**: 다른 사람의 어려움을 예민하게 느끼는 마음으로, 다른 사람을 도와주려는 동정심의 기초가 되며 자신이 성취할 목적과 생산물이 가지는 사회적 의미를 깊이 느낄 수 있도록 한다. 강렬성, 완벽주의와 함께 이상적인 것에 대한 비전을 중심으로 영재 아동의 독특한 성격 구조를 형성하며, 개인의 이상적 비전을 성취하도록 하는 능력의 기초가 된다.

④ **높은 동기**: 영재 아동은 관심분야에 대한 높은 동기를 지닌다고 알려져 있다.

⑤ **자아개념**: 영재 아동은 긍정적 자아개념의 성향이 강하다. 자신의 높은 지적능력과 높은 포부 수준을 인지하고, 사회적으로 영재라는 인정과 판별을 받으면 보통 능력의 아동보다 긍정적인 자아개념을 형성한다. 한편으로 자신의 높은 기대로 인해 실패를 경험하거나 자신의 능력에 대한 비판적 태도를 가지며, 우수한 아이들끼리 비교하고 자신을 낮게 평가하여 부정적인 자아개념과 낮은 자아존중감을 가질 수도 있다.

(3) 사회적 특징

① 지적능력에 대해 자기 스스로에게 거는 기대와 사회적 관계나 기술에 대해 거는 기대 간의 차이는 지능 수준이 높아질수록 커지는 경향이 있다. 지적인 과제에 대해서는 자신이 노력하면 그 결과가 좋아질 것이라고 느끼는 반면, 사회적 인간관계나 기술에 대해서는 지적인 과제만큼 노력의 결과를 강하게 확신하지 못한다.

② **영재 아동이 친구관계에서 겪는 문제**: 때에 따라 다른 친구들과 대화가 잘 통하지 않는다는 점, 다른 친구들 사이에서 그들의 뛰어난 능력이 너무 드러나게 될 때 받게 되는 친구들의 긍정적·부정적 주목의 처리, 친구들 사이에서 뭔가 다르다고 인식됨으로써 겪는 소외감, 부적절감 등을 들 수 있다. 영재가 경험하는 친구 문제는 비슷한 수준의 친구들을 찾음으로써 해결되는 경우가 많다.

⑷ **페론(Peron)의 진로발달 특징**

① 심리적 요인

ㄱ 영재는 전통적인 성 역할에 대한 고정관념을 덜 중요하게 생각한다.

ㄴ 영재는 일생 동안 한 가지 일에 종사할 가능성이 높다.

ㄷ 일은 영재의 정체감 형성에 핵심적 역할을 한다. 그들의 자아정체감은 일에 의해 좌우되는 경우가 많다.

➡ 자신의 성 역할과는 다른 직업에 관심을 가지거나 한 가지 일에 몰입하여 정통하고 숙달하려는 욕구이다.

② 심리·창조적 요인

ㄱ 영재는 개인적·환경적 한계를 계속 시험하고, 현재 상태에 계속 새롭게 도전하며, 자신과 타인에 대해 계속
적으로 질문을 던질 뿐 아니라 어떤 상황이 종결되는 것에 대한 욕구가 적은 편이다.

ㄴ 영재는 자신의 미래를 창조하는 데 아주 뛰어난 능력을 발휘한다.

ㄷ 영재는 위험을 감수한다.

ㄹ 영재는 자신의 생활에서 일종의 불일치를 만들어 내거나 심지어 불일치 상태를 유지하려고 한다. 그렇게
함으로써 그들은 자신의 삶에 충분히 관여하고 몰입하고 있음을 증명한다.

➡ 현재 상태에 안주하지 않고 계속 도전하며, 위험을 감수하고 외재적 욕구보다 내면적 욕구를 따른다.

③ 사회적 요인

ㄱ 영재는 미래에 더 큰 비중을 두고, 현재의 모습보다는 되어가는 모습을 더 창조한다.

ㄴ 영재는 세계 전체에 대한 관점과 감각을 더 많이 가진다.

ㄷ 영재는 다른 사람보다 사회적인 책임감을 더 크게 느낀다.

➡ 현재보다 미래, 좁은 시각보다 넓은 시각, 개인보다 사회에 대한 책임감을 크게 느낀다.

3. 영재의 인지적·정의적·사회적 특성의 긍정적 측면과 부정적 측면

특성	긍정적 행동특성	발생 가능한 부정적 행동특성
높은 지적 호기심	정보 습득이 빠름, 호기심과 궁금함이 많음, 진지함, 질문이 많음, 풍부한 양의 정보를 보유함, 다양한 책을 읽음, 내재적 동기	과도한 질문과 의욕이 넘쳐 지시에 따르기를 거부함, 인내심 부족, 정규 학교생활을 지루해 함
발달된 언어능력	어휘력 풍부, 앞선 정보력, 유머감각, 앞선 언어발달, 높은 어휘수준, 책을 많이 읽음, 유머감각, 언어로써 비판함	학교, 또래와 맞지 않는 언어 사용으로 의사소통이나 대인관계 어려움, 잘난 체, 따지거나 논쟁함, 장황한 핑계를 댐
높은 창의성	상상력 풍부, 창의력, 새로운 발명과 방식 추구, 독특함, 자기 해석과 스타일의 추구, 아이디어나 해결책 내기를 즐김, 심리적이고 예술적 감각이 풍부함	복잡한 규칙 설정으로 친구들이 기피, 파괴적이거나 보조를 깨뜨리는 것으로 보임, 반복학습과 연습을 기피, 동조하지 않음
우수한 사고능력	사고력 우수, 사고과정이 빠르고 판단력과 문제해결 즐김, 추상화 및 종합능력이 우수, 원인 – 결과 관계 파악, 사물과 사람을 조직화시킴, 도전적, 논리적	단순연습 기피, 전통적인 교수방법 거부, 자세하거나 세부적인 것 놓침, 지나치게 복잡하게 생각하는 경향, 불분명하거나 비논리적인 것 따짐, 논쟁적임
높은 주의집중력	흥미영역 지속, 복잡함 속에서도 자기 일에 몰두함, 선택적 주의집중 우수, 목표지향적 행동	하던 일을 못 멈춤, 타인에 대한 관심 부족, 일상생활 일에 무관심, 제한시간을 넘김, 자기 일에 편중됨

정서적 민감성과 열정	정서적 예민함, 공감성, 타인에게 사랑과 수용받기를 열망함, 타인의 기대에 부응하려 함, 에너지, 열심	과잉욕심, 과잉행동, 과민반응, 활동을 안 하는 것을 못 견딤, 현실적인 목표 맞추기 어려워함, 주지화 해석
완벽주의와 자기비판	자신에 대한 기대가 큼, 최선을 다함, 성공과 인정에 대한 욕구가 강함, 목표지향적 행동, 에너지와 열정	우울, 자기비판과 자기비하로 무기력해지거나 용기를 잃음, 타인의 평가나 비판에 예민해짐, 우수아 신드 롬, 일중독(공부벌레), 미성취
자아개념과 자기통제력	자신과 타인에 대한 높은 기대, 남과 다르다는 자의식 과 자신감이 강함, 자신의 것을 명확히 주장함, 자기 일에 책임감을 갖고 처리함, 과제집착력, 인내심	고집스럽고 의지가 강한 사람으로 보임, 타인에 대한 배려 부족, 비판이나 또래 거부에 예민, 자기가 설정한 기준에 타인이 따르기 힘들어 함, 목표를 달성하지 못했을 때 좌절
뛰어난 유머감각	날카로운 유머감각을 지님, 자기 유머로 타인에게 영향력을 행사하려 함, 자기 일에 몰두, 책임감	또래의 유머 이해 부족으로 '웃기는 아이'로 인식됨, 적대적인 유머로 공격하기도 함, 대인관계 영향
내향성과 독립성	진실·평등·공평의 추구, 인류애에 대한 관심·근심, 자기가치를 실현하고자 함, 도덕행동	고집, 타협 어려움, 자기주장, 지시 거부, 타인에 무관 심, 부모나 교사에게 동조 안 함, 스스로 고립하여 외 톨이가 됨, 사회성 결여, 책에 몰두, 비동시성
도덕발달과 정의감	이상에 어울리는 도덕적 정의감 추구	비현실적 목표를 설정하여 개혁을 시도하다가 좌절에 빠짐, 우울
도전성과 회피성	일상생활의 틀을 싫어함, 평범한 것보다는 새롭거나 도전적인 것을 선호함, 적극성, 노력, 위험 피하기	전통과 권위에 도전하는 것으로 비춰짐, 실패 가능한 일은 시도조차 하지 않으려 함
다재다능함	다방면에 흥미, 열심, 열정, 의욕이 넘침	과잉욕심, 일을 벌임, 시간 부족에 따른 좌절, 신체적 ·정신적 피곤함

4. 문제 소지가 되는 특성

(1) 비동시성 [기출 21]

① 영재의 발달 특성 중 하나는 신체적·인지적·정서적·사회적 성장이 동시에 이루어지지 않고 서로 다른 속도로 발달하여 한 개인 안에서 내적 불일치를 일으키는 비동시성이 나타날 수 있다는 것이다.

② 영재의 비동시성장애

    ㉠ **지적-정신운동성 불일치**: 지적능력 발달에 비해 소근육 발달이 지연되는 것으로, 대표적인 현상이 영재의 읽기와 쓰기에서의 차이다. 영재의 약 2/3 정도가 5세 이전에 이미 읽기능력을 터득함에도 불구하고, 그 중 많은 수의 아이들이 글씨 쓰기에 어려움이 있다.

    ㉡ **지적-정서발달 불일치**: 영재의 정서적 성숙도가 지적능력에 비해 떨어지는 것으로, 두려움이나 불안과 같은 정서적 미숙함을 감추기 위해 풍부한 지식을 이용한 승화, 주지화 등의 방어기제를 사용한다.

    ㉢ **또래와의 사회적 발달 불일치**: 영재 아동의 정신발달 속도가 비교 집단인 또래와 다름으로 인해 생기는 사회적 불일치는 영재의 사회적 적응능력이 저하되게 만든다.

(2) **내향성과 사회성 부족**

① 영재 아동은 독립적으로 일하기를 좋아하는 내성적인 경향성을 지니고 있다. 또한 주변 사람을 자기 뜻대로 조직화하려고 시도하면서 타인의 생각이나 입장을 충분히 고려하지 못하기 때문에, 영재 아동과 또래 아동 사이에 긴장이 일어날 가능성이 높다.

② 영재는 또래를 사귀기가 어렵다. 지적수준이나 흥미, 관심이 서로 맞지 않을 가능성이 높기 때문이다. 그러나 영재 아동에게도 또래가 필요하다. 영재는 나이 많은 사람이나 어른을 선호하는 경향이 있으며, 적당한 또래가 없으면 책으로 친구를 대신하는 경향이 있다.

③ 영재가 또래 집단에 맞추어야 한다는 동조의 압박감과 자기만의 특성을 갖는 것 사이에서의 갈등을 조정하는 것은 큰 스트레스가 된다.

(3) **과흥분성** 기출 21

① 영재는 강한 집중력이나 힘 또는 에너지를 발휘하여 재능 및 각자의 정신운동성, 감각, 지적, 상상, 정서영역에서 또래보다 훨씬 더 높은 수준의 강하고 강렬한 정신활동을 경험한다.

② **과흥분성 에너지**

㉠ **정신운동성 과흥분성**: 잉여 에너지, 빠르거나 높은 활동 수준이 특징이다. 이러한 특성으로 인해 ADHD로 오해할 수 있다.

㉡ **감각적 과흥분성**: 시각, 청각, 촉각 등 자극에 지나치게 예민하기 때문에 과민한 반응을 보이고 불편감을 느낄 수 있다.

㉢ **지적 과흥분성**: 호기심, 집중력, 광범위한 독서, 탐구와 질문, 사고가 특징이며 지적 영재성과 관련이 높다.

㉣ **상상적 과흥분성**: 꿈과 발명, 적극적인 공상활동 등 창의성과 밀접하게 관련되어 있다.

㉤ **정서적 과흥분성**: 깊은 정서적 능력, 강렬함과 민감성, 두려움과 걱정, 친밀감 등을 보인다.

(4) **완벽주의와 과도한 자기비판**

① 영재는 높은 성취욕구와 높은 기대를 가지는 완벽주의적 경향을 지니고 있다. 이는 자신이 우수해야 한다는 지각과 주변 사람들의 칭찬으로 인한 정적 강화 및 사회학습의 결과에서 온다.

② **적응적 완벽주의**: 성취를 향한 힘과 에너지, 동기를 공급해준다.

③ **역기능적 완벽주의**: 자신의 능력 이상의 비현실적인 목표를 설정하고 시간과 에너지를 비생산적으로 과다하게 소모하는데, 결과적으로 이는 목표달성에 실패하고 과도한 자기비판으로 이어지기도 한다.

④ **과도한 자기비판**: 실제적 자아와 이상적 자아 사이의 불일치를 높게 만들며, 실패를 한 자신에 대한 분노와 절망감과 낮은 자아존중감, 우울증을 경험한다. 특히 자기비판과 우울증이 심해지면 자살로 이어지기도 한다.

(5) **위험 회피욕구**

① 영재 아동은 가능성을 인식함과 동시에 발생할 수 있는 가능성이 있는 잠재적인 문제도 인식하며, 일부 영재 아동은 위험에 직면하려고 하지 않는다.

② 위험을 회피하려는 경향성은 실패에 대한 두려움과 낮은 자아개념과도 관련이 깊다.

(6) 다재다능함

① 영재의 다재다능함은 어느 한 영역을 깊이 있게 집중하는 데 방해가 되거나 진로와 직업 선택에서 어려움을 겪을 수 있다.

② 한 가지 전문직을 선택함으로써 다른 길들은 본질적으로 차단해야 하는 결정 상황에서 영재 아동은 상당한 불안을 겪거나 실존적인 우울감을 갖는다.

(7) 교육과정과 학교환경

① 영재아의 독특한 인지능력은 같은 나이, 같은 학년, 정해진 교과과정, 개인차를 고려하지 않은 획일화된 교수학습방법의 교육환경에서는 충족되기 어렵다.

② 교육의 공평함과 평등이라는 태도로 영재가 일반 정규 교육과정 속에서 잘 적응하길 기대하지만, 이 환경은 영재에게 도전과 자극을 주지 못하고 권태감과 낮은 자존감, 우울감이나 미성취에 빠지게 만든다.

③ **영재의 어려움은 준거집단이 변화할 때 발생**: 영재 교육기관이나 특수 목적 고등학교에 다니면 영재의 준거집단은 우수한 아동으로 변화한다. 뛰어난 또래들과 경쟁해야 상황 속에서 타인의 평가와 자신의 수행 결과에 지나치게 민감해지거나 학업에 대한 중압감으로 스트레스 수준이 높아질 수 있다. 영재아의 이 점을 인식하고 심리적으로 지지해야 갈등 상황에 빠지지 않고 좌절을 극복할 수 있다.

(8) 타인의 기대

사람들은 영재가 사회에 잘 순응하길 바라는 반면, 영재는 자신의 욕구를 충족하고 싶어 한다. 다른 사람의 기대에 부응할지 자기 기대에 부응할지의 문제는 가정과 학교, 또래와의 관계에서 일생에 걸쳐 나타난다.

(9) 부모의 이해와 양육

① 영재 아동의 부모는 부모로서 자격이 부족하다고 느끼거나, 남과 '다른' 영재 아이의 욕구에 정서적으로 지지해주지 못하거나, 지적인 자극이나 교육경험을 제공해주는 데 스스로가 부적합하다고 느끼기도 한다. 이는 영재 관련 정보가 부족하기 때문이다.

② 부모의 역할 중 하나는 자녀의 재능을 올바르게 이해하고, 이를 촉진할 교육적·심리적 환경을 마련해주는 일이다. 지나치게 성취만 기대하는 경우 자녀는 낮은 자존감과 우울에 빠질 가능성이 높아지지만, 자녀를 인격적으로 존중하고 가치를 부여해준다면 영재가 성공적인 삶을 살아갈 가능성이 커진다.

(10) 형제관계

① **가정에 한 명만 영재일 경우**: 다른 형제가 똑똑한 경우라고 해도 자신은 영재가 아니라고 여기고 위축되거나 자존감이 낮아지면서 미리부터 자신의 한계를 제한하는 경향을 보인다.

② 형제간의 갈등은 첫째 아동보다 둘째 아동이 영재로 판별될 때 좀 더 강하게 나타난다. 둘째 아동이 영재로 판별되면 출생순위 위치와 영재의 위치 순서가 달라지므로, 형제간 긴장과 경쟁심이 증폭된다.

③ 형제간의 역할을 정립하고 가족이 화합하도록 노력을 기울이면 형제간 경쟁심은 줄어들고 가족 내에 좀 더 나은 조화를 이룰 수 있다.

5. 장애 영재

(1) 영재 특성과 장애 특성

영재 특성	장애 특성	상호작용 결과
• 다양한 영역의 장점	• 다양한 결함과 장애	• 특수한 프로파일 구조
• 완벽주의	• 낮은 성취	• 좌절
• 높은 포부와 기대	• 낮은 기대	• 내적 갈등
• 강한 동기와 욕구	• 제한된 동기	• 억제된 에너지
• 독립성이 강함	• 비독립성	• 창의적인 문제 해결
• 민감성	• 자기비판적	• 불안정한 자아개념
• 높은 직업의식	• 낮은 직업의식	• 배척감

① 긍정적 특성

    ㉠ **영재성과 관련**: 탁월한 기억력과 일반지식, 학습에 대한 높은 욕구, 높은 이해력, 유머감각, 지적인 과제에 대한 집착력, 자신의 장점을 이용하는 능력 등이다.

    ㉡ **목표달성에 대한 강한 동기**: 목표를 달성하기 위해 창의적인 전략을 구사하고 적용하는 능력이 대단히 높다. 이러한 전략은 자신의 장애를 극복하는 데 많은 도움을 준다.

② **부정적 특성**: ㉠ 자기부정적이고, ㉡ 자아개념이 불안정하며, ㉢ 사회적 불안과 당황, 부끄러움이 많고, ㉣ 좌절과 분노가 강하며, ㉤ 억제된 에너지를 발산하려는 욕구가 높고, ㉥ 친구, 교사, 가족과 불화가 심하며, ㉦ 교과 영역에서 학업곤란을 겪는다. 이는 정서적 어려움으로 발전될 수 있으며, 사회적으로 고립되고 공격적이거나 위축되게 한다. 나아가 학업적·사회적 참여를 피하게 하는 결과를 낳는다.

(2) 정의의 어려움

① 학습장애, 청각장애, 시각장애, 정신지체장애, 정서장애 등의 장애를 하나 혹은 중복으로 가지고 있음에도 높은 수행을 보이는 특별한 잠재력을 가지고 있는 사람이다.

② 영재를 판별하는 기준과 장애에 해당되는 기준 둘 다에 부합된 사람으로, 이들에게는 이들의 잠재적인 영재성을 계발하는 동시에 장애를 고려할 수 있는 특별한 교육 프로그램이 필요하다.

> **참고** **장애와 영재의 판별과 문제**
>
> • 고정된 기대: 영재와 장애 아동에 대한 전형적인 생각 ➡ 장애에 의해 판단
> • 발달지체
> • 장애(마스크 효과)
> • 부적절한 판별절차: 일반 아동과 동일한 평가방법 사용
> • 훈련받은 전문가의 부족

6. 영재아 상담 기출 14

(1) 영재아 상담

① **치료적 상담**: 영재가 겪는 심리적 증상의 감소와 심리적인 문제 해결을 목표로 한다. 구체적으로는 수용하기 어려웠던 감정을 표현할 기회를 제공하고, 상담자의 지지와 격려, 수용을 통해 개인이 겪는 고통과 증상을 제거하거나 자신의 감정을 정리하고 현실 상황에 적응하도록 도와주는 상담으로서, 심리적 갈등이 심각하고 커서 시간과 에너지가 많이 요구되는 상담을 의미한다.

② **발달적 상담**: 자아의 성장·발달을 근거로 더 나은 자기발전을 위한 노력을 기울이며 자신의 재능과 장점을 개발하고 심리적으로 성장·발달하는 데 목표를 둔다.

③ **영재아 상담에서의 초점**: 영재의 지적 성장과 잠재능력을 발휘해야 하고, 이를 위한 지적·정서적 내적 통합이 어야 한다. 그러기 위해서는 정서 및 사회성 발달과 정신건강을 도모하는 측면에서 예방차원으로 이루어지는 발달적 상담이 훨씬 중요할 수 있다.

(2) 영재의 의미와 자아정체감에 대한 상담

① 영재 아동은 자신에 대해 대체로 양가적인 감정을 가진다. 영재라는 것이 학업능력 측면에서는 긍정적인 의미를 가지지만 사회적 관계나 친구관계에서는 부정적인 의미를 가지는 것으로 지각한다.

② 상담자는 영재의 이러한 특성을 고려하여 '영재가 된다는 것이 어떤 의미를 가지는지', '영재가 된다는 것이 어떤 점이 좋고 어떤 점이 싫은지', '자신이 영재가 아니면 어떤 점이 더 좋겠는지', '영재가 아니라면 어떤 점이 좋지 않겠는지' 등을 탐색해볼 필요가 있다.

(3) 학업부진과 열등감에 대한 상담

① 영재이지만 학습이 부진하거나 학습에 대해 열등감을 가지는 경우가 있다.

② **영재아가 주의나 관심을 끄는 방식으로 학업부진 선택**: 부모와 교사가 미성취에 대해 과잉으로 반응하지 않거나 무시함으로써 주의를 끌려는 사이클을 끊도록 한다. 영재아가 성취를 잘할 때 관심을 주고, 잘하지 못할 때는 관심을 최소화해야 한다.

③ 영재아의 문제가 학교 학습에만 관련된 것인지, 가정에서의 전반적인 기능에 문제가 있는 것인지를 부모와의 면담을 통해 확인할 필요가 있다. 그 후 아동의 흥미와 포부, 문제의 원인이나 해결책에 대한 자신의 평가를 탐색하기 위해 아동을 대상으로 면담을 실시한다.

(4) 사회성 부족 및 친구관계에 대한 상담

① 친구의 필요성을 인식하고 친구와 어울리고 싶은 동기를 갖도록 해야 한다.

② **영재아 집단**: 친구 사귀기와 사회성 향상을 돕는다. 특히 영재아끼리의 친구관계는 매우 큰 의미가 있는데, 영재집단에서의 긍정적인 친구경험은 일반학교, 사회까지 일반화되어 타인에 대한 긍정적인 자세를 갖도록 한다.

(5) 완벽주의와 지나친 자기비판에 대한 상담

① 완벽주의 성향이나 자기비판 경향을 가진 영재아에게 웃는 법, 일에서 벗어나 쉬는 법, 문제를 전화위복의 기회로 바꾸는 법 등을 가르쳐야 하며, 불확실함과 애매함을 견딜 줄 알도록 하고, 실수를 용납하게 하고, 시간과 여유를 갖도록 해야 한다.

② 현실적인 입장에서 자기에게 맞는 기준을 설정하고 자기의 삶을 조절할 수 있는 능력을 키우게 도와야 한다.

(6) 적성과 진로상담

① 진로상담에서 필요한 것은 영재아와 함께 앞으로 어떤 종류의 일을 왜 하고 싶은지 파악하고, 자신의 선호와 강점을 바탕으로 구체적인 정보를 가지고 논의해야 한다는 점이다.

② 학교 선정을 위해 상담자는 학생과 부모에게 여러 학교가 가지고 있는 영재에 대한 관점, 교육철학, 프로그램 등을 먼저 알아보도록 지도한다. 몇 개의 학교를 선정한 후 학생이 부모와 함께 학교에 직접 방문하여 학교 선택에 학생이 직접 참여하도록 권한다. 또한 학생과 부모가 함께 여러 학교를 검토할 수 있도록 평가기준을 제시한다.

7. 영재 아동을 위한 교육

(1) 영재 아동 집단구성을 위한 지도

① 영재 아동들을 모아 동질집단을 구성하여 지도하는 방법이다.

② 장점: 비슷한 인지적 수준의 능력을 가진 학생들이 상호작용할 기회가 많아진다는 점과 영재 아동들의 전담교사를 배치하여 전문적인 지도를 받을 수 있다는 점이다.

③ 단점: 엘리트주의나 차별성의 문제를 제거할 수 없다.

(2) 속진교육과 심화교육 `기출 17`

① 학습 속진 프로그램: 영재 아동이 대체로 학습 속도가 빠르고 조숙한 특징이 있으므로 이들을 대상으로 월반 및 조기입학 혹은 조기졸업을 통해 교육과정을 압축하는 것을 말한다.

② 심화학습 프로그램: 영재 아동을 위해 다양한 교육과정을 마련하여 광범위하고 깊이 있는 학습이 이루어지도록 도움을 제공하는 프로그램이다.

③ 장단점

구분	장점	단점
속진교육	• 월반(grade-skip) • 경제적인 면에서 효과적임 • 영재에게 지적인 호기심을 제공할 수 있음	• 중요한 기술을 놓칠 수 있음 • 교육과정의 수직적 운영으로 인해 폭넓은 학습경험을 제공하지 못함 • 과정은 무시하고 내용지식 경험에 치중
심화교육	• 학습자의 관심과 흥미에 따라 연구 과제를 설정하고, 생활 속의 문제를 중심으로 해결해나가기 때문에 학습자의 동기를 유발시켜 자발적인 학습과 창의적인 결과물을 내도록 할 수 있음 • 고차원적인 사고기술을 개발할 수 있음	• 정규교육과정과의 연속성이 결여될 수 있음 • 심화과정을 잘 가르칠 수 있는 전문 교사의 부족 • 재정적인 부담이 큼 • 프로그램의 개발이 쉽지 않음

(3) 교사 관찰 추천제

① 1단계, 잠재 영재군 형성: 잠재 영재군을 형성한다. 이는 기존 영재 판별이 지니고 있던 매우 좁고 제한된 영재 선정의 범위를 넓히고, 가시적인 영재성으로부터 탈피하여 추정 영재에게 내재된 잠재성에 초점을 둔 선별을 지향한다.

ㄱ 학급의 담임교사와 교과 담당교사는 학교생활 중에 관심을 가지고 지켜볼 학생을 가려낸다.

ㄴ 교사에 의해 가능성이 있다고 생각되는 모든 학생이 잠재 영재군을 형성한다.

ㄷ 담임교사와 교과 담당교사는 그들을 대상으로 장기간 꾸준히 관찰을 수행한다.

ㄹ 관찰 추천자료는 각 학교 단위로 구성된 학교추천위원회의 영재담당교사에게 전달되며 다음 단계 대상자 선별을 위한 평가준거로 활용된다.

② 2단계, 담임교사와 영재담당교사의 관찰 수행: 담임교사와 영재담당교사가 1단계에서 선별된 잠재 영재군을 대상으로 보다 정교하고 세밀한 관찰을 수행한다.

ㄱ 2단계 선별과 기존 선별의 차이점: 일회성의 지필평가로부터 탈피하고 장기간에 걸친 관찰평가의 결과에 초점을 둔다는 점과 다면적인 자료를 활용한다는 점이다.

ㄴ 1, 2단계에서 선별된 잠재 영재군은 학교 소속 교사, 영재담당교사, 외부 전문가 등으로 구성된 학교추천위원회의 평가 결과에 따라 각 학교급별 할당 인원에 맞춰 최종 선발된 후 해당 영재교육기관에 추천됨으로써 3단계인 판별 단계에 진입한다.

③ 3단계, 영재교육대상자 추천: 해당 영재교육기관에서 판별을 수행한다. 1, 2단계의 선별을 거쳐 해당 영재교육기관으로 추천된 잠재 영재에게 각 영재교육기관이 지정한 날짜에 지정된 장소에 모여 기관에서 제시한 과제를 수행함으로써 3단계 과정의 판별을 받는다.

④ 4단계, 영재교육기관 선발: 최종 면접과 교육적 배치를 받음으로써 영재교육 대상자로 최종 선정된다.

⑤ 특징

    ㉠ 교사 관찰 추천제의 주된 목적: 기존의 영재성 선정범위를 넓히고, 보다 넓은 범위의 잠재 영재군에게 영재교육의 기회를 주는 것이다.

    ㉡ 영재 선정의 범위를 넓힌다는 것: 낮은 사회경제적 지위, 열악한 가정환경으로 지금까지 영재 판별 첫 단계부터 배제되었던 소외된 추정 영재에게 영재교육 수혜 기회를 부여하는 것을 의미한다.

    ㉢ 제한점: 관찰 추천 판별 방식이 소외된 잠재 영재에게 얼마만큼의 교육기회를 실질적으로 줄 수 있는지, 관찰 추천 방식이 사교육을 통한 학습된 영재성으로부터 자유로울 수 있는지의 여부이다.

(4) 영재아 판별의 6가지 원칙

① 영재 개념의 적절성: 영재아의 정의 및 개념에 의해 판별의 준거기준을 마련한다. 판별에 앞서 영재를 어떻게 정의할 것인지, 영재의 개념은 무엇인지 생각해 본다. 그에 따라 적절한 판별기준을 마련한다.

② 복합 판별: 단일 판별보다는 복합 판별 과정(다단계 판별 방법)을 사용한다.

    ㉠ 최근에 개발된 영재 판별 방법들은 어느 한 가지 측정도구를 사용하는 단일 판별보다는 다양한 판별 접근 방식을 취하고 있다.

    ㉡ 다양한 판별 방법을 사용하면 판별에서 발생할 수 있는 문제점을 극소화할 수 있는데, 이렇게 하기 위해서는 영재의 다양한 특성을 반영하기 위해 다양한 자료를 수집해야 한다.

③ 조기 판별: 판별은 조기에 실시되어야 하며, 영재성 또한 조기에 판별되어야 한다. 조기 판별의 목적은 아동이 지니고 있는 영재성을 조기 발굴하여 이에 적절한 교육을 제공하여 최대한으로 잠재 능력을 키워주는 데 있다.

④ 지속적 판별: 판별은 일회성으로 끝나지 않고 지속적으로 이루어져야 한다. 다양한 정보를 수집하고, 다단계 판별을 했을지라도 영재성이 간과되는 경우도 있으므로 지속적인 판별을 하여 한 명의 영재도 놓치지 말아야 한다.

⑤ 판별의 타당성과 적절성: 판별 목적에 부합하여 판별 방법을 활용한다. 다양한 자료를 수집하고, 다단계 판별 방식을 활용하여 얻은 자료와 정보들을 최대한 활용해야 한다. 이때에는 어떤 분야의 영재를 판별할 것인가를 고려하여 판별 계획을 세우도록 한다.

⑥ 다양한 판별 정보원: 다양한 판별 정보원이란 영재 판별에 기여할 수 있는 모든 사람들을 말한다.

1. 정의

- 「장애인 등에 의한 특수교육법」: 장기간에 걸쳐 다음 각 목의 어느 하나에 해당하여 특별한 교육적 조치가 필요한 사람이다.
  - 지적·감각적·건강상의 이유로 설명할 수 없는 학습상의 어려움을 지닌 사람
  - 또래나 교사와의 대인관계에 어려움이 있어 학습에 어려움을 겪는 사람
  - 일반적인 상황에서 부적절한 행동이나 감정을 나타내어 학습에 어려움이 있는 사람
  - 전반적인 불행감이나 우울증을 나타내어 학습에 어려움이 있는 사람
  - 학교나 개인 문제에 관련된 신체적인 통증이나 공포를 나타내어 학습에 어려움이 있는 사람
- 정서 및 행동상의 문제를 가질 뿐만 아니라 이로 인해 학습문제를 동반해야 한다. 이는 정서 및 행동에 문제가 있으나 학습능력이 현저하게 떨어지지 않을 경우에는 정서행동장애로 규정할 수 없다.
- **하위 유형**: 품행장애, ADHD, 적대적 반항장애, 불안장애, 우울장애

2. 분류

- 콰이(Quay)의 양적 분류

하위 유형	특징
품행(행위) 장애	• 또래에게 인기가 없고, 또래 아동을 죄책감 없이 고의적으로 괴롭힘 • 이러한 아동이 나타내는 사회화되지 않은 공격적 행동은 신체적 또는 언어적 공격성으로 특징지어짐 • 이 장애는 어린 나이에도 나타나고, 사회화된 공격성보다 더 흔함
사회화된 공격성	• 또래들에게 인기가 있고, 비행 하위문화의 규준과 규칙을 준수함 • 사회화된 공격행동은 아동기나 청년기 이후에 더 빈번하게 발생함 • 이 범주의 특정 행동증상은 또래 그룹 상황에서 발생하는 여러 비행활동을 포함함
주의력 결함/ 미성숙	주의력 결함 아동은 인지적 혹은 통합 문제이며, 충동통제와 좌절, 사고과정에서 문제를 경험함
불안/위축	• 전형적으로 자기의식적이고 과잉반응을 보이고 종종 사회기술에 결함을 가진 것으로 특징지어짐 • 또한 아동은 환상에 빠져들고, 사회적으로 고립되며, 우울과 공포를 느끼고 정상 활동에 잘 참여하지 못하며 신체적 고통을 호소함
정신증적 행동	• 자신과 현실에 대한 태도가 전반적으로 손상되어 있음 • 이때 손상은 일상생활을 방해하고 관찰자가 이해할 수 없을 정도로 심각함
과잉행동	• 전형적으로 불안정하고 예측할 수 없음 • 주의가 산만하고 충동적이며 성급하고 파괴적인 행동으로 나타남

- 행동적 차원의 분류

구분	장애 유형	특징
내재화 행동	• 우울 • 불안장애	부끄러움, 위축, 열등감, 슬픈, 우울한, 성마른, 냉담한
외현화 행동	• 과잉행동장애 • 품행장애 • 적대적 반항장애	일탈적인, 불복종적인, 재산, 규칙, 다른 아동에 대한 공격성, 과도한 관심 요구, 욕하는, 성질부리는, 질투하는, 파괴적인, 과잉행동적인

- **내재화 행동**: '과잉통제'라고 불리며 우울, 불안, 위축 등 개인의 정서 행동상의 어려움이 외적으로 표출되기보다 내면적인 어려움을 야기하는 상태를 말한다.
- **외현화 행동**: '과소통제'라고 불리며 외적으로 직접적으로 표출되는 행동으로 공격성, 불복종, 폭발적 행동, 파괴, 비행, 행동화 등이 포함된다.

제**3**절 파괴적 충동조절 및 품행장애 상담

파괴적 충동조절 및 품행장애 상담 개관

하위 유형	주요 진단 특징
적대적 반항장애	어른에게 불복종하고 거부적이며 적대적인 반항행동을 6개월 이상 나타내는 경우
품행장애	타인의 권리를 침해하거나 사회적 규범과 규칙을 위반하는 행동을 반복적이고 지속적으로 나타내는 경우
간헐적 폭발성장애	공격적 충동조절의 실패로 가끔씩 심각한 파괴적인 행동을 나타내는 경우로, 연령은 6세 이상이어야 함
병적 방화	자신의 기쁨, 만족 또는 긴장 완화를 위해 불을 지르고 싶은 충동을 억제하지 못하고 1회 이상 고의적이고 의도적으로 방화를 하는 경우
병적 도벽	자신의 기쁨, 만족 또는 긴장 완화를 위해 남의 물건을 훔치고 싶은 충동을 억제하지 못해 반복적으로 도둑질하는 경우
반사회성 성격장애	DSM-5에서는 반사회성 성격장애를 '파괴적, 충동통제 및 품행장애'의 범주에서 하위 유형으로 제목만을 제시했고 (파괴적이며 충동조절의 실패 때문에), '성격장애'의 장과 함께 이중으로 분류함

➡ 파괴적, 충동조절 및 품행장애는 정서와 행동을 포함한 충동조절의 실패로 인해 나타나는 다양한 정신장애를 다루고 있다. 즉, 충동조절의 어려움으로 인해 본인도 고통을 받고 다른 사람에게도 해를 끼치는 부적응적인 행동을 다룬다.

11 적대적 반항장애(oppositional defiant disorder) 상담

1. 임상적 특징과 진단기준

(1) 임상적 특징

① 어른들에게 불복종하고 거부적이며 적대적이고 반항적인 행동을 지속적으로 나타내는 경우이다.

② **핵심 증상 3가지**: 분노하며 짜증내는(과민한) 기분, 논쟁적이고 반항적인 행동, 악의적인 복수심(보복적 특성)의 3가지 범주에 해당하는 8가지 증상 중 4가지 이상의 증상이 6개월 이상 나타나고(진단기준 A), 이로 인해 부적응적인 증상들이 초래되거나 주변 사람이 고통을 받을 경우 진단된다.

③ **품행장애보다 덜 심각한 유형**: 품행장애는 타인의 기본적 권리나 사회적 규범을 위배하는 행동패턴이 특징적이고 법적 문제까지 초래하는 경우가 많은 반면, 적대적 반항장애는 법적 문제까지는 초래하지 않는다.

④ **ADHD와 적대적 반항장애가 함께 발달하는 경우도 많음**: ADHD에서 적대적 반항장애를 거쳐 품행장애로 발달되면서, 그 이후 다양한 경로를 통해 우울증으로 진행되기도 한다.

⑤ 대체로 8세 이전에 시작되고 청소년기 이후에 시작되는 경우는 드물다.

(2) DSM-5 진단기준

A. 분노, 과민한 기분, 논쟁적·반항적 행동 또는 보복적 특성이 적어도 6개월 이상 지속되고, 다음 중 적어도 4가지 이상의 증상이 존재함. 이러한 증상은 형제나 자매가 아닌 적어도 한 명 이상의 다른 사람과의 상호작용에서 나타나야 함

〈분노, 과민한 기분〉
1. 자주 욱하고 화를 냄
2. 자주 과민하고 쉽게 짜증을 냄
3. 자주 화를 내고 분개함

〈논쟁적·반항적 행동〉
4. 권위자와 잦은 논쟁, 아동이나 청소년의 경우 성인과 논쟁함
5. 자주 적극적으로 권위자의 요구나 규칙을 무시하거나 거절함
6. 자주 고의적으로 타인을 귀찮게 함
7. 자주 자신의 실수나 잘못된 행동을 남의 탓으로 돌림

〈보복적 특성〉
8. 지난 6개월 동안 적어도 두 차례 악의에 차 있거나 앙심을 품음

B. 행동장해가 개인 자신에게 또는 자신과 직접적으로 관련 있는 사회적 맥락(예 가족, 또래 집단, 동료) 내에 있는 상대방에게 고통을 주며, 그 결과 사회적, 학업적, 직업적 또는 다른 중요한 기능 영역에서 부정적인 영향을 줌

C. 행동은 정신병적 장애, 물질사용장애, 우울장애 또는 양극성장애의 경과 중에만 국한하여 나타나지 않음. 또한 파괴적 기분조절 부전장애의 진단기준을 충족하지 않아야 함

※ 현재의 심각도를 명시할 것
• 경도: 증상이 1가지 환경에만 국한되는 경우(예 집, 학교, 직장, 또래와의 관계)
• 중등도: 증상이 최소한 2가지 환경에서 나타나는 경우
• 고도: 증상이 3가지 이상의 환경에서 나타나는 경우

(3) 감별진단

① 스트레스가 심할 때 반항적인 행동이 일시적으로 나타날 수 있는데, 이때는 적응장애로 진단해야 한다.

② 품행장애, 조현병, 기분장애의 발현과정에서도 반항적인 행동이 나타날 수 있는데, 이때는 적대적 반항장애로 진단하지 않는다.

③ 적대적이고 거부적인 행동은 ADHD, 인지장애, 지적장애와 동반될 수 있는데, 이때는 문제행동의 심한 정도와 기간에 따라 적대적 반항장애 진단을 동시에 내릴 수 있다.

④ 품행장애의 경우, 성인이나 권위자와의 갈등이 장애의 원인이라는 점에서 적대적 반항장애와 유사할 수 있다. 하지만 품행장애에서 재산 파괴, 사기나 절도와 같이 타인의 기본권의 침해가 보다 빈번하게 발생한다는 측면에서 감별될 수 있다.

⑤ 파괴적 기분조절부전장애의 경우, 적대적 반항장애와 같이 만성적인 부정적 기분과 분노발작이라는 증상을 공유한다는 측면에서 유사할 수 있다. 하지만 증상이 야기된 기저에 기분조절의 어려움이 존재하며, 이런 어려움이 파괴적 기분조절부전장애 진단을 모두 충족할 경우에는 적대적 반항장애를 진단해서는 안 된다.

2. 원인 및 상담

(1) 원인

① 원인은 잘 밝혀지지 않았으나 부모와 자녀 간의 갈등이 중요한 역할을 한다. 이 장애를 지닌 아동의 부모는 대부분 권력, 지배, 자율에 관심이 많다고 한다.

② 기질적으로 자기주장과 독립성이 강한 아동에게 지배 성향이 강한 부모가 일방적으로 아동의 행동을 힘이나 권위로 과도하게 억제하려는 경우, 부모와 자녀 간 투쟁과정에서 아동이 적대적 반항장애를 나타낼 수 있다.

③ **정신분석**: 배변훈련 과정에서 부모와 자녀가 힘겨루기를 하는 일종의 항문기적 문제로 본다.

④ **행동주의**: 적대적 반항행동이 가족 내에서 모방학습으로 학습되고 조작적 조건형성을 통해 강화될 수 있다고 주장한다. 즉, 집요한 반항행동이나 적대적 논쟁행동은 자신의 요구를 관철시키거나 부모의 요구를 철회하게 하는 등의 보상적 결과를 통해 강화될 수 있다.

(2) 상담

① 상담자는 아동과 좋은 치료적 관계를 형성하고, 아동의 욕구불만과 분노감을 잘 수용할 필요가 있다.

② 아동이 원하는 바를 효과적으로 실현할 수 있는 적응적 행동을 습득시키고 강화하는 것이 필요하다.

③ 이 치료 원칙을 부모에게 이해시키고 아동을 대하는 태도를 변화시켜 좀 더 효과적으로 부모—자녀 간 의사소통 관계의 개선이 이루어지도록 유도하는 것이 필수적이다.

12 품행장애(conduct disorder) 상담

1. 임상적 특징과 진단기준

(1) 임상적 특징

① 다른 사람의 기본적인 권리를 해치거나 나이에 적합한 사회적 규범, 규칙을 어기는 행동을 반복적이며 지속적으로 보이는 경우이다. 진단기준 A에 제시된 사람과 동물에 대한 공격, 재산 파괴, 사기 및 절도, 심각한 규칙 위반의 4가지 범주의 15개 기준 중 3개 이상이 지난 12개월간 지속되고, 이 중 한 항목 이상이 지난 6개월간 반복적으로 나타나고, 이로 인해 사회적·학업적·직업적 기능에 심각한 손상이 초래된 경우에 진단된다.

② 발병 연령에 따라 10세 이전에 문제행동이 나타나는 아동기 발병형과, 그 이후에 나타나는 청소년기 발병형으로 구분되며, 문제의 심각성 정도에 따라 경미한 정도, 상당한 정도, 심한 정도로 분류된다.

③ 일반적으로 7~15세 사이에 시작되고, 시간이 지나면서 경미한 장애행동은 좋아질 수 있으나 심각한 수준인 경우 반사회적 성격장애나 다른 심리문제로 진단된다. 이른 나이에 발병하고, 문제행동 수가 많고, 증상이 심각할수록 성인기에 반사회적 성격장애로 발전할 가능성이 높다.

④ 남자가 여자보다 4배에서 12배 정도 더 많이 진단되며, 품행장애의 1/3은 ADHD를 수반한다.

⑤ **국내 유병률**: 적대적 반항장애는 11.34%, 품행장애는 1.12% 정도이다.

(2) DSM-5 진단기준 _{기출 17, 18}

A. 타인의 기본적 권리를 침해하고 연령에 적절한 사회적 규범 또는 규칙을 위반하는 지속적이고 반복적인 행동양상으로, 지난 12개월 동안 다음의 15개 기준 중 적어도 3개 이상에 해당되고, 지난 6개월 동안 적어도 1개 이상 기준에 해당됨

〈사람과 동물에 대한 공격성〉

1. 자주 다른 사람을 괴롭히거나, 위협하거나, 협박함
2. 자주 신체적인 싸움을 시작함
3. 다른 사람에게 심각한 신체 손상을 줄 수 있는 무기를 사용함(예 방망이, 벽돌, 깨진 병, 칼, 총)
4. 사람에게 신체적으로 잔인하게 대함
5. 동물에게 신체적으로 잔인하게 대함
6. 피해자가 보는 앞에서 도둑질을 함(예 노상강도, 소매치기, 강탈, 무장강도)
7. 다른 사람에게 성적 활동을 강요함

〈재산 파괴〉

8. 심각한 손상을 입힐 의도로 고의적으로 불을 지름
9. 다른 사람의 재산을 고의적으로 파괴함(방화로 인한 것은 제외)

〈사기 또는 절도〉

10. 다른 사람의 집, 건물 또는 자동차를 망가뜨림
11. 어떤 물건을 얻거나 환심을 사기 위해 또는 의무를 피하기 위해 거짓말을 자주 함(즉, 다른 사람을 속임)
12. 피해자와 대면하지 않은 상황에서 귀중품을 훔침(부수거나 침입하지 않고 상점에서 물건 훔치기, 문서 위조)

〈심각한 규칙위반〉

13. 부모의 제지에도 불구하고 13세 이전부터 자주 밤늦게까지 집에 들어오지 않음
14. 친부모나 부모를 대신한 가정에 사는 동안 밤에 적어도 2회 이상 가출 또는 장기간 귀가하지 않은 가출이 1회 있음
15. 13세 이전에 무단결석을 자주 함

B. 행동장해가 사회적, 학업적 또는 직업적 기능영역에서 임상적으로 현저한 손상을 초래함

C. 18세 이상인 경우, 반사회성 성격장애의 진단기준에 부합되지 않음

※ 다음 중 하나를 명시할 것
- 아동기 발병형: 10세 이전에 품행장애의 특징적인 증상 중 적어도 한 개 이상을 보이는 경우
- 청소년기 발병형: 10세 이전에는 품행장애의 특징적인 증상을 전혀 충족하지 않는 경우
- 명시되지 않는 발병: 품행장애 진단기준을 충족하지만, 첫 증상을 10세 이전에 보였는지 10세 이후에 보였는지에 대한 정보가 없어 확실히 결정하기 어려운 경우

※ 다음 중 하나를 명시할 것

제한된 친사회적 정서 동반: 이 명시자를 진단하려면 적어도 12개월 이상 다양한 대인관계나 사회적 장면에서 다음 중 적어도 2개 이상의 특징을 보여야 함. 이러한 특성은 해당 기간 동안 개인의 대인관계적·정서적 기능의 전형적인 형태를 반영해주며, 몇몇 상황에서만 가끔 발생하는 것이 아님. 따라서 명시자를 평가하기 위해서는 다양한 출처에서 정보를 얻는 것이 필수적임. 자기보고뿐만 아니라 그 개인을 장기간 알고 있는 사람들(예 부모, 교사, 동료, 친척, 또래)의 보고를 반드시 고려해야 함
- 후회나 죄책감의 결여: 본인이 잘못을 저질러도 나쁜 기분이나 죄책감을 느끼지 않음(붙잡히거나 처벌 받는 상황에서만 양심의 가책을 표현하는 경우는 배제해야 함). 자신의 행동으로 인한 부정적인 결과에 대해 일반적인 걱정이 결여되어 있음 예 다른 사람을 다치게 하고도 자책하지 않거나 규칙을 어겨 발생하는 결과에 대해 신경을 쓰지 않음
- 냉담, 즉 공감의 결여: 타인의 감정을 무시하거나 신경 쓰지 않음. 타인들은 이들을 차갑고 무정한 사람으로 묘사함. 자신이 타인에게 피해를 주는 경우에도, 자신이 타인에게 미치는 영향보다 자신에게 미치는 영향에 더 신경을 씀

- 수행에 대한 무관심: 학교나 직장 또는 다른 중요한 활동에서 자신이 저조한 수행을 보이는 것을 개의치 않음. 심지어 충분히 예상 가능한 상황에서도 좋은 성과를 보이기 위해 필요한 노력을 기울이지 않으며, 전형적으로 자신의 저조한 수행을 다른 사람의 탓으로 돌림
- 피상적이거나 결여된 정서: 피상적이거나, 가식적이고 깊이가 없는 정서(⑩ 행동과 상반되는 정서표현, 빠른 정서전환)를 제외하고는 다른 사람에게 자신의 기분이나 정서를 드러내지 않음. 또는 얻고자 하는 것이 있을 때만 정서를 표현함
  ⑩ 다른 사람을 조정하거나 위협하고자 할 때 보이는 정서표현

※ 현재의 심각도를 명시할 것
- 경도: 진단을 충족하는 품행문제가 있더라도 품행문제의 수가 적고, 다른 사람에게 가벼운 해를 끼치는 경우
  ⑩ 거짓말, 무단결석, 허락 없이 밤늦게까지 집에 들어가지 않는 것, 기타 규칙 위반
- 중등도: 품행문제의 수와 다른 사람에게 끼치는 영향의 정도가 '경도'와 '고도'의 중간에 해당되는 경우
  ⑩ 피해자와 대면하지 않는 상황에서 도둑질하기, 공공기물 파손
- 고도: 진단을 충족하는 품행문제가 많거나 다른 사람에게 심각한 해를 끼치는 경우
  ⑩ 성적 강요, 신체적 잔인함, 무기 사용, 피해자가 보는 앞에서 도둑질, 파괴와 침입

(3) 아동기 발병형과 청소년기 발병형 기출 18

아동기 발병형	청소년기 발병형
• 주로 남성에게 많고 타인에게 신체적 공격을 가하며, 친구관계에 문제가 있고 초기 아동기에 적대적 반항장애를 가지고 있는 경우가 많을 뿐 아니라 흔히 사춘기 이전에 품행장애의 진단기준과 일치하는 증상을 보임 • 청소년기 발병형보다 더 오래 지속되고, 반사회적 성격장애로 발전될 가능성이 더 높음	• 품행장애가 지속되는 경우가 적은 편이고 반사회적 성격장애로 발전되는 경우도 적음 • 아동기 발병형에 비해 공격행동이 적고, 정상적인 친구관계를 맺는 경향이 있음(다른 관계에서는 흔히 품행문제를 보이기도 함)

(4) 감별진단

① **한 번의 반사회적 행동이나 비행으로 진단이 내려지지 않음**: 6개월 이상 반복적·지속적으로 나타나는 반사회적 행동이 있어야 진단될 수 있다.

② **적대적 반항장애와 품행장애**: 모두 성인이나 권위자와의 갈등을 초래하는 품행문제가 핵심 증상이다.
  ㉠ 적대적 반항장애는 품행장애와는 달리 타인의 권리를 침해하지 않으며, 연령에 맞는 사회규범을 위반하지 않는다.
  ㉡ 적대적 반항장애는 분노발작이나 과민한 기분과 같이 정서조절의 어려움이 중요한 진단적 근거가 되지만 품행장애는 정서조절 문제가 진단기준에 포함되어 있지 않다.

③ **간헐적 폭발성 장애**: 강한 분노와 관련되며, 이러한 분노 표현이 품행장애와 유사해 보일 수 있다. 하지만 간헐적 폭발성 장애는 충동적인 공격성만 보이고, 계획되지 않으며, 돈이나 권력 등을 획득하기 위해서 행동 문제가 야기되지 않는다는 점에서 품행장애와 구별된다.

④ **기분장애 및 주요 우울장애**: 주요 우울장애는 뚜렷한 기분 증상이 선행하고, 정서적 반응의 결과로 공격행동이 나타나는 것이므로 품행장애와 구분된다. 기분장애의 경우, 강렬한 정서적 각성상태와 무관한 기간 동안에는 품행문제가 발생하지 않아야 한다.

⑤ **ADHD와 학습장애**: 두 장애 모두 추가진단이 가능한데, 특히 ADHD가 있는 아동의 경우 파괴적일 수 있는 과잉행동이나 충동적 행동을 보일 수 있지만 그런 행동이 사회 규준을 위반하거나 타인의 권리를 침해하지는 않는다.

2. 원인

(1) 사회학적 이론

① 반사회적 행동은 사회적 이유로 발생: 가난한 하위 계급의 아동은 사회적으로 인정되는 합법적인 방법으로 성공할 수 없기 때문에 범죄를 저지르게 된다.

② 반사회적 행동은 비정상적인 것이 아니라 비행 하위 문화의 가치관을 반영한다.

③ 오랜 세월 동안 연구자들은 사회적으로 용납되지 않는 행동의 기원으로 또래의 영향을 강조했다.

④ 반론

  ㉠ 비행집단의 구성원이 되는 것은 집단 자체의 영향보다 집단에 참여하는 개인 아동의 특성을 더 많이 반영: 반사회적 행동은 대개 비행집단의 구성원이 되기 전에 이미 발생한다.

  ㉡ 비행집단의 일원이 되는 것을 가장 정확하게 예측할 수 있는 인자: 비행집단에 가입하기 전에 이미 보이는 폭력행동으로, 비행 아동이 또래와의 강한 유대가 결핍되어 있고 더욱 비행적인 아동일수록 동료의 의견에 가치를 두지 않는다는 증거도 있다.

(2) 특정 지역과 문화의 영향력

① 가족의 불안정, 사회적 혼란, 높은 유아 사망률, 심각한 정신질환의 높은 빈도를 나타내는 빈곤층 지역에서 반사회적 행동이 많이 발생한다.

② 반론: 반사회적 행동을 일으킬 취약성이 높은 사람이 이러한 지역에 모이거나 이 지역을 떠나지 못하기 때문일 수 있다. 최근 사회학자들은 개인 특성과 환경 영향의 상호작용을 고려하고 있다.

(3) 생리학 및 생화학적 요소

① 중추신경계 내 세로토닌 저하와 과격한 행동 간에 연관성이 있다.

② 사회화가 되지 않은 행동장애에서 노르아드레날린성 활성도의 저하를 나타내는 연구 결과가 있다.

③ 선천적으로 저반응성 자율신경계를 가지고 있다.

④ 반사회적 아동은 고통스러운 자극으로부터 느리게 회복되며, 반사회적 행동에 대한 억제에 즉각적인 재강화를 거의 받지 않는다.

(4) 부모의 정신장애와 신체적 학대

① 부모의 이혼 자체가 행동문제의 원인으로 작용하지는 않으며, 부모 간 불화가 훨씬 더 상처가 된다.

② 볼비(Bowlby): 모성 박탈과 비행 또는 애정 상실의 성격 발달과의 관련성을 기술했다.

③ 콜빈(Kolvin): 모성 박탈과 반사회적 행동의 관련성을 입증했다.

④ 학대와 폭력: 공격적이고 행동문제가 큰 아동은 대개 성인, 특히 자신의 부모로부터 반복적으로 신체적·성적인 폭행을 당한 과거력이 있다.

(5) 사회학습이론 및 인지행동적 관점

① **패터슨(Patterson)**: 부모의 수반 관계를 무시하는 비유관적인(noncontingent) 훈육이 아동의 문제행동을 키운다. 부모의 비일관적인 행동이 아동의 불순종 문제행동의 단초를 제공한다는 것이다.

② **강압적 가족과정(coercive family process)**: 부모나 자녀 모두가 서로에게 '원하는 행동을 하게끔 불쾌한 반응을 하는 것'이 핵심이다.

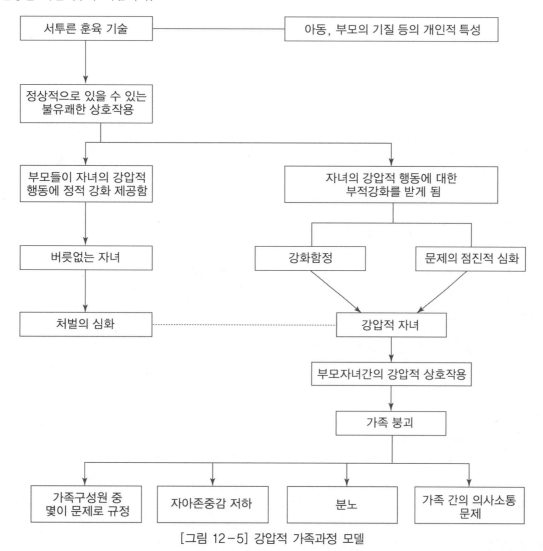

[그림 12-5] 강압적 가족과정 모델

㉠ 강압적 가족과정은 서투른 양육기술을 가진 부모가 아동의 불순종 문제행동에 제대로 대응하지 못하면서 시작된다.

㉡ 부모는 아동의 공격적 문제행동을 잘못 정적 강화하거나 행동에 부적으로 강화되어 자신도 모르는 사이에 아동의 공격적 불순종 행동을 부지불식간에 강화하게 된다.

㉢ 아동의 불순종 공격행동이 학습되어 증가하면 부모는 더욱 화내고 소리치는 방법으로 아이를 순응시키려 할 수 있으나, 이러한 양자 간의 강압적 노력은 문제행동의 강도를 증가시킬 뿐이다.

㉣ 결국 부모-자녀 관계가 약화되고 가족의 의사소통이 붕괴된다.

3. 공격성의 발달

(1) 이론

구분	내용
본능설	• 진화론자들은 공격성을 인간의 본성의 일부로 간주하고, 인간을 포함한 각종 동물들이 생존과 번식을 위한 경쟁에서 이기기 위한 필연적인 수단으로 공격성을 발달시켜왔다고 여김 • 프로이트(Freud): 인간의 본성으로서 죽음과 공격 욕구인 타나토스(tanatos)의 심리적 동기에 의해 공격적 행동이 표현된다고 봄 • 경쟁 상황일 때 사람들의 공격성이 증가하며, 경쟁 상황 조건하에서 아동이든 어른이든 빈번하게 공격행동을 보임. 때로 외부로부터 이유 없이 공격을 받으면 반격을 가하는 것도 이러한 이유 때문임
욕구좌절이론	• 좌절이 공격행동을 유발: 좌절은 개인이 목표를 달성하는 것을 방해받은 것이므로 분노를 불러일으키고 그 결과 공격적 행동을 유발할 가능성이 큼 • 좌절했다고 늘 공격적인 행동을 보이는 것은 아니며, 좌절에 의해 각성 수준이 높아졌다가 조그만 자극에도 영향을 받고 반사회적 행동을 함
보상이론	• 공격적 행동을 한 아동에게 결과적으로 보상을 줌으로써 공격행동이 지속된다고 봄 • 공격적 행동을 한 아동은 대부분 공격행동을 통해 무언가를 얻어내며, 이것이 정적 강화가 되어 공격행동을 지속시키도록 조건형성됨
모방이론	• 반두라(Bandura): 일련의 공격성 모방 실험을 통해, 공격성이 모델의 공격적 행동을 모방하는 과정에서 형성된다는 공격성 획득 기제를 설명함 • 모방에 의해 공격성이 증가한다는 이론에서는 TV, 영화, 비디오, 최근 유행하는 컴퓨터 게임 등에 나오는 폭력물에 많이 노출됨으로써 사람의 공격적 성향과 공격행동이 증가된다고 주장했으며, 반두라는 사회학습 이론을 지지함
사회인지이론	• 닷지(Dodge): 공격성은 잘못된 사회인지적 판단에 기인한다고 주장함 • 공격적인 아동은 또래가 자신에게 하는 행동의 이유를 지나치게 적의적인 것으로 해석하는 경향이 있음 예 우연히 자신의 팔을 치고 지나간 아동이 자신을 해하거나 공격하려는 것으로 생각하고 그 아이에게 다시 공격적인 행동으로 반격하고, 그 결과 또래로부터 배척당하는 적의적인 관계가 형성됨 • 거부당한 아이는 이러한 행동을 공격적인 행동으로 해석하는 악순환을 겪게 됨

(2) 도구적 공격성과 적대적 공격성

① 도구적 공격성: 이익이 되는 무언가를 얻고자 남에게 해를 가하는 것이다.

② 적대적 공격성: 남에게 고통이나 해를 가하는 것 자체가 목적이다.

③ 유아기에는 도구적 공격성이 많이 나타나고, 연령이 증가할수록 적대적 공격성이 더 많이 나타난다.

4. 상담 및 치료

(1) 파괴적 행동장애 아동의 교육과 치료적 개입(Sprague와 Walker, 2000)

① 가능한 빠른 시기에 치료를 한다.

② 행동적 위험요인은 물론 강점도 파악하여 이를 치료에 활용한다.

③ 가족 구성원을 치료 파트너로 참여시킨다.

④ 반사회적 행동에 효과적인 치료의 특성에 중점을 둔다.

(2) 인지-행동훈련

① 인지적 방법의 예로는 대화를 사용하는 방법, 타인조망수용 훈련, 문제 해결 기술훈련 등이 있다. 훈련을 통해 사회적인 상황을 좀 더 객관적으로 인식하고 자신의 행동이 타인에게 미치는 감정적인 영향과 실제적인 결과를 사고하도록 하며, 공격행동을 대신할 바람직한 해결방안을 모색하도록 돕는다.

② 방법

구분	내용
대화를 사용하는 방법	• 공격행동을 보이는 아동을 대상으로, 공격성과 관련된 내용을 질문하고 바람직한 반응을 유도하거나 고무하는 방식의 대화를 통해 학습함 • 대화 내용으로는 공격성이 다른 사람에게 해를 가하고 그를 불행하게 만들며 문제를 해결해주지 않고 분노감만 일으키게 한다는 것이 있음 • 바람직한 해결방안으로는 나누어 가지거나 차례를 지키거나 함께 놀거나 함으로써 가능하다는 것으로 이루어짐 • 실제 공격행동의 극적 감소와 긍정적인 행동 증가의 결과를 보고하고 있음
타인조망수용 훈련	• 타인의 시각에서 보는 훈련 • 자신의 분노감을 상대방이 가진 감정으로 공감하거나 타인의 입장에서 생각해봄으로써 타인의 슬픔과 분노 등의 정서를 이해하도록 함
문제 해결 기술 훈련	• 공격성을 유발하거나 갈등을 유발하는 사회적 상황에서 아동이 어떤 상황인지, 문제가 무엇이며 해결 방안은 무엇인지, 어떤 방법이 가장 합리적인지, 실제로 어떻게 해결해야 하는지, 예상하는 결과는 어떤지 등을 생각하게 하고, 생각한 대로 소리 내어 말하게 하거나 역할연습을 하는 등의 훈련을 포함함 • 문제 해결 기술훈련의 대표적인 연구로는 슈어(Shure)의 ICPS 생각 말하기(think aloud) 기법 등이 있으며, 이 연구들은 아동의 문제 해결 기술이 증가하는 만큼 공격성이 감소한다고 보고하고 있음

(3) 인지행동모델을 기반으로 한 상담기법

① 인지행동모델은 내적 언어가 행동을 조절한다는 전제에 기반을 두고 있는데, 인지를 바꿀 수 있는 언어를 사용함으로써 행동이 변화할 수 있다고 본다.

② 정서와 인지는 행동에 영향을 주고, 행동은 정서와 인지에 영향을 주는 상호 관계에 있다고 본다.

③ 방법: 자기 모니터링(self-monitoring), 자기교수(self-instruction), 이완훈련, 인지적 재구조화가 포함된다.

④ 자기 모니터링: 자신의 감정, 생각, 신념, 행동 등을 관찰·확인·관여하려는 것으로, 2가지 단계로 구성된다.
  ㉠ 첫 번째 단계에서는 학생들이 자신의 감정, 생각, 신념, 행동 등에 초점을 두고 목표가 나타났는지 혹은 나타나지 않았는지를 관찰한다.
  ㉡ 두 번째 단계에는 이를 기록한다.

⑤ 자기교수: 교사의 도움 없이 아동 스스로 학습하는 것으로, 자기교수는 아동에게 자신이 행동하기 전에 자신의 할 일을 생각하도록 가르치는 것이다.
  ㉠ 과정: 문제를 정의하고, 어떻게 해야 할지 계획을 세우고, 계획에 따라 실행하고, 검토하는 과정으로 진행된다.
  ㉡ 학생이 미리 생각한 후 행동에 옮길 수 있도록 처음에는 자기진술을 소리 내어 하도록 한다.
  ㉢ 점차로 익숙해지면 소리 내지 않고 자기지시를 내면화하도록 훈련시킨다.

⑥ 이완훈련: 생리적 각성 및 신체적 자극을 줄이는 것을 목표로 한다.

⑦ 인지적 재구조화: 부정적 자기진술을 조절하고 잘못된 가정을 수정하여 개인이 부정적 사고를 재구조화하고 유능감을 증진하는 것을 목표로 한다.

⑷ **사회성 훈련**

① 사회성 훈련은 공격적 욕구억제 기술, 분노조절 기술 등의 인지적 부분과 사회적 관계를 촉진하는 데 사용하는 행동적인 부분으로 이루어진다.

② **행동적인 부분**: 눈 맞춤이나 대화를 시작하고 지속하는 방법, 공유하고 협동하기, 감정 표현하기, 예/아니오로 표현하기, 행동으로 옮기기 등의 기술을 촉진하는 훈련으로 구성된다.

③ 상담자가 직접 지시하거나 가르치기도 하지만 모델링, 역할훈련, 응용연습, 피드백 등을 통해 좀 더 심도 있게 훈련할 수 있다.

④ 사회기술 훈련 프로그램(Stephens, 1992)의 영역

    ㉠ **자신과 관련된 기술**: 감정표현을 적절히 하고 자신에 대한 긍정적 태도를 가지며 자신의 행동에 따른 결과를 수용하는 것 등을 포함한다.

    ㉡ **과제 관련 기술**: 질문하고, 대답하며, 교사의 지시에 따르고, 토의에 참여하는 것 등을 포함한다.

    ㉢ **환경 관련 기술**: 환경을 보호하고 응급상황에 대처하는 것 등을 포함한다.

    ㉣ **대인관계 관련 기술**: 인사하고 도와주며 권위를 수용하고 갈등을 극복하는 것 등을 포함한다.

⑸ **부모교육**

① **부모자녀 상호작용치료**: 부모에게는 아동과 긍정적으로 상호작용하고, 적절하게 제한을 주고, 일관되게 훈육하며, 그 과정에서 공정하고, 아동에 대한 좀 더 적절한 기대를 가지도록 한다. 아동에게는 사회적 기술을 가르치며, 아주 어린 아동에게 적용되는 비디오 모델링을 활용할 경우 비디오를 이용하여 동일한 방식을 가르친다.

② **부모 관리능력 증진훈련(PMT; Parental Management Training)**: 가족 간의 긍정적인 재강화를 촉진하고 명쾌한 의사소통을 확립하는 것을 목표로 한다.

    ㉠ 상담자는 부모를 훈련시키며 가정에서 적절하게 실시할 수 있는 절차나 방법 등을 교육하고 제시한다.

    ㉡ 이것을 통해 부모는 보다 효과적으로 자녀를 대하는 방법을 배우고, 부모와 자녀가 행동지향적 가족치료에 참여하게 된다.

    ㉢ 가족은 상담자와 함께 상담의 목표를 설정하고, 매뉴얼이나 상담과제 등의 도움을 받아 과거의 부모의 문제 행동을 찾아내고, 바람직한 행동에서만 보상을 하는 법 등을 배우게 된다.

⑹ **가족치료**

① **기능적 가족치료**: 구조이론, 웰즈(Wells)와 이건(Egan)의 행동심리학에 기반을 둔다.

② **문제행동이 가족과 가족 일원에게 어떤 영향을 주는지 분석**: 품행장애 아동의 가족은 의사소통에 방어적이며 상호 지지가 결여되었다는 관찰에 기초를 두고, 치료는 가족 간의 원활한 의사소통과 지지적 행동을 증진하는 데 중점을 둔다.

③ 양육기술 훈련처럼 사회적으로 용인되는 행동의 긍정적 강화를 증진하고, 가족 간의 문제를 해결하는 새로운 방법을 발전시키도록 도와준다.

④ 이러한 방법은 가족이 개선하려는 동기가 있고 생각을 잘 표현할 수 있어야 하기 때문에 심하게 와해된 가족의 경우에는 적합하지 않다.

(7) 다중체계적 처치

① 청소년, 가족, 학교, 또래집단을 포함한 이들을 대상으로 포괄적인 치료 서비스를 제공하는 방법이다.

② 품행문제가 가족 내의 다양한 맥락과, 가족체계와 다른 사회체계 간의 분위기에 영향을 받는다고 보기 때문에 행동 변화를 이끌어내는 데 가족 구성원의 상호작용뿐만 아니라 소속된 공동체에서의 행동 변화도 중요하며, 집, 학교, 인근 센터와 같은 생태학적 맥락을 고려한 치료가 필요하다고 본다.

5. 기타 파괴적 충동조절 품행장애

(1) 간헐적 폭발성장애(intermittent explosive disorder)

① 공격적 충동이 조절되지 않아 심각한 파괴적 행동으로 가끔씩 나타나는 경우를 말한다.

　㉠ 언어적 공격행동과 더불어 재산 파괴와 신체적 공격을 보인다.

　㉡ 이 폭발적 행동이 자극사건이나 심리사회적 촉발요인에 비해 현저하게 지나치다.

　㉢ 연령이 6세 이상이다.

　㉣ ㉠~㉢을 충족하고 당사자와 주변 사람이 심각한 고통을 겪거나 부적응적 증상이 초래된 경우 진단된다.

② DSM-5 진단기준

> A. 공격적 충동을 통제하지 못해서 보이는 반복적인 행동폭발로, 다음의 항목 중 하나를 특징적으로 보임
> 　1. 언어 공격성(예 분노발작, 장황한 비난, 논쟁, 언어적 다툼) 또는 재산, 동물, 타인에게 가하는 신체적 공격성이 3개월 동안 평균적으로 일주일에 2회 이상 발생함. 신체적 공격성은 재산피해나 재산파괴를 초래하지 않고 동물이나 다른 사람에게 상해를 입히지 않음
> 　2. 재산피해나 파괴 그리고/또는 동물이나 다른 사람에게 상해를 입힐 수 있는 신체적 폭행을 포함하는 폭발적 행동을 12개월 이내에 3회 보임
> B. 반복적인 행동폭발 동안 표현되는 공격성의 정도는 정신사회적 스트레스 요인에 의해 촉발되거나 유발되는 정도를 심하게 넘어선 것임
> C. 반복적인 공격적 폭발은 미리 계획된 것이 아니며(예 충동적이거나 분노로 유발된 행동), 유형적인 대상에만 한정된 것이 아님(예 돈, 권력, 위협)
> D. 반복적인 공격적 행동폭발은 개인에게 현저한 심리적 고통을 유발하거나, 직업적 또는 대인관계 기능에 손상을 주거나, 경제적 또는 법적 문제와 관련됨
> E. 생활연령은 적어도 6세 이상임(또는 6세에 상응하는 발달 단계 수준)
> F. 반복적인 공격적 폭발이 다른 정신질환으로 더 잘 설명되지 않으며 다른 의학적 상태(예 두부외상, 알츠하이머병)나 물질(예 남용약물, 치료약물)의 생리적 효과로 인한 것이 아님. 6~18세 아동의 경우에 적응장애의 일부로 보이는 공격적 행동을 이 진단으로 고려해서는 안 됨
> ※ 주의점: ADHD, 품행장애, 적대적 반항장애, 자폐 스펙트럼장애 진단을 받았더라도 반복적이고 충동적인 공격적 행동폭발이 이들 장애보다 더 심각하고 독립적인 임상적 주의가 필요할 경우 추가적으로 진단내릴 수 있음

③ 통제할 수 없는 분노폭발(예 공격적 발작)을 나타내는 시기가 있으며, 그 결과로 다른 사람이 다치거나 기물이 파손된다.

④ 폭발적 행동을 하기 전에 심한 긴장 상태를 경험하고, 공격적 행동 이후 긴장감이 풀리면서 안도감을 느끼며 곧 자신의 행동을 몹시 후회하거나 당황스러워한다.

(2) **병적 방화(pyromania)**

① 불을 지르고 싶은 충동을 조절하지 못하여 반복적으로 방화를 하는 경우를 말한다.

ⓐ 1회 이상 고의적으로 불을 지른다.

ⓑ 불을 지르기 전에 긴장이 되거나 흥분을 한다.

ⓒ 불이나 불과 관련된 상황에 이끌린다.

ⓓ 불을 지르거나, 불이 나는 것을 목격하거나, 그 결과에 참여할 때 기쁨, 만족, 안도감을 느낀다.

ⓔ 불 지르는 행동이 금전적 이득, 사회정치적 이념 구현, 범죄행동의 은폐, 복수심의 표출, 망상이나 환각, 판단장애로 인한 것이 아니다.

ⓕ ⓐ∼ⓔ을 충족하는 경우, 병적 방화로 진단된다.

② DSM-5 진단기준

A. 1회 이상 고의적으로 목적 있는 병적 방화가 존재함
B. 방화행위 전에 긴장 또는 정서적 흥분이 나타남
C. 불에 대한 그리고 불과 연관된 상황적 맥락에 매혹, 흥미, 호기심 또는 매력(예 방화용품, 그것의 사용, 방화 결과)을 가지고 있음
D. 불을 지르거나 불이 난 것을 목격하거나 참여할 때 기쁨, 만족 또는 안도감이 나타남
E. 방화는 금전적 이득, 사회·정치적 이념의 표현, 범죄 행위 은폐, 분노나 복수심의 표현, 생활환경 개선, 망상이나 환각에 대한 반응 또는 손상된 판단력의 결과(예 중요신경인지장애, 지적장애, 물질중독)에 기인한 것이 아님
F. 방화는 품행장애, 조증 삽화 또는 반사회성 성격장애로 더 잘 설명되지 않음

③ 방화증을 지닌 사람은 사전에 미리 계획을 세우고 어떤 목적이 있는 방화를 한 번 이상 한다.

④ 불을 지르기 전에 긴장되거나 흥분되며, 불이나 불과 관련되는 상황에 매혹이나 흥미를 느끼고, 호기심과 함께 이끌린다.

⑤ 경제적 이익을 위해, 사회정치적 이념을 위해, 범죄 현장을 은폐하기 위해, 다른 정신장애의 판단력 장애로 불을 지르는 것이 아니어야 하며 품행장애, 조증 상태, 반사회적 성격장애로는 설명되지 않는 반복적 방화행위에 대해 방화증으로 진단할 수 있다.

(3) **병적 도벽(kleptomania)**

① 물건을 훔치고 싶은 충동을 참지 못해 반복적으로 도둑질을 하는 경우로, '절도광'이라고도 한다.

ⓐ 자신에게 필요하지 않거나 금전적으로 가치가 없는 물건임에도 훔치고 싶은 충동을 억누르지 못하여 반복적으로 물건을 훔친다.

ⓑ 훔치기 직전에 긴장감이 고조된다.

ⓒ 물건을 훔치고 났을 때 기쁨, 안도, 만족감을 느낀다.

ⓓ 훔치는 행위가 분노나 복수심의 표출이 아니고, 망상이나 환각에 대한 반응으로 훔치는 것이 아니다.

ⓔ ⓐ∼ⓓ을 충족하는 경우, 병적 도벽으로 진단된다.

② DSM-5 진단기준

> A. 개인적인 용도로 쓸모가 없거나 금전적으로 가치가 없는 물건을 훔치려는 충동을 저지하는 데 반복적으로 실패함
> B. 훔치기 직전에 고조되는 긴장감이 나타남
> C. 훔쳤을 때의 기쁨, 만족감 또는 안도감이 있음
> D. 분노나 복수를 표현하거나 망상이나 환각에 대한 반응으로 훔치는 행위를 하는 것이 아님
> E. 훔치는 행위가 품행장애, 조증 삽화 또는 반사회성 성격장애로 더 잘 설명되지 않음

③ 도벽증을 지닌 사람은 돈이 필요하거나 물건이 꼭 필요해서 훔치는 행위를 하는 것이 아니며, 훔치는 물건보다 훔치는 행위가 중요하고 그 행위를 하면서 느끼는 긴장감, 스릴에 대한 유혹을 통제하지 못하는 경향이 많다.

④ 물건을 훔치기 직전에 긴장감이 높아지며 물건을 훔치고 나서 기쁨, 만족감, 안도감을 느낀다.

제 **4** 절 특수아 상담의 실제

13 특수아 부모 상담

1. 장애 수용 단계

(1) 퀴블러 로스(Kubler-Ross)의 부모가 아동의 장애를 수용하는 심리적 단계와 전문가 제안

단계	특성	전문가 제안
충격, 불신, 부정	• 장애를 부인하려 할 수 있음 • 장애 진단을 의심하고 희망적인 진단을 기대하며 여러 병원을 찾아갈 수 있음 • 장애 진단의 수용이나 필요한 자원 제공을 거부할 수 있음	• 가족이 자신의 감정을 수용하고 표현하도록 지지하고 경청함 • 장애 자녀와 가족이 함께할 수 있는 강점 찾기 • 가족이 준비되고 요청할 때 자원과 서비스를 제공함
분노, 분개	• 도움을 주려는 주변인에게 화를 낼 수 있음 • 비장애아를 키우는 지인들에게 분개할 수 있음 • 장애아가 태어난 것에 대한 불공평한 감정을 느낄 수 있음 • 장애 진단의 정확성을 의심하고 논쟁하려 할 수 있음	• 주의 깊게 경청하고 공감함 • 다른 부모에 대한 분노는 자연스러운 감정임을 인정하고 충분히 표현하도록 지지함 • 가족들의 감정을 평가하거나 논쟁하지 말 것 • 공격적인 말에 방어하지 말 것
타협	• 장애를 없애기 위해 무엇이든 하려는 믿음을 가질 수 있음 • 신에게 의지하며 매달릴 수 있음	• 적극적으로 경청할 것 • 지지를 보일 것 • 전문적인 견해를 부모에게 강요하지 말 것 • 비평하지 말 것
우울, 좌절	• 현실을 수용하기 시작하며 슬퍼할 수 있음 • 아이의 강점보다 결함을 보려고 할 수 있음 • 비장애아와 비교하며 슬퍼하고 염려할 수 있음	• 적극적으로 반영하며 경청할 것 • 부모 자조모임과 같은 자원을 제안할 것 • 우울증이 만성적으로 나타난다면 상담을 받아 볼 수 있도록 제안할 것 • 장애 자녀의 장점에 대해 지속적으로 논의할 것
수용	• 아이의 강점에 주목할 수 있음 • 긍정적이고 주도적인 입장과 태도를 갖고 삶을 개선하려 노력할 수 있음	• 계속 경청할 것 • 장애 자녀의 감정에 대해 지속적으로 논의할 것 • 가족의 역량 강화를 위해 지원할 것 • 진로에 대해 걱정할 것

(2) 부모의 장애 아동 수용과정(Batshaw, Perret, Trachtenberg, 1992)

단계	특징
부정	자신의 자식이 남들과 다른 특성을 가졌다는 사실에 심리적 거부를 보임
우울	• 자식이 장애를 가지고 있다는 심리적 위협을 이제 하나의 사실로 받아들임 • 그러나 장애를 가지고 있다는 사실을 수용한다고 해도 이를 객관적인 사실이 아닌 암울한 난관으로 받아들이며, 심리적으로 우울감을 보임
분노와 죄책감	• 이후 부모는 심각한 분노와 죄책감을 느끼는데, 자식의 장애가 유전의 문제라고 믿기 때문임 • 상담자는 발달장애의 원인이 무엇인지 부모가 객관적으로 알 수 있도록, 필요한 도움을 제공해야 함
치료법 탐색	부모는 장애 문제를 극복할 치료법을 찾기 시작하며, 객관적인 정보보다 낭만적인 정보를 제시하는 의사를 찾아 여러 병원과 기관을 돌아다님(doctor shopping)
장애의 수용	• 시간이 지나면서 부모는 아동의 장애 문제에 대한 객관적 인식을 가지게 됨 • 발달장애를 있는 그대로 받아들이는 것이 장애 아동 당사자와 가족 구성원 모두에게 더 바람직한 결과를 가져올 수 있음을 직시함

(3) 특수아 부모의 변화 단계

① **충격 단계**: 부모는 아동의 특수아 진단 결과를 믿지 않고 부정하려고 한다. 다른 곳이나 전문가를 찾아가서 다시 진단을 받으려고 하지만, 때로 전문가를 찾아가지도 않고 '정상일 거야.'라고 생각하여 적절한 치료나 교육 시기를 놓치기도 한다.
➡ **상담**: 부정은 일시적인 방어이기 때문에, 이 시기의 상담은 수용과 이해로 이루어진다.

② **거부 단계**: 부모는 상당한 혼란에 빠져 분노의 감정을 표현하고, 주변의 다른 사람(예 아내, 남편, 심리학자, 의사)을 비난한다. 분노의 정도와 기간은 사람마다 다르지만 이 시기의 상담이 가장 힘들다.
➡ **상담**: 상담자는 분노의 감정을 표현하도록 하면서 주변 사람은 분노의 대상이 아니기 때문에 각자 개인적으로 상대방에게 상처주지 않도록 조심해야 한다는 것을 깨닫게 한다. 또한 상담자는 장애 아동이나 부모 모두 가치 있는 인간이며 많은 사람이 장애 아동과 부모를 보살피고 도와줄 수 있다는 점을 인식시킨다.

③ **죄의식 단계**: 더 이상 부정할 수 없는 상태가 되면 충격과 격한 감정이 가라앉으면서 자녀가 가진 장애를 받아들이는 타협을 하게 되고 죄책감에 빠진다. 이 시기의 부모는 우울증에 시달리기도 한다.
➡ **상담**: 상담자는 슬픈 감정을 허용하며 용기를 주어야 한다. 조용히 시간을 함께 나누면서 격려와 힘을 불어넣어주고 우울감과 죄책감에서 빨리 벗어나도록 해야 한다. 자녀의 원인에 대한 객관적인 시각을 갖도록 도와주면서 자녀가 가진 긍정적인 면에 초점을 두고 상담이 진행되어야 한다.

④ **수용 단계**: 부모는 충격 속에서 부정과 분노, 죄의식의 감정 변화를 거쳐 이제는 자신이 떠안아야 할 문제를 수용한다. 이 단계에 도달하면, 부모는 외부지향적으로 문제에 대처하려고 노력한다. 부모나 가족은 주어진 현실상황을 수용하려는 태도를 보이며 정보를 수집하고 대안들을 생각하고 아동을 치료하거나 도울 계획을 세운다.
➡ **상담**: 구체적·실제적인 정보 제공과 문제 해결을 위한 계획을 의논하는 상담으로 이루어진다. 특히 낭만적이거나 기적 같은 정보가 아닌 객관적인 정보를 받아들이도록 도와야 한다.

2. 가족지원

(1) 가족지원의 개념과 원리

① 의미: 가족의 기능을 향상시키기 위해 설계·제공되는 교육 및 복지 서비스를 말한다.

② 목표: 가족이 교육 및 복지 서비스의 수혜자에 머물지 않고, 가족 내에서 발생하는 문제를 독립적으로 해결할 기능과 능력을 강화하는 것이다.

③ 주요 원리 6가지

ㄱ 공동체 의식을 증진하는 방식(예 같은 유형의 장애가 있는 가족모임)으로 제공되어야 한다.

ㄴ 가족이 이미 가지고 있는 비공식적 자원을 살펴보아야 한다.

ㄷ 가족의 독립적 기능 강화를 위해 가족지원 프로그램 운영 시 가족을 존중하는 등의 협력적인 팀 접근이 이루어지도록 노력해야 한다.

ㄹ 가족의 강점을 강조해야 한다.

ㅁ 가족 전체의 통합성을 강조하고, 가족 구성원 일부의 욕구를 억제하거나 희생시키지 않아야 한다.

ㅂ 서비스 수혜자인 가족 구성원의 욕구를 중심으로 가족지원 및 프로그램 설계가 이루어져야 한다.

(2) 가족지원 프로그램과 개별화가족지원계획(IFSP)의 구성요소

① 대표적 구성요소: 가족의 요구 중심의 실천, 가족 내 강점 중심의 실천, 가족 주변의 자원 중심의 실천, 능력 중심 및 도움 제공의 실천 등이다.

② 가족지원 프로그램 실시 후에 프로그램이 위에 제시된 대표적 구성요소를 충분히 반영하여 설계되었는지, 프로그램의 운영 결과가 가족지원 프로그램의 구성요소가 예측한 바를 잘 보여줬는지 여부를 평가해야 한다.

③ 개별화가족지원계획(IFSP): 미국 장애인교육법(IDEA)은 만 2세 미만의 장애 영아와 그 가족을 위한 가족지원 서비스 제공을 위한 법적 문서로 개별화가족지원계획을 명시하고 있다. IFSP를 활용하여 장애 학생 가족지원 서비스 제공자들은 가족에 대한 정보(예 자원, 우선순위, 관심 및 욕구)를 수집하고 영아의 능력과 욕구를 충족하는 데 도움이 되도록 가족역량과 기능을 강화시켜야 한다.

3. 특수아 부모 상담의 지원

(1) 전문 프로그램을 통한 지원

① 부모교육 세미나 및 프로그램을 운영

ㄱ 자녀의 성장발달 원리와 성격을 이해하고 아동발달의 특성, 발달과업 등 자녀의 심리를 파악한다.

ㄴ 특수 아동이 겪는 심리적 고통을 이해하고, 이를 극복하는 '심력'을 길러주는 환경을 마련해준다.

ㄷ 부모 자신의 자존감, 자녀양육 방법, 특수 아동의 형제나 조부모와의 관계와 적응을 위한 교육을 실시한다.

② 복지관 또는 상담기관, 소집단 부모교육에 참여

ㄱ 자폐 아동 부모회, 발달장애아 부모회 등 자녀 교육문제를 논의·이해하기 위한 지지모임에 참여한다.

ㄴ 모임을 통해 다른 부모의 양육 경험과 사례, 여러 정보를 교환하고, 서로 격려하고 협력하여 어려운 문제를 함께 해결하는 노력을 할 수 있다.

③ 전문상담가의 상담지원

ㄱ 다양한 부모회에서 나온 문제나 개인 문제에 대한 전문상담자의 조언과 지도, 상담을 받는다.

ㄴ 이러한 문제를 소집단 모임에서 토론하거나 협의하여 해결점을 찾을 수도 있다.

(2) 특수아 부모 상담의 효과

① 상담에 필요한 정보인 자녀의 성장배경, 발달과정, 병력, 생활모습, 행동 특성, 장애의 심각성, 지도방법, 관련된 문제에 대한 정보를 얻는 과정을 통해 자녀의 장점과 약점이 무엇인지 보다 더 잘 인식할 수 있다. 이러한 정보는 내담자를 더 잘 이해하여 연계성을 가지고 일관성 있게 지도할 수 있도록 한다.

② 특수아의 긴장과 갈등, 부적응행동의 원인을 파악하여 효과적인 지도방법을 모색할 수 있다.

③ 부모의 경우, 가정에서 부모가 안고 있는 특수아 자녀 지도에 어려운 점을 발견하여 공감하여 심리적으로 지지해주며, 때로는 조언과 정보 제공으로 도움을 줄 수 있다.

---

14 문제행동과 긍정적 행동지원

1. 문제행동의 형태와 기능

(1) 문제행동의 분류

① 카우프만(Kauffman): 외현화 문제행동(예 공격행동, 반사회적 행동, 파괴행동)과 내재화 문제행동(예 사회적 위축, 우울 등)으로 분류하였다.

② 월러리(Wolery): 행동의 발생빈도, 발생강도, 지속시간, 반응시간 등의 준거에 따라 다음과 같이 분류하였다.

단계	특징
과도한 행동	• 행동이 너무 자주 발생하거나(발생빈도), 너무 강하게 나타나거나(발생강도), 너무 긴 시간 지속되거나(지속시간), 자극이 주어진 후 행동이 발생하기까지 너무 긴 시간이 걸리는 경우(반응시간) • 사례: 수업시간에 지속적으로 떠듦, 지나치게 큰 소리로 말함, 화장실에 너무 오랫동안 머무름, 교사의 지시 후 너무 느리게 반응함
행동결핍	• 행동이 너무 낮은 빈도로 발생하거나(발생빈도), 너무 약하게 발생하거나(발생강도), 적절한 시간 동안 지속되지 않거나(지속시간), 자극이 주어질 때 너무 급하게 발생하는 경우(반응시간) • 사례: 말을 할 수 있으나 거의 말을 하지 않음, 말을 해도 소리가 너무 작음, 집중시간이 지나치게 짧음, 교사의 지시에 너무 빠르게 반응함
상황에 맞지 않는 행동	• 부적절한 자극 조절에 의한 상황에 맞지 않는 행동을 보이는 경우 • 사례: 수업시간에 자리에서 일어났다 앉았다 하며 손을 위로 뻗어 흔들고 소리를 지름

(2) 문제행동의 형태

단계	특징
자기자극 및 자해행동	자신의 감각기관을 자극, 자신의 신체 상해 등
공격적·파괴적·폭력적 언행	또래나 교사에게 언어적 혹은 신체적 폭력 행사, 분노를 조절하지 못하여 물건 부수기 등
주의산만, 과잉행동, 충동행동	공부하거나 놀이를 할 때 지속적으로 주의 집중을 못함, 수업 중 지나치게 뛰어다님, 차례를 기다리지 못함 등
위축행동, 강박행동	자기 의사를 또래에게 적절하게 표현하지 못함, 강박적 문 잠김 점검하기 등
수업 방해행동	수업 중 자리이탈, 소란 피우기 등
심한 불순응	자기 고집 피우기, 지시 따르지 않기 등
기타 행동장애	섭식장애, 자위, 도벽, 약물 섭취 등

(3) 문제행동의 기능

① 문제행동의 기능
  ㉠ 원하는 것 얻기 예 물건 얻기
  ㉡ 회피하기 예 수업 피하기
  ㉢ 관심끌기 예 교사가 자신을 보게 하기
  ㉣ 자기자극 예 손 흔들기, 눈 누르기 등
② 학생들은 문제행동을 통해 자신의 특정한 목적을 달성하고자 한다.
③ 문제행동의 기능은 하나가 아닐 수 있으며, 동일한 행동이라 하더라도 학생이나 상황에 따라 그 기능은 달라질 수 있다.

2. 문제행동의 지도: 긍정적 행동지원

(1) 긍정적 행동지원의 정의 및 특성

① 긍정적 행동지원은 긍정적 행동 중재들을 적용하여 문제가 될 만한 행동을 변화시키는 것을 의미한다.
② 본래는 부정적인 행동지도 방법의 대안으로 나왔으나, 현재 긍정적 행동지원은 학생의 문제행동을 감소시키고 삶에서 필요한 기능적인 기술을 증진시키기 위해 다양한 측면에서의 지원, 즉 물리적·사회적·교육적·의학적·기술적인 지원을 제공하는 것을 의미한다.
③ 긍정적 행동지원의 네 가지 원리
  ㉠ 첫째, 긍정적 행동지원은 행동과학에 기반을 둔 것이다.
  ㉡ 둘째, 실제적인 중재이다.
  ㉢ 셋째, 사회적으로 가치가 있는 것이다.
  ㉣ 넷째, 체계적인 접근이다.
④ 긍정적 행동지원의 원리와 특성

원리	특성
행동 과학	• 인간 행동은 행동적·생물학적·사회적·물리적 환경요인에 영향을 받음 • 인간 행동의 많은 부분이 우연히 학습되기도 함 • 인간 행동은 학습된 것이며, 변화시킬 수 있음
실제적 중재	• 행동지원계획을 수립하기 위해서는 기능평가가 이루어져야 함 • 중재는 환경의 재구성(예 세팅을 변화시키는 것), 교육과정 재구성(예 새로운 기술을 가르치는 것), 행동 수정, 문제행동을 유지시킨 보상의 제거 등을 강조함 • 증거 기반(research-validated) 실제를 강조함 • 데이터(예 직접 관찰한 결과, 교육과정 중심 평가 결과, 면담 결과, 다양한 기록 등)에 기반을 두어 중재를 결정함
사회적 가치	• 행동 변화는 사회적으로 중요한 것이어야 함 • 긍정적 행동지원의 목적은 삶의 질과 학습의 기회를 높이는 것 • 긍정적 행동지원 절차는 사회적·문화적으로 수용할 만한 것이어야 하며, 최대한 자연스러운 환경에서 제공되어야 함 • 제공되는 중재 전략이 가족, 교사, 학교 등이 추구하는 가치와 잘 맞으면 행동지원의 질과 지속성에 긍정적인 영향을 미침 • 비혐오적인 중재가 사용되어야 함

체계적 접근	• 지속적인 행동지원을 위해 체계(systems)의 중요성을 강조함 • 행동지원을 할 때에는 다양한 맥락(예 지역사회, 가족, 학교, 교실, 학교 외 공간)을 고려해야 함 • 행동지원의 실제와 의사결정은 정책에 의해 결정됨 • 예방적인 접근에 중점을 둠 • 팀 접근을 함 • 적극적인 행정적 지원이 강조됨 • 다양한 체제적 접근(예 학교차원의 긍정적 행동지원)을 강조함 • 행동지원의 연속체를 강조함(학교차원의 긍정적 행동지원 참고)

(2) 긍정적 행동지원의 실행

① 문제행동 확인

㉠ 학생의 행동을 지도하기 위해서 가장 먼저 해야 할 것은 문제행동을 확인하고 정의하는 것이다.

㉡ 이를 위해서는 문제행동이 나타나는 형태, 발생빈도나 강도, 지속시간 등을 확인해야 한다.

㉢ 이후, 그 행동이 자신이나 다른 사람에게 부정적인 영향을 미치는지, 그 정도가 어느 정도인지 확인한다.

㉣ 또한 문제행동이 일시적으로 발생한 것인지 아니면 지속적으로 발생하는지 확인한다.

㉤ 문제행동을 확인한 후에는 문제행동을 명확하게 정의한다. 누가 무엇을 어떻게 하는지에 대하여 정확하고 구체적으로 설명해 주어야 한다.

② 문제행동 기능평가

영역	내용
기능평가	기능평가(functional behavior assessment)는 문제행동을 확인한 후, 문제행동의 발생을 예측할 수 있는 사건(events)을 확인하고, 문제행동을 유지시키는 사건을 확인하는 체계적인 절차를 말함
기능평가 방법	• 3가지 결과 도출 – 첫째, 문제행동이 기능을 하고 있다는 가설을 진술할 수 있어야 하며, 가설을 진술할 때는 세 가지 특성, 즉 문제행동에 대한 조작적 정의, 문제행동 발생을 예측할 수 있는 선행사건(antecedent event)에 관한 기술, 문제행동을 유지시키는 결과(consequence event)에 관한 기술이 포함되어야 함 – 둘째, 가설을 지지해줄 수 있는 직접 관찰(direct observation)한 데이터를 수집할 수 있어야 함 – 셋째, 평가 절차를 통해 행동지원 계획을 세울 수 있어야 함 • 2가지 형태의 정보 수집: 학생에 대한 전반적인 정보, 문제행동과 직접 관련된 특정 정보 • 학생에 대한 전반적인 정보: 문제행동 발생 원인을 파악하는 것뿐 아니라 행동지원계획을 세우는 데 용이함
문제행동과 관련된 특정 정보	• 특정 정보: 문제행동의 발생과 직접적으로 관련이 있는 정보로 배경사건, 선행사건, 후속결과를 의미함 • 선행사건: '선행자극'이라고도 불리며, 행동이 발생하기 직전의 사건으로서 행동 발생에 직접적인 영향을 미친 사건이나 자극을 의미함 • 후속결과: 행동이 발생한 직후에 나타난 사건이나 자극으로서 행동을 유지시키는 결과를 의미함. 흔히 후속결과는 학생이 문제행동을 통해 얻게 된 결과이며, 학생은 동일한 후속결과를 얻기 위해 지속적으로 동일한 문제행동을 보임 • 배경사건: 행동 발생에 직접적인 영향을 미치기보다 행동의 발생 가능성을 높이는 사건이나 자극을 의미함 예 문제행동이 발생한 날, 다른 날에 비해 상대적으로 피로감이 더했거나 기분이 좋지 않은 것 등

③ 가설 수립
　　㉠ 문제행동에 대한 가설 수립은 기능평가에 기초해서 문제행동의 양상과 기능을 정확하게 기술하는 것이다.
　　㉡ **가설의 진술 방식**: 선행사건과 배경사건을 제시하고 문제행동을 기술한 다음 행동의 기능을 설명하는 것이다.
　　㉢ 가설은 문제행동과 그 행동에 영향을 미치는 특정 정보들(예 선행사건, 후속결과)의 관계를 설명함으로 수정해야 할 것들을 알게 해주는 등 중재계획을 용이하게 해 준다.

> 예 엄마에게 공부를 못한다고 꾸중을 들은 날(배경사건), 서진이는(학생 이름) 수학 시간에 과제가 주어지면(선행사건), 과제 수행을 피하기 위하여(기능) 교재와 학용품을 찢고 부러뜨리는 행동을 한다(문제행동).

④ **행동지원 계획 수립**: 기능평가 결과를 분석하고 수립한 가설에 기초하여, 어떤 중재를 제공할지 혹은 대체행동 교수를 할 것인지 결정한다.

중재	내용
선행사건, 배경사건 중재	• 문제가 되는 선행사건이나 배경사건을 제거 혹은 수정하는 것으로 예방(prevention)중심의 전략 • 배경사건 중재: 사람 관련 변인, 시간 관련 변인, 장소 관련 변인 등으로 구분됨
대체행동 교수	• 문제행동을 대체하는 바람직한 행동을 가르치는 것을 의미함 • 대체행동 교수는 문제행동과 동일한 기능을 가지고 있으면서 사회에서 수용할 수 있는 대체 기술을 가르치는 것, 특정 상황에 적절하게 대처하는 것, 전반적인 능력이 향상될 수 있도록 일반적인 기술을 가르치는 것 등을 포함함
문제행동에 대한 반응중재	• 문제행동에 대한 강화가 이루어지지 않도록 하는 것, 문제행동이 아닌 바람직한 행동을 했을 때 그러한 행동을 증가시키기 위해 교사가 제공하는 중재를 의미함 • 전략: 문제행동에 대한 무시, 차별강화 등이 있음

⑤ **계획 실행·평가 및 수정**: 행동지원을 계획한 대로 실행한 후에는 문제행동이 감소하였는지 혹은 행동에 변화가 있었는지를 평가하고, 효과가 없었다면 혹은 더 효과적인 변화를 위해서는 어떤 수정이 필요한지를 결정해야 한다. 또한 일반적으로 긍정적 행동지원의 효과는 학생의 행동 변화, 학생의 삶의 질 변화, 교사의 변화, 기관 차원의 효율성의 4가지 측면에서 평가를 한다.

(3) 학교차원의 긍정적 행동지원

① 학교차원의 긍정적 행동지원(SWPBS; School-Wide Positive Behavior Support) 모형은 보통 3단계 접근을 통해 교육서비스를 제공한다.
　　㉠ **1단계**: 학교 혹은 지역교육청 단위에서 전체 학생의 80~90%의 학생이 필요로 하는 행동지원을 제공한다.
　　㉡ **2단계**: 집중교수로 1단계 중재에서 반응하지 않고, 추가 교수를 필요로 하는 학생들을 대상으로 문제행동을 수정하는 것을 목표로 한다.
　　㉢ **3단계**: 개별화된 교수로 첫 번째와 두 번째 교수에서 효과를 보지 못했던 학생들을 대상으로 학생 개개인의 욕구에 집중하여 가장 강도 높은 교수를 제공한다.

② 단계별 주요 요소

단계	주요 요소
1단계 : 학교 단위 행동지원	• 동학년 행동지원팀 구성 및 목표 공유 • 문제행동 목록을 만들어 학년 기대행동 및 규칙 수립 • 학년 기대행동 교수, 행동 준수에 대한 감독 및 강화 • 학년 단위의 문제행동 평가 • 문제행동에 대한 표준화된 검사도구 및 사회성 기술척도의 사용 • 지속적인 관찰과 평가결과 문제행동의 횟수나 강도가 감소하지 않는 아동 선별
2단계 : 소그룹 단위 행동지원	• 가능한 시간을 별도로 확보하여 4~5명 내외의 학생을 소그룹으로 지도. 교사 1~2명이 지도교사가 됨 • 행동 관리 프로그램, 사회성 기술, 자기관리 기술 등 효과적인 교수법 제공 • 학생의 행동에 대해 학생 본인 및 부모와의 지속적인 대화 및 상호작용 • 학년 차원의 교수팀을 형성하고 팀의 구성원이 되어 활동 • 문제행동 교수 전문가의 투입 • 일일평가 기반 학생행동 점검 및 기록 보관 • 정기적이고 공식적인 개별 단위 행동지원 대상자 선정을 위한 평가
3단계 : 개별 단위 행동지원	• 약 1~2명 내외의 학생을 특수학급에서 지도 • 개별화된 프로그램 만들기 • 개별화된 사회성 기술 및 자기관리기술 지도 • 기능행동분석에 기초한 행동 수정 실시 • **구체적인 문제행동 측정**: 비디오 녹화, 빈도기록법 등 • 문제행동 지도를 위해 전문 상담교사와의 협력 • 장애 진단을 위해 부모와 협력하고 진단을 의뢰 • 장애 진단을 위해 전문가집단과의 효과적인 상호작용과 협력

15 미술치료

1. 아동 미술의 발달 단계

(1) 난화기

① 2~4세 무렵의 아동이 아무렇게나 그리거나 긁적거리고 마구 그리는 첫 시도 기간을 의미한다.

② 유아 초기의 그림은 자신의 근육운동을 지각하는 경험을 통해 자신의 생각을 상상하고 상징화하여 그려내는 단계가 된다. 성인의 강요에 의하기보다 스스로 자유롭게 표현하도록 격려하는 것이 좋다.

③ 아동의 신체, 팔 근육의 발달로 보다 정교한 그림을 그릴 수 있게 준비하는 시간: 색채보다 선과 형태를 중심으로 크레파스, 찰흙, 물감, 핑거페인팅, 색종이, 파지 등의 다양한 재료를 통해 아동의 욕구를 만족하면서 바람직한 성장을 돕는 것이 좋다.

(2) **전도식기**

① 4~7세 무렵의 아동이 보여주는 의식적이고 통제적으로 형태를 표현하는 양식을 의미한다.

② 이 시기의 아동은 공간 인식이 어느 정도 가능하여 특정한 물체를 그리려고 하고, 그림 속에 물체를 적절하게 배열하며 색칠하기를 즐긴다.

③ 아동은 언어를 이용하여 자신이 그린 그림의 상황을 설명함으로써 자신의 의도를 나타내려고 한다. 그러나 객관성이 부족하고 자기중심적이며 흥미 있는 것만 받아들이려 한다.

④ 난화기에 비해 형태 표현이 정확해지긴 하나 아직 미숙한 수준이다. 이 시기에는 크레용, 찰흙, 색연필, 색종이 등이 많이 사용되며, 흡수력이 있는 종이와 농도가 짙은 물감의 사용이 도움이 된다.

(3) **도식기**

① 7~9세 무렵의 아동이 특정한 대상에 대해 구체적인 개념을 가지고 사실적으로 표현하는 단계이다.

② 꽃, 하늘, 땅, 사람, 나무 등의 특정 대상 각각에 대한 도식을 발달시켜 반복해서 표현한다. 중요한 부분은 강조하고 중요하지 않은 부분은 생략하며, 정서적으로 의미 있는 부분의 형태는 변화되기도 한다.

③ 마치 엑스레이(X-ray)처럼 물체의 내부와 외부를 표현하기도 한다. 따라서 수채화 물감보다는 포스터 물감, 찰흙 등으로 표현하는 방법이 도움이 된다.

(4) **또래 집단기**

① 9~11세 무렵의 아동이 또래 집단 구성원으로서의 자신의 존재와 타인의 존재를 인식하는 시기로, 사회적인 독립심이 발달한다.

② 그림에 있어 도식기에 사용한 다소 고정된 도식의 표현에서 벗어나 특징 있는 다른 표현방법을 모색하고 사물과 환경에서의 미묘한 차이를 인식하고 표현한다. 기하학적 선보다 사실적인 표현을 중시하면서 사물의 표현도 보다 객관적이고 세밀해지며 농도의 정도도 달라진다.

③ 이 시기에는 아동의 경험을 확대시켜주면서 다양한 재료를 통해 색과 세밀한 표현을 하도록 발달시킬 수 있고, 협동작업이 가능해지도록 지도하는 것이 도움이 된다.

(5) **의사실기(the pseudo-naturalistic stage)**

① 11~13세 무렵의 아동으로, 초등학교 고학년에서 중학생으로의 전이과정과 청소년기에 접근하는 시기이다. 인지발달 특성상 논리적 사고가 견고해지면서 구체적인 사물과 사실로부터 추상적·형식적인 조작까지 가능하게 발달하고, 자신의 내면세계, 외부세계, 미래, 가치, 사상 등으로 관심이 확대된다.

② 이 시기의 아동의 그림은 시각적인 자극을 선호하고 이에 반응하는 아동과 정서적 경험을 선호하여 주관적인 해석에 관심을 갖는 아동의 2가지 유형으로 나타난다.

   ㉠ **시각적 자극을 선호하고 이에 반응하는 아동**: 외적·시각적 대상을 색, 명암, 빛의 변화와 환경, 인상주의, 공간관계 등을 분석하여 사실적으로 표현하는 특성을 지닌다.

   ㉡ **정서적 경험을 선호하여 주관적인 해석에 관심을 갖는 아동**: 주관적으로 느끼고 경험한 것을 내면적으로 표현하는 다소 추상적인 표현방식을 즐기며, 자신이 흥미 있어 하는 세부적인 것을 자신의 정서적 반응에 의해 의미 있는 것으로 종합하여 표현하려고 한다.

③ 이 시기는 아동의 유형에 따른 동기부여가 중요하며, 재료나 기법이 보다 더 다양해지고, 완성된 작품에 대한 중요성을 인식하는 시기이다.

(6) 결정기

① 청년기에 대항되는 시기로, 점차 상징세계에 대한 강한 주관적 관계를 상실하면서 5번째 단계인 의사실기의 두 유형이 보다 더 확실해지는 시기이다.

② 이는 자신의 성격과 개성을 파악하는 증거로 발달한다.

2. 미술매체

(1) 특성

표 오른쪽으로 갈수록 대체로 심리적 긴장과 통제를 높이는 재료이고, 왼쪽으로 갈수록 통제 정도가 낮은 재료이다.

젖은 점토	그림 물감	부드러운 점토	오일 파스텔	두꺼운 펠트지	콜라주	단단한 점토	얇은 펠트지	색연필	연필
1	2	3	4	5	6	7	8	9	10

가장 낮게 통제 <<<<<<   >>>>>> 가장 높게 통제

[그림 12-6] 미술매체의 종류

(2) 미술매체 사용 시 유의사항

① **장애아, 유아**: 쉽게 제작할 수 있는 도구를 사용하는 것이 좋으며 파스텔, 크레용, 붓과 같은 비교적 간단한 매체가 있다.

② 연필은 조작하기 쉽지만 물감이나 점토는 조작에 있어 기술적인 문제가 있을 수 있다.

③ 내담자의 자발성을 촉진하려면 다양한 크기와 종이, 점토와 색상 등을 준비해야 한다.

    ㉠ 너무 많은 양의 도구는 사람을 질리게 할 수 있다는 점도 유의해야 한다.

    ㉡ 아동의 인지 수준이 2~3세 수준이라면 재료를 2~3가지 정도로 제한한다.

④ 내담자의 성격을 고려하여 미술매체를 선택한다.

    ㉠ **쉽게 찢어지는 신문지나 잘 부서지는 분필**: 내담자의 좌절을 쉽게 유발할 수 있으므로 지양한다.

    ㉡ **물감, 핑거페인트, 물기가 많은 점토**: 퇴행을 촉진하는 재료이므로 성격이 경직된 내담자에게는 유용하지만 충동적인 내담자에게는 적합하지 않다.

    ㉢ **색연필, 사인펜과 같은 딱딱한 재료**: 높은 통제력을 지닌 재료로, 충동적인 성향을 통제하기가 좋다.

⑤ 때때로 미술매체를 바꾸어줌으로써 내담자를 촉진할 수 있다.

⑥ 다양한 미술매체를 활용한다.

3. 미술치료 과정과 기법

(1) 과정

① **도입 단계**: 상담자는 내담자와 신뢰관계를 형성하기 위해 편안하고 수용적인 분위기를 조성한다. 이러한 분위기 조성을 위해 조용한 음악을 틀거나 긴장 이완을 위한 호흡법 또는 근육 이완법을 사용한다. 이 단계에서 상담자는 내담자와 협의하여 치료목표를 설정하고, 미술치료에 관해 설명해 주며, 목표 성취에 필요한 규칙을 함께 정한다.

② **활동 단계**: 내담자가 본격적으로 미술활동에 참여하는데, 이 단계에서는 내담자가 미술창작 활동에 집중하여 치료적 경험을 할 수 있도록 불필요한 대화를 자제한다. 상담자의 개입 또는 질문은 미술활동을 통해 자신의 의식과 무의식 세계를 오가는 흐름을 끊을 수 있기 때문이다.

③ **토론 단계**: 내담자가 완성한 미술작품을 보며 이야기를 나눈다. 이 과정에서 상담자와 내담자, 내담자와 작품사이에 역동이 일어난다. 이 경우, 둘 사이에 신뢰관계가 형성된 정도에 따라 내담자가 완성한 미술작품으로부터 많은 정보와 느낌을 경험할 수 있다.

➡ **토론 시 유의할 점**: 작품에 대한 진단 또는 분석을 삼가야 한다. 진단과 분석은 내담자의 호기심과 흥미를 유발할 수 있지만, 내담자가 다음 작품을 작업할 때, 부담을 주고 불안을 유발함으로써 자유로운 표현을 저해할 수 있다.

(2) 기법

기법	특징
자유화	• 특정 주제 없이 피검자가 원하는 대로 그리게 하는 기법 • 피검자의 현재 생각, 욕구, 감정 등을 파악하고, 미술활동을 통하여 감정이완을 돕기 위한 목적으로 사용됨 • 피검자가 그림을 완성하면, 상담자는 피검자와 함께 그림을 보면서 그림과 관련된 질문과 이야기를 나눔으로써 문제 상황 혹은 갈등의 의식화를 도와야 함
주제화	• 검사자가 피검자에게 특정 주제(예 가족, 인물, 동물 등)를 지정해서 그리게 하는 기법 • 이 기법은 특정 주제 또는 쟁점에 관한 피검자의 내면 욕구와 압력을 파악하는 데 사용됨
집·나무·사람 그림검사	• 벅(Buck)에 의하여 개발된 것으로 피검자에게 종이와 연필로 집, 나무, 사람을 그리게 하여 성격발달과 관련된 정서적·역동적 측면을 파악하는 투사검사 • 총 4장의 종이에 집, 나무, 남녀를 그리게 하거나 한 장에 모두 그리게 한 다음, 일련의 탐색질문을 통해 피검자에 대한 직관적이고 상호작용적인 이해를 위한 도구로 사용됨 • 저항이 비교적 적고, 시간 경과에 따라 내담자의 그림을 배열·비교함으로써 치료효과를 파악할 수 있음 • **동적 HTP**: 운동성이 추가된 것으로, 각 그림에서 나타나지 않은 역동성과 더 깊은 내면세계를 잘 반영한다는 이점이 있음
동적 가족화 검사	• 번스(Burns)와 카우프만(Kaufman)이 개발한 것으로, 가족 그림을 통해 가족원의 관계와 역동에 대한 피검자의 지각, 자기개념, 대인관계 갈등 등을 파악하는 투사검사 • **검사자는 피검자에게 가족 모두가 무언가를 하고 있는 장면을 그리게 함**: 그림이 완성되면, 각각의 인물이 누구인지, 몇 살인지, 무엇을 하고 있는지 등을 질문함 • 가족 그림을 통해 피검자의 눈에 비친 가족의 일상적 태도 또는 감정을 파악할 수 있고, 가족 상황으로부터 파생된 부정적인 효과를 감소시키기 위한 유용한 도구로 활용될 수 있음

테두리 기법	• 도화지의 테두리를 따라 상담자가 테두리를 그어줌 • 피검자에게 그림 그리기를 자극하고, 그림 그리기에 대한 공포를 줄여 주기 때문에 자아가 약한 피검자에게 유용함 • 필요할 경우 원을 그려 주어 원 안에 그리게 하거나 채색하게 함으로써 과잉행동 또는 주의산만을 통제할 수 있음
풍경구성법	• 일본의 나카이 하시오가 개발한 것으로, 피검자에게 종이에 10개 요소(강, 산, 밭, 길, 집, 나무, 사람, 꽃, 동물, 돌)와 부가적 풍경을 그리게 하여, 개인의 특성을 파악하기 위한 진단·치료 기법
난화 상호 이야기	• 일본의 야마나카가 난화 그리기와 테두리 기법을 응용하여 개발한 것으로, 상담자와 내담자가 각자의 종이에 테두리를 그려서 교환한 다음, 상호 교환을 통해 난화를 완성하고 그 난화에 대해 이야기를 나누는 기법 • 이 기법은 상담자와 내담자가 역할교환을 통해 상담관계를 형성하고, 내담자가 난화에 자신의 무의식을 투사하여 형상화함으로써, 무의식을 의식화하여 내담자 스스로 문제를 인식하게 하는 데 유용함
콜라주	• 벌크(Burk)와 프로반처(Provancher)가 저널에 진단도구로 처음 소개한 것으로, 사진 또는 그림에서 필요한 형상의 요소를 종이에 오려 붙여 재구성하게 하는 기법 • 이 기법은 간편하게 적용할 수 있고, 작품 보존이 쉬우며 사진이나 그림 조각만으로도 감정을 쉽게 표현할 수 있어서 피검자의 심상 발견·계발이 가능하다는 장점이 있음
협동화법	• 가족 또는 2인 이상의 내담자들이 집단을 이루어 한 장의 종이에 협동하여 그림을 그리게 하는 기법 • 자발성 정도, 경험 표출, 협동성, 그림의 위치와 내용, 그림 순서, 주의력 등을 관찰·분석하기 위한 기법으로, 집단상담에 유용함 • 주제를 제시하거나 그렇지 않은 상태로 실시되는데, 집단상담의 장점을 활용하면 효과적임
감정차트 만들기	• 한 장의 종이를 여러 칸으로 구분하여 최근의 감정을 그리거나 색종이로 표현하게 하는 기법 • 상담자는 내담자에게 감정을 표현하게 한 다음, 모든 인간이 불편한 감정을 지니고 있음을 설명함 • 칸 없는 종이 전체에 표현하거나, 스펙트럼 형태의 띠로도 나타내게 할 수 있음
난화 그리기	• 그림을 그린 사람의 무의식 속에 잠재된 상상을 표출시키고 저항감을 줄여주는 데 도움이 됨 • 종이에 직선이든 곡선이든 어떤 것이라도 자유롭게 그림 • 그려진 선을 이리저리 돌려보며 이미지를 떠올리고, 이미지가 떠오르면 선을 첨가하거나 색을 칠함 • 마블링, 실 그림 등으로 응용할 수도 있음
빗속의 사람	• 인물화에 비가 오는 장면을 첨가한 것 • 내담자가 현재 겪고 있는 스트레스 정도와 대처능력을 파악할 수 있음
만다라	• 둥근 원형의 그림 안에 표현하는 것으로, 융은 만다라를 심리치료 분야에 적용함 • 침착함과 고요함을 주며 자아존중감을 키워줌 • 만다라는 중심 또는 초점을 지니며, 조화와 균형 잡힌 구조적 특징을 가지고 마음의 전체성을 상징함

16 놀이치료

1. 놀이와 놀이치료

(1) 놀이

① 놀이: 아이들이 편안하게 참여하고, 자연스럽게 내재된 감정을 표출하며, 의사를 교환하는 활동으로, 이러한 활동을 통해 아이들은 새로운 사고와 행동에 필요한 안전감과 자신감을 얻는다.

② 아이들은 성인에 비해 언어를 통해 정서와 갈등과 표현하는 능력이 제한되어 있기 때문에, 이러한 점에서 놀이는 아이들의 내적 긴장, 불안, 두려움, 공격성의 표현이나 해소에 매우 유용하다.

③ 정신분석 관점에서의 놀이: 아동의 무의식적 갈등이 자발적으로 표현되는 도구다.

(2) 놀이의 특징

① 놀이는 본래 자발적 행동이다.

➡ 많은 요구와 규칙이 있는 세상에서 놀이는 새롭고 신나는 것이며, 일상생활의 긴장 해소에 도움을 준다.

② 놀이는 어른들의 평가와 판단에서 자유롭다.

➡ 아이들은 실패의 두려움 또는 어른들의 조롱에 대한 두려움 없이 실수를 즐길 수 있다.

③ 놀이는 환상과 상상력을 높인다.

➡ 아이들은 가상의 세계에서 경쟁심 없이 통제의 필요성을 경험할 수 있다.

④ 놀이는 흥미와 참여를 높인다.

➡ 아이들은 때로 집중시간이 짧다. 이들은 흥미가 적고 별로 매력적이지 않은 활동에 참여하는 것을 꺼린다.

⑤ 놀이는 신체적·정신적 자아발달을 촉진한다.

(3) 놀이의 치료적 가치와 효과

① 치료적 관계 형성에 유용하다.

② 아동 이해를 위한 진단 도구로 활용될 수 있다.

③ 아동의 이완을 돕고, 불안과 방어적 태도를 감소시켜 치료의 효과를 높일 수 있다.

④ 치료를 꺼리거나 말이 없는 아동의 치료 참여를 돕는다.

⑤ 안전한 환경에서 아동의 고통스러운 감정 표출을 돕는다.

⑥ 아동이 일상생활에 일반화할 수 있는 사회적 기술 발달을 돕는다.

(4) 놀이치료

① 놀이를 아동의 심리적 갈등 해소·치료를 위한 목적으로 사용하는 심리치료로, 아동이 호의적이고 최적의 조건에서 성장할 수 있는 경험을 제공하는 치료법이다.

② 놀이치료와 (가정, 유치원, 학교에서의) 놀이: 놀이치료는 전문가가 함께한다는 차이가 있다.

㉠ 상담자는 놀이를 통해 자신의 감정을 안전하고 자유롭게 표현하도록 돕는다.

㉡ 수용적·치료적 상호작용을 통해 놀이로 표출되는 아동의 내면세계를 잘 이해하여 아동이 겪고 있는 어려움을 극복하고, 정서·행동적으로 건강하게 살아갈 수 있도록 돕는다.

③ 대표적 놀이치료 접근방법

유형	특징
정신분석 놀이치료	놀이를 아동의 무의식을 표현하는 도구로 보고, 놀이의 내용 및 치료자와의 전이관계를 다루는 치료법
아동 중심 놀이치료	액슬린(Axline)이 창안한 방법으로, 치료자의 개입을 최소화하고, 놀이를 통해 아동 스스로 문제를 인식·극복하도록 돕는 비지시적 치료법
가족 놀이치료	부모와 아이가 놀이를 진행하며, 치료자는 과정 관찰을 통해 치료적 개입을 함
인지행동 놀이치료	넬(M. Knell)등이 창안한 것으로, 아동의 부적응 행동에 영향을 주는 인지의 변화에 초점을 둠
발달 놀이치료	브로디(Brody)가 창안한 것으로, 아동의 발달에 필요한 놀이(예 신체 접촉 등)를 선정하여 진행
아들러 놀이치료	모든 사람은 경험과 지식을 바탕으로 외부 세계를 경험한다는 가정하에 놀이를 통해 아동의 잘못된 믿음을 교정해 주는 치료법
모래상자 놀이치료	로웬펠트(Lowenfeld)가 창안한 것으로, 모래상자 안에서 여러 상황의 놀이를 통해 아동 스스로 문제를 해결하도록 돕는 치료법
집단 놀이치료	놀이치료와 집단치료를 통합한 것으로, 집단에서의 상호작용과 적응 등을 통해 아동의 문제행동을 교정하는 치료법

2. 놀이치료 기본 기술

(1) 추적하기(tracking)

① 아동에게 아동의 행동을 설명하는 것이다.

② 추적하기의 목적은 아동이 하고 있는 것이 중요하고 주목할 만한 것임을 아동이 알게 하는 것이다.

　예 아동이 인형을 잡은 경우, "그것을 집었구나."라고 알려준다.

　　아동이 그림을 그리고 있는 경우, "너는 무언가를 그리려고 하고 있구나."라고 알려준다.

(2) 내용 재진술하기

① 아동이 이야기한 것을 상담자가 다시 아동에게 말하는 것이다.

② 재진술은 아동이 이해할 수 있는 어휘의 문맥 안에서 상담자 자신의 단어와 음조를 사용해야 한다.

　예 아동: (아기 인형을 집으면서) "나는 이 아기의 엄마야. 나는 이 아기를 잘 돌봐주려고 해."

　　교사: "너는 엄마가 되려고 하는구나. 그 아기를 잘 돌봐주려고 하는구나."

(3) 감정 반영하기

① 아동이 하는 말의 내용이나 비언어적 표현에서 어떤 사건, 사람 혹은 자신에 대한 느낌이나 감정을 상담자가 알아차리고 감정 단어를 사용하여 아동에게 전달하는 것이다.

② 아동은 자신의 감정에 대한 인식이 부족하고, 감정을 이해하고 설명하는 능력이 제한되기 때문에 상담자는 아동이 그들의 감정을 이해하고 표현하는 것을 도와주어야 한다.

　예 "네가 가방을 두드리는 것을 보니 화가 난 것 같구나.", "네 강아지가 죽어서 슬프겠구나."

(4) 책임감 돌리기

① 아동의 자기결정과 의사결정 기술을 강화하는 것으로, 아이가 자신의 말과 행동을 주도적으로 이끌도록 한다.

② 상담과정에서 상담자가 결정하지 않고, 아동 스스로 결정하도록 그를 위해 어떤 것을 하지 않는 것을 말한다.

> 예 아동: (선반에서 장난감을 집으면서) "이게 뭐예요?"
>
> 교사: "네가 원하기만 하면 어떤 것이라도 될 수 있어."

(5) 은유 사용하기

① 놀이치료에서 대부분의 의사소통은 은유로 이루어짐: 상담자는 아동의 행동과 비언어적인 행동에 주의를 기울여야 한다. 상담실에서 놀이기구를 가지고 하는 아동의 많은 행동이 놀이실 밖에서 일어나는 싸움, 즐거움, 관계를 나타내기 때문이다.

② 은유를 다루는 데 가장 중요한 기술: 이를 해석하지 않고 기꺼이 은유를 사용하며 행동을 계속 진행하는 것이다.

(6) 제한

① 놀이실에서 제한해야 할 상황

    ㉠ 자기 자신, 다른 친구, 상담자에게 신체적 공격을 하는 것

    ㉡ 놀이세팅이나 놀이도구를 파괴하는 것

    ㉢ 놀이세팅에서 장난감이나 놀이도구를 가져가는 것

    ㉣ 회기가 끝난 이후에도 머무르는 것

② 제한방법

    ㉠ 비판적이지 않는 방법으로 제한: 때로 상담자는 수동적인 방법을 사용할 수 있지만 경우에 따라 "놀이실에서 사람에게 화살을 쏘는 것은 규칙에 어긋난다."라는 중립적이고 사실을 전달하는 방식으로 놀이실 규칙을 이야기할 수 있다.

    ㉡ 아동의 감정과 행동의 목적을 반영한다.

> 예 아동의 위협적 행동이 상담자가 신체적으로 위협당하면 어떻게 행동할 것인지를 보기 위한 시도(목적)라면, 상담자는 "만일 네가 화살총으로 나를 쏠 것이라고 이야기한다면, 내가 어떻게 행동할지 보고 싶어서 그러는 것이겠구나."라고 설명한다.

    ㉢ 아동이 자신이 행동을 고치는 데 관여하게 함: 이때 상담자는 아동이 자신의 비수용적인 행동을 수용할 만한 행동으로 바꾸도록 요구한다.

    ㉣ 아동이 위의 단계를 어기려고 하면 아동이 실시할 수 있는 논리적인 결과를 제시한다.

3. 브로디(Brody)의 발달놀이치료

(1) 의미

① 신체접촉을 통해 아동의 자아를 발달시키고자 하는 기법이다.

② 치료적인 관계를 강조하며 대상관계이론, 애착이론, 자아심리학 등을 기초로 한다.

(2) 목표

① 신체접촉을 통해 긴밀한 애착관계를 형성하고, 이를 기반으로 다른 사람과 관계 맺는 능력을 향상한다.

② 아이와 양육적인 신체접촉을 갖고 눈을 서로 마주치며 즐겁게 상호작용함으로써 아이가 건강한 모자 관계를 재경험하도록 한다.

(3) 기본 가정

① 심리적 자아의 성장은 신체적 자아에 대한 인식에서 출발한다.

② 신체적 자아에 대한 인식은 신체접촉을 통해 형성된다.

③ 안정된 애착 형성이 건강한 인성을 발달시킨다.

④ 안정된 애착 형성은 부모의 양육태도에 좌우된다.

(4) 기법

① 안고 흔들기: 상담자는 주로 흔들의자에 앉아 아동을 젖먹이는 듯한 자세로 앉는다. 이 자세는 눈 접촉이 쉽고 말을 부드럽게 하는 데 도움이 된다. 안고 흔들면서 자장가나 노래를 불러준다.

② 신체부위를 접촉하고 노래하기: 상담자는 손가락 끝이나 손으로 아동의 신체부위를 접촉한다.

③ 뽀뽀하기, 안아주기, 말하기, 노래하기

④ 제한 설정하기

⑤ 발달놀이 게임

　㉠ 상담자를 따라 인사하며 노래 부르기

　㉡ 음악에 따라 상담자의 손 움직임 따라 하기

　㉢ 손을 들어 "안녕"이라고 말하기

　㉣ 로션 바르기

4. 옌버그(Jernberg)의 치료놀이

(1) 의미

① 애착과 개입을 통해 자존감을 향상하고 타인에 대한 신뢰를 증진시키기 위한 치료이다.

② 발달놀이치료에 기초: 상호작용 활동을 구조화했다.

(2) 원리

① 기본 원리는 발달놀이치료와 동일하며 치료의 핵심기법도 신체접촉이다. 목표 또한 동일하게 애착 증진과 관계 맺는 능력의 향상이다.

② 발달놀이치료와의 차이점: 치료기간이 짧게 설정되고 상호작용 활동을 보다 구조화했으며, 부모나 주양육자가 함께 참여하는 경우가 많다.

(3) 상호작용 활동 4가지

활동	내용
구조화	• 분명한 규칙과 방법이 있는 게임 • 일어날 일에 대한 예측이 가능하기 때문에 아동은 안전감을 느끼고 조절감을 증진할 수 있음 예 • 콩주머니 게임 　• 손, 발, 몸 윤곽선 그리기 　• 신호등 놀이
함께 참여하기	• 즐거운 상호작용과 관련된 활동 • 영아가 양육자를 쳐다보고, 웃고, 옹알이하면 양육자는 이에 민감하게 즉각적으로 반응함 • 양육자는 더 나아가 이러한 상호작용을 확장시킴 예 • 바람 불어주기 　• 거울보기 　• 볼 누르기 　• 하나씩 더해서 전달하기
양육하기	• 아동의 성장을 위해 필요한 기본적인 보살핌에 해당되는 것 • 먹여주고 안아주고 흔들어주는 것 등이 이에 속함 예 • 상처 보살펴주기 　• 솜으로 만져주기 　• 담요그네 태워주기
도전하기	• 아동에게 새로운 것을 시도시켜 이를 숙달하도록 이끄는 활동 • 예로 양육자 무릎 위에서 걸음마를 연습시키는 것이 있음 예 • 균형잡기 　• 풍선 테니스 　• 베개 위에서 균형 잡고 서 있다고 뛰어내리기 　• 신문지 펀치, 바구니에 공 넣기 　• 자리 뺏기 놀이

5. 기타 놀이치료

(1) 모래놀이 치료

① 융(Jung)의 이론 중 특히 '개성화 과정'에 근거를 두며, 네모난 모래상자에 있는 작은 피규어(figure)를 이용하여 자신만의 세계를 만들어가는 과정이다.

② 로웬펠트(Lowenfeld)가 아동의 내적 세계 표현을 돕기 위해 창안한 치료법으로, 아동의 깊은 수준에서 이루어지는 비언어적 치료법이다.

③ 아동이 자신의 경험을 추상적으로 토의하는 것이 아니라 모래상자에서 자신의 내면세계를 표현하면서, 구체적이고 사실적으로 자신의 경험세계를 이해한다. 아동의 이미지가 모래에 나타나고 이는 상담자와 아동에 의해 소중히 여겨진다.

④ 모래상자에 모래와 실물과 닮은 소품들을 매개로, 아동의 무의식적 사고와 감정 표출, 즉 의식화를 통해 치료적 효과를 산출하는데, 의식의 언어화보다는 주로 감각과 직관을 사용한다.

(2) 부모-자녀 관계 치료

① 부모-자녀 관계의 어려움을 해소하고 관계를 향상하는 데 초점을 두고, 상담자는 부모가 자신의 자녀를 이해하고 수용하며, 아동의 발달에 대한 이해를 도와 아동이 가능한 한 최상의 조건에서 성장·발달하도록 돕는 치료적 방법이다.

② 심리사회적 적응에 어려움을 겪는 어린 아동의 치료에 부모가 치료자로 참여하게 하여 치료 효과를 높인다. 특히 한 명의 전문가가 여러 명의 부모를 훈련하여 자신의 자녀를 치료하게 한다.

(3) 게임놀이 치료

① 게임놀이는 개인에게 즐거움을 제공할 뿐만 아니라 신체·인지·언어·사회성·정서 발달을 촉진한다.

② 놀이치료에서 게임활동은 자기표현을 꺼리거나 서툰 아동과 초기 관계 형성 촉진을 위한 중요한 도구다.

③ 목적: 아동의 무의식적 갈등을 게임활동 상황에서 자연스럽게 행동과 언어로 표출할 수 있도록 하여 아동이 자신의 갈등을 자각할 수 있도록 돕는 것이다.

17 전환교육

1. 개념과 필요성

(1) 전환교육(transition education)의 개념 [기출 20]

① **전환교육**: 장애 학생이 학령기 이후에 자립을 위해 삶을 준비하는 일체의 교육을 의미한다. 전환의 의미에는 변화가 내포되어 있으며, 장애 학생은 학교 과정과 졸업 이후 성인으로 성장하는 과정에서 끊임없는 변화와 새로운 역할을 경험한다.

② **IDEA(미국장애인교육법)의 전환교육**: "학교로부터 대학교육, 직업교육, 지원고용을 포함한 통합된 고용, 평생교육, 성인을 위한 서비스, 독립생활 혹은 지역사회에의 참여를 포함하는 학교 졸업 후 활동으로의 이동을 촉진하는 결과 중심 과정으로 고안된 일련의 조정된 학생을 위한 활동이다. 일련의 조정된 활동은 반드시 학생 개인의 욕구를 바탕으로 하여 학생의 취미와 흥미를 고려해야 하며, 수업, 지역사회의 경험, 고용 및 고교 졸업 후의 성인생활에 관한 목표, 필요하다면 일상생활 기술의 습득과 기능의 평가를 포함해야 한다."

(2) 주요 개념

① **결과 중심의 과정**: 이때 결과는 여러 전환을 지원하는 활동들이 장애 학생에게 미치는 효과를 말하며, 이는 IDEA의 가장 중요한 목적이다. 전환교육의 목표는 졸업 후의 취업이나 대학교육, 그 후의 독립생활 혹은 지역사회에의 참여를 위하여 학생을 준비시키는 것이다.

② **일련의 조정된 활동**: 효율적인 전환과정에는 많은 전문가와 기관이 참여하므로 조정이 필수적이다. 전환계획을 수립할 때는 지원하는 활동들이 서로 관련이 있어야 하며, 여러 기관이 상호 연계체계를 지녀야 한다.

③ **학교 졸업 후의 활동**: 졸업 후 활동이 강조되는 이유는 장애인이 학교를 떠나 성인으로서의 삶을 시작하면서 여러 곤란에 부딪힌다는 사실이 여러 연구에서 보고되었기 때문이다.

(3) 개별화전환교육계획(ITP)

1. **정의**: '전환서비스'라는 말은 장애 학생을 위해 조정되고 설계된 활동을 의미한다.
   - 결과 지향 과정으로 설계되고, 학교에서 학교 이후 활동으로 이동하는 학생들의 기초 학습과 기능적인 성취를 발달하는 것에 초점을 두고 중등 이후 교육, 직업교육, 직업중재, 계속적인 생애교육, 성인서비스, 독립생활, 지역사회 참여와 같은 활동들이 포함된다.
   - 개별 학생의 요구, 장점, 수행 능력, 흥미 등의 검사를 기초로 한다.
   - 학습, 관련 서비스, 지역사회 경험, 고용의 발달, 학교 이후 성인 생활 목표, 적절한 시기, 일상생활 기능의 획득, 직업 기능 평가 등이 포함된다.
2. **개별화교육계획**
   - '개별화교육계획' 또는 'IEP'는 장애 학생을 위한 발달·관점에 대한 진술로, 이 조항은 다시 세분화된다.
   - 아동이 16세가 되어 첫 IEP가 제공되는 것보다 늦지 않게 전환계획이 시작되어야 하고, 매년 누가 기록해야 한다.
     - 적합하게 측정된 중등 이후 목표는 훈련·교육·고용시기, 독립생활 기술과 관련된 전환사정 연령에 기초한다.
     - 전환 서비스는 이러한 목표에 도달하기 위한 조력을 필요로 한다.
     - 법이 정하는 나이에 도달하기 1년 전 시작한다. 이 법률에 의한 아동의 권리는 충분히 인지시켜야 하고, 어떤 경우에는 615조에 의해 적정 도달 연령을 변동시킬 수 있다.

2. 전환교육의 모형

(1) 윌(Will)의 모형: 교량 모형

① **이론적 특징**: 중등학교에서 직업준비과정으로의 가교 역할을 하는 3가지 다른 수준의 교육과정을 준비해야 한다는 것으로, 학생이 학교를 졸업한 후 지역사회에 적응하는 데 필요한 적절한 직업기술을 가질 수 있도록 학교 교육과정에서 특수교육과 직업교육을 확고하게 설정해야 한다고 본다.

② **주요 개념**
   ㉠ 일반적 서비스: 학생이 고등학교 때까지 교육받아 자신이 습득한 자원을 활용하여 졸업 후 외부의 지원 없이 성인의 세계로 나아가는 방법을 스스로 찾는 서비스를 말한다.
   ㉡ 시간제 서비스: 취업을 위해 직업재활, 전문 직업훈련 등 단기간의 서비스를 받는 것이다.
   ㉢ 지속적 서비스: 고용인과 피고용인에게 지속적인 서비스를 제공하는 취업의 한 유형이다.

[그림 12-7] OSER의 전환교육과정 구성요소

(2) 지역사회 중심 직업 훈련 모형(Wehman, Kregel&Barcus, 1985)

① 정의 및 특징
- ㉠ 특수교육 프로그램으로 기능적 교육과정, 통합적 학교환경, 지역사회 중심 서비스, 부모·학생의 의견, 기관 간 협력이 포함된 개별화프로그램 계획 수립, 경쟁고용, 지원고용(이동작업반/소집단 고용), 분리된 보호작업장과 같은 직업 결과를 산출하는 중등학교 직업 프로그램 모형을 제안했다.
- ㉡ 이 모형은 중등 장애 학생을 위한 전환 지원과 관련된 특수교육, 직업교육, 재활에 관한 직업 준비의 예시를 보여준다.

② 기본 원리
- ㉠ 훈련과 서비스 전달체제 내에 있는 구성원들은 반드시 참여해야 한다.
- ㉡ 부모는 필수적으로 구성원에 포함되어야 한다.
- ㉢ 직업전환 계획은 반드시 21세 이전에 수립되어야 한다.
- ㉣ 과정은 반드시 계획적이고 체계적이어야 한다.
- ㉤ 양질의 직업교육 서비스가 제공되어야 한다.

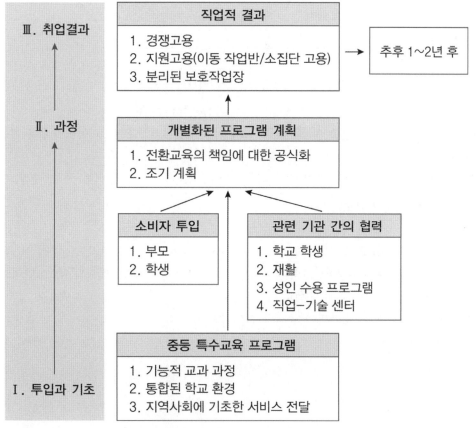

[그림 12-8] OSER의 전환교육과정 구성요소

(3) **핼펀(Halpern) 모형** 기출 20

① **이론적 특징:** '독립생활과 지역사회 적응 모형'은 윌(Will)이 고용에만 중점을 두었던 기존의 모형을 변화시켜 성과 중심의 교육 효과를 극대화하기 위해 지역사회의 적응을 통한 성인생활 자립을 강조했으며, 전환교육의 일차적인 목표인 취업을 위한 직업교육과 훈련에 중점을 두었다. 윌(Will)이 고용에만 중점을 두었다면, 핼펀 (Halpern)의 모형은 진로교육 접근에 좀 더 비중을 둔다.

② **주요 개념**

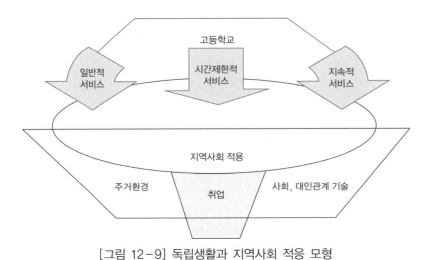

[그림 12-9] 독립생활과 지역사회 적응 모형

㉠ **취업 영역:** 직업훈련 프로그램, 직업조사기술, 최저임금수준 고려

㉡ **주거환경:** 주거지역에서 접근할 수 있는 거리 내에 지역사회 서비스와 레크리에이션 활용 가능 여부, 이웃과의 관계와 안전

㉢ **사회, 대인관계 기술:** 일상적인 의사소통 기술, 자아존중, 가족지원, 정서적 성숙, 우정, 친밀한 관계

(4) **브롤린(Brolin)의 생활중심 진로교육 모형**

① **이론적 특징**

㉠ 취학 전의 진로중심 교육을 강조한다.

㉡ 진로교육의 일반 모든 교수영역으로의 통합, 가능한 한 직접학습 경험, 학교와 부모, 안내자, 기업체나 업체, 지역사회 기관 간의 적극적인 협력 유지, 전환서비스 책임자의 적절한 훈련요소 개발을 강조했다.

㉢ 개인 발달의 모든 측면을 강조하는 총체적 인사 접근이다.

② 3차원 직업교육 모형의 주요 구성요소

㉠ 1차원, 능력

일상생활 기능	대인·사회적 기능	직업안내 및 준비
1. 가정경제 관리 2. 가정의 선택, 관리, 유지 3. 자기 필요의 충족 관리 4. 자녀양육, 가정생활 양상 5. 음식구입 및 관리 7. 시민적 활동이행 8. 오락과 여가활동 9. 지역에서의 이동	10. 자기 인식 11. 자신감 획득 12. 사회적 책임수행 기능 13. 좋은 인간관계 유지 기능 14. 독립적 행동 15. 문제해결 기능 16. 타인과의 적절한 의사소통	17. 직업가능성 인식과 탐색 18. 직업선택과 계획 19. 적절한 신체적·수동적 기능 과시 20. 숙달된 신체적·수동적 기능 과시 21. 구체적 기능 습득 22. 직장발견 및 지속

㉡ 2차원, 경험: 학교, 가정 및 지역사회 경험

㉢ 3차원, 단계

단계	내용
진로 인식 (career awareness)	• 초등학교 저학년에서 시작하여 전 생애에 걸쳐 계속됨 • 할 수 있는 일의 종류와 다양한 직업에 필요한 작업 습관과 기술은 물론 직업의 긍정적인 면과 장애 성공적인 직업인이 되는 방법을 알기 시작함
진로 탐색 (career exploration)	• 초등학교 고학년부터 중학교까지의 시기 • 직업, 자원봉사, 다른 생산적 활동을 탐색하게 함 • 가정과 가족생활의 책임을 부여하는 간섭 단계 • 실세계의 요구가 탐색될 수 있고, 학습에 통합되도록 지역사회의 자원에 이용됨 • 성인이 되었을 때 필요한 능력을 기를 수 있는 방법과 기술을 습득함
진로 준비 (career preparation)	• 고등학교부터 시작하여 성인기까지 계속되는 시기 • 진로 인식과 탐색의 기회를 기초로 함 • 자신의 흥미, 능력, 요구에 적절한 과정(대학 진학 또는 취업 준비)에 관한 논리적이고 잠정적인 진로 의사결정에 참여함 • 학생이 잠정적으로 선택한 직업군을 통해 취업에 필요한 능력을 기르는 방법과 기술을 습득함
진로 배치와 추수지도 (career placement)	• 학교 졸업, 직업을 얻은 후의 시기 • 개인에게 직장은 물론 가족생활, 시민생활, 생산적인 여가 활동 등에서 성공적인 사회적응을 위한 평생교육의 기회가 주어져야 함 • 이 단계에서는 교육자, 지역사회, 공무원, 가족들이 협력해야 함

(5) 클락(Clark)의 모형: 종합적인 전환교육 프로그램

① 가정

㉠ 한 학생의 전환을 위해 필요한 교육내용은 9가지 지식과 기술영역으로 포괄적인 전환에 맞게 확대한다.

㉡ 전환은 한 번이 아니라 학령기 동안 여러 번 있으며, 각 단계의 성공이 이후의 전환에서의 성공 가능성을 증가시킨다.

㉢ 전환과정을 계획하는 것은 학교만이 아니며, 해당 지역사회의 서비스 기관들이 참여하는 포괄적인 범위와 교육과 서비스를 제공해야 한다.

② 종합적인 전환교육 프로그램 구성요소

구성요소	특징
지식과 기술 영역들	• 다양한 발달 수준에 걸쳐 삶의 요구에 성공적으로 대처하는 데 중요하다고 믿는 기술이나 수행 영역들 　－ 의사소통 및 학업수행 기술　　　　　－ 자기결정 기술 　－ 대인관계 기술　　　　　　　　　　　－ 통합된 지역사회 참여 기술 　－ 건강과 체력 관련 기술　　　　　　　－ 독립적/상호의존적 일상생활 지수 　－ 여가 및 레크리에이션 기술　　　　　－ 고용기술 　－ 고등학교 이후 교육과 훈련 기술
진출 시점과 성과들	• 유아기부터 성인기까지의 전환교육과 서비스에는 모두 중요한 진출시점이 있음 • 전문가와 가족은 각 주요 교육적 수준에서 연령에 적절하고 환경특정적인 기대와 더불어 전환 과정이 있다는 것을 알아야 함 • **수직적 전환과 수평적 전환** 　－ **수직적 전환**: 발달적 혹은 생애 단계의 연속체 　－ **수평적 전환**: 교육적 기준이나 생애성과와 연결된 발달적 혹은 생애 단계와 관련된 수평적 전환을 포함함
교육과 서비스 전달체계	장애인이 평생 동안 직면하게 될 전환 중 하나 이상을 위한 지식과 기술을 개발하는 데 포함되어야 할 일련의 공식적 혹은 비공식적 체계

3. 특수 아동을 위한 진로상담

(1) 살로모네(Salomone)의 모형

단계	내용
1단계	내담자로 하여금 자신에 대해 이해할 수 있도록 조력함 ➡ 내담자와 함께 흥미, 욕구, 가치, 기질 등을 이야기하는 것을 통해 도울 수 있음. 여러 직무경험, 교육경험, 장애 상태에 미칠 수 있는 직업의 영향 등을 함께 검토함으로써 자신에 대한 일관성 있는 자아상을 그려보게 할 수 있으며, 여러 심리검사와 작업평가 등이 내담자에 대한 자료를 제공할 수 있으므로 잘 활용하도록 함
2단계	내담자로 하여금 환경에 대해 이해할 수 있도록 조력함 ➡ 취업과 관련된 내담자의 가족상황, 장애인에 대한 편견 등을 고려함. 내담자의 개인적인 자료뿐만 아니라 내담자와 환경 간의 상호작용에 대한 검토도 필요하며, 직업정보와 교육환경의 활동도 필수적인데, 이는 수시로 변화하므로 상담자가 단순히 그러한 정보만 제공해주는 출처가 되어서는 안 됨. 내담자가 그 정보를 확인·검토·해석·이해하도록 도와주고, 궁극적으로 정보를 효율적으로 활용하도록 도움을 주어야 함
3단계	내담자로 하여금 의사결정 과정을 이해할 수 있도록 조력함 ➡ 현명한 의사결정은 '현실적인 결정'이라고 할 수 있음. '현실적인 결정'은 개인의 기술과 능력을 특정 직업이 요구하는 기술에 맞추는 것이며, 이 단계에서 쉽게 결정을 내리지 못하는 내담자들을 발견할 수 있음. 이들은 성격적으로 불안을 동반하거나 또는 우유부단하여 결정을 내리지 못하거나 아직 자신의 장단점, 흥미, 능력을 명료하게 파악하지 못했거나 충분한 직업정보나 경험이 없는 경우가 많으므로 집중적인 개인상담이 필요함
4단계	의사결정의 이행과 교육적 결정을 함 ➡ 취업, 교육훈련기관에의 입소, 실습, 창업 등의 결정이 이행됨
5단계	직업적응과 순응, 승진에 초점을 맞춤 ➡ 진로상담에서 사후지도는 취업 후의 단기간 내의 적응에 주로 관심을 가지는데, 이보다 장기적인 관점의 적응, 순응, 경력 관리 등에 초점을 맞출 필요가 있음

(2) 울프(Wolffe)의 모형

① 정보 제공의 수준: 최소한의 개입만이 필요한 내담자

구분	내용

내담자 범주	• 상담자나 서비스 제공자의 개입 또는 지원이 최소한으로 필요한 내담자
	  − 자신의 욕구는 잘 알고 있으나 정보를 어디서 얻어야 할지 모르는 경우
	  − 직업에 대한 기본적인 사항들을 이해하고 있는 경우
	  − 기본 학력과 생활기술을 갖춘 경우
	  − 원하는 정보를 얻었을 때 이를 일상생활에서 적용할 수 있는 경우

상담자의 개입방법	• 내담자가 모르는 정보를 알려줌 • 그 내용을 스스로 학습할 수 있게 구조화된 학습활동을 제공함 • 자신의 능력·흥미·가치관·성격·가능성 등을 정리하도록 과제를 부여함 • 여러 직업 관련 자료를 제시하고 내담자가 스스로 흥미 있어 하는 직업을 찾고 직업과 관련된 여러 사항을 알아보도록 권유함 • 내담자가 흥미를 느낀 분야에서 일하는 다른 장애 근로자들을 만나게 해줌 • 내담자 스스로 직업정보를 분석하고 자신의 욕구와 잘 합치되는지 여부를 분석하도록 도움

② 교육 제공의 수준: 보통 정도의 개입이 필요한 내담자

구분	내용
내담자 범주	• 재활시스템에 등록된 경우 • 일정 기간의 교육이 필요하며 일단 교육이 끝나면 응용이 가능한 경우 • 평균 정도의 지능·학력·장애 수준을 가지고 있는 경우 • 자신이 무엇을 하고 싶은지 모르는 경우 • 어떻게 하면 직업을 얻고 유지할 수 있는지를 잘 알지 못하는 경우
상담자의 개입방법	• 자신을 분석하는 방법과 적절한 진로를 선택하기 위해 노동시장을 분석하는 방법을 가르쳐줌 • 구체적인 수준에서의 이력서와 자기소개서 작성법을 교육함 • 집단상담이나 집단지도의 방법을 활용함 • 자신의 흥미에 대해 여러 구성원을 모아 함께 집단토의를 실시하는 것 • 언어적 능력을 크게 요구하지 않는 비언어 직업흥미검사, 비언어 적성검사를 활용함 • 구인정보나 직무분석 정보를 구체적으로 설명함 • 면접 방법, 이력서 쓰기를 실제로 연습하거나 시범을 보여줌

③ 지지 제공의 수준: 광범위한 개입과 지원이 필요한 내담자

구분	내용
내담자 범주	학력이나 기능적인 생활 수준이 평균 이하인 경우, 학습을 촉진하기 위한 여러 교습방법의 조합이 요구되는 경우, 특정 상황에서 학습한 내용이 새로운 상황으로 쉽게 일반화되지 못하는 경우 등
상담자의 개입방법	내담자가 상담을 할 수 없는 경우 가족이나 다른 중요한 사람들에게 내담자의 흥미나 능력을 문의하는 것, 지역사회 내에서 이에 속하는 내담자가 가장 잘할 수 있는 직무를 찾아보고, 해당 직무가 요구하는 것과 내담자가 할 수 있는 것이 일치하는지 맞춰보는 것, 언어 사용이 가능한 내담자의 경우 면접 연습을 시키는 것, 지원고용의 방법을 적극 활용하는 것 등

4. 고용 유형

(1) 장애인 고용 유형

고용 유형	설명
비고용	개인의 지원 요구가 높아 고용이 어렵거나 일을 찾을 수 없음
무보수	무보수 작업
보호작업(보수)	성인 주간 프로그램이나 작업 시설
지원 고용(보수)	개인 배치, 소집단 모델, 이동작업대 모델
소비자 중심 고용(보수)	경쟁 고용시장에서 근무함
경쟁 고용(보수)	경쟁 노동시장에서 전일제 혹은 시간제 근무

(2) 고용 유형별 특징

① 보호 고용(sheltered workshops)

ㄱ 장애의 정도가 비교적 심하여 정상적인 작업조건에서는 노동이 어려운 사람에게 특정한 작업환경을 마련해 주고, 그 환경에서 근무하면서 보수를 받을 수 있게 배려하는 고용의 형태이다.

ㄴ 장애가 없는 일반 작업자와 통합되지 않고 장애인으로만 구성된 별도의 작업시설로, 주로 성인 주간 보호시설 프로그램과 작업 활동을 연계하여 운영된다.

ㄷ 일반적인 보호 고용 형태: 보호작업장(sheltered workshops), 기업 내 집단 고용(enclaves employment), 재택 고용(homebound employment), 유보 고용(reserved employment system), 작업활동센터(work activity center) 등이 있다.

ㄹ 대상: 중증장애인으로 알려져 있으나, 중증장애인도 적절한 지원을 하면 지역사회에서 작업을 할 수 있는 사례가 나오면서 일반 작업자와 통합된 작업을 하도록 프로그램이 수정되는 추세이다.

② 지원 고용(supported employment)

ㄱ '경쟁적 고용이 불가능한 상태에 있거나 심한 장애로 인해 고용이 중단되거나 방해를 받는 중증장애인을 대상으로 통합된 작업장에서 계속적인 지원서비스를 제공받으면서 이루어지는 경쟁적 고용'을 말한다.

ㄴ 주간활동 센터, 보호작업장과 같이 분리 고용으로 인해 만족스럽지 못한 전환 결과의 대안으로 나타난 고용 형태이다.

ㄷ 중증장애인도 직업을 갖고 사회적 환경을 조성하도록 지원을 제공하고, 지원 고용 대상자인 중증장애인의 직업에 대한 흥미와 능력을 파악하고 사업체의 고용 가능성 조사와 직무분석을 통해 직업선택 폭을 넓힌다.

ㄹ 지원 고용의 주요 공통 개념

• 장애인과 비장애인의 통합	• 비장애인과 차별 없는 임금, 혜택의 보장
• 선 배치, 후 훈련	• 차별 금지의 원칙
• 융통성 있는 지원을 강조함	• 지속적이고 생애에 걸친 지원을 강조함
• 자신의 삶과 생활을 선택할 수 있도록 함	

③ 경쟁 고용
　　㉠ 자율 노동시장에서 비장애인과 같은 경쟁을 통해 임금을 받고 부과되는 책임을 지며, 전일제나 시간제로
　　　일하는 것이다. 다만 직장생활에 서비스나 지원이 필요하면 직업훈련과 배치 프로그램에 참여할 수도 있다.
　　㉡ **경쟁 고용과 지원 고용의 차이:** 경쟁 고용은 지원기간이 일시적이고 제한적이므로 개인이 취업을 하면 서비
　　　스가 중단되며, 그 이후로는 개인이 스스로 직업을 유지해나가야 한다.

본 교재 인강 · 무료 기출해설 특강
teacher.Hackers.com

제13장

이상심리학

🔍 핵심 이론 흐름잡기

제**1**절 **이상행동의 분류와 평가**

DSM-5 장애 유형
- 신경발달장애
- 조현병 스펙트럼 및 기타 정신증적 장애
- 양극성 및 관련 장애
- 우울장애
- 불안장애
- 강박 및 관련 장애
- 외상 및 스트레스 사건 관련 장애
- 해리장애
- 신체증상 및 관련 장애
- 급식 및 섭식장애
- 배설장애
- 수원 – 각성장애
- 성기능장애
- 성 불편증
- 파괴적, 충동통제 및 품행장애
- 물질 – 관련 및 중독장애
- 신경인지장애
- 성격장애
- 성도착장애
- 기타 정신장애

이상행동 관련 용어

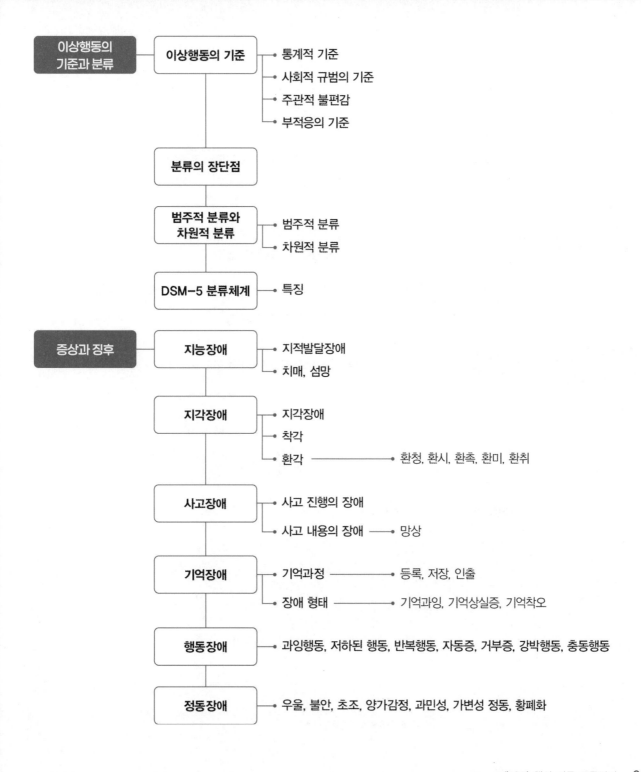

이상행동의 기준과 분류

이상행동의 기준
- 통계적 기준
- 사회적 규범의 기준
- 주관적 불편감
- 부적응의 기준

분류의 장단점

범주적 분류와 차원적 분류
- 범주적 분류
- 차원적 분류

DSM-5 분류체계 — 특징

증상과 징후

지능장애
- 지적발달장애
- 치매, 섬망

지각장애
- 지각장애
- 착각
- 환각 ——— 환청, 환시, 환촉, 환미, 환취

사고장애
- 사고 진행의 장애
- 사고 내용의 장애 ——— 망상

기억장애
- 기억과정 ——— 등록, 저장, 인출
- 장애 형태 ——— 기억과잉, 기억상실증, 기억착오

행동장애
- 과잉행동, 저하된 행동, 반복행동, 자동증, 거부증, 강박행동, 충동행동

정동장애
- 우울, 불안, 초조, 양가감정, 과민성, 가변성 정동, 황폐화

제13장 | 핵심 이론 흐름잡기

제2절 **불안장애**

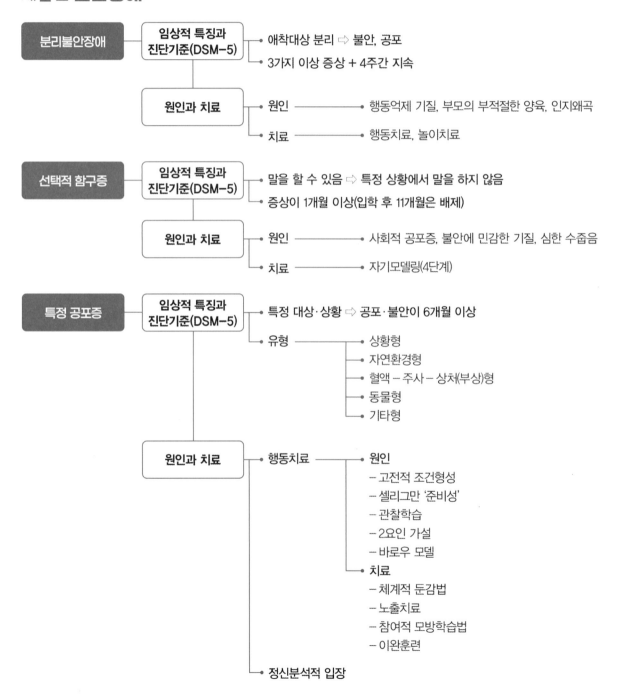

분리불안장애
- 임상적 특징과 진단기준(DSM-5)
  - 애착대상 분리 ⇨ 불안, 공포
  - 3가지 이상 증상 + 4주간 지속
- 원인과 치료
  - 원인 ── 행동억제 기질, 부모의 부적절한 양육, 인지왜곡
  - 치료 ── 행동치료, 놀이치료

선택적 함구증
- 임상적 특징과 진단기준(DSM-5)
  - 말을 할 수 있음 ⇨ 특정 상황에서 말을 하지 않음
  - 증상이 1개월 이상(입학 후 11개월은 배제)
- 원인과 치료
  - 원인 ── 사회적 공포증, 불안에 민감한 기질, 심한 수줍음
  - 치료 ── 자기모델링(4단계)

특정 공포증
- 임상적 특징과 진단기준(DSM-5)
  - 특정 대상·상황 ⇨ 공포·불안이 6개월 이상
  - 유형
    - 상황형
    - 자연환경형
    - 혈액 – 주사 – 상처(부상)형
    - 동물형
    - 기타형
- 원인과 치료
  - 행동치료
    - **원인**
      - 고전적 조건형성
      - 셀리그만 '준비성'
      - 관찰학습
      - 2요인 가설
      - 바로우 모델
    - **치료**
      - 체계적 둔감법
      - 노출치료
      - 참여적 모방학습법
      - 이완훈련
  - 정신분석적 입장

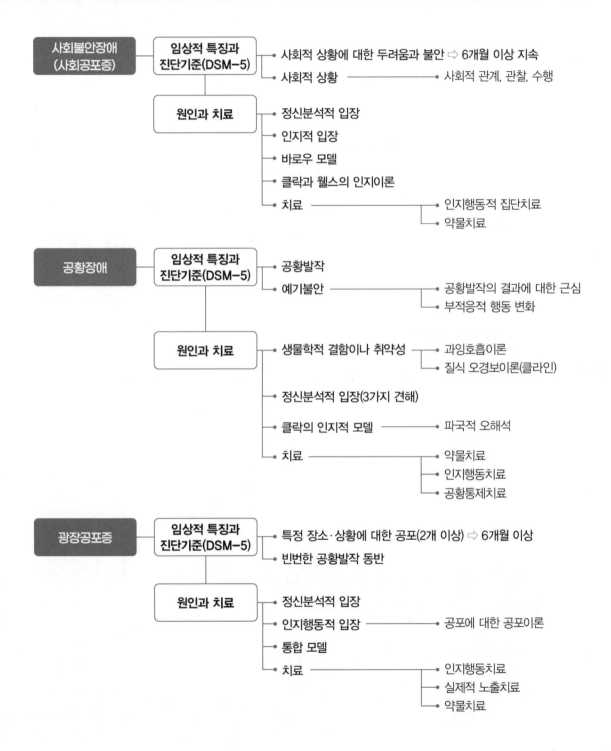

사회불안장애
(사회공포증)

임상적 특징과 진단기준(DSM-5)
- 사회적 상황에 대한 두려움과 불안 ⇨ 6개월 이상 지속
- 사회적 상황 ─── 사회적 관계, 관찰, 수행

원인과 치료
- 정신분석적 입장
- 인지적 입장
- 바로우 모델
- 클락과 웰스의 인지이론
- 치료 ─── 인지행동적 집단치료
  - 약물치료

공황장애

임상적 특징과 진단기준(DSM-5)
- 공황발작
- 예기불안 ─── 공황발작의 결과에 대한 근심
  - 부적응적 행동 변화

원인과 치료
- 생물학적 결함이나 취약성 ─── 과잉호흡이론
  - 질식 오경보이론(클라인)
- 정신분석적 입장(3가지 견해)
- 클락의 인지적 모델 ─── 파국적 오해석
- 치료 ─── 약물치료
  - 인지행동치료
  - 공황통제치료

광장공포증

임상적 특징과 진단기준(DSM-5)
- 특정 장소·상황에 대한 공포(2개 이상) ⇨ 6개월 이상
- 빈번한 공황발작 동반

원인과 치료
- 정신분석적 입장
- 인지행동적 입장 ─── 공포에 대한 공포이론
- 통합 모델
- 치료 ─── 인지행동치료
  - 실제적 노출치료
  - 약물치료

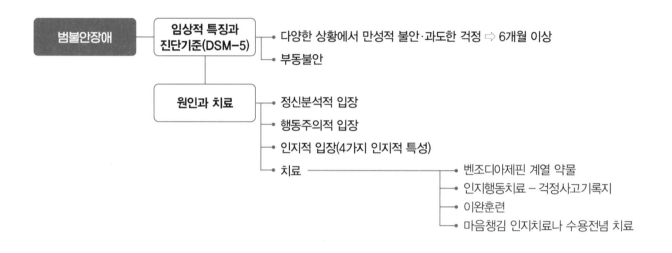

제 **3** 절 **우울장애, 양극성 및 관련 장애**

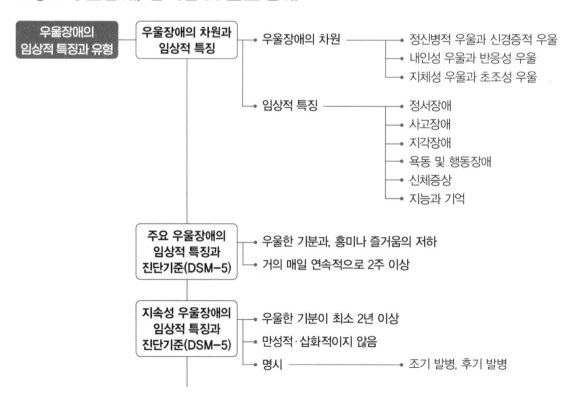

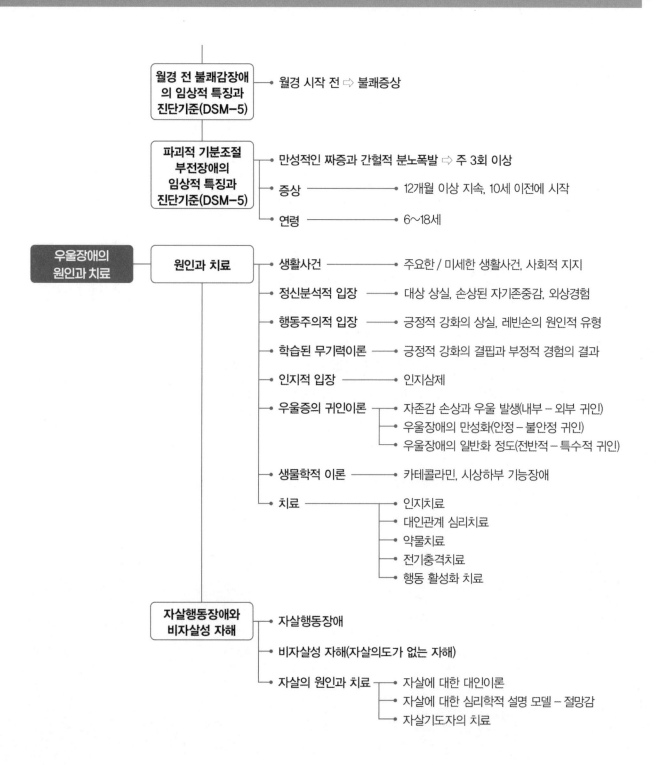

월경 전 불쾌감장애의 임상적 특징과 진단기준(DSM-5) — 월경 시작 전 ⇨ 불쾌증상

파괴적 기분조절 부전장애의 임상적 특징과 진단기준(DSM-5)
- 만성적인 짜증과 간헐적 분노폭발 ⇨ 주 3회 이상
- 증상 — 12개월 이상 지속, 10세 이전에 시작
- 연령 — 6~18세

우울장애의 원인과 치료

원인과 치료
- 생활사건 — 주요한 / 미세한 생활사건, 사회적 지지
- 정신분석적 입장 — 대상 상실, 손상된 자기존중감, 외상경험
- 행동주의적 입장 — 긍정적 강화의 상실, 레빈손의 원인적 유형
- 학습된 무기력이론 — 긍정적 강화의 결핍과 부정적 경험의 결과
- 인지적 입장 — 인지삼제
- 우울증의 귀인이론
  - 자존감 손상과 우울 발생(내부 – 외부 귀인)
  - 우울장애의 만성화(안정 – 불안정 귀인)
  - 우울장애의 일반화 정도(전반적 – 특수적 귀인)
- 생물학적 이론 — 카테콜라민, 시상하부 기능장애
- 치료
  - 인지치료
  - 대인관계 심리치료
  - 약물치료
  - 전기충격치료
  - 행동 활성화 치료

자살행동장애와 비자살성 자해
- 자살행동장애
- 비자살성 자해(자살의도가 없는 자해)
- 자살의 원인과 치료
  - 자살에 대한 대인이론
  - 자살에 대한 심리학적 설명 모델 – 절망감
  - 자살기도자의 치료

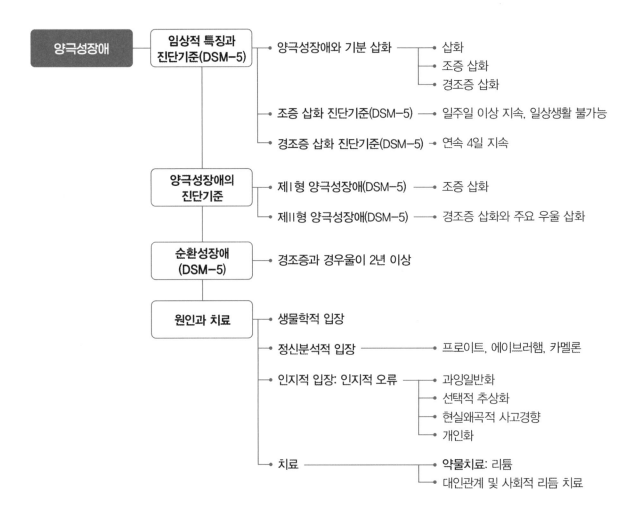

양극성장애

임상적 특징과 진단기준(DSM-5)
- 양극성장애와 기분 삽화
  - 삽화
  - 조증 삽화
  - 경조증 삽화
- 조증 삽화 진단기준(DSM-5) → 일주일 이상 지속, 일상생활 불가능
- 경조증 삽화 진단기준(DSM-5) → 연속 4일 지속

양극성장애의 진단기준
- 제I형 양극성장애(DSM-5) — 조증 삽화
- 제II형 양극성장애(DSM-5) → 경조증 삽화와 주요 우울 삽화

순환성장애 (DSM-5)
- 경조증과 경우울이 2년 이상

원인과 치료
- 생물학적 입장
- 정신분석적 입장 — 프로이트, 에이브러햄, 카멜론
- 인지적 입장: 인지적 오류
  - 과잉일반화
  - 선택적 추상화
  - 현실왜곡적 사고경향
  - 개인화
- 치료
  - **약물치료**: 리튬
  - 대인관계 및 사회적 리듬 치료

제4절 강박 및 관련 장애

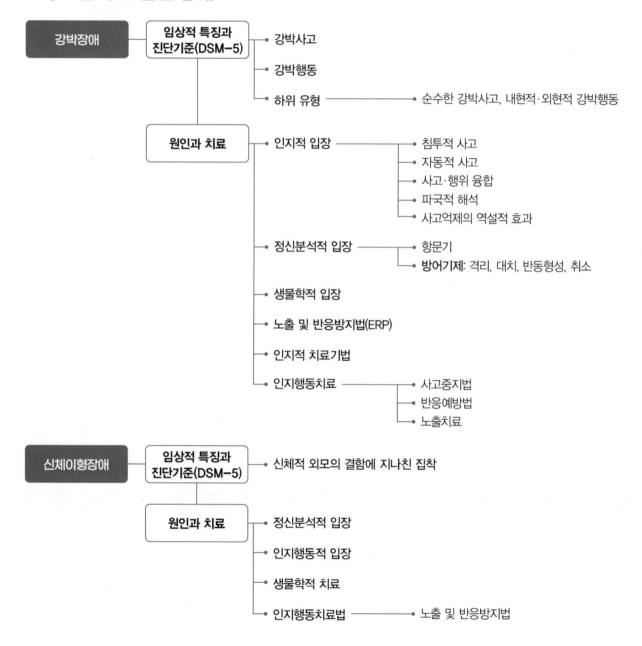

강박장애 — 임상적 특징과 진단기준(DSM-5)
- 강박사고
- 강박행동
- 하위 유형 ——— 순수한 강박사고, 내현적·외현적 강박행동

원인과 치료
- 인지적 입장
  - 침투적 사고
  - 자동적 사고
  - 사고·행위 융합
  - 파국적 해석
  - 사고억제의 역설적 효과
- 정신분석적 입장
  - 항문기
  - **방어기제:** 격리, 대치, 반동형성, 취소
- 생물학적 입장
- 노출 및 반응방지법(ERP)
- 인지적 치료기법
- 인지행동치료
  - 사고중지법
  - 반응예방법
  - 노출치료

신체이형장애 — 임상적 특징과 진단기준(DSM-5)
- 신체적 외모의 결함에 지나친 집착

원인과 치료
- 정신분석적 입장
- 인지행동적 입장
- 생물학적 치료
- 인지행동치료법 ——— 노출 및 반응방지법

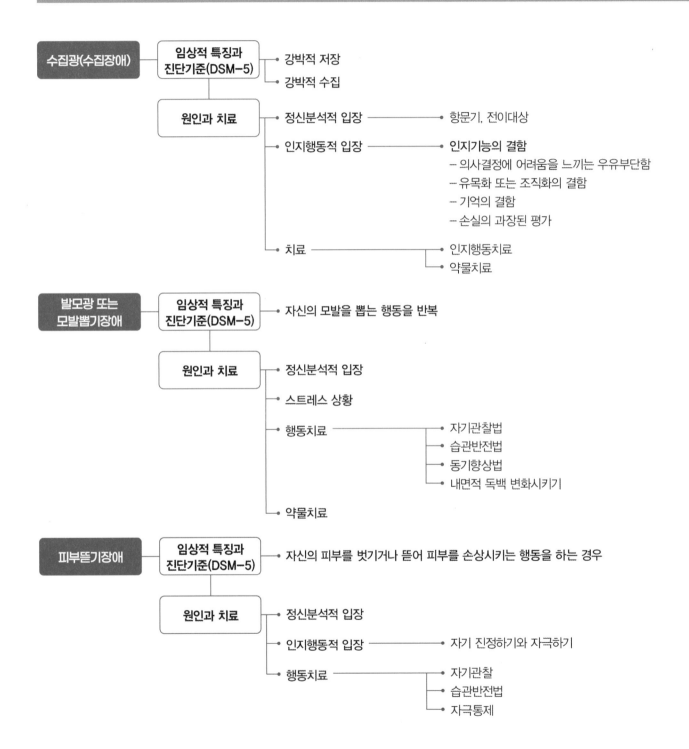

제**5**절 **외상 및 스트레스 사건 관련 장애**

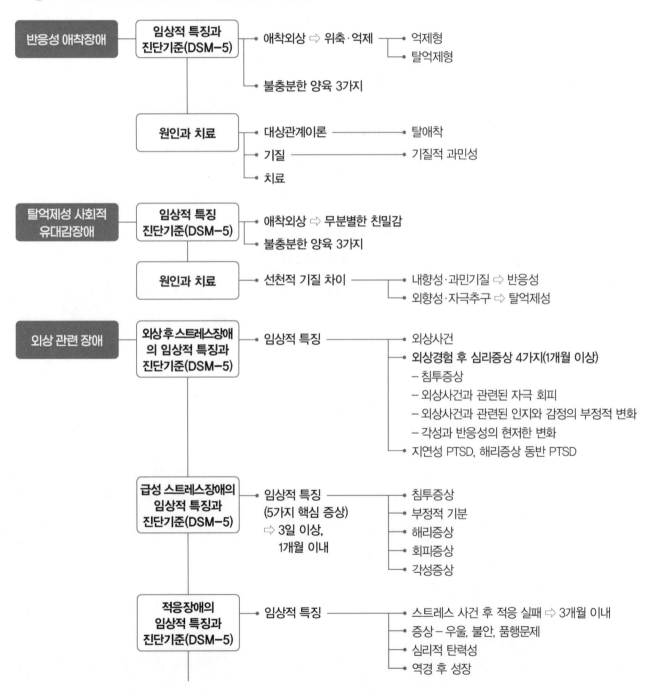

반응성 애착장애
- **임상적 특징과 진단기준(DSM-5)**
  - 애착외상 ⇨ 위축·억제
    - 억제형
    - 탈억제형
  - 불충분한 양육 3가지
- **원인과 치료**
  - 대상관계이론 ──── 탈애착
  - 기질 ──── 기질적 과민성
  - 치료

탈억제성 사회적 유대감장애
- **임상적 특징 진단기준(DSM-5)**
  - 애착외상 ⇨ 무분별한 친밀감
  - 불충분한 양육 3가지
- **원인과 치료**
  - 선천적 기질 차이
    - 내향성·과민기질 ⇨ 반응성
    - 외향성·자극추구 ⇨ 탈억제성

외상 관련 장애
- **외상후 스트레스장애의 임상적 특징과 진단기준(DSM-5)**
  - 임상적 특징
    - 외상사건
    - 외상경험 후 심리증상 4가지(1개월 이상)
      - 침투증상
      - 외상사건과 관련된 자극 회피
      - 외상사건과 관련된 인지와 감정의 부정적 변화
      - 각성과 반응성의 현저한 변화
    - 지연성 PTSD, 해리증상 동반 PTSD
- **급성 스트레스장애의 임상적 특징과 진단기준(DSM-5)**
  - 임상적 특징 (5가지 핵심 증상) ⇨ 3일 이상, 1개월 이내
    - 침투증상
    - 부정적 기분
    - 해리증상
    - 회피증상
    - 각성증상
- **적응장애의 임상적 특징과 진단기준(DSM-5)**
  - 임상적 특징
    - 스트레스 사건 후 적응 실패 ⇨ 3개월 이내
    - 증상 – 우울, 불안, 품행문제
    - 심리적 탄력성
    - 역경 후 성장

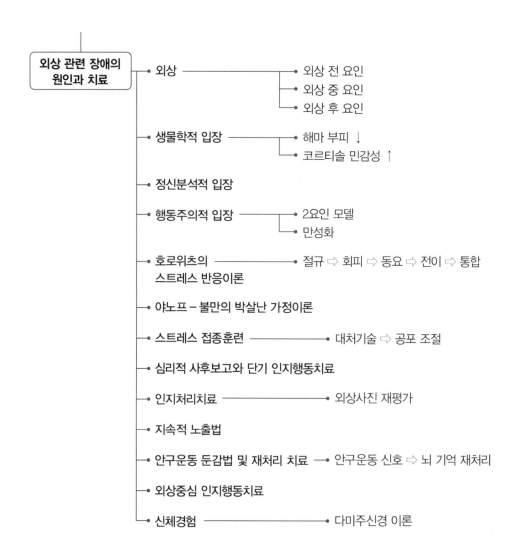

외상 관련 장애의
원인과 치료
- 외상
  - 외상 전 요인
  - 외상 중 요인
  - 외상 후 요인
- 생물학적 입장
  - 해마 부피 ↓
  - 코르티솔 민감성 ↑
- 정신분석적 입장
- 행동주의적 입장
  - 2요인 모델
  - 만성화
- 호로위츠의 스트레스 반응이론 ── 절규 ⇨ 회피 ⇨ 동요 ⇨ 전이 ⇨ 통합
- 야노프 – 불만의 박살난 가정이론
- 스트레스 접종훈련 ── 대처기술 ⇨ 공포 조절
- 심리적 사후보고와 단기 인지행동치료
- 인지처리치료 ── 외상사진 재평가
- 지속적 노출법
- 안구운동 둔감법 및 재처리 치료 ── 안구운동 신호 ⇨ 뇌 기억 재처리
- 외상중심 인지행동치료
- 신체경험 ── 다미주신경 이론

제 6 절 해리장애

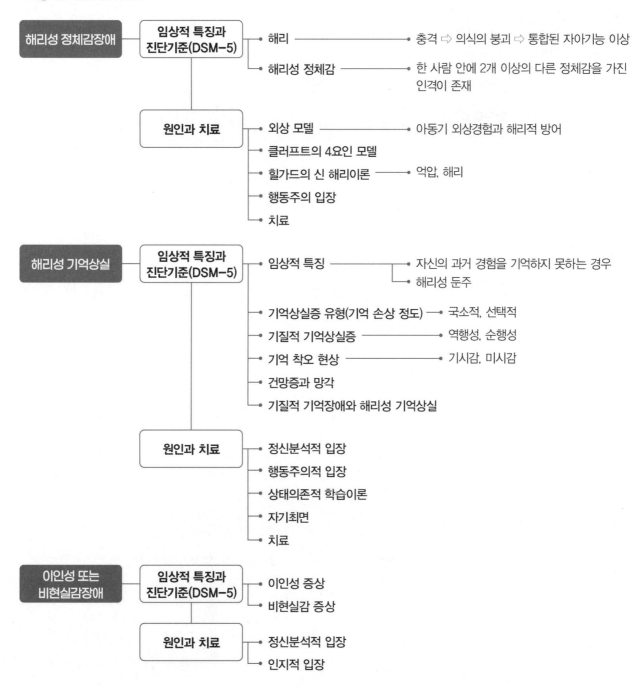

해리성 정체감장애

임상적 특징과 진단기준(DSM-5)
- 해리 ──── 충격 ⇨ 의식의 붕괴 ⇨ 통합된 자아기능 이상
- 해리성 정체감 ──── 한 사람 안에 2개 이상의 다른 정체감을 가진 인격이 존재

원인과 치료
- 외상 모델 ──── 아동기 외상경험과 해리적 방어
- 클러프트의 4요인 모델
- 힐가드의 신 해리이론 ──── 억압, 해리
- 행동주의 입장
- 치료

해리성 기억상실

임상적 특징과 진단기준(DSM-5)
- 임상적 특징 ──── 자신의 과거 경험을 기억하지 못하는 경우
  ──── 해리성 둔주
- 기억상실증 유형(기억 손상 정도) ──── 국소적, 선택적
- 기질적 기억상실증 ──── 역행성, 순행성
- 기억 착오 현상 ──── 기시감, 미시감
- 건망증과 망각
- 기질적 기억장애와 해리성 기억상실

원인과 치료
- 정신분석적 입장
- 행동주의적 입장
- 상태의존적 학습이론
- 자기최면
- 치료

이인성 또는 비현실감장애

임상적 특징과 진단기준(DSM-5)
- 이인성 증상
- 비현실감 증상

원인과 치료
- 정신분석적 입장
- 인지적 입장

제**7**절 **조현병 스펙트럼장애**

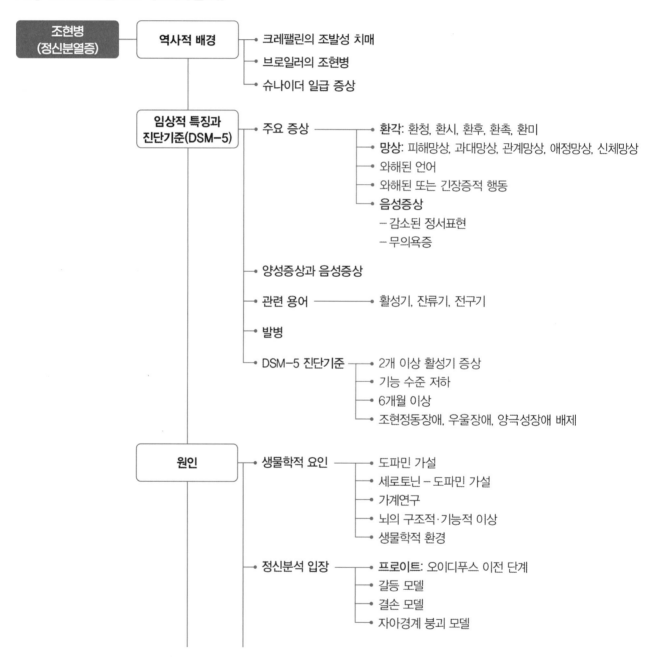

조현병
(정신분열증)

역사적 배경
- 크레펠린의 조발성 치매
- 브로일러의 조현병
- 슈나이더 일급 증상

임상적 특징과 진단기준(DSM-5)

주요 증상
- **환각**: 환청, 환시, 환후, 환촉, 환미
- **망상**: 피해망상, 과대망상, 관계망상, 애정망상, 신체망상
- 와해된 언어
- 와해된 또는 긴장증적 행동
- **음성증상**
  - 감소된 정서표현
  - 무의욕증

- 양성증상과 음성증상
- 관련 용어 ── 활성기, 잔류기, 전구기
- 발병
- DSM-5 진단기준
  - 2개 이상 활성기 증상
  - 기능 수준 저하
  - 6개월 이상
  - 조현정동장애, 우울장애, 양극성장애 배제

원인

생물학적 요인
- 도파민 가설
- 세로토닌 – 도파민 가설
- 가계연구
- 뇌의 구조적·기능적 이상
- 생물학적 환경

정신분석 입장
- **프로이트**: 오이디푸스 이전 단계
- 갈등 모델
- 결손 모델
- 자아경계 붕괴 모델

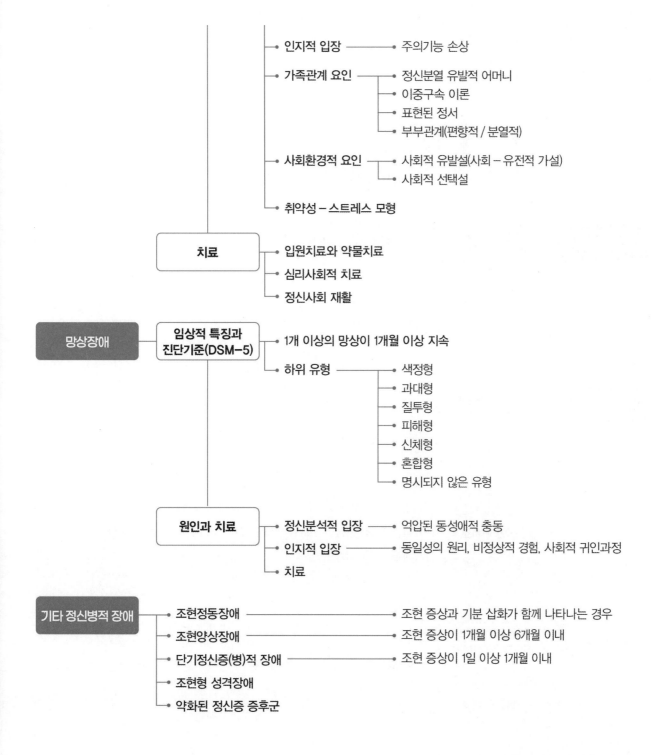

인지적 입장 ──────── 주의기능 손상

가족관계 요인 ──────── 정신분열 유발적 어머니
                    이중구속 이론
                    표현된 정서
                    부부관계(편향적 / 분열적)

사회환경적 요인 ──────── 사회적 유발설(사회 – 유전적 가설)
                    사회적 선택설

취약성 – 스트레스 모형

치료 ──────── 입원치료와 약물치료
                심리사회적 치료
                정신사회 재활

망상장애 ─── **임상적 특징과 진단기준(DSM−5)** ──────── 1개 이상의 망상이 1개월 이상 지속

하위 유형 ──────── 색정형
                과대형
                질투형
                피해형
                신체형
                혼합형
                명시되지 않은 유형

원인과 치료 ──────── 정신분석적 입장 ──────── 억압된 동성애적 충동
                    인지적 입장 ──────── 동일성의 원리, 비정상적 경험, 사회적 귀인과정
                    치료

기타 정신병적 장애 ─── 조현정동장애 ──────── 조현 증상과 기분 삽화가 함께 나타나는 경우
                        조현양상장애 ──────── 조현 증상이 1개월 이상 6개월 이내
                        단기정신증(병)적 장애 ──────── 조현 증상이 1일 이상 1개월 이내
                        조현형 성격장애
                        약화된 정신증 증후군

제 **8**절 **신체증상 및 관련 장애**

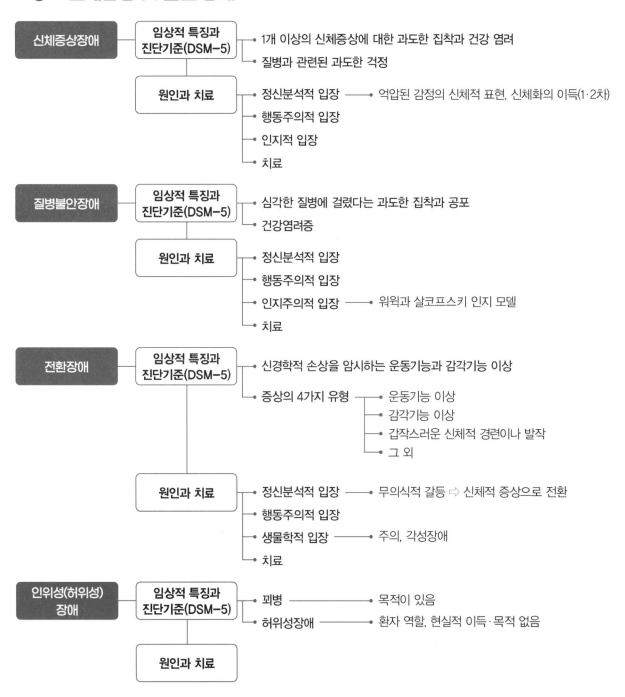

신체증상장애
- 임상적 특징과 진단기준(DSM-5)
  - 1개 이상의 신체증상에 대한 과도한 집착과 건강 염려
  - 질병과 관련된 과도한 걱정
- 원인과 치료
  - 정신분석적 입장 ──── 억압된 감정의 신체적 표현, 신체화의 이득(1·2차)
  - 행동주의적 입장
  - 인지적 입장
  - 치료

질병불안장애
- 임상적 특징과 진단기준(DSM-5)
  - 심각한 질병에 걸렸다는 과도한 집착과 공포
  - 건강염려증
- 원인과 치료
  - 정신분석적 입장
  - 행동주의적 입장
  - 인지주의적 입장 ──── 워윅과 살코프스키 인지 모델
  - 치료

전환장애
- 임상적 특징과 진단기준(DSM-5)
  - 신경학적 손상을 암시하는 운동기능과 감각기능 이상
  - 증상의 4가지 유형
    - 운동기능 이상
    - 감각기능 이상
    - 갑작스러운 신체적 경련이나 발작
    - 그 외
- 원인과 치료
  - 정신분석적 입장 ──── 무의식적 갈등 ⇨ 신체적 증상으로 전환
  - 행동주의적 입장
  - 생물학적 입장 ──── 주의, 각성장애
  - 치료

인위성(허위성) 장애
- 임상적 특징과 진단기준(DSM-5)
  - 꾀병 ──── 목적이 있음
  - 허위성장애 ──── 환자 역할, 현실적 이득·목적 없음
- 원인과 치료

제 **9** 절 **급식 및 섭식장애**

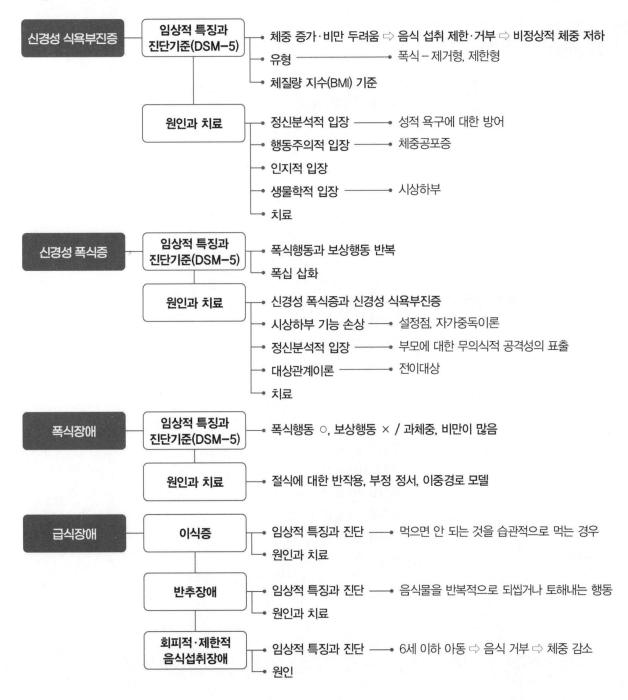

신경성 식욕부진증
- 임상적 특징과 진단기준(DSM-5)
  - 체중 증가·비만 두려움 ⇨ 음식 섭취 제한·거부 ⇨ 비정상적 체중 저하
  - 유형 ── 폭식 – 제거형, 제한형
  - 체질량 지수(BMI) 기준
- 원인과 치료
  - 정신분석적 입장 ── 성적 욕구에 대한 방어
  - 행동주의적 입장 ── 체중공포증
  - 인지적 입장
  - 생물학적 입장 ── 시상하부
  - 치료

신경성 폭식증
- 임상적 특징과 진단기준(DSM-5)
  - 폭식행동과 보상행동 반복
  - 폭십 삽화
- 원인과 치료
  - 신경성 폭식증과 신경성 식욕부진증
  - 시상하부 기능 손상 ── 설정점, 자가중독이론
  - 정신분석적 입장 ── 부모에 대한 무의식적 공격성의 표출
  - 대상관계이론 ── 전이대상
  - 치료

폭식장애
- 임상적 특징과 진단기준(DSM-5)
  - 폭식행동 ○, 보상행동 × / 과체중, 비만이 많음
- 원인과 치료
  - 절식에 대한 반작용, 부정 정서, 이중경로 모델

급식장애
- 이식증
  - 임상적 특징과 진단 ── 먹으면 안 되는 것을 습관적으로 먹는 경우
  - 원인과 치료
- 반추장애
  - 임상적 특징과 진단 ── 음식물을 반복적으로 되씹거나 토해내는 행동
  - 원인과 치료
- 회피적·제한적 음식섭취장애
  - 임상적 특징과 진단 ── 6세 이하 아동 ⇨ 음식 거부 ⇨ 체중 감소
  - 원인

제 **10** 절 **물질 관련 및 중독장애**

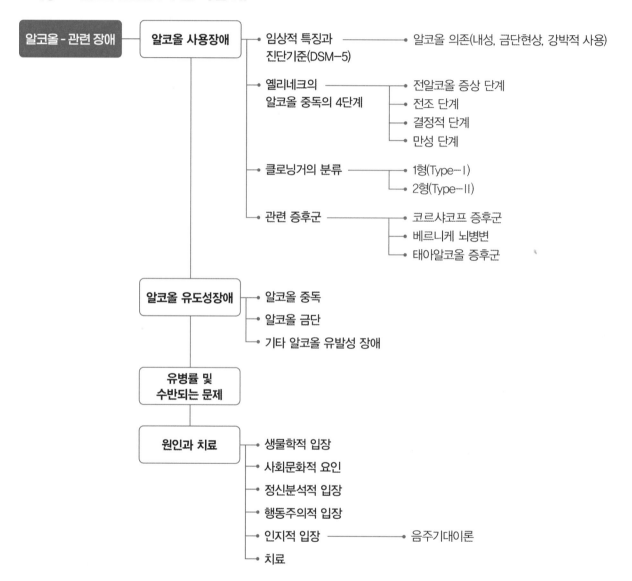

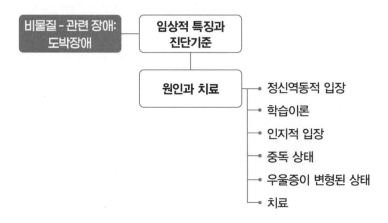

비물질 - 관련 장애: 도박장애	임상적 특징과 진단기준
원인과 치료	정신역동적 입장
	학습이론
	인지적 입장
	중독 상태
	우울증이 변형된 상태
	치료

제11절 성격장애

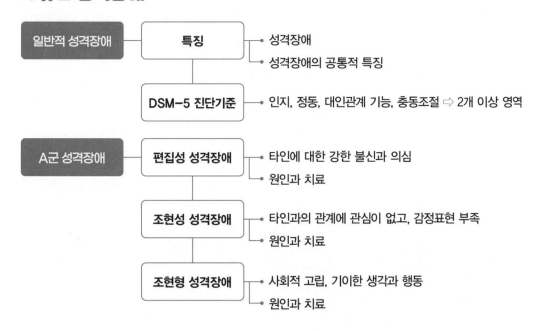

일반적 성격장애	특징	성격장애
		성격장애의 공통적 특징
	DSM-5 진단기준	인지, 정동, 대인관계 기능, 충동조절 ⇨ 2개 이상 영역

A군 성격장애	편집성 성격장애	타인에 대한 강한 불신과 의심
		원인과 치료
	조현성 성격장애	타인과의 관계에 관심이 없고, 감정표현 부족
		원인과 치료
	조현형 성격장애	사회적 고립, 기이한 생각과 행동
		원인과 치료

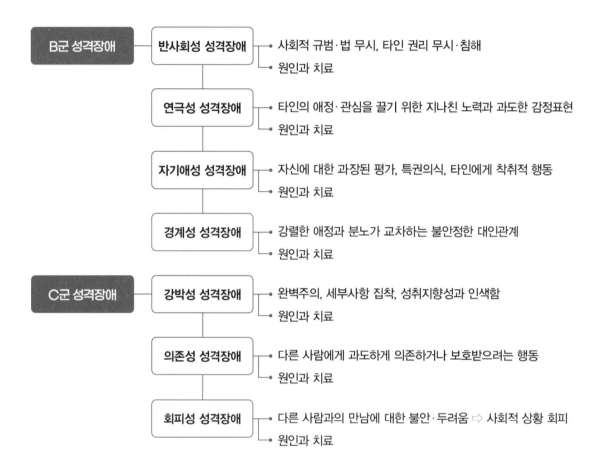

B군 성격장애

반사회성 성격장애
- 사회적 규범·법 무시, 타인 권리 무시·침해
- 원인과 치료

연극성 성격장애
- 타인의 애정·관심을 끌기 위한 지나친 노력과 과도한 감정표현
- 원인과 치료

자기애성 성격장애
- 자신에 대한 과장된 평가, 특권의식, 타인에게 착취적 행동
- 원인과 치료

경계성 성격장애
- 강렬한 애정과 분노가 교차하는 불안정한 대인관계
- 원인과 치료

C군 성격장애

강박성 성격장애
- 완벽주의, 세부사항 집착, 성취지향성과 인색함
- 원인과 치료

의존성 성격장애
- 다른 사람에게 과도하게 의존하거나 보호받으려는 행동
- 원인과 치료

회피성 성격장애
- 다른 사람과의 만남에 대한 불안·두려움 ⇨ 사회적 상황 회피
- 원인과 치료

제 1 절   이상행동의 분류와 평가

이상행동의 분류와 평가 개관

DSM-5(정신질환 진단 및 통계 매뉴얼 제5판)에 포함되어 있는 정신장애의 범주들
- 신경발달장애(neurodevelopmental disorders)
- 정신분열(조현병) 스펙트럼 및 기타 정신증적 장애(schizophrenia spectrum and other psychotic disorders)
- 양극성 및 관련 장애(bipolar and related disorders)
- 우울장애(depressive disorders)
- 불안장애(anxiety disorders)
- 강박 및 관련 장애(obsessive-compulsive and related disorders)
- 외상 및 스트레스 사건 관련 장애(trauma-and stressor-related disorders)
- 해리장애(dissociative disorders)
- 신체증상 및 관련 장애(somatic symptom and related disorders)
- 급식 및 섭식장애(feeding and eating disorders)
- 배설장애(elimination disorders)
- 수면-각성장애(sleep-wake disorders)
- 성기능장애(sexual dysfunctions)
- 성 불편증(gender dysphoria)
- 파괴적, 충동통제 및 품행장애(disruptive, impulse control, and conduct disorders)
- 물질-관련 및 중독장애(substance-related and addictive disorders)
- 신경인지장애(neurocognitive disorders)
- 성격장애(personality disorders)
- 성도착장애(paraphilic disorders)
- 기타 정신장애(other mental disorders)

01   DSM-5 장애 유형

1. 신경발달장애(neurodevelopmental disorders)

(1) 개념

① 중추신경계, 즉 뇌의 발달 지연 또는 뇌 손상과 관련된 것으로 알려진 정신장애를 포함한다.

② 심리사회적 문제보다 뇌의 발달장애로 인해 생애 초기부터 흔히 나타나는 아동, 청소년기 정신장애를 포함한다.

③ 신경발달장애는 다음의 6가지 하위 장애로 분류된다.

(2) 하위 유형

① 지적장애(intellectual disability): 지능이 비정상적으로 낮아 학습과 사회적인 적응에 어려움을 보이는 경우이다. 구체적으로는 표준화된 지능검사로 측정한 지능지수가 70 미만으로 현저하게 낮은 지능을 가진 경우를 말하며, '지적발달장애'라고도 한다.

② 의사소통장애(communication disorder): 의사소통에 필요한 말이나 언어의 사용에 결함이 있는 경우이다. 지능 수준은 정상이지만 언어 사용에 문제가 나타나며, 하위 장애로 언어장애, 발화음장애, 아동기-발병 유창성 장애(말더듬), 사회적 의사소통장애가 있다.

③ 자폐 스펙트럼장애(autism spectrum disorder): 사회적 상호작용과 의사소통에서 장애를 나타내고 제한된 관심과 흥미를 지니며 상동적인 행동을 반복적으로 보인다. 증상의 심각도가 다양한 수준으로 나타나며 DSM-5에서는 이 장애의 심각도를 세 가지 수준으로 평가한다.

④ 주의력 결핍/과잉행동장애(attention-deficit/hyperactivity disorder): 주의집중이 어렵고 매우 산만하고 부주의한 행동을 나타낼 뿐만 아니라 자신의 행동을 적절히 통제하지 못하고 충동적인 과잉행동을 보이는 경우에 진단된다. 이 장애를 지닌 아동은 주의력 결핍형, 과잉행동 충동형, 두 가지 혼합형의 세 하위 유형으로 구분될 수 있다.

⑤ 특정 학습장애(specific learning disorder): 정상의 지능을 갖추고 정서적인 문제가 없음에도 지능 수준에 비해 현저한 학습부진을 보이는 경우를 말한다. 이 장애를 지닌 아동은 흔히 읽기, 쓰기, 산술적/수리적 계산과 관련된 기술을 학습하는 데 어려움을 나타낸다.

⑥ 운동장애(motor disorder): 나이와 지능 수준에 비해 움직임, 운동능력이 현저하게 미숙하거나 부적응적인 움직임을 반복적으로 나타내는 경우로, 여러 하위 유형으로 구분된다.

　　㉠ 발달성 운동조절장애: 앉기, 기어 다니기, 걷기, 뛰기 등의 운동 발달이 늦고, 동작이 서툴러서 물건을 자주 떨어뜨리고 깨뜨리거나 운동을 잘하지 못하는 경우를 뜻한다.

　　㉡ 상동증적 운동장애: 특정한 패턴의 행동을 아무런 목적이 없이 반복적으로 지속함으로써 정상적인 적응에 문제를 야기하는 경우이다.

　　㉢ 틱장애: 얼굴 근육이나 신체 일부를 갑작스럽게 불수의적으로 움직이는 행동을 반복하거나 소리를 내는 부적응적 행동을 말한다. 이러한 틱장애는 다양한 운동틱 또는 음성틱이 1년 이상 나타나는 만성 운동 또는 음성틱 장애, 운동틱이나 음성틱이 1개월 이상 1년 이내 동안 지속되는 일시적 틱장애가 있다. 투렛장애(Tourette's)는 다양한 운동틱과 음성틱이 1년 이상 지속적으로 나타나는 경우를 말한다.

2. 조현병 스펙트럼 및 기타 정신증적 장애(schizophrenia spectrum and other psychotic disorders)

(1) 개념 및 증상

① 조현병 스펙트럼 및 기타 정신증적 장애는 정신분열증을 비롯하여 그와 유사한 증상들이 나타나는 심각한 정신장애를 포함한다.

② 조현병 스펙트럼 장애는 망상, 환각, 혼란스러운 언어, 부적절한 행동, 둔마된 감정, 사회적 고립을 특징적으로 나타내는 일련의 정신장애를 말한다.

(2) 하위 유형: 증상의 심각도나 지속기간에 따라 다양한 하위 유형으로 구분된다.

① 조현형 성격장애(schizotypal personality disorder): 경미한 조현병 증상이 성격 일부처럼 지속적으로 나타나는 경우이다.

② 망상장애(delusional disorder): 다른 적응 기능은 비교적 온전하지만 망상을 특징적으로 나타내는 경우이다.

③ 단기 정신병적 장애(brief psychotic disorder): 조현병 증상이 1개월 이내로 짧게 나타나는 경우이다.

④ 조현양상장애(schizophreniform disorder): 조현병 증상이 1개월 이상 6개월 이내로 나타나는 경우이다.

⑤ 조현병(schizophrenia): 정신분열 증상이 6개월 이상 지속되는 경우이다.

⑥ 조현정동장애(schizoaffective disorder): 조현병 증상과 양극성 증상이 함께 나타나는 경우이다.

⑦ 이 밖에도 약물이나 신체적 질병으로 인해 나타나는 정신증적 장애를 포함한다.

3. 양극성 및 관련 장애(bipolar and related disorders)

(1) 개념 및 증상

① 양극성 및 관련 장애는 기분의 변화가 매우 심해 기분이 고양된 상태와 침체된 상태가 주기적으로 나타나는 일련의 장애를 의미한다.

② 양극성장애는 조증 증상과 더불어 우울증 증상이 주기적으로 교차되면서 나타나는 장애로, '조울증'이라고도 한다. 조증 증상이 나타나는 경우는 그 심각도에 따라 조증 심화와 경조증 심화로 구분된다.

③ 조증 삽화는 과도하게 들뜬 고양된 기분을 보이며 자존감이 팽창되어 말과 활동이 많아지고 주의가 산만해져 일상적인 생활이 불가능한 경우인 반면, 경조증 삽화는 조증 증상이 경미하게 나타나는 경우이다.

(2) 하위 유형

① 양극성장애는 조증 심화가 특징적으로 나타나는 제Ⅰ형 양극성장애(bipolar Ⅰ disorder)와, 우울증과 경조증 심화가 함께 나타나는 제Ⅱ형 양극성장애(bipolar Ⅱ disorder)로 구분된다.

② 이 밖에도 경조증 상태와 우울증 상태가 경미한 형태로 2년 이상 지속적으로 나타나는 순환성장애 (cyclothymic disorder)가 있다.

4. 우울장애(depressive disorders)

(1) 개념 및 증상

① 우울장애는 우울하고 슬픈 기분을 주된 증상으로 하는 다양한 장애를 의미한다.

② 증상

㉠ 우울 상태에서는 일상생활에 대한 의욕과 즐거움이 감퇴하고, 주의집중과 판단력이 저하된다.

㉡ 또한 체중과 수면패턴이 변화하고, 무가치감과 죄책감, 죽음이나 자살에 대한 사고가 증가한다.

(2) 하위 유형

① 주요 우울장애(major depressive disorder): 심각한 우울증상이 나타나는 경우이다.

② 지속성 우울장애(persistent depressive disorder): 경미한 우울증상이 장기적으로 나타나는 경우이다.

③ 월경 전기 불쾌장애(premenstrual dysphoric disorder): 월경 전에 우울증상이 나타나는 경우이다.

④ 파괴적 기분 조절 부전장애(disruptive mood dysregulation disorder): 불쾌한 기분을 조절하지 못하는 경우이다.

5. 불안장애(anxiety disorders)

(1) **개념**: 불안과 공포를 주된 증상으로 하는 장애이다.

(2) **하위 유형**: 불안이 나타나는 다양한 양상에 따라 여러 하위 유형으로 구분된다.

① **범불안장애(generalized anxiety disorder)**: 미래에 경험할 다양한 상황에 대하여 과도한 불안과 걱정을 보이는 경우이다.

② **특정 공포증(specific phobia)**: 특정 대상(예 뱀, 개, 개미)이나 상황(예 높은 곳, 폭풍)에 대한 공포를 지니는 경우이다.

③ **광장공포증(agoraphobia)**: 특정한 장소(예 쇼핑센터, 극장, 운동장, 엘리베이터, 지하철)에 대한 공포를 지니는 경우이다.

④ **사회불안장애(social anxiety disorder)**: 다른 사람 앞에서 어떤 일을 해야 할 때 심한 불안과 공포를 느끼는 경우이다.

⑤ **공황장애(panic disorder)**: 갑작스럽게 엄습하는 강렬한 불안과 공포를 주된 증상으로 하는 경우이다.

⑥ 이 밖에도 DSM-5는 중요한 애착대상과 떨어지는 것에 심한 불안을 나타내는 분리불안장애(separation anxiety disorder), 특수한 사회적 상황에서 지속적으로 말을 하지 않는 선택적 무언증(selective mutism)을 포함한다.

6. 강박 및 관련 장애(obsessive-compulsive and related disorders)

(1) **개념 및 증상**

① 강박 및 관련 장애는 강박적인 집착과 반복적인 행동을 특징으로 나타내는 일련의 장애를 포함한다.

② DSM-5에서 처음으로 독립된 장애 범주로 제시되었다.

(2) **하위 유형**

① **강박장애(obsessive-compulsive disorders)**: 불안을 유발하는 부적절한 강박사고(예 성적이거나 불경한 생각, 더러운 것에 오염되는 것에 대한 생각)에 집착하고, 불안을 완화하기 위한 강박행동(예 손씻기, 확인하기, 정돈하기, 숫자 세기)을 반복적으로 나타내는 장애이다.

② **강박 관련 장애**

㉠ **신체변형장애(body dysmorphic disorder)**: 신체 일부가 기형적으로 이상하게 생겼다는 생각(예 코가 삐뚤어짐, 턱이 너무 김)에 집착하는 경우이다.

㉡ **수집광(hoarding disorder)**: 불필요한 물건을 과도하게 수집하여 보관하는 경우이다.

㉢ **발모광(trichotillomania/hair-pulling disorder)**: 자신의 머리카락을 반복적으로 뽑는 경우이다.

㉣ **피부뜯기장애(excoriation/skin-picking disorder)**: 자신의 피부를 반복적으로 벗기는 경우이다.

7. 외상 및 스트레스 사건 관련 장애(trauma-and stressor-related disorders)

(1) **개념 및 증상**

① 외상 및 스트레스 사건 관련 장애는 충격적인 외상 사건(예 교통사고, 전쟁, 건물 붕괴, 지진, 강간, 납치) 또는 스트레스 사건을 경험한 이후에 부적응 증상을 나타내는 다양한 경우를 포함한다.

② DSM-5에서 처음으로 독립된 장애 범주로 제시되었다.

(2) 하위 유형

① 외상 사건을 경험하고 나서 해당 사건에 대한 기억의 침투 증상과 회피적 행동이 1개월 이상 나타나는 경우는 외상 후 스트레스장애(post-traumatic stress disorder)라고 하며, 유사한 증상이 1개월 이내로 나타나는 경우는 급성 스트레스장애(acute stress disorder)라고 진단한다.

② DSM-5에서는 아동이 부적절한 양육환경(예 애착 형성을 어렵게 하는 양육자의 잦은 변경, 정서적 욕구를 좌절시키는 사회적 방치와 결핍)에서 성장한 경우에 보이는 부적응 문제의 두 가지 유형인 반응성 애착장애와 탈억제 사회 관여 장애를 이 장애 범주에 포함한다.

    ㉠ 반응성 애착장애(reactive attachment disorder): 5세 이전의 아동이 정서적으로 위축된 상태에서 다른 사람과 접촉하는 것을 두려워하고 회피하는 경우이다.

    ㉡ 탈억제성 사회적 유대감장애(disinhibited social engagement disorder): 아동이 처음 본 어른에게 부적절하게 과도한 친밀함을 보이거나 낯선 사람을 아무 주저 없이 따라가려 하는 경우이다.

③ 이 밖에도 분명하게 확인될 수 있는 심리사회적 스트레스 사건(예 실연, 사업의 위기, 가족갈등, 새로운 학교로의 전학, 결혼, 직장에서의 좌절, 은퇴)에 대한 반응으로 부적응적인 감정이나 행동들을 나타내는 적응장애(adjustment disorder)도 이 장애 범주에 포함된다.

8. 해리장애(dissociative disorders)

(1) 개념

해리장애는 의식, 기억, 자기정체감 및 환경 지각 등이 평소와 달리 급격하게 변화하는 장애를 의미한다.

(2) 하위 유형

① 해리성 기억상실증(dissociative amnestic): 자신의 과거를 전부 잊어버리거나 특정 기간의 기억을 망각하는 경우이다.

② 해리성 정체감장애(dissociative identity disorder): 한 사람이 내부에 2개 이상의 독립적인 정체감과 성격을 지니는 경우이다.

③ 이인증/비현실감 장애(depersonalization/derealization disorder): 평소와 달리 자기 자신과 주변의 현실에 대해 매우 낯설어 하거나 이상한 느낌을 받는 경우이다.

④ 이러한 해리장애는 충격적인 사건을 경험한 후에 갑자기 나타나는 경우가 많다.

9. 신체증상 및 관련 장애(somatic symptom and related disorders)

(1) 개념

① 원인이 불분명한 신체증상을 호소하거나 그에 대한 과도한 염려를 보이는 부적응 문제를 의미한다.

② 이러한 장애는 생물학적·심리적·사회적 요인의 복합적인 영향에 의해 시작되고 악화될 수 있다.

(2) 하위 유형

① 신체증상장애(somatic symptom disorder): 한 개 이상의 신체증상에 과다하게 집착하여 심각한 고통과 일상생활의 부적응을 초래하는 경우로, 증상의 심각도에 따라 세 수준으로 구분된다.

② 질병불안장애(illness anxiety disorder): 실제로 건강에 큰 문제가 없음에도 자신의 몸에 심각한 질병이 있다는 생각에 집착하며 과도한 불안을 나타내는 경우로, 건강염려증이라고도 한다.

③ 전환장애(conversion disorder): 신경학적 손상을 암시하는 운동기능과 감각기능의 이상을 나타내는 경우를 의미한다.

④ 인위성장애(factitious disorder): 신체적 또는 심리적 증상을 의도적으로 만들어 내거나 위장하여 병원에서 환자로 치료받기를 원하는 경우로, 이 증상으로 인해 아무런 현실적 이득(예 경제적 보상, 법적 책임의 회피)이 없음이 분명하며 다만 환자 역할을 하려는 심리적 욕구에 기인한 것으로 추정될 때 이 진단이 내려진다.

⑤ 이 밖에도 신체적 질병에 부정적인 영향을 미칠 수 있는 다양한 심리적 요인들(예 치료 불순응, 심각한 신체적 장애의 무시)이 이 장애 범주에 포함된다.

10. 급식 및 섭식장애(feeding and eating disorders)

(1) 개념

개인의 건강과 심리사회적 기능을 현저하게 방해하는 부적응적인 섭식행동과 섭식-관련 행동으로, 다양한 하위 장애를 포함한다.

(2) 하위 유형

① 신경성 식욕부진증(anorexia nervosa): 체중 증가와 비만에 대한 극심한 두려움으로 인해 음식 섭취를 현저하게 줄이거나 거부함으로써 체중이 비정상적으로 저하되는 경우이다. 여자 청소년에게 흔히 나타나며 체중이 현저하게 감소하여 건강에 심각한 문제가 발생해도 이를 인정하지 않고 음식 섭취를 거부하여 끝내 사망하는 경우도 있다.

② 신경성 폭식증(bulmia nervosa): 짧은 시간에 많은 양을 먹는 폭식행동과 이로 인한 체중 증가를 막기 위한 구토 등의 보상행동이 반복되는 경우를 말한다. 보통 사람보다 훨씬 많은 양의 음식을 단기간(예 2시간 이내)에 먹어 치우는 폭식행동을 보이며, 이때는 음식 섭취를 스스로 조절할 수 없다. 폭식 후에는 체중 증가에 대한 두려움으로 심한 자책을 하고 구토를 하거나 이뇨제, 설사제, 관장약을 사용하는 등의 부적절한 보상행동을 하게 된다.

③ 폭식장애(binge eating): 신경성 폭식증과 마찬가지로 폭식행동을 보이지만 보상행동은 하지 않으며, 흔히 과체중이나 비만을 나타낸다.

④ 이식증(pica): 먹으면 안 되는 것(예 종이, 천, 머리카락, 흙, 벌레)을 습관적으로 먹는 경우이다.

⑤ 되새김장애(rumination): 음식물을 반복적으로 되씹거나 토해내는 행동을 보이는 경우를 말한다.

⑥ 회피적/제한적 음식 섭취장애(avoidant/restrictive food intake disorder): 지속적으로 먹지 않아 심각한 체중 감소가 나타나는 경우에 진단된다.

11. 배설장애(elimination disorders)

(1) 개념

아동기와 청소년기에 흔히 진단되는 장애로, 대소변을 가릴 충분한 연령이 되었음에도 가리지 못하고 옷이나 적절하지 못한 장소에서 배설하는 것을 말한다.

(2) 하위 유형

① 유뇨증(enuresis): 5세 이상의 아동이 신체적 이상이 없는데도 옷, 침구에 반복적으로 소변을 보는 경우이다.

② 유분증(encopresis): 4세 이상의 아동이 대변을 적절하지 않은 곳(예 옷, 마루)에 반복적으로 배설하는 경우이다.

12. 수면-각성장애(sleep-wake disorders)

(1) 개념
수면의 양이나 질의 문제로 인해 수면-각성에 불만과 불평을 보이는 경우로, 10가지 하위 장애로 구분된다.

(2) 하위 유형
① 불면장애(insomnia disorder): 자려는 시간에 잠을 이루지 못하거나 밤중에 자주 깨어 1개월 이상 수면 부족 상태가 지속된다.

② 과다수면장애(hypersomnolence disorder): 충분히 수면을 취했음에도 졸린 상태가 지속되거나 지나치게 많은 잠을 잔다.

③ 수면발작증(narcolepsy): 주간에 갑자기 근육이 풀리고 힘이 빠지면서 참을 수 없는 졸림으로 인해 부적절한 상황에서 수면 상태에 빠진다.

④ 호흡 관련 수면장애(breathing-related sleep disorder): 수면 중 자주 호흡곤란 증상이 나타나 수면에 방해를 받는다.

⑤ 일주기 리듬 수면-각성장애(circadian rhythm sleep-wake disorder): 야간 근무로 인해 낮에 수면을 취해야 하는 경우처럼 평소의 수면 주기와 맞지 않는 수면 상황에서 수면에 곤란을 경험하게 된다.

⑥ 비REM 수면-각성장애(non-REM sleep arousal disorder): 수면 중에 잠자리에서 일어나 걸어다니거나 자율신경계의 흥분과 더불어 강렬한 공포를 느껴 자주 잠에서 깨어난다.

⑦ 악몽장애(nightmare disorder): 수면 중에 무서운 악몽을 꾸어 자주 깨어난다.

⑧ REM 수면 행동장애(REM sleep behavior disorder): REM 수면 기간에 소리를 내거나 옆 사람을 다치게 할 수 있는 움직임을 반복적으로 보인다.

⑨ 초조성 다리 증후군(restless legs syndrome disorder): 다리에 불쾌한 감각을 느껴 다리를 움직이려는 충동을 반복적으로 느낀다.

⑩ 물질/약물 유도성 수면장애: 약물의 중독이나 금단증상으로 인해 심각한 수면장애가 나타난다.

13. 성기능장애(sexual dysfunctions)

(1) 개념
성기능장애는 원활한 성행위를 방해하는 다양한 기능장애가 포함된다.

(2) 하위 유형
① 남성
  ㉠ 남성 성욕 감퇴장애(male hypoactive sexual desire disorder): 최소 6개월 이상 성적 욕구를 지속적으로 느끼지 못하는 경우이다.
  ㉡ 발기장애(erectile disorder): 성적 활동을 하는 동안 발기에 어려움을 겪는 경우이다.
  ㉢ 조루증: 성행위 시 너무 일찍 또는 자신이 원하기 전에 사정을 하는 경우이다.
  ㉣ 지루증(delayed ejaculation): 성행위 시 사정이 되지 않거나 현저히 지연되는 경우이다.

② 여성

　㉠ 여성 성적 관심/흥분장애(female sexual interest/arousal disorder): 성적 활동에 대한 관심이 현저하게 저하되고 성행위 시 성적 흥분이 적절히 일어나지 않는 경우이다.

　㉡ 여성 절정감장애(female orgasmic disorder): 성행위 시 절정감을 경험하지 못하는 경우이다.

　㉢ 생식기 골반 통증/삽입장애(genito-pelvic pain/penetration disorder): 성행위 시 생식기나 골반에 현저한 통증을 경험하는 경우이다.

14. 성 불편증(gender dysphoria)

(1) 개념 및 증상

① 성 불편증은 자신에게 주어진 생물학적 성과 자신이 경험하고 표현하는 성행동 간의 현저한 괴리로 인해 심한 고통과 사회적 적응 곤란을 나타내는 경우를 말한다.

② 성 불편증을 지닌 사람은 다른 성이 되고자 하는 강렬한 열망을 지니거나, 반대 성의 의복을 선호하거나, 반대 성의 역할을 하고자 하는 등의 다양한 행동을 나타낼 수 있다.

　예 신체적으로는 남성임에도 자신이 남자라는 사실과 남자의 역할을 싫어하며, 여성의 옷을 입고 여성적인 놀이나 오락을 좋아하는 등 여자가 되길 바라고, 이들 대부분은 성전환 수술을 원한다.

③ 아동부터 성인에 이르기까지 다양한 연령대에서 나타난다. 성 불편증은 아동의 경우와 청소년·성인의 경우로 나누어 서로 다른 진단기준으로 평가한다.

15. 파괴적, 충동통제 및 품행장애(disruptive, impulse control, and conduct disorders)

(1) 개념

① 파괴적, 충동통제 및 품행장애는 정서와 행동에 대한 자기통제의 문제를 나타내는 다양한 장애를 포함한다.

② 특히 다른 사람의 권리를 침해하거나 사회적 규범을 위반하는 부적응적 행동이 이에 해당된다.

(2) 하위 유형

① 적대적 반항장애(oppositional defiant disorder): 어떤 사람과의 상호작용에서 화를 잘 내고 논쟁적이거나 도전적이며 앙심을 품고 악의에 찬 행동을 보이는 경우에 진단된다.

② 품행장애(conduct disorder): 난폭하고 잔인한 행동, 기물 파괴, 도둑질, 거짓말, 가출 등 타인의 권리를 침해하거나 사회적 규범을 위반하는 행동을 지속적으로 나타내는 경우로, 청소년에게 흔히 보이는 비행행동이 이 장애에 해당된다.

③ 반사회적 성격장애(antisocial personality): 성인의 경우 사회적 규범이나 타인의 권리를 무시하는 행동양상을 반복적으로 보인다.

④ 간헐적 폭발성장애(intermittent explosive disorder): 공격적인 충동이 조절되지 않아 심각한 파괴적 행동으로 나타나게 되는 경우이다.

⑤ 도벽증(kleptomania): 남의 물건을 훔치고 싶은 충동을 참지 못해 반복적으로 도둑질을 하는 경우이다.

⑥ 방화증(pyromania): 불을 지르고 싶은 충동을 조절하지 못해 반복적으로 방화를 하는 경우이다.

16. 물질-관련 및 중독장애(substance-related and addictive disorders)

(1) **개념**

물질-관련 및 중독장애는 술, 담배, 마약 등의 중독성 물질을 사용하거나 중독성 행위에 몰두함으로써 생기는 다양한 부적응적 증상을 포함한다.

(2) **하위 유형**: 이 장애 범주는 크게 물질-관련 장애와 비물질-관련 장애로 구분된다.

① 물질-관련 장애

㉠ 물질 사용장애와 물질 유도성장애로 구분된다. 물질 유도성장애는 다시 특정 물질의 과도한 복용으로 인해 일시적으로 나타나는 부적응적 증상군을 뜻하는 물질 중독, 물질 복용 중단으로 인해 일시적으로 나타나는 부적응적 증상군을 뜻하는 물질 금단, 물질 남용으로 인해 일시적으로 심각한 중추신경장애를 나타내는 물질/약물 유도성 정신장애로 구분된다.

㉡ 물질-관련 장애는 어떤 물질에 의해 장애가 생기는지에 따라 10가지 유목으로 구분된다. 물질-관련 장애를 유발하는 물질로 알코올, 카페인, 대마계의 칸나비스, 환각제, 흡입제, 아편류, 진정제, 수면제 또는 항불안제, 흥분제, 타바코, 기타 물질(예 스테로이드, 코르타솔, 카바 등)이 있다. 물질별로 구체적 진단이 가능하며 예컨대, 알코올 관련 장애는 알코올 사용장애, 알코올 중독, 알코올 금단, 알코올 유도성 정신장애 등으로 구분하여 진단할 수 있다.

② 비물질-관련 장애: 도박장애가 있다. 도박장애는 12개월 이상의 지속적인 도박 행동으로 인해 심각한 적응문제와 고통을 경험하는 경우에 진단된다. 도박장애의 주된 증상으로는 쾌락을 얻기 위해 점점 더 많은 돈을 거는 도박 욕구, 도박에 집착하며 몰두하는 것, 도박을 하지 못하면 안절부절못하는 것, 도박을 숨기기 위한 반복적인 거짓말 등이 있다.

17. 신경인지장애(neurocognitive disorders)

(1) **개념**

① 신경인지장애는 뇌의 손상으로 의식, 기억, 언어, 판단 등 인지적 기능에 심각한 결손이 나타나는 경우 진단된다.
② 주요 신경인지장애, 경도 신경인지장애, 섬망으로 구분된다.

(2) **하위 유형**

① 주요 신경인지장애(major neurocognitive disorder): 주의, 실행기능, 학습 및 언어, 지각-운동, 사회적 인지를 포함하는 인지 기능이 과거에 비해 현저하게 저하된 경우이다.
② 경도 신경인지장애(minor neurocognitive disorder): 유사한 인지 기능의 저하가 경미하게 나타나는 경우로, 알츠하이머 질환, 뇌혈관 질환, 충격에 의한 뇌손상, HIV 감염, 파킨슨 질환 등에 의해 유발된다.
③ 섬망(delirium): 의식이 혼미해지고 주의집중 및 전환 능력이 현저하게 감소하며 기억, 언어, 현실 판단 등의 인지 기능에 일시적인 장애가 나타나는 경우를 말한다. 물질 사용이나 신체적 질병과 같은 다양한 원인에 의해 나타난다.

18. 성격장애(personality disorders)

(1) 개념

① 성격 자체가 부적응적이어서 사회적 기대에 어긋나는 이상행동을 지속적으로 보이는 경우를 말한다.

② 특정한 계기로 인해 발생하는 임상적 증후군과 달리 어린 시절부터 점진적으로 형성되고, 이러한 성격 특성이 굳어지는 성인기(보통 18세 이후)에 진단된다.

③ DSM-5에서는 A, B, C의 세 군집으로 분류되는 10가지 유형의 성격장애를 제시한다.

(2) A군 성격장애(cluster A personality disorder) – 기이하고 괴상한 행동 특성

① 편집성 성격장애(paranoid personality disorder): 타인의 의도를 적대적인 것으로 해석하는 불신과 의심을 주된 특징으로 한다. 다른 사람이 자신을 부당하게 이용하고 피해를 주고 있다고 왜곡하여 생각하고, 친구의 우정이나 배우자의 정숙성을 자주 의심하며, 자신에 대한 비난이나 모욕을 잊지 않고 가슴에 담아두었다가 상대에게 보복하는 경향이 있다.

② 조현성 성격장애(schizoid personality disorder): 감정표현이 없고 대인관계를 기피하여, 고립된 생활을 하는 경우이다. 이 성격의 소유자는 사람을 사귀려는 욕구가 없고 생활 속에서 거의 즐거움을 느끼지 못하며 타인의 칭찬이나 비난에 무관심하고 주로 혼자 하는 활동에 종사하는 경우가 많다.

③ 조현형 성격장애(schizotypal personality disorder): 친밀한 인간관계를 불편해하고 인지적 또는 지각적 왜곡과 기괴한 행동을 나타내는 경우이다. 심한 사회적 불안을 느끼고 마술적 사고나 기이한 신념에 집착하며 언어적 표현이 상당히 비논리적이고 비현실적인 데다 기괴한 외모나 행동을 나타내는 경향이 있다.

(3) B군 성격장애(cluster B personality disorder) – 극적이고 감정적이며 변화가 많은 특성

① 반사회성 성격장애(antisocial personality disorder): 사회적 규범이나 타인의 권리를 무시하는 행동양상을 보인다. 거짓말, 사기, 무책임한 행동, 폭력적 행동, 범법 행위를 저지르고 이 행동에 대해 후회나 죄책감을 느끼지 않는다.

② 연극성 성격장애(histrionic personality disorder): 과도하고 극적인 감정표현을 하고, 지나치게 타인의 관심과 주의를 끄는 행동이 주된 특징이다. 항상 사람들 사이에서 주목받는 위치에 서고자 노력하고 외모에 신경을 많이 쓰며 자기 자신을 과장된 언어로 표현하는 경향이 강하다.

③ 경계성 성격장애(borderline personality disorder): 대인관계, 자기상, 감정 등이 매우 불안정한 것이 특징이며 남들로부터 버림받지 않으려고 처절한 노력을 한다. 대인관계가 강렬하지만 불안정한 양상을 보인다. 자신이 어떤 사람인지에 대한 분명한 개념이 없고 만성적으로 공허감과 분노감을 경험하며, 매우 충동적인 행동을 보이고 자살이나 자해적 행동을 하기도 한다.

④ 자기애성 성격장애(narcissistic personality disorder): 자신이 대단히 중요한 사람이라는 웅대한 자기상을 지니고 있어 다른 사람으로부터 찬탄을 받고자 하는 욕구가 강하며, 자신을 위해 타인을 이용하고 타인의 감정을 이해하는 공감능력이 결여된다는 특징이 있다.

(4) C군 성격장애(cluster C personality disorder) – 불안과 두려움을 지속적으로 경험하는 특성

① 회피성 성격장애(avoidant personality disorder): 타인으로부터 부정적인 평가를 받는 것에 과도하게 예민하고, 사회적 상황에서 지나치게 감정을 억제하고 부적절감을 많이 느껴 대인관계를 회피하는 경향을 보인다.

② 의존성 성격장애(dependent personality disorder): 타인으로부터 보살핌을 받고사 하는 과도한 욕구를 지니고 있어 이를 위해 타인에게 지나치게 순종적이고 굴종적으로 행동하여 의존하는 성격 특성을 보인다.

③ 강박성 성격장애(obsessive-compulsive personality disorder): 질서정연함, 완벽함, 자기통제, 절약에 과도하게 집착하고 지나치게 꼼꼼하고 완고하며, 사소한 것에 집착하는 성격 특성을 보인다.

➡ 이 성격 특성이 지나치게 경직되고 다양한 삶의 장면에 광범위하게 나타나 사회적 또는 직업적 적응에 현저한 문제를 야기하는 경우 성격장애로 평가될 수 있다. 또한 이 성격 특성이 흔히 사춘기 이전부터 나타나기 시작해 오랜 기간 지속되는 것이 일반적이다.

19. 성도착장애(paraphilic disorders)

(1) 개념

① 성도착장애는 성행위 대상이나 방식에서 비정상성을 나타내는 장애로, 변태성욕증이라고도 한다.

② 인간이 아닌 대상(예 동물, 물건)을 성행위 대상으로 삼거나 아동을 비롯하여 동의하지 않은 사람을 대상으로 성행위를 하거나 자신이나 상대가 고통, 굴욕감을 느끼게 하는 성행위 방식이 여기에 포함된다.

(2) 하위 유형

① 관음장애(voyeuristic disorder): 다른 사람이 옷을 벗고 있거나 성행위하는 모습을 몰래 훔쳐보면서 성적 흥분을 느끼는 경우이다.

② 노출장애(exhibitionistic disorder): 자신의 성기를 낯선 사람에게 노출함으로써 성적 흥분을 느끼는 경우이다.

③ 접촉마찰장애(frotteuristic disorder): 원하지 않는 상대에게 몸을 접촉하여 문지르며 성적 흥분을 느끼는 경우이다.

④ 성적 피학장애(sexual masochism disorder): 상대방으로부터 고통이나 굴욕감을 받음으로써 성적 흥분을 느끼는 경우이다.

⑤ 성적 가학장애(sexual sadism disorder): 상대에게 고통, 굴욕감을 느끼게 함으로써 성적 흥분을 느끼는 경우이다.

⑥ 아동성애장애(pedophilic disorder): 사춘기 이전의 아동(보통 13세 이하)을 상대로 한 성행위를 통해 성적 흥분을 느끼는 경우이다.

⑦ 성애물장애(fetishistic disorder): 무생물인 물건(예 여성의 속옷)에 대해 성적 흥분을 느끼는 경우이다.

⑧ 의상전환장애(transvestic disorder): 이성의 옷으로 바꿔 입음으로써 성적 흥분을 하는 경우이다.

20. 기타 정신장애(other mental disorders)

(1) 개념

기타 정신장애는 개인에게 현저한 고통과 함께 사회적·직업적 기능의 저하를 초래하는 심리적 문제이지만 앞서 제시한 정신장애의 진단기준을 충족하지는 못하는 다양한 경우를 포함한다.

02 이상행동 관련 용어

1. 이상행동 관련 용어와 설명

구분	내용
장애 (disorder)	신체기관이 제 기능을 발휘하지 못하거나 정신 능력에 결함이 있는 상태
장애 (disability)	주로 특정 영역에서의 기능 손상이 초래된 상태
장해 (disturbance)	장애로 인해 어떤 기능 수행에 지장, 방해, 난점, 어려움 등이 초래되는 의미가 강함
질병 또는 질환 (illness)	• 정신의학에서는 질환이라고 함 • 정신장애가 어떤 신체적 원인에 의해 유발된다고 보는 관점이 강함
결여 또는 결함 (deficit)	신체적 또는 정신적 능력에 무언가가 부족하거나 결핍된 상태
삽화 또는 에피소드 (episode)	정신장애가 처음 발생하여 끝나는 시점까지의 기간
의학적 상태 (medical condition)	실제 의미는 신체적 질병
역학 (epidemiology)	역학 연구에서는 정신장애의 유병률, 발병률, 위험요인 등을 연구함

유병률
(prevalence)
	• 전체 인구 중 특정 정신장애를 가진 사람의 비율
	  – **시점 유병률**: 현재 시점에서 특정 정신장애를 지닌 사람의 비율
	  – **기간 유병률**: 일정 기간 동안에 특정 정신장애를 1번 이상 경험한 사람의 비율
	  예 6개월, 과거 1년 동안
	  – **평생 유병률**: 평생 동안 특정 정신장애를 1번 이상 경험한 사람의 비율

발병률 (incidence)	일정 기간 동안 특정 정신장애를 새롭게 지니게 된 사람의 비율
위험요인 (risk factor)	정신장애를 발생시킬 가능성을 높이는 어떤 조건이나 환경
취약성 (vulnerability)	• 어떤 위험요인에 노출되었을 때 '쉽게 부서지기 쉬운 성질이나 특성'을 의미함 • 즉, 위험요인에 영향을 받기 쉽게 만드는 선천적이고 일관된 반응 경향성(또는 반응 민감성)을 비롯하여 환경과의 상호작용에서 점진적으로 형성된 신체적·심리적 특성
보호요인 (protective factor)	위험요인을 방지하거나 억제하고 건강한 발달을 증진시키는 어떤 조건이나 환경
증후군 (syndrome)	일련의 여러 증상과 징후의 집합체
심각도 (severity)	• 이상행동과 정신장애의 심각도를 의미함 • 정도가 가벼우면 경도(mild), 중간 정도면 중등도(moderate), 심하면 중(증)도(severe), 극심한 상태이면 최중증도(profound)라고 함

1. 이상행동의 기준

(1) 통계적 기준

① 평균에서 극단적으로 벗어난 경우, 흔히 2 표준편차 이상을 이상행동으로 규정한다.

② 전제: 인간의 심리적 특성은 측정이 가능하고, 측정치들의 분포는 정규분포 곡선을 형성할 것이다.

③ 한계점

ㄱ 평균으로 일탈된 행동 중에는 바람직한 방향으로 일탈한 경우도 있다.

ㄴ 인간의 모든 행동을 측정하여 통계적 기준으로 적용하는 것은 현실적으로 불가능하다.

ㄷ 2 표준편차만큼 일탈된 경우를 이상행동과 정상행동의 경계선으로 삼지만, 이 기준은 전문가들이 합의한 임의적인 경계일 뿐 이론적으로나 경험적으로 타당한 근거에 기초한 것이 아니다.

(2) 사회적 규범의 기준

① 사회의 규범에 적응하지 못하고 일탈된 행동을 하는 경우, 이상행동으로 규정한다.

② 한계점

ㄱ 문화적 상대성 문제: 어떤 시대나 문화권에서 정상적인 행동이 다른 시대와 장소에서는 이상행동으로 여겨질 수 있다.

ㄴ 문화적 규범이 바람직하지 않은 경우에도 이를 따라야 하는지의 문제: 문화적 규범 가운데 권력자나 사회적 강자의 이익을 위한 것이 많기 때문이다.

(3) 주관적 불편감

① 자신의 생각과 행동에 대해 심리적 고통을 느끼는 정도에 따라 정상과 이상을 구분하며, 이는 증상으로 경험되기 때문에 증상에 의한 기준이라고도 한다.

② 한계점

ㄱ 심리적 고통을 경험한다고 모두 비정상적이라고 볼 수는 없다.

ㄴ 상당한 부적응적 행동을 보이면서 정작 본인은 주관적 불편감과 고통을 느끼지 못하는 경우도 많다.

(4) 부적응의 기준

① 개인의 행동이 자신과 사회에 해로운 결과를 가져오고 사회적·학업적·직업적 부적응이 초래하는 경우를 이상행동으로 규정한다.

② 한계점

ㄱ 적응과 부적응의 경계가 모호: 부적응성을 누가 무엇에 근거하여 어떻게 평가하는가에 따라 개인의 적응 여부가 달라질 수 있는데, 평가자의 입장이나 평가기준에 따라 다르게 판단될 수 있기 때문이다.

ㄴ 부적응성을 초래한 심리적 기능 손상이 무엇인지 그 원인을 판단하기 어렵다.

2. 분류의 장단점

(1) 장점

① 해당 분야의 연구자나 종사자의 효과적인 의사소통이 가능하게 하고, 불필요한 혼란과 모호함을 감소시킨다.

② **연구자나 임상가에게 효과적인 정보를 제공**: 분류체계에 따라 축적된 연구 결과와 임상적 지식을 체계적으로 정리하고 전달할 수 있다.

③ 정신장애에 대한 과학적 연구와 이론 개발을 위한 기초를 제공한다.

④ 심리장애를 지닌 환자 간의 유사성과 차이점을 인식하는 데 도움을 준다.

⑤ 치료효과를 예상하고 장애의 진행과정을 예측하게 한다.

(2) 단점

① 분류나 진단을 통해 환자의 개인적 정보가 유실되거나 환자에 대한 고정관념이 형성될 수 있다.

② 진단은 환자에 대한 낙인이 될 수 있고, 예후나 치료효과에 대한 선입견을 줄 수 있다.

3. 범주적 분류와 차원적 분류 기출 20

(1) 범주적 분류

① 이상과 정상은 질적으로 구분되며, 흔히 독특한 원인에 의한 것이기 때문에 정상행동과 명료한 차이점을 지닌다는 가정에 근거한다.

② 범주적 분류는 흑백논리적인 분류의 특성을 지닌다.

③ **장점**: 환자에 대한 이해를 빠르게 할 수 있고, 치료자 사이의 의사소통이 쉽고 의견 일치를 끌어내기 쉽다.

④ **단점**: 임의적인 판단이 되기 쉽고 특히 증상의 특징, 심각성 등의 개인차 정보를 파악하는 데 한계가 있다.

(2) 차원적 분류

① 이상과 정상의 구분은 부적응성 정도의 문제일 뿐, 질적인 차이는 없다는 가정에 근거한다.

② 특정 장애에 포함하기보다는 부적응을 평가하는 몇 가지 차원상에 위치시킬 수 있다.

③ **장점**: 환자를 다차원적으로 평가하게 되므로 장애 정도나 과정, 결과 등을 더욱 다각적으로 평가할 수 있다.

④ **단점**: 평가자 간에 진단이 일치하기 어렵고, 단순화하기도 어렵다.

4. DSM-5 분류체계

(1) 정신장애의 진단기준 변화

구분	출간연도	분류 범주 수	전체 진단 개수	축 체계
DSM-I	1952	8	106	축 없음
DSM-II	1968	10	182	축 없음
DSM-III	1980	16	265	다축 체계
DSM-III-R	1987	17	292	다축 체계
DSM-IV	1994	17	297	다축 체계
DSM-IV-TR	2000	17	297	다축 체계
DSM-5	2013	20	300여 개	다축 폐지

다축 체계

다축 체계는 축Ⅰ(모든 정신의학적 장애), 축Ⅱ(성격장애 및 특정 발달장애), 축Ⅲ(신체적 질환), 축Ⅳ(심리사회적 스트레스의 강도), 축Ⅴ(지난해의 적응 수준)을 의미한다.

(2) 목적

인간의 심리적 증상과 증후군을 위주로 정신장애의 분류체계를 확립하여 진단, 치료, 경과 과정, 예후 등을 보다 과학적이고 효율적으로 적용하고자 한다.

(3) DSM-5의 특징

① 다축 체계가 폐지되었다.
  ㉠ 축을 구분할 목적으로 진단을 내리는 것이 큰 의미가 없다는 연구 결과를 반영한 것이다.
  ㉡ 축Ⅲ에 게재되었던 신체적(의학적) 질환 중 일부를 DSM-5에서 독립된 진단으로 구분하기도 했다.
② 범주적 모델의 한계점을 극복하기 위해 혼합 모델(hybrid model)을 적용했다.
  ㉠ '~스펙트럼장애', '~관련 장애' 방식으로 명칭 자체가 개정되었다.
  ㉡ 진단기준에 심각도를 측정한 것들도 있으며, 장애별로 심각도의 구분이 다수 포함되었다.
  ➡ 차원적 평가: 기전의 범주적 평가의 대안으로 차원적 평가가 도입되었다.
③ DSM-Ⅵ-TR까지 숫자를 로마자로 표기했지만 DSM-5에서는 아라비아 숫자로 표기했다.
④ 새로운 진단명이 9개 추가되었다. 또한 다음 개정판에 새롭게 추가될 예정인 진단명을 8개 제시하고 추후 연구 진단기준이라고 이름 붙였다.
⑤ 문화적 차이도 크게 고려: 문화권에 따라 증상이 다르게 받아들여지고 표현방식도 다르게 나타날 수 있기 때문이다. 따라서 임상가는 반드시 환자의 문화와 인종, 종교, 지리적 기원 등의 맥락정보를 파악해야 한다.

(4) 진단분류의 변화 내용(DSM-Ⅳ ⇨ DSM-5)

「DSM-Ⅳ」	「DSM-5」
'유아기, 소아기, 청소년기에 흔히 처음으로 진단되는 장애'	'신경발달장애'로 명칭 변경
'유아기, 소아기, 청소년기에 흔히 처음 진단되는 장애'에 속하는 '주의력-결핍 및 파괴적 행동장애' 중 '파괴적 행동장애'와 '배설장애'	하나의 독립된 범주인 22개 중 하나로 분류
'유아기 또는 초기 소아기의 급식 및 섭식장애'	'급식 및 섭식장애'의 하위 유형으로 분류
'정신지체'	'지적장애'로 명칭 변경
'학습장애'	'특정 학습장애'로 명칭 변경
'운동기술장애'	'운동장애'로 명칭 변경
'광범위성 발달장애'	'자폐 스펙트럼장애'로 명칭 변경
'주의력-결핍 및 파괴적 행동장애'	'주의력결핍/과잉행동장애'로 명칭 변경
'유아기, 소아기 또는 청소년기의 기타 장애'	'기타 신경 발달 장애'로 명칭 변경
'섬망, 치매, 기억상실장애 및 기타 인지장애'	'신경인지장애'로 명칭 변경
'다른 곳에 분류되지 않는 일반적인 의학적 상태로 인한 정신장애'	주요 범주에서 제외
'물질 관련 장애'	'물질-관련 및 중독장애'로 명칭 변경

'조현병과 기타 정신병적 장애'	'조현병 스펙트럼 및 기타 정신병적 장애'로 명칭 변경
'성격장애'에 속하는 '분열형 성격장애'	'성격장애'의 하위 유형인 동시에 '조현병 스펙트럼 및 기타 정신병적 장애'의 하위 유형이 됨
'기분장애'	'양극성 및 관련 장애'와 '우울장애'로 나누어짐
'불안장애'	'불안장애'와 '강박 관련 장애'로 나누어짐
'신체형 장애'	'신체 증상과 관련된 장애'로 명칭 변경
'신체형 장애'에 속하는 '신체변형장애'	'강박 관련 장애'의 하위 유형에 속하게 됨
'허위성 장애'	22개 분류에서 제외, '신체 증상과 관련된 장애'의 하위 유형에 속하게 됨
'해리성장애'	변화 없음
'성적 장애 및 성 정체감 장애'	'성기능부전'과 '성별 불쾌감'으로 하나의 독립된 범주가 됨
'섭식장애'	'급식 및 섭식장애'로 명칭 변경
'유아기, 소아기, 청소년기에 흔히 처음 진단되는 장애'에 속하는 '배설장애'	하나의 독립된 범주가 됨
'수면장애'	'수면-각성장애'로 명칭 변경
'다른 곳에 분류되지 않는 충동-조절장애'	'파괴적, 충동조절 및 품행장애'로 명칭 변경
'다른 곳에 분류되지 않는 충동-조절장애'에 속하는 '발모광'	'강박 관련 장애'의 하위 유형에 속하게 됨
'적응장애'	DSM-5의 주요 범주인 '외상 및 스트레스 사건-관련 장애'의 하위 유형에 속하게 됨, 주요 범주에서는 제외
'성격장애'에 속하는 '반사회적 성격장애'	'성격장애'의 하위 유형인 동시에 '파괴적, 충동-조절 및 품행장애'의 하위 유형이 됨
'다른 곳에 분류되지 않는 일반적인 의학적 상태로 인한 정신장애'의 하위 범주인 '…으로 인한 인격 변화'	'성격장애'의 하위 유형인 '다른 의학적 상태에 의한 인격 변화'로 변경
'임상적 관심의 초점이 될 수 있는 기타 상태'	'(정신장애는 아니지만) 임상적 관심의 초점이 될 수 있는 기타 상태'뿐만 아니라 '기타 정신장애'와 '투약으로 유발된 운동장애 및 투약에 의한 기타 부작용'으로 변경

04 증상과 징후

1. 지능장애

(1) 지적발달장애

① **지적장애(intellectual disability)**: 지능의 발육이 제대로 이루어지지 않아서 평균적인 일반인의 지능보다 낮아져 있는 상태를 말한다.

② 지능검사로 측정된 지능지수가 70미만으로 현저하게 낮을 때 지적발달장애라고 부른다.

(2) 치매

① **치매(dementia)**: 정상 평균치의 지능까지 발육된 후 뇌의 외상, 영양장애, 감염, 퇴화현상 등에 의해 영구적으로 지능 상태가 평균치 이하로 저하되어 있는 상태를 말한다.

② 가볍게는 흥미의 감퇴, 창조성 결여, 정신 조절능력 저하로 나타나고, 심한 경우는 경험을 축적하는 능력 저하, 판단력의 장애, 기억력 및 지남력의 장애 등을 나타내서 현실 판단을 하지 못하는 상태에 이르기도 한다.

③ **섬망(delirium)**: 의식이 혼미해지고 주의집중 및 전환능력의 현저한 감소, 기억, 언어, 현실 판단 등의 인지기능에 일시적인 장애를 말한다. 증상이 단기간에 나타나고 증상의 원인을 제거하면 호전된다는 점에서 치매와 구별된다.

2. 지각장애

(1) 지각

① **지각(perception)**: 외부의 감각자극을 과거의 경험과 결합하여 조직화, 해석하여 외부 자극의 성질을 파악하고 자신과의 관련성을 이해하는 능력이다.

② 지각이 제대로 이루어지려면 외부 자극을 받아들이는 말초감각기관, 말초신경이 자극을 중추신경으로 전달하는 신경계통과 해석하는 고위 중추신경기능이 정상이어야 한다.

③ 또한 자극을 평가하는 기준이 되는 과거 경험의 축적, 즉 기억기능이 제대로 작동되어야 한다.

(2) 지각장애

① **지각장애**: 자극을 과소·과대평가하는 단순한 장애에서부터 자극을 잘못 판단하는 착각, 또는 없는 자극을 있는 것으로 지각하는 환각(illusion) 등 다양하다.

② **착각**: 받아들여진 자극이 감각기관에서 뇌의 적절한 부위에 전달되어 해석되는 과정에서 잘못 판단되는 현상을 말한다.

　㉠ 기질적으로 뇌 자체의 질병에 의한 혼돈된 상태나 다른 전신의 장애(⑩ 고열, 전신쇠약 등)등에서 생기는 혼돈상태에서 나타날 수 있다.

　㉡ 정신역동적 관점에서는 강하게 억압되어 있는 무의식적 요소들이 작용하여 착각을 일으킬 수 있다. 예를 들어 깊은 죄의식에 사로잡혀 사람들이 지나가며 이야기하는 것을 자신을 책망하는 소리로 지각하는 경우가 이에 해당된다.

③ **환각(hallucination)**: 외부의 자극이 없는데도 마치 외부에서 자극이 들어온 것처럼 지각하는 현상을 말한다. 이러한 환각은 병적인 상태에서만 나타나는 현상이 아니고 정상적인 상태에서도 경험될 수 있다.

　㉠ **환청(auditory hallucination)**: 잘 구별되지 않는 소음에서 뚜렷한 내용이 있는 사람의 말소리까지 내용은 다양하다. 때로는 들릴 듯 말 듯한 약한 경우부터 환자가 공황에 빠질 정도의 큰 소리가 들리는 경우 등 강도 또한 다양하다.

　㉡ **환시(visual hallucination)**: 남들에게 보이지 않는 물체가 보이는 현상으로, 작은 벌레, 신, 괴물, 악마 등이 보인다고 흔히들 보고되고 있다.

　㉢ **환촉(tactie hallucination)**: 객관적으로 또는 실제적으로 존재하지 않는 감각들을 비정상적으로 느끼는 현상으로, 몸에 전기가 지나간다든지, 가스나 독성물질이 몸에 닿았다든가, 보이지 않는 물체가 피부에 접촉했다고 느끼는 경우가 있다.

ⓔ 환미(gustatory hallucination): 누군가가 물에 독을 탔다든가, 음식에 수면제가 들었다든가, 밥에 독약이 들었다는 식으로 이상한 맛을 느끼거나 음식에서 독약 맛이 난다고 느끼는 호소가 주로 많다.

ⓜ 환취(olfactory hallucination): 대개 기분 나쁜 냄새를 맡는 것으로 나타난다. 자기 몸에서 이상한 냄새가 나기 때문에 남들이 자기를 피한다는 망상이 같이 나타나기도 한다.

3. 사고장애

(1) 사고

① 사고(thought): 어떤 자극에 대해서 정서와 지각, 상상, 기억능력을 총동원하여 자극을 해석·판단·종합하며, 이를 기초로 다른 새로운 개념을 유추해 내는 기능이다.

② 건전한 사고를 위해서는 외부의 자극을 정확히 지각하고 인지하는 능력이 필요하고, 자신의 감정이나 무의식에 의해 나타나는 상상이나 환상과 사실을 구별할 수 있는 능력이 있어야 한다.

③ 사고장애 구분: 사고 진행의 장애와 사고 내용의 장애로 나눌 수 있다.

(2) 사고 진행의 장애: 사고란 하나의 관념(idea)에서 시작하여 연상(association)을 통해 하나의 사상으로 발전하지 못하고 이런 과정이 제대로 이루어지지 못하는 경우가 있다.

① 사고의 비약(flight of idea): 어떤 한 관념에서 통상적인 연상과정을 거치지 않고 생각이 원래의 주제에서 벗어나 지엽적인 내용을 따라 다른 방향으로 발전하는 것을 말한다. 연상이 빠른 속도로 진행되는 것이 특징이다.

② 사고의 지연(retardation of thought): 사고과정에서 연상의 속도가 느려 사고 진행이 느려지거나 때때로 연상이 거의 이루어지지 않아 어떤 결론에 이르지 못하는 경우를 말한다.

③ 사고의 차단(blocking): 사고의 흐름이 갑자기 멈추게 되는 현상을 말하는 것으로, 외견상으로 말을 하다가 갑자기 중단하게 되는데, 이는 생각을 정리하기 위함이 아니라 생각이 없어서 말을 멈추는 경우다.

④ 사고의 우회(circumstantiality): 사고가 어떤 관념에서 출발하여 결론에 도달하기까지 여러 가지 연상이 가지를 치며 빙빙 돌거나 엉뚱한 방향으로 진행되다가 결론에 이르는 현상을 말한다. 이는 중요한 내용과 그렇지 않은 것을 구별하지 못함으로써 일어나는 현상이다.

⑤ 사고의 이탈(tangentiality): 사고가 어떤 관념에서 출발하여 중심 요점으로 되돌아가지 못하고 처음 의도한 생각이나 목표에 결과적으로 도달하지 못하는 현상을 말한다.

⑥ 사고의 보속증(perseveration): 사고를 진행시키려는 노력을 하고, 외부에서 새로운 자극이 들어옴에도 사고의 진행이 제자리에 머물며 한 개 또는 몇 개의 단어나 문장에서 벗어나지 못하고 계속 같은 말을 반복하게 되는 경우를 말한다.

⑦ 신어조작증(neologism): 자기만 아는 의미를 가진 새로운 말을 새롭게 만들어 내는 현상을 말한다.

⑧ 사고의 지리멸렬함(incoherence): 사고가 조리나 일관성 없이 연결되지 않고 토막토막으로 끊어지는 경우나 도무지 줄거리를 알 수 없는 잡다한 이야기를 계속하는 경우다.

⑨ 말 비빔(word salad): 지리멸렬함의 극심한 형태로 전혀 무관한 것으로 보이는 일련의 단어만 나열하는 현상을 말한다.

(3) 사고 내용의 장애

① 사고 내용의 장애(disorders of thought contents): 망상(delusion)으로, 남들이 보기에 대수롭지 않은 것에 집착하여 사고가 발전하지 못하고 머물러 있는 것을 말한다.

② 특징
  ㉠ 사실과 다른 생각(false belief)을 한다.
  ㉡ 그 사람의 교육 정도, 환경과 부합되지 않고 현실과 동떨어진 생각을 한다.
  ㉢ 이성이나 논리적인 방법으로 교정되지 않는다.
③ 망상은 의심증, 피해망상, 과대망상, 관계망상, 신체망상, 색정망상 등 여러 가지 망상의 형태로 나눌 수 있다.
④ 정신분석학적 입장: 충족되지 못한 무의식적 욕구가 외부로 투사되어 나타나는 현상이다. 또한 현실에서 자신의 부족감을 메우기 위해 환상 속에서 자신의 불안을 방어하려는 노력이 지나쳐 망상을 형성하기도 한다.
⑤ 망상의 분류
  ㉠ 편집성 또는 피해적 망상(paranoid or persecutory delusion): 정신병에서 가장 흔한 망상으로서, 타인이 자신을 해치거나 해롭게 하기 위해 모의를 하고 있다고 믿는 망상이다.
  ㉡ 과대망상(delusion of grandeur, grandiose delusion): 자신을 실제보다 위대한 사람으로 믿는 망상이다.
  ㉢ 우울성 망상(depressive delusion): 우울 상태에 많이 나타나는 망상으로 '나는 너무 큰 죄를 지어서 죽어야 한다.', '나는 몹쓸 병에 걸려 죽을 것이다.' 등 존재의 가치가 없다든지, '이 세상은 이미 자신에게 아무 의미도 없다.'라는 식의 허무망상 등이 이에 속한다.
  ㉣ 색정적 망상(erotic delusion): 자신이 모든 이성에게 사랑을 받고 있다든가, 자신은 모든 이성을 사랑해야 할 권리나 의무가 있다든가, 배우자를 의심하는 부정망상 또는 질투망상과 같은 피해적인 내용이 있다.
  ㉤ 관계망상(idea of reference, delusion of reference): 주위에서 일어나는 일상적인 일들이 모두 자신과 관련이 있다고 믿는 망상을 말한다.

4. 기억장애

(1) 기억

① 기억: 필요한 정보를 받아들여 뇌 속에 저장하고 필요한 기간 동안 파지(retention), 저장했다가 필요할 때 의식세계로 꺼내 사용할 수 있는 능력을 말한다.
② 기억의 기능은 오래전 사실에 대한 것과 최근의 사실에 대한 것으로 나눌 수 있다.
  ㉠ 오래된 사실에 대한 기억: 개체가 일상생활을 해 나가기 위해 꼭 필요하기에 거의 영구적으로 뇌 속에 저장되어 있는데, 그것은 개체가 일상생활을 해 나가기 위해서 꼭 필요하기에 저장하는 것이다.
  ㉡ 최근의 사실에 대한 기억: 주위에서 일어난 일들을 지각하고 아직은 선별되지 않은 상태로 기록되었다가 수시로 의식세계로 떠오르면서 시간이 지남에 따라 필요한 것은 기억으로 남고 중요치 않은 것은 소멸되는 것으로 알려져 있다.

(2) 기억장애

① 기억의 장애 구분
  ㉠ 기억과정: 등록(registration), 저장(storage), 인출(retention) 및 재생(recall)의 장애로 나눌 수 있다.
  ㉡ 기억장애의 형태: 기억과잉(hypermnesia), 기억상실증(amnesia), 기억착오(paramnesia)로 나눌 수 있다.

② 기억장애

　　㉠ 기억력이 나쁘다고 느끼지만 실제로 기억에 이상이 없는 신경증적 장애에 의해 나타나는 현상이다.

　　㉡ 기억력이 실제로 나쁘지만 기억력 자체의 장애가 아니고 기분장애, 정신분열증 등에서 보이는 질환의 2차적인 증상으로 나타나는 현상이다.

　　㉢ 기억력 자체의 장애에 의한 것으로 새로운 것에 대한 기억상실증인 등록(기명)장애와, 갑자기 생각이 나지 않지만 필요 없을 때 생각이 나는 기억재생장애 등이 있다.

③ 등록(기명)장애의 원인: 뇌의 기질적 장애, 기억장애, 주의장애, 간뇌장애 등이 있다.

④ 저장장애: 등록된 것이 뇌의 장애로 소실되는 것이다. 흔히, 최근의 것이 소실되기 쉽고, 강한 감정을 동반한 것은 잘 소실되지 않는다.

⑤ 기억과잉(hypermnesia): 과거에 지각된 인상을 지엽적인 것까지 자세하게 기억하는 상태이다.

　　㉠ 중요하지 않은 것들을 기억하고 있지만 실제로 어떤 사고를 유추하는 데 별로 도움이 되지 않는 기억이 대부분이다.

　　㉡ 병적인 상태의 경우, 대개 그의 병적 사고장애와 정서문제와 밀접한 관계를 맺고 사실들을 지나치게 자세히 기억하고 있는 경우이다.

⑥ 기억상실증(amnesia): 자신이 경험했던 모든 일에 대해서 광범위하게 기억상실이 되거나, 특정 사물이나 시기에만 선택적으로 나타날 수 있다. 발생 원인에 따라 심인성 기억상실증(psycho-genic amnesia)과 기질성 기억상실증(organoc amnesia)의 두 가지로 나눌 수 있다.

구분	내용
심인성 기억상실증	• 기억장애의 범위가 선택적이고, 필요에 따라 기억상실이 일어나기에 기억상실이 급격히 나타났다가 회복도 순간적으로 이루어짐 • 기억하는 것이 괴롭거나 불안을 야기하기에 고통으로부터 도피하기 위해 기억상실이 이루어지는 것 • 히스테리성 해리(dissociation)나 둔주(fugue)에서 전형적 • **정신역동의학적 입장**: 무의식 내에 잠재된 억압된 갈등과 관계가 깊고, 강한 부정적 정서와 깊은 관계를 맺고 기억상실이 일어남
기질성 기억상실증	• 기억상실의 범위가 광범위하고 어떤 시기의 경험 전체를 잊어버리는 경우가 많음 • 기억하고 있는 시기와 기억하지 못하는 시기의 경계가 불투명하고 내용의 경계도 불분명함 • **역행성 기억상실증(retrograde amnesia)**: 뇌손상을 입었을 경우 그 시기 이전의 일을 기억하지 못함 • **전진성 기억상실증(anterograde amnesia)**: 뇌손상 이후의 일을 기억하지 못하고 그 이전의 일은 기억함

⑦ 기억착오(paramnesia): 과거에 없었던 일을 있었던 것으로 기억하거나 사실과 다르게 기억하는 것을 말한다. 이런 기억착오는 결손된 기억을 메우기 위한 방편으로 일어나며 작화증(confabulation)을 수반하는 경우가 많다. 즉, 구멍 난 기억을 메우기 위해 그럴듯하게 꾸미게 되고 무의식적으로 일어나기에 거짓말과는 다르다.

⑧ 회상성 조작(retrospective falsification): 과거의 기억을 적당히 자신에게 유리하게 조작하여 기억하고 사실로 믿는 상태로 거짓말과 구별이 필요하다.

⑨ 기억착오 현상

　　㉠ 기시현상(deja vu): 과거에 경험하지 않은 일이나 사물을 전에 경험하여 본 것처럼 느끼는 현상이다

　　㉡ 미시현상(jamais vu): 전에 많이 경험하거나 본 적이 있는 일을 처음 대하듯 생소하게 느끼는 현상이다.

5. 행동장애

(1) 행동

① 행동: 인간의 정신활동 결과로 나타나는 행태로, 미세한 감정부터 적극적인 운동까지 표현할 수 있는 모든 행위를 포함한다.

② 환자들의 정신병리는 일차적으로 나타나는 행동 때문에 두드러지며 중증의 정신병리를 가지고 있더라도 남의 눈에 띄는 행동으로 나타나지 않으면 쉽게 알 수 없다.

(2) 행동장애

① 과잉행동(overactivity or increased activities): 필요 이상으로 지나치게 활동이 많은 경우이다. 끊임없는 내적 요구로 잠시도 쉬지 않고 활동하는 경우부터 일상적으로 불필요한 활동을 보통보다 조금 지나치게 하는 경우에 이르기까지 정도가 다양하다.

ㄱ 정신운동성 항진(increased psychomotor activity) 또는 흥분(psychomotor excitement): 내적 욕구의 증가에 따라 지나치게 활동하는 경우로, 환자의 행동 목표가 수시로 바뀌고 한 가지 일을 마치기 전에 다른 일을 시작하는 등의 산만한 행동을 보인다.

ㄴ 사고내용: 과대망상이나 사고의 비약이 나타나며 감정은 고조되어 있는데, 양극성장애 환자에게서 흔히 볼 수 있는 증상이다.

② 저하된 행동(decreased activities): 욕동(conation)이나 욕구가 저하된 상태에서 행동이 저하되는 것이다.

ㄱ 정신운동성 감퇴(decreased psychomotor activity) 또는 정신운동성 지체(psychomotor retardation): 동작이 느리고 일의 시작을 힘들어하는 정도부터 혼미 같은 거의 운동이 없는 상태까지 정도가 다양하다.

ㄴ 사고의 흐름도 느리고 말도 느린 것이 보통이다. 심한 우울증에서 허무감이나 죄책망상과 결부된 경우가 흔하고 정신분열증의 기괴한 망상 때문에 행동이 느려지기도 한다.

③ 반복적 행동(repetitious activities): 조현병이나 강박장애 환자에게서 반복적 행동이 흔히 나타난다.

ㄱ 상동증(stereotype): 이유가 없는데도 같은 행동을 계속 반복하는 것이다. 겉으로는 의미가 없는 것 같으나 자신의 무의식 속 갈등이나 긴장을 해소하기 위한 방편으로 이런 행동을 하는 경우가 많다.

ㄴ 음송증(verbigeration): 단어나 짧은 문장을 이유 없이 반복하는 경우로, 긴장형 조현병 환자에게서 흔히 나타난다.

ㄷ 보속증(perseveration): 자신의 다른 행동이나 말을 하려고 노력함에도 뇌기능 저하로 새로운 동작이나 말로 넘어가지 못하고 반복적으로 같은 행동이나 사고를 하는 경우를 말한다.

ㄹ 경직성(catalepsy): 행동 자체가 멎어서 부동자세를 취하는 경우다.

ㅁ 납굴증(waxy flexibility): 밀초로 만든 인형같이 팔다리를 이상한 형태로 구부려 움직이지 않고 있는 상태로, 긴장형 조현병 환자의 긴장성 혼미 상태에서 특징적으로 나타나는 증상이다.

④ 자동증(automatism)

ㄱ 자동적 복종(automatic obedience): 자신의 의지는 하나도 없다는 듯 남의 요구대로 자동적으로 움직이는 행동을 하는 것이다.

ㄴ 반향어(echolalia): 자동증이면서 남의 말을 그대로 따라 말하는 것이다.

ㄷ 반향동작(echopraxia): 자동증이면서 남의 동작을 그대로 따라하는 것이다.

⑤ 거부증(negativism): 자동증과 반대로 상대방의 요구를 묵살하거나 반대방향으로 행동하는 경우를 말한다.

- ⊙ 질문에 대꾸도 하지 않는 함구증, 밥 먹으라는 소리에 배가 고파도 굶은 거식증 등이 해당된다.
- ⓛ 강렬한 저항이나 반항의 수단으로, 자신에게 불이익이 돌아오는데도 불구하고 기대되는 행동과 반대로 고집을 부리는 것도 포함된다.
- ⓒ 자동증이 내재된 적개심이나 불만이 겉으로 드러나는 것이 두려워 자신의 의지를 감추고 상대방에게 복종하는 것이라면, 거부증은 적개심이나 불만을 적극적 행동으로 자신의 불만을 충족하는 것이라고 할 수 있다.
- ⑥ **강박증적 행동(compulsive acts)**: 자신의 행동이 무의미하고 불필요하다는 것을 알면서도 그런 행동을 반복하지 않고는 견디지 못하는 병적 상태의 행동이다. 이는 강박적 사고와 결부되어 나타나고 청결행동, 확인행동 등의 경우가 이에 해당된다.
- ⑦ **충동적 행동(impulsive acts)**: 정리된 욕구나 계획에 의하지 않고, 순간적 감정의 지배에 따라 예기치 않은 행동을 폭발적으로 일으키는 현상이다.

6. 정동장애

(1) 감정
- ① 감정은 주관적 작용이며 본능과 불가분의 관계에 있다.
- ② 감정은 상황이나 대상에 대한 행동을 촉진하거나 억제한다.

(2) 정동장애
- ① **감정의 부적절성(inappropriate affect)**: 개인의 사고내용과 감정이 맞지 않는 상태다.
  예 슬픈 내용의 말을 하면서 얼굴 표정은 웃거나, 즐겁지 않은 상황에서 히죽거리며 즐거워하는 경우
- ② **도취감(euphoria)**: 병적으로 즐거운 기분을 경험하는 것으로 진행성 마비, 노인성 치매, 뇌 외상 등 기질적 질환에서 볼 수 있다.
- ③ **의기양양(elation)**: 가벼운 행복감에서 오는 정서 상태를 말하는데, 이러한 감정도 환자의 상황과 어울리지 않으면 병적인 것이다.
- ④ 위풍과 존대의 요소가 있으면 고양(exaltation), 종교적인 신비의 요소가 있고 무아지경, 우주, 신과의 일체감 및 융합감을 체험하는 것은 황홀(ecstasy)이라고 한다. 이것은 양극성장애, 조현병, 간질, 마약 사용, 해리(dissi-ciation) 등의 정신질환에서 볼 수 있다.
- ⑤ **우울감(depression)**: 슬픈 감정이 심하고 오래 지속되는 병적인 상태이다. 불면증, 식욕부진, 위장장애, 체중감소 등의 신체증상을 동반하거나 신체증상만을 호소하는 경우도 있다. 흔히 우울은 양극성장애의 우울 상태, 불안장애, 주요 우울장애 등에서 나타난다.
- ⑥ **불안(anxiety)**: 임박한 위험에 대한 두려움으로, 병적인 불안은 이유 없이 일어나고 정도가 강하고 길게 지속되는 경우다.
- ⑦ **초조(agitation)**: 불안이 심하여 근육계통까지 미쳐서 안절부절못하는 상태다.
- ⑧ **양가감정(ambivalence)**: 슬픔과 기쁨 등 상반되는 감정이 동시에 존재하는 것이다.
- ⑨ **과민성(irritability)**: 병적 불쾌감의 흥분성이 항진하여 쉽게 외부로 발산되는 상태이다.
  예 별 것 아닌 일에 쉽게 흥분하고 화를 내는 경우
- ⑩ **가변성(불안정) 정동(labile affect)**: 기분 지속성의 장애로, 화를 내다가 곧 기분이 좋아지는 식으로 외부 영향을 지나치게 받는 정서 상태다.
- ⑪ **황폐화(deterioration)**: 정상적 감정반응이 없고 메마르고 무감각해진 정서 상태다.

제 2 절   불안장애

불안장애 개관

하위 유형	주요 진단 특징
분리불안장애	중요한 애착대상과 떨어지는 것에 대한 과도한 불안과 공포가 6개월 이상 나타나는 경우
선택적 함구증	언어발달이 정상적으로 이루어졌음에도 특정한 상황에서는 말을 하지 않은 행동이 1개월 이상 나타남
특정 공포증	특정한 대상이나 상황에 대한 공포와 회피행동이 6개월 이상 지속되는 경우
사회불안장애	다른 사람들로부터 평가받는 사회적 상황에 대한 과도한 불안과 공포가 6개월 이상 지속되는 경우
공황장애	공황발작(급작스럽게 엄습하는 죽을 것 같은 강렬한 불안과 공포)을 반복으로 경험하는 경우
광장공포증	특정한 장소에 대한 공포와 불안 및 회피행동이 6개월 이상 지속되는 경우
범불안장애	미래에 발생할지 모를 다양한 위험에 대한 과도한 불안과 걱정이 6개월 이상, 최소 한 번에 며칠 이상 발생하는 경우

05 분리불안장애(separation anxiety disorder)

1. 임상적 특징과 진단기준

(1) 임상적 특징

① 중요한 애착대상과의 분리에 과도한 불안과 공포를 나타내는 정서적 장애를 말한다. ➡ 이별에 대한 공포

② 애착대상과의 분리에 대해 아동의 발달 단계를 고려했을 때 부적절하고 과도한 불안감과 공포를 나타낸다면, 분리불안장애라고 할 수 있다.

③ 정상적 이별불안과 차이점: 애착대상과 떨어졌을 때 보이는 불안의 정도가 뚜렷이 심하고, 보통 아이들에게 나타나는 연령을 넘어서기까지 비정상적으로 지속되며, 이 때문에 사회적 기능상의 문제가 수반된다.

④ 아동 청소년 집단에서 약 4%의 유병률을 나타낸다고 알려져 있으며, 남자아이보다 여자아이에게 더욱 흔하게 나타난다. 또한 연령이 증가하고 청소년기에 가까워질수록 유병률이 낮아진다.

(2) DSM-5 진단기준

A. 애착대상과의 분리에 대한 공포나 불안이 발달수준에 비추어 볼 때 부적절하고 지나친 정도로 발생함. 다음 8가지 중 3가지 이상의 증상이 나타나야 함

1. 주요 애착대상이나 집을 떠나야 할 때마다 또는 그러한 상황이 예상될 때마다 심한 불안과 고통을 느낌
2. 주요 애착대상을 잃을까봐 또는 그가 질병, 부상, 재난, 죽음 같은 해로운 일을 당할까봐 지속적이고 과하게 걱정함
3. 애착대상과 분리될 수 있는 사건(예 길을 잃음, 납치당함, 사고를 당함, 병에 걸림)에 대해 지속적이고 과도하게 걱정함
4. 분리에 대한 두려움으로 밖에 나가거나 집을 떠나거나 학교, 직장, 그 외 장소에 가는 것을 지속적으로 꺼리거나 거부함
5. 혼자 있게 될까봐 또는 주요 애착대상 없이 집이나 다른 장소에 있는 것에 지속적으로 과도한 공포를 느끼거나 꺼림
6. 집을 떠나 잠을 자거나 주요 애착대상이 근처에 없이 잠을 자는 것을 지속적으로 꺼리거나 거부함

7. 분리의 주제를 포함하는 악몽을 반복적으로 꿈

8. 주된 애착대상으로부터 분리되거나 분리가 예상될 때 반복적인 신체 증상(예 두통, 복통, 메스꺼움, 구토)을 호소함

B. 공포, 불안 또는 회피반응이 아동이나 청소년의 경우 최소한 4주, 성인의 경우 6개월 이상 지속되어야 함

C. 이러한 장해가 사회적, 학업적, 직업적 또는 다른 중요한 기능 영역에서 임상적으로 심각한 고통이나 손상을 초래함

D. 이러한 장해가 다른 정신장애로 더 잘 설명되지 않아야 함. 예컨대, 자폐 스펙트럼장애(예 변화에 대한 과도한 저항 때문에 집 떠나는 것을 거부하는 것), 정신증적 장애(예 이별과 관련된 망상이나 환각), 광장공포증(예 신뢰하는 동반자 없이 밖에 나가는 것을 거부하는 것), 범불안장애(예 중요한 다른 사람에게 질병이나 피해가 발생할까봐 걱정하는 것), 질병불안장애(예 질병을 가졌을까봐 걱정하는 것)로 더 잘 설명되지 않아야 함

2. 원인과 치료

(1) 원인

① 행동억제 기질을 타고난 아동에게 나타나기 쉽고, 특히 이러한 기질의 아동이 부모와 불안정한 애착관계를 맺으면 역기능적 신념과 미숙한 사회적 능력을 갖게 되어 분리불안장애를 나타낼 가능성이 높아진다.

② 부모의 부적절한 양육행동이 이 장애를 유발하는 중요한 요인으로 알려져 있으며, 분리불안장애는 지나치게 밀착된 가족, 과잉보호적인 양육태도의 부모, 의존적인 성향을 가진 아이에게 나타날 수 있다.

  ㉠ 부모와의 불안한 애착유형을 지닌 아동은 부모와 떨어져 혼자 지내는 것에 두려움을 지닐 뿐만 아니라 스스로 나약하다는 인식과 만성적인 불안을 가진다.

  ㉡ 부모의 과잉보호적인 양육행동은 아동의 독립심을 약화하고 부모에 대한 의존성은 강화하여 분리불안을 증가시킨다.

③ 인지행동적 입장의 연구자들은 분리불안장애가 애착대상에 대한 인지적 왜곡에 의해 유발될 수 있다고 본다.

  ㉠ 분리불안장애를 지닌 아동은 주요 애착대상을 갑자기 상실할지도 모른다거나, 애착대상과 떨어져서 헤어지게 될지도 모른다는 기본적인 인지적 왜곡을 보였으며, 이 인지적 왜곡이 강한 불안을 유발했다.

  ㉡ 분리불안장애를 지닌 아동은 건강한 아동에 비해 모호한 상황을 더 위험한 것으로 해석했으며, 그 위험에 대처할 수 있는 자신의 능력은 더 낮게 평가했다.

(2) 치료

① 분리불안장애는 행동치료, 인지행동치료, 놀이치료 등을 통해 호전될 수 있다.

② **행동치료**

  ㉠ 아동을 부모와 떨어진 상황에 점진적으로 노출하며 불안이 감소되도록 유도하는 다양한 기법을 사용한다.

  ㉡ 이때 아동이 부모와 떨어져 혼자 있는 행동에 대해 다양한 강화물을 제공하는 방법이 함께 적용된다. 체계적 둔감법, 감정적 심상기법, 모델링, 행동 강화법 등의 행동치료는 분리불안장애의 증상 감소에 효과적이라고 보고된다.

06 선택적 함구증(selective mutism)

1. 임상적 특징과 진단기준

(1) 임상적 특징

① 선택적 함구(무언)증은 말을 할 수 있음에도 특정 상황에서 지속적으로 말하지 않는 장애로, 주로 아동에게서 나타난다. 다른 상황에서는 말을 잘 하지만 말을 하는 것이 기대되는 사회적 상황(예 학교, 친척, 또래와의 만남)에서는 지속적으로 말을 하지 않는다.

② 가정에서 직계가족과 있을 때는 말을 하지만 조부모, 사촌 등의 친인척이나 친구 앞에서는 말하지 않는 경우가 흔하다.

③ 여러 부적응 문제를 초래하는 무언증 증상이 1개월 이상(입학 후 처음 1개월은 제외) 지속될 경우에 진단된다.

④ 선택적 함구증은 상당히 드문 장애로, 아동의 경우 시점 유병률이 0.03~1%로 보고되며, 학교 장면에서의 발병률은 0.71%로 추산된다. 보통 5세 이전에 발병하며 여아에게서 더욱 흔하다.

(2) DSM-5 진단기준

A. 다른 상황에서는 말을 할 수 있음에도 말을 해야 하는 특정 사회적 상황(예 학교)에서 일관되게 말을 하지 않음
B. 장해가 학습이나 직업상의 성취 혹은 사회적 소통을 방해함
C. 이러한 증상이 최소 1개월 이상 지속됨(입학 후 처음 1개월은 해당되지 않음)
D. 사회적 상황에서 필요한 말에 대한 지식이 부족하거나 언어가 익숙하지 않아 말을 하지 않는 것이 아님
E. 이러한 장해가 의사소통장애(예 아동기 발병 유창성장애)로 더 잘 설명되지 않고, 자폐 스펙트럼장애, 조현병 또는 다른 정신병적 장애의 경과 중에만 발생하지는 않음

2. 원인과 치료

(1) 원인

① 사회적 상황에서의 심한 불안에 의해 유발되는 것으로 여겨진다. 선택적 함구증을 지닌 사람 대부분이 사회적 공포증도 지닌다고 보고되기 때문이다. 이는 선택적 함구증이 불안장애의 하위 유형으로 분류되는 이유이기도 하다.

② 선택적 함구증을 지닌 아동은 선천적으로 불안에 민감한 기질을 지니며, 어린 시절부터 심한 수줍음을 보이는 것으로 알려져 있다. 또한 이들이 가지는 불안의 근원은 애착대상과의 분리불안이며, 어머니와 분리될 때 무언증을 나타낸다는 주장도 있다.

(2) 치료

① 행동치료를 비롯한 놀이치료, 가족치료, 약물치료가 적용된다. 행동수정은 행동치료 중에서 가장 효과적인 것으로 알려져 있다.

② 자기모델링(self-modeling): 가장 대표적인 행동치료 방법 중 하나로, 4단계에 걸쳐 시행된다.

구분	내용
1단계	아동이 말하지 않는 상황(예 학교)에서 교사가 일련의 질문을 하고 아동이 아무 응답도 하지 않는 상황을 녹화함
2단계	• 아동이 말을 하는 사람(예 부모)이 동일한 상황(예 학교)에서 아동에게 교사와 같은 질문을 함 • 이때 아동이 동일한 질문에 응답하는 모습을 녹화함
3단계	녹화 내용을 편집하여 교사가 질문하는 모습과 아동이 응답하는 모습을 나타냄
4단계	• 아동에게 이 녹화물을 반복적으로 보여줌 • 녹화물을 보는 동안 교사의 질문에 아동이 말로 대답하는 장면이 나올 때마다 긍정적인 강화물을 제공함 • 이러한 자신의 모습을 반복적으로 보면서 교사의 질문에 자연스럽게 응답하는 행동이 증가하게 됨

07 특정 공포증(specific phobia)

1. 임상적 특징과 진단기준

(1) 임상적 특징

① 특정한 대상·상황에 대한 비합리적 두려움과 회피행동을 지속적으로 나타내는 경우를 말한다.

> **더 알아보기 공포증**
>
> 공포증은 범불안장애보다 훨씬 심한 강도의 불안과 두려움을 경험한다. 다양한 상황에서 만성적인 불안을 느끼는 범불안장애와 달리 특정한 대상이나 상황에 한정된 공포와 회피행동을 나타낸다. 이러한 공포증은 공포를 느끼는 대상과 상황에 따라 특정 공포증, 광장공포증, 사회공포증(사회불안장애)으로 구분된다.

② **주요 증상**: 아래의 주요 증상이 6개월 이상 나타나 일상은 물론 직업적 또는 사회적 생활에 현저한 방해를 받는 경우 특정 공포증으로 진단된다.

㉠ 특정한 대상이나 상황(예 비행, 높은 곳, 동물, 주사 맞기, 피를 보는 것)에 대해 현저하고 지속적인 공포를 느낀다. 때로는 공포 대상이 존재할 것으로 예상되는 상황에서도 비슷한 공포반응을 나타낼 수 있다.

㉡ 공포자극에 노출되면 거의 예외 없이 즉각적인 불안반응이 일어난다.

㉢ 이러한 장애를 지닌 청소년, 성인은 자신의 공포가 과도하고 비합리적이라는 것을 알고 있다.

㉣ 특정 공포증을 지닌 사람은 대부분 공포자극을 회피하려고 한다. 그러나 때로는 심한 불안을 느끼면서도 고통 속에서 공포자극을 참아내는 경우도 있다.

③ 하위 유형

구분	내용
상황형 (situational type)	대중교통, 터널, 다리, 엘리베이터, 비행기, 폐쇄된 공간 등의 상황을 두려워하고 피함
자연환경형 (natural environment type)	천둥, 번개, 높은 장소, 물이 있는 강이나 바다 등의 자연에 공포를 느낌
혈액 – 주사 – 상처(부상)형 (blood – injection – injury type)	피를 보거나 주사를 맞거나 상처를 입는 등의 신체적 상해나 고통을 두려워함
동물형 (animal type)	뱀, 거미, 지네, 바퀴벌레 등의 동물이나 곤충을 두려워함
기타형	질식, 구토가 유발되는 대상이나 상황, 아동의 경우 큰 소리나 분장한 인물 등

④ 특정 공포증을 지닌 사람이 느끼는 공포 수준은 일반적으로 공포 자극의 근접성, 회피 가능성과 관련: 공포 대상이 가까이 오면 공포가 강해지고 멀어지면 공포가 감소하며, 피할 수 없는 상황에서는 강한 공포를 느끼지만 피할 수 있는 상황에서는 공포가 약화된다.

⑤ 일반인의 평생 유병률이 10~11.3%이며, 1년 유병률은 약 9%로 보고된다. 남성보다 여성에게 2배 정도 더 흔하며 특히 10대 청소년에게 많다. 평균적으로 10대 중반에 발생하는 경우가 많으나 하위 유형에 따라 차이가 있다.

(2) DSM-5 진단기준

A. 특정한 대상이나 상황에 대해 뚜렷한 공포나 불안이 유발됨(예 비행기 타기, 높은 곳, 동물, 주사 맞기, 피를 봄)
  ※ 주의점: 아이의 경우, 공포나 불안은 울기, 발작, 얼어붙거나 매달리는 것으로 표현될 수 있음
B. 공포대상이나 상황은 대부분의 경우 즉각적인 공포나 불안을 유발함
C. 공포대상이나 상황을 능동적으로 회피하거나 아주 극심한 공포나 불안을 지닌 채로 참아냄
D. 공포나 불안이 특정 대상이나 상황이 초래하는 실제 위험에 대한 것보다 극심하며 사회문화적 맥락에서 통상적으로 받아들여지는 것보다 심함
E. 공포, 불안, 회피반응은 전형적으로 6개월 이상 지속됨
F. 공포, 불안, 회피는 사회적, 직업적 또는 다른 중요한 기능 영역에서 임상적으로 현저한 고통이나 손상을 초래함
G. 장해가 다른 정신장애로 더 잘 설명되지 않음. 공포, 불안, 회피가 광장공포증에서 공황 유사 증상이나 무력하게 만드는 다른 증상과 관련된 상황, 강박장애에서의 강박사고와 연관된 대상이나 상황, 외상 후 스트레스장애에서의 외상 사건을 상기시키는 것, 분리불안장애에서 집이나 애착대상으로부터 분리되는 것, 사회불안장애에서 사회적 상황과 연관된 경우가 아니어야 함
※ 다음의 경우 명시할 것
  • 동물형(예 거미, 곤충, 개)
  • 자연환경형(예 높은 곳, 폭풍, 물)
  • 혈액 – 주사 – 부상형(예 바늘, 침투적인 의학적 시술)
  • 상황형(예 비행기, 엘리베이터, 밀폐된 장소)
  • 기타형(예 질식이나 구토가 유발될 수 있는 상황, 아동의 경우 큰 소리나 분장한 인물)

2. 원인과 치료

(1) 행동치료

① **왓슨(Watson)과 레이노(Raynor)**: 어린 앨버트 실험(1920) 사례를 통해 공포반응이 고전적 조건형성에 의해 습득될 수 있음을 보여주었다. 다양한 중성적 조건자극이 공포를 유발하는 무조건자극과 반복적으로 짝지어 제시되면 공포반응을 유발할 수 있다.

② **셀리그만(Seligman, 1971)**: 공포학습에 '준비성(preparedness)'의 개념을 도입했다. 인간은 오랜 진화과정을 통해 생존을 위협하는 특정한 자극에 대한 공포반응을 더 쉽게 학습하는 생물학적인 성향을 지니게 되었다는 것이다. 생존에 위협적인 자극(예 뱀, 높은 곳)은 그렇지 않은 자극(예 빵, 책상)보다 더욱 쉽게 공포반응이 학습되며, 이러한 위협적 자극에 의해 일단 형성된 공포반응은 소거도 잘 안 되는 경향이 있다.

③ 특정 공포증을 지닌 사람은 불안과 공포에 예민한 기질을 취약성으로 타고나서 쉽게 공포증을 형성한다. 일란성 쌍둥이가 이란성 쌍둥이보다 동일한 특정 공포증을 보일 일치성이 높다는 연구 결과는 유전적 요인의 영향을 시사하지만 아직 이에 대해 자세하게 밝혀진 바가 없다.

④ **조건형성뿐만 아니라 대리학습과 정보 전이에 의해서도 형성 가능**: 다른 사람이 특정한 대상을 회피하는 것을 관찰함으로써 그에 대한 두려움을 학습하는 관찰학습으로도 습득될 수 있다.

⑤ **모우러(Mower, 1950)의 2요인 가설**: 공포증의 형성 과정에는 고전적 조건형성의 학습원리가 관여하는 반면, 일단 형성된 공포증은 조작적 조건형성의 원리에 의해 유지되고 강화된다.

[그림 13-1] 공포반응이 형성되고 유지되는 학습과정

➡ 공포증을 형성하게 되면 공포자극을 회피하게 되는데, 회피행동은 두려움을 피하게 하는 부적강화 효과를 지니기 때문에 지속된다.

⑥ **공포증에 대한 바로우(Barlow) 모델**: 3가지 경로로 공포증이 형성될 수 있다.

  ㉠ **과거의 직접적 외상경험이 공포증을 형성한 경우**: 대개 질식공포증을 가진 사람은 과거에 질식 관련 경험이 있었다. 이는 실제 위험이나 고통이 경계반응을 일으킨 경우로, 이를 '참경계(true alarm)'반응이라고 한다.

  ㉡ **실제로 위험을 경험하지 않았지만 공포증을 발전시킨 경우**: 생활 스트레스를 겪던 중에 특정 상황에서 예기치 않은 공황발작을 경험하고 된 후, 특정 상황에 대한 공포증이 발생한 경우다.

  ㉢ **다른 사람이 실제 외상을 경험하거나 강한 공포를 겪는 것을 봄으로써 공포증이 일어나는 경우**: 대리적으로 공포를 학습한 것이다.

⑦ **치료방법**

  ㉠ **체계적 둔감법**: 긴장을 이완시킨 상태에서 약한 공포자극부터 점차 강한 공포자극에 노출하는 방법이다.

  ㉡ **노출치료**: 반복적인 노출을 통해 공포자극에 적응하도록 유도하는 방법으로 실제 노출법, 심상적 노출법, 점진적 노출법, 홍수법 등이 있다.

  ㉢ **참여적 모방학습법**: 다른 사람이 공포자극을 불안 없이 대하는 것을 관찰함으로써 공포증을 치료하는 방법으로, 접촉둔감법이 있다.

  ㉣ **이완훈련**: 불안과 공존할 수 없는 신체적 이완 상태를 유도하는 기술을 가르친다.

(2) 정신분석적 입장

① 무의식적 갈등에 기인한 불안이 방어기제에 의해 특정한 외부 대상에 투사되거나 대치되었을 때 나타난다.

② 무의식적 갈등이 외부 대상에 투사되어 공포증이 나타나며, 흔히 회피할 수 없는 대상에게 공포가 대치되어 회피행동을 통해 공포를 면한다.

08 사회불안장애(사회공포증, social anxiety disorder)

1. 임상적 특징과 진단기준

(1) 임상적 특징

① 다른 사람과 상호작용하는 사회적 상황을 두려워하여 회피하는 공포증의 한 유형이다.

② 사람들 간의 상호관계를 맺는 어려움 외에도 사람들 사이에서(혹은 앞에서) 어떤 특정한 일을 수행해야 할 때 심한 불편감과 불안을 경험하기도 한다.

③ **불안을 경험하는 공통적인 사회적 상황**: 다른 사람들이 지켜보고 또한 평가하는 가운데 어떤 일을 수행해야 한다는 것이다.

④ DSM-5의 진단기준을 살펴보면 다음과 같다.

　㉠ 개인이 다른 사람에 의해 관찰, 평가될 수 있는 한 가지 이상의 사회적 상황에 대해 현저한 공포나 불안을 지닌다.

　㉡ 이러한 사회적 상황에서 다른 사람들로부터 부정적인 평가를 받을 수 있는 행동을 하거나 불안 증상을 나타내게 되는 것을 두려워한다. 부적절한 행동을 통해 다른 사람들부터 모욕과 경멸을 받거나 거부를 당하거나 타인에게 피해를 주게 될 것을 두려워한다.

　㉢ 매우 흔한 심리적 문제로, 사회적 불안이나 수줍음의 문제는 대학생의 약 40%가 지닌다고 보고될 만큼 흔하게 나타난다. 평생 유병률도 3~13%로 다른 불안장애에 비해 유병률이 높다.

(2) DSM-5 진단기준

A. 타인에게 면밀하게 관찰될 수 있는 하나 이상의 사회적 상황에 노출되는 것을 극도로 두려워하거나 불안해함. 그러한 상황의 예로는 사회적 관계(예 대화를 하거나 낯선 사람을 만나는 것), 관찰되는 것(예 음식을 먹거나 마시는 자리), 다른 사람들 앞에서 어떤 일을 수행하는 것(예 연설)을 들 수 있음
　※ 주의점: 아동의 경우 불안은 성인과의 관계에서뿐만 아니라 또래 집단에서도 발생해야 함
B. 다른 사람에게 부정적으로 평가되는 방향(수치스럽거나 당황한 것으로 보이거나 다른 사람을 거부 또는 공격하는 것으로 보임)으로 행동하거나 불안 증상을 보일까봐 두려워함
C. 이러한 사회적 상황이 거의 항상 불안과 공포를 일으킴
　※ 주의점: 아동의 경우 공포와 불안은 울음, 분노발작, 얼어붙음, 매달리기, 움츠러들기, 사회적 상황에서 말을 못하는 것으로 표현될 수 있음
D. 이러한 사회적 상황을 회피하거나 극심한 공포와 불안 속에서 견딤
E. 이러한 공포나 불안은 실제 사회 상황이나 사회문화적 맥락에서 볼 때 실제 위험에 비해 비정상적으로 심함

F. 공포, 불안, 회피는 6개월 이상 지속되어야 함

G. 공포, 불안, 회피는 사회적, 직업적 또는 다른 중요한 기능 영역에서 임상적으로 현저한 고통이나 손상을 초래함

H. 공포, 불안, 회피는 물질(⑳ 남용약물, 치료약물)의 생리적 효과나 다른 의학적 상태로 인한 것이 아님

I. 공포, 불안, 회피는 다른 정신장애의 증상들(⑳ 공황장애, 신체변형장애, 자폐 스펙트럼장애)로 더 잘 설명되지 않음

J. 만약 다른 의학적 상태(⑳ 파킨슨병, 비만, 화상이나 손상에 의한 신체 훼손)가 있다면 공포, 불안, 회피는 이와 무관하거나 혹은 지나칠 정도임

※ 다음의 경우 명시할 것

수행형 단독: 만약 공포가 대중 앞에서 말하거나 수행하는 것에 국한될 때

2. 원인과 치료

(1) 정신분석적 입장

① **정신분석**: 무의식적인 갈등이 사회적 상황에 대치되어 투사된 것으로 본다. 의식적 수용이 불가능한 공격적 충동을 타인에게 투사하여 타인이 자신에게 공격적이거나 비판적일 것이라고 느끼게 되어, 타인 앞에 나서는 것이 두려워지게 된다는 것이다.

② **대상관계**: 생애 초기에 아이를 양육하는 어머니와의 관계가 사회공포증에 영향을 미친다. 이 이론에 따르면 아동은 생애 초기에 어머니와 상호작용하는 경험을 통해 자신과 중요한 타인에 대한 내면적 표상을 형성하고 이는 성장 후의 대인관계에 영향을 미친다. 어린 시절에 어머니와 불안정하거나 거부적인 관계를 경험하면 부적절한 자기상과 비판적인 타인상을 형성하여 성인이 된 후에 대인관계에서 과도한 불안을 경험하게 되는 사회공포증이 나타날 수 있는 주장이다.

(2) 인지적 입장(사회불안장애를 지닌 사람들이 공통적으로 나타내는 인지적 특성)

① 사회불안장애를 지닌 사람은 자신이 다른 사람에게 호감을 주지 못하는 사람이라는 뿌리 깊은 믿음을 가진다. 즉, 사회적 자기에 대한 부정적 개념을 지닌다.

② 다른 사람에게 자신에 관한 좋은 인상을 심어주어야 한다는 강한 동기를 지닌다. 다른 사람의 평가를 중요히 여기고 그들로부터 호감과 인정을 받기 위해 완벽한 모습을 보여주려고 하는 동시에 부정적 평가를 받는 것을 재난적인 것으로 받아들이는 경향이 있다.

③ 다른 사람들이 비판적이어서 자신이 사소한 실수만 해도 싫어하고 멀리할 것이라고 생각하는 경향이 있다.

④ 이들은 사회적 상황에서 자신이 한 행동을 부정적으로 평가하는 경향이 있다. 따라서 사회적 상황에서 반복적으로 불안과 좌절감을 경험하며, 결국 사회적 상황을 피하는 것이 최선이라는 회피적 대처방식을 선택한다.

(3) 사회공포증에 대한 바로우(Barlow) 모델

① 첫째, 어떤 사람의 경우 쉽게 불안해지는 생물학적 취약성이나 사회적으로 매우 위축되는 기질, 혹은 이 둘 모두를 가지고 있다. 그런데 사회적 요구와 그에 따른 스트레스가 심해지는 사춘기 때 생물학적으로 취약한 아동들에게 사회적 상황에 초점이 맞춰진 불안이 야기될 수 있다.

② 둘째, 스트레스를 겪고 있는 사람이 어떤 사회적 상황에서 예기치 않은 공황발작을 경험하고, 그와 비슷한 사회적 상황에서 다시 공황발작을 일으킬지 모른다는 불안을 발전시킨다.

③ 셋째, 실제 사회적 외상을 경험한 후 이 때문에 참경계반응을 일으키는 것이다.

⑳ 아동기 때 친구들에게 심한 놀림과 배척을 당한 일은 불안과 공황반응을 일으키고, 이 불안반응이 나중에 사회적 상황에서도 계속 지속될 수 있다.

(4) 클락(Clark)과 웰스(Wells)의 인지이론(1995)

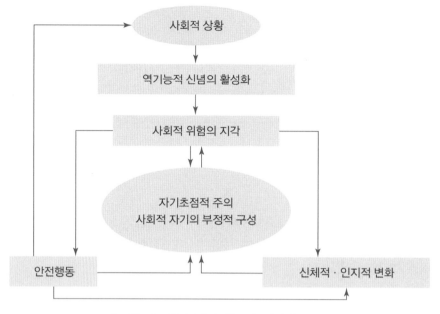

[그림 13-2] 클락과 웰스의 인지이론

① 과거 경험에 근거한 3가지 주제의 역기능적 신념과 예시
  ㉠ 사회적 수행에 대한 과도한 기준: "나는 모든 사람으로부터 인정과 칭찬을 받아야 한다."
  ㉡ 사회적 평가에 관한 조건적 신념: "내가 실수를 하면 다른 사람들이 나를 무시할 것이다."
  ㉢ 자기와 관련된 부정적 신념: "나는 매력이 없다."
② 사회적 상황에 처하면 이러한 역기능적 신념이 활성화되어 상황을 부정적으로 해석하여 사회적 위험을 지각하고, 사회적 위험을 지각하면 3가지 변화가 자동적으로 일어난다.
  ㉠ 신체적·인지적 변화: 얼굴이 붉어지거나 가슴이 두근거리고 목소리가 떨리거나 주의집중이 되지 않는다.
  ㉡ 안전행동: 불안을 줄이고 남들로부터 부정적 평가를 받지 않기 위해 하는 방어적 행동을 말한다.
    예 손 떨림을 막으려 마이크를 꽉 붙잡거나 타인의 시선을 피하거나 말이 중단되는 것을 피하려 빨리 말하는 것
  ㉢ 자기초점적 주의: 주의가 자신에게 향해지는 현상으로 불안해하는 자신을 관찰하게 된다. 이러한 자기관찰에 근거하여 다른 사람이 자신을 부정적으로 평가할 것이라는 잘못된 판단을 하게 된다. 즉, 타인의 눈에 비치게 될 사회적 자기의 모습을 부정적으로 구성한다.
    예 자신의 손이 미세하게 떨린다고 느끼면 다른 사람들도 이러한 사실을 자신처럼 알고 자신을 부정적으로 평가할 것이라고 잘못된 판단을 하는 것

(5) 치료

① 인지행동적 집단치료: 사회적 상황에서 갖게 되는 부정적 사고와 신념을 수정하는 인지적 재구성, 여러 집단 앞에서 발표하는 등 두려운 사회적 상황에서의 반복적 노출, 발표자와 청중의 역할을 번갈아 하는 역할 연습, 불안을 이완하는 긴장이완 훈련 등으로 구성된다.
  ㉠ 역설적인 방법: 긴장이나 불안을 다른 사람들에게 노출시키지 않는 대신, 숨겨 왔던 자신의 증상을 자신이 지각하는 것 이상으로 남에게 내보이는 방법이다.

ⓛ 인지적 오류와 역기능적 신념 발견: 긴장을 심하게 느끼는 상황에서 스스로에게 어떤 말을 되풀이하고 있는
지 찾아내고, 이런 사고의 근거를 찾아봄으로써 자신에 대한 인지적 오류 및 역기능적 신념을 발견한다.

ⓒ 역할 연기와 시연: 예상되는 상황을 미리 경험해 보고, 이에 대비해서 연습해 보는 방법이다.

ⓔ 지나친 자기관찰과 자기초점적 주의로 생긴 긴장에서 자유로워지기 위해서 행동보다는 전하고자 하는 의미나
방향에 초점을 맞춘다.

② 약물치료: 베타 억제제, 삼환계 우울제, MAO 억제제, 세로토닌 재흡수 억제제 등의 약물을 사용한다.

09 공황장애(panic disorder)

1. 임상적 특징과 진단기준

(1) 임상적 특징 [기출 21]

① 갑자기 엄습하는 강렬한 불안인 공황발작을 반복적으로 경험하는 장애를 말한다.

② 공황발작(panic attack): 예상하지 못한 상황에서 갑자기 밀려드는 극심한 공포로, '곧 죽지 않을까' 하는 강렬
한 불안이다. 이는 극심한 공포와 고통이 갑작스럽게 발생하여 수분 내에 최고조에 이르며, 4가지 이상의 증상
이 나타난다.

③ 예기불안: 공황발작이 다시 일어나는 것에 대한 걱정과 더불어 공황발작의 결과에 대한 근심(⑩ 심장마비가 오지
않을까, 미치지 않을까)을 나타내며, 부적응적인 행동 변화(⑩ 심장마비가 두려워 일체의 운동을 중지하거나 직장을
그만두거나 응급실이 있는 대형병원 옆으로 이사 가는 것)를 수반한다.

④ 공황장애 진단

ⓐ 예기치 않은 공황발작을 경험해야 한다.

ⓑ 동시에 이후 한 달 이상의 기간 동안 발작이 앞으로 다시 일어날지 모른다는 것에 대해 강한 불안감, 발작이
죽음이나 기능상실을 예고하는 신호라는 생각이 나타나야 한다.

ⓒ 발작이 유발될 수 있는 특정 장소나 상황을 피하는 행동방식의 변화를 통해 불안을 나타낸다.

⑤ 평생 유병률은 1.5~3.5% 정도이며, 공황장애 환자의 반은 광장공포증을 동반하고, 여자가 남자보다 2~3배
정도 더 높다.

(2) DSM-5 진단기준

A. 반복적으로 예상하지 못한 공황발작이 있음. 공황발작은 극심한 공포와 고통이 갑작스럽게 발생하여 수분 내에 최고조에
이르러야 하며, 그 시간 동안 다음 중 4가지 이상의 증상이 나타남

※ 주의점: 갑작스러운 증상의 발생은 차분한 상태나 불안한 상태 모두에서 나타날 수 있음

1. 심계항진, 가슴 두근거림 또는 심박수 증가
2. 발한(진땀을 흘림)
3. 몸이 떨리거나 후들거림
4. 숨이 가쁘거나 답답한 느낌
5. 질식할 것 같은 느낌
6. 흉통 또는 가슴 불편감
7. 메스꺼움 또는 복부 불편감

8. 어지럽거나 불안정하거나 멍한 느낌이 들거나 쓰러질 것 같음

9. 춥거나 화끈거리는 느낌

10. 감각 이상(감각이 둔해지거나 따끔거리는 느낌)

11. 비현실감(현실이 아닌 것 같은 느낌) 혹은 이인증(내가 나에게서 분리된 느낌)

12. 스스로 통제할 수 없거나 미칠 것 같은 두려움

13. 죽을 것 같은 공포

※ 주의점: 문화 특이적인 증상(예 이명, 목의 따끔거림, 두통, 통제할 수 없는 소리 지름이나 울음)을 보일 수도 있음. 이 증상들은 위의 진단에 필요한 4가지 증상에는 포함되지 않음

B. 적어도 1회 이상의 발작 이후에 1개월 이상 다음 중 한 가지 이상의 조건을 만족해야 함

  1. 추가적인 공황발작이나 그에 대한 결과(예 통제를 잃음, 심장발작을 일으킴, 미치는 것)를 지속적으로 걱정함

  2. 발작과 관련된 행동으로 현저하게 부적응적인 변화가 일어남

     예 공황발작을 회피하기 위한 행동으로 운동이나 익숙하지 않은 환경을 피하는 것 등

C. 장해는 물질(예 약물남용, 치료약물)의 생리적 효과나 다른 의학적 상태(예 갑상선 기능 항진증, 심폐질환)로 인한 것이 아님

D. 장해가 다른 정신질환으로 더 잘 설명되지 않음. 예컨대, 사회불안장애(예 두려운 사회적 상황에 노출되었을 때의 반응), 특정 공포증(예 특정한 공포대상이나 상황에 노출되었을 때의 반응), 강박장애(예 강박에 대한 반응), 외상 후 스트레스장애(예 외상적 사건의 회상에 대한 반응), 분리불안장애(예 애착대상과의 이별에 대한 반응)로 공황발작이 일어나지 않아야 함

2. 원인과 치료

(1) 생물학적 결함이나 취약성

① 과잉호흡이론: 공황장애 환자는 호흡기능과 관련된 자율신경계의 생물학적 결함으로 인해 혈액 속 이산화탄소(CO_2) 수준을 낮게 유지해야 하며, 그 결과 깊은 호흡을 빠르게 하는 경향이 있는데 이 과잉호흡이 공황발작의 유발에 영향을 미친다.

② 클라인(Klein)의 질식 오경보이론: 공황장애 환자는 혈액 속 이산화탄소(CO_2) 수준에 과도하게 예민한 생화학적 취약성을 지니고 있으며 락테이트, 요힘빈, 카페인, 이산화탄소 흡입, 과잉호흡 등의 생화학적 변화가 공황장애를 일으킬 수 있다. 뇌중추의 질식 감찰기가 CO_2 수준에 오해석을 내려서 잘못된 질식 경보를 전달함으로써 환자는 순간적으로 호흡곤란을 느끼고 과잉호흡과 공황발작이 일어난다.

(2) 정신분석적 입장(3가지 견해)

① 공황발작은 불안을 야기하는 충동에 대한 방어기제가 성공하지 못했기 때문에 나타난다는 견해이다. 이에 따라 억압되어 있던 두려운 충동이 마구 방출될 것에 대한 극심한 불안을 경험한다는 것이다.

② 공황발작의 증상을 어린아이가 어머니와 이별할 때 나타내는 분리불안(separation anxiety)과 관련된 것으로 해석하는 견해이다. 광장공포증과 함께 나타나는 공황장애는 사람이 많은 넓은 장소에 혼자 있는 상황이 부모로부터 버림받았다는 유아기의 분리불안을 재현하는 것이라는 설명이다.

③ 공황발작이 무의식적인 상실 경험과 관련된다고 본 견해이다.

(3) 인지적 입장 – 클락(Clark)의 인지적 모델(1986) [기출 21]

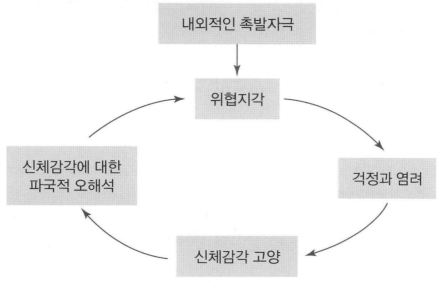

[그림 13-3] 클락의 인지적 모델

① 공황발작이 신체감각을 위험한 것으로 잘못 해석하는 파국적 오해석(catastrophic misinterpretation)에 의해 유발된다고 보았다.
② 공황장애 환자들은 평소보다 더 강하거나 불규칙한 심장박동이나 흉부통증을 심장마비의 전조로, 호흡곤란은 질식에 의한 죽음으로, 현기증과 몸떨림은 자신이 미쳐버리거나 통제불능 상태에 빠지는 것으로 해석하는 등 파국적인 해석을 하는 경향이 있다.
③ 내외적 자극이 위협적인 것으로 지각되면 경미한 걱정과 염려를 하게 되고, 이러한 상태는 다양한 신체감각을 유발한다. 이때 공황장애 환자는 이 신체감각을 파국적으로 해석하고, 잘못된 해석으로 인해 염려와 불안이 강화되어 신체감각이 더욱 증폭된다. 또한 이를 더 파국적으로 해석하는 악순환으로 치닫아 결국 극심한 공황발작을 일으킨다.

(4) 치료

① **약물치료**: 벤조디아제핀계 약물, 삼환계 항우울제, 세로토닌 재흡수 억제제 등을 사용한다.
② **인지행동치료**: 불안을 조절하는 복식호흡 훈련과 긴장이완 훈련, 신체적 감각의 파국적 오해석에 대한 인지적 수정, 광장공포증과 관련된 공황상황에의 점진적 노출 등의 요인으로 구성된다.
③ **공황통제치료(PCT, Barolw&Craske)**: 환자에게 과잉호흡을 하거나 회전의자를 빨리 돌려 어지러움을 유발하는 등 여러 가지 방법으로 '작은 공황발작'을 경험하게 함으로써 고양된 신체감각에 노출시켜 익숙해지도록 하고, 다양한 불안통제기술을 적용시켜 파국적 오해석을 방지하는 훈련을 한다.

1. 임상적 특징과 진단기준

(1) 임상적 특징

① 특정한 장소나 상황에 대한 공포를 나타내고, 그러한 장소나 상황을 회피하려는 행동이 6개월 이상 지속적으로 나타나는 경우로, 공황발작과 함께 나타나는 경우가 많다.

② **광장공포증과 특정 공포증 상황형:** 광장공포증은 공황장애와 특정 공포증 상황형의 특성을 공유할 뿐만 아니라, 광장공포증 환자는 두려워하는 장소에서 흔히 공황발작을 경험한다.

 ㉠ 광장공포증을 지닌 사람은 특정한 상황에서 공황증상이 나타날 것을 두려워하는 반면, 특정 공포증을 지닌 사람은 특정 상황 자체에 의한 손상(예 비행공포증의 경우 비행기의 추락 사고에 대한 공포, 고소공포증의 경우 높은 것에서 떨어져 죽을 것에 대한 공포)를 두려워한다.

 ㉡ 광장공포증은 5가지 상황 중 적어도 2개 이상에서 공포를 느껴야 하지만, 특정 공포증의 상황형은 1가지의 상황에만 공포가 제한된다.

③ 평생 유병률은 0.6~6%까지 다양하게 보고된다. 아동기에도 나타날 수 있지만 청소년기 후기나 성인기 초기의 발병률이 높다. 또한 남성보다 여성에게 2~4배 정도 더 흔하게 나타난다.

(2) DSM-5 진단기준

A. 다음 5가지 상황 중 2개 이상의 경우에서 극심한 공포나 불안을 느낌
 1. 대중교통수단을 이용하는 것(예 자동차, 버스, 기차, 배, 비행기)
 2. 열린 공간에 있는 것(예 주차장, 시장, 다리)
 3. 밀폐된 공간에 있는 것(예 쇼핑몰, 극장, 영화관)
 4. 줄을 서 있거나 군중 속에 있는 것
 5. 집 밖에 혼자 있는 것
B. 공황 유사 증상이나 무력하거나 당혹스럽게 만드는 다른 증상(예 노인의 낙상에 대한 공포, 실금에 대한 공포)이 발생했을 때 도움을 받기 어렵거나 그 상황에서 벗어나기 어려울 것이라는 생각 때문에 그런 상황을 두려워하고 피함
C. 광장공포증 상황은 거의 대부분이 공포와 불안을 야기함
D. 광장공포증 상황을 능동적으로 회피하거나, 동반자를 필요로 하거나, 극도의 공포와 불안 속에서 견딤
E. 광장공포증 상황과 그것의 사회문화적 맥락을 고려할 때 실제로 주어지는 위험에 비해 공포와 불안의 정도가 극심함
F. 공포, 불안, 회피반응은 전형적으로 6개월 이상 지속됨
G. 공포, 불안, 회피가 사회적, 직업적, 또는 다른 중요한 기능 영역에서 임상적으로 현저한 고통이나 손상을 초래함
H. 만약 다른 의학적 상태(예 염증성 장 질환, 파킨슨병)가 동반된다면, 공포, 불안, 회피반응이 명백히 지나쳐야 함
I. 공포, 불안, 회피가 다른 정신질환으로 더 잘 설명되지 않음. 예를 들어, 증상이 특정 공포증(예 상황형), 사회불안장애(예 사회적 상황), 강박장애(예 강박사고), 신체변형장애(예 지각된 외모 결점이나 결함), 외상 후 스트레스장애(예 외상적 사건의 회상), 분리불안장애(예 이별에 대한 공포)로 더 잘 설명되지 않아야 함
※ 주의점: 광장공포증은 공황장애 유무와 관계없이 진단됨. 만약 공황장애와 광장공포증의 진단기준을 모두 만족한다면 2가지 진단이 모두 내려져야 함

2. 원인과 치료

(1) 정신분석적 입장

① **어린 아이가 어머니와 이별할 때 나타나는 분리불안과 관련된 것으로 해석**: 사람이 많은 넓은 장소에 혼자 있는 상황은 부모로부터 버림받는 상황을 의미하는 것으로서 어린 시절의 분리불안을 재현한다는 것이다.

② **애정 결핍과 관련**: 부모라는 안전기지(secure base)로부터의 일시적인 분리를 참아내는 능력이 부족한 사람이 광장공포증에 걸리기 쉽다는 것이다.

(2) 인지행동적 입장

① **골드스타인(Goldstein)과 챔블리스(Chambless)**: 공포에 대한 공포이론으로 개념화했다.

② **공포에 대한 공포가설**: 공포와 관련된 신체감각에 대한 두려움과 공포의 결과에 대한 부적응적인 사고로 구성되어 있다. 즉, 공포감을 느낄 때 신체감각을 두려워할 뿐 아니라, 두려워하는 자신을 보고 다른 사람들이 자신을 경멸하게 될 것을 두려워한다.

(3) 통합 모델(Barlow, 2002)

① 광장공포증을 나타내는 사람은 생물학적 취약성과 심리학적 취약성을 모두 지니고 있어 쉽게 불안을 경험하는 경향이 있다.

② 스트레스 사건을 통해 과장된 생리적인 공포반응을 경험하게 되면서, 설명할 수 없는 모호한 신체감각을 위험한 것으로 해석하고 신체 내적인 단서를 두려워하게 된다. 이러한 두려움은 미래에 다양한 상황에서 원치 않는 신체감각이 발생할 것을 예상하게 만들고, 그 결과로 여러 상황을 회피하게 된다.

③ 이러한 상황의 회피로 인해 원치 않는 신체감각에 대한 두려움이 지속되고 이 감각이 정말 해로운 것이라는 믿음이 강화된다. 이러한 악순환으로 인해 광장공포증 환자가 특정한 상황을 두려워하고 회피하는 결과가 초래된다.

(4) 치료

① **인지행동치료**: 교육을 통해 환자에게 광장공포증의 심리적 원인을 설명해주고, 그들이 불안에 대처할 수 있도록 '긴장이완법', '복식호흡법'을 훈련하는 동시에 불안을 느끼는 상황에 점진적으로 노출시킨다. 이러한 노출 경험에 근거하여 광장공포증을 유발하는 인지적 요인, 즉 신체감각에 대한 파국적 해석과 잘못된 귀인을 수정하고 대체행동과 대안적 사고를 제시한다.

② **실제적 노출치료(in vivo exposure)**: 두려워하는 공포 유발상황의 위계를 작성한 후 점진적인 노출을 통해 증상을 완화한다.

③ **약물치료**: 항우울제를 사용하는 약물치료로 호전될 수 있으나 약물치료는 효과가 빨리 나타나는 대신 약물을 중단하는 경우에 재발률이 높다.

11 범불안장애(generalized anxiety disorder)

1. 임상적 특징과 진단기준

(1) 임상적 특징

① 다양한 상황에서 만성적 불안과 과도한 걱정을 나타내는 경우를 말한다. 일상생활에서 겪는 여러 사건이나 활동에 대해 지나치게 걱정을 함으로써 지속적인 불안과 긴장을 경험하고, 이 상태가 오랫동안 지속되어 몹시 고통스럽고 현실적인 적응에도 어려움을 겪는 상태를 범(汎)불안장애, '일반화된 불안장애'라고 한다.

② 부동불안(free-floating anxiety): 불안이 생활 전반에 관한 다양한 주제로 이리저리 옮겨다닌다는 점 때문에 '부동불안'이라고 한다.

③ 정상불안과 차이점: 걱정과 불안이 지나치며, 스스로 통제할 수 없고, 이로 인해 일상생활에 기능저하가 나타난다는 특징이 있다.

④ 평생 유병률은 약 5%, 1년 유병률은 약 3%이며 여성이 전체의 60%를 차지한다고 보고된다.

(2) DSM-5 진단기준

A. (직장이나 학업과 같은) 수많은 일상 활동에 있어 지나치게 불안해하거나 걱정(우려하는 예측)을 하고, 그 기간이 최소한 6개월 이상으로 그럴지 않은 날보다 그런 날이 더 많아야 함

B. 이러한 걱정을 조절하기 어렵다고 느낌

C. 불안과 걱정은 다음 6가지 증상 중 3가지 이상의 증상과 관련이 있음(지난 6개월 동안 적어도 몇 가지 증상이 있는 날이 없는 날보다 더 많음)
※ 주의점: 아동의 경우 1가지 증상만 만족해도 됨
 1. 안절부절못하거나 낭떠러지 끝에 서 있는 느낌
 2. 쉽게 피로해짐
 3. 집중하기 힘들거나 머릿속이 하얗게 됨
 4. 과민성
 5. 근육의 긴장
 6. 수면 장해(예 잠들기 어렵거나 유지가 어렵거나 밤새 뒤척이면서 불만족스러운 수면 상태)

D. 불안, 걱정 혹은 신체증상이 사회적, 직업적 또는 다른 중요한 기능 영역에서 임상적으로 현저한 고통이나 손상을 초래함

E. 장해가 물질(예 남용물질, 치료약물)의 생리적 효과나 다른 의학적 상태(예 갑상선 기능 항진증)로 인한 것이 아님

F. 장해가 다른 정신질환으로 더 잘 설명되지 않음
 예 다음과 같은 것에 대한 불안이 아니어야 함. 공황장애에서 공황발작이 일어나는 것, 사회불안장애에서 부정적 평가, 강박장애에서 오염 또는 다른 강박사고, 분리불안장애에서 애착대상과의 이별, 외상 후 스트레스장애에서 외상사건 회상 촉발자극, 신경성 식욕부진증에서 체중 증가, 신체증상장애에서 신체적 호소, 신체변형장애에서 지각되는 외모 결함, 질병불안장애에서 심각한 질병 또는 정신분열증, 임상장애에서 망상적 신념의 내용에 대한 불안이나 걱정이 아니어야 함

2. 원인과 치료

(1) 정신분석적 입장

① 성격구조 간의 역동적 불균형에 의해 경험되는 부동불안은 범불안장애의 핵심 증상이다.

② 부동불안은 무의식적으로 억압된 원초아의 충동이 강해져 자아가 이를 통제하기 어려운 상태일 때 흔히 나타나는 심리적 현상이다. 과거에 처벌받은 적 있었던 충동들이 자아의 통제를 넘어 계속적으로 표출되고자 하기 때문에 불안을 경험하는데, 이러한 불안을 감소하고자 특정한 방어기제를 사용하면 다른 형태의 장애로 발전할 수 있다.

③ 이러한 점에서 범불안장애는 무의식적 갈등이 방어기제에 의해 변형되지 않은 비교적 순수한 형태의 불안을 반영하는 것으로 본다.

(2) 행동주의적 입장

① 주변의 환경자극에 대한 고전적 조건형성을 통해 불안반응이 잘못 학습된 것이다.

② 불안장애가 다양한 형태로 나타나는 이유는 불안반응을 유발하는 조건자극의 종류 또는 범위가 다 다르고 불안반응의 양상도 다르기 때문이다.

③ 공포증이 한두 가지의 특수한 대상이나 상황에서만 강한 공포반응이 조건형성되는 경우인 반면, 범불안장애는 일상생활의 여러 사소한 자극에 대하여 경미한 불안반응이 조건형성되거나 다양한 자극으로 일반화되어 여러 상황에 만연된 불안증상을 나타낸다.

(3) 인지적 입장(4가지 인지적 특성)

① 주변의 생활환경 속에 존재하는 잠재적인 위험에 예민하다.

② 잠재적인 위험이 실제로 위험한 사건으로 발생할 확률을 과도하게 평가한다.

③ 위험한 사건이 실제로 발생할 경우에 나타날 수 있는 부정적인 결과를 지나치게 치명적인 것으로 평가한다.

④ 위험한 사건이 발생할 경우 자신이 대처할 수 있는 능력을 과소평가한다. 위험한 사건이 발생하면 자신은 그 상황에서 아무것도 할 수 없다고 생각하므로 미래의 위험에 걱정을 많이 하게 된다.

➡ 이러한 인지적 특성을 나타내는 이유는 위험에 관한 인지도식이 발달되어 있기 때문이다. 위험과 위협에 대한 인지도식이 발달되어 일상생활 속에서 위험에 관한 자극에 주의를 많이 기울이고 그 의미를 위협적인 것으로 해석한다. 또한 불확실에 대한 인내가 부족하여 "만일 …하면 어떡하지?"의 내면적 질문을 계속 던지는 경향이 있다. 이러한 질문과 대답을 반복하는 연쇄적인 사고과정 속에서 점점 더 부정적인 결과를 예상하게 되는데, 이를 '파국화(catastrophizing)'라고 한다.

(4) 치료

① **벤조디아제핀 계열 약물:** 자극에 대한 과민성을 낮추고 사고와 행동을 감소시키는 진정 효과를 나타낸다.

② **인지행동치료**

ㄱ 걱정과 관련된 인지적 요인들을 이해시킨 후 걱정이라는 내면적 사고과정을 지각하여 관찰하게 격려한다.

ㄴ **걱정사고기록지 기록:** 걱정의 비현실성과 비효율성을 인식하게 한다.

ㄷ 걱정의 사고내용에 반대되는 대응적 생각을 되뇌도록 한다.

ㄹ 걱정하는 시간을 따로 정해놓고 다른 시간에는 일상적인 일에 집중하게 한다.

ㅁ 걱정을 유발하는 사고나 심상에 반복적으로 노출시켜 걱정에 대한 인내력을 증가시킴으로써 걱정의 확신을 방지한다.

ㅂ 고통을 유발하는 사고나 감정을 피하는 대신 수용하게 하고 복식호흡, 긴장이완, 심상법, 명상 등을 함께 사용하기도 한다.

더 알아보기　걱정사고 기록지

걱정과 관련된 내면적 사고과정을 관찰하고 이해하도록 도와주기 위해 사용하는 기법으로, 걱정사고 기록지 작성을 통해 자신이 언제 어떤 내용의 걱정을 얼마나 오랫동안 하는지 관찰한다. 이를 바탕으로 걱정이 과연 현실적이고 효율적인지 논의한다.

---

③ **이완훈련:** 신체를 이완시키면 심리적 불안 반응도 줄어들 것이라는 가정에서 시도된 것으로, 명상처럼 사람의 몸을 이완시키는 것으로 알려진 기법들도 효과적이다.

④ **마음챙김 인지치료나 수용전념 치료:** 내담자가 걱정을 포함한 생각이 일어나면 생각을 없애려 하기보다는 생각의 흐름을 마치 파도타기 하듯이 단순한 마음의 사건으로 인정하고 수용하도록 돕는다.

ㄱ 생각은 사실이 아니며 하나의 정신적 사건일 뿐이라는 것을 알아차리게 하는 것이 치료의 핵심요소다.

ㄴ 생각을 통제하려고 하고 걱정하는 마음을 없애려고 하기보다는 생각이 마치 파도의 들고남처럼 왔다갔다하는 마음의 사건이라고 받아들인다.

제3절 우울장애, 양극성 및 관련 장애

우울장애

하위 유형	주요 진단 특징
주요 우울장애	• 우울한 기분 또는 흥미나 즐거움의 저하 • 이 상태가 거의 매일 연속적으로 2주 이상 나타나야 함
지속성 우울장애	우울한 기분이 최소 2년 이상(아동과 청소년의 경우 1년) 장기적으로 나타나는 경우(만성적인 우울감)
월경 전 불쾌감장애	여성에게 있어 월경이 시작되기 전 주에 다양한 불쾌증상(신체적, 감정적, 인지적)이 심각하게 나타나는 경우
파괴적 기분조절 곤란장애	• 만성적인 불쾌감(짜증)과 간헐적인 분노폭발(평균 매주 3회 이상) • 증상이 12개월 이상 지속적으로 나타나야 함 • 연령은 6~18세 사이이고, 증상은 10세 이전에 시작되어야 함

12 우울장애의 임상적 특징과 유형

1. 우울장애의 차원과 임상적 특징

(1) 우울장애의 차원

① **신경증적 우울과 정신병적 우울**: 우울 상태가 신경증적 수준이냐 정신병적 양상을 동반하고 있느냐에 따라 구분한다.

  ㉠ **신경증적 우울**: 우울증의 정도가 가볍고, 현실 판단능력이 손상되지 않는 경우다.

  ㉡ **정신병적 우울**: 우울증의 정도가 심하고, 현실 판단능력이 손상되어 있는 경우다.

    ➡ 망상이나 환각 등 혼란증세를 보이며, 현실 검증력이 떨어지고, 개인 혹은 사회적 기능의 장애가 나타난다.

② **내인성 우울과 반응성 우울**: 발병요인과 관련하여 우울에 빠질 만한 충분히 납득될 수 있는 외적 요인이 있는가에 따른 구분이다.

  ㉠ **내인성 우울**: 우울증의 발병이 환경요인과 무관하게 내적·생물학적 요인에 따른 것으로 흔히 약물치료가 우선시된다.

  ㉡ **반응성 우울**: 우울증의 발병이 환경적 스트레스나 외적 요인이 충분히 작용했다고 판단되는 경우다.

③ **지체성 우울과 초조성 우울**: 표면에 나타나는 정신운동 양상의 지체가 심하게 나타나느냐 또는 초조와 흥분이 두드러지느냐에 따른 구분이다.

  ㉠ **지체성 우울**: 에너지 수준이 저하되어 가능한 행동을 하지 않으려 하고 의욕이 감소된다.

  ㉡ **초조성 우울**: 쉽게 흥분하거나 싸움을 하는 경우로 갱년기에서 발생하는 우울이나 아동기 우울에서 흔히 나타난다.

(2) 임상적 특징

특징	내용
정서장애	• 이인증: 우울 상태의 초기에는 모든 체험과 생활에서 정서적 공감능력이 없어지고 현실감이 떨어지는 이인증이 뚜렷하게 나타남 • 우울 상태가 심해지면 슬픔의 정도가 더해지며, 표정과 태도에서 가면을 쓴 것처럼 무표정하고 희망이 없고 침체되어 평소에 일상적으로 하던 일도 어렵게 느껴지고, 매사에 자신감이 없다고 느낌 • 기분의 저조는 아침에 더욱 심하고 저녁이면 가벼워지는 특징을 보임 • 심해지면 자기무능력감, 열등의식, 절망감, 허무감이 생기고 삶의 의미를 상실하여 자살시도를 할 수 있음
사고장애	• 우울증의 사고내용장애는 주로 우울감정의 결과로 일어남 • 죄업망상(예 모든 불행이 자신이 큰 죄를 졌기 때문이라고 믿는 것), 몸에 이상한 병이 있다고 믿는 건강염려증과 신체망상, 빈곤망상, 인생의 의미를 상실하는 허무망상, 자살과 죽음에 대한 생각, 피해망상 등을 보임 • **정신운동성 지체**: 사고의 흐름이 느려지고 행동이 느려지며 질문에 대한 대답이 느릴 뿐만 아니라 이야기는 간단한 단어 몇 마디로 해 버리며 목소리도 작음
지각장애	환각보다는 착각이 자주 일어나는데, 착각에 따른 판단착오의 형태로 나타남 예 이웃의 못질 소리가 자신의 관을 짜는 소리라고 생각하거나, 사람들이 이야기하는 소리를 자신을 욕하는 소리라고 생각하는 것
욕동 및 행동장애	• 의욕이 전혀 없고 행동이 느리며 침체되어 있음 • **우울증 혼미(stupor)**: 일 외에는 아무런 동작이 없고, 외부 자극에 반응이 없는 상태까지 이를 수 있음 • 갱년기와 노년기의 우울은 고민과 불안이 극에 이르러 안절부절못하는 증상(agitation)을 자주 나타냄 • **자살**: 우울증이 심한 시기보다는 회복기에 많은 것이 특징임 　− **지체성 우울의 자살**: 죄업망상과 직결되어 있음 　− **갱년기 우울의 자살**: 자기의 정신적·신체적 증상이 괴로워서 죽게 될 것이 겁이 나서 자살을 하는 경향이 있음
신체증상	• 환자에 따라서 슬픔을 그대로 호소하는 우울증이 있고 신체증상 위주로 나타나는 우울증이 있는데, 특히 신체증상만 나타나고 우울증상은 나타나지 않는 위장된 가면성 우울을 보이기도 함 • **수면장애**: 잠들기도 힘들지만 깊이 잘 수 없는 현상과 새벽 일찍 잠이 깨어 다시 잠들기 힘든 후기 불면증이 특징임 　➡ 반대로 잠이 너무 많은 경우도 있음
지능과 기억	• 우울증에서 지능과 기억능력은 정상으로 유지되고 있음 • 심한 우울증의 경우 외견상 지능과 기억력의 장애가 있는 듯이 보이나, 그것은 무관심과 정신운동 지체의 결과임 • 간혹 심한 우울증이 치매로 오인되는 경우가 있음

2. 주요 우울장애(major depressive disorder)의 임상적 특징과 진단기준

(1) 임상적 특징

① 우울장애의 하위 유형 중 증상이 가장 심한 것으로 거의 매일, 하루에 대부분, 우울증이 연속적으로 2주 이상 나타나는 경우를 말한다.

② 핵심 증상: 지속적인 우울한 기분과 흥미나 즐거움의 상실이다.

③ 주요 우울장애 단일 삽화: 주요 우울장애가 단 한 번만 발생한 경우이다.

④ 주요 우울장애 재발성: 주요 우울장애가 2회 이상 발생한 경우이다.

⑤ 아동·청소년의 경우는 슬프고 낙담스러운 정서보다는 민감하거나 까다로운 기분 상태를 보이는 경향이 있다.

⑥ 평생 유병률은 여성의 경우 5~9%, 남성의 경우 2~3%이다.

(2) DSM-5 진단기준

> A. 다음 증상 가운데 5가지(또는 그 이상) 증상이 2주 연속으로 지속되며 이전의 기능 상태와 비교할 때 변화를 보이는 경우, 증상 가운데 적어도 하나는 (1)우울 기분이거나 (2)흥미나 즐거움의 상실이어야 함
> ※ 주의점: 명백한 다른 의학적 상태로 인한 증상은 포함되지 않아야 함
>   1. 하루 중 대부분 그리고 거의 매일 지속되는 우울 기분에 대해 주관적으로 보고(예 슬픔, 공허감 또는 절망감)하거나 객관적으로 관찰(예 눈물 흘림)됨(주의점: 아동·청소년의 경우 과민한 기분으로 나타나기도 함)
>   2. 거의 매일, 하루 중 대부분, 거의 또는 모든 일상 활동에 대한 흥미나 즐거움이 뚜렷하게 저하됨
>   3. 체중 조절을 하고 있지 않은 상태에서 의미 있는 체중의 감소(예 1개월 동안 5% 이상의 체중 변화)나 체중의 증가, 거의 매일 나타나는 식욕의 감소나 증가가 있음(주의점: 아동에서는 체중 증가가 기대치에 미달되는 경우)
>   4. 거의 매일 나타나는 불면이나 과다수면
>   5. 거의 매일 나타나는 정신운동 초조나 지연(객관적으로 관찰 가능함, 단지 주관적인 좌불안석 또는 처지는 느낌뿐만이 아님)
>   6. 거의 매일 나타나는 피로나 활력의 상실
>   7. 거의 매일 무가치감 또는 과도하거나 부적절한 죄책감(망상적일 수도 있는)을 느낌(단순히 병이 있다는 데 대한 자책이나 죄책감이 아님)
>   8. 거의 매일 나타나는 사고력이나 집중력의 감소 또는 우유부단함(주관적으로 호소하거나 객관적으로 관찰 가능함)
>   9. 반복적인 죽음에 대한 생각(단지 죽음에 대한 두려움이 아닌), 구체적인 계획 없이 반복되는 자살 사고 또는 자살 시도나 자살 수행에 대한 구체적인 계획
> B. 증상이 사회적·직업적 또는 다른 중요한 기능 영역에서 임상적으로 현저한 고통이나 손상을 초래함
> C. 삽화가 물질의 생리적 효과나 다른 의학적 상태로 인한 것이 아님
>   ※ 주의점: 진단기준 A부터 C까지는 주요 우울 삽화를 구성함
>   ※ 주의점: 중요한 상실(예 사별, 재정 파탄, 자연재해로 인한 상실, 심각한 질병이나 장애)에 대한 반응으로 진단기준 A에 기술된 극도의 슬픔, 상실에 대한 반추, 불면, 식욕 저하, 체중의 감소가 나타날 수 있고 이는 우울 삽화와 유사함. 비록 그러한 증상이 이해될 만하고 상실에 대한 적절한 반응으로 판단된다고 하더라도, 정상적인 상실 반응 동안에 주요 우울 삽화가 존재한다면 이는 주의 깊게 다루어져야 함. 이러한 결정을 하기 위해서는 개인의 과거력과 상실에 대한 고통을 표현하는 각 문화적 특징을 근거로 한 임상적인 판단이 필요함
> D. 주요 우울 삽화가 조현정동장애, 조현병, 조현양상장애, 망상장애, 달리 명시된 또는 명시되지 않은 조현병 스펙트럼 및 기타 정신병적 장애로 더 잘 설명되지 않음
> E. 조증 삽화 혹은 경조증 삽화가 존재한 적이 없음
>   ※ 주의점: 조증 유사 혹은 경조증 유사 삽화가 물질로 인한 것이거나, 다른 의학적 상태의 직접적인 생리적 효과로 인한 경우라면 이 제외기준을 적용하지 않음

3. 지속성 우울장애(persistent depressive disorder)의 임상적 특징과 진단기준

(1) 임상적 특징

① 주요 우울장애보다 경미한 우울증이 최소한 2년 이상 장기적으로 나타난다.
② DSM-5에서 새롭게 제시된 진단명으로, DSM-Ⅳ의 만성 주요 우울장애와 기분부전장애를 합친 것이다.
③ 최근 연구결과에서는 우울장애의 구분에 있어 증상의 심각성보다 지속기간이 더 중요한 것으로 나타났으며 DSM-5에서도 그 지속기간을 중시하여 지속적 우울장애로 통합했다.
④ 핵심 증상은 만성적 우울감으로, 증상이 삽화적이지 않고 만성적이며 조증 삽화와 경조증 삽화가 없다.

⑤ 조기에 발병하고, 만성적인 경과를 밟음: 만성적 우울감 때문에 다른 우울장애에 비해 예후가 좋지 않고, 주요 우울장애를 지닌 사람에 비해 치료효과도 좋지 않으며, 계속적인 우울증을 나타내고 자살 생각도 더 많이 한다.

⑥ 아직 체계적인 연구가 이루어지지 않았지만 그 기저에는 유전적 요인이 작용하는 것으로 추정: 환자의 직계가족 중에 환자와 동일한 우울장애를 지닌 사람이 존재할 확률이 다른 우울장애보다 높았다.

(2) DSM-5 진단기준

· 지속성 우울장애는 DSM-Ⅳ에서 정의된 만성 주요 우울장애와 기분부전장애를 통합한 것임
A. 적어도 2년 동안 하루의 대부분 우울 기분이 있고, 우울 기분이 없는 날보다 있는 날이 더 많으며, 이는 주관적으로 보고되거나 객관적으로 관찰됨
※ 주의점: 아동·청소년에서는 기분이 과민한 상태로 나타나기도 하며, 기간은 적어도 1년이 되어야 함
B. 우울 기간 동안 다음 중 2가지(또는 그 이상)의 증상이 나타남
1. 식욕 부진 또는 과식
2. 불면 또는 과다수면
3. 기력의 저하 또는 피로감
4. 자존감 저하
5. 집중력 감소 또는 우유부단
6. 절망감
C. 장애가 있는 2년 동안(아동·청소년에서는 1년) 연속적으로 2개월 이상, 진단기준 A과 B의 증상이 존재하지 않은 경우가 없었음
D. 주요 우울장애의 진단기준을 만족하는 증상이 2년간 지속적으로 나타날 수 있음
E. 조증 삽화, 경조증 삽화가 없어야 하고, 순환성장애의 진단기준을 충족하지 않아야 함
F. 장애가 지속적인 조현정동장애, 조현병, 조현양상장애, 망상장애, 달리 명시된 또는 명시되지 않은 조현병 스펙트럼 및 기타 정신병적 장애와 겹쳐서 나타나는 것이 아님
G. 증상이 물질(예 남용약물, 치료약물)의 생리적 효과나 다른 의학적 상태(예 갑상선기능저하증)로 인한 것이 아님
H. 증상이 사회적·직업적 또는 다른 중요한 기능 영역에서 임상적으로 현저한 고통이나 손상을 초래함
※ 다음의 경우 명시할 것
• 조기 발병: 발병이 21세 이전인 경우
• 후기 발병: 발병이 21세 이후인 경우

4. 월경 전 불쾌감장애(premenstrual dysphoric disorder)의 임상적 특징과 진단기준

(1) 임상적 특징

① 여성의 월경 주기에서 월경이 시작되기 전 주에 정신적·신체적으로 여러 불쾌한 증상이 나타나는 것이다.

② 유병률은 여성의 3~9%로 보고되며 주요 우울장애, 양극성장애, 불안장애와의 공병률이 높다.

③ 이 장애를 경험한 여성은 과거에 성적, 신체적 학대를 당한 경험이 많은 것으로 나타났으며, 이러한 결과는 외상 경험이나 외상 후 스트레스 장애가 독립적으로 월경전기 불쾌장애와 관련됨을 시사한다.

④ 원인은 정확하게 밝혀져 있지 않지만, 월경 주기마다 난소에 분비되는 호르몬(에스트로겐, 프로게스테론)과 뇌에서 나오는 신경전달물질 간의 상호작용에 의한 것으로 여겨지고 있다. 특히 신경전달물질인 세로토닌이나 5-HTT 수준의 변화가 정상적인 호르몬 주기와 작용하여 중추신경계의 민감성을 상승시킨 결과라고 설명한다.

⑤ **식이요법**: 카페인, 당도나 염분이 높은 음식, 술 등을 피하고 비타민(B, E), 칼슘, 마그네슘 등을 복용한다.

(2) DSM-5 진단기준

A. 대부분의 월경 주기에서 월경 시작 1주 전에 다음의 증상 가운데 5가지(또는 그 이상)가 시작되어 월경이 시작되고 수일 안에 증상이 호전되며 월경이 끝난 주에는 증상이 경미하거나 없어져야 함

B. 다음 증상 중 적어도 한 가지(또는 그 이상)는 포함되어야 함
  1. 현저하게 불안정한 기분(예 갑자기 울고 싶거나 슬퍼지거나 거절에 민감해지는 것)
  2. 현저한 과민성, 분노 또는 대인관계에서의 갈등 증가
  3. 현저한 우울 기분, 절망감 또는 자기비난의 사고
  4. 현저한 불안, 긴장, 신경이 곤두섬 또는 과도한 긴장감

C. 다음 증상 중 적어도 한 가지(또는 그 이상)는 추가로 존재해야 하며, 진단기준 B에 해당하는 증상과 더해 총 5가지 증상이 포함되어야 함
  1. 일상 활동에서 흥미의 저하(예 직업, 학교, 또래 집단, 취미)
  2. 집중하기 곤란하다는 주관적 느낌
  3. 기면, 쉽게 피곤함 혹은 현저한 무기력
  4. 식욕의 현저한 변화, 즉 과식 또는 특정 음식의 탐닉
  5. 과다수면 또는 불면
  6. 압도되거나 자제력을 잃을 것 같은 주관적 느낌
  7. 유방의 압통이나 부종, 두통, 관절통, 혹은 근육통, 부풀어 오르거나 체중이 증가된 느낌과 같은 다른 신체적 증상
  ※ 주의점: 진단기준 A~C에 해당하는 증상이 전년도 대부분의 월경 주기에 있어야 함

D. 증상이 직업이나 학교, 일상적인 사회 활동과 대인관계를 현저하게 저해함
  예 사회 활동의 회피, 직장이나 학교에서의 생산성과 효율성의 감소

E. 증상은 주요 우울장애나 공황장애, 지속성 우울장애(기분저하증) 혹은 성격장애와 같은 다른 장애로 인해 증상이 단순히 악화된 것이 아님(이러한 장애 중 어느 것과도 중첩되어 나타날 수는 있음)

F. 진단기준 A는 적어도 연속적인 2회의 주기 동안 전향적인 일일 평가에 의해 확인되어야 함(주의점: 진단은 이러한 확인이 있기 전에는 잠정적으로 내려질 수 있음)

G. 증상은 물질(예 남용약물, 치료약물, 기타 치료)의 생리적 효과나 다른 의학적 상태(예 갑상선 기능 항진증)로 인한 것이 아님

5. 파괴적 기분조절 부전장애(disruptive mood dysregulation disorder) 임상적 특징과 진단기준

(1) 임상적 특징

① 반복적으로 심한 분노를 폭발하는 행동을 보이는 경우: 주로 아동기나 청소년기에 나타나는 장애로, 자신의 불쾌한 기분을 조절하지 못하고 분노행동으로 표출하는 것이 주된 특징이다.

② 핵심 증상: 만성적인 짜증과 간헐적인 분노발작이다. 분노발작은 막무가내로 분노를 표출하고, 공격적이고 파괴적인 행동을 보이는 것으로, 아동의 경우 바닥에 다리를 뻗고 앉거나 드러누워서 사지를 마구 휘저으며 악쓰고 울거나 욕을 하기도 한다.

③ 분노폭발은 어린 아이에게서 종종 관찰되지만, 만 6세가 되면 거의 사라지므로 6세 이상의 연령에서 분노폭발이 자주 나타나면 문제행동으로 간주된다.

④ 파괴적 기분조절 부전장애를 보이는 대부분의 아동은 적대적 반항장애 진단기준을 만족시키지만, 두 장애의 가장 큰 차이는 파괴적 기분조절 부전장애에서 나타나는 기분증상이 적대적 반항장애에서는 상대적으로 드물게 나타난다는 것이다.

⑤ 좌절에 대한 과민반응성을 지닌 것으로 보고: 이 장애를 지닌 아동은 목표 달성이 좌절되었을 때 통제집단에 비해 더 기분이 나빠지고 불안해하며 공격적인 반응을 보였다. 특히 좌절감을 비롯한 부정적인 감정반응을 억제하는 뇌기능의 저하를 나타낸다.

⑥ 1년 유병률이 2~5%로 알려져 있고, 남아의 유병률이 여아보다 높고, 연령이 증가할수록 유병률이 감소한다.

(2) 파괴적 기분조절 곤란장애와 간헐적 폭발성장애 비교

구분	파괴적 기분조절 부전장애	간헐적 폭발성장애
핵심 증상	만성적 짜증과 간헐적 분노폭발(분노발작)	공격적 충동 조절의 실패
연령	6~18세 아동 및 청소년	6세 이상
분노폭발	매주 3회 이상	공격적 충동과 행동(언어 또는 신체)이 3개월 동안 평균 일주일에 2번 이상

(3) DSM-5 진단기준

A. 고도의 재발성 분노발작이 언어적(예) 폭언) 또는 행동적(예) 사람이나 사물에 대한 물리적 공격성)으로 나타나며, 상황이나 도발자극에 비해 그 강도나 지속시간이 극도로 비정상적임

B. 분노발작이 발달수준에 부합하지 않음

C. 분노발작이 평균적으로 일주일에 3회 이상 발생함

D. 분노발작 사이의 기분이 지속적으로 과민하거나 거의 매일, 하루 중 대부분의 시간 동안 화나 있으며, 이것이 객관적으로 관찰될 수 있음(예) 부모, 선생님, 또래 집단)

E. 진단기준 A~D가 12개월 이상 지속되며, 진단기준 A~D에 해당하는 모든 증상이 없는 기간이 연속 3개월 이상이 안 됨

F. 진단기준 A와 D가 세 환경(예) 가정, 학교, 또래 집단) 중 최소 두 군데 이상에서 나타나며, 최소한 한 군데에서는 고도의 증상을 보임

G. 이 진단은 6세 이전 또는 18세 이후에 처음으로 진단될 수 없음

H. 과거력 또는 객관적인 관찰에 의하면, 진단기준 A~E의 발생이 10세 이전임

I. 진단기준 A를 만족하는 기간을 제외하고, 양극성장애의 조증 또는 경조증 삽화의 모든 진단기준을 만족하는 뚜렷한 기간이 1일 이상 있지 않아야 함

※ 주의점: 매우 긍정적인 사건 또는 이에 대한 기대로 인한, 전후 맥락에 맞는 발달적으로 적절한 기분의 고조는 조증 또는 경조증의 증상으로 고려되지 않아야 함

J. 이러한 행동이 주요 우울 삽화 중에만 나타나서는 안 되며, 다른 정신질환[예) 자폐 스펙트럼장애, 외상 후 스트레스장애, 분리불안장애, 지속성 우울장애(기분저하증)]으로 더 잘 설명되지 않음

※ 주의점: 이 진단은 적대적 반항장애, 간헐적 폭발장애 또는 양극성장애와 동반이환할 수 없으나 주요 우울장애, 주의력 결핍 과잉행동장애, 품행장애, 물질사용장애와는 동반이환할 수 있음. 파괴적 기분조절 부전장애와 적대적 반항장애의 진단기준을 모두 만족시키는 증상을 가진 경우, 파괴적 기분조절 부전장애만 진단을 내려야 함. 만일 조증 또는 경조증 삽화를 경험했다면 파괴적 기분조절 부전장애의 진단을 내려서는 안 됨

K. 증상이 물질의 생리적 효과나 다른 의학적 또는 신경학적 상태로 인한 것이 아님

1. 원인과 치료

(1) 생활사건

① 주요한 생활사건(major life events): 커다란 좌절감을 안겨주는 충격적인 사건이다.

② 미세한 생활사건(minor life events): 우울증을 유발할 수 있는 충격적인 사건이 없더라도 일상생활 속에서 자주 경험하는 여러 사소한 부정적인 생활사건들이 오랜 기간 누적되면 우울증이 유발된다.

③ 사회적 지지(social support): 개인이 삶을 지탱하도록 돕는 심리적 또는 물질적 지원을 의미한다. 사회적 지지는 우울증을 유발하는 생활사건을 차단해줄 뿐만 아니라 어려움이 닥치더라도 이겨낼 수 있다는 자신감을 심어준다.

(2) 정신분석적 입장

① 무의식적으로 분노가 자기에게 향해진 현상이라고 본다. 우울증은 기본적으로 사랑하던 대상의 무의식적 상실에 대한 반응으로, 사랑하는 대상의 상실은 실제 일어난 일일 수도 있고 상상 속에서 또는 상징적으로 일어난 일일 수도 있다.

② 사랑하는 대상을 상실하는 경험을 하면, 자신의 중요한 일부가 상실된 슬픔과 함께 자신을 버리고 떠난 대상에 대한 분노를 느낀다. 그러나 이러한 분노의 감정이 향할 대상이 이미 사라진 상태이고 도덕적 억압 등으로 인해 분노 감정이 무의식 속에 잠복하면 분노의 감정은 자기 자신에게로 향하게 된다.

③ 분노가 자기 자신에게 내향화되면 자기비난, 자기책망, 죄책감을 느끼게 되어 자기가치감이 손상되고 자아기능이 약해지며 그 결과로 우울증이 나타난다. 이러한 과정은 무의식적으로 진행되기 때문에 당사자는 자각하지 못한다.

④ 비브링(Bibring)의 손상된 자기존중감(1953): 우울해지기 쉬운 사람은 강한 자기도취적 또는 자기애적 소망을 지니고 있다. 자신이 가치 있고 사랑받는 존재여야 하며 늘 강하고 우월할 뿐만 아니라 선하고 사랑을 베푸는 사람이어야 한다는 높은 자아이상을 지닌다. 그러나 이러한 이상은 충족되기 어렵기 때문에 이상과 현실의 지속적인 괴리는 자기존중감을 손상시키고 그 결과 우울장애를 유발한다.

⑤ 스트리커(Stricker)의 외상 경험(1983): 어린 시절의 상실 경험이 우울장애를 일으킬 수 있는 취약성으로 작용한다. 상실 경험을 지닌 사람이 성장 후에 이혼, 사별, 사업 실패 등의 좌절 경험을 하면 어린 시절의 외상 경험이 되살아나고 어린 시절로 퇴행한다. 퇴행의 결과로 무기력감과 절망감에 사로잡히고 우울장애가 발생한다.

(3) 행동주의적 입장

① 우울증이 사회 환경으로부터 긍정적 강화가 약화되어 나타나는 현상이라고 본다. 즉, 긍정적 강화의 상실, 강화 유발행동의 감소, 우울증상에 대한 강화에 의해 발생하고 유지된다고 본다.

② 레빈손(Lewinsohn, 1984): 긍정적 강화가 감소되고 혐오적 불쾌 경험이 증가하는 원인적 유형을 제시했다.

구분	내용
환경 자체에 문제가 있는 경우	• 실직, 이혼, 사별 등의 부정적 사건이 지속적으로 발생하면, 과거에 주어지던 긍정적 강화가 현격히 감소되면서 우울증이 발생함 • 환경으로부터 주어지는 긍정적 강화가 거의 없거나 처벌적인 요인이 많은 경우에도 우울증이 발생할 수 있음
적절한 사회적 기술과 대처능력이 부족한 경우	다른 사람으로부터 긍정적인 강화를 유도하는 사회적 기술이 미숙하거나 불쾌한 혐오적 자극 상황에 대처하는 기술이 부족한 경우
긍정적 경험을 즐기는 능력은 부족한 반면, 부정적 경험에 대한 민감성은 높은 경우	• 우울증에 취약한 사람은 긍정적 강화를 덜 긍정적인 것으로 받아들이고, 부정적 처벌은 더 부정적으로 받아들이는 경향이 있음 • 이 경향으로 인해 어떤 행동을 하고 나서 작은 즐거움과 커다란 불쾌감을 경험함 • 따라서 이들은 활동을 축소하고, 그 결과 긍정적 강화도 감소하며, 결국 활동의 결여 상태인 우울 상태에 이르게 됨

(4) 학습된 무기력이론 기출 17

① 동물실험: 회피학습 장면에서 어떤 반응을 해도 전기충격을 피할 수 없던 개는 무력감을 학습하여 전기충격을 피할 수 있는 새로운 상황에서도 무기력하게 행동하며 전기충격을 받았다.

② 인간의 우울장애

    ㉠ 사람의 경우, 그러한 상황에서 우울해지는 이유는 동물실험처럼 조건형성에 의해 수동적으로 무력감이 학습되었기 때문보다는 상황을 통제하지 못할 것이라는 '미래에 대한 부정적 기대' 때문이다.

    ㉡ 어떤 부정적 결과가 자신과 무관한 통제 불능 상황에 의해 생겨난 것이면 왜 사람들은 실패에 대해 자신을 책망하는가?

    ➡ 이러한 2가지 문제점을 해결하기 위해 귀인이론이 적용되었다.

③ 우울증에서 보이는 불행감, 무력감, 무감각함은 긍정적 강화의 결핍과 반복된 부정적 경험의 결과로 본다.

(5) 인지적 입장 기출 23

① 우울증을 유발하는 일차적인 요인은 부정적이고 비관적인 생각: 우울한 사람의 내면세계를 자세히 조사해보면 부정적이고 비관적인 생각이 만연하다. 이러한 부정적인 생각이 기분을 우울하게 만들고, 나아가 부적응적 행동을 초래한다.

② 우울한 사람이 지닌 부정적인 자동적 사고를 분석해보면 내용이 크게 3가지 주제로 나뉨: 우울한 사람은 자기 자신, 자신의 미래, 주변 환경을 부정적으로 평가하는 독특한 사고방식을 지니며, 이러한 3가지 주제에 대한 독특한 사고패턴을 '인지삼제(認知三題, cognitive triad)'라고 한다.

③ 우울한 사람은 이러한 인지적 오류로 인해 현실을 실제보다 부정적으로 왜곡하고 과장하여 해석한다. 일상생활에서 겪는 크고 작은 생활사건의 의미를 해석할 때 인지적 오류를 자주 범하면 부정적인 생각을 많이 하게 될 수밖에 없고, 그 결과 심리적 고통이 가중되어 우울증으로 발전한다.

④ 인지적 오류를 많이 범하는 사람은 편향된 인식의 틀, 즉 독특한 인지도식을 지님: 이 인지도식은 어린 시절의 경험에 의해 형성되며, 부정적인 생활사건에 직면하면 활성화되어 그 사건의 의미를 부정적으로 왜곡함으로써 우울증상을 유발한다.

(6) 우울증의 귀인이론 `기출 24`

① 에이브럼슨(Abramson)과 그 동료들(Seligman&Teasdale, 1978): 학습된 무력감이 가지는 문제점을 해결하기 위해 사회심리학의 귀인이론을 적용하여 발전시킨 이론이다.

② 우울증 환자의 3가지 귀인 양식: 내부－안정적－전반적 귀인(우울－유발적 귀인)을 하는 경향이 있다.

   ㉠ 자존감 손상과 우울 발생에 영향(내부－외부 귀인): 실패 경험에 내부적 귀인을 하게 되면 자존감이 손상을 입게 되어 우울증이 심화된다.

   ㉡ 우울장애의 만성화(안정－불안정 귀인): 실패 경험을 능력 부족이나 성격적 결함과 같은 안정적 요인에 귀인하면 무기력과 우울이 장기화된다.

   ㉢ 우울장애의 일반화 정도(전반적－특수적 귀인): 실패 경험을 전반적 요인(예 전반적 성격결함 등)에 귀인하면 우울증이 전반적으로 일반화될 수 있다.

> **더 알아보기**   **절망감 이론**
>
> 우울－유발적 귀인 양식을 우울하기 쉬운 취약성으로 간주하며, 부정적 생활사건이 발생하여 이러한 귀인 양식이 적용되었을 때 절망감이 나타난다. 이러한 점에서 이 이론은 우울증이 발생시키는 절망감이 생겨나기 위해서는 부정적인 생활사건과 우울－유발적 귀인 양식(취약성)이 있어야 한다는 스트레스－취약성 모델에 근거한다고 볼 수 있다.

(7) 생물학적 이론

① 유전적 요인, 신경전달물질, 뇌구조 기능, 내분비 계통의 이상이 우울증과 관련된다고 주장한다.

② 단극적 우울장애 환자의 직계가족에서 우울장애가 발생할 확률은 일반인의 경우보다 1.5~3배 정도 높다.

③ 우울증을 뇌의 신경화학적 요인으로 설명하려는 대표적인 이론으로 카테콜아민 가설이 있다.

   ㉠ 카테콜아민(catecholamine)은 신경전달물질인 도파민(dopamine), 노르에피네프린(norepinephrine), 에피네프린(epinephrine)을 포함하는 호르몬을 말한다.

   ㉡ 카테콜아민이 결핍되면 우울증이 생기고, 카테콜아민이 과다하면 조증이 생긴다는 것이 가설의 요지이다.

④ 시상하부 기능장애: 우울장애 환자는 뇌하수체 호르몬, 부신선 또는 갑상선의 기능장애를 보이는데, 이러한 호르몬은 모두 시상하부의 영향을 받는다. 시상하부는 기분을 조절하는 기능을 가지고 있고, 우울장애에서 흔히 나타나는 식욕이나 성기능장애에도 영향을 미친다.

(8) 치료

① 인지치료: 우울한 내담자의 사고내용을 정밀하게 분석하여 긍정적인 사고와 신념을 지니도록 유도한다.

   ㉠ 사고기법: ABC 기법, 소크라테스식 대화법, 일일 생활기록법, 설문지검사 기법, 행동실험법, 하향 화살표 등이 있다.

   ㉡ 행동기법: 자기생각 관찰표 사용하기, 시간계획표 만들어 생활하기, 점진적인 과제수행표 만들어 실행하기, 긍정적 경험을 체험하고 평가하기, 사회기술 훈련하기 등이 있다.

② 대인관계 심리치료: 우울증은 주로 대인관계상 문제가 밀접하게 연결되기 때문에 인간관계에서 오는 갈등, 별거나 사별, 타인으로부터의 소외, 자신이 해야 할 역할의 문제 등 주요한 인간관계 문제를 평가함으로써 대인관계 문제를 개선하고 자신의 부정적 감정을 감소시켜 새로운 각도에서 인간관계를 모색하도록 돕는 것이 목표이다.

③ 약물치료: 주로 삼환계 항우울제, MAO 억제제, 세로토닌 재흡수 억제제가 사용되며, 세로토닌 재흡수 억제제는 치료효과가 빨리 나타나고 부작용이 적다. 우울장애 치료에 효과적인 약물로 인정받는 프로작(prozac)도 이 계열의 약물이다.

④ **전기충격치료**: 머리에 일정한 전압의 전류를 연결하여 의도적인 경련을 일으키는 방법이다. 기억력 감퇴 등의 심리적 부작용과 부정맥, 고혈압 등의 신체적 부작용이 초래될 수 있다.

⑤ **행동 활성화(BA; Behavior Activation) 치료**: 우울증상을 보이는 사람들의 사회적 위축과 반추 등의 회피적 대치 전략을 차단시기기 위해 개발되었다.

   ㉠ 초반에는 무기력한 우울증 환자들에게 행동 활성화를 통해 증상이 좋아질 수 있다는 희망을 고취시킨다.

   ㉡ 활성화시킬 행동목록을 정하기 위해 삶의 가치를 찾게 하고, 우울한 기분을 유발하는 맥락을 파악하고 일상 활동 중에서 행동 수행 가능성을 높일 수 있는 전략을 수립한다.

   ㉢ 중반 이후에는 활동 위계를 정해서 본격적으로 행동을 활성화하고 기분 수준에 어떤 영향을 미치는지 반복적인 모니터링을 하는 것이 좋다.

2. 자살행동장애와 비자살성 자해 `기출 20`

(1) 자살행동장애(suicidal behavior disorder)

① **핵심 기준**: '지난 2년 동안 자살을 기도(시도)해왔는가?'의 문제이다.

② **자살 시도(개인이 죽으려는 의도로 행하는 행동)**: 행동은 상해 또는 심각한 의학적 결과로 이어질 수도 있고 그렇지 않을 수도 있다.

   ㉠ 자살 시도의 의학적 결과에 영향을 미칠 수 있는 요소: 철저하지 못한 계획, 선택한 방법의 치명성에 대한 지식 부족, 낮은 의도성, 양가적 태도, 자살 행동이 착수된 이후 타인의 위기 개입 등이 있다.

   ㉡ 이러한 요소는 진단을 내리는 데 고려해서는 안 된다.

③ **진단기준**

> A. 지난 24개월 내에 자살 시도를 한 적이 있다.
>   ※ 주의점: 자살 시도는 행동 착수 시점에 자살 시도자에 의해 이행되는, 자신을 죽음에 이르게 할 수 있는 자발적인 일련의 행동이다. "행동 착수 시점"은 특정한 방법으로 행위가 일어난 시점을 말한다.
> B. 행위는 자살 의도가 없는 자해의 진단기준을 충족하지 않는다. 즉, 부정적 느낌이나 인지 상태로부터 안도감 또는 긍정적인 기분을 얻기 위해 신체 표면에 자해를 하는 행동은 포함하지 않는다.
> C. 진단은 자살 사고나 준비 행위에는 적용되지 않는다.
> D. 행위는 섬망이나 혼돈 상태에서 시작된 것이 아니다.
> E. 행위는 단지 정치적 또는 종교적 목적으로 이행된 것이 아니다.
> ※ 다음의 경우 명시할 것
>   • 현재 증상 있음: 마지막 시도로부터 12개월이 경과하지 않음
>   • 조기 관해 상태: 마지막 시도로부터 12~24개월이 경과함

   ㉠ **최소 1회의 자살 시도가 있어야 함**: 자살 시도는 자살 시도에 착수한 후에 스스로 마음을 바꾸거나 누군가의 제지로 행동을 중단한 것까지도 포함한다.

   ㉡ 만일 개인이 자살 행동에 착수하기 전에 타인에게 설득 당했거나 마음을 바꾼 경우에는 진단되지 않는다.

   ㉢ **자살 행위는 자살 의도가 없는 자해의 진단기준을 충족하지 않음**: 부정적 느낌이나 인지 상태로부터 안도감 또는 긍정적인 기분을 얻기 위한 반복적인 자해(지난 12개월간 적어도 5번)를 포함해서는 안 된다.

   ㉣ **자살 행위는 섬망이나 혼돈 상태에서 시작된 것이 아니어야 함**: 개인이 불안을 감소시키고 행위에 대한 방해를 최소화하기 위해 자살 시도 전에 의도적으로 물질에 취했다면 자살행동장애로 진단된다.

(2) 비자살성 자해(자살 의도가 없는 자해, nonsuicidal self-injury)

① **자살 의도가 없으면서 자신의 신체 표면에 자해를 하는 경우:** 이러한 행동은 잘못하면 반의도성 죽음(의도하지 않는 죽음)에 이를 수 있다.

② **자살행동장애와의 차이:** 자살행동장애는 죽을 목적으로 의도된 행동인 반면, 비자살성 자해는 안도감을 경험할 목적으로 행해진다.

③ **진단기준**

A. 지난 1년간 5일 또는 그 이상 신체 표면에 고의적으로 출혈, 상처, 고통을 유발하는 행동(에 칼로 긋기, 불로 지지기, 찌르기, 과도하게 문지르기)을 자신에게 스스로 가하며, 이는 단지 경도 또는 중등도의 신체적 손상을 유발할 수 있는 자해 행동을 하려는 의도에 의한 것이다(즉 자살 의도가 없음).

　※ 주의점: 자살 의도가 없다는 것이 개인에 의해 보고된 적이 있거나, 반복적인 자해 행동이 죽음에 이르게 하지는 않을 것이라는 점을 개인이 이미 알고 있었거나 도중에 알게 된다고 추정된다.

B. 개인은 다음 중 하나 이상의 기대하에 자해 행동을 시도한다.
　1. 부정적 느낌 또는 인지 상태로부터 안도감을 얻기 위함
　2. 대인관계의 어려움을 해결하기 위함
　3. 긍정적인 기분 상태를 유도하기 위함

　※ 주의점: 개인은 원했던 반응이나 안도감을 자해 행동 도중 또는 직후에 경험하고, 반복적인 자해 행동에 대한 의존성을 시사하는 행동 양상을 보일 수 있다.

C. 다음 중 최소 한 가지와 연관된 고의적인 자해 행동을 시도한다.
　1. 우울, 불안, 긴장, 분노, 일반화된 고통, 자기비하와 같은 대인관계 어려움이나 부정적 느낌 또는 생각이 자해 행위 바로 직전에 일어남
　2. 자해 행위에 앞서 의도한 행동에 몰두하는 기간이 있고 이를 통제하기 어려움
　3. 자해 행위를 하지 않을 때도 자해에 대한 생각이 빈번하게 일어남

D. 행동은 사회적으로 제재되는 것이 아니며(에 바디 피어싱, 문신, 종교적 또는 문화적 의례의 일부), 딱지를 뜯거나 손톱을 물어뜯는 것에 제한되지 않는다.

E. 행동이나 그 결과는 대인관계, 학업 또는 다른 중요한 기능 영역에서 임상적으로 현저한 고통이나 방해를 초래한다.

F. 행동은 정신병적 삽화, 섬망, 물질 중독 또는 물질 금단 기간에만 일어나는 것이 아니다. 신경발달장애가 있는 개인에게서는 반복적인 상동증의 일부로 나타나는 것이 아니다. 또한 자해 행동이 다른 정신질환이나 의학적 상태로 더 잘 설명되지 않는다(에 정신병적 장애, 자폐스펙트럼장애, 지적장애, 레쉬-니한 증후군, 자해를 동반하는 상동증적 운동장애, 발모광 또는 털뽑기장애, 피부뜯기장애).

(3) **자살의 원인과 치료**

① **자살과 관련된 용어**

   ㉠ **완결된 자살**: 자살에 성공해서 목숨을 잃게 되는 것이다.

   ㉡ **자살 시도**: 죽으려는 목적으로 자행되며, 잠재적으로 자신에게 상해를 입힐 만한 행동을 한다.

   ㉢ **준비행동**: 특정 자살 수단을 구비하거나 삶을 마감하는 준비를 하는 식으로 자살을 준비하려는 의도로 행하는 행동이다. ➡ 자살 욕구 및 의도와 관련된 시도를 계획하는 정신활동도 포함된다.

   ㉣ **자살 사고**: 의도적으로 자신의 삶을 끝내고자 하는 어떤 생각이나 신념 또는 의견이다.

   ㉤ **자살 양가성**: 자살 시도와 동반되는 감정으로, 어떤 사람은 정말 죽으려는 의도를 가지기보다는 단지 자신의 고통에 대해 타인에게 극적인 메시지를 전달하고 싶어 한다. 약물 복용처럼 치명적이지 않은 방법으로 자살을 시도하고, '죽는다면 갈등이 해결되었지만 만일 살아남는다면 그럴 만한 의미가 있을 것이다.'라고 생각한다.

② 자살을 시도한 사람들의 약 80%는 우울장애, 물질장애, 충동조절장애 등과 같은 심리장애를 경험한다.

③ **자살에 대한 대인이론(interpersonal theory of sucide)**: 타인에게 자신이 짐이 된다는 것을 지각하는 것과 소속감의 약화가 절망에 따른 자살을 강력하게 예측해 준다. 특히 알츠하이머 신경인지장애나 파킨슨병과 같은 진단을 받은 후 가족에게 짐이 되고 싶지 않아 자살을 하기도 한다.

④ 자살은 심리사회적 환경, 심리장애, 신경생물학적 요인, 사회적·문화적 요인, 성격 특성이 복합적으로 중첩되어 작용한 결과다.

⑤ 자살 위험성을 지니고 있는 사람이 자살 촉발적인 생활사건에 직면했을 때, 자살을 방지하는 보호요인이 없다면 자살이라는 극단적인 방법을 선택할 가능성이 높아진다.

⑥ **자살에 대한 심리학적 설명 모델(Blumenthal과 Kupfer, 1988)**

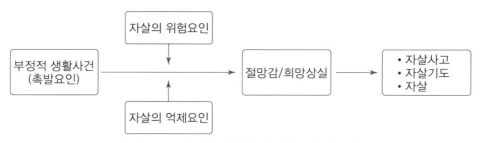

[그림 13-4] 자살에 대한 심리학적 설명 모델

⑦ **자살기도자의 치료**

   ㉠ **자살기도자의 치료목표**: 살아 있게 하는 것, 심리적 고통을 감소시켜 주는 것, 희망감을 주는 것, 스트레스를 다룰 있는 방법 습득하기 등이 있다.

   ㉡ **동굴 시야(tunnel vision)**: 인지적 융통성이 크게 저하되어 상황 해결을 위한 다양한 방법을 모색하지 못하고 자살만이 유일한 해결책으로 생각하는 경직된 사고방식을 뜻한다.

   ㉢ **자살 예방**: 자살 가능성이 있는 사람을 미리 알아내는 것이 가장 중요하다.

   ㉣ **자살위험 평가**: 자살 예방과 직결되는 것이므로 과거의 자살 시도 여부, 현재의 심리상태, 주변의 환경, 사회적 지지 여부, 스트레스 수준 등을 살펴보아야 한다.

   ㉤ **심리 부검(psychological autopsy)**: 자살을 개인적인 문제로만 보지 않고, 사회적 문제로 인식하고 자살 원인을 진단하여 예방대책을 내놓는 방법이다. 즉, 사망 전 일정 기간 동안 자살자가 자신의 정신적 환경에 어떻게 반응했고, 왜 자살 생각으로 이어졌으며, 왜 자살하게 되었는지를 신체부검하듯 과학적으로 규명한다.

14 양극성장애(bipolar disorder)

하위 유형	주요 진단 특징
제Ⅰ형 양극성장애	• 조증 삽화가 1번 또는 그 이상 나타나는 경우 • 조증 삽화와 주요 우울 삽화가 교대로 나타나는 경우 • 조증 삽화의 기간은 1주일 이상이어야 함
제Ⅱ형 양극성장애	• 경조증 삽화와 함께 최소 1번 이상의 주요 우울 삽화가 나타나는 경우 • 경조증 삽화의 기간은 최소 4일간 연이어 지속되어야 함
순환성장애	• 경조증과 경우울증이 2년(아동과 청소년의 경우 1년) 이상 장기적으로 순환하면서 나타나는 경우

1. 임상적 특징과 진단기준

(1) 양극성장애와 기분 삽화

① 양극성장애: 우울한 상태(우울증)와 고양된 상태(조증)가 서로 교차하면서 나타나는 경우로, '조울증(manic-depressive illness)'이라고도 한다.

② 기분 삽화(mood episode): 비정상적인 기분이 지속되는 시기를 일컫는 표현으로, 크게 조증 삽화, 경조증 삽화, 주요 우울 삽화로 구성된다.

ㄱ 삽화: 장애가 처음 발생하고 끝나는 시점까지의 기간을 총칭한다.

ㄴ 조증 삽화: 비정상적으로 과도하게 들뜬 기분이 1주 이상 지속적으로 나타나 일상생활이 불가능한 경우이다.

ㄷ 경조증 삽화: 조증 삽화의 증상보다 경미한 상태가 최소 4일간 연속하여 나타나는 경우를 말한다.

③ 조증의 심각한 정도에 따라 제Ⅰ형과 제Ⅱ형으로 구분된다.

(2) 조증 삽화 진단기준(DSM-5)

제Ⅰ형 양극성장애를 진단하기 위해서는 조증 삽화에 대한 다음의 진단기준을 만족시켜야 함. 조증 삽화는 경조증 삽화나 주요 우울 삽화에 선행하거나 뒤따를 수 있음

A. 비정상적으로 들뜨거나, 의기양양하거나, 과민한 기분, 활동과 에너지의 증가가 적어도 일주일간(만약 입원이 필요한 정도라면 기간과 상관 없이) 거의 매일, 하루 중 대부분 지속되는 분명한 기간이 있음

B. 기분장애 및 증가된 에너지와 활동을 보이는 기간 중 다음 증상 가운데 3가지(또는 그 이상)를 보이며(기분이 단지 과민하기만 하다면 4가지) 평소 모습에 비해 변화가 뚜렷하고 심각한 정도로 나타남

  1. 자존감의 증가 또는 과대감

  2. 수면에 대한 욕구 감소(예 단 3시간의 수면으로도 충분하다고 느낌)

  3. 평소보다 말이 많아지거나 끊기 어려울 정도로 계속 말을 함

  4. 사고의 비약 또는 사고가 질주하듯 빠른 속도로 꼬리를 무는 듯한 주관적인 경험

  5. 주관적으로 보고하거나 객관적으로 관찰되는 주의산만

    예 중요하지 않거나 관계없는 외적 자극에 너무 쉽게 주의가 분산됨

  6. 목표지향적 활동의 증가(직장이나 학교에서의 사회적 활동 또는 성적 활동) 또는 정신운동 초조

    예 목적이나 목표 없이 부산하게 움직임

  7. 고통스러운 결과를 초래할 가능성이 높은 활동에의 지나친 몰두

    예 과도한 쇼핑 등의 과소비, 무분별한 성행위, 어리석은 사업 투자 등

C. 기분장애가 사회적·직업적 기능의 현저한 손상을 초래할 정도로 충분히 심각하거나 자해, 타해를 예방하기 위해 입원이 필요 또는 정신병적 양상이 동반됨

D. 삽화가 물질(예 남용약물, 치료약물, 기타 치료)의 생리적 효과나 다른 의학적 상태로 인한 것이 아님

※ 주의점: 우울증 치료(예 약물치료, 전기경련 요법) 중 나타난 조증 삽화라 할지라도 치료의 직접적인 생리적 효과가 나타날 수 있는 기간 이후까지 명백한 조증 증상이 지속된다면 제 I 형 양극성장애로 진단할 수 있음

※ 주의점: 진단기준 A부터 D까지는 조증 삽화를 구성함. 일생 동안 최소 1회는 조증 삽화가 있어야 제 I 형 양극성장애로 진단될 수 있음

(3) 경조증 삽화 진단기준(DSM-5)

A. 비정상적으로 들뜨거나, 의기양양하거나, 과민한 기분, 활동과 에너지의 증가가 적어도 4일 연속으로 거의 매일, 하루 중 대부분 지속되는 분명한 기간이 있음

B. 기분장애 및 증가된 에너지와 활동을 보이는 기간 중 다음 증상 가운데 3가지(또는 그 이상)를 나타내며(기분이 단지 과민하기만 하면 4가지) 평소 모습에 비해 변화가 뚜렷하고 심각한 정도로 나타남

  1. 자존감의 증가 또는 과대감

  2. 수면에 대한 욕구 감소(예 단 3시간의 수면으로도 충분하다고 느낌)

  3. 평소보다 말이 많아지거나 끊기 어려울 정도로 계속 말을 함

  4. 사고의 비약 또는 사고가 질주하듯 빠른 속도로 꼬리를 무는 듯한 주관적인 경험

  5. 주관적으로 보고하거나 객관적으로 관찰할 수 있는 주의산만

     예 중요하지 않거나 관계없는 외적 자극에 너무 쉽게 주의가 분산됨

  6. 목표지향적 활동의 증가(직장이나 학교에서의 사회적 활동 또는 성적 활동) 또는 정신운동 초조

     예 목적이나 목표 없이 부산하게 움직임

  7. 고통스러운 결과를 초래할 가능성이 높은 활동에의 지나친 몰두

     예 과도한 쇼핑 등의 과소비, 무분별한 성행위, 어리석은 사업 투자 등

C. 삽화는 증상이 없을 때의 개인의 특성과는 명백히 다른 기능의 변화를 동반함

D. 기분의 장애와 기능의 변화가 객관적으로 관찰될 수 있음

E. 삽화가 사회적, 직업적 기능의 현저한 손상을 일으키거나 입원이 필요할 정도로 심각하지는 않음. 만약 정신병적 양상이 있다면, 이는 정의상 조증 삽화임

F. 삽화가 물질(예 남용약물, 치료약물, 기타 치료)의 생리적 효과나 다른 의학적 상태로 인한 것이 아님

※ 주의점: 우울증 치료(예 약물치료, 전기경련 요법) 중 나타난 경조증 삽화라 할지라도 치료의 직접적인 생리적 효과가 나타날 수 있는 기간 이후까지 경조증 증상이 지속된다면 이는 경조증 삽화로 진단할 수 있는 근거가 됨. 하지만 진단 시 주의가 필요하고, 한두 가지 증상(증가된 과민성, 불안 또는 항우울제 사용 이후의 초조)만으로 경조증 삽화를 진단하지는 못하며, 이는 양극성 경향에 대해서도 마찬가지임

※ 주의점: 진단기준 A부터 F까지는 경조증 삽화를 구성함. 경조증 삽화는 제 I 형 양극성장애에서 흔하게 나타나지만 제 I 형 양극성장애를 진단하는 필수조건은 아님

2. 양극성장애의 진단기준

(1) 제Ⅰ형 양극성장애(bipolar 1 disorder)

① 기분이 비정상적으로 고양되는 조증 상태를 특징적으로 나타내는 장애이다.

② 진단기준

ㄱ 비정상적으로 의기양양하고 자신만만하거나 짜증스러운 기분을 보이고 목표지향 행동이나 에너지 수준이 비정상적으로 증가된 상태가 1주일 이상 분명히 지속되는 조증 삽화(manic episode)를 나타내야 한다.

ㄴ 조증 삽화에서는 7개 증상 중 3개 이상(기분이 과민한 상태인 경우 4개)이 심각한 정도로 나타나야 한다.

ㄷ 이러한 증상이 물질(⑩ 남용하는 물질, 치료약물, 또는 기타 치료)이나 신체적 질병(⑩ 갑상선 기능 항진증)의 직접적인 생리적 효과로 인한 것이 아니어야 한다.

ㄹ 기분장애가 심각하여 직업 적응은 물론 일상생활에 현저한 곤란이 있거나, 자신과 타인을 해칠 가능성이 있어 입원이 필요하거나, 정신증적 양상(망상이나 환각)이 동반되면 제Ⅰ형 양극성장애로 진단된다.

③ DSM-5 진단기준

> A. 적어도 1회의 조증 삽화를 만족함(조증 삽화 하단의 진단기준 A~D까지)
> B. 조증 및 주요 우울 삽화는 조현정동장애, 조현병, 조현양상장애, 망상장애, 달리 명시된 또는 명시되지 않는 조현병 스펙트럼 및 기타 정신병적 장애로 더 잘 설명되지 않음

④ 제Ⅰ형 양극성장애는 가장 심한 형태의 양극성장애로, 1회 이상의 조증 상태가 나타나는 모든 경우를 말한다. 흔히 제Ⅰ형 양극성장애를 지닌 사람은 1회 이상의 주요 우울 삽화를 경험한다.

⑤ 양극성장애로 진단하기 위해서는 현재의 증상뿐만 아니라 과거 증상의 병력을 자세히 탐색해야 한다.

ㄱ 1년 전에 일주일만 조증 삽화를 경험했다고 해도 여전히 제Ⅰ형 양극성장애로 진단된다.

ㄴ 현재는 주요 우울 삽화를 나타내고 있지만 과거에 조증 삽화를 나타낸 적이 있는 경우, 현재 삽화가 경조증이지만 조증 삽화의 과거력이 있다면 제Ⅰ형 양극성장애로 진단된다.

⑥ **혼재성 삽화**: 조증 삽화와 주요 우울 삽화가 동시에 혼합되어 나타나는 경우로, 이 역시 제Ⅰ형 양극성장애로 진단된다.

참고 **제Ⅰ형 양극성장애**

제Ⅰ형 양극성장애는 조증 삽화만을 나타내는 경우도 있고(궁극적으로 주요 우울 삽화가 발생할 것이라고 기대), 주요 우울 삽화를 교대로 나타내는 경우도 있다. 주요 우울 삽화는 주요 우울장애의 진단기준 A, B, C를 충족하고 우울증이 2주 이상 지속되는 경우를 말한다.

⑦ 제Ⅰ형 양극성장애에서 나타나는 최근 삽화 유형과 특징

세부 유형	주요 진단 특징
단일 조증 삽화	단 1번의 조증 삽화만 있고, 과거에 주요 우울 삽화가 없었던 경우(대부분 주요 우울 삽화를 겪기 때문에 해당 유형은 지극히 저고, 주로 남성인 경우가 많음)
경조증 삽화	• 가장 최근에 경조증 삽화가 있는 경우(최소 4일 동안 지속) • 경조증 삽화 전후에 조증 삽화 또는 혼재성 삽화(조증＋주요 우울 삽화)가 나타날 수 있음
조증 삽화	• 가장 최근에 조증 삽화가 있는 경우(기간은 1주 이상) • 조증 삽화 전후에 경조증 삽화나 주요 우울 삽화가 나타날 수 있음
우울 삽화	• 가장 최근에 주요 우울 삽화가 있는 경우(기간은 2주 이상) • 우울 삽화 전후에 조증 삽화 또는 혼재성 삽화가 나타날 수 있음
혼재성 삽화	• 가장 최근에 혼재성 삽화가 있는 경우(기간은 1주 이상) • 혼재성 삽화 전후에 주요 우울 삽화, 조증 삽화가 나타날 수 있음 • **혼재성 삽화**: 동일 삽화 내에서 조증과 우울증을 모두 보이는 경우 　예 극도로 슬픈 감정 중에도 생각은 빨리 진행되는 경우 • DSM－5에서는 '혼재성 삽화'라는 용어가 삭제되었지만, 진단적 유용성 때문에 임상 장면에서 여전히 사용되고 있음
미분류형	위의 5가지 기준에 맞지 않는 경우

⑧ 양극성장애와 경계성 성격장애: 두 장애 모두 기분의 불안정성을 보이지만 순수 양극성장애의 경우 이러한 기분 증상이 일정한 기간 동안에만 나타나는 삽화적 경향이 두드러진다. 또한 양극성장애의 기분 증상이 회복되는 시기에는 자신에게 중요한 도움을 주는 사람들의 중요성을 이해하지만, 경계성 성격장애의 경우 타인을 신뢰하고 친밀한 관계를 유지하는 데 만성적인 어려움이 나타난다.

세부 유형	경계성 성격장애	제Ⅰ형 양극성장애
우울기분	변동성이 큼	시작과 끝이 명확함(삽화)
자율신경계	×	수면의 변화, 식욕의 변화
경조증 증상	×	사고의 비약, 수면 욕구 감소
충동성	분노 제어 어려움에서 기인	조증 증상의 과민성과 함께 나타남

(2) 제Ⅱ형 양극성장애(bipolar 2 disorder)

① 제Ⅰ형 양극성장애와 매우 유사하지만, 1주 이상 지속되는 조증이 아니라 최소 4일간 지속되는 경조증이라는 점에서 차이가 있다.

② 경조증: 조증보다 증상이 상대적으로 미약한 상태를 의미한다.

③ 경조증을 나타내는 사람 역시 대부분의 경우 주요 우울 삽화를 경험한다. 따라서 경조증과 우울증이 교대로 나타날 때 제Ⅱ형 양극성장애로 진단된다.

　예 과거에 1번 이상의 경조증 삽화와 1번 이상의 주요 우울 삽화를 나타낸 적이 있다면, 제Ⅱ형 양극성장애로 진단된다. 아울러 조증 삽화는 1번도 경험한 적이 없어야 한다.

④ 3가지 조건

ⓐ 적어도 4일 1회 이상의 경조증 삽화를 가지고 있어야 한다.

ⓑ 주요 우울 삽화를 경험해야 한다.

ⓒ 절대로 완전한 조증 삽화를 경험하지 않아야 한다.

> **더 알아보기**　혼재성 삽화
>
> 경조증 삽화의 대부분 시간 동안 주요 우울 삽화의 증상들이 혼합해서 나타나거나, 주요 우울 삽화의 대부분 시간 동안 경조증 삽화의 증상들이 혼합해서 나타나는 경우를 혼재성 삽화라고 하는데, 이 역시 제Ⅱ형 양극성장애로 진단된다.

⑤ DSM-5 진단기준

> A. 적어도 1회의 경조증 삽화(앞의 "경조증 삽화"의 진단기준 A~F)와 적어도 1회의 주요 우울 삽화(앞의 "주요 우울 삽화"의 진단기준 A~C)의 진단기준을 만족시킴
> B. 조증 삽화는 1회도 없어야 함
> C. 경조증 삽화와 주요 우울 삽화의 발생이 조현정동장애, 조현병, 조현양상장애, 망상장애, 달리 명시된 또는 명시되지 않는 조현병 스펙트럼 및 기타 정신병적 장애로 더 잘 설명되지 않음
> D. 우울증의 증상 또는 우울증과 경조증의 잦은 순환으로 인한 예측 불가능성이 사회적·직업적 또는 다른 중요한 기능 영역에서 임상적으로 현저한 고통이나 손상을 초래함

3. 순환성장애(cyclothymic disorder)

(1) 임상적 특징

① 우울증 또는 조증 삽화에 해당되지 않는 경미한 우울 증상과 경조증 증상이 번갈아가면서 2년 이상(아동과 청소년의 경우는 1년) 장기적으로 순환되어 나타나는 경우를 말한다.

② 2년의 기간(아동과 청소년의 경우는 1년) 중 적어도 한 번 이상의 기간에 우울이나 경조증 증상을 나타내야 하며, 아무런 증상이 없는 기간이 2개월 이하여야 한다. 아울러 조증 삽화, 경조증 삽화, 주요 우울 삽화를 한 번도 경험한 적이 없어야 한다. 하지만 주기적인 우울 및 경조증 증상으로 인해서 현저한 고통을 겪거나 일상생활의 기능에 현저한 지장이 초래되어야 한다.

(2) DSM-5 진단기준

> A. 적어도 2년 동안(아동·청소년에서는 1년) 다수의 경조증 기간(경조증 삽화의 진단기준을 충족하지 않는)과 우울증 기간(주요 우울 삽화의 진단기준을 충족하지 않는)이 있어야 함
> B. 2년 이상의 기간 동안(아동·청소년에서는 1년), 경조증 기간과 우울증 기간이 절반 이상 차지해야 하고, 증상이 없는 기간이 2개월 이상 지속되어서는 안 됨
> C. 주요 우울 삽화, 조증 삽화 또는 경조증 삽화가 존재하지 않음
> D. 진단기준 A의 증상이 조현정동장애, 조현병, 조현양상장애, 망상장애, 달리 명시된 또는 명시되지 않은 조현병 스펙트럼 및 기타 정신병적 장애로 더 잘 설명되지 않음
> E. 증상이 물질(예 남용약물, 치료약물)의 생리적 효과나 다른 의학적 상태(예 갑상선 기능 항진증)로 인한 것이 아니어야 함
> F. 증상이 사회적·직업적 또는 다른 중요한 기능 영역에서 임상적으로 현저한 고통이나 손상을 초래함
> ※ 다음의 경우 명시할 것
> • 불안증 동반

4. 원인과 치료

(1) 생물학적 입장

① 양극성장애에 영향을 미치는 유전적 요인, 신경전달물질, 신경생리적 요인, 수면생리적 요인에 대한 연구가 진행되고 있으며, 앙극성장애는 유전되는 경향이 강한 장애로 알려져 있다.

② 양극성장애가 유전을 비롯한 생물학적 요인의 영향을 많이 받는다고 심리사회적 요인이 영향을 미치지 않는 것은 아니다. 생물학적 요인은 양극성장애를 유발하는 취약성을 제공하고, 심리사회적 요인은 양극성장애의 발병 시기나 양상에 중대한 영향을 미친다.

(2) 정신분석적 입장

① 양극성장애의 조증 증세를 무의식적 상실이나 자존감 손상에 대한 방어나 보상 반응으로 본다.

② 학자별 입장

구분	내용
프로이트 (Freud)	• **조증**: 우울증과 핵심적 갈등은 동일하지만 에너지가 외부로 방출된 것 • 즉, 무의식적 대상의 상실로 인한 분노와 책망의 에너지가 외부로 방출된 것이라고 설명함
에이브러햄 (Abraham, 1948)	• 우울증을 겪은 적이 없는 환자라 하더라도 아주 어린 시기에 초보적인 수준의 우울증을 경험했을 것이라고 주장함 • 초기에 우울증을 인내하는 것을 배우지 못했거나 부모 또는 부모의 사랑을 상실한 사람은 자신의 발달적 비극의 현실을 부정하고 조증 반응을 보임 • 조증과 우울증은 동일한 갈등에 의해 지배되고 단지 갈등에 대한 환자의 태도가 다를 뿐이며, 우울증은 갈등에 압도당하는 상태, 조증은 갈등을 부정하고 무관심한 태도를 보이는 상태로 봄
카멜론 (Cameron, 1963)	• 조증은 개인이 직면하기 너무 고통스러운 현실을 부정한 결과로 나타나는 정신병리적 현상으로, 이때의 현실은 주요 우울장애를 유발할 정도로 매우 고통스러움 • 조증은 주요 우울장애에 대한 방어로, 견디기 힘들 정도로 고통스러운 사실을 받아들이는 능력이 결여되거나 그 사실을 수용하기를 거부하는 형태로 간주됨 • 조증과 주요 우울장애의 촉발요인은 다르지 않으나 조증을 보이는 사람은 주로 부정의 방어기제를 광범위하게 사용하고, 과대망상을 통해 너무나 고통스러운 현실을 부정하며 그와 반대되는 가상적 현실로 재구성함

(3) 인지적 입장

① 조증 증세를 보이는 사람은 우울증 증세를 보이는 사람과 마찬가지로 현실에 대한 해석에 인지적 왜곡이 있다고 본다. 우울증 환자가 지니는 자동적 사고의 주제가 상실과 실패인 반면, 조증 환자는 획득과 성공을 주제로 하는 자동적 사고를 지닌다.

② 조증 환자는 생활 경험을 해석하는 과정에서 우울증 환자에게서 나타나는 대부분의 인지적 오류를 범한다.

③ 조증 환자에게 나타나는 인지적 오류

구분	내용
과잉일반화 오류	사소한 한두 번의 성공을 근거로 앞으로 자신이 벌이는 무슨 일이든 확실하게 성공할 것이라고 생각하는 것
선택적 추상화	• 조증 환자는 자기의 행동이 가져올 수 있는 잠재적인 부정적 결과를 주목하지 못하고, 이를 타당하게 평가하지 못함 • 이는 자신의 계획이 안고 있는 단점은 보지 못하고 장점만 보려는 오류를 범하는 것
현실왜곡적 사고경향	흔히 주어진 시간 안에 자신이 해낼 수 있는 일의 분량을 과대평가하는 반면, 일을 달성하는 데 걸리는 시간을 과소평가하는 현실왜곡적 사고경향을 보임
개인화 오류	일상생활에서 벌어지는 일을 자신의 특별한 능력 때문에 일어나는 것으로 해석하여 과대망상적 사고를 나타내는 경향이 있음 예 한국 팀이 스포츠 경기에서 지고 있다가 환자가 TV를 보면서 역전하게 되었을 때, 자신이 한국 팀의 승리에 기여했다고 생각하고 자신이 특별한 능력을 지닌 것으로 해석하는 것

(4) 치료

① **조증 삽화가 나타나는 경우 입원치료와 약물치료를 고려해야 함**: 약물치료는 기분안정제인 리튬(Lithium)과 같은 항조증제가 널리 사용된다.

② 약물치료를 받은 환자들 가운데 50~70%가 재발한다는 사실로 미루어 볼 때, 약물치료와 심리치료가 반드시 병행되어야 한다.

③ **대인관계 및 사회적 리듬 치료**: 대인관계의 안정과 사회적 일상생활의 규칙성이 양극성장애 재발을 막는 데 효과적이라는 연구 결과에 근거한다. 양극성장애는 흔히 대인관계의 맥락에서 촉발되며, 대인관계를 안정적으로 유지하게 돕는 것이 치료와 예방에 효과적이다. 이 치료법은 다음의 두 가지 특징을 바탕으로 구성되었다.

ㄱ 양극성장애 환자는 종종 좋지 않은 대인관계 기능을 가지고 있으며, 우울증 삽화 기간에 더 심해진다.

ㄴ 잠에 들고 깨는 환자의 순환 자체가 조증 삽화를 촉발할 수 있다.

제4절 강박 및 관련 장애

강박 및 관련 장애 개관

하위 유형	주요 진단 특징
강박장애	본인의 의지와 상관없이 원하지 않는 강박사고(예 성적인 생각, 오염이나 안전에 대한 생각)와 강박행동(예 손 씻기, 확인하기, 정리정돈)을 반복하는 경우
신체이형(변형)장애	다른 사람이 보기에는 괜찮거나 경미한 정도이나 본인은 자신의 신체 일부가 기형적이라는 생각에 집착하는 경우
수집광	언젠가 필요할지도 모른다는 생각 때문에 버려야 할 불필요한 물건을 저장(강박적 저장)하고 물건 수집(강박적 수집)에 집착하는 경우
발모광	자신의 모발을 뽑는 행동을 반복적으로 보이는 경우
피부뜯기장애	자신의 피부를 벗기거나 뜯음으로써 피부를 손상하는 행동이 반복적으로 나타나는 경우

15 강박장애(obsessive-compulsive disorders)

1. 임상적 특징과 진단기준

(1) 임상적 특징

① 강박: 의지와 상관없이 강박적 집착과 행동이 나타나는 경우다.

② 강박장애는 자신의 의지와 상관없이 원하지 않는 생각(강박사고)과 행동(강박행동)을 반복하는 경우를 말한다.

③ 주된 증상: 강박사고와 강박행동이다.

ㄱ 강박사고 또는 강박행동이 반복되거나 강박사고와 강박행동이 함께 반복된다.

ㄴ 이에 하루의 많은 시간(예 한 시간 이상)을 소모하며 생활 전반에 심각한 고통, 부적응적 증상이 초래된다.

ㄷ ㄱ~ㄴ의 조건을 충족하는 경우 강박장애로 진단된다.

④ 강박사고(obsessions): 반복적으로 의식에 침투하는 고통스러운 생각, 충동, 심상을 말한다.

ㄱ 음란하거나 근친상간적인 생각, 공격적이거나 신성모독적인 생각, 오염에 대한 생각, 반복적 의심, 물건을 순서대로 정리하려는 충동이 있으며, 이 생각이 부적절함을 인식하지만 잘 통제되지 않고 반복적으로 의식에 떠올라 고통스럽다.

ㄴ 강박사고를 없애고자 여러 노력을 하는데, 이것이 흔히 강박행동으로 나타난다.

⑤ 강박행동(compulsions): 불안을 감소하기 위해 반복적으로 보이는 행동을 의미한다. 강박행동이 지나치게 부적절하다는 사실을 잘 알면서도 이 행동을 하지 않으면 심한 불안을 느끼기 때문에 반복하게 된다.

ㄱ 외현적 행동: 씻기, 청소하기, 정돈하기, 확인하기 등이 있다.

ㄴ 내현적 행동: 숫자 세기, 기도하기, 속으로 단어 반복하기 등이 있다.

⑥ 3가지 하위 유형
  ㉠ 순수한 강박사고형: 외현적인 강박행동이 나타나지 않고, 내면적인 강박사고만 지니는 경우이다.
  ㉡ 내현적 강박행동형: 강박사고와 더불어 겉으로 관찰되지 않는 내면적 강박행동만을 지니는 경우이다.
  ㉢ 외현적 강박행동형: 강박사고와 더불어 겉으로 드러나는 강박행동을 나타내는 경우이다.
⑦ 대표적인 강박행동 유형

구분	내용
확인행동	물건을 여러 번 확인하는 행동 예 가스밸브나 문의 잠금장치 등을 확인하는 것
청결행동	청결에 과도하게 집착하는 것 예 손을 반복적으로 씻는 행동, 병균이 옮을까봐 지하철에서 손잡이를 잡지 않는 행동
지연행동	지나치게 꼼꼼하고 세부적인 것에 과도하게 신경쓰게 되어 일처리 속도를 느리게 만드는 행동
반복행동	무의미하거나 미신적인 동일한 행동을 의식처럼 반복하는 것 예 옷을 수십 번 입었다 벗었다 하는 것, 책을 계속 몇 쪽씩 앞뒤로 넘기는 것
정돈행동	주변 사물을 질서정연하게 정리하는 행동을 나타내는 것
수집행동	낡고 오래되어 무가치한 물건을 버리지 못하고 모아두는 행동을 보이는 것

⑧ 발병 연령: 남성이 여성보다 더 빠르다. 남성은 6~15세 사이에 가장 많이 발병하는 반면, 여성은 20~29세 사이에 흔히 발병한다.
⑨ 대부분의 경우 강박장애는 서서히 발생하여 만성적 경과를 보인다. 스트레스를 받으면 증세가 심해지고 그렇지 않으면 호전되는 경향을 보이며, 그 중 15%는 점차 악화되어 직업·사회적 적응에 심각한 어려움을 겪는다.

(2) DSM-5 진단기준

A. 강박사고나 강박행동이 존재 혹은 둘 다 존재하며, 강박사고는 1과 2로 정의됨
  1. 반복적이고 지속적인 생각, 충동 또는 심상이 장애 시간 일부에서는 침투적이고 원치 않는 방식으로 경험되며 대부분 현저한 불안이나 괴로움을 유발함
  2. 이러한 생각, 충동, 심상을 경험하는 사람은 이를 무시하거나 억압하려 시도하며, 강박행동을 함으로써 다른 생각이나 행동을 통해 이를 중화시키려고 노력함
  강박행동은 1과 2로 정의됨
  1. 예를 들어 손 씻기, 정리정돈하기, 확인하기 등의 반복적 행동과 기도하기, 숫자 세기, 속으로 단어 반복하기와 같은 정신적인 행위를 개인이 경험하는 강박사고에 대한 반응으로 수행하거나 엄격한 규칙에 따라 수행함
  2. 행동이나 정신적인 행위는 불안감, 괴로움을 예방하거나 감소시키고 또는 두려운 사건이나 상황의 발생을 방지하려는 목적으로 수행됨. 그러나 이러한 행동, 행위는 행위의 대상과 현실적인 방식으로 연결되지 않거나 명백하게 지나침
  ※ 주의점: 어린 아동의 경우 이러한 행동이나 정신적인 행위에 대해 인식하지 못할 수도 있음
B. 강박사고나 강박행동은 시간을 소모하게 만들어(예 하루에 1시간 이상) 사회적·직업적 또는 다른 중요한 기능 영역에서 임상적으로 현저한 고통이나 손상을 초래함
C. 강박증상은 물질(예 남용약물, 치료약물)의 생리적 효과나 다른 의학적 상태로 인한 것이 아님
D. 장해가 다른 정신질환으로 더 잘 설명되지 않음
  예 범불안장애에서의 과도한 걱정, 신체이형장애에서의 외모에 대한 집착, 수집광에서의 소지품 버리기 어려움, 발모광의 모발 뽑기, 피부뜯기장애에서의 피부 뜯기, 상동증적 운동장애에서의 상동증, 섭식장애에서의 의례화된 섭식 행동, 물질 관련 및 중독장애에서의 물질이나 도박에의 집착, 질병불안장애에서의 질병에 대한 지나친 몰두, 변태 성욕장애에서의 성적 충동이나 환상, 파괴적 충동조절 및 품행장애에서의 충동, 주요 우울장애에서의 죄책감 되새김, 조현병 스펙트럼 및 기타 정신병적 장애에서의 사고 주입 혹은 망상적 몰입, 자폐 스펙트럼장애에서의 반복적 행동 패턴

2. 원인과 치료

(1) 인지적 입장

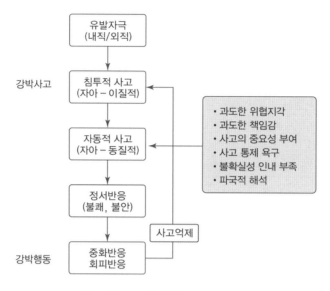

[그림 13-5] 인지적 입장

① 살코프스키(Salkovskis, 1985)
  ⊙ 강박장애가 발생하는 인지적 과정을 분석하여 침투적 사고와 자동적 사고로 구분했다.
  ⓒ 침투적 사고와 자동적 사고

구분	내용
침투적 사고	• 우연히 의식에 떠오르는 원치 않는 불쾌한 생각으로, 대부분의 사람이 경험함 • 일종의 내면적 자극으로, 그에 대한 의미를 부여하는 자동적 사고(예 '이 생각은 나쁜 것이다.', '이 생각은 다시 떠오르지 않도록 억제해야 한다.')를 유발함
자동적 사고	• 침투적 사고에 대한 사고로, 거의 반사적으로 발생하고 매우 빨리 지나가므로 잘 의식되지 않음 • 침투적 사고와 달리 개인이 불편감을 느끼지 않고 당연한 것으로 여기는 자아동조적 속성을 지니며 결과적으로 강박사고를 유발하는 역할을 함 • 이러한 자동적 사고를 통해 침투적 사고를 억제하려는 노력을 기울이는데, 역설적으로 이러한 노력이 침투적 사고가 더욱 자주 의식에 떠오르게 하는 결과를 초래함

② 강박장애가 유발되는 심리적 과정은 다양한 인지적 요인과 관련된다.
  ⊙ 강박장애 환자는 침투적 사고에 대한 위협을 과대평가하고, 자신의 책임감을 과도하게 평가한다.
  ⓒ 강박장애 환자는 침투적 사고를 과도하게 중요한 것으로 인식하는데, 이 과정에 '사고-행위 융합'이라는 인지적 오류가 개입된다.

> **더 알아보기** **사고-행위 융합**
>
> 생각한 것이 곧 행위한 것과 다르지 않다는 믿음을 의미하며, 2가지의 유형이 있다. 비윤리적인 생각을 하는 것이 실제로 그러한 행위를 한 것과 도덕적으로 다르지 않다는 도덕성 융합과 비윤리적 생각을 하게 되면, 실제로 그 행위를 하게 될 가능성이 높아진다는 발생 가능성 융합이 바로 그것이다. 강박장애를 지닌 사람은 '사고-행위 융합'의 인지적 특성을 가지고 있어 침투적 사고에 대해 과도한 책임감을 느끼기 때문에 사고 억제를 시도한다.

ⓒ 강박장애 환자는 불확실성이나 불완전함(예 실수나 오류)을 참지 못하고 완벽과 완전함을 추구하는 특성이 있다. 이들에게는 부정적인 결과가 발생하지 않을 것이라는 100%의 절대적인 확신을 가지는 것이 중요하며 이들은 절대적 확신을 갖는 것이 가능하다는 잘못된 신념을 가지고 있다.

③ 라크만(Rachman, 1998): 강박장애를 유발하는 핵심적 인지요인이 침투적 사고에 대한 평가과정에서 나타나는 파국적 해석이라고 본다. 처음에는 중립적 자극이던 침투적 사고에 대해 파국적 해석을 하면 침투적 사고는 개인에게 중요한 의미를 지니는 동시에 더욱 빈번하게 나타나고 통제하기도 어려워진다.

④ 사고 억제의 역설적 효과(ironic effect of thought suppression): 강박장애를 지닌 사람은 우연히 떠오른 불쾌한 침투적 사고에 대해 과도한 책임감을 느끼고 이러한 사고를 억제하려 노력하지만, 사고 억제의 역설적 효과에 의해 오히려 침투적 사고가 더욱 빈번하게 떠오르게 된다. 따라서 보다 강하게 사고 억제를 시도하고, 그 결과 더 자주 침투적 사고가 의식에 떠오르는 악순환이 반복되면서 병적인 강박사고로 발전한다.

(2) 정신분석적 입장

① 특정 방어기제를 통해 무의식적 갈등으로 인한 불안에 대처하려 할 때: 항문기에 억압되었던 욕구나 충동이 재활성화되어 나타난다. 이 충동이 의식에 떠오르면 불안을 경험하며, 이를 통제하기 위해 4가지 방어기제를 사용한다.

② 방어기제 4가지 [기출 17]

구분	내용
격리 (isolation)	• 사고와 그 사고에 수반되는 감정을 단절시키는 방어기제 예 난폭한 강박사고를 지닌 사람은 이러한 생각에 집착함으로써 이에 수반되는 분노감정을 경험하지 않게 됨
대치 (displacement)	• 본래의 욕구를 다른 것으로 대체하여 위장함으로써 불안을 감소시킴 예 자물쇠 잠그는 일에 집착함으로써 부부갈등이라는 위협을 간과할 수 있게 함
반동 형성 (reaction formation)	• 자신의 실제 욕구와 반대되는 방식으로 행동하는 것 예 난폭한 강박사고에서 상징적으로 나타나는 공격적인 충동과 다르게 평소에는 매우 친절한 행동으로 일관하는 것
취소 (undoing)	• 이미 벌어진 일을 어떤 행위로 무효화하려는 시도 • 죄의식이나 불안을 감소시킬 수 있음

(3) 생물학적 입장

① 전두엽 기능 손상: 강박장애 환자가 융통성 없이 반복적인 행동을 하고, 이러한 행동을 잘 통제하지 못하는 것은 전두엽의 기능 손상 때문이다.

② 기저핵 기능 손상: 부적절한 자극에 집착하게 된다.

③ 세로토닌 재흡수 억제제를 사용한 경우 치료효과가 나타남: 강박장애가 세로토닌과 관련된다는 주장이 제기되었다.

(4) 노출 및 반응방지법(ERP) `기출 21`

① 학습이론에 근거한 행동치료적 기법으로, 강박장애 환자를 그가 두려워하는 자극(⑳ 더러운 물질)이나 사고 (⑳ 손에 병균이 묻었다는 생각)에 노출시키되, 강박행동(⑳ 손 씻는 행동)은 하지 못하게 하는 방법이다.

② 이러한 시행을 통해 두려워하는 자극과 사고를 강박행동 없이 견뎌내는 둔감화 효과가 나타날 뿐만 아니라 강 박행동을 안 해도 그들이 두려워하는 결과(⑳ 병에 전염)가 일어나지 않는다는 사실을 학습한다.

③ **노출**: 일반적으로 약한 불안을 느끼는 자극부터 점차 강한 불안을 느끼는 자극으로 진행된다.

    ㉠ **실제적 노출**: 실제 불안상황에 직접 맞닥뜨리게 한다. ⑳ 문 손잡이를 실제로 만지는 것

    ㉡ **심상적 노출**: 불안상황을 상상하게 한다. ⑳ 변기를 만지는 것 상상하기

(5) 인지적 치료기법

① 침투적 사고가 위험하지도 중요하지도 않은 정상적인 경험이라는 점을 설명하면서 시작한다.

② 침투적 사고는 그 내용이 아무리 비윤리적이고 위협적인 것이라도 누구나 경험하는 보편적 현상이므로, 자연스 러운 것으로 받아들이고 통제하려 하지 않으면 저절로 사라진다. 문제는 침투적 사고에 대한 과도한 책임감과 통제의무감을 느끼게 만드는 자동적 사고이다.

③ **상담자의 역할**

    ㉠ 자동적 사고의 중요성을 강조하고 환자가 가진 자동적 사고를 찾아내 변화시킴으로써 강박적 사고와 행동을 감소시킨다.

    ㉡ 사고에 과도한 중요성을 부여하고 사고를 통제하려는 욕구, 불확실성을 견디지 못하는 완벽주의와 같은 역 기능적 신념을 확인하고 변화시킨다.

(6) 인지행동치료

① **사고중지법**: 강박사고가 떠오를 때마다 환자가 스스로 '그만(stop)'이라고 소리침으로써 강박사고에 집착하는 것을 완화하는 방법이다.

② **반응예방법**: 어떤 행동을 하고 싶은 충동이 발생했을 때 그것을 곧바로 행동에 옮기지 못하게 하는 방법으로, 반응예방법의 한 예가 노출 및 반응방지법이다.

③ **노출치료**: 환자를 불안에 노출시키고, 강박행동을 하지 않았을 때의 결과를 알아보게 하는 방법이다.

---

16 신체이형장애(body dysmorphic disorder)

1. 임상적 특징과 진단기준

(1) 임상적 특징

① 자신의 외모가 기형적이라는 생각에 잘못된 집착을 하는 경우로 '신체추형장애', '신체기형장애'라고도 한다.

② **주된 증상**: 신체적 외모에 있어 한 개 이상의 주관적 결함에 과도하게 집착한다.

③ **증상 시작**: 갑작스러울 수도, 점진적일 수도 있으며, 흔히 외모에 대한 타인의 언급에 의해 촉발될 수도 있다.

④ 주관적 결함은 그 결함이 다른 사람에 의해서는 인식되지 않거나 경미한 것으로 여겨진다. 아울러 반복적인 외현적 행동(예 거울 보기, 지나치게 몸단장하기, 피부 뜯기)이나 내현적 행동(예 자기 외모를 다른 사람과 비교하기)을 보인다. 이 증상으로 인해 심각한 고통을 받거나 삶의 영역에서 심각한 장해를 나타낼 경우 진단된다.

⑤ 신체이형장애는 유병률이 극히 낮다는 보고부터 2%라는 보고도 있다. 흔히 15~20세에 많이 발생하고, 남자보다 여자에게 흔하며 미혼 여성에게 더 자주 발생한다.

(2) DSM-5 진단기준

A. 타인이 알아볼 수 없거나 미미한 정도인 하나 이상의 신체적 외모의 결함을 의식하고 이에 지나친 몰두와 집착을 보임
B. 외모에 대한 걱정으로 질환의 경과 중 어느 시점에 반복적 행동(예 거울 보기, 과도한 치장, 피부 뜯기, 안심하려고 하는 행동)이나 정신적인 행위(예 자신의 외모를 다른 사람과 비교)를 보임
C. 이러한 집착은 사회적·직업적 또는 다른 중요한 기능 영역에서 임상적으로 현저한 고통이나 손상을 초래함
D. 외모에 대한 집착이 섭식장애의 진단을 만족하는 사람에게서 보이는 신체 지방이나 몸무게에 대한 염려로써 더 잘 설명되지 않음
※ 다음의 경우 명시할 것
근육이형증 동반: 자신의 체격이 너무 왜소하거나 근육질이 부족하다는 믿음에 사로잡혀 있음. 흔히 있는 경우지만 다른 신체부위에 사로잡혀 있을 때도 역시 추가 서술될 수 있음

2. 원인과 치료

(1) **정신분석적 입장**: 어린 시절 심리성적 발달과정 중 특수한 경험을 하고 이 경험과 상징적인 연관성을 지닌 특정 신체부위에 집착하게 된다. 즉, 무의식적인 성적 또는 정서적 갈등이 신체부위에 대치되어 나타난다.

(2) **인지행동적 입장**: 신체적 외모의 매력을 일반인보다 더 민감하게 느끼는 경향이 있고, 모호한 사회적 상황이나 외모와 관련된 평가를 일반인보다 부정적이고 위협적인 것으로 해석한다.

> **참고** **비일(Veale)의 주장(2004)**
>
> 신체이형장애 환자가 보이는 사고의 핵심적 특징은 자신의 신체상에 대한 부정적 평가이다. 부정적 신체상에 집착하게 되는 최초의 촉발 요인은 우연히 거울을 보면서 자신의 외모에서 특이한 점을 발견한다거나 자신의 외모에 대한 다른 사람의 논평을 접하는 것일 수도 있다. 이러한 우연적 사건을 통해 자신의 신체적 특성에 주목하게 되면서 자신의 외모를 미적 대상으로 바라보고 평가하게 된다. 또한 외모에 대한 높은 미적 민감성을 가지고 있어 자신의 외모를 조화와 균형이나 성적인 매력 측면에서 비판적으로 평가하고, 자기 얼굴의 미묘한 비대칭성이나 사소한 결함을 발견하게 된다.

(3) 생물학적 치료

세로토닌 재흡수 억제제 약물을 사용하며, 이는 흔히 망상적 수준의 신체이형장애 환자의 증상과 관련이 있다.

(4) 인지행동치료법

① **노출 및 반응방지법(ERP)**: 신체이형장애는 흔히 강박장애를 동반하고, 자신의 외모가 기형적이라는 불쾌한 생각이 지속적으로 침투하며, 이를 확인하거나 교정하려는 반복적 행동을 보인다는 점에서 강박장애와 유사하다.

② **노출치료**: 혐오스럽다고 생각되는 부분을 감추기보다는 옷을 입고(노출) 거울을 본다거나 안심을 구하는 행동을 하고, 또는 반복적으로 가상의 결함을 체크하는 행동을 하지 못하게 하고, 불안을 유발하는 상황에서 몸에 대한 왜곡된 지각을 확인하고 변화시킬 수 있다.

17 수집광(수집장애, hoarding disorder)

1. 임상적 특징과 진단기준

(1) 임상적 특징

① 언젠가는 필요할지 모른다는 생각으로 버려야 할 물건을 집 안에 산더미처럼 쌓아두는 장애이다.

② 주된 진단기준: 불필요한 물건을 버리지 못하는 것이다.

　　㉠ 물건을 보관하려는 강한 충동을 느끼며 버리는 것을 고통으로 여긴다.

　　㉡ 물건을 버려야 할지 말지의 우유부단성 때문에 명백히 쓸모없는 무가치한 물건도 버리지 못한다.

③ 구분

　　㉠ 강박적 저장: 불필요한 물건을 버리지 못하고 보관하는 것이다. 물건을 없애는 것에 대한 두려움으로 인해 쓸모없는 것을 버리지 못할 뿐만 아니라 다른 사람에게 주거나 팔지도 못하고 보관한다.

　　㉡ 강박적 수집: 불필요한 물건을 모으거나 지나치게 많은 물건을 구입하는 것이다.

(2) DSM-5 진단기준

A. 실제 가치와는 상관없이 소지품을 버리거나 소지품과 분리되는 것을 지속적으로 어려워함

B. 이 어려움은 소지품을 보관해야만 한다는 욕구와 이를 버리는 것에 따르는 고통으로 인해 발생함

C. 소지품을 버리기 어려워해서 결국 물건이 모여 쌓이고, 이는 소지품의 원래 용도를 심각하게 저해하여 생활을 어지럽힘. 생활이 어지럽혀지지 않는 것은 가족 구성원, 청소부, 다른 권위자 등 제3자의 개입이 있는 경우뿐임

D. 수집광 증상은 (자신과 타인을 위한 안전한 환경을 유지하는 것을 포함) 사회적·직업적 또는 다른 중요한 기능 영역에서 임상적으로 현저한 고통이나 손상을 초래함

E. 수집광 증상은 뇌손상이나 뇌혈관 질환, 프래더-윌리 증후군과 같은 다른 의학적 상태로 인한 것이 아님

F. 수집광 증상은 다른 정신질환으로 더 잘 설명되지 않음

　　예 강박장애의 강박사고, 주요 우울장애의 감소된 에너지, 조현병이나 다른 정신병적 장애의 망상, 주요 신경인지장애에서의 인지능력 결함, 자폐 스펙트럼장애에서의 제한된 흥미

2. 원인과 치료

(1) 정신분석적 입장

① 항문기적 성격의 3대 특성(인색함, 고집이 세다, 질서 중시) 중 하나인 인색함을 반영하는 것이며, 항문기에 고착되어 항문기적 성격을 형성한 사람이 보이는 반항적 공격성으로 이해할 수도 있다.

② 대상관계: 전이대상(아동이 독립성 발달 과정에서 부모를 대신하여 과도하게 집착하는 애착대상)에 주목한다. 즉, 다양한 물건에 과도한 정서적 애착을 보이는 심리적 문제로 이해될 수 있다.

(2) 인지행동적 입장

① 정보처리 결함에 주목하고, 저장행동을 4가지 인지기능의 결함으로 설명한다.

② 인지기능의 결함 4가지

　㉠ **의사결정에 어려움을 느끼는 우유부단함**: 강박적 저장장애 환자의 대표적 특성으로, 무엇을 모으고 무엇을 버릴지에 대한 결정뿐만 아니라 일반적인 의사결정에도 어려움을 겪는다.

　㉡ **유목화 또는 조직화의 결함**: 범주의 경계를 지나치게 좁게 정의하여 한 범주에 너무 적은 물건이 속하게 되어, 개인의 물건을 분류하는 데 수많은 범주가 필요하다.

　㉢ **기억의 결함**: 자신의 기억에 대한 확신이 부족하기 때문에 물건을 보관해야 자신의 기억과 정보가 잊히지 않는다고 믿으며, 정보를 기억하고 기록하는 것을 매우 중요하게 여긴다.

　㉣ **손실의 과장된 평가**: 저장행동은 과장된 손실을 회피하기 위한 행동으로, 물건을 보관하면 언젠가 필요할 수 있고 다른 사람이 사용할 수도 있으며 미적으로도 보기에 좋은 물건이 손실되는 것을 막을 수 있다고 생각한다.

(3) 치료

① **인지행동치료**: 많은 물건을 수집하는 이유를 발견하여 지각하게 하는 동시에 소유물을 가치와 유용성에 따라 정리하는 방법을 가르친다. 특히 소유물 가운데 어떤 것을 보관하고 버릴지를 명료하게 결정할 수 있도록 의사결정 기술을 향상시키는 것이 중요하다.

② **약물치료**: 삼환계 항우울제, 선택적 세로토닌 재흡수 억제제 등의 항우울제가 저장 증상의 완화에 도움을 줄 수 있다.

18　발모광(trichotillomania) 또는 모발뽑기장애(hair-pulling disorder)

1. 임상적 특징과 진단기준

(1) 임상적 특징

① 자신의 모발을 반복적으로 뽑는 장애를 말한다.

② 머리카락을 뽑는 행동을 하기 직전이나 머리카락을 뽑는 행동을 하지 않으려고 할 때마다 긴장감이 높아지며, 머리카락을 뽑는 행동을 할 때마다 쾌락, 만족감, 해방감을 느낀다.

(2) DSM-5 진단기준

> A. 탈모로 이어지는 반복적인 스스로의 모발 뽑기
> B. 모발을 뽑는 행위를 줄이거나 멈추려는 반복적인 시도가 있음
> C. 모발 뽑기는 사회적·직업적 또는 다른 중요한 기능 영역에서 임상적으로 현저한 고통이나 손상을 초래함
> D. 모발 뽑기는 (피부과적 질환과 같은) 다른 의학적 상태로 인한 것이 아님
> E. 모발 뽑기는 (신체이형장애 환자가 의식하는 외모 결함을 개선시키려는 시도처럼) 다른 정신질환으로 더 잘 설명되지 않음

2. 원인과 치료

(1) 정신분석적 입장

① 어린 시절의 정서적 결핍 경험과 관련: 모발뽑기장애를 지닌 사람은 흔히 자신의 어머니를 거부적이고 가학적인 성격의 소유자로 묘사하고, 아버지는 무능하고 유약한 사람으로 묘사한다.

② 다른 사람의 애정과 신체 접촉에 대한 강한 욕구를 지님: 미숙하고 부적응적인 방식으로 이 욕구를 충족하고자 노력한다.

(2) 스트레스 상황

① 대부분 스트레스 상황에서 발모행동이 증대: 이는 스트레스가 발모광 증상과 관련되어 있음을 시사한다.

② 지적장애 아동도 머리카락을 뽑는 행동을 자주 보임: 뇌기능 이상도 발모광과 연관될 가능성이 있다.

(3) 행동치료

① 자기관찰법: 자신 스스로 머리카락 뽑는 행동을 조사하고 주의를 기울이게 한다.

② 습관 반전법: 머리카락을 뽑고 싶은 충동이 들 때 머리카락을 뽑는 대신 다른 행동을 하게 한다.

③ 동기 향상법: 발모행동을 멈추어야 하는 이유와 목록을 작성하여 반복적으로 읽게 한다.

④ 내면적 독백 변화시키기: 발모행동을 하면서 나타내는 내면적 언어를 순기능적인 속말로 변화시킨다.

> **참고** **습관 반전 훈련(HRT; Habit-Reversal Training)**
>
> 틱이나 손가락 빨기, 털뽑기장애(피부뜯기장애)와 같은 습관장애를 치료하기 위한 행동치료다. HRT는 목표행동을 자각하기, 대안적인 대처기술 가르치기, 동기를 유지하기, 일반화시키기 등의 내용으로 구성된다. 최근에는 HRT를 수정한 많은 기법들이 활용되고 있다. 털을 뽑는 것과 관련된 조건화된 단서를 자각하고, 털 뽑기 행동을 제지하고, 적응적인 행동 반응을 적용해 보는 것과 같은 기법이 문제 해결에 도움이 될 수 있다.

(4) 약물치료

리튬, 항불안제, 선택적 세로토닌 재흡수 억제제와 같은 항우울제가 효과적이라는 보고가 있다.

1. 임상적 특징과 진단기준

(1) 임상적 특징

① 반복적으로 피부를 벗기거나 뜯어 피부를 손상시키는 행동을 하는 경우이다.

② 피부 뜯기 행동은 불안과 긴장이 높아지거나 스트레스를 받으면 증가: 이 경우 피부 표면을 벗기거나 물거나 긁고 싶은 강박적 충동을 경험한다.

(2) DSM-5 진단기준

A. 피부 병변으로 이어지는 반복적인 피부 뜯기

B. 피부 뜯기 행동을 줄이거나 멈추려는 반복적인 시도가 있었음

C. 피부 뜯기는 사회적·직업적 또는 다른 중요한 기능 영역에서 임상적으로 현저한 고통이나 손상을 초래함

D. 피부 뜯기는 물질(예 코카인)의 생리적 효과나 다른 의학적 상태(예 옴)에 의한 것이 아님

E. 피부 뜯기는 다른 정신질환(예 정신병적 장애에서의 망상이나 환촉, 신체이형장애에서의 외모상 결함을 인식하고 이를 개선하려는 시도, 상동증적 운동장애에서의 상동증, 자살 의도가 없는 자해에서의 자해 의도)으로 더 잘 설명되지 않음

2. 원인과 치료

(1) 정신분석적 입장

① 미해결된 아동기의 정서적 문제와 관련된다.

② 대체로 발모광과 유사한 정신적 역동에 의해 발생한다고 보며, 특히 권위적인 부모에 대한 억압된 분노의 표현이라고 주장한다.

(2) 인지행동적 입장

① 피부 뜯기 행동을 스트레스에 대한 일종의 대처방식으로 간주한다.

② '자기-진정하기(self-soothing)'와 '자극하기(stimulation)'의 양면적인 효과를 통해 적정 수준의 각성을 유지하는 것과 관련된 행동으로 추정한다.

(3) 행동치료

① **자기관찰**: 환자가 자기관찰을 통해 피부 뜯기 행동이 나타나는 횟수, 상황을 기록하게 함으로써 자신의 증상을 자각하게 한다.

② **습관 반전법**: 피부를 뜯고자 하는 충동이 일어날 때 다른 행동을 하도록 가르치고, 특히 피부 뜯기와 동시에 할 수 없는 경쟁반응을 하도록 학습시킨다.

ㄱ 반복적인 행동을 주의 깊게 관찰하도록 지시하고, 그 행동이 막 시작되려고 할 때 껌을 씹거나, 피부를 부드럽게 하는 로션을 바르거나, 즐겁고 해가 없는 다른 행동으로 바꾸게 하는 것이 도움이 된다.

ㄴ 제한점: 환자, 치료자 사이에 협력이 필요하고 하루 종일 행동을 면밀히 검토해야 한다는 제한점이 있다.

③ **자극통제**: 환자가 피부 뜯기 충동을 느끼게 되는 자극을 확인하고 그 자극을 회피하게 돕는다.

제 **5** 절 외상 및 스트레스 사건 관련 장애

외상 및 스트레스 사건 관련 장애 개관

하위 유형	주요 진단 특징
반응성 애착장애	생후 9개월부터 5세 이전의 아동이 애착외상이나 애착결핍 때문에 심리적으로 위축되어 있고, 발달적으로 적절한 관계 형성을 하지 못하는 경우
탈억제성 사회적 유대감장애	생후 9개월 이상의 아동이 애착외상이나 애착결핍 때문에 처음 본 사람에게도 무분별한 친밀감과 망설임 없는 애착을 보이는 경우
외상 후 스트레스장애	어떤 충격적인 외상적 사건을 경험한 이후에 그 후유증으로 1개월 이상 다양한 부적응적 증상이 재경험되는 경우
급성 스트레스장애	충격적인 외상적 사건을 경험한 후에 후유증으로 3일 이상 1개월 이내로 다양한 부적응적 증상이 재경험되는 경우
적응장애	어떤 스트레스 사건에 대한 적응실패로 정서적·행동적 문제가 3개월 이내에 발생하고, 그 스트레스 요인이 사라지면 6개월 이내로 회복되는 경우

20 반응성 애착장애(reactive attachment disorder)

1. 임상적 특징과 진단기준

(1) 임상적 특징
① 양육자와의 애착외상으로 인해 과도하게 위축된 대인관계 패턴을 나타내는 경우를 말한다.
② 생후 9개월 이상부터 만 5세 이전의 아동에게 주로 발생하며, 부모를 비롯한 타인과의 접촉을 두려워하고 회피하며 사회성 발달에 어려움을 겪는다.
③ 애착외상: 장애의 핵심은 양육자로부터 적절한 애정을 받지 못한 것으로, 부모나 양육자와의 관계에서 아동이 심리적 상처를 입은 결과 심각하게 애착이 결핍된 상태이다.
　㉠ 억제형: 다른 사람과의 관계를 두려워하거나 회피하는 것으로, DSM-5에서는 '반응성 애착장애'라고 한다.
　㉡ 탈억제형: 누구에게나 부적절한 친밀감을 보이는 것으로, DSM-5에서는 '사회적 유대감장애'라고 한다.
④ 자폐 스펙트럼장애(ASD)와 반응성 애착장애(RAD)의 차이점
　㉠ 첫째, RAD의 경우, 사회적 방임의 과거력이 있지만 ASD에서는 매우 드물게 나타난다.
　㉡ 둘째, ASD에서 나타나는 제한된 관심과 반복적인 행동은 RAD의 주요 특징이 아니다.
　㉢ 셋째, ASD는 사회적 의사소통에 결함을 보이지만, RAD는 그렇지 않다.
　㉣ 넷째, ASD는 자신의 발달 수준에 맞는 선택적 애착행동을 보이는 반면, RAD는 그렇지 않거나 일관성 없는 행동을 보인다.
⑤ 잘 알려져 있지 않지만 반응성 애착장애의 유병률은 매우 드문 것으로 보고: 심각한 방임 상태에서 양육된 아동 중에서도 10% 이하에서만 나타나는 것으로 알려져 있다.

(2) DSM-5 진단기준

> A. 성인 보호자에 대한 억제되고 감정적으로 위축된 행동의 일관된 양식이 다음의 2가지 모두로 나타남
> 　1. 아동은 정신적 고통을 받을 때 거의 안락을 찾지 않거나 최소한의 정도로만 안락을 찾음
> 　2. 아동은 정신적 고통을 받을 때 거의 안락에 대한 반응이 없거나 최소한의 정도로만 안락에 대해 반응함
> B. 지속적인 사회적·감정적 장애가 다음 중 최소 2가지 이상으로 나타남
> 　1. 타인에 대한 최소한의 사회적·감정적 반응성
> 　2. 제한된 긍정적 정동
> 　3. 성인 보호자와 비위협적인 상호작용을 하는 동안에도 설명되지 않는 과민성, 슬픔 또는 무서움의 삽화
> C. 아동이 불충분한 양육의 극단적인 양식을 경험했다는 것이 다음 중 최소 한 가지 이상에서 분명하게 드러남
> 　1. 성인 보호자에 의해 충족되는 안락과 자극, 애정 등의 기본적인 감정적 요구에 대한 지속적인 결핍이 사회적 방임
> 　　또는 박탈의 형태로 나타남
> 　2. 안정된 애착을 형성할 기회를 제한하는 주 보호자의 반복적인 교체 (예)위탁 보육에서의 잦은 교체
> 　3. 선택적 애착을 형성할 기회를 고도로(심각하게) 제한하는 독특한 구조의 양육 (예)아동이 많고 보호자가 적은 기관
> D. 진단기준 C의 양육이 진단기준 A의 장애행동의 원인이 되는 것으로 추정됨
> 　(예)진단기준 A의 장애는, 진단기준 C의 적절한 양육결핍 후에 시작됐음
> E. 진단기준이 자폐 스펙트럼장애의 기준을 만족하지 않음
> F. 장애가 5세 이전에 시작된 것이 명백함
> G. 아동의 발달연령이 최소 9개월 이상이어야 함
> 　※ 다음의 경우 명시할 것
> 　　지속성: 장애가 현재까지 12개월 이상 지속되어왔음
> 　※ 현재의 심각도를 명시할 것
> 　　반응성 애착장애에서 아동이 장애의 모든 증상을 드러내며, 각 증상이 상대적으로 높은 수준을 보일 때 고도로 명시함

2. 원인과 치료

(1) 대상관계이론

① **탈애착(detachment)**: 부모의 학대나 무관심에 저항하다가 나중에는 실망과 좌절상태에 빠지고 끝내 애착의 노력을 중단하는 경향을 나타내는데, 이를 '탈애착'이라고 한다.

② 정서적으로 탈애착된 상태의 아동은 어머니가 돌아와도 어머니에 대한 분노를 가지고 다시 거부당하는 일이 생길까봐 두려워하면서, 어머니에게 양가감정을 갖고 낯선 사람 대하듯 무관심하거나 회피적인 반응을 보인다. 이 아동은 부모에 대한 접근욕구와 회피욕구 간의 갈등에서 벗어나고자 다른 곳으로 관심을 돌린다.

(2) 기질

① **기질적 과민성**: 선천적으로 과민성을 지니고 태어난 아동은 양육자의 학대나 방임을 유발할 수 있고, 애착결핍에 대해 지나친 좌절을 겪으며 위축된 회피적 행동을 나타낼 수 있다.

② 기질과 부모의 양육태도가 어떻게 상호작용하여 애착장애를 유발하는지에 대해서는 충분히 알려지지 않았다.

(3) 치료

① **아동과 양육자의 애착관계 개선**: 치료와 예방은 양육자의 정서적 감수성과 반응성을 증진시켜 아동과의 상호작용을 긍정적으로 변화시키는 데 초점을 맞춘다.

② 아동에게 정서적으로 애정과 관심을 기울일 수 있는 한 명의 양육자를 제공하는 것이 필수적이다.

1. 임상적 특징과 진단기준

(1) 임상적 특징

① 양육자와의 애착외상을 경험한 아동이 누구든지 낯선 성인에게 아무런 주저 없이 과도한 친밀감을 표현하며 접근하는 경우를 말한다.

② 반응성 애착장애 아동처럼 대부분이 양육자로부터 학대나 방임을 당한 경험을 가지지만, 탈억제성 사회적 유대감장애 아동은 위축된 반응 대신 무분별한 사회성과 과도한 친밀감을 나타내는 부적응행동을 보인다.

③ 사회적 충동성을 나타낸다는 점에서 주의력결핍 과잉행동장애(ADHD)와 유사하지만, 주의집중 곤란과 과잉행동이 없다는 점에서 구별된다.

(2) DSM-5 진단기준

A. 아동이 낯선 성인에게 활발하게 접근하고 소통하면서 다음 중 2가지 이상의 행동 양식을 보임
  1. 낯선 성인에게 접근하고 소통하는 데 주의가 약하거나 없음
  2. 과도하게 친숙한 언어적 또는 신체적 행동(문화적으로 허용되고 나이에 합당한 수준이 아님)
  3. 낯선 환경에서 성인 보호자와 모험을 감행하는 데 있어 경계하는 정도가 떨어지거나 부재함
  4. 낯선 성인을 따라가는 데 있어 주저함이 적거나 없음
B. 진단기준 A의 행동은 (주의력결핍 과잉행동장애의) 충동성에 국한되지 않고, 사회적으로 탈억제된 행동을 포함
C. 아동이 불충분한 양육의 극단적인 양식을 경험했다는 것이 다음 중 최소 1가지 이상에서 분명하게 드러남
  1. 성인 보호자에 의해 충족되는 안락과 자극, 애정 등의 기본적인 감정적 요구에 대한 지속적인 결핍이 사회적 방임 또는 박탈의 형태로 나타남
  2. 안정된 애착을 형성하는 기회를 제한하는 주 보호자의 반복적인 교체 예 위탁 보육에서의 잦은 교체
  3. 선택적 애착을 형성하는 기회를 고도로(심각하게) 제한하는 독특한 구조의 양육 예 아동이 많고 보호자가 적은 기관
D. 진단기준 C의 양육이 진단기준 A의 장애행동에 대한 원인이 되는 것으로 추정됨
  예 진단기준 A의 장애는 진단기준 C의 적절한 양육결핍 후에 시작했음
E. 아동의 발달연령이 최소 9개월 이상이어야 함

2. 원인과 치료

(1) 원인

① 아직 잘 알려지지 않았으나 대체로 반응성 애착장애의 원인과 유사한 것으로 추정된다.

② 선천적 기질 차이: 반응성 애착장애를 지닌 아동은 선천적으로 내향성과 과민한 기질을 타고나 애착결핍에 회피적 반응을 보이고, 탈억제성 사회적 유대감장애를 지닌 아동은 선천적으로 외향성과 자극추구 기질을 타고나 애착결핍에 대해 무분별한 사회성과 충동적 행동으로 반응하는 것으로 추정된다.

(2) 치료

① 반응성 애착장애와 동일한 방법: 한 명의 양육자와 친밀한 애착관계를 형성하게 돕는 것이 필수적이다.

② 반응성 애착장애는 우울정서와 밀접하게 관련되고 향상된 양육환경이 주어지면 증상이 호전되지만 탈억제성 사회적 유대감장애는 부주의, 과잉행동과 더 관련이 높고 양육환경이 향상되어도 증상은 잘 개선되지 않는 경향이 있다.

1. 외상 후 스트레스장애(PTSD; Post-Traumatic Stress Disorders)의 임상적 특징과 진단기준

(1) 임상적 특징

① 충격적인 외상사건을 경험한 후에 다양한 심리증상이 나타나는 경우이다.

　ⓐ **외상사건**: 죽음, 죽음의 위협, 신체적 상해, 성폭력 등 개인에게 심각한 충격을 주는 다양한 사건을 말한다.

　ⓑ **외상경험**: 개인이 외상사건을 직접 경험한 경우뿐 아니라 타인에게 일어난 사건을 가까이에서 목격하거나 친밀한 사람에게 그러한 사건이 발생했음을 알게 된 경우에도 생길 수 있다.

② **심리적 증상**: 외상사건 경험 후 4가지 증상이 1개월 이상 나타나 일상생활에 심각한 장해를 받을 때 진단된다.

증상	내용
침투 증상	• 외상사건과 관련된 기억, 감정이 자꾸 의식에 침투하여 재경험됨. 과거가 현재에 끊임없이 침습함 • 외상사건의 고통스러운 기억이 자꾸 떠오르거나 꿈에 나타나기도 함 • 외상사건과 관련된 자극을 접하면 그 사건이 실제로 발생하고 있는 것 같은 재현 경험을 하거나 강한 심리적 고통, 과도한 생리적 반응을 나타냄
외상사건과 관련된 자극 회피	• 외상사건의 경험이 매우 고통스러워 그와 관련된 기억, 생각, 감정을 떠올리지 않으려고 함 • 외상사건과 관련된 생각, 대화뿐만 아니라 그와 관련된 사람이나 장소도 회피하며, 고통스러운 외상 경험을 떠올릴 수 있는 모든 자극과 단서(예 사람, 장소, 대화, 활동, 대상, 상황)를 피하려고 노력함
외상사건과 관련된 인지와 감정의 부정적 변화	• 외상사건의 중요한 일부를 기억하지 못하거나 외상사건의 원인 또는 결과를 왜곡하여 받아들임으로써 자신이나 타인을 책망함 • **부정적 신념**: 자신, 타인, 세상에 대한 과도하게 부정적인 신념 　예 "나는 나쁜 놈이야.", "아무도 믿을 수 없어.", "세상은 완전히 위험 천지야." • **부정 정서**: 공포, 분노, 죄책감, 수치심 등을 느끼거나 다른 사람에게 거리감, 소외감을 느끼기도 함
각성과 반응성의 현저한 변화	• 평소에도 늘 과민하며 주의집중을 잘하지 못하고 사소한 자극에도 크게 놀라는 반응을 보임 • 사소한 일에 크게 짜증을 내거나 분노를 폭발하기도 함 • 잠을 잘 이루지 못하거나 쉽게 잘 깨는 등 수면 곤란을 겪음

③ **공병률**: 가장 높은 공병률을 보이는 정신장애는 주요 우울장애로, 약 50%의 외상 후 스트레스장애 환자에게 나타난다. 그 다음은 범불안장애로 38%의 공병률을 보인다.

④ **지연성(늦은 발병) PTSD**: 외상사건 이후 6개월 이상이 지나고 PTSD 진단을 받은 경우에 해당한다.

　예 6개월이 넘어서 진단이 시작된 경우

⑤ **해리 증상 동반 PTSD**: PTSD 진단기준을 충족하고, 자신의 신체로부터 분리되는 듯한 이인감(이인증)이나 자신의 현실세계로부터 분리된 듯한 비현실감을 경험하는 경우에 진단된다.

(2) DSM-5 진단기준 _{기출 15, 24}

〈외상 후 스트레스장애〉
※ 주의점: 이 기준은 성인, 청소년, 7세 이상의 아동에게 적용함. 6세 이하의 아동의 경우 다음의 해당 기준 참고

A. 실제적이거나 위협적인 죽음, 심각한 부상, 성폭력에의 노출이 다음 방식 가운데 1가지(또는 그 이상)에서 나타남
   1. 외상성 사건(들)의 직접적인 경험
   2. 그 사건(들)이 다른 사람에게 일어난 것을 생생하게 목격함
   3. 외상성 사건(들)이 가족, 가까운 친척 또는 친한 친구에게 일어난 것을 알게 됨
      ※ 주의점: 가족, 친척, 친구에게 생긴 실제적이거나 위협적인 죽음은 폭력적이거나 돌발적으로 발생한 것이어야 함
   4. 외상성 사건(들)의 혐오스러운 세부사항에 대한 반복적이거나 지나친 노출의 경험
      예 변사체 처리의 최초 대처자, 아동학대의 세부사항에 반복적으로 노출된 경찰관
      ※ 주의점: 진단기준 A4는 노출이 일과 관계된 것이 아닌 한 전자미디어, 텔레비전, 영화, 사진을 통해 노출된 경우 적용하지 않음

B. 외상성 사건(들)이 일어난 후에 시작된 외상성 사건(들)과 관련이 있는 침습(침투) 증상의 존재가 다음 중 한 가지(또는 그 이상)에서 나타남
   1. 외상성 사건(들)의 반복적이고 불수의적이며, 침습적인 고통스러운 기억
      ※ 주의점: 7세 이상의 아동에서는 외상성 사건(들)의 주제 또는 양상이 표현되는 반복적인 놀이로 나타날 수 있음
   2. 꿈의 내용과 정동이 외상성 사건(들)과 관련되는, 반복적으로 나타나는 고통스러운 꿈
      ※ 주의점: 아동의 경우 내용을 알 수 없는 악몽으로 나타나기도 함
   3. 외상성 사건(들)이 재생되는 것처럼 개인이 느끼고 행동하게 되는 해리성 반응
      예 플래시백(그러한 반응은 연속선상에서 나타나며, 가장 극한 표현은 현재 주변상황에 대한 인식의 완전한 소실일 수 있음)
      ※ 주의점: 아동에서는 외상의 특정한 재현이 놀이로 나타날 수 있음
   4. 외상성 사건(들)을 상징하거나 닮은 내부/외부의 단서에 노출될 때 나타나는 극심하거나 장기적인 심리적 고통
   5. 외상성 사건(들)을 상징하거나 닮은 내부/외부의 단서에 대한 뚜렷한 생리적 반응

C. 외상성 사건(들)이 일어난 후에 시작된 외상성 사건(들)과 관련이 있는 자극에 대한 지속적인 회피가 다음 중 1가지 또는 2가지 모두에서 명백함
   1. 외상성 사건(들)에 대한 또는 밀접한 관련이 있는 고통스러운 기억, 생각, 감정을 회피하거나 회피하려는 노력
   2. 외상성 사건(들)에 대한 또는 밀접한 관련이 있는 고통스러운 기억, 생각, 감정을 불러일으키는 외부적 암시(사람, 장소, 대화, 행동, 사물, 상황)를 회피하거나 회피하려는 노력

D. 외상성 사건(들)이 일어난 후에 시작되거나 악화된, 외상성 사건(들)과 관련 있는 인지와 감정의 부정적 변화가 다음 중 2가지(또는 그 이상)에서 나타남
   1. 외상성 사건(들)의 중요한 부분을 기억할 수 없는 무능력(두부 외상, 알코올 또는 약물 등의 이유가 아니며 전형적으로 해리성 기억상실에 기인)
   2. 자신, 다른 사람 또는 세계에 대한 지속적이고 과장된 부정적인 믿음이나 예상
      예 "나는 나쁘다.", "누구도 믿을 수 없다.", "이 세계는 전적으로 위험하다.", "나의 전체 신경계는 영구적으로 파괴됐다."
   3. 외상성 사건(들)의 원인 또는 결과에 대해 지속적으로 왜곡된 인지를 하여 자신이나 다른 사람을 비난함
   4. 지속적으로 부정적인 감정 상태 예 공포, 경악, 화, 죄책감이나 수치심
   5. 주요 활동에 대해 현저하게 저하된 흥미 또는 참여
   6. 다른 사람과의 사이가 멀어지거나 소원해지는 느낌
   7. 긍정적 감정을 경험할 수 없는 지속적인 무능력 예 행복, 만족 또는 사랑의 느낌을 경험할 수 없는 무능력

E. 외상성 사건(들)이 일어난 후에 시작되거나 악화된, 외상성 사건(들)과 관련이 있는 각성과 반응성의 뚜렷한 변화가 다음 중 2가지(또는 그 이상)에서 현저함
   1. (자극이 거의 없거나 아예 없이) 전형적으로 사람이나 사물에 대한 언어적 또는 신체적 공격성으로 표현되는 민감한 행동과 분노폭발
   2. 무모하거나 자기파괴적인 행동
   3. 과각성
   4. 과장된 놀람 반응
   5. 집중력의 문제
   6. 수면 교란 ⑩ 수면을 취하거나 유지하는 데 어려움 또는 불안정한 수면
F. 장해(진단기준 B, C, D, E) 기간이 1개월 이상이어야 함
G. 장해가 사회적, 직업적 또는 다른 중요한 기능 영역에서 임상적으로 현저한 고통이나 손상을 초래함
H. 장해가 물질(⑩ 치료약물이나 알코올)의 생리적 효과나 다른 의학적 상태로 인한 것이 아님
   ※ 다음 중 하나를 명시할 것
      해리 증상 동반: 개인의 증상이 외상 후 스트레스장애의 기준에 부합하고, 또한 스트레스에 반응하여 그 개인이 다음에 해당하는 증상을 지속적이거나 반복적으로 경험
   1. 이인증: 스스로의 정신과정 또는 신체로부터 떨어져 마치 외부 관찰자가 된 것 같은 지속적 또는 반복적 경험
      ⑩ 꿈속에 있는 느낌, 자신 또는 신체에 대한 비현실감과 시간이 느리게 가는 듯한 느낌
   2. 비현실감: 주위 환경의 비현실성에 대한 지속적 또는 반복적 경험
      ⑩ 개인을 둘러싼 세계를 비현실적, 꿈속에 있는 듯한, 멀리 떨어져 있는 또는 왜곡된 것처럼 경험
   ※ 주의점: 이 아형을 쓰려면 해리 증상은 물질의 생리적 효과(⑩ 알코올 중독 상태에서의 일시적 기억상실, 행동), 다른 의학적 상태(⑩ 복합 부분 발작)로 인한 것이 아니어야 함

참고 **6세 이하의 외상 후 스트레스장애**

아동은 성인과 달리 외상을 모두 잊어버릴 수 없고, 성인들이 현실을 회피하거나 부인할 수 있는 데 반해 아동은 현실을 부인하지 않는다. 아동은 외상 사건에 대한 반복적이고 침투적인 고통스러운 회상이 필수적이지 않고, 놀이를 통해 외상의 경험을 재현하기도 한다. 공포증, 분리의 어려움, 매달리는 의존적 반응 또한 흔히 나타나는 반응이다. 시간의 왜곡은 아동들에게 더 일반적이고 극적으로 나타나며 미래에 대한 단축된 시각을 보이는 것도 특징이다. 아동은 외상사건에 대한 꿈을 꾸기도 하지만, 괴물이 나타나거나 남을 구출하거나 자신이나 타인이 위협받는 등의 악몽을 꾸기도 한다.

2. 급성 스트레스장애(ASD; Acute Stress Disorder)의 임상적 특징과 진단기준

(1) 임상적 특징

① 외상사건을 직접 경험하거나 목격한 직후 나타난 부적응 증상이 3일 이상 1개월 내의 단기간 동안 지속되는 경우를 말한다.

② 특징
   ㉠ 증상의 지속기간이 짧다는 점 외에는 주요 증상과 진단기준이 외상 후 스트레스장애와 매우 유사하다.
   ㉡ 충격적인 외상사건과 관련된 부적응 증상이 3일 이상 지속되면 일단 급성 스트레스장애로 진단되고, 1개월이 지나도 증상이 개선되지 않은 채 지속되거나 악화되면 외상 후 스트레스장애로 진단된다.
   ㉢ 약 50%가 외상 후 스트레스장애로 진전된다고 알려져 있다.

③ 5가지 핵심 증상

구분	내용
침투증상 (침습증상)	외상사건의 반복적인 기억, 고통스러운 꿈, 플래시백(섬광기억)과 같은 해리반응, 외상사건과 관련된 단서에 대한 강렬한 반응의 4가지 증상을 의미함
부정적 기분	행복, 만족, 사랑의 감정과 같은 긍정적 기분을 잘 느끼지 못하는 것
해리증상	자신의 주변 세계나 자신에 대한 변형된 인식(현실감의 변화), 외상사건의 중요한 측면을 전혀 기억하지 못하는 것
회피증상	외상사건과 관련된 기억이나 사고 및 감정을 회피하고, 외상사건과 관련된 자극 단서도 회피하는 것
각성증상	수면 곤란, 짜증(과민성)이나 분노폭발, 과도한 경계심, 집중곤란, 과도한 놀람 반응

④ 원인: PTSD와 거의 유사하고 증상도 거의 동등하나 해리증상이 좀 더 강하게 나타날 수 있다. 비현실감, 이인증, 정서적 마비, 기억상실 등이 급성으로 생길 수 있는데, 이는 자신을 보호하는 심리적 방어수단이다.

⑤ PTSD와 마찬가지로 외상적 사건이라는 환경적 촉발요인에 의해 발생: 외상적 사건에 노출된 이후 급성 스트레스장애를 겪는 사람들은 PTSD와 같이 외상 전, 외상 중, 외상 후의 위험요인으로 구분할 수 있다.

⑥ PTSD와 ASD의 차이점

ㄱ PTSD에서 부가적인 진단기준에 고려되었던 해리증상이 ASD에는 포함되어 있다.

ㄴ PTSD로 진단받기 위해서는 4가지 영역 각각 모두 해당 증상이 있어야 하지만, ASD는 5가지 영역의 총 14개 증상 중 영역과 상관없이 9개 증상만 해당되면 진단 가능하다.

(2) DSM-5 진단기준

A. 실제적이거나 위협적인 죽음, 심각한 부상 또는 성폭력에의 노출이 다음의 방식 중 한 가지(또는 그 이상)에서 나타남
  1. 외상성 사건(들)에 대한 직접적인 경험
  2. 그 사건(들)이 다른 사람들에게 일어난 것을 생생하게 목격
  3. 외상성 사건(들)이 가족, 가까운 친척 또는 친한 친구에게 일어난 것을 알게 됨
    ※ 주의점: 가족, 친척 또는 친구에게 생긴 실제적이거나 위협적인 죽음의 경우, 그 사건(들)이 폭력적이거나 돌발적으로 발생한 것이어야만 함
  4. 외상성 사건(들)의 혐오스러운 세부사항에 대한 반복적이거나 지나친 노출의 경험
    예 변사체 처리의 최초 대처자, 아동학대의 세부사항에 반복적으로 노출된 경찰관
    ※ 주의점: 진단기준 A4는 노출이 일과 관계된 것이 아닌 한 전자미디어, 텔레비전, 영화 또는 사진을 통해 노출된 경우는 적용하지 않음
B. 외상성 사건이 일어난 후에 시작되거나 악화된 침습, 부정적 기분, 해리, 회피, 각성의 5가지 범주 중 어느 부분에서라도 다음 증상 중 9가지(또는 그 이상)에서 존재함

⟨침습증상⟩
  1. 외상성 사건(들)의 반복적, 불수의적이고, 침습적인 고통스러운 기억
    ※ 주의점: 아동에서는 외상성 사건(들)의 주제 또는 양상이 표현되는 반복적인 놀이가 나타날 수 있음
  2. 꿈의 내용과 정동이 외상성 사건(들)과 관련되는 반복적으로 나타나는 고통스러운 꿈
    ※ 주의점: 아동에서는 내용을 알 수 없는 악몽으로 나타나기도 함
  3. 외상성 사건(들)이 재생되는 것처럼 그 개인이 느끼고 행동하게 되는 해리성 반응(그러한 반응은 연속선상에서 나타나며, 가장 극한 표현은 현재의 주변 상황에 대한 인식의 완전한 소실일 수 있음)
    예 플래시백
    ※ 주의점: 아동에서는 외상의 특정한 재현이 놀이로 나타날 수 있음

4. 외상성 사건(들)을 상징하거나 닮은 내부 또는 외부의 단서에 노출되었을 때 나타나는 극심하거나 장기적인 심리적 고통 또는 현저한 생리적 반응

〈부정적 기분〉

5. 긍정적 감정을 경험할 수 없는 지속적인 무능력 예 행복, 만족 또는 사랑의 느낌을 경험할 수 없는 무능력

〈해리증상〉

6. 주위 환경 또는 자기 자신에의 현실에 대한 변화된 감각
   예 스스로를 다른 사람의 시각에서 관찰, 혼란스러운 상태에 있는 것, 시간이 느리게 가는 것

7. 외상성 사건(들)의 중요한 부분을 기억하는 데 장애(두부 외상, 알코올 또는 약물 등의 이유가 아니며, 전형적으로 해리성 기억상실에 기인)

〈회피증상〉

8. 외상성 사건(들)에 대한 또는 밀접한 관련이 있는 고통스러운 기억, 생각 또는 감정을 회피하려는 노력

9. 외상성 사건(들)에 대한 또는 밀접한 관련이 있는 고통스러운 기억, 생각 또는 감정을 불러일으키는 외부적인 암시 (사람, 장소, 대화, 행동, 사물, 상황)를 회피하려는 노력

〈각성증상〉

10. 수면 교란 예 수면을 취하거나 유지하는 데 어려움 또는 불안한 수면

11. 전형적으로 사람 또는 사물에 대한 언어적 또는 신체적 공격성으로 표현되는 민감한 행동과 분노폭발(자극이 거의 없거나 아예 없이)

12. 과각성

13. 집중력의 문제

14. 과장된 놀람 반응

C. 장애(진단기준 B의 증상)의 기간은 외상에 노출된 후 3일에서 1개월까지임

※ 주의점: 증상은 전형적으로 외상 후 즉시 시작하지만, 장애 기준을 만족하려면 최소 3일에서 1개월까지 증상이 지속 되어야 함

D. 장애가 사회적·직업적 또는 다른 중요한 기능 영역에서 임상적으로 현저한 고통이나 손상을 초래함

E. 장애가 물질(예 치료약물이나 알코올)의 생리적 효과나 다른 의학적 상태(예 경도 외상성 뇌손상)로 인한 것이 아니며, 단기 정신병적 장애로 더 잘 설명되지 않음

3. 적응장애(adjustment disorder)의 임상적 특징과 진단기준

(1) 임상적 특징

① 주요한 생활사건에 대한 적응 실패로 나타나는 정서적 또는 행동적 증상을 말한다.

② 핵심 특징: 확인 가능한 스트레스 사건에 대한 반응으로 정서적 또는 행동적 증상이 나타난다.

③ 조건

㉠ 분명히 확인할 수 있는 심리사회적 스트레스 사건에 대한 반응으로, 3개월 이내에 부적응 증상이 나타나야 한다.

㉡ 환경적 맥락과 문화적 요인을 고려할 때, 스트레스 사건의 강도에 비해 부적응 증상이 현저하게 심한 것이어 야 한다.

㉢ 이러한 적응문제로 인해 개인이 심각한 고통을 느끼거나 중요한 삶의 영역에서 기능장애가 나타나야 한다.

㉣ 개인이 나타내는 부적응 증상이 다른 정신장애의 진단기준에 맞지 않아야 한다.

④ PTSD나 ASD에서 보게 되는 스트레스 사건보다 경미한 스트레스 사건에 대해 불안반응이나 우울반응을 보이지만 직장, 학교, 대인관계 등에서 장해를 보이고 특히 청소년은 무단결석, 폭력과 같은 품행문제가 나타나기도 한다.

⑤ 흔히 나타나는 부적응 증상: 우울한 기분, 불안 증상과 품행문제이다.

⑥ 심리적 탄력성(resilience, 회복탄력성): 역경에 처해있는 개인이 스트레스로부터 회복하여 긍정적인 적응결과를 가져오게 하는 개인의 심리·사회적 복원력으로, 이는 어린 시절 경험한 부모와의 관계로부터 큰 영향을 받는다.

⑦ 역경 후 성장

구분	내용
외상 후 성장	인간이 살아가면서 경험하는, 매우 도전적인 상황에 투쟁한 결과로 얻는 긍정적인 심리적 변화
역경 후 성장	• 고통과 혼란 속에서 일어나는 다양한 심리적 변화 • 역경 후 성장과정에서 3가지 영역의 긍정적 변화, 즉 자기와 세상에 관한 관점의 변화, 대인관계의 변화, 삶에 대한 철학적 인식의 변화가 일어남

(2) DSM-5 진단기준

A. 인식 가능한 스트레스 요인(들)에 대한 반응으로 감정적 또는 행동적 증상이 스트레스 요인(들)이 시작한 지 3개월 이내에 발달

B. 이러한 증상 또는 행동은 임상적으로 현저하며, 다음 중 한 가지 또는 모두에서 명백함
  1. 증상의 심각도와 발현에 영향을 미치는 외적 맥락과 문화적 요인을 고려할 때 스트레스 요인의 심각도 또는 강도와 균형이 맞지 않는 현저한 고통
  2. 사회적·직업적 또는 다른 중요한 기능 영역에서의 현저한 손상

C. 스트레스와 관련된 장애는 다른 정신질환의 기준을 만족하지 않으며 이미 존재하는 정신질환의 단순한 악화가 아님

D. 증상은 정상 애도반응을 나타내는 것이 아님

E. 스트레스 요인 또는 그 결과가 종료된 후에 증상이 추가 6개월 이상 지속하지 않음

4. 외상 관련 장애의 원인과 치료

(1) 외상

① 같은 사건이 왜 어떤 사람에게는 외상으로 작용하고 다른 사람에게는 그렇지 않은지 밝히는 것이 중요하다.

② 데이비슨(Davidson)과 포아(Foa): 외상 후 스트레스장애의 위험요인을 3가지로 나누어 제시한다.

요인	내용
외상 전 요인	정신장애 가족력, 아동기의 다른 외상경험, 의존성이나 정서적 불안정성과 같은 성격 특성, 자신의 운명이 외부요인에 의해 결정된다는 통제소재의 외부성 등
외상 중 요인	외상경험 자체의 특성을 의미함. 외상사건의 강도가 심하고 자주 노출될수록 외상 후 스트레스장애가 나타날 가능성이 높으며, 외상사건이 타인의 악의에 의한 것일 때와 외상사건이 가까운 사람에게 일어났을 때의 증상이 더욱 심하고 오래 지속됨
외상 후 요인	• 사회적 지지체계나 친밀한 관계의 부족, 추가적인 생활 스트레스, 결혼과 직장생활의 불안정, 심한 음주와 도박 등이 있음 • 외상 후 요인은 외상경험자의 심리적 반응을 저해하며 외상 후 스트레스장애를 유발하거나 악화시킴

(2) 생물학적 입장

① PTSD 환자의 뇌 해마 부피가 일반인보다 작음: 해마 부피가 작은 것이 PTSD와 관련된다는 연구 결과가 있다.

② 스트레스 호르몬인 코르티솔(cortisol)의 민감성 증가: 처음 스트레스에 노출되는 동안 코르티솔의 수준이 높아지고, 코르티솔 수준이 높은 상태가 지속되면 코르티솔 수용기의 민감도가 변화하여 민감성이 더욱 높아진다.

(3) 정신분석적 입장

① PTSD를 유발하는 외상적 사건이 유아기의 미해결된 무의식적 갈등을 다시 불러일으킨다고 본다.

② 그 결과 퇴행이 일어나고 억압, 부인, 취소의 방어기제가 동원되어 이 장애의 증상이 초래된다.

(4) 행동주의적 입장

① 2요인 모델(Mowrer, 1947)로 설명

　㉠ 조건형성의 원리: 외상적 자극이 무조건적 자극이 되고 외상과 관련된 단서가 조건자극이 되어, 불안반응이 조건형성된다.

　㉡ 외상자극을 회피하는 행동이나 무감각한 감정반응은 불안을 낮추는 부적 강화의 효과를 지닌다.

② 만성화: 2차적 이득이 개입되는 경우 만성화될 가능성이 높다.

(5) 호로위츠(Horowitz)의 스트레스 반응이론(1986)

구분	내용
절규 단계 (outcry)	• 외상 피해자는 심한 충격 속에서 극심한 고통과 스트레스를 겪음 • 이러한 고통 속에서 자신에게 일어난 외상사건을 기존의 기억체계에 통합하려고 시도함 • 피해자는 정보 과부하에 시달리고, 수용할 수 없는 외상경험으로 인해 심한 고통과 불안을 겪으면서 방어기제를 통해 외상사건을 부인하거나 억압함
회피 단계	• 외상경험을 떠올리게 하는 모든 자극을 회피하려 할 뿐만 아니라 외상사건을 잘 기억하지 못함 • 그러나 새로운 사건의 경험을 기존의 사고체계에 통합하려는 인지적 경향성으로 인해 외상기억이 수시로 의식에 침투함 • 플래시백이나 악몽과 같은 침투증상은 인지적으로 처리되지 못한 외상경험이 원래의 형태로 활성화된 채로 의식에 침투하게 되는 것임
동요 단계	• 외상정보가 기존 인지체계에 통합되지 못한 채 회피증상과 침투증상이 함께 나타나는 고통스러운 과정 • PTSD는 이 단계에서 나타나는 부적응 상태를 의미함
전이 단계	• 시간이 흐르거나 외상의 상처를 치유하려는 노력을 통해 부적응 상태가 완화되고, 외상경험에 대한 이해가 증가함 • 외상정보가 조금씩 인지적으로 처리되면서 기존 신념체계의 통합으로 진행됨
통합 단계	• 외상경험의 의미가 충분히 탐색되어 기존의 신념체계에 통합됨 • 그 결과로서 비교적 담담하게 외상경험을 회상할 수 있을 뿐만 아니라 기존의 신념체계가 더욱 확대되고 정교화되며 자신과 세상을 바라보는 확장된 안목을 갖게 됨

(6) 야노프(Janoff)-불만(Bulman)의 박살난 가정이론(theory of shattered assumptions)

① 사람들은 세상과 자신에 대한 가정 또는 신념 위에서 매일 일상생활을 영위하고 미래에 대한 계획을 세우며 살아가는데, 외상경험은 이러한 신념체계를 파괴하여 외상 후 스트레스장애를 유발한다.

② 외상경험에 대한 반응에 영향을 미치는 기본적 신념 3가지

  ㉠ 세상의 우호성(안정성)에 대한 신념: "세상은 안전하고 살기 좋은 곳이다.", "사람은 따뜻하고 우호적이다."

  ㉡ 세상의 합리성에 대한 신념: "세상은 합리적으로 움직이는 공정한 곳이다.", "모든 일은 예측 가능하다."

  ㉢ 자신의 가치에 대한 신념: "나는 소중한 사람이다.", "나는 무가치하게 희생되지 않을 것이다."

③ 외상경험은 3가지 신념과 정면으로 배치되는 것으로, 신념의 근간을 흔들어 파괴함으로써 심각한 혼란과 무기력감을 유발한다.

(7) 스트레스 접종훈련(Meichenbaum, 1985)

① 강간 피해자를 돕기 위해 개발: 이 훈련의 목표는 내담자에게 다양한 대처기술을 가르쳐서 공포를 조절할 수 있다는 자신감을 심어주는 것이다.

② 단계

  ㉠ 치료를 위한 준비 단계: 내담자가 자신의 공포와 불안이 왜 나타나고 어떤 특징이 있는지, 외상의 특징과 그 후유증을 이해할 수 있도록 사회학습이론을 사용하여 교육한다.

  ㉡ 대처기술 훈련 단계: 신체적 차원(예 근육이완훈련, 호흡조절훈련), 행동적 차원(예 내현적 모델링, 역할연기), 인지적 차원(예 사고중지, 안내된 자기대화) 각각에서 최소한 2가지씩 기술을 익히도록 훈련한다.

(8) 심리적 사후보고(debriefing)와 단기 인지행동치료(B-CBT)

① 두 치료 모두 증상이 지속되어 PTSD로 진행되는 것을 막는 데 초점을 둔다.

② 심리적 사후보고: 외상 희생자에게 정서적 지지를 해주고, 위기 동안 경험한 것을 상세히 이야기하도록 지지하는 것이다.

  ㉠ 위기 개입의 한 형태로, 결정적 사건이 발생한지 며칠 내에 자신의 감정과 반응을 두루 이야기하게 하는 것이 골자다.

  ㉡ 외상의 구체적인 사건을 묘사하게 하고 당시 감정을 끄집어내서 재경험하게 도와주며, 현재 감정을 인식하고 표현하게 해서 이런 반응이 지극히 정상적인 반응이라고 안심시킨다.

  ㉢ 그러고 나서 의뢰 등의 향후 계획과 대처를 논의하는데, 대개 외상 발생 1주일 이내에 주로 집단 형태로 1~3시간 동안 이루어진다.

③ 단기 인지행동치료: 대개 4~5회기로 진행되고 심리교육, 스트레스 관리기법, 인지치료, 노출치료로 구성된다.

  ㉠ 치료는 외상 후 2~4주 정도에 시작되고, 만성적인 PTSD 치료를 위해 개발된 치료 구성요소에 토대를 둔다.

  ㉡ 초기 PTSD 증상과 ASD(급성 스트레스장애)를 신속히 회복시키고 6개월 후의 PTSD 발생률을 감소시키는 것으로 나타났다.

(9) 인지처리치료(cognitive processing therapy)

① 외상 사건에 대한 원인과 결과에 대한 잘못된 생각이 강한 부정 정서를 유발하고 외상 기억에 대한 인지적 처리를 방해한다는 가정에서 비롯되었다.

② 외상 사건을 좀 더 상세하고 정교하게 재평가하여 사건에 부여한 부정적 의미를 수정하고 기억 회피를 줄여주는 것이 핵심이다.

⑽ **지속적 노출법(prolonged exposure)**

① 강간 피해자의 치료를 위해 포아와 리그스(Riggs)가 제시한 방법이다.

② **원리**: 외상사건을 단계적으로 떠올리게 하여 불안한 기억에 반복적으로 노출시킴으로써 궁극적으로는 외상사건을 큰 불안 없이 직면할 수 있도록 유도하는 것이다.

③ 외상사건에의 반복적 노출을 통해 외상과 관련된 공포가 둔감화되고, 외상기억을 회피하려는 시도도 감소한다. 또한 안전한 이완 상태에서 외상자극에 반복적으로 노출하는 것은 공포기억 구조를 활성화하되 그와 불일치하는 정보를 제공함으로써 공포기억 구조가 수정되고 기존의 인지체계와 통합되는 것을 촉진한다.

④ **구성**

> • 첫째, 외상의 본질 및 외상반응에 대한 심리교육   • 둘째, 불안을 조절하기 위한 호흡 훈련
> • 셋째, 외상적 사건의 기억에 관한 심상 노출   • 넷째, 외상을 떠올리게 하는 단서에 대한 실제 노출

⑾ **안구운동 둔감법 및 재처리 치료(EMDR)**

① 눈동자의 좌우 움직임이 외상의 인지적 처리를 촉진한다는 생각에 근거한다.

② 초장기 1회기로 시행되던 방식에서 점차 진화하여 안구운동과 더불어 노출과 인지 재구성을 포함하고 있다.

③ **목표**: 외상사건에 대한 정보처리를 촉진하고 외상 관련 부정적 인지를 재구성하는 것이다.

④ **효과**: 외상경험은 뇌의 정보처리 기능을 마비시키는데, 안구운동 신호는 뇌 기억을 재처리해주어 부정적인 생각과 감정을 줄여준다.

⑤ **절차**

　㉠ 외상 이미지나 기억을 살펴보도록 한 후, 그 기억에 대한 부정적 생각이나 믿음을 확인하여 기억 및 부정적 생각의 고통 정도를 11점 척도로 평정하게 한다.

　㉡ 불안이 어느 신체부위에서 위치하는지도 확인해 본다.

　㉢ 외상 사건과 관련하여 더 바람직한 긍정적 인지를 가지도록 돕는다.

　㉣ 외상 자극을 시각화하고, 부정적 인지를 암송하고, 불안의 신체감각에 집중하고, 치료자의 검지를 눈으로 따라가기를 내담자가 동시에 수행하게 한다.

　㉤ 치료자는 내담자의 얼굴 앞에서 검지를 30~35㎝ 좌우로 왔다 갔다 하는데, 초당 2회 정도의 빠른 속도로 24번 반복한다. 그 후 기억을 비우고 깊은 한숨을 들이쉰다.

　㉥ 내담자는 외상기억과 부정적 인지를 다시 불러와 고통의 정도를 평정하는데, 그 정도가 0이나 1이 될 때까지 안구운동을 반복하게 된다.

⑿ **외상 중심 인지행동치료(TF-CBT; Trauma-Focused CBT)**

① 애착외상을 경험한 아동 및 청소년을 위해 개발된 치료법이다.

② **절차**

　㉠ **대처기술 단계**: 안전 확보, 심리교육, 양육기술, 이완기술, 정서조절 기술, 인지대처 기술 과정으로 구성된다.

　㉡ **외상처리 단계**: 외상 관련 이야기 및 처리과정, 외상 기억에 대한 내재적 극복 등을 다룬다.

　㉢ **공고화 단계 및 종결 단계**: 아동 및 청소년과 부모가 공동으로 치료회기를 갖고 안전을 확인하고 외상과 관련된 슬픔을 해소할 수 있다.

⒀ **신체 경험(SE; Somatic Experience, Levine, 2008, 2019)**

① 비교적 최근에 개발된 치료법으로 심리증상이 조절되지 않는 자율신경계의 반응으로 나타난다고 본다.

② 다미주신경 이론: 부교감 신경계는 '배 쪽 미주신경'과 '등 쪽 미주신경'으로 구분된다.

　㉠ 스트레스나 트라우마를 경험하게 되면 교감신경계가 활성화되어 심박수가 증가하고 호흡이 얕아진다.

　㉡ 다른 한편으로는 심장이 약하게 뛰고 신진대사가 늦어지는 등 부교감 신경계인 등 쪽 미주신경계의 반응이 나타날 수 있다.

　㉢ 그렇기 때문에 신경계의 탄력성을 회복시키려면 배 쪽 미주신경계가 활성화되는 상태로 되돌아와야 한다는 것이 SE에서 중요하게 생각하는 치료요소이다.

③ 몸의 감각을 알아차리고 안전하다고 느끼게 되면 신경계에 갇혔던 과도한 에너지가 방출되면서 트라우마 관련 기억이 재처리되고 재통합된다고 본다.

④ 신체 기반의 언어, 움직임, 감각, 생각, 감정, 기억, 심상을 연결시키는 상향식 정서 작업을 통해서 트라우마 기억이 자기 경험 속으로 재처리되고 의미가 부여되면서 불안정한 신경계가 안정될 수 있다.

제 6 절 해리장애

제 13 장 이상심리학 해커스임용 김진구 전문상담 기본개념 3

해리장애 개관

1. **해리**: 자기 자신, 시간, 주위 환경에 대한 연속적인 의식이 단절되는 현상을 말한다.
2. **해리장애**: 의식, 기억, 행동, 자기정체감의 통합적 기능에 갑작스러운 이상을 나타내는 장애이다. 기출 22

하위 유형	주요 진단 특징
해리성 정체감장애	한 사람의 내면에 2개 이상의 각기 다른 정체감을 가진 성격이 존재하는 경우
해리성 기억상실	• 자신의 과거(전부 또는 특정 기간의 기억)를 기억하지 못하는 경우 • 해리성 둔주: 해리 상태에서 기억상실과 함께 집을 떠나 다른 곳을 방황하거나 새로운 사람으로 행세하는 것
이인성 또는 비현실감장애	일시적인 자아감각의 변화로 현실감각이 장애를 받아 평소와 달리 자신과 주변 환경에 낯선 느낌이 드는 경우

▮ DSM-5에 추가된 진단준거 ▮

1. **달리 명시된 해리장애**: 사회적·직업적 또는 중요 기능 영역에서 임상적으로 현저한 고통을 주는 해리장애의 증상이 있으나 특정한 해리장애의 진단기준에 부합되지 않을 때 적용된다.

유형	주요 진단 특징
만성적이고 반복적인 혼합된 해리증상	정체성 혼란이 있으나 해리증상이 심하게 나타나지 않는 경우 또는 해리성 기억상실이 없는 상태의 빙의 경험 등이 이에 해당됨
지속적이고 강력하고 강압적인 설득에 의한 정체성장애	강압적 설득(예 세뇌, 사상 개조, 고문, 억류, 장기간의 정치적 투옥, 테러조직의 신입행사 동안의 사상 주입 등)에 의하여 정체성에 의문을 품거나 변화되는 경우가 이에 해당됨
스트레스성 사건에 대한 급성 해리성 반응	이 범주는 전형적으로 1개월 미만 혹은 몇 시간이나 며칠에 걸쳐 급성적으로 일시적인 해리증상이 나타남
해리성 황홀경	환경자극에 의해 나타나는 심각한 무반응 혹은 무감각 상태로, 급성적 의식 손실(부분적 혹은 전반적)을 보이며 무반응성은 일시적 마비 혹은 의식상실, 가벼운 상동적 행동을 동반하는데, 해당 개인은 자신이 그에 의해 조절된다는 사실을 인식하지 못하거나 통제하지 못함

2. **명시되지 않는 해리장애**: 해리증상이 나타나지만 해리장애의 특정 분류기준에 부합되지 않는데, 그와 같이 부합되지 않는 이유를 명시할 수 없을 때 사용된다. 또한 특정 진단을 내리기에 충분한 정보가 없을 때(예 응급실 상황) 적용된다.

23 해리성 정체감장애(dissociative identity disorder)

1. 임상적 특징과 진단기준

(1) 임상적 특징

① 한 사람 안에 둘 이상의 각기 다른 정체감을 지닌 인격이 존재하는 경우로, 과거 '다중인격장애'로도 불렸다.

② 특징

ㄱ 해리성 정체감장애를 지닌 사람은 최소한 2가지 이상의 서로 다른 성격특징을 가지고, 주로 심리·사회적 스트레스 상황에 따라 각기 다른 성격이 교체되면서 의식에 나타나 말과 행동을 지배한다.

ㄴ 대개 개인의 원래 이름을 그대로 유지하는 일차적 인격은 수동적·의존적이며 우울하거나 죄책감을 지니고 있다. 교체되는 인격은 다른 이름을 지니고 1차적 인격과는 대조적인 성격을 지니는 경우가 많다.

③ DSM-5에서는 빙의 경험을 해리성 정체감장애 증상과 근본적으로 동일하다고 여긴다. 빙의는 개인의 생각과 행동이 내면적 자아가 아닌 외부의 존재(예 영혼, 귀인, 악귀 등)에 의해 지배되는 현상으로, 자기정체감의 뚜렷한 변화와 더불어 기억상실로 나타난다.

④ 유병률: 1년 유병률은 미국의 경우 1.5%로 보고되며, 남성과 여성 모두 비슷한 유병률을 보인다.

⑤ 발병: 극심한 스트레스, 압도당한 경험, 외상적 사건, 아동기의 학대 경험과 연관되어 나타나는 경향이 있다.

(2) DSM-5 진단기준

A. 둘 또는 그 이상의 별개의 성격 상태로 특징되는 정체성의 붕괴로, 어떤 문화권에서는 빙의 경험으로 설명됨. 정체성의 붕괴는 자기감각과 행위 주체감에 현저한 비연속성을 포함하는데, 관련된 변화가 정동, 행동, 의식, 기억, 지각, 인지, 그리고/또는 감각 – 운동 기능에 동반됨. 이러한 징후와 증상은 다른 사람들의 관찰이나 개인의 보고에 의해 알 수 있음

B. 매일의 사건이나 중요한 개인적 정보, 그리고/또는 외상적 사건의 회상에 반복적인 공백으로 통상적인 망각과는 일치하지 않음

C. 증상은 사회적·직업적 또는 다른 중요한 기능 영역에서 임상적으로 현저한 고통이나 손상을 초래함

D. 장해는 널리 받아들여지는 문화나 종교적 관례의 정상적인 요소가 아님

※ 주의점: 아동에서 증상은 상상의 놀이 친구 또는 다른 환상극으로 더 잘 설명되지 않음

E. 증상은 물질의 생리적 효과(예 알코올 중독 상태에서의 일시적 기억상실 또는 혼돈된 행동)나 다른 의학적 상태(예 복합 부분 발작)로 인한 것이 아님

2. 원인과 치료

(1) 외상 모델

① 아동기의 외상경험과 해리적 방어에 초점: 아동기에 신체적 또는 성적 학대를 경험한 경우가 많다.

② 아동기의 외상경험을 회피하기 위한 방어로 나타난 해리 현상이 아동의 발달 과정에서 점차 정교해지면서 해리성 정체감장애로 발전한다는 것이다.

(2) 클러프트(Kluft)의 4요인 모델(1984)

① 해리성 정체감장애를 유발하는 요인 4가지

　⊙ 해리능력으로서 외상에 직면했을 때 현실로부터 해리될 수 있는 내적 능력이 있어야 한다.

　ⓒ 외상경험으로서 신체적·성적 학대와 같이 아동의 일상적인 방어능력을 넘어서는 압도적인 외상경험들이 있어야 한다.

　ⓒ 응집력 있는 자아의 획득 실패: 해리에 의해 대체인격(예 상상속의 친구)이 증가, 발달하여 하나의 응집력 있는 자아를 형성할 수 없을 때 해리성 정체감장애로 발전한다.

　ⓔ 진정 경험의 결핍: 외상경험은 타인이 달래고 위로하고 진정시켜줌으로써 그 충격으로부터 회복될 수 있다. 위로와 진정 기능을 해주는 타인의 부재는 해리 방어를 강화시켜 해리성 정체감장애를 유발하는 조건을 제공하게 된다.

② 4가지 요인(⊙~ⓔ)을 모두 갖출 때 해리성 정체감장애가 유발된다.

③ 앞의 3가지 요인(⊙~ⓒ)을 모두 갖추었다고 해도 마지막 4번째 요인(ⓔ)인 아동의 심리적 상처를 위로하고 진정시킬 수 있는 타인이 존재할 경우 해리성 정체감장애로 발전하지 않을 수 있다.

(3) 힐가드(Hilgard)의 신 해리이론

① **억압과 해리**: 모두 불쾌한 감정을 의식에서 밀어내는 방어적 기능을 한다는 점이 유사하지만 그 방식이 다르다.

② **억압**: 의식과 무의식을 수평적으로 분할하여 의식되지 않는 기억이 무의식 속에 존재하는 것이다.

③ **해리**: 수직 분할하여 기억이나 정체성이 횡적인 장벽에 의해 분리되는 것이다.

④ **해리성 정체성장애**: 수직 분할로 분리된 정체성들이 교체되어 나타나는 현상으로 설명한다. 이 장애에서는 여러 정보가 경계를 갖고 병존하고 있어 이것이 해리 장벽을 벗어나 발현될 때 별개의 정체성을 나타낸다.

(4) 행동주의 입장

① 개인이 스트레스가 심할 때 평소와 다른 사회적 역할을 선택하여 행동하고, 그 행동의 결과가 보상적이면 유사한 스트레스 상황에서 새로운 역할의 행동을 하게 되는 것이다.

② **새로운 역할이나 행동은 관찰학습에 의해서도 습득**: 다른 성격을 모방함으로써 의식적으로 감당하기 어려운 고통을 회피하거나 욕구 발산으로 인한 책임을 면제받으며 다른 사람의 주의를 끄는 것이 보상으로 작용할 수 있다. 이러한 역할연기의 학습은 의도적인 것은 아니며, 특정한 상황에서 그러한 역할에 몰두하게 되는 것으로 볼 수 있다.

(5) 치료

① 치료의 목적은 여러 인격 간의 통합을 통한 적응기능의 향상이다.

② 클러프트(Kluft)의 심리치료를 성공적으로 이끌기 위한 조건 3가지(1991)

　⊙ 환자와 치료자 간의 견고한 치료적 관계가 형성되어야 한다.

　ⓒ 과거 외상을 드러내고 정화시키도록 도와야 한다.

　ⓒ 인격들 간의 원활한 협동을 이루도록 유도한다.

24 해리성 기억상실(dissociative disorder)

1. 임상적 특징과 진단기준

(1) 임상적 특징

① 자신의 중요한 과거 경험을 기억하지 못하는 경우로, 핵심 증상은 자신의 중요한 자서전적 정보를 기억하지 못하는 것이다.

② 흔히 기억하지 못하는 정보는 외상적인 것이나 스트레스를 주는 것이며, 이러한 기억상실은 일상적인 망각으로 설명할 수 없는 것이어야 한다.

③ 기억상실은 스트레스 사건 후 갑작스럽게 발병하는 경우가 많고, 회복도 갑작스럽게 이루어지며 스트레스 상황이 제거되면 자발적으로 회복되기도 한다.

④ 해리성 둔주: 갑자기 집을 떠나 자신의 이전 정체감과 상황을 기억하지 못한 채 예정에 없던 여행을 하거나 낯선 곳에서 새로운 인물로서 생활하는 증상이다. 이 증상 역시 충격적인 외상경험과 관련되어 발병하며, 스트레스 상황에서 개인이 어떤 의도를 가지고 도망치는 것이 아니라 자신이 누구인지 모르는 해리 상태에서 평소의 주거지를 떠나 이리저리 헤매는 증상을 보인다.

⑤ 잘 알려져 있지 않으나 해리장애 중에서 가장 흔하다. 미국의 경우 1년 유병률이 1.8%로 보고된다. 남자보다 여자에게 더 흔하며 사춘기와 청년기에 흔히 발병하고 노인기에 발병하는 경우는 드물다.

(2) 기억상실증 유형(기억 손상 정도) 기출 22

① **국소적 기억상실증(localizatin amnesia):** 특정 기간 동안에 일어난 사건을 기억하지 못하는 경우를 말한다. 예 매우 고통스러운 힘든 사건을 경험한 후 첫 몇 시간 또는 몇 주간 동안에 일어난 사건들을 기억하지 못한다.

② **선택적 기억상실증(selective amnesia):** 특정 기간 동안에 일어난 사건에 대하여 어떤 것은 기억하고, 어떤 것은 전혀 기억을 못하는 경우를 말한다. 즉, 특정 기간 동안 일어났던 사건들 가운데 전체가 아닌, 선택적으로 부분적인 것만 회상이 가능한 경우이다.

③ **일반화된(전반적) 기억상실증(generalized amnesia):** 평생 동안 기억력이 손상 받은 경우로, 이 유형은 매우 드물다. 예컨대, 도저히 말로 설명할 수 없는 치욕적인 강간을 당하거나 강력한 범죄의 희생물이 된 후 그 사실 자체를 평생 동안 회상하지 못하는 경우이다.

④ **지속적 기억상실증(continuous amnesia):** 특정 시간부터 현재를 포함하여 지금까지 나타난 사건들을 전혀 기억하지 못하는 경우를 말한다.

⑤ **체계적 기억상실증(systematized amnesia):** 어떤 특정한 범주(예 특정한 사람, 특정한 상황)의 정보에 대해 기억을 하지 못하는 경우를 말한다.

(3) 기질적 기억상실증

① **역행성 기억상실증:** 뇌손상 시점으로부터 이전의 과거 일들을 기억하지 못하는 경우다.

② **순행성 기억상실증:** 뇌손상 시점으로부터 이전의 과거 일들은 기억하지만 뇌손상 이후에 접하는 새로운 정보는 기억하지 못하는 경우다.

(4) 기억착오 현상

① **기시감(데자뷰)**: 새로운 것을 대하고도 이전에 많이 경험하여 본 것처럼 느껴지는 것이다.

② **미시감(자메뷰)**: 이전에 많이 경험한 것인데도 처음 보는 것처럼 낯설고 생소하게 느껴지는 것이다.

(5) 건망증과 망각

① **건망증**: 뇌의 용량이 초과되었을 때 생기며 뇌손상은 따로 없고, 힌트를 주면 생각이 난다.

② **망각**: 어떤 경험이나 사실을 일시적 또는 영구적으로 잊어버리는 것이다.

(6) 해리성 기억상실과 기질적 기억상실

① 해리성 기억상실은 순행성 기억상실이라 촉발적인 스트레스 사건을 포함한 그 후를 기억하지 못하며, 기질적 기억상실은 역행성 기억상실로 외상 전의 일을 기억하지 못한다.

② 해리성 기억상실은 주로 선택적이므로 잊고 싶고 받아들이기도 힘든 사건만이 기억나지 않는다.

③ 해리성 기억상실은 기억하지 못하는 증상이 자신의 갈등을 생각나지 않게 하는 것이므로 자신의 상태에 대해 덜 혼란스럽다.

④ 해리성 기억상실은 시간과 장소에 대한 지남력이 유지되는 경우가 많으며, 새로운 정보에 대한 학습에도 별 문제가 수반되지 않는다. 반면 기질적 기억상실에서는 지남력 상실과 새로운 학습의 장애가 발생한다.

⑤ 해리성 기억상실은 잊어버린 사건이 의식선상에 나타나지 않는 것이고 기질적 기억상실처럼 뇌손상으로 인해 기억이 없어진 것이 아니기 때문에 최면기법이나 최면대체 약물을 사용하여 회상할 수 있다.

(7) DSM-5 진단기준

A. 통상적인 망각과는 일치하지 않는, 보통 외상성 또는 스트레스성의 중요한 자전적 정보를 회상하는 능력을 상실함
  ※ 주의점: 해리성 기억상실에는 주로 특별한 사건이나 사건들에 대한 국소적 또는 선택적 기억상실이 있음. 또한 정체성과 생활사에 대한 전반적 기억상실도 있음
B. 증상은 사회적·직업적 또는 다른 중요한 기능 영역에서 임상적으로 현저한 고통이나 손상을 초래함
C. 장해는 물질(⑩ 알코올이나 다른 남용약물, 치료약물)의 생리적 효과나 신경학적 상태 또는 기타 의학적 상태(⑩ 복합 부분 발작, 일과성 전 기억상실, 두부 손상에 의한 후유증/외상성 뇌손상, 다른 신경학적 상태)로 인한 것이 아님
D. 장애는 해리성 정체감장애, 외상 후 스트레스장애, 급성 스트레스장애, 신체증상장애, 주요 또는 경도 신경인지장애로 더 잘 설명되지 않음
※ 다음의 경우 명시할 것
  해리성 둔주 동반: 정체성 또는 다른 중요한 자전적 정보에 대한 기억상실과 연관된 외관상으로는 목적성이 있는 여행 또는 어리둥절한 방랑

2. 원인과 치료

(1) 정신분석적 입장

능동적인 정신과정으로 본다. 불안을 일으키는 심리적 내용을 능동적으로 방어하고 억압함으로써, 이러한 심리적 내용이 의식되지 못하게 할 뿐 아니라 행동에도 영향을 주지 못하게 한다.

예 억압과 부인의 방어기제를 통해 경험내용이 의식에 이르지 못하게 하는 것

(2) 행동주의적 입장

고통스러운 환경 자극을 회피하기 위한 것이다. 혼란스러운 생각이나 행동을 잊어버림으로써 스트레스를 주는 사건으로부터 자신을 보호할 수 있다는 점이 보상으로 작용하고, 불안이나 죄책감에서 벗어나는 것이 강화되어 해리 증상이 지속된다고 본다.

(3) 상태의존적 학습이론

특정한 정서적 또는 신체적 상태에서 학습·경험된 정보는 원래의 상태를 재경험하는 동안 보다 쉽게 학습된다는 것이 상태의존적 학습이다. 따라서 고통스러운 사건 당시의 감정 상태는 너무나 예상 밖이라 그러한 상태에서 학습되었던 정보들을 기억하기가 어렵다. 즉, 해리성 기억상실 환자는 고통스럽고 상처받은 사건의 기억을 회상하지 못하게 되는 것이다.

(4) 자기최면

① 해리장애는 일종의 자기최면으로, 끔찍한 사건을 잊을 수 있도록 자신에게 의식적·무의식적으로 최면을 걸어 해리성 기억상실증에 빠진다는 것이다.

② 자기최면은 정신적으로 자기 자신을 몸으로부터 분리시키고 다른 사람이 되고 싶은 소원을 성취시켜 주는 기능을 한다.

③ 해리성 기억상실: 무서운 경험을 잊기 위해 스스로에게 최면을 걸어 기억상실이 발생하는 것이다.

④ 해리성 정체감장애: 학대나 두려운 사건에 접할 때 자기최면으로 자신과 다른 정체성으로 자신의 욕구를 충족시키려고 한다는 것이다.

(5) 치료

상실된 기억을 회복시키는 것이 중요하다. 약물치료에서는 효과가 빨리 나타나는 바비튜레이트(barbiturate) 계열의 정맥주사를 투여한다. 또한 최면치료가 적용되기도 하며, 심리치료를 통해 환자의 정신적 충격과 정서적 갈등을 완화시켜주면 기억이 회복되는 경우가 많다.

25   이인성 또는 비현실감장애(depersonalization/derealization disorder)

1. 임상적 특징과 진단기준

(1) 임상적 특징   기출 18, 22

① 자아감각에 어떤 변화가 초래되어 평소와는 달리 자신의 경험이 매우 낯설게 느껴지거나(이질감), 주변 환경이 예전과 달라졌다고 느끼는 비현실감을 지속 또는 반복적으로 경험하는 경우이다.

② 이인성 증상: 비현실적이고 이상한 감각을 느끼는 증상으로, 마치 자신이 몸 밖으로 나와서 자신을 외부에서 관찰하고, 꿈속에서 생활하는 것 같은 느낌을 받는다. 신체감각이 이상하게 느껴지기도 하는데, 자신의 몸이 기계처럼 작동되는 것 같기도 하고, 다른 사람의 몸속에 갇혀 있는 느낌을 받기도 하며 일시적으로 자신의 현실 감각이 상실되는 장애이다. ➡ 자기지각의 변화

③ 비현실감 증상: 외부 세계가 비현실적이고 이상하다는 느낌을 가지는 것으로, 물건의 모양과 크기가 변하거나 사람들이 로봇이나 죽은 사람으로 느껴지는 장애이다. ➡ 외계지각의 장애

(2) DSM-5 진단기준

A. 이인증, 비현실감 또는 2가지 모두에 대한 지속적이고 반복적인 경험이 존재함
  1. 이인증: 비현실감, 분리감 또는 자신의 사고, 느낌, 감각, 신체나 행동에 관하여 외부의 관찰자가 되는 경험
    예 인지적 변화, 왜곡된 시간 감각, 비현실적이거나 결핍된 자기, 감정적 또는 신체적 마비
  2. 비현실감: 비현실적이거나 자신의 주변 환경과 분리된 것 같은 경험
    예 개인 또는 사물이 비현실적이거나, 꿈속에 있는 것 같거나, 안개가 낀 것 같거나, 죽을 것 같거나 시각적으로 왜곡된 것 같은 경험을 함
B. 이인증이나 비현실감을 경험하는 중에 현실 검증력은 본래대로 유지됨
C. 증상은 사회적, 직업적 또는 다른 중요한 기능 영역에서 임상적으로 현저한 고통이나 손상을 초래함
D. 장해는 물질(예 남용약물, 치료약물)의 생리적 효과나 다른 의학적 상태(예 발작)로 인한 것이 아님
E. 장해는 조현병, 공황장애, 주요 우울장애, 급성 스트레스장애, 외상 후 스트레스장애 또는 다른 해리장애와 같은 다른 정신질환으로 더 잘 설명되지 않음

2. 원인과 치료

(1) 정신분석적 입장

① 원인: 일종의 방어기제로 간주하는데, 이인증 또는 비현실감은 자신과 현실을 실제가 아닌 낯선 것으로 느낌으로써 불안을 유발하는 소망이 의식에 들어오는 것을 막는 방어적 기능을 하기 때문이다.

② 치료: 외상적 기억을 정화하는 데 중점을 두며, 최면치료가 흔히 사용된다.

(2) 인지적 입장

① 원인: 정상적인 일시적 이인증 또는 비현실감의 경험을 외적인 상황에 귀인시키지 않고, 자신의 내적 요인(예 정신적 문제, 통제의 상실 등)에 귀인하는 파국적 생각이 증상을 악화시켜 장애 발달에 기여한다.

② 치료: 장애 증상에 대한 정보 제공, 올바른 대처방법과 귀인양식 학습, 자신의 증상을 관찰하고 예측하기 위한 일기쓰기 방법 등이 사용된다.

제 7 절   조현병 스펙트럼장애

1. 조현병(정신분열) 스펙트럼장애의 유형과 진단 특징

하위 유형	주요 진단 특징
조현(분열)형 성격장애	경미한 정신분열증 증상이 성격의 일부처럼 지속적으로 나타나는 경우
약화된 정신증 증후군	정신분열증으로 발병하기 전에 정신분열 증상이 매우 경미한 형태로 짧게 나타나는 경우
망상장애	한 가지 이상의 망상이 1개월 이상 지속되는 경우
단기 정신병(증)적 장애	정신분열증 증상이 1일 이상 1개월 이내로 짧게 나타나는 경우
조현양상(정신분열형) 장애	정신분열증 증상이 1개월 이상 6개월 이내로 나타나는 경우
조현병(정신분열증)	망상, 환각, 와해된 언어, 와해된 행동이나 긴장증적 행동, 음성증상의 5가지 증상 중 2가지 이상이 6개월 이상 지속되는 경우
조현(분열)정동장애	정신분열증 증상과 우울증 또는 조증이 함께 나타나는 경우

2. 조현병(정신분열) 스펙트럼장애 정도에 따른 구분

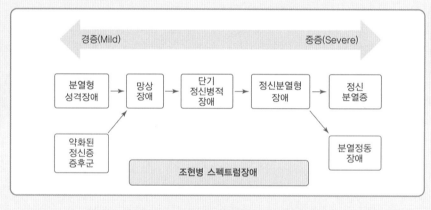

[그림 13-6] 조현병(정신분열) 스펙트럼장애

26 조현병(정신분열증, Schizophrenia)

1. 역사적 배경

(1) **크레팰린(Kraepelin)의 조발성 치매**

① 두뇌의 조숙한 퇴화에서 비롯되고 회복 불가능하며 만성적인 진행과정을 밟는다고 믿었다.

② 청소년기에 발병하며 인지기능이 퇴화되는 기질적 장애라는 의미를 가진다.

(2) 브로일러(Bleuler)의 조현병(정신분열증)

① 정신분열증이라는 명칭 사용: 이 장애가 반드시 어린 청소년기에 시작되지는 않으며, 또한 심각한 인지 퇴화로 발전하지 않는다.

② 특징: 뇌의 기능적 분리를 강조하고, 1차 증상과 2차 증상을 구분했다.

　　㉠ 1차 증상: 연상의 결함, 정동의 결함, 양가성 증상, 자폐증이 있다.

　　㉡ 2차 증상: 망상과 환각과 같은 2차 증상은 다른 정신장애에서도 나타나며, 1차 증상에서 파생된다.

(3) 슈나이더(Schneider)의 일급 증상

① 일급 증상 제시: 일급 증상은 정신분열증에만 나타나는 특유의 증상으로, 진단기준이 된다.

② 11가지 일급 증상: 사고 반향, 환청과의 대화나 논쟁, 환자의 활동을 간섭하거나 논평하는 환청, 망상적 지각, 신체적 피동체험, 사고 투입, 사고 철수, 사고 전파, 만들어진 감정, 만들어진 충동, 만들어진 수의적 행동

2. 임상적 특징과 진단기준

(1) 주요 증상

① 환각: 현저하게 왜곡된 비현실적 지각으로, 외부 자극이 없음에도 불구하고 어떤 소리나 형상을 지각하거나 또는 외부 자극에 대해 현저하게 왜곡된 지각을 하는 경우를 말한다.

증상	내용
환청	가장 흔한 환각 경험으로, 아무런 외부 자극이 없는 상황에서 어떤 의미 있는 소리나 사람의 목소리를 듣는 경우를 말함 例 자신의 행동이나 생각에 대해 간섭하는 목소리나, 누군가 두 명 이상이 서로 대화하는 목소리를 듣는 것
환시	시각적 형태의 환각 경험으로서 환청 다음으로 흔하게 나타남
환후	후각적 환각으로서 '음식에서 독약 냄새가 난다.'라고 느끼는 경우
환촉	촉각적 환각으로서 '내 피부에 벌레들이 기어 다닌다.'고 느끼는 경우
환미	미각적 환각으로서 '독약을 섞어 밥맛이 쓰다.'라고 느끼는 경우

② 망상: 자신과 세상에 대한 잘못된 강한 믿음이자 외부 세계에 대한 잘못된 추론에 근거하는 그릇된 신념으로, 분명한 반증에도 불구하고 견고하게 지속되며, 그 내용에 따라 다음과 같이 구분된다.

증상	내용
피해망상	흔히 정보기관, 권력기관, 단체 또는 특정 개인이 자신을 감시하거나 미행하며 피해를 주고 있다는 믿음
과대망상	자신이 매우 중요한 능력과 임무를 지닌 특별한 인물(例 재림예수, 천재)이라는 믿음
관계망상	일상적인 일들이 자신과 관련되어 있다는 믿음 例 TV나 라디오 뉴스, 중요한 인물이나 지나가는 사람의 언급이 자신과 관련되어 있다는 잘못된 믿음으로서 다른 망상과 함께 나타나는 경우
애정망상	유명한 사람과 사랑하는 관계라는 망상
신체망상	자신의 몸에 매우 심각한 질병이나 증상이 있다는 믿음

③ 와해된(혼란스러운) 언어: 비논리적이고 지리멸렬한 와해된 언어를 뜻한다. 말하는 것에 조리가 없고 동문서답을 하거나, 횡설수설하거나, 말하고자 하는 목표를 자주 빗나가거나, 비논리적이고 앞과 뒤의 내용이 안 맞아 지리멸렬한 혼란된 언어를 사용하는 것으로 사고장애에서 비롯된다.

④ 와해된(혼란스러운) 또는 긴장증적 행동: 와해된 행동은 나이에 맞는 목표지향적 행동을 하지 못하고 상황에 부적절하게 나타내는 엉뚱하거나 부적응적인 행동이다. 긴장증적 행동은 근육이 굳은 것처럼 어떤 특정한 자세를 유지하는 경우로, 흔히 부적절하거나 기괴한 자세로 몇 시간씩 꼼짝하지 않는 모습을 나타낸다.

증상	내용
긴장증적 강직증	긴장된 자세를 유지하면서, 이를 변화시키려는 다른 사람의 노력에 저항하는 경우
긴장증적 혼미증	긴장된 자세를 취한 상태에서 환경을 전혀 의식하지 못하는 경우
긴장증적 거부증	긴장된 자세를 움직이게 하려는 지시나 시도에 능동적으로 저항하는 경우
긴장증적 흥분증	목적도 없고 유발자극도 없는 상태에서 과다행동을 보이는 경우

⑤ 음성 증상: 대표적인 음성 증상은 감소된 정서표현과 무의욕증이다.
  ㉠ 감소된 정서표현: 외부 자극에 대한 정서적 반응성이 둔화된 상태로 얼굴, 눈 맞춤, 말의 억양, 손이나 머리의 움직임을 통한 정서적 표현이 감소된 것을 말한다.
  ㉡ 무의욕증: 마치 아무 욕망이 없는 듯 어떠한 목표지향적 행동도 하지 않고 사회적 활동에도 무관심한 채로 오랜 시간을 보내는 것을 뜻한다.
  ㉢ 무언증: 말수가 감소하는 것이다. 자발적인 언어표현을 거의 하지 않으며, 질문에 대답한다고 해도 짧고 공허한 대답에 그치는 경우가 많다.
  ㉣ 무쾌감증: 긍정 자극에 대한 즐거움 경험능력의 감소 혹은 종전에 경험한 즐거움 회상능력의 저하이다.
  ㉤ 무사회증: 사회적 상호작용에 대한 흥미의 뚜렷한 결여를 지칭하고, 무의욕증과도 연관되지만 사회적 상호작용에 대한 제한된 기회의 증후일 수도 있다.

(2) 양성 증상과 음성 증상
① 양성 증상: 정상인에게는 나타나지 않지만 정신분열증 환자에게 나타나는 증상을 뜻하며 망상, 환각, 와해된 언어나 행동이 이에 속한다.
  ㉠ 스트레스 사건에 대한 반응으로 급격하게 발생하며 뇌의 과도한 도파민에 의해 발생한다.
  ㉡ 약물치료로 쉽게 호전되며 이 증상을 주로 보이는 사람은 지적 손상이 적고 경과도 상대적으로 좋다.
② 음성 증상: 정상인이 나타내는 적응적 기능이 결여된 상태를 말하며 정서적 둔마, 언어적 빈곤, 의욕의 저하, 쾌락의 감소, 대인관계 무관심 등이 해당된다.
  ㉠ 외부 사건과 무관하게 서서히 발전하여 악화되며 뇌의 구조적 변화(예 측두엽 구조상의 세포상실)나 유전적 소인과 관련된 것으로 알려져 있다.
  ㉡ 항정신병 약물로는 잘 치료되지 않으며, 이 증상을 주로 보이는 사람은 지적 기능이 현저하게 저하되고 경과도 나쁜 편이다.

(3) 관련 용어
① 활성기 증상(active-phase symptoms): 조현병의 주요 진단 특징(진단기준 A) 5가지 중 2가지 이상의 증상이 1개월 이상 나타나는 경우이다.
② 잔류기(residual period): 장애의 활성기와 회복기(관해기) 사이의 과도기적 단계를 의미한다.
③ 전구기(prodromal phase): 조현병이 곧 시작될 것이라는 예고 신호이다.
  예 학업이나 업무에 흥미를 상실하고, 위생관리가 안 되며, 이상한 복장을 하고, 대화에 논리가 없고, 행동에 일관성이 떨어지고, 소리나 빛의 자극에 지나치게 예민해지는 등의 증상이 서서히 나타나는 것이 조현병의 전구이다.

(4) 발병

① 흔히 10대 후반~30대 중반 사이에 발병하며, 발병 연령의 중간값은 남성의 경우 20대 초반(15~24세)이고 여성의 경우 20대 후반(25~34세)이다. 평생 유병률은 국가에 따라 차이가 있지만 0.3~0.7%로 알려져 있다.

② 사회적 계층이 낮은 가정에서 발병률이 높으며, 문화적 차이에 따른 발병률의 차이는 거의 없다고 보고된다.

(5) DSM-5 진단기준

A. 다음 증상 중에 둘(혹은 그 이상)이 1개월의 기간(성공적으로 치료가 되면 그 이하) 동안 상당 부분의 시간에 존재하고, 이들 중 최소한 하나는 1 내지 2 혹은 3이어야 함
1. 망상
2. 환각
3. 와해된 언어 ⑩ 빈번한 탈선 혹은 지리멸렬
4. 극도로 와해된 또는 긴장성 행동
5. 음성 증상 ⑩ 감퇴된 감정 표현 혹은 무의욕증

B. 장해의 발병 이래 상당 부분의 시간 동안 일, 대인관계 혹은 자기관리 같은 주요 영역의 한 가지 이상에서 기능 수준이 발병 전 성취된 수준 이하로 현저히 저하됨(혹은 아동기나 청소년기에 발병하는 경우, 기대 수준의 대인관계적·학문적·직업적 기능을 성취하지 못함)

C. 장해의 지속적 징후가 최소 6개월 동안 계속됨. 이러한 6개월의 기간은 진단기준 A에 해당하는 증상(⑩ 활성기 증상)이 있는 최소 1개월(성공적으로 치료되면 그 이하)을 포함해야 하고, 전구 증상이 잔류 증상의 기간을 포함할 수 있음. 이러한 전구기나 잔류기 동안 장애의 징후는 단지 음성 증상으로 나타나거나, 진단기준 A에 열거된 증상의 2가지 이상이 약화된 형태(⑩ 이상한 믿음, 흔치 않은 지각 경험)로 나타날 수 있음

D. 조현정동장애와 정신병적 양상을 동반하는 우울장애나 양극성장애는 배제됨. 왜냐하면 ① 주요 우울 또는 조증 삽화가 활성기 증상과 동시에 일어나지 않기 때문이거나, ② 기분 삽화가 활성기 증상 동안에 일어난다고 해도 병의 활성기 및 잔류기 전체 지속 기간의 일부에만 존재하기 때문임

E. 장해가 물질(⑩ 남용약물, 치료약물)의 생리적 효과나 다른 의학적 상태로 인한 것이 아님

F. 자폐 스펙트럼장애나 아동기 발병 의사소통장애의 병력이 있는 경우, 조현병의 추가 진단은 조현병의 다른 필요 증상에 더하여 뚜렷한 망상이나 환각이 최소 1개월(성공적으로 치료되면 그 이하) 동안 있을 때만 내려짐

※ 다음의 경우 명시할 것: 긴장증 동반

3. 원인

(1) 생물학적 요인

① **도파민 가설**: 뇌의 도파민 활동이 과다할 때 정신분열 증상이 야기된다. 그러나 주로 양성 증상을 나타내는 환자에게만 도파민 수용기가 발견되었다.

② **세로토닌-도파민 가설**: 도파민과 세로토닌의 신경전달물질의 수준이 높은 경우 정신분열 증상이 나타난다. 세로토닌과 도파민 모두에 영향을 주어 두 화학물질이 균형을 이루도록 하는 기능을 지닌 약물인 클로자핀(clozapine)이 효과적이라는 점이 이 가설을 뒷받침한다.

③ **가계연구**: 조현병 환자의 부모나 형제자매는 일반인의 10배, 조현병 환자의 자녀는 일반인의 15배까지 조현병에 걸리는 비율이 높다. 부모 모두가 조현병 환자인 경우 자녀의 조현병 발병률이 36%인 것으로 보고된다.

④ **뇌의 구조적 이상**: 조현병 환자는 정상인보다 뇌실의 크기가 크고 뇌 피질의 양이 적으며 전두엽, 변연계, 기저신경절, 시상, 뇌간, 소뇌에서 이상을 나타낸다는 다양한 연구 결과가 보고되고 있다. 그러나 이러한 연구 결과가 일관성 있게 재확인되고 있지는 않다.

⑤ **뇌의 기능적 이상**: 전두엽 피질의 신진대사가 저하되어 있다. 이러한 신진대사의 저하는 특히 심리적 과제를 수행할 때 더 현저하게 나타났는데, 이는 조현병 환자의 뇌가 주변 환경에 빠르고 효율적으로 반응하지 못한다는 것을 의미한다. 또한 뇌반구의 비대칭성을 보이며 좌반구에서 과도한 활동이 나타난다고 주장되었다.

⑥ **생물학적 환경**: 출생 전후의 생물학적 환경이 중요하며 태내조건이나 출생 시의 문제, 출생 직후의 문제가 원인이 될 수 있다.

(2) 정신분석 입장

① **프로이트(Freud)**: 통합된 자아가 발달하기 이전에, 즉 오이디푸스 단계 이전의 심리적 갈등과 결손에 의해 생겨나는 장애로 보았다.

② **갈등 모델**: 조현병은 신경증과 마찬가지로 갈등과 방어에 의해 형성되는데, 신경증과의 차이는 양적인 것으로 조현병에서의 갈등이 훨씬 더 강력하고, 적용되는 방어기제도 부정, 투사와 같이 원시적인 방어기제가 사용된다. 따라서 조현병 환자의 자아기능은 발달적으로 초기 단계로 퇴행한다.

③ **결손 모델**: 조현병이 처음에는 갈등으로 시작하지만 외부 세계로 향해지던 리비도 에너지가 점차 내부로 철수되어 환자의 자기상이나 신체상에 투영되면 과대망상이나 건강염려증적 증상이 나타날 수 있다. 그 정도가 심해지면, 외부 세계와 관계가 단절될 뿐만 아니라 내부의 대상 표상과의 관계도 소원해지고 자폐적 세계로 철수하게 되며 심리적 적응기능이 손상된다. 이러한 특성이 조현병의 결손을 구성하는 와해된 사고, 망상, 환각 등의 증상을 초래한다.

④ **페데른(Federn)의 자아경계 붕괴 모델(1652)**: 외부적 자아경계(외부 세계와 자아의 분리)와 내부적 자아경계(의식 경험과 무의식적 경험)에 투여되는 에너지의 불균형 때문에 정신분열 증상이 나타난다.

(3) 인지적 입장

① **조현병 환자에게 나타나는 주의장애에 초점을 둠**: 조현병은 사고장애이며, 사고장애는 주의기능 손상에 기인한다는 것이다.

② **주의기능의 손상**: 부적절한 정보를 억제하지 못하므로 많은 정보가 의식에 밀려들어 정보의 홍수를 이루게 되므로 심한 심리적 혼란을 경험한다. 심리적 혼란을 감소시키기 위해 지나치게 단순한 논리로 혼란스러운 경험을 설명하려 하여 망상을 발달시키거나 외부 자극에 무감각한 태도를 취하며 고립된 생활을 하게 된다.

③ **비논리적이고 와해된 사고와 언행을 하는 이유**: 의식에 침투하는 부적절한 정보를 억제하지 못하기 때문이다.

④ **주의의 폭이 지나치게 확대된 경우**: 외부 자극에 매우 예민한 반응을 나타내고 외부에서 들어오는 부적절한 정보를 억제하지 못하므로 많은 정보가 밀려들어와 정보의 홍수에 빠져들고, 그 결과 심한 심리적 혼란을 겪게 된다. 이를 방어하기 위해 망상을 발달시키기도 하고, 외부 자극에 무감각한 태도를 취하기도 하며 사회적 관계를 회피하고 고립된 생활을 하기도 한다. 이를 망상형 혹은 급성형 정신분열로 본다.

⑤ **주의의 폭이 지나치게 협소해진 경우**: 외부 자극을 잘 포착하지 못하고 매우 둔감한 반응을 나타내며 주위에서 일어나는 일에 전혀 관심을 보이지 않는다. 그 결과 냉담해지고 자신만의 세계로 철폐하게 된다. 이를 비망상형 혹은 만성형 정신분열로 본다.

(4) 가족관계 요인

① **정신분열 유발적 어머니**: 정신분열증 환자의 어머니는 차갑고 지배적이며 자녀에게 갈등을 조장하는 경향이 있다. 이러한 어머니는 자녀의 감정에 무감각하거나 거부적이고 친밀감에 대한 두려움을 가지고 있거나 또는 자녀에게 과잉보호적이고 과도한 자기희생을 나타내는 경향이 있다.

② **이중구속 이론**: 부모가 아동에게 서로 상반된 이중적인 메시지를 동시에 전달함으로써 아동을 혼란에 빠지게 만들고 결국에는 외부 환경에 대한 왜곡된 시각을 형성하게 만드는 것이다.

③ **조현병 환자의 가족이 나타내는 의사소통의 문제(Wynne & Singer, 1963)**

    ㉠ 애매하고 불명확한 생각을 전달하는 불분명한 의사소통 방식이다.

    ㉡ 명료하지만 단편적이고 논리적인 연결이 부족한 생각을 전달하는 비논리적 소통방식이다.

    ➡ 두 가지 유형 모두 정상적이고 합리적인 사고나 의사소통을 방해함으로써, 정신분열증 환자의 발병이나 경과에 영향을 미칠 수 있다.

④ **표현된 정서**: 정신분열증 환자의 가족은 가족 간의 갈등이 많고 강렬한 부정적 감정을 표출하는 경향이 있다. 가족은 비판적이고 분노감정을 과도하게 표현할 뿐 아니라 환자에 대해 과도한 간섭을 나타낸다.

⑤ **부부관계**

    ㉠ **편향적 부부관계**: 수동적인 배우자가 정신적으로 건강하지 못한 배우자에게 가족에 대한 통제권을 양보한 채 자녀에게 집착하는 경우이다.

    ㉡ **분열적 부부관계**: 부부가 만성적인 갈등 상태에서 서로의 요구를 무시하고 자녀를 자기편으로 만들기 위해 치열하게 경쟁하는 경우로, 여자 정신분열증 환자의 부모에게서 많이 발견된다고 한다.

(5) 사회환경적 요인

① **사회적 유발설(사회 – 유전적 가설)**: 낮은 사회계층에 속한 사람은 타인으로부터 부당한 대우, 낮은 교육 수준, 낮은 취업기회와 취업조건 등으로 많은 스트레스와 좌절을 경험하며, 그 결과 조현병으로 발전할 수 있다.

② **사회적 선택설**: 하류 계층에 조현병 환자가 많은 것은 환자가 부적응적인 증상으로 인해 사회의 하류 계층으로 옮겨갔기 때문이다.

(6) 취약성 – 스트레스 모형

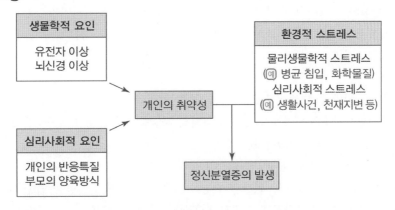

[그림 13-7] 취약성 – 스트레스 모형

① 조현병에 취약한 어떤 특이 소질을 물려받고, 특이 소질이 이를 촉발하는 스트레스와 결합되어 정신장애가 유발된다는 주장이다.

② 부모로부터 조현병의 유전적 취약성을 물려받은 자녀가 살아가면서 감당하기 어려운 스트레스 상황에 노출되고 그 역치점을 넘어서면 정신분열증에 걸린다.

③ 조현병에 취약한 특이 소질을 지녔다 해도 감당하기 어려운 스트레스가 없다면 조현병이 유발되지 않는다.

④ 조현병이 발병하더라도 스트레스가 줄어들면 증상이 감소되고 병전의 기능으로 회복될 수 있다.

4. 치료

(1) 입원치료와 약물치료

① 대부분 입원과 약물치료가 실시되고 있다.

② **추체외로 부작용**: 클로자핀을 제외한 대부분의 약물은 도파민 억제제로서 추체외로 부작용을 비롯한 여러 가지 부작용을 나타내는 문제점이 있다. 추체외로 부작용은 항정신병 약물을 사용할 경우 나타나는 대표적인 부작용으로, 근육이 긴장되어 행동이 어색하고 부자연스러운 근긴장 곤란증과 잠시도 가만히 있지 못하고 종종걸음으로 안절부절못하는 좌불안석증이 나타나며, 이 외에도 손 떨림, 이상한 자세, 침 흘리기, 입맛 다시기, 혀의 지속적 움직임 등의 증상이 나타난다.

③ **항정신병 약물의 종류**

구분	내용
진정성 항정신병 약물	• 흥분과 초조감 등의 흥분성 증상을 진정시키는 효과를 지님 • 운동조절장애, 혈압 저하 작용, 입 마름, 식욕 저하, 구토, 변비 등의 부작용을 나타냄
항결핍성 항정신병 약물	• 흥미 결여나 자폐적 위축 등의 결핍성 증상을 호전시키는 효과를 지님 • 약물 종류에 따라 추체외로 증상을 비롯한 고혈압, 다뇨증 또는 구강 건조증, 식욕 저하, 변비 등의 부작용이 나타남
항생산성 항정신병 약물	• 환각이나 망상 등의 양성 증상을 억제하는 효과를 지님 • 추체외로 부작용이 가장 현저하게 나타남

④ **전기충격치료(ECT)**: 뇌에 짧은 시간 동안 적당한 전압의 전기자극을 가하여 증상을 호전시키는 방법으로서 극적인 치료효과를 초래하기도 한다. 그러나 치료적 기제에 대해서는 아직 밝혀진 것이 없다.

(2) 심리사회적 치료

① **정신분석치료**: 환자와의 지지적 관계 형성을 통해 정신분석에 기초한 자아기능을 강화하는 데 초점을 둔다.

② **사회적 치료**: 자조적 치료집단처럼 조현병 환자가 활용할 수 있는 지지적 네트워크를 형성함으로써 환자의 재활을 돕는다. 집단 구성원은 자신의 장애에 대한 이해부터 문제 해결방법에 이르기까지 다양한 영역에서 상호 도움과 지지를 주고받는다.

③ **가족치료**: 조현병 유발에 간접적인 영향을 미칠 수 있는 일탈적인 의사소통 패턴을 다룬다. 성공적인 치료의 관건은 조현병에 대한 가족의 이해를 촉진하고 환자의 다양한 증상행동이 가족생활에 미치는 영향에 효과적으로 대처하는 방법을 가족에게 학습시키는 것이다.

④ **환경치료**: 기존의 입원치료가 박탈해왔던 환자의 독립성, 책임감, 긍정적인 자기존중을 복구시키고 의미 있는 활동을 할 수 있게 함으로써 조현병 환자의 증상을 개선하고 사회적 적응을 돕는 것이 목적이다.

⑤ **사회기술훈련**: 사회생활에 필수적인 대인관계의 향상과 사회적 상황에 대처하는 기술을 가르치는 것이다.

⑥ **적극적 공동체 치료 프로그램(assertive community treatment program)**: 환자에게 의료진, 심리학자, 사회사업가 등 전문가의 종합적인 치료 서비스를 하루 24시간 제공하는 것이다. 이 프로그램은 이상적인 만큼 실현이 쉽지는 않으나, 앞으로 추구해야 하는 치료적 모델의 하나로 강조되고 있다.

(3) 정신사회 재활

① **전통적인 의학적 모형**: 병리적인 것에 초점을 두고 증상을 줄이려는 목적을 가지고 있다.

② **재활 모형**: 건강에 초점을 두고 주어진 환경 안에서 만족스럽고 보람된 삶을 살도록 하는 데 목적을 두고 있다.

③ **지역사회 정신보건운동**: 환자가 살고 있는 지역사회에서 그들이 가능한 한 정상적인 생활을 유지할 수 있도록 도움을 주어야 한다는 이념을 제시하였다. ➡ 이는 현재의 재활이념과 일치하는 것으로 환자에 대한 서비스가 포괄적이고 지속적이어야 하며, 환자와 그 가족이 그것을 이용할 수 있어야 한다.

④ **정신사회 재활센터**: 환자를 도와 바람직한 역할을 할 수 있는 기회를 제공하고, 스트레스 요인을 다루어 주고 주택과 직장을 알선해 줌으로써 환자가 실제 생활에서 부딪히는 문제들을 극복할 수 있도록 돕는다.

> **참고 정신사회 재활 모델**
>
> - 정신재활 개념을 미국에서 처음 보급한 심리학자 윌리엄 안토니(William Anthony)는 정신재활의 사명은 "장기적인 정신과적 증상으로 적용이 어려운 만성 정신질환자들이 스스로 선택한 환경 내에서 최소한의 전문적인 개입을 받으면서 성공스럽고 만족스럽게 살 수 있도록 도와주는 것"이라고 정의하였다.
> - 정신사회 재활이 필요한 주요 집단: 조현병, 조울증, 알코올 중독을 가진 사람들이다.
> - 목적: 정신사회 재활은 만성 정신질환자들의 증상을 제거하기보다는, 질환이 있음에도 불구하고 재기(recovery)를 도와주어 삶을 영위할 수 있도록 필요한 기능을 증진시키는 것이다.
> - 정신장애가 진전되는 과정: 손상(impairment), 능력장애(disability), 불이익(hadicap)의 세 가지 단계로 설명하고 있다.
>
> | 단계 | 손상(impairment) | 능력장애(disability) | 불이익(handicap) |
> |------|------------------|----------------------|------------------|
> | 정의 | 심리적·생리적·해부적 구조 또는 기능에 있어 상실이나 이상이 생긴 상태 | 인간으로서 정상적이라고 할 수 있는 범위와 방식으로 행동을 수행하는 능력의 손상으로 인하여 제한되고 결핍된 상태 | 특정 개인이 손상이나 능력 저하로 인해 불이익을 겪게 되는 것으로, 그 개인이 정상적인 역할 수행에 제한이나 장애가 가해지는 상태 |
> | 예 | 환각, 망상, 우울 | 직무능력, 사교능력, 일상생활 유지 능력의 부족 | 취업이 안 되는 것, 거주지가 없는 것 |
> | 대표적 서비스 | 장애의 제거나 경감에 초점을 둔 임상적 치료 | 개인의 능력과 환경적 자원의 개발에 초점을 둔 임상적 재활 | 그 개인이 생활하고 있는 사회 체계의 변화에 초점을 둔 사회 구조적 재활 |
>
> ➡ 이 세 단계 외에 네 단계로 구분할 때에는 기능 저하(dysfunction)가 포함될 수 있다. 기능 저하는 정상적인 활동 수행능력이 한정되거나 부족한 상태로 직무적응기술 부족, 사회기술 부족, 일상생활 수행능력 부족을 의미한다.

27 망상장애(delusional disorder)

1. 임상적 특징과 진단기준

(1) 임상적 특징

① 한 가지 이상의 망상을 최소한 1개월 이상에 걸쳐 지속적으로 나타내지만 조현병의 진단기준에는 해당되지 않는 경우를 말한다.

② 망상장애를 보이는 사람은 망상과 관련된 생활영역 외에는 기능적 손상이 없고, 뚜렷하게 이상하거나 기괴한 행동을 나타내지 않는다. 여기서 '기괴하지 않다'의 의미는 망상의 내용이 현실에서 일어날 만하다는 것이다.

③ 발병은 주로 성인 중기나 후기에 시작되는 경향이 있으며 피해형이 가장 많다. 경과는 매우 다양하며 피해형은 만성화되는 경우가 많다.

④ 하위 유형

유형	내용
색정형(애정형)	어떤 사람, 특히 신분이 높은 사람이 자신과 사랑에 빠졌다고 믿는 망상을 특징적으로 나타냄
과대형	자신이 위대한 재능 또는 통찰력을 지니거나 중요한 발견을 했다는 과대망상을 지니는 경우
질투형	배우자나 연인이 부정을 저질렀다는 망상을 나타내며, 적절한 근거가 없음에도 사소한 증거로부터 부적절한 추론을 통해 배우자가 다른 이성과 부정한 관계를 맺었다고 확신하며 배우자를 의심·공격함
피해형	자신 또는 자신과 가까운 사람이 피해를 받고 있다는 망상을 나타내며, 자신이 모함을 받아 감시나 미행을 당하고 있다거나 음식에 독이 들어있다고 생각함
신체형	자신에게 어떤 신체적 결함이 있거나 자신이 질병에 걸렸다는 망상을 가진 경우로, 자신의 입, 피부, 성기, 항문 등에서 악취가 난다거나 자신의 신체부위가 기형적이라거나 자신의 몸에 해로운 기생충이 존재한다고 확고하게 믿는 망상을 나타내기도 함
혼합형	어느 한 가지 망상적 주제도 두드러지지 않는 경우

(2) DSM-5 진단기준

A. 1개월 이상의 지속 기간을 가진 한 가지(혹은 그 이상) 망상이 존재함
B. 조현병의 진단기준 A에 맞지 않음
  ※ 주의점: 환각이 있다면 뚜렷하지 않고 망상 주제와 연관됨
    예 벌레가 우글거린다는 망상과 연관된 벌레가 꼬이는 감각
C. 망상의 영향이나 파생 결과를 제외하면 기능이 현저하게 손상되지 않고 행동이 명백하게 기이하거나 이상하지 않음
D. 조증이나 주요 우울 삽화가 일어나는 경우, 이들은 망상기의 지속 기간에 비해 상대적으로 짧음
E. 장애가 물질의 생리적 효과나 다른 의학적 상태로 인한 것이 아니고, 신체이형장애나 강박장애와 같은 다른 정신질환으로 더 잘 설명되지 않음
※ 다음 중 하나를 명시할 것
  • 색정형: 이 아형은 망상의 중심 주제가 또 다른 사람이 자신을 사랑하고 있다는 것인 경우 적용
  • 과대형: 이 아형은 망상의 중심 주제가 어떤 굉장한(그러나 확인되지 않은) 재능이나 통찰력을 가지고 있다거나 어떤 중요한 발견을 했다는 확신일 경우 적용
  • 질투형: 이 아형은 망상의 중심 주제가 자신의 배우자나 연인이 외도를 하고 있다는 것일 경우 적용
  • 피해형: 이 아형은 망상의 중심 주제가 자신이 음모, 속임수, 염탐, 추적, 독극물이나 약물 주입, 악의적 비방, 희롱, 장기 목표 추구에 대한 방해 등을 당하고 있다는 믿음을 수반한 경우 적용
  • 신체형: 이 아형은 망상의 중심 주제가 신체적 기능이나 감각을 수반한 경우 적용
  • 혼합형: 이 아형은 어느 한 가지 망상적 주제도 두드러지지 않은 경우 적용
  • 명시되지 않은 유형: 이 아형은 지배적 망상적 믿음이 분명히 결정될 수 없는 경우, 혹은 특정 유형에 기술되지 않은 경우(예 뚜렷한 피해 혹은 과대 요소가 없는 관계망상) 적용됨

2. 원인과 치료

(1) 정신분석적 입장

① 프로이트(Freud)는 망상을 억압된 동성애적 충동에 기인한 것으로 보았다.
② 무의식적으로 동성애적 충동을 지닌 사람은 이를 수용할 수 없기 때문에 대신 역전(reversal)의 방어기제를 통해 "나는 그를 사랑하지 않는다."로 전환하고, 나아가서 "나는 그를 미워한다."로 발전시키며, 이 명제는 투사를 통해 "그는 나를 미워한다."는 피해의식적 망상으로 발전한다.

(2) **인지적 입장**: 망상을 논리적 추론의 결함, 비정상적인 경험의 의미추론, 정보처리의 편향 등의 관점에서 설명한다.

구분	내용
동일성의 원리 (Domarus, 1944)	상이한 두 주어가 동일한 술어를 공유할 때 두 주어를 동일시하는 삼단논법적 논리 오류 예 "마리아는 처녀다. 나는 처녀다. 그러므로 나는 마리아다."
비정상적 경험 (Maher, 1988)	• 망상을 지닌 환자는 환각이나 착각에 의한 비정상적인 지각 경험을 하고, 이러한 당혹스러운 경험에 대한 강한 의문을 지니게 되며, 이를 나름대로 설명함. 하지만 이러한 비정상적인 경험을 가시적으로 설명할 수 없기 때문에 초능력, 우주광선 등과 같은 내용이 등장함 • 누가 나에게 이 경험을 하게 했는지에 의문을 갖게 되는데, 이러한 비정상적인 경험을 하기 위해서는 충분한 힘과 권력을 가져야 하므로 CIA, 종교단체, 하나님과 같은 존재를 그 대상으로 상정하게 됨 • 왜 하필 자신이 이러한 비정상적인 경험을 하게 되는가의 의문에 대해 자신이 대단한 존재이거나 또는 대단한 잘못을 저질렀기 때문이라고 해석함으로써 과대망상이나 피해망상에 빠져들게 됨
사회적 귀인과정 (Bental 등, 1994)	• 피해망상을 가진 사람은 타인의 행동을 특이한 방식으로 귀인함 • 망상을 지닌 사람은 자존감이 낮고 현실적 자기와 이상적 자기 간의 커다란 괴리를 경험하며, 이러한 괴리를 최소화하기 위한 노력으로 부정적인 생활사건에 대해 극단적인 외부귀인을 함. 즉, 부정적 생활사건이 사람의 악의에 의해 일어난 것으로 해석함으로써 피해망상으로 발전하게 됨 • **정보처리과정에서의 인지적 편향**: 망상을 지닌 사람들은 자신의 망상을 입증하는 정보의 경우 선택적인 주의를 통해 주목하고, 망상과 반대되는 증거의 경우 선택적 부주의를 통해 무시함으로써 자신의 망상을 지속하고 강화함

(3) **치료**

망상장애 환자의 치료는 긴 시간과 인내가 필요하다. 환자들이 의심이 많고 치료진을 믿지 못하고 냉담하여 치료관계를 형성하기 어렵기 때문이다. 특히 환자가 지니는 망상의 비현실성에 직접 도전하기보다 불안과 과민성을 낮추도록 도와줌으로써 치료동기를 자극하는 것이 좋다.

28 기타 정신병적 장애

1. 조현정동장애(schizoaffective disorder)

(1) **임상적 특징**

① 조현병과 기분장애의 특징이 모두 나타남: 조현병 증상과 함께 기분 삽화(주요 우울 또는 조증 삽화)가 일정 기간 동안 지속적으로 나타나는 경우를 말한다. 즉, 조현병 주요 증상에 대한 첫 번째 진단기준을 충족시키는 동시에 주요 우울 또는 조증 삽화가 함께 나타나는 경우이다. 아울러 기분 삽화가 없는 상태에서 망상이나 환각이 적어도 2주 이상 나타나야 한다.

② 유형: 동반하는 기분 삽화에 따라 우울형과 양극형으로 구분된다.

③ 증상이 나타나는 전형적인 패턴: 처음에 현저한 환청과 피해망상이 2개월 정도 나타나다가 주요 우울증 증상이 나타난 이후에는 조현병 증상과 주요 우울증 증상이 공존(3개월)하는 경우이다. 이후 주요 우울증 증상은 완전히 사라지고 정신분열증적 증상만 1개월 정도 더 지속되다가 사라진다.

➡ 총 유병기간은 대개 6개월이며, 처음 2개월은 정신병적 증상만, 다음 3개월은 우울 및 정신병적 증상 모두, 마지막 1개월은 정신병적 증상만 있다가 사라는 경우가 전형적이다.

④ **특성:** 발병시기가 빠르고, 갑작스러운 환경적 스트레스에 의해 급성으로 시작되며, 심각한 정서적 혼란을 보이고, 병전 적응상태가 양호하며, 조현병 가족력이 없는 대신 기분장애 가족력이 있고, 조현병에 비해 예후가 좋다.

(2) DSM-5 진단기준

A. 조현병의 연속 기간 동안 조현병의 진단기준 A와 동시에 주요 기분(주요 우울 또는 조증) 삽화가 있음
　※ 주의점: 주요 우울 삽화는 진단기준 A1의 우울기분을 포함해야 함
B. 평생의 유병 기간 동안 주요 기분(주요 우울 또는 조증) 삽화 없이 존재하는 2주 이상의 망상이나 환각이 있음
C. 주요 기분 삽화의 기준에 맞는 증상이 병의 활성기 및 잔류기 부분의 전체 지속 기간의 대부분 동안 존재함
D. 장애가 물질(예 남용약물, 치료약물)의 생리적 효과나 다른 의학적 상태로 인한 것이 아님
　※ 다음 중 하나를 명시할 것
　　• 양극형: 이 아형은 조증 삽화가 발현 부분일 경우 적용됨, 주요 우울 삽화도 일어날 수 있음
　　• 우울형: 이 아형은 단지 주요 우울 삽화만이 발현 부분일 경우 적용됨

2. 조현양상장애(schizophreniform disorder)

(1) 임상적 특징

① 조현병과 동일한 임상적 증상을 나타내지만 장애의 지속 기간이 1개월 이상 6개월 이하인 경우를 말한다.
② 진단의 2가지 경우
　㉠ 조현병 증상이 나타나고 6개월 이전에 회복된 경우, 무조건 조현양상장애로 진단된다.
　㉡ 현재 조현병 증상이 지속되고 있지만 조현병의 진단기준에서 요구되는 6개월이 경과되지 않은 경우, 조현양상장애로 진단한 후 환자의 증상이 6개월 이상 지속되면 조현병으로 진단한다.
③ **특성:** 대부분 정서적 스트레스가 선행하고 급성적 발병을 나타내며, 병전 적응상태가 비교적 양호하고, 완전한 회복을 보이는 특징이 있다.
④ 조현양상장애는 다른 정신병적 장애와 달리 사회적·직업적 기능의 손상을 요구하는 기준이 없다. 잠재적으로 그런 손상이 있을 수도 있지만 조현양상장애의 진단에 필수는 아니다.

(2) DSM-5 진단기준

A. 다음 증상 중 둘(혹은 그 이상)이 1개월의 기간(성공적으로 치료가 되면 그 이하) 동안에 상당 부분의 시간에 존재하고, 이들 중 최소한 하나는 1 내지 2 혹은 3이어야 함
　1. 망상
　2. 환각
　3. 와해된 언어 예 빈번한 탈선 혹은 지리멸렬
　4. 극도로 와해된 또는 긴장성 행동
　5. 음성 증상 예 감퇴된 감정 표현 혹은 무의욕증
B. 장해의 삽화가 1개월 이상 6개월 이내로 지속됨. 진단이 회복까지 기다릴 수 없이 내려져야 하는 경우에는 '잠정적'을 붙여 조건부 진단이 되어야 함
C. 조현정동장애와 정신병적 양상을 동반한 우울 또는 양극성장애는 배제됨. 왜냐하면 ① 주요 우울 삽화 또는 조증 삽화가 활성기 증상과 동시에 일어나지 않기 때문이거나, ② 기분 삽화가 활성기 증상 동안 일어난다고 해도 병의 활성기 및 잔류기 전체 지속 기간의 일부에만 존재하기 때문임
D. 장애가 물질(예 남용약물, 치료약물)의 생리적 효과나 다른 의학적 상태로 인한 것이 아님

3. 단기 정신증(병)적 장애(brief psychotic disorder)

(1) 임상적 특징

① 조현병의 주요 증상 중 한 가지 이상이 하루 이상 1개월 이내로 짧게 나타나고 병전 상태로 완전히 회복되는 경우를 말한다. 급성적이고 일시적이라는 점이 다른 정신병적 장애와 구분되는 가장 큰 차이이며, 촉발요인이 있는 경우가 대부분이다.

② 단기 정신증적 상태에 있는 사람은 전형적으로 격렬한 감정적인 동요나 혼란을 경험한다. 비록 증상이 짧은 기간 동안 나타나지만, 이 기간에 개인의 적응 기능이 심하게 손상될 수 있으며, 잘못된 판단이나 망상에 의해 위험한 행동을 할 수 있기 때문에 철저한 보호와 감독이 필요하다.

③ 단기 정신증적 장애를 겪는 사람은 자살의 위험이 높으며 특히 젊은 연령층에서 더욱 그러하다.

(2) DSM-5 진단기준

A. 다음 증상 중 하나(혹은 그 이상)가 존재하고, 이들 중 최소한 하나는 1 내지 2 혹은 3이어야 함
  1. 망상
  2. 환각
  3. 와해된 언어 예 빈번한 탈선 혹은 지리멸렬
  4. 극도로 와해된 또는 긴장성 행동
  ※ 주의점: 문화적으로 인정되는 반응이면 증상에 포함하지 말 것
B. 장해 삽화의 지속 기간이 최소 1일 이상 1개월 이내이며, 결국 병전 수준의 기능으로 완전히 복귀함
C. 장해가 정신병적 양상을 동반한 주요 우울장애나 양극성장애 혹은 조현병이나 긴장증과 같은 다른 정신병적 장애로 더 잘 설명되지 않으며, 물질(예 남용약물, 치료약물)의 생리적 효과나 다른 의학적 상태로 인한 것이 아님

4. 조현형 성격장애와 약화된 정신증 증후군

(1) 조현형 성격장애(schizotypal personality disorder)

① 친밀한 인간관계를 불편해하고 인지적 또는 지각적 왜곡과 더불어 기이한 행동을 나타내는 성격장애이다.

② 심한 사회적 불안을 느끼고, 마술적 사고나 기이한 신념에 집착하며, 언어적인 표현이 상당히 비논리적이고 비현실적일 뿐만 아니라 기이한 외모나 행동을 나타내는 경향이 있다.

③ 조현병 스펙트럼장애에 속하는 동시에 성격장애에도 속하는 장애이다.

(2) 약화된 정신병 증후군(attenuated psychosis syndrome)

① 정신증과 유사한 증상을 나타내지만 증상의 심각도가 덜하고 지속기간이 짧은 경우를 말한다.

② DSM-5 진단기준에 따르면 조현병의 주된 증상인 망상, 환각, 혼란스러운 언어 중 하나 이상의 증상이 약화된 형태로 나타나고 현실 검증력도 비교적 양호하지만 임상적인 주의를 기울여야 할 만큼 증상의 심각도나 빈도가 충분한 경우를 뜻한다. 이 증후군은 조현병으로 발전할 가능성이 있는 초기 증후군에 대한 조기 개입의 필요성이 대두되면서 DSM-5 진단기준에 새롭게 포함되었다.

제 8 절 신체증상 및 관련 장애

신체증상 및 관련 장애 개관

하위 장애	핵심 증상
신체증상장애	1개 이상의 신체적 증상에 대한 과도한 집착과 건강염려
질병불안장애	자신이 심각한 질병에 걸렸다는 과도한 집착과 공포
전환장애	신경학적 손상을 암시하는 운동기능과 감각기능의 이상
허위성장애	환자 역할을 하기 위해 신체적·심리적 증상을 의도적으로 만들어 내거나 위장하는 경우

➡ **신체증상 및 관련 장애**: 원인이 불분명한 신체증상을 호소하거나 그에 대한 과도한 염려를 보이는 부적응 문제를 의미한다. 이러한 장애는 생물학적·심리적·사회적 요인의 복합적 영향에 의해 시작되고 악화될 수 있다.

29 신체증상장애(somatic symptom disorder)

1. 임상적 특징과 진단기준

(1) 임상적 특징

① 한 가지 이상의 신체적 증상을 고통스럽게 호소하거나 그로 인해 일상생활이 현저하게 방해받는 경우이다.

② 다양한 신체증상을 호소: 때로는 한 가지의 심각한 증상을 호소하기도 하며, 가장 흔한 증상은 통증이다.

③ 호소 증상

   ⊙ 특정한 신체부위의 통증처럼 구체적인 것일 수도 있고 피로감처럼 막연한 것일 수도 있다.

   ⓒ 신체증상은 실제로 신체적 질병과 관련될 수도 있고 그렇지 않을 수도 있다.

   ⓒ 다만 심각한 질병과 관련되지 않은 정상적인 신체적 감각이거나 불편감을 호소하는 경우가 흔하다.

④ 주된 특징: 질병과 관련된 과도한 걱정이다. 이 장애를 지닌 사람은 자신의 신체증상을 매우 위협적인 것으로 평가하고 건강에 관한 최악의 상황을 상상한다. 그와 반대되는 증거를 접하더라도 자신의 증상이 심각한 질병과 관련된 것일까 걱정한다. 심한 신체증상장애의 경우 건강염려가 개인의 삶을 지배하는 중심적 주제가 되기도 한다.

⑤ 유병률: 일반 성인 인구에서 신체질병장애의 유병률은 5~7% 수준이며 남성보다 여성의 유병률이 높을 것으로 추정된다.

(2) DSM-5 진단기준

A. 고통스럽거나 일상에 중대한 지장을 일으키는 한 가지 이상의 신체증상이다.
B. 신체증상 혹은 건강염려와 관련된 과도한 생각, 느낌 또는 행동이 다음 중 한 가지 이상으로 표현되어 나타난다.
   1. 증상의 심각성에 대해 편중되고 지속적인 생각
   2. 건강이나 증상에 대한 지속적으로 높은 단계의 불안
   3. 이러한 증상 또는 건강염려에 과도한 시간과 에너지 소비
C. 어떠한 한 가지 신체 증상이 지속적으로 나타나지 않더라도 증상이 있는 상태가 지속된다(전형적으로 6개월 이상).
※ 다음의 경우 명시할 것
   • 통증이 우세한 경우(과거, 동통장애): 이 명시자는 신체증상이 통증으로 우세하게 나타난다.
   • 지속성: 지속적인 경과가 극심한 증상, 현저한 손상, 긴 기간(6개월 이상)으로 특징지어진다.
※ 현재의 심각도를 명시할 것
   • 경도: 진단기준 B의 구체적인 증상이 단 한 가지만 만족한다.
   • 중등도: 진단기준 B의 구체적인 증상이 2가지 이상 만족한다.
   • 고도: 진단기준 B의 구체적인 증상이 2가지 이상 만족하고, 여러 신체적 증상(또는 하나의 매우 심한 신체 증상)이 있다.

2. 원인과 치료

(1) 정신분석적 입장

① 신체화 증상을 억압된 감정의 신체적 표현으로 본다. 프로이트는 억압된 감정이 신체적 통로를 통해 표출된 것이 신체화 증상이라고 보았다. 감정은 어떤 통로를 통해서든지 표현되어야 하는 원초적인 동기인데, 만약 감정표현이 차단되면 그 감정이 다른 통로인 신체를 통해 더욱 과격하게 표현된다는 것이다.

② 스테켈(Steckel, 1943): 신체화를 통해 심리적인 고통이 신체적으로 표현되며, 증상을 나타내는 신체기관은 심리적 갈등과 상징적인 관계를 지닌다.

> **더 알아보기   감정표현 불능증(alexithymia)**
>
> 감정표현에 어려움을 느끼는 상태를 의미한다. 이 용어는 원래 그리스어로 '감정을 언어로 나타내지 못한다'는 뜻을 지니고 있다. 이 특징을 가진 사람은 감정 상태를 기술하는 어휘력이 부족하고 자신의 내적인 감정이나 소망 등을 겉으로 표현하지 못할 뿐 아니라 자신의 감정 상태를 정확하게 자각하지 못한다. 이들은 자신의 감정과 그러한 감정 상태에서 나타나는 신체적 변화의 차이를 잘 구분하지 못하므로, 어떤 감정 상태에서 흥분하게 되었을 때 나타나는 신체적 변화를 자신의 감정과 연관지어 생각하지 못하고 신체적 질병의 신호로 잘못 해석한다. 사소한 신체적 증상만 있어도 건강을 염려하고 신체적 변화에 주의를 기울여 신체화 증상으로 발전시킨다.

③ 신체화는 심리적인 문제 때문에 어린 시절로 퇴행하는 것이다.
   ㉠ 탈신체화(desomatization): 어린아이는 말을 하지 못하기 때문에 자신의 고통을 몸으로 다른 사람에게 알리고, 점차 성장하면서 사고와 언어기능이 발달하여 신체반응은 줄어들고 언어적 표현이 늘어난다.
   ㉡ 이 관점에서 보면, 신체화 증상을 나타내는 성인은 심리적 갈등을 겪을 때 어린 시절에 익숙했던 신체적 반응으로 표현하는 재신체화(resomatization)를 보이는 것이며, 이는 일종의 퇴행적 현상인 것이다.

> **더 알아보기   정신분석: 신체화의 1차 이득과 2차 이득**
>
> • 1차 이득: 신체증상으로 갈등을 전환시킴으로써 자신의 본질적인 갈등과 불안을 인식하지 않아도 된다.
> • 2차 이득: 증상으로 인하여 주위의 동정과 관심을 얻게 되고, 이로 인해 자신이 해야 할 책임과 의무가 면제된다.

(2) 행동주의적 입장

① 신체적 증상이 외부 환경에 의해 강화된 것이라고 보는 관점이다.

② 강화요인

㉠ 우연히 신체적 증상을 나타낸 사람이 주변으로부터 받은 관심과 애정의 사회적 강화에 의해 증상을 지속시킬 수 있다.

㉡ 몸이 아프면 많은 노력을 기울여 힘들게 완수해야 하는 의무와 책임을 면제받는데, 이 역시 신체적 증상에 대한 부적 강화의 요인이 된다.

③ 관찰학습이나 모방학습을 통해 습득: 어린 시절에 부모나 가족이 신체화 경향을 보이면 아이가 이를 모방하여 신체화 증상을 나타내고, 이에 대해 여러 강화가 주어지면 지속적 증상으로 발전할 수도 있다.

(3) 인지적 입장

① 신체화는 사소한 신체적 변화를 증폭하여 지각하고 증상에 계속 주의를 기울이며, 증상의 원인에 대해 잘못 생각하기 때문에 생길 수 있다.

② 신체화장애를 나타내는 사람의 특징

> • 신체적 또는 감각적 변화에 예민하게 주의를 기울인다.
> • 건강에 대한 경직된 신념(예 건강하려면 신체증상이 하나도 없어야 한다.)을 지니고 있다.
> • 이들은 신체적 감각이나 증상을 증폭시켜 지각하는 경향이 있다. 따라서 자신의 신체에 대해 과도하게 걱정하고 경미한 신체적 증상에 선택적으로 주의를 집중함으로써 증폭된 고통을 느낀다.
> • 신체적 감각이나 증상의 원인을 심각한 신체적 질병에 잘못 귀인하는 경향이 있다.

(4) 치료

① 신체화장애를 지닌 환자는 자신의 신체적 증상이 심리적 요인에 의한 것일 수 있다는 사실을 인정하지 않고, 심리치료에 저항적이고 비협조적인 태도를 나타내는 경향이 있다.

㉠ 치료자는 환자와 견고한 신뢰관계를 형성해야 한다. 이러한 치료적 관계 속에서 환자에게 신체화장애의 속성을 교육하고 질병 가능성에 대한 환자의 우려를 일관성 있게 안심시켜주는 것이 필요하다.

㉡ 신체와 증상의 유발과 관련된 심리적 갈등이나 부정적 감정을 표현하고 해소하도록 도와야 한다. 신체화장애를 지닌 사람은 내면적으로 우울, 불안, 죄책감, 분노, 적개심 등의 부정적 감정을 지니고 있지만 이를 인정하거나 표현하지 않으려는 경향이 있다.

㉢ 부정적 감정의 표현을 격려하고 자기주장 훈련을 통해 대인관계에서 부정적 감정이 누적되지 않게 돕는다.

② 인지치료적 접근: 신체적 감각, 통증에 대해 환자가 과도한 주의를 기울이지 않도록 하는 동시에 신체적 증상을 새롭게 해석하도록 유도한다. 신체화장애를 지닌 사람은 신체적 감각이나 증상을 해로운 것이며 심각한 질병에 기인한 것이라고 해석하여 신체감각에 더욱 주의를 기울이고 강한 통증을 지각한다. 이 속성을 잘 이해시키고 신체적 증상에 대한 과장되고 왜곡된 해석을 하지 않게 대안적인 해석방법을 제공하는 것이 필요하다.

③ 환자의 가족이나 주변 사람의 협조를 구하는 것이 중요하다. 환자가 증상을 호소할 때 가족이 관심을 기울이고 의무나 책임을 면제해주는 등의 행동을 통해 환자의 증상을 강화하지 않아야 한다.

④ 약물치료: 신체화장애를 직접적으로 치료하는 약물은 없으나 우울증, 불안장애와 같은 정신장애를 동반하는 경우 적절한 약물치료가 도움이 될 수 있다.

30 질병불안장애(illness anxiety disorder)

1. 임상적 특징과 진단기준

(1) 임상적 특징

① 자신이 심각한 질병에 걸렸다는 집착과 공포를 보이는 경우를 말하며, '건강염려증(Hypochondriasis)'이라고 불리기도 한다.

② 질병에 걸린 것으로 걱정하여 병원을 찾지만 의학적 진단을 받는 경우는 드물다. 하지만 의학적인 진단을 받지 않았다고 안심하기보다 질병의 구체적인 원인을 찾지 못했거나 질병이 제대로 확인되지 않았을지 모른다는 두려움 때문에 다른 병원을 전전한다.

(2) DSM-5 진단기준

A. 심각한 질병에 걸려 있거나 걸리는 것에 몰두한다.

B. 신체증상이 나타나지 않거나, 신체증상이 있어도 단지 경미한 정도이다. 다른 의학적 상태가 나타나거나 의학적 상태가 악화될 위험(예 강한 가족력이 있음)이 있을 경우, 병에 대한 몰두가 분명히 지나치거나 부적절하다.

C. 건강에 대한 높은 수준의 불안이 있으며, 건강상태에 대해 쉽게 경각심을 가진다.

D. 지나친 건강 관련 행동(예 반복적으로 질병의 신체 징후를 확인함)을 보이거나 순응도가 떨어지는 회피 행동(예 의사 예약과 병원을 회피함)을 보인다.

E. 질병에 대한 집착은 적어도 6개월 이상 지속되지만, 그 기간 동안 두려움을 느끼는 구체적인 질병은 변화할 수 있다.

F. 질병에 대해 집착하는 것이 다른 정신질환, 즉 신체증상장애, 공황장애, 범불안장애, 신체이형장애, 강박장애 또는 신체형 망상장애 등으로 더 잘 설명되지 않는다.

※ 다음의 경우 명시할 것

• 진료추구형: 왕진 또는 검사와 시술을 진행하는 것을 포함하여 의학적 치료를 자주 이용한다.

• 진료회피형: 의학적 치료를 거의 이용하지 않는다.

2. 원인과 치료

(1) 정신분석적 입장

① 성적 충동이 과도하게 자신에게 지향된 결과라고 본다.

② 프로이트: 외부 대상으로 향해졌던 성적 리비도가 회수되어 자기애적 리비도의 형태로 자신에게 재지향되고, 결국 이러한 자기애적 리비도가 많아지면 그 에너지가 신체 증상으로 전환된다고 보았다.

③ 브라운(Brown)과 베일런트(Vaillant, 1981): 질병불안장애가 실망하고 상처받고 버림받고 사랑받지 못함에 대한 분노에 기인한다고 주장했다. 즉, 질병불안장애 환자는 이런 고통스러운 생각과 분노 감정을 외부에 토로하지 못하고 신체에 대한 과도한 관심으로 나타낸다는 것이다.

④ 매우 낮은 자기존중감과 무가치감에 시달리는 사람들에게서 나타나며, 자신이 가치 없는 존재라고 느끼는 것보다 신체적 이상이 있다고 여기는 것이 더 견딜만하기 때문에 신체적 건강에 집착한다.

(2) 행동주의적 입장

① 조건형성의 원리를 통해 설명: 질병불안장애를 나타내는 사람은 이 증상을 통해 환자의 역할을 함으로써 동정, 관심, 지지를 얻고, 불쾌한 임무나 의무를 회피할 수 있다는 것을 배우며, 그 결과 증상이 지속된다.

② 켈너(Kellner, 1985): 질병에 대한 두려움 때문에 신체 일부에 대한 주의가 증가되고, 그 결과로 신체적 변화가 지각되어 불안반응이 유발될 수 있다. 신체 변화와 불안반응은 환경적 요인이나 내부 단서(예 감정 상태, 질병에 대한 사고)에 의해 조건형성될 수 있으며, 이러한 단서에 노출되면 질병불안장애적인 증상이 나타난다. 이렇게 형성된 증상은 여러 강화 요인에 의해 지속되고 발전된다.

(3) 인지주의적 입장

① 바스키(Barsky)와 그의 동료들(Geringer, Wool, 1998): 질병불안장애를 인지와 지각의 장애로 간주한다. 정상적인 신체감각, 사소한 질병의 증상이나 정서의 신체적 반응을 확대하여 매우 해로운 것으로 지각하여 신체에 집착하게 된다고 본다.

ⓐ 이 감각이 고통스럽기 때문에 이들은 증상의 원인을 심각한 질병으로 귀인하면서 병에 걸렸다고 믿으며, 그 결과 다른 신체감각도 과장하여 받아들인다. 따라서 새로운 감각을 경험하게 되고, 이는 질병의 또 다른 증거로 잘못 해석된다.

ⓑ 왜냐하면 자신은 가설을 확증하는 자료에 선택적으로 주의를 기울이고, 그렇지 않은 감각 입력은 선택적으로 무시하기 때문이다.

② 워윅(Warwick)과 살코프스키(Salkovskis, 1987, 1990): 질병불안장애를 건강불안(health anxiety)으로 보고 공황장애의 인지 모델(Clark, 1986)과 매우 유사한 설명 모델을 제시한다.

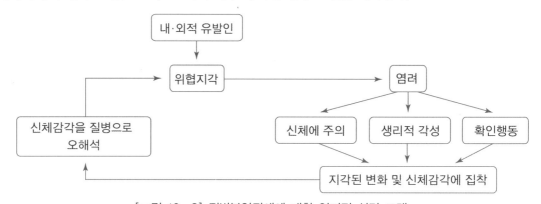

[그림 13-8] 질병불안장애에 대한 인지적 설명 모델

➜ 개인은 외적 사건(예 친척의 사망 소식) 또는 내적 유발인(예 신체 일부의 통증)에 의해 건강에 대한 위협을 느끼고 염려하게 된다. 건강에 대한 염려와 불안은 신체에 주의를 기울이게 만들고, 생리적 각성 수준을 높이며, 건강에 대한 확인 행동을 유발한다. 따라서 생리적으로 각성된 신체의 변화에 예민하게 주의를 기울임으로써 증폭된 신체감각을 지각하고 이러한 신체감각을 심각한 질병으로 잘못 해석한다. 그 결과, 건강에 대한 위협이 증가되고 염려와 불안이 더욱 강해지며, 생리적 각성은 점점 더 높아져 더욱 심한 신체적 이상을 지각하고 심각한 질병에 걸렸다는 자신의 생각을 점점 더 굳혀간다. 이러한 악순환 과정으로 인해 질병불안장애는 더욱 확고해지고 만성화된다.

(4) 치료

① 인지행동치료와 스트레스 관리 훈련이 효과적이라는 보고가 있으며, 질병불안장애에 대한 인지행동치료는 크게 3가지 요소로 구성된다(Warwick et al., 1996).

ⓐ 신체적 감각을 질병과 관련지어 해석한 내용을 확인하여 도전한다.

ⓒ 특정한 신체부위에 주의를 집중하여 유사한 질병불안장애 증상이 생겨나는 과정을 체험하게 한다.

ⓒ 의사나 병원을 방문하여 질병을 확인하고 안심을 구하는 행동을 감소시킨다.

② 의사가 자세한 설명을 통해 환자를 안심시키는 것이 효과적이라고 보고되고 있다. 충분한 시간을 할애하여 환자가 경험하는 증상의 속성과 원인을 자세히 설명하고 환자가 궁금해 하는 점을 충분히 설명해주었더니 환자의 질병불안장애적 불안과 병원방문 행동이 현저하게 줄었다고 한다.

31 전환장애(conversion disorder)

1. 임상적 특징과 진단기준

(1) 임상적 특징

① 신경학적 손상을 암시하는 운동기능과 감각기능의 이상을 나타내는 경우를 말한다.

② '기능성 신경증상 장애(functional neurological symptom disorder)'라고 불리기도 한다.

③ 증상의 4가지 유형

유형	내용
운동기능 이상	신체적 균형이나 협응기능의 손상, 신체 일부의 마비나 기능 저하, 목소리가 나오지 않는 불성증(aphonia), 소변을 보지 못함, 음식을 삼키지 못하거나 목구멍이 막힌 듯한 느낌 등이 있음
감각기능 이상	• 신체 일부의 촉각이나 통각 상실, 물건이 이중으로 보이는 이중시야, 물건을 보지 못함, 소리를 듣지 못함, 환각 등의 증상이 나타나기도 함 • 피부감각 이상을 호소할 때 흔히 장갑이나 양말을 착용하는 손이나 발 부위에만 감각을 느끼지 못하는 경우가 있음. 그러나 신경구조상 이러한 양상이 나타날 수 없으며, 이는 환자의 지식이나 생각이 감각장애의 분포 양상에 영향을 미치기 때문에 나타나는 것
갑작스러운 신체적 경련이나 발작	• 갑자기 손발이 뒤틀리거나 경련을 일으키고 감각마비나 특이한 신체감각을 느끼는 경우 • 흔히 이 증상이 일시적으로 나타났다가 사라지는 현상이 반복됨
그 외	위의 3가지 유형이 복합적으로 나타나는 경우

(2) DSM-5 진단기준

A. 하나 또는 그 이상의 변화된 수의적 운동이나 감각 기능의 증상이 있다.

B. 임상 소견이 증상과 인정된 신경학적 혹은 의학적 상태의 불일치에 대한 증거를 제공한다.

C. 증상이나 결함이 다른 의학적 장애 또는 정신질환으로 더 잘 설명되지 않는다.

D. 증상이나 결함이 사회적, 직업적 또는 다른 중요한 기능 영역에서 임상적으로 현저한 고통이나 손상을 초래하거나, 의학적 평가를 필요로 한다.

※ 부호화 시 주의점: 전환장애의 ICD-9-CM 부호는 300.11이며, 증상 유형에 상관없이 붙여진다. ICD-10-CM 부호는 증상 유형에 따라 달라진다.

① 의도적인 운동기능이나 감각기능의 변화를 나타내는 한 가지 이상의 증상이 있어야 한다.

② 이러한 증상과 확인된 신경학적 또는 의학적 상태 간의 불일치를 보여주는 임상적 증거가 있어야 한다.

③ 이러한 증상이 다른 신체적 질병이나 정신장애로 더 잘 설명되지 않아야 한다.

④ 이러한 증상이나 손상으로 인해 현저한 고통을 겪거나 일상생활의 중요한 기능에서 현저한 장해가 나타나는 경우에 전환장애로 진단된다.

2. 원인과 치료

(1) 정신분석

① 프로이트: 전환장애가 무의식적인 생각이나 감정을 표현하려는 욕구와 그것을 표현하는 것에 대한 두려움의 타협으로 생긴다고 보았다.

> **참고   안나 오(Anna O)의 사례**
>
> 한쪽 팔이 마비되어 움직이지 못하는 히스테리 증상을 보였던 20대 여성인 안나 오의 사례를 분석하면서, 프로이트는 안나가 병상에 있는 아버지를 간호하는 과정에서 아버지의 성기를 만지고 싶은 욕망과 그에 대한 죄책감에 대한 무의식적 타협으로 증상을 나타내게 되었다고 설명한다. 팔의 마비는 아버지의 성기를 만지려는 욕망이 행동으로 나타나는 것을 방지하는 동시에 그러한 욕망을 품었던 자신에 대한 자기처벌적인 의미를 지니며, 이는 죄책감을 완화하는 기능을 할 수 있다는 것이다. 이러한 분석을 통해 전환장애가 오이디푸스 시기에 생기는 수동적인 성적 유혹과 관련된다고 보았다.

　　㉠ 무의식적 갈등이 불안을 야기해서 신체적 증상으로 전환된다.
　　㉡ 전환증상이나 신체증상은 내적 갈등이 의식화되는 것을 방해하여 1차적 이득을 얻게 된다.
　　㉢ 또한 전환성 마비가 일어나면 의무나 책임을 면제할 수 있기 때문에 2차적 이득이 생길 수 있다.

② 사춘기의 성적 욕구: 어린 시절에 겪었던 충격적인 성적 경험과 관련된 두려운 감정과 기억을 떠올리게 하며, 이에 대처하기 위한 방어로써 흔히 억압이 사용되고 성적 흥분을 신체 증상으로 전환하게 된다.

③ 라자르(Lazare, 1981): 성적 충동 외에 공격성이나 의존성과 관련된 충동에 의해서도 유발될 수 있다.

(2) 행동주의적 입장

① 전환증상을 충격적 사건이나 정서적 상태 후에 생기는 신체적 변화나 이상이 외부적으로 강화된 것으로 본다.

② 바르(Barr)와 애버내티(Abernathy, 1977): 전환증상은 좌절스럽고 고통스러운 경험에 나름대로 적응하기 위한 반응이다.

③ 킴볼(Kimball)과 블린트(Blindt, 1982): 전환증상은 다른 사람을 조작하고 주의를 끌며 특권을 누리고 불쾌한 과제나 책임을 회피하는 수단으로 사용될 수 있다.

④ 느마이어(Nemiah, 1985): 어린 시절 나타난 경미한 신체적 마비 증상이 불안이나 사회적 부담을 덜게 하는 반복적 결과를 초래하면 이러한 전환증상과 불안 감소의 연합이 형성되어, 불안이 생길 때마다 전환증상이 나타나게 된다고 주장했다. 이 설명은 신체화장애에 대한 설명과 매우 유사하나, 전환장애는 주로 극적인 충격적 사건 이후에 나타나는 경향이 있다는 점에서 구별된다.

(3) 생물학적 입장

① 전환장애는 뇌의 손상이나 기능 이상 때문: 전환장애 환자가 주의와 각성에 장애를 나타내고 자신의 증상에 대해 무관심한 태도를 나타내는 이유는 대뇌피질과 망상체의 기능 이상 때문이다.

② 전환장애 환자의 70%가 몸의 왼쪽 부분에서 증상이 나타난다는 점에 근거하여 우반구의 이상과 관련된다는 주장도 있다.

(4) 치료

① 전환장애를 보이는 사람은 흔히 신체화 경향을 함께 나타내는 경우가 많기 때문에 신체화장애에 적용하는 치료 방법이 사용된다.

② 전환장애 환자를 치료할 때는 전환증상을 유발한 충격적인 스트레스 사건을 확인하고, 이러한 부정적 상황이 지속될 경우 이를 제거하도록 노력해야 한다.

③ 치료자는 환자가 전환증상으로 인해 얻는 2차적 이득을 세밀하게 확인하여 이를 제거하는 데 초점을 맞춘다.

---

32 인위성(허위성)장애(factitious disorder)

1. 임상적 특징과 진단기준

(1) 임상적 특징

① 환자 역할을 하고자 신체 또는 심리적 증상을 의도적으로 만들어내거나 위장하는 경우를 말한다. 이 증상으로 인해 아무런 현실적 이득(예 경제적 보장, 법적 책임 회피 등)이 없음이 분명해야 하며, 단지 환자 역할을 하려는 심리적 욕구에 기인한 것으로 추정되어야 한다.

② 꾀병과 허위성장애

　　㉠ 꾀병(malingering): 의도적으로 증상을 만들거나 과장하지만 목적(예 군대 징집 회피, 보상금 취득, 형벌 회피, 사회적 책임 회피)을 지니고 있다.

　　㉡ 허위성장애: 환자 역할을 하는 것 이외에 어떤 현실적 이득이나 목적이 발견되지 않는다.

(2) DSM-5 진단기준

〈스스로에게 부여된 인위성장애〉
A. 분명한 속임수와 관련되어 신체적이거나 심리적인 징후나 증상을 허위로 조작하거나 상처, 질병을 유도한다.
B. 다른 사람에게 자기 자신이 아프고 장애가 있거나 부상당한 것처럼 표현한다.
C. 명백한 외적 보상이 없는 상태에서도 기만적 행위가 분명하다.
D. 행동이 망상장애나 다른 정신병적 장애와 같은 다른 정신질환으로 더 잘 설명되지 않는다.
※ 다음의 경우 명시할 것
　• 단일 삽화
　• 재발 삽화(질병을 조작하거나 혹은 부상을 유도하는 2회 이상의 사건)

〈타인에게 부여된 인위성장애(과거, 대리인에 의한 인위성장애)〉
A. 분명한 속임수와 관련되어 다른 사람에게 신체적이거나 심리적인 징후, 증상을 허위로 조작하거나 상처, 질병을 유도한다.
B. 제3자(피해자)가 아프고 장애가 있거나 부상당한 것처럼 다른 사람에게 내보인다.
C. 명백한 외적 보상이 없는 상태에서도 기만적 행위가 분명하다.
D. 행동이 망상장애나 다른 정신병적 장애와 같은 다른 정신질환으로 더 잘 설명되지 않는다.
※ 주의점: 가해자가 인위성장애 진단을 받는 것이며, 피해자에게 내리는 진단이 아니다.
※ 다음의 경우 명시할 것
　• 단일 삽화
　• 재발 삽화(질병을 조작하거나 혹은 부상을 유도하는 2회 이상의 사건)

2. 원인과 치료

(1) 원인

① 어린 시절 부모로부터 무시, 학대, 버림받음 등의 경험이 있는 경우가 흔하다. 이러한 초기 경험을 통해 환자는 자기가치감을 획득하지 못하고 의존 욕구의 좌절을 경험한다.

② 허위성장애 환자는 아동기나 초기 청소년기에 실제적인 병으로 입원한 적이 있고, 이때 누군가의 사랑과 돌봄을 받아 회복된 경험이 있다. 허위성장애의 의미는 과거에 원했던 부모-자녀 간의 관계를 재구성하는 것으로 보인다. 이때 부모의 모습을 의사나 간호사에게 기대하는데, 환자는 과거의 경험대로 자신이 거부될 것이라고 예상하는 경우가 많다.

③ 이 장애를 지닌 사람은 지속적으로 피학적 또는 자기파괴적 행동을 나타낸다. 무의식적 죄책감을 덜고자 하는 시도이거나 다른 사람을 향한 증오나 적개심을 내면화하는 것으로 해석된다. 이러한 자기파괴적 또는 피학적 행동은 거부적인 부모나 가족에 대한 복수이며, 그 책임은 의사에게 전가된다.

(2) 치료

① 가장 중요한 것은 환자가 나타내는 증상을 허위성장애로 빨리 인식함으로써 환자가 고통스럽고 위험한 진단절차를 밟지 않도록 하는 것이다.

② 대다수 환자는 갑자기 병원을 떠나거나 추후 약속을 지키지 않음으로써 심리치료를 회피하는 경향이 있다. 환자가 자신의 허위 증상을 인정하도록 하는 것이 치료에서 가장 핵심적인 요소이다. 아울러 환자의 역할을 통해 무의식적으로 추구하는 것을 환자가 좀 더 현실적인 방법으로 충족하도록 유도하는 것이 중요하다.

제9절 급식 및 섭식장애

급식 및 섭식장애 개관

하위 장애	핵심 증상
신경성 식욕부진증	체중 증가와 비만에 대한 극심한 두려움, 음식 섭취의 현저한 감소나 거부, 체중의 비정상적 저하
신경성 폭식증	짧은 시간 내에 많은 양을 먹는 폭식행동, 체중 증가를 막기 위한 구토 등의 반복적인 배출행동
폭식장애	신경성 폭식증과 마찬가지로 폭식행동을 나타내지만 배출행동을 하지 않음, 과체중이나 비만의 문제를 지님
이식증	먹으면 안 되는 것(예 종이, 머리카락, 흙)을 습관적으로 먹는 행동
반추장애	음식물을 반복적으로 되씹거나 토하는 행동
회피적·제한적 음식섭취장애	심각한 체중 저하가 나타나도록 지속적으로 음식을 먹지 않는 행동

➡ 개인의 건강과 심리사회적 기능을 현저하게 방해하는 부적응적인 섭식행동과 섭식-관련 행동으로, 다양한 하위 장애를 포함한다.

33 신경성 식욕부진증(anorexia nervosa)

1. 임상적 특징과 진단기준 기출 24

(1) 임상적 특징

① 체중 증가와 비만에 대한 극심한 두려움을 지니고 있어 음식 섭취를 현저하게 줄이거나 거부함으로써 체중이 비정상적으로 저하되는 경우를 말한다.

② 핵심적인 임상적 특징: 정상 체중에 대한 거부와 체중 증가에 대한 극심한 공포이다.

③ 체중 증가에 대한 공포: 자기 몸매에 대한 걱정에 휩싸여 있고 실제로 매우 말랐음에도 스스로 뚱뚱하다고 인식한다. 따라서 체중을 더 감소하거나 더 이상 살찌지 않으려고 체중 조절에 대한 과도한 걱정과 집착을 나타낸다. 우울한 기분에 잠겨 있고 쉽게 짜증내며, 대인관계가 위축되고 성욕을 상실하는 경우가 많다.

④ 내성적이고 모범적이며 완벽주의적인 여자 청소년에게서 흔히 나타나며, 음식을 안 먹겠다고 고집을 부려 음식 섭취에 관해 부모와 갈등이 발생하기도 한다.

⑤ 유형

   ㉠ 폭식-제거형(폭식-하제 사용형): 폭식 또는 음식을 섭취한 후에 배출행동, 즉 보상행동(예 구토나 하제, 이뇨제, 관장제 등의 약물 사용)을 지난 3개월 동안 반복적으로 나타내는 경우이다.

   ㉡ 제한형(절제형): 폭식이나 음식을 섭취한 후에 배출행동을 하지 않는 경우로, 이 경우는 체중 감소가 주로 다이어트, 단식이나 과도한 운동을 통해 이루어지고 있음을 의미한다.

(2) DSM-5 진단기준

A. 필요한 양에 비해 지나친 음식물 섭취 제한으로 연령, 성별, 발달과정 및 신체적인 건강수준에 비해 현저하게 저체중을 유발하게 된다. 현저한 저체중은 최소한의 정상 수준보다 체중이 덜 나가는 것으로 정의되며, 아동과 청소년의 경우 해당 발달단계에서 기대되는 최소한의 체중보다 체중이 적게 나가는 것을 의미한다.

B. 체중이 증가하거나 비만이 되는 것에 대한 극심한 두려움 혹은 체중 증가를 막기 위한 지속적인 행동을 보이며, 이 행동은 지나친 저체중일 때도 이어진다.

C. 기대되는 개인의 체중이나 체형을 경험하는 방식에 장애, 자기평가에서 체중과 체형에 대한 지나친 압박 혹은 현재의 저체중에 대한 심각성 인식의 지속적 결여가 있다.

※ 다음 중 하나를 명시할 것
- 제한형: 지난 3개월 동안 폭식 혹은 제거 행동(즉, 스스로 구토를 유도하거나 하제, 이뇨제, 관장제를 오용하는 것)이 반복적으로 나타나지 않는다. 해당 아형은 저체중이 주로 체중관리, 단식, 과도한 운동을 통해 유발된 경우를 말한다.
- 폭식/제거형: 지난 3개월 동안 폭식 혹은 제거 행동(스스로 구토를 유도하거나 하제, 이뇨제, 관장제를 오용하는 것)이 반복적으로 나타났다.

※ 다음의 경우 명시할 것
- 부분 관해 상태: 이전의 신경성 식욕부진증 진단을 모두 만족한 후 진단기준 A(체중 감소)가 삽화 기간 동안 나타나지 않았으나, 진단기준 B(체중 증가 혹은 비만이 되는 것에 대한 극심한 두려움 혹은 체중 증가를 막기 위한 행동) 혹은 진단기준 C(체중과 체형에 대한 자기지각의 장애)가 지속되고 있는 경우를 말한다.
- 완전 관해 상태: 이전의 신경성 식욕부진증의 진단을 모두 만족한 후 삽화 기간 동안 진단기준에 해당되는 행동이 아무 것도 나타나지 않는다.

※ 현재의 심각도를 명시할 것
- 성인의 경우, 심각도의 최저 수준은 현재의 체질량 지수(BMI; Body Mass Index)를 기준으로 한다.
  - 경도: BMI ≥ 17kg/㎡
  - 중등도: BMI 16~16.99kg/㎡
  - 고도: BMI 15~15.99kg/㎡
  - 극도: BMI < 15kg/㎡
- 아동/청소년의 경우, BMI 백분위수를 기준으로 한다. 다음 범위는 세계보건기구(WHO)에서 제공하는 성인의 마른 정도의 범주에 따른다.
- 아동/청소년의 경우 BMI 백분위수에 해당하는 기준을 사용한다. 심각도의 수준은 임상 증상, 기능적 장애 정도, 관리의 필요성을 반영하여 증가될 수도 있다.

① 첫째, 필요한 것에 비해 음식 섭취(또는 에너지 주입)를 제한하여 나이, 성별, 발달 수준, 신체 건강에 비추어 현저한 저체중 상태를 초래한다. 현저한 저체중은 정상 체중의 최저 수준 이하의 체중을 의미한다.

② 둘째, 심각한 저체중임에도 불구하고 체중 증가와 비만에 대한 극심한 두려움을 지니거나 체중 증가를 방해하는 지속적인 행동을 나타낸다.

③ 셋째, 체중과 체형을 왜곡하여 인식하고, 체중과 체형이 자기평가에 지나친 영향을 미치거나 현재 나타나는 체중 미달의 심각함을 지속적으로 부정한다.

2. 원인과 치료

(1) 정신분석적 입장

① 신경성 식욕부진증을 성적인 욕구에 대한 방어적 행동으로 보았다.

② 학자별 입장

학자	내용
프로이트	• 먹는 행동을 성적인 표현의 대체 행위라고 생각하고, 신경성 식욕부진증 환자는 성적 욕구를 부인하기 위해 음식 먹기를 거부하는 것으로 해석함 • 즉, 청소년기에 육체적으로 성숙하며 성적 욕구가 증가하는 것에 대해 무의식적인 공포를 느끼고 음식 섭취를 거부함으로써, 육체적 성숙과 성적 욕구를 억제하려는 시도가 신경성 식욕부진증으로 나타난다고 봄
마스터슨 (Masterson, 1972, 1977)	• 신경성 식욕부진증 환자가 경계선 성격장애인과 비슷한 심리적 갈등을 지니고 있다고 주장함 • 자기정체감이 부족하여 어머니에게 의존하며, 어머니를 기쁘게 하기 위해 위선적 자기를 발전시키고 어머니가 자신을 버리지 않을 것이라는 확신을 얻기 위해 완벽한 아이가 되려고 노력함 • 그러나 이러한 강요된 역할에 대한 분노가 점차 쌓이게 되면서 진정한 자기를 주장하려는 시도로서 완전한 반란을 도모하는 것이 신경성 식욕부진증이라는 것
브르흐 (Bruch, 1987)	• 신경성 식욕부진증이 자기효능감을 발전시키려는 몸부림이라고 봄 • 신경성 식욕부진증 환자는 자신이 매우 무능하고 무기력하다는 신념을 가짐 • 이러한 무가치감에 대한 방어로서 부모를 기쁘게 하려고 애쓰는 완벽하고 착한 소녀로 성장하고 이들은 자기 자신과 육체를 분리된 것으로 경험하며, 부모에 의해 로봇처럼 움직이는 육체는 부모에게 속한 것으로 느낌 • 자신이 자신의 신체기능을 통제하고 있다는 자기효능감과 자율감을 느끼지 못함. 이러한 여자 청소년에게서 '음식 섭취 욕구에 대한 억제를 통해 자기효능감을 높이고 부모-자녀 관계에서 자율성을 쟁취하기 위한 시도'로써 신경성 식욕부진증이 발생한다는 것 • 신경성 식욕부진증이 이러한 심리적인 문제를 음식 섭취와 몸매에 대한 조절을 통해 변화시키려는 처절한 노력이라는 주장으로, 이 장애가 부모로부터의 심리적 독립이 요구되는 청소년기에 흔히 발생한다는 점에서 주목할 만함

> **참고 다양한 정신분석적 주장 요약**
>
> 신경성 식욕부진증은 비만에 대한 공포와 날씬함의 환상에 대한 추구라고 할 수 있으며, 그 이면에 다양한 무의식적 동기와 관련 있다.
> • 특별하고 독특한 존재이고자 하는 필사적인 시도
> • 부모의 기대에 순응하여 길러진 자기 자신에 대한 공격
> • 청소년기에 막 발생하려고 하는 진정한 자기의 주장
> • 신체와 동일시되는 적대적인 어머니상에 대한 공격
> • 욕망에 대한 방어
> • 타인을 탐욕스럽고 무기력하게 느끼도록 만들려는 노력

(2) 행동주의적 입장

① 신경성 식욕부진증을 일종의 체중공포증(weight phobia)으로 봄: 사회에서 날씬함에 대해 강화가 주어지는 반면, 뚱뚱함에 대해 처벌이 주어진다. 따라서 여성은 뚱뚱함에 대한 공포와 과도한 음식 섭취에 대한 공포를 지니게 된다. 두 가지 공포를 확실하게 감소시키는 방법은 음식을 먹지 않는 것이다. 음식을 먹지 않으면 이 공포가 감소되므로 부적 강화가 되어 음식 거부행동이 점점 더 극단적인 형태로 나타날 수 있다고 본다.

② 홈그랜(Holmgren et al., 1983): 체중 증가에 대한 두려움이 음식에 대한 접근－회피 갈등을 유발한다.
  ㉠ 체중 증가 공포와 음식 섭취 욕구가 갈등: 체중 증가에 대한 두려움이 우세할 때는 음식에 대한 회피행동인 절식행동이 나타난다.
  ㉡ 절식행동은 음식에 대한 강박관념을 촉발시켜 음식 섭취 욕구를 자극하며, 이 욕구가 체중 증가 공포보다 우세할 때는 음식에 대한 접근행동인 폭식행동이 유발된다.
  ㉢ 섭식장애 환자는 양극 사이를 오감: 신경성 식욕부진증은 음식 회피행동이 압도적으로 우세하게 나타나는 상태인 반면, 폭식증은 음식에 대한 접근행동과 회피행동이 반복되는 상태라고 할 수 있다.
③ 윌리암슨(Williamson, 1990): 유전적 또는 영양학적 요인, 정서적 장애, 가족 및 성격 변인이 섭식장애의 취약성을 구성한다. 이 요인들에 의해 과도한 음식 섭취, 활동 부족, 비만, 자신의 몸매에 대한 불만이 초래되어 체중을 줄이려는 정상적인 노력으로 다이어트를 하게 된다. 그런데 이 다이어트 노력이 실패하면서 폭식이 초래되고 폭식에 대한 반응으로 극단적 체중 감소 행동이 나타나면 신경성 식욕부진증이 발달한다. 과도한 절식으로 체중이 감소하면 기초신진대사 비율이 낮아지기 때문에 조금만 먹어도 체중이 늘게 되어 체중 증가에 대한 공포가 강화된다. 따라서 더욱 강력하게 체중을 조절하려는 행동을 나타내게 되는 악순환에 빠져든다.

(3) 인지적 입장

① 윌리암슨(Williamson, 1990): 신경성 식욕부진증 환자는 자신의 몸매를 실제보다 더 뚱뚱하다고 지각하며 이들의 이상적인 몸매는 정상인보다 더욱 날씬한 몸매이다. 따라서 이들은 자신의 실제적 몸매와 이상적 몸매 사이에 심한 괴리감을 느끼고, 그 결과 체중을 줄이기 위한 과도한 노력을 하게 된다.
② 날씬한 몸매가 성공과 애정을 얻는 가장 중요한 요인이라고 믿고, 성취나 인간관계에서 경험한 좌절을 자신의 불만족스러운 몸매 때문이라고 귀인하는 경향이 있다.

(4) 생물학적 입장

① 신경성 식욕부진증에 유전적 기반이 있음: 신경성 식욕부진증 환자의 친척에게서 같은 장애의 발병률이 높았으며, 일란성 쌍둥이의 경우 46%가 신경성 식욕부진증을 함께 지니고 있었다는 보고가 있다.
② 시상하부 기능장애: 신경성 식욕부진증이 배고픔, 포만감, 섭식행동 뿐만 아니라 성적 활동과 월경에 관여하는 시상하부의 기능장애에 기인한다는 주장도 있다.

(5) 치료

① 신경성 식욕부진증 환자는 영양실조 상태로 인한 여러 합병증의 위험이 있어 입원하는 경우가 많다.
② 치료에서 가장 중요한 것은 음식 섭취로 체중을 늘리는 것이다. 입원 상태에서 체중 증가 행동은 여러 강화를 받는 반면, 체중 감소 행동은 부정적 처벌을 받는다. 아울러 환자는 영양사와 함께 건강한 섭식 습관과 영양에 관해 논의하며, 처음에는 영양사가 식단을 짜주고 치료가 점차 진전되면 환자가 식사계획을 세우게 한다.
③ 체중이 늘어나면 환자의 신체상에 대한 왜곡과 불만족이 더 심해질 수 있다. 이때 신체상에 대한 둔감화나 비합리적 신념과 인지적 왜곡에 도전하는 등의 인지행동적 기법을 적용한다.
④ 가족치료: 신경성 식욕부진증 환자의 가족은 갈등이 많고 의사소통에 문제가 있는 경우가 많다.

1. 임상적 특징과 진단기준 _{기출 24}

(1) 임상적 특징

① 짧은 시간 내에 많은 양을 먹는 폭식행동과 이로 인한 체중 증가를 막기 위해 구토 등의 보상행동이 반복되는 경우를 말한다.

　㉠ 보통 사람이 먹는 것보다 훨씬 많은 양의 음식을 단기간에 먹어치우는 폭식행동을 보이며, 이 경우에는 음식 섭취를 스스로 조절할 수 없다.

　㉡ 폭식을 하고 나면 체중 증가에 대한 두려움 때문에 심한 자책을 하고, 스스로 구토를 하거나 이뇨제, 설사제, 관장약 등을 사용하여 체중을 감소하기 위한 보상행동을 한다.

② **3가지 중요 특징**: 폭식 삽화의 반복, 체중 증가를 막기 위한 부적절한 보상행동, 자기평가가 체형과 체중에 과도하게 영향받는 것이다.

　➡ **폭식 삽화**: 특정 시간(예 2시간 이내) 동안 대부분의 사람이 유사한 시간과 환경에서 먹는 양보다 더 많은 음식을 먹는 것이다.

③ **신경성 폭식증과 신경성 식욕부진증**: 신경성 폭식증은 환자가 정상 체중을 유지한다는 점에서 신경성 식욕부진증과 차이를 보인다. 폭식증은 식욕부진증보다 훨씬 더 흔하며 영양실조가 나타나지 않는 점에서 식욕부진증보다 양호한 장애라고 할 수 있다.

④ **신경성 폭식증은 흔히 신경성 식욕부진증에서 발전하기도 함**: 처음에는 날씬해지기 위해 다이어트를 하고 칼로리가 높은 음식을 피하는 등 절제를 하다가, 굶주림에 대한 반동으로 음식에 대한 생각에 사로잡히며 가끔 폭식을 하게 되고, 그 후에 토하거나 설사제 등을 사용하는 행동이 반복된다.

⑤ 음식을 씹고 나서 뱉어버리는 사람도 있지만, 대부분의 폭식증 환자는 폭식한 후 토를 한다. 반복적인 구토로 치아의 법랑질이 손상되어 치아가 결국 좀먹은 것처럼 불규칙한 모양이 된다.

⑥ 폭식증이 있는 사람 중 우울증을 동반하는 경우가 많아 폭식증이 우울증의 한 형태라는 주장이 제기되기도 했으나, 대부분은 섭식장애가 우울 증상에 선행하는 것으로 나타났다.

(2) DSM-5 진단기준

A. 반복되는 폭식 삽화, 폭식 삽화는 다음 2가지로 특징지어진다.
　1. 일정 시간 동안(예 2시간 이내) 대부분의 사람이 유사한 상황에서 동일한 시간 동안 먹는 것보다 분명하게 많은 양의 음식을 먹음
　2. 삽화 중에 먹는 것에 대한 조절 능력의 상실감을 느낌(예 먹는 것을 멈출 수 없거나, 무엇을 혹은 얼마나 많이 먹어야 할지를 조절할 수 없는 느낌)
B. 체중이 증가하는 것을 막기 위한 반복적이고 부적절한 보상행동, 예를 들면 스스로 유도하는 구토, 이뇨제나 관장약, 다른 치료약물의 남용, 금식 혹은 과도한 운동 등이 나타난다.
C. 폭식과 부적절한 보상행동이 둘 다, 평균적으로 적어도 3개월 동안 일주일에 1회 이상 일어난다.
D. 체형과 체중이 자기평가에 과도하게 영향을 미친다.
E. 이 장애가 신경성 식욕부진의 삽화 기간 동안에만 발생하지 않는다.

① 반복적인 폭식행동이 나타나야 한다. 이러한 폭식행동은 일정한 시간 동안(예 2시간 이내)에 대부분의 사람이 유사한 상황에서 동일한 시간 동안 먹는 것보다 분명하게 많은 양의 음식을 먹고, 폭식행위 동안 먹는 것에 대한 조절능력의 상실감(예 먹는 것을 멈출 수 없고 무엇을 또는 얼마나 많이 먹어야 할지를 조절할 수 없는 느낌)을 느낀다.

② 스스로 유도한 구토나 설사제, 이뇨제, 관장약, 기타 약물 남용 또는 금식, 과도한 운동과 같이 체중 증가를 억제하기 위한 반복적이고 부적절한 보상행동이 나타난다.

③ 폭식행동과 부적절한 보상행동 모두 평균적으로 적어도 1주일에 1회 이상 3개월 동안 일어나야 한다.

④ 체형과 체중이 자기평가에 과도한 영향을 미쳐야 한다.

⑤ ①~④의 문제행동이 신경성 식욕부진증에 의해 나타나는 것이 아니어야 한다.

➡ 이러한 5가지 진단조건을 충족하면 신경성 폭식증으로 진단된다.

2. 원인과 치료

(1) 신경성 폭식증과 신경성 식욕부진증

① 신경성 식욕부진증 환자의 40~50%가 폭식증의 증세를 가지고, 시간이 지나면서 식욕부진증이 폭식증으로 바뀌기도 하지만 그 반대의 경우는 매우 드물다.

② 식욕부진증 환자에 비해 폭식증 환자는 매우 이질적인 집단으로서 다양한 성격 특성을 지닌 사람들로 구성되어 공통적인 원인을 찾아내기가 어렵다.

③ 일반적으로 신경성 식욕부진증 환자들은 자아 강도가 강하고 초자아의 통제력도 강한 데 비해, 폭식증 환자는 자아 강도가 약하고 초자아가 느슨하여 충동 조절에 어려움을 나타내며, 자기파괴적 성관계나 약물남용을 보이는 경우가 많다.

(2) 시상하부 기능 손상

① 설정점(set point): 시상하부에 기능 이상이 생기면 적절한 체중 수준에 대한 설정점이 저하되고, 그 결과 식욕을 느끼지 못하고 절식함으로써 저체중 상태가 된다.

② 자가중독이론: 실험실의 쥐에게 하루에 한 번만 먹이를 주면, 쥐가 스스로 먹기를 억제하고 과도하게 운동하는 자기기아 행동을 나타낸다. 사람도 과도한 운동을 한 뒤에 엔도르핀 수준이 증가하는데, 이 환자들은 굶고 운동을 하는 동안 엔도르핀 수준이 증가하고, 이것이 기분을 충전시킨다.

(3) 정신분석적 입장

① 폭식증이 부모에 대한 무의식적인 공격성의 표출과 관련된다고 본다.

② 억압, 부인 같은 방어기제가 강렬한 폭식 욕구에 의해 기능을 상실할 때 식욕부진증에서 폭식증으로 전환된다.

③ 대인관계 방식

  ㉠ **식욕부진증**: 대인관계에서 위축되는 경향이 있다.

  ㉡ **폭식증**: 타인으로부터 손상이나 처벌을 유발하는 방식의 대인관계를 보인다. 처벌에 대한 욕구는 부모상에 대한 강렬한 무의식적 분노에 기인한 것인데, 이 분노가 음식으로 대치되고 폭식을 통해 무참하게 음식을 먹어대는 것이다.

  ㉢ 두 장애 모두 만족스러운 대인관계를 맺지 못하며, 이 대인관계 갈등이 음식에 대한 갈등으로 대치된다.

   ⓐ **식욕부진증 환자**: 먹기를 거부함으로써 사람에 대한 공격적 감정을 통제한다.

   ⓑ **폭식증 환자**: 폭식을 함으로써 사람들을 상징적으로 파괴하고 자기 속에 통합시키려 한다.

(4) 대상관계이론

① 폭식증 환자가 어린 시절 부모와의 분리에 심한 어려움을 겪었을 것이라고 주장한다.

② **전이대상(transitional object)**: 엄마로부터 심리적으로 분리되는 것을 돕는 담요, 인형과 같은 전이대상을 갖지 못했으며 신체 자체를 전이대상으로 사용한다.

  ㉠ 음식을 섭취하는 것: 엄마와 합일되고 싶은 소망을 나타낸다.

  ㉡ 음식을 토해내는 것: 엄마와 분리하려는 노력을 나타낸다.

(5) 치료

① 폭식증은 식욕부진증과 달리 정상 체중이 유지되고 폭식-배출행동이 몰래 이루어지므로 대부분이 발병한 지 수년이 지난 후에야 치료를 받는다. 심각한 체중 감소가 없으므로 주로 외래치료를 한다. 다만 하루에 적어도 한 번 이상 폭식-배출행동을 하거나, 심한 우울증이나 경계성 성격장애 등을 함께 지니거나, 장기간 동안 외래치료를 해도 별로 나아지지 않을 때는 입원치료를 고려해야 한다.

② **폭식증 치료의 초기 목표**: 폭식-배출행동의 악순환을 끊고 섭식행동을 정상화하는 것이다.

  ㉠ 하루에 적어도 3회 식사를 하고 먹는 양을 점차 늘린다.

  ㉡ 체중에 대한 비합리적인 태도와 비효율적인 문제 해결 기술을 수정하며, 우울증과 같은 2차적인 심리적 문제가 있다면 그에 대한 치료를 시도한다.

  ㉢ 폭식증 치료는 장기적으로 건전한 식사 습관을 통해 적절한 체중을 유지하면서, 신체상에 대한 적응적인 생각을 발전시키는 것이 중요하다.

③ **인지행동치료의 4가지 요소**

  ㉠ 음식을 먹되 토하는 등의 배출행위를 못하게 한다. 이를 통해 토하지 않아도 불안이 사라진다는 점을 배운다.

  ㉡ 인지적 재구성을 통해 음식과 체중에 대한 비합리적인 신념과 태도를 확인하고 도전하게 가르친다. 좀 더 적응적인 인지를 형성하도록 격려하고, 행동실험을 통해 자신의 신념의 타당성을 검증해보게 한다.

  ㉢ 신체상을 변화시키는 치료로서 자기 신체의 불만족에 관한 정보를 제공하는 것과 함께 심상을 통한 신체상 둔감화나 자신의 몸에 대한 긍정적 평가기법 등이 사용된다.

  ㉣ 영양 상담을 통해 건강하고 균형적인 섭식행동을 유도하거나 신체의 에너지 요구량과 같은 영양학적 정보를 제공한다.

35 폭식장애(binge eating disorder)

1. 임상적 특징과 진단기준

(1) 임상적 특징 기출 20

① 폭식을 일삼고 자신의 폭식으로 인해 고통을 경험하지만 음식을 토하는 보상행동은 보이지 않는 경우이다.

② **핵심 증상**: 폭식행동을 하지만 보상행동은 하지 않는 경우로, 폭식행동은 신경성 폭식증에서 나타나는 폭식행동과 동일하나 신경성 폭식증과는 달리 자신의 몸매를 과도하게 걱정하지 않기 때문에 과체중이나 비만인 경우가 많다.

③ 폭식을 비정상적인 것이라고 느끼고 폭식 후에 부정적인 감정을 경험하지만 체형, 체중에 대한 현저한 왜곡은 보이지 않으며 비정상적으로 날씬한 몸매를 추구하지도 않는다.

(2) DSM-5 진단기준

A. 반복되는 폭식 삽화, 폭식 삽화는 다음과 같이 특징지어진다.
　1. 일정 시간 동안(예 2시간 이내) 대부분의 사람이 유사한 상황에서 동일한 시간 동안 먹는 것보다 분명하게 많은 양의 음식을 먹음
　2. 삽화 중에 먹는 것에 대한 조절능력의 상실감을 느낌(예 먹는 것을 멈출 수 없거나, 무엇을 혹은 얼마나 많이 먹어야 할지를 조절할 수 없는 느낌)
B. 폭식삽화는 다음 중 3가지(혹은 그 이상)와 연관된다.
　1. 평소보다 많은 양을 급하게 먹음
　2. 불편하게 배가 부를 때까지 먹음
　3. 신체적으로 배고프지 않은데도 많은 양의 음식을 먹음
　4. 얼마나 많이 먹는지에 대한 부끄러운 느낌 때문에 혼자서 먹음
　5. 폭식 후 스스로에 대한 역겨운 느낌, 우울감이나 큰 죄책감을 느낌
C. 폭식으로 인해 현저한 고통이 있다고 여겨진다.
D. 폭식은 평균적으로 최소 3개월 동안 일주일에 1회 이상 발생한다.
E. 폭식은 신경성 폭식증에서 관찰되는 것과 같은 부적절한 보상행동과 연관되어 있지 않으며 신경성 폭식증 혹은 신경성 식욕부진증의 기간 동안에만 발생하지 않는다.
※ 다음의 경우 명시할 것
　• 부분 관해 상태: 이전에 폭식장애의 진단기준을 전부 만족시켰으며, 현재 일정 기간 동안 평균적으로 일주일에 1회보다 적은 빈도로 발생하고 있다.
　• 완전 관해 상태: 이전에 폭식장애의 진단기준을 전부 만족시켰으며, 현재 일정 기간 동안 어떠한 기준도 만족시키지 않는 상태가 유지되고 있다.
※ 현재의 심각도를 명시할 것
　심각도의 최저 수준은 폭식행동(다음을 참조하시오)의 빈도를 기반으로 하고 있다. 심각도 수준은 다른 증상 및 기능적 장애의 정도를 반영하여 높아질 수 있다.
　• 경도: 평균적으로 일주일에 1~3회의 부적절한 폭식행동 삽화가 있다.
　• 중등도: 평균적으로 일주일에 4~7회의 부적절한 폭식행동 삽화가 있다.
　• 고도: 평균적으로 일주일에 8~13회의 부적절한 폭식행동 삽화가 있다.
　• 극도: 평균적으로 일주일에 14회 이상의 부적절한 폭식행동 삽화가 있다.

① 첫째, 반복적인 폭식행동이 나타나야 한다.
  ㉠ 폭식행동은 일정 시간 동안(예 2시간 이내) 대부분의 사람이 유사한 상황에서 동일한 시간 동안 먹는 것보다 분명하게 많은 양의 음식을 먹는다.
  ㉡ 폭식행위 동안 먹는 것에 대한 조절능력의 상실감(예 먹는 것을 멈출 수 없고, 무엇을 또는 얼마나 많이 먹어야 할지를 조절할 수 없다는 느낌)을 느낀다.
② 둘째, 폭식행동이 나타날 때 다음 중 3가지 이상과 관련되어야 한다.

> • 정상보다 더 빨리 많이 먹는다.
> • 불편할 정도로 포만감을 느낄 때까지 먹는다.
> • 신체적으로 배고픔을 느끼지 않을 때도 많은 양의 음식을 먹는다.
> • 너무 많은 양을 먹음으로 인한 당혹감 때문에 혼자 먹는다.
> • 먹고 나서 자신에 대한 혐오감, 우울감 또는 심한 죄책감을 느낀다.

③ 셋째, 폭식행동에 대한 현저한 고통을 느낀다.
④ 넷째, 폭식행동이 평균적으로 1주일에 1회 이상 3개월 동안 나타나야 한다.
⑤ 다섯째, 폭식행동이 신경성 폭식증의 경우처럼 부적절한 보상행동과 함께 나타나지 않아야 하며, 폭식행동이 신경성 식욕부진증 또는 신경성 폭식증 상태에서만 나타나는 것이 아니어야 한다.
➡ ①~⑤의 5가지 진단조건을 충족하면 폭식장애로 진단된다.

2. 원인과 치료

(1) 절식에 대한 반작용

① **폭식행동은 엄격한 절식에 대한 반작용**: 흔히 엄격한 절식 습관에서 벗어나려 할 때 폭식행동이 나타나는 경향이 있다. 엄격한 절식은 기아 상태와 비슷하기 때문에 신체는 짧은 시간 내에 많은 양의 음식을 섭취하는 새로운 형태의 섭식행동을 준비하게 된다.
② **비만**: 엄격한 절식과 폭식행동의 악순환에 빠지는 경우가 많다. 절식이 폭식을 유발하고 또한 폭식했기 때문에 절식을 하는데, 절식과 폭식이 반복되면서 점진적으로 체중이 증가한다.

(2) 부정 정서

① 부정 정서가 많은 사람은 폭식이 위안을 주고 혐오적 자극으로부터 주의 전환할 수 있게 해주기 때문에 폭식을 한다.
② 폭식장애 환자는 정상적인 섭식을 하기 전보다 폭식을 하기 전에 부정 정서를 더 많이 경험하는 것으로 보고되었으며, 실험적으로 유도된 부정 정서는 절식자들에게 과식을 촉발했다.

(3) 폭식행동의 이중경로 모델

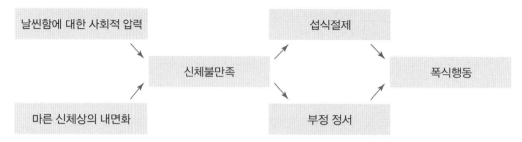

[그림 13-9] 폭식행동의 이중경로 모델

① 스타이스(Stice, 2001): 섭식 절제와 부정 정서를 모두 고려한 폭식행동의 이중경로 모델을 제시했다.
② 이 모델에 따르면 날씬한 몸매를 가져야 한다는 사회적 압력과 날씬한 몸매가 아름답다는 마른 신체상에 대한 내면화가 자신의 신체에 대한 불만족을 야기한다.
③ 신체 불만족은 엄격한 섭식 절제로 이어지고 그에 대한 반작용으로 폭식행동이 촉발된다. 또한 신체 불만족은 부정 정서를 유발하고 그 결과로 폭식행동이 나타날 수 있다고 본다.

(4) 치료

① 인지행동치료, 대인관계 심리치료, 약물치료가 효과적인 것으로 알려져 있다.
② 인지행동치료: 환자가 자신의 섭식행동을 지속적으로 관찰하게 하면서 잘못된 섭식 습관을 변화시키고, 부정 정서를 느낄 수 있는 스트레스 상황에서 폭식이 아닌 다른 방식으로 대처하도록 돕는다.
③ 대인관계 심리치료: 가족, 친구와의 관계에 초점을 맞추어 갈등 영역을 찾아내고 대인 행동을 변화시키도록 돕는다. 항우울제를 사용하는 약물치료도 폭식행동 감소에 도움이 될 수 있다.

---

36 급식장애(feeding disorder)

1. 이식증(pica)

(1) 임상적 특징과 진단

① 이식증은 영양분이 없는 물질이나 먹지 못할 것(예 종이, 천, 흙, 머리카락 등)을 적어도 1개월 이상 지속적으로 먹는 경우를 말한다.
② 섭취 물질: 나이에 따라 다양하다.
  ㉠ 유아, 어린 아동: 전형적으로 종이, 헝겊, 머리카락, 끈, 회반죽, 흙 등을 먹는다.
  ㉡ 나이가 더 든 아동: 동물의 배설물, 모래, 곤충, 나뭇잎, 자갈 등을 먹기도 한다.
③ 역학: 역학적 자료가 드물다. 이 상태는 흔하게 진단되지는 않지만 학령기 이전의 아동에서는 드물지 않게 나타난다. 흔히 이식증은 지적장애를 동반하며 지적장애가 심할수록 이식증의 빈도도 증가한다. 이 장애는 대부분 몇 개월 동안 지속되다가 완화되는 경우가 많다.

(2) 원인과 치료

① 이식증은 가정의 경제적 빈곤, 부모의 무지와 무관심, 아동의 발달지체와 관련되는 경우가 많다.

② **정신분석적 입장**: 충족되지 않은 구순기 욕구를 반영한다고 본다. 일반적으로 이식증 아동의 가정은 심리적 스트레스 수준이 높다는 연구 보고가 있으며, 이식증이 영양 결핍, 특히 철분 결핍에 의해 유발될 수 있다는 주장도 있다.

③ **치료**: 부모와 아동에 대한 교육이 중요하다. 어머니가 아동이 먹는 것에 세심한 관심을 가지고 적절하게 양육하도록 교육하는 것이 필요하다. 영양분의 결핍에 의해 이식증이 초래된 경우라면 결핍된 양분을 보충해야 한다. 이 같은 방법이 효과적이지 않을 때는 행동치료적 기법이 사용되기도 한다.

2. 반추장애(rumination disorder)

(1) 임상적 특징과 진단

① 반추장애는 음식물을 반복적으로 토해내거나 되씹는 행동을 1개월 이상 나타내는 경우를 말한다.

② **핵심 증상**: 반복적인 음식 역류이며, 반추장애를 지닌 사람은 작은 노력으로도 부분적으로 소화된 음식을 쉽게 토한다. 위장장애나 뚜렷한 구역질 반응이 없는 상태에서 부분적으로 소화된 음식을 입 밖으로 뱉어내거나 되씹은 후 삼키는 행동을 보인다.

③ 반추장애가 있는 아동은 평소에 안절부절못하고 배고픔을 느낀다. 많은 양의 음식을 섭취하지만 먹은 후에 즉시 토하므로 체중 감소와 영양실조가 일어나거나 심한 경우 사망에 이를 수도 있다. 이 장애의 사망률이 25%에 달한다는 보고도 있다.

④ **역학**: 흔하지 않다고 알려져 있으며 여성보다 남성에게 많이 보인다. 보통 생후 3~12개월 사이에 발생하며, 대부분 자연적으로 완화되지만 증상이 심한 일부의 경우 상당 기간 동안 지속될 수도 있다. 또한 지적장애와 같은 발달지체 상태에서 발생될 수 있다.

(2) 원인과 치료

① 부모의 무관심, 정서적 자극의 결핍, 스트레스가 많은 생활 환경, 부모-아동 관계의 갈등이 주요한 유발요인으로 알려져 있다.

② **정신분석적 입장**: 반추장애를 엄마로부터 오는 과잉자극에 대처하려는 시도라고 본다.

③ **행동주의적 입장**: 반추장애를 정적 자극(예 엄마의 주의와 관심, 맛있는 음식)에 의해 강화되고 지속되는 행동이라고 본다.

④ **생물학적 입장**: 식도 역류와 같은 신체적 기제가 관여하는 것으로 본다.

⑤ **치료**

㉠ 반추장애는 아동의 생명을 위협하는 장애가 될 수 있으므로, 영양학적 개입과 행동치료를 통해 신속하게 치료하는 것이 중요하다.

㉡ 아동에게 음식을 먹이고 정서적인 관계를 맺는 어머니의 태도를 변화시키는 교육이 필요하다.

㉢ 행동치료에 의해 잘 치료되지 않고 지속적인 체중 감소나 폐렴 등의 증상을 보이면 음식을 토하지 못하게 하는 외과적 처치를 시행해야 한다.

3. 회피적·제한적 음식섭취장애(avoidant/restrictive food Intake disorder)

(1) 임상적 특징과 진단

① 6세 이하의 아동이 지속적으로 먹지 않아 1개월 이상 심각한 체중 감소가 나타나는 경우를 말한다.

② 급식장애가 있는 아동은 안절부절못하고 먹는 동안 달래기도 어렵다. 정서적으로도 무감각하거나 위축되고 발달지체를 보이는 경우가 많다. 때로 부모-아동의 상호작용 문제(예 공격적 또는 배척적 태도로 부적절하게 음식을 주거나, 유아의 음식 거부에 신경질적으로 반응하는 경우)가 유아의 급식 문제를 일으키거나 악화시킬 수 있다.

③ 수면 문제: 수면과 각성의 불규칙성과 빈번한 음식 역류를 나타내는 경향이 있어 신경학적 결함이 관련된다는 주장도 제기된다.

④ 기타: 부모의 정신장애, 아동학대·방치도 이 장애에 영향을 미친다고 보고된다.

⑤ 역학: 소아과에 입원하는 아동 중 1~5%는 적절한 체중 수준에 도달하지 못하며, 이 중 절반은 특별한 신체적 장애 없이 회피적·제한적 음식섭취장애를 나타내기도 한다. 음식섭취장애는 흔히 생후 1년 이내에 발생하지만 2~3세 아동에게서도 나타날 수 있으며, 여아와 남아에서 비슷한 비율로 나타난다.

(2) 원인

① 음식의 색, 냄새, 식감, 온도, 맛에 대한 지나친 감수성과 같은 감각적 특징에 기인할 수 있으며, 이는 선택적 섭취, 까다로운 섭취, 상습적인 음식 거부 등으로 불린다.

② 섭식장애를 가진 어머니의 자녀: 유아의 급식장애에서 높은 비율을 나타내는 것으로 밝혀졌다.

제10절 물질 관련 및 중독장애

물질 관련 및 중독장애 개관

하위 장애			핵심 증상
물질-관련 장애	물질사용장애 (물질 의존 + 물질 남용)		술, 담배, 마약과 같은 중독성 물질을 사용하거나 중독성 행위에 몰두함으로써 생겨나는 여러 부적응적 증상(내성 + 금단증상 + 강박적 사용)
	물질 유도성 장애	물질 중독	특정 물질의 과도한 복용으로 인해 일시적으로 나타나는 부적응적 증상
		물질 금단	물질 복용의 중단으로 인해 일시적으로 나타나는 부적응적 증상
		물질/약물 유도성 정신장애	물질 남용으로 인해 일시적으로 나타나는 정신장애 증상
비물질-관련 장애	도박장애		심각한 부적응 문제를 유발하는 지속적인 도박행동

1. **물질-관련 및 중독장애**: 술, 담배, 마약 등의 중독성 물질을 사용하거나 중독성 행위에 몰두함으로써 생겨나는 다양한 부적응적 증상을 보이는 경우
2. **물질사용장애**: 중독성 있는 물질을 거의 매일 사용하여 다양한 부적응 증상이 초래되는 경우(핵심 증상: 내성, 금단증상, 강박)
3. **물질유도성장애**: 특정 물질의 사용으로 인해 초래되는 부적응적 후유증
   • 물질 중독: 특정 물질을 복용하는 도중 혹은 직후에 일시적으로 생기는 부적응적 증상
   • 물질 금단: 물질 사용을 멈추거나 줄였을 때 나타나는 신체적·정신적 증상 때문에 고통이 초래되는 경우
   • 기타 물질유발성장애: 일시적으로 정신장애 증상이 나타나는 경우

37 | 알코올-관련 장애(alcohol-related disorders)

1. 알코올 사용장애

(1) 임상적 특징과 진단
① 과도한 알코올 사용으로 인해 발생하는 부적응적 문제를 말한다.
② **핵심 증상**: 알코올 의존(예 내성, 금단현상, 강박적 사용)이다. 알코올을 반복적으로 섭취하면서 알코올에 대한 내성이 생기고, 내성이 생기면 알코올의 섭취량을 늘려야 하며, 알코올 섭취를 중단하거나 줄이면 금단현상(예 신체적·정신적 갈망)이 생긴다.
③ DSM-5 진단기준

> A. 임상적으로 현저한 손상이나 고통을 일으키는 문제적 알코올 사용 양상이 지난 12개월 사이에 다음의 항목 중 최소한 2개 이상으로 나타난다.
> 1. 알코올을 종종 의도한 것보다 많은 양 혹은 오랜 기간 동안 사용함
> 2. 알코올 사용을 줄이거나 조절하려는 지속적인 욕구가 있음, 혹은 사용을 줄이거나 조절하려고 노력했지만 실패한 경험들이 있음
> 3. 알코올을 구하거나, 사용하거나 그 효과에서 벗어나기 위한 활동에 많은 시간을 보냄

4. 알코올에 대한 갈망감, 혹은 강한 바람, 혹은 욕구

5. 반복적인 알코올 사용으로 인해 직장, 학교 혹은 가정에서의 주요한 역할 책임 수행에 실패함

6. 알코올의 영향으로 지속적으로, 혹은 반복적으로 사회적 혹은 대인관계 문제가 발생하거나 악화됨에도 불구하고 알코올 사용을 지속함

7. 알코올 사용으로 인해 중요한 사회적, 직업적 혹은 여가 활동을 포기하거나 줄임

8. 신체적으로 해가 되는 상황에서도 반복적으로 알코올을 사용함

9. 알코올 사용으로 인해 지속적으로 혹은 반복적으로 신체적·심리적 문제가 유발되거나 악화될 가능성이 높다는 것을 알면서도 계속 알코올을 사용함

10. 내성, 다음 중 하나로 정의됨

    a. 중독이나 원하는 효과를 얻기 위해 알코올 사용량의 뚜렷한 증가가 필요

    b. 동일한 용량의 알코올을 계속 사용할 경우 효과가 현저히 감소

11. 금단, 다음 중 하나로 나타남

    a. 알코올의 특징적인 금단 증후군

    b. 금단증상을 완화하거나 피하기 위해 알코올(혹은 벤조디아제핀 같은 비슷한 관련 물질)을 사용

※ 다음의 경우 명시할 것

- 조기 관해 상태: 이전에 알코올 사용장애 진단기준을 만족했고, 최소 3개월 이상 최대 12개월 이내의 기간 동안 진단기준에 맞는 항목이 전혀 없는 경우(진단기준 A4의 "알코올에 대한 갈망감 혹은 강한 바람 혹은 욕구"는 예외) 사용됨

- 지속적 관해 상태: 이전에 알코올 사용장애의 진단기준을 만족했고, 12개월 또는 그 이상의 기간 동안 어떤 시기에도 진단기준에 맞는 항목이 전혀 없는 경우(진단기준 A4의 "알코올에 대한 갈망감 혹은 강한 바람 혹은 욕구"는 예외) 사용됨

※ 다음의 경우 명시할 것

통제된 환경에 있음: 이 부가적인 명시자는 개인이 알코올에 대한 접근이 제한된 환경에 있을 때 사용된다.

④ **진단**: DSM-5에서는 위에서 제시된 11개의 진단기준 중 2개 이상에 해당하면 알코올 사용장애로 진단된다. 11개의 진단기준은 알코올뿐만 아니라 다른 물질의 경우에도 마찬가지로 해당된다. 특정한 물질의 과도한 사용이 11개 기준 중 2개 이상에 해당되면 그 물질의 사용장애로 진단된다.

⑤ **역학**

    ㉠ 1년 유병률은 미국의 경우 12~17세 4.6%, 18세 이상은 8.5%, 18~29세는 16.2%, 65세 이상은 1.5%이다.

    ㉡ 남녀 비율은 성인 남성이 12.4%로 성인 여성 4.9%보다 더 많다.

    ㉢ 여성은 남성에 비해 인생의 중년기를 지나면서 과도한 음주를 시작하는 경향이 있다.

(2) 옐리네크(Jellinek)의 알코올 중독의 4단계

단계	특징
전알코올 증상 단계 (prealcoholic phase)	• 사교적 목적으로 음주를 시작하여 즐기는 단계 • 술을 마시면 긴장이 해소되고 대인관계가 원활해지는 등의 알코올에 대한 긍정적 효과를 경험함 • 대부분의 음주자가 경험하는 단계
전조 단계 (prodromal phase)	• 술에 대한 매력이 증가하면서 점차 음주량과 빈도가 증가하는 시기 • 자주 과음을 하고 종종 음주 동안 일어난 사건을 기억하지 못하는 망각현상(blackout)이 생겨남

결정적 단계 (crucial phase)	• 음주에 대한 통제력을 서서히 상실하는 단계 • 술을 아침에도 마시는 등 수시로 마시고, 혼자 마시거나 때로 식사를 거르면서 마시기도 함 • 빈번한 과음으로 여러 부적응적 문제가 발생하며, 직장 적응에 심각한 문제가 생기고 폭행 등으로 친구나 가족을 잃기도 함
만성 단계 (chronic phase)	• 알코올에 내성이 생기고 심한 금단증상을 경험하여 알코올에 대한 통제력을 완전히 상실함 • 이 시기에는 영양실조와 여러 신체적 질병이 나타나고 가족, 직장, 대인관계 등의 생활 전반에 심각한 부적응을 보이면서 폐인 상태가 됨

(3) 클로닝거(Cloninger)의 분류

① 1형(Type-Ⅰ): 증상이 늦게 발달하며, 신체적 문제 발생 위험은 높으나 반사회적 행동, 사회적·직업적 문제행동은 적다. 유전과 환경적 요인이 동시에 작용한다.

② 2형(Type-Ⅱ): 증상이 일찍 발생하고, 남자에게만 빈번하며, 반사회적 행동, 사회적 문제를 더 많이 일으킨다. 유전적 요인이 우세하며, 자녀에게서 12배나 높은 비율의 중독자가 발생한다.

(4) 관련 증후군

구분	내용
코르샤코프 증후군 (Korsakov's syndrome)	• 러시아의 신경학자인 코르샤코프에 의해 처음 보고됨 • 증상의 시작은 만성 알코올 남용으로 인해 뇌의 티아민(thiamine), 즉 비타민 B1가 결핍되면서 신경장애가 초래됨 • 주요 증상은 새로운 경험을 기억하지 못하는 것임
베르니케 뇌병변 (Wernicke's encephalopathy)	증상은 주로 손떨림과 같은 진전, 섬망, 의식혼탁, 어눌한 말투, 뛰는 것이 잘 안 되고 뛰는 듯 하다가 멈추려고 하면 앞으로 쓰러지는 균형감각 상실, 안구마비와 눈 초점 저하 등이 나타남
태아 알코올 증후군 (fetal alcohol syndrome)	• 산모의 과도한 음주로 태아에게 기형이 초래되는 경우 • 태아의 체중 미달, 발육 부진, 신체적 기형, 지적장애 등을 초래함

2. 알코올 유도성장애(alcohol-induced disorder)

(1) 임상적 특징과 진단

① 알코올 유도성장애: 알코올 중독, 알코올 금단, 기타 알코올 유발성장애로 구분되며, 알코올의 섭취나 사용으로 인해 나타나는 부적응적인 후유증을 말한다.

② 알코올 중독(alcohol intoxication)

㉠ 과도하게 알코올을 섭취하여 심하게 취한 상태에서 부적응적 행동(예 부적절한 공격적 행동, 정서적 불안정, 판단력 장애, 사회적 또는 직업적 기능 손상)이 나타나는 경우를 말한다.

㉡ 알코올 중독 상태에서는 다음 중 1가지 이상의 증상이 나타난다.

• 불분명한 말투	• 운동 조정 장해	• 불안정한 걸음
• 안구진탕	• 집중력 및 기억력 손상	• 혼미 또는 혼수

㉢ 알코올 중독은 술에 만취되어 부적응적 행동이나 신체생리적 변화가 나타나는 상태를 의미하며, 알코올 중독 증상이 반복하여 나타나면 알코올 남용이나 의존을 고려해야 한다.

ⓔ 알코올 중독의 진단기준

A. 최근의 알코올 섭취가 있다.
B. 알코올을 섭취하는 동안 또는 그 직후에 임상적으로 심각한 문제적 행동 변화 및 심리적 변화가 발생한다(예 부적절한 성적 또는 공격적 행동, 기분 가변성, 판단력 손상).
C. 알코올을 사용하는 동안 또는 그 직후에 다음 징후 혹은 증상 중 한 가지(혹은 그 이상)가 나타난다.
  1. 불분명한 언어
  2. 운동 실조
  3. 불안정한 보행
  4. 안구진탕
  5. 집중력 또는 기억력 손상
  6. 혼미 또는 혼수
D. 징후 및 증상은 다른 의학적 상태로 인한 것이 아니며, 물질중독을 포함한 다른 정신질환으로 더 잘 설명되지 않는다.

③ 알코올 금단(alcohol withdrawal)

㉠ 지속적으로 사용하던 알코올을 중단할 때 여러 신체생리적 또는 심리적 증상이 나타나는 상태를 말한다.

㉡ 알코올 섭취를 중단한 이후 몇 시간 또는 며칠 이내에 다음 중 2개 이상의 증상이 나타날 때 해당된다.

• 자율신경계 기능 항진(예 발한 또는 분당 100회 이상의 빈맥)		• 손 떨림 증가
• 불면증	• 오심 및 구토	• 일시적인 환시, 환청, 환촉 또는 착각
• 정신운동성 초조증	• 불안	• 대발작

㉢ 이러한 증상으로 인해 사회적·직업적 또는 다른 중요한 기능 영역에서 임상적으로 심각한 고통이나 장해를 나타내면 알코올 금단으로 진단될 수 있다.

ⓔ 알코올 금단의 진단기준

A. 알코올을 과도하게 장기적으로 사용하다가 중단(혹은 감량)한다.
B. 진단기준 A에서 기술된 것처럼 알코올을 사용하다가 중단(혹은 감량)한 지 수시간 혹은 수일 이내에 다음 항목 중 2가지(혹은 그 이상)가 나타난다.
  1. 자율신경계 항진(예 발한 또는 분당 100회 이상의 빈맥)
  2. 손 떨림 증가
  3. 불면
  4. 오심 또는 구토
  5. 일시적인 시각적, 촉각적, 청각적 환각이나 착각
  6. 정신운동 초조
  7. 불안
  8. 대발작
C. 진단기준 B의 징후 및 증상이 사회적, 직업적 또는 다른 중요한 기능 영역에서 임상적으로 현저한 고통이나 손상을 초래한다.
D. 징후 및 증상은 다른 의학적 상태로 인한 것이 아니며, 다른 물질 중독 및 금단을 포함한 다른 정신질환으로 더 잘 설명되지 않는다.
※ 다음의 경우 명시할 것
지각장애 동반: 이 명시자는 드물게 환각(주로 환시 혹은 환촉)이 현실 검증력이 손상되지 않은 상태에서 생기거나 청각적, 시각적 혹은 촉각적 착각이 섬망 없이 발생할 때 적용한다.

ⓐ 금단증상: 알코올 사용이 중단되거나 감소된 후에 알코올의 혈중 농도가 급속하게 떨어지는 4~12시간 이내에 시작되는 경우가 대부분이지만 며칠 후에 나타나는 경우도 있다.

ⓑ 금주 후 2일째에 그 강도가 절정을 이루고 4~5일째에 현저하게 개선되지만, 급성 금단증상기가 지난 후 불안, 불면, 자율신경계 기능 저하가 미약한 형태로 3~6개월 지속될 수 있다.

ⓒ 금단증상은 보통 알코올 투여나 다른 뇌 억제제에 의해 완화되며, 반복적 알코올 사용이 주 원인이다.

④ 기타 알코올 유발성장애의 하위 유형

㉠ 알코올 유도성 불안장애(alcohol-induced anxiety disorder): 불안장애의 증세가 나타난다.

㉡ 알코올 유도성 성기능장애(alcohol-induced sexual dysfunction): 발기 불능 등 성기능에 어려움이 나타난다.

㉢ 알코올 유도성 치매(alcohol-induced dementia): 지속적인 알코올 섭취로 치매 증세가 나타난다.

㉣ 그 외에도 알코올 유도성 기분장애, 수면장애, 기억상실장애, 정신증적 장애 등이 있다.

3. 유병률 및 수반되는 문제

(1) 역학

① 2011년에 수행한 역학조사(조맹제)에 따르면 우리나라의 경우 알코올 사용장애의 평생 유병률은 13.4%였다. 특히 한국 남성의 경우 알코올 사용장애의 평생유병률은 20.7%(여성은 6.1%)로, 5명 중 1명은 살아가는 동안 한 번 이상 병적 음주인 알코올 사용장애를 나타낸다.

② 알코올 사용장애는 남녀 비율이 5 : 1로 남자에서 더 흔하지만 비율은 연령, 문화권, 계층 등에 따라 매우 다양하다. 여성은 남성에 비해 인생 후반기에 과도한 음주를 시작하며 알코올-관련 장애가 더 늦은 시기에 발생하지만 일단 발생하면 매우 급속도로 진행되는 경향이 있다.

③ 문화권에 따라 알코올 사용장애의 남녀 비율이 달라지며, 아시아와 라틴 문화권은 남자의 알코올-관련 장애 비율이 높은 것으로 알려져 있다.

(2) 수반되는 문제

① 사고, 폭력, 자살과의 관련성이 매우 높음: 교통사고 운전자의 30%가 음주 상태였으며, 남자 살인자의 42%와 강간범죄자의 76%가 술에 취한 상태에서 범죄를 저지른 것으로 나타났다.

② 과도한 알코올 섭취 상태에서는 자제력이 약화되고 슬픈 기분이나 흥분감이 유발되어 자살을 시도하는 경우가 많고, 알코올-관련 장애는 직장 결근, 직업 관련 사고, 피고용인의 고용생산성 저하에 영향을 준다. 아울러 마약이나 다른 중독성 약물의 사용이 동반되는 경우가 흔하며 기분장애, 불안장애, 정신분열증과 같은 다른 정신장애와 함께 나타나는 경우가 많다. 특히 청소년의 경우, 품행장애와 반복적인 반사회적 행동은 알코올 사용장애와 함께 발생하는 경향이 높다.

③ 다양한 신체적 질병을 유발: 많은 양의 알코올을 반복하여 섭취하면 간, 내장, 심장 혈관, 중추신경계를 포함한 거의 모든 신체 장기에 악영향을 미친다.

④ 지속적인 알코올 섭취는 중추신경계를 손상시켜 주의력, 기억력, 판단력 등 인지적 기능을 손상시키며, 심한 경우 새로운 경험을 기억하지 못하는 심한 지속성 기억상실증인 코르사코프 증후군(Korsakoff syndrome)을 유발하기도 한다. 또한 어머니가 임신 중 알코올을 과다하게 섭취하면 태아에 부정적 영향을 줄 수 있다. 그 중 하나가 태아 알코올 증후군(fetal alcohol syndrome)으로, 산모의 과도한 음주가 태아의 체중 미달, 발육 부진, 신체적 기형, 지적장애 등을 초래하는 것이다.

4. 원인과 치료

(1) 생물학적 입장

① 알코올 의존 환자들이 유전적 요인이나 알코올 신진대사에 신체적인 특성을 지닌다고 본다. 알코올 의존자의 가족이나 친척 중 알코올 의존자가 많다는 점이 자주 보고되었으며, 알코올 의존자의 아들이 알코올 의존자가 되는 비율은 25%로 일반인보다 4배가 높았다.

② 쌍둥이 연구: 일란성 쌍둥이가 이란성 쌍둥이보다 알코올 사용장애의 공병률이 높았으며 이 장애의 증상이 심할수록 이들의 차이가 더 크게 나타났다. 이러한 연구는 알코올 사용장애에 유전적 요인이 매우 중요한 영향을 미치고 있음을 보여준다.

③ 유전 특성: 구체적인 유전 기제는 밝혀지지 않았지만 알코올에 대한 신체적 반응은 유전되는 것으로 알려져 있다. 보통 사람은 소량의 알코올에도 졸림, 가슴 두근거림, 얼굴 빨개짐, 메슥거림, 두통 등 불쾌한 반응을 경험하는 반면, 알코올-관련 장애의 가족력이 높은 사람은 이러한 불쾌한 신체적 반응이 적다고 한다.

④ 신진대사 기능: 알코올 의존자는 에탄올(ethanol)에 대한 신진대사 기능이 우수하여 중추신경계에 대한 영향이 적다는 주장이다. 그러나 이를 검증하기 위한 많은 연구에서 알코올 중독자와 일반인 간에 알코올 대사의 어떠한 차이도 밝혀내지 못했다.

> **참고** **리버(Lieber)의 주장(1982)**
>
> 리버에 따르면 일반인은 알코올 대사 경로가 1개인 반면, 알코올 의존자는 알코올을 분해하는 2개의 신진대사 경로를 가지고 있어 더 많은 양의 술을 마실 수 있다는 주장이다. 다만 이 경로가 알코올 의존의 원인인지 아니면 그 결과인지는 아직 밝혀지지 않았다. 또한 이 특이한 알코올 신진대사 경로가 어떤 요인에 의해 생성되는지에 대해서도 아직 알려진 바가 없다.

(2) 사회문화적 요인

① 가족과 또래집단이 음주행위에 중요한 영향을 미친다. 가족구성원 모두가 술을 잘 마시는 경우 자녀도 술을 쉽게 접하고 부모의 행동을 모방하게 될 뿐만 아니라 과음, 폭음에 허용적인 가족으로 인해 심각한 알코올 의존으로 발전하기 쉽다.

② 청소년: 또래집단이 술이나 약물을 접하게 되는 중요한 요인으로 알려져 있다.

③ 종족과 문화적 요인: 주로 가정에서 술을 마시는 이탈리아계 미국인이나 유태계 미국인은 알코올 의존에 잘 빠지지 않는 반면, 가정보다 술집에서 술 마시기를 좋아하는 아일랜드계 미국인은 알코올 의존자가 될 가능성이 높다.

④ 한국

　㉠ 알코올 사용장애의 유병률이 유난히 높은 이유는 술에 유난히 관용적인 문화와 관련 있다. 특히 남자는 대부분의 만남에서 술을 마시고, 술을 잘 마시는 사람은 동료로부터 호주가로 긍정적인 평가를 받는다.

　㉡ 심리적 긴장과 스트레스를 해소할 수 있는 배출 통로가 제한되어 음주로 이를 해소하려는 경향이 강하며, 과음을 하고 실수나 폭행을 한 경우 비교적 관용적으로 수용되는 경향이 있다.

　㉢ 술에 관용적인 한국의 사회문화적 특성이 알코올 사용장애의 유병률을 높이는 주요한 요인일 수 있다.

(3) 정신분석적 입장

① 알코올 중독자가 심리성적 발달 과정에서 유래하는 독특한 성격 특성을 지닌다고 본다. 구순기의 자극 결핍이나 자극 과잉으로 인해 구순기에 고착된 구강기 성격을 지니고, 의존적·피학적이며 위장된 우울증을 가진다.

② 알코올을 비롯한 물질의 남용자는 가혹한 초자아와 관련된 심각한 내면적 갈등을 지니고, 이러한 긴장, 불안, 분노를 회피하기 위해 알코올이나 약물을 사용한다는 주장도 있다.

③ 대상관계이론: 알코올 중독은 자기파괴적인 자살행위의 의미를 가지며, 이는 알코올 중독자가 동일시하여 내면화한 '나쁜 어머니'를 파괴하고자 하는 무의식적 소망에서 비롯된 것이라고 본다.

(4) 행동주의적 입장

① 불안을 줄여주는 알코올의 강화 효과 때문에 알코올 의존이 초래될 수 있다는 주장이 제기되었다. 이 주장은 쥐가 불안에 노출되면 알코올을 더 많이 마신다는 실험연구에서 지지되기도 했으나, 알코올 의존자가 술을 계속 마시면 불안과 우울이 오히려 증가한다는 점에서 설명에 한계가 있다.

② 인지적 사회학습이론: 알코올 의존에 고전적 조건형성과 조작적 조건형성은 물론 모방학습과 인지적 요인이 개입된다고 주장한다. 술과 즐거운 체험이 반복적으로 짝지어지는 고전적 조건형성을 통해 술에 대한 긍정성이 습득되고, 술을 마시면 일시적으로나마 긴장과 불안이 완화되어 조작적 조건형성을 통해 음주행위가 강화된다. 또한 부모나 친구들이 즐겁고 멋있게 술 마시는 모습을 보면서 모방학습을 통해 음주행위를 학습하는 동시에 술에 대한 긍정적인 기대라는 인지적 요인이 개입됨으로써 상습적인 음주행위로 발전되어 알코올 사용장애가 나타나게 된다는 주장이다.

(5) 인지적 입장

① 알코올 의존자가 가지는 알코올에 대한 긍정적 기대와 신념의 중요성을 강조한다.

② 음주기대이론(alcohol expectancy theory): 알코올의 효과는 음주 결과에 대한 기대나 신념의 결과이다.
  ㉠ 실험: 피험자에게 진짜 술과 가짜 술을 마시게 하고 그 효과를 보고하게 한 결과, 진짜 술의 섭취 여부보다 술을 섭취했다는 믿음이 술의 효과 지각에 중요하게 작용했다.
  ㉡ 술의 효과 지각: 알코올 섭취의 결과에 대해 어떤 기대나 신념을 지니고 있는지가 중요한 역할을 한다.
  ㉢ 음주기대는 직접적 경험뿐 아니라 대리학습과 같은 간접적 경험을 통해서도 형성되고 음주행동의 촉발과 유지에 관여하며, 알코올 의존을 초래하는 중요한 인지적 요인이라는 것이다.

(6) 치료

① 치료 목표를 금주로 할 것인가 절주로 할 것인가에 대한 논란이 있다. 완전히 술을 끊게 할 것인가 아니면 술을 마시되 스스로 절제하여 과음하지 않도록 할 것인가에 대해 오랜 기간 논쟁이 진행되었다.
  ㉠ 금주를 주장하는 입장: 알코올 의존자가 조금이라도 술을 마시면 술에 대한 유혹을 이기지 못하고 통제력을 상실하여 재발하므로 아예 술을 입에 대지 않도록 하는 것이 효과적이라고 주장한다.
  ㉡ 절주를 주장하는 입장: 완전히 술을 회피하는 것은 현실적으로 거의 불가능하므로 술에 대한 통제력을 증진하여 과음에 대한 유혹을 이겨내도록 하는 것이 보다 근본적인 치료라는 주장이다.

② 알코올 의존이 심한 사람은 입원치료를 받는 것이 바람직하다. 알코올 금단현상은 신체적으로나 심리적으로 매우 견디기 어렵기 때문에 술을 쉽게 구할 수 있는 상황에서 술에 대한 유혹을 뿌리치기 어렵다. 술로부터 차단된 병원 상황에서 금단현상을 줄일 수 있는 진정제 투여를 받는다.

③ 약물치료와 함께 알코올이 몸과 마음에 미치는 부정적 영향을 교육하고, 가정과 직장, 사회적 활동에서 받는 스트레스에 대한 대처훈련, 자기주장훈련, 이완훈련, 명상 등이 함께 시행되는 것이 일반적이다.

④ **심리치료**: 알코올 의존자가 술을 마시는 개인적 이유는 각기 다를 수 있다. 따라서 알코올 의존자로 하여금 반복적인 음주를 하게 만드는 심리사회적 갈등을 해소하도록 돕는 것이 필요하다. 특히 알코올 의존자가 지니는 개인적 고민과 갈등을 깊이 있게 다룰 수 있다. 또한 스트레스 대처훈련, 사회적 기술훈련, 의사소통훈련, 감정 표현훈련, 자기주장훈련, 부부관계 증진훈련 등을 통해 심리적 갈등을 완화하는 기술을 습득시켜 알코올에 대한 의존도를 약화시킬 수 있다. 아울러 알코올의 금단현상에는 외래방문을 통한 약물치료가 도움이 될 수 있다.

---

38 비물질-관련 장애: 도박장애

1. 임상적 특징과 진단기준

(1) 임상적 특징

① 도박, 노름을 하고 싶은 충동으로 인하여 반복적인 도박을 하는 경우로, '병적인 도박증(pathological gambling)'이라고도 한다.

② 도박장애를 지닌 사람은 도박에 손을 대기 시작한 초기에 돈을 따는 경험을 한다고 한다. 따라서 지속적으로 도박을 하게 되지만 결국에는 돈을 잃고 이때부터는 잃은 돈을 회복하기 위해 도박에 빠져든다. 그러나 점점 더 많은 액수의 돈을 잃고 도박에서 헤어 나오지 못한다.

③ **병적인 도박자의 심리적 특성(Bergler, 1958)**: 모험을 즐기고 도박이 흥미, 활동, 생각의 대부분을 차지하며 자신이 돈을 딸 것이라는 낙관주의로 가득 차 있고 자신이 실패할 가능성을 계산하지 못한다. 이들은 돈을 따고 있을 때 적당한 시점에 도박을 그만두지 못하고 돈을 계속 따면 나중에는 그 돈을 한꺼번에 몽땅 걸며, 도박을 하는 동안 즐거운 긴장감과 스릴을 만끽한다. 이들은 경쟁적이고 독립적이며 자만심이 강해 권위적인 사람의 간섭을 싫어하고 대부분 다른 사람에 의해 강제로 치료기관에 끌려온다.

④ 도박을 하면서 엄청난 스트레스를 받기 때문에 스트레스로 인한 고혈압, 소화성 궤양, 편두통과 같은 질병을 나타내기도 한다. 이들 중 기분장애, 알코올이나 마약 남용, 반사회성 성격장애, 자기애성 성격장애, 경계성 성격장애의 비율이 높다. 도박장애로 치료를 받는 사람 중 20% 정도가 자살을 시도한 적이 있다는 보고도 있다.

⑤ **역학**: 유병률은 성인 인구의 13%로 추정된다.

㉠ **여성**: 약 1/3의 비율을 차지하며, 우울하거나 도피 수단으로 도박을 하는 경향이 강하다. 여성 도박자가 치료기관을 찾아오는 경우는 극히 드물고 단도박(gamblers anonymous) 모임에 참여하는 여성의 비율은 2~4%밖에 안 된다. 이러한 현상은 도박장애가 특히 여자에게 더 오명으로 작용하기 때문으로 해석된다.

㉡ 남성은 초기 청소년기에, 여자는 인생의 후기에 시작되는 경향(예 주부 도박단)이 있다.

(2) 진단기준

도박장애는 12개월 동안 다음의 특성 중 4개 이상의 항목에 해당하는 도박행동이 지속적이고 반복적으로 일어나서 사회적·직업적 부적응을 초래할 때 진단된다.

- 원하는 흥분을 얻기 위해 점점 더 많은 액수의 돈을 가지고 도박하려는 욕구를 지닌다.
- 도박을 줄이거나 중단하려고 시도할 때는 안절부절못하거나 신경이 과민해진다.
- 도박을 통제하거나 줄이거나 중단하려는 노력이 거듭 실패로 돌아간다.
- 도박에 집착한다.
  - 예 과거의 도박경험을 계속 떠올리고, 다음에 돈을 걸었을 때 승산을 예상하거나 계획하고, 도박을 해서 돈을 벌 수 있는 방법을 생각하는 것
- 정신적인 고통(예 무기력감, 죄책감, 불안감, 우울감)을 느낄 때마다 도박을 한다.
- 도박으로 돈을 잃고 나서 이를 만회하기 위해 다음 날 다시 도박판으로 되돌아간다.
- 도박에 빠져 있는 정도를 숨기기 위해 거짓말을 한다.
- 도박으로 인해 중요한 대인관계, 직업, 교육이나 진로 기회를 위태롭게 하거나 상실한다.
- 도박으로 인한 절망적인 경제 상태에서 벗어나기 위해 다른 사람에게 돈을 빌린다.

2. 원인과 치료

(1) 정신역동적 입장

① 오이디푸스 갈등과 관련된 무의식적 동기로 도박장애를 설명하며, 공격적이거나 성적인 에너지를 방출하려는 욕구가 무의식적으로 대치되어 도박행동으로 나타난다고 본다.

② 버글러(Bergler, 1958): '자신이 반드시 돈을 딸 것'이라는 불합리한 확신의 기원을 어린 시절에 지니고 있던 전지전능감에서 찾고 있다. 성장하는 과정에서 유아적 전지전능감에 상처를 입고 무의식적 공격성이 증가하면서 자신을 처벌하고자 하는 무의식적 욕구가 도박행동에 빠져들게 한다는 것이다.

(2) 학습이론

① 모방학습과 조작적 조건형성으로 도박장애를 설명한다. 병적 도박자 중 대부분이 어릴 때 부모, 형제, 친구와 놀이로 도박을 하다가 심각한 도박행동이 시작되었다고 보고한다. 즉, 도박행동은 모방학습을 통해 습득되며, 도박에서 따는 돈이나 돈을 따는 과정에서 느끼는 강한 흥분이 도박행동을 계속하게 만드는 강한 정적 강화물이 된다.

② 돈을 잃는데도 도박을 지속하는 이유: 간헐적으로 돈을 따는 강화 경험 때문이다. 특히 어떤 행동이 가장 집요하게 계속되는 경우는 일정한 방식으로 보상이 주어지기보다 도박처럼 간헐적으로 예측할 수 없도록 보상이 주어지는 경우이다. 특히 즉시적인 강화물이 주어지는 카지노나 슬롯머신이 병적 도박을 유발할 가능성이 높다.

(3) 인지적 입장

① 인지적 왜곡: 이들은 자신이 돈을 딸 주관적 확률을 객관적 확률보다 현저히 높게 평가한다. 자신의 능력이나 운이 게임 결과에 작용하여 자신이 돈을 딸 확률이 현저하게 높다는 비현실적인 낙관주의에 빠진 경우가 많다.

② 병적 도박자가 지니는 또 다른 전형적인 비합리적 생각은 돈을 계속 잃었으니 나쁜 운이 끝나고 이를 보상할 행운이 곧 찾아올 것이라는 믿음이다. 이 비현실적인 생각과 인지적 왜곡이 도박장애에서 벗어나지 못하게 한다.

(4) 중독 상태

① 알코올·마약 중독과 마찬가지로 도박장애가 내성과 금단증상을 나타내어 도박에 의존하게 만든다는 주장이다. 도박을 하는 사람이 처음에 10만 원을 딴 것에 내성이 생기면 다음에 똑같이 10만 원을 따도 만족하지 못하고 더 큰 액수를 따려고 하기 때문에 더 큰 액수에 더 모험적인 방식으로 도박을 하게 된다.

② 병적 도박자: 도박을 중단하면 안절부절못하고 우울해지거나 과민하고 집중력이 저하되는 금단증상을 보인다.

(5) 우울증이 변형된 상태

① 병적 도박자 중에 우울증을 지닌 사람이 많을 뿐만 아니라 도박을 그만두게 하면 우울 증상을 나타내는 경우가 흔하다. 이들은 우울하고 불쾌한 내면적 정서 상태를 변화하려는 시도로 도박을 하게 된다.

② 도박을 하면 마치 암페타민, 아편을 복용한 것과 유사하게 교감신경계가 활성화되고 주관적 흥분감이 증가하여 기분이 좋아지고 피로감이 줄어들어 자신을 괴롭히는 고통스러운 부정적 정서 상태에서 벗어날 수 있다.

(6) 치료

① 도박장애는 치료가 매우 어렵고, 재발률도 높은 편이다. 병적 도박자는 대부분이 자발적으로 치료 받으려 하지 않으며 가족이나 법원에 의해 강제로 치료를 받는 경우가 흔하다.

② 정신역동적 치료: 도박에 자꾸 빠져들게 하는 무의식적인 동기에 대한 통찰을 유도함으로써 도박행동을 감소시키고자 한다.

③ 행동치료: 도박에 대한 매혹을 제거하고 오히려 혐오감을 형성함으로써 도박을 멀리 하게 하는 혐오적 조건형성이 사용된다.

④ 약물치료: 클로피라민이나 세로토닌 억제제가 병적 도박에 효과적이라는 주장이 있다.

⑤ 기타: 집단치료와 단도박 모임도 도움이 될 수 있다.

    ㉠ 단도박 모임: 병적 도박자가 도박의 유혹을 극복하도록 돕는 자조집단(self-help group)이다.

    ㉡ 도박장애의 증세가 심각하거나 자살의 위험성이 있을 때는 입원치료도 고려해야 한다.

제11절 성격장애

성격집단	하위 유형	핵심 증상	공통 특징
A군	편집성 성격장애	타인에 대한 강한 불신과 의심, 적대적 태도, 보복행동	사회적으로 고립되어 있는 기이한 성격 특성
	조현성 성격장애	관계형성에 대한 무관심, 감정표현 부족, 대인관계의 고립	
	조현형 성격장애	대인관계 기피, 인지적·지각적 왜곡, 기이한 행동	
B군	반사회성 성격장애	법과 윤리의 무시, 타인의 권리 침해, 폭력 및 사기행동	정서적이고 극적인 성격 특성
	연극성 성격장애	타인의 관심을 끌려는 행동, 과도한 극적인 감정표현	
	경계성 성격장애	불안정한 대인관계, 격렬한 애증의 감정, 충동적 행동	
	자기애성 성격장애	웅대한 자기상, 찬사에 대한 욕구, 공감능력 결여	
C군	강박성 성격장애	완벽주의, 질서정연함, 절약에 대한 과도한 집착	불안해하고 두려움을 많이 느끼는 성격 특성
	의존성 성격장애	과도한 의존욕구, 자기주장의 결여, 굴종적인 행동	
	회피성 성격장애	부정적 평가에 대한 예민성, 부적절감, 대인관계 회피	

39 일반적 성격장애(general personality disorder)

1. 특징

(1) 성격장애

① 성격 자체가 부적응적이어서 자신이 속한 사회문화적 기대에 부응하지 못하고 어긋나는 행동을 지속적으로 나타내어 본인도 주변 사람도 고통을 받는 경우를 말한다.

② 어린 시절부터 서서히 조금씩 형성되어가고 보통 18세 이후에 나타나므로 성인기에 진단되는 특징이 있다.

(2) 성격장애의 공통적 특징

① 생활 전반에 걸쳐 다양한 상황에서 지속적으로 나타난다.

② 아동기와 청소년기에 처음 눈에 띄고, 성인기 초기에 두드러지게 나타나며, 대부분 성인기에 진단을 받는다.

③ 대인관계가 좋지 않다. 어떤 일을 하거나 인간관계를 맺는 방식에 반복적으로 같은 문제가 초래된다.

④ 일상생활에서 심각한 기능 손상을 초래하고 본인은 물론 다른 사람도 불행에 빠뜨린다.

⑤ 자신의 성격문제로 인해 전문가의 도움을 요청하는 일이 거의 없고, 주위 사람의 강한 권유나 다른 문제(예 물질 의존, 사회불안장애, 우울증)로 인해 치료를 받는다.

⑥ 오랜 기간 동안 형성된 내적 성향이기 때문에 치료가 어렵지만 보통 나이가 들면서 증상이 개선되는 경향이 있다. 반복적인 학습경험이나 성숙 효과 또는 기력이 떨어져서 증상이 좋아지는 것으로 판단된다.

2. DSM-5 진단기준

> A. 내적 경험과 행동의 지속적인 유형이 개인이 속한 문화에서 기대되는 바로부터 현저하게 편향되어 있음. 이러한 형태는 다음 중 2가지(또는 그 이상)에서 나타남
> 1. 인지(자신과 다른 사람 및 사건을 지각하는 방법)
> 2. 정동(감정 반응의 범위, 불안전성, 적절성)
> 3. 대인관계 기능
> 4. 충동조절
> B. 지속적인 유형이 개인의 사회 상황의 전 범위에서 경직되어 있고 전반적으로 나타남
> C. 지속적인 유형이 사회적, 직업적 또는 다른 중요한 기능 영역에서 임상적으로 현저한 고통이나 손상을 초래함
> D. 유형은 안정적이고 오랜 기간 동안 있어 왔으며 최소한 청년기 혹은 성인기 초기부터 시작됨
> E. 지속적인 유형이 다른 정신질환 현상이나 결과로 더 잘 설명되지 않음
> F. 지속적인 유형이 물질(예 남용약물, 치료약물)의 생리적 효과나 다른 의학적 상태(예 두부 손상)로 인한 것이 아님

① 개인의 지속적인 내적 경험과 행동양식이 그가 속한 사회의 문화적 기대에서 심하게 벗어나야 한다.
② 이러한 양식은 다음의 4개 영역 중 2개 이상의 영역에서 나타나야 한다.
  ㉠ 인지 예 자신, 타인, 사건을 지각하고 해석하는 방식
  ㉡ 정동 예 정서 반응의 범위, 강도, 불안정성, 적절성
  ㉢ 대인관계 기능
  ㉣ 충동조절
③ 고정된 행동양식이 융통성 없고 개인생활과 사회생활 전반에 넓게 퍼져 있어야 한다.
④ 고정된 행동양식이 사회적·직업적 영역 또는 다른 중요한 영역에 임상적으로 심각한 고통이나 기능 장해를 초래해야 한다.
⑤ 양식이 변하지 않고 오랜 기간 지속되었으며, 발병 시기는 적어도 청소년기나 성인기 초기로 거슬러 올라갈 수 있어야 한다.

40 A군 성격장애

1. 편집성 성격장애(paranoid personality disorder)

(1) 임상적 특징과 진단기준

① 편집성 성격장애는 타인에 대해 강한 불신과 의심을 지니고 적대적 태도를 보이는 사회적 부적응을 나타내는 성격 특성을 말한다. 이러한 성격장애를 지닌 사람은 주변 사람과 지속적인 갈등과 불화를 나타낸다.
② DSM-5 진단기준

> A. 다른 사람의 동기를 악의가 있는 것으로 해석하는 등 타인에 대한 전반적인 불신과 의심이 있으며, 이는 성인기 초기에 시작되며 여러 상황에서 나타나고 다음 중 4가지(또는 그 이상)로 나타남
> 1. 충분한 근거 없이, 다른 사람이 자신을 관찰하고 해를 끼치고 기만한다고 의심함
> 2. 친구나 동료의 충정이나 신뢰에 대해 근거 없는 의심에 사로잡혀 있음

③ 편집성 성격장애를 가진 사람은 친밀한 대인관계를 맺기가 어렵고, 주변 사람들과 적대적인 관계를 형성하는 경우가 흔하다.

　㉠ 과도한 의심과 적대감으로 반복적인 불평, 격렬한 논쟁, 냉담하거나 공격적인 행동을 나타낸다.

　㉡ 자신에 대한 타인의 위협 가능성을 지나치게 경계하기 때문에 행동이 조심스럽고 비밀이 많으며, 생각이 지나치게 복잡하고 미래의 일을 치밀하게 예상하거나 계획하는 경향이 있다.

④ **주요 방어기제**: 투사(projection)로, 이는 두 가지 과정으로 전개된다.

　㉠ 바람직하지 못한 특성과 동기를 억압하거나 자신과는 관계없는 것이라고 단정한다.

　㉡ 그 다음, 그러한 특성이나 동기를 타인에게 전가시킨다.

　➡ 바람직하지 못한 행동을 부인하고 방출시키는 도구인 동시에, 타인을 향한 공격성 또는 보복성을 정당화는 하는 도구로 작용한다.

(2) 원인과 치료

① **정신분석적 입장**: 망상장애와 비슷하게 무의식적인 동성애적 욕구에 기인한다고 본다. 동성애적 욕구에 대한 불안을 제거하기 위해 부인, 투사, 반동 형성의 방어기제를 사용하여 편집성 성격 특성이 나타나는 것이다.

② **카메론(Cameron, 1963)**: 기본적 신뢰의 결여에서 기인한다고 본다.

　㉠ 편집적 성격을 가진 사람은 아동기에 가학적인 양육을 받은 경험이 있으며 이 과정에서 자신과 타인에 대한 가학적 태도를 내면화한다.

　㉡ 따라서 타인의 공격, 비판에 예민하여 자신을 보호하기 위해 타인의 공격과 속임을 경계한다.

　㉢ 아울러 자신의 적대감과 비판적 태도를 자각하지 못하는 특성이 있어, 타인이 자신에게 적대적인 태도를 나타내는 이유를 이해하지 못하고 타인은 믿지 못할 악한 존재라는 생각을 강화한다.

③ **인지적 입장**: 벡(Beck)과 프리먼(Freeman)은 다음과 같은 기본적 신념 3가지를 지닌다고 보았다.

　㉠ 사람들은 악의적이고 기만적이다.

　㉡ 그들은 기회만 있으면 나를 공격할 것이다.

　㉢ 긴장하고 경계해야만 나에게 피해가 없을 것이다.

　➡ 이 신념으로 인해 타인의 행동 속에서 비난, 기만, 적의를 예상하고 부정적 측면을 선택적으로 발견한다.

④ **치료**

　㉠ 오랫동안 지속되어 온 성격의 문제이기 때문에 수정과 변화가 쉽지 않다.

　㉡ 치료자와 내담자 간에 신뢰관계를 형성하고, 솔직하고 개방적인 자세로 신뢰감을 심어주는 것이 중요하다.

　㉢ 치료자의 언행에서 적대적인 요소를 포착하여 의심과 분노와 적대감을 표현할 수 있는데, 이러한 내담자의 감정을 잘 수용하는 것이 중요하다.

ⓔ **치료목표**: 문제와 갈등의 근본적인 원인이 자신에게 있음을 자각하고 자신을 변화시키기 위한 실제적인 노력을 하도록 하는 것이다.

2. 조현성 성격장애(schizoid personality disorder)

(1) 임상적 특징과 진단기준

① 조현성 성격장애는 타인과의 친밀한 관계 형성에 관심이 없고 감정표현이 부족하여 사회적 적응에 현저한 어려움을 나타내는 성격장애이다. 이 성격장애를 지닌 사람은 친밀한 인간관계를 형성하지 못한 채로 고립되며 매우 단조롭고 메마른 삶을 살아가는 경향이 있다.

② DSM-5 진단기준: 사회적 관계에서 고립되고 대인관계 상황에서 감정표현이 제한되는 특성이 성인기 초기부터 생활 전반에 나타나며, 다음의 특성 중 4개 이상의 항목을 충족해야 한다.

> A. 다양한 형태의 사회적 유대로부터 반복적으로 유리되고, 대인관계에서 제한된 범위의 감정표현이 전반적으로 나타나며, 이 양상이 성인기 초기에 시작되고 여러 상황에서 나타나며 다음 중 4가지 이상에 해당될 때 조현성 성격장애로 진단함
> 1. 가족과의 관계를 포함해서 친밀한 관계를 바라지 않고 즐기지도 않음
> 2. 항상 혼자서 하는 행위를 선택함
> 3. 다른 사람과의 성적 경험에 대한 관심이 거의 없음
> 4. 거의 모든 분야에서 즐거움을 취하려 하지 않음
> 5. 일차 친족 이외의 친한 친구가 없음
> 6. 다른 사람의 칭찬이나 비난에 무관심함
> 7. 감정적 냉담, 유리 혹은 단조로운 정동의 표현을 보임
> B. 단, 조현병, 정신병적 양상을 동반한 양극성장애 또는 우울장애, 다른 정신병적 장애 혹은 자폐 스펙트럼장애의 경과 중 발생한 것은 조현성 성격장애로 진단하지 않으며, 다른 의학적 상태의 생리적 효과로 인한 것이 아님
> ※ 주의점: 진단기준이 조현병의 발병에 앞서 만족했다면 '병전'을 추가해야 함. 즉, '조현성 성격장애(병전)'임

③ 조현성 성격장애를 지닌 사람은 타인에 무관심하고 주로 혼자 지내는 경향이 있다. 가족 외 극소수의 사람을 제외하면 친밀한 관계를 맺는 사람이 없으며 이성에게도 무관심하여 독신으로 생활하는 경우가 많다.

④ 주요 방어기제: 주지화(intellectualization)를 주로 사용하는데, 주지화를 사용하는 사람은 사회적·정서적 사건들에 대해 형식적이고 객관적인 면에만 관심을 두며, 정서적 표현을 유치하고 미성숙한 것으로 보는 경향이 있다.

(2) 원인과 치료

① 정신분석적 입장: 편집성 성격장애와 마찬가지로 기본적인 신뢰의 결여에 기인한다고 본다. 이 성격장애를 지닌 사람은 어릴 때 부모에게 충분히 수용되지 못하거나 거부당한 경험을 지니는 경향이 있는데, 조용하고 수줍으며 순종적인 모습을 나타낸다.

② 인지적 입장: 부정적 자기개념과 대인관계 회피에 대한 사고가 이 성격장애를 초래한다고 본다.
  ㉠ 내면적 사고: "나는 혼자 있는 것이 낫다.", "아무도 나에게 간섭하지 않았으면 좋겠다.", "다른 사람들과 관계를 맺으면 문제만 일어난다." 등으로 나타난다.
  ㉡ 주된 신념: 타인과 그들의 반응이 중요하지 않고 무시해도 된다는 것이며, 적대적인 형태가 아니라 "상관하지 마라.", "내버려 두라."라는 식으로, 다른 사람과 거리를 유지하려는 행동으로 나타난다.

③ 치료

　　㉠ 대인관계에 매우 소극적이기 때문에 치료자가 관계를 형성하는 데 어려움을 겪는다. 치료자는 인내심을 가지고 내담자의 침묵이나 소극적인 태도를 수용하면서 서서히 관계 형성에 노력해야 한다.

　　㉡ 치료목표: 사회적 고립에서 벗어나고 사회적 상황에 효과적으로 적응하도록 돕는 것이다.

3. 조현형 성격장애(schizotypal personality disorder)

(1) 임상적 특징과 진단기준

① 조현형 성격장애는 사회적으로 고립되어 있으며 기이한 생각이나 행동을 나타내어 사회적 부적응을 초래하는 성격장애를 말한다.

② 조현성 성격장애와 상당히 유사한 특성을 지니지만, 대인관계에 대한 불안감과 함께 경미한 사고장애와 다소 기괴한 언행을 나타낸다는 점에서 구분된다.

③ DSM-5 진단기준: 친밀한 대인관계에 대한 현저한 불안감, 인간관계를 맺는 제한된 능력, 인지적 또는 지각적 왜곡, 기이한 행동으로 인해 생활 전반에서 대인관계와 사회적 적응에 현저한 손상을 나타내야 한다. 이러한 특성이 성인기 초기에 시작되고 다양한 상황에서 나타나며, 다음 특성 중 5개 이상의 항목을 충족해야 한다.

> A. 친분관계를 급작스럽게 불편해하고 그러한 능력의 감퇴, 인지 및 지각의 왜곡, 행동의 괴이성으로 구별되는 사회적 및 대인관계의 결함의 광범위한 형태로, 성인기 초기에 시작되며 여러 상황에서 나타나고 다음 중 5가지(또는 그 이상)로 나타남
> 1. 관계사고(심한 망상적인 관계망상은 제외)
> 2. 행동에 영향을 주며 소문화권의 기준에 맞지 않는 이상한 믿음이나 마술적인 사고를 가짐
>   예 미신, 천리안, 텔레파시 또는 육감 등에 대한 믿음, 다른 사람들이 내 느낌을 알 수 있다고 함, 아동이나 청소년에서는 기이한 공상이나 생각에 몰두하는 것
> 3. 신체적 착각을 포함하는 이상한 지각 경험
> 4. 이상한 생각이나 말을 함 예 모호하고, 우회적, 은유적, 과장적으로 수식된 또는 상동적인
> 5. 의심하거나 편집성 사고
> 6. 부적절하고 제한된 정동
> 7. 기이하거나 편향되거나 괴이한 행동이나 외모
> 8. 일차 친족 이외에 친한 친구나 측근이 없음
> 9. 친하다고 해서 불안이 감소하지 않으며, 자신에 대한 부정적인 판단보다도 편집증적인 공포와 관계되는 과도한 사회적 불안
> B. 조현병, 정신병적 양상을 동반한 양극성장애 또는 우울장애, 다른 정신병적 장애 혹은 자폐 스펙트럼장애의 경과 중 발생한 것은 여기에 포함하지 않음
> ※ 주의점: 진단기준이 조현병의 발병에 앞서 만족했다면 '병전'을 추가해야 함. 즉, '조현형 성격장애(병전)'임

④ 조현형 성격장애는 대인관계의 형성에 심한 어려움을 나타내고 경미한 조현병 증상을 동반하는 성격장애로, 조현병 스펙트럼장애의 한 유형으로 분류된다.

⑤ 주요 방어기제: 취소(undoing)를 주로 사용한다.

　　㉠ 취소는 자기정화적 기제로서 바람직하지 않은 행동이나 악한 동기를 참회하려는 시도다.

　　㉡ 취소는 보상의 한 형태인데, 심각하게 병리적일 때는 복잡하고 기이한 의식이나 마술적 행위의 형태를 취하기도 한다.

(2) 원인과 치료

① **유전적 요인**: 조현병 환자의 직계가족에서의 유병률이 높고, 이 장애를 지닌 사람의 가족에서는 조현병의 유병률이 높다.

② **부모와의 불안정한 애착관계**: 기질적으로 수동적이어서 부모의 애정과 관심을 유인하지 못하고, 그 결과 인간관계에 필요한 기본적인 애착행동을 학습하지 못했다는 주장이 있다. 또한 가족 간 정서적 교류가 적고 냉담하여 타인과의 관계 형성에 강화를 제공하지 못하는 가족 분위기에서 성장했기 때문이라는 주장도 있다.

③ **인지적 입장**: 독특한 사고와 다양한 인지왜곡을 보인다고 본다.

    ㉠ "나는 결함이 많은 사람이다.", "사람들과 관계를 맺는 것은 매우 위험하다.", "나는 다른 사람이 무슨 생각을 하는지 다 안다." 등의 매우 경직된 부적응적인 생각을 지닌다.

    ㉡ 자신과 무관한 일을 자신과 연결지어 생각하는 개인화(personalization), 자신의 정서적 느낌에 따라 상황의 의미를 판단하는 정서적 추론(emotional reasoning), 무관한 사건 간의 인과관계를 잘못 파악하는 임의적 추론(arbitrary inference)과 같은 인지적 오류로 인해 관계망상적 사고, 마술적 사고, 기이한 믿음 등을 지닌다.

④ **치료**: 약물치료, 인지행동적 치료가 도움이 된다는 보고가 있으며, 조현형 성격장애를 치료하는 전략 4가지는 다음과 같다.

    ㉠ 사회적 고립을 줄이는 건전한 치료적 관계를 수립한다.

    ㉡ 사회적 기술훈련과 적절한 언행의 모방학습을 통해 사회적으로 적절한 행동을 증가시킨다.

    ㉢ 내담자의 두서없는 사고양식에 의해 방해받지 않도록 치료회기를 구조화하여 체계적으로 진행한다.

    ㉣ 내담자가 정서적 느낌보다 객관적 증거에 의거하여 자신의 사고를 평가하도록 가르친다.

---

41   B군 성격장애

1. 반사회성 성격장애(antisocial personality disorder)

(1) 임상적 특징과 진단기준

① 반사회성 성격장애는 사회의 규범이나 법을 지키지 않으며 무책임하고 폭력적인 행동을 반복적으로 나타내어 사회적 부적응을 초래하는 경우를 말한다. 이 성격장애를 지닌 사람은 절도, 사기, 폭력과 같은 범죄에 연루되는 경우가 흔하다.

② **DSM-5 진단기준**: 타인의 권리를 무시하거나 침해하는 행동양식이 생활 전반에서 나타나며, 이러한 특성이 15세부터 시작되어야 한다. 아울러 다음의 특성 중 3개 이상의 항목을 충족해야 한다.

> A. 15세 이후에 시작되고, 다른 사람의 권리를 무시하는 행동 양상이 있고, 다음 중 3가지(또는 그 이상)를 충족함
> 1. 체포의 이유가 되는 행위를 반복하는 것과 같은 법적 행동에 관련된 사회적 규범에 맞추지 못함
> 2. 반복적으로 거짓말을 함, 가짜 이름 사용, 자신의 이익이나 쾌락을 위해 타인을 속이는 사기성이 있음
> 3. 충동적이거나 미리 계획을 세우지 못함
> 4. 신체적 싸움이나 폭력 등이 반복됨으로써 나타나는 불안정성 및 공격성
> 5. 자신이나 타인의 안전을 무시하는 무모성

③ 반사회성 성격장애는 18세 이상의 성인에게 진단되며, 15세 이전에 품행장애를 나타내는 증거가 있어야 한다. 반사회성 성격장애자는 흔히 아동기나 청소년기부터 폭력, 거짓말, 절도, 결석, 가출 등의 문제행동을 보이는 것이 일반적이다.

④ 반사회성 성격장애인은 사회구성원의 권리를 존중하는 규범이나 법을 무시하고, 자신의 쾌락과 이익을 위해 수단과 방법을 가리지 않는다. 그 결과 폭력, 절도 등의 범죄 행동을 반복하여 법적 구속을 당하는 일이 흔하다.

⑤ **주요 방어기제**: 행동화(acting-out)를 주로 사용한다. 행동화는 공격적인 사고와 감정 및 외현적 행동들을 충동적으로 표출하는 것인데, 사회적으로 용납되지 않는 행동을 바람직한 형태로 바꾸어 표현하지 않고 결과에 대한 고려 없이 직접적으로 방출하게 된다.

(2) 원인과 치료

① **유전적 성향**: 자율신경계와 중추신경계의 각성이 저하되어 있는 경향이 있으며, 이러한 특성이 범죄성향이나 난폭한 행동과 관련된다.

② **잘못된 가정환경과 부모의 양육방식의 문제**: 아이에게 적대적·거부적·단정적·권위적인 부모의 태도는 아이가 유년기에 공격적이고 반사회적인 행동과 인연을 맺는 데 중요한 요인으로 작용한다. 특히 반사회적 성향을 지닌 아동의 부모는 아이의 그릇된 행동(misbehavior)을 회피하거나 특이한 방식으로 강도 높은 긍정적 혹은 부정적인 주의를 주는데, 이렇게 혼란스럽고 원칙 없는 방식은 아이의 탈선행동을 증가시킨다.

③ **정신분석적 입장**: 반사회성 성격은 어머니와 유아 간 관계 형성 문제에 기인한다. 기본적인 신뢰가 형성되지 못하여 폭력적이고 파괴적인 방법으로 타인과 관계를 맺으려는 시도가 반사회성 성격으로 나타난다. 타인의 입장에서 감정을 느끼는 공감능력이 발달하지 못해 타인에게 상처를 입히는 것에 불안이나 죄책감을 느끼지 못한다. 초자아가 발달하지 못해 도덕성이 부족하고 타인에 대한 배려의식이 결여되어 있다.

④ **인지적 입장**: "다른 사람들을 이길 수 있다.", "내가 먼저 공격하지 않으면 다른 사람이 나를 먼저 공격한다.", "들키지 않는다면 거짓말을 하거나 속여도 상관이 없다."와 같이 잠재적으로 왜곡된 사고방식이 반사회적 행동의 유발요인으로 작용한다.

⑤ 일부는 자신이 사회에 의해 학대당하거나 부당하게 대우받았다고 생각하며, 자기가 당했으니 다른 사람도 당하는 것이 당연하다고 여긴다. 이들은 즉각적이고 개인적인 만족을 강조하고 자신의 행동으로 인해 야기될 결과를 최소화하여 지각하는 '자기봉사적 편향(self-serving bias)'을 지니고 있어, 종종 왜곡된 사고경향을 지닌다. '자신은 항상 옳다는 신념(self-righteousness)'으로 인해 자신의 행동에 일체의 의문을 품지 않으며 앞으로 닥쳐 올 일의 결과나 전망 따위는 고려하지 않는다.

⑥ **치료**: 권위적 인물에 저항하는 경향이 있으므로, 치료자는 중립적이고 수용적인 태도를 유지해야 하며 치료적 관계를 형성하는 것이 중요하다. 또한 심층적인 심리치료보다 구체적인 부적응적 행동을 변화하는 행동치료 접근이 효과적이다. 특히 반사회적 성격장애는 일단 형성되면 근본적인 치료가 매우 어려우므로, 반사회적 성격장애로 발전하지 않도록 문제 아동이나 비행청소년에 대한 조기 개입과 부모교육을 통한 예방이 중요하다.

2. 연극성 성격장애(histrionic personality disorder)

(1) 임상적 특징과 진단기준

① 연극성 성격장애는 타인의 애정과 관심을 끌기 위한 지나친 노력과 과도한 감정표현이 주된 특징이다. 정서적으로 불안정하고 대인관계에 갈등을 초래하는 경향이 있어 사회적 부적응을 나타낸다.

② DSM-5 진단기준: 지나친 감정표현과 관심 끌기의 행동이 생활 전반에 나타나며, 이러한 특성이 성인기 초기에 시작된다. 다음의 특성 중 5개 이상의 항목을 충족해야 한다.

> 과도한 감정성과 주의를 끄는 광범위한 형태로 이는 성인기 초기에 시작되며 여러 상황에서 나타나고 다음 중 5가지 (또는 그 이상)로 나타남
> 1. 자신이 관심의 중심에 있지 않은 상황을 불편해함
> 2. 다른 사람과의 관계행동이 자주 외모나 행동에서 부적절하게 성적, 유혹적 내지 자극적인 것으로 특징지어짐
> 3. 감정이 빠른 속도로 변화하고 피상적으로 표현함
> 4. 자신에게 관심을 집중시키기 위해 지속적으로 외모를 사용함
> 5. 지나치게 인상적이고 세밀함이 결여된 형태의 언어를 사용함
> 6. 자기극화, 연극성 그리고 과장된 감정을 표현함
> 7. 피암시적임. 즉, 다른 사람이나 상황에 의해 쉽게 영향을 받음
> 8. 실제보다도 더 가까운 관계로 생각함

③ 연극성 성격장애를 지닌 사람은 마치 연극을 하듯 자신의 경험과 감정을 과장되고 극적인 형태로 표현한다. 이들은 희로애락의 감정기복이 심하며, 표현된 감정이 깊이가 없고 피상적인 것으로 느껴진다.

④ 대인관계 초기에는 매우 매력적으로 느껴질 수 있지만, 인간관계에서 남을 조종(manipulative)하려 들고 과시하고 피상적이고 변덕스러우며 끊임없이 뭔가를 요구하는 의존적이면서 요구적인(demanding) 경향을 보이기 때문에 처음의 좋은 인상을 계속 유지하지 못한다.

⑤ 주요 방어기제: 해리(dissociation)를 주로 사용한다. 해리는 다른 사람들이 자신의 실제 모습을 보지 못하게 하는 기제이며, 불·유쾌한 사고와 감정을 드러내거나 반추하지 못하게 하는 자신분산적 과정이다. 따라서 이들은 실제 자신이 지니고 있는 단점은 보지 못하게 된다.

(2) 원인과 치료

① 정신분석적 입장: 어린 시절의 오이디푸스 갈등에서 기인한 것으로 본다.
  ㉠ 여성의 경우: 엄마의 애정 부족에 실망을 느끼고 자신의 의존 욕구를 충족시켜 줄 대상으로써 아빠에게 집착하며, 아빠의 주의를 얻기 위해 애교스럽고 유혹적이며 과장된 감정표현 방식을 습득하게 된다. 그러나 성적으로 문란한 행위를 하는 여성들조차 실제로는 불감증적(anorgasmic)인 양상을 보이는 경우가 많은데, 그들이 궁극적으로 추구하는 것이 엄마의 따뜻한 사랑과 보살핌이기 때문이다. 이는 애정의 허기이다.
  ㉡ 남성의 경우: 엄마의 사랑을 못 받고 대신 아빠에게 애정을 구한다. 그러나 애정을 얻지 못하면 어머니와의 동일시(identification)를 통해 수동적이고 여성적인 정체감을 발달시키거나 여성성에 대한 불안을 회피하기 위한 시도로 과도한 남성성을 나타낼 수도 있다.

② 인지적 접근

　　㉠ 핵심 믿음: "나는 부적절한 존재이며 혼자서 삶을 영위하는 것은 힘들다."

　　　➡ 따라서 자신을 돌봐줄 사람을 찾아야 한다고 생각하고 적극적으로 관심과 애정을 추구한다.

　　㉡ 다른 사람이 자신의 생존에 매우 중요하다고 보기 때문에 "모든 사람에게 사랑받아야 한다."라는 신념을 가지고 애정을 얻기 위한 방법으로 외모, 애교나 유혹, 과장된 표현, 재미있는 행동을 주로 사용한다.

③ 치료: 대부분의 심리치료는 대인관계 문제에 초점을 맞춘다. 애정을 얻기 위해 여러 방법을 사용하여 타인을 조종하려 하지만 이러한 대인관계 방식이 일시적인 효과를 거둘 수는 있을지 몰라도 장기적으로는 타인의 애정을 잃은 결과를 초래한다는 점을 인식시키고 애정을 얻을 수 있는 현실적인 방법을 습득하게 한다.

④ 인지치료

　　㉠ 전반적인 인상에 근거해 모호하게 생각하는 내담자의 사고양식을 좀 더 구체적이고 체계적인 문제중심적 사고로 바꾸어주는 노력을 한다.

　　㉡ 부적응적 사고를 지적하고 도전하기, 사고를 검증하는 행동실험하기, 활동계획 세우기, 문제해결 기술훈련, 자기주장훈련 등의 기법을 사용한다.

　　㉢ 마지막 단계에서는 연극성 성격장애의 기본적인 신념인 "나는 부적절한 존재이고, 혼자서는 삶을 영위하기 어렵다.", "모든 사람들로부터 사랑을 받아야 한다."는 신념에 도전하여 이를 변화시킨다.

3. 자기애성 성격장애(narcissistic personality disorder)

(1) 임상적 특징과 진단기준

① 자기애성 성격장애는 자신에 대한 과장된 평가로 인해 특권의식을 지니고 타인에게 착취적이거나 오만한 행동을 나타내서 사회적인 부적응을 초래하는 성격을 말한다.

② DSM-5 진단기준: 공상, 행동에서의 웅대성, 칭찬에 대한 욕구, 공감의 결여가 생활 전반에 나타나며, 다음 특성 중 5개 이상의 항목을 충족해야 한다.

> 과대성(공상 또는 행동상), 숭배에의 요구, 감정이입의 부족이 광범위한 양상으로 있고, 청년기에 시작되며, 여러 상황에서 나타나고, 다음 중 5가지(또는 그 이상)로 나타남
> 1. 자신의 중요성에 대한 과대한 느낌을 가짐
>   　예 성취와 능력에 대해 과장하거나 적절한 성취 없이 특별대우 받기를 기대함
> 2. 무한한 성공, 권력, 명석함, 아름다움, 이상적인 사랑과 같은 공상에 몰두함
> 3. 자신의 문제는 특별하고 특이해서 다른 특별한 높은 지위의 사람(또는 기관)만이 그것을 이해할 수 있고 또는 관련해야 한다는 믿음
> 4. 과도한 숭배를 요구함
> 5. 특별한 자격이 있는 것 같은 느낌을 가짐(즉, 특별히 호의적인 대우를 받기를, 자신의 기대에 자동적으로 순응하기를 불합리하게 기대함)
> 6. 대인관계에서 착취적임(자신의 목적을 달성하기 위해 타인을 이용함)
> 7. 감정이입의 결여: 타인의 느낌이나 요구를 인식하거나 확인하려 하지 않음
> 8. 다른 사람을 자주 부러워하거나 다른 사람이 자신을 시기하고 있다는 믿음
> 9. 오만하고 건방진 행동이나 태도

③ 자신을 남들이 평가하는 것보다 현저하게 과대평가하여 웅대한 자기상(grandiose self-image)에 집착하며 대단한 탁월함과 성공을 꿈꾼다. 자신은 주변 사람과는 다른 특별한 존재이며 특별한 대우를 받아야 하는 특권 의식을 지녀 매우 거만하고 오만한 행동을 나타낸다.

④ 주요 방어기제: 합리화(rationalization)를 주로 사용한다. 합리화는 현실왜곡을 위해 사용되는 방어기제로, 이는 실패나 실망, 사회적으로 용납되기 어려운 행동 등을 정당화하기 위한 자기기만적인 무의식 과정이다. 그 결과 자신의 자존감을 손상시키는 단점을 희석시키고 자신의 가치와 우월감을 유지시킨다.

(2) 원인과 치료

① 프로이트(Freud): 심리적 에너지가 자신에게 향해 자신의 신체를 성적인 대상으로 취급하는 태도를 '자기애'라고 정의한다.

② 코헛(Kohut) 이론(1968)

　㉠ 모두에게 해당되는 자기애적 발달과정[정상적 자기애 → 원초적 웅대성 → (부모의 공감) → 정상적 발달]을 가정한다.

　㉡ 신생아는 부모의 전폭적인 애정과 보살핌을 받는 정상 발달과정에서 웅대한 자기상을 형성하며 유아기적 자기애를 나타내지만 성장하면서 필연적으로 좌절과 상처를 경험한다.

　㉢ 점차 성장하면서 아동은 부모로부터 규제와 질책을 받고 자신의 한계를 경험하는 좌절 경험에서 "세상은 나를 중심으로 돌아가지 않으며 나는 그렇게 대단한 존재가 아니다."는 사실을 아프게 깨닫는다. 이러한 좌절경험을 통한 깨달음은 성숙하고 현실적인 자기애로 발전한다.

　㉣ 그러나 부모의 과잉보호나 특이한 성장과정으로 인해 이 좌절 경험을 하지 못하면, 유아기적 자기애가 지속되어 자기애성 성격장애로 발전될 수 있다. 또한 웅대한 자기상에 대한 지나친 좌절을 경험하면, 강한 심리적 충격을 받아 비참한 현실을 외면한 채 웅대한 자기상에 더욱 집착하고, 주변 사람의 인정과 칭찬을 강렬하게 추구하는 자기애성 성격장애로 발전될 수도 있다. 즉, 유아기의 웅대한 자기상에 대한 좌절 경험이 없거나 좌절 경험이 너무 심하면 자기애성 성격장애로 발전될 수 있다는 주장이다.

③ 컨버그(Kernberg) 이론(1975): 자기애성 성격장애를 지닌 사람은 어린 시절 어머니와의 상호작용을 통해서 형성한 이상적 자기상(자기표상)과 이상적 어머니상(대상표상)이 혼합된 웅대한 자기상을 통해 자신에 대한 과장된 생각을 갖게 된다.

④ 인지적 입장

　㉠ 신념 체계: "나는 매우 특별한 사람이다.", "나는 너무 우월하기 때문에 특별한 대우를 받고 특권을 누릴 자격이 있다.", "인정, 칭찬, 존경을 받는 것은 매우 중요한 일이다.", "당연히 받아야 할 존경이나 특권을 받지 못하는 것은 참을 수 없는 일이다." 등의 신념을 지닌다.

　㉡ 자기애적 신념이 구성되면 자신의 신념에 일치하는 긍정적 정보에 선택적으로 주의를 기울이고, 중요성을 부여하여 긍정적 자기상을 강화하고, 자신의 신념에 상치되는 부정적 정보는 무시하거나 왜곡한다. 이 과정을 통해 자기애적 신념은 더욱 강화되어 성격장애의 형태로 발전한다.

⑤ 정신분석적 치료: 전이 현상을 잘 활용하는 것이 중요하다.

　㉠ 내담자는 과거에 실패했던 부모와의 관계를 치료자와의 관계에서 재현하고자 하며, 치료자에게 이 좌절된 욕구를 충족시켜달라는 무언의 압력을 가하게 된다.

　㉡ 이때 치료자가 내담자의 욕구를 충분히 공감하고 이해해주는 것이 중요하다.

⑥ **인지행동적 치료**: 핵심적인 특성 3가지인 웅대한 자기상, 평가에 대한 과도한 예민성, 공감의 결여에 대한 치료적 개입을 강조한다.

　㉠ **웅대한 자기상**: 웅대한 자기상과 관련된 비현실적인 생각을 구체적인 경험 속에서 찾아내고 내담자가 그 부적응성을 스스로 인식하여 좀 더 유연하고 현실적인 자기신념으로 대체하도록 유도한다.

　㉡ **평가에 대한 과도한 예민성**: 자신에 대한 타인의 평가에 적당한 관심을 기울이고 그에 대한 감정반응을 조절하도록 유도한다.

　㉢ **공감의 결여**: 타인의 생각과 감정에 대한 공감능력을 향상하도록 타인의 감정에 대한 자각을 증진하고 공감적 감정을 활성화하며 이기적인 착취적 행동을 수정하도록 유도한다.

4. 경계성 성격장애(borderline personality disorder)

(1) 임상적 특징과 진단기준

① 경계성 성격장애는 강렬한 애정과 분노가 교차하는 불안정한 대인관계를 특징적으로 나타낸다. 이 성격장애를 지닌 사람은 심한 충동성을 보이고 자살과 같은 자해적 행동을 반복적으로 나타내는 경향이 있어, 때로는 치명적인 결과를 초래하기도 한다.

② **DSM-5 진단기준**: 대인관계, 자아상 및 정서의 불안정성과 함께 심한 충동성이 생활 전반에 나타나야 한다. 이러한 특징적 양상은 성인기 초기에 시작하여 다양한 상황에서 일어나며 다음 특성 중 5가지 이상의 항목을 충족시켜야 한다.

> 대인관계, 자아상 및 정동의 불안정성과 현저한 충동성의 광범위한 형태로 성인기 초기에 시작되며 여러 상황에서 나타나고, 다음 중 5가지(또는 그 이상)를 충족함
> 1. 실제 혹은 상상 속에서 버림받지 않기 위해 미친 듯이 노력함
>   ※ 주의점: 진단기준 5에 있는 자살행동이나 자해행동은 포함하지 않음
> 2. 과대이상화와 과소평가의 극단 사이를 반복하는 것이 특징인 불안정하고 격렬한 대인관계의 양상
> 3. 정체성장애: 자신의 이미지 또는 자신에 대한 느낌의 현저하고 지속적인 불안정성
> 4. 자신을 손상할 가능성이 있는 최소 2가지 이상의 경우에서의 충동성
>   예) 소비, 물질 남용, 좀도둑질, 부주의한 운전, 과식 등
>   ※ 주의점: 진단기준 5에 있는 자살행동이나 자해행동은 포함하지 않음
> 5. 반복적 자살행동, 제스처, 위협이나 자해행동
> 6. 현저한 기분의 반응성으로 인한 정동의 불안정
>   예) 강렬한 삽화적 불쾌감, 과민성 또는 불안이 보통 수시간 동안 지속되며 아주 드물게 수일간 지속됨
> 7. 만성적인 공허감
> 8. 부적절하고 심하게 화를 내거나 화를 조절하지 못함
>   예) 자주 울화통을 터뜨리거나 늘 화를 내거나 자주 신체적 싸움을 함
> 9. 일시적이고 스트레스와 연관된 피해적 사고 혹은 심한 해리 증상

③ 경계성 성격장애의 가장 큰 특징은 극단적인 심리적 불안정성이다. 사고, 감정, 행동, 대인관계, 자아상을 비롯한 성격 전반에서 현저한 불안정성을 나타낸다. 이러한 성격장애를 지닌 사람이 가장 두려워하는 것은 타인으로부터 '버림받는 것'이며, 이러한 상황이 예상되면 사고, 감정, 행동에 심한 동요가 일어난다.

④ **주요 방어기제**: 정서적으로 불안정하며, 특히 스트레스에 취약한 이들은 압박과 고통을 피하려는 기제로 퇴행(regression)을 주요 방어기제로 사용한다.

(2) 원인과 치료

① **충격적 외상:** 72%는 어린 시절에 학대를 경험했고, 46%는 신체적 학대를, 26%는 성적 학대를, 76%는 양육태만을 겪었으며, 74%가 18세 이전에 부모의 상실이나 이별을 경험한 것으로 보고된다. 어린 시절 충격적 경험이 부모나 자신에 대한 긍정적·부정적 경험을 통합시키지 못한 채 분리, 부인, 투사적 동일시와 같은 방어기제를 사용하게 했을 것이라는 주장이 제기된다.

② **정신분석 입장:** 오이디푸스 갈등 이전의 어린 시절에 어머니와 맺었던 독특한 관계 경험에 둔다.

③ **컨버그 이론(1975):** 말러(Mahler)의 발달이론에 근거하여 유아기의 '분리-개별화' 단계에서 심한 갈등을 경험하여 이 단계에 고착되어 있다고 설명한다. 이 시기의 유아는 양육자가 사라지는 것, 즉 분리의 위협을 매우 민감하게 지각하고 불안감이 고조된다. 환자는 "엄마와 분리하여 자신을 개별화하려는 시도가 엄마는 사라지고 자신은 버림받는 결과를 낳을지 모른다."라는 두려움을 겪는 내용의 원초적인 불안을 반복적으로 체험하는 것으로 볼 수 있다. 즉, 어른이 되어도 혼자 있는 시간을 참아내지 못하고 유의미한 타인으로부터 버려지는 것을 두려워하게 된다.

④ **인지적 입장:** 3가지의 독특한 내면적 믿음을 지니고 있다고 보며, 이러한 믿음으로 인해 상대방에게 자신을 충분히 의지하지 못하고 불안정한 관계 속에서 거부와 버림을 받을지도 모른다는 두려움을 지닌다.
  ㉠ 세상에 대한 부정적 믿음 ⑩ 세상은 위험하며 악의에 가득 차 있다.
  ㉡ 자신에 대한 부정적 믿음 ⑩ 나는 힘이 없고 상처받기 쉬운 존재이다.
  ㉢ 나는 원래부터 환영받지 못한 존재이다.

⑤ **흑백논리(dichotomous thinking) 오류:** 한 사람이 좋기도 하고, 나쁘기도 하다는 것을 받아들이지 못한다. 또한 '나는 연약하고 취약하다.', '나는 기본적으로 받아들여지지 못한다.'와 같은 부정적인 자기상을 가진다. 장기적인 미래 목표를 지향하기 어렵고, 자기-유능감이 낮아 성취의욕이 낮고, 애매한 상황에서 어떻게 행동해야 할지를 모르며, 친밀한 관계에서 자기상을 유지하는 데 어려움을 느낀다.

⑥ **정신역동치료:** 3가지 목표를 설정하고 치료를 시도한다.
  ㉠ 내담자의 자아를 강화시켜 불안을 잘 인내하고 충동에 대한 통제력을 향상하도록 한다.
  ㉡ 긍정적 내용과 부정적 내용이 분리되어 있는 내담자의 자기표상과 대상표상을 통합시킴으로써 안정된 자기인식과 대인관계를 유도한다.
  ㉢ 긍정적이고 지지적인 내면적 표상을 보다 확고하게 강화하여 중요한 사람과의 분리, 이별을 참아낼 수 있도록 한다.

⑦ **인지행동치료:** 기본적 믿음을 변화시키려고 하기보다 치료적 관계 형성에 주력한다.
  ㉠ 강한 감정이 개입되는 개인적인 문제를 다루기보다는 내담자가 직면한 구체적인 문제의 해결에 초점을 맞추면서 신뢰 형성을 위해 노력한다.
  ㉡ 다음 단계에서는 내담자의 흑백사고를 다룬다. 흑백논리 사고를 자각시키고 이러한 사고방식이 내담자의 삶에 미치는 영향을 함께 살펴본다.
  ㉢ 또한 정서조절 능력 향상을 위한 치료적 작업으로써, 내담자가 경험하는 구체적인 문제 상황에서 자신의 정서적 반응을 살펴보게 하고 대안적인 대응방식을 탐색하며, 보다 적응적인 정서표현 방식을 습득하도록 한다.
  ㉣ 마지막 단계에는 자신과 세상에 대한 부정적인 믿음을 자각하고 보다 긍정적인 믿음으로 바꾸도록 돕는다.

1. 강박성 성격장애(obsessive-compulsive personality disorder)

(1) 임상적 특징과 진단기준

① 강박성 성격장애는 지나치게 완벽주의적이고 세부적인 사항에 집착하며 과도한 성취지향성과 인색함을 특징적으로 나타내는 성격장애를 말한다. 이 성격 특성으로 인해 효율적으로 일을 처리하지 못할 뿐 아니라 자신과 주변 사람을 고통스럽게 하는 경우가 대부분이다.

② DSM-5 진단기준: 정리정돈, 완벽주의, 마음 통제와 대인관계 통제에 집착하는 행동 특성이 생활 전반에 나타나며, 이 특성으로 인해 융통성, 개방성, 효율성을 상실하는 대가를 치른다. 이 특성은 성인기 초기에 시작되고 다음 중 4개 이상의 항목을 충족해야 한다.

> 융통성, 개방성, 효율성을 희생시키더라도 정돈, 완벽, 정신적 통제 및 대인관계의 통제에 지나치게 집착하는 광범위한 양상으로 이는 청년기에 시작되며, 여러 상황에서 나타나고 다음 중 4가지(또는 그 이상)로 나타남
> 1. 내용의 세부, 규칙, 목록, 순서, 조직 혹은 스케줄에 집착하여 활동의 중요한 부분을 놓침
> 2. 완벽함을 보이지만 이것이 일의 완수를 방해함(예 자신의 완벽한 기준을 만족하지 못해 계획을 완수할 수 없음
> 3. 여가활동이나 친구교제를 마다하고 일이나 성과에 지나치게 열중함(경제적으로 필요한 것이 명백히 아님)
> 4. 지나치게 양심적, 소심함, 도덕 윤리 또는 가치관에 융통성이 없음(문화적, 종교적 정체성으로 설명되지 않음)
> 5. 감정적인 가치가 없는데도 낡고 가치 없는 물건을 버리지 못함
> 6. 자신의 일하는 방법에 정확하게 복종적이지 않으면 일을 위임하거나 함께 일하지 않으려 함
> 7. 자신과 타인에게 돈 쓰는 데 인색함, 돈을 미래의 재난에 대해 대비하는 것으로 인식함
> 8. 경직되고 완강함을 보임

③ 지나친 완벽주의적 성향과 세부적인 사항에 대한 집착으로 인해 오히려 비효율적인 삶을 살게 된다. 구체적인 규칙과 절차가 확실하지 않을 때는 결정을 내리지 못하고 많은 시간을 소비하며 매우 고통스러워한다.

④ 감정표현을 억제하는 경향이 강하며 감정표현을 자유롭게 하는 사람과 같이 있으면 불편감을 느낀다. 이성과 도덕을 중요시하며 제멋대로 충동적인 행동을 하는 사람을 혐오한다.

⑤ **주요 방어기제**: 반동 형성(reaction-formation)을 주로 사용한다. 반동 형성은 바람직하지 못한 충동을 억압하고 정반대의 의식적 태도를 형성하는 과정으로 분노하거나 당황할 수 있는 상황에서 합리적이고 사회적으로 수용되는 이미지를 나타내게 한다.

(2) **원인과 치료**

① **정신분석적 입장**: 완고함(obstinacy), 절약성(parsimony), 질서정연함(orderliness) 등은 심리성적 발달 단계 중 항문기(anal stage)와 연관된 것으로 이해되어 왔다. 이 성격 특질을 보이는 사람은 거세불안과 연합된 오이디푸스 시기에서 항문기로 퇴행한 것으로 설명된다. 특히 부모가 배변훈련에 과도하게 엄격하고 처벌적이어서 장애가 생겨난다고 보았다.

② **인지적 오류**

　㉠ **흑백논리 사고**: 강박성 성격장애 환자의 지연행동, 경직성, 완벽주의적 행동에 영향을 미친다.

　㉡ **파국화**: 불완전함이나 실수가 초래할 부정적 결과를 지나치게 과장하는 파국화로 인해 실패에 대한 강한 두려움을 갖게 된다.

　㉢ **의미확대 또는 의미축소**: 세부 사항에 과도한 중요성을 부여하여 집착하게 하는 한편, 실제적으로 중요한 일은 그 의미를 축소하여 전반적인 판단에 어려움을 겪는다.

③ **정신역동치료**: 목표는 지나치게 엄격한 초자아를 수정하는 것이다. 내담자가 부모의 엄격한 통제에 대해 지녔던 부정적인 감정과 이러한 감정이 표출되는 것에 대한 두려움과 죄책감, 이러한 감정을 통제하려는 과도한 노력을 자각하게 하는 것이 중요하다.

④ **인지행동치료**: 내담자가 호소하는 현재 문제에 초점을 맞추어 구체적인 목표를 세우고 하나씩 해결해나간다. 이러한 과정을 통해 자신의 부적응적인 신념을 탐색하고, 이들의 부정적 결과를 확인하고 이해하도록 한다. 아울러 이 인지적 요인들이 내담자의 행동이나 감정을 더 이상 지배하지 못하도록 좀 더 유연하고 현실적인 신념으로 대체하게 한다.

2. 의존성 성격장애(dependent personality disorder)

(1) 임상적 특징과 진단기준

① **임상적 특징**: 의존성 성격장애는 스스로 독립적인 생활을 하지 못하고 다른 사람에게 과도하게 의존하거나 보호받으려는 행동을 특징적으로 나타내는 성격장애이다. 이 성격장애를 지닌 사람은 의존상대로부터 버림받는 것에 대한 지속적인 불안을 경험하며 지나친 의존행동으로 인해 상대방을 부담스럽게 하여 인간관계를 유지하지 못하는 경우가 많다.

② **DSM-5 진단기준**: 보호받고 싶은 과도한 욕구로 인해 복종적이고 매달리는 행동과 이별에 대한 두려움을 나타낸다. 성격 특성이 생활 전반의 다양한 상황에서 나타나고, 성인기 초기에 시작되며, 다음 중 5개 이상의 항목을 충족해야 한다.

> 돌봄을 받고자 하는 광범위하고 지나친 욕구가 복종적이고 매달리는 행동과 이별 공포를 초래하며, 이는 청년기에 시작되며 여러 상황에서 나타나고 다음 중 5가지(또는 그 이상)로 나타남
> 1. 타인으로부터 과도히 많은 충고 또는 확신 없이는 일상의 판단을 하는 데 어려움을 겪음
> 2. 자신의 생활 중 가장 중요한 부분에 대해 타인이 책임질 것을 요구함
> 3. 지지와 칭찬을 잃는 것에 대한 공포 때문에 타인과의 의견 불일치를 표현하는 데 어려움을 나타냄
>   ※ 주의점: 보복에 대한 현실적인 공포는 포함하지 않음
> 4. 계획을 시작하기 어렵거나 스스로 일을 하기가 힘듦(동기나 에너지 결핍보다 판단, 능력에 대한 자신감의 결여 때문)
> 5. 타인의 돌봄과 지지를 지속하기 위해 불쾌한 일이라도 자원해서 함
> 6. 혼자서는 자신을 돌볼 수 없다는 심한 공포 때문에 불편함과 절망감을 느낌
> 7. 친밀한 관계가 끝나면 자신을 돌봐주고 지지해줄 근원이 될 다른 관계를 시급히 찾음
> 8. 자신을 돌보기 위해 혼자 남는 데 대한 공포에 비현실적으로 집착함

③ 늘 주변에서 의지할 대상을 찾고 그 대상에 매우 순종적·복종적인 태도를 보인다. 자신을 연약한 모습으로 나타내어 지지와 보호를 유도하고, 스트레스 상황에서 다른 사람에게 매달리거나 무기력해지며 잘 운다.

④ **주요 방어기제**: 내사(introjection)를 주로 사용한다. 내사는 의존적인 사람들이 의미 있는 타인에게 전적으로 헌신하려는 경향으로, 단순한 동일시나 의존을 의미하는 것은 아니다. 이는 불가분의 유대를 형성하고자 하는 희망으로 다른 사람을 내재화하는 것이다.

(2) 원인과 치료

① **부모의 과잉보호**: 부모에 대한 의존행동은 보상이 주어지고 독립과 분리에 대해서는 거부당하는 경험이 축적되는 경우, 자녀는 타인에 대해 의존적인 반응양식을 발달하게 된다.

② **인지적 입장**: "나는 근본적으로 무력하고 부적절한 사람이다.", "나는 혼자서는 세상에 대처할 수 없으며 의지할 사람이 필요하다."라는 신념을 가진다. 이 신념은 타인에게 의존하게 만들며 보살핌을 얻는 대가로 자신의 권리나 주장을 포기하게 한다.

③ **정신역동 치료목표**: 내담자의 의존적 소망을 좌절시키고 내담자가 독립적으로 생각하고 행동하도록 돕는다. 이를 위해 내담자가 지니고 있는 상실과 독립에 대한 불안을 직면하도록 해야 한다.

④ **인지행동 치료목표**: 치료목표를 독립보다 자율에 둔다. 타인에게 의존하지 않는 독립적인 삶을 지향하는 것은 매우 힘들고 부담스러운 일이지만, 자율은 타인으로부터 독립적으로 행동하는 동시에 타인과 친밀하고 밀접한 인간관계를 유지할 수 있음을 의미한다. 타인으로부터 더 독립적일 수 있게 자기신뢰와 자기효능감을 증진하는 것이 필수적이다.

3. 회피성 성격장애(avoidant personality disorder)

(1) 임상적 특징과 진단기준

① **임상적 특징**: 회피성 성격장애는 다른 사람과의 만남에 대한 불안과 두려움 때문에 사회적 상황을 회피함으로써 적응에 어려움을 나타내는 경우를 말한다.

② **DSM-5 진단기준**: 사회적 억제, 부적절감, 부정적 평가에 대한 과민성이 성인기 초기에 시작되고, 여러 상황에서 나타나며, 다음 중 4개 이상의 항목을 충족해야 한다.

> 사회관계의 억제, 부적절감, 부정적 평가에 대한 예민함이 광범위한 양상으로 나타나고 이는 청년기에 시작되며 여러 상황에서 나타나고 다음 중 4가지(또는 그 이상)로 나타남
> 1. 비판이나 거절, 인정받지 못함 등 때문에 의미 있는 대인접촉이 관련되는 직업적 활동을 회피함
> 2. 자신을 좋아한다는 확신 없이는 사람들과 관계하는 것을 피함
> 3. 수치를 당하거나 놀림 받음에 대한 두려움 때문에 친근한 대인관계 이내로 자신을 제한함
> 4. 사회적 상황에서 비판의 대상이 되거나 거절되는 것에 대해 집착함
> 5. 부적절감으로 인해 새로운 대인관계 상황에서 제한됨
> 6. 자신을 사회적으로 부적절하게, 개인적으로 매력이 없는, 다른 사람에 비해 열등한 사람으로 바라봄
> 7. 당황스러움이 드러날까 염려하여 어떤 새로운 일에 관여하는 것이나 개인적 위험을 감수하는 것을 드물게 마지못해 함

③ 회피성 성격장애를 지닌 사람은 자신에 대한 타인의 부정적인 평가를 가장 두려워한다. 자신이 부적절한 존재라는 부정적 자아상을 지니는 반면, 타인은 비판적이고 위협적인 존재로 지각하는 경향이 있다. 따라서 자신이 한 행위의 적절성을 늘 의심하고 타인의 반응을 예민하게 받아들인다.

④ **주요 방어기제**: 환상(fantasy)을 주로 사용한다. 환상은 현실에서 충족할 수 없는 욕구나 소망을 만족시켜 주는 상상의 반의식적 과정으로 현실에서 성취하기 어려운 애정 욕구, 공격성, 기타의 충동들을 방출시키는 안전한 매개체 역할을 한다.

(2) **원인과 치료**

① **기질**: 수줍고 억제적인 경향이 있으며 위험에 대한 과도한 생리적 민감성을 가지고 있다. 미래의 위험이나 처벌 같은 부정적 결과가 예상될 때 생리적으로 교감신경계의 흥분이 유발된다.

② **정신역동적 입장**: 주된 감정은 수치심이다. 이는 자신에 대한 부정적 자아상과 관련되며, 수치심이라는 불쾌한 감정으로부터 숨으려는 소망 때문에 대인관계나 자신이 노출되는 상황을 회피한다. 자신의 부모를 수치심과 죄의식을 유발한 비판적이고 거부적인 인물로 기억하고 자기보다 다른 형제를 더 좋아한다고 여기는 경향이 있다.

③ **인지적 입장**

　　㉠ **믿음**: 자신이 부적절하고 무가치한 사람이며 타인과의 관계에서 거부 또는 비난당할 것이라고 믿는다.

　　㉡ **자동적 사고**: 자기비판적 경향이 강하며 사회적 상황에서 "사람들이 나를 바보로 생각할 거야.", "역시 나는 매력이 없어."라는 부정적 내용을 자동적 사고뿐만 아니라, 타인과의 만남이 예상될 때도 "다른 사람이 나를 비판할지 몰라.", "그들은 나를 싫어할 거야."라는 생각을 떠올린다.

　　㉢ **인지적 왜곡**: 타인이 분명한 호의를 보이지 않으면 거부 또는 비난으로 호소하는 이분법적 사고, 타인의 긍정적 반응은 무시하고 부정적 언급은 중시하는 의미확대와 의미축소, 부정적인 증거에만 주의를 기울이는 정신적 여과 등의 인지적 오류를 나타낸다.

④ **정신역동 치료**: 수치심의 기저에 깔린 심리적 원인을 살펴보고 과거 발달과정에서 경험한 일들과의 관련성을 탐색한다.

⑤ **인지행동 치료**: 자신의 불안을 조절하고 회피행동을 극복할 구체적 방법을 제시한다.

　　㉠ 불안과 긴장을 스스로 조절할 수 있는 긴장이완훈련이나 복식호흡훈련 등을 실시하고 사회적 상황에 대한 점진적 노출을 시도한다.

　　㉡ 이들이 사회적 상황에서 자연스럽게 대처할 수 있는 대인관계 기술을 훈련시킨다.

　　㉢ 타인의 반응을 부정적으로 평가하고 예상하는 인지적 왜곡을 자각시키고 구체적인 대인관계 경험의 분석과 행동실험을 통해 좀 더 현실적이고 긍정적인 사고를 지니도록 유도한다.

제14장

심리학개론

제1절 심리학의 이해

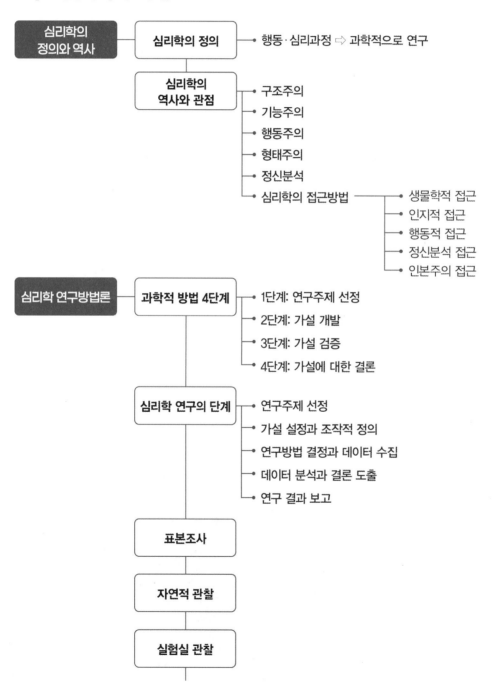

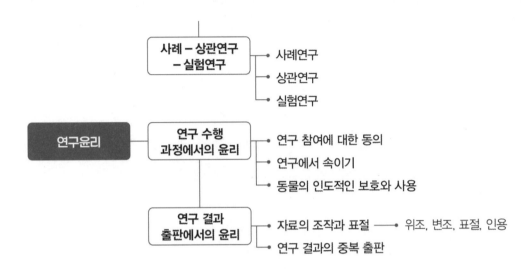

```
                    ┌─────────────┐   ┌─ 사례연구
                    │ 사례 - 상관연구│───┼─ 상관연구
                    │  - 실험연구  │   └─ 실험연구
                    └─────────────┘
  ┌────────┐        ┌─────────────┐   ┌─ 연구 참여에 대한 동의
  │ 연구윤리 │───────│ 연구 수행    │───┼─ 연구에서 속이기
  └────────┘        │ 과정에서의 윤리│   └─ 동물의 인도적인 보호와 사용
                    └─────────────┘
                    ┌─────────────┐   ┌─ 자료의 조작과 표절 ── 위조, 변조, 표절, 인용
                    │ 연구 결과    │───┤
                    │ 출판에서의 윤리│   └─ 연구 결과의 중복 출판
                    └─────────────┘
```

제 2 절 신경과학과 행동

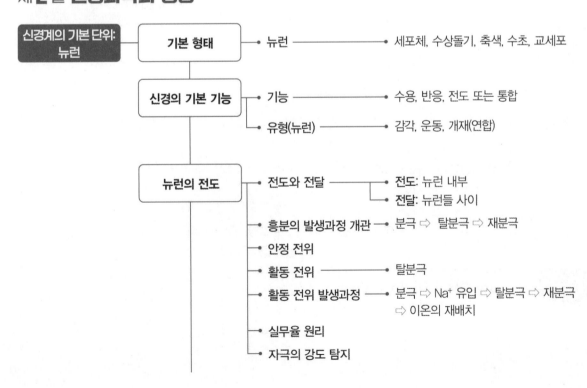

```
┌─────────────┐   ┌──────────┐
│ 신경계의 기본 단위:│──│ 기본 형태 │─── 뉴런 ─────────── 세포체, 수상돌기, 축색, 수초, 교세포
│    뉴런      │   └──────────┘
└─────────────┘
                  ┌────────────┐   ┌─ 기능 ─────────── 수용, 반응, 전도 또는 통합
                  │ 신경의 기본 기능│───┤
                  └────────────┘   └─ 유형(뉴런) ─────── 감각, 운동, 개재(연합)

                  ┌──────────┐   ┌─ 전도와 전달 ──┬─ 전도: 뉴런 내부
                  │ 뉴런의 전도 │───┤              └─ 전달: 뉴런들 사이
                  └──────────┘   │
                                 ├─ 흥분의 발생과정 개관 ── 분극 ⇨ 탈분극 ⇨ 재분극
                                 ├─ 안정 전위
                                 ├─ 활동 전위 ────────── 탈분극
                                 ├─ 활동 전위 발생과정 ─── 분극 ⇨ Na⁺ 유입 ⇨ 탈분극 ⇨ 재분극
                                 │                        ⇨ 이온의 재배치
                                 ├─ 실무율 원리
                                 └─ 자극의 강도 탐지
```

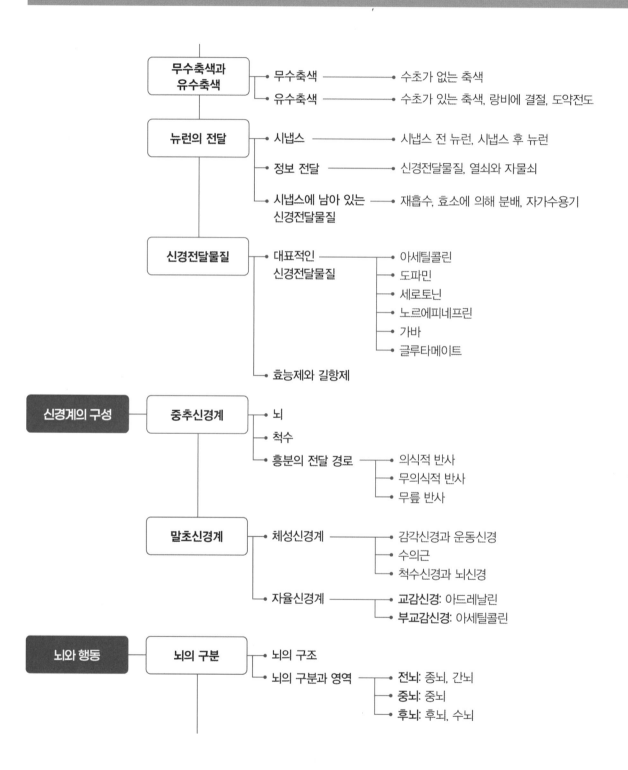

무수축색과
유수축색
  • 무수축색 ──────── • 수초가 없는 축색
  • 유수축색 ──────── • 수초가 있는 축색, 랑비에 결절, 도약전도

뉴런의 전달
  • 시냅스 ──────── • 시냅스 전 뉴런, 시냅스 후 뉴런
  • 정보 전달 ──────── • 신경전달물질, 열쇠와 자물쇠
  • 시냅스에 남아 있는 ──── • 재흡수, 효소에 의해 분배, 자가수용기
    신경전달물질

신경전달물질
  • 대표적인 ──────── • 아세틸콜린
    신경전달물질   • 도파민
                      • 세로토닌
                      • 노르에피네프린
                      • 가바
                      • 글루타메이트
  • 효능제와 길항제

신경계의 구성

중추신경계
  • 뇌
  • 척수
  • 흥분의 전달 경로 ──── • 의식적 반사
                      • 무의식적 반사
                      • 무릎 반사

말초신경계
  • 체성신경계 ──────── • 감각신경과 운동신경
                      • 수의근
                      • 척수신경과 뇌신경
  • 자율신경계 ──────── • **교감신경**: 아드레날린
                      • **부교감신경**: 아세틸콜린

뇌와 행동

뇌의 구분
  • 뇌의 구조
  • 뇌의 구분과 영역 ──── • **전뇌**: 종뇌, 간뇌
                      • **중뇌**: 중뇌
                      • **후뇌**: 후뇌, 수뇌

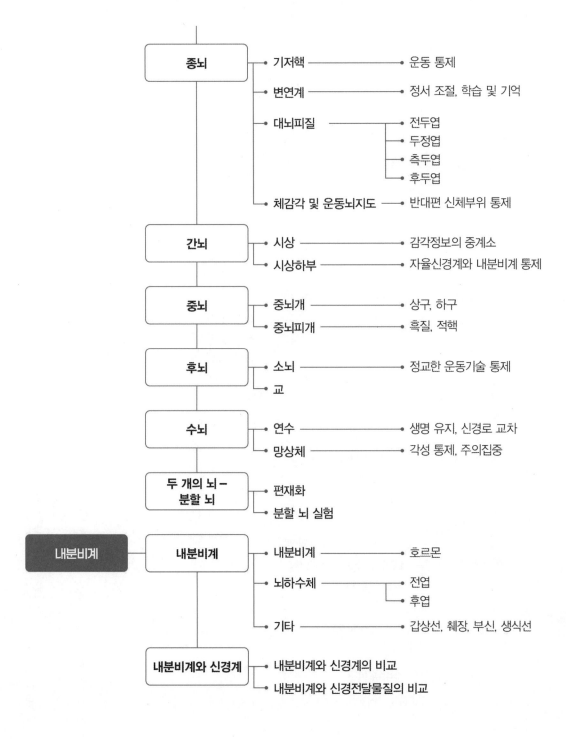

종뇌	기저핵 ——————— 운동 통제
	변연계 ——————— 정서 조절, 학습 및 기억
	대뇌피질 ——— 전두엽
	——— 두정엽
	——— 측두엽
	——— 후두엽
	체감각 및 운동뇌지도 ——— 반대편 신체부위 통제

종뇌

├ 기저핵 ——————— 운동 통제
├ 변연계 ——————— 정서 조절, 학습 및 기억
├ 대뇌피질 ───┬ 전두엽
│   ├ 두정엽
│   ├ 측두엽
│   └ 후두엽
└ 체감각 및 운동뇌지도 ── 반대편 신체부위 통제

간뇌

├ 시상 ——————— 감각정보의 중계소
└ 시상하부 ————— 자율신경계와 내분비계 통제

중뇌

├ 중뇌개 ——————— 상구, 하구
└ 중뇌피개 ————— 흑질, 적핵

후뇌

├ 소뇌 ——————— 정교한 운동기술 통제
└ 교

수뇌

├ 연수 ——————— 생명 유지, 신경로 교차
└ 망상체 ————— 각성 통제, 주의집중

두 개의 뇌 – 분할 뇌

├ 편재화
└ 분할 뇌 실험

내분비계

├ 내분비계 ——————— 호르몬
├ 뇌하수체 ———┬ 전엽
│   └ 후엽
└ 기타 ——————— 갑상선, 췌장, 부신, 생식선

내분비계와 신경계

├ 내분비계와 신경계의 비교
└ 내분비계와 신경전달물질의 비교

제**3**절 **감각과 지각**

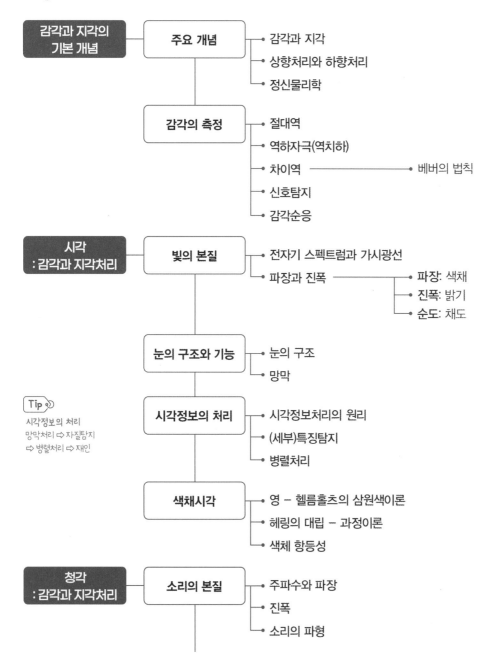

감각과 지각의 기본 개념	**주요 개념**	• 감각과 지각
		• 상향처리와 하향처리
		• 정신물리학
	감각의 측정	• 절대역
		• 역하자극(역치하)
		• 차이역 ——————— • 베버의 법칙
		• 신호탐지
		• 감각순응

시각 : 감각과 지각처리

빛의 본질
• 전자기 스펙트럼과 가시광선
• 파장과 진폭 ———— **파장**: 색채
　　　　　　　　　　 진폭: 밝기
　　　　　　　　　　 순도: 채도

눈의 구조와 기능
• 눈의 구조
• 망막

Tip
시각정보의 처리
망막처리 ⇨ 자질탐지
⇨ 병렬처리 ⇨ 재인

시각정보의 처리
• 시각정보처리의 원리
• (세부)특징탐지
• 병렬처리

색채시각
• 영 – 헬름홀츠의 삼원색이론
• 헤링의 대립 – 과정이론
• 색체 항등성

청각 : 감각과 지각처리

소리의 본질
• 주파수와 파장
• 진폭
• 소리의 파형

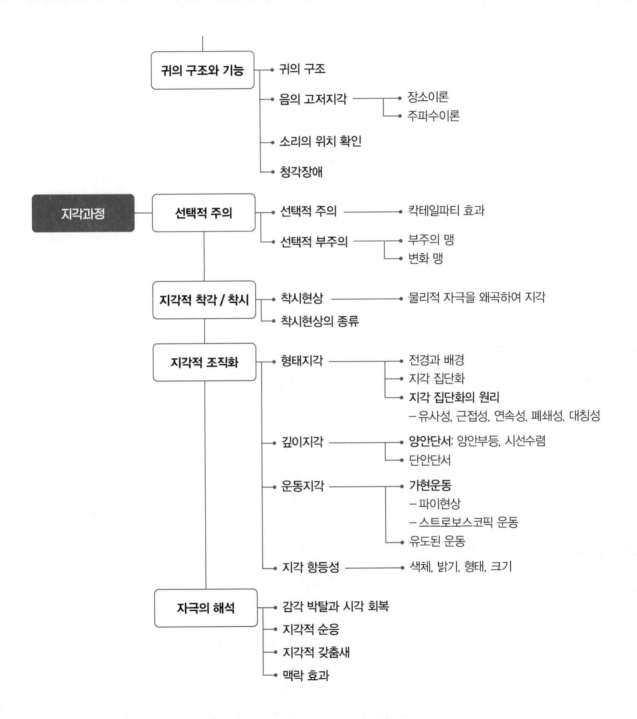

귀의 구조와 기능 ─ 귀의 구조

음의 고저지각 ─ 장소이론
주파수이론

소리의 위치 확인

청각장애

지각과정 ─ 선택적 주의 ─ 선택적 주의 ─ 칵테일파티 효과

선택적 부주의 ─ 부주의 맹
변화 맹

지각적 착각 / 착시 ─ 착시현상 ─ 물리적 자극을 왜곡하여 지각
착시현상의 종류

지각적 조직화 ─ 형태지각 ─ 전경과 배경
지각 집단화
지각 집단화의 원리
─ 유사성, 근접성, 연속성, 폐쇄성, 대칭성

깊이지각 ─ **양안단서: 양안부등, 시선수렴**
단안단서

운동지각 ─ **가현운동**
─ 파이현상
─ 스트로보스코픽 운동
유도된 운동

지각 항등성 ─ 색체, 밝기, 형태, 크기

자극의 해석 ─ 감각 박탈과 시각 회복
지각적 순응
지각적 갖춤새
맥락 효과

제**4**절 **의식과 변경 상태**

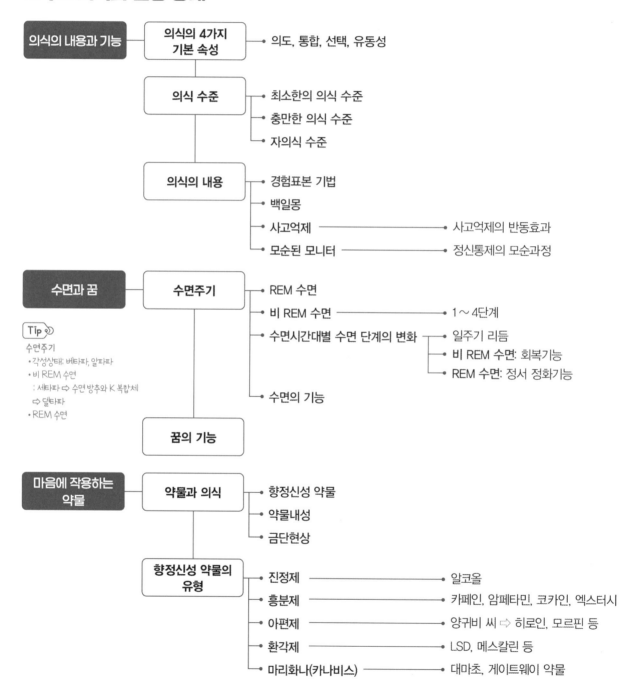

제 5 절 기억과 사고

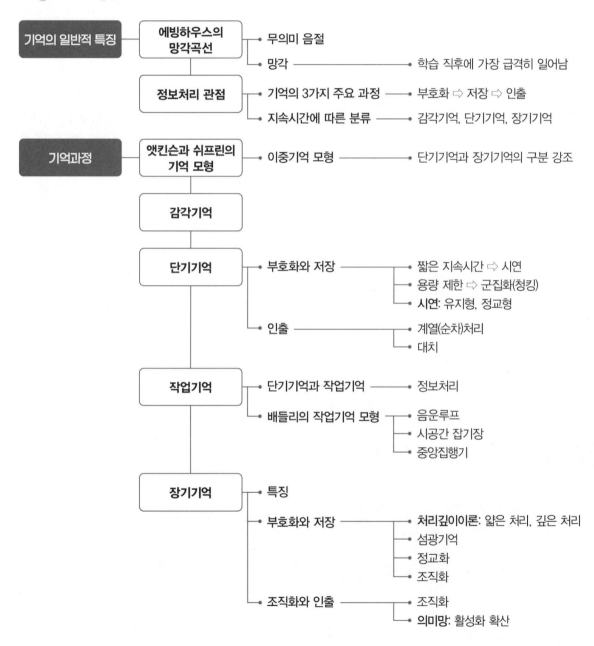

기억의 일반적 특징 ── 에빙하우스의 망각곡선
- 무의미 음절
- 망각 ──── 학습 직후에 가장 급격히 일어남

정보처리 관점
- 기억의 3가지 주요 과정 ── 부호화 ⇨ 저장 ⇨ 인출
- 지속시간에 따른 분류 ── 감각기억, 단기기억, 장기기억

기억과정 ── 앳킨슨과 쉬프린의 기억 모형
- 이중기억 모형 ──── 단기기억과 장기기억의 구분 강조

감각기억

단기기억
- 부호화와 저장
  - 짧은 지속시간 ⇨ 시연
  - 용량 제한 ⇨ 군집화(청킹)
  - **시연**: 유지형, 정교형
- 인출
  - 계열(순차)처리
  - 대치

작업기억
- 단기기억과 작업기억 ── 정보처리
- 배들리의 작업기억 모형
  - 음운루프
  - 시공간 잡기장
  - 중앙집행기

장기기억
- 특징
- 부호화와 저장
  - **처리깊이이론**: 얕은 처리, 깊은 처리
  - 섬광기억
  - 정교화
  - 조직화
- 조직화와 인출
  - 조직화
  - **의미망**: 활성화 확산

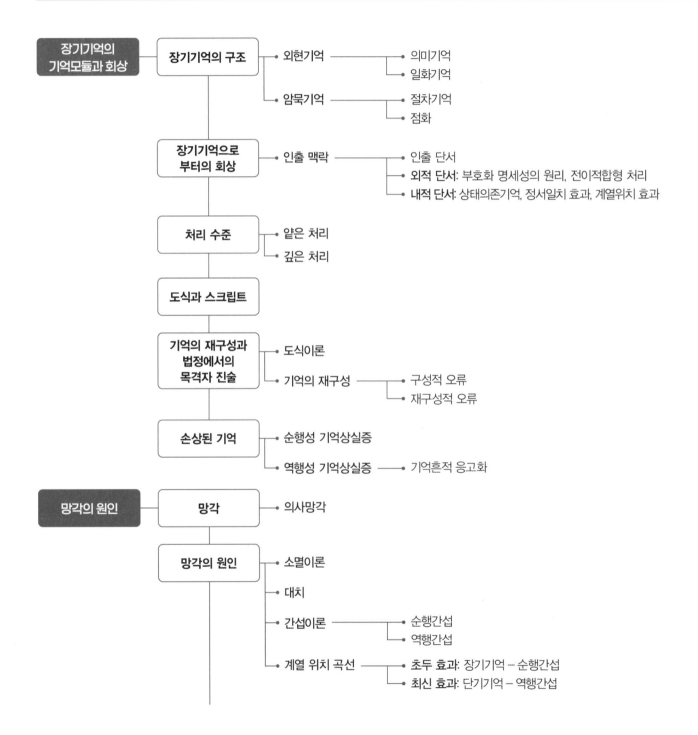

장기기억의
기억모듈과 회상

장기기억의 구조
- 외현기억
  - 의미기억
  - 일화기억
- 암묵기억
  - 절차기억
  - 점화

**장기기억으로
부터의 회상**
- 인출 맥락
  - 인출 단서
  - **외적 단서**: 부호화 명세성의 원리, 전이적합형 처리
  - **내적 단서**: 상태의존기억, 정서일치 효과, 계열위치 효과

처리 수준
- 얕은 처리
- 깊은 처리

도식과 스크립트

**기억의 재구성과
법정에서의
목격자 진술**
- 도식이론
- 기억의 재구성
  - 구성적 오류
  - 재구성적 오류

손상된 기억
- 순행성 기억상실증
- 역행성 기억상실증 —— 기억흔적 응고화

망각의 원인

망각
- 의사망각

망각의 원인
- 소멸이론
- 대치
- 간섭이론
  - 순행간섭
  - 역행간섭
- 계열 위치 곡선
  - **초두 효과**: 장기기억 – 순행간섭
  - **최신 효과**: 단기기억 – 역행간섭

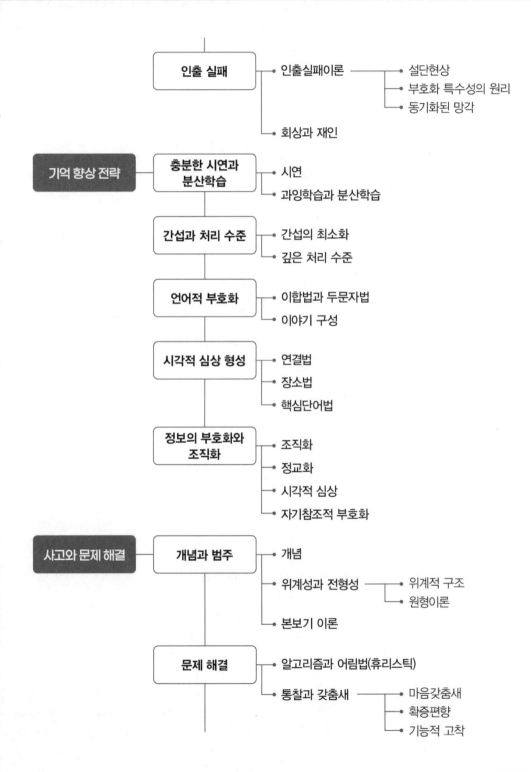

인출 실패 —•— 인출실패이론 ——•— 설단현상
                             —•— 부호화 특수성의 원리
                             —•— 동기화된 망각
      —•— 회상과 재인

기억 향상 전략

충분한 시연과 분산학습 —•— 시연
                  —•— 과잉학습과 분산학습

간섭과 처리 수준 —•— 간섭의 최소화
            —•— 깊은 처리 수준

언어적 부호화 —•— 이합법과 두문자법
          —•— 이야기 구성

시각적 심상 형성 —•— 연결법
            —•— 장소법
           —•— 핵심단어법

정보의 부호화와 조직화 —•— 조직화
              —•— 정교화
              —•— 시각적 심상
              —•— 자기참조적 부호화

사고와 문제 해결

개념과 범주 —•— 개념
        —•— 위계성과 전형성 ——•— 위계적 구조
                          —•— 원형이론
        —•— 본보기 이론

문제 해결 —•— 알고리즘과 어림법(휴리스틱)
        —•— 통찰과 갖춤새 ——•— 마음갖춤새
                        —•— 확증편향
                        —•— 기능적 고착

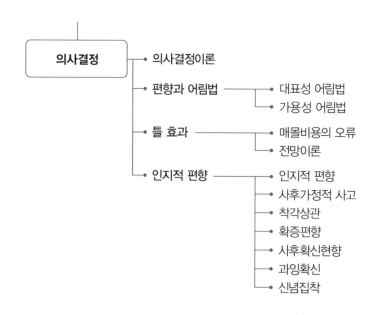

제**6**절 **사회심리**

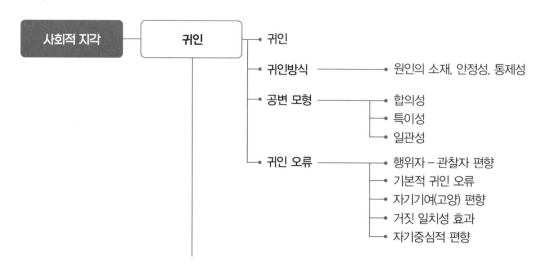

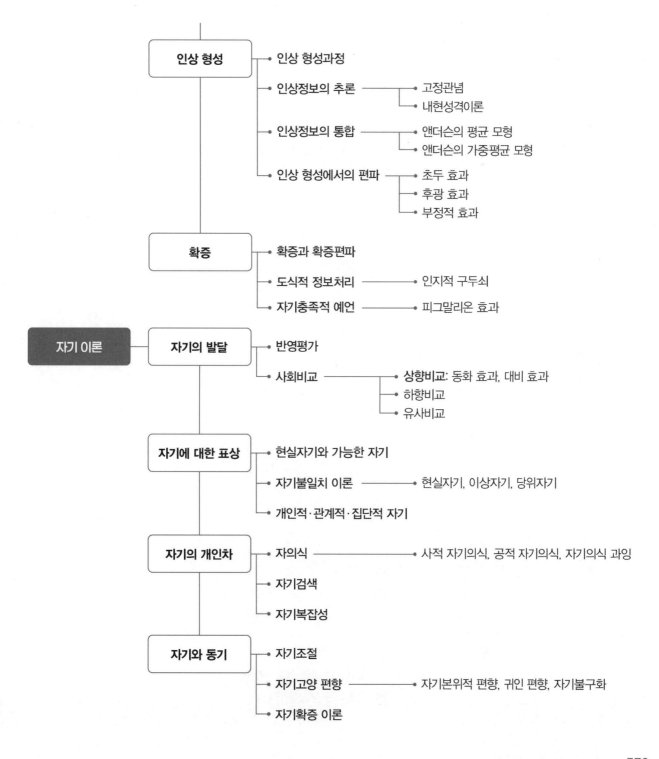

인상 형성 ─ 인상 형성과정
　　　　　 ─ 인상정보의 추론 ─ 고정관념
　　　　　　　　　　　　　　 ─ 내현성격이론
　　　　　 ─ 인상정보의 통합 ─ 앤더슨의 평균 모형
　　　　　　　　　　　　　　 ─ 앤더슨의 가중평균 모형
　　　　　 ─ 인상 형성에서의 편파 ─ 초두 효과
　　　　　　　　　　　　　　　　 ─ 후광 효과
　　　　　　　　　　　　　　　　 ─ 부정적 효과

확증 ─ 확증과 확증편파
　　　─ 도식적 정보처리 ─ 인지적 구두쇠
　　　─ 자기충족적 예언 ─ 피그말리온 효과

자기 이론

자기의 발달 ─ 반영평가
　　　　　　─ 사회비교 ─ 상향비교: 동화 효과, 대비 효과
　　　　　　　　　　　 ─ 하향비교
　　　　　　　　　　　 ─ 유사비교

자기에 대한 표상 ─ 현실자기와 가능한 자기
　　　　　　　　 ─ 자기불일치 이론 ─ 현실자기, 이상자기, 당위자기
　　　　　　　　 ─ 개인적·관계적·집단적 자기

자기의 개인차 ─ 자의식 ─ 사적 자기의식, 공적 자기의식, 자기의식 과잉
　　　　　　　─ 자기검색
　　　　　　　─ 자기복잡성

자기와 동기 ─ 자기조절
　　　　　　─ 자기고양 편향 ─ 자기본위적 편향, 귀인 편향, 자기불구화
　　　　　　─ 자기확증 이론

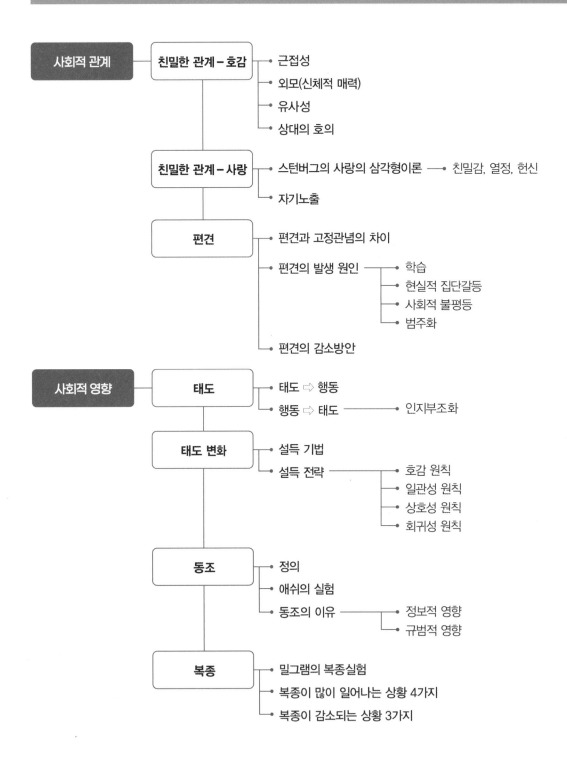

사회적 관계

친밀한 관계 – 호감
- 근접성
- 외모(신체적 매력)
- 유사성
- 상대의 호의

친밀한 관계 – 사랑
- 스턴버그의 사랑의 삼각형이론 ⟶ 친밀감, 열정, 헌신
- 자기노출

편견
- 편견과 고정관념의 차이
- 편견의 발생 원인
  - 학습
  - 현실적 집단갈등
  - 사회적 불평등
  - 범주화
- 편견의 감소방안

사회적 영향

태도
- 태도 ⇨ 행동
- 행동 ⇨ 태도 ⟶ 인지부조화

태도 변화
- 설득 기법
- 설득 전략
  - 호감 원칙
  - 일관성 원칙
  - 상호성 원칙
  - 회귀성 원칙

동조
- 정의
- 애쉬의 실험
- 동조의 이유
  - 정보적 영향
  - 규범적 영향

복종
- 밀그램의 복종실험
- 복종이 많이 일어나는 상황 4가지
- 복종이 감소되는 상황 3가지

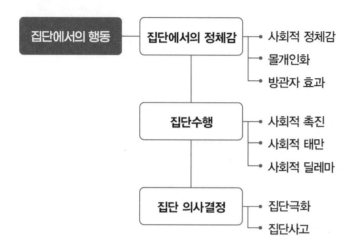

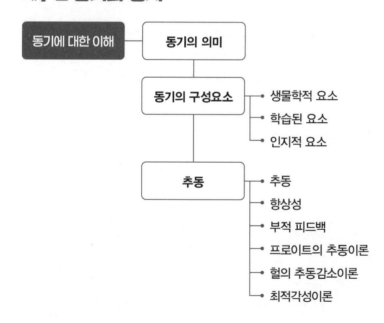

제**7**절 **동기와 정서**

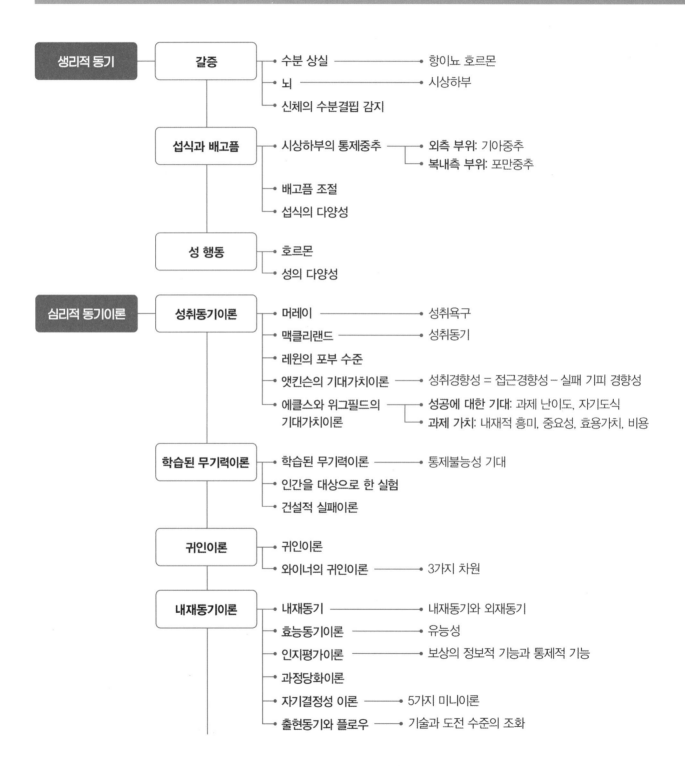

생리적 동기

- **갈증**
  - 수분 상실 ——————— 항이뇨 호르몬
  - 뇌 ——————— 시상하부
  - 신체의 수분결핍 감지

- **섭식과 배고픔**
  - 시상하부의 통제중추
    - 외측 부위: 기아중추
    - 복내측 부위: 포만중추
  - 배고픔 조절
  - 섭식의 다양성

- **성 행동**
  - 호르몬
  - 성의 다양성

심리적 동기이론

- **성취동기이론**
  - 머레이 ——————— 성취욕구
  - 맥클리랜드 ——————— 성취동기
  - 레윈의 포부 수준
  - 앳킨슨의 기대가치이론 ——————— 성취경향성 = 접근경향성 − 실패 기피 경향성
  - 에클스와 위그필드의 기대가치이론
    - **성공에 대한 기대**: 과제 난이도, 자기도식
    - **과제 가치**: 내재적 흥미, 중요성, 효용가치, 비용

- **학습된 무기력이론**
  - 학습된 무기력이론 ——————— 통제불능성 기대
  - 인간을 대상으로 한 실험
  - 건설적 실패이론

- **귀인이론**
  - 귀인이론
  - 와이너의 귀인이론 ——————— 3가지 차원

- **내재동기이론**
  - 내재동기 ——————— 내재동기와 외재동기
  - 효능동기이론 ——————— 유능성
  - 인지평가이론 ——————— 보상의 정보적 기능과 통제적 기능
  - 과정당화이론
  - 자기결정성 이론 ——————— 5가지 미니이론
  - 출현동기와 플로우 ——————— 기술과 도전 수준의 조화

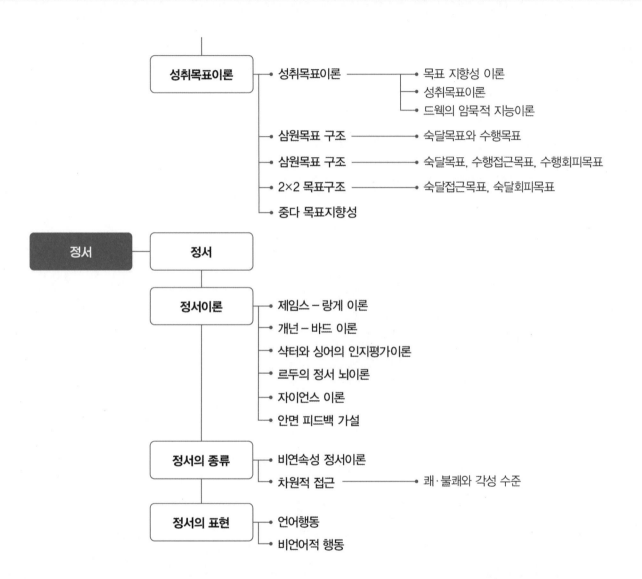

성취목표이론 ─● 성취목표이론 ──────── ● 목표 지향성 이론
                            ● 성취목표이론
                            ● 드웹의 암묵적 지능이론

          ● 삼원목표 구조 ──────── ● 숙달목표와 수행목표
          ● 삼원목표 구조 ──────── ● 숙달목표, 수행접근목표, 수행회피목표
          ● 2×2 목표구조 ──────── ● 숙달접근목표, 숙달회피목표
          ● 중다 목표지향성

정서 ─── 정서

정서이론 ─● 제임스 – 랑게 이론
          ● 개넌 – 바드 이론
          ● 샥터와 싱어의 인지평가이론
          ● 르두의 정서 뇌이론
          ● 자이언스 이론
          ● 안면 피드백 가설

정서의 종류 ─● 비연속성 정서이론
            ● 차원적 접근 ──────── ● 쾌·불쾌와 각성 수준

정서의 표현 ─● 언어행동
            ● 비언어적 행동

제14장 | 핵심 이론 흐름잡기

제8절 스트레스와 건강

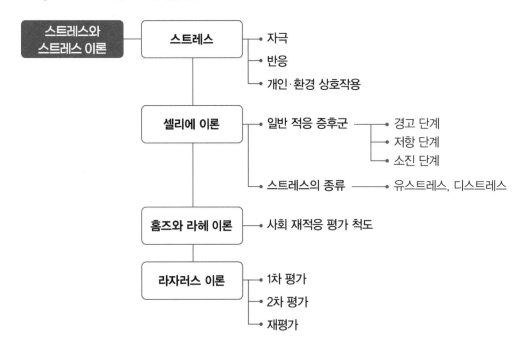

스트레스와
스트레스 이론

- 스트레스
  - 자극
  - 반응
  - 개인·환경 상호작용
- 셀리에 이론
  - 일반 적응 증후군
    - 경고 단계
    - 저항 단계
    - 소진 단계
  - 스트레스의 종류 → 유스트레스, 디스트레스
- 홈즈와 라헤 이론
  - 사회 재적응 평가 척도
- 라자러스 이론
  - 1차 평가
  - 2차 평가
  - 재평가

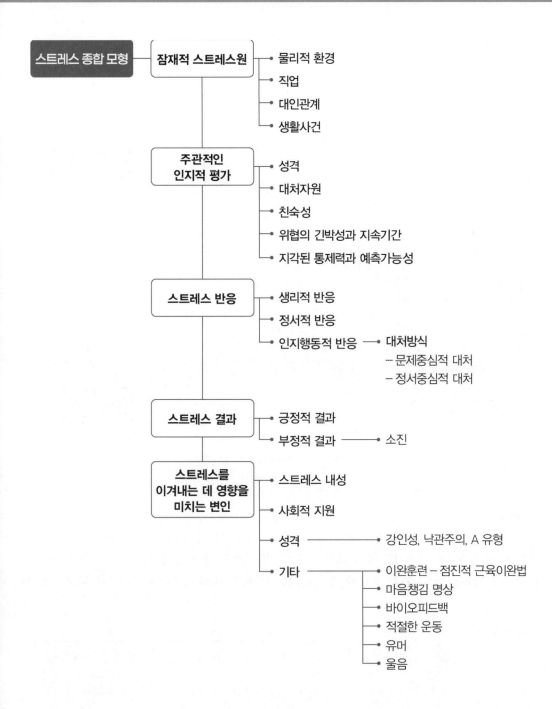

스트레스 종합 모형 — 잠재적 스트레스원 — 물리적 환경
— 직업
— 대인관계
— 생활사건

주관적인 인지적 평가 — 성격
— 대처자원
— 친숙성
— 위협의 긴박성과 지속기간
— 지각된 통제력과 예측가능성

스트레스 반응 — 생리적 반응
— 정서적 반응
— 인지행동적 반응 — 대처방식
 – 문제중심적 대처
 – 정서중심적 대처

스트레스 결과 — 긍정적 결과
— 부정적 결과 — 소진

스트레스를 이겨내는 데 영향을 미치는 변인 — 스트레스 내성
— 사회적 지원
— 성격 — 강인성, 낙관주의, A 유형
— 기타 — 이완훈련 – 점진적 근육이완법
— 마음챙김 명상
— 바이오피드백
— 적절한 운동
— 유머
— 울음

제1절 심리학의 이해

01 심리학의 정의와 역사

1. 심리학의 정의

(1) 정의

인간의 행동과 심리과정을 과학적으로 연구하는 경험과학의 한 분야를 뜻한다.

(2) 연구대상

개인의 심리적 과정, 신체기능을 제어하는 생리적 과정, 개인 간 관계와 사회적 과정도 심리학의 연구대상이 된다.

> **더 알아보기**   심리학(psychology)
>
> 심리학은 영혼이라는 뜻의 그리스어 'psyche'와 어떤 주제를 연구한다는 의미의 'logos'가 합쳐진 것으로, 연구 초기에는 심리학을 '영혼에 대한 탐구'라고 했다. 이는 초기 심리학자들이 신학의 영향을 받은 것으로 볼 수 있다. 심리학의 정의는 그 연구주제와 함께 시간의 흐름에 따라 변화했다. 또한 심리학이 과학으로 등장한 19세기 후반이 되어서 비로소 '정신과학'으로 인정받게 되었다.

2. 심리학의 역사와 관점

구분	연구대상	연구목적	연구방법
구조주의	의식적 경험	정신의 구조 분석	분석적 내성법
기능주의	의식적 경험	정신의 기능 연구	내성법, 행동 측정
행동주의	관찰 가능한 행동	행동 통제	관찰과 실험
형태주의	의식적 경험	정신의 전체적인 성질 증명	내성법, 증명
정신분석	무의식적 동기	성격 이해	의료적인 사례연구

(1) 구조주의(structuralism)

① 마음의 구조, 즉 마음의 기본 요소 연구를 중심으로 하는 학파로, 분트(W. Wundt)와 제자들이 주장했다.

② 분트는 마음도 자연에서 일어나는 빛과 열, 피의 흐름과 같이 과학적으로 연구될 수 있다고 보았는데, 여러 빛과 소리가 제시될 때 어떻게 느끼는가를 최대한 객관적으로 기술하기 위해 의식의 내부를 들여다보는 것, 즉 내성(內省)을 했다.

> **참고**   내성법(introspection)
>
> 1800년대 말과 1900년대 초에 분트가 사용한 방법으로, 의식적 경험의 기본 요소를 찾아내기 위해 자신의 의식 경험의 심리과정을 관찰하여 분석하면서 생각, 욕망, 느낌 등 자신의 내면을 스스로 내적으로 들여다보고 이를 언어로 보고하는 방법을 말한다. 주관적이라는 한계 때문에 행동주의의 비판을 받았으며 점차 사용하지 않게 되었다. 현대에는 '사고'나 '문제 해결'의 심리과정에 대한 자료를 수집하는 데 응용되고 있다.

③ 분트와 그의 제자인 티치너(Tichner)는 마음의 구조를 묘사하는 심리학을 개발하여 인간의 마음, 즉 의식의 구조를 자연과학적인 방법으로 파헤치려고 시도했다. 이들은 사람의 생각, 감각적인 경험도 여러 구성요소의 결합으로 설명이 가능하다고 믿었다.

④ 내성법은 똑똑하고 말을 잘하는 사람에게 요구되었으며 그 결과는 사람마다, 경험할 때마다 달랐다.

(2) 기능주의(functionalism)

① 기능주의 심리학은 윌리엄 제임스(William James)를 중심으로 미국에서 발전되었으며, 의식을 요소로 분석하는 것은 인간 이해에 도움이 되지 않고, 의식의 기능을 분석하는 것만이 인간을 올바르게 이해할 수 있는 방법이라고 보았다.

② 의식의 내용 분석(예 무엇을 보았는가, 느꼈는가, 생각하는가)이 아닌 심리적 기능(예 어떻게 보았는가, 느꼈는가, 생각하는가 등)을 연구대상으로 삼았다.

③ 제임스는 인간을 이해하기 위해서는 의식의 전체 기능을 밝혀야 한다고 주장했는데, 그가 가진 관심의 핵심은 의식의 기능으로, 어떠한 의식이 존재하는 목적·이유 등이었다.

④ 당시 적자생존 진화론에 영향을 받은 제임스는 끊임없이 변화하는 환경에 적응하기 위한 인간을 비롯한 고등동물의 노력이야말로 생존과 관련된 정신활동이나 의식의 기능이라고 설명했다.

> **더 알아보기** **기능주의 학파의 주장**
>
> 기능주의자들은 다윈의 견해를 인간의 행동에 적용하여 '보다 적응적 행동 유형이 학습되고 유지되며, 그렇지 못한 행동 유형은 단절된다.'는 것을 제안했다. 즉, 최적의 행동 유형이 존재한다는 주장이다. 적응적인 행동은 반복되고 습관이 되고, 습관이 되면 별 주의를 기울이지 않고도 잘 수행할 수 있다. 이러한 반복에 의한 학습은 차후 행동주의 심리학에서 기본이 되는 부분이다.

(3) 행동주의(behaviorism)

① 행동주의 심리학의 창시자인 왓슨(Watson)은 심리학이 물리학, 화학처럼 자연과학이 되려면 연구대상을 관찰 가능하고 측정 가능한 사건인 외적 행동으로 제한해야 한다고 보았다.

② S-R 접근방법: 모든 행동을 그 원인이 되는 자극(S)과 결과가 되는 반응(R) 사이의 관계로 설명했기 때문에 행동주의 심리학을 'S-R 접근방법'이라고 한다.

③ 스키너(Skinner)는 행동주의에 강화(reinforcement)의 개념을 도입했다. 강화는 반응에 이어서 주어지는 자극을 말하며, 이 자극이 어떤지에 따라 그 반응의 빈도가 증감된다.

(4) 형태주의(gestaltism)

① 지각된 내용을 전체로 통합하고 분리된 자극을 의미 있는 유형으로 통합하고자 하는 경향을 강조한 학파로, 1920년대 독일에서 활동했다.

② 대표적인 학자는 베르트하이머(Wertheimer), 코프카(Koffka), 쾰러(Kohler)이며, 이들은 지각에 초점을 두고 지각이 사고와 문제 해결에 미치는 영향을 연구했다.

③ 형태주의는 행동주의와 달리 외적인 행동만으로는 인간의 본질을 이해할 수 없다고 보았으며, 구조주의와 달리 인간의 지각, 정서, 사고과정을 기본 요소의 입장에서만 설명할 수는 없다고 보았다. 즉, 지각을 부분의 합보다 큰 전체라고 주장했다.

(5) 정신분석(psychoanalysis)
  ① 인간행동을 결정하는 요소로서 무의식에서의 동기와 갈등의 중요성을 강조하는 학파이다.
  ② 프로이트(Freud)에 의해 시작되었으며, 인간행동을 결정하는 데 의식적 사고보다는 무의식의 과정, 특히 원초
    아의 성 충동과 공격성이 큰 역할을 한다고 보았다.
  ③ 프로이트: 마음을 대체로 무의식적인 면이 더 많고 갈등적 충동, 욕구, 원망으로 가득 찬 소용돌이로 보았다.

(6) 심리학의 접근방법

구분	개념적 초점	인간 본성	정신과정의 강조	환경 또는 인간
생물학적 접근	행동의 기초는 생물학적 기능	중립	중간	인간
인지적 접근	사고과정 및 세상에 대한 이해	중립	최대	환경 및 인간
행동적 접근	관찰 가능한 행동	중립	최소	환경
정신분석 접근	무의식적인 요인들	부정	최대(무의식 강조)	인간
인본주의 접근	잠재력 실현	긍정	최대	인간

  ① 생물학적 접근: 인간이 고등 동물이라는 전제하에 인간의 신경계, 염색체, 호르몬, 해부학적 구조, 뇌, 유전을
    연구하는 심리학 접근방법이다. 심리적인 현상, 행동의 원인을 생물학적 원리로 설명하거나 행동의 생물학적
    기제를 주로 연구한다.
  ② 인지적 접근: 인간이 정보를 지각·처리하며 기억하는 방식을 과학적으로 탐구한다. 즉, 인간의 두뇌가 어떻게
    정보를 받아들이고 처리하며 특정 행동 유형을 만들어내는지를 연구한다.
  ③ 행동적 접근: 인간의 심리보다는 눈으로 볼 수 있고 측정 가능한 행동을 연구대상으로 한다. 환경자극에 의해
    인간의 행동이 결정된다는 환경결정론적 입장을 취하는 심리학의 접근방법이다.
  ④ 정신분석 접근: 인간의 행동을 무의식적인 과정으로 설명하며, 인간의 정신을 분석하는 접근방법이다.
  ⑤ 인본주의 접근: 의식과 자기인식을 강조하기 때문에 현상학적 관점이라고도 불린다. 사람이 세상을 보고 경험
    하고 있는 지금-여기에서의 사상이나 현상을 이해하려고 하며, 이 현상을 이해하기 위해 어떠한 이론이나 선
    입관, 과학적 방법론도 무시한다. 단지 지금-여기에서의 상황을 개인적으로 어떻게 보고 해석하는지에 관심을
    가진 접근법이다.

02 | 심리학 연구방법론

1. 과학적 방법의 4단계

(1) 1단계, 연구주제 선정
  연구주제나 문제를 선정한다.

(2) 2단계, 가설 개발
  가설은 연구를 통해 검증될 어떠한 특정 진술이다.

(3) 3단계, 가설 검증
  심리학자는 잘 준비된 실험이나 관찰방법을 사용하여 경험자료를 수집하고, 그 자료에 의지하여 가설을 검증한다.

(4) 4단계, 가설에 대한 결론

① 가설 검증을 통해 발견된 결과에 따라 자신의 가설에 대한 결론을 내린다.

② 가설 검증이 자료에 기초한 의사결정이라면, 가설에 대한 결론은 가설이 도출된 이론, 가설 내용, 연구 절차, 가설 검증에 대한 연구자의 해석 등을 모두 고려하는 복합적인 의사결정이다.

2. 심리학 연구의 단계

(1) 연구주제 선정

① 연구를 시작하기 전에 연구주제를 선정해야 하며, 연구주제는 어떤 현상에 대한 의문으로 시작한다.

② 연구주제가 정해지면 주제와 관련된 기존 연구를 철저하게 검토한다.

(2) 가설 설정과 조작적 정의

① 가설: 둘 이상의 변인 간 관계성에 대한 추측이다.

　예 '공부시간이 많을수록 시험불안은 감소한다.'와 같이 두 변인이 어떻게 관계되는지 기술하는 것

② 변인: 관찰 가능하고 측정 가능한 방식으로 변환된 개념으로, 변인이 측정 가능해야 한다는 말은 이들에 숫자를 부여할 수 있어야 한다는 의미이다.

③ 조작적 정의: 어떤 개념을 측정 가능하게 정의하는 것으로, 추상적인 개념을 관찰과 측정이 가능한 구체적인 현상과 연결시키는 과정이다.

　예 '시험불안'을 시험 중에 경험하는 불안에 대한 자기보고 측정치로 정의하는 것

(3) 연구방법 결정과 데이터 수집

① 가설을 설정한 후에는 연구방법과 데이터 수집방법을 선택한다.

② 연구방법

　㉠ 기술연구: 사례연구, 자연적 관찰, 조사법 등의 방법이 있으며, 실험을 수행할 수 없을 때 사용한다.

　㉡ 실험연구: 변인 간 인과관계를 설명하는 데 사용되며, 실험에서 연구자는 독립변인을 체계적으로 조작하고 종속변인의 변화를 측정한다.

③ 데이터 수집방법

　㉠ 기술연구: 설문조사나 질문을 통해 데이터를 수집한다.

　㉡ 실험연구: 표본의 반응을 측정함으로써 수집한다.

(4) 데이터 분석과 결론 도출

① 연구를 설계하고 데이터를 수집한 후, 연구자는 데이터를 분석하고 결론을 도출한다.

② 다양한 통계기법을 통해 데이터를 요약하고 결과를 분석하고, 증거에 기초하여 결론을 도출한다.

(5) 연구 결과 보고

① 연구자는 연구의 과정과 결과를 구체적으로 기술하여 학술지 또는 전문잡지에 출판한다.

② 논문의 구성

> • 선행연구의 역사와 배경, 연구의 목적과 필요성
> • 연구가설
> • 피험자 선정방법과 피험자 특성
> • 변인들의 조작적 정의
> • 측정방법과 수집된 데이터 분석방법
> • 데이터 분석 결과
> • 결과에 대한 논의

3. 표본조사

(1) 표본조사(survey)

① 의미: '사회조사'라고도 하며, 사람들이 행동, 신념, 태도, 의견, 의도를 기술하도록 설문지를 사용하거나 특별한 면접을 통해 대표성 있는 표본집단을 연구하는 방법이다.

➡ 특별한 연구대상의 생각이나 태도, 행동에 관한 정보를 수집하는 방법으로, 면접이나 질문지를 이용하는 경우가 가장 일반적이다.

② 방법

㉠ 연구대상을 직접 만나 조사하는 방법과 간접적으로 접촉하는 방법(예 전화, 인터넷, 우편)으로 구분된다.

㉡ 양적 자료 측정(예 수치로 응답하도록 함)과 질적 자료 측정으로도 나눌 수 있다.

③ 조사에 대한 연구 결과를 일반화하려면 연구대상자 선정이 매우 중요하며, 연구에 관련된 전집(population) 중에서 일부를 표본(sample)으로 추출할 때 표본이 전집을 대표할 수 있어야 한다.

(2) 정보를 얻는 방식에 따른 구분

구분	장점	단점
면접법	연구대상을 직접 대면하여 질문하는 방법으로 응답자의 의도, 신념, 가치관 등을 심층적으로 조사할 수 있음	면접 시 사용할 질문을 체계적으로 구조화하지 않으면 면접 결과를 기술하기 어려울 수 있음
전화조사법	적은 비용으로 신속하게 원하는 내용을 질문할 수 있음	응답자들이 비협조적이고 반응을 꺼리는 경향이 있어 자세한 정보를 얻는 데 유용하지 못함
질문지법	응답 자료를 분석하기에 용이하며 한 번에 많은 질문이 가능함	• 질문지를 체계적으로 구성하는 것이 쉽지 않음 • 회수율이 낮을 경우 결과의 신뢰성에 문제를 야기할 수 있음

(3) 장단점

① 장점: 다량의 데이터를 비교적 적은 비용으로 짧은 시간 동안 수집할 수 있고, 다른 방법보다 융통성이 있다.

② 단점: 대표성 없는 표본, 잘못 작성된 질문 문항이나 조사대상의 태도(예 자신에 대해 바람직하지 않거나 마음에 거슬리는 질문은 응답하지 않으려 함)가 조사 결과에 영향을 줄 수 있다.

4. 자연적 관찰

(1) 자연적 관찰(naturalistic observation)

① 심리현상이 발생하는 자연스러운 환경에서 현상을 관찰하면서 연구하는 방법이다.

② 관찰자가 조작·통제를 전혀 하지 않거나 할 수 없는 자연 상태에서 일상적으로 발생하는 사건 또는 행동을 관찰하는 것으로, 관찰 대상자는 자신이 관찰되고 있는지 모르는 상태에서의 관찰방법이다.

(2) 장점

① 실험 상황이 아닌 자연 상황에서 변인을 관찰할 수 있다.

② 추후 연구에 대한 아이디어를 얻을 수 있다.

③ 실험연구가 불가능한 상황에서 대안이 될 수 있다.

(3) 단점

① 시간과 비용이 많이 든다.

② 변인을 과학적으로 통제할 수 없어 인과관계를 밝히기 어렵다.

③ 가외변인을 통제할 수 없다.

④ 관찰 대상자가 관찰자의 존재를 알아차리고 평소와 다르게 행동할 가능성이 있다.

5. 실험실 관찰

(1) 실험실 관찰(laboratory observation)

관찰자가 인공적인 상태에서 나타나는 행동을 관찰하는 방법이다.

(2) 장단점

① 장점: 관찰자가 실험실을 조작해두기 때문에 자연적 관찰방법보다 행동의 원인 등을 추론하기가 쉽다.

② 단점: 관찰 대상자가 자신이 관찰되고 있다는 사실을 알 수 있을 가능성이 크고, 비자연적인 상태의 관찰이므로 실험실에서 보인 행동이 실제 상황에서도 동일하게 나타나는지를 정확히 알기 어렵다.

6. 사례 – 상관연구 – 실험연구

(1) (임상)사례연구

① 의미: 임상 장면에서 한 개인을 집중적으로 깊게 연구하는 방법이다.

② 프로이트, 융, 아들러, 에릭슨 등 정신역동이론가들이 주로 사용했다.

③ 장점: 자연스러운 상황에서 다양한 현상을 기회로 제공하고, 많은 가설을 생성하게 한다.

④ 단점: 변인 통제가 어렵고 일반화에 제약이 있으며, 체계적인 관찰과 객관적인 자료 해석이 이루어지기 어렵다.

(2) 상관연구

① 의미: 변인들 간의 방향과 크기를 연구할 때 사용하는 방법으로, 한 변인과 다른 변인 간의 관계를 규명한다.

② 카텔, 아이젱크 등의 특질이론가들이 성격의 개인차를 반영하는 특질들을 발견하기 위해 주로 사용했다.

③ 장점: 여러 변인 간의 관계를 알아볼 수 있고, 한 번에 많은 피험자로부터 많은 양의 정보를 얻을 수 있다.

④ 단점: 자료 수집 시 자기보고에 치우쳐 잠재적 왜곡이 생길 수 있고, 변인 간의 인과관계 확립이 불가능하다.

(3) 실험연구

① **의미**: 알아보고자 하는 변인을 실험자 의도대로 조작 또는 변화시킴으로써 다른 변인에 미치는 영향을 밝히고, 변인들 간의 인과관계를 확립하기 위한 연구이다.

② **변수(변인, variation)**
  ㉠ 독립변수: 다양한 변인 중 결과에 영향을 미칠 것이라고 예상되는 변인으로, 조작하여 처치하는 변수이다.
  ㉡ 종속변수: 독립변수에 의해 영향을 받는 변수로, 실험의 마지막에 측정된다.

③ **실험참가자**
  ㉠ 실험집단: 독립변수에 노출된, 처치를 받는 집단이다.
  ㉡ 통제집단: 실험집단과 비슷하지만 처치를 받지 않는 집단이다.

④ **무선배당(random assignment)**: 실험자는 무선배당을 사용하여 실험집단과 통제집단의 동질성을 확보한다. 우연 절차로써 참가자를 선택하는 방식으로, 각 참가자가 어떤 집단에 할당될 확률을 동일하게 한다.

⑤ **장점**: 실험연구는 변수 사이에 존재하는 인과관계를 밝히는 유일하고 가장 강력한 방법이다.

⑥ **단점**: 너무 인위적인 실험실 상황이 실제 생활과 관련이 적을 수 있다. 또한 통제를 많이 할수록 연구 상황은 점점 더 인위적이고 자연스럽지 못하게 되어, 연구 결과를 실제 상황에 일반화하기가 어려워진다.

> **참고** **이중은폐 절차(double-blind procedure)**
>
> • 실험참가자와 실험자 모두 누가 실험처치를 받았는지, 누가 가짜 약을 받았는지를 모르는 실험절차이다.
> • 일반적으로 약물평가 연구에서 주로 사용된다.
> • 연구자는 참가자를 집단에 무선할당한 뒤, 한 집단은 처치(예 약물 투여)를 하고 다른 집단은 사이비 처치(예 가짜 약)를 한다.
> • 이때 흔히 참가자는 자신이 어떤 처치를 받고 있는지 모른다.
> • 만일 연구자가 이중은폐를 사용하면, 참가자뿐만 아니라 직접 약물을 투여하고 데이터를 얻는 연구보조원도 어느 집단이 처치를 받고 있는지 알지 못한다.

---

03 연구윤리

1. 연구 수행과정에서의 윤리

(1) 연구 참여에 대한 동의

① 모든 연구 참여자로부터 연구 참여에 동의를 얻어야 한다.

② 동의를 얻을 때, 참여의사에 영향을 줄 수 있는 정보(예 연구목적, 예상되는 기간 및 절차, 실험 처리방법 등)를 사전에 설명해야 한다.

③ 연구 참여자에게 해로운 영향을 줄 가능성이 있는 연구의 경우, 연구의 잠재적 위험에 대한 정보를 제공받고 이해했다는 참여 동의서(informed consent)를 받는 것이 좋다.

④ 자료 수집을 위해 연구 참여자의 음성, 영상을 기록해야 할 경우에도 동의를 받아야 한다.

(2) 연구에서 속이기(속임수 기법)

① 심리학 연구 시 피험자를 속이는 속임수 기법은 연구의 과학적 가치 측면에서 정당하고 다른 대안이 없는 경우에만 제한적으로 사용해야 한다.

② 연구목적상 불가피하게 속임수를 쓰는 경우 이 사실을 가능한 한 빨리, 가급적이면 연구 참여가 끝나자마자 늦어도 자료수집이 완료되기 전에 연구 참여자에게 설명해야 한다.

③ 연구 참여자가 원하는 경우, 자신의 자료를 철회할 수 있는 기회를 주어야 한다.

(3) 동물의 인도적인 보호와 사용

① 심리학 실험에서 동물의 사용은 동물실험 이외의 대안이 없을 때에만 가능하다.

② 법률과 규정, 전문적 기준에 따라 동물을 확보하고 돌보고 사용하며 처리해야 한다.

③ 실험과정에서도 피험동물의 고통, 통증, 상해를 최소화하고자 노력해야 한다.

2. 연구 결과 출판에서의 윤리

(1) 자료의 조작과 표절

① 위조(fabrication): 존재하지 않는 자료(data) 또는 연구 결과 등을 허위로 만들어 내는 행위를 말한다.

② 변조(falsification): 연구 재료·장비·과정 등을 인위적으로 조작하거나 자료(data)를 임의로 변형·삭제함으로써 연구 내용 또는 결과를 왜곡하는 형태를 말한다.

③ 표절과 인용: 표절은 인용과 명확히 구분되어야 한다.

    ㉠ 표절(plagiarism): 타인의 아이디어나 연구 내용, 결과 등을 정당한 승인 또는 인용 없이 도용하는 행태를 말한다.

    ㉡ 인용(quotation): 타인의 아이디어나 저작물을 합법적인 절차를 통해 이용하는 것이다.

④ 타인의 연구 결과를 합법적으로 인용하려면 원저자의 문장을 그대로 옮겨 쓸 때 따옴표를 붙이고, 표현을 바꿔 기술할 때는 문장의 끝부분에 출처를 자세히 밝혀야 한다.

⑤ 자기표절

    ㉠ 자신의 이전 연구 결과를 다음 연구에서 합법적으로 인용하지 않고 사용하는 것을 말한다.

    ㉡ 자신의 연구라도 다른 사람의 연구 결과를 인용하는 것과 동일하게 인용 규칙을 지켜야 한다.

(2) 연구 결과의 중복 출판

① 중복 출판: 연구자가 이미 출판된 자신의 연구 결과를 다른 매체에 재출판하는 것으로, '이중게재'라고도 한다.

② 연구자가 연구 결과를 학술지에 게재하면 게재된 논문의 저작권은 학술지에 있으므로, 논문을 중복 출판하는 것은 이미 출판된 학술지의 저작권을 침해하는 것이다.

③ 중복 출판 행위는 연구자의 연구 성과를 과대평가하게 하고, 자원 낭비를 가져오며, 독자를 우롱한다는 점에서 비윤리적인 것으로 평가된다.

04 신경계의 기본 단위: 뉴런

1. 기본 형태

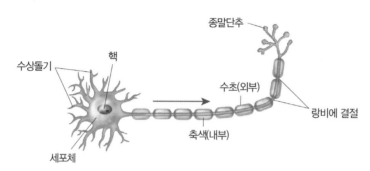

[그림 14-1] 뉴런의 구조

구분	내용
뉴런 (neuron)	• 신경계의 최소 단위로 세포체, 수상돌기, 축색과 같은 3개의 하부 구조를 가지는 한 개의 세포 • 전기적인 변화를 일으키는데 이를 '흥분한다'고 표현하며, 이 흥분성 때문에 정보 전달이라는 특수한 기능이 가능함 • 한 번 손상되면 재생되지 않음
세포체(cell body)	세포의 생명을 유지하는 역할을 함
수상돌기(dendrite)	메시지를 받아들이고 신경 흥분을 세포체 쪽으로 전달하는 뉴런의 나뭇가지 모양의 구조
축색(axon)	뉴런에서 뻗어나와 다른 뉴런, 근육 또는 내분비선에 메시지를 전달
수초 (myelin sheath)	• 많은 뉴런의 축색을 마디마다 덮고 있는 기름층 • 신경 흥분이 한 마디에서 다음 마디로 뛰어넘어감에 따라 흥분의 전달 속도를 아주 빠르게 함 • 절연물질로 덮여 있는데 이는 뉴런의 에너지 효율성을 증가시키며 축색의 빠른 정보 전달을 도움 • **다발성경화증**: 신경계의 수초들이 죽어가는 질환으로, 신경계의 정보 전달에 심각한 영향을 미쳐 운동장애, 감각장애, 인지기능장애 등 다양한 행동적 결함이 나타남
교세포 (glial cell)	• 뉴런을 지지하고 영양분을 제공하며 보호하는 신경계 세포 • 학습, 사고, 기억에서도 역할을 담당함

2. 신경의 기본 기능

(1) 3가지 기능

① 감각의 수용(reception): 자극을 감지한다.

② 근육과 분비선의 반응(reaction): 신체의 활동을 조절하고 조정한다.

③ 전도(conduction) 또는 통합(integration): 수용과 반응 사이를 중개한다.

(2) 기능에 따른 뉴런의 유형

① 감각뉴런(sensory neuron): 외부 세계로부터 정보를 수용하고 이 정보를 척수를 통해 뇌로 전달한다.

② 운동뉴런(motor neuron): 척수로부터 근육으로 신호를 전달하여 운동이 일어나게 한다.

③ 개재뉴런(연합, interneuron): 감각뉴런, 운동뉴런이나 다른 개재뉴런들을 서로 연결하는 기능을 한다.

3. 뉴런의 전도

(1) 전도(conduction)와 전달(transmission)

① 전도: 뉴런 내부에서 전기적 신호가 전달되는 것, 즉 수상돌기에서 세포체, 나아가서는 축색으로 이동하는 것을 의미한다.

② 전달: 시냅스를 건너 뉴런들 사이에 전기적 신호가 전달되는 것이다.

➡ 전도와 전달을 합하여 '뉴런의 전기화학적 활동'이라고 한다.

(2) 흥분의 발생과정 개관

① 분극 – 안정 전위

㉠ 뉴런이 자극을 받지 않을 때 세포막을 경계로 안쪽은 음전하를, 바깥쪽은 양전하를 띤다.

㉡ 안정 전위: 분극 상태에서 나타나는 세포막 안팎의 전위차로, 약 −70mV이다.

② 탈분극 – 활동 전위

㉠ 뉴런이 역치 이상의 자극을 받아 Na^+ 통로가 열려 Na^+이 빠르게 확산되어 막전위가 상승하는 현상이다.

㉡ 활동 전위: Na^+ 유입에 의해 나타나는 막전위 변화로, 막전위가 약 +40mV까지 상승하여 +값을 가지게 된다.

③ 재분극: 탈분극이 일어났던 부위에서 다시 Na^+ 통로가 닫히고 K^+ 통로가 열려 K^+이 세포 바깥으로 확산되어 원래의 막전위 상태로 돌아가는 현상이다.

(3) 안정 전위(resting potential)

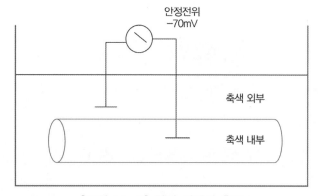

[그림 14−2] 안정 전위의 측정

① 아무런 자극도 가하지 않는 상태에서 축색의 내부와 외부 간에 존재하는 전위차로, '휴지막 전위'라고도 한다.

② 뉴런이 흥분하지 않을 때 전위차는 약 −70mV에 이르며, 뉴런은 평상시 안쪽이 더 음극화되어 있는 상태이다.

➡ 정상 상태에 있을 때 세포막 안은 분극화되어 있다. 세포 내면과 외면은 마치 작은 건전지의 전기적 극성이 안쪽은 음성, 바깥쪽은 양성인 것과 같다.

(4) 활동 전위(action potential)

① 뉴런의 축색을 따라 시냅스에 전달되는 전기적 신호이다.

② 탈분극화(감분극, depolarization)

　㉠ 세포막의 전위차가 역치 수준(약 −55mV)보다 더 올라가면 이온 채널, 특히 나트륨 채널이 일제히 열린다.

　㉡ 열린 채널을 통해 나트륨 이온이 세포막 안쪽으로 쏟아져 들어오면서 전위차가 급격하게 변해 약 +40mV 까지 도달하며, 이를 탈분극화라고 한다.

③ 과분극화(hyperpola rization): 나트륨 이온이 들어오고 나면, 뉴런 내부에 있던 칼륨 이온들이 밖으로 빠져 나가고 일시적으로 뉴런의 전위는 안정 전위보다 더 음극화되는데, 이를 과분극화라고 한다.

(5) 활동 전위 발생과정

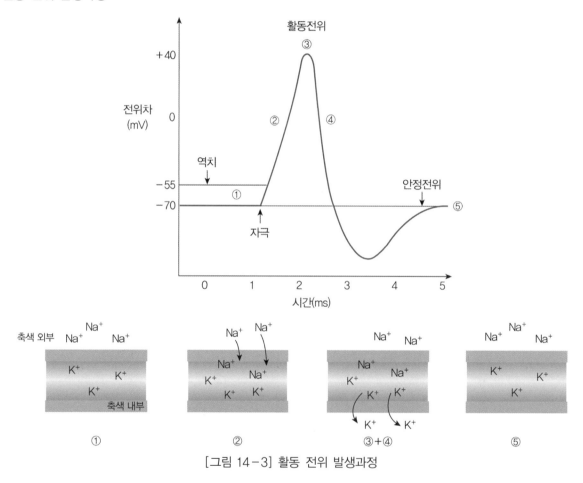

[그림 14-3] 활동 전위 발생과정

① 분극: $Na^+ - K^+$ 펌프에 의해 이온의 농도차가 유지된다. 세포 안은 K^+이, 세포 밖은 Na^+이 많다.

② Na^+ 유입: 자극을 받아 Na^+ 통로가 열리면서 Na^+이 유입·확산되기 시작한다.

　➡ 역치에 이르면 활동 전위가 유발된다.

③ 탈분극: 더 많은 Na^+ 통로가 열려 다량의 Na^+이 빠르게 유입·확산된다. ➡ 활동 전위가 발생한다.

④ 재분극: Na^+ 통로는 닫히고 K^+ 통로가 열려 K^+이 유출·확산된다. ➡ 막전위가 하강한다.

> **참고　과분극**
>
> 탈분극이 일어났던 부위에서 K^+이 유출되어 막전위가 내려가면서 재분극이 일어난다. 이때 K^+ 통로가 천천히 닫히면서 열려 있는 시간이 길어져 막전위가 원래의 안정 전위보다 조금 더 아래로 내려가게 되며, 이를 과분극이라고 한다.

⑤ 이온의 재배치: $Na^+ - K^+$ 펌프에 의해 Na^+과 K^+이 재배치되어 안정 전위를 회복한다.

> **참고　불응기(refractory period)**
>
> 뉴런이 흥분한 후에 다시 활동을 못하는 휴지기간을 의미한다.

⑹ 실무율 원리(all or none principle)

① 뉴런의 반응은 실무율의 법칙을 따르는데, 자극의 강도가 막전위를 흥분 역치 이상으로 탈분극시킬 수 있을 정도 이상이면 아무리 더 큰 자극을 주어도 신경충동의 크기는 증가하지 않는다.

② 실무율 법칙에서 자극은 신경충동에 대해 에너지를 제공하지 않는다. 즉, 자극은 방아쇠의 역할만 할 뿐이며 그 이상은 하지 않는다.

⑺ 자극의 강도 탐지

① 시간적 부호화(temporal coding): 단위시간당 하나의 뉴런에서 발생하는 신경충동의 빈도로써 자극의 강도를 부호화하는 방식이며, 자극이 강할수록 신경충동의 횟수가 증가한다.

② 공간적 부호화(spatial coding): 자극에 대해 반응하는 뉴런의 개수로써 자극의 강도를 부호화하는 방식이며, 자극이 강할수록 반응하는 뉴런의 수가 증가한다.

4. 무수축색과 유수축색

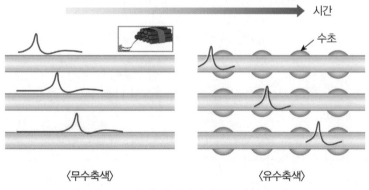

[그림 14-4] 축색에서의 활동 전위의 전도

(1) 무수축색(민말이집, unmyelinated axon)

① 수초가 없는 축색으로, 활동 전위는 마치 도화선이 타들어가는 것과 같은 방식으로 전도된다.

➡ 도화선의 끝에 불을 붙이면 맨 끝부분이 타면서 열을 발생시키고, 그 열이 인접한 다음 부분을 태워 열을 발생시키는 방식으로 끝까지 타게 된다.

② 무수축색은 세포체와 축색이 결합되어 있는 부분에서 처음 활동 전위가 발생하며, 그로 인해 바로 인접한 부분의 막전위가 흥분역치 이상으로 탈분극한다. 그 결과, 그곳에서 다시 활동 전위가 발생하여 다음 부분을 탈분극시키는 방식으로 축색 종말까지 전도된다.

(2) 유수축색(말이집, myelinated axon)

① 분절로 된 수초가 축색 주변을 단단히 둘러싸고 있어 수초가 있는 부분은 축색의 막이 세포외액과 직접 접촉하지 않으며, 따라서 이 부분에서는 세포 안팎의 이온 이동이 불가능하다.

② 랑비에 결절(node of Ranvier): 유수축색의 수초와 수초 마디 사이에 수초가 없는 부분을 말한다.

③ 도약전도(saltatory conduction)

㉠ 유수축색에서 활동 전위 방식을 의미하며, 이는 마치 개울가에 놓인 징검다리를 건너뛰는 것과 같다.

㉡ **도약전도의 장점**: 일정한 길이의 축색에서 신경신호의 전도과정 동안 활동 전위의 발생횟수를 줄일 수 있다. 또한 수초가 절연체의 역할을 하기 때문에 유수축색의 전기저항은 작아진다.

➡ 유수축색은 에너지 사용 효율성이 높으며 활동 전위의 전기 속도가 매우 빠르다.

5. 뉴런의 전달

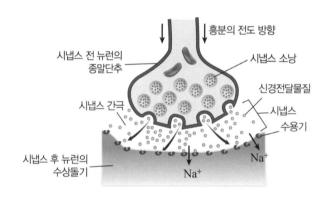

[그림 14-5] 뉴런의 전달과정

(1) 시냅스(synapse)

① 시냅스 전 뉴런의 요소인 종말단추와 시냅스 후 뉴런의 요소인 다른 뉴런의 수상돌기 또는 세포체의 일부 막을 합하여 시냅스라고 부른다.

② 시냅스를 사이에 둔 뉴런 중 시냅스 앞에 위치하여 정보를 주는 뉴런을 시냅스 전 뉴런, 시냅스 뒤에 위치하여 정보를 받는 뉴런을 시냅스 후 뉴런이라고 한다.

③ 뉴런과 뉴런의 사이는 물리적으로 붙어 있지 않고 시냅스라는 틈을 두고 있으며, 시냅스를 통한 정보 전달은 화학물질로 이루어진다.

(2) 정보 전달

① 활동 전위가 종말단추에 도달하면 칼슘 이온(Ca^{2+})의 작용에 의해 시냅스 소낭이 터지게 만드는데, 이 소낭 안에는 신경전달물질이 들어있다.

② 소낭에서 배출된 신경전달물질은 시냅스 간극(synaptic cleft)으로 퍼져나가 시냅스 후 뉴런에 도달한다.

③ 도달한 신경전달물질은 시냅스 후 뉴런에 분포하는 수용기와 결합하여 수용기를 활성화시킨다.

④ 활성화된 수용기는 즉각적으로 이온 채널을 열거나 어느 정도 시간 지연 후에 다양한 세포 내 변화를 일으킴으로써 시냅스 후 뉴런에 새로운 전기적 신호를 만들어낸다.

⑤ 수용기가 어떤 작용을 하는지에 따라 신경전달물질은 시냅스 후 뉴런의 활동을 촉진하기도, 억제하기도 한다.

> **참고** **뉴런의 전달과정**
>
> • 활동 전위가 축색을 따라 이동한다.
> • 소낭에서 신경전달물질이 분비되도록 자극한다.
> • 신경전달물질이 시냅스에 분비되면, 시냅스를 건너 시냅스 후 뉴런 수상돌기의 수용 부위와 결합하고 새로운 활동 전위가 생성된다.
> • 신경전달물질은 아래와 같은 경우에 시냅스에서 제거된다.
>   – 시냅스 전 뉴런으로 재흡수
>   – 시냅스에서 효소에 의해 분해
>   – 시냅스 전 뉴런의 자가수용기와 결합

> **더 알아보기** **신경전달의 원리**
>
> 시냅스 전 뉴런의 종말단추 내의 소낭에는 특정 신경전달물질이 저장되어 있다. 축색소구에서 발생한 활동 전위가 축색을 따라 종말단추까지 도달하면 시냅스 전막(종말단추 끝 부분의 세포막)에 위치한 전압 의존적인 칼슘 이온(Ca^{2+}) 통로가 열려 칼슘 이온이 종말단추 내로 이입된다. 그러면 칼슘의 도움으로 신경전달물질을 담고 있는 소낭이 시냅스 전막으로 이동하여 이 막과 유합되어 터지면서 내분에 있는 신경전달물질이 시냅스 간극으로 방출된다. 이 신경전달물질이 시냅스 간극을 넘어가서 시냅스 후 뉴런의 수상돌기 또는 세포체의 막에 있는 자신의 수용기에 결합하면 이온 통로가 열려 특정 이온이 시냅스 후 뉴런으로 이입된다. 이 과정을 거쳐 양적으로 증가한 시냅스 후 뉴런 내 이온은 세포막 내부의 이온 배열을 변화시켜 이 뉴런을 흥분 또는 억제시킨다.
>
> 만일 특정 신경전달물질이 나트륨 이온(Na^+) 같은 양전하를 띤 이온을 시냅스 후 뉴런 내로 들여보내면 이 뉴런은 세포 내에 양이온의 수가 많아져 흥분성 전위를 발생시킨다. 이 전위를 흥분성 시냅스 후 전위(EPSP)라고 한다. 이처럼 EPSP를 유발하는 글루타메이트와 같은 물질을 흥분성 신경전달물질이라 한다. 반면에 어떤 특정 신경전달물질이 염소 이온(Cl^-)과 같은 음이온을 시냅스 후 뉴런 내로 들여보내 세포 내에 음이온의 수가 증가하면 이 세포는 억제성 전위를 유발한다. 이 전위를 억제성 시냅스 후 전위(IPSP)라 한다. 이때 IPSP를 유발하는 가바(GABA)와 같은 물질을 억제성 신경전달물질이라고 한다.
>
> 결국 후행 뉴런의 활동성(흥분성 또는 억제성)은 선행 뉴런의 신경전달물질의 종류와 이입되는 이온의 전기적 극성에 따라 결정된다.

(3) 시냅스에 남아 있는 신경전달물질

① 재흡수(reuptake)를 통해 신경전달물질이 시냅스 전 뉴런의 축색에 있는 종말단추로 재흡수된다.

② 효소 불활성화(enzyme deactivation) 과정을 통해 신경전달물질이 시냅스에 있는 효소에 의해 파괴될 수 있다. 특정 효소는 특정 신경전달물질을 분해한다.

③ 신경전달물질은 시냅스 전 뉴런의 자가수용기(autoreceptors)라고 불리는 수용기와 결합할 수 있다. 자가수용기는 시냅스에 분비된 신경전달물질의 양을 탐지하여 지나치게 많은 양이 분비될 경우 신경전달물질의 분비를 멈추는 신호를 뉴런에 보낸다.

- 한 뉴런이 다른 뉴런과 수천 개의 시냅스 연결을 한다. 그러면 한 뉴런의 수상돌기는 '시냅스에 분비되는 여러 신경전달물질 중 어느 것을 수용하고 어느 것을 수용하지 않아야 되는가'를 어떻게 알 수 있을까?
  - 뉴런은 특정 유형의 신경전달물질을 사용하는 경로를 뇌에 형성하는 경향을 가지고 있다. 즉, 한 신경전달물질은 뇌의 한 영역에 많이 존재하는 반면 다른 신경전달물질은 뇌의 다른 영역에 많이 존재한다는 것이다.
  - 신경전달물질과 수용기는 열쇠와 자물쇠처럼 작용한다. 특정 열쇠가 특정 자물쇠와 맞듯이 일부 신경전달물질이 수상돌기의 특정 수용기와 결합한다. 이때 신경전달물질의 분자구조가 수용기의 분자구조와 꼭 일치해야 한다.

6. 신경전달물질

(1) 대표적인 신경전달물질

구분	기능	오작동의 예시
아세틸콜린(ACh)	근육, 운동, 학습, 기억	알츠하이머병에 걸리면 ACh를 생성하는 뉴런들이 퇴화함
도파민	움직임, 학습, 주의, 정서	• 공급과잉은 조현병과 관련됨 • 공급부족은 파킨슨병의 떨림과 동작 감소를 초래함
세로토닌	기분, 배고픔, 수면, 각성	• 공급부족은 우울증과 관련됨 • 몇몇 항우울제는 세로토닌 수준을 높임
노르에피네프린	각성의 통제	공급부족은 기분을 저하시킴
가바(GABA)	대표적인 억제성 신경전달물질	공급부족은 경련, 떨림, 불면증과 관련됨
글루타메이트	기억에 관여하는 일차적 흥분성 신경전달물질	공급과잉은 두뇌를 과흥분시켜 편두통, 경련을 초래함

- 두 물질은 유기체 내부, 특히 중추신경계에서 생성되는 대표적인 내인성 아편물질이다.
- 유기체가 유해자극이나 위협자극에 노출될 때 아픔을 덜 느끼게 되는 현상, 즉 통각 억제 현상(pain inhibition)이 발생하는데, 이때 관여하는 물질이 주로 엔케팔린과 엔도르핀이다.
- 이들 물질은 우리의 기분을 고양시키는 작용도 한다.

(2) 효능제와 길항제

① **효능제(agonist):** 신경전달물질의 활동을 증가시키는 물질이다.
② **길항제(antagonist):** 신경전달물질의 활동을 약화시키는 물질이다.
③ **효능제와 길항제의 작용:** 시냅스 전달의 모든 단계인 신경전달물질의 생산, 분비, 자가수용기, 재흡수, 시냅스 후 뉴런의 시냅스 그 자체에 작용하여 시냅스 전달을 증진시키거나 방해한다.

[그림 14-6] 신경계의 기능적 구분

1. 중추신경계(central nervous system)

(1) 뇌(brain)

① 척수와 뇌신경을 통해 환경자극을 받아들이며, 이러한 감각정보가 뇌의 여러 영역에서 처리과정을 거친 다음 비로소 감각이나 감정을 느낀다.

② 여러 감각정보를 통합하고, 신체 내부의 상태에 관한 정보, 과거 경험에 의해 기억에 저장된 정보, 자신의 기대 등을 바탕으로 행동 계획을 수립한다. 이러한 매우 복잡한 정보처리의 최종적인 결과가 운동중추에 전달되면 그 정보가 척수를 통해 근육이나 분비선으로 전달되어 외적 행동이 나타난다.

(2) 척수(spinal code)

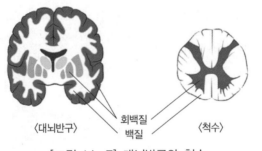

〈대뇌반구〉 회백질 〈척수〉
백질

[그림 14-7] 대뇌반구와 척수

① **척수의 외부**: 백질로서, 말초에서 뇌로 올라가는 감각신경과 뇌에서 척수로 내려오는 운동신경의 다발로 구성된다.

② **척수의 내부**: 회백질로서, 뇌에서 내려온 출력을 받아 근육이나 분비선을 통제하는 운동신경의 세포체와 척수 내의 정보처리를 위한 간뉴런(개재뉴런, interneuron)으로 구성된다.

③ **일차적 기능**: 체감각정보를 뇌로 전달하고, 뇌의 명령을 받아 분비선과 근육에 운동신경을 내보낸다.

④ **반사통로**: 감각정보가 척수로 들어가서 그곳의 운동신경을 흥분시키기 때문에 뇌가 관여하지 않는다. 이로 인해 우리가 고통을 인식하기 전에 뾰족한 물체로부터 손을 뗄 수 있다.

(3) **흥분의 전달 경로**

① **의식적 반사**: 대뇌의 판단과 명령에 따라 일어나는 행동이다.

> 자극 → 감각기 → 감각신경 → **대뇌** → 운동신경 → 반응기 → 반응

② **무의식적 반사**

 ㉠ 무조건 반사로 척수(㉰ 무릎 반사, 회피 반사, 땀 분비), 연수(㉰ 기침, 재채기, 하품, 침 분비, 눈물 분비), 중뇌
  (㉰ 동공 반사)가 중추가 되어 무의식적으로 일어나는 반응이다.

 ㉡ 자극이 대뇌로 전달되기 전에 반응이 일어나기 때문에 위험으로부터 신속하게 몸을 보호하는 데 도움이 된다.

> 자극 → 감각기 → 감각신경(후근) → **척수, 연수, 중뇌** → 운동신경(전근) → 반응기 → 반응

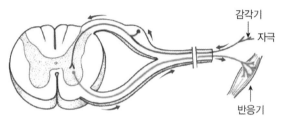

[그림 14-8] 무의식적 반사

③ **무릎 반사**

 ㉠ 무조건 반사가 일어날 때 감각신경은 대뇌로 연결되는 뉴런과도 시냅스를 이루고 있어, 자극이 대뇌로 전달
  되어 뜨겁거나 아픈 감각을 느낀다.

 ㉡ 그러나 자극 전달 경로가 길어 무조건 반사가 일어난 후에 감각을 느낄 수 있다.

> 무릎뼈 아래의 인대를 통한 자극 → 감각신경(후근) → **척수** → 운동신경(전근) → 다리의 근육 → 반응

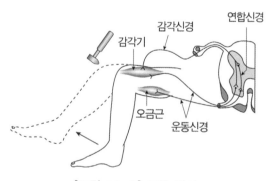

[그림 14-9] 무릎 반사

2. 말초신경계(peripheral nervous system)

(1) 체성신경계(somatic nervous system)

① 감각기관에서 정보를 받아들이는 감각신경과 골격근의 운동을 통제하는 운동신경으로 구성된다.

② 대체로 자신의 생각대로 통제할 수 있는 수의근(voluntary muscle)에 신호를 보내는 데 필요한 시스템이다.

③ 척수신경과 뇌신경

ㄱ 척수신경: 척수와 각 신체 부분을 연결시키며, 인간에게는 31쌍의 척수신경이 있다.

ㄴ 뇌신경: 주로 머리 부분이나 내장기관을 직접 뇌로 연결시키며, 인간의 뇌신경은 12쌍으로 구성된다.

(2) 자율신경계(autonomic nervous system) 기출 22

① 주로 호르몬, 체액을 분비하는 분비샘과 더불어 의식적으로 통제가 불가능한 근육인 불수의근(involuntary muscle)에 신호를 보낸다.

② 자율신경계의 종류

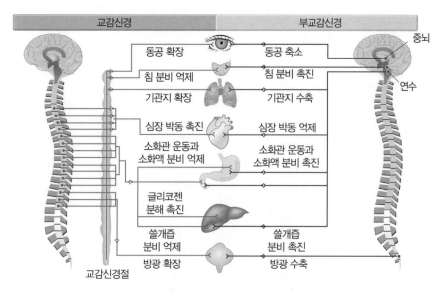

[그림 14-10] 자율신경계

ㄱ 교감신경: 스트레스 상황에서 신체를 활성화하고 에너지를 동원하는 자율신경계의 부분이다.

ㄴ 부교감신경: 신체를 안정시키고 에너지를 보존하는 자율신경계의 부분이다.

➡ 교감신경계와 부교감신경계는 항상성이라고 부르는 안정된 내적 상태를 유지시키도록 함께 작용한다.

1. 뇌의 구분

> **더 알아보기** **뇌 기능에 따른 분류**
>
> 1. 중심핵
>   - **연수**: 생명 유지, 신경로 교차
>   - **소뇌**: 정교한 운동기술 통제
>   - **시상**: 감각의 중계소(후각 제외) → 대뇌로 전달, 수면과 각성 통제
>   - **시상하부**: 자율신경계와 내분비선 통제(호르몬), 정상 상태 유지(추위, 더위 등), 뇌하수체(호르몬 생성)
>   - **망상체**: 각성 통제와 주의집중, 후뇌/연수/시상/시상하부를 가로지르는 망
> 2. **변연계**: 정서 조절 및 학습/기억
>   - **해마**: 학습과 기억 중추, 아세틸콜린(Ach)
>   - **편도체**: 공포와 분노, 공격 행동과 관련
>   - **기저핵**: 운동 조절, 파킨스병(도파민 저하)
> 3. **대뇌피질**: 좌우 두 개의 반구로 나뉘며, 두 개의 반구는 뇌량을 통해 연결된다.
>   - **4개의 영역**
>   - **후두엽**: 시각정보를 처리하며, 일차 시각피질이 위치한다.
>   - **두정엽**: 일차 체감각이 있어 촉각, 통증 등의 체감각 정보를 처리한다.
>   - **측두엽**: 일차 청각피질이 있으며, 청각정보를 분석할 뿐만 아니라 언어의 이해와 해석에도 관여한다.
>   - **전두엽**: 일차 운동피질이 있고, 전전두피질은 의사결정, 계획, 상황판단, 정서 조절 등의 고차원적인 인지기능을 담당한다.

(1) 뇌의 구조

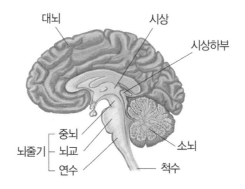

[그림 14-11] 인간의 뇌 구조

(2) 뇌의 구분과 영역

구분	하위 구분	주요 구조물과 영역
전뇌	종뇌	• **기저핵(선조체):** 미상핵, 담창구, 피각 • **변연계:** 해마, 편도체, 대상회 • **대뇌피질:** 전두엽, 두정엽, 측두엽, 후두엽
	간뇌	시상, 시상하부
중뇌	중뇌	• **중뇌개:** 상소구, 하소구 • **중뇌피개:** 중뇌수도 주변 회백질, 흑질, 복측피개야, 적핵
후뇌	후뇌	소뇌, 교
	수뇌	연수

2. 종뇌(telencephalon)

(1) 구성

대뇌를 구성하는 두 개의 대칭적인 대뇌반구와 그 아래에 있는 기저핵과 변연계로 구성된다.

(2) 기저핵(basal ganglia)

① 대뇌피질 아래의 커다란 뇌 구조로, 운동 통제에 관여한다.

② 일반적으로 부드럽고 순차적인 운동(예 걷기)이나 운동의 개시와 종료, 반복학습에 의해 자동화된 행동을 수행하는 데 관여한다.

③ **파킨슨병:** 중뇌의 흑질에서 기저핵으로 연결되는 도파민성 뉴런들이 변성되어 기저핵의 기능장애가 생기면, 무기력, 팔다리의 떨림, 자세잡기 곤란, 운동 개시의 어려움 등을 보이는 파킨슨병이 야기된다.

(3) 변연계(limbic system)

① 대뇌피질의 안쪽 둘레를 따라 간뇌를 바깥쪽에서 둘러싸고 있는 구조물이다.

② 대상회, 해마, 중격, 편도체 등의 전뇌 구조물과 유두체, 시상의 일부 핵 등과 같은 간뇌 구조물이 포함되며, 정서반응의 조절과 학습, 기억, 동기 등의 중요한 기능에 관여한다.

③ **해마(hippocampus):** 학습과 기억과정에 결정적인 역할을 담당한다. 특히 유기체가 경험·지각된 내용을 의미적 관계 중심으로 학습하고 기억하는 데 중요한 역할을 한다.

④ **편도체(amygdala):** 정서, 특히 공격행동과 연관된다. 동물연구에서 편도체가 손상된 동물들은 매우 온순해졌으며, 편도체가 자극되면 공격행동이 유발되었다. 또한 정서반응 학습에도 중요한 역할을 담당하는데, 이 핵이 손상되면 동물은 정서반응을 학습하지 못한다.

> **더 알아보기** H. M. 사례
>
> H. M.은 1953년 간질발작을 치료하기 위해 양측 해마를 제거하는 수술을 받았다. 수술 후 지적 능력은 정상으로 대화하는 데 불편이 없었고, 암산도 가능하며 수술하기 전의 과거 기억도 잘 회상했다. 하지만 수술 후 새로 경험한 사실을 기억하는 것에 심각한 문제가 발생했다. 새로 만나는 사람을 알아보지 못하고, 똑같은 잡지를 끝없이 되풀이하여 읽을 뿐 아니라 아침 식사 후 시간이 조금만 경과하면 자신이 아침 식사를 했다는 사실조차 기억하지 못했다. 이러한 증상을 순행성 기억상실증이라고 한다. H. M.의 사례 이후로 해마가 다양한 형태의 공간학습과제, 형태화 학습과제의 학습, 기억에 매우 중요한 역할을 담당하는 것이 알려졌다.

(4) 대뇌피질(cerebral cortex)

① 뇌의 겉부분을 둘러싸고 있는 2~4mm 정도 두께의 표면층을 가리키며, 대뇌는 좌우 두 개의 반구로 나뉘고 이 둘은 뇌량(corpus callosum)을 통해 연결된다.

② 각각의 대뇌피질은 특징적인 구나 회에 의해 4개의 엽(전두, 두정, 측두, 후두)으로 구성된다.

    ㉠ 전두엽

        ⓐ 골격근의 운동을 통제하는 일차 운동피질이 있다.

        ⓑ 일차 운동피질은 특정 신체부위 운동을 지배하는 피질상의 위치를 그림을 통해 나타낼 수 있는데, 이를 '운동뇌지도'라고 한다. 이 지도에서 정교한 조정이 가능한 신체부위일수록 더 많은 피질이 배당된다.

        ⓒ 전두엽에서 가장 앞쪽 부분을 전전두피질(prefrontal cortex)이라고 하며, 이 부위는 의사결정, 계획, 상황, 판단, 정서 조절 등 고차원적 인지기능을 담당한다.

    ㉡ 두정엽

        ⓐ 일차 체감각피질, 연합피질로 구성되고 일차 체감각피질이 있어 촉각, 통각 등 체감각정보를 처리한다.

        ⓑ 일차 체감각피질의 특정 뉴런들은 신체 특정 부위로부터 감각정보를 받는다. 체감각피질의 위치별로 담당하는 신체부위를 그림으로 나타낼 수 있으며, 이를 '체감각지도(sensory homunculus)'라고 한다. 이 지도에서 민감한 영역일수록 피질에서 차지하는 위치가 크다.

        ⓒ 연합피질은 감각정보를 통합하는 역할을 한다. 그래서 두정엽의 기능은 단순한 체감각뿐만 아니라, 공간 내에서 신체의 위치 판단이나 운동지각 등을 포함한다.

    ㉢ 측두엽

        ⓐ 일차 청각피질과 연합피질로 구성된다.

        ⓑ 일차 청각피질은 내이에서 들어온 청각정보를 받아 분석하고, 이 정보들을 그 옆의 연합피질로 보낸다. 이로 인해 측두엽의 일차적인 기능은 다양한 소리자극, 특히 구어의 인식에 중추적 역할을 한다.

        ⓒ 측두엽의 뒷부분은 실제 시각 연합피질의 일부로, 다양한 시각정보를 받아 복잡한 시각적 형태를 지각하게 하며, 이 영역이 손상되면 시력의 손상은 없지만 복잡한 형태의 지각이나 변별에 어려움을 겪는다.

        ⓓ 측두엽은 그 안쪽에 위치한 변연계와 광범위한 신경 연결을 맺고 있어 정서적 경험이나 기억에 중요한 역할을 담당한다. 우리가 시청각 자극에 의해 분노, 공포, 욕망 등의 정서를 느낄 수 있는 것은 바로 이러한 신경 연결 때문이다.

    ㉣ 후두엽

        ⓐ 망막에서 들어오는 시각정보를 받아 분석하는 일차 시각피질과 시각정보에 대한 추가적인 분석을 하는 시각 연합피질로 구성된다.

        ⓑ 이 영역이 손상되면 안구가 정상적인 기능을 하더라도 시력을 상실한다.

(5) 체감각 및 운동뇌지도

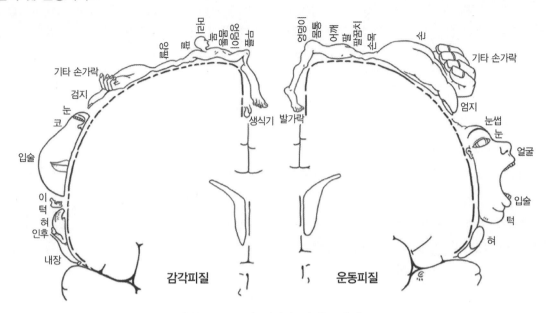

[그림 14-12] 체감각 및 운동뇌지도

① 실제 신체부위의 크기와 해당 부위를 담당하는 피질영역의 크기는 비례하지 않는다.
② 전두엽에 위치하는 운동피질: 반대편 신체의 서로 다른 피부와 부위를 통제한다.
③ 두정엽에 위치하는 체감각피질: 반대편 신체의 특정 부위를 통제한다.

3. 간뇌(diencephalon)

(1) 구성

중뇌의 윗부분으로 종뇌에 의해 덮여 있는 부위이며, 주요 구조물은 배측의 시상과 복측의 시상하부이다.

(2) 시상(thalamus)

① 후각을 제외한 모든 감각정보의 중계센터이다.
② 여러 핵으로 이루어지며, 이 핵의 뉴런들은 특정 감각정보를 대뇌피질의 특정 감각투사 영역으로 중계한다.
  ㉠ 외측슬상핵: 시각정보를 후두엽의 일차 시각피질로 투사한다.
  ㉡ 내측슬상핵: 청각정보를 측두엽의 일차 청각피질로 중계한다.
  ㉢ 복후측핵: 체감각정보를 두정엽의 일차 체감각피질로 전달한다.
③ 시상의 일부 핵은 운동을 조절하는 기능을 담당한다.
④ 시상의 또 다른 일부 핵은 변연계의 한 구성요소를 이루어 정서정보의 처리에 관여한다.

(3) 시상하부(hypothalamus)

① 시상 아래 뇌의 기저부에 위치하고, 크기는 비교적 작지만 여러 하위 핵으로 구성된 복잡한 구조물이다.
② 기능: 자율신경계와 내분비계를 통제하며, 종의 생존과 관련된 행동(예 먹고 마시기, 교미, 싸움, 도주, 체온조절)을 조직화한다.

③ 다양한 정서자극에 대한 신체반응은 자율신경계와 내분비계에 대한 시상하부의 통제로써 조절된다.

⠀⠀⠀⠀예 스트레스를 받으면 시상하부는 한편으로 교감신경계를 활성화하고, 또 한편으로 내분비계에 대한 통제를 통해 다양한 스트레스 관련 호르몬 분비를 조절하여 신체가 스트레스에 대처하도록 한다.

4. 중뇌(mesencephalon, midbrain)

(1) 구성

교(pons)와 간뇌 사이에 위치한 부위로, 배측의 중뇌개와 복측의 중뇌피개라는 두 부분으로 이루어진다.

(2) 중뇌개(tectum): 상(소)구와 하(소)구로 구분된다.

① 상소구(superior colliculus): 시각계의 일부로, 주로 시각반사와 움직이는 자극에 대한 반응에 관여한다.

② 하소구(inferior colliculus): 청각정보의 중계센터기능을 담당한다.

(3) 중뇌피개(tegmentum): 여러 하위 핵과 신경섬유다발로 구성된다.

① 중뇌수도 주변 회백질(PAG; periaqueductal greymatter): 싸움, 교미와 같은 종 특유의 행동의 순서를 통제하고, 모르핀과 같은 아편제 수용기가 있어 유해자극에 대한 통증민감성을 조절한다.

② 흑질(substance nigra): 운동 조절에 관여하고, 흑질의 도파민성 뉴런의 변성이 파킨슨병을 일으킨다.

③ 적핵(red nucleus): 팔과 다리를 포함한 신체의 운동 조절에 관여한다.

5. 후뇌(rhinencephalon)

(1) 소뇌(cerebellum)

① 일차적 기능은 자세를 유지하고, 빠르고 협응적인 운동을 조절하는 것이다.

② 연주자의 연주나 무용가의 동작은 소뇌의 활동에 의존한다.

③ 최근 소뇌가 운동기능뿐 아니라 타이밍의 학습, 인지적인 처리에도 관여한다는 연구 결과가 있다.

(2) 교(pons)

① 대뇌의 정보를 소뇌로 중계해주는 역할을 한다.

② 교 망상체에는 수면과 각성을 조절하는 핵들이 있으며, 만일 교 망상체가 손상되면 의식을 상실하고, 반대로 교 망상체를 자극하면 각성이 유발된다.

6. 수뇌(myelencephalon): 연수

(1) 구성

수뇌는 뇌에서 가장 하부에 자리 잡고있는 구조이며, 척수와 연결된 부분에 해당하는 영역은 연수라고 한다.

(2) 연수(medulla oblongata)

호흡, 혈압, 심장박동 등 생명을 유지하는 데 필수적인 기능을 담당한다.

(3) 망상체(reticular formation)

연수에서 중뇌에 이르는 구간에서 중심부에 길게 퍼져 있는 구조로, 망상체는 각성과 주의에 관여한다.

7. 두 개의 뇌-분할 뇌(split brain)

(1) 편재화(lateralization)

① 해부학적으로 보면 두뇌의 두 반구가 서로 많이 닮았지만 기능적으로는 결코 같지 않다는 증거가 제시되고 있는데, 이러한 기능상의 비대칭성을 의미한다.

② 신체기관처럼 양쪽이 모두 동일한 기능을 수행하기보다 독립적으로 전문적인 기능을 수행한다.

(2) 대뇌반구의 기능적 전문화

일반적으로 좌반구는 언어적·분석적 기능, 우반구는 공간적·직관적 기능이 우세하다.

(3) 분할 뇌 실험

① 이 실험의 피험자는 간질발작을 제어할 목적으로 사전에 뇌량(corpus callosum, 두 반구 사이에서 메시지 전달)이 절단되어 두 반구 사이에 정보 교환을 거의 할 수 없는 상태이다.

② 시야로부터 눈으로 들어오는 시각정보가 후두엽으로 전달되기까지의 해부학적 투사원리이다. 어느 한쪽 시야의 시각정보는 반대편의 후두엽으로 투사된다.

③ 뇌는 신체에 대해 대측(반대쪽) 지배를 한다. 좌측 신체의 운동성 및 감각성 정보의 처리는 우반구가 하고, 우측 신체에 대한 정보는 좌반구가 처리한다.

④ 이 실험은 언어표현에 관한 내용이다. 문법에 맞고 의미가 통하는 언어를 생성하는 중추는 좌반구의 브로카(broca) 영역이다. 따라서 특정하게 요구되는 언어정보를 말로써 표현하기 위해서는 관련 정보가 이곳까지 도달해야 한다.

(4) 가자니가(Gazzaniga)의 실험(1967)

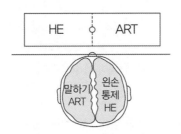

[그림 14-13] 분할 뇌 실험

• 실험에서 뇌량이 절단된 피험자가 스크린의 중앙을 응시하고 있을 때 스크린의 왼쪽(즉, 좌시야)에서 'HE'라는 단어를, 오른쪽(즉, 우시야)에는 'ART'라는 단어를 순간적으로 제시한다.
• 그 후에 이 피험자에게 자신이 본 단어를 소리 내어 말하도록 요청한다. 또한 'HE', 'ART'의 두 단어가 적힌 키보드 카드를 제시한 후, 자신이 본 단어를 왼손을 사용하여 지적하게 한다.
• 이때 피험자가 자신이 보았다고 소리 내어 말한 단어는 'ART'였고, 자신이 왼손으로 지적한 단어는 'HE'였다.

(5) 가자니가의 실험 설명

① 우시야의 'ART' 정보는 좌망막으로 들어간 후 좌측의 외측슬상체를 거쳐 왼쪽 후두엽으로 투사된다.

② 이는 결국 좌반구의 언어생성 센터인 브로카 영역으로 전달되어 단어를 소리 내어 말할 수 있게 된다.

③ 반면에 좌시야의 'HE'는 우망막, 우측 외측슬상체, 오른쪽 후두엽의 순으로 우반구까지 투사되지만 뇌량이 절단되어 있으므로 언어센터가 있는 좌반구로 전달되지 못한다.

④ 이에 따라 피험자는 'HE'라는 단어를 발성하지 못하게 된다.

⑤ 하지만 왼손은 우반구의 지배를 받으면서 우반구의 명령을 수행할 수 있게 되는데, 왼손으로 지적할 수 있는 것은 'HE'라는 단어인 것이다.

> **참고** **신경가소성**
>
> • 동물이 변화하는 환경에 효율적으로 적응할 수 있도록 경험에 의해 뇌의 기능을 변화시키고 때로는 새로운 기능을 획득하는 능력이다.
> • 신경가소성이 뇌에서 구현되는 방식
>   - 첫째, 시냅스 변화 혹은 새로운 시냅스 형성이다.
>   - 둘째, 뉴런의 수가 증가하거나 감소하는 양적 변화를 동반하는 것이다.

07 내분비계

1. 내분비계

(1) 내분비계(endocrine system)

① 신경계 이외에 우리 신체에 있는 두 번째 정보전달시스템으로, 신경계와 연결되어 있다.

② 분비세포는 호르몬이라는 화학물질을 분비하고, 호르몬은 혈류를 따라 전신을 순환하면서 특정한 호르몬과 결합할 수 있는 수용기가 존재하는 표적세포에 작용하여 특정한 기능을 수행한다.

(2) 뇌하수체

① 뇌의 시상하부 바로 아래에 붙어 있는 내분비기관으로, 여러 종류의 호르몬을 생성하고 다른 내분비선의 분비활동을 통제한다.

② **전엽:** 신체적 성장을 촉진하는 성장 호르몬, 부신피질을 자극하여 스트레스 호르몬인 코티솔을 분비시키는 자극 호르몬, 갑상선의 발육 및 호르몬 분비를 촉진하는 갑상선 자극 호르몬, 난포의 발육을 촉진하는 난포 자극 호르몬 등이 있다.

③ **후엽:** 신장으로 하여금 물을 보유하게 하는 바소프레신과 젖을 분비하게 하는 옥시토신 등이 분비된다.

(3) 기타

① **갑상선**: 신진대사를 조절하는 티록신과 같은 호르몬을 분비한다.

② **췌장**: 근육이나 기타조직 내로 포도당 이입을 촉진하여 혈당을 낮추는 작용을 하는 인슐린과 글리코겐 분해를 촉진하여 혈당 농도를 높이는 글루카곤이 분비된다.

③ **부신**: 피질에서 분비되는 알도스테론이라는 호르몬을 매개로 하여 소금과 탄수화물의 대사작용을 돕고, 또한 스트레스 상황에서 코티솔을, 수질로부터 에피네프린 또는 노르에피네프린 등의 호르몬을 분비하여 심장박동, 혈압, 혈당을 증가시킴으로써 유기체로 하여금 위기에 잘 대처하게 한다.

④ **생식선**: 남녀의 성적 성숙과 관련된 남성 호르몬인 안드로겐과 여성 호르몬인 에스트로겐이 각각 분비된다.

2. 내분비계와 신경계

(1) 내분비계와 신경계의 비교

① **공통점**: 다른 곳에 있는 수용기를 활성화하는 물질을 분비하고, 수용기와 결합하여 특정 생리적 또는 행동적 효과를 유발한다.

② **차이점**: 신경계는 감각기관에 들어온 정보를 수분의 1초 내에 뇌로 전달하지만, 내분비계는 정보전달 속도가 매우 느리다. 다만 내분비계의 메시지는 신경계의 메시지보다 오래 지속된다.

(2) 내분비계와 신경전달물질의 비교

① 신경전달물질은 자신의 뉴런 내의 생성 장소로부터 시냅스 전 막까지 미세관을 따라 이동한 후 방출되지만, 호르몬은 관이 없어 분비선에서 혈류로 직접 분비된다.

② 신경전달물질은 표적세포가 자신의 방출지점으로부터 가까이 있지만 호르몬은 표적세포가 자신의 분비지점으로부터 먼 거리에 있다.

③ 신경전달물질은 화학물질이 분비된 후 효과가 나타나기까지의 잠재기와 효과의 지속기간 모두 짧지만, 호르몬은 길다.

08 감각과 지각의 기본 개념

1. 주요 개념

(1) 감각과 지각
① 감각(sensation): 세상을 머릿속에 표상하기 위해 환경으로부터 물리적 에너지를 탐지하고, 이를 신경신호로 변환시키는 것이다.
② 지각(perception): 감각자료를 선택하고 조직화하고 해석하는 과정으로, 의미 있는 사물과 사건을 재인할 수 있게 한다.
③ 변환(transduction): 신체의 여러 감지기가 환경으로부터의 물리 신호를 중추신경계로 보내는 신경신호로 바꿀 때 일어나는 현상을 의미한다. 이는 감각에서 빛, 소리, 냄새와 같은 자극 에너지를 두뇌가 해석할 수 있는 신경흥분으로 변환시킨다.

(2) 상향처리와 하향처리
① 상향처리(bottom-up processing): 지각의 하위 체계인 단순 물리적 자극을 조합하여 지각의 대상이 되는 물체의 전체적인 형태를 파악하는 처리방식이다.
② 하향처리(top-down processing): 기억 또는 학습을 통해 습득한 과거의 지식이 지각의 하위 체계 처리 과정에 영향을 미치는 처리방식이다.

(3) 정신물리학(psychophysics)
물리적 에너지와 감각의 관계를 밝히는 분야로 사람이 탐지할 수 있는 물리적 에너지와, 그 에너지가 심리적 경험에 미치는 효과 간의 관계를 연구한다.

2. 감각의 측정

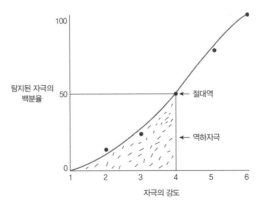

[그림 14-14] 절대역 그래프

(1) 절대역(absolute threshold)

① 우리가 감지할 수 있는 미세한 자극으로, 어떤 자극(에 빛, 소리, 압력, 냄새)을 탐지하는 데 필요한 최소한의 자극 강도이다.

② 절대역은 시행의 50%를 탐지할 수 있는 자극의 강도: 이 정의에 따르면 시행의 50% 이하에서 탐지되는 자극은 역하자극이 된다.

(2) 역하자극(역치하/식역하 자극, subliminal stimuli)

① 절대역 이하의 강도를 가지고 있는 자극으로, 사람이 감지하지 못하지만 그 영향은 받을 수 있다.

　에 20세기 중반에 뉴저지 극장의 관객을 대상으로 코카콜라를 마시고 팝콘을 먹으라는 메시지를 지각하지 못하도록 영화 장면에 끼워넣을 경우, 관객들이 은연중에 그 메시지에 영향을 받는다는 보고서에 대한 논란이 있었다.

② 사람이 감지할 수 없는 역하자극이 암시적인 힘을 발휘하여 행동에 강력한 영향을 준다는 주장이 있었다.

③ 점화(priming): 의식적으로 그 존재를 보고하지 못하는 자극들이라도 일정 수준의 지각적 처리가 일어나는 현상이다.

　➡ 알아차리지 못한 이미지나 단어가 시각피질에 도달하여 나중에 제시하는 질문에 대한 반응을 순간적으로 점화할 수 있다.

(3) 차이역(difference threshold)

① 사람이 두 자극 간에 차이가 있음을 탐지할 수 있는 최소한의 자극 강도의 차이를 말하는 것으로, '최소식별차이(JND; Just Noticeable Difference)'라고도 한다.

② 베버의 법칙(Weber's law): 일반인이 차이를 지각하려면 두 자극이 일정한 '양'이 아니라 '비율'만큼 달라져야 하며, 그 비율은 자극의 유형에 따라 다르다.

　에 두 불빛은 강도가 8% 정도 차이가 나야 하고, 무게의 경우 2% 정도 차이가 나야 한다. 주파수는 0.3%만 달라도 차이를 지각할 수 있다.

③ 차이역 측정: 절대역과 같이 두 자극 간의 차이를 인간이 탐지할 수 있는 확률이 50%인 지점을 차이역으로 정한다.

(4) 신호탐지

① 신호탐지이론: 배경자극(에 소음) 속에서 희미한 자극(에 신호)의 존재를 언제, 어떻게 탐지하는지를 예언하는 이론이다. 단 하나의 절대역은 존재하지 않으며, 탐지는 부분적으로 개인의 경험과 기대, 동기와 피로 수준에 달려있다.

② 절대역은 자극의 강도뿐만 아니라 경험, 동기, 기대, 피로 등의 심리적 상태에 따라서도 변화한다.

(5) 감각순응(sensory adaptation)

① 일정한 자극에 지속적으로 노출되면 자극에 대한 민감도가 약해지는 현상이다.

② 변하지 않는 자극에 지속적으로 노출되면 신경세포들이 덜 반응하기 때문에 그 자극을 덜 자각하게 된다.

③ 시각: 눈을 고정한 채 사물을 응시할 때는 사물이 시야에서 사라지지 않는다. 이유는 눈이 자각할 수 없을 만큼 계속해서 움직이고 있기 때문이다.

1. 빛의 본질

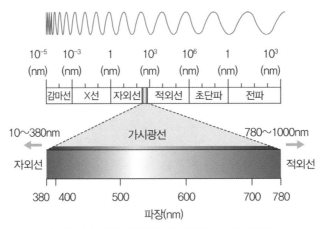

[그림 14-15] 전자기 스펙트럼과 가시광선

(1) **전자기 스펙트럼과 가시광선**

① 눈에 들어오는 것은 색채가 아니라 시각체계가 색채로 경험할 수 있는 전자기 에너지의 파형이다.

② **가시광선**: 우리가 보는 가시광선은 전자기 스펙트럼의 극히 작은 부분에 불과하다.

③ 전자기 스펙트럼은 파장이 아주 짧은 감마선부터 가시광선, 파장이 아주 긴 전파까지로 이루어진다.

(2) **파장과 진폭**

① **파장(wavelength)**: 파의 한 정상에서 다른 정상까지의 거리로, 색채를 결정한다.

② **진폭(amplitude)**: 파의 크기 또는 높이에 의해 결정되는 에너지의 양으로, 밝기를 결정한다.

③ **순도(purity)**: 빛을 구성하는 독특한 파장들의 수를 의미하며, 인간이 채도, 즉 색채의 풍부함으로 지각하는 것에 상응한다.

> **더 알아보기** **파장과 진폭**
> • 단파는 고주파이고 파란색이나 고음을 나타내며, 장파는 저주파이고 붉은색이나 저음을 나타낸다.
> • 진폭이 큰 경우는 밝은 색이나 큰 소리를 나타내고, 진폭이 작은 경우는 어두운 색이나 작은 소리를 나타낸다.

2. 눈의 구조와 기능

(1) **눈의 구조**

① 안구를 통과한 양상은 상하좌우가 반전되어 맺힌다.

② 빛은 각막을 통해 눈으로 들어오는데, 각막은 눈을 보호하며 빛을 굴절시켜 초점을 맞추도록 한다.

③ 각막을 통과한 빛은 조절 가능한 구멍인 동공을 통과한다. 동공의 크기, 즉 눈을 통해 들어오는 빛의 양은 동공을 둘러싸고 있는 붉은 근육인 홍채가 조절하며, 홍채는 화창한 하늘이나 어두운 방을 상상하는 것에 반응을 보인다. 또한 인지 상태와 정서 상태에도 반응을 보인다.

④ 동공 뒤에는 수정체가 있어 안구의 내부 표면에 여러 층을 이루고 있는 예민한 조직인 망막에 상이 맺히도록 초점을 맞추게 된다. 수정체에서는 조절과정(accommodation)을 통해 굴곡 정도를 변화시킴으로써 이 작업을 수행한다.

⑤ **거꾸로 된 이미지가 망막에 맺히는 현상**: 망막은 영상을 전체적으로 파악하지 않는다. 대신 수백만 개의 감각세포가 빛 에너지를 신경충동으로 전환한다. 이 충격은 대뇌로 전달되고, 그곳에서 우리가 지각하는 똑바로 된 영상으로 생성된다.

(2) 망막

① 망막에는 추상체와 간상체라는 두 종류의 세포가 존재한다.

구분	추상체(원추체)	간상체
숫자	6백만	1억 2천만
망막에서 위치	중심	말초
약한 빛에 대한 민감도	낮음	높음
색채반응	있음	없음
세부사항 민감도	높음	낮음

㉠ **추상체**: 망막의 중심와에 분포되어 있으며, 밝은 조명 조건에서 활성화된다.

㉡ **간상체**: 주로 망막의 주변 영역에 분포되어 있으며, 적은 양의 빛에 의해 활성화되기 때문에 어두운 조명 조건에서도 사물을 볼 수 있도록 한다.

② **맹점(blind spot)**: 눈에서 신경섬유가 안구 뒤편으로 전달되는 신경다발 부위에는 감각세포가 없어 이 부분에 빛이 비치면 보이지 않는데, 이를 맹점이라고 한다.

3. 시각정보의 처리

(1) 시각정보처리의 원리

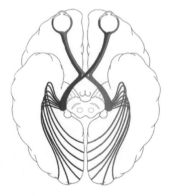

[그림 14-16] 시각정보의 처리

① 시야의 좌측으로부터 입력된 이미지는 각 안구 망막의 중심와 우측의 수용기들에 의해 신경신호로 변환되고, 이 신호는 각기 좌우 안구에서 뻗어 나온 신경섬유가 시교차에서 상호 교차되는 해부학적 특성에 의해 우뇌의 시각피질에 투사된다.

② 시야의 우측 이미지는 망막 중심와의 좌측 수용기들에 의해 신경신호로 변환된 후에, 시교차를 거쳐 좌뇌의 시각피질에 투사된다.

③ 이렇게 분리된 시야 좌우의 입력 자극은 상위 시각정보를 처리를 담당하는 시각피질의 후기 단계까지 일관되게 유지된다.

(2) (세부)특징탐지(자질탐지, feature detector)

① 인간의 시각피질에는 대상의 선이나 모서리, 방향, 움직임 등과 같은 세부 특징에 반응하는 특정 두뇌 세포가 있는데, 이를 '특징탐지기'라고 한다.

② 허블(Hubel)과 비셀(Wisel, 1979): '특징탐지기'라고 불리는 시각피질 세포가 이러한 정보를 받으면 특정한 모서리, 선분, 각도와 같은 장면의 일정한 특징에 반응한다는 것을 증명했다.

[그림 14-17] 허블과 비셀의 시각피질 세포 실험

㉠ 허블과 비셀은 그림과 같은 장치를 통해 고양이에게 여러 방위의 선분자극을 제시했다.

㉡ 고양이의 시각피질에 있는 세포들은 특정 방위의 선분에는 선별적으로 예민하게 반응하지만, 다른 방위의 선분에는 잘 반응하지 않는 것으로 나타났다.

㉢ 즉, 한 세포가 수평선분에 예민하게 반응한다면, 그 세포는 오른쪽의 수직 또는 대각방위의 선분에는 잘 반응하지 않는다는 것을 발견했다.

㉣ 이는 고양이의 시각피질에 있는 각 세포가 선분의 방위를 탐지 또는 분석하는 역할을 한다는 것을 의미한다.

(3) 병렬처리(parallel processing)

① 문제의 여러 측면을 동시에 처리하는 것으로, 우리의 뇌는 색, 깊이, 운동, 형태 등의 하위 차원으로 분할하여 각 차원을 동시에 처리한다.

② 망막은 시각피질의 한 부분에만 정보를 내보내는 것이 아니라 동시에 여러 부위로 정보를 내보낸다. 이러한 시각정보가 통합되면 다른 대뇌피질의 측두엽에서 추가로 처리하여 영상을 인식할 수 있다.

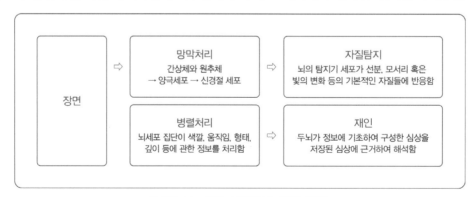

[그림 14-18] 시각정보 처리 요약

4. 색채시각

(1) 영-헬름홀츠(Young-Helmholtz)의 삼원색이론

① 망막에는 3가지 유형의 색채수용기가 있고, 각 수용기는 3가지 기본색 중 1가지에 민감하다.

② 망막의 추상체는 그 속에 들어 있는 광색소(photopigments)에 따라 3가지로 나뉜다.

    ㉠ 짧은 파장의 빛: 진한 청색으로 보이는 빛(파랑)이다.

    ㉡ 중간 파장의 빛: 초록색으로 보이는 빛(초록)이다.

    ㉢ 긴 파장의 빛: 주황색으로 보이는 빛(빨강)이다.

③ 색맹

    ㉠ 적록색맹: 색채 경험에 필요한 3가지 광색소 중 파장이 긴 빛에 민감한 광색소 또는 파장이 중간 정도인 빛에 민감한 광색소가 없거나 부족한 경우이다.

    ㉡ 청황색맹: 색채 경험에 필요한 3가지 광색소 중 파장이 짧은 빛에 민감한 광색소가 없거나 또는 부족한 경우이다.

(2) 헤링(Hering)의 대립-과정이론(opponent process theory)

① 색채 잔상(afterimage): 삼원색이론으로 설명하기 어려운 색채 경험으로, 어떤 그림을 응시할 때 나타난 형상이 시선을 돌린 후에도 남는 현상이다. 이는 그림을 응시할 때 작동한 신경세포가 계속하여 작동하기 때문에 벌어진다.

더 알아보기	잔상현상

아래 그림 왼쪽의 소녀 형상 속에 있는 흰점을 30초간 응시한 다음 오른쪽의 검은 점을 보면, 잠시 후 눈앞에 흰색 옷을 입은 소녀가 나타난다. 검은색 이미지를 응시하는 동안 '검은색-흰색' 신경세포가 장시간 진정되어 있다가 시선을 빈칸으로 이동할 때, 그 신경세포들이 활성화되면서 반동효과를 일으켜 흰색 잔상을 만들어내는 것이다.

[그림 14-19] 잔상현상

② 헤링: 눈에 세 가지 수용기가 있고, 그 중 하나는 명암지각에, 나머지 둘은 색상지각에 관여한다고 보았다. 색상지각에 관여하는 두 가지 수용기 중에서 적-녹 수용기는 적색과 녹색을 처리하고, 청-황 수용기는 청색과 황색을 처리하며, 각 수용기가 처리하는 두 가지 색 중 한 가지 색을 처리할 때는 나머지 색을 처리할 수 없다고 여겼다.

③ 색채 잔상현상

   ⊙ 빨간색 바탕을 응시하는 동안 적−녹 수용기의 적색에 대한 반응능력은 감소하고, 녹색에 대한 반응능력은 증가한다는 것이다. 즉, 적−녹 수용기는 이제 적색보다는 녹색에 더 강하게 반응한다.

   ⊙ 이때 눈을 흰색 바탕으로 돌리면, 흰색 바탕에서 반사되어 눈으로 들어오는 빛에는 모든 파장이 고루 섞여 있다. 즉, 적−녹 수용기를 자극하는 빛 속에는 적색 빛과 녹색 빛이 균등하게 섞여 있는 것이다.

   © 하지만 적−녹 수용기는 적색보다 녹색에 더 강하게 반응하므로 우리는 녹색을 경험하게 된다.

> **더 알아보기**　헤링의 대립과정이론
>
> • 잔상현상이 삼원색이론으로 설명되기 어려운 현상임을 지적하고 대립과정이론을 주장했다.
> • 잔상은 색을 가지고 있는 대상을 응시하지 않을 때조차 망막의 활성화가 계속되기 때문에 나타나는 현상이다.
> • 동일한 색의 막대가 아닌 보색관계에 있는 색의 막대가 보이는 현상을 통해 빨강−초록, 파랑−노랑, 검정−하양과 같이 서로 짝을 이루어 색이 처리되는 것을 추론했다.

④ 제임슨(Jameson)과 허비치(Hurvich)의 신경배선 모형

   ⊙ 색채지각에 따른 두 이론을 조합하여, 망막에 있는 3가지 종류의 추상체에서 시상하부에 있는 3가지의 대립 세포로 이어지는 신경배선 모형을 제시했다.

   ⊙ 이 이론에 의하면 망막 수준의 처리는 삼원색이론과 같이 이루어지나, 측면슬상핵 단계에서 대립과정이 일어나 각 이론이 지지하는 현상을 가능하게 한다.

(3) 색채 항등성(color constancy)

색채 경험은 주변 맥락의 영향도 받으며, 물리적으로 날씨나 조명 변화에 따라 동일한 사물에서 반사되는 파장이 달라진다. 그럼에도 우리는 다양한 조명하에서 사물의 색을 일정하게 인식하는데, 이러한 시각 기능을 색채 항등성이라고 한다.

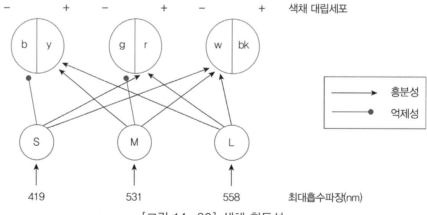

[그림 14−20] 색채 항등성

10 청각: 감각과 지각처리

1. 소리의 본질

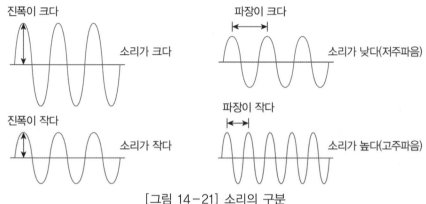

[그림 14-21] 소리의 구분

(1) 소리의 3대 요소

구분	물리량	단위
세기(크기)	진폭	dB(데시벨)
높이	진동 수	Hz(헤르츠)
음색	파형	-

(2) 소리는 청각 경험을 가능하게 하는 자극

① 소리라는 물리적 에너지는 물체의 진동에서 생겨난다.

② 물체가 진동을 하면 물체를 둘러싸고 있는 공간 내의 공기 분자의 밀도가 높아졌다 낮아졌다를 반복하는데, 공기 분자의 반복적 밀집과 분산을 소리 또는 음파(sound wave)라고 한다.

(3) 음파의 주파수(frequency)와 파장

① 음파의 주기가 초당 몇 회 반복되는지를 나타내는 주파수는 헤르츠(Hz)로 표시된다.

② 귀를 자극하는 소리의 주파수에 따라 음고(pitch)가 달라진다.

   ㉠ 주파수가 높은 소리: 고음으로 들린다.

   ㉡ 주파수가 낮은 소리: 저음으로 들린다.

③ 주파수는 소리의 물리적 변화를, 음고는 주파수 변화에 상응하는 심리적 변화를 나타낸다.

④ 청각기관이 반응하는 주파수의 범위는 20~20,000Hz로 알려져 있으며, 이를 가청 범위라고 한다.

(4) 진폭(amplitude)

① 진폭은 음파의 높이를 가리킨다. 예 라디오 볼륨을 높이는 것은 진폭을 키우는 것이다.

② 소리의 강약은 주로 음파의 진폭에 의해 결정되며, 진폭은 데시벨(dB) 단위로 측정한다.

③ 진폭은 소리의 물리적 변화를, 강약은 그 물리적 변화에 상응하는 심리적 변화를 나타낸다.

(5) 소리의 파형

〈피아노의 파형〉　　　　　　　　　　　　　〈바이올린의 파형〉

[그림 14-22] 소리의 파형

① 푸리에(Fourier) 분석: 이 기법을 이용하면 특정 복합음을 구성하는 여러 개의 순음으로 분리할 수 있다.
② 복합음: 주변의 모든 소리는 여러 개의 사인파로 구성된 복합음이다.
③ 순음: 하나의 사인파로 나타낼 수 있는 소리이다.
④ 기본음과 기본 주파수: 특정 복합음을 구성하는 여러 순음 중에 주파수가 가장 낮은 음을 기본음이라고 하고, 기본음의 주파수를 기본 주파수라고 한다.
⑤ 상음과 화음: 기본음의 주파수보다 높은 주파수의 음을 상음 또는 화음이라고 한다.
⑥ 복합음의 음고: 기본 주파수에 따라 결정되며, 상음은 복합음의 음색을 결정한다.
➡ 피아노와 바이올린 소리가 다르게 들리는 이유는 피아노와 바이올린 소리의 상음이 서로 다르기 때문이다. 여기서 음색은 심리적 속성을, 상음은 물리적 속성을 일컫는다.

2. 귀의 구조와 기능

(1) 귀의 구조

① 듣기 위해서는 소리의 파형을 신경활동으로 전환시켜야 하는데, 인간의 귀는 복잡한 기계적인 과정을 통하여 이러한 과제를 수행한다.
② 공기의 파형이 귓바퀴에 도달하면 외이는 소리파를 귓구멍을 통해 고막으로 전달한다. 고막은 파형에 따라 진동하는 얇은 막이다.
③ 고막의 진동은 중이에 있는 3청소골(주골, 침골, 등골)을 통해 내이에 있는 달팽이관에 전달된다. 이 진동은 달팽이관에 있는 난원창을 진동하도록 하여 달팽이관 내에 있는 액체를 진동하게 하고, 달팽이관 아래쪽에 있는 원창에 의해 흡수된다. 이때 달팽이관 내에 있는 액체의 움직임이 유모세포가 나 있는 기저막에 파문을 일으킨다.
④ 이렇게 되면 액체 흐름에 따라 물풀이 움직이듯이 기저막의 파문에 따라 유모세포들이 휘어진다. 유모세포의 움직임은 자신과 연결된 신경에 충격을 일으키고, 이러한 신경들이 모여 청신경을 이룬다.
⑤ 이러한 연쇄과정을 거쳐 소리 파형은 내이에 있는 유모세포로 하여금 측두엽에 있는 청각피질로 신경정보를 보내도록 한다. 공기의 진동으로부터 액체 파형을 거쳐 신경충동이 대뇌에 이르면 우리는 소리를 듣게 된다.

(2) 음의 고저 지각

① **장소이론(place theory)**: 서로 다른 소리 파형이 서로 다른 위치에 있는 세포들을 활성화하여 음의 고저를 결정한다는 것이다. 따라서 대뇌는 신경정보를 보내는 기저막의 위치를 확인함으로써 음의 고저를 결정한다.
  ➡ 고음 지각과정 설명에 용이하다.

② **주파수이론(frequency theory)**: 저음에 생기는 신경신호로는 기저막의 위치를 제대로 알 수 없는데, 이 이론에서는 기저막의 진동 빈도로 높낮이를 파악할 수 있다고 설명한다.
  ➡ 저음 지각과정 설명에 용이하다.

(3) 소리의 위치 확인

① 두 눈의 위치가 달라 깊이를 지각할 수 있는 것처럼 두 귀의 위치가 달라 소리를 스테레오로 들을 수 있다.

② 소리는 초당 340m/s 속도로 이동하고 귀는 약 15cm 떨어져 있기 때문에 우리의 청각체계는 두 귀에 도달하는 소리의 크기와 시간차를 탐지하여 음원의 위치를 판별한다.

(4) 청각장애

① **전도성 청각장애(conduction deafness)**
  ㉠ 소리 파형을 달팽이관으로 전달하는 기계적 체계에 문제가 생기면 전도성 청력손실이 발생한다.
  ㉡ **고막에 구멍이 나거나 중이에 뼈가 진동하는 기능 상실**: 소리를 전달하는 능력이 감소하는데, 보청기를 이용하여 소리의 진동을 증폭시켜 문제를 해결할 수 있다.

② **신경성 청각장애(nerve deafness)**
  ㉠ 달팽이관의 유모세포 수용기나 그와 연결된 신경이 손상된 경우이다.
  ㉡ 대부분 연령에 따른 생물학적 변화나 시끄러운 소음, 음악에 지속적으로 노출될 때 발생한다.
  ㉢ 유모세포가 손상되었을 때는 달팽이관 이식이 하나의 해결책이 될 수 있다.

---

11 지각과정

1. 선택적 주의(selective attention)

(1) 선택적 주의 기출 22

① 특정 자극에 의식적 자각의 초점을 맞추는 것으로, 우리가 경험하는 모든 것 중에서 한 순간에 의식할 수 있는 것은 매우 제한되어 있음을 의미한다.
  예 글을 읽는 동안 주변의 새소리를 의식하지 못하는데, 의식적으로 새소리에 주의를 기울이면 의식할 수 있다.

② **칵테일파티 효과**: 선택적 주의 현상의 대표적인 예시로, 칵테일파티에서 수많은 목소리들이 시끄럽게 들리지만 사람은 자신과 얘기하는 사람의 목소리를 선별하여 들을 수 있다.

(2) **선택적 부주의** 기출 22

① **사이먼(Simons)과 채브리스(Chabris)의 보이지 않는 고릴라 실험:** 4~5명의 학생이 서로 농구공을 패스하게 하고 이를 녹화한 필름을 연구 참가자에게 보여주었다. 참가자의 과제는 패스 횟수를 세는 것이었다. 이 실험에서 중요한 점은 필름에 갑자기 한 사람이 고릴라 복장으로 화면의 정중앙을 가로질러 걸어가는 장면을 삽입했다는 점이다. 연구 참가자들은 농구공에만 집중하여 고릴라를 알아차리지 못하는 경향이 많았다. 이를 '부주의맹'이라고 한다.

② **선택적 부주의:** 우리는 의식적 자각 수준에서 시각자극의 아주 작은 부분을 제외한 거의 모든 것을 보지 못하는 경향이 있다.

③ **부(무)주의맹(inattentional blindness):** 주의 초점에 있지 않은 물체를 지각하지 못하는 것이다.

④ **변화맹:** 사람들이 장면의 시각적 세부에서 변화를 탐지하지 못하는 것이다.

⑤ **변화맹과 부(무)주의맹 현상:** 우리가 환경에서 가시적이고 현저한 특징들을 알아차리지 못할 때 일어나며, 우리의 의식적 시각 경험은 주의에 달려 있다는 점을 강조한다.

2. 지각적 착각/착시(perceptual illusion)

(1) **착시현상**

① **의미:** 물리적 자극을 왜곡하여 지각하는 것이다.

② 착시현상에 대한 여러 설명이 존재하지만, 일반적으로 시각체계가 자극 전체의 물리적 속성뿐만 아니라 그 자극에 인접한 주변 자극의 물리적 맥락 또는 상대적으로 고려하고 있다는 데는 이견이 없다.

③ **로스(Ross)의 거리판단 실험(1975):** 아침에 안개가 낀 상태에서 거리를 판단하는 것이 정오의 햇살 아래에서 판단하는 것보다 더 먼 것으로 판단되었다.

④ **다른 감각의 착각보다 시각적 착각을 중시하는 이유:** 시각의 우세성, 즉 다른 감각과 시각의 정보가 서로 상충되면 보통은 시각정보가 더 우세하기 때문이다.

(2) **착시현상의 종류**

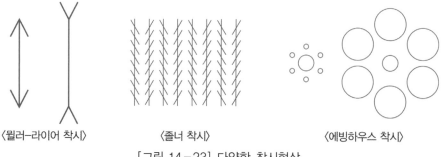

〈뮐러-라이어 착시〉　　　　〈졸너 착시〉　　　　〈에빙하우스 착시〉

[그림 14-23] 다양한 착시현상

① **뮐러-라이어(Mueller-Lyer) 착시:** 화살표의 몸통에 해당하는 두 직선의 물리적 길이는 동일하다.

② **졸너(Zollner) 착시:** 일련의 사선들에 의해 기울어져 보이는 수직 선분들은 실제로 서로 평행하다.

③ **에빙하우스(Ebbinghaus) 착시:** 크기가 서로 다른 주변의 원들에 둘러싸인 중심의 원의 물리적 크기는 같다.

3. 지각적 조직화

(1) 형태지각

① 전경과 배경

[그림 14-24] 전경과 배경

㉠ 가장 기본적인 규칙 가운데 하나는 배경으로부터 대상을 확인하는 것이다.

㉡ 우리가 흰색의 부분을 배경으로 인식하면 검은색으로 그려진 나무의 모습이 전경이 된다.

㉢ 그러나 계속 응시하면 전경과 배경이 갑자기 바뀌는 전경-배경 역전현상을 경험한다.

㉣ **전경-배경 반전**: 동일한 자극이 한 가지 이상으로 지각될 수 있다는 것을 보여준다.

② 지각 집단화

㉠ 전경과 배경을 분리하고 나면 전경을 의미 있는 전체로 조직화해야 한다.

㉡ 우리는 색채, 운동, 명암대비와 같은 장면의 기초적인 특징을 즉각적이고 자동적으로 처리한다.

㉢ 이 기본적인 감각에 순서, 형태를 부여하기 위해 다음과 같은 자극을 집단화하는 규칙을 따른다.

[그림 14-25] 지각 집단화

③ 지각 집단화의 원리

㉠ **유사성**: 유사한 것으로 보이는 요소가 집단화되는 원리이다.

㉡ **근접성**: 서로 물리적으로 근접한 것끼리 집단화되는 원리이다.

㉢ **연속성**: 일련의 점이나 선을 해석할 때 부드럽거나 연속적인 궤적을 보이는 요소를 집단화하는 원리이다.

㉣ **폐쇄성(완결성)**: 그림에서 생략되거나 미완성된 부분을 채워서 지각하려는 원리이다.

㉤ **대칭성**: 서로 대칭적인 요소를 함께 집단화하여 지각하려는 원리이다.

➡ 게슈탈트 심리학자들에 의해 처음 확인되었고 실험적 증거에 의해 지지받는 원리로서 뇌가 입력 감각들에 질서를 부여하는 경향을 가진다는 것을 보여준다. 지각의 한 신경적 전략은 여러 자극 사이에서 드러나는 패턴에 반응하는 것과 비슷한 패턴들을 함께 집단화하는 것을 포함한다.

(2) **깊이지각(depth perception)**

① 눈의 망막에 비친 2차원적 영상을 이용해 3차원적 지각을 해야 하는데, 이렇게 3차원적 지각을 하는 것을 깊이 지각이라고 한다. 이러한 깊이지각은 두 눈이 있음으로써 가능하다.

② 양안단서: 양안부등, 시선수렴과 같이 두 눈의 사용에 의존하는 깊이단서이다.

  ㉠ 양안부등(binocular disparity): 깊이단서를 주는 두 눈 간의 망막 이미지 차이이다.

  ㉡ 시선수렴(convergence): 가까운 대상을 볼 때 눈동자가 코 쪽으로 돌아가는 신경근육단서이다.

③ 단안단서: 중첩, 선형조망 등과 같이 한쪽 눈만으로도 가용한 깊이단서이다. 흔히 단안단서로 상대적 크기, 상 대적 명확성, 상대적 높이, 상대적 운동, 결의 밀도, 선형조망 등을 이용한다.

> **더 알아보기**   **단안단서**
>
> • **상대적 크기**: 두 대상의 크기가 비슷할 때 망막에 맺힌 상이 클수록 가까이, 작을수록 멀리 있는 것으로 지각하는 것이다.
> • **상대적 명확성**: 윤곽이 뚜렷한 물체보다는 윤곽이 흐린 물체를 더 멀리 있는 것으로 지각하는 것이다.
> • **상대적 높이**: 두 대상이 지평선 아래에 있을 때 시야에서 위쪽에 있는 대상을 더 멀리 있는 것으로 지각하는 것이다.
> • **상대적 운동**: 이동할 때 고정된 물체도 상대적인 움직임이 있는 것으로 지각하는 것이다.
> • **결의 밀도**: 선명하고 세밀한 질감 부분은 가까이, 덜 선명하고 세밀하지 않은 질감 부분은 멀리 있는 것으로 지각하는 것이다.
> • **선형조망**: 평행선의 거리가 증가함에 따라 모아지는 결과로 지각하는 것이다.
> • **중첩**: 한 물체가 다른 것을 부분적으로 가리고 있으면 가려진 것이 더 멀리 있다고 지각하는 것이다.
>
>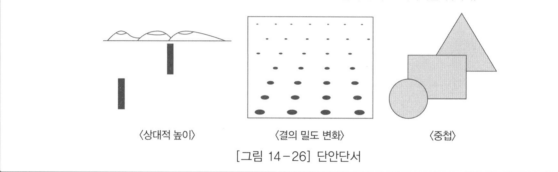
>
>   〈상대적 높이〉   〈결의 밀도 변화〉   〈중첩〉
>
> [그림 14-26] 단안단서

(3) **운동지각**

① 가현운동(apparent motor): 자극이나 대상이 실제로는 정지되어 있음에도 그것들이 공간상에서 움직이는 것 처럼 지각되는 현상이다.

  ㉠ 파이현상: 둘 이상의 인접한 불빛이 빠른 속도로 교대할 때 발생하는 움직임 착시이다.

  ㉡ 스트로보스코픽 운동(strovoscopic movement): 영화를 볼 때처럼 약간 다른 영상을 연속적으로 보여 주면 대뇌는 그것을 움직임으로 지각한다.

② 유도된 운동: '구름에 달 가듯이'의 표현은 실제 움직이는 것은 구름인데 달이 움직이는 것으로 지각되는 현상을 말한다. 뇌가 배경이 움직일 수 없다고 가정하고 해석하기 때문에 전경이 움직인다고 생각한다.

(4) 지각 항등성

① 지각 항등성: 대상의 자극이 변화해도 불변하는 대상을 지각하는 것이다. 즉, 물체, 대상 등은 늘 변화하지만 본래 속성을 가지고 있는 것으로 지각한다.

② 구분

    ㉠ 색채 항등성: 시각적인 색채 정보가 상황에 의해 다르게 지각되더라도 원래의 정보를 유지하는 것을 말한다.

    ㉡ 밝기 항등성: 밝기가 조명의 차이에 의해 달라 보이더라도 항상 동일한 밝기인 것으로 지각하는 경향성이다. 즉, 사람들은 조명의 차이로 대상의 색이 달라 보여도 항상 동일하고 안정된 색을 가진 대상으로 지각한다.

    ㉢ 형태 항등성: 사물을 바라보는 각도가 변화하는 동안에도 대상의 원형을 그대로 지각하는 것이다.

       ⑩ 문짝을 지각하는 것: 문이 열린 각도에 따라 망막에 맺히는 영상의 형태는 변화되지만 문이 일정한 형태를 가진다고 지각한다.

    ㉣ 크기 항등성: 대상까지의 거리가 변화되어도 그 대상이 일정한 크기를 가진 것으로 지각된다.

      ➡ 크기와 거리의 관계: 대상의 거리와 망막영상의 크기가 지각되고 나면 즉각적이고 무의식적으로 대상의 크기를 추론하는데, 아래 그림에 제시된 기둥은 뒤에 있는 기둥이 더 큰 것처럼 보인다. 이는 우리의 뇌가 주변 맥락에 의해 뒤에 기둥이 멀리 있는 것으로 무의식적인 추론을 하기 때문이다.

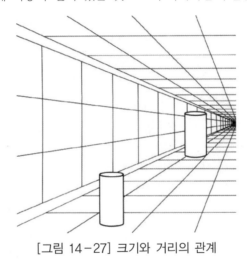

[그림 14-27] 크기와 거리의 관계

4. 자극의 해석

(1) 감각 박탈과 시각 회복

① 선천적 시각장애인이 성인이 된 후에 치료한 경우

    ㉠ 선천적 백내장으로 인해 뿌연 빛만 볼 수 있는 사람을 대상으로 한 연구에서 나중에 백내장을 제거하자 전경과 배경을 구분하고 색채를 볼 수 있었다.

    ㉡ 출생 시부터 사물을 보지 못했던 사람은 사물의 형태를 시각적으로 인식할 수 없었다.

② 고양이와 원숭이가 자라는 동안 희미하게만 볼 수 있는 안경을 끼워놓은 경우: 유아기가 지나고 안경을 제거한 후 색채와 밝기는 구별할 수 있었지만 원과 사각형을 구별할 수는 없었다.

    ➡ 눈이 퇴화한 것이 아니라 자극의 결핍으로 인해 시각피질 세포가 정상적으로 발달하지 못했다.

③ 연구 결과: 정상적인 감각·지각 발달에 결정적 시기(critical period)가 있다고 추정할 수 있다.

(2) **지각적 순응(perceptual adaption)**

① 시각에서 인위적으로 이동되거나 심지어는 도치된 세상에도 적응할 수 있는 능력이다.

② 방향감각 상실로 어지럼증까지 느끼게 하는 안경을 쓰고 하루를 지내는 경우: 2~3일 내로 변화된 시각 입력 방식에 순응하게 된다. 즉, 지각적 순응의 경험을 통해 세상을 다시 정상으로 볼 수 있다.

③ 스페리(Sperry, 1956): 상하좌우가 바뀌었을 때 물고기, 개구리, 도마뱀 등은 엉뚱한 방향으로 이동하여 제대로 적응하지 못했지만 고양이, 원숭이, 사람은 거꾸로 된 세상에 적응할 수 있었다.

(3) **지각적 갖춤새(perceptual set)**

① 사물을 한 가지 방식으로만 지각하려는 심적 성향이다.

② 사람들은 경험, 가정, 기대를 통해 지각적 갖춤새 또는 마음의 갖춤새를 형성하며, 이는 지각에 영향을 준다.

③ **지각적 갖춤새를 결정하는 요인:** 경험을 통해 개념이나 도식을 형성하게 되며, 이것이 친숙하지 않은 정보를 조직화하고 해석하는 데 도움을 준다.

➡ 사람들은 이미 가지고 있는 도식을 이용하여 모호한 감각을 해석한다.

(4) **맥락 효과**

① 한 자극이 극단적으로 다른 자극을 촉발할 수 있는데, 그 이유는 지각적 갖춤새가 다르기 때문일 뿐만 아니라 그 자극을 둘러싸고 있는 맥락 때문이기도 하다.

　예 사람들은 총을 들고 있을 때 다른 사람도 총을 소지하고 있는 것으로 지각할 가능성이 커지는데, 실제로 전화기나 지갑을 들고 있는 무장하지 않은 사람에게 총격을 가하도록 이끌어온 현상이 바로 이것이다.

② **동기와 정서:** 지각은 기대와 맥락뿐만 아니라 동기와 정서의 영향도 받는다.

　예 • 운동으로 피로해진 사람들에게 걸어가야 하는 목적지가 멀리 보인다.

　　• 무거운 배낭을 짊어지고 있거나 방금 전 슬프고 무겁게 느껴지는 음악을 들은 사람에게는 언덕이 더 가파르게 보인다. 또한 친구와 함께 있는 사람에게는 언덕이 덜 가파르게 보인다.

　　• 갈증이 날 때의 물병과 같이 원하는 사물은 더 가까이 있는 것처럼 보인다. 이러한 지각 편향이 그 사물에 접근하도록 원기를 북돋는다.

제 **4** 절 의식과 변경 상태

12 의식의 내용과 기능

1. 의식의 4가지 기본 속성

(1) 의도(intentionality)

① 의도한 대상으로 향하는 속성이며, 의식은 항상 무언가에 관한 것이다.

② 심리학자들은 의식과 의식의 대상 사이의 관련성, 관련성의 크기와 지속 정도를 측정하려고 노력했다.

(2) 통합(unity)

분리에 대한 저항 혹은 모든 신체 감각기관으로부터 오는 정보를 하나의 일관된 전체로 통합하는 능력을 말한다.

(3) 선택(selectivity)

일부 대상은 의식 속에 포함시키고, 일부 대상은 포함시키지 않는 능력을 의미한다.

> **참고** **선택과 관련된 실험**
>
> • 이중청취법(dichotic listening): 헤드폰을 쓰고 있는 사람의 두 귀에 각각 다른 메시지를 전달한다. 연구 참가자들에게 한 귀에 메시지가 제시되는 동안 다른 귀에 제시되는 단어를 크게 복창하게 했다. 연구 참가자들은 다른 귀에 제시되는 메시지를 거의 인식하지 못했고, 때로는 영어로 제시된 메시지가 도중에 독일어로 바뀐 것조차 인식하지 못했다. 이는 의식이 일부 정보를 여과한다는 사실을 시사한다. 그러나 이와 동시에 연구 참가자들은 주의를 주지 않은 귀에 제시된 메시지가 남성에서 여성으로 목소리가 바뀌어 제시되었다는 것을 알아차렸는데, 이는 의식의 선택이 다른 정보도 받아들일 수 있다는 것을 시사한다.
> • 칵테일파티 효과: 사람들이 다른 메시지를 여과하여 받아들이지 않는 동안 한 메시지를 받아들이는 경향이 있다. 파티에서 다른 대화에 참여하는 동안 가까이에서 자신의 이름이 들릴 경우 주의가 그곳으로 향한다.

(4) 유동성(transience)

변하는 속성으로, 마음은 항상 지금 현재에서 다음의 지금 현재로, 또 그 다음으로 움직인다.

2. 의식 수준

(1) 최소한의 의식(minimal consciousness) 수준

① 마음이 감각을 받아들이고 이 감각에 대해 반응하는 경우 일어나는 의식이다.

② 이 의식 수준은 일종의 감각인식과 그에 대한 반응이다.

(2) 충만한 의식(full consciousness) 수준

① 자신의 정신상태를 알고 있고 이를 보고할 수 있다.

② 정신상태 그 자체를 경험하는 동안 그러한 정신상태를 가지고 있다는 것을 스스로 인식하는 것이다.

(3) **자의식(self‒consciousness) 수준**

① 개인의 주의가 자신에게 향하고 있는 하나의 의식 수준이다.

② 대부분의 사람들은 당혹감을 경험할 때 자의식을 경험하는 경향이 있으며, 이러한 자의식은 개인을 평가하게 하고 개인의 단점을 인식하게 한다.

3. 의식의 내용

(1) **경험표본 기법(experience sampling technique)**

① 자신의 의식적 경험을 특정 시간에 보고하도록 지시하는 것이다.

예 전자무선 호출기, 핸드폰을 통해 무작위로 연락하는 그 순간에 연구 참여자가 하고 있는 생각을 보고하게 한다.

② 경험표본 기법을 사용한 여러 연구는 의식이 즉각적인 경험인 오감 등에 의해 지배된다는 것과 이 모든 것이 마음의 중심이 된다는 것을 보여준다. 이처럼 의식 대부분은 개인이 가지고 있는 현재 관심사 혹은 반복적으로 생각하고 있는 것으로 채워진다.

(2) **백일몽**

① 목적 없는 생각들이 마음속에 계속해서 떠오르는 상태로, 현재의 관심이 의식을 채우고 있지 않는 것이다.

② fMRI 연구

㉠ fMRI에서 뇌 스캔을 하는 동안 개인이 특정 과제를 수행하지 않아도 많은 뇌 영역이 활성화되었다.

㉡ 이처럼 참여자가 과제를 수행하지 않을 때도 뇌의 많은 영역에서 활성화가 관찰되었는데, 이를 '기본 상태 네트워크'라고 한다.

㉢ 기본 상태 네트워크 영역은 사회생활, 자신, 과거와 미래에 관한 생각, 즉 백일몽에서 주로 일어나는 생각에 관여한다고 알려져 있다.

(3) **사고억제**

① **정신통제**: 마음의 의식적인 상태를 바꾸고자 시도하는 것이다.

② **사고억제**: 의도적으로 생각하는 것을 회피하는 것이다.

③ **사고억제의 반동효과(rebound effect of thought suppression)**: 사고억제 후 더 자주 사고가 의식으로 되돌아오는 경향을 의미한다. 즉, 생각을 억제하려고 노력하는 시도 그 자체가 그 사고를 더 강력하게 의식으로 되돌아오게 한다.

(4) **모순된 모니터**

① 사고억제와 더불어 일부 사람은 의식을 다른 방향으로 돌리려 노력하는데, 그 결과 정신상태가 원하는 것과 정반대의 것이 될 수 있다.

② **정신통제의 모순과정(ironic processes of mental control)**: 모순된 오류가 일어나는 것은 오류를 모니터 하는 정신과정 자체가 오류를 초래하기 때문이다.

예 흰 곰을 생각하지 않으려는 시도를 하는 동안 이와 모순되게 마음의 다른 부분에서 흰 곰을 찾는다.

1. 수면주기

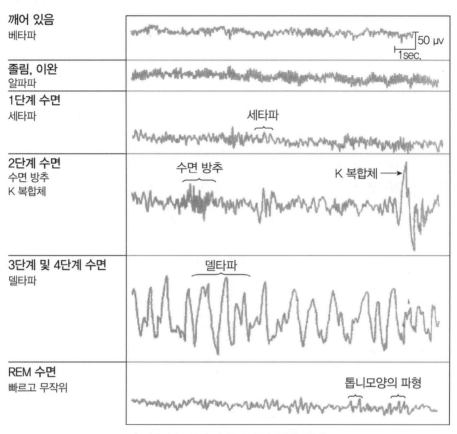

깨어 있음
베타파

졸림, 이완
알파파

1단계 수면
세타파

세타파

2단계 수면
수면 방추
K 복합체

수면 방추

K 복합체 →

3단계 및 4단계 수면
델타파

델타파

REM 수면
빠르고 무작위

톱니모양의 파형

50 μv
1sec.

[그림 14-28] 수면주기의 뇌파 패턴

(1) REM(Rapid Eye Movement) 수면

① 안구 운동을 제외한 신체의 움직임은 없지만 깨어 있을 때와 비슷한 뇌파활동과 꿈이 나타난다.

② 특징: 깨어서 활동 중인 뇌신경 상태와 거의 구별되지 않고, 산소 소비량도 어려운 수학문제를 풀 때보다 더 높다. 심장박동이 증가하고 호흡이 불규칙해지며 성기에 흥분반응이 나타나기도 한다.

③ 흔히 90분 주기로 반복하여 나타나며, 전체 수면시간의 20~25%를 차지한다.

(2) 비 REM 수면

① 크고 느린 뇌파가 나타나기 때문에 '서파 수면'이라고도 한다. 신체근육이 이완되고 산소 소비량도 감소하여서 뇌가 휴식을 취하는 상태로 여겨진다.

② 비 REM 수면 단계: 수면의 양상과 수면의 깊이에 따라 크게 4단계로 구분된다.

구분	단계별 수면의 특징
1단계 수면	• 깨어 있는 상태에서 수면 상태로 이행되는 과정 • 뇌파의 알파파가 사라지고 세타파가 50% 이상을 차지하며 수면시간의 약 5%를 차지
2단계 수면	• 작은 바늘을 모아놓은 듯이 진폭이 크고 뾰족한 뇌파가 촘촘히 모여 있는 수면 방추(sleep spindle)와 느리고 진폭이 큰 뇌파를 보이는 K 복합체가 나타나는 것이 특징 　– 수면 방추: 수면 중에 신경활동이 억제되는 것을 반영 　– K 복합체: 외부나 내부로부터 주어지는 자극에 대한 뇌의 반응을 반영 • 수면시간의 약 50%를 차지
3단계 및 4단계 수면	• 델타파와 같은 느린 뇌파가 나타나는 깊은 수면 상태 • 수면시간의 약 10~20%를 차지 • 델타파가 3단계 수면에서는 전체의 20~50%를 차지하는 반면, 4단계 수면에서는 50%를 차지

(3) 수면시간대별 수면 단계의 변화

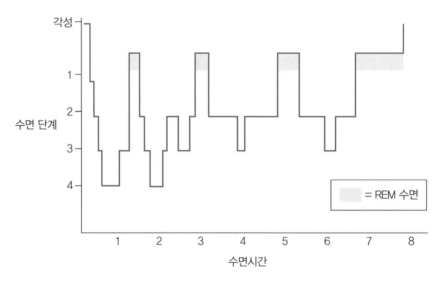

• 밤 수면의 초반에는 깊은 단계가 나타나고 후반에는 얕은 단계가 나타난다.
• 주기의 후반부로 갈수록 REM 수면기간이 더 길어지고 서파가 나타나는 3단계와 4단계의 길이는 반으로 감소한다.

[그림 14-29] 수면시간대별 수면 단계의 변화

① 수면 초기: 1~4단계에 이르는 비 REM 수면이 나타난다. 그 후 REM 수면이 나타나고 다시 비 REM 수면이 2단계에서 4단계까지 90분 동안 진행된다.

② REM 수면은 약 15분~20분 정도 나타난다. 이러한 순환은 대개 하룻밤 사이에 5차례 정도 반복되는데, 새벽으로 갈수록 서파 수면은 감소하고 REM 수면이 증가한다.

③ 수면박탈: 강제로 잠을 자지 못하게 하는 수면박탈을 시행하면 서파 수면과 REM 수면이 증가한다.

④ 일주기 리듬(circadian rhythm): 인간은 매일 일정한 시간대에 잠을 자고 깨는 일주기 리듬을 가지고, 평균적으로 6~8시간 잠을 자며 그 중의 25%는 꿈을 꾸는 데 소비한다.

⑤ 수면의 기능

    ㉠ 낮 동안에 소모되고 손상된 신체와 중추신경계를 회복시켜주는 기능을 한다.

        ⓐ 비 REM 수면: 신체 근육의 회복기능을 한다.

        ⓑ REM 수면: 단백질 합성을 증가시켜 뇌의 기능을 회복한다.

    ㉡ 불쾌하고 불안한 감정을 정화하여 아침에 상쾌한 기분을 가질 수 있게 정서적인 정화기능을 한다.

(4) 수면의 기능

① **보호기능**: 수면은 보호기능을 가지는 진화적인 유물로, 중요한 적응적 기능을 하는 선천적인 반응체계이다.

② **회복기능**: 수면은 면역계를 회복시키고 두뇌조직을 수선하는 등 회복에 도움을 준다.

③ **기억의 복원 및 재생**: 수면은 그날의 경험의 기억이 희미해지는 것을 복원하고 재생하는 데 도움을 준다.

④ **창의적 사고의 배양**: 수면은 창의적 사고를 배양시킨다.

⑤ **성장을 지원**: 깊은 잠을 자는 동안 뇌하수체 근육 발달에 필요한 성장 호르몬을 분비한다.

2. 꿈의 기능

(1) 프로이트(Freud): 꿈은 자신의 소망을 충족시킨다고 주장했다.

① 꿈은 다른 방식으로 용인될 수 없는 감정을 방출하는 정신적 안전밸브를 제공한다.

② 꿈의 표출내용(외현적이고 만들어낸 이야기, manifest)을 잠재내용(latent content), 즉 직접적으로 표현하면 위협적일 수 있는 무의식적 충동과 소망의 검열을 받은 상징적 버전으로 간주했다.

    ➡ 과학적인 증거가 결여되어 있다.

(2) 기억의 정리 및 보관

정보처리 조망은 꿈이 그날의 경험을 솎아내어 분류하고 기억에 자리 잡는 데 도움을 준다.

➡ 경험하지도 않은 사건에 대한 꿈을 꾸는 이유를 설명하지 못한다.

(3) 신경통로의 발달 및 유지

① 꿈 또는 REM 수면과 관련된 두뇌활동은 잠자는 두뇌에 규칙적인 자극을 제공하는 생리적 기능을 담당한다.

② 즉, 신경통로의 발달과 유지에 도움을 준다.

    ➡ 의미 있는 꿈을 꾸는 이유를 설명하지 못한다.

(4) 신경의 전기활동을 의미 있는 것으로 만들어줌

① 활성화-종합이론에 따르면 꿈은 무선적인 신경활동을 의미 있는 것으로 만들려는 두뇌의 시도이다.

② 즉, REM 수면이 무선적 시각기억을 유발하는 신경활동을 촉발하는데, 잠자고 있는 두뇌가 이것을 이야기로 엮는다는 것이다.

    ➡ 개인의 두뇌가 이야기를 엮는 것인데, 그 이야기는 꿈꾸는 사람과 관련된 것이다.

(5) 인지 발달을 반영

① 꿈을 두뇌 성숙과 인지 발달의 한 부분으로 간주한다.

② 꿈의 내용은 꿈꾸는 사람의 인지 발달, 즉 지식과 이해를 반영한다.

    ➡ 꿈의 적응적 기능을 제안하지 않는다.

1. 약물과 의식

(1) 향정신성 약물(psychoactive drugs)
뇌의 화학적 메시지 체계를 변화시킴으로써 의식이나 행동에 영향을 미치는 화학물질이다.

(2) 약물내성(drug tolerance)
시간이 지남에 따라 동일한 효과를 얻는 데 필요한 약물의 용량이 증가되는 경향을 의미한다.

(3) 금단현상(withdrawal symptom)
① 약물복용을 중지하면 나타나는 현상으로, 이 증후는 약물 자체에 의해 야기되는 효과와는 정반대이다.
② 신체적 의존: 통증, 경련, 환각 등의 불쾌한 증상이 포함되며, 약물에 신체적으로 의존된 사람은 신체적 아픔을 피하기 위해 계속적으로 약물을 사용한다.
③ 심리적 의존: 신체적 금단현상이 사라진 이후에도 약물에 대한 강한 욕구를 가지는 경우로, 시간이 지날수록 약물에 대한 정서적 욕구가 생기며 특히 약물을 상기시키는 환경에 처하는 경우 더욱 그렇다.

2. 향정신성 약물의 유형

(1) 진정제(depressants)
① 중추신경계의 활성화를 감소시키는 약물이다.
② 진정과 안정 효과를 가지고, 많은 용량은 수면을 일으키며 지나친 용량은 호흡정지를 일으킬 수 있다.
  ➡ 신체적 및 심리적 의존 모두 야기한다.
③ 진정제의 종류: 알코올, 바르비투르산염, 벤조디아제핀과 독성 흡입제(예 아교 혹은 가솔린) 등이 있다.
④ 알코올: 가바(GABA) 신경전달물질의 활성화를 증가시킨다. 가바는 신경충동의 전달을 억제하는 경향을 가지고 있기 때문에 알코올은 뉴런의 발화를 중지시키는 억제제의 역할을 한다.
  ㉠ 기대이론: 사람이 특정 상황에서 알코올이 자신에게 어떤 영향을 미칠 것이라고 기대하는 것에 의해 알코올 효과가 나타난다.
  ㉡ 균형 잡힌 위약 방안: 실제 자극의 존재 또는 부재 후에 나타나는 행동과 위약 자극의 존재 또는 부재 후에 나타나는 행동을 관찰하는 것이다.
    ➡ 알코올을 마셨다고 믿는 것은 실제로 알코올을 마셨을 때처럼 행동에 영향을 미친다.
  ㉢ 알코올 근시(myopia): 알코올이 주의를 방해하여 복잡한 상황에 단순한 방법으로 반응하게 한다.
⑤ 바르비투르산염: 수면제로 처방되거나 수술 전 마취제로 사용된다.
⑥ 벤조디아제핀: 항불안제, 특히 불안과 수면장애 치료를 위해 처방된다.
⑦ 독성 흡입제
  ㉠ 풀, 헤어 스프레이, 매니큐어 리무버, 가솔린 등을 통해 노출된다.
  ㉡ 이 제품에서 나오는 증기를 코로 들이마실 경우 술에 취할 때와 같은 효과가 일시적으로 나타난다.
  ㉢ 지나치게 많이 흡입하면 치명적이고, 지속적으로 흡입할 경우 치명적인 뇌손상이 초래될 수 있다.

(2) 흥분제(stimulants)

① 중추신경계를 흥분시켜 각성과 활성화 수준을 증가하게 만드는 물질이다.

② 뇌의 도파민과 노르에피네프린 수준을 증가시키기 때문에 각성과 에너지가 증가하게 되고, 간혹 성취할 수 있다는 자신감과 동기를 가지게 된다. 또한 모든 흥분제는 신체 및 심리적 의존을 야기하고, 금단증상으로는 피로와 부정적 정서가 있다.

③ 흥분제의 종류: 카페인, 암페타민, 니코틴, 코카인, 모다피날, 엑스터시 등이 있다.

구분	내용
암페타민	• 의학적인 목적과 다이어트 약물로 개발되었으나 메테드린과 덱세드린과 같은 암페타민계 약물들이 널리 남용되고 있음 • 장시간 사용할 경우 불면증, 공격성, 편집증상이 초래됨
니코틴	흡연 행동은 흡연의 즐거움보다 금연 시 야기되는 불쾌감 때문에 지속되는 경향이 있음 예 흡연가가 말하는 흡연의 긍정적 효과(이완과 주의집중력 상승)는 주로 금단증상으로부터 해방되었다는 느낌에서 옴
코카인	• 코카나무의 잎으로 만들어지며, 흡입과 흡연 방식의 코카인 모두 들뜬 기분과 유쾌함을 일으키고 중독성이 매우 높음 • **부작용**: 심장발작으로 인한 사망, 저체온증 등의 신체적 문제와 불면증, 우울, 공격성, 편집증 등의 심리적 문제가 포함됨
엑스터시	• 암페타민의 파생물로, 흥분제이지만 환각제와 같은 부가적 효과도 가짐 • 대체로 집단감을 상승시키는 파티 약물로 사용되지만, 턱을 악물게 한다거나 체온 통제를 방해하는 등의 부작용이 있음 • 이 약물을 남용할 경우, 심장발작과 극도의 피로감을 경험할 가능성이 높음

(3) 아편제(opiates)

① 아편은 양귀비 씨로 만들어지며 헤로인, 모르핀, 메타돈, 코데인 등은 통증을 완화시켜주는 아편 파생물인 아편제로 알려져 있다.

② 안녕감과 이완감을 모두 느끼게 해주지만 혼수상태와 무기력함을 야기하기도 하며 매우 중독성이 강하고, 장기간 사용 시 내성과 의존을 가지게 된다.

③ 뇌는 내인성 아편제 또는 엔도르핀(endorphin)을 생산한다. 이는 아편제와 매우 밀접한 신경전달물질이며, 특히 엔도르핀은 뇌가 통증과 스트레스에 대처하는 데 매우 중요한 역할을 한다.

(4) 환각제(hallucinogens)

① 감각과 지각을 변화시키고, 환시와 환청이 자주 일어나게 한다.

② 환각제의 종류: LSD, 메스칼린, 실로시빈, 펜사이클리딘(PCP), 케타민(동물 마취제) 등이 있다.

③ 일부는 식물(예 메스칼린-선인장, 실로시빈-버섯)에서 추출되며 고대시대부터 사용되었다.

④ 감각이 지나치게 강렬해지고, 정지된 사물이 움직이거나 변화되는 것처럼 보이며, 실제로 존재하지 않는 무늬나 색채가 지각되고, 이 지각 변화가 행복한 초월감부터 비참한 공포에 이르는 과장된 정서를 동반한다.

⑤ 내성이나 의존을 야기하지 않고, 과잉 투여로 인한 사망도 흔하게 일어나지 않는 경향이 있다.

⑸ **마리화나(카나비스, marihuana)**

① 잎과 싹에 향정신성 약물인 테트라히드로칸나비놀(THC)을 함유한 식물이다.

② 마리화나를 피우거나 먹을 경우 경미한 환각 효과가 있는 흥분 상태를 유발하며, 사용자들은 시력과 청력이 좋아지고 많은 아이디어가 생각나는 듯한 느낌을 가진다고 보고한다.

③ 판단력과 단기기억에 영향을 미치고, 운동기술과 협응능력을 손상시킨다.

④ THC에 반응하는 수용기가 뇌에서 발견되었는데, 이 수용기는 뇌에서 생산되는 신경전달물질인 아난다마이드에 의해 활성화된다. 이 물질은 기분, 기억, 식욕과 통증 지각의 통제에 관여하며 실험실의 동물들로 하여금 일시적으로 과식하도록 자극하는 것으로 알려져 있다.

⑤ 마리화나는 중독의 위험이 비교적 강하지 않고 의존도 발생하지 않는 것으로 보이며, 신체적 금단증상도 매우 경미하다. 하지만 심리적 의존의 가능성이 있어 일부 사람은 만성적으로 사용한다.

⑥ 게이트웨이 약물(gateway drug): 중독성이 강하고 더 해로운 약물 복용으로 이어질 가능성을 높이는 약물이라는 의미의 용어로, 마리화나가 흔히 게이트웨이 약물로 여겨진다.

15　기억의 일반적 특징

1. 에빙하우스(Ebbinghaus)의 망각곡선

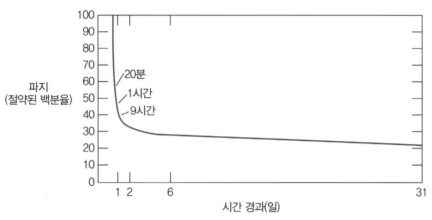

[그림 14-30] 에빙하우스의 망각곡선

(1) **쌍연합학습(PA; Paired-Associate)**

① 쌍연합학습 시에 'JOQ-결상'과 같은 단어쌍을 이용한다면 먼저 'JOQ'만 잠시 동안 제시하고, 그 다음은 'JOQ -결상'의 식으로 둘을 같이 제시한다.

② 이러한 방식으로 모든 단어쌍을 제시한다.

③ 'JOQ'와 같은 것은 단어가 아니기 때문에 '무의미 음절(non-sense syllable)'이라고 부른다.

④ 무의미 음절: 이전의 경험을 배제하고 순수한 학습의 현상을 연구하기 위해 만들어낸 것이다.

(2) **망각곡선**

① 처음에는 망각이 급격히 일어나다가 완만해지는 것처럼 보이는 특징이 있다.

② 하지만 최근에는 기억이 사라지는 망각이 아니라 인출 실패로 보는 경향이 있다.

(3) **에빙하우스 연구의 문제점**

① 무의미 음절을 가지고 연구했다는 것이 문제점으로 지적된다.

② 실험 참가자들에게 의미 있는 자료를 기억해달라고 했을 때는 망각곡선이 더욱 완만했으며, 망각을 측정하는 방법에 따라서도 망각 속도의 추정치가 달랐다.

2. 정보처리 관점

(1) 어떤 내용을 기억하려면 부호화(약호화), 저장(파지), 인출의 3가지 단계를 거치는데, 정보처리 관점은 이 단계의 처리 특성이 다른 기억에 있다고 보는 입장이다.

(2) **기억의 3가지 주요 과정**

구분	정의	컴퓨터의 정보처리
부호화(약호화)	기억부호를 형성	키보드를 통해 자료를 입력
저장(파지)	부호화된 정보를 기억 속에 유지	하드디스크에 파일로 저장
인출	기억저장고에서 정보를 재생	파일을 불러와서 화면에 자료를 제시

① 부호화(encoding): 정보의 획득과 관련된 것으로, 정보가 기억에 저장되는 형태, 즉 부호를 지칭한다.

② 저장(retention/storage): 기억하기 위해서는 부호화된 경험이 신경계에 어떤 기록(기억흔적)을 남겨야 한다.

③ 인출(retrieval): 저장된 기억흔적 중에서 특정한 것을 선택하여 기억해내려고 시도하는 것이다.

　　㉠ 회상(recall): 사람들에게 기억에서 한 항목 또는 항목의 목록을 생성해내도록 요청하는 방법이다.

　　㉡ 재인(recognition): 한 항목을 제시하고 그것이 전에 경험한 것인지의 여부를 지적하게 하는 방법이다.

(3) **지속시간에 따른 분류**

① 감각기억(sensory memory): 감각기관에 주어진 자극의 상태로 아주 짧은 기간 동안 저장하는 것이다.

② 단기기억(short term memory): 자극의 정체는 확인된 정보이지만 지속시간이 짧은 기억이다.

③ 장기기억(long term memory): 정체가 확인된 정보로, 지속시간이 긴 기억이다.

16 기억과정

1. 앳킨슨(Atkinson)과 쉬프린(Shiffrin)의 기억 모형

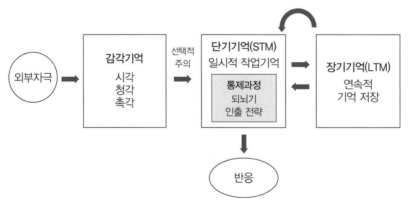

[그림 14-31] 앳킨슨과 쉬프린의 기억 모형

(1) 3가지 기억과 통제과정: 기억저장고에는 3가지의 기억과 통제과정이 있다.

    ① 감각기억: 수많은 정보를 받아들일 수 있으나 그 중 일부만이 선택될 수 있다.

    ② 단기기억: 용량이 제한적이지만 시연될 수 있고 지속기간이 짧다.

    ③ 장기기억: 정보를 무제한적으로 저장할 수 있다.

    ④ 통제과정: 학습을 촉진하기 위해 사용하는 전략이며 시연, 부호화, 심상화 등이 있다.

(2) 이중기억 모형(dual-memory)

단기기억과 장기기억의 구분을 강조하기 때문에 '이중기억 모형'이라고 불린다.

2. 감각기억(sensory memory)

(1) 감각기억

    ① '감각저장'이라고도 하며, 아주 짧은 기간 동안 감각기관에 주어진 자극 그대로 저장해두는 단계이다.

    ② 감각기억의 정보는 아주 짧은 기간 동안 원래의 감각양식으로 유지되며 시각적 패턴, 음성, 촉각적인 형태로 지속될 수 있다.

    ③ 나이서(Neisser, 1967): 시각 감각기억을 영상기억(iconic memory), 청각 감각기억을 청상기억(echoic memory)이라고 명명했다.

    ④ 감각기관에 수용된 자극 중 감각기억의 지속시간 내에 주의를 기울인 자극만이 그 정체를 판단할 수 있고, 그 정보가 감각기억에서 단기기억으로 넘어간다.

(2) 스펄링(Sperling)의 부분 보고법 실험(1960)

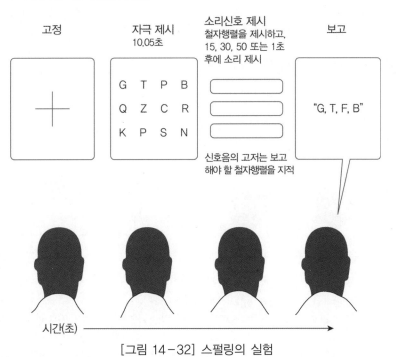

[그림 14-32] 스펄링의 실험

① 실험 참가자들에게 철자행렬을 제시하고 곧이어 고음, 중음, 저음 중 한 가지를 들려주었다.

② 이 소리는 실험 참가자에게 상열, 중열, 하열 중 어느 한 열의 철자를 보고하라는 신호의 기능을 했다.

③ 연구 결과, 철자행렬을 제시한 직후 신호를 주었을 때가 가장 정확했고, 다만 음을 지연시킬수록 지연시간에 비례하여 철자를 보고하는 정확률이 떨어졌다.

④ 이는 영상기억, 즉 저장고의 기억흔적이 아주 짧은 시간 내에 소멸되기 때문이다.

⑤ 그러나 감각기억 내의 정보 보유량이 항상 고정된 것은 아니다. 또한 시각뿐 아니라 다른 감각양식에 있어서도 이와 유사한 특징을 지닌 감각기억이 존재한다.

3. 단기기억(short-term memory)

(1) 부호화와 저장

① 단기기억의 정보

  ㉠ 첫째, 감각자극 중 주의를 기울인 정보, 즉 감각저장고에 있는 정보 중 주의를 기울인 정보가 있다.

  ㉡ 둘째, 장기기억에 있는 정보 중 단기기억으로 인출된 정보가 있다.

② 단기기억의 특징: 지속시간이 짧고 용량이 제한된다.

③ 짧은 지속시간: 단기기억에 들어온 정보는 시연하지 않으면 시간이 지남에 따라 재빨리 소멸된다.

  ㉠ 시연(rehearsal): 단기기억의 정보도 시연을 하면 그 이상을 유지할 수 있으며, 또한 시연은 단기기억의 정보를 재순환시키는 역할을 한다.

  ㉡ 기계적/유지형 시연(maintenance rehearsal): 장기기억으로의 전이 가능성이 낮다.

  ㉢ 정교형 시연(elaborative rehearsal): 성공적으로 정보의 전이를 이루게 된다. 이 시연에서는 정보가 체계화되고, 이전의 정보와 논리적인 연결관계를 형성하거나, 심적 이미지를 구성하는 등의 매우 풍부한 정보 간 연결고리를 만들게 된다.

더 알아보기 **피터슨(Peterson)과 피터슨(Peterson)의 단기기억 연구(1959)**

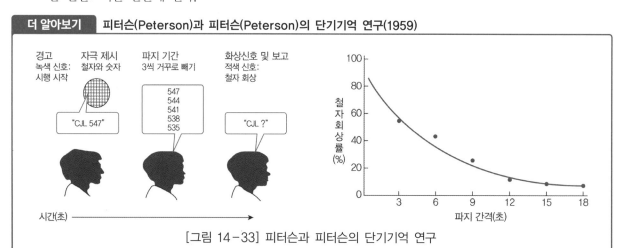

[그림 14-33] 피터슨과 피터슨의 단기기억 연구

- 실험 참가자들에게 'CJL'과 같은 3개의 자음을 짧은 순간 동안 제시했다.
- 곧이어 '547'과 같은 숫자를 들려주고 회상단서가 제시될 때까지 그 숫자에서 계속 3을 빼도록 지시했다.
- 시간이 지남에 따라 철자의 파지율은 감소하고, 18초 후에는 거의 모든 철자를 회상할 수 없었다.
- 시연하지 않을 경우, 단기기억의 최대 지속기간은 20~30초로 보았다.

④ 저장용량의 제한: 단기기억의 용량은 제한되어 있다.

　　㉠ 밀러(Miller): 사람이 평균 7개의 수, 문자, 단어를 기억할 수 있다고 보았다. ➡ '신비의 수, 7±2'

　　㉡ 단기기억고가 꽉 찬 상태에서 새로운 정보가 들어오면 단기기억에서 처리 중인 정보가 새 정보로 치환된다.

　　　　⒠ 전화번호를 외우고 있는데 누군가 "노량진에 어떻게 가야 합니까?"하고 물으면 노량진의 정보가 단기기억 속에 있는 전화번호와 충돌하는 것

　　　ⓐ 단기기억 용량이 제한되어 있기 때문에 사람들의 과제 수행능력도 제한될 수밖에 없다.

　　　ⓑ 군집화(청킹, chunking): 친숙한 자극을 하나의 단위로 묶는 것으로, 이 군집화를 통해 많은 정보를 기억하고 단기기억의 용량을 증가시킬 수 있다.

　　　　　⒠ ITW−AC−IAIB−M → FBI−TWA−CIA−IBM

　　　ⓒ 철자를 자신의 친숙한 단위로 조직하면 군집화가 쉬워진다. 이미 장기기억에 저장되어 있는 친숙성이 군집화를 도와주기 때문이다. 이 경우 장기기억의 정보가 단기기억으로 전이되었다고 볼 수 있다.

(2) 인출

① 스턴버그(Strenberg)의 기억탐사 실험: 단기기억에 있는 정보는 한 번에 하나씩 순차적으로 처리되는 특징을 가진다.

> **더 알아보기**　　**스턴버그의 기억탐사 실험**
>
> • 참가자들에게 기억해야 할 숫자들(⒠ 4, 7, 2)을 알려준 다음, 화면에 검사 자극으로 숫자 하나(⒠ 3)를 보여주고 기억해야 할 숫자 인지 아닌지를 판단하게 하는 실험이었다.
> • 이 실험을 통해 기억해야 하는 항목이 많아지면 판단하는 데 걸리는 시간이 그에 비례하여 길어진다는 결과를 얻었다.
> • 이는 단기기억에서는 한 번에 한 번씩 인출하는 계열처리가 일어난다는 것으로 해석할 수 있다.

② 단기기억의 정보

　　㉠ 다른 정보에 의해 대체된다고 보는 입장이 강하다.

　　㉡ 단기기억에 있는 정보 중에 약한 정보는 활성화 정도가 낮은 정보라고 할 수 있다.

　　　　⒠ 단기기억에 들어온 지 오래된 정보, 시연이 되지 않은 정보 등

　　㉢ 하지만 단기기억에 있다고 모두 인출되는 것은 아니며, 단기기억에 있는 다른 정보의 간섭을 받아 인출에 실패하는 경우도 있다.

4. 작업기억(working memory)

(1) 단기기억과 작업기억

① 작업기억: 새로운 정보를 조작하여 저장하거나 행동적인 반응을 하는 곳으로, 지금 이 순간 의식적으로 활성화되는 기억 저장고이다.

② 용어에 따른 차이: 단기기억은 저장의 측면이 강조되고, 작업기억은 주어진 정보를 처리하는 측면이 강조된다.

(2) **배들리(Baddeley)의 작업기억 모형(1986)**: 저장과 처리를 구분한다.

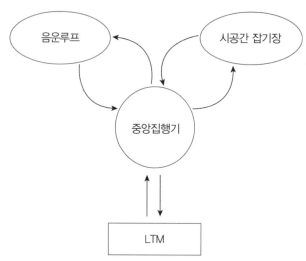

[그림 14 - 34] 배들리의 작업기억 모형의 핵심 요소

① **음운루프(phonological loop)**: 언어이해와 청각적 암송을 담당한다. 발화, 어휘, 숫자 정보 등을 청각적으로 부호화하고 유지하는 기능을 수행한다.
② **시공간 잡기장(visuospatial sketchpad)**: 시각적 심상과 공간정보를 유지하고 조정한다.
③ **중앙집행기(central executive)**: 정보를 한꺼번에 처리할 수 있도록 정보량을 제한하고, 추리와 의사결정에 관여하며, 하위 영역에 명령을 내리고 통제하는 역할을 한다.
　➡ 저장소를 둘로 나눈 것은 언어 정보와 시공간적 정보가 독립적으로 처리되고 저장되기 때문이다.

5. 장기기억(long-term memory)

(1) **특징**
① **장기기억의 정보**: 비교적 오랫동안 유지되고 기억용량에도 거의 제한이 없다.
② 감각기억, 단기기억과 달리 정보를 무한으로 저장할 수 있고 저장된 정보는 오랫동안 유지된다.

(2) **부호화와 저장**
① 장기기억으로 부호화하기 위해서는 기억해야 할 정보를 깊은 수준으로 처리하거나 기억해야 할 정보를 다른 정보와 연결하는 정교화 처리 또는 조직화하는 것이 도움이 된다.
② **크레이크(Craik)와 록하트(Lockhart)의 처리깊이이론(level of processing)**
　㉠ **처리가 깊을수록(의미적일수록) 파지가 우수함**: 피상적 수준에서 처리된 정보는 쉽게 망각되지만, 의미적 수준에서 처리된 정보는 지속기간이 길어진다.
　㉡ **얕은 처리(shallow processing)**: 단어, 문자와 같이 아주 기본적인 수준에서 또는 단어의 발성과 같은 중간 수준에서 정보를 부호화하는 것이다.
　㉢ **깊은 처리(deep processing)**: 단어의 의미에 근거하여 의미적으로 정보를 부호화하는 것이다.
③ **섬광기억(flashbulb memory)**: 정서적으로 중차대한 순간이나 사건에 대한 선명한 기억이다. 흔히 너무 감동받은 사건이나 충격적 사건을 경험한 사람들은 그 사건에 대한 생생한 일화적 기억을 가지고 있다.

④ **정교화(elaboration)**: 의미처리를 하는 경우 그 단어는 다른 정보와 연결되는데, 이렇게 다른 정보와 연결하는 것을 정교화라고 한다.
  ㉠ 동시에 주어지는 다른 정보와 연결하는 정교화뿐만 아니라 자기가 알고 있는 다른 정보와 연결하는 정교화 처리도 기억에 도움이 된다.
  ㉡ 정교화 처리를 하면 부호화가 잘될 뿐만 아니라 그 정보를 직접 인출하지 않아도 관련된 다른 정보를 통한 인출에도 도움이 된다.
⑤ **조직화(organization)**: 기억해야 할 정보를 뜻, 범주 등을 기준으로 조직화하여 제시하면 기억이 더욱 잘 된다.

(3) 조직화와 인출

① **조직화**: 장기기억에서 최소한 어떤 식으로든 조직화되어 있지 않다면 장기기억에 있는 정보는 쓸모가 없고, 연구 결과에 따르면 장기기억은 많은 조직망이 서로 중첩되어 뒤섞여 있는 것으로 보인다.
② **의미망(semantic network)**

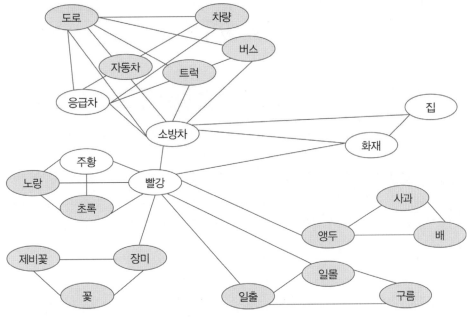

[그림 14-35] 의미망의 예시

  ㉠ 개념을 나타내는 노드(node)와 개념을 연결짓는 통로(pathway)로 구성된다.
  ㉡ 의미망에서 원형은 노드이고, 노드를 연결하고 있는 선은 통로이며, 통로는 개념끼리의 연결을 나타낸다.
    예 소방차는 붉은 색이기 때문에 빨강과 연결되고, 가정집의 화재에도 출동하기 때문에 집과 연결된다.
    ⓐ **통로의 길이**: 두 개념의 연합 수준을 나타낸다. 통로의 길이가 짧을수록 연합의 강도가 강하다.
    ⓑ **활성화 확산(spreading activation)**: 사람이 어떤 단어를 생각하면 자연스럽게 그와 관련된 단어까지 떠오른다. 즉, 의미망에서 단어와 연결된 통로를 따라 활성화가 확산된다. 다만 활성화는 망의 바깥쪽으로 나갈수록 줄어든다.

1. 장기기억의 구조

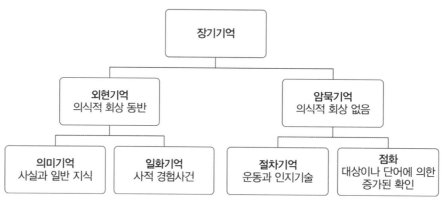

[그림 14 - 36] 장기기억의 구조

(1) 장기기억의 구성

구분	내용
외현기억 (explicit memory)	• 기억하고 있다는 사실을 자각하는 것 • 흔히 사람들이 의식적 혹은 의도적으로 과거의 경험을 인출할 때 발생함
암묵기억 (implicit memory)	• 기억하고 있다는 사실을 자각하지 못하는 것 • 흔히 기억하려 애쓰지 않고 기억하고 있다는 것도 알지 못하지만, 과거의 경험이 이후의 행동이나 수행에 영향을 줄 때 발생함
의미기억 (semantic memory)	일반적인 사실에 관한 기억으로, 백과사전적 성격을 지님
일화기억 (episodic memory)	개인적인 경험 및 사실에 관한 기억으로, 자서전적 성격을 지님

(2) 외현기억과 암묵기억의 차이

① 외현기억: 시간에 따라 망각이 아주 빨리 진행되고 처리깊이가 깊을수록 기억을 더 잘 한다.

② 암묵기억: 시간이 지나도 망각이 크게 일어나지 않는 경향이 있고, 처리깊이도 기억에 큰 영향을 미치지 못한다.

2. 장기기억으로부터의 회상

(1) 인출 맥락

① 인출 단서

㉠ 저장된 정보를 연합하고 마음속에 있는 정보를 가져오도록 도와주는 외적 정보이다.

㉡ 외적 단서, 내적 단서, 출현 순서 등이 기억 인출에 영향을 미친다.

② 외적 단서
  ㉠ 부호화 명세성 원리(부호화 특수성 원리): 특정 기억에 국한된 단서와 맥락이 그 기억을 회상하는 데 가장 효과적이라는 원리이다. 이는 한 사건이나 사람에게 '특수한' 단서가 그 기억을 가장 효과적으로 촉발하게 되는 현상을 이해하는 데 도움을 준다.
  ㉡ 전이 적합형 처리: 한 상황에 대한 부호화와 인출의 맥락이 맞아 떨어질 때, 기억이 한 상황에서 다른 상황으로의 전이가 더 잘 이루어지는 현상이다.
③ 내적 단서
  ㉠ 상태의존기억(state-dependent memory): 부호화할 때와 인출할 때의 경험·정서·물리적 상태가 일치하면 기억이 잘 되는 현상이다.
    ㉠ 술 취했을 때 상태(학습)한 것은 다시 술에 약간 취했을 때 기억이 잘 된다.
  ㉡ 정서일치 효과(mood-congruence effect): 현재 정서와 일치하는 정보가 기억이 잘 되는 현상이다.
    ㉠ • 우울한 사람은 부모의 거부적이고 처벌적인 면을 더 잘 회상하는 경향이 있다.
       • 행복하다고 느끼면 불쾌한 정보보다 유쾌한 정보가 더 잘 회상되는 경향이 있다.
  ㉢ 계열위치 효과: 목록에서 처음 항목과 마지막 항목을 가장 잘 회상하는 현상이다.

3. 처리 수준

(1) 처리 수준

사람들은 언어를 상이한 수준에서 처리하며, 처리깊이는 장기파지에 영향을 미친다.

(2) 크레이크와 록하트의 처리깊이이론(1972)

① 처리가 깊을수록(의미적일수록) 파지가 우수: 피상적 수준에서 처리된 정보는 쉽게 망각되고, 의미적 수준에서 처리된 정보는 지속기간이 길다.
② 얕은 처리: 단어의 구조나 외형에 근거한 기본 수준에서의 부호화이다.
③ 깊은 처리: 단어의 의미에 근거하여 부호화하는 것이다.

4. 도식과 스크립트

(1) 도식(schema)

① 도식은 특정 대상이나 연속적인 사건에 대한 지식의 조직화이다.
② 기억 속에 저장되어 있는 정보는 도식을 위주로 조직화되어 있는데, 대상이나 사건의 회상은 개인이 관찰한 실제와 개인이 가지고 있는 도식의 영향을 받는다.

(2) 스크립트(각본, script)

① 도식의 한 종류로, 일상생활(㉠ 극장가기, 등산, 찻집가기)에서 친숙한 상황에 대한 도식적 지식이다.
② 스크립트는 일상적인 활동에 대해 알고 있는 것을 조직화해준다.

5. 기억의 재구성과 법정에서의 목격자 진술

(1) 바틀릿(Bartlett, 1932)

① 실험 참가자가 자신의 기대와 신념의 도식에 맞춰 기억을 재구성하기 때문에 기억의 왜곡현상이 발생한다.

② 사람들은 자신이 가진 일반적인 지식과 기대를 단편적인 사실과 결합하여 하나의 이야기로 재구성한다.

(2) 도식이론

① 회상 내용에는 실제 사건의 세부사항도 포함되지만 부분적으로는 실험 참가자가 자신이 기존에 가지고 있는 도식에 근거하여 재구성한 것도 포함된다.

② 이러한 결과는 도식적 지식이 회상에 중요하다는 것을 시사한다.

(3) 기억의 재구성에 대한 연구

① 기억이 과거 경험의 완전한 복사판이 아니라는 사실을 입증했지만 이러한 재구성 모형의 문제점은 재구성적 오류와 구성적 오류를 구분하기 어렵다는 것이다.

② 구성적 오류: 부호화와 저장 단계에서 일어나는 왜곡이다.

③ 재구성적 오류: 인출 단계에서 자신의 도식 및 스크립트와 일치시키려는 왜곡이다.

(4) 법정에서의 목격자 진술

① 로프터스(Loftus, 1979)는 목격자 증언에서 기억의 재구성 오류가 흔히 일어난다는 점을 지적했다.

② 목격자의 증언은 검사나 경찰이 던진 질문의 형태에 따라 달라질 수 있다.

③ 특히 기억의 신뢰도 문제는 그 대상이 아동 목격자인 경우에 더욱 심각하다.

➡ 아동의 기억은 다른 사람에 의해 영향을 더 많이 받을 수 있고, 특히 정서적으로 매우 불안정하거나 스트레스 상황에서는 더욱 그렇다.

6. 손상된 기억

(1) 진행성(순행성) 기억상실증(anterograde amnesia)

① 측두엽의 특정 부위(특히 해마, 대뇌의 기저에 가까이 위치하는 구조들)가 제거되었을 때 발생한다.

② 일반적으로 손상 전에 학습한 것을 기억해내는 데 어려움이 없지만, 새로운 사실을 학습하는 데 어려움을 느낀다.

③ 코르샤코프 증후군(Korsakoff syndrome): 만성 알코올 중독증 환자에게서 발견되기도 하는데, 이 환자들은 치매 증상을 함께 보인다.

④ 심한 간질발작 증상을 제거하기 위한 신경외과적 수술의 부작용으로 나타나기도 한다. 예 H. M. 사례

(2) 역행성 기억상실증(retrograde amnesia)

① 사고나 뇌진탕이 일어나기 전의 얼마간의 기억이 상실되는 증상을 나타낸다.

② 기간은 며칠이나 몇 주 정도로 짧을 수도 있지만, 어떤 경우 훨씬 오랜 기간에 걸쳐 나타날 수도 있고 심지어 수년 전의 과거에 대해 일어나기도 한다.

③ 역행성 기억상실은 진행성 기억상실과 함께 나타난다.

④ 기억흔적 응고화(trace consolidation): 손상 직전의 기억은 응고될 시간이 없었기 때문에 망각될 가능성이 더 높다는 것이다. 기억이 응고화되기 전에는 굳기 전의 시멘트 반죽과 같이 손상되기 쉽기 때문에, 시간상으로 얼마 되지 않은 기억흔적은 망각에 대한 저항력을 갖는 데 시간이 필요하다고 본다.

1. 망각

(1) 망각

① 망각: 이전에 경험하였거나 학습한 것에 대한 기억을 일시적 또는 영속적으로 떠올리지 못하는 것이다.

② 의사망각(pseudo-forgetting): 정보를 부호화하지 못하여 나타나는 것으로, 주의결함에 의해 생긴다.

ㄱ 새로운 기억부호를 형성했는데도 망각이 일어나는 것은 비효율적 부호화 때문: 처리 수준에 관한 연구에서는 부호화 과정에서 망각이 일어나기 쉽다고 한다.

예 책을 읽고 있는데 주의가 분산되었다면 단순히 책 내용을 소리내어 읽는 것에 불과하다.

ㄴ 음운적 약호화는 의미적 약호화보다 파지가 저조: 읽었던 정보를 기억할 수 없다면 비효율적 부호화 때문에 망각이 일어난 것으로 볼 수 있다.

2. 망각의 원인

(1) 소멸이론(decay theory)

① 시간의 경과에 따라 기억흔적이 쇠퇴하기 때문에 망각이 일어난다는 것이다.

② 소멸이론에서는 망각의 원인을 시간의 경과로 주장한다.

(2) 대치(치환, displacement)이론

작업기억의 용량 때문에 나타나는 현상으로, 새로운 정보가 이전의 정보를 밀어내고 대신 자리를 차지하는 것이다.

(3) 간섭이론(interference theory) 기출 19

① 정보가 서로 경합을 벌이기 때문에 망각이 일어난다는 입장이다.

② 검사자극과 간섭자극이 유사할수록 간섭이 더 많이 일어나겠지만, 유사성을 감소시키면 간섭도 감소한다.

③ 간섭의 종류

ㄱ 역행간섭(retroactive interference): 새로운 정보가 이전에 학습한 정보의 파지를 방해하는 것이다.

ㄴ 순행간섭(proactive interference): 이전에 학습한 정보가 새로운 정보의 파지를 방해하는 것을 말한다.

(4) 계열 위치 곡선(serial position curve)

① 목록 내 기억항목의 위치, 즉 항목이 제시된 순서에 따라 각 단어의 회상률을 나타낸 도표를 의미한다.

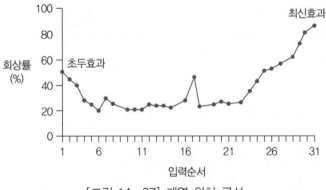

[그림 14-37] 계열 위치 곡선

② 임의의 단어를 순서대로 제시하고, 피험자로 하여금 일정 시간 후 회상하도록 요구하면 초두 효과와 최신 효과가 나타난다.

    ㉠ 초두 효과(primacy effect): 목록의 전반부에 제시된 단어가 후반부에 제시된 단어의 회상에 간섭하여 상대적으로 전반부의 단어가 잘 회상되는 것처럼 보이기 때문에 순행간섭의 영향이 원인인 것으로 해석할 수 있다.

    ㉡ 최신 효과(recency effect): 후반부에 제시되는 단어가 잘 회상되는 것처럼 나타나므로, 역행간섭의 영향이 원인이라고 해석할 수 있다.

3. 인출 실패

(1) 인출실패이론

① 저장된 정보를 인출할 단서가 부족하기 때문에 망각이 일어난다고 본다. 저장된 정보에 부합하는 인출 단서를 찾지 못해 제대로 인출되지 않는다는 것이다.

② 설단현상(tip of tongue phenomenon): 어떤 사실을 알긴 하지만 말하려고 하면 갑자기 말문이 막히면서 혀끝에서만 빙빙 맴돌 뿐 말로는 표현되지 않는 것이다.

    ➡ 정보를 부호화할 때 제대로 조직화하지 못하거나, 저장된 정보를 인출하는 데 영향을 미치는 적절한 인출단서가 존재하지 않기 때문이다.

③ 부호화 특수성 원리: 정보를 부호화했던 맥락이 인출하는 맥락과 유사할수록 인출 가능성이 높아진다.

④ 프로이트(Freud)의 동기화된 망각(motivated forgetting)

    ㉠ 프로이트는 사람들이 불쾌하고 고통스러운 기억은 무의식 속에 파묻어둔다고 보았다.

    ㉡ 이때 생각하고 싶지 않은 사상과 관련된 기억을 망각하려는 경향을 동기화된 망각이라고 한다.

    ㉢ 동기화된 망각은 의도적으로 기억을 억압한 결과로 나타난다.

(2) 회상과 재인

① 회상(recall): 어떠한 단서나 도움이 제공되지 않은 상황에서 장기기억의 정보를 인출해내는 것이다.

② 재인(recognition): 단서나 도움이 제공되는 상황에서 장기기억의 정보를 인출해내는 것이다.

③ 회상보다 재인이 쉽고 사람들도 회상보다 재인을 더 잘하는 경향이 있다. 이는 회상하지 못한다고 해서 모두 망각된 것은 아니라는 점을 보여준다.

19   기억 향상 전략

1. 충분한 시연과 분산학습

(1) 시연

① 시연이 많을수록 파지가 증가하는데, 시연이 장기기억으로 정보가 전이되는 것을 도와주기 때문이다.

② 시연은 모든 수준에서 반복 효과가 나타나지만, 정보의 중요도가 가장 높을 때 효과가 가장 크다.

③ 시연을 반복할수록 그 정보에 대한 친숙성이 증가할 뿐만 아니라 중요한 부분에 선택적으로 초점을 둘 수 있게 된다.

(2) 과잉학습과 분산학습

① 과잉학습: 처음 자료를 완전히 숙달한 후에도 계속해서 그 자료를 시연하는 것을 말한다.

② 연구 결과: 50% 과잉학습은 회상량을 크게 증가시키지만, 100% 과잉학습은 회상량을 더 증가시키지 않는다.

③ 분산학습: 연구 결과에 따르면 집중학습보다 분산학습이 효과적이다. 특히 연습기간이 상당히 길 때에 효과성이 더 크다.

2. 간섭과 처리 수준

(1) 간섭의 최소화

간섭은 망각의 주요 원인이기 때문에 간섭을 최소화하는 방법이 기억에 도움이 된다.

(2) 손다이크(Thorndyke)와 헤이스-로크(Hayes-Roch, 1979)

① 유사한 자료라고 하더라도 날짜를 다르게 해서 학습하면 간섭이 덜 일어난다.

② 가능하면 시험 전날은 시험 보는 과목을 공부하고, 시험 전날에 다른 과목 공부도 해야 한다면 내일 시험 보는 과목을 공부해야 한다.

③ 다른 정상적인 활동도 간섭을 일으킬 수 있기 때문에 시험 직전에 해당 과목을 훑어보는 것이 좋다. 중간의 다른 활동에서 비롯된 간섭을 방지할 수 있기 때문이다.

(3) 깊은 처리 수준

① 처리수준론적 이론에 따르면 단순히 자료를 반복하는 것보다 깊게 처리하는 것이 기억에 도움이 된다.

② 기계적 반복에 시간을 허비하지 말고 자료의 의미에 관심을 두고 분석하는 데 더욱 많은 시간을 할애해야 한다. 특히, 자료에 개인적인 의미를 부여하는 것이 도움이 된다.

3. 언어적 부호화

(1) 이합법과 두문자법

① 이합법(acrostics): 각 단어의 머리말을 단서로 사용하여 정보를 기억하는 방법이다.

② 두문자법(acronym): 각 단어의 머리말을 사용하여 새로운 단어를 만드는 방법이다.

(2) 이야기 구성

① 기억할 단어를 적절히 배열해서 이야기 형태로 바꾸면 효과적이다.

② 이야기를 구성하면 단어의 의미가 증가하고, 기억하려는 단어를 이야기 속에 순서대로 배열할 수도 있다.

③ 일반적으로 10개의 단어목록을 학습하면 역행간섭이나 순행간섭이 일어나는데, 이야기를 구성하면 목록이 구분되고 간섭이 줄어들며 각 단어가 정교화되어 회상량이 증가한다.

4. 시각적 심상 형성

(1) 연결법(link method)

① 기억해야 할 항목들이 서로 연결될 수 있게 심상을 형성하는 것이다.

② 심상을 형성할수록 기억에 더 도움이 된다.

> 예 펜, 잡지, 면도용 크림, 필름, 연필 등을 기억하기 위해 어떤 인물이 펜과 면도용 크림을 손에 들고 있는 잡지의 표지를 상상하는 것

(2) 장소법(method of loci)

잘 아는 장소에 대한 심상을 형성하고, 이 장면에 기억해야 할 항목을 여러 장소에 배치하며 상상하는 것이다.

🔲 학교 가는 길에 기이하게 생긴 집이 한 채 있고, 나무와 야구장이 있다면 기이하게 생긴 집의 지붕 꼭대기에 굴뚝 대신 양말이 휘날리는 모습, 가위로 나무를 자르는 모습, 야구장의 1루부터 3루까지 사과가 한 개씩 놓여 있는 모습을 상상하는 것

(3) 핵심단어법(keyword method)

① 구체적인 단어와 추상적인 단어를 연결하고, 구체적인 단어에 대한 심상을 형성하는 방법이다.

🔲 책을 의미하는 스페인어인 'libro'라는 단어를 외우기 위해 소리와 형태가 유사한 영어 단어의 'liberty'를 연상한 다음, 자유의 여신상이 횃불 대신 큰 책을 높이 쳐들고 있는 모습을 상상하는 것

② 핵심단어법은 어떤 단어를 동운(同韻)의 단어와 연결 짓고 그 단어와 핵심어가 상호작용하는 심상을 형성한다.

5. 정보의 부호화와 조직화

(1) 조직화

① 조직화는 학습내용의 요소들 간에 내적 연결구조를 만들어 논리적으로 구성·위계화하는 것으로, 복잡한 내용을 보다 쉽게 이해하도록 돕는다.

🔲 주요 주제와 아이디어의 개요 작성, 정보를 개념지도나 흐름도 등으로 도식화하는 것

② 읽어야 할 내용의 개요를 파악하면 자료를 위계적으로 조직화하는 데 도움이 되며, 개요 파악은 정보의 의미를 이해하는 데도 도움이 된다.

(2) 정교화(elaboration)

① 어떤 자극을 약호화하면서 다른 정보와 관련짓는 것으로, 새롭게 유입되는 정보를 이전 지식과 관련을 맺도록 하여 기억하는 전략이다.

🔲 공포증이 고전적 조건형성을 통해 학습된다는 것을 알고 있는 사람은 자신의 거미 공포증을 고전적 조건형성으로 설명해봄으로써 학습한 내용을 정교화할 수 있다.

② 정교화를 하면 연합이 증가되어 기억에 도움이 되며, 파지량의 차이는 정교화의 차이로 설명할 수 있다.

(3) 시각적 심상(image)

① 어떤 단어를 기억할 때 그 단어의 시각적 상을 형성하는 것으로, 약호화를 증가시키는 데 사용하는 방법이다.

🔲 마술사라는 단어를 기억할 때 마술사가 요술을 부리는 장면을 떠올리는 것

② 파이비오(Paivio), 스미스(Smythe), 유일(Yuille)의 연구 결과(1968)

㉠ 추상적인 개념보다 구체적인 대상의 심상 형성이 더 쉽고, 심상 형성의 용이성이 기억에 영향을 준다.

㉡ 심상은 기억을 촉진시킨다. 심상은 두 번째 기억부호가 될 수 있으며, 기억부호는 하나일 때보다 둘일 때 더 도움이 되기 때문이다.

㉢ 이중부호화 이론: 의미적·시각적 부호화는 회상을 유도하기 때문에 기억이 증진된다.

(4) 자기참조적 부호화(self-reference encoding)

① 어떤 정보를 자신과 관련짓거나 관련짓는 정도를 의미한다.

② 즉, 주어진 자료에 개인적 의미를 부여하는 것이 부호화를 증가시킨다.

20 사고와 문제 해결

1. 개념과 범주

(1) 개념(concept)

① 의미: 사물이나 사건 또는 그 밖의 자극들이 가진 공통된 속성을 묶거나 범주화하는 심적 표상을 말한다.

② 개념은 추상적인 표상, 기술, 정의이며 사물의 분류나 범주를 지칭하는 역할을 한다.

(2) 위계성과 전형성

① 위계적 구조(hierarchical structure): 대상이나 행위 등의 개념은 속성 차원의 범주에 근거하여 위계적 구조로 표상되어 있다.

　㉠ 예컨대 사과의 개념은 상위 개념인 과일과 하위 개념인 부사로 구성된다.

　㉡ 기본 수준(basic level): 사과는 상위 개념과 하위 개념의 중간에 위치하므로 기본 수준의 개념이라고 한다.

　㉢ 기본 수준은 우리가 흔히 표현되는 개념으로 볼 수 있다.

② 원형(prototype) 이론: 범주를 대표하는 전형적인 모델의 속성에 기초해 개념을 분류하는 것이다.

　예 과일에는 사과, 복숭아, 키위 등이 있지만 일반적으로 과일의 범주를 인출하라고 하면 사과가 가장 먼저 떠오르고, 키위는 잘 떠오르지 않는다. 이는 사과가 다른 과일의 속성을 가장 많이 공유하고 있기 때문이다.

(3) 본보기(실례, exemplar) 이론

① 의미: 새로운 사례를 이미 저장된 범주의 다른 사례와 비교하여 범주적 판단이 이루어진다는 것이다.

② 본보기 이론에서는 경험을 통해 축적한 실제 예시를 바탕으로 개념을 학습하고 범주화한다고 본다.

2. 문제 해결

(1) 알고리즘과 어림법

① 알고리즘(algorithm): 정해진 규칙과 절차에 따라 신속하고 정확하게 문제를 해결하는 방법이다.

　예 '한 반에 정원이 100명인 반에서 철수는 5등을 했다. 그렇다면 철수는 반에서 상위 몇 %에 들어가는 것인가?'의 질문을 한 경우, 이 질문을 듣고 나서 '5÷100×100'이라는 공식을 적용하여 바로 상위 5% 내에 든다는 정답을 도출하는 것

② 어림법(간편법, 휴리스틱, heuristic): 문제 해결을 위한 비규정적이고 직관적인 전략이다.

　㉠ 비구조화된 문제나 잘 정의되지 않은 문제에 적용할 수 있는 문제 해결 전략이다.

　㉡ 어림법으로 반드시 문제가 해결되는 것은 아니지만, 과제가 복잡하고 친숙하지 않을 때는 알고리즘보다 어림법이 문제 해결에 더 효과적인 경우가 많다.

(2) 통찰과 갖춤새

① 통찰: 문제 해결과정 중 해결에 결정적인 역할을 하는 방법을 갑작스럽게 발견하고 이해하는 현상이다.

② 마음갖춤새(mental set): 문제를 표상하는 데 사용되었던 기존의 심적 틀을 계속 이용하려는 경향을 의미한다.

  ⊙ 주어진 문제를 해결할 책략을 적용하는 과정에서 같은 문제에 대한 똑같은 실수를 계속하는 경우다.

  ⓒ 이는 문제 해결의 여부와 관계없이 일반적으로 많이 사용되는 문제 해결방식에 자신도 모르게 고착(fixate) 되는 것이다.

  ⓒ 사회인지적 측면에서 이러한 마음갖춤새는 고정관념 등과 같은 현상으로 나타나기도 한다.

③ 확증편향(confirmation bias): 자신의 선입견을 확증해 주는 정보를 찾는 경향성으로, 자신의 믿음이나 신념에 유리한 정보에는 지나치게 관대하고, 그와 반대인 정보에는 지나치게 적대적이거나 인색한 것을 말한다.

④ 기능적 고착(functional fixedness): 한 대상을 그것의 가장 일반적인 한 가지 사용법만 가지고 있는 것으로 지각하여 다른 기능으로서의 사용 가능성에 대해 닫혀 있는 경향을 말한다. ⑩ 던컨의 양초 문제

  ⊙ 기능적 고착은 사물의 기능을 고정된 것으로 지각하는 경향을 말하며, 우리의 사고를 한정하는 하나의 마인드버그다.

  ⓒ 문제 해결이 어려운 이유는 우리는 도식화된 지식을 있는 그대로 적용하여 문제 해결을 시도하기 때문이다.

3. 의사결정

(1) 의사결정이론

① 초기 이론의 의사결정 과정

  ⊙ 가능한 모든 대안과 정보를 고려하고,

  ⓒ 대안의 세부 차이를 완벽하게 구분하며,

  ⓒ 선택 과정에서 선정되는 대안은 가장 합리적인 결정을 따른다.

② 최근의 의사결정이론: 합리적이고 객관적인 선택을 하기보다는 개개인이 판단한 주관적 효용(utility) 가치를 따른다.

(2) 편향과 어림법(Tversky & Kaneman)

① 대표성 어림법(representativeness heuristic): 어떤 사건의 발생 가능성을 그것의 전형적인 사례에 부합하는 정도에 따라 판단하는 방법이다.

  ⑩ 동전을 8번 던져서 무작위로 앞면과 뒷면이 나오는 경우를 예상할 때, '앞-앞-앞-앞-뒤-뒤-뒤-뒤'가 나타나는 확률과 '앞-앞-뒤-앞-뒤-뒤-앞-뒤'가 나올 확률은 동일하다. 하지만 사람들은 전자보다 후자가 확률이 높다고 생각하는데, 이는 후자가 좀 더 무선적 사건의 확률을 좀 더 대표하고 있는 것처럼 보이기 때문이다.

② 가용성 어림법(availability heuristic): 어떤 사건의 발생빈도나 가능성을 기억에서 떠올리기 쉬운 사례를 기준으로 판단하는 방법이다. 관련된 사례가 마음속에 쉽게 떠오르는 정도는 그 사건의 빈도뿐만 아니라 최신성, 생생함, 차별성과 같은 요인의 영향을 받기도 한다.

  ⑩ 시험 참가자들에게 천식, 간염, 당뇨, 살인, 화재, 홍수 등 다양한 사망 원인의 빈도를 추정하도록 했다. 그 결과 피검자들은 사망의 원인으로 살인, 화재, 홍수처럼 머릿속에 쉽게 떠오르는 사건의 빈도를 천식, 간염, 당뇨처럼 그렇지 않은 사건의 빈도보다 더 높게 잘못 추정했다. 살인이나 화재로 인한 사망은 당뇨나 간염으로 인한 사망에 비해서 더 특이하고 주목을 더 받기 때문에 생생하게 기억에 남는 경향이 있다.

(3) 틀(프레이밍, framing) 효과 [기출 23]

① 의미: 한 문제가 어떤 식으로 표현되는지(틀 속에 들어가는지)에 따라 동일한 문제에 서로 다른 대답들이 나타나는 것이다.

② 틀 효과는 문제를 제시하는 방식에 따라 결정과 판단에 영향을 주는 것으로 어떤 문제, 질문 혹은 사건을 둘러싸고 있는 맥락을 어떻게 정의하느냐에 따라 그 맥락에 대한 지각이나 평가가 달라진다.

> 예 한 의사는 환자에게 수술 중에 10%가 사망한다고 말한다. 다른 의사는 90%가 생존한다고 말한다. 정보는 동일하지만 효과는 그렇지 않다. 조사 결과를 보면, 환자와 의사 모두 10% 사망한다고 들었을 때 위험이 더 큰 것처럼 들린다고 말하였다.

③ 매몰비용의 오류(suck-cost fallacy): 사람들이 이미 투자한 비용을 고려해서 현재 상황에 대한 결정을 내리는 것이다.

> 예 가장 좋아하는 밴드의 야외공연을 보기 위해 장장 3시간 동안 줄을 서서 10만원이라는 돈을 주고 티켓을 구입하는 상황을 상상해 보자. 하지만 공연 당일 너무 춥고, 비까지 내리고 있다. 만약 콘서트에 간다면, 분명 비참한 기분이 들 것이다. 하지만 티켓을 구입하는 데 들어간 10만원이라는 돈과 시간이 아까워 공연을 보러 가기로 한다.

  ㉠ 매몰비용: 경제적 관점으로 이미 발생하여 회수할 수 없는 비용이다.

  ㉡ 매몰비용의 오류: 매몰비용 때문에 이미 실패한 또는 실패할 것으로 예상되는 일에 시간, 노력, 돈을 투자하는 것이다.

④ 전망이론(prospect theory, Tversky & Kaneman): 위험, 불확실성, 손실 및 이득에 대한 사람들의 태도가 그들의 의사결정에 미치는 영향을 설명한다.

  ㉠ 사람들은 확률을 정확하게 계산할 수 있는 능력이 없고 대부분의 경우에는 앞으로 얻을 수 있는 이득보다는 손실에 대한 두려움이 사람들의 의사결정에 더 큰 영향을 미친다.

  ㉡ 100% 확률로 90만원을 벌 수 있는 경우와 90% 확률로 100만원을 벌 수 있는 경우 사람들은 후자보다는 전자를 선택하기 쉽다. 왜냐하면 이처럼 위험요소를 내포하고 있는 판단과제에서 이득을 보는 경우, 사람들은 그 상황을 이득 프레임으로 지각해서 확보한 이익을 지키는 것을 더 중시함으로써 더 많은 이익을 얻기 위한 위험을 회피하는 경향을 보기 때문이다.

  ㉢ 반대로, 100% 확률로 90만원을 손해 보는 경우와 90% 확률로 100만원을 손해 볼 수 있는 경우 중 사람들은 전자보다 후자를 선택하기 쉽다. 왜냐하면 손실을 보는 상황에서 사람들은 그 상황을 손실 프레임으로 지각함으로써 확정된 손실을 기피하기 위해 모험적인 선택을 하는 경향을 보이기 때문이다.

(4) 인지적 편향

① 인지적 편향: 사람들의 사회적 판단에서 잘못된 결론에 도달하게 만드는 사고방식을 말한다.

② 인지적 편향의 원인

  ㉠ 정보를 수집하고 정보를 찾는 과정에서 편향이 있을 수 있다.

  > 예 자신의 생각을 지지하는 증거나 정보를 찾을 수 있다.

  ㉡ 직관적 사고와 감정에 기초한 문제 해결에서 찾을 수 있다. 직관은 자동적으로 활성화되는 빠른 인지과정이기 때문에 별다른 노력이 필요 없지만 오류를 범할 가능성을 내포하고 있다.

③ **사후가정적 사고(counterfactual thinking)**: 어떤 사건을 경험한 후에 일어날 수도 있었지만, 결국 일어나지 않은 가상의 대안적 사건을 생각해 보는 현상이다.

  ➡ 자신의 삶에서 발생한 사건이 달리 나타났다면 어떠했을까, 혹은 '만약…했다면 했을 텐데'와 같은 조건문 형태로 표현되는 사고이다.

  ㉠ **상향적 사후가정적 사고**: 실제 상황보다 좀 더 긍정적인 결과를 상상하는 것으로, 이런 사고에는 후회 같은 부정적 감정이 뒤따라오게 된다.

  ㉡ **하향적 사후가정적 사고**: 실제 상황보다 좀 더 부정적인 결과를 상상하는 것으로, 이런 사고에는 안도감과 같은 긍정적 감정이 뒤따라오게 된다.

④ **착각상관(illusory collelation)**: 아무런 관계가 없거나 약한 관계가 있는 두 사건에 대하여 서로 관계가 있다고 잘못 생각하는 현상이다.

  ㉔ 수능시험을 보는 날은 날씨가 춥다는 믿음, 날씨가 좋으면 주가가 오른다는 생각

  ㉠ **사전기대**: 두 사건이 논리적으로 관련이 있어야 한다는 믿음, 즉 실제 관계가 없음에도 불구하고 관계가 있기를 바라는 사전기대가 원인이 된다.

    ㉔ 흑인에 대한 고정관념을 가지고 있는 사람은 흑인과 범죄를 연결시키는 토대를 이미 가지고 있을 수 있다.

  ㉡ **정보의 독특성**: 소수집단과 같이 다수집단에 비해 수가 작은 집단은 더 눈에 띄고, 일상적인 행동에 비해 발생 빈도가 낮은 폭행과 같은 행동에 대한 정보가 눈에 더 잘 띈다.

⑤ **확증편향(confirmation bias)**: 자신의 신념에 부합하는 정보만을 취하고 그렇지 않은 정보를 무시함으로써 자신의 생각이나 가설을 확증하는 쪽으로 결론을 내리려는 인지적 경향성이다.

⑥ **사후확신편향(hindsight bias)**: 과거에 일어난 일의 결과를 알고 난 후에 마치 처음부터 그 결과를 알고 있었던 것처럼 믿는 현상이다.

  ㉔ 위기가 일어나고 나면 이후 "나는 이게 올 것을 알고 있었다."고 주장하는 사람들로 넘쳐난다.

⑦ **과잉확신(과신, overconfidence)**: 자신의 생각과 믿음이 실제보다 더 정확하다고 지각하는 현상이다.

⑧ **신념집착(belief perseverance)**: 자신의 생각 토대가 잘못된 것으로 판명되어도 처음 생각에 매달리는 것이다.

참고 **넛지**

  '넛지'는 다른 사람으로 하여금 어떤 행동을 하도록 권유하는 의미로 '옆구리를 툭툭 치다'라는 영어 단어 'nudge'를 소리나는 대로 한글로 쓴 용어이다. 이 용어는 행동 경제학자들에 의해 만들어지고 활용되었다. 행동경제학은 원래 실험심리학자였던 카네만(Kahneman)이 동료인 트버스키(Tversky)와의 공동 연구를 통해 인간의 사고 과정이 논리나 통계학의 원리에 따르기보다는 빠르지만 틀리기 쉬운 여러 직관에 따른다고 밝히면서 시작되었다. 이 직관은 '어림법'이라 불리는데, 효용 극대화나 기댓값과 같은 규범적 시스템보다는 제한된 상황에서 작동하지만 나름대로 규칙성을 갖는다. 예를 들면 손실은 혐오하고, 공짜를 좋아하며, 지금 당장의 이익에 영향을 받는다는 것이다. 어림법은 의도적으로 노력해도 극복하기 어려울 때가 많다. 따라서 이를 바꾸려고 노력하기보다는, 이들을 보다 합리적인 방식으로 활용하는 방안을 찾아내고 정책으로 도입할 것을 제안한다. 한 예는 사후 장기기증 서약률을 높이기 위해 기정치 편향을 이용하는 것이다. 기정치 편향이란 아무것도 안 해도 이미 어떤 결정을 내리도록 한 상황에서는 아무것도 안 하는 결정을 내린다는 것이다. 사후 장기기증 비율에서 나타나는 국가 간 차이는 이를 잘 보여준다. 오스트리아와 프랑스의 경우 99% 이상이 장기기증을 하지만, 독일의 경우 12%에 불과하다. 그 이유는 독일 사람들이 더 이타심이 없어서가 아니다. 다른 두 나라에서와 달리 독일에서는 장기기증을 하지 않는 것이 기정치이기 때문에 장기기증을 하려면 그렇게 하겠다는 서류를 제출해야 한다. 이런 원리를 이용하여 더 많은 사람이 퇴직 후 안정된 생활을 하도록 연금에 들게 하기 위해, 연금에 드는 것을 기정치로 하고 원치 않는 사람들로 하여금 추가 서류를 내도록 한다.

제 6 절 사회심리

21 사회적 지각

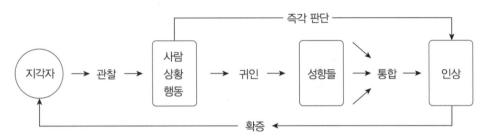

- 사회적 지각과정은 사람들이 타인을 이해하는 주관적 과정이다.
- 사회적 지각은 관찰. 귀인. 통합 및 확증으로 이루어진다.

[그림 14-38] 사회적 지각과정

1. 귀인

(1) 귀인(attribution)

① 정의: 사람들의 행동이나 사건에 대한 원인을 찾아가는 과정을 의미한다.

② 기능

 ㉠ 귀인은 환경을 예측하고 통제하는 데 도움을 준다.

 ㉡ 귀인은 감정, 태도, 행동을 결정하는 역할을 한다.

 ㉢ 과거의 수행에 대한 귀인은 미래의 수행에 영향을 준다.

(2) 귀인 방식

① 원인의 소재: 특정 행위의 원인을 행위자의 내적 요인과 외적 요인 중 어느 것에서 찾을지의 문제이다.

 ㉠ 내부귀인: 자신이나 타인의 행동을 행동한 사람의 성격, 태도, 동기, 능력 등 내적 요인에 귀인하는 경우

 ㉡ 외부귀인: 자신이나 타인의 행동을 타인의 압력, 금전, 사회적 상황, 날씨 등 외적 요인에 귀인하는 경우

② 안정성 차원: 행위의 원인이 시간적 측면에서 안정적인지 불안정한지의 문제이다.

③ 통제성 차원: 어떤 원인을 개인이 통제할 수 있는지 없는지의 문제이다.

④ 차원에 따른 분류

안정성 통제성	내부		외부	
	안정	불안정	안정	불안정
통제 가능	일반적으로 투자하는 노력	특정 과제에 투자한 노력	교사의 호의	기대하지 않은 타인의 도움
통제 불가능	능력	기분	과제의 용이성	운

(3) 공변 모형(covariation principle)

① 공변 원리: 특정한 원인이 존재할 때만 어떤 효과가 나타나서 원인과 효과가 공변하면 그 효과를 그 원인에 귀인하게 되는데, 이를 공변 원리라고 한다.

② 켈리(Kelly)의 공변 모형(1967): 사람들은 합의성, 특이성, 일관성의 3가지 정보가 특정 행동과 함께 변하는 정도를 고려한다.

　ㄱ 합의(합치)성: 판단의 대상인물 이외의 다른 사람들도 그와 같은 행동을 보였는가?

　ㄴ 특이성: 대상인물이 그 행동을 하게 만든 자극 이외에 다른 자극에서도 같은 반응을 보였는가?

　ㄷ 일관성: 대상인물이 그 행동을 하게 만든 자극에 대해 다른 경우(시간, 장소)에도 같은 행동을 보였는가?

③ 타인의 행동 원인 판단

　ㄱ 합의성: 대부분의 사람도 그렇게 행동하는가?

　ㄴ 특이성: 그 사람은 이와 비슷한 다른 행동도 하는가?

　ㄷ 일관성: 그 사람은 이 행동을 정규적으로 하는가?

④ 공변 모형의 예시

　ㄱ 상황: 치즈 모양의 모자를 쓰고 있는 사람이 있다.

　ㄴ 공변 모형에 따른 행동 분석

　　ⓐ 타인의 행동원인 판단

　　　• 합의성: 다른 사람들도 이 모자를 쓰고 있는가?

　　　• 특이성: 그는 다른 이상한 행동들도 하는가?

　　　• 일관성: 그는 통상 이 모자를 쓰고 있는가?

　　ⓑ 상황귀인(저일관성＋고합의성＋고특이성): 어떤 사람이 치즈 모양의 모자를 쓰고 있다. 하지만 이 사람은 평소에 모자를 잘 쓰지 않으며(저일관성), 오늘은 다른 사람들도 치즈 모자를 쓰고 있고(고합의성), 다른 이상한 행동은 하지 않는다면(고특이성) 상황귀인을 한다.

　　ⓒ 성향귀인(고일관성＋저합의성＋저특이성): 어떤 사람이 치즈 모양의 모자를 쓰고 있는데, 이 사람은 매일 그 모자를 쓰고(고일관성), 오늘은 치즈 모자를 쓴 사람이 아무도 없으며(저합의성), 그가 광대 신발도 신고, 지나가는 사람에게 "빵빵"이라고 말하는 등 이상한 행동도 하는 경향이 있다면(저특이성) 성향귀인을 한다.

> **더 알아보기**　**공변 모형에 따른 행동 분석의 예**
>
> 1. **상황**: 영수가 어떤 개그 프로그램을 보고 배를 잡고 웃고 있다. 여기서 사람들은 '영수가 왜 그렇게 재미있어 하는가'에 대해 그 원인으로 3가지 가능성을 추리한다.
> 2. **공변 모형에 따른 행동 분석**
>   • 내부귀인: 다른 사람들은 그 개그 프로그램을 보고 재미있어 하지 않는다는 정보(저합의성)가 있다면 사람들은 영수가 원래 잘 웃는 사람이기 때문이라고 생각하게 될 것이다.
>   • 외부귀인
>   　– 첫째, 영수가 다른 개그 프로그램을 보고는 잘 웃지 않는다는 정보(고특이성)가 있다면 사람들은 그 개그 프로그램이 매우 재미있었기 때문이라고 판단할 것이다.
>   　– 둘째, 영수가 다른 때는 그 개그 프로그램을 보고 잘 웃지 않았다는 정보(저일관성)가 있으면 그때의 상황이 영수를 잘 웃게 만들었기 때문이라고 추리할 것이다.

(4) 귀인 오류(편파, 편향)

구분	내용
행위자-관찰자 편향	동일한 행동을 다른 사람이 했을 때는 성향귀인을 하고, 자신이 했을 때는 상황귀인을 하는 경향성 예 다른 사람이 특정 과목에 좋은 성적을 받지 못하면 그가 무능하거나 성실하지 않았기 때문이라고 생각하는 반면, 자신이 그랬을 경우 시험이 너무 어렵거나 터무니없기 때문이라고 생각하는 경향
기본적 귀인 오류	타인의 행동을 설명할 때, 상황적 영향은 무시하고 개인 특성의 영향을 과대평가하는 경향성 예 친구가 장학금을 받은 원인을 운이 좋았다기보다 노력했기 때문으로 생각하며, 동사무소 직원의 불친절을 더운 날씨 때문이 아니라 고약한 성격 탓으로 돌리는 것
자기기여(고양) 편향 (자기본위적 편향)	자신의 행동을 설명할 때 나타나는 편향으로, 행동의 결과가 좋으면 내부귀인(자기고양 귀인), 결과가 나쁘면 외부귀인(자기방어 귀인)을 하는 경향성 예 잘 되면 내 탓, 못 되면 조상 탓
거짓 일치성 효과	자신의 태도와 행동이 실제보다 더 일반적이라고 가정하는 것
자기중심적 편향	똑같은 일이라도 자신이 하면 좋은 것이고, 다른 사람이 하면 좋지 않은 것으로 생각하는 경향

2. 인상 형성

(1) 인상 형성과정

① 상대에 대한 몇 가지 피상적인 인상 정보를 알면 이를 바탕으로 다수의 미확인 정보를 추론하게 된다.

② 수집한 정보 중 최종 인상 판단에 사용할 정보를 선별하고, 마지막으로 선별한 정보를 통합하여 전반적인 인상을 형성한다.

(2) 인상 정보의 추론

① 도식(schema): 어떤 대상이나 개념에 관한 조직화되고 구조화된 신념을 의미하며, 인상 정보는 도식에 크게 의존한다.

② 인상 형성에 큰 영향을 미치는 도식: 고정관념과 내현성격이론이 있다.

구분	내용
고정관념	• 어떤 집단이나 사회적 범주에 속하는 구성원의 전형적인 특성에 관한 신념 예 노처녀는 신경질적이고 곱슬머리를 가진 사람은 고집이 세다고 생각하는 것 • 고정관념을 가지면 그 범주의 모든 구성원이 그 특징을 공유하는 것으로 과잉일반화하게 됨 • 사람은 자신의 고정관념과 일치하는 정보만 받아들이기 때문에 고정관념은 잘 변하지 않을 뿐만 아니라 부정적인 내용의 고정관념은 흔히 고정관념을 근거로 하여 어떤 집단 전체를 나쁘게 보는 편견으로 발전하고 인종차별, 지역감정 등을 유발함
내현성격이론 (implicit personality theory)	• 성격 특성들 간의 관련성에 관한 개인의 신념 • 드러나지 않은 성격 특성을 판단하는 틀로 이용됨 예 어떤 사람과 대화를 나누어 보고 그가 유머러스하다는 사실을 알았다면 내현성격이론에 따라 그가 사교적이고 낙천적이며 부드러운 사람일 것이라는 추론이 가능함

(3) **인상 정보의 통합**

① 앤더슨(Anderson)의 평균 모형(1965): 모든 인상 정보의 호오도(好惡度)를 평균한 값이 전반적인 인상이라는 평균 모형을 제안했다.

　㉠ 각 정보의 호오도를 '+10(매우 긍정적)'부터 '-10(매우 부정적)'까지의 척도로 평가하여, 어떤 사람의 특성과 그 호오도가 각각 '잘생겼다(+8)', '친절하다(+5)', '허영심이 많다(-7)'라고 한다면 그의 전반적인 인상은 '(8+5-7)÷3 = +2'로 약간 긍정적이라고 설명할 수 있다.

② 앤더슨의 가중평균 모형(weighted average model, 1968)

　㉠ 모든 정보의 호오도를 평균하되, 중요하다고 판단되는 정보에 더욱 많은 비중을 두고 인상을 형성한다는 가중평균 모형을 제시했다.

　㉡ 인상 정보의 호오도와 중요도를 함께 고려해야 한다는 것이다.

　　㉠ '잘생겼다'와 '지적이다'가 동일한 호오도를 가진다고 하더라도 대학교수의 인상평가에서는 지적 특성을, 패션 모델을 선발할 때는 외모 특성을 더 중요하게 고려해야 한다.

(4) **인상 형성에서의 편파**

구분	내용
초두 효과 (primacy effect)	처음에 알게 된 정보가 나중에 알게 된 정보보다 인상 형성에 더 큰 영향을 미치는 현상
후광 효과 (halo effect)	• 타인을 내적으로 일관되게 평가하려는 경향 • 서로 논리적으로는 관계가 없지만 긍정적인 특성은 긍정적인 특성끼리, 부정적인 특성은 부정적인 특성끼리 함께 공존할 것이라고 추론하는 것
부정적 효과 (negativity effect)	• 어떤 사람이 좋은 특성과 나쁜 특성을 가지고 있을 때, 그에 대한 인상이 중립적으로 형성되는 것이 아니라 나쁜 사람이라는 쪽으로 형성되는 경향 • 긍정 특성과 부정 특성 중에서 부정 특성이 인상 형성에 더 큰 영향력을 발휘한다는 것

3. 확증

(1) **확증과 확증편향**

① 확증: 사람들은 어떤 일에 대해 일단 마음을 정하면 그에 반대되는 새로운 증거가 제시되어도 자신의 생각을 잘 바꾸지 않는다.

② 확증편향(confirmation bias): 사람들이 자신의 신념을 확증하는 방향으로 정보를 해석하고, 신념을 지지하는 정보를 적극적으로 구하거나 만들어내는 경향을 말한다.

③ 인상의 확증과정: 객관적이기보다 인지적 왜곡이 개입되는 과정이다.

(2) **도식적 정보처리**

① 인지적 구두쇠(cognitive miser): 사람의 정보처리능력에는 한계가 있기 때문에 사회적 정보를 처리할 때 심사숙고하고 꼼꼼히 검토하기보다 지름길로 질러가고 노력을 최소화하려는 경향을 말한다. 이러한 방식의 정보처리는 신속하고 효율적이지만 정확성이 떨어진다.

② 도식적 정보처리의 장점

    ㉠ 회상을 용이하게 함: 도식과 일치하거나 상반되는 정보는 도식과 무관한 정보보다 더 잘 기억되고 더 쉽게 회상된다.

    ㉡ 정보처리시간을 단축: 어떤 대상에 대한 도식을 가진 사람이 도식을 가지지 않은 사람보다 그 대상에 관한 정보를 더 신속하게 처리한다.

    ㉢ 누락된 정보를 메워줌: 도식은 명료하지 못한 사항에 관해 자신 있는 추론을 가능하게 하여 기억에서 빠진 부분을 보충하는 역할을 한다.

    ㉣ 규범적 기대를 제공: 따라서 도식은 장차 일어날 수 있는 일을 예측하고 대비할 수 있게 한다.

③ 도식적 정보처리의 단점: 모든 상황을 과잉단순화하는 것에서 비롯되는 문제이다. 사람들은 도식에 부합하는 정보만 수용하고, 도식과 일치하는 정보만으로 기억의 간극을 메우고, 도식과 잘 맞지 않는 경우에도 무리하게 도식을 적용한다.

(3) 자기충족적 예언(self-fulfilling prophecy) `기출 20`

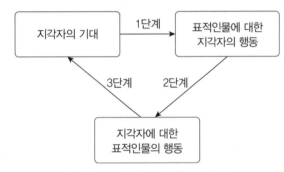

[그림 14-39] 자성예언의 단계

① 자성예언(피그말리온 효과): 사실은 아니지만 기대가 실현될 것이라는 믿음을 가지고 노력한다면 결국 원래의 기대가 실현될 수 있다는 것이다.

> **참고** **피그말리온 효과 사례**
>
> 1968년에 하버드대학교 사회심리학과 교수 로젠탈(Rosenthal)과 미국에서 20년 이상 초등학교 교장을 지낸 제이콥슨(Jacobson)은 미국 샌프란시스코의 한 초등학교에서 전교생을 대상으로 지능검사를 한 후, 검사 결과와 상관없이 무작위로 한 반에서 20% 정도의 학생을 뽑아 그 학생들의 명단을 교사에게 주면서 '지적능력이나 학업성취의 향상 가능성이 높은 학생'이라고 믿게 했다. 8개월 후, 이전과 같은 지능검사를 다시 실시했는데 그 결과, 명단에 속한 학생은 다른 학생들보다 평균점수가 높게 나타났으며 학교 성적도 크게 향상되었다. 명단에 오른 학생들에 대한 교사의 기대와 격려가 중요한 요인으로 작용한 것이다. 이 연구 결과로 교사가 학생에게 거는 기대가 실제로 학생의 성적 향상에 효과를 미친다는 것을 입증했다.

② 로젠탈(Rosenthal)과 제이콥슨(Jacobson)의 연구 결과(1968): 교사가 학생에 대해 어떤 인상을 형성하면 인상과 일관된 방향으로 자신의 행동을 조정했으며 이에 따라 학생의 행동도 달라졌다.

    ㉠ 교사가 지능, 외모, 평판 등으로 어떤 학생에 대해 호의적인 인상을 형성하면 그에게 더 많은 칭찬과 관심을 보이고 더 좋은 피드백을 주게 된다.

    ㉡ 학생은 교사의 행동에 따라 힘을 얻고 더 열심히 공부하여 결과적으로 좋은 성적을 얻는다.

    ㉢ 교사는 이 결과를 보고 이 학생에 대한 자신의 기대가 확증되었다고 믿게 된다.

> 학생의 향상을 인정하지 않고 항상 그 수준일 것이라는 교사의 생각이 실제로 학생의 수행을 그 수준에 머물게 하는 것이다. 혹은 교사의 바뀌지 않는 기대가 학생의 성취를 교사의 기대 수준에 계속 머물게 하므로 이를 '기대유지 효과'라고 부른다.

22 자기(Self) 이론

1. 자기의 발달

(1) 반영평가

① **상징적 상호작용 이론**: 자신의 삶에서 중요한 타인들이 우리를 어떻게 보는지를 파악함으로써 우리 스스로를 이해하고 평가한다는 이론이다.

② **반영평가(reflected appraisal)**: 다른 사람이 나를 어떻게 생각하고 있는지에 대한 나의 평가를 의미한다.
➡ 사람들은 자신의 삶 속에서 중요한 타인이 우리를 어떻게 보는지를 파악함으로써 스스로를 이해하고 평가한다.

③ **쿨리(Cooley)의 '거울 속의 자기' 개념**: 한 개인에게 중요한 타인들은 그 개인이 어떤 사람인지를 행동을 통해 마치 거울처럼 반사해 준다는 의미다.
➡ 우리는 거울을 보면서 자신이 누구인지를 이해하듯이, 나에게 대하여 다른 사람이 보이는 행동을 관찰하면서 자신이 누구인지를 파악한다.

④ **자기지각이론**: 특정 대상에 대하여 명확한 태도를 갖고 있지 않은 경우, 사람들은 자신의 행동을 관찰함으로써 그 대상에 대한 태도를 결정한다.
예 첫 산행에서 기분 좋은 경험을 한 사람은 자신이 산을 좋아한다고 생각한다.

(2) 사회비교

① **사회비교이론**: 사람들은 다른 사람과의 비교를 통해서 자신의 의견이나 능력을 평가한다는 이론이다. 사람들은 자신의 의견이나 능력을 평가하려는 동기를 가지고 있고 그러한 동기는 비교를 통해 충족된다.

② **상향비교**: 비교의 대상을 자신보다 나은 사람으로 선택하는 것이다. 이는 더 높은 동기화의 효과가 있다.
㉠ **동화 효과(assimilation effect)**: 상향비교를 통해 자신보다 우월한 사람과 동일시하면서 자기개념을 긍정적으로 이끌 수 있다.
㉡ **대비 효과(contrast effect)**: 비교대상이 월등히 우월할 경우 상향비교는 자기에 대한 부정적 평가를 초래할 수 있다.

③ **하향비교**: 비교의 대상을 자신보다 열등한 사람으로 선택하는 것이다. 이는 긍정적인 자기개념을 유지하는 데 도움이 된다.

④ **유사비교**: 자신과 유사한 사람과 비교하는 것이다.

2. 자기에 대한 표상

(1) 현실자기와 가능한 자기(Markus와 Nurius)

① 현실자기: 지금 상황에서 평가하는 자기로, 대부분의 현실자기는 과거 행동으로 구성된 자기의 틀을 의미한다.

② 가능한 자기(possible self): 자신이 미래에 어떤 사람이 될 수 있고 되길 원하는 것과 같은 미래지향적 요소를 포함한다.

　➡ 가능한 자기는 이상적 자기 또는 희망하는 자기와 원하지 않는 자기 또는 두려운 자기로 구분할 수 있다.

(2) 자기불일치 이론(Higgins)

① 자기의 구분: 현실적 자기, 이상적 자기, 당위적 자기로 구분하였다.

② 이상적 자기와 당위적 자기: 자기지시적 기준(self-direction standards)이나 자기지침으로서 역할을 한다. 말하자면 이 두 가지는 현재의 우리가 추구해야 할 미래의 목표다.

③ 대부분의 사람들에게 현실적 자기는 이상적 자기나 당위적 자기와 차이가 존재하는데, 사람들은 이러한 차이를 자신의 입장에서 평가하거나 다른 사람의 시각에서 평가할 수 있고, 그로 인해 다양한 정서적 경험하게 된다.

(3) 개인적·관계적·집단적 자기(Brewer와 Gardner)

① 개인적 자기: 자신을 타인과 구별하는 중요한 기준이라는 점에서 타인과의 비교 과정이 중요하게 관여한다. 또한 개인적 자기는 자기를 보호하거나 개선하려는 동기와도 관련되어 있다.

② 관계적 자기: 친밀감이 높은 대상과 맺는 중요한 관계로 자기를 표상한 것이다. 수많은 주변사람과 관련해서 자신이 차지하는 위치와 맡은 역할이 바로 관계적 자신을 규정하기 때문에 그들이 나를 어떻게 생각하는지 그것에 대한 반영평가가 중요하다. 또한 중요한 타인을 보호하거나 발전시키고 관계를 유지하려는 동기와 관련 있다.

③ 집단적 자기: 거대한 사회 집단 속에서 내집단 구성원과 외집단 구성원 간 비교를 통해 자기를 표상하는 것이다.

　➡ 탈개인화(depersonailzation): 집단의 태도를 자신의 태도로 수용하는 것이다.

3. 자기의 개인차

(1) 자의식(self-awareness)

① 의미: 사고, 욕구, 소망, 정서 등 자신이 누구인지에 대한 지식이나 자신에 대한 주의집중을 의미한다.

② 구분

　㉠ 주관적 자의식: 자신에 대한 직접적인 관찰과 경험으로부터 생기는 자의식으로 지각과 행동의 원천이 된다.

　㉡ 객관적 자의식: 자신을 타인의 행동, 태도 및 성격 특성과 비교하거나 옳고 그름에 대한 사회적 기준과 비교함으로써 생기는 자의식이다.

③ 성격 특질로서 개인차(Buss 등)

　㉠ 사적 자기의식: 자기 내부에 지속적으로 관심을 두는 것이다. 사적 자의식이 높은 사람은 자신의 내적 측면들에 주목하는 경향이 강하고, 내적이고 자기중심적인 요구를 반영하는 동기가 활성화됨으로써 자신의 신념이나 주관적 규범이 자신의 행동이나 태도에 더 큰 영향을 미친다.

　㉡ 공적 자기의식: 나에 대한 다른 사람의 인식에 관심을 두는 것이다. 공적 자의식이 높은 사람은 사회적 존재로서의 자기, 즉 외모, 행동, 정서, 자기표현 등을 타인의 기준으로 평가하는 데 초점을 두고 있다.

④ 자기의식 과잉: 자기의식이 지나치게 활성화되어 자기 자신에 대한 행동을 지나치게 검색함으로써 오히려 심리적으로 장애를 일으키는 현상이다.

(2) 자기검색(self-monitoring, Snyder, 1974)

① 의미: 자신의 행동이 사회적으로 적절한 것으로 평가받도록 하기 위해 의식적으로 그 행동을 관리하는 전략이다.

② 자기검색은 사회적 상황에서 자신의 표현과 타인의 표현을 조화시키기 위해 여러 상황적 단서에 맞추어 자신의 행동을 조절하고 관리할 수 있는 능력으로 볼 수 있다.

(3) 자기복잡성(self-complexity)

① 의미: 자기개념 속에 들어 있는 개별적이고 관련이 없는 자기측면들을 지칭하는 개념이다. 자신이 누구인지를 생각할 때 어떤 사람들은 자신의 다양한 사회적 역할, 대인관계, 활동, 성격 특성, 목표 등을 고려할 수 있는 반면, 어떤 사람들은 이 중에서 1~2가지만 고려할 수 있다.

② 평가방식

    ⊙ 자기개념 속에 있는 자기측면의 개수: 자기측면의 개수가 많을수록 자기복잡성은 증가한다.

    ⓛ 자기측면들의 중첩 정도: 중첩 정도는 다양한 자기의 모습들이 얼마나 비슷한지 혹은 다른지를 나타낸다. 자기측면들이 서로 많이 중첩되어 있는 경우 파급 효과가 생겨 자기의 한 측면과 관련해서 발생한 반응이 다른 측면에까지 영향을 주게 된다.

③ 자기측면 개수가 많을수록, 이들 간의 중첩 정도가 적을수록 스트레스 사건의 부정적인 영향력은 적어진다.

④ 자기측면 개수가 적을수록, 이들 간의 중첩 정도가 많을수록 스트레스 사건의 부정적인 영향력은 많아진다.

4. 자기와 동기

(1) 자기조절

① 의미: 환경의 요구에 따라 행동을 시작하고 멈추는 것에서부터 사회적이고 교육적 활동에 이르기까지 자기행동의 강도, 빈도와 지속성을 조절할 수 있는 능력이다.

② 자기조절은 자신의 행동에 대한 지속적인 자기검색, 획득한 정보에 대한 자기평가, 그리고 적절한 행동에 대한 보상으로서의 자기강화를 사용하여 자기의 행동을 통제하는 것이다.

(2) 자기고양(self-enhancing) 편향

① 의미: 자신을 좀 더 긍정적으로 평가함으로써 자아존중감을 유지하려는 인지적 경향성이다.

② 지나치지 않을 경우 개인의 정신건강과 더불어 대인관계와 같은 사회적 기능에 긍정적으로 기여한다.

③ 자기본위적 편향(자기기여 편향, self-serving bias): 자기에게 유리한 정보만 수용하거나 특정 정보를 자신에게 유리한 쪽으로 해석하는 편중된 행동이다.

④ 귀인 편향: 실패한 일은 상황 탓으로 돌리고 성공한 일은 자신의 능력이나 노력 덕분으로 여김으로써 자아존중감을 지키는 것이다.

⑤ 자기불구화(self-handicapping): 자기 자신의 의지나 노력 자체를 의도적으로 낮추어 마치 앞으로의 문제 해결이 불가능한 상태인 것으로 보이게 하는 전략이다.

> **더 알아보기 자기불구화(손상, 장애) 전략** 기출 22
>
> 시험 전에 실패할 경우 자신의 능력이나 지능 부족으로 귀인하지 않기 위해 시험 전에 전략적으로 시험에 방해가 될 만한 행동을 하거나 방해가 될 만한 이유가 있음을 호소하는 전략이다. 예를 들어, 시험 전에 파티를 한다든가, 일부러 다른 일을 하기도 한다. 이때 성적이 좋지 않을 경우 노력하지 않았기 때문이라고 합리화하는 반면, 노력하지 않았음에도 만족할 만한 결과를 나왔을 때는 자신의 능력 때문에 성공했다고 지각한다.

(3) 자기확증(self-verification, Swann, 1983)이론

① 의미: 사람들은 자신에 대한 무조건적인 긍정적 정보보다 자신의 기대와 일치하는 정보를 선호하는 경향이 있다는 이론이다.

② 자기확증이론은 자기를 긍정적으로 평가하는 사람에게 호감이 증가한다는 기존의 견해를 반박하고, 대신 자기개념을 사실 그대로 확인시켜 주는 평가를 선호해서 그런 평가자에게 호감을 갖는다고 주장한다.

23 사회적 관계

1. 친밀한 관계-호감

(1) 근접성

① 사람은 물리적으로 가까이 있는 사람을 좋아하게 된다.

예 눈에서 멀어지면, 마음에서도 멀어진다.

② 근접성이 호감을 증가시키는 이유는 다음과 같다.

㉠ 자주 만날 수 있어 친숙해지기 때문이다. ➡ 단순접촉 효과이다.

㉡ 가까이 있는 사람은 쉽게 만날 수 있어 만남에 따르는 시간, 노력 등의 부담이 적으므로 자주 만나게 되고 친해진다.

③ 단순접촉 효과(mere exposure effect): 낯선 자극을 반복하여 접하면 호감이 증가하는 경향을 말한다.

(2) 외모(신체적 매력)

① 외모의 효과는 남녀 모두에서 나타난다. 특히 동성보다는 이성 간의 관계에서, 그리고 관계의 초기 단계에서 상대적으로 더 큰 영향력을 미친다.

② 잘생긴 사람을 좋아하는 이유

㉠ 후광 효과: 외모가 출중한 사람은 다른 특징도 긍정적일 것으로 지각하는 후광 효과 때문이다.

예 잘생긴 사람은 똑똑하고 성격이 좋을 것이라고 생각하는 것

㉡ 미모의 발산 효과: 잘생긴 사람과 함께 있음으로써 자신의 이미지가 고양되는 미모의 발산 효과 때문이다.

③ 관계가 진전될수록 신체적 매력이 가진 긍정적인 효과는 감소하는 대신 성격 등의 다른 요인이 관계 만족에 중요한 요인으로 부상한다.

(3) 유사성

① 유사성-매력 효과: 사람은 자신의 태도, 가치관, 기호, 성격, 배경 등과 비슷하다고 지각되는 사람을 좋아한다. 일반적으로 잘생기거나 유능한 사람을 좋아하지만, 궁극적으로는 자신과 유사한 수준의 외모나 능력을 지닌 사람에게 더 끌린다.

② 걸맞추기 현상(matching phenomenon): 데이트나 결혼에 있어 외모나 다른 특성이 자신과 엇비슷한 상대를 선택하려는 경향성이다.

③ 사람은 신체적으로 매력적인 사람을 파트너로 원하지만, 그러한 사람에 대한 수요는 가장 크므로 거절당할 가능성이 높다. 따라서 자신과 비슷하게 매력적인 사람을 파트너로 선택한다.

(4) 상대의 호의

① 사람은 자신을 좋아하고 긍정적으로 평가하는 사람을 좋아한다.

② 호혜성 원리(reciprocity principle): 자신에게 호의를 보이는 사람을 좋아하는 이유는 상대에게 호의를 받은 만큼 자신도 동일한 정서로 보답해야 한다는 일종의 의무감을 느끼기 때문이다.

2. 친밀한 관계 – 사랑

(1) 루빈(Rubin, 1973)

사랑과 호감은 질적으로 다르다. 어떤 사람을 좋아하지만 사랑하지는 않을 수 있고, 반대로 누군가를 열렬히 사랑하지만 호감은 그리 높지 않은 경우도 있다.

(2) 스턴버그(Sternberg)의 사랑의 삼각형 이론(1986)

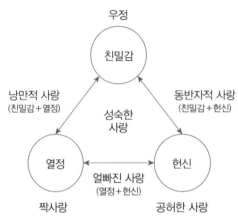

- 친밀감: 서로 가깝고 맺어져 있다는 느낌
- 열정: 초기 사랑으로, 신체적 매력이나 성적 흥분과 관련된 욕망
- 헌신(책임): 누군가를 사랑한다는 결심과 관계에 헌신하려는 의지

[그림 14 – 40] 스턴버그의 사랑의 삼각형

(3) 열정과 사랑

① 열정: 관계의 초기에 급속하게 타오르다가 금방 식는 감정이다.

② 사랑: 어느 정도의 시간이 흘러야 친밀감, 의사결정, 헌신 요소가 생기므로 두 사람의 관계가 무르익어야 한다.

(4) 자기노출(self – disclosure)

① 사랑으로 발전하려면 자신의 사적인 측면을 상대방에게 공개하는 자기노출이 결정적인 역할을 한다.

② 상대방에게 자기노출을 받은 사람은 상대를 이해하고 신뢰하게 되며, 자신도 상대에게 노출함으로써 친밀한 관계로 발전한다.

③ 사람은 자신을 노출함으로써 스스로를 더욱 명료하게 이해하고 자신의 입장을 타당화할 수 있으며, 감정이 정화되는 카타르시스를 경험할 수도 있다.

3. 편견

(1) 편견과 고정관념의 차이

① 편견: 어떠한 집단이나 구성원에 대한 비합리적인 부정적 평가로, 객관적인 사실보다 집단 소속에 근거하여 발생한다.

② 고정관념: 어떤 집단이나 구성원의 특징에 대한 인지적 신념이라는 점에서 평가적 감정을 의미하는 편견과는 구별된다.

예 여자는 순종적이어야 한다는 생각은 고정관념이며, 순종적이지 않은 여자를 싫어한다는 감정은 편견이다.

(2) 편견의 발생 원인

구분	내용
학습	• 편견은 당시 사회상을 반영하는 일종의 사회적 규범으로, 어릴 때부터 학습됨 • 편견을 습득하는 데 부모, 또래집단, 매체, 교과서 등이 중요한 역할을 함
현실적 집단갈등	두 집단이 경쟁할 때, 서로 적대감을 가지고 상대를 부정적으로 평가하게 됨 예 이스라엘과 팔레스타인 간의 영토 분쟁
사회적 불평등	• 불평등한 지위, 분배는 만족스러운 쪽과 불만스러운 쪽 모두가 상대에 대한 편견을 갖게 만듦 – 만족스러운 쪽: 개인 또는 집단은 불평등, 차별을 합리화하고자 약자에 대한 편견을 조장함 – 불만스러운 쪽: 개인 또는 집단은 상대적으로 박탈감을 느껴 자신보다 더 혜택을 받았다고 생각되는 개인, 집단에 분개하고 편견을 가짐
범주화	• 사람은 타인을 범주화(예 남자와 여자, 젊은이와 늙은이)하여 지각하는 경향이 있음 • 범주화를 하면 정보를 신속하게 처리할 수 있다는 장점이 있지만, 도식적으로 처리하여 오류를 범할 가능성도 커짐 예 내집단(ingroup)과 외집단(outgroup): 내집단의 구성원을 무조건 호의적으로 평가하고 대우하는 내집단 편애현상이 결과적으로 외집단 구성원에게 편견을 가지고 차별대우를 하도록 만듦

(3) 편견의 감소방안: 단순한 접촉만으로는 성과를 기대하기 어려우며, 4가지 조건이 충족되어야 한다.

① 1~2번 정도의 피상적인 만남에 그치면 안 되고, 지속적이고 친밀한 접촉이 이루어져야 한다.

② 공동의 위협에 대처하거나 공동 목표를 달성하기 위해 상호 의존적으로 협동해야 한다.

③ 두 집단이 동등한 지위를 가지고 접촉해야 한다.

④ 사회규범이 편견을 타파하거나 평등을 지지해야 한다.

24 사회적 영향

1. 태도

(1) 태도의 정의

① 태도: 어떤 사람 또는 대상에 대한 신념, 감정, 행동의 의도를 총칭하는 개념이다.

② 태도연구

㉠ 어떤 사람의 태도를 알면 행동을 예측할 수 있고, 나아가 태도를 변화시키면 행동도 변화한다고 본다.

㉡ 그러나 사람은 자신의 생각대로 행동하지 않는 경우가 많으므로 태도와 행동의 관계는 훨씬 복잡하다.

(2) **태도와 행동의 관계**: 태도가 행동을 결정한다는 가설에 대해 지지 증거와 반대 증거가 혼재한다.

① **태도로부터 행동의 예측**: 많은 연구에서 태도와 행동 간의 일관성이 상황에 따라 달라지는 것으로 밝혀졌으며, 다음의 상황에서는 태도와 행동이 대체로 일치하므로 어떤 사람의 태도를 알면 그의 행동을 비교적 정확하게 예측할 수 있다.

   ⊙ 태도가 강하고 명료할수록 태도와 일치하는 행동이 나타날 가능성이 크다.

   ⓒ 태도는 시간에 따라 변하므로, 태도와 행동이 거의 동시에 측정될 때 일관성이 확보될 수 있다.

   ⓒ 일반적인 태도보다 행동에 대한 태도를 측정하면 태도와 행동의 일관성이 더 높아진다.

   ⓔ 행동과 관련된 여러 태도 중 가장 특출한 태도에 따라 행동의 일관성이 더 높아진다.

   ⓜ 태도와 행동에 미치는 상황적 압력이 적을수록 일관성은 증가한다.

② **행동으로부터 태도의 예측(인지부조화)**

   ⊙ **인지부조화**: 사람은 자신의 태도와 일치하지 않은 행동을 할 때 인지적 불편함을 경험하며, 이를 감소하는 방법은 태도를 행동에 맞게 변화시키는 것이다.

   ⓒ **페스팅거(Festinger)**: 사람들에게는 심리적인 일관성을 추구하는 경향이 있다고 가정하고, 태도와 행동이 불일치하는 인지부조화 상태가 되면 불편감이 생겨 심리적 일관성을 회복하려는 동기가 유발된다고 본다. 그런데 행동은 대개 취소하거나 변경할 수 없으므로, 사람들은 주로 행동과 일관되도록 태도를 변화시킴으로써 인지부조화를 감소시키고 심리적 평정을 회복한다.

더 알아보기　**페스팅거의 인지부조화 실험(1959)**

1. 실험 내용

페스팅거는 실험에서 학생들에게 지루한 일을 할 것을 부탁하였다. 이 일은 학생들이 강하고 부정적 태도를 갖도록 설계된 것이었다. 실험 시작 전, 몇몇 학생에게 일을 한 후에 이 일을 긍정적인 일이라고 인식할 것을 지시했다. 다른 몇몇 학생에게는 이 일이 매우 흥미롭다고 다른 실험자들을 설득할 것을 지시했다. 긍정적으로 인식할 것을 지시를 받은 집단은 20달러를, 설득을 지시받은 집단은 1달러를 받았다. 아무 지시를 받지 않은 집단은 보상이 없었다.

2. 실험 결과

1달러를 받은 집단이 20달러를 받은 집단보다 일을 훨씬 더 긍정적으로 평가했다. 1달러를 받은 집단은 누군가에게 이 일이 재미있다고 설득하면서, 지루하다는 것을 더 명확히 느꼈고 이 과정에서 인지부조화를 경험했다고 말했다. 이는 1달러를 받은 집단만 그 태도를 가지도록 요구받았기 때문이다. 반면, 20달러를 받은 집단은 행동을 외부정당화했다. 다시 말해 태도에서 비롯된 행동이 아닌 것이다. 그렇기 때문에 1달러를 받은 집단에 비해 인지부조화를 상대적으로 적게 경험했다.

3. 실험방법 요약

A, B의 두 개의 실험집단으로 나누고 이들에게 재미없고 의미 없는 단순한 반복작업을 피험자가 지겨워하는 반응이 나타날 때까지 1시간 동안 수행하게 한다. 이후 피험자에게 '다음 실험을 주관할 주최 측 직원이 사고가 생겨 오지 못했다. 다음 실험의 보조자로 일해줄 수 있는가? 내용은 간단하다. 다음 실험대상자에게 이 작업을 설명하면서 작업이 재미있다고 말해주면 된다. 보수는 주겠다.'라고 제안한다. 위에 설명한 3개 집단 중 비교집단인 C집단은 이때부터 실험에서 제외된다. 피험자는 모두 이 제안을 수락하여, 다음 실험대상자(가짜)에게 자신이 경험한 지겹고 단순한 작업을 소개하며 '재밌다'고 거짓말을 한다. 이후 A집단에게는 1달러의 보수를, B집단에게는 20달러의 보수를 준다. 이상의 과정을 마친 피험자들에게 1번에서 경험한 단순 반복작업이 정말로 재미있었는지를 다시 묻는다.

   ⓒ **인지부조화 충족 조건**

      ⓐ 행동을 취소할 수 없어야 한다.

      ⓑ 행동이 자발적으로 이루어져야 한다.

      ⓒ 행동의 결과가 예측 가능해야 한다.

2. 태도 변화

(1) 설득 기법

① 설득자

  ㉠ 설득 대상이 설득자를 호의적으로 평가할수록 설득의 효과가 커진다.

  ㉡ 설득자가 전문지식을 가지고 있거나 사심 없고 객관적이라서 신뢰감을 주거나 매력적인 경우, 호의적으로 평가되어 그의 주장에 설득될 가능성이 커진다.

② 설득 내용

  ㉠ 설득 내용은 설득 대상의 기존 태도와 적당한 차이가 있어야 한다. 설득 대상은 차이가 작으면 자신의 생각과 다름없다고 판단하고, 차이가 지나치게 크면 내용 자체를 부정하여 설득당하지 않는다.

  ㉡ 이성적인 내용(예 통계치)보다 감정에 호소하는 내용(예 유머, 공포 유발)이 더 효과적이다.

  ㉢ 설득자의 견해만 일방적으로 제시하는 내용보다는 설득자의 견해와 반대 견해, 그에 관한 반박을 함께 제시하는 양방적 내용이 더 신뢰성 있게 지각된다.

③ 설득 대상

  ㉠ 자아관여(ego involvement): 설득 내용이 설득 대상에게 중요한 의미를 지니고 있어 자아관여 수준이 높으면 대상은 설득 내용에 심사숙고하여 반응하고, 관여 수준이 낮으면 설득자의 외모와 같은 주변적 단서에 의해 반응이 좌우되는 경향이 있다.

  ㉡ 태도면역: 설득 대상이 자신의 태도에 대해 약한 공격을 받고 방어한 경험이 있어 태도면역이 이루어진 상태라면 더 강한 설득 내용에도 저항할 수 있으므로 잘 설득되지 않는다.

④ 설득 상황: 다소 주의가 잘 분산되는 분위기가 효과적이다. 주의집중이 용이한 상황은 약간의 방해자극이 있는 상황보다 설득 내용에 대한 반대 주장을 떠올리기가 쉽다.

(2) 설득 전략

① 호감의 원칙을 이용한 전략

  ㉠ 아첨(flattery): 어떤 일을 잘했거나 끝마쳤을 때 상대방을 그 이상으로 칭찬한다.

  ㉡ 유사성: 자신과 상대방 사이에 우연히 있게 된 유사성을 계속 확인한다.

② 일관성의 원칙을 이용한 전략

  ㉠ 문간에 발 들여놓기 기법(foot-in-the door technique): 처음에는 작은 요구를 하여 그에 응하게 한 다음 점차 더욱 큰 부탁을 하는 전략으로, 사람은 일관성의 원칙 때문에 일단 작은 요구에 응하면 후에 더 큰 요구에 응할 가능성이 높아진다.

  ㉡ 낮은 공 기법(low-ball technique): 불완전한 정보를 제시하여 동의를 얻은 다음, 우연을 가장하여 완전한 정보를 알려주는 기법이다.

③ 상호성을 이용한 원칙

  ㉠ 문전박대 기법(door-in-the face technique): '거절 후 양보 전략'으로도 불리는 기법으로, 먼저 터무니없는 큰 요구를 하여 일부러 상대방이 거절하도록 만든 다음 그보다 받아들이기 쉬운 작은 요구를 제안하는 방법이다.

  ㉡ 덤 기법(that's-not-all technique): 높은 가격의 제품을 보여주고 바로 추가적인 제품을 주거나 조금 더 싼 가격으로 거래할 수 있다고 제안하여 구매하게 만드는 전략이다.

④ 희귀성 원칙을 이용한 전략
　㉠ 비싸게 굴기 기법(playing-hard-to-get technique): 상대방이 원하는 것을 가지기 어렵게 만들어 구매하게 만드는 전략이다.
　㉡ 급하게 끝내기 기법(fast approaching deadline): 마감 기법(예)특별 세일)처럼 쉽게 얻을 수 있는 것보다 구하기 어려운 것을 더 가치 있게 여기는 사람들의 성향을 이용한 전략이다.

3. 동조 [기출 21]

(1) 정의
자신의 행동이나 사고를 집단의 기준과 일치하도록 조정하는 것이다.

(2) 애쉬(Asch)의 실험(1955)

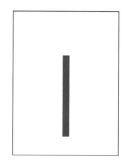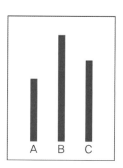

[그림 14-41] 애쉬의 실험

① 사람들은 공개적으로 행동할 때 자신의 소신과 일치하지 않아도 다수의 입장에 동조하는 경향이 있다.
② 동조량은 개인과 타인 간 유대가 강할수록 커지며, 타인 중 한 명이라도 다른 견해를 표명하면 크게 감소한다.
　➡ 애쉬의 후속 실험에서 실험 협조자의 대답이 만장일치인 경우에 비해 이탈자가 있는 경우 동조량이 25%로 급감했다.

(3) 동조의 이유
① 정보적 영향: 다른 사람의 행동이 그 상황에 적합한 행동이 무엇인지에 대한 정보를 제공한다.
② 규범적 영향: 무리에서 일탈자가 되는 것이 두려워 남을 따라한다. 다른 사람이 자신을 인정하고 수용하기를 바라는 마음에서 그들의 기대에 따르도록 하는 힘 때문이다.

4. 복종

(1) 밀그램(Milgram)의 복종실험(1963)

① 실험을 시작하기 전에, 밀그램은 피험자가 4달러의 대가로 전압을 450볼트까지 올릴 것이라고는 예상하지 않았다. 0.1% 정도의 사람만이 450볼트까지 올릴 것이라고 예상했으나 실험 결과, 65%의 피험자가 전압을 450볼트까지 올렸으며, 참가자 전원이 300볼트까지 전압을 올렸다.

② 자신의 행동이 지닌 부정적 측면을 강조할 때 복종이 감소했다.

③ 희생자가 원할 경우 실험을 계속하지 않는다는 조건으로 참가한 피험자는 명령에 덜 복종했다.

④ 스스로 전기충격 수준을 결정할 수 있는 경우의 피험자는 낮은 수준의 전기충격을 주었다.

(2) 복종이 많이 일어나는 상황 4가지

① 명령을 내리는 사람이 가까이에 존재하며 합법적인 권위자로 지각되는 경우

② 저명한 기관이 권위자를 지지하는 경우

③ 희생자가 몰개성화된 경우, 멀리 떨어져 있는 경우, 다른 방에 있을 경우

④ 저항하는 역할 모델이 없는 경우

(3) 복종이 감소되는 상황 3가지

① 피해자의 고통이 매우 심하다고 판단되는 경우, 피해자가 가까이 있어 서로 얼굴을 확인할 수 있는 경우

② 명령자의 합법성이나 동기가 의문시되는 경우, 자신의 행위에 개인적인 책임감을 느끼는 경우

③ 동조와 마찬가지로 불복종 모델을 목격하는 경우

25 집단에서의 행동

1. 집단에서의 정체감

(1) 사회적 정체감(social identity)

① 정의: 개인이 한 집단에 소속되어 집단과 자신을 동일시하게 되면 개인적 정체감을 대체하는 새로운 정체감, 즉 집단의 한 구성원으로서 자신을 정의하는 사회적 정체감을 가지게 된다.

② 사회적 정체감을 가지면 내집단과 외집단으로 구분하여 지각: 집단 활동을 할 때 사회적 정체감이 특출해진다.

➡ 집단에서 개인의 사고와 행동은 사회적 정체감을 바탕으로 이루어진다.

(2) 몰개인화(deindividuation)

① 정의: 집단 내에서 구성원이 개인적 정체감과 책임감을 상실하여 집단행위에 민감해지는 현상이다.

　예 대규모 시위 군중의 과격한 행동

② 몰개인화에 결정적으로 영향을 미치는 요인: 높은 수준의 흥분, 익명성 또는 낮은 식별 가능성이다.

　㉠ 익명성: 누가 누구인지 모르는 비밀의 현상이다.

③ 익명성이 크고 구성원들이 흥분한 상황: 개인의 정체감이 집단에 함몰되어 법과 도덕의 통제력이 무너지고, 충동적이고 감정적인 행동을 분출할 가능성이 커진다.

(3) **방관자 효과(bystander effect)**

① **정의:** 주변에 사람이 많을수록 도움 행동이 감소하는 현상이다. 연구 결과, 더 많은 사람이 있을수록 실제로 도움을 제공할 가능성이 더 낮았고, 도움을 제공하기까지의 평균 시간도 더 길었다.

② **방관자 효과가 나타나는 이유**

　㉠ **타인의 존재로 인한 책임감 분산:** 여러 사람이 함께 있는 경우, 피해자를 돕지 않았을 때의 책임을 그 상황에 존재하는 모든 사람이 함께 지게 된다.

　㉡ **상황 해석상의 애매성:** 주변 사람의 행동은 우리가 그 상황을 해석하는 데 영향을 준다.

　　　⑩ 주변 사람이 상황을 무시하거나 아무 일도 아닌 것처럼 행동하면 자신도 그 상황을 아무 것도 아니라고 해석할 수 있다.

　㉢ **평가 염려:** 타인이 자신의 행동을 보고 있다는 사실을 알면 자신의 행동이 부적절하여 타인의 부정적 평가를 받을 수 있다는 사실에 대해 걱정할 수 있다. 이에 따라 다른 사람을 돕는 행동을 억제할 수도 있다.

2. 집단수행

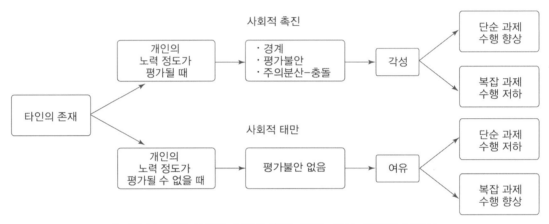

[그림 14-42] 사회적 촉진과 태만: 평가, 각성, 과제의 복잡성

(1) **사회적 촉진(social facilitation)**

① **원래의 의미:** 타인이 존재할 때 사람들이 단순한 과제 또는 숙달된 과제를 더 잘 수행하는 경향성이다.

② **현재의 의미:** 타인의 존재 시에 우세한(확률이 높은) 반응을 강화시키는 것이다.

③ **과제의 특성:** 쉽거나 잘 학습된 과제에서는 타인의 존재가 수행을 촉진하는 반면, 어렵거나 잘 학습되지 않은 과제에서는 타인이 존재하면 수행이 떨어진다.

④ **자이언스(Zajonc, 1965):** 사회적 촉진이 과제의 난이도에 따라 달라진다고 보았다. 쉬운 과제에서는 성공이 우세반응이고 어려운 과제에서는 실패가 우세반응이므로, 사회적 촉진은 결국 타인의 존재가 우세반응을 강화하는 현상이라고 재정의했다.

⑤ 사회적 촉진의 원인: 자이언스의 추동이론을 따른다.

　　㉠ 타인이 존재하면 개인의 추동 수준이 증가하며, 추동이 증가하면 우세반응이 강화된다.

　　㉡ 타인이 추동을 유발하는 이유

　　　　ⓐ 평가 우려설: 타인이 자신의 능력을 평가할 것이라는 걱정이 추동을 일으킨다.

　　　　ⓑ 주의분산－갈등설: 타인이 존재하면 주의가 분산되며, 과제에 주의하는 일과 타인에 주의하는 일 사이에 갈등이 생겨 추동이 증가한다.

(2) 사회적 태만(social loafing)

① 정의: 혼자 할 때보다 여럿이 함께 할 때 개인의 수행이 떨어지는 현상이다.

② 링겔만 효과: 집단 구성원의 수가 많아질수록 수행에 대한 개인의 공헌도가 떨어지는 현상이다.

③ 사회적 태만의 원인

　　㉠ 과업 자체의 특성: 지루하거나 단조로운 과제는 참가자의 동기를 감소시켜 집단상황에서의 수행을 낮추는 데 기여한다.

　　㉡ 수행 결과의 불분명한 평가: 주어진 과제에서 개인적 수행 정도를 다른 사람과 비교할 수 없다.

　　㉢ 집단 노력의 통합 실패: 집단 구성원들이 노력을 하나로 통합하지 못함으로써 수행 수준이 떨어질 수 있다.

④ 사회적 태만의 해결방안

　　㉠ 개인적으로 열심히 하는 것이 과제를 성공적으로 수행하는 데 중요하다는 인식을 고취시켜 과제에 몰입하게 유도한다.

　　㉡ 개인의 기여도를 집단의 다른 집단원들에게 알려준다고 공지한다.

　　㉢ 명확한 기준에 따라 각 개인의 기여도나 집단 전체의 기여도를 측정하고, 이 측정치를 다른 집단과 상대적으로 비교하여 평가하는 기회를 제공한다.

(3) 사회적 딜레마(social dilemma)

① 정의: 개인에게 즉각적인 보상을 주지만 장기적으로는 개인과 집단 전체에 해로운 결과를 초래하는 상황을 의미한다.

② 사회적 딜레마와 죄수의 딜레마 근저에는 자신이 유일한 협동자가 되어 손해를 보게 될 것이라는 불안과 자신이 유일한 비협동자가 되어 이득을 보려는 탐욕이 작용한다.

③ 사회적 딜레마의 해결방안

　　㉠ 공익을 달성하기 위한 법률이나 규제안을 마련한다.

　　㉡ 비협조적인 사람의 부담을 늘리고, 협조적인 사람은 보상을 더 제공하여 협동을 유도한다.

　　㉢ 공동체 의식을 증가시키거나 이타성에 호소한다.

　　㉣ 집단토의 등을 통해 의사소통을 활성화: 상호 불신이 해소되고, 결과적으로 협동이 증가할 가능성이 높다.

3. 집단 의사결정

(1) **집단극화(group polarization)**

    ① 정의: 집단 전체의 의사결정이 개인적 의사결정의 평균보다 더 극단적으로 되는 현상이다.

    ② 집단극화의 원인

구분	내용
설득 효과	• 집단 상호작용을 통해 혼자서는 생각하지 못한 새로운 주장을 접하게 됨 • 이 중에서 집단의 전반적 성향과 일치하는 주장이 설득적으로 지각되어 그 주장의 방향으로 집단원들의 의견이 변화되는 결과가 나타남
사회비교를 통한 자기과시	• 인간은 자신과 남을 비교하는 사회비교 욕구와 자신을 호의적으로 나타내는 자기과시 욕구를 가짐 • 집단 상호작용을 통한 사회비교 결과, 자신의 입장이 타인보다 덜 바람직하다고 판단되면 바람직한 방향으로 자신의 입장을 바꾸게 되어 집단극화가 일어남
사회적 정체감	• 집단토의는 구성원의 내집단 인식을 불러일으켜 내집단에 동일시하게 함 • 자신을 집단에 동일시한 집단원은 집단규범에 동조하게 되는데, 집단규범은 집단평균보다 약간 더 극단적으로 지각되므로 규범에 동조하면 곧 집단극화의 결과로 나타남

(2) **집단사고(group-think)**

    ① 정의: 응집력이 높은 집단에서 나타나는 비합리적이고 비생산적인 결정·판단이다. 응집력이 강한 집단에 몰입함으로써 대안적 사고에 대한 충분한 검토 없이 성급하게 만장일치에 도달하려는 사고방식이다.

    ② 집단사고의 원인: 집단 응집력이 높고, 리더가 지시적이며, 집단이 외부로부터 단절되어 있고, 집단 내에서 대안을 심사숙고하는 절차가 미미할 때 집단사고 경향을 보인다.

      ➡ 이 조건에서는 내집단을 과대평가하고, 외부에 폐쇄적인 입장을 취하며, 집단 내에서도 일치를 추구하는 압력이 크게 작용한다. 그 결과, 집단 내에서의 토론 과정이 원활하게 진행되지 못하고 비효율적인 결정에 이르게 된다.

제 7 절 동기와 정서

26 동기에 대한 이해

1. 동기의 의미

(1) **일반적인 동기**: 행동을 시작하게 하고, 방향을 결정하고, 끈기와 강도를 결정하는 힘이다.

(2) **심리학에서의 동기**: 두 가지 차원에서 동기를 정의한다.
  ① 각성 상태: 유기체의 행동을 가능하게 하는 생리적 에너지이다.
  ② 행동을 조절하는 힘이다.
    ➡ 동기는 행동하게 하는 힘의 근원으로서의 기능과 행동의 조절자로서의 기능을 한다.

2. 인간 동기의 구성요소

(1) **생물학적 요소**

구분	내용
행동생물학 (ethology)	• 행동은 유전 구조의 산물이며, 우리는 유전자가 지시하는 대로 행동을 시작하고 방향을 결정한다고 가정함 • 모든 인간 행동이 유전적으로 확정되는 폐쇄적 프로그램(closed program)에 따라 결정되는 것은 아니며, 어떤 행동은 개방적 프로그램(open program)을 따르는 경우도 있음 • 유전 구조의 기능을 기술하는 프로그램도 전적으로 개방적이거나 폐쇄적인 것이 아니고 학습의 영향을 받는 정도의 차이라고 봄
행동신경과학 (behavior neuroscience)	• 행동학습에 관한 신경조직을 연구하는 학문 • 아편, 엔도르핀을 분비하는 두뇌의 보상중추(reward centers)가 동기와 관련된다고 봄 • 망상활성체에서 일반적인 각성을 주관하고, 변연계는 정서를 관장하며, 시상하부는 종 특유 추동의 근원지로 봄 • 뇌 화학물질인 에피네프린, 노르에피네프린, 도파민 등이 행동의 근원인 동기를 관장한다고 봄

(2) **학습된 요소**
  ① 동기는 생물학적으로 주어지는 것(예 본능)이 아닌 성장하면서 서서히 획득되는 추동으로, 권력, 성공, 성취에 대한 욕구 등과 관련된다.
  ② 성취욕구, 권력욕구 등은 생물학적 욕구와 관련되지 않지만 인간은 이 욕구를 만족하기 위해 행동한다.
  ③ **공포감**: 고전적 조건화에 의해 학습되는 대표적인 정서로, 행동의 근원이 되는 요인이다.
  ④ **강화, 내외적 보상**: 도구적 조건화나 조작적 조건화를 통해 학습된 동기 요소이다.

(3) **인지적 요소**
  인지이론의 공통점은 모두 인간의 기대, 목표, 신념, 태도 등이 동기를 결정한다는 것이다.

3. 추동

(1) 추동(drive)

① 동기의 보다 구체적인 명칭은 '추동(또는 동기 상태)'이다. 추동은 유기체를 특수한 목표로 향하도록 만드는 내적 조건이며, 상이한 추동은 상이한 목표를 갖는다.

② 동기화된 행동은 외부 환경에 존재하는 목적인 유인(incentives)을 향하게 한다. 유인은 '강화물', '보상', '목표'라고도 불린다.

➡ 식당에 줄을 서게 하는 추동은 배고픔이고, 유인은 먹으려고 하는 음식이다. 추동과 유인은 행동을 조절하는데 상호 보완적이다. 우리가 어떤 식당의 음식 맛이 없는 것을 알고 있다면(약한 유인) 배고픔(추동)이 강해야만 줄을 서 있겠지만 음식 맛이 좋다면(강한 유인) 배고픔(추동)이 약해도 기다릴 수 있다.

(2) 항상성(homeostasis)

① 유기체는 변화하는 내외 환경에 직면하여 안정적인 내적 상태를 유지하려는 신체적 경향성을 가진다. 이를 위해 여러 생리적 현상을 안정적으로 조절하는 데 필요한 기제를 가지고 있는데, 이러한 생리적 안정 상태의 유지 기제를 항상성이라고 한다.

예 체온이 올라감 → 땀을 흘림 → 체온이 내려감

② 조직 욕구(tissue needs): 기본적인 생리적 과정에 있어 항상성의 균형이 무너질 때 초래되는 조직 욕구는 추동을 발생시키고, 이 추동은 균형을 회복하기 위한 행동을 발생시킨다.

(3) 부적 피드백(negative feedback)

① 피드백의 종류

㉠ 정적 피드백: 피드백은 산출된 바로 그 반응을 더욱 강화시키고, 그 결과 활동성이 지속적으로 증가한다.

㉡ 부적 피드백: 환경적 변화를 일으켰던 기계의 원래 반응을 멈추게 하거나 역전시킨다.

② 항상성의 생리적 정지체계가 부적 피드백: 추동에 의해 활성화된 행동을 부적 피드백이 정지시킨다.

(4) 프로이트(Freud)의 추동이론

① 무의식적 추동: 행동의 원인을 무의식적 추동, 즉 인간의 많은 행동은 충족되지 못한 강한 충동이나 소망의 상징적 표현이라고 보았다. 이러한 강한 충동은 두려움이나 죄의식을 수반하는 무의식적 추동으로 작용하여 긴장을 발생시킨다.

② 리비도(libido): 성적인 충동이나 욕구 때문에 생겨나는 무의식적 충동을 '리비도'라고 불렀다.

➡ 쾌락주의 동기이론: 인간의 행동은 리비도를 해소하기 위함이고, 그 행동에 의해 불유쾌한 추동은 감소되고 유쾌한 상태가 회복된다는 이론이다.

(5) 헐(Hull)의 추동감소이론

① 인간의 행동은 유기체 내부에서 특정한 결핍에 의해 발생되는 욕구를 해소하기 위한 추동을 감소시키려는 목적에서 유발된다.

㉠ 추동이 발생하면 유기체가 불편을 경험하므로 추동을 감소시키기 위한 적절한 행동이 활성화된다.

㉡ 추동은 행동을 활성화하지만 행동의 방향을 지시하지는 않는다. 행동의 방향은 습관에 의해 결정된다.

② 항상성: 유기체는 그 자체가 요구하는 몇 가지 생리적 변인을 조절하는 기제를 가지고 있는데, 이러한 조절이 항상성의 유지기능이다.

    ㉠ 만약 어떤 생물학적인 추동이 존재하고, 그에 대한 특정 반응이 그 추동을 감소시키는 결과를 가져오면 항상성의 혼란이 감소하고 반응은 강화될 것이다.

    ㉡ 이 과정을 통해 유기체는 욕구를 충족하는 행동을 배운다.

(6) 최적각성이론

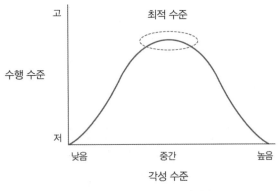

[그림 14-43] 최적각성이론

① 사람이 활동할 때의 각성에는 최적의 각성 수준이 있으며, 사람들은 자신의 최적 각성 수준을 유지하기 위하여 동기부여를 한다.

② 사람은 추동이론에서와 같이 생리적 긴장을 줄이는 방향으로 행동할 뿐만 아니라 생리적 흥분, 각성 상태를 높이는 방향으로 행동한다.

③ 사람들은 적정한 흥분 상태를 유지하기 위해 특정 행동을 한다.

    예 수영, 다이빙, 암벽 등반, 카페인 음식 섭취, 타인과의 사랑 등

④ 여키스-도슨(Yerkes-Dodson)의 역전된 U함수 이론: 각성 수준이 높아질수록 사람의 수행이 보다 능률적으로 이루어지고, 최적의 각성 수준을 넘기면 수행 수준이 떨어지는 경향을 의미한다.

27 생리적 동기

1. 갈증

(1) 수분 상실

① 뇌하수체에서 항이뇨 호르몬(ADH; antidiuretic hormone)이 분비되며, ADH는 신장에 작용하여 수분을 더 많이 재흡수하도록 한다.

② 그 결과, 소변을 통해 체외로 배출하는 수분이 줄어든다.

(2) 뇌

① 시상하부를 통해 수분 부족에 기인하는 세포 내 수축을 감시한다.

② 수축이 발생하면 혈장으로 호르몬을 방출하여 간이 소변을 농축하는 형태로 몸 안의 수분량을 보존한다.

    ➡ 시상하부는 이러한 불수의적 작용뿐만 아니라 갈증을 느껴 수분을 보충하도록 행동하는 의식적 심리 상태도 만든다.

(3) **신체의 수분 결핍 감지**

① 많은 수용기 중 어떤 수용기는 뇌 속에서 총 혈액량을 감지하고, 어떤 수용기는 세포 밖 체액에 존재한다.

② 또 다른 수용기는 심장내부와 그 주변 정맥에 위치하여, 체액의 총량 감소로 혈압이 감소할 때 흥분한다.

③ 나머지 수용기는 체세포 내의 수분을 축적한다. 이는 세포외액에 용해되어 있는 어떤 광물질(특히 나트륨)의 농도에 의존한다.

2. 섭식과 배고픔

(1) **시상하부의 통제중추**

① 이중중추이론(dual−center theory): 시상하부는 섭식행동의 시작(on)과 정지(off)를 명령하는 사령부를 가지고 있다.

㉠ 외측 부위(lateral region): 이 부위가 활성화되면 음식을 탐색하고 먹도록 하는 기아중추로 기능한다.
➡ 이 부위가 손상된 쥐는 절식증을 보인다.

㉡ 복내측 부위(ventromedial region): 이 부위가 활성화되면 섭식행동을 멈추게 하는 포만중추로 기능한다.
➡ 이 부위가 손상된 쥐는 과식증을 보인다.

② 조절점(setpoint): 복내측 시상하부의 손상은 급속한 체중 증가를 초래하지만, 한두 달 후 어떠한 시점에 이르면 동물의 체중은 그 새로운 수준에서 안정된 채로 남는다.

㉠ 일단 새로운 체중 수준에 도달하면 동물은 그 체중 수준을 유지할 정도 이상으로는 먹지 않는다.

㉡ 이는 손상이 체중 조절에 대한 조절점을 상승시키는 것을 의미한다.
➡ 조절점은 섭식을 결정하는 일종의 목표값이다.

(2) **배고픔 조절**

구분	내용
단기적 조절	• 혈당량을 조절하여 해소함 • 과정 　– 간은 혈액 속의 당분 부족을 파악하여 식욕을 자극하도록 뇌의 외측 시상하부에 신호를 보냄 　– 시상하부의 명령을 받아 음식을 섭취하면 혈당 수준이 증가하고, 이를 간에서 파악하여 다시 포만신호를 뇌의 복내측 시상하부에 보냄 　– 혈당이 세포 내의 당으로 전환되어야 에너지를 생산하는데, 바로 인슐린이 세포막의 투과성을 높여 혈당 내의 당이 세포 내로 이동하도록 만듦
장기적 조절	• 지방 에너지의 저장을 통해서 해소함 • 과정 　– 저장된 지방이 항상성 이하로 부족해지면 지방 조직에서 혈장으로 호르몬을 방출하여 음식을 섭취하게 하고, 체중이 증가함 　– 항상성 이상으로 지방의 양이 증가하면 지방 조직에서 혈장으로 렙틴(leptin)이라는 호르몬을 방출하여 음식 섭취를 줄이도록 하고, 체중이 감소함

(3) **섭식의 다양성**

① 유기체의 내부 요인에 의해서만 동기가 유발되는 것은 아니며, 유기체 신체 외부에 있는 요인 역시 동기화 상태를 유발할 수 있다.

② 맛, 모양 등의 음식의 속성이 변화할 때 유기체의 섭취행동도 변한다.

- 유기체 내부 요인뿐만 아니라 외부 요인도 동기화 상태를 유발할 수 있다.
- 외부 요인의 효과는 실질적으로 항상성을 위협할 수도 있다.
- 외부 요인에 대한 민감도는 개인에 따라 다를 수 있다.
  예 정상체중을 가진 사람의 섭취행동은 신체 내부 요인에 더 영향을 받지만, 비만인 사람의 섭취행동은 신체 외부 요인에 더 영향을 받음

3. 성 행동

(1) 호르몬

① 테스토스테론: 시상하부의 특정한 영역에 작용하여 수컷의 성적 욕구를 증가하게 한다. 즉, 수컷의 성적 욕망을 조절한다.

② 에스트로겐: 시상하부의 다른 영역에 작용하여 암컷의 성적 욕구를 증가시킨다. 즉, 암컷의 성적 욕망과 생식력을 조절한다.

③ 인간

　㉠ 고등 동물로 올라갈수록 호르몬보다 경험, 외적 자극 요인이 더 중요하게 작용한다.

　㉡ 여성에게 에스트로겐이 주어지면 성 충동이 증가한다. 하지만 여성의 성적 흥미는 배란과는 독립적이다.

　㉢ 남성은 여성보다 더 많은 테스토스테론을 가지고 있어 더욱 강한 성 충동을 가진다.

(2) 성의 다양성

① 페로몬(pheromone): 동물은 페로몬이라는 냄새에 의해 성 행동이 유발되기도 한다. 인간도 이와 유사한 외부 자극에 의해 성 충동이 발생할 수 있다.

② 쿨리지 효과(coolidge effect): 어떤 종은 성적 활동의 대상이 바뀌지 않을 때보다 여러 대상을 접할 때 성적 활동 수준이 높아진다. 이 효과는 인간에게서도 찾아볼 수 있다.

28 심리적 동기이론

1. 성취동기이론(achievement motivation)

(1) 머레이(Murray)

① 성취동기를 의미있는 성취, 기술 또는 아이디어의 숙달과 제어, 높은 기준을 신속히 달성하고자 하는 욕구로 정의했다.

② 개인의 성격을 판단하기 위한 방안으로 사회적 욕구를 연구하면서 성취동기 개념을 제시한 것에서 시작되었다.

③ **주제통각검사(TAT)**: 애매한 자극에 대한 공상적 반응을 하는 상황에서 자신 내부에 있는 접근−회피 경향성을 무의식적으로 투사할 것이고, 결과적으로 성취동기는 평가가 요구되는 장면에서 성취를 강조하는 이야기 주제로부터 추론할 수 있다.

(2) **맥클리랜드와 동료들(McClelland et al., 1953)**
  ① 머레이의 기본적 욕구 개념의 성취욕구를 성취동기로 명명함: 탁월하려는 욕구, 우수함과 성공을 향한 욕망으로 정의한다.
  ② 성취동기를 측정하기 위해 TAT에 대한 정련 작업을 하고 채점기준을 확립했다.
    ➡ 기존의 동물실험연구에 기초하여 결핍, 박탈, 생존에 관한 생리적 욕구를 중심으로 하던 기존의 동기연구를 인간의 동기연구로 전환했다는 데 의미가 있다.
  ③ 개인의 성취동기를 증진시킴으로써 국가나 사회의 경제발전을 이룰 수 있다고 주장: 개인의 성취동기를 증진하기 위한 프로그램을 개발했다.

(3) **레윈(Lewin)의 포부 수준**
  ① 포부 수준: 한 개인이 스스로 설정한 목표나 기준을 의미하는데, 포부 수준은 특정한 행동에 대한 과거의 경험과 친숙함에 의해 결정되는 것으로 설명된다.
  ② 포부 수준으로 확인된 연구 결과
    ㉠ 사람들은 객관적인 기준보다는 개인이 자율적으로 설정한 목표에 도달했을 때 성취감이 크다.
    ㉡ 포부 수준은 개인과 집단에 따라 달라질 수 있으며, 과거의 성공·실패 경험이 개인과 집단의 포부 수준에 영향을 미친다.

(4) **앳킨슨(Atkinson)의 기대가치이론**
  ① 성취동기이론에 기대×가치이론의 체계를 적용하여 발전시켰다.
  ② 성취경향성(tendency to achieve): 성취행동을 '성취경향성'이라는 말로 대치하고, 다음과 같은 수학공식으로 모형화했다.

  성취경향성 = 접근경향성 − 실패 기피경향성

    ㉠ 성취경향성: 대립된 두 경향의 강도 차이이며, '결과성취동기'라는 용어로 표현한다.
    ㉡ 접근경향성: '개인의 성취동기×성공 가능성×성공에 대한 정적 유인가'이다.
    ㉢ 실패 기피 경향성: '개인의 실패회피동기×실패 가능성 × 실패에 대한 부적 유인가'이다.
    ㉣ 성공 가능성과 실패 가능성은 각각 '기대'를 나타내는 것이고, 성공에 대한 정적 유인가와 실패에 대한 부적 유인가는 각각 '가치'를 나타내는 기대×가치이론의 전형을 보여주고 있다.
  ③ 가설: 높은 성취동기를 가진 사람은 중간 수준인 난이도의 과제를 선호하는 반면, 낮은 성취동기를 가진 사람은 아주 어렵거나 극단적인 과제를 선호한다는 가설 검증을 위해 연구를 수행했다.

(5) **에클스(Eccles)와 위그필드(Wigfield, 1995)의 기대가치이론** `기출 19`
  앳킨스의 이론을 수정하여 학업 상황에 적용한 성취동기이론을 연구하고 있으며, 일부 연구자는 성취 상황에서 어떤 과제를 선택하느냐보다 왜 선택하느냐에 관심을 두는 성취목표에 관한 연구를 시작했다.

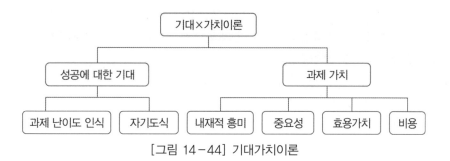

[그림 14-44] 기대가치이론

① 기대가치이론
　㉠ 학습과 관련된 상황에서 학생들이 과제를 선택하거나 해당 과제에 시간이나 노력을 투자할 때: 학생은 그 수업에서 자신이 얼마나 잘할 수 있는지, 그 수업이 어떤 가치를 가지는지를 살펴본다.
　㉡ 동기: 자신의 능력에 대한 기대와 과제의 가치가 동기를 형성하는 요인이다.

② 구성요소

구분	내용
기대	• 과제의 성공적인 수행을 위해 필요한 자신의 능력에 대한 신념이나 판단 　- **과제 난이도**: 과제가 어려운가? 쉬운가? 　- **자기도식**: 해당 과제를 수행할 수 있는 능력을 가지고 있는가?
가치	• "내가 과제를 왜 수행하는가?"에 대한 답으로, 과제를 수행하는 이유에 해당함 　- **내재적 흥미**: 과제에 대한 흥미가 있는가? 　- **중요성**: 과제를 수행하는 것이 얼마나 중요한가? 　- **효용가치**: 해당 과제가 얼마나 쓸모가 있는가? 　- **비용**: 해당 과제를 잘하기 위해 필요한 시간, 경비 등은 얼마인가?

2. 학습된 무기력이론(1967)

(1) 학습된 무기력이론(learned helplessness theory)

① 실수나 실패가 개인에게 미치는 영향을 잘 보여주는 이론이다.
② 셀리그만(Seligman)과 마이어(Maier)가 조건화 학습 실험을 하는 중에 나타난 현상을 체계화한 것이다.

> **참고**　통제 불능성에 대한 기대학습
>
> 도피학습 훈련을 받은 개 중에 피할 수 없는 전기충격을 받는 조건에 노출되었던 개는 도피 가능한 상황에서도 필요한 기술을 학습하지 못했다. 이는 마치 피할 수 없는 충격을 경험한 개가 충격을 피하기 위해 그들이 할 수 있는 것은 아무것도 없다는 통제 불능성에 대한 기대(expectation)를 학습한 것 같았다. 통제 불능성에 대한 기대가 후속실험에서 개들을 무기력하게 만들었다는 것이다.

(2) 인간을 대상으로 한 실험

① 학습된 무기력: 통제 불가능한 상황에서의 반복적인 실패 경험이 학습, 정서, 동기에서의 장애를 초래하는 것을 보여주는 현상이다.
② 실패 경험의 부정적인 효과는 특히 교육 현장에서 부각되었다.
　➡ 학생에게 실패 경험을 주지 않는 교육 경험을 만들어야 한다고 하여, 성적에 따라 등급을 매기고 낙제시키는 것을 배제하고 가능한 한 성공 경험을 제공하자는 교육실천이 도입되었다.

(3) 건설적 실패이론

① 후속 연구에서 실패 경험이 항상 학습, 동기, 정서의 장애를 초래하는 것은 아니며 상황에 따라 긍정적인 결과를 초래하기도 한다는 사실을 보여주었다.

② **건설적 실패이론**: 실패 경험의 긍정적인 측면에 초점을 둔 이론으로, 실패라는 결과를 받았을 때 부정적이고 파괴적으로 반응하기보다는 긍정적이고 건설적으로 반응하고 후속 상황에서 그 경험을 적극적으로 활용하여 보다 나은 성취를 이루는 현상을 설명하기 위한 이론이다.

③ **실패 내성**: 실패 경험의 긍정적인 효과를 가져오는 중요한 개인차 변인으로, 실패 결과에 대해 비교적 건설적인 태도로 반응하는 경향성이다.

ⓒ **감정요인**: 실패 경험 후에 보이는 부정적 정서반응의 정도를 나타내며, 부정적 감정반응이 적을수록 높은 실패 내성을 가지고 있다.

ⓒ **행동요인**: 실패 경험 후에 실패를 만회하기 위한 계획을 수립하고 방안을 강구하는 정도를 알아보는 것으로, 그 정도가 높을수록 실패 내성이 높은 것이다.

ⓒ **과제 난이도 선호**: 개인이 성취 장면에서 선호하는 과제의 난이도 수준을 나타내며, 높을수록 실패에 대한 내성이 높은 것으로 평가한다.

3. 귀인이론

(1) 귀인이론(attribution theory)

① **귀인**: 어떤 사건의 결과에 대한 원인을 찾는 것이다.

② 동기에 관한 귀인이론

ⓒ 어떤 행동의 결과에 대한 원인을 분석하고, 원인을 무엇으로 보는지에 따라 사람의 후속행동이 달라진다는 이론이다.

ⓒ 개인의 행위 결과에 대한 설명이나 정당화가 후속행동에 어떤 영향을 미치는지를 설명한다.

(2) 와이너(Weiner)의 귀인이론(1972)

① 귀인의 3가지 차원

안정성 통제성	내부		외부	
	안정	불안정	안정	불안정
통제 가능	절대 공부를 하지 않음	그 시험 공부를 하지 않음	교사가 편파적임	친구들이 도와주지 않음
통제 불가능	적성이 낮음	시험 당일에 아팠음	학교의 요구사항이 높음	운이 나빴음

ⓒ **인과소재 차원**: 행동의 원인을 개인 내부와 외부 중 어디에서 찾는지에 관한 차원이다.

ⓒ **안정성 차원**: 원인이 얼마나 안정적인가, 즉 변하지 않는 것인가 쉽게 변하는 것인가에 관한 차원이다.

ⓒ **통제 가능성 차원**: 통제 가능한 원인인가, 가능하지 않은 원인인가에 관한 차원이다.

② 자신의 실패 원인을 어디로 돌리는지에 따라 후속행동이 영향을 받는다.

ⓒ **바람직한 귀인**: 내부-불안정-통제 가능한 귀인인 '그 시험 공부를 하지 않음'이다.

➡ 다음 시험에서는 노력하면 성공할 수 있다고 믿기 때문이다.

ⓒ **바람직하지 못한 귀인**: 내부-안정-통제 불가능한 귀인인 '낮은 적성'이다.

➡ 적성은 쉽게 변하지 않고, 스스로 통제하기 어려운 내적 원인이기 때문에 무기력감을 느낀다. 이러한 상황이 반복되면 아예 노력할 시도조차 하지 않고 포기하는 무기력을 학습하게 된다.

③ 귀인 결과는 정서적인 반응에도 영향

㉠ 실패를 '낮은 적성'에 귀인하는 학생은 수치심과 우울을 경험할 것이며, 성공을 '많은 공부량'에 귀인하는 학생은 자부심을 느낄 것이다.

㉡ 이 정서반응은 후속 유사 과제의 수행 상황에서 과제의 유인가에 영향을 미치고, 수행 수준에도 영향을 미칠 것이다.

4. 내재동기이론

(1) 내재동기

① 데시(Deci)와 라이언(Ryan, 1985): 개인이 관심을 보이고 자기 능력을 발휘하며, 그러기 위해 최적의 도전을 추구하고 달성하려는 타고난 성향이다.

② 내재적으로 동기화된 사람: 어떤 과제를 과제에 대한 흥미 때문에, 과제를 하는 자체가 즐거워서, 과제가 제공하는 도전의식과 행위에 대한 느낌 때문에 수행한다.

| 더 알아보기 | 내재동기와 외재동기 |

구분	특징
내재동기	• 해당 활동 자체에 흥미와 즐거움을 느껴 활동을 함 • 해당 활동 자체가 보상의 역할을 하므로 주변의 제약이나 외부적인 보상에 의존하지 않음
외재동기	• 해당 활동이 다른 목적을 이루는 수단이 되기에 그 활동을 함 • 해당 활동을 통해 얻을 보상이나 자신의 원하는 결과를 얻을 수 있다고 믿기에 활동을 함

(2) 효능동기이론(effectance motivation)

① 화이트(White, 1959): 개인의 유능성(competency)을 핵심 요인으로 개발한 이론이다.

② 화이트는 인간이 자신의 삶이나 환경의 어떤 측면을 변화하고 수정하거나 영향력을 미칠 수 있다는 것을 보여주기 위해 행동하고, 주변 사물에 영향력을 행사함으로써 유능감을 획득한다고 주장했다.

③ 하터(Harter)의 효능동기: 숙달동기로 개념화하였다.

㉠ 효능동기를 가진 개인은 유능감을 느끼고 과제를 숙달하기 위해 다양한 시도를 하게 된다.

㉡ 이러한 숙달시도가 성공하면 개인의 지각된 유능감이 향상됨에 따라 과제 수행의 즐거움을 경험하게 되고, 효능동기가 강화된다.

(3) 인지평가이론(cognitive evaluation theory)

① 데시(1971, 1975): 개인의 내적 통제소재와 능력에 대한 지각이 높아질수록 내재적 동기가 높아진다고 본다. 즉, 보상이 유능감과 통제감에 대한 지각에 2가지 형태로 영향을 미친다고 주장했다.

② 보상이 지각에 미치는 영향: 외적 사건이 통제적인 측면과 정보적인 측면을 가진다.

구분	내용
정보적 기능	• 보상은 수행의 질이 높다는 것을 알려줄 때 정보적 기능을 함 • 이 경우 보상은 지각된 유능성과 내재동기를 증진시킴
통제적 기능	• 보상은 행동에 대해 통제적 기능을 할 수 있음 • 행동을 하면 상을 주겠다는 제안을 하는 경우로, 이 경우 보상은 지각된 내적 통제감과 내재동기를 감소시킴

③ 내재동기는 개인의 유능성과 자율성에 대한 욕구로부터 자발적으로 나타나는 것이며, 개인의 능력에 관한 정보를 제공하는 언어적 보상은 내재동기를 증가시킨다.

④ 사람들이 자율성과 유능성에 대한 심리적 욕구를 가지고 있음을 전제로 하며, 외부 사건의 통제적 측면은 자율성에 대한 욕구에 영향을 주는 반면, 정보적 측면은 유능성에 대한 욕구에 영향을 준다.

(4) 과정당화이론(overjustification)

① 원인 귀인 또는 인과적 설명을 적용하여 내재동기를 설명하려는 이론: 보상이나 다른 외적 제약이 행위자에게 어떻게 받아들여지고 해석되며 그 해석이 내재동기에 어떻게 영향을 미치는지에 관심을 가진다.

② 내재적으로 동기화된 것으로 보이는 행동이 보상이나 다른 외적 제약과 연결되면 사람은 행동이 내재동기와 같은 내부 요인보다 위협, 뇌물과 같은 외부 요인 때문이라고 귀인하는 경향이 있다.

➡ 즉, 내재동기를 느끼는 활동에 보상을 주는 경우 내재동기가 감소되는 현상이다.

③ 이유: 자신이 좋아서 한 행동이 다른 목적을 달성하기 위한 수단임을 인식하면서 활동에 대한 흥미가 떨어지기 때문이다.

④ 켈리(Kelly)의 절감의 원리(discounting principle)

㉠ 내적으로 동기화된 과제에 외적 보상이 더해지는 경우 그 행동에 대해 다중인과 스키마(multiple causal schema)가 형성된다.

㉡ 다중인과 스키마가 형성되면 원인 요인 중 가장 현저한 외적 요인을 그 행동의 원인으로 받아들이는 과잉정당화가 일어나게 되어 내부 요인은 최소화되거나 절감되는데, 이 현상을 절감의 원리라고 한다.

⑤ 보상이 내재동기를 감소시킨 절감 현상: 내재동기가 있는 상태에서 보상이 소개되면 행위자는 행동의 원인을 내부 요인에서부터 보다 현저하게 외부 요인으로 전환하여 귀인한다.

(5) 자기결정성 이론

① 데시와 라이언(2000): 동기를 내재적 대 외재적의 이분법적으로 분류하지 않고, 자기결정성(자율성) 정도에 따라 다양한 외재적 이유가 가능하다는 것을 주장하는 자기결정성 이론을 제시했다.

② 인본주의적 접근으로서 인간은 심리적 성장을 위한 욕구와 보다 정교화되고 통합된 자기를 발달하는 능동적인 경향성을 가지고 태어난다고 전제한다.

③ 미니이론: 자기결정과 관련된 현상을 설명하기 위해 인지평가이론, 유기체 통합이론, 인과지향성 이론, 기본 심리 욕구이론, 목표내용이론의 5가지 미니이론으로 구성된다.

※ 세부 내용은 '기본개념 1. 성격심리학 30. 데시와 라이언의 내재적 동기와 자기결정이론(p. 136)'을 참조할 것

(6) 칙센트미하이(Csikszentmihalyi)의 출현동기이론과 플로우 경험

① 출현동기이론(emergent motivation theory): 예상한 목표나 보상의 관점에서 설명될 수 없는 활동이 많고, 진행되는 행위에 직접 관여함으로써 나타나는 목표와 보상의 관점에서 설명해야만 한다고 전제한다.

㉠ '활동의 목표와 보상은 행위로부터 흘러나온다(flow)'는 것을 함의하는 플로우 또는 깊은 흐름(deep-flow) 활동이라고 이름을 붙였다.

㉡ 플로우 활동과 내재적으로 동기화된 활동은 동의어라고 할 수 있다.

② 플로우(flow): 활동이 주는 즐거움 때문에 사람들이 반복적으로 그 활동을 하는 것으로, 행위에 완전히 몰입하는 집중 상태를 말한다.

㉠ 개인이 어떤 도전을 극복하기 위해 자신의 기술을 사용할 때 도전과 자신의 기술 간의 적절한 조화를 이루면 플로우 상태로 들어가게 된다.

㉡ 이러한 상태에 들어가면 계속 흘러나간다.

③ 자신의 기술과 도전 수준의 적절한 조화: 플로우 경험을 하게 된다.

㉠ 도전 수준 > 기술 수준: 불안을 느낀다.

㉡ 도전 수준 < 기술 수준: 지루함을 느낀다.

④ 플로우 모형의 함의: 우리가 매일 하는 활동에서 적절한 도전과 기술의 수준이 조화를 이루면, 외적 보상이 없이도 활동 그 자체가 목적과 보상이 되는 즐거운 활동으로 만들 수 있다는 것이다.

5. 성취목표이론 [기출 18, 19, 23]

(1) 성취목표이론(achievement goal theory)의 발달 배경

① 초기: '목표 지향성 이론(goal-orientation theory)'이라고 불렀다.

㉠ 목표: 개인이 성취하려고 노력하는 특정한 결과를 의미한다.

㉡ 목표 지향성: 목표의 방향 또는 추구하는 목표 뒤에 있는 의도를 말한다.

② 성취목표이론: 개인의 능력에 대해 가지고 있는 견해가 어떻게 개인의 동기로 연결되는지에 관한 설명을 제공함으로써 학습상황에서 학생들의 성취행동을 가장 직접적으로 설명하려는 동기이론이다.

③ 드웩(Dweck)의 암묵적 지능이론(implicit theory of intelligence): 아동이 능력의 속성에 대해 가지고 있는 암묵적인 믿음이 그들이 학습상황에서 어떠한 목표를 선호하느냐를 결정한다고 보는 이론이다.

구분	내용
실체 지능이론	• 능력이란 대부분 태어날 때부터 결정된 고정된 것이어서, 노력해도 크게 변하지 않는다고 믿음 • 실패를 자신의 능력 부족으로 귀인하고 무기력에 빠지기 쉬운 경향을 보임
증진 지능이론	• 능력이란 유동적이고 변화하는 속성을 지니고 있으며, 노력과 새로운 학습에 의해 얼마든지 향상될 수 있다고 믿음 • 실패 내성이 높을 뿐 아니라 실패에 대해 훨씬 생산적으로 반응함

(2) 이원목표 구조: 숙달목표와 수행목표

구분	목표지향성의 분류	
니콜스 (Nicholls, 1984)	과제개입형 목표	자아개입형 목표
드웩 (Dweck, 1986)	학습 목표지향성	수행 목표지향성
에미즈(Ames)와 아처(Acher, 1988)	숙달 목표지향성	수행 목표지향성
특징	• 과제 자체에 가치를 두고 이를 목표로 삼음 • 과제를 수행하는 목표가 과제에 대한 이해, 습득, 숙달이며, 자신의 능력 향상에 관심을 두는 경향	• 능력에 대한 타인의 인정과 같은 과제 외적인 것에 가치를 둠 • 남보다 우수하고 경쟁에서 이기고 최고가 되는 것을 목적으로 삼는 경우

① **목표 지향성**: 성취와 관련된 목표에 대한 신념으로, 주어진 상황에서 성취행동을 보이는, 즉 목표를 추구하는 이유와 그 목표를 향한 진전을 평가하기 위해서 사용되는 기준을 개념으로 정의되었다.

② **과제 개입형, 학습목표 지향, 숙달목표 지향**: 주어진 학습상황에서 새로운 것을 배우거나 숙달하는 데 초점을 두며, 문제 해결과 관련지어 정보를 처리하고, 실수나 오류를 자신들의 전략을 조절하는 데 필요한 지표로 받아들인다.

    ⊙ 암묵적 이론 중 증진이론을 믿기 때문에, 새로운 학습을 통해 자신들의 능력을 향상시키는 것을 목표로 삼아 노력을 투자하며 실패를 불가피한 학습과정의 일부로 본다.

    ⓛ 학습 참여도가 높고, 정보의 심층처리와 관련된 학습처리를 사용하는 경향을 보이며, 타인과의 비교에 좌지우지되기보다는 자기 참조적 기준에 기초한 과제 숙달에 도달하고자 한다.

③ **자아 개입형, 수행목표 지향**: 암묵적 이론 중 실체이론을 믿기 때문에, 과제를 수행할 때 타인으로부터 자신의 능력에 대해 호의적인 평가를 받는데 초점을 둔다.

    ⊙ 능력과 노력이 서로 반비례한다고 믿으므로 능력이 뛰어나다면 그렇지 않은 사람들에 비해 노력을 적게 하고도 같은 수준의 성취를 올릴 수 있어야 한다고 생각한다.

    ⓛ 실패를 하게 되면, 능력 부족으로 귀인하여 부정적 정서를 갖게 되며, 가능한 적은 노력을 투여하려 하고, 피상적이고 단기적인 학습 전략을 선호한다.

    ⓒ 다른 사람과 비교해서 상대적으로 유능하게 보이기를 원하고, 무능한 사람으로 보이는 것을 기피하며, 자기 가치감을 높이는 방향으로 학업에 임한다.

(3) 삼원목표 구조: 수행목표의 세분화

① 엘리어트(Elliot)와 하락키위즈(Harackiewicz)를 비롯한 연구자는 수행목표에 내재한 접근과 회피라는 상반된 방향성을 구분해야 한다고 주장하였다.

② **삼원목표 구조**

    ⊙ **숙달목표**: 학습에 대한 이해를 도모하고 자신의 능력이나 관련 기술을 개발하고 향상시키는 것이 목표다.

    ⓛ **수행접근목표**: 다른 사람보다 더 나은 성과를 거두고자 하는 욕구를 이유로 과제에 접근하는 것이다.

    ⓒ **수행회피목표**: 잠재적인 실패를 피하려는 욕구로 과제를 회피하는 것이다.

③ **수행접근 지향적인 학생**: 성공하고자 하는 열망으로 과제에 접근하는 경향을 보이며 상당한 노력을 투자하고 정교한 학습 전략을 사용하는 모습을 보인다.

④ **수행회피 지향적인 학생**: 어려운 과제를 하는 동안 실패를 피하는 데 중점을 두며, 일반적으로 끈기나 노력을 적게 보이고 자신의 자존감을 보호하기 위해 실패의 원인을 노력 부족으로 돌린다.

⑤ **숙달목표와 수행접근목표 지향성**: 모두 성공적인 학업성취로 이어지는 경우가 많고 자기 스스로나 타인에게 타인에게 능력을 입증하려는 경향이 있어서 정서나 행동적인 결과에 유사함을 보인다.

    ⊙ 수행접근지향은 숙달목표와 달리 타인과 비교하여 자신의 능력을 보여주고, 대중의 인정을 받거나 좋은 성적을 얻고자 학업에 접근한다는 차이가 있다.

    ⓛ 수행접근 지향은 높은 학업성취와 노력, 피상적인 사고를 보인다.

    ⓒ 숙달목표 지향은 심층적인 사고과정, 지속성, 흥미와 높은 수준의 노력으로 긍정적인 학업성과를 보인다.

(4) 2×2 목표구조: 숙달과 수행목표 모두의 세분화

이원 구조	삼원 구조	2X2 구조	특징	문항 예
숙달	숙달	숙달 접근	• 과제 숙달에 초점 • 학습에 대한 내재적 흥미와 긍정적 태도 • 높은 학습참여도 • 학습의 내재적 가치 존중 • 자기조절, 정보의 심층처리와 관련된 학습 전략 사용 • 자기참조적 기준 도입 • 도전적인 과제 선호 • 실패는 노력 부족으로 귀인	"나는 수업에서 가능한 한 많은 것을 배우고 싶다."
		숙달 회피	• 과제 숙달의 실패나 학습부진을 기피 • 오류를 범하는 것을 기피 • 학습 전략의 퇴보를 기피	"나에게는 나의 좋은 공부습관을 잃지 않는 것이 중요하다."
수행	수행 접근	수행 접근	• 유능하게 평가받는 것에 초점 • 능력에 대한 호의적 평가 기대 • 자기가치감을 높이는 방향으로 학업에 임함 • 학습은 목표달성을 위한 수단 • 피상적이고 단기적인 학습 전략을 선호 • 규준적으로 정의된 성공을 지향 • 도전적 과제 기피 • 실패는 능력 부족으로 귀인	"나의 목표는 다른 학생들보다 좋은 성적을 받는 것이다."
	수행 회피	수행 회피	• 다른 학생보다 무능한 사람으로 평가되는 것을 기피 • 꼴찌가 되지 않는 것 • 낙제점수를 받지 않는 것	"나의 목표는 다른 학생들과 비교하여 나쁜 성적을 받지 않는 것이다."

① 엘리어트(Elliot)와 맥그리거(McGregor) 등: 접근-회피 구분을 수행목표뿐 아니라 숙달목표에도 적용하였다.

② 2×2 목표구조에 포함된 요소와 정의

구분		목표 정의	
		절대적/개인 내적(숙달)	규준적(수행)
목표유인가	긍정 (성공에 대한 접근)	숙달접근목표	수행접근목표
	부정 (실패에 대한 회피)	숙달회피목표	수행회피목표

㉠ 목표에 대한 정의: 개인 내적이며 과제 중심적인 것(숙달)과 상대적이며 규준적인 것(수행)으로 나누었다.

㉡ 유능성(목표)에 대한 유인가: 긍정적인(접근하려고 하는) 것과 부정적인(회피하려고 하는) 것으로 나누었다.

③ 구분
  ㉠ 숙달접근목표: 주어진 과제에서 배울 수 있는 만큼 최대한 학습하고 숙달을 이루려는 목표다.
  ㉡ 숙달회피목표: 주어진 과제에서 배울 수 있는 만큼 최대한 학습하지 못할 가능성을 회피하려는 목표 또는 과거 숙달 수준으로부터 퇴보할 가능성을 회피하려는 목표다.
  ㉢ 수행접근목표: 다른 사람에 비해 우수한 수행 수준을 성취하려는 목표다.
  ㉣ 수행회피목표: 다른 사람에 비해 열등한 수행 수준을 보일 가능성을 피하려는 목표다.
④ 숙달회피목표: 제대로 배우는 것을 실패하지 않기 위한 노력, 자신의 기술과 지식을 유지하려는 노력, 실수하지 않기 위한 노력으로 대변되는 등 완벽주의에서 볼 수 있는 특성을 공유하며, 수행회피목표와 마찬가지로 부정적인 결과를 얻을 가능성을 피하려는 성향으로 개념화되었다.
  ➡ 실수를 하거나 잘못된 행동을 하지 않으려고 노력하는 완벽주의자나 경력의 후반부에 있는 운동선수, 사업가 또는 기술이나 능력의 발전보다 자신의 능력을 잃지 않는 데 초점을 두는 고연령층에서 나타날 수 있는 목표 성향이다.

(5) **중다 목표지향성(multiple goal orientation)**
① 숙달목표와 수행접근목표 모두를 가지는 것이 유익하다는 것이다.
② 실제로 몇몇 연구자가 숙달목표와 수행접근목표 모두 학업 성취를 높이는 데 중요하고, 두 가지 목표 유형을 모두 수용하는 것이 가장 적응적이라는 연구 결과를 제시했다.

더 알아보기　**과제회피목표**

• 과제를 최소한의 노력으로 대충 수행하려는 목표이다.
• 이 목표를 가진 학습자는 과제가 쉽거나 별다른 노력 없이 할 수 있을 때 성공적이라고 느낀다.
• 효과적이지 못한 전략을 사용하고, 모둠활동에 최소한의 공헌만 하며, 도전적인 과제가 주어지면 불평한다.
• 목표 유형이 학습자의 동기와 성취에 미치는 영향(Eggen & Kauchak)

구분	예시	학습자의 동기와 성취에 미치는 영향
숙달목표	은유법을 이해하고 응용하여 자신만의 동시를 창작하기	• 과제에 지속적으로 노력을 기울임 • 높은 자기효능감과 도전을 받아들이는 자세, 높은 성취를 보임
수행접근목표	우리 반에서 은유법을 활용한 동시를 가장 잘 쓰기	• 자신감 있는 학생은 과제에 대해 계속 노력하고, 높은 효능감과 성취를 보일 수 있음 • 도전을 받아들이고자 하는 동기를 저해할 수 있으며, 이는 낮은 성취로 이어질 수 있음
수행회피목표	교사와 다른 학생 앞에서 능력이 없어 보이는 것 피하기	• 동기와 성취를 저해함 • 특히 자신감이 부족한 학생의 경우 동기와 성취가 더욱 저조함
과제회피목표	그저 최소한의 노력으로 과제 마치기	• 노력을 하지 않고 자기효능감이 낮음 • 성취가 심각하게 저해됨

29 정서

1. 정서

(1) 의미

특정한 내외적 변인에 의해 경험적·생리적·행동적으로 반응하려는, 유전적으로 결정되거나 습득된 동기적 경향성이다.

(2) 정서를 동기적 경향성으로 보는 이유

정서가 유기체로 하여금 정서를 유발한 대상에 접근하거나 회피하는 행동을 유발하기 때문이다.

(3) 기능

정서는 개인의 적응행동의 진전에 대한 정보를 알려주는 기능을 한다.

(4) 정서와 동기

① 정서가 주로 외부 요인에 의해 유발되는 반면, 동기는 주로 내부 요인에 의해 유발된다.
② 동기가 주로 특정 욕구에 의해 유발되는 반면, 정서는 광범위한 종류의 자극에 의해 유발된다.

2. 정서이론

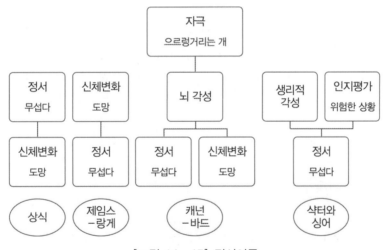

[그림 14-45] 정서이론

(1) 제임스-랑게(James-Lange) 이론

① 정서 때문에 신체 변화가 오는 것이 아니라, 어떤 상황에서 신체 변화가 먼저 오고 그 변화를 지각하게 될 때 특정 정서를 느낀다.

　예 슬프기 때문에 눈물을 흘리는 것이 아니라 눈물을 흘리기 때문에 슬픈 것이다.

② 행동주의적 관점과 유사: 정서는 어떤 행동의 원인이 아니라 어떤 상황에서 일어난 신체 변화에 대한 지각이다.

　예 위협을 받는 상황에 처하면 그 상황에 대처하기 위해 신체 내부에서 생리적 각성이 일어나며, 이러한 변화를 지각하게 될 때 우리는 특정한 정서를 느낀다.

(2) 캐넌-바드(Cannon-Bard) 이론

① 제임스-랑게 이론 비판

㉠ 뇌의 신체기관을 연결하는 신경을 절단해도 정서를 느낄 수 있다.

㉡ 신체 변화는 위협적이거나 분노를 느끼게 하는 상황에서 경험하는 정서를 설명하기에 속도가 너무 느리다.

㉢ 정서의 종류는 다양하지만 자율신경계의 반응은 거의 동일하다.

② 정서에서 중심적인 역할을 하는 것은 뇌의 시상(thalamus): 환경에서 정서를 유발하는 자극이 시상에 전달되면, 시상은 다시 대뇌피질과 신체 여러 부위에 정보를 보내 정서적 경험과 신체 변화를 동시에 유발한다.

(3) 샥터(Schachter)와 싱어(Singer)의 인지평가이론

① 우리가 정서를 경험할 때, 먼저 그 정서를 경험하게 된 상황에 대한 평가를 하는데, 이 평가는 정서적 경험에 상당한 영향을 미친다.

② 2요인 이론: 정서에 신체 변화와 인지평가가 함께 포함되어 있다고 하기 때문에, 이들의 제안을 '2요인 이론'이라고 부른다.

➡ 유사한 신체 변화이지만 상황에 따라 이를 달리 해석함으로써 똑같은 심장박동이 분노로 느껴지기도 하고 기쁨으로 느껴지기도 한다.

(4) 르두(Ledoux)의 정서 뇌이론(1996)

① 정서를 신경계의 생물학적 기능으로 보고, 정서가 뇌에서 어떻게 표상되는지 알아내는 것이 정서를 이해하는 데 도움을 준다고 본다.

② 정서를 관장하는 편도체와 이성의 뇌인 신피질 사이, 정서자극을 중재하는 하위 뇌인 시상 사이를 연결하는 신경회로가 존재하기 때문에 정서 뇌와 이성 뇌는 밀접한 관계를 가진다.

㉠ 경로 1: 외부에서 들어오는 정서자극이 감각시상에 접수되면 일부는 편도체로 직접 가는 경로로 보내진다.

➡ 이 경로로 전달된 자극은 무의식적으로 처리되어 신속하지만 거친 정서반응으로 나타나며, 이는 위험상황에서 유용한 기제이다.

㉡ 경로 2: 외부로부터 들어온 정서자극이 감각시상에 접수되면 일부는 뇌의 감각피질로 전달되어 편도체로 가는 경로로 보내진다.

➡ 일반적인 정서반응기제이다.

(5) 자이언스(Zajonc) 이론(1980)

① 단순노출 효과(mere exposure effect): 사람은 이전에 어떤 자극에 노출되었던 경험이 있으면 그것을 기억하지 못하더라도 그 자극을 더 좋아한다고 보고한다.

② 정서는 인지에 선행하고, 인지와 별개이며, 인지 없이도 존재한다.

(6) 안면 피드백 가설

정서가 얼굴표정으로 산출될 뿐만 아니라 거꾸로 얼굴표정도 정서의 체험에 영향을 미친다.

3. 정서의 종류

(1) 비연속성 정서이론(discrete emotion theory)

① 모든 인간에게 나타나는 몇 가지 유형의 기본 정서가 존재한다는 것이다.

② 에크만(Ekman, 1992): 정서 유형에 대한 증거로 얼굴표정을 제시했다. 특정한 정서와 안면 근육의 사이에 연결된 신경회로가 있어 특정한 정서 체험은 특정한 얼굴표정을 만들어낸다.

(2) 차원적 접근

① 러셀(Russell)의 원형 모형(1980): 정서의 핵심 요인은 쾌−불쾌와 각성 수준이다. 이 두 가지 차원에서 정도 차이에 근거하여 정서에 대한 원형 모형을 제시했다.

4. 정서의 표현

(1) 언어행동

① 자신의 감정 상태를 말로 표현하는 것으로, 다양한 정서적 상태를 표상하는 단어가 있으며 적절한 단어를 선택하여 자신의 상태를 보고할 수 있다.

② 문제점: 언어로 표현한 자기보고에 의한 자료는 언어표현능력 수준이나 사회적 바람직성 등에 의한 고의적·미고의적 편파성이 내재되어 있다.

(2) 비언어적 행동

① 자신의 감정 상태를 얼굴표정이나 몸동작으로 표현하는 것이다.

② 얼굴표정: 몸동작과는 달리 의식적인 통제가 비교적 어렵고, 인간의 대표적인 정서를 표현하는 보편적인 얼굴 표정이 있다. 하지만 얼굴표정에 의한 감정표현 역시 문화적 혹은 개인적 차이가 있다.

③ 문제점: 몸동작은 개인에 따라 혹은 문화적 배경에 따라 다른 정서를 표현할 수 있고, 다르게 해석될 수 있기 때문에 우리가 의식적으로 통제할 수 있는 몸동작을 통해 보여지는 정서의 해석은 신중하게 해야 한다.

제8절 스트레스와 건강

30 스트레스와 스트레스 이론

1. 스트레스

(1) 스트레스의 정의
① 인간이 심리적·신체적으로 감당하기 어려운 상황에 처했을 때 느끼는 불안과 위협의 감정이다.
② 스트레스원(stressor): 스트레스 유발 자극을 의미한다.
③ 스트레스(stress): 스트레스 반응을 의미한다.
④ 스트레스의 의미: 수많은 스트레스원에 의해 야기되는 일반적인 신체적 적응반응이다.
⑤ 스트레스의 대표적 원인: 대격변의 사건, 개인적 스트레스 원, 일상의 작은 골칫거리가 있다.

(2) 스트레스 연구
① 대표적인 스트레스 연구

구분	특징
자극으로서의 스트레스	스트레스를 자극으로 보는 관점으로, 개인의 신체적·심리적 안녕을 위협하는 환경적 자극이나 조건을 밝히는 데 초점을 둠 예 홈즈와 라헤의 사회 재적응 평정 척도
반응으로서의 스트레스	스트레스를 반응으로 보는 관점으로, 스트레스 상황에서 유기체가 경험하는 신체적 적응반응과 더불어 스트레스와 신체적 질병의 관계를 밝히는 데 초점을 둠 예 셀리에의 일반 적응 증후군
개인과 환경과의 상호작용으로 보는 스트레스	생활사건이 스트레스를 일으킨다보다 스트레스 상황에 대한 개인의 주관적인 인지적 평가와 대처 양식에 따라 스트레스 정도가 달라진다는 관점으로, 스트레스 사건 자체보다 그 사건에 대한 개인의 해석과 스트레스에 대한 대처를 더욱 중요시함 예 라자러스 연구

② 캐넌(Canon)의 투쟁-도피(fight or flight) 반응: 유기체가 위협이나 위험 자극에 노출되었을 때 그 자극에 맞서 싸우거나 도망갈 수 있게 신체 내에서 일련의 생리화학적인 변화가 일어난다는 것이다.

2. 셀리에(Selye) 이론

(1) 일반 적응 증후군(GAS; General Adaptation Syndrome)
① 스트레스에 오랫동안 계속하여 노출된 결과로 일어나는 신체의 모든 비특이적·체계적 반응의 합이다.
② 스트레스 단계에 따른 특징

구분	내용
경고 단계	• 스트레스에 대한 초기 적응반응 • 어떤 상황을 위협으로 지각하여 투쟁 혹은 도피반응이 유발되고, 그에 따른 생리적 각성이 생김

저항 단계	• 개인이 가진 자원과 에너지가 총동원되고 스트레스에 대한 적응반응이 최고점에 이름 • 이는 유기체가 스트레스에 장기간 노출될 때 계속하여 신경계와 내분비계의 변화를 야기하면서 나름대로 스트레스에 적응하는 것 • 이 단계가 얼마나 지속될 것인가는 스트레스 유발 자극의 심각성과 유기체의 적응능력에 달려 있음
소진 단계	• 저항 단계에서도 스트레스가 해소되지 못하고 지속되면 소진 단계에 이르게 됨 • 이때 개인의 자원은 고갈되고 스트레스에 대한 적응반응은 약해짐 • 긴장 상태가 지속되면 신체의 면역체계가 약해지고 감기나 위통, 알레르기, 인후염, 근육통과 같은 심리 신체증상이 나타나고 심하면 죽음에 이를 수도 있음

③ 스트레스의 종류

㉠ 유스트레스(이로운 스트레스, eustress): 긍정적인 촉매제로 작용하여 흥미와 즐거움, 자극을 준다.

　예 결혼, 승진, 입시 합격, 학위 취득, 원하던 직장 취업, 임무 완수 등

㉡ 디스트레스(해로운 스트레스, distress): 불쾌한 상황에 계속 노출되게 하여 심신을 피로하게 만든다.

　예 실패, 좌절, 어려운 인간관계, 고민, 불안, 두려움 등

3. 홈즈(Holmes)와 라헤(Rahe) 이론

(1) 생활변화량 점수 계산을 위한 사회 재적응 평가 척도

사건	충격 척도	사건	충격 척도
배우자 혹은 사랑하는 사람의 죽음	100	시집식구 혹은 처가식구와의 갈등	29
이혼	73	뛰어난 개인적 성취	28
별거	65	아내가 취직을 하거나 일을 그만두는 상황	26
가까운 친척의 죽음	63	입학과 졸업	26
자신의 상해와 질병	53	생활환경의 변화	25
결혼	50	습관을 고치는 것	24
실직	47	직장상사와의 갈등	23
가족의 건강 변화 혹은 행동상의 큰 변화	44	전학	20
임신	40	취미활동의 변화	19
성 생활의 문제	39	종교활동의 변화	19
새로운 가족 구성원이 생김	39	사회활동의 변화	18
직업 적응	39	소액의 부채	17
재정적 상태의 변화	38	수면습관의 변화	16
가까운 친구의 죽음	37	가족이 함께 모이는 횟수의 변화	15
다른 부서로 배치되는 것	36	식사습관의 변화	15
배우자와의 언쟁 증가	35	방학	13
많은 액수의 부채	31	크리스마스	12
부채가 노출된 경우	30	가벼운 법규 위반	11
자녀가 집을 떠나는 것	29		

① 사람들이 일상생활에서 경험하고 있는 스트레스의 정도를 손쉽게 측정할 수 있는 도구인 사회 재적응 척도를 개발했다. 총점 200점 이상이면 질병을 일으킬 위험이 아주 높다.

② 스트레스: 재적응 노력을 요구하는 생활의 변화로 본다.

③ 지난 6개월간 경험한 생활사건의 스트레스 점수 총합이 300점 이상이거나, 지난 1년간 경험한 생활사건 스트레스 점수 총합이 500점 이상인 경우: 최근 상당히 높은 수준의 스트레스를 경험하고 있음을 나타내며, 스트레스 때문에 신체적 질병에 걸릴 확률도 높다고 할 수 있다.

④ 인생의 긍정적인 생활사건도 스트레스가 될 수 있음: 긍정적인 사건도 생활의 변화와 그에 따른 재적응을 요구하기 때문이다.

4. 라자러스(Lazarus) 이론

(1) 스트레스

① 스트레스 자극과 반응을 모두 아우르고 개인의 지각과 평가를 강조하는 심리학적 관점을 취한다.

② 스트레스 사건 자체보다 사건에 대한 개인의 해석이 중요: 상황에 대한 인지적 평가가 스트레스를 만든다.

(2) 상황평가

① 1차 평가: 생활사건을 자신의 안녕이나 복지의 관점에서 평가한다.

　㉠ 개별사건: 무관한 것, 긍정적인 것, 스트레스적(부정적)인 것으로 평가한다.

　㉡ 스트레스적: 상해(손해), 상실, 위협, 도전으로 평가한다.

　　➡ 상해나 상실은 질병이나 사고와 같이 이미 발생해버린 상황이라는 평가에서, 위협은 장차 있을 수 있는 위험에 대한 평가에서, 도전은 자신이 하기에 따라서는 위험만 있는 것이 아니라 긍정적인 결과도 초래될 수 있다고 판단하는 데서 유래한다.

② 2차 평가: 스트레스적으로 평가된 상황에서 자신이 사용할 수 있는 대처 자원과 관련된다.

　➡ 스트레스에 대한 대처방식을 결정한다.

　㉠ 문제중심적 대처: 스트레스를 유발한 문제를 해결하기 위해 직접적으로 노력하는 것을 의미하며, 자신의 대처 자원이나 기술을 믿고 문제 해결에 대한 노력을 지속하는 것이다.

　㉡ 정서중심적 대처: 문제 자체가 아니라 문제 상황에 발생하는 부정적인 정서 상태를 완화하고자 하는 노력을 의미한다.

③ 재평가: 새로운 정보가 입수되어 평가가 변화하는 것으로, 스트레스를 감소시키거나 증가시킨다.

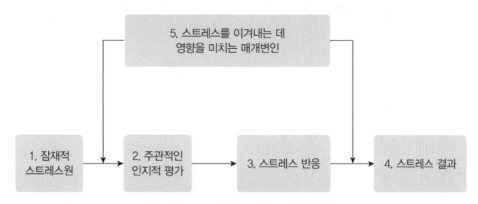

[그림 14-46] 스트레스 종합 모형

1. 잠재적 스트레스원

(1) 물리적 환경

① 도시화에 따른 밀집현상, 대기 및 수질오염, 소음 등이 포함된다.

② 물리적 환경은 인지적 평가과정이 관여되지 않고 생리적 과정에 직접적으로 영향을 미칠 수 있고, '그 자극의 유해함에 대한 염려'나 '통제할 수 없음' 등의 인지적 평가과정을 거쳐 스트레스로 작용할 수 있다.

(2) 직업

① 직업과 관련된 스트레스원

　㉠ 물리적 요구: 열악한 작업조건(예 조명, 소음)에서 발생한다.

　㉡ 과제 요구: 과도한 업무량이나 따분한 업무로부터 발생한다.

　㉢ 역할 요구: 역할의 모호성이나 역할갈등에서 발생한다.

　㉣ 대인 간 요구: 동료나 상사 등과의 대인관계 갈등에서 발생한다.

② 직업 스트레스를 결정하는 중요한 요인은 직무역할의 성격이다.

　㉠ 스트레스 관련 질병 발생률이 높은 직업군: 건설 노동자, 비서, 실험 기술자, 웨이터, 기계 조작자, 도장공 등이 있다.

　㉡ 이 직업군은 일이 요구하는 정도는 높은 데 반해, 일에 관한 의사결정의 통제력은 낮다.

③ 일의 부담과 가족의무 간의 갈등: 남녀 모두에 영향을 주지만, 여성의 경우가 더 취약하다.

④ 일과 가족역할의 효과: 그 사람이 이용 가능한 자원에 따라 달라진다. 좋은 수입, 집안일에 대한 다른 가족구성원의 도움과 정서적 지원 등이 긍정적 효과를 갖는다.

(3) 대인관계

① 잠재적 스트레스원이 될 수도 있고, 스트레스의 나쁜 효과를 완충하는 역할을 할 수도 있다.

② 스트레스를 유발하는 대인관계: 가족, 배우자, 연인, 친구 등의 가까운 관계부터 직장 동료, 이웃, 급우 등까지 다양하다.

(4) 생활사건

① 주요한 생활사건(囫 실직, 이혼, 사별 등)부터 사소한 골칫거리에 이르기까지 다양하다.

② 홈즈와 라헤의 사회 재적응 평가 척도: 주요 생활사건이 유발하는 변화를 스트레스의 핵심으로 간주한다.

③ 최근에는 사소한 생활의 골칫거리가 건강과 적응에 미치는 영향을 연구하는 방향으로 전환되고 있다.

2. 주관적인 인지적 평가

(1) 성격

① 민감성: 위협단서에 민감하고 이를 확대하여 반응하는 민감성이 스트레스 평가에 의미 있는 영향을 미친다.

② 만성적으로 초조·우울하거나 충동적이고 고립된 성격을 가진 사람은 같은 위협도 더 크게 받아들인다.

(2) 대처 자원

당면한 스트레스원을 잘 다룰 수 있는 대처 자원을 얼마나 풍부하게 지니는지에 따라 스트레스원을 위협이나 상실로 평가할 수도 있고, 도전으로 평가할 수도 있다.

(3) 친숙성

일반적으로 스트레스원이나 상황이 친숙한 것일수록 위협을 덜 느끼고, 생소한 것일수록 위협을 더 느낀다.

(4) 위협의 긴박성과 지속기간

① 위협의 긴박성: 예상되는 위협의 긴박성이 높을수록 경험하는 스트레스 정도가 커진다.

囫 먼 미래의 일일 때와는 달리 내일 치를 시험, 코앞에 다가온 중요한 발표는 더욱 위협적이다.

② 위협의 지속기간: 문제가 지속되면 점차 그 문제에 익숙해져서 위협을 덜 느끼지만, 셀리에 이론처럼 문제에 대응할 수 있는 자원에는 한계가 있다. 오래 지속되는 문제는 심신을 지치게 하고 무력하게 만들 수 있다.

(5) 지각된 통제력과 예측 가능성

① 문제에 대한 통제력을 많이 가지고 있다고 지각할수록 스트레스 평가는 낮아진다. 하지만 더 많은 통제력을 갖는 것이 스트레스로 작용할 수 있는데, 특히 예측 가능성이 낮은 문제에 대해 자신이 결과를 책임져야 하는 의미의 통제력은 더 큰 부담이 될 수 있다.

② 앞으로의 결과나 과정을 예측할 수 있는 정도가 높을수록 문제의 위협적 평가는 줄어든다.

3. 스트레스 반응

(1) 생리적 반응

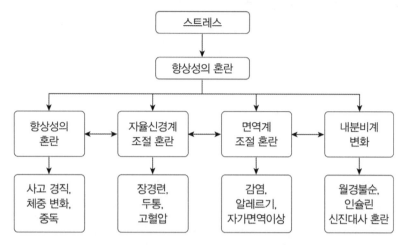

[그림 14-47] 스트레스가 항상성에 미치는 효과

(2) 정서적 반응

① **짜증, 분노, 격노**: 좌절을 경험할 때 빈번하게 나타나는 정서이다. 자신의 목표, 기대가 좌절되거나 좌절당할 가능성이 높게 예측되고, 그 이유가 다른 사람이나 제도의 의도적이고 부당한 간섭·행동 때문으로 평가되며, 상황에 대한 어느 정도의 통제력을 지각할 때 경험하게 된다. 이 정서는 흔히 공격행동을 유발한다.

② **걱정, 불안, 공포**: 위협 평가와 관련성이 가장 높은 정서 경험이다. 자신의 신체적 안녕이나 심리적인 복지가 손상당할 위험이 높게 평가되지만 그에 대한 대처 자원이 충분하지 못하다고 판단될 때 경험하게 된다. 이 정서는 도피나 회피행동 혹은 보다 철저한 대비행동이 유발된다.

③ **낙담, 비탄, 슬픔**: 되돌릴 수 없는 상해나 상실 평가와 관련된 정서이다. 자신에게 중요한 목표나 자원이 이미 좌절되었거나 상실되었으며, 이를 회복할 가능성이 낮다고 평가될 때 경험한다. 이러한 정서는 관련 대상에 더 이상의 개입 또는 투자를 멈추거나 철수하는 행동을 유발한다.

> **참고** **스트레스에 대한 생리적 반응**
>
> • **자율신경계**: 카테콜라민을 생산하는 부신수질을 자극함으로써 휴식 상태로 신속하게 각성시킨다.
> • **뇌하수체**: 부신피질 자극 호르몬(ACTH)을 방출하고 이는 부신피질에 영향을 미쳐 글루코코르티코이드, 특히 코르티솔(cortisol)을 분비하게 한다. 코르티솔의 분비는 신체가 에너지 자원을 동원하고 상처에 대비하게 도와준다. 혈당 수준을 올려 세포에 에너지를 공급하며 염증반응을 억제하여 투쟁 혹은 도피반응을 도와준다.
> • 부신수질이 활성화되면 노르에피네프린과 에피네프린을 포함하는 카테콜라민이 분비된다.
> 예 정서적 반응은 대부분 생리적 반응을 동반한다.

④ 스트레스의 생리적 반응은 생리적 항상성의 혼란으로 이어진다.

⑤ **심리신경면역학(psychoneuroimmunology)**: 만성적인 스트레스에 따른 자율신경계, 내분비계 및 면역계 반응의 교란이 질병의 핵심 요인으로 밝혀지고 있다. 스트레스에 따른 정서반응은 신경계, 내분비계, 면역계와 상호 밀접한 영향을 주고받으면서 전체적으로 작용하고, 이는 다시 행동반응과 영향을 주고받는다.

(3) **인지행동적 반응**

   ① 반응의 자동성을 조절하고, 의식적인 선택을 하며, 문화나 학습에 의해 영향을 받는 성격이 강하다.

      ➡ 인지행동적 반응은 '자기조절'이라고도 불린다.

   ② 대처: 스트레스 상황에서 발생한 요구를 줄이거나 극복하거나 견디려는 인지행동적 노력이다.

   ③ 라자러스와 포크만(Folkman)의 대처방식 [기출 19]

      ㉠ 문제중심적 대처: 스트레스를 유발하는 문제를 해결하기 위해 직접적으로 노력하는 것을 의미하며, 자신의 대처자원이나 기술을 믿고 문제 해결 노력을 지속하는 것이다.

      ㉡ 정서중심적 대처: 문제 자체가 아닌 문제 상황에서 발생하는 부정적 정서 상태를 완화하려는 노력이다.

   ④ 일반적으로 문제중심적 대처가 대부분의 상황에서 효율적인 것으로 나타나지만, 통제가 불가능한 상황에서는 정서중심적 대처가 더 효과적인 경우도 있다.

4. 스트레스 결과

(1) **긍정적 결과**

   ① 기본 욕구 충족: 어느 정도의 스트레스는 우리의 욕구를 충족해주는 측면이 있다.

   ② 성장과 발달의 기회: 스트레스 경험을 통해 개인적 성장이 촉진될 수 있다. 특히, 인생의 깊은 의미나 통찰력을 얻거나 새로운 기술을 배울 기회를 갖게 된다.

   ③ 미래 스트레스에 대한 면역 효과: 차후에 겪을 유사한 스트레스에 대한 면역력을 키우는 역할을 할 수 있다.

(2) **부정적 결과**

   ① 인지적 기능의 손상: 각성이 되었을 때 주의의 폭이 좁아지고 사고의 융통성이 감소하며 주의집중과 기억의 효율성이 떨어진다.

      ➡ 전반적인 문제 해결능력이 감소한다.

   ② 충격과 방향성의 상실: 극심한 강도의 스트레스는 사람을 망연자실하게 하고 방향성을 잃게 만든다. 극심한 스트레스 상황에서 사람들은 무감각해지는 경향이 있으며, 스트레스 경험 후에도 자주 멍해지거나 조리 있는 사고를 하기가 어렵다.

   ③ 소진: 신체적 소진은 만성적 피로, 기운 없음, 허약함 등을 특징으로 하며, 정서적 소진은 무기력감, 절망감 및 우울감 등을, 심리적 소진은 자신과 일에 대한 부정적인 태도 등을 특징적으로 드러낸다.

   ④ 사회적 관계의 붕괴: 정상적인 사회적 관계를 손상시킬 수 있다. 관계의 손상은 소외감, 배우자나 친구들과의 관계 유지의 어려움, 타인에 대한 신뢰와 사랑 능력의 상실 등으로 나타난다.

   ⑤ 심리적 문제와 장애: 스트레스는 저조한 학업수행, 불면증, 성적 기능의 손상, 과도한 불안, 약물남용 및 우울 등에 영향을 준다. 이는 정신장애에 기여하는 여러 요인 중 하나이다.

   ⑥ 신체적 문제와 질병: 초기에 고혈압, 편두통, 위와 십이지장 궤양, 천식 등이 스트레스와 관련 있는 것으로 언급되었다. 그러나 최근에는 질병의 발생 원인이 신체기관이나 병원균에만 있다고 알려져 있던 감기, 설사, 결핵, 관절염, 당뇨병, 백혈병, 암, 심장질환 등에도 영향을 미친다는 사실이 드러났다.

5. 스트레스를 이겨내는 데 영향을 미치는 변인

(1) 스트레스 내성(stress tolerance)

스트레스의 부정적 효과를 잘 견디는 능력으로, 시간이나 상황에 따라 변동적이지만 상당히 지속적인 개인의 특성으로 알려져 있다.

(2) 사회적 지원

① 사회적 연결망에서 유래하는 지원으로 스트레스의 부정적 효과를 완충시킨다.

② 국가, 지역사회의 사회적 지원(예 의료보호)도 의미가 있지만 가까운 관계에서 유래하는 지원의 효과가 더 크다.

③ '사회적 관계망이 얼마나 크고 상호 교류가 많은가' 하는 객관적인 측면보다 '자신이 받고 있다고 지각하는 사회적 지원의 질이 어느 정도라고 보는가'가 건강이나 질병과 더 밀접하게 관련된다.

④ 하위 유형

㉠ 정서적 지원: 애정과 흥미와 관심을 표현한다.

➡ 자기존중감을 고양시킨다.

㉡ 평가적 지원: 스트레스가 어느 정도 위협적이고 중요한지에 대해 객관적 피드백을 제공한다.

➡ 나의 지각에 대한 사회적 타당화를 가능하게 한다.

㉢ 정보적 지원: 문제를 다루는 방법이나 대안적인 대처 전략에 관한 정보를 제공한다.

㉣ 수단적 지원: 물질적 원조나 필요한 자원을 제공한다.

(3) 성격

① 강인성(psychological hardiness): 스트레스에 잘 견디는 성격 특성을 말한다.

㉠ 통제감: 자신의 행위가 상황에 직접 영향을 미칠 수 있다는 생각이다.

㉡ 몰입(개입): 뚜렷한 가치관과 목표의식을 가지고 일에 몰두하는 것이다.

㉢ 도전: 문제를 회피하기보다는 맞부딪혀 문제를 해결해나가는 데서 희열을 느끼는 것이다.

② 낙관주의: 자신에게 좋은 일이 일어날 것이라고 믿고 기대하는 성격 특성이다. 낙관적인 사람은 문제에 봉착했을 때 문제에 대한 불평보다 문제를 해결하기 위한 방안에 에너지를 집중한다.

③ A 유형과 B 유형 행동

㉠ A 유형 행동: 일을 할 때 지나치게 경쟁적이고 공격적이며, 일이 조금이라도 뜻대로 안되면 쉽게 짜증과 화를 내고 항상 서두르고 늘 시간에 쫓기듯 산다. 말이 빠르고 격정적이며, 휴식도 없이 일하는 일 중독의 특성을 보인다.

➡ A 유형의 분노 또는 적개심은 관상동맥질환과 관련성이 높다.

㉡ B 유형 행동: 여유 있고 느긋하고 편안하며 차분하고 인내심이 많은 특성을 보인다.

④ 기타 성격 특성: 필요한 수행을 실행에 옮길 능력과 전략이 자신에게 있다는 믿음에 해당하는 '자기효능감', 세상이나 자신이 경험한 일을 의미 있고 일관되게 설명할 수 있는 '응집성' 등이 있다.

(4) 기타

① **이완훈련** `기출 22`

　㉠ 이완훈련을 통해 자율신경계와 중추신경계 자극이 감소되고, 부교감신경의 반응이 증가된다.

　㉡ **목적:** 스트레스에 의한 부정적 신체증상을 줄이거나 불안을 낮추기 위해 적용한다.

　㉢ **점진적 근육이완법:** 제이콥슨(Jacobson)이 창시한 것으로, 특정 근육과 근육군이 긴장 또는 이완된 것을 확인해주고, 나아가 긴장과 이완의 감각 차이를 구분할 수 있게 해준다. 또한 근육을 충분히 이완하게 되면 신체적 이완감뿐만 아니라 심리적 이완감도 경험할 수 있다.

② **마음챙김 명상:** 훈련을 받게 되면, 내적 상태를 판단하지 않으면서 이완한 채 그 내적 상태에 조용히 초점을 맞추게 된다. 앉아서 눈을 감은 채, 마음속으로 머리에서 발끝까지 신체를 살피는데, 신체의 특정 부위와 반응에 초점을 맞추고 각성을 유지하면서 그 상태를 받아들인다.

③ **바이오피드백:** 대부분 자율신경계가 관장하는 미묘한 생리적 반응들을 기록하고 증폭하여 그 정보를 피드백해 주는 시스템을 말한다. 바이오피드백 도구는 자신이 노력한 결과를 되돌려줌으로써, 어떤 기법이 특정한 생리적 반응을 제어하거나 제어하지 못하는지를 알 수 있게 해 준다.

④ **적절한 운동:** 스트레스 감소에 효과적이며, 다만 투쟁 또는 도피반응과 직접적으로 연결되는 강렬한 운동보다는 압박감이나 지나친 성취욕구, 완벽주의가 동반되지 않는 즐거운 운동이 더 효과적이다.

⑤ **유머:** 스트레스 조절자(moderator)로 기능하며, 유머 수준이 높으면 높은 스트레스 상황에서도 우울증 수준이 낮다. 또한 유머는 부신피질 자극호르몬(ACTH), 코르티솔 등 스트레스 호르몬 감소와 관련되어 있으며, 스트레스와 관련된 심혈관계 문제에도 긍정적인 영향을 주었다.

⑥ **울음:** 울음의 연구는 상대적으로 부족하지만, 울음 역시 스트레스 해소에 효과가 있는 것으로 보고된다. 특히 울음과 눈물을 통해 스트레스 호르몬, 특히 부신피질 자극호르몬이 배출된다.

본 교재 인강 · 무료 기출해설 특강
teacher.Hackers.com

제15장

교육심리학

제15장 | 핵심 이론 흐름잡기

제1절 교육심리학의 기초

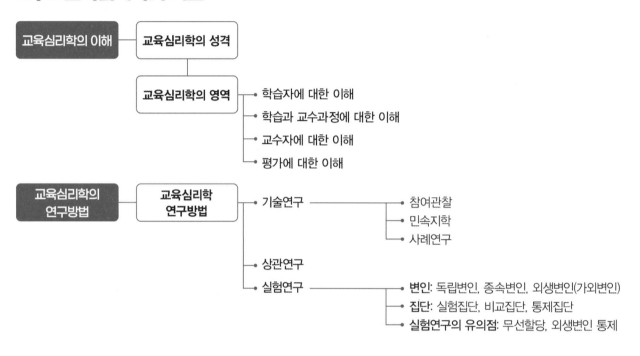

교육심리학의 이해 ── 교육심리학의 성격

교육심리학의 영역
- 학습자에 대한 이해
- 학습과 교수과정에 대한 이해
- 교수자에 대한 이해
- 평가에 대한 이해

교육심리학의 연구방법 ── 교육심리학 연구방법
- 기술연구
  - 참여관찰
  - 민속지학
  - 사례연구
- 상관연구
- 실험연구
  - **변인:** 독립변인, 종속변인, 외생변인(가외변인)
  - **집단:** 실험집단, 비교집단, 통제집단
  - **실험연구의 유의점:** 무선할당, 외생변인 통제

제2절 지능, 창의성 및 학습양식

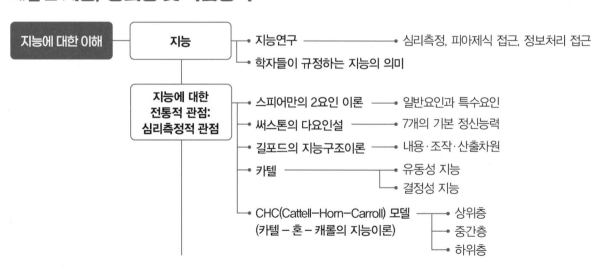

지능에 대한 이해 ── 지능
- 지능연구 ── 심리측정, 피아제식 접근, 정보처리 접근
- 학자들이 규정하는 지능의 의미

지능에 대한 전통적 관점: 심리측정적 관점
- 스피어만의 2요인 이론 ── 일반요인과 특수요인
- 써스톤의 다요인설 ── 7개의 기본 정신능력
- 길포드의 지능구조이론 ── 내용·조작·산출차원
- 카텔
  - 유동성 지능
  - 결정성 지능
- CHC(Cattell-Horn-Carroll) 모델 (카텔 – 혼 – 캐롤의 지능이론)
  - 상위층
  - 중간층
  - 하위층

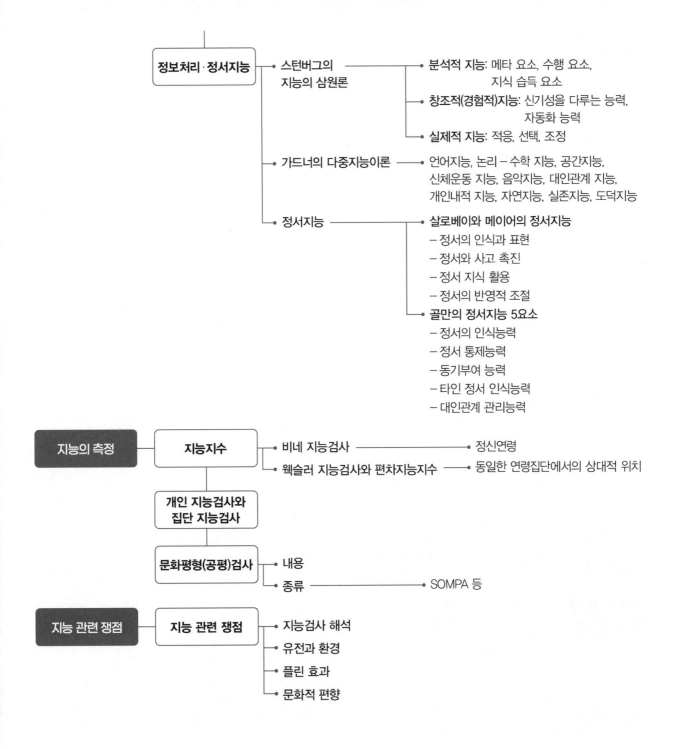

정보처리·정서지능 • 스턴버그의 ── • **분석적 지능**: 메타 요소, 수행 요소,
　　　　　　　　　지능의 삼원론　　　　　　　　　　지식 습득 요소
　　　　　　　　　　　　　　　　　• **창조적(경험적)지능**: 신기성을 다루는 능력,
　　　　　　　　　　　　　　　　　　　　　　　　　자동화 능력
　　　　　　　　　　　　　　　　　• **실제적 지능**: 적응, 선택, 조정

　　　　　　• 가드너의 다중지능이론 ── • 언어지능, 논리 – 수학 지능, 공간지능,
　　　　　　　　　　　　　　　　　신체운동 지능, 음악지능, 대인관계 지능,
　　　　　　　　　　　　　　　　　개인내적 지능, 자연지능, 실존지능, 도덕지능

　　　　　　• 정서지능 ── • **살로베이와 메이어의 정서지능**
　　　　　　　　　　　　　　– 정서의 인식과 표현
　　　　　　　　　　　　　　– 정서와 사고 촉진
　　　　　　　　　　　　　　– 정서 지식 활용
　　　　　　　　　　　　　　– 정서의 반영적 조절
　　　　　　　　　　　　• **골만의 정서지능 5요소**
　　　　　　　　　　　　　　– 정서의 인식능력
　　　　　　　　　　　　　　– 정서 통제능력
　　　　　　　　　　　　　　– 동기부여 능력
　　　　　　　　　　　　　　– 타인 정서 인식능력
　　　　　　　　　　　　　　– 대인관계 관리능력

지능의 측정 ── **지능지수** • 비네 지능검사 ──────── • 정신연령
　　　　　　　　　　　　• 웩슬러 지능검사와 편차지능지수 ──── 동일한 연령집단에서의 상대적 위치

　　　　　　**개인 지능검사와
　　　　　　집단 지능검사**

　　　　　　문화평형(공평)검사 • 내용
　　　　　　　　　　　　　　• 종류 ──────── • SOMPA 등

지능 관련 쟁점 ── **지능 관련 쟁점** • 지능검사 해석
　　　　　　　　　　　　• 유전과 환경
　　　　　　　　　　　　• 플린 효과
　　　　　　　　　　　　• 문화적 편향

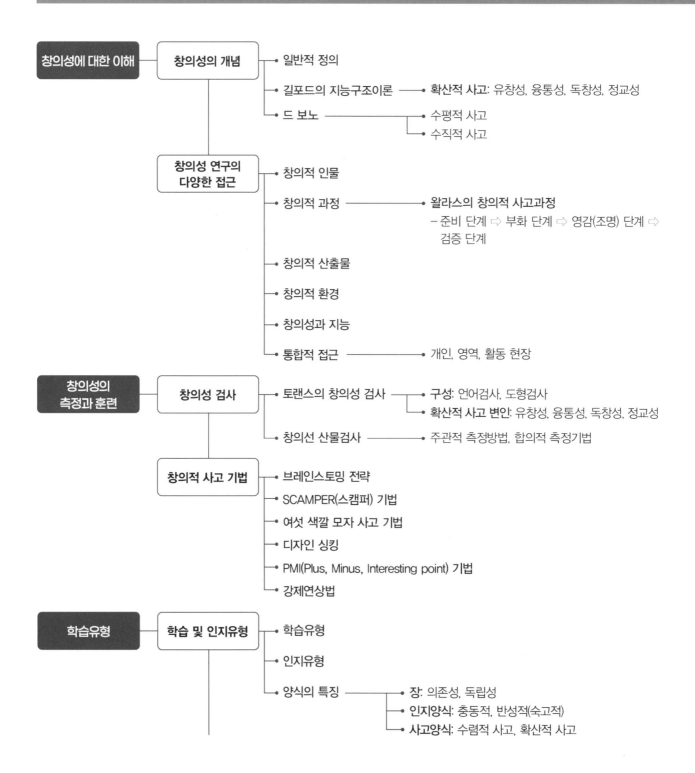

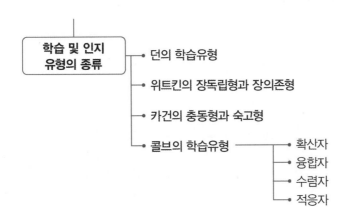

- 학습 및 인지
  유형의 종류
  - 던의 학습유형
  - 위트킨의 장독립형과 장의존형
  - 카건의 충동형과 숙고형
  - 콜브의 학습유형
    - 확산자
    - 융합자
    - 수렴자
    - 적응자

제 **3**절 **인지주의 학습**

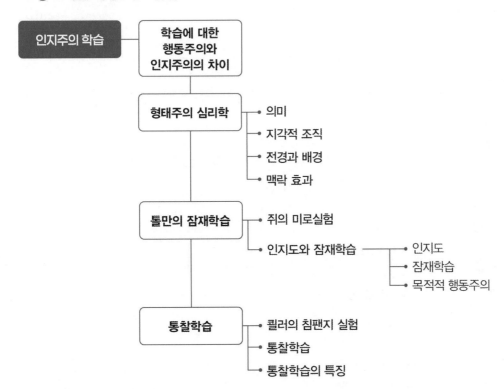

- 인지주의 학습
  - 학습에 대한
    행동주의와
    인지주의의 차이
  - 형태주의 심리학
    - 의미
    - 지각적 조직
    - 전경과 배경
    - 맥락 효과
  - 톨만의 잠재학습
    - 쥐의 미로실험
    - 인지도와 잠재학습
      - 인지도
      - 잠재학습
      - 목적적 행동주의
  - 통찰학습
    - 쾰러의 침팬지 실험
    - 통찰학습
    - 통찰학습의 특징

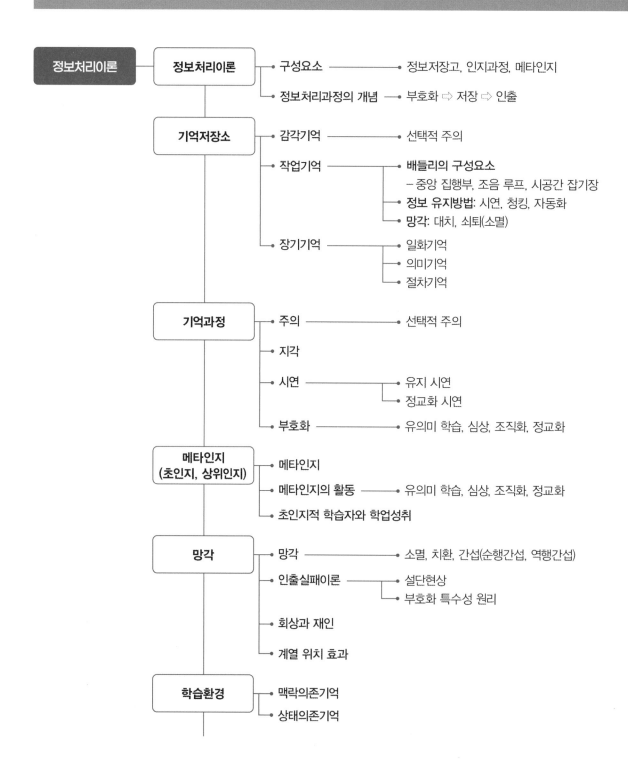

정보처리이론

정보처리이론
- 구성요소 ──── 정보저장고, 인지과정, 메타인지
- 정보처리과정의 개념 ── 부호화 ⇨ 저장 ⇨ 인출

기억저장소
- 감각기억 ──── 선택적 주의
- 작업기억 ────
  - **배들리의 구성요소**
    - 중앙 집행부, 조음 루프, 시공간 잡기장
  - **정보 유지방법**: 시연, 청킹, 자동화
  - **망각**: 대치, 쇠퇴(소멸)
- 장기기억 ────
  - 일화기억
  - 의미기억
  - 절차기억

기억과정
- 주의 ──── 선택적 주의
- 지각
- 시연 ────
  - 유지 시연
  - 정교화 시연
- 부호화 ──── 유의미 학습, 심상, 조직화, 정교화

메타인지
(초인지, 상위인지)
- 메타인지
- 메타인지의 활동 ──── 유의미 학습, 심상, 조직화, 정교화
- 초인지적 학습자와 학업성취

망각
- 망각 ──── 소멸, 치환, 간섭(순행간섭, 역행간섭)
- 인출실패이론 ────
  - 설단현상
  - 부호화 특수성 원리
- 회상과 재인
- 계열 위치 효과

학습환경
- 맥락의존기억
- 상태의존기억

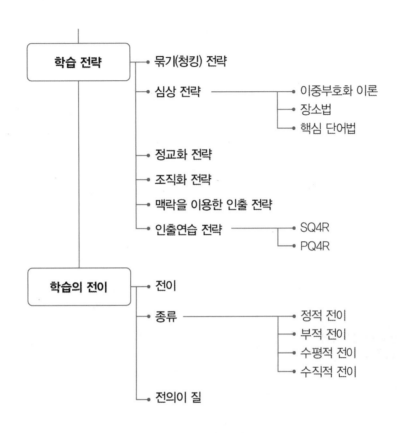

학습 전략 ● 묶기(청킹) 전략

● 심상 전략 ── ● 이중부호화 이론
● 장소법
● 핵심 단어법

● 정교화 전략

● 조직화 전략

● 맥락을 이용한 인출 전략

● 인출연습 전략 ── ● SQ4R
● PQ4R

학습의 전이 ● 전이

● 종류 ── ● 정적 전이
● 부적 전이
● 수평적 전이
● 수직적 전이

● 전의이 질

제 4 절 구성주의 및 문제 해결과 학습

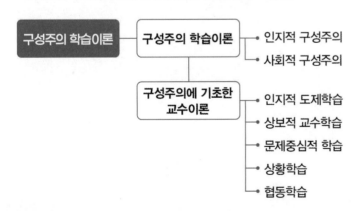

구성주의 학습이론 ── **구성주의 학습이론** ── ● 인지적 구성주의
● 사회적 구성주의

구성주의에 기초한 교수이론 ── ● 인지적 도제학습
● 상보적 교수학습
● 문제중심적 학습
● 상황학습
● 협동학습

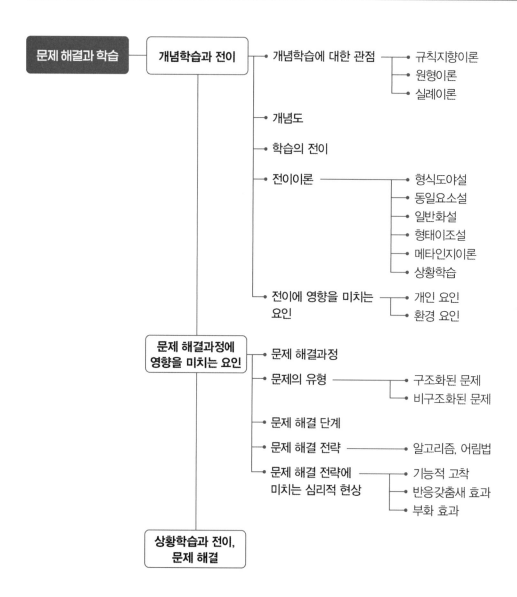

제**5**절 **동기**

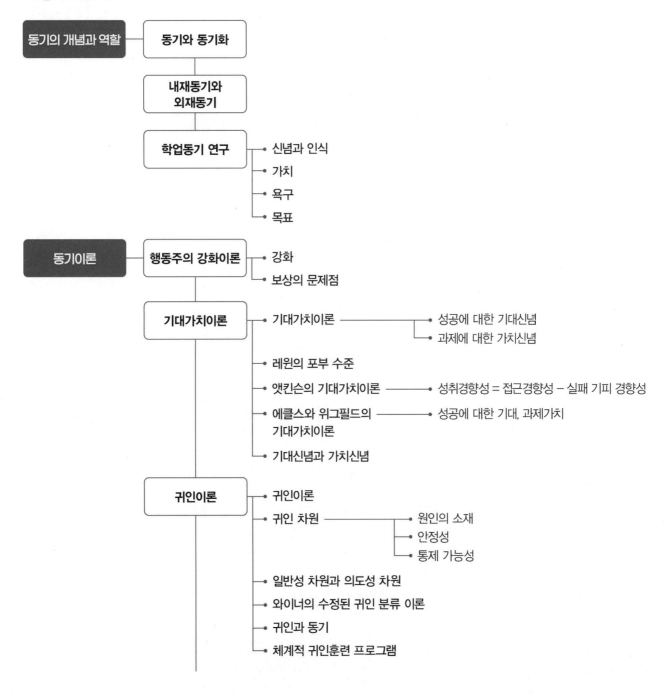

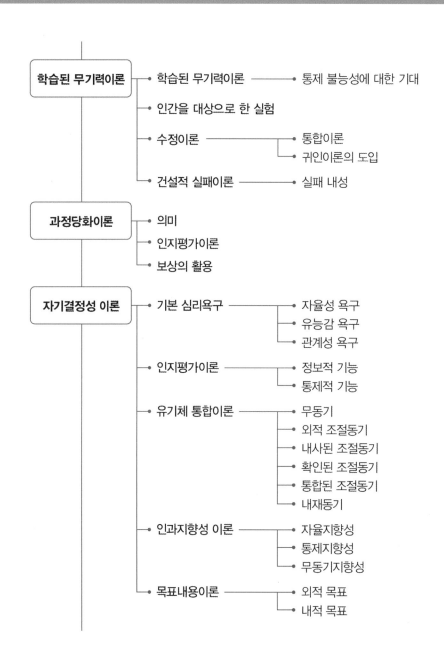

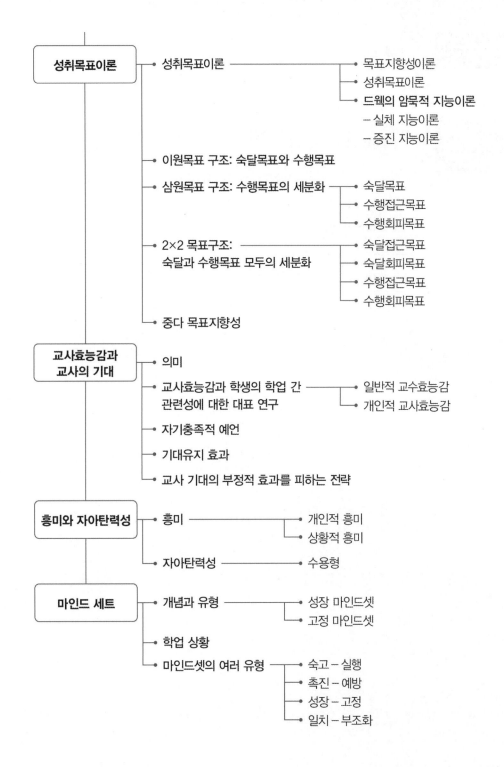

성취목표이론 ── 성취목표이론 ──────────── 목표지향성이론
                                      성취목표이론
                                      드웩의 암묵적 지능이론
                                      – 실체 지능이론
                                      – 증진 지능이론

            이원목표 구조: 숙달목표와 수행목표
            삼원목표 구조: 수행목표의 세분화 ── 숙달목표
                                          수행접근목표
                                          수행회피목표

            2×2 목표구조: ─────────── 숙달접근목표
            숙달과 수행목표 모두의 세분화   숙달회피목표
                                          수행접근목표
                                          수행회피목표

            중다 목표지향성

교사효능감과 ── 의미
교사의 기대
            교사효능감과 학생의 학업 간 ── 일반적 교수효능감
            관련성에 대한 대표 연구   개인적 교사효능감

            자기충족적 예언
            기대유지 효과
            교사 기대의 부정적 효과를 피하는 전략

흥미와 자아탄력성 ── 흥미 ──────────── 개인적 흥미
                                      상황적 흥미

               자아탄력성 ──────────── 수용형

마인드 세트 ── 개념과 유형 ──────────── 성장 마인드셋
                                      고정 마인드셋

            학업 상황
            마인드셋의 여러 유형 ── 숙고 – 실행
                                 촉진 – 예방
                                 성장 – 고정
                                 일치 – 부조화

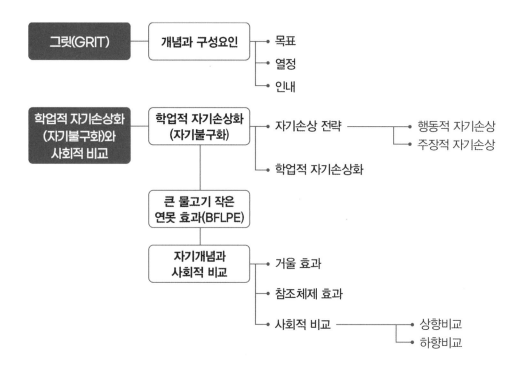

제**1**절 교육심리학의 기초

01 교육심리학의 이해

1. 교육심리학의 성격

(1) 심리학과 교육학의 비교

구분	내용
심리학	• 인간의 생각과 행동을 과학적인 방법으로 연구하는 학문 • 인간 행동에 대한 보편적 원리와 법칙을 확립하는 데 목적을 둠 • 보편적인 법칙을 확립하고자 하기 때문에 그 방법에서 정밀성과 경제성을 중요시함 • 가치중립적이고 기술적(descriptive)임 • 이론과 법칙이 주로 통제된 실험실에서 확립됨
교육학	• 가르치고 배우는 과정을 통해 인간을 완성해나가는 실천적인 학문 • 개별 학습자의 특성을 변화하는 데 목적을 둠 • 정밀성과 경제성이 떨어지더라도 학습자의 행동에 의미 있는 변화를 일으키는 변인에 관심을 가짐 • 생태학적 타당성(ecological validity)을 중요시함 • 가치지향적이며 처방적(prescriptive)임 • 예측 불가능한 교실 내 상황이나 교육현장에서 일어나는 과정에 기초함

(2) 교육심리학

① 가르치고 배우는 과정과 연계된 인간의 생각과 행동을 과학적으로 연구: 교수·학습과정에 관한 과학적 이해를 통해 인간을 만들어나가는 교육에 대해 연구한다.

② 심리학의 이론과 방법을 적용하고, 그 자체의 이론과 방법을 가진 교수·학습과정을 연구하는 학문이다.

2. 교육심리학의 영역

(1) 학습자에 대한 이해

① 교육과 관련된 학습자의 특성: 인지적 요인(예 지능, 창의성)과 정의적 요인(예 성격, 사회성, 도덕성)이 있다.

② 내용: 시기별 발달적인 변화와 수준을 이해하는 측면과 각각의 개인차를 이해하는 측면을 다룬다.

③ 교수자

   ㉠ 학습자가 무엇을 생각하고 어떻게 생각하는지에 관한 인지 발달 수준을 알아야 적합한 수업을 설계하고 교수방법을 선정할 수 있다.

   ㉡ 학습자에게 어떤 도움이 필요한지 결정하는 데 학습자의 성격, 사회성, 도덕성 발달 관련 지식도 필요하다.

   ㉢ 학습자의 학습유형과 문화적 배경은 학습자와 교수자의 상호작용에 영향을 준다.

(2) 학습과 교수과정에 대한 이해

① **학습이 어떻게 일어나는지에 대한 설명**: 행동주의 이론과 인지주의 이론으로 나누어진다.

② 학습의 기제를 이해함으로써 학습과정에 영향을 주는 여러 요인을 식별하고 효과적인 학습을 조정할 수 있는 통찰력을 갖게 된다.

③ **교수이론과 교수방법**: 학습자의 개인차를 고려하여 교실수업을 효율적으로 전개할 수 있다.

④ **학습동기**: 여러 유형, 다양한 연령의 학습자를 어떻게 동기화하여 성공적인 학업성취를 이끌어낼 수 있을지 알 수 있다.

(3) 교수자에 대한 이해

① **교수자의 특성**: 교수자 자신이 수행하는 다양한 교수활동과 관계되며 학습자의 학업성취와 행동에도 영향력을 행사한다.

② **교수자의 자질**: 학급 경영능력과 더불어 교수자의 인성, 심리적 안정감, 교수효능감, 교수자의 기대 등과 같은 자질은 학습자의 학업성취뿐 아니라 태도, 동기화에도 중대한 영향을 미친다.

(4) 평가에 대한 이해

① **평가**: 학습목표 달성 정도를 측정하고 앞으로의 학습목표를 설정하는 기반이 된다.

② **평가의 효과**: 학습자의 동기와 학습을 증진하고 교수자 자신의 수업을 개선하는 데도 도움을 준다.

  ㉠ **교수자**: 수업목표 달성을 확인하고 교수·학습과정을 설계하는 데 피드백을 받을 수 있다.

  ㉡ **학습자**: 자신이 얼마나 배웠는지를 확인할 수 있고, 이는 학습자의 동기유발에 영향을 준다.

02 교육심리학의 연구방법

1. 교육심리학 연구방법

(1) 기술연구(descriptive research)

① **기술연구**: 실제 생활 속의 특정 상황에서 일어나는 사건을 단순히 기술하는 것이다.

  ㉠ **목적**: 어떤 조작, 통제를 하지 않고 자연적인 상황에서 있는 그대로 파악하여 정확하게 기술하는 것이다.

  ㉡ 어떤 상황, 현상을 기술하기 위해 관찰, 검사, 면담, 설문 등의 방법을 사용한다.

② **연구방법**

구분	내용
참여관찰(participant)	연구자가 직접 상황의 참여자가 되어 관찰하는 방법
민속지학 (ethnography)	한 집단 내의 상황에 초점을 두고 장기간 관찰을 통해 해당 집단의 구성원들에게 미치는 사건의 의미를 연구하는 방법
사례연구(case study)	한 개인이나 상황을 집중적으로 연구하는 방법

(2) 상관연구(correlational research)

① **상관**: 둘 이상의 변수 간의 관계를 말한다.

② **상관연구**: 변수의 통제나 조작이 어려운 경우에 자연적인 상황에서 여러 변수 간 관계를 조사하는 것이다.

ⓐ 정적 상관: 한 변수의 값이 높아질 때 다른 변수의 값도 높아지는 것을 말한다.

   🖉 광고를 통해 자주 노출되는 상품일수록 판매량이 많아지는 것

ⓑ 부적 상관: 한 변수의 값이 높아질 때 다른 변수의 값은 낮아지는 것을 말한다.

   🖉 인터넷(온라인) 서점이 활성화될수록 동네(오프라인) 서점의 판매량은 감소하는 것

③ 상관계수: 변수 간 관계의 정도는 상관계수로 나타낸다.

  ⓐ 크기는 관계의 강도를, 부호는 관계의 방향을 의미한다.

  ⓑ 범위: 1에서 −1까지로, 1 또는 −1에 가까울수록 두 변수 간 관계가 강하고 이는 한 변수로 다른 변수를 예측할 수 있음을 의미한다.

구분	상관계수가 1일 때	상관계수가 −1일 때	상관계수가 0일 때
내용	두 변수가 완전한 정적 상관	두 변수가 완전한 부적 상관	두 변수는 전혀 상관이 없음

④ 장점

  ⓐ 연구자가 인위적인 상황을 만들지 않고 변수를 있는 그대로 연구할 수 있다.

  ⓑ 여러 변수의 상호 관계를 동시에 연구할 수 있다.

⑤ 단점: 어떤 변수가 다른 변수의 원인이 되는지의 인과관계를 밝힐 수 없다.

(3) 실험연구(experimental research)

① 실험연구: 한 변인을 체계적으로 조작하는 것이 다른 변인의 변화를 가져오는지 확인함으로써 두 변인 간의 인과관계를 확인하는 연구이다.

② 3가지 변인과 3가지 집단

구분		내용
변인	독립변인	연구자가 특정한 변인에 영향을 미칠 것이라고 판단하는 원인변인
	종속변인	독립변인의 영향을 받아 효과가 나타나는 변인
	외생변인(가외변인, extraneous variable)	독립변인이 아닌 변인이 종속변인에 영향을 미치는 기타변인
집단	실험집단	독립변인의 처치를 받는 집단
	비교집단	실험집단에 나타나는 효과를 파악하기 위해 다른 처치를 하여 비교대상이 되는 집단
	통제집단	아무런 처치가 주어지지 않는 상태의 집단

③ 실험연구의 유의점

  ⓐ 무선배정(무선할당)과 적절한 표본

    ⓐ 무선배정: 연구자가 피험자를 실험집단과 비교집단에 본인 뜻대로가 아닌 무작위로 할당하는 것으로, 이는 각 피험자가 실험집단 혹은 비교집단에 속하게 될 확률이 모두 같음을 의미한다.

    ⓑ 적절한 표본: 표본을 적절한 크기로 갖추고 실험연구를 수행하면 실험집단과 비교집단의 차이를 보다 객관적으로 파악할 수 있다.

  ⓑ 외생변인의 통제: 연구 결과에 영향을 미칠 수 있는 외생변인에 대한 통제가 제대로 이루어져야 한다.

  ⓒ 독립변인의 조작과정에 대한 분명한 설명: 실험집단에 가해지는 처치인 독립변인을 조작하는 과정에 대한 분명하고 구체적인 설명이 기술되어야 한다.

④ 장점: 인과관계를 확인할 수 있다.

⑤ 단점: 연구 결과를 실제 상황에 일반화하기 어려울 수 있다.

제 **2** 절　지능, 창의성 및 학습양식

03 | 지능에 대한 이해

1. 지능

(1) 지능연구

① **심리측정적 접근**: 지능을 양적으로 접근하는 데 관심을 둔다. 특히 지능검사로써 개인의 지능이 모집단을 기준으로 얼마나 높거나 낮은지 측정하는 데 초점을 둔다.

② **피아제(Piaget)식 접근**: 지능에 대한 질적 접근으로, 인간이 단계별 발달과정에서 무엇을 할 수 있는지에 관심을 둔다.

③ **정보처리적 접근**: 지적 행동의 기초과정과 인간이 지능을 사용하는 방법을 분석하는 데 관심을 둔다.

(2) 학자들이 규정하는 지능의 의미

구분	내용
비네(Binet)	복잡한 정신능력
터만(Terman)	추상적 사고를 수행하는 능력
웩슬러(Wechsler)	목적을 향해 행동하고 합리적으로 사고하며 환경을 효과적으로 다루는 개인의 집합적 능력
가드너(Gardner)	문화적으로 가치 있는 성과, 업적을 창조하거나 문제 해결에 필요한 유용한 정보를 처리하는 능력

2. 지능에 대한 전통적 관점: 심리측정적 관점

(1) 스피어만(Spearman)의 2요인 이론

① **일반 요인(g 요인)**: 어떠한 종류의 지능검사에도 적용 가능한 하나의 정신 속성이다.

② **특수 요인**: 언어유창성, 공간능력 등 특정 과제에 사용되는 능력이다.

(2) 써스톤(Thurstond)의 다요인설

① 일반 요인이 실제로는 7개의 구분되는 기본 정신능력으로 구성된다.

② **기본 정신능력(PMA)**: 언어이해 요인과 기억 요인, 추리 요인, 공간시각화 요인, 수 요인, 단어유창성 요인, 지각속도 요인으로 구성된다.

(3) 길포드(Guilford)의 지능구조이론

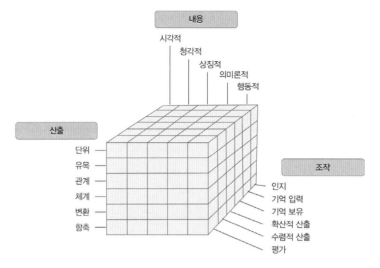

[그림 15-1] 길포드의 지능구조

① 필수적 차원 3가지: 정신능력에 포함되는 내용 차원, 그 요인에 요구하는 조작 차원, 조작이 내용에 작용하여 나타나는 산출 차원을 말한다.

② 차원: 180개의 상이한 능력으로 구성된다.
  ㉠ 내용 차원(5가지 요인): 시각, 청각, 단어의미, 상징, 행동으로 구성된다.
  ㉡ 조작 차원(6가지 요인): 인지, 수렴적 사고, 확산적 사고, 기억 부호화, 기억 파지, 평가로 구성된다.
  ㉢ 산출 차원(6가지 요인): 단위, 유목, 관계, 체계, 변환, 함축으로 구성된다.

(4) 카텔(Cattell)의 유동성 지능과 결정성 지능

① 유동성 지능: 신경생리적 영향에 의하여 발달하는 지능으로, 생리적 발달이 지속되는 청소년기까지는 꾸준히 증가하나, 생리적 발달이 쇠퇴하기 시작하는 성인기 이후부터는 그 수준이 지속적으로 감퇴한다.
  ➡ 지각, 일반적 추리, 기계적 암기, 속도 등의 능력에서 잘 나타난다.

② 결정성 지능: 특정한 환경과 개인적 경험, 문화적 영향에 의해 발달하는 지능으로서 가정환경, 교육 수준, 직업 등의 영향을 받는다. 환경적 자극이 지속되는 한 성인기 이후까지 꾸준히 발달한다.
  ➡ 논리적 추리, 언어, 문제 해결, 상식 등의 능력에서 잘 나타난다.

(5) CHC(Cattell-Horn-Carroll) 모델(카텔-혼-캐롤의 지능이론)

① 위계적 지능이론
  ㉠ 상위층(계층 Ⅲ): 일반 요인(g)이 있다.
  ㉡ 중간층(계층 Ⅱ): 유동성 지능, 결정성 지능, 작업 기억, 장기/저장 인출, 시각 처리, 청각 처리, 처리 속도로 이루어진 여러 광역(broad) 요인이 있다.
  ㉢ 하위층(계층 Ⅰ): 중간층에 포함되는 정교한 특수 능력(협소 요인)으로 구성된다.

② 지능은 일반적인 정신능력과 특정 지적 영역에서 발휘되는 정신능력을 모두 포함하고 있다.

③ 평균 정도의 일반 요인(g)을 가진 학생도 한 광역 요인(㉮ 청각 처리)에서 높은 수준을 지닌다면 협소 요인인 소리 변별능력에서 매우 높은 수행을 보일 수 있다.

3. 지능에 대한 현대적 관점: 정보처리 및 정서지능

(1) 스턴버그(Sternberg)의 지능의 삼원론 [기출 23]

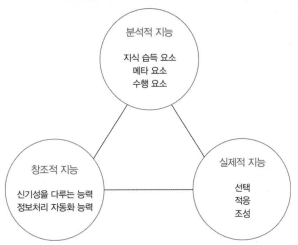

[그림 15-2] 스턴버그의 삼원론과 성공지능

① **지능에 대한 관점**: 인간이 특정 문제를 해결하고 지적으로 행동하기 위한 정보를 어떻게 모으고 사용하는지의 관점에서 접근했다.

② **지능의 삼원론**: 모든 사람에게 공통적으로 나타날 수 있는 인지과정을 강조한 이론으로, 삼원은 분석적 지능, 창조적 지능, 실제적 지능을 의미한다.

구분	내용

분석적 지능	• 인간의 정신과정과 관련된 것으로, 흔히 학문적 영역의 지능을 의미함
	• 특정 정보나 문제를 분석하고 대조하며 평가하는 일련의 정신작용
	• **구성요소**
	  - **메타 요소**: 어떠한 일을 사전에 계획하거나 일이 진행되는 동안 점검하는 것, 일을 통제하기 위해 평가하는 것과 같은 정신과정
	  - **수행 요소**: 메타 요소인 고등 정신과정을 이행하기 위한 하위 수준의 과정
	  - **지식 습득 요소**: 메타 요소와 수행 요소가 하는 것을 실제로 어떻게 해야 하는지에 대한 학습

창조적(경험적)
지능
	• 인간의 경험과 연관된 것으로, 상상력, 발명, 종합적 능력을 포괄하는 창의적인 능력을 의미함
	• **구성요소**
	  - **신기성(novelty)을 다루는 능력**: 통찰력 혹은 새로운 상황을 효과적으로 다루는 창조적 능력
	  - **자동화 능력**: 새로운 해결책을 신속하게 일상적인 과정으로 바꾸어 많은 인지적 노력 없이도 적용할 수 있는 능력

실제적 지능	• 전통적인 지능검사 점수나 학업성취도와는 무관한 지능으로 적응, 선택, 조정의 세 부분으로 구성됨 • 실제 적응력, 사회적 유능성 등의 능력을 의미하며 일상 속에서 개인의 경험을 통해 향상됨

③ **성공지능**: 분석적 지능, 창조적 지능, 실제적 지능을 특정한 목적과 목표의 실현을 위해 집결하고 통합할 수 있는 일련의 능력을 말한다. 즉, 3가지 지능과 그에 해당하는 특별한 능력들 간의 균형이 유지될 때 인간은 자신의 목표를 성취하고 그에 따른 성공적인 경험을 한다.

④ **수업에서의 활용**

구분	분석적 사고	창의적 사고	실제적 사고
국어	전래동화 『금도끼 은도끼』와 창작동화 『제키의 지구여행』의 차이점 비교하기	전래동화 『금도끼 은도끼』의 결말 부분을 새롭게 고쳐 보기	전래동화 『금도끼 은도끼』를 연극으로 실행하기 위한 각본 제작하기
수학	유리수와 정수의 개념을 대조하기	유리수와 정수의 개념을 도입하여 재미난 문제 만들기	유리수의 개념을 실제 생활에 적용해보기
음악	판소리와 창극의 특성을 분석하기	'지구온난화'를 주제로 하는 3분짜리 창극 만들기	창극 공연을 위한 포스터 제작하기
미술	피카소와 김홍도의 작품을 비교하기	피카소가 수묵화를 활용했다면 어떤 그림을 그려냈을지 상상하기	피카소의 기법과 수묵화의 기법을 접목한 그림 그리기

(2) 가드너(Gardner)의 다중지능이론

① 인간의 지능은 단일한 특성이 아닌 사회문화적 맥락의 영향을 받는 서로 독립적이고 다양한 유형의 능력으로 구성된다고 본다.

② **지능**: 문화적으로 가치 있는 물건을 창조하거나 문제를 해결하는 데 필요한, 그 문화에서 유용하게 쓰일 수 있는 정보를 처리하는 생물학적·심리학적 잠재력이다.

➡ 인간 두뇌의 해부학적 구조와 개인이 속한 문화의 관점에서 지능을 분석하고 이론화하여 다중지능이론을 제시했다.

③ **기존 지능이론과 다중지능이론의 비교**

구분	내용
기존 지능이론	• 지능은 지능검사의 문항에 바르게 답하는 능력을 의미하며, 대체로 타고나는 능력 • 논리와 언어능력을 지능의 범위로 봄
다중지능이론	• 지능은 그 문화에서 유용하게 쓰일 수 있는 정보를 처리하는 생물학적·심리적인 잠재력 • 사람은 모두 지능을 가지고 있지만, 지능의 조합은 사람마다 다름 • 지능은 향상될 수 있으나 사람마다 향상 속도에서 차이를 보임

④ 두뇌 손상을 입은 환자들의 상이한 인지적 능력을 연구하여, 인간은 서로 연관이 적은 7가지 영역의 다중지능을 가지고 있다는 결과를 소개하였고, 후에 3가지 지능 영역을 추가하여 모두 10가지 하위 영역으로 확대하였다.

⑤ 지능 영역 기출 23

　㉠ **언어지능**: 말하기와 읽기, 작문, 듣기 영역에 대한 민감성, 언어 학습능력, 특정 목표를 달성하기 위한 언어 활용능력 등을 포함한다.

　㉡ **논리 – 수학 지능**: 어떠한 문제를 논리적으로 분석하고, 수학적 조작을 수행하고, 과학적인 방법을 사용하여 문제를 해결하는 능력을 의미한다.

　㉢ **공간지능**: 시각적 세계를 잘 지각할 수 있고 지각한 것을 변형할 수 있으며, 균형과 구성에 대한 민감성, 유사한 양식을 감지하는 능력 등이 포함된다.

　㉣ **신체운동 지능**: 문제를 해결하거나 사물을 아름답게 꾸미기 위해 몸 전체나 손, 얼굴표정 등의 신체 일부분을 활용할 수 있는 능력을 의미한다.

　㉤ **음악지능**: 연주하거나 노래하기, 음악적 양식을 이해하거나 작곡 혹은 지휘와 관련된 능력이다. 음정과 리듬에 대한 민감성, 음악의 정서적인 측면에 대한 이해 등이 포함된다.

　㉥ **대인관계 지능**: 타인의 욕구와 동기, 의도를 이해하고 다른 사람과 효과적으로 일할 수 있는 능력이다.

　㉦ **개인내적 지능**: 대인관계 지능과 함께 인성지능(personality intelligence)에 속하는 지능이다. '자성지능'이라고도 불리며, 자신을 이해하고 자신의 욕구, 불안, 두려움 등을 잘 통제하여 효율적인 삶을 살아나갈 수 있는 잠재력을 의미한다.

　㉧ **자연지능**: 자연에 존재하는 여러 종(species)을 잘 구분하고, 각각의 종 사이의 관계를 인식하고 규정하며, 자연과의 교감을 능숙하게 할 수 있는 능력이다.

　㉨ **실존지능**: 존재와 삶의 의미에 대해 깊이 있게 생각하는 능력으로, 삶의 의미뿐만 아니라 영성, 희노애락, 인간의 본성, 삶과 죽음과 같은 실존적 문제들에 대해 고민하고 사고하는 것과 관련된 지능이다.

　㉩ **도덕지능**: 도덕적이고 윤리적인 틀 안에서 문제를 해결할 수 있는 능력으로, 도덕적, 윤리적인 것과 관련된 지능이다.

> **참고** **위상학적 사고와 유클리드식 사고**
>
> • **위상학적 사고**: 특정 사물이 다른 사물과의 관계 속에서 가지는 위치나 상태에 대한 사고능력을 의미한다. 유아에게 공간은 사물의 배치 그 자체를 의미한다. 즉, 유아는 물체를 떠나서는 공간의 개념을 이해할 수 없다.
> • **유클리드식 사고**: 위상학적 사고보다 더 발달된 형태의 공간지각 능력으로, 곡선, 다각형, 육면체, T자 모양 등을 인지하고 보다 입체적으로 사고할 수 있는 능력을 의미한다. 도형 인식 및 분류 능력 등을 모두 포함하는 사고능력이다.

---

⑥ **다중지능검사**: 학생 자신이나 부모, 교사가 각 질문에 답하는 자기보고식 체크리스트로 구성된다. 체크된 문항이 많을수록 해당 영역의 지능이 높은 것이며, 체크된 문항 수가 적은 영역의 지능은 덜 개발된 것이다.

⑦ **평가**

　㉠ 다중지능이론은 이전까지는 지능으로 간주하지 않던 몇몇 능력이 중요한 지능의 영역이라는 점을 부각함으로써 학생 개개인이 가진 재능과 능력에 관심을 기울일 것을 촉구했다.

　㉡ 누구나 강점지능과 약점지능이 있다고 봄으로써 모든 학습자가 강점과 약점을 가진 평등한 존재라는 시각을 확산했다.

　㉢ 학교현장에서는 주로 언어나 논리적·수학적 지능 향상에 초점을 맞추던 것에서 벗어나 학생들의 서로 다른 강점지능을 계발하고, 이로써 약점지능을 보완하는 새로운 수업방식에 관심을 가지게 되었다.

(3) 정서지능

① 자신을 포함하여 다른 사람의 감정을 인식하고 구별하며 이해하는 능력과 이를 바탕으로 감정에 따라 적절히 행동하는 것이다.

② 모델

⊙ 능력 모델: 살로베이(Salovey)와 메이어(Mayer)는 정서지능을 정서적 정보를 처리하여 사회적 환경에서 대처하기 위해 사용하는 능력으로 보는 능력 모델을 제시했다.

ⓒ 특질 모델: 정서지능을 능력보다는 자기보고를 통해 측정되는 행동적 특성으로 본다.

ⓒ 혼합 모델: 능력 모델과 특질 모델을 종합한 모델이며, 지능을 지도자적 수행을 이끄는 기술과 특성으로 정의한다.

③ 살로베이(Salovey)와 메이어(Mayer): 자신의 내부에 정서가 발생했을 때 이러한 정서가 어떠한 수준으로 왜 일어났는지를 인식하는 능력, 자신의 불안이나 분노와 같은 정서를 조절하는 능력, 어떤 일을 할 때 자신을 적절히 분발시키고 역경을 헤쳐 나가는 능력, 상대방의 기분이나 분위기를 읽어내어 대인관계를 잘 맺는 능력을 총칭하여 정서지능이라고 설명하였다.

④ 살로베이와 메이어의 정서지능: 4영역 4수준 16요소 모형

영역	의미	수준
영역 Ⅰ. 정서의 인식과 표현	자신과 타인의 감정과 기분을 정확하게 이해하고 표현하는 능력	• 수준 1. 자신의 정서를 파악하기 ➡ 얼굴표정과 신체 감각을 이용하여 정서를 구별하고, 자신의 내적 감정을 감지하고 복합적 감정까지도 인식하고 평가하는 능력 요구 • 수준 2. 타인의 정서를 파악하기 ➡ 타인의 표정, 언어, 행동, 몸짓, 상황 맥락에 따라 타인의 정서 인식 • 수준 3. 정서를 정확하게 표현하기 ➡ 자신의 감정과 욕구를 잘 표현하는 능력 • 수준 4. 표현된 정서들을 구별하기 ➡ 솔직한 표현과 솔직하지 못한 표현 구별, 사랑과 미움의 표현 구별, 언어와 행동의 차이 구별
영역 Ⅱ. 정서와 사고 촉진	중요한 사건에 주의를 기울이게 하여 사고를 형성하고 촉진할 수 있는 능력	• 수준 1. 정서 정보를 이용하여 사고의 우선순위 정하기 ➡ 정서는 사고를 형성하고 촉진함: 정서에 따라 사고의 우선순위가 결정 • 수준 2. 정서를 이용하여 판단하고 기억하기 ➡ 어떤 느낌과 관련된 판단이나 기억을 통해 정서를 불러일으켜 활동을 계획·지속·완성하게 함 • 수준 3. 정서를 이용하여 다양한 관점 취하기 ➡ 자신의 기분을 변화시킴으로써 자신의 관점도 변화시킴 • 수준 4. 정서를 활용하여 문제 해결 촉진하기 ➡ 슬픈 정서에서 할 수 있는 문제 해결, 즐거운 정서에서 할 수 있는 문제 해결

| 영역 Ⅲ.
정서
지식 활용 | 정서를 이해하고 정서
정보가 담고 있는 지식
을 활용하는 능력 | • 수준 1. 미묘한 정서 간의 관계를 이해하고 명명하기
➡ 정서를 이해하고 활용하는 능력. 정서들 간의 관계 인식, 다양한 정서의 경험에
　명칭 부여, 양립 불가능한 정서가 있음을 이해하는 것
• 수준 2. 정서에 담긴 의미를 해석하기
➡ 정서적 추론을 가르침
　예 친구를 잃는다는 것, 성취로 인한 기쁜 감정과 불공정한 분노의 감정
• 수준 3. 복잡하고 복합적인 감정을 이해하기
➡ 정서의 복잡성을 이해하고 활용하는 것. 두 가지 이상의 복합된 감정(예 애증) 등
　복잡한 감정
• 수준 4. 정서들 간의 전환을 이해하기
➡ **정서가 연속적으로 변환**: 대인관계에서 감정의 진행을 추론하는 능력. 자신이 잘
　못했을 때 이를 시인하는 것 |
| 영역 Ⅳ.
정서의
반영적 조절 | 정서적–지적 성장의
향상을 위하여 정서를
의식적으로 조절하는
능력 | • 수준 1. 정적·부적 정서들을 모두 받아들이기
➡ 다양한 정서, 즉 부정적 정서도 인정하고 수용
• 수준 2. 자신의 정서로부터 거리를 두거나 반영적으로 바라보기
• 수준 3. 자신과 타인의 관계 속에서 정서를 반영적으로 들여다보기
➡ '이 기분은 내가 너무 내 감정을 의식하기 때문이야' 등 정서에 대한 내성적 관찰
• 수준 4. 자신과 타인의 정서를 조절하기
➡ 자신과 타인의 정서를 어떻게 조절하고 관리하는가의 문제 |

⑤ 골만(Goleman)의 정서지능 5요소

구성요소	내용
정서 인식능력	자신이 느끼는 정서를 재빨리 인식하고 알아차리는 능력
정서 통제능력	인식된 자신의 정서를 적절하게 처리하고 변화시키는 능력
동기부여 능력	어려움을 참아내어 자신의 성취를 위해 노력하는 능력
타인 정서 인식능력	타인의 정서를 자신의 것처럼 느끼고 읽는 능력
대인관계 관리능력	인식한 타인의 정서에 적절하게 대처하는 능력

04 지능의 측정

1. 지능지수

(1) 비네(Binet) 지능검사

① 정상 아동과 지적장애 아동을 판별하기 위해 비네(Binet)와 시몬(Simon)이 개발했다.

② 정신연령(MA; Mental Age): 연령에 따라 지능도 발달한다는 전제하에 정신연령 개념을 도입했다.

③ 터만(Terman): 비네-시몬 검사의 소검사를 확장하고 미국 문화에 맞게 문항을 수정하여, 스탠포드-비네 검사를 개발했다.

　　㉠ 처음으로 지능지수(IQ)를 사용하여 지능검사의 점수를 나타냈다.

　　㉡ IQ: 정신연령과 생활연령의 비율에 100을 곱한 값으로, '비율지능지수'로도 불린다.

지능지수(IQ) = [정신연령(MA) ÷ 생활연령(CA)] × 100

④ 문제점: 정신연령은 15세 이후로 거의 증가하지 않으나 실제 생활연령은 지속적으로 증가하기 때문에 결국 정신연령을 기반으로 계산되는 지능지수는 각 연령대에서 동일한 의미를 가질 수 없다.

(2) 웩슬러 지능검사와 편차지능지수

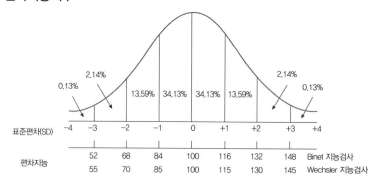

[그림 15-3] 편차지능검사 점수의 분포

① 편차지능: 검사에서 점수를 받은 어떤 사람이 같은 연령의 집단인 모집단 내의 다른 사람과 비교하여 얼마나 위 혹은 아래에 있는지를 나타내주는 수치이다.

② 편차지능지수: 동일한 연령집단에서의 상대적인 위치로 피험자의 지능을 표현하는 방법이다. 해당 연령집단을 모집단으로 하는 검사점수의 정규분포를 평균이 100, 표준편차 15 혹은 16인 표준점수로 환산한 척도에서 개인의 지능지수를 계산한다.

③ 장점: 개인이 연령집단 내에서 차지하는 상대적인 위치를 알려준다.

2. 개인 지능검사와 집단 지능검사

(1) 개인 지능검사

① 피검자 한 사람을 대상으로 검사 전문가가 실시한다.

② 장점: 피검자의 수행을 빠짐없이 관찰하여 검사점수에 반영된 능력과 더불어 반영되지 않은 측면까지도 파악할 수 있다.

③ 단점: 검사시간이 오래 걸리고, 많은 비용이 든다.

(2) 집단 지능검사

① 한 번에 여러 사람의 지능을 측정할 수 있도록 주로 지필검사의 형태로 실시된다.

② 장점: 한 번에 여러 사람을 검사할 수 있어 경제적이고, 지필검사 형태이므로 실시가 쉽다.

③ 단점: 개인의 검사 수행을 개별적으로 관찰할 수 없기 때문에 검사점수에 포함되는 여러 오차의 원인을 알 수 없고, 결과적으로 오차 요인을 통제하기가 곤란하므로 신뢰성이 떨어진다.

3. 문화평형(공평)검사(cultural-fair test)

(1) 내용

① 기존 지능검사: 검사가 제작된 문화와 사회적 맥락의 영향을 받는다. 지능검사의 문항이 특정 사회나 문화의 내용을 포함하는 경우, 사회적 배경이 다른 피험자는 해당 지능검사에서 좋은 점수를 받기 어려울 수 있다.

② 문화평형검사

⊙ 문화적 편향을 고려하여 문화적 요소가 개인의 지능에 미칠 수 있는 영향을 제거하거나 최소화한 것이다.

⊙ 언어가 미치는 영향을 최소화하기 위해 그림, 도형, 공간재료 등을 활용하여 조립 검사, 모양 맞추기 검사, 숨겨진 그림찾기 검사 등의 형태로 제작된다.

(2) 종류

① 머서(Mercer)와 루이스(Lewis)의 SOMPA(System Of Multicultiral Pluralistic Assessment)

⊙ 5세에서 11세까지의 아동 중 특히 저소득층 아동에게 유용한 검사이다.

⊙ 웩슬러 지능검사와 부모 면담, 부모 질문지, 신체 건강상태 검사 등을 활용하여 지능점수로는 파악할 수 없는 아동의 지적·신체적 발달 정도를 종합적으로 파악하는 방법이다.

② 위트킨(Witkin)의 숨겨진 그림검사, 레이븐(Raven)의 행렬검사, 웩슬러 지능검사의 동작성검사 등도 있다.

> **더 알아보기   역동적 검사**
>
> • 검사자와 피검자의 역동적 상호작용을 바탕으로 피검자의 현재 능력과 잠재적 능력까지 동시에 측정할 수 있는 검사이다.
> • 검사자의 도움을 통해 피검자가 학습하는 과정, 몰랐던 부분을 새롭게 파악하게 되는 과정 등을 관찰하며 피검자의 가능성을 전망하는 방법이다.
> • 검사자와 피검자의 상호작용 속에서 피검자의 활동을 관찰했을 때 지금 발달하고 있는 능력이 무엇인지, 그 발달을 촉진하기 위해 어떤 수업 전략이나 도움이 필요한지를 발견할 수 있다.
> 　⑩ 학습잠재력 평가도구(LPAD): 처음에는 아동에게 혼자서 문제를 풀라고 지시하지만 혼자 힘으로 풀지 못할 때, 점차적으로 표준화된 힌트를 준다. 이 검사는 '검사-훈련-재검사'의 형태로 아동의 잠재력을 평가한다.

05 지능 관련 쟁점

1. 지능 관련 쟁점

(1) 지능검사 해석

① 지능검사 점수와 학업 성취도는 어느 정도 높은 상관을 보임: 지능검사 점수는 학교에서의 학업성취도를 비교적 잘 예언할 수 있다. 이는 지능검사가 처음부터 학업성취도 수준을 예언할 목적으로 설계되었기 때문이다.

　⑩ 한 연구에서 지능검사와 학업성취도 간의 상관은 .65로 정적 상관이 있었다.

② 높은 지능점수의 사람이 보다 높은 학력을 가지고 그에 따라 고위 직업을 갖는 경향은 있지만, 교육기간이 일정할 때 지능점수와 학교 이후의 삶에서 사회적·경제적인 성공 간에는 높은 상관관계를 보이지 않았다.

③ 주어진 직종에서의 성공은 측정된 지능지수와는 상관이 없으며 다른 요인(⑩ 개인의 동기, 사회적 기술, 운)이 차이를 만든다는 보고도 있다.

④ IQ 점수와 학업성취 간 중간 정도의 유의한 상관은 집단의 경향을 의미하는 것이며, 특정 개인의 IQ 점수가 항상 그의 학업성취와 유의한 상관을 보이는 것은 아니다. 개인의 학업성취는 공부습관, 흥미, 성취동기와 같은 많은 요인에 따라서도 달라진다.

(2) 유전과 환경

① 지능은 유전과 환경의 영향을 모두 받지만, 어떤 방식으로 상호작용하는지에 대한 학자들의 의견이 다르다.

② 유전 및 환경연구(Wolf)

    ㉠ 지능과 유전의 상관계수는 .50이지만, 지능과 환경 요인의 상관계수는 .76 정도로 나타났다.

    ㉡ 이 연구는 인간의 지능이 부모로부터 타고난 유전적 요인보다 후천적 환경 요인에 더 큰 영향을 받는다는 주장을 지지한다.

③ 종형곡선 연구: 지능은 40~80%의 범위 안에서 유전적 영향을 받는다.

④ 일반적으로 유전은 지능의 범위를 나타내고, 환경은 지능 범위 내에서의 발달 수준을 결정한다.

(3) 플린(Flynn) 효과

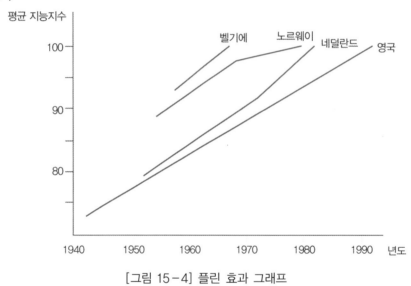

[그림 15-4] 플린 효과 그래프

① 플린 효과: 해가 거듭될수록 지능검사 점수의 평균점이 높아지는 현상이다.

② 사례

    ㉠ 미국 군 입대 지원자의 IQ 점수: 신병의 평균 IQ 점수가 10년마다 3점씩 올라간다는 사실을 밝혀냈다.

    ㉡ 벨기에, 네덜란드, 이스라엘: 한 세대, 즉 30년 만에 평균 IQ 점수가 20점이 올랐다.

③ 지능 평균점의 증가 원인

    ㉠ 플린: 정신적인 활동을 더욱 많이 하도록 요구하는 현 사회현상에 그 원인이 있다.

    ㉡ 기타 학자: 다양한 시청각 매체의 증가, IQ 검사의 반복 효과, 더 좋은 조건의 학교와 가정환경, 질 높은 영양 섭취 등 인간의 환경적 요인에 기인한다.

(4) 문화적 편향

① 초기 지능검사: 검사의 내용이 특정 문화권의 피험자에게는 익숙하지 않은 내용으로 구성되어, 그러한 문항이 보고하는 지능지수의 편향성이 문제점으로 거론되었다.

② 문화공평(평형)검사: 문화적 편향성으로부터 자유로운 검사지를 제작하기 위해 노력했으며, 그 중 하나가 문화공평검사이다.

ㄱ 제한점: 피험자의 사회경제적 지위와 그에 따른 교육 수준의 영향으로부터 자유롭지 못하다.

ㄴ 교육 경험이 많은 사람의 지능지수가 그렇지 못한 사람보다 더 높았다.

ㄷ 문화공평검사 제작이 어려운 이유: 대부분의 검사가 문화적 사고를 주요 요인으로 간주하는 경향이 있다.

06 창의성에 대한 이해

1. 창의성의 개념

(1) **일반적 정의**: 새롭고 적절한 산물을 생산할 수 있는 능력이다.

① 산물: 모든 종류의 아이디어와 생산물을 의미한다.

② '새롭다': 기존의 것을 모방하지 않은 독창적인 면을 가져야 한다.

③ 창의적인 것으로 인정받기 위해서는 기발하고 새로울 뿐만 아니라 유용하고 적절하고 가치 있어야 한다.

④ 개인의 특성에서 비롯되기도 하지만 사회문화적 맥락 속에서 이루어지는 사회적 현상이며, 집단적인 과정을 통해 발휘된다.

(2) **길포드(Guilford)의 지능구조이론**: 창의적 사고는 지능구조의 한 부분인 확산적 사고능력을 포함한다.

① 확산적 사고(divergent thinking) [기출 23]: 문제를 해결하기 위해 다양한 해결책이나 답을 모색하는 사고 즉, 하나의 문제에 대해 여러 가지 다른 해답을 할 수 있는 사고다.

ㄱ 유창성: 주어진 문제에 대해 가능한 한 많은 아이디어를 만들어내는 능력이다.

ㄴ 융통성: 다양한 방식으로 사고를 변화시켜 아이디어나 해결책을 만들어내는 능력이다.

ㄷ 독창성: 기존의 것과는 다른 참신하고 독특한 아이디어를 산출하는 능력이다.

ㄹ 정교성: 처음 제안한 아이디어를 가다듬고 더 정교하게 표현하여, 보다 유용하고 가치 있게 발전시키는 능력이다.

② 수렴적 사고(convergent thinking) : 여러 가지 가능한 해결책이나 답들 가운데서 가장 적합한 해결책이나 답을 모색하는 사고 즉, 하나의 문제에 하나의 정답을 유도하는 사고다.

(3) **드 보노(de Bono)**: 창의성을 수평적 사고로 정의했다.

① 수직적 사고: 정확한 해결방법을 모색하고, 정보와 자료를 가지고 논리적으로 계열적 형태에 따라 단계적으로 사고하는 것이다.

② 수평적 사고: 판단을 유보하고 여러 아이디어를 탐색하며, 다양성에 중점을 두고 수많은 사고 통로를 생성하는 방법으로 창의적으로 사고하는 것을 말한다.

2. 창의성 연구의 다양한 접근

> **더 알아보기** 창의성 4P에 관한 연구
>
> • **창의적 사람(creative person)**: 매우 창의적이라고 알려진 발명가, 과학자, 예술가의 자서전, 전기, 직접 인터뷰를 통해 자료를 수집하고 분석하여 이들의 공통적인 특성을 찾아내고 창의적 사람의 성격적 특성을 밝히기 위해 검사도구를 개발하는 것이다.
> • **창의적 과정(creative process)**: 크게 확산적 사고를 측정하는 연구와 창의적 문제 해결과정을 밝혀내는 연구로 구분된다. 이러한 연구에서는 창의적인 일이나 생각과 관련된 과정을 강조한다.
> • **창의적 산물(creative product)**: 사회적 집단에 의해 새롭고 유용하다고 평가된 제품, 아이디어, 서비스 등 유·무형의 산물을 강조한다. 창의적 산물을 만들 것을 요구하고, 직접적으로 산물 자체가 가지는 창의성 정도를 평가함으로써 창의성을 어떤 기준에 따라 판단해야 하는지를 연구하기도 하며, 창의성 평가기법으로 포트폴리오를 사용한 연구도 실시한다.
> • **창의적 환경(creative press)**: 한 개인이나 조직이 창의성을 발휘할 수 있는 사회적 환경, 물리적 환경, 가정 환경에 초점을 두고 있다.

(1) 창의적 인물

① **창의적 인물**: 창의적 인물의 공통적인 성격이나 특징을 도출해내는 것이다.
② **스턴버그(Sternberg)**: 창의적인 사람에게서 모호함을 견디는 태도, 장애물을 극복하고 성장하고자 하는 의지, 내재적 동기, 인정에 대한 욕구 등을 발견했다.
③ **토랜스(Torrance)**: 창의적인 인물은 자신의 꿈, 미래에 대한 열정을 창의성의 원동력으로 삼는다.
④ **칙센트미하이**: 창의적인 인물은 상반되는 성격적 특징을 동시에 가진다. 경우에 따라 공격적이기도 하고 협조적이기도 하는데, 상황에 따라 보이는 상반되는 성격적 특징 자체가 창의적인 에너지의 역할을 한다.
⑤ **아마빌(Amabile)**: 창의적 인물을 성격적 특성으로 바라보기보다는 특정 분야의 지식이나 기술, 창의성 관련 기술이나 능력, 내적 동기라는 3가지 요소의 조합으로 보았다.

(2) 창의적 과정

① **창의적 과정**: 창의성이 발휘될 때 일어나는 정신적 사고 과정을 말한다.
② **토랜스의 창의적 과정**: 해결해야 할 문제와 정보에 있어서의 차이를 파악하고, 문제에서 부족한 요소와 잘못된 부분을 탐색하며, 이러한 부분에 대해 가설을 설정하고, 가설을 평가하고 검증하며, 가능하다면 이러한 가설을 다시 수정하고 재검증하여 최종적인 결과를 제시하기까지의 과정이 포함된다.
③ **왈라스(Wallas)의 창의적 사고과정**

단계	내용
준비 단계	여러 가능성을 탐색하고 다양한 방법으로 해결책을 모색함
부화 단계	• 논리적인 의식 상태를 넘어 지적·의지적·정서적 기능을 결합하고 온 신경을 집중하여 열중함 • 참여와 헌신을 통해 새로운 치환이나 병렬을 시도함
영감(조명) 단계	어떤 문제에 대한 가능한 해결책이나 좋은 아이디어가 의식 수준에 갑자기 나타나는 단계
검증 단계	해결책의 적절성을 검증하거나 아이디어가 실제로 작품으로 실행되는 단계

④ **오스본과 판즈(Osborn-Parnes)의 개인적 문제 해결 모형**: '문제 덩어리 탐색 → 자료 탐색 → 문제 탐색 → 아이디어 탐색 → 해결방안 → 수용'이라는 6단계를 거치면서 수렴적 사고와 확산적 사고 활동이 번갈아 활용되는 창의적 사고모형으로 발전하였다.

(3) 창의적 산출물

① 창의적 산출물: 창의적 사고 활동으로 얻게 되는 유형·무형의 결과물을 의미한다.

② 창의성 '과정 대 결과' 문제: 창의적 활동이 종료된 시점에서 창의적인 산출물을 공식적인 형태로 제시해야 한다는 입장과 그렇지 못할 수도 있다는 입장이 있다.

  ㉠ 후자의 경우 창의성이란 창의적인 결과를 제시할 수 있는 가능성을 의미하지 항상 창의적인 산출물을 제시할 수 없다는 것이다.

  ㉡ 특정 결과를 중심으로 창의성을 파악하면, 학생들에게 결과 제시를 강요할 것이고, 이러한 강요는 학생들의 창의성을 꺾어 버릴 수 있다.

③ 창의적 결과 수준의 검토

  ㉠ 객관적 창의성: 한 개인의 창의적 사고활동의 결과가 일반적인 창의성의 준거, 즉 산출물의 새로움과 가치 혹은 실용성이라는 준거를 충족시킴을 의미한다.

  ㉡ 주관적 창의성: 자기 혼자만의 창의적 노력을 뜻하는 것으로, 그 결과는 자신에게만 의미가 있는 경우다.

(4) 창의적 환경

창의적 사고과정을 자극하고 창의적 산출물이 완성되기까지 창의성 발휘에 도움이 되는 물리적인 환경이나 심리적 환경, 가정, 학교, 문화 등 총체적이고 복잡한 일체의 상황을 말한다.

(5) 창의성과 지능

① 지능은 창의성의 필요조건이지만 충분조건은 아님: 창의성에 지능이 어느 정도는 필요하지만 지능이 높다고 반드시 창의적인 것은 아니다.

② 식역이론(threshold theory)

  ㉠ 창의성은 일정 수준 이상의 지능을 필요로 하지만, 그 이상의 지능 수준에서는 지능과 창의성의 관계가 분명하게 나타나지 않는다.

  ㉡ IQ 점수 120까지는 창의성과 지능이 어느 정도 정적 상관을 보이지만 120 이상부터는 관계가 없다.

③ 왈라(Wallach)와 코간(Kogan)의 창의성과 지능 연구

구분	내용
창의성과 지능이 모두 높은 집단	• 자아존중감, 자아통제력, 표현력 등이 높고 외향적이며 대인관계 능력이 우수함 • 주의집중력이 강하고 학구적이며 감수성이 예민함
창의성은 높고 지능은 낮은 집단	• 교실에서 가장 인정받지 못하는 집단 • 자아존중감이 낮고 주의집중력이 떨어졌으나 평가가 없는 상황에서는 가장 우수한 수행능력을 보였으며 평가에 대한 두려움을 갖고 있었음
창의성은 낮고 지능은 높은 집단	• 학업성취도에 예민하고 학교에서의 성공을 중요하게 여기고 동료와의 대인관계가 좋음 • 시험에서 우수한 능력을 보였으나 실패에 대한 두려움을 가지고 있었음
창의성과 지능이 모두 낮은 집단	• 학업성적이 낮은 반면 사회활동은 활발하고 외향적이었음 • 창의성이 높고 지능은 낮은 집단보다 오히려 자아존중감이 더 높게 나타남

(6) 창의성의 통합적 접근: 칙센트미하이의 창의성 체계 모형

① 창의성: 개인, 영역, 활동 현장의 상호작용 속에서 형성된다.

② 3가지 요소

영역	설명
개인 (person)	해당 영역에서 활동하며 활동 현장에서 자신의 성과물을 제시하고 평가를 받음
영역 (domain)	개인이 활약하는 특정 분야나 학문 영역으로, 그 영역 내에서는 해당 영역이 요구하는 실천 양식이나 고유한 상징적 체계들과 전문성의 수준이 존재함
활동 현장 (field)	산물에 대해 평가·선별·유포 등을 실시하는 사람들로, 이들은 새로운 아이디어나 산출물이 그 영역에 적합한지, 해당 영역에서 인정될 수 있는지를 판단하는 역할을 함

➡ 개인은 영역의 행동 양식이나 절차를 변화시키는 일을 함으로써 활동 현장의 변화를 일으키고, 이 변화가 다시 영역 내로 포함될 때 창의성이 발생한다.
③ 창의성은 개인이 활동하는 현장과 영역에 영향을 받고, 개인의 능력은 현장과 영역에 또 다시 영향을 미치는 형태로 발현된다.
④ 창의성은 개인의 성격적 특성이나 재능 자체로 규정될 수 없고, 사회적 맥락과의 상호작용 속에서 특성과 형성 과정을 살펴봐야 하는 인간의 능력이다.

07 창의성의 측정과 훈련

1. 창의성 검사

(1) 토랜스(Torrance)의 창의성 검사

① 길포드가 제안한 확산적 사고를 중심으로 창의성을 측정함: TTCT는 확산적 사고를 유창성, 유연성(융통성), 독창성, 정교성의 하위 요소로 측정하며 언어검사와 도형검사로 구성한다.
② 검사 구성: 언어검사(verbal A형, B형)와 도형검사(figure A형, B형)
　㉠ 언어검사: 질문하고 추측하기, 작품 향상, 색다른 용도, 색다른 질문, 가상하기 검사로 구성된다.
　㉡ 도형검사: 불완전한 그림을 유의미하게 완성하는 검사로, 그림 구성, 도형 완성, 반복적인 닫힌 도형검사로 구성된다.
③ 대상: 유치원생부터 성인까지 사용할 수 있다.
④ 확산적 사고의 주요 변인

구분	설명
유창성	주어진 문제에 대해 가능한 한 많은 아이디어를 만들어내는 능력 ㉮ 원을 다양한 그림으로 변환하기, 각기 다른 반응의 수로 측정하기
융통성	다양한 방식으로 사고를 변화시켜 아이디어나 해결책을 만들어내는 능력 ㉮ 그림의 범주가 다양할수록 융통성이 높음
독창성	기존의 것과는 다른 참신하고 독특한 아이디어를 산출하는 능력 ㉮ 검사를 치른 사람의 5~10% 정도가 보이는 희귀한 반응을 할 때 독창성이 있다고 봄
정교성	처음 제안한 아이디어를 가다듬고 더 정교하게 표현하여, 보다 유용하고 가치 있게 발전시키는 능력

(2) 창의성 산물검사

① **주관적 측정방법**: 정형화되지 않은 일상에서의 과제 수행을 관찰하고, 이를 통해 창의성을 측정한다.

    ㉠ 그림을 보고 이야기를 만들어 구술하기, 이미 알고 있는 이야기를 새로운 이야기로 창작하기

    ㉡ 제공된 자료를 이용하여 콜라주 만들기

    ㉢ 새롭고 재미있는 창의적인 수학문제 만들기

    ➡ 피검사자가 자신만의 방식으로 그림을 그리거나 이야기를 창작하게 된다.

② **합의적 측정 기법(amabile; CAT)**: 산출물에 대한 사회적 평가를 통해 그 산출물을 만든 개인과 그 과정의 창의성을 판단하는 방법이다.

    ㉠ **방법**: 피검사자로 하여금 이미 알려진 이야기를 바탕으로 새로운 이야기를 만들어내게 한 다음, 이 분야의 전문가, 작가, 영화제작자, 만화가 등에게 5점 척도로 평가하게 한다.

    ㉡ **필요한 조건**

        ⓐ 과제는 특정한 전문적 기술을 요하지 않는 것이어야 한다.

        ⓑ 창의적 산물을 평가하는 사람은 해당 영역에 대한 경험을 소유한 사람이어야 한다.

        ⓒ 평가자 간에 독립적으로 평가가 진행되어야 한다.

        ⓓ 창의성과 아울러 심미적 요소도 고려하여 평가해야 한다.

        ⓔ 절대적인 기준에 의하지 않고 다양한 차원에 근거한 종합적인 평가여야 한다.

2. 창의적 사고 기법

(1) 브레인스토밍 전략

① **브레인스토밍(brainstorming)**: 오즈번(Osborn)이 개발한 기법으로, 창의적인 아이디어를 산출하기 위해 여러 사람이 아이디어를 자유롭게 토의하는 기법이다.

② **특징**

    ㉠ 아이디어를 내는 과정과 그것을 평가하는 과정을 분리한다.

    ㉡ 아이디어는 평가가 수반될 때 자유롭고 창의적으로 표현하기가 힘들어지기 때문이다.

③ **기본 원칙**

    ㉠ **평가는 마지막까지 유보하고, 비판하지 않음**: 어떤 형태의 아이디어든 비판하지 않고, 아이디어 자체에만 전념하며 자신의 아이디어도 비판하지 않는다.

    ㉡ **우스꽝스러운 아이디어도 수용**: 아이디어는 자유분방할수록 좋으므로, 아무리 우스꽝스러워도 수용한다.

    ㉢ **아이디어는 가능한 한 많이 제안**: 브레인스토밍에서는 우선 많은 아이디어를 생성하는 것이 중요하므로 질보다는 양을 우선시한다.

    ㉣ **결합과 개선 추구**: 제시한 많은 아이디어의 결합과 개선을 통해 더 좋은 아이디어로 발전시킨다.

④ **집단의 구성**

    ㉠ **구성원**: 가능하면 다양한 경험을 가지고 있고 성별과 연령도 다양할수록 효과가 높다.

    ㉡ **리더**: 브레인스토밍은 더 이상 아이디어가 잘 나오지 않을 때 오히려 새로운 양질의 아이디어가 나오므로 집단원에게 좋은 아이디어를 내도록 격려한다.

    ㉢ **시간**: 실시 시간은 30~40분이 적당하다.

    ㉣ **인원 수**: 7~8명이 적절하나 경험이 적어 많은 아이디어를 내기 어려운 경우 15명 정도까지도 가능하다.

⑤ 포스트잇을 활용한 브레인라이팅 기법

  ㉠ **포스트잇 활용:** 많은 사람이 한꺼번에 말하다가 아이디어가 손실되는 일이 생기지 않고, 비판이 두려워서 아이디어를 내지 않는 사람도 아이디어를 낼 수 있으며, 많은 아이디어 중 우수한 아이디어를 선택하는 데 효과적인 방법이다.

  ㉡ **방법**

> • 포스트잇을 여러 개 붙인 A4 용지를 인원 수만큼 만든다.
> • 포스트잇 하나에 아이디어 1개씩 적은 다음, 계속 돌려가면서 아이디어를 적는다.
> • 아이디어를 모두 적은 다음, 포스트잇을 모두 떼어내 같은 주제로 분류한다.
> • 그 중 좋은 아이디어를 선정하여 정교화한다.

  ㉢ **장점:** 다른 사람이 아이디어를 기록하는 동안 기다리지 않아도 되므로 아이디어를 차단하는 효과를 줄일 수 있고, 익명성이 보장되므로 평가불안이 줄어들며, 아이디어를 분류하기 쉽다.

(2) SCAMPER(스캠퍼) 기법

① 질문 목록에 따라 체계적으로 새로운 아이디어를 자극하는 방법이다.

② 오즈번(Osborn)이 아이디어를 이끌어내는 질문 75개를 제시한 후 다시 9개로 정리한 것을 에버를(Eberle)이 다시 재조직한 것이다.

③ 질문 목록과 예시

약자	의미	설명
S	Substitute 대체하기	기존의 것을 다른 것으로 대체함 ⑩ 도자기로 만든 칼
C	Combine 결합하기	두 가지 이상을 결합하여 새로운 것을 만들어냄 ⑩ 전기청소기에 물걸레 기능을 결합
A	Adapt 적용하기	어떤 것을 다른 분야의 조건이나 목적에 맞게 응용함 ⑩ 상어비늘의 성질을 이용하여 만든 전신수영복, 코끼리 코의 움직임을 이용하여 굴착기 제작
M	Modify/Magnify/Minify 수정하기/확대하기/축소하기	어떤 것의 특성이나 모양 등을 변형, 확대 또는 축소하여 새로운 것을 생성함 ⑩ 컴퓨터를 축소하여 태블릿 PC 제작
P	Put to other use 다른 용도	다른 용도로 사용될 가능성을 생각함 ⑩ 한지로 만든 가죽 옷
E	Eliminate 제거하기	어떤 것의 일부분을 제거해봄으로써 새로운 것을 생성함 ⑩ 유선 전화기에서 선을 제거하여 무선 전화기 제작
R	Rearrange/Reverse 재배열/역방향	재배열하여 새로운 것을 생성함 ⑩ 무쇠 솥뚜껑을 뒤집어 프라이팬으로 사용

(3) 여섯 색깔 모자 사고 기법

① 드 보노가 개발한 기법으로, 6가지 다른 색깔의 모자(six hat)로 어떤 문제에 접근하는 6가지 역할과 방법을 규정하는 창의적 사고방법이다.

② 모자의 역할과 의미

구분	역할	의미
파란 모자	사회자, 사고에 대한 사고	목표, 개관, 순서, 규율 선정, 결론 및 요약
흰색 모자	정보 제공	중립적이고 객관적인 정보와 사실
빨간 모자	감정 표현	감정, 느낌, 직관, 육감
노란 모자	긍정적인 측면 부각	긍정적 측면, 희망적 측면
검은 모자	분석적·비판적 사고	부정적 판단, 실패할 만한 이유, 잠재된 위험 요소
초록 모자	창의적인 아이디어, 부정적인 요인을 극복하는 아이디어 제공	창의적 아이디어, 새로운 해결책

③ 주어진 문제에 대해 요구되는 다른 유형의 사고를 함께 해보면서, 문제 해결을 위한 새로운 관점을 발견하고 습관적이고 일상적인 사고의 틀에서 벗어날 기회를 제공한다.

④ 사고의 틀(frame of mind)인 다양한 모자를 의도적으로 바꾸어 써봄으로써 다양한 사고를 나누어 해보고, 각각의 사고 유형에 효율적으로 집중하고 마침내 합리적인 해결책에 도달한다.

⑤ 장점: 모자의 도움으로 다양한 각도에서 사고하고, 자신의 감정도 솔직하게 표현할 수 있다.

⑥ 유의점: 각 팀 리더만 모자의 전환을 지시할 수 있고 모자별로 시간을 너무 길지 않게 하는 것이 바람직하다.

(4) 디자인 싱킹(design thinking)

① 켈리(Kelly)의 창의적 문제 해결방법: 관찰과 인터뷰, 상호작용을 통하여 사용자를 진정으로 이해하고 그들의 핵심 문제를 찾아 해결해주는 인간중심 해결방법(human centered solution)이다.

② 과정: 공감하기 → 문제를 정의하기 → 아이디어 내기 → 프로토 타입 만들기 → 평가하기

　㉠ 공감: 자세히 관찰하고 질문하고 직접 체험하고 경청하는 것을 통해 사용자와 같은 느낌을 가지게 되고, 문제 해결에 대한 통찰력을 얻게 된다.

　㉡ PoV(Point of View)를 통해 사용자가 어떤 문제를 가지고 있는지 문제를 재정의하고, 그 문제에 대한 통찰을 가진다.

　㉢ 브레인스토밍을 통해 문제를 해결하기 위한 다양한 아이디어를 내고 그 중 가장 좋은 아이디어를 정한 다음, 개략적으로 신속하게 프로토 타입을 만든다.

　㉣ 프로토 타입: 완성품이 나오기 전의 성능 검증과 개선을 위한 시제품을 의미한다. 프로토 타입에 대한 여러 번의 평가와 피드백을 통해 창의적 문제 해결이 가능해진다.

(5) PMI(Plus, Minus, Interesting point) 기법

① 드 보노가 개발한 사고기법으로, 아이디어나 어떤 상황에 관하여 긍정적인 측면(예 좋은 점, 좋아하는 이유), 부정적인 측면(예 나쁜 점, 싫어하는 이유), 흥미로운 점을 차례로 생각하도록 하여 사고를 확장시키는 기법이다.

　➡ 제시된 아이디어의 좋은 점, 나쁜 점, 흥미로운 점들을 모두 살펴보고, 제안된 해결안 중 어느 것이 최선책인지 결정하는 방법이다.

② 문제나 아이디어를 정확히 이해하고, PMI 순서대로 생각들을 열거한 후, 열거된 생각을 토대로 원래의 문제 또는 아이디어를 종합적으로 평가한다.

　　㉠ P(Plus): 좋은 점, 장점, 긍정적인 측면, 더하기

　　㉡ M(Minus): 나쁜 점, 단점, 부정적인 측면, 빼기

　　㉢ I(Interest): 흥미로운 점, 독특한 점, 새로운 면

(6) 강제연상법

① 색다른 용도법(unusual uses): 원래의 용도 외에 다른 용도로 사용할 수 있는 방법을 찾아보게 하는 것이다.

② 강제결합법(forced relationships): 억지로 관계를 맺어 보도록 하는 활동으로, 문제를 창의적으로 해결하기 위해 전혀 관계가 없어 보이는 아이디어나 물건을 강제로 연관시키는 훈련방법이다.

08 학습유형

1. 학습 및 인지유형

(1) 학습유형(학습양식, learning style)

① 새로운 정보에 집중하고 그 정보를 처리하고 기억하는 방식이다.

② 질적인 차이 또는 선호하는 것을 나타내는 가치중립적인 개념이므로, 어느 유형이 다른 유형보다 더 좋은 것이라고 단정할 수 없다.

(2) 인지유형(인지양식, cognitive style)

① 인간이 자신을 둘러싼 외부 환경이나 사물을 지각할 때 인지적·정의적 특성에 따라 주어진 상황이나 정보를 독특한 방식으로 지각·기억·사고하는 인지활동이다.

② 지적 수준이나 능력의 차이를 반영하는 것은 아니며, 개인이 선호하는 사고유형에 따른 것이다.

(3) 양식의 특징

인지양식		내용
장	의존성	지각대상 유형을 전체로 지각하는 인지양식으로, 다른 사람의 의견을 잘 받아들이고 자신의 의견을 수정함
	독립성	• 한 지각대상 유형에서 여러 개의 부분을 지각하고 분석하는 인지양식 • 자신을 다른 사람과 분리시켜 자율적으로 행동함
인지양식	충동적	주어진 문제에 빠르지만 자주 부정확하게 반응하는 인지양식
	반성적(숙고적)	주어진 문제에 천천히 주의 깊고 정확하게 반응하는 인지양식
사고양식	수렴적 사고	문제에 대한 해결책으로 한 가지 정답만을 추구하는 인지양식
	확산적 사고	다양한 해결책이나 답을 모색하는 인지양식으로 유창성, 융통성, 독창성 등이 포함됨

2. 학습 및 인지유형의 종류

(1) 던(Dunn)의 학습유형

① 학습유형: 정보를 선택하고 획득하는 능력에 영향을 주는 학습자세 또는 학습환경이다.

② 구성요소(21가지)

⊙ 환경 요인, 정서 요인, 사회 요인, 생리 요인, 심리 요인 등에서 학생이 학습하는 요령이 학습유형을 형성하는 중요한 구성요소가 된다.

⊙ 요소별 특징

요인	내용
환경 요인	• 소리: 공부할 때 들리는 소리에 대한 반응 • 빛: 빛에 대한 반응 정도를 나타내는 것 • 기온: 학생들이 온도에 따라 다른 경향성을 나타내는 것 • 가구 및 좌석 디자인: 공부할 때 어떤 학생은 푹신한 소파를, 어떤 학생은 딱딱한 의자를 선호함
정서 요인	• 동기: 어떤 학생은 외적으로 동기화되지만 어떤 학생은 내적으로 동기화됨 • 지속적: 시작한 과제를 끝까지 하는 것을 좋아하는 학생이 있고, 그렇지 않은 학생도 있음 • 책임: 자신이 결정한 일에만 책임감을 느끼는 학생이 있고, 해야 하는 것을 잘 따르는 학생도 있음 • 구조화: 학생이 학습할 때 구조화된 것을 원하는지 스스로 선택하는 것을 원하는지의 선호를 말하며 어떤 학생은 지시를 좋아하지만 어떤 학생은 자신의 방식으로 하는 것을 좋아함
사회 요인	혼자서 공부하는 것을 좋아하는 경우, 둘이서 공부하는 것을 좋아하는 경우, 집단으로 공부하는 것을 좋아하는 경우, 성인과 함께 공부하는 것을 좋아하는 경우 등 선호하는 방식이 다양함
생리 요인	• 지각: 감각기관의 지각 차이로, 어떤 학생은 듣는 정보를, 어떤 학생은 읽는 정보를 더 잘 받아들임 • 간식: 공부하는 동안 음식이나 음료 섭취를 즐기는 정도 • 시간: 개인의 최대 능력 발휘 시간이 언제인가를 의미함 • 이동: 공부하는 동안 움직이고자 하는 욕구
심리 요인	• 전체적/분석적: 전체적인 학생은 학습과제의 전체적인 형태나 인상에 집중하지만, 분석적인 학생은 주어진 학습과제의 차이점을 잘 분별함 • 좌뇌/우뇌 경향성: 학습에서 좌뇌 사용을 선호하는 학생도 있고, 우뇌 사용을 선호하는 학생이 있음 • 충동적/숙고적: 충동적인 학생은 빠르게 반응하지만 오류가 많고, 숙고적인 학생은 복잡한 개념을 철저하게 분석하여 구별하는 경향이 있음

(2) 위트킨(Witkin)의 장독립형과 장의존형

① 장독립과 장의존

⊙ 인지과정에서 정보, 자극에 대한 심리적 분화(psychological differentiation) 정도를 나타내는 지표이다.

⊙ 전체적인 장의 구조가 그 속에 포함된 자극을 지각하는 데 영향을 주는 정도를 의미한다.

② 측정: 잠입도형검사(EFT; Embedded Figure Test), 신체조정검사 등을 통해 측정한다.

➡ 잠입도형검사: 장독립형은 특정한 도형을 쉽게 찾을 수 있지만, 장의존형은 찾는 데 시간이 오래 걸리거나 전혀 찾아낼 수 없다.

③ 장독립형(field-independent): 장(배경)의 영향을 별로 받지 않는 인지양식이다.

⊙ 주변 상황으로부터 자신을 잘 분리할 수 있는 사람이다.

⊙ 방해 요인에 대해 독립적이고 비사교적이며, 다양한 자극 중에서도 추상적인 것에 많은 관심을 가진다.

ⓒ 사람 간의 상호작용을 덜 강조하는 천문학, 공학과 관련된 직업을 선호하고 수학, 물리와 같은 추상적인 과목을 선호한다.

ⓔ **교사**: 학생 간의 경쟁을 이용하거나 독립적인 성취를 조장하는 교수유형을 선호한다.

④ **장의존형(field-dependent)**: 장(배경)의 영향을 많이 받는 인지양식이다.

ⓐ 방해 요인을 무시하기 어렵고, 사회 분야에 관심이 많으며, 자신의 태도와 믿음을 정할 때 다른 사람에게 의존한다.

ⓑ 사람들과 관계있는 사회과학과 같은 학문이나 가르치는 직업을 선호하며 매우 인간적이다.

ⓒ 사회적 강화가 크게 영향을 미친다.

ⓓ **교사**: 학생들과 상호작용하거나 대화하는 것을 좋아한다.

⑤ **장의존형과 장독립형의 차이**

ⓐ **학습유형**

장독립형	장의존형
• 분석적으로 지각	• 전체적으로 지각
• **섬세한 방식으로 경험**: 구조나 제한조건 부여	• **전체적 방식으로 경험**: 주어진 구조에 고착
• 개념을 구체적으로 구분	• **개념의 일반적 관계를 봄**: 폭넓은 구별
• 사회 과목을 단지 과제로만 학습	• 사회 과목을 가장 잘 학습
• 개념 자체에 관심	• 자신의 경험과 관련된 자료에 관심
• 자기 자신이 세운 목표와 강화를 가짐	• 외적으로 부과되는 목표와 강화를 요구
• 자신이 구조화할 수 있음	• 구조화된 것이 필요함
• 비판에 영향을 적게 받음	• 비판에 영향을 많이 받음
• 개념 획득을 위해 가설검증 접근	• 개념 획득을 위해 관망자적 접근

ⓑ **교수유형**

장독립형	장의존형
• **강의법과 같은 교수상황을 선호**: 수업의 인지적 측면 강조	• 학생들과의 상호작용이나 토론을 허용하는 교수상황 선호
• 주제를 소개하기 위해 질문 사용	• 수업상황을 확인하기 위해 질문 사용
• 교수가 조직한 학습상황 이용	• 학생중심의 활동을 이용
• 교사를 원리 적용을 조장하는 사람으로 인식	• 교사를 사실을 가르치는 사람으로 인식
• **정확한 피드백**: 부정적 평가 사용	• **적은 피드백**: 부정적 평가 회피
• 학습을 조직·안내하는 학습환경을 형성	• 따뜻하고 인격적인 학습환경을 형성

ⓒ **학생 동기화 방법**

장독립형	장의존형
• 점수를 통해	• 언어적 칭찬을 통해
• 경쟁을 통해	• 교사를 돕는 것을 통해
• 활동의 선택, 개인의 목표를 통해	• 외적 보상을 통해 예 별, 스티커, 상
• 과제가 그에게 얼마나 유용한지 보여주는 것을 통해	• 다른 사람에게 과제의 가치를 보여주는 것을 통해
• 구조를 디자인할 자유를 주는 것을 통해	• 윤곽과 구조를 제시하는 것을 통해

(3) 카컨(Kagan)의 충동형과 숙고형

① 같은 그림 찾기 검사(MFFT)를 통해 과제에 대한 반응속도와 반응에서 틀린 수로 개념적 속도라는 학습유형 차원을 제시했다.

② 충동형과 숙고형

구분	내용

충동형
(impulsive style)
	• 대답을 빨리 하지만 틀린 답이 많음
	• 문제를 해결할 때 빠른 행동을 좋아함
	• 단순한 문제의 경우 숙고형에 비해 더 나은 과제 수행을 보인다.
	• **극단적인 경우**: 읽기나 기억 과제에서 더 많은 실수를 하고 추론 문제나 시각적인 구별이 필요한 과제에서 오답을 내리는 경우가 많음
	• **수정방안**
	  − 말로 표현하는 과정을 통해 문제 해결의 충동성을 수정할 수 있음
	  − 사지선다형 문제를 풀 때 오답이라고 생각하는 것에 연필로 먼저 표시하는 방법을 사용하는 것도 도움이 됨

숙고형 (reflective style)	• 대답은 늦게 하지만 틀리는 경우가 적음 • 행동하기 전에 정보를 수집하고 분석하는 것을 좋아함 • 복잡한 과제의 경우 모든 대안을 고려해야 하기 때문에 충동형에 비해 수행 수준이 높게 나타남 • **극단적인 경우**: 까다로운 문제에 부딪힐 때 한 문제를 너무 오래 생각하다 다른 문제를 놓치는 경우가 생길 수 있음 • **수정방안**: 과제를 시간 내에 완성할 수 있도록 어려운 문제는 건너뛰는 전략을 가르쳐야 함

(4) 콜브(Kolb)의 학습유형

① 학습자가 사용하는 정보지각 방식과 정보처리 방식에 의해 학습유형이 결정된다.

② 정보지각 방식

  ㉠ **구체적 경험**: 직접 경험하고 깨달은 일을 통해 학습하고, 학습 상황에서 사람들과 함께 하기를 좋아하며 사람들과의 관계를 중시한다.

  ㉡ **추상적 개념화**: 논리와 아이디어를 사용하여 학습하면서 문제 해결에 접근하고, 체계적으로 계획을 수립, 이론을 개발하고, 정확하고 논리적인 사고를 하며, 추상적인 생각이나 개념을 중요시한다.

③ 정보처리 방식

  ㉠ **숙고적 관찰**: 판단하기 전에 주의깊게 관찰하고, 여러 관점에서 사물을 조망하고 아이디어를 내며, 행동하기보다 관찰을 좋아하고, 정보를 수집하여 범주를 창출한다.

  ㉡ **활동적 실험**: 문제를 지켜보기만 하는 것이 아니라 실제로 문제에 접근하고자 하고, 실험을 시도한다. 문제 해결, 실제적 결론을 찾아내는 것과 기술적 과제를 좋아한다.

④ 학습유형

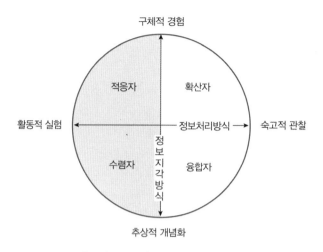

[그림 15-5] 콜브의 학습유형

요인	내용
확산자	• 구체적인 경험을 통해 지각하고, 숙고적으로 관찰하는 유형의 학습자 • 상상력이 뛰어나고 한 상황을 여러 관점에서 조망할 수 있으며, 많은 아이디어를 낼 수 있음 • 흥미 분야가 넓어 다양한 분야의 정보를 수집하고, 학습과정에서 교수자나 동료 학습자와 좋은 인간관계를 맺는 정서적인 특징을 가짐
융합자	• 추상적으로 개념화하여 지각하고, 숙고적으로 관찰하여 정보를 처리함 • 논리성과 치밀성이 뛰어나고 귀납적 추리에 익숙하므로 이론화를 잘함 • 넓은 범위의 아이디어를 잘 종합하고 다각적으로 이해할 수 있어, 이론적으로 모형을 만드는 일을 잘할 수 있음 • 과학적이고 체계적인 사고를 하며, 분석적·추상적 사고에도 강함
수렴자	• 추상적으로 개념화하여 지각하고 활동적으로 실험하면서 정보를 처리함 • 이들은 아이디어와 이론을 실제적으로 응용할 수 있으므로 의사결정, 문제 해결능력이 뛰어남 • 느낌보다 이성에 의존하며 가설을 세우고 연역적으로 추론하며 과제에 체계적이고 과학적으로 접근함 • 인성적 특성이 사고지향적이라 사회 문제나 사람 관계에는 능숙하지 못한 대신 기술적인 과제, 문제를 잘 다룸
적응자	• 구체적인 경험을 통해 지각하고 활동적인 실험을 통해 학습정보나 상황을 처리함 • 계획 실행에 뛰어나며, 새로운 경험을 추구하고 새로운 상황에 잘 적응함 • 학습 특성을 통해 추출할 수 있는 인성적 특성으로는 모험적·감각적이고 실험적인 점을 들 수 있음 • 논리적으로 분석하기보다는 감각적이며 느낌에 따라 행동하므로, 문제를 해결할 때도 자신의 기술적인 분석에 의존하기보다는 사람들에게 의존하며 지도력이 탁월함

(5) 시사점

① 학습양식을 고려하여 교수양식을 다양화해야 함: 강의식 수업뿐 아니라 문제중심학습, 협동학습 등을 활용하여 학생 개개인의 욕구를 만족하도록 한다.

② 학생으로 하여금 자신이 가장 효과적으로 학습하는 방식을 생각해보게 함: 이를 통해 학습자는 자기감독과 자의식을 개발할 수 있다.

※ '행동주의 학습' 관련 이론은 〈해커스임용 김진구 전문상담 기본개념 1〉 제5장 학습심리와 행동수정(p. 483)' 참고

09 인지주의 학습

1. 학습에 대한 행동주의와 인지주의의 차이

(1) 인지주의 학습이론

① 학습은 자극과 반응의 단순한 연합이 아닌 정신구조의 변화: 학습은 학습자가 기억에 관한 인지구조를 형성하면서 발생한다.

② 외현적인 행동상의 변화가 관찰되지 않더라도 학습은 일어날 수 있음: 표면적으로는 행동에 즉각적인 변화가 나타나지 않아도 의미 있는 학습이 발생할 수 있으며, 학습은 잠재된 형태로 얼마든지 나타날 수 있다.

(2) 인지주의 학습이론과 행동주의 학습이론의 비교

구분	인지주의 학습이론	행동주의 학습이론
학습자	적극적인 존재(환경을 지배)	수동적인 존재(환경에 의해 지배받음)
지식	정신적인 구조와 도식을 변화시키는 자극이자 그 결과물	자극과 반응의 연합이 모인 집합체
의식과 동기	탐구되어야 할 영역	관심을 두지 않음
연구방법론	사고발성법과 같이 내적 사고의 변화를 확인할 수 있는 다양한 연구방법론	실험연구를 통한 행동의 유의미한 변화 탐색
교육관	개인의 내적 사고체계를 능동적으로 구성해나가도록 돕는 활동	바람직한 방향으로의 행동 변화를 위한 체계적 접근

2. 형태주의 심리학

(1) 의미

① 형태(Gestalt): 전체, 형태, 모습에 대한 전체적인 지각현상을 말한다.

② 정보: 그 대상을 구성하는 부분적인 요소들의 단순한 합 이상의 전체적 관계 또는 형태로 지각된다.

③ 형태주의 이론: 사람이 사물을 지각할 때, 대상을 구성하는 요소를 자신의 인지구조로 재조직하고 재구성하여 지각한다.

　예 감각적 대상(자동차)을 구성하는 요소(타이어, 도색, 바퀴 등)에 전혀 포함되어 있지 않은 개인의 경험과 희망, 요구를 개입하여 새로운 형태(독특한 개성을 추구하는 멋있는 차)로 지각하는 것

④ 인지도식(cognitive schema): 감각적 자극을 개인의 인지도식 속 정보를 이용하여 의미 있는 형태로 조직함으로써 지각현상이 일어난다.

⑤ 형태주의에서 대상에 대한 지각은 주관적이므로, 사람은 자신에게 더 친숙한 대상을 먼저 지각한다.

(2) **지각적 조직**

① **지각적 조직**: 지각 대상을 구성하는 부분적 요소가 큰 단위, 전체 단위로 묶어져 의미 있는 대상으로 전환되는 지각 현상을 의미한다.

➡ 감각적 요소의 합을 단순히 지각하지 않고, 요소 간 배열 관계에 따라 요소를 통합하여 지각한다.

② **집단화(grouping)**: 감각적 요소가 배열에 따라 군집화되고 통합되는 과정을 말한다.

③ 집단화 과정의 규칙

구분	내용
근접성 (proximity)	• 공간상 가까운 자극 요소를 묶어 하나의 의미 있는 형태로 지각하는 현상 • 동일한 요소 가운데 가까이 있는 요소는 하나의 집단으로 지각되는 경향이 있음
유사성 (similarity)	모양, 크기, 색의 특징에서 유사한 자극끼리 한 집단을 이루어 하나의 의미 있는 형태로 지각되는 현상
대칭성 (symmetry)	두 개의 선형이 대칭을 이루면 한 형태로 묶여 지각되는 현상
폐쇄성 (closure)	선형이 연결되지 않은 불안정한 도형이 완성된 형태로 지각되는 현상
연속성 (continuation)	• 단절되지 않는 방향으로 연결하여 지각하는 현상 • 이 법칙에 따르면, 단절된 도형이 전체로서 조직화되기 때문에 연결된 그림으로 보임

(3) **전경과 배경**

① **전경과 배경**: 모든 감각 대상을 순간에 지각할 수 없기 때문에 일부분만 지각하게 된다. 감각 대상 중에 일부만 지각될 때 지각 대상이 되는 부분을 전경이라고 하고, 지각 대상에서 제외된 부분은 배경이라고 한다.

② **주의(attention)**

㉠ 주의가 주어진 대상은 전경이고, 주의가 주어지지 않는 부분은 배경이 된다.

㉡ 의도적으로 어떤 부분에 주의함으로써 형태를 지각할 수 있기 때문에 전경과 배경은 순식간에 바뀐다.

㉢ 대상에 대한 주의는 무의식적으로 이루어지고, 개인의 지식, 경험, 상황, 정서의 영향을 받으며, 친숙한 것에 더 쉽게 주의하는 경향이 있다.

(4) **맥락 효과**

① 감각 대상을 관찰자의 심리 상태나 주변 상황과 맥락적인 관계로 지각하는 현상이다.

② **동일한 대상도 주변 상황에 따라 다르게 지각**: 특히 친숙하지 않거나 모호한 대상일수록 주변 상황과 연관하여 형태를 지각하는 경향이 있다.

③ 지각적 규칙은 물리적 자극을 객관적인 사실대로 보고 있지 않다는 것이다. 지각현상은 감각을 통해 들어온 외부 정보를 지식, 사고, 가치, 정서, 신념, 태도 등에 근거하여 해석, 판단하는 인지적인 과정이기 때문에 감각 기관을 통해 전달된 객관적 현실은 주관적 현실로 바뀐다.

④ **형태주의**: 동일한 물리적 환경이 그것에 대한 개인의 지각에 따라 서로 다르게 보이는 것이다.

㉠ **행동주의**: 개인의 행동을 환경적 단서를 통해 분석한다.

㉡ **형태주의**: 물리적 환경을 개인이 어떻게 지각하느냐에 따라 행동이 달라진다.

3. 톨만(Tolman)의 잠재학습

(1) 쥐의 미로실험

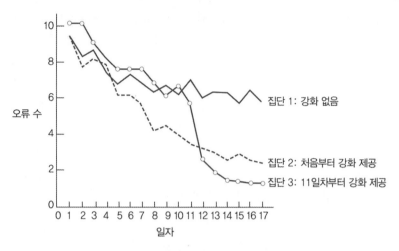

[그림 15-6] 쥐의 미로실험 그래프

① **실험 과정**: 톨만은 세 집단의 쥐들이 미로에서 최종 목표지점까지 가는 데 보인 평균 오류 수를 측정했다. 집단 1의 쥐에게는 첫날부터 미로찾기 학습에 성공할 때마다 강화물로 음식을 제공했으며, 집단 2의 쥐에게는 성공에 대해 아무런 강화물을 주지 않았다. 집단 3의 쥐에게는 처음 10일 동안 아무런 강화물도 주지 않았으나 11일째부터 성공에 대한 강화물을 주기 시작했다.

② **실험 결과**: 행동주의자들의 주장과 같이 강화물이 학습을 유발한다면 집단 3의 수행에서 오류 수가 서서히 감소해야 함에도 불구하고, 급격히 감소했다는 것은 쥐가 이미 미로를 알고 있다는 것을 의미한다. 이는 강화물이 제공되지 않아도 학습이 이루어지고 있었음을 의미하며, 강화물은 단지 습득된 학습이 행동으로 표출되도록 만드는 역할을 할 뿐이라는 것을 보여준다.

(2) 인지도와 잠재학습

① **인지도(cognitive map)**
   ㉠ 환경의 여러 특성과 위치에 대한 정보를 그림 또는 지도와 같이 형태화한 정신적 표상이다.
   ㉡ 쥐의 미로실험에서 집단 3의 쥐들이 10일 동안 강화물이 없어도 무엇인가를 학습했음을 시사한다. 이들의 머릿속에는 미로에 대한 지도가 이미 그려져 있었던 것이다.

② **잠재학습(latent learning)**: 학습이 실제로 일어났지만 직접 관찰할 수 없는 행동으로 나타나는 학습이다.
   ㉠ 쥐의 미로실험에서 강화물은 잠재학습을 직접 관찰 가능한 행동으로 표현되게 하는 유인책 역할을 한다.
   ㉡ 눈에 보이지 않는 인지적 변화도 학습이며, 이 학습은 강화와 관계없이 일어날 수 있다.

③ **목적적 행동주의(purposive behaviorism)**: 학습은 단순히 자극-반응의 연합이 아니라, 어떤 행동을 하면 특정 결과를 얻을 것이라는 기대를 학습하는 과정이고, 그 결과를 얻기 위해 행동하는 것이다.
   ㉠ 공식: 자극(S) → 유기체(O) → 반응(R)
   ㉡ 인간의 행동을 결정하는 유기체의 기대, 목적, 인지도 등의 내부 인지과정이 중요하다.

4. 통찰학습

(1) 퀼러(Kohler)의 침팬지 실험

① **실험 내용**: 바나나를 높은 곳에 매달고 나무막대, 상자 등을 울타리 안에 놓아둔 후 침팬지의 행동을 관찰했다. 침팬지는 바나나를 따기 위해 손을 뻗거나 발돋움하기도 했다. 두 개의 막대를 이어 긴 막대를 만들어 사용해보지만 바나나를 딸 수 없다는 것을 깨닫는다. 한참 고민하던 침팬지는 주위를 살핀 후 나무상자를 쌓고 그 위에 올라가 바나나를 땄다.

② 행동주의에 따르면 학습은 지속적인 시행착오를 경험하면서 점진적으로 문제를 해결하는 과정이다. 하지만 실험에서 침팬지는 문제 해결과정에서 오차가 거의 발생하지 않았고 갑자기 완전한 형태로 문제를 해결했다.

③ 또한 행동주의에 따르면 학습은 자극과 반응의 반복적인 연합으로 이루어진다. 따라서 침팬지가 여러 개의 상자를 쌓도록 하려면 상자를 하나씩 이용할 때마다 강화를 주어야 한다. 그러나 실험에서 침팬지는 강화를 받지 않았음에도 한순간에 여러 개의 상자를 조합할 수 있었다.

(2) 통찰학습

① **의미**: 문제 상황에서 관련 없는 여러 요인이 갑자기 완전한 형태로 재구성되어 문제를 해결하는 것이다. 서로 관련 없는 부분의 요소들이 갑자기 유의미한 전체로 파악되면서 문제 해결을 위한 수단과 목적으로 결합된다.

② **학습자**: '아하' 현상을 경험한다.

③ 통찰을 통해 획득된 지식은 다른 상황에 쉽게 전이되고 오랫동안 기억된다.

④ **통찰에 필요한 조건**: 자극의 전체적인 관계를 파악할 수 있는 인지능력과 사전지식이 있어야 한다.

(3) 통찰학습의 특징

① 통찰을 통한 문제 해결은 문제 상황에 배열된 요소를 전체적으로 지각하고, 그 요소 간의 관계를 파악함으로써 가능하다.

② 통찰을 통해 해결한 방법은 반복적으로 연습하지 않아도 오래 유지되고 쉽게 재연된다.

③ 통찰은 어떤 특수한 상황에만 적용되는 문제 해결능력을 의미하지 않는다. 문제 상황이 바뀌어도 그에 따라서 새로운 관계를 지각하기 때문에 새로운 통찰과 문제 해결방법을 찾을 수 있다.

1. 정보처리이론 기출 20

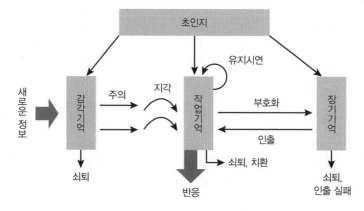

[그림 15-7] 정보처리 모형

(1) 의미

① 사물을 이해하고 학습하는 인지과정이 어떻게 내적으로 일어나는지를 설명한다.

② 컴퓨터의 정보처리과정에 기초하여 인간의 인지과정, 즉 정보를 받아들이고 저장하고 인출하는 과정을 밝힌 이론이다.

③ 정보처리과정의 구성요소

요소	내용
정보저장고	• 컴퓨터의 기억저장고에 해당하는 요소 • 감각기억, 작업기억, 장기기억이 있음
인지과정	• 컴퓨터의 소프트웨어에 해당하는 요소 • 정보를 변환하고 한 저장고에서 다른 저장고로 옮기는 정신과정 • 주의, 지각, 시연, 부호화, 인출이 있음
메타인지(초인지)	• 컴퓨터의 중앙처리장치에 해당하는 요소 • 자신의 인지과정을 스스로 자각하고 통제하는 과정을 말함

(2) 정보처리과정의 개념

구분	부호화	저장	인출
기억	기억할 수 있는 형태로 부호화	부호화된 정보 유지	필요시 저장고에서 정보 재생
컴퓨터	키보드를 통해 자료 입력	파일로 저장	파일 불러오기로 모니터에서 자료 확인

① **부호화(encoding):** 새로운 정보를 저장할 수 있는 형태로 바꾸는 준비과정으로, 어떤 정보가 감각기관을 통해 내부로 유입되면 여러 형태나 기호로 부호화하여 저장한다.

　예 대표적으로 영상적 형태, 청각적 형태 등으로 부호화하는 것

② **저장(storage):** 정보의 습득을 의미한다. 정보가 부호화를 통해 기억 저장소에 들어와 유지되는 것으로, 저장 정보는 정보의 양과 정보가 유지되는 시간에 따라 감각기억정보, 단기기억정보, 장기기억정보로 분류된다.

③ 인출(retrieval): 기억에 저장된 정보를 발견하는 것을 의미한다. 정보를 필요할 때 기억 저장소에서 꺼내어 사용하는 과정이다.

2. 기억저장소

구분	감각기억	작업기억	장기기억
부호 형태	감각적 특성	식별된 청각적·시각적·감각적 특성	의미적·시각적 지식, 추상적 개념, 심상
용량	매우 큼	7±2개	무한대
저장기간	1~4초	약 10~20초 (시연으로 좀 더 길어질 수 있음)	영구적
망각	쇠퇴(소멸)	대치, 쇠퇴(소멸)	쇠퇴(소멸), 인출 실패

(1) 감각기억(sensory memory)

① 환경으로부터 들어온 자극이나 정보를 원래의 형태 그대로 잠시 동안 보존하는 저장고이다.
② 감각기억의 용량에는 거의 한계가 없어 모든 자극이 입력되지만, 아주 짧은 시간 동안 유지된다.
③ 감각기억에 저장된 정보를 바로 처리하지 않으면 기억의 흔적이 사라진다.
④ 감각기억에 파지된 정보에 주의를 기울이면 정보가 작업기억으로 이동된다.
⑤ 감각등록기에 유입된 정보
  ㉠ 주의: 주의과정에 의해 극히 일부만 처리된다.
  ㉡ 선택적 주의: 감각등록기에 있는 정보는 선택적 주의에 의해 다음 기억 단계로 넘어간다.
  ㉢ 선택적 지각: 학습자의 과거 경험, 동기, 의도, 관심에 따라 달라지며 선택적 지각에 의해 부분적으로 정보가 처리된다.

(2) 작업기억(working memory)

① 새로운 정보를 조작하여 저장하거나 행동적인 반응을 하는 공간으로, 지금 이 순간에 의식적으로 활성화되는 기억저장고이다.
② 초기에는 작업기억을 '단기기억'이라고 불렀지만, 단순히 단기적으로 정보를 유지하는 기억기능을 넘어서 의미분석과 구성이라는 적극적 사고활동이 진행된다는 점에서 최근에는 '작업기억'이라고 부른다.
③ 정보: 감각기억에서 넘어온 새로운 자극과 장기기억에서 인출한 지식이 있다.
④ 특징: 정보 유지시간이 20~30초로 제한되고, 정보처리 용량이 5~9개 단위로 제한된다.
⑤ 배들리(Baddeley)의 구성요소

요소	내용
중앙 집행부	• 작업기억 내의 작동을 통제하는 역할을 맡음 • 정보의 흐름을 통제하고, 여러 전략 중 정보처리에 적절한 전략을 선택하고, 정보를 장기기억으로 전이함
조음 루프	• 말과 소리에 기초한 정보를 짧은 시간 동안 저장하는 공간 • 유지시연(maintenance rehearsal)을 통해 정보를 파지함
시공간 잡기장	시각적·공간적 정보를 단기적으로 저장하는 공간

⑥ 작업기억의 용량과 정보 유지의 한계 때문에, 반복적으로 암송하는 시연, 청킹과 같은 전략들을 통해 보관된 정보를 계속 유지할 수 있다.
　㉠ 시연(rehearsal): 입력한 정보를 반복하여 생각하거나 말로 되뇌는 것을 말한다.
　㉡ 청킹(chunking): 해당 내용을 좀 더 크고 고차원적인 단위로 조합하는 것이다.
　㉢ 자동화(automatization): 기억해야 하는 내용이나 기능을 여러 번씩 반복함으로써 처리해야 할 일을 의식적인 노력 없이 처리하는 것이다.
⑦ 망각
　㉠ 대치(displacement): 의식 수준에 있는 정보가 다른 정보로 바뀌는 것이다. 이는 사용하고 있는 정보가 필요하지 않을 때 더 이상 주의가 주어지지 않음으로써 의식의 대상에서 탈락되고 현 시점에 필요한 정보로 교체되는 것이다.
　㉡ 쇠퇴(소멸, decay): 시간이 경과함에 따라 기억 흔적이 약해지는 것이다. 새로운 정보에 주의를 돌리면 이전 정보에 대한 기억은 시간이 지날수록 점점 더 약해진다.

(3) 장기기억(long-term memory)

① 장기기억의 정보 저장시간과 용량은 일반적으로 무제한적이다.
② 오랜 기간 저장되고 기억할 수 있는 정보는 지식과 도식의 형태로 장기기억에 저장되어 있다.
③ 도식(schema): 수많은 정보를 유의미한 범주로 조직하는 인지구조 혹은 지식구조이며, 개념 간의 연결이 많을수록 새로운 정보를 배울 수 있는 용량은 더욱 커진다.
④ 내용
　㉠ 일화기억(episodic memory): 자신의 인생에서 일어났던 사건의 의식적 기억을 의미한다.
　　예 친구들과 여행에서 했던 게임
　㉡ 의미기억(semantic memory): 사실에 관한 지식으로, 어떤 사건과 관련되지 않는다.
　　예 미국의 수도
　㉢ 절차기억(procedural memory): 신체적 활동에 관한 것으로 '어떤 것을 하는 방법'에 대한 정보이다.
⑤ 망각: 정보가 손실되어서가 아니라 장기기억에 있는 정보를 인출하지 못하여 일어나는 현상이다. 흔히 장기기억의 정보는 손실되지 않는다고 하지만 시간경과에 따른 소멸과 간섭에 의해 망각될 수 있다.

3. 기억과정

(1) 주의(attention)

① 자극에 의식적으로 초점을 두는 과정이다.
② 주의를 받은 정보는 감각기억에서 작업기억으로 이동한다. 반면 중요하지 않다고 판단되어 주의를 받지 못한 대부분의 정보는 소멸된다.
③ 특징: 선택적으로 이루어진다. ➡ 선택적 주의

참고	칵테일파티 현상

여러 명과 대화할 때, 사람들의 모든 대화를 듣는 것이 아니라 자신이 관심 있어 하는 한 가지의 대화만을 듣는 경향을 뜻한다.

(2) **지각**

　① **지각 과정**: 자극을 있는 그대로 받아들이는 것이 아니라 자신의 과거 경험, 지식, 동기 등의 요인을 토대로 해석하고 의미를 부여한다.

　② 지각은 자극을 있는 그대로 수용하는 것이 아니라 개인마다 서로 다른 해석과 의미를 부여하는 것이다.

(3) **시연(rehearsal)**

　① **시연**: 새로운 정보가 들어올 때 속으로 스스로 되뇌어 보는 것으로, 작업기억에서 이루어지는 인지적 과정이다.

　② **종류**

　　㉠ **유지 시연**: 감각등록기로부터 들어온 여러 정보를 마음속에서 반복해 보는 것이다. 즉, 여러 개의 숫자를 듣고 그 숫자들을 작업기억 속에 유지하기 위해 되뇌어 보는 것이다.

　　　➡ 짧은 시간 동안 작업기억 속에 정보를 유지하는 데 도움이 될 수 있지만, 장기기억 속에 정보를 저장하는 것에는 큰 영향을 주지 않는다.

　　㉡ **정교화 시연**: 정보를 학생이 알고 있는 지식과 연합하려고 하거나 학습된 정보를 다양한 항목과 연합시키고자 노력하는 것이다. ➡ 정보를 장기기억 속에 저장하고 싶을 때 유용하다.

　③ 시연을 하는 동안 학습자가 이미지나 이야기로 바꾸어 반복한다면, 기억용량은 급격히 증가한다.

(4) **부호화(encoding)**

　① **새로운 정보를 장기기억에 표상하는 과정**: 작업기억에 들어온 정보를 있는 그대로 저장하는 것이 아니라 시각적 또는 언어적 상징의 형태로 전환하여 저장하는 과정이다.

　② 기계적 암기와 달리, 새로운 정보를 유의미하게 만들고 장기기억에 저장된 정보와 연결하고 결합한다.

　③ **유의미한 부호화**: 심상, 조직화, 정교화 등의 방법을 통해 이루어진다.

　　㉠ **유의미 학습**: 자신이 가진 기억과 새로운 정보를 연합하여 정보의 의미를 찾는 과정이다.

　　㉡ **심상**: 정보에 대한 시각적 이미지를 머릿속에 표상하는 과정이다.

　　㉢ **조직화**: 서로 관련 있는 내용을 공통 범주나 유형으로 묶는 과정이다.

　　㉣ **정교화**: 기존에 가지고 있던 정보를 새로운 정보에 연결하여 정보를 유의미한 형태로 저장하는 과정이다.

4. 메타인지(초인지, 상위인지) 기출 20

(1) **메타인지(meta cognition)**

　① 사고과정에 대한 지식으로, 내가 무엇을 알고 무엇을 모르는지에 대한 지식이다.

　② 인지과정 전체를 계획하고 점검하고 평가하는 역할을 한다.

　　囲 어떤 정보에 주의를 기울여야 하는지, 시연을 사용할지 부호화 전략을 사용할지, 어떤 부호화 전략을 사용할지, 학습하는 데 얼마나 시간이 필요한지 등

(2) **메타인지의 활동**

　① **계획**: 계획 활동의 전반적인 순서를 결정하고 적절한 인지 전략이나 활동방법을 선택한다.

　② **점검**: 자신의 인지적 상태와 인지 전략의 진행 상태를 점검한다.

　③ **조절**: 부적절한 인지 전략과 부적절한 학습방법을 수정한다.

　④ **평가**: 자신의 인지 상태 변화 정도와 인지 상태의 목표 도달 정도, 사용한 인지 전략의 유용성을 평가한다.

(3) 초인지적 학습자(메타인지를 활용하는 사람)와 학업성취

① 초인지적인 학습자는 목표와 동기를 계획하고 통제하고 이끄는 방법을 안다.

② 정보에 주의를 기울이고 변형, 조직하며 정교화하고 재생하는 데 도움을 주는 여러 인지 전략(⑩ 심상, 정교화, 조직화)의 사용방법을 알고 익숙해져 있다.

③ 주의집중의 중요성을 지각하고 자신에게 효과적인 학습환경을 조성한다.

5. 망각

(1) 망각

① 이전에 경험했거나 학습한 것에 대한 기억을 일시적 또는 영속적으로 떠올리지 못하는 것이다.

② 망각의 원인

   ㉠ 소멸(decay): 시간이 지남에 따라 기억의 흔적이 사라지는 것이다.

   ㉡ 치환(displacement): 작업기억의 용량 때문에 나타나는 현상으로, 새로운 정보가 이전의 정보를 밀어내고 대신 자리를 차지하는 것이다.

   ㉢ 간섭(interference) 기출 19 : 이전 또는 이후에 한 학습이 현재의 이해를 방해하여 정보가 소실되는 것이다.

   ⓐ 순행간섭: 기존 정보가 새로운 정보의 기억을 방해하는 것을 말한다.

   ⓑ 역행간섭: 새로운 정보가 기존 정보의 기억을 방해하는 것이다.

   ➡ 같은 날 서로 매우 유사한 두 개념을 함께 가르치는 것은 지양하고, 만약 두 개념을 함께 가르친다면 차이점을 먼저 부각하는 것이 좋다.

(2) 인출실패이론

① 저장된 정보를 인출할 단서가 부족하여 망각이 일어난다고 봄: 저장된 정보에 부합하는 인출단서를 찾지 못해 제대로 인출되지 않는다는 것이다.

② 설단현상(tip of tongue phenomenon): 어떤 사실을 알기는 하지만 막상 말하려 할 때 갑자기 말문이 막히면서 혀끝에서만 빙빙 맴돌 뿐 말로 표현되지 않는 것이다.

   ➡ 정보를 부호화할 때 제대로 조직화하지 못했거나, 저장된 정보를 인출하는 데 영향을 미치는 적절한 인출단서가 존재하지 않기 때문이다.

③ 부호화 특수성 원리: 정보를 부호화했던 맥락이 인출하는 맥락과 유사할수록 인출 가능성이 높아진다.

(3) 회상과 재인

① 회상(recall): 단서나 도움이 제공되지 않은 상황에서 장기기억의 정보를 인출하는 것이다.

② 재인(recognition): 단서나 도움이 제공되는 상황에서 장기기억의 정보를 인출하는 것이다.

③ 회상보다 재인이 더욱 쉽고, 사람은 회상보다 재인을 더 잘한다. 이는 회상하지 못한다고 하여 모두 망각된 것이 아님을 보여준다.

(4) 계열 위치 효과

① 학습상황에서 처음(초두 효과)과 마지막(최신 효과)에 배운 것을 잘 기억하고 중간에 배운 것은 잘 기억하지 못하는 경향이 있다.

② 교사가 수업을 할 때: 처음 시점에 새로운 내용과 개념을 제시하고 종료 시점에 배운 내용을 정리해야 하며, 기억의 효율성이 가장 떨어지는 중간 시점에는 연습, 토론 등의 활동을 하는 것이 좋다.

6. 학습환경

(1) 맥락의존기억

① 의미: 학습장면과 검사장면 간의 유사성에 따라 기억 회상률이 달라진다.

② 장기기억에 저장된 지식을 회상해야 할 때, 맥락단서들이 재생되면 표적기억을 활성화하기가 쉽다.

③ 고든과 배들리의 실험: 잠수부에게 서로 관련 없는 단어 40개를 해변과 수중 20피트 지점에서 외우게 했다. 해변에서 단어를 외운 잠수부는 마른 환경에서 더 많은 단어를 회상했고, 수중에서 단어를 외운 잠수부는 젖은 환경에서 더 많은 단어를 회상했다.

➡ 학습이 일어났던 맥락과 유사한 맥락에서 기억을 더 잘하는 맥락 효과가 일어난 것이다.

(2) 상태의존기억

① 의미: 사람들은 학습 시와 검사 시의 정서적·물리적 상태가 일치할 때 정보를 더 잘 기억한다.

② 굿윈 등의 실험: 참여자들에게 술이 취한 상태와 멀쩡한 상태에서 단어를 학습하게 한다. 이후 두 학습집단의 참여자 절반은 술이 취한 상태에서, 나머지 반은 멀쩡한 상태에서 단어를 회상하도록 요구한다. 술이 취한 상태에서 학습한 참여자는 술이 취한 상태에서 검사를 받았을 때, 멀쩡한 상태에서 학습한 참여자는 멀쩡한 상태에서 검사를 받을 때 단어 회상을 더 잘했다.

7. 학습 전략

(1) 묶기(청킹) 전략

① 묶기(chunking): 많은 정보를 몇 개의 묶음으로 처리하는 전략이다.

② 정보를 묶어 조직화하면 파지할 수 있는 정보의 양을 늘리고 작업기억 용량의 한계를 극복할 수 있다.

(2) 심상 전략

① 심상(imagery): 새로운 정보를 마음속에 그리는 과정으로, 심상 전략을 통해 정보를 오래 기억할 수 있다.

② 이중부호화 이론(dual-coding theory): 장기기억은 언어 기억체계와 심상 기억체계의 두 가지 분리된 기억체계를 가진다.

  ㉠ '공', '강아지'와 같이 언어 및 시각적으로 표상되는 단어가 '진리', '능력'과 같이 언어적으로만 표상될 수 있는 단어보다 기억하기 쉽다.

  ㉡ 새로운 정보를 부호화하기 위해서는 언어적 정보와 함께 시각적 자료를 보충하는 것이 좋다.

③ 장소법: 기억해야 할 항목을 잘 아는 장소의 심상과 연결하여 기억하는 방법이다.

  예 마트에서 사과, 밀가루, 시금치, 맥주를 사야 한다면 자신의 집과 기억할 항목을 연결한다. 자기 집의 방문에 사과가 화살에 꽂혀 있고 방바닥에는 밀가루가 쏟아져 있으며 화단에 시금치가 심어져 있고 자신이 그 시금치에 맥주를 붓고 있는 모습을 연상하는 것이다.

④ 핵심 단어법: 암기해야 할 단어의 운과 심상을 연결하여 기억하는 방법이다.

  예 '거대한'의 뜻을 가진 'huge'를 암기할 때 'huge'의 발음을 이용하여 '거대한 휴지'를 연상하며 암기하는 것

(3) 정교화 전략

① **정교화(elaboration):** 자신의 사전 경험을 토대로 새로운 정보를 장기기억에 저장되어 있는 정보와 연결하는 부호화 전략이다.

> 예 '국화가 가을에 피는 꽃'이라는 사실을 학습할 때, 가을에 생신인 엄마를 위해 국화꽃을 선물한 기억으로 '국화가 가을에 피는 꽃'임을 기억하는 것

② 정교화는 학습자가 새로운 학습을 저장된 지식과 연결하고 의미를 부여하기 위해 정보를 여러 번 재처리한다는 점에서 좀 더 복잡한 사고과정이다.

참고 밑줄 치기 효과

밑줄 치기의 효과는 크지 않다. 대부분의 학생이 무엇이 가장 중요한지를 잘 모르고 밑줄을 너무 많이 치기 때문이다. 학생에게 한 문단에서 가장 중요한 한 문장만 밑줄 치도록 할 때, 더 많은 것을 기억했다. 이는 어떤 문장이 가장 중요한지 결정하는 것이 높은 수준의 인지과정을 요구했기 때문이다.

---

(4) 조직화 전략

① **조직화(organization):** 공통 범주나 유형을 기준으로 새로운 정보를 장기기억에 저장되어 있는 정보와 연결하는 부호화 전략이다.

② **방법**

ㄱ **개요 작성(outlining):** 학습 자료의 주된 내용을 위계적인 형식으로 표현하는 것으로, 세부 정보는 상위 범주 아래에 조직화되어 표현된다.

ㄴ **개념도(concept mapping):** 개념 간의 관계를 보여주고 주제와의 관련성을 나타내기 위해 개념 간의 관계를 도형화하는 것이다. 아이디어 간의 관계를 기억하도록 돕는 시각적 도구가 되며, 눈에 보이는 것 이상을 볼 수 있게 하고, 추론하게 하며, 새로운 지식을 발견하게 한다.

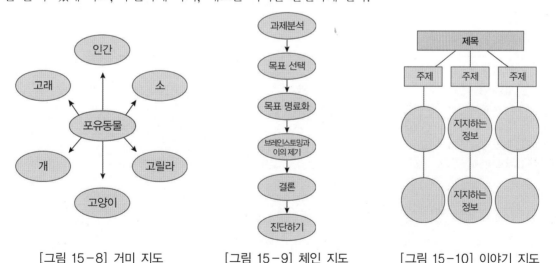

[그림 15-8] 거미 지도   [그림 15-9] 체인 지도   [그림 15-10] 이야기 지도

ⓐ **거미 지도:** 분류, 유사성, 차이점의 관계를 나타낼 때 유용하다.

ⓑ **체인 지도:** 시간관계, 인과관계, 권력관계를 나타낼 때 유용하다.

ⓒ **이야기 지도:** 이야기의 주제와 이를 지지하는 정보와 사건을 분류하는 데 유용하다.

③ 잘 조직된 학습자료는 학습자의 조직화를 쉽게 유도하여 기억을 오래 유지하게 하며, 정보 간의 관계를 더 쉽게 이해하도록 돕는다.

　　예 그래프, 표, 흐름도, 지도, 위계적인 개념도 등

(5) 맥락을 이용한 인출 전략

저장된 정보의 인출은 부호화된 맥락의 영향을 크게 받으므로, 정보를 인출하려고 할 때 그 정보가 잘 기억나지 않으면 정보가 저장된 상황을 떠올리는 전략을 사용하는 것이 좋다.

　　예 유치원 친구가 기억나지 않을 때 유치원에 다녔을 때의 일을 떠올려보는 것

(6) 인출연습 전략

① SQ4R

단계	내용
개관하기 (Survey)	책을 읽기 전에 책의 전체적인 구조, 구성, 흐름을 전반적으로 훑어보는 것
질문하기 (Question)	학습할 내용의 각 주제에 관계된 질문을 작성해보는 것
읽기 (Read)	스스로 작성한 질문에 대한 답을 찾으면서 학습할 내용을 상세하게 읽는 것
숙고하기 (Reflect)	• 책을 읽으면서 내용을 좀 더 깊게 이해하는 것 • 현재의 학습내용과 연관하여 비교하면서 학습내용을 정교하게 만드는 것
암송하기 (Recite)	• 학습문제를 책을 보지 않고 답할 수 있도록 내용을 기억하는 것 • 내용에 대한 이해와 반복학습이 필요한 부분을 확인하게 해줌
복습하기 (Review)	노트, 질문과 그에 대한 해답을 다시 검토하면서 반복 학습을 하는 것

② PQ4R

단계	내용
사전 검토 (Preview)	• 제목, 소제목, 전체적인 구조를 빠르게 훑어봄 • 소제목을 이용하여 개요를 작성해봄
질문하기 (Question)	• 본격적으로 읽기 전에 읽을 내용에 대한 질문을 스스로에게 던져봄 • 자신이 이전에 알던 내용과 관련지어 질문을 만들어봄 • 육하원칙, 즉 '누가, 언제, 어디서, 무엇을, 어떻게, 왜'의 질문을 사용하는 것도 좋은 방법임 • 제목과 소제목 자체를 이용하여 질문을 만들어 볼 수도 있음
읽기 (Read)	• 앞서 했던 질문들을 생각하며 읽음 • 내용의 난이도나 책을 읽는 목적에 따라 읽는 속도를 조절함 • 질문과 관련된 요점, 중심개념에 별도의 표시를 하면서 읽고, 노트필기는 따로 하지 않는 것이 좋음
숙고하기 (Reflect)	• 질문과 관련된 중요 내용을 정리함 • 이때 선행지식과의 관련성을 염두에 두고 내용을 정리함 • 개념도를 통해 교재의 내용을 정리해보는 것도 좋은 방법으로, 제목과 소제목 간의 관련성을 염두에 둠

암송하기 (Recite)	• 망각에 대한 강한 대처는 암송임 • 책을 보지 않고 스스로에게 질문을 던진 후 답을 말해봄 • 이때 소리 내서 중얼거려도 좋음
복습하기 (Review)	• 마지막으로 암송할 때 헷갈렸던 부분을 찾아 다시 읽음 • 이는 시연의 정확도를 높이기 위한 전략임

8. 학습의 전이

(1) 전이(transfer)

① 선행학습이 새로운 학습에 영향을 미치는 것이다.

② 새로운 학습을 미래의 다른 상황에 적용하는 능력이다.

(2) 종류

① **정적(긍정적) 전이**: 선행학습이 새로운 학습의 이해를 촉진하는 현상이다.

　　㉠ 바이올린 연주자가 피아니스트보다 비올라를 더 쉽게 배울 수 있는 것

② **부적(부정적) 전이**: 선행학습이 새로운 학습의 이해를 방해하여 혼란 또는 오류를 낳는 현상이다.

　　㉠ 예전에 학습한 영어 단어가 불어 단어를 새롭게 학습하는 데 혼란을 일으키는 것

③ **수평적 전이(horizontal transfer)**: 한 분야에서 학습한 것을 다른 분야 또는 실생활에 적용하는 것이다.

　　㉠ 수학시간에 사칙연산을 배우는 일이 물리시간에 배우는 공식을 이해하는 데 도움이 되고, 가게에서 물건 값을 지불할 때도 잔돈을 계산할 수 있게 하는 것

④ **수직적 전이(vertical transfer)**: 기본 학습이 이후의 고차원적이고 복잡한 학습에 적용되는 것이다.

　　㉠ 수학에서 사칙연산을 배우는 일이 이후에 방정식을 푸는 데 기초가 되는 것

(3) 전이의 질

① **초기 학습의 질과 맥락의 영향을 받음**: 기계적 학습은 전이를 촉진하지 않지만 이해를 동반한 학습은 전이를 촉진하므로, 유지시연보다 정교화, 조직화, 심상 등의 부호화 전략을 이용해 정보를 저장하게 유도해야 한다.

② 전이는 학습되었던 상황과 전이가 일어날 상황이 비슷할 때 더욱 쉽게 발생한다.

③ 교사는 전이를 유도하는 수업을 계획해야 한다.

　　㉠ 동물세포를 공부하기 위해 식물세포에 관해 학습했던 것을 회상하도록 하거나, 배운 지식과 관련된 뉴스 기사, 실례 찾기 등의 활동을 제시하는 것

제**4**절 구성주의 및 문제 해결과 학습

11 구성주의 학습이론

1. 구성주의 학습이론

(1) 의미

① 개인이 스스로 지식을 구성한다는 관점을 가지고, 학습자가 제공된 정보나 자료를 토대로 의미를 재구성하는 과정을 강조한다.

② **영향:** 피아제와 비고츠키의 연구로부터 주요한 영향을 받았다.

(2) 인지적 구성주의

① **의미:** 지식 형성과정에서 인간의 인지적 작용을 주요 요인으로 보고, 상대적으로 사회문화적 측면과 역할은 거의 관심을 두지 않는다.

② **피아제:** 인지구조의 발달은 조직과 적응의 과정을 통해 변화하고 발전한다.

⊙ **조직:** 도식 구성은 외부 세계를 무조건 받아들이는 것이 아니라 개인 내적인 선행지식을 토대로 능동적으로 변형·조직·재조직화하여 더 정교한 도식으로 체계화하는 것이다.

ⓛ **적응:** 유기체의 도식이 동화, 조절, 평형화 과정을 통해 환경 속에서 변화·수정되어가는 경향성이다.

ⓒ **평형화:** 세계에 대한 개인의 이해와 해석이 자신의 인지구조와 비교하여 모순이 없을 때 이루어진다.

ⓔ **학습:** 인지갈등, 모순을 겪었을 때 동화와 조절을 통해 도식을 변화시키는 과정이다.

ⓜ **효과적인 학습:** 학습자의 인지 발달 단계에 맞는 자극을 제공하는 것이다.

③ **인지적 구성주의:** 인간의 지식 구성에 있어서 동화와 조절과 같은 인지적 활동이 중요한 역할을 한다고 보며, 인지 혼란과 갈등을 평형 상태로 만들기 위한 개인 내적 발달에 관심을 갖는다.

(3) 사회적 구성주의

① **의미:** 학습자들이 사회적 맥락 내에서 먼저 지식을 구성하고, 이후에 개인이 그 지식을 자기 것으로 내면화한다.

② **비고츠키:** 인간은 타인과의 관계에 의해 영향을 받으면서 성장하는 존재이기 때문에, 인간의 인지 발달은 개인 내적인 독립적 활동이 아니라 자신이 속한 사회의 맥락화된 지식을 자신의 것으로 내면화한 산물이다.

⊙ **근접 발달 영역:** 학습자가 혼자서 문제를 해결할 수 있는 수준과 교사, 또래 등 자신보다 유능한 타인의 도움을 받아 문제를 해결할 수 있는 수준 간의 차이를 말한다.

ⓛ **발판화(비계 설정):** 성인이나 더 능력 있는 사람들로부터 구조를 형성할 수 있는 단서를 제공받거나 세부사항과 단계를 기억하도록 도움을 받아, 자신의 힘으로 문제를 해결할 수 있는 단계까지 도달할 수 있는 기본적인 지원을 말한다.

③ **사회적 구성주의**: 학습자는 타인과의 상호작용으로 문제를 해결하는 중재학습의 경험을 통해 학습내용을 내면화하고, 이 과정에서 지식의 구성이 촉진된다. 이 관점에서 교사는 학습자들이 문제 해결을 위한 활발한 토론과 협력이 이루어질 수 있도록 학습환경을 만드는 것이 중요하다.

(4) 인지적 구성주의와 사회적 구성주의의 비교

구분	인지적 구성주의	사회적 구성주의
지식 형성	• 개별 주체의 내적 인지과정 강조 • 개인적으로 지식 구성	• 지식은 사회적 구인(social construct) • 지식은 사회적 상호작용을 통해 구성
교수	• 개인들이 이해하고 해석하도록 안내 • 개인의 인지활동 중시	• 학생과 공동으로 지식 구성 • 사회적 상호작용 강조
학습	선행지식을 활용한 인지적 재구성 과정	사회적으로 합의된 지식, 가치를 배우기 위한 상호작용
교사 역할	• 촉진자, 안내자 • 학생의 기존 인지구조, 사전지식 고려	• 촉진자, 안내자, 공동참여자 • 사회적으로 합의된 개념, 가치 고려
학습자 역할	• 능동적인 지식 구성 • 능동적 사고, 설명, 해석, 질문	• 타인과의 협업을 통한 지식 구성 • 능동적 사고, 설명, 해석, 질문, 상호작용
동료 학습자	필요하진 않지만 개인 지식 구성에 도움을 줄 수 있음	지식 구성 과정의 중요한 존재임

2. 구성주의에 기초한 교수이론

(1) 인지적 도제학습(cognitive apprenticeship)

① **의미**: 전문가의 지식과 기능을 습득하기 위해 전문가와 함께 특정 맥락과 실제적 활동을 공유하는 것이다.

② **전통적 도제학습**: 눈에 보이는 외현적인 기술과 지식을 관찰하고 모방함으로써 초보자가 전문가로 도약하는 학습의 형태를 말한다.

③ **인지적 도제학습**: 눈에 보이지 않는 정신적 능력의 발달에 학습내용의 초점을 맞춘다.

④ **교사의 역할**: 시범을 통해 내적인 사고과정을 외현화하여 학생들이 이를 내면화하도록 지원한다.

⑤ **구성요소**

  ㉠ 모델링: 학습자가 모델의 시범을 관찰하는 것을 통해 학습할 수 있도록 한다.

  ㉡ 발판화(비계 설정): 학생이 과제를 수행할 때 교사는 질문을 하고 학생들의 과제 수행을 지원하되, 점차 학생의 기량이 증가함에 따라 비계의 양을 줄여나간다.

  ㉢ 언어화(verbalization): 교사는 학생이 그들의 이해를 발전시켜나갈 때 말로 생각을 표현하도록 격려한다. 이는 교사가 학생의 생각과 기술 모두를 평가할 수 있도록 한다.

  ㉣ 복잡성 증가(increasing complexity): 학생의 기량이 증가함에 따라 교사는 그들에게 좀 더 도전적인 문제나 다른 과제를 준다.

(2) 상보적 교수학습

① **의미**: 읽기학습 시 활용되는 수업 모형으로, 교사와 학생이 번갈아가면서 교사 역할을 하고 대화를 통해 이루어지는 학습이다.

② 전통적 교수법과 비교할 때 학습내용에 대한 폭넓은 이해, 기술과 지식의 지속성, 교실학습을 실생활에 적용하는 일반화의 측면에서 매우 효과적이다.

③ **방법**

    ㉠ 교사는 학습자가 가진 배경지식을 활성화하기 위해 문장을 읽고 글의 내용에 대해 질문을 던지고, 내용을 요약하고, 모호한 개념을 명료화하여 앞으로 배울 내용을 예측하는 등 학습자가 배워야 할 전략들에 대한 시범을 보인다.

    ㉡ 이어 학습자와 교사는 번갈아가면서 교사 역할을 맡고, 학습자가 교사의 역할을 맡을 때 교사가 시범 보였던 전략들을 수행한다.

    ㉢ 만약 학습자가 교사 역할을 수행할 때 어려움을 느끼면, 교사는 구조화된 문장이나 질문을 제공할 수 있다.

    ㉣ 학습자가 이 과정에 점차 익숙해지면 교사의 도움이 줄어도 스스로의 힘으로 전략을 수행할 수 있다.

④ **특징**: 수업의 초기 단계는 교사의 시범으로 이루어지지만, 점차 학생 스스로가 사고 전략들을 자신의 것으로 내면화하면서 학습이 이루어진다.

⑤ **장점**: 글을 읽고 내용을 이해하는 것뿐만 아니라 활동을 평가하고 자신의 읽기 수준에 맞게 전략을 수정하는 것과 같은 높은 수준의 인지능력을 필요로 하는 전략을 습득하게 하여, 최종적으로 자기주도적인 학습자로 거듭나게 한다.

(3) 문제중심적 학습

① **의미**: 학습자에게 실제적인 문제를 제시하고, 그 문제를 해결하기 위해 학습자들 상호 간에 공동으로 문제를 해결하는 방안을 강구하고, 개별학습과 협동학습을 통해 공통의 해결방안을 마련하는 일련의 과정에서 학습이 이루어지는 학습방법이다.

② **특징**

    ㉠ **자기주도적인 학습**: 주어진 문제에 대해 학습자 스스로 문제를 명확하게 정의하여 가설을 설정해야 한다. 설정된 가설을 해설하기 위해 다양한 정보를 수집하고 이용할 수 있어야 하며, 증거와 추론에 근거한 해결책을 도출해야 한다.

    ㉡ **협동학습을 통해 이루어짐**: 학습자는 소집단 협동학습에서 주어진 문제를 해결하면서 자신의 인지구조와 다른 상황에서 갈등을 겪기도 하고, 이러한 갈등을 동료와의 협의를 통해 해결하면서 새로운 지식을 구성해 나간다.

    ㉢ **비구조화된 실제적 문제를 기반으로 수업이 이루어짐**: 미리 계획된 목표 속에서 정해진 정답을 찾는 것이 아니라 학습자가 주어진 문제를 해결해가면서 지식을 이해하고 구성하는 비구조화된 학습상황이다.

③ **절차**: 실제적인 문제가 주어지고 문제의 원인과 해결방안을 제시하는 과정으로 구성되고, 각 단계에 학생은 교사, 튜터, 다양한 자원의 도움을 받으며 개인학습과 모둠학습을 병행하고, 일반적인 절차는 다음과 같다.

---
1. 문제 만나기 단계
2. 문제 해결 계획 세우기 단계
3. 탐색하기 단계
4. 해결책 고안하기 단계
5. 발표 및 평가하기 단계
---

(4) 상황학습

① 의미: 실제적인 상황, 맥락 속에서의 경험과 학습과정에 초점을 두고 다양한 사례를 활용하여 학습자의 능동적인 문제 해결을 유도하는 학습방법이다.

② 전통적인 학교학습이 실생활에 활용되지 않는 이유는 학교에서 배운 지식이 실제 사용되는 맥락과 분리되었기 때문이고, 이러한 학교교육의 문제를 해결하기 위한 대안으로 상황학습이 제안되었다.

③ 상황학습이 이루어지기 위해서는 가르치는 지식과 기술이 현실에서 실행 가능한 참과제(현실세계에서 사용하는 과제)와 함께 익혀져야 한다.

④ 상황학습에서는 일반적인 맥락에서 적용될 수 있는 추상적인 기능과 방법보다 구체적인 사례를 학습한다.

(5) 협동학습

① 의미: 두 사람 이상의 학습자가 함께 협력하여 과제를 완수하는 것이다.

② 전제 조건 2가지

ⓐ 협동이 잘 이루어지면 보상을 받을 수 있는 구조여야 한다.

ⓑ 여러 명이 함께 수행할 수 있는 과제가 제시되어야 한다.

③ 필수조건: 공동목표 설정, 신뢰에 기초한 집단 구성원 간의 긍정적 상호 의존관계 등이 있다.

12 문제 해결과 학습

1. 개념학습과 전이

(1) 개념학습에 대한 관점

① 개념(concept): 동일한 속성을 가진 대상을 하나로 묶는 범주이다.

② 개념은 무수히 많은 정보를 처리하기 용이한 크기로 조직하는 기능을 수행하므로 추상적이고 진보된 형태의 학습을 위해 개념을 학습하는 것은 중요하다.

③ 규칙지향이론: 공통적인 특성에 근거하여 개념들을 범주화하는 이론이다.

ⓐ '독신녀': '여자, 결혼을 하지 않은, 성인'과 같은 3개의 속성으로 구성되며 이 중 어느 한 속성이라도 없는 경우에는 범주가 적용되지 않는다.

ⓑ 한계점: 대상의 속성이 분명하다는 점에서 개념을 학습하는 데 효과적이지만 범주에 대해 완벽한 설명을 제시하지는 않는다.

④ 원형이론: 범주를 대표하는 전형적인 모델의 속성에 기초하여 개념을 분류하는 것이다.

ⓐ 각 개념에 속하는 특징은 공통적으로 존재하지만 항상 존재하지는 않는다.

> 예 학생이라는 개념은 대체로 학교에 다니고 있고, 교과서로 공부하며, 학령기 나이에 속하는 사람을 원형으로 생각할 수 있다. 하지만 학생이 꼭 학교로 명명된 기관에 다녀야만 하는 것은 아니며, 교과서가 아닌 체험을 통해 배울 수도 있고 연령이 많을 수도 있다.

ⓑ 원형(prototype): 범주를 가장 잘 대표하는 전형적인 모델로 기능하면서, 이후 다른 개념을 범주화하고 학습하는 데 기준이 되거나 보기의 역할을 한다.

⑤ 실례이론: 학습자가 경험을 통해 축적한 실제 예시를 바탕으로 개념을 학습하고 범주화하는 것이다.
　　㉠ 실례(exemplars): 경험을 통해 축적한 이미지 또는 일화기억이다.
　　㉡ 상황이론에 따르면 학습자는 여러 개념을 접하며 반드시 하나의 대표적인 원형을 형성할 필요가 없고 오히려 다양한 사례를 통해 보다 유연하게 개념을 학습할 수 있다.

(2) 개념도

① 개념들 간의 위계, 관계를 시각적으로 조직화한 지도를 말한다.
② 학습자가 새로 접하는 개념이 기존의 개념구조에 의해 해석될 때, 단순 암기학습이 아닌 유의미한 학습이 발생한다. 따라서 학습자의 인지구조와 같은 형태로 개념들의 구조를 조직하여 제시하면 새로운 개념에 대한 유의미학습이 향상될 수 있다.
③ 활용: 학생은 개념 간 관계를 시각적으로 나타내봄으로써 보다 지식을 능동적으로 구성할 수 있으며, 교사는 학생이 작성한 개념도를 바탕으로 개념과 개념 간 관계에 대한 학생의 이해 정도를 평가할 수 있다.

(3) 학습의 전이

① 전이: 특정 장면에서 학습한 지식이나 기술이 새로운 장면의 학습이나 행동으로 옮겨져 새로운 영향을 미치는 현상이다.
② 유형
　　㉠ 정적 전이: 이전의 학습이 다른 상황에서의 학습을 촉진하는 현상이다.
　　㉡ 부적 전이: 이전의 학습이 다른 상황에서의 학습을 방해하는 현상이다.
　　㉢ 일반(general) 전이: 특정한 상황에서 학습한 지식, 기능, 법칙을 완전히 새로운 장면에 적용하는 것이다.
　　　　예 개념도를 활용하여 과학을 공부한 학생이 이를 사회 공부에도 적용하여 비슷한 효과를 얻는 것
　　㉣ 특수(specific) 전이: 특정한 상황에서 학습한 지식, 기능, 법칙을 매우 유사한 장면에 적용하는 것으로, 학습 과제 간 구체적인 특성이 유사한 경우에 발생한다.
　　㉤ 수평적 전이: 선행학습과 후속학습의 수준이 비슷한 경우에 나타나는 전이로, 특정 교과의 학습이 다른 교과의 학습에 영향을 미칠 때 나타난다.
　　　　예 역사시간에 학습한 3.1 운동에 대한 지식이 국어시간의 독립선언문 학습에 영향을 미치는 것
　　㉥ 수직적 전이: 위계관계가 분명한 학습과제 사이에서 나타나는 전이로, 선행학습이 후속학습의 기초가 될 경우 일어난다.
　　　　예 구구단 학습이 분수 학습에 영향을 주는 것

(4) 전이이론

① 형식도야설(the of formal discipline): 정신능력이 훈련으로 도야되며, 이것이 광범위한 영역으로 확대된다고 보는 입장이다.
　　㉠ 능력심리학: 인간의 정신은 기억력, 주의력, 추리력 등의 기초 능력으로 구성되고, 신체훈련으로 근육을 단련하는 것처럼 정신능력도 훈련으로 연마할 수 있으며, 이것이 새로운 장면에 광범위하게 자동적으로 전이된다.
　　㉡ 연습과 훈련을 통해 개인의 정신능력을 향상할 수 있고, 궁극적으로 지적인 인간을 형성하는 것도 가능하다고 본다.

② **동일요소설(theory of identical elements):** 여러 학습과제 사이에 동일한 요소가 존재하는 경우에만 전이가 일어난다고 보는 입장이다.

　📖 자전거를 잘 타는 사람이 오토바이도 잘 타는 것은 공통적인 요소가 존재하기 때문

　⊙ **특수 전이 관점:** 특수한 조건에서만 능력이나 기능이 전이된다는 것으로, 학습과제 간에 유사성의 정도가 높을수록 전이가 많이 일어난다고 본다.

　ⓛ **교육과정 구성:** 사회에서 수행해야 할 기능과 유사한 형태의 과제를 수행하는 방식으로 교육과정을 구성해야 한다.

③ **일반화설(theory of generalization):** 선행학습에서 획득된 원리나 법칙을 후속학습에 활용할 수 있을 때 전이가 일어난다고 보는 입장이다.

　⊙ 전이의 가장 중요한 조건은 선행학습과 후행학습 사이의 동일한 요소에 대한 지식이 아닌 일반원리에 대한 지식이다. 그러므로 전이는 두 학습 장면에 유사한 법칙이나 원리가 포함되어 있을 때만 일어나며, 특히 두 학습의 구체적 특성이 다를수록 일반화의 중요성이 더 높아진다.

　ⓛ **형태이조설과의 차이:** 일반화설은 기계적 이론으로, 일반화 과정을 거치면 전이가 자동적으로 일어난다고 본다. 반면 형태이조설은 일반화 과정을 거치더라도 자동적으로 전이가 일어나는 것은 아니며, 이 관점에서 전이가 일어나려면 관계를 통찰하고, 그 통찰을 활용하려는 욕구가 있어야 한다.

④ **형태이조설:** 통찰을 전이의 결정적인 요인으로 보는 입장이다.

　⊙ 선행학습 장면에서 역학적 관계에 대한 통찰이 발생해야 다른 장면으로의 전이가 가능하다고 주장한다.

　ⓛ 두 학습 장면이 동일한 요소나 원리를 포함한다고 해서 전이가 자동적으로 일어나는 것은 아니다.

　ⓒ 전이는 후속학습이 선행학습과 동일한 일반원리 또는 전략을 요구할 때 일어나므로 두 학습장면 사이의 역학적 관계를 능동적으로 파악해야 한다는 점을 강조한다. 이때의 전이는 동일요소설이나 일반화설이 주장하는 것처럼 기계적으로 발생하지 않는다.

⑤ **메타인지이론:** 전이의 과정에서 '인지과정에 대한 지식'을 의미하는 메타인지의 역할을 강조한다.

　⊙ 메타인지는 인지과정을 점검·조절·통제하는 과정으로, 특히 선행지식을 새로운 학습내용과 연결할 때 전이가 발생한다고 본다.

　ⓛ 메타인지는 문제의 요구를 파악하고, 해결방안을 수립하며, 적절한 해결 전략을 선택하고, 목표를 향한 진행을 점검하며, 필요시 해결방안을 수정하는 과정까지 포함한다.

　ⓒ 따라서 전이를 촉진하려면 문제 해결자가 선행지식을 새로운 문제를 해결하는 데 사용하는 능동적 역할을 하고 자신의 인지과정을 인식하고 점검·조절할 수 있어야 한다. 또한 다양한 인지 전략을 언제 어떻게 활용할 수 있는지를 학습할 때 전이가 촉진된다.

⑥ **상황학습:** 학습은 맥락의존적이며 상황 속에 존재하므로, 전이가 일어나려면 새로운 장면이 기존 학습장면과 비슷해야 한다.

　⊙ **상황학습이론:** 학교 학습활동이 실생활 장면과 유사할수록 전이가 촉진된다.

　ⓛ 전이를 촉진하려면 학습장면이 실제상황과 최대한 비슷해야 하므로 실제적 과제를 다루는 것이 중요하다.

(5) 전이에 영향을 미치는 요인

① 개인 요인

ㄱ 선행학습 수준: 학습자는 새로 학습할 내용과 관련된 사전지식을 가지고 있을 때 보다 효과적으로 학습할 수 있다. 따라서 전이가 잘 일어나도록 하기 위해서는 이전 학습에 대한 깊은 이해가 선행되고 사전지식이 유의미하게 조직되어야 한다.

ㄴ 메타인지능력: 전이는 학습자가 자신의 인지과정을 인식·점검·조절하고 다양한 인지 전략을 언제 어떻게 활용하는지 알고 있을 때 잘 일어난다. 따라서 학습자는 전이를 촉진하기 위해, 선행지식을 새로운 문제 해결에 어떻게 적용할 것인지를 판단하는 데 능동적으로 참여해야 한다.

② 환경 요인

ㄱ 학습상황 사이의 유사성: 선행학습 장면과 새로운 학습장면이 유사할수록 전이가 촉진된다.

ⓐ 상황학습이론에 따르면 학습은 맥락의존적이므로 전이가 일어나려면 새로운 장면이 선행학습 장면과 비슷해야 한다.

ⓑ 반면 새로운 장면이 선행학습 장면과 완전히 다르면 전이가 일어나지 않을 수 있다.

ㄴ 학습맥락 및 경험의 다양성: 다양한 사례와 충분한 연습 기회를 제공할수록 전이가 촉진된다.

ⓐ 선행학습 시 다양한 사례가 함께 제시되면 다양한 사례가 새로운 학습장면을 포함하고 있을 가능성이 커지고, 둘의 간극을 좁히고 공통점을 더욱 구체적으로 생각해볼 수 있다.

ⓑ 충분한 연습 기회는 학습자에게 다양한 경험을 제공함으로써 응용력을 넓히게 해준다.

2. 문제 해결과정에 영향을 미치는 요인

(1) 문제 해결과정

① 문제 상황에 직면했을 때, 현재의 상태를 목표로 하는 상태로 변화하기 위해 수단과 방법을 모색하고 적용하는 일련의 과정이다.

② 여러 방법을 활용하여 문제를 해결하고 목표에 도달하는 과정을 말한다.

(2) 문제의 유형

구분	특징
구조화된 문제	• 목표 상태가 명확하게 제시됨 • 문제 해결방법이 명료하며, 문제 해결에 필요한 충분한 정보가 제시되어 있음 • 정답이 하나임 例 수학 방정식 문제
비구조화된 문제	• 목표 상태가 모호하게 제시됨 • 문제 해결방법이 복잡하며, 문제 해결이 필요한 정보가 충분히 제시되지 않음 • 정답이 여러 개일 수 있음 例 사이가 틀어진 친구와 어떻게 관계를 회복할 것인가?

(3) 문제 해결 단계

① 문제 인식 및 정의 단계: 문제 확인하기
　㉠ 문제 상황에 처한 개인은 가장 먼저 현재 상황에서 자신에게 주어진 문제를 확인한다.
　㉡ 문제 확인과정은 자신에게 주어진 문제는 무엇이며 어떠한 형태를 가지고, 과거 유사한 문제를 경험한 적이 있는지 생각하는 과정 등을 포함한다.
　㉢ 문제 확인 방해 요소: 문제를 정확히 이해하기 전에 해결 방식을 미리 짐작하기, 과거의 문제 해결방식을 고수하기, 위험을 최소화하고 안정적인 방법만을 찾기 등이 있다.

② 문제 표상 단계: 문제에 관한 정보를 조직하고 표상하기
　㉠ 문제 표상: 앞 단계에서 확인한 문제를 보다 의미 있는 형태로 명료화하는 작업을 말한다.
　㉡ 문제를 어떻게 표상하는지에 따라 적절한 전략 사용과 효과적인 평가가 가능하기 때문에 문제를 보다 명료하고 의미 있게 표상하는 것은 매우 중요하다.
　㉢ 문제 해결과정에서 전문가와 초보자 간 가장 차이가 나타나는 단계이기도 하다.
　㉣ 문제를 표상하는 3가지 방법

구분	내용
보다 의미 있는 말로 다시 말하기	• 비구조화된 문제의 해결이 어려운 이유: 문제의 함축성으로 인해 목표를 설정하는 과정에서 모호함이 발생함 • 문제를 이해하고, 내포된 요소들을 보다 의미 있는 말로 재진술하는 것이 목표를 보다 명확하게 설정하고 문제를 해결하는 데 도움이 됨
선행문제와 연관 짓기	• 현재 개인이 마주한 문제와 유사한 형태의 문제를 이전에 맞닥뜨리고 해결해본 경험이 있는 경우라면 문제 표상이 용이할 수 있음 • 직면한 문제를 과거의 선행 문제와 연관하게 되면 문제 상황이 함축하고 있는 요소 중 다수를 사전에 간파하여 보다 쉽게 문제 해결에 이를 수 있음
시각적 형태로 표상하기	• 단순히 문제를 머릿속에 떠올리는 것보다 이를 시각화하면 더욱 직접적이고 구체적인 표상이 가능해짐 • 문제가 구체적이고 생동감 있게 표상되었을 때 적절한 해결 전략을 적용하는 것이 용이해지고 선행지식과의 연결도 보다 효과적으로 이뤄질 수 있음

③ 전략 선택 단계: 문제 해결을 위한 전략을 세우고 선택하기
　㉠ 문제를 이해하고 적절한 형태로 표상한 후에는 본격적으로 문제를 해결하기 위한 적절한 전략을 선택하고 이를 문제 상황에 적용할 준비를 해야 한다.
　㉡ 문제 상황을 해결하기 위한 전략: 다양한 방법이 존재하며, 더욱 구체적인 내용은 'p.752 (4) 문제 해결 전략'에 제시되어 있다.

④ 전략 실행 단계: 문제 해결을 위한 전략 수행하기
　㉠ 적절한 전략을 선택한 후에는 이를 문제 상황에 적용해야 한다.
　㉡ 이전 단계에 선택한 전략이 정확한 절차와 방법에 따라 실행될 수 있도록 주의가 요구된다. 대체로 이전 단계에서 효과적인 전략을 선택했다면 전략의 실행은 매우 성공적일 것이다.

⑤ 결과 평가 단계: 문제 해결을 점검하고 평가하기
　㉠ 전략을 선택하고 이를 실행한 후에 개인은 문제 해결에 대한 결과를 맞이한다.
　㉡ 문제 해결의 각 단계가 적절하게 이루어져야만 성공적인 문제 해결이 가능하므로, 문제 해결자는 문제 해결에 실패했을 때뿐만 아니라 성공했을 때도 자신의 문제 해결 과정을 객관적으로 평가하여 미래의 유사한 문제 상황에 적용하기 위해 노력해야 한다.

(4) 문제 해결 전략

① **알고리즘(algorithm)**: 정해진 규칙과 절차에 따라 신속하고 정확하게 문제를 해결하는 방법이다.

> 예 '한 반에 정원이 100명인 반에서 철수는 5등을 했다. 그렇다면 철수는 반에서 상위 몇 %에 들어가는 것인가?'의 질문을 한 경우, 이 질문을 듣고 나서 '5÷100×100'이라는 공식을 적용하여 바로 상위 5% 내에 든다는 정답을 도출하는 것

② **어림법(휴리스틱, heuristic)**: 문제 해결을 위한 비규정적이고 직관적인 전략이다.

> ㉠ 비구조화된 문제나 잘 정의되지 않은 문제에 적용할 수 있는 문제 해결 전략이다.
>
> ㉡ 어림법으로 반드시 문제가 해결되는 것은 아니나, 과제가 복잡하고 친숙하지 않을 경우에는 알고리즘보다 어림법이 문제 해결에 더 효과적인 경우가 많다.
>
> ㉢ 대표적인 방법

구분	내용
수단목표 분석	• 현재 상태와 목표 상태의 차이를 인식하고, 이를 좁힐 수 있는 적절한 전략과 방법을 탐색하여 문제를 해결하는 전략 • 자신의 현재 상태와 최종적으로 도달하고자 하는 목표를 먼저 확인하고, 상위 목표를 여러 단계의 하위 목표로 세분화한 후 각 하위 목표를 달성할 수 있는 적절한 수단을 탐색하여 적용함
유추하기	• 문제 상황에 처한 개인이 마주한 문제를 기존에 경험한 적이 있는 익숙하고 간편한 문제에 대응시켜 문제 해결을 지원하는 전략 • 유추를 사용하기 위해 가장 중요한 것은 처한 문제와 관련하여 개인이 이미 사전적으로 가지고 있는 경험이나 배경지식임

(5) 문제 해결 전략에 미치는 심리적 현상

① **기능적 고착(functional fixedness)**: 이전에 사용한 전략과 기능에 고착된 나머지 새로운 문제를 해결하는 데 이를 활용하지 못해 문제 해결의 실패 요인으로 작용한다.

> 예 던컨의 양초 문제: 도식화된 정보를 그대로 적용하여 문제 해결을 시도하기 때문에 문제 해결이 어려움

② **반응갖춤새 효과(response set effect)**: 문제 해결과정에서 기계적인 사고를 하는 경향으로, 기존의 경험에 의존하여 똑같은 방법으로 새로운 문제를 해결하려는 편견에 빠진 상태이다.

③ **부화 효과**: 문제에서 잠시 벗어났다가 다시 문제로 돌아오는 순간 문제 해결의 실마리를 발견하는 현상을 의미한다.

> **더 알아보기**   **부화 효과와 반응 갖춤새**
>
> 문제 해결과정에서 특정한 방법만 고수하면 문제 해결에 진전이 없고 어려움에 봉착한다. 이때 문제에서 잠시 벗어나 기존의 문제 해결방법으로부터 한 발짝 물러선 후에 다시 문제에 접근하면, 반응갖춤새에서 벗어나 새로운 시각으로 문제에 접근할 수 있게 되어 문제 해결의 실마리를 찾을 수 있다.

3. 상황학습과 전이, 문제 해결

(1) 상황학습

① 학생의 인지과정이 사회적 맥락 속에서 이루어진다고 보고, 현실 맥락과 연계된 학습을 강조한다.

② 관점: 지식이 맥락과 분리되어 개인 내적으로 구성되는 것이 아니라, 사회적·맥락적 요소와의 긴밀한 연결관계 속에서 구성된다.

③ 학습자에게 다양한 지식을 활용하여 실제적인 문제를 해결해야 하는 '상황'이 제시된다.

(2) 상황학습에서의 전이

① 지식의 습득이 상황과 연결된다는 것은 학습한 내용의 전이과정 역시 상황에 의존한다는 의미이다.

② 상황학습에서 전이를 유도하기 위해서는 교육훈련 상황이 현실적인 상황 맥락과 맞닿아 있어야 하며, 지식이 응용될 실제상황처럼 교육훈련도 구체적인 맥락에서 제공될 필요가 있다.

(3) 상황학습과 문제 해결

① 상황학습은 학습이 실세계와 동떨어진 채 독립적으로 존재하는 것이 아니라, 개인이 놓인 사회와 문화 속에서 발생하고 작동함을 전제로 한다.

② 상황학습은 일상생활에서 마주하는 문제 상황을 강조한다는 점에서 문제 해결과정과 연결될 수 있다.

| 참고 | 상황학습의 대표적 사례: 재스퍼 시리즈(Jasper Woodbury Problem Solving Series)

주로 초등학교의 읽기, 쓰기, 수학 수업에 많이 활용된다. 대표적인 예는 CTGV가 개발한 '재스퍼 시리즈'라고 불리는 호환적 비디오 디스크(video-disk) 프로그램이다. 재스퍼 시리즈는 수학적인 문제 형성과 해결에 중점을 둔 12개 비디오 디스크 기반의 어드벤처로 구성되어 있다. 각 어드벤처는 수학 교사 국가 위원회에 의해 제안된 기준에 따라 설계되었다. 특히 각각의 어드벤처는 문제 해결, 추론, 의사소통과 과학, 사회, 문학, 역사 등의 다른 영역을 연결하는 다양한 기회를 제공한다. 재스퍼 어드벤처는 5학년 이상 학습자를 위해 설계되었고, 각 비디오 디스크는 복잡한 챌린지로 끝을 맺으며, 약 17분의 짧은 비디오 어드벤처를 포함한다. 어드벤처는 문제를 해결하기 위해 필요한 모든 데이터가 이야기에 내재된 일종의 좋은 추리 소설과 같이 설계되었다. 물론 해결책과 관련 없는 부가적인 데이터도 내재되어 있다. 또한 재스퍼 시리즈는 문제 해결에 대한 특정한 해결 모델을 제시하는 내재된 교수 장면들을 포함한다. 이 에피소드는 학습자들이 재스퍼 챌린지를 해결할 때 필요하면 즉각적으로 재탐색할 수 있다.

제**5**절 동기

13 동기의 개념과 역할

1. 동기와 동기화

(1) 정의

① 동기: 유기체로 하여금 어떠한 특정 방향으로 행동하도록 만드는 요소이다.

② 동기화: 유기체로 하여금 특별한 행동을 하게 만드는 것 또는 행동을 유발하는 것이다.

(2) 동기화의 역할

① 동기화는 목적을 가진 개인의 행동을 조직하는 역할을 한다.

② 특정 과제에 대한 높은 동기는 더욱 오랫동안 흥미를 가지고 해당 과제에 대한 깊이 있는 학습을 지속하도록 하는 역할을 한다.

③ 지능, 적성으로는 설명될 수 없는 성취도의 차이를 설명하는 데 동기화 개념을 도입할 수 있다.

④ 동기화 그 자체가 교육의 목적으로 작용될 수 있으므로 교수자에게 특히 중요하다.

2. 내재동기와 외재동기

(1) 내재동기

① 의미: 과제 그 자체가 즐겁고 보상의 역할을 하기 때문에 지속하게 되는 동기이다.

② 내재동기를 가진 사람은 과제를 하는 것 자체가 보상의 역할을 하기 때문에, 주변의 제약에 흔들리거나 외부적인 보상에 좌우되지 않고 해당 활동에 몰입할 수 있다.

(2) 외재동기

① 의미: 해당 활동이 다른 일의 수단이 되기 때문에 그 활동을 하는 동기를 말한다.

② 외재동기를 가진 사람은 자신이 얻고자 하는 결과를 위해 주어진 과제에 열심히 임할 수 있지만, 때로는 원하는 결과만 얻는다면 과제 자체를 충실히 수행하는 것에는 큰 가치를 부여하지 않을 수 있다.

(3) 내재동기와 외재동기의 특징

구분	특징
내재동기	• 해당 활동 자체에 흥미와 즐거움을 느껴 활동함 • 해당 활동 자체가 보상의 역할을 하므로 주변의 제약이나 외부적 보상에 의존하지 않음
외재동기	• 해당 활동이 다른 목적을 이루는 수단이 되기 때문에 그 활동을 함 • 해당 활동을 통해 얻게 될 보상이나 자신의 원하는 결과를 얻을 수 있다는 믿음을 바탕으로 활동함

3. 학업동기 연구

(1) 신념과 인식

① **신념과 인식**: 학생의 개개적인 믿음이나 판단을 의미한다.

② **대표적 이론**: 자기효능감, 귀인이론, 및 자기결정성 이론 등이 있다.

③ **동기에서 신념이 중요한 이유**

㉠ 자신의 실제 능력이나 상황이 아니라 자신이 믿거나 의식하는 정도가 행동에 영향을 미치기 때문이다.

㉡ 특정 과제에 자신이 실패했더라도 자신의 능력이 아니라 노력이 부족했기 때문이라고 생각한다면 앞으로 노력을 더 기울일 것이다.

㉢ 동일한 환경이라도 자신이 학습과제를 선택할 수 있거나 상황을 통제할 수 있다고 생각하는 정도는 학생마다 다를 수 있다.

④ 학생이 자신의 능력을 어느 정도 믿고 있는지, 학습에서 성공이나 실패 경험의 원인을 무엇으로 생각하는지, 학업상황에서 자신의 자율성을 어느 정도 수준으로 판단하고 있는지를 살펴본다면 학생이 보다 긍정적인 방향으로 학습에 접근하도록 도움을 줄 수 있다.

(2) 가치

① 가치 개념을 중심으로 동기를 설명하는 방식은 학생이 스스로 학습활동이나 과제에 부여한 가치에 따라 학업에 투자하는 시간과 노력의 정도가 달라지며, 이것이 행동의 차이를 가져오는 원인이라는 것이다.

② **과제가치의 평가기준**: 학습활동이나 과제가 얼마나 흥미로운지, 자신의 미래 계획에 어느 정도 도움을 주는지, 얼마나 많은 시간과 노력을 투자해야 하는지, 과제를 성취하는 것이 자신에게 얼마나 중요한지가 이에 해당된다.

(3) 욕구

① 욕구로 동기를 설명하는 방식은 사람마다 누구나 성공하려는 욕구가 있다고 보고 내재된 성취욕구를 촉발하는 요인이 무엇인지 탐색하는 것이다.

② 기대가치이론의 출발점인 성취동기이론과 자기결정성 이론의 기본 심리욕구가 이에 해당된다.

(4) 목표

① 학생은 서로 다른 목표를 가지고 학습에 접근하거나 회피할 수 있는데, 이는 학생의 과제나 수행과정에서 인지, 정서, 행동에 차이를 만든다.

② **구분**

㉠ 과제나 학습활동 그 자체에 목표를 두고 더 나은 수행을 목표로 삼아 집중한다.

㉡ 다른 사람과의 상대적인 비교로 자신의 능력을 드러내 보이고자 하는 목표를 가진다.

1. 행동주의 강화이론

(1) 강화

① 강화이론: 외적인 보상과 처벌이 학생의 동기를 유발한다고 본다.

② 동기를 높이기 위해 바람직한 반응에 강화를 주는 것이다.

(2) 보상의 문제점

① 내재적으로 동기화된 학생에게 외재동기인 보상을 제공하면 내재동기가 손상될 수 있다.

  ㉠ 보상은 학생이 흥미를 느끼지 않는 과제에 사용되어야 한다.

  ㉡ 흥미를 느끼지 않는 과제를 하는 학생에게 보상을 사용하는 것은 과제를 계속하고 싶은 마음이 생기게 하는 내재동기를 높이는 데 도움을 준다.

② 외적 보상은 학생이 자신의 발전이 아닌 주어지는 보상에만 관심을 갖게 만든다.

  ㉠ 보상은 수행한 과제의 질에 따라 주어져야 한다.

  ㉡ 학생의 능력이나 공부의 질이 향상되고 있다는 정보를 제공하는 차원의 보상은 과제에 대한 흥미를 증가시키는 데 도움을 줄 수 있다.

2. 기대가치이론

(1) 기대가치이론

① 인간의 성취 관련 동기와 행동을 예측하는 데 2가지 인지적 신념이 강조된다.

  ㉠ 성공에 대한 기대신념: 개인이 특정 과제를 해 낼 수 있다는 주관적 믿음을 의미한다.

  ㉡ 과제에 대한 주관적 가치신념: 개인이 과제에 부여하는 의미와 중요성을 나타낸다.

② 성취동기에서 나온 개념으로, 과제 수행의 기대와 가치에 관한 개인적 판단이나 신념을 동기의 주요 요인으로 설명하고 있다.

(2) 레윈(Lewin)의 포부 수준

① 포부 수준: 한 개인이 스스로 설정한 목표나 기준을 의미하는데, 포부 수준은 특정한 행동에 대한 과거의 경험과 친숙함에 의해 결정되는 것으로 설명된다.

② 포부 수준으로 확인된 연구 결과

  ㉠ 사람들은 객관적인 기준보다는 개인이 자율적으로 설정한 목표에 도달했을 때 성취감이 크다.

  ㉡ 포부 수준은 개인과 집단에 따라 달라질 수 있으며, 과거의 성공·실패 경험이 개인과 집단의 포부 수준에 영향을 미친다.

(3) 앳킨슨(Atkinson)의 기대가치이론

① 성취동기이론에 기대×가치이론의 체계를 적용하여 발전시켰다.

② **성취경향성(tendency to achieve):** 성취행동을 '성취경향성'이라는 말로 대치하고, 다음과 같은 수학공식으로 모형화했다.

> 성취경향성 = 접근경향성 − 실패 기피 경향성

  ○ **성취경향성:** 대립된 두 경향의 강도 차이이며, '결과성취동기'라는 용어로 표현한다.
  ○ **접근경향성:** '개인의 성취동기×성공 가능성×성공에 대한 정적 유인가'이다.
  ○ **실패 기피 경향성:** '개인의 실패회피동기×실패 가능성 × 실패에 대한 부적 유인가'이다.
  ○ 성공 가능성과 실패 가능성은 각각 '기대'를 나타내는 것이고, 성공에 대한 정적 유인가와 실패에 대한 부적 유인가는 각각 '가치'를 나타내는 기대×가치이론의 전형을 보여주고 있다.
③ **가설:** 높은 성취동기를 가진 사람은 중간 수준인 난이도의 과제를 선호하는 반면, 낮은 성취동기를 가진 사람은 아주 어렵거나 극단적인 과제를 선호한다는 가설 검증을 위해 연구를 수행했다.

(4) 에클스(Eccles)와 위그필드(Wigfield, 1995)의 기대가치이론 `기출 19`

앳킨스의 이론을 수정하여 학업 상황에 적용한 성취동기이론을 연구하고 있으며, 일부 연구자는 성취 상황에서 어떤 과제를 선택하느냐보다 왜 선택하느냐에 관심을 두는 성취목표에 관한 연구를 시작했다.

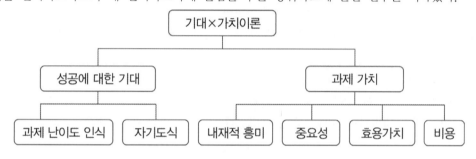

[그림 15-11] 기대가치이론

① **기대가치이론**
  ○ **학습과 관련된 상황에서 학생들이 과제를 선택하거나 해당 과제에 시간이나 노력을 투자할 때:** 학생은 그 수업에서 자신이 얼마나 잘할 수 있는지, 그 수업이 어떤 가치를 가지는지를 살펴본다.
  ○ **동기:** 자신의 능력에 대한 기대와 과제의 가치가 동기를 형성하는 요인이다.
② **구성요소**

구분	내용
기대	• 과제의 성공적인 수행을 위해 필요한 자신의 능력에 대한 신념이나 판단 – **과제 난이도:** 과제가 어려운가? 쉬운가? – **자기도식:** 해당 과제를 수행할 수 있는 능력을 가지고 있는가?
가치	• "내가 과제를 왜 수행하는가?"에 대한 답으로, 과제를 수행하는 이유에 해당함 – **내재적 흥미:** 과제에 대한 흥미가 있는가? – **중요성:** 과제를 수행하는 것이 얼마나 중요한가? – **효용가치:** 해당 과제가 얼마나 쓸모가 있는가? – **비용:** 해당 과제를 잘하기 위해 필요한 시간, 경비 등은 얼마인가?

(5) 기대신념과 가치신념(Wigfield & Eccless, 2002)

① 기대신념: "내가 이것을 할 수 있을까?"라는 질문에 대한 대답으로, 성공에 대한 기대 신념을 나타낸다.

    ㉠ "내가 이 과제를 성공적으로 마칠 수 있을까?" ➡ 개인의 능력에 대한 신념과 관련된다. 이는 성공적인 과제 수행을 위해 충분한 능력을 가지고 있는가에 대한 믿음을 의미한다.

    ㉡ "내가 이 과제를 성공하면 원하는 결과를 얻을 수 있을까?" ➡ 과제 수행과 결과 간의 관계를 나타내는 결과 기대신념과 관련된다.

➡ 에클스 등은 기대신념을 자기개념, 과제 난이도, 통제소재, 자기효능감 등과 같은 능력신념을 나타내는 다양한 구인을 포함하는 광의의 개념으로 소개하였다.

② 가치신념: "내가 이 과제를 수행하는 것이 중요한가?"라는 질문에 대한 대답으로, 특정 과제의 중요성에 대한 개인의 주관적인 신념을 의미한다.

    ㉠ 내재적 가치(intrinsic value): 학습자가 과제 수행 시 경험하는 재미, 즐거움, 호기심, 흥미를 의미한다.

    ㉡ 유용성 가치(utility value): 어떤 과제를 수행하는 것이 개인의 단기목표(⑩ 기말고사 성적 등)나 장기목표 (⑩ 진학이나 진로)를 달성하는 데 도움이 된다고 인식하는 것으로, '도구적 가치' 혹은 '수단적 가치'로도 불린다.

    ㉢ 달성가치(attainment value): 어떤 과제가 개인의 정체성, 자기개념, 자기도식 등과 연관될 때 그 과제를 잘 수행하는 것이 개인의 달성가치를 실현하는 데 중요하다는 것으로, 종종 '획득가치'라는 용어와 혼용되어 사용된다.

    ㉣ 비용가치(cost value): 과제 참여로 발생하는 부정적 결과에 대한 개인의 지각을 의미한다. 이는 성공적 과제 수행을 위해 필요한 노력과 시간의 부담, 다른 과제에 참여할 수 있는 기회 상실, 불안이나 두려움과 같은 부정적 정서 경험 등이 비용가치에 해당된다.

3. 귀인이론

(1) 귀인이론

① 학습자가 자신의 성공과 실패를 설명하려는 동기에 대한 인지적 이론으로, 사람에게 사건이나 행동의 원인을 찾으려는 경향이 있다고 가정한다.

② 학습자가 자신의 성공과 실패에 대한 원인을 어떻게 지각하는가, 즉 좋은 성적을 얻은 원인을 어디로 지각하는 지에 따라 후속 학습에 대한 동기 수준이 달라진다.

(2) 귀인 차원 `기출 16, 19`

구분	원인의 소재	안정성	통제 가능성
능력	내부	안정적	통제 불가능
노력	내부	불안정적	통제 가능
운	외부	불안정적	통제 불가능
과제의 난이도	외부	안정적	통제 불가능

① 원인의 소재: '성공과 실패의 원인을 어디에서 찾는가?'로, 원인을 내부로 돌리냐, 외부로 돌리냐의 차원이다.

    ㉠ 내부: 어떤 일의 성공/실패에 대한 책임을 내적(⑩ 능력, 노력) 요인에 둔다.

    ㉡ 외부: 어떤 일의 성공/실패에 대한 책임을 외적(⑩ 운, 과제 난이도) 요인에 둔다.

    ㉢ 일반적으로 모든 원인을 외부로 귀인하는 학습자는 동기유발 수준이 낮다.

② **안정성**: 어떤 일의 원인이 시간 경과나 특정 과제에 따라 변화하는지의 여부를 기준으로 안정과 불안정으로 분류한다.

    ㉠ 안정성의 차원은 미래에 대한 기대와 관련된다. 자신의 성공 또는 실패를 안정적 요인에 귀인하면 미래에 비슷한 과제에서도 비슷한 결과를 기대한다.

    ㉡ 자신의 성공이나 실패를 불안정 차원으로 귀인하면 미래의 결과를 예측하기 어렵다.

③ **통제 가능성**: '행동의 원인이 의지에 의해 통제되어질 수 있는가'의 여부에 따라 분류한다.

    ㉠ 통제 가능성 차원은 자신감과 미래에 대한 기대와 관련된다.

    ㉡ 자신의 성공이나 실패를 통제 가능한 요인으로 귀인하면 다음에도 비슷한 결과를 기대할 수 있다.

(3) 일반성 차원과 의도성 차원

① **일반성 차원**: 인과 요인의 다른 상황이나 사람들에 대한 일반화 가능성과 관련된 것이다.

    ➡ 안정성 차원이 시간적 측면에 초점을 둔 것이라면, 일반성 차원은 장면에 초점을 둔 것이다.

    ⑩ 수학시험에서 낙제 점수를 받았을 때 그 이유를 '머리가 나빠서'라고 할 수도 있고, '내가 원래 수학을 못해서'라고 할 수 있다. 전자는 일반성 차원에서 보면 일반적 귀인이고, 후자는 상황 특수적이라는 것이다.

② **의도성 차원**: 책임감 및 목적과 관련된 것이다. 이는 내적이며 불안정적 원인인 노력과 질병을 구분하기 위해 도입된 개념으로, 노력의 경우 책임이 따르지만 질병이나 피로 때문에 실패했다면 책임의 회피로 볼 수 없기 때문이다.

(4) 와이너의 수정된 귀인 분류 이론

① **수정된 분류**: 귀인의 3가지 차원 중 소재와 안정성 차원에서 이 4가지 귀인을 특징을 다음과 같이 설명하였다.

구분	내부	외부
안정적	적성, 장기간의 노력	객관적인 과제 특성
불안정적	기술·지식, 일시적·상황적 노력	기회

    ㉠ **능력**: 적성과 기술·지식으로 구분된다.

    ㉡ **노력**: 장기간의 노력과 일시적·상황적 노력으로 구분된다.

    ㉢ 초기 분류에서 과제 난이도: 객관적인 과제 특성으로 변경되었다.

    ㉣ **운**: 기회로 변경되었다.

② 수정된 분류에 통제성 차원을 함께 고려하여, 학업성취에서의 성패에 밀접한 관련이 있는 원인들을 3가지 차원으로 구분하면 다음과 같이 분류할 수 있다.

인과 소재	내부		외부	
통제성 안정성	통제 가능	통제 불가능	통제 가능	통제 불가능
안정적	장기간의 노력	적성	교사의 편견·편애	학교·수업의 요구 수준 정도 (난이도)
불안정적	기술·지식, 시험을 위한 일시적 노력	시험 당일의 건강, 기분	교사나 친구들의 도움	기회

(5) 귀인과 동기

① 일반적으로 학습동기는 학습자의 귀인이 내적 요인, 변화 가능한 불안정한 요인, 통제 가능 요인에 해당될 때 긍정적인 방향으로 형성되는 경향이 있다.

② 하지만 성공 상황과 실패 상황에서의 효과가 다르다.

구분	내용
성공의 결과	• 자신의 **능력**으로 귀인: 효능감이 향상되어 동기에 긍정적인 영향을 미침 • 자신의 **노력**으로 귀인: 계속 성공에 대한 희망을 가지고 지속적으로 학습동기를 유지할 수 있음
실패의 결과	• 자신의 **능력**으로 귀인: 실패의 원인을 자신의 변하지 않는 능력 때문이라고 생각하기 때문에 자신이 결과를 통제할 수 없다는 무능감, 좌절이 유발되고 학습동기에 부정적인 영향을 미침 • 자신의 **노력**으로 귀인: 자신이 노력하지 않아 실패했다는 생각이 들기 때문에 죄책감과 수치심으로 인해 동기가 더 증가할 수 있음

③ 운과 과제 난이도: 학습자 개인이 통제할 수 없는 귀인 요인이기 때문에 학습동기에 긍정적인 역할을 한다고 하기 어렵다.

④ 최선을 다해 노력했지만 실패한 상황에서 운이나 과제 난이도로 귀인하는 경우: 자신의 능력으로 귀인하지 않도록 함으로써 개인의 효능감을 손상하지 않는 긍정적인 역할을 수행하기도 한다.

(6) 체계적 귀인훈련 프로그램

① 학습자가 성취 결과에 대한 원인을 무엇이라고 지각하는지 알면, 미래의 학습 성취도를 예언할 수 있고 학습자의 인과적 귀인을 바람직한 요인으로 변경하면 미래의 학업 성취도를 예언할 수 있다.

② 바람직한 귀인과 바람직하지 못한 귀인

  ㉠ 바람직한 귀인: 실패 → 노력 결핍 → 죄책감과 수치심 → 성취 증가

  ㉡ 바람직하지 못한 귀인: 실패 → 추론된 능력 부족 → 무능감, 우울감 → 성취 감소

③ 체계적 귀인훈련 프로그램

  ㉠ 1단계: 노력귀인으로 갈 수 있도록 한다. 이때 목적은 '실패 → 능력 부족 → 무력감 → 성취 감소'의 귀인유형을 '실패 → 노력 부족 → 죄책감과 수치심 → 성취 증가'의 형태로 바꾸는 것이다.

  ㉡ 2단계: 학습자가 충분히 노력했음에도 결과가 좋지 않을 때는 전략귀인으로 가도록 한다. 전략귀인은 실패의 원인을 자신의 학습방법이나 학습전략 등으로 귀인하는 것을 의미한다. 즉, 학습방법이나 습관을 스스로 점검해 보고 더욱 바람직한 방법으로 바꾸어 주는 전략이 필요하다.

  ㉢ 3단계: 노력귀인과 전략귀인을 다 거쳤음에도, 충분한 노력과 적절한 전략을 사용했음에도 결과가 좋지 않을 때는 포기하도록 유도함으로써 학습자의 기대 자체를 수정하고 새로운 길을 모색하는 것이 좋다.

④ 귀인 재훈련은 실패를 능력 부족과 같은 안정적인 요인으로 귀인하는 것을 노력 부족이나 과제 난이도와 같은 불안정적 요인으로 바꾸는 것뿐만 아니라 잘못된 전략 사용으로 귀인하도록 훈련한다.

4. 학습된 무기력이론

(1) 학습된 무기력이론(learned helplessness theory)

① 실수나 실패가 개인에게 미치는 영향을 잘 보여주는 이론이다.

② 셀리그만(Seligman)과 마이어(Maier)가 조건화 학습 실험을 하는 중에 나타난 현상을 체계화한 것이다.

통제 불능성에 대한 기대학습

> 도피학습 훈련을 받은 개 중에 피할 수 없는 전기충격을 받는 조건에 노출되었던 개는 도피 가능한 상황에서도 필요한 기술을 학습하지 못했다. 이는 마치 피할 수 없는 충격을 경험한 개가 충격을 피하기 위해 그들이 할 수 있는 것은 아무것도 없다는 통제 불능성에 대한 기대(expectation)를 학습한 것 같았다. 통제 불능성에 대한 기대가 후속실험에서 개들을 무기력하게 만들었다는 것이다.

(2) 인간을 대상으로 한 실험

① **학습된 무기력**: 통제 불가능한 상황에서의 반복적인 실패 경험이 학습, 정서, 동기에서의 장애를 초래하는 것을 보여주는 현상이다.

② 실패 경험의 부정적인 효과는 특히 교육 현장에서 부각되었다.

> ➡ 학생에게 실패 경험을 주지 않는 교육 경험을 만들어야 한다고 하여, 성적에 따라 등급을 매기고 낙제시키는 것을 배제하고 가능한 한 성공 경험을 제공하자는 교육실천이 도입되었다.

(3) 수정이론

① **통합이론(Wortman & Brehm)**: 자신이 할 수 있다고 기대하는 일에서 실패하면 그에 대한 저항이 생겨나서 더욱 노력을 투여할 것이라는 심리적 저항이론과 학습된 무기력이론을 통합한 것이다.

> ㉠ 약간의 지각된 통제 불가능성은 처음에는 수행의 증진을 가져오지만, 통제 불가능 정도가 증가되면 수행 수준이 감소한다.

> ㉡ 수행에 대한 긍정적이고 촉진적인 심리적 저항 효과와 부정적이고 약화시키는 학습된 무력감 효과는 과제 중요도가 증가할수록 두드러진다. 다시 말해, 실패나 통제 불가능성을 경험하는 사건이 개인에게 중요한 것일수록 행동반응은 더욱 강해질 것이라는 주장이다.

② **귀인이론의 도입(Abramson 등)**

> - **초기 모형**: 통제 불가능 지각 → 기대 → 행동 결손
> - **수정 모형**: 통제 불가능 지각 → 귀인 → 기대 → 행동 결손

> ㉠ 통제 불가능성에 대한 지각은 통제 불가능성에 대한 인과적 설명(귀인)으로 유도되고, 그 귀인 결과가 후속 통제 불가능성에 대한 기대를 형성하게 되어 학습된 무기력이 발생된다는 것이다.

> ㉡ 인과귀인이 인간의 학습된 무기력 속성을 설명하고 예측하는 데 필요하다고 주장한다.

> ㉢ 인과귀인의 속성이 학습된 무기력을 예방하고 완화시키는 데 중요한 시사점을 갖고 있음을 강조한다.

(4) 건설적 실패이론

① 후속 연구에서 실패 경험이 항상 학습, 동기, 정서의 장애를 초래하는 것은 아니며 상황에 따라 긍정적인 결과를 초래하기도 한다는 사실을 보여주었다.

② **건설적 실패이론**: 실패 경험의 긍정적인 측면에 초점을 둔 이론으로, 실패라는 결과를 받았을 때 부정적이고 파괴적으로 반응하기보다는 긍정적이고 건설적으로 반응하고 후속 상황에서 그 경험을 적극적으로 활용하여 보다 나은 성취를 이루는 현상을 설명하기 위한 이론이다.

③ **실패 내성**: 실패 경험의 긍정적인 효과가 있는 중요한 개인차 변인으로, 실패 결과에 대해 비교적 건설적인 태도로 반응하는 경향성이다.

> ㉠ **감정요인**: 실패 경험 후에 보이는 부정적 정서반응의 정도를 나타내며, 부정적 감정반응이 적을수록 높은 실패 내성을 가지고 있다.

ⓒ 행동요인: 실패 경험 후에 실패를 만회하기 위한 계획을 수립하고 방안을 강구하는 정도를 알아보는 것으로, 그 정도가 높을수록 실패 내성이 높은 것이다.

ⓓ 과제 난이도 선호: 개인이 성취 장면에서 선호하는 과제의 난이도 수준을 나타내며, 높을수록 실패에 대한 내성이 높은 것으로 평가한다.

5. 과정당화이론 [기출 21]

(1) 의미
① 내재동기를 느끼는 활동에 보상을 주는 경우 내재동기가 감소될 수 있다고 본다.
② 이유: 자신이 좋아서 한 행동이 다른 목적을 달성하기 위한 수단임을 인식하면서 활동에 대한 흥미가 떨어지기 때문이다.

(2) 인지평가이론(cognitive evaluation theory)
① 보상이 자신의 수행에 대한 정보를 제공해준다고 여겨질 때, 개인은 자신에 대한 유능감이 향상되고 내재동기를 지속할 수 있다.
② 보상을 통해 자신이 통제당한다고 느낄 때 보상은 개인의 자율성을 하락시켜 내재동기를 훼손한다.
③ 통제적인 보상은 내재동기에 부정적인 영향을 미치고, 정보적인 보상은 내재동기에 긍정적인 영향을 미친다.

(3) 보상의 활용
① 학습자가 내재동기를 느끼지 못하는 과제나 행동의 초기 단계에는 보상을 활용하되, 학습자의 행동 습관이 형성되거나 흥미를 느끼기 시작하면 보상을 줄이고 과제의 가치를 깨닫도록 유도한다.
② 보상을 받게 될 바람직한 행동의 유형을 구체적으로 설명하여, 학습자 스스로가 해당 행동의 명확한 상을 그리도록 도와야 한다.
③ 보상의 효과는 개인에 따라 달라진다. 학습자의 관심, 발달 수준, 흥미를 면밀하게 관찰하여 보상의 유형을 결정하되 학습자와 보상에 대해 상의하는 방법도 고려할 수 있다.
④ 과제를 끝내거나 활동에 참여한 것만으로 보상을 주기보다는 학습자의 수행의 질에 따라 차별적인 보상을 제공한다. 이 경우, 보상은 수행에 대한 정보 제공의 역할을 한다.
⑤ 다양한 맥락 또는 사람에게서 강화를 받는 행동일수록 효과적으로 형성된다. 학교에서 교사 간 협조체제, 학교-부모 간 협조체제를 통해 공동으로 노력하는 것이 필요하다.

6. 자기결정성 이론

(1) 개관
① 개인의 인지적·사회적 발달, 개인차에서의 내재·외재동기의 원인, 역할을 설명한 이론이다.
② 사회문화적 요인이 개인의 의지와 주도성에 어떤 영향을 미치는지 설명한다.
③ 자기결정성: 환경에 대해 어떤 행동을 취할지를 스스로 결정하는 것으로, 개인의 의지를 사용하는 과정이다.
④ 인간은 외부의 힘에 통제받는 것보다 스스로 결정하는 것을 선호한다.
⑤ 5가지 미니이론
ⓐ 기본 심리욕구(basic psychological need theoty)
ⓑ 인지평가이론(congnitive psychological theoty)

ⓒ 유기체 통합이론(organismic integaration theory)

ⓔ 인과지향성 이론(causality orientation theoty)

ⓜ 목표내용이론(goal content theory)

(2) 기본 심리욕구 [기출 16]

① **기본 가정**: 내재동기의 기초에 기본 심리욕구가 있으며 이 욕구들이 학습·성장·발달을 위한 동기를 제공한다.

② **3가지 욕구**: 인간은 자율성, 유능감, 관계성의 기본 욕구를 가지고 이를 충족하기 위해 노력한다.

　　ⓐ 이 욕구들은 개인의 환경에서 지지될 때 개인의 학습·성장·발달에 내재동기를 제공한다.

　　ⓑ 학생은 학업 상황에서 스스로 유능감을 느끼기 원하고 스스로 공부할 것을 결정했다고 느끼고 싶어 하며, 가장 가까운 사람들로부터 관계성에 대한 욕구를 충족 받고자 한다.

③ **자율성 욕구**: 외적인 보상, 압력보다 자신의 원하는 것을 따라 행동하려는 욕구이다.

　　ⓐ 선택의 기회가 많고 의사결정을 자유롭게 할 수 있는 상황에서 개인은 자율성을 지각한다.

　　ⓑ 자율성 확보는 내재적으로 동기화되는 데 필수적이어서, 하고 싶은 공부를 원할 때 원하는 방식으로 하면 자기결정적이 되고 내재적으로 동기화된다.

④ **유능감 욕구**: 인간은 누구나 능력 있는 사람이기를 원하고 자신의 능력·재능을 향상하기를 원하는 욕구이다.

　　ⓐ 유능감: '내가 이 과제를 할 수 있을까?'라는 물음에 대한 답으로, 자신이 그 과제를 얼마나 잘하는가, 다른 학생과 비교했을 때 그 과제를 잘하는가에 대한 인식에 의해 형성된다.

　　ⓑ 유능감 욕구는 환경과 상호작용하면서 자신의 능력을 사용하고 성취하는 경험을 할 때 충족된다.

　　ⓒ **학생의 유능성에 대한 지각에 영향을 줄 수 있는 요소**: 자신의 이해와 능력이 향상되고 있음을 보여주는 증거와 피드백을 제공하는 것이다.

⑤ **관계성 욕구**: 다른 사람과 정서적 유대와 애착을 형성하고자 하는 욕구이다.

　　ⓐ **교사와의 관계**: 교사의 태도를 긍정적으로 지각하는 학생일수록 학업에서의 자기효능감과 학습동기가 높게 나타난다.

　　ⓑ **친밀한 친구관계**: 이 관계의 결핍은 사회적 지원과 지지라는 중요한 자원의 부족을 가져올 수 있다. 친한 친구의 지지는 다양한 형태의 스트레스에 부딪히는 아동기와 청소년기에 특히 중요하다.

　　ⓒ **부모와의 관계**: 부모의 양육 방식, 의사소통 방식이 지적 발달과 학습에 중요한 영향을 미친다. 교육적 관심이 높고 민주적인 양육태도의 가정에서 자란 자녀의 학업성취도는 엄격하거나 방임적인 양육태도의 가정에서 자란 자녀에 비해 높게 나타난다.

(3) 인지평가이론(cognitive evaluation theory)

① **데시(1971, 1975)**: 개인의 내적 통제소재와 능력에 대한 지각이 높아질수록 내재적 동기가 높아진다고 본다. 즉, 보상이 유능감과 통제감에 대한 지각에 2가지 형태로 영향을 미친다고 주장했다.

② **보상이 지각에 미치는 영향**: 개인의 외적 사건이 통제적인 측면과 정보적인 측면을 가진다.

구분	내용
정보적 기능	• 보상은 수행의 질이 높다는 것을 알려줄 때 정보적 기능을 함 • 이 경우 보상은 지각된 유능성과 내재동기를 증진시킴
통제적 기능	• 보상은 행동에 대해 통제적 기능을 할 수 있음 • 행동을 하면 상을 주겠다는 제안을 하는 경우로, 이 경우 보상은 지각된 내적 통제감과 내재동기를 감소시킴

제 15 장

교육심리학 해커스임용 김진구 전공체육 기본개념 3

③ 내재동기는 개인의 유능성과 자율성에 대한 욕구로부터 자발적으로 나타나는 것이며, 개인의 능력에 관한 정보를 제공하는 언어적 보상은 내재동기를 증가시킨다.

④ 사람들이 자율성과 유능성에 대한 심리적 욕구를 가지고 있음을 전제로 하며, 외부 사건의 통제적 측면은 자율성에 대한 욕구에 영향을 주는 반면, 정보적 측면은 유능성에 대한 욕구에 영향을 준다.

(4) 유기체 통합이론 [기출 21]

① 외부적 보상에 의해서 유발된 동기가 내재적 동기로 내면화하면서 통합되는 과정을 설명하기 위해 유기체 통합이론을 제시했다.

② 유기체 통합이론은 외재적 동기로부터 내재적 동기로 변화해 가는 점진적인 과정을 보여준다.

③ 유기체 통합이론에서 제시한 다양한 동기 수준

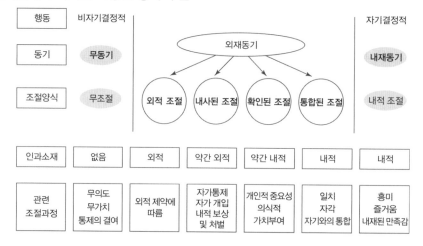

[그림 15-12] 자기결정성의 연속선상에서 동기의 위치

동기	내용
무동기	자기결정성이 전혀 없는 것으로 행동하려는 의지가 결핍된 상태
외적 조절동기	• 외적 보상이나 제약이 개인의 행동을 조절함 • 용돈을 받기 위해, 야단이나 처벌을 피하기 위해, 혹은 부모님이나 선생님의 요구에 응하기 위해 행동함
내사된 조절동기	• 개인의 행동에 내적 압력이 영향을 미치는 상태 • 내적압력은 어떤 행동을 해야만 한다고 생각하는 의무감이나 과제에 성공해서 자존심을 지켜야 한다는 압박감을 의미함
확인된 (동일시된) 조절동기	• 개인이 학습의 가치를 확인하고 인정하여 수용한 상태 • 학습에서 배운 내용을 일상생활에서 유용하게 활용하거나, 진학이나 취업과 같은 목표를 달성하는 데 도움이 되기 때문에 과제에 참여함 • 스스로 그 행동이 가치 있다고 판단하여 행동을 하지만 그것 자체에 대한 기쁨이나 자기만족보다는 어떤 목표를 달성하기 위해 행동하기 때문에 완전히 내면화된 것은 아님
통합된 조절동기	• 해당 과제의 중요성을 넘어 개인의 가치체계나 자기도식, 정체성과 부합되는 상태 • 과제 수행의 즐거움 보다는 개인의 정체성에 부합하는 중요한 가치를 실현하기 위해 동기화된다는 점에서 외재동기에 해당되지만, 외재동기 유형들 중에서 자기결정성 수준이 가장 높음
내재동기	행위를 하는 그 자체가 만족스럽기 때문에 하는 경우를 의미함

(5) 인과지향성 이론

① 개인의 내적 자원, 즉 사회적 세계를 향한 개인의 동기적 지향성에서의 비교적 안정적인 개인차를 설명하기 위해 개발되었다.

② 구분

구분	특징
자율지향성	• 개인의 흥미와 스스로 확인한 가치에 기초한 행동 조절을 수반함 • 내재동기와 충분히 통합된 외재동기를 향한 경향성
통제지향성	• 어떻게 행동해야 하는가에 대해 타인의 통제와 지시를 따르는 경향성 • 외적 조절, 내사된 조절과 관련됨
무동기지향성	무력감, 무동기, 무의도적인 행동에 대한 지표에 초점을 둠

③ 개인이 자신의 욕구, 흥미와 같은 내부 요인에 습관적으로 의존하는 정도는 자율지향성 정도를 나타내며, 환경적 유관성, 압력과 같은 외부 요인에 습관적으로 의존하는 정도는 통제지향성 정도를 나타낸다.

(6) 목표내용이론

① 삶의 목표를 내적인 것과 외적인 것으로 규정하기 위해 목표의 내용을 탐색한다.

② 외적 목표보다 내적 목표를 가진 경우에 바람직한 성취 결과와 심리적 안녕을 경험할 수 있다.

ⓐ 외적 목표: 경제적 성공, 권력, 사회적 인정, 신체적 매력 등이 있다.

ⓑ 내적 목표: 자기실현과 같은 개인적 성장과 건강, 활력, 양육적 관계, 공동체 참여 등이 있다.

7. 성취목표이론 기출 18, 19, 23

(1) 성취목표이론(achievement goal theory)의 발달 배경

① 초기: '목표지향성 이론(goal-orientation theory)'이라고 불렀다.

ⓐ 목표: 개인이 성취하려고 노력하는 특정한 결과를 의미한다.

ⓑ 목표 지향성: 목표의 방향 또는 추구하는 목표 뒤에 있는 의도를 말한다.

② 성취목표이론: 개인의 능력에 대해 가지고 있는 견해가 어떻게 개인의 동기로 연결되는지에 관한 설명을 제공함으로써 학습 상황에서 학생들의 성취행동을 가장 직접적으로 설명하려는 동기이론이다.

③ 드웩(Dweck)의 암묵적 지능이론(implicit theory of intelligence): 아동이 능력의 속성에 대해 가지고 있는 암묵적인 믿음이 그들이 학습 상황에서 어떠한 목표를 선호하는가를 결정한다고 보는 이론이다.

구분	내용
실체 지능이론	• 능력이란 대부분 태어날 때부터 결정된 고정된 것이어서, 노력해도 크게 변하지 않는다고 믿음 • 실패를 자신의 능력 부족으로 귀인하고 무기력에 빠지기 쉬운 경향을 보임
증진 지능이론	• 능력이란 유동적이고 변화하는 속성을 지니고 있으며, 노력과 새로운 학습에 의해 얼마든지 향상될 수 있다고 믿음 • 실패 내성이 높을 뿐 아니라 실패에 대해 훨씬 생산적으로 반응함

(2) 이원목표 구조: 숙달목표와 수행목표

구분	목표지향성의 분류	
니콜스 (Nicholls, 1984)	과제개입형 목표	자아개입형 목표
드웩 (Dweck, 1986)	학습 목표지향성	수행 목표지향성
에미즈(Ames)와 아처(Acher, 1988)	숙달 목표지향성	수행 목표지향성

↓

특징	• 과제 자체에 가치를 두고 이를 목표로 삼음 • 과제를 수행하는 목표가 과제에 대한 이해, 습득, 숙달이며, 자신의 능력 향상에 관심을 두는 경향	• 능력에 대한 타인의 인정과 같은 과제 외적인 것에 가치를 둠 • 남보다 우수하고 경쟁에서 이기고 최고가 되는 것을 목적으로 삼는 경우

① **목표 지향성**: 성취와 관련된 목표에 대한 신념으로, 주어진 상황에서 성취행동을 보이는, 즉 목표를 추구하는 이유와 그 목표를 향한 진전을 평가하기 위해서 사용되는 기준을 개념으로 정의되었다.

② **과제 개입형, 학습목표 지향, 숙달목표 지향**: 주어진 학습상황에서 새로운 것을 배우거나 숙달하는 데 초점을 두며, 문제 해결과 관련지어 정보를 처리하고, 실수나 오류를 자신들의 전략을 조절하는 데 필요한 지표로 받아들인다.

  ㉠ 암묵적 이론 중 증진이론을 믿기 때문에, 새로운 학습을 통해 자신들의 능력을 향상시키는 것을 목표로 삼아 노력을 투자하며 실패를 불가피한 학습과정의 일부로 본다.

  ㉡ 학습 참여도가 높고, 정보의 심층처리와 관련된 학습처리를 사용하는 경향을 보이며, 타인과의 비교에 좌지우지되기보다는 자기참조적 기준에 기초한 과제 숙달에 도달하고자 한다.

③ **자아 개입형, 수행목표 지향**: 암묵적 이론 중 실체이론을 믿기 때문에, 과제를 수행할 때 타인으로부터 자신의 능력에 대해 호의적인 평가를 받는데 초점을 둔다.

  ㉠ 능력과 노력이 서로 반비례한다고 믿으므로 능력이 뛰어나다면 그렇지 않은 사람들에 비해 노력을 적게 하고도 같은 수준의 성취를 올릴 수 있어야 한다고 생각한다.

  ㉡ 실패를 하게 되면, 능력 부족으로 귀인하여 부정적 정서를 갖게 되며, 가능한 적은 노력을 투여하려 하고, 피상적이고 단기적인 학습 전략을 선호한다.

  ㉢ 다른 사람과 비교해서 상대적으로 유능하게 보이기를 원하고, 무능한 사람으로 보이는 것을 기피하며, 자기 가치감을 높이는 방향으로 학업에 임한다.

(3) 삼원목표 구조: 수행목표의 세분화

① 엘리어트(Elliot)와 하락키위즈(Harackiewicz)를 비롯한 연구자는 수행목표에 내재한 접근과 회피라는 상반된 방향성을 구분해야 한다고 주장하였다.

② 삼원목표 구조

  ㉠ **숙달목표**: 학습에 대한 이해를 도모하고 자신의 능력이나 관련 기술을 개발하고 향상시키는 것이 목표다.

  ㉡ **수행접근목표**: 다른 사람보다 더 나은 성과를 거두고자 하는 욕구를 이유로 과제에 접근하는 것이다.

  ㉢ **수행회피목표**: 잠재적인 실패를 피하려는 욕구로 과제를 회피하는 것이다.

③ **수행접근 지향적인 학생:** 성공하고자 하는 열망으로 과제에 접근하는 경향을 보이며 상당한 노력을 투자하고 정교한 학습 전략을 사용하는 모습을 보인다.

④ **수행회피 지향적인 학생:** 어려운 과제를 하는 동안 실패를 피하는 데 중점을 두며, 일반적으로 끈기나 노력을 적게 보이고 자신의 자존감을 보호하기 위해 실패의 원인을 노력 부족으로 돌린다.

⑤ **숙달목표와 수행접근목표 지향성:** 모두 성공적인 학업성취로 이어지는 경우가 많고 자기 스스로나 타인에게 능력을 입증하려는 경향이 있어서 정서나 행동적인 결과에 유사함을 보인다.

　㉠ 수행접근 지향은 숙달목표와 달리 타인과 비교하여 자신의 능력을 보여주고, 대중의 인정을 받거나 좋은 성적을 얻고자 학업에 접근한다는 차이가 있다.

　㉡ 수행접근 지향은 높은 학업성취와 노력, 피상적인 사고를 보인다.

　㉢ 숙달목표 지향은 심층적인 사고과정, 지속성, 흥미와 높은 수준의 노력으로 긍정적인 학업성과를 보인다.

(4) 2×2 목표구조: 숙달목표와 수행목표 모두의 세분화

이원 구조	삼원 구조	2X2 구조	특징	문항 예
숙달	숙달	숙달 접근	• 과제 숙달에 초점 • 학습에 대한 내재적 흥미와 긍정적 태도 • 높은 학습참여도 • 학습의 내재적 가치 존중 • 자기조절, 정보의 심층처리와 관련된 학습 전략 사용 • 자기참조적 기준 도입 • 도전적인 과제 선호 • 실패는 노력 부족으로 귀인	"나는 수업에서 가능한 한 많은 것을 배우고 싶다."
		숙달 회피	• 과제 숙달의 실패나 학습부진을 기피 • 오류를 범하는 것을 기피 • 학습 전략의 퇴보를 기피	"나에게는 나의 좋은 공부습관을 잃지 않는 것이 중요하다."
수행	수행 접근	수행 접근	• 유능하게 평가받는 것에 초점 • 능력에 대한 호의적 평가 기대 • 자기가치감을 높이는 방향으로 학업에 임함 • 학습은 목표달성을 위한 수단 • 피상적이고 단기적인 학습 전략을 선호 • 규준적으로 정의된 성공을 지향 • 도전적 과제 기피 • 실패는 능력 부족으로 귀인	"나의 목표는 다른 학생들보다 좋은 성적을 받는 것이다."
	수행 회피	수행 회피	• 다른 학생보다 무능한 사람으로 평가되는 것을 기피 • 꼴찌가 되지 않는 것 • 낙제점수를 받지 않는 것	"나의 목표는 다른 학생들과 비교하여 나쁜 성적을 받지 않는 것이다."

① 엘리어트(Elliot)와 맥그리거(McGregor) 등: 접근-회피 구분을 수행목표뿐 아니라 숙달목표에도 적용하였다.

② 2×2 목표구조에 포함된 요소와 정의

구분		목표 정의	
		절대적/개인내적(숙달)	규준적(수행)
목표유인가	긍정 (성공에 대한 접근)	숙달접근목표	수행접근목표
	부정 (실패에 대한 회피)	숙달회피목표	수행회피목표

⊙ 목표에 대한 정의: 개인 내적이며 과제 중심적인 것(숙달), 상대적이며 규준적인 것(수행)으로 나누었다.
ⓒ 유능성(목표)에 대한 유인가: 긍정적인(접근하려고 하는) 것, 부정적인(회피하려고 하는) 것으로 나누었다.

③ 구분
⊙ 숙달접근목표: 주어진 과제에서 배울 수 있는 만큼 최대한 학습하고 숙달을 이루려는 목표다.
ⓒ 숙달회피목표: 주어진 과제에서 배울 수 있는 만큼 최대한 학습하지 못할 가능성을 회피하려는 목표 또는 과거 숙달 수준으로부터 퇴보할 가능성을 회피하려는 목표다.
ⓒ 수행접근목표: 다른 사람에 비해 우수한 수행 수준을 성취하려는 목표다.
ⓔ 수행회피목표: 다른 사람에 비해 열등한 수행 수준을 보일 가능성을 피하려는 목표다.

④ 숙달회피목표: 제대로 배우는 것을 실패하지 않기 위한 노력, 자신의 기술과 지식을 유지하려는 노력, 실수하지 않기 위한 노력으로 대변되는 등 완벽주의에서 볼 수 있는 특성을 공유하며, 수행회피목표와 마찬가지로 부정적인 결과를 얻을 가능성을 피하려는 성향으로 개념화되었다.
➡ 실수나 잘못된 행동을 하지 않으려고 노력하는 완벽주의자, 경력 후반부에 있는 운동선수, 사업가, 기술이나 능력의 발전보다 자신의 능력을 잃지 않는 데 초점을 두는 고연령층에서 나타날 수 있는 목표성향이다.

(5) 중다 목표지향성(multiple goal orientation)
① 숙달 목표와 수행접근 목표 모두를 가지는 것이 유익하다는 것이다.
② 실제로 몇몇 연구자가 숙달 목표와 수행접근 목표 모두 학업 성취를 높이는 데 중요하고, 두 가지 목표 유형을 모두 수용하는 것이 가장 적응적이라는 연구 결과를 제시했다.

더 알아보기 과제회피목표

• 과제를 최소한의 노력으로 대충 수행하려는 목표이다.
• 이 목표를 가진 학습자는 과제가 쉽거나 별다른 노력 없이 할 수 있을 때 성공적이라고 느낀다.
• 효과적이지 못한 전략을 사용하고, 모둠활동에 최소한의 공헌만 하며, 도전적인 과제가 주어지면 불평한다.
• 목표 유형이 학습자의 동기와 성취에 미치는 영향(Eggen&Kauchak)

구분	예시	학습자의 동기와 성취에 미치는 영향
숙달목표	은유법을 이해하고 응용하여 자신만의 동시를 창작하기	• 과제에 지속적으로 노력을 기울임 • 높은 자기효능감과 도전을 받아들이는 자세, 높은 성취를 보임
수행접근목표	우리 반에서 은유법을 활용한 동시를 가장 잘 쓰기	• 자신감 있는 학생은 과제에 대해 계속 노력하고, 높은 효능감과 성취를 보임 • 도전을 받아들이려 하는 동기를 저해할 수 있고, 이는 낮은 성취로 이어질 수 있음
수행회피목표	교사와 다른 학생 앞에서 능력이 없어 보이는 것 피하기	• 동기와 성취를 저해함 • 특히 자신감이 부족한 학생의 경우 동기와 성취가 더욱 저조함
과제회피목표	그저 최소한의 노력으로 과제 마치기	• 노력을 하지 않고 자기효능감이 낮음 • 성취가 심각하게 저해됨

8. 교사효능감과 교사의 기대

(1) 의미

① 교사효능감(teacher efficacy): 교사와 관련된 요인이 학생의 성취에 얼마나 영향을 미칠 수 있을지에 대한 교사의 자각이다.

② 집단적 교사효능감: 학생에게 긍정적 영향력을 행사하는 데 필요한 행동을 실행하는 교직원 전체의 지각이다.

(2) 교사효능감과 학생의 학업 간 관련성에 대한 대표 연구(Ashton & Webb, 1986)

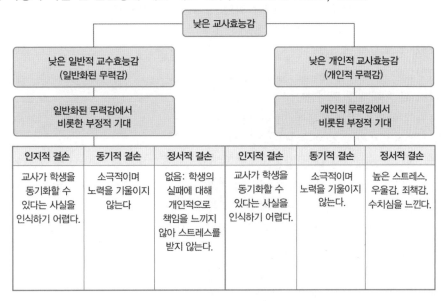

[그림 15-13] 낮은 교사효능감의 2가지 차원

① 교사효능감: 교사 변인이 학생의 성취에 얼마나 영향을 미칠 수 있을 것인지에 대한 교사의 지각이다.

② 구분

　㉠ 일반적 교수효능감(general teaching efficacy): 가르치는 행위에 대한 효능감으로, 학생들을 가르쳐 학업성취를 변화시킬 수 있다는 교사의 지각을 의미한다.

　㉡ 개인적 교사효능감(personal teaching efficacy): 자신의 가르치는 능력에 대한 지각을 의미한다.

③ 일반적 교수효능감이 낮은 교사: 학생의 실패를 당연한 것으로 받아들이고 그 원인을 학생의 지능이나 불우한 가정환경, 비협조적인 행정 등의 외부 요소로 돌리기 때문에 책임감을 느끼지 않고 스트레스를 받지 않는다.

④ 개인적 교사효능감이 낮은 교사: 학생의 실패에 대해 개인적 책임감을 느끼고 자신의 능력 부족을 인정하여 스트레스, 죄책감, 수치심을 경험한다.

(3) 자기충족적 예언(Rosenthal & Jacobson) `기출 20`

① 자기충족적 예언(self-fulfilling prophecy): 사실은 아니지만 기대가 실현될 것이라는 믿음을 가지고 노력한다면 결국 원래의 기대가 실현될 수 있다는 것이다.

② 연구: 교사가 특정 학생에 대해 더 큰 발전이 있을 것이라고 기대하면 그들을 자극하고 격려하는 방법으로 다루게 되어 실제로 교사의 기대가 실현되는 결과를 보여준다.

(4) **기대유지 효과** 기출 22

① 기대유지 효과(sustaining expectation effect): 학생의 향상을 인정하지 않고 항상 그 수준일 것이라는 교사의 생각이 실제로 학생의 수행을 그 수준에 머물게 하는 것이다.

② 교사의 바뀌지 않는 기대가 학생의 성취를 교사의 기대 수준에 계속 머물게 하므로 기대유지 효과라고 한다.

(5) **교사 기대의 부정적 효과를 피하는 전략(Woolfolk, 2007)**

① 학생의 시험 결과, 지난 학년 생활기록부, 다른 교사의 평가로부터 얻는 정보는 조심스럽게 사용한다.

ㄱ 학기 초에는 지난 학기 생활기록부나 지난 학년 성적을 보지 않는다.

ㄴ 다른 교사의 평가를 비판적·객관적으로 받아들인다.

② 집단의 편성에서 융통성을 가진다.

ㄱ 학생의 성취도를 검토하고, 새로운 집단 편성을 시도한다.

ㄴ 집단에 따라 다른 과제를 편성한다.

ㄷ 다양한 능력의 학생을 같은 집단에 편성한다.

③ 모든 학생에게 도전적인 과제를 제공한다.

ㄱ "이 문제는 쉬우니 선생님은 네가 잘할 수 있으리라는 것을 안다."라고 말하지 않는다.

ㄴ 다양한 난이도의 문제를 제공하고 모든 학생이 추가 점수를 받기 위해 보다 어려운 문제를 풀게 격려한다.

④ 토론 중에 학업성취도가 낮은 학생이 어떻게 반응하는지에 관심을 기울인다.

ㄱ 성취도가 낮은 학생에게는 문제를 풀 수 있는 힌트나 시간을 더 준다.

ㄴ 좋은 대답에 대해 충분히 칭찬해준다.

ㄷ 성취도가 낮은 학생의 이름을 자주 불러준다.

⑤ 평가나 훈육의 절차는 공정하게 한다.

ㄱ 같은 위반은 같은 처벌을 받게 한다.

ㄴ 무기명 질문지를 통해 교사가 얼마나 공정한지를 학생에게 물어볼 수 있다.

ㄷ 학생의 정보를 보지 않고 점수를 채점하거나 때로는 다른 교사에게 의견을 물어볼 수 있다.

⑥ 모든 학생이 학습할 능력을 가지고 있다는 사실을 알린다.

ㄱ 기준에 미치지 못하는 과제에는 도움이 되는 구체적인 첨삭을 하여 되돌려준다.

ㄴ 질문에 즉시 답하지 못하는 학생은 기다려주고 대답을 생각해낼 수 있게 도와준다.

⑦ 모든 학생이 학습과제에 참여하도록 유도한다.

ㄱ 학생 각자에게 읽고, 말하고, 대답할 기회가 공평하게 주어지고 있는지를 계속 점검한다.

⑧ 교사의 비언어적 행동을 점검한다.

ㄱ '어떤 학생에게는 가까이 접근하고, 어떤 학생에게는 그렇지 않은지', '어떤 학생이 다가오면 미소를 짓고, 어떤 학생에게는 인상을 쓰지 않는지'를 스스로 점검한다.

ㄴ 교사의 말투가 학생에 따라 어떻게 변화하는지 점검한다.

9. 흥미와 자아탄력성

(1) 흥미

① 흥미: 즐거움과 같은 긍정적인 감정 차원을 넘어, 지식이나 가치와 같은 인지적 과정을 포함한다.

② 구분

    ㉠ 개인적 흥미: 한 개인의 비교적 안정적이고 영구적인 성향의 성격적 특성 혹은 개인적 특질로, 일반적인 호기심과 달리 구체적인 활동(예 스포츠, 음악 등)과 관련된다.

    ㉡ 상황적 흥미: 맥락적 특징에서 비롯되는 흥미로, 새롭거나 독특한 것, 놀라운 것과 같은 어떤 상황에 의해 유발된다.

③ 상황적 흥미는 주의집중에 영향을 주고, 개인적 흥미는 어떤 활동에 장기적이고 지속적으로 참여하는 데 영향을 준다.

④ 일반적으로 상황적 흥미가 촉발되어 개인적 흥미로 발전하는 경향이 있다.

(2) 자아탄력성(self-resilience)

① 의미: 살아가는 동안 다양한 역경에 맞서 긍정적인 태도를 유지하고 스트레스, 우울, 좌절 등과 같은 부정적인 심리상태로부터 빠르게 회복하는 특성이다.

② 구성요소

    ㉠ 수용성: 주로 환경의 변화와 스트레스에 유연하게 대처하는 것이다.

    ㉡ 기타: 적응과 관련된 감정 통제의 방편인 '활력성', 스트레스를 경험했음에도 불구하고 이전 상태로 되돌아오는 '스트레스 대처능력', 낙관적인 결과에 대한 '만족'과 '감사'가 있다.

③ 연구자별 구성요인

    ㉠ 블락(Block, 1982): 활력성, 수용성

    ㉡ 블락과 크레멘(Block & Kremen, 1996): 수용성, 낙관성

    ㉢ 브룩스(Brooks, 2006): 스트레스 대처, 수용성, 만족

10. 마인드 세트

(1) 개념과 유형

① 의미: 능력에 지능에 대해 개인이 가지고 있는 인지적인 프레임이다.

② 유형

유형	내용
성장 마인드셋	• 개인의 경험과 노력이 능력과 지능을 향상시킬 수 있다는 신념 • 실패에 대한 두려움이 상대적으로 적으며 도전을 능력 향상의 기회로 삼음
고정 마인드셋	• 능력과 지능이 고정되어 노력을 통한 변화가 불가능하다는 신념 • 실패에 민감하게 반응하는 경향을 나타내며, 한 번의 실패는 평생 실패로 간주함 • 자신이 이미 가지고 있는 능력만 증명하면 되는 일을 선택하고 위험을 감수하는 도전을 선택하지 않음

(2) **학업 상황**

① 성장 마인드셋을 가진 학습자

ㄱ 스스로 배우고자 하는 마음을 가지고 있고 도전에 직면하는 경향이 있으며 어려운 과제를 해결하는 데 더 오랫동안 시간과 노력을 투자한다.

ㄴ 과제를 숙달하는 데 노력을 필수적인 요소라고 생각하고 노력의 가치에 대해 강한 믿음을 가지고 있다.

ㄷ 귀인: 실패 상황을 노력이나 학습 전략으로 귀인한다.

② 고정 마인드셋을 가진 학습자

ㄱ 개인의 능력은 변하지 않는다는 신념을 가지고 있으므로 능력이 부족한 사람에게만 노력이 필요하다고 믿는다.

ㄴ 귀인: 실패 상황을 능력 부족으로 귀인한다.

③ 선호하는 과제 난이도

ㄱ 성장 마인드셋을 가진 학습자: 능력을 향상시킬 수 있는 과제에 도전하는 것을 선호한다.

ㄴ 고정 마인드셋을 가진 학습자: 자신이 가진 능력을 드러낼 수 있는 정도의 과제를 선호한다.

④ 비판에 대한 반응

ㄱ 성장 마인드셋을 가진 학습자: 비판에 수용적인 태도를 보이며 자신의 성장에 비판을 활용하여 배움을 얻고자 한다.

ㄴ 고정 마인드셋을 가질 학습자: 방어적인 태도를 보인다.

⑤ 고정 마인드셋을 가질 경우 타인의 성공을 위협으로 받아들이지만 성장 마인드셋을 가질 경우 타인의 성공에서 배울 점을 찾는 경향이 있다.

(3) **마인드셋의 여러 유형**

마인드셋 유형	유형 구분	내용
숙고-실행	숙고	추구하든 추구하지 않든 간에 가능한 일련의 모든 목표의 바람직함과 실행 가능성을 고려하기 위한 열린 사고방식
	실행	오로지 목표 성취와 관련된 정보를 고려하고 목표와 관련 없는 사항은 고려하지 않는 후결정의 닫힌 사고방식
촉진-예방	촉진	적극적인 이행 행동의 전략을 채택함으로써 이상을 향해 자신을 진보시키는 것에 초점
	예방	경계하는 행동의 전략을 채택함으로써 자신이 의무나 책임들을 유지하지 않는 것을 예방하는 것에 초점
성장-고정	성장	개인적 특성이 유연하고 변화 가능하며, 노력을 통해 발달될 수 있다는 믿음
	고정	개인적 특성이 고정적이고 정해졌고, 변화에 열려 있지 않다는 믿음
일치-부조화	일치	자신이 유능하고, 도덕적이고, 합리적인 사람임을 확인해주는 정보와 행동
	부조화	자신이 실제로는 유능하지도, 도덕적이지도, 합리적이지도 않다는 것을 암시하는 정보와 행동

11. 그릿(GRIT)

(1) 개념과 구성요인

① **그릿**: 더크워스(Duckworth)에 의해 소개된 개념으로, '목표달성을 위한 장기적인 열정과 인내'로 정의된다. 즉 그릿은 열정과 인내를 발휘해 재능을 기술로 바꿀 수 있게 하는데, 그 재능을 기술을 바꾸려면 지속적으로 갈고닦아야 한다는 의미로 해석되기도 한다.

② **구성요소**: 그릿은 단일 개념이 아니라 다양한 요소를 포함하고 있는 복합적인 개념이다.

    ㉠ **목표(goal)**: 목표는 중장기적인 목표로 장기간의 목표를 설정하고 추구하는 것을 의미한다. 즉, 장기적인 미래를 조망하면서 장기적인 목표 달성을 위한 열정과 인내를 가지는 경우 그릿의 특성을 강하게 나타낸다고 볼 수 있다.

    ㉡ **열정(passion)**: 열정은 흥미(interest)와 유사한 개념으로 사용된다.

    ㉢ **인내(perseverance)**: 어려움과 좌절을 극복해나가면서 노력을 지속하는 정도를 의미하는 것으로, 그릿이 예측하는 성공적인 결과물을 얻는 데 가장 큰 역할을 맡고 있다.

        ➡ 인내는 타율적 통제에 의해 실행하고, 외적인 보상을 기다리는 것이 아니라 자율적으로 목적을 추구하는 과정에서 생성되는 자율적인 통제과정이다.

(2) 비판

① **개념의 불완전성**: 그릿 개념이 실제로 존재하는지 여부와 측정방법의 혼란으로 연구가 어렵다.

② 그릿의 구성요인으로 목표, 열정, 인내요인의 상호 관계에 대한 모호성과 다른 유사 변인들과의 차별성 등 불완전한 부분에 대한 검토가 필요하다.

12. 학업적 자기손상화(자기불구화)와 사회적 비교

(1) 학업적 자기손상화(자기불구화) 기출 22

① **자기손상 전략(self-handicapping strategy)**: 자신의 능력을 평가받는 상황에서 미리 실패를 예상하여 실패의 원인으로 돌릴 수 있는 변명거리를 만들어서 자신을 보호하는 전략이다.

② **구분**

    ㉠ **행동적(획득된) 자기손상**: 실제 수행에 방해가 될 부적응적인 행동(例 지연행동, 성취 불가능한 목표 설정)을 하여 저조한 수행 결과를 방해행동으로 귀인하는 것이다.

    ㉡ **주장적(자기보고적) 자기손상**: 실제 수행에 영향을 미치는 부적응적인 행동을 하지 않으나, 수행의 결과가 저조할 때 변명거리를 찾는 전략이다.

③ 학업적 자기손상화(academic self-handicapping): 학업 상황에서 나타나는 자기손상화로, 이러한 전략을 사용하는 경우 일시적으로 자기가치가 손상되는 것을 막는 효과가 있지만, 장기적으로는 학업성취 및 수행의 실패로 이어지며 학교 부적응이나 학습 이탈을 초래하는 등의 문제를 발생시킬 수 있다.

ⓐ 학습 수행의 결과가 부정적일 것이라고 예상되는 상황에서 낮은 수행에 대한 변명거리를 만들어 준다.

ⓑ 타인에게 무능력함을 들키기 보다는 실패에 대한 근거를 외적인 원인으로 돌림으로써 자신의 가치를 보호하는 작용을 한다.

ⓒ 무의식적으로 발현될 수 있으며 노력 감소, 도움 요청 회피, 위험 감수 회피, 도전 포기 등의 형태로 나타나거나 지연행동, 시간소비 등의 행동으로 나타나기도 한다.

(2) 큰 물고기 작은 연못 효과(BFLPE; Big-Fish-Little-Pond Effect, Marsh 등)

① 큰 물고기 작은 연못 효과(이하 연못 효과): 학업적 자아개념은 본인의 학업적 성취뿐만 아니라 학교에 같이 다니고 있는 또래에 의해서도 영향을 받는데, 이러한 학교의 영향은 개인의 자아개념과 부적 관계라는 것이다.

② 즉, 높은 학업성취 수준을 보이는 학교에 다니는 학생은 자신이 다니는 학교보다 학업성취 수준이 낮거나 평균적인 성취를 보이는 학교에 다니는 학생들에 비해서 낮은 학업적 자아개념을 형성한다는 것이다.

③ 학교나 학급의 평균적인 성취가 높을수록 소속 학생들의 학업적 자아개념은 낮아지고, 학교의 평균적인 성취가 낮을수록 소속 학생들의 학업적 자아개념은 높아진다.

④ 한국: 한국 학생의 경우 연못 효과가 뚜렷하게 나타나지 않는데, 특이하게 성적이 높은 학교에 소속되어 있다는 것만으로도 자아개념이 손상되지 않는 후광 효과(reflected glory)가 나타나고 있기 때문이다.

(3) 자기개념과 사회적 비교

① 거울 효과(mirroring effect): 개인과 환경이 상호작용한 결과로 타인으로부터 받은 평가가 내면화되면서 자신의 이미지를 관리하는 것이다.

➡ 연못 효과에서는 거울 효과와 반대로 자아개념의 형성이 사회적 비교를 통해 나타난다고 설명한다.

② 참조체제 효과(frame of reference effect): 집단 내에서 자신의 상대적인 위치를 확인하는 것을 의미하는데, 연못 효과는 자아개념 형성 과정에서 참조체제의 효과로 인해 같은 능력의 학생이라도 속해 있는 환경에 따라서 학업적 자아개념이 증가 혹은 감소할 수 있고, 결과적으로 학업성취 또한 향상되거나 하강할 수 있다.

③ 사회적 비교

유형	내용
상향비교	• 자신보다 능력이 높은 학생과 비교하는 것 • 유사성 욕구로 능력이 높은 집단과 동일시하는 심리현상으로 인해 발생함 • 자신보다 능력이 뛰어난 대상과 자신을 동일시하는 동화로 나타나거나, 반대로 자신의 능력을 평가절하하여 인식하게 되는 대조로 나타날 수 있음
하향비교	• 자신보다 능력이 낮은 학생과 비교하는 것 • 자기고양 가설, 즉 개인의 자존감을 보호하거나 고양하기 위해 비교가 일어남 • 자신보다 능력이 떨어지는 대상과 동화하여 무기력에 빠질 수 있는 반면, 대조로 자존감의 회복이나 향상이 나타날 수도 있음

부록 1

심리검사 참고자료

표준정규분포표

Z	.00	.01	.02	.03	.04	.05	.06	.07	.08	.09
0.0	.0000	.0040	.0080	.0120	.0160	.0199	.0239	.0279	.0319	.0359
0.1	.0398	.0438	.0478	.0517	.0557	.0596	.0636	.0675	.0714	0753
0.2	.0793	.0832	.0871	.0910	.0948	.0987	.1026	.1064	.1103	.1141
0.3	.1179	.1217	.1255	.1293	.1331	.1368	.1406	.1443	.1480	.1517
0.4	.1554	.1591	.1628	.1664	.1700	.1736	.1772	.1808	.1844	.1879
0.5	.1915	.1950	.1985	.2019	.2054	.2088	.2123	.2157	.2190	.2224
0.6	.2257	.2291	.2324	.2357	.2389	.2422	.2454	.2486	.2518	.2549
0.7	.2580	.2611	.2642	.2673	.2704	.2734	.2764	.2794	.2823	.2852
0.8	.2881	.2910	.2939	.2967	.2995	.3023	.3051	.3078	.3106	.3133
0.9	.3159	.3186	.3212	.3238	.3264	.3289	.3315	.3340	.3365	.3389
1.0	.3413	.3438	.3461	.3485	.3508	.3531	.3554	.3577	.3599	.3621
1.1	.3643	.3665	.3686	.3708	.3729	.3749	.3770	.3790	.3810	.3830
1.2	.3849	.3869	.3888	.3907	.3925	.3944	.3962	.3980	.3997	.4015
1.3	.4032	.4049	.4066	.4082	.4099	.4115	.4131	.4147	.4162	.4177
1.4	.4192	.4207	.4222	.4236	.4251	.4265	.4279	.4292	.4306	.4319
1.5	.4332	.4345	.4357	.4370	.4382	.4394	.4406	.4418	.4429	.4441
1.6	.4452	.4463	.4474	.4484	.4495	.4505	.4515	.4525	.4535	.4545
1.7	.4554	.4564	.4573	.4582	.4591	.4599	.4608	.4616	.4625	.4633
1.8	.4641	.4649	.4656	.4664	.4671	.4678	.4686	.4693	.4699	.4706
1.9	.4713	.4719	.4726	.4732	.4738	.4744	.4750	.4756	.4761	.4767
2.0	.4772	.4778	.4783	.4788	.4793	.4798	.4803	.4808	.4812	.4817
2.1	.4821	.4826	.4830	.4834	.4838	.4842	.4846	.4850	.4854	.4857
2.2	.4861	.4864	.4868	.4871	.4875	.4878	.4881	.4884	.4887	.4890
2.3	.4893	.4896	.4898	.4901	.4904	.4906	.4909	.4911	.4913	.4916
2.4	.4918	.4920	.4922	.4925	.4927	.4929	.4931	.4932	.4934	.4936
2.5	.4938	.4940	.4941	.4943	.4945	.4946	.4948	.4949	.4951	.4952
2.6	.4953	.4955	.4956	.4957	.4959	.4960	.4961	.4962	.4963	.4964
2.7	.4965	.4966	.4967	.4968	.4969	.4970	.4971	.4972	.4973	.4974
2.8	.4974	.4975	.4976	.4977	.4977	.4978	.4979	.4979	.4980	.4981
2.9	.4981	.4982	.4982	.4983	.4984	.4984	.4985	.4985	.4986	.4986
3.0	.4987	.4987	.4987	.4988	.4988	.4989	.4989	.4989	.4990	.4990
3.1	.4990	.4991	.4991	.4991	.4992	.4992	.4992	.4992	.4993	.4993
3.2	.4993	.4993	.4994	.4994	.4994	.4994	.4994	.4995	.4995	.4995
3.3	.4995	.4995	.4995	.4996	.4996	.4996	.4996	.4996	.4996	.4997
3.4	.4997	.4997	.4997	.4997	.4997	.4997	.4997	.4997	.4997	.4998

■ HTP의 해석

1. HTP의 형식적 분석

(1) 검사태도와 소요시간

'성실하게 그렸는가', '긴장하면서 그렸는가', '두려워하면서 그렸는가' 등의 검사 태도는 그 자체가 의미를 가지며 피검자가 새로운 장면에 직면할 경우의 태도를 시사한다. 소요시간이 2분 이하로 짧은 경우, 30분 이상 걸리는 경우, 지시 후 30초 이상이 지나도 그리려 하지 않는 경우 그 그림이 피검자에게 특별한 의미임을 나타낸다.

(2) 크기

지나치게 큰 그림은 환경에 대한 적의와 강한 공격성을 나타낸다. 흔히 조증, 편집증, 공격적인 정신병질자와 공상에 열중하는 사람이 크게 그리며, 우울하거나 위축되어 있는 사람은 작게 그린다.

(3) 위치

극단적으로 중앙에 그리는 것은 자기중심적인 사람이다. 불안정하기 때문에 주의 깊은 통제에 의해 마음속의 평정을 유지하려고 한다. 연구결과에 의하면 전체적으로 왼편에 치우친 그림은 무의식이 강하며 내향적이고 퇴행하고자 하며 공상적인 사람이 많이 그린다. 왼편으로 치우친 그림은 충동적인 만족을 구하며, 오른편으로 치우친 그림은 지적인 만족을 구하는 것으로 본다.

(4) 필압과 선의 농담

필압은 피검자의 에너지 수준을 나타낸다. 필압이 강한 아동은 자신감이 있고, 필압이 약한 아동은 지능이 낮거나 억제가 높다. 일반적으로 필압이 강한 사람은 에너지 수준이 높고 자기주장이 강하며 적극적이고 야심적이다.

(5) 대칭성

대칭성이 없는 것은 피검자의 불안정감을 나타내며, 협응 동작이 좋지 않고 신체적 부적절감을 가지는 경우가 많다. 반면 좌우대칭성에 과도하게 집착하는 것은 경직되고 강박적이며 정서표현을 통제하고 타인에게 거리감을 두며 억압과 과도한 주지화가 강한 사람이다.

(6) 지우기

그림이 불완전한 대로 두고 지우거나 다시 그리지 않는 것은 어느 정도 거부적 반응인 반면, 다시 그리려고 하지 않으면서 그림의 어느 부분을 지워버리는 것은 그 부분과 관련하여 피검자의 갈등이 있을 수 있다.

(7) 세부 묘사

지나치게 상세히 그리는 것은 자신과 외부세계의 관계를 적절히 하는 것이 어려운 사람이다. 환경에 대해 과도한 관심을 가지고 중요한 것과 그렇지 않은 것이 잘 구별되지 않으며, 이는 흔히 강박적인 사람, 신경증적인 사람, 정서적으로 혼란된 사람에게서 흔히 나타난다. 반면 적절함이나 상세함이 결여되어 있는 경우는 에너지 수준이 낮으며 움츠러드는 경향이 있고 우울한 사람이거나 지적 결함이 있는 사람일 수도 있다.

(8) 생략과 왜곡

어떤 부분이 생략되거나 왜곡된 경우, 그 부분이 피검자에게 어떠한 갈등으로 작용하고 있음을 의미한다.

(9) 음영

그림의 일부에 보이는 음영은 그 부분과 관련된 불안과 갈등을 나타내는 경우가 많다. 지붕의 음영은 현실보다는 공상에 만족을 구하는 경향에 피검자가 갈등을 느끼는 것이며, 문의 음영은 자신이 안고 있는 외부세계에 대한 적의에 불안을 느끼고 있음을 나타낸다.

(10) 움직임

움직임이 '격렬한가 또는 적당한가', '자발적인가 또는 강제적인가', '유쾌한 것인가 또는 불쾌한 것인가'를 확인할 필요가 있다. 극단적으로 정지되고 경직된 인상을 주는 그림은 실제 성격이 경직된 것을 의미한다.

(11) 지면의 선

피검자가 불안감을 안고 있고, 틀을 만들어 그림으로써 안정감을 얻으려 한다는 점을 의미한다.

2. 집 그림의 개별적 특징

(1) 집 그림의 특징

① 집은 일반적으로 상징적인 의미에서 자신의 초상화와 관련 있다고 해석되지만 실제로는 가정생활과 가족 내 관계를 반영하는 경우가 많다. 때로 피검자의 물리적인 집을 나타낼 수도 있고 과거에 살아온 과정을 나타낼 수도 있다.

② 벽(Buck, 1948)이 집 그림의 필수적인 요소로 주장한 것은 4가지이다.
➡ 문 1개, 창 1개, 벽, 지붕

③ 6세 이상의 정상적인 지능을 가지고 있는 사람이 그림에서 이들 중 하나를 빠뜨렸다면 일시적인 지능 감퇴나 심각한 정서적 장애를 의심해야 한다.

(2) 집 그림 세부요소의 특징

① 지붕
  ㉠ 지붕은 정신생활, 특히 공상 영역을 상징한다.
  ㉡ 과도하게 큰 지붕: 환상에 과몰입되고 외부의 대인접촉으로부터 철수되어 있다.
  ㉢ 일차원 지붕: 심리적 자원이 제한적이거나 경직된 성격을 반영하는 것일 수 있다.
  ㉣ 여러 번 덧칠하거나 진하게 칠함으로써 지붕선 강조: 환상의 위협으로부터 자신을 보호하려는 것일 수 있다.
  ㉤ 처마의 강조: 과잉방어 또는 의심 많은 태도를 반영한다.
  ㉥ 바람에 휩쓸리는 지붕: 자신의 통제 밖에 있는 압력에 압도당하는 느낌이다.

② 벽
  ㉠ 자아강도(ego-strength) 및 자아의 적절성과 관련된다.
  ㉡ 흐린 벽선: 자아통제력이 약화되어 있다는 느낌을 반영하며, 벽선을 강조한 경우보다 정신병리의 표출이 임박한 경우에 나타날 수 있다.
  ㉢ 허물어지려는 벽: 자아 붕괴감을 시사한다.
  ㉣ 수평선이 강조된 벽: 환경적인 압력에 취약함을 나타낸다.

ⓜ 수직선이 강조된 벽: 공상을 통해 만족하려는 경향, 현실과의 접촉이 적음을 시사할 수 있다.

ⓗ 투명한 벽

 ⓐ 아동의 경우: 개념형성의 미성숙으로 볼 수 있다.

 ⓑ 성인의 경우: 현실검증력의 손상을 시사한다. 정신지체나 기질적 장애, 정신병에서만 볼 수 있다.

ⓢ 지면과 떨어진 벽: 비현실감이나 현실접촉력의 저하를 나타낸다.

③ 문

 ㉠ 환경과의 직접적인 상호작용을 나타내는 부분으로, 수검자의 대인관계에 대한 태도를 보여준다.

 ㉡ 문이 없음: 심리적 접근을 허락하지 않는 경향, 철수 경향, 고립감 등을 반영할 수 있다.

 ㉢ 집과 창문의 크기에 비해 작은 문: 환경과의 접촉을 꺼리는 경향, 대인관계로부터 철수, 사회적 부적절감, 우유부단 등을 시사할 수 있다.

 ㉣ 과도하게 큰 문: 타인에게 매우 의존적이며, 사회적 접근을 통해 타인에게 인상적인 존재가 되고 싶은 욕구를 나타낸다.

 ㉤ 열린 문: 외부로부터 정서적 따뜻함을 받고자 하는 강렬한 욕망을 반영한다.

 ㉥ 잠겨있는 문: 편집증적인 방어적 민감성을 나타낸다.

 ㉦ 집의 바닥선보다 높은 위치의 문: 타인이 쉽게 접근할 수 없도록 하는 시도를 나타낸다.

④ 창문

 ㉠ 환경과의 상호작용을 가능하게 하는 이차적 매개체로, 인간의 '눈'과 같은 역할을 한다.

 ㉡ 커튼 달린 창문

  ⓐ 철수 경향 또는 접근성 보류를 나타낸다.

  ⓑ 쉽고 자유롭게 그린 경우: 정상적인 가정생활을 유지한다.

  ⓒ 커튼이 닫혀져 있는 경우: 회피적 경향 또는 병리적 방어와 관련이 있다.

  ⓓ 커튼이 닫혀져 있지 않은 경우: 다소의 불안을 가지고 의식적으로 통제된 사회생활을 한다.

 ㉢ 창문 생략: 대인관계 철수 경향이나 정신증을 나타낸다.

 ㉣ 빗장이 쳐진 창문: 집이 안전하길 원하거나 집을 감옥으로 여기는 사람에게서 자주 발견된다.

 ㉤ 부분적으로 열린 창문: 대인 불안을 반영한다.

 ㉥ 지나치게 큰 욕실 창문: 배변 훈련기의 문제, 자위행위에 대한 죄책감, 충동적인 손씻기 등과 관련된다.

⑤ 굴뚝과 연기

 ㉠ 친밀한 대인관계로서의 따뜻함을 상징하거나 보다 무의식적인 면으로는 남성의 성기를 상징하기도 한다.

 ㉡ 쉽고 빠르게 그린 경우: 만족스러운 적응을 나타내는 것으로 볼 수 있다.

 ㉢ 여러 번 덧칠하거나 크기를 강조한 경우

  ⓐ 가족의 따뜻함에 관한 지나친 걱정이나 남성성에 관한 성적인 관심을 나타낸다.

  ⓑ 창조성을 활성화시키는 것에 대한 관심을 보인다.

 ㉣ 연기가 나는 굴뚝: 가정 내 긴장감을 나타낸다. 특히 강풍에 날리는 연기는 학교성적이나 사회적 동조성에 관련된 부모의 압력과 이로 인한 압박감을 대변한다.

  ⓐ 많은 양의 연기: 가정생활에서 상당한 내적 긴장과 불안을 겪고 있을 수 있다.

  ⓑ 짙은 연기: 환경적 압력을 받는 느낌을 나타낸다.

  ⓒ 한 줄로 그려진 연기: 가정생활에서 느끼는 정서적 따뜻함이 부족하다.

⑥ 진입로와 계단

    ㉠ 대인관계에 대한 접근성을 나타내는 요소이다.

    ㉡ 균형 있고 쉽게 그려진 진입로: 심리적 접근을 허락하고 정서적으로 안정되어 있으며 대인관계를 적절히 통제하고 있음을 나타낸다.

    ㉢ 매우 긴 진입로: 심리적 접근의 어려움이나 대인관계에서 거리를 두려는 경향을 시사할 수 있다.

    ㉣ 출입문 쪽으로 가면서 좁아진 진입로: 피상적인 관계만 맺으며 초연한 상태로 있기를 원한다.

    ㉤ 넓은 진입로: 사회적 접근 가능성을 나타낸다.

⑦ 기타 부속물

    ㉠ 집 주위의 수풀, 나무, 꽃 등의 다른 세부 묘사: 주의, 관심, 애정에 대한 욕구를 반영하며, 특히 튤립이나 데이지 같은 모양의 꽃은 미성숙, 퇴행을 시사할 수 있다.

    ㉡ 울타리는 방어적 심리, 태양은 의존성, 구름·지표선·그림자는 불안 등으로 해석할 수 있다.

    ㉢ 많은 나무: 강력한 의존욕구의 표현으로 해석될 수 있다.

➡ 집 그림은 환상, 자아기능, 현실접촉, 접근가능성, 문제 영역과 관련된 자화상과 과거, 현재, 미래의 가정상황에 대한 지각을 나타낸다.

3. 나무 그림의 개별적 특징

(1) 나무 그림의 특징

① 나무: 보다 본질적이고 생물학적 속성을 가진 것으로 심층적이고 무의식적인 자기상을 대변한다. 그림 자체가 자신을 덜 나타내는 것으로 보이므로 방어가 덜 필요하고, 따라서 깊이 숨은 무의식적인 부정적 내용이 더 잘 투사된다.

② 해머(Hammer, 1958): 사람들이 나무를 그릴 때 가장 감정이입적인 동일시를 느낀다. 또한 자신을 직접 드러 낸다는 느낌이 적어 상대적으로 다른 상징보다 깊고 지속적이며 무의식적인 감정과 갈등을 반영한다.

③ 나무에 대한 해석: 전체적·직관적 수준에서 이루어져야 한다. 나무 그림에 대한 전체적인 인상은 집과 사람 그림에서보다 중요한 경우가 많다. 즉, 가장 심층적인 분석은 집이나 사람보다 나무 그림에서 얻어진다.

④ 나무를 그릴 때 피검자는 수많은 나무 중에서 공감적으로 가장 동일시할 수 있는 나무를 기억해낸 뒤 자신의 내적인 감정을 실어 재창조하여 그리며, 나무를 그리는 동안은 일단 그곳에서 떨어져서 나무를 관찰하면서 그리게 된다. ➡ 환경 속의 나무는 환경 맥락 속의 자화상이다.

⑤ 코흐(Koch): 뿌리에서 가지까지 나무의 발달은 심리적 생활사(psychological life history)에 비례한다. 초기 경험의 흔적은 몸통 아래에서 나타나고, 보다 최근의 것은 가지 위쪽에 나타난다. 나무 몸통의 흉터가 아래 일수록 외상적 경험이 초기이다.

⑥ 트렁크: 자아 강도를 반영한 것으로 기초적인 힘이나 내적인 힘을 나타낸다.

⑦ 가지: 환경으로부터 만족을 얻어내는 능력을 가리키며, 인물화의 손과 팔에 상응하는 의미를 가진다.

⑧ 전체적인 통합 정도: 내적인 균형감을 나타낸다.

⑨ 비바람이나 폭풍우에 부러진 나무: 치명적인 환경의 압력을 반영한다.

(2) 나무 그림 세부 요소의 특징

① 기둥(둥치, trunk)

㉠ 수검자의 자아 강도, 심리적 힘, 심리적 발달에 대한 지표를 제공한다.

㉡ 거대한 기둥: 공격적 경향이나 강한 주장성을 나타낸다.

㉢ 작고 가느다란 기둥: 자아에 대한 부적절감, 취약감을 반영한다.

㉣ 가지와의 관계

　ⓐ 매우 가느다란 기둥에 큰 가지 구조: 과도한 만족추구 행동으로 불안정한 적응상태에 있을 가능성이 시사될 수 있다.

　ⓑ 짧은 기둥에 매우 큰 수관: 자기확신, 자신감, 야망, 성취욕구 등과 관련된다.

　ⓒ 긴 기둥에 작은 수관: 아동이나 발달지체, 신경증적 퇴행이 있을 수 있다.

㉤ 기둥에 옹이를 그림: 외상적 경험(옹이가 뿌리에 가까울수록 어린 나이의 심리적 외상)과 관련 있다.

㉥ 상처 난 기둥: 외상적 경험을 반영하는 것일 수 있다.

㉦ 바람에 꺾인 기둥: 외부로부터 압력이나 긴장감이 주어지고 있는 상태로 볼 수 있다.

㉧ 사과나무: 떨어진 사과를 같이 그린 경우에는 거절당한 느낌을 반영한다.

㉨ 몸통에 구멍이 뚫리고 그 안에 벌레나 동물이 있는 경우

　ⓐ 성격의 일부가 통제력을 상실하고 붕괴될 가능성이 있음을 느끼는 환자로, 강박적 죄의식을 반영하며 주로 성인에게서 나타난다.

　ⓑ 나무보다 벌레에 자신을 투영하는 경향이 있다. 따뜻하고 보호받던 자궁 내적 존재로의 퇴행적 염원을 담고 있으며, 주로 아동에게서 나타난다.

　➡ 번스(Burns): 정확한 해석을 위해서는 그림 후 질문(post drawing inquiry)이나 다른 자료를 참고해야 한다. 가장 흔하게 보이는 동물은 다람쥐인데, 다람쥐는 '비축 행동'을 하는 동물이므로 안전감을 걱정하는 사람이 자주 그린다. 이외의 동물(圓 쥐)을 그리는 경우는 흔치 않으므로 자세한 탐색을 요한다.

② 뿌리(root)

㉠ 피검자의 성격적 안정성, 안정에 대한 욕구, 현실과의 접촉 정도를 알려준다.

㉡ 뿌리를 강조하는 경우: 현실접촉을 과도하게 염려하는 상태를 반영한다.

㉢ 죽은 뿌리: 현실과 접촉할 능력을 상실했다는 느낌, 심각한 정신병리 상태임을 시사할 수 있다.

㉣ 뿌리에 음영: 불안이나 불안정감을 경험할 가능성이 높다.

㉤ 독수리 발톱모양으로 땅을 움켜쥔 뿌리: 현실접촉이 상실될지 모른다는 위기감을 나타낸다.

㉥ 땅속으로 투명하게 보이는 뿌리: 명백한 현실검증력의 손상을 반영하는 것으로, 평균 이상의 지능을 가진 성인이라면 정신분열증적 과정이 있을 가능성이 높다.

㉦ 종이 밑을 지평선으로 사용한 나무 그림(paper based tree): 부적절감과 관련된 고통을 반영한 것으로, 이들은 안전감을 확보하기 위한 보상적 조력으로 바닥에 매달린다.

③ 가지(branch)

㉠ 환경으로부터 만족을 구하고 타인과 접촉하며 성취를 향해 뻗어나가는 피검자의 자원을 나타낸다.

㉡ 보다 무의식적 수준에서의 나뭇가지는 사람의 팔에 해당된다.

　➡ 해머, 코흐, 벅: 타인과의 접촉 및 환경으로부터의 만족과 성취를 구하는 데 필요하다고 여겨지는 개인의 주관적인 내적 자원을 표상한다.

ⓒ 가지 구조가 원근에 따라 두껍고 얇게, 융통성 있게 조화되며 둥치와 적절한 크기로 조화를 이룬 형태가 가장 바람직하며, 이는 스스로를 환경으로부터 만족을 얻는 능력이 높다고 느끼고 있음을 반영한다.

ⓔ 부러지거나 잘린 가지: 외상적 경험을 나타낸다.

ⓜ 밑으로 향하는 가지: 환경적 압력에 대처해나갈 수 없다는 느낌을 나타낸다.

ⓗ 가지 없음: 대인관계에서 즐거움을 얻지 못하거나 타인과 어울리는 데서 만족을 얻지 못하고 있음을 시사할 수 있다.

ⓢ 얇고 매우 짧은 길이의 잘린 가지: 자살 경향성을 나타낸다.

ⓞ 끝부분이 열린 2차원 가지: 부적절한 정서통제 경향을 나타낸다.

ⓙ 태양을 향해 호소하는 듯 뻗어 있는 가지: 애정 욕구의 좌절을 겪은 아동에게서 보인다. 권위적인 대상으로부터 따뜻함을 구하는 경우이다.

ⓩ 뾰족한 가지 끝을 구름 같은 잎이 감싸고 있는 그림: 공격성이 있으나 외부로 방출하지 않고 자기 자신에게 벌을 주는 경향을 나타낸다.

ⓚ 크고 낮게 드리워진 해 아래 비틀어진 나무: 부모나 다른 권위적 인물의 지배로부터 고통스러운 느낌을 표현하는 피검자에게 보인다.

④ 수관(crown)

㉠ 잎은 자신의 생산성에 대한 느낌이나 성취 욕구 등과 관련이 있으며, 내적 공상이나 사고의 영역으로 해석되기도 한다.

㉡ 납작한 모양의 수관: 환경적 압력에 대한 느낌, 부적절감, 무망감 등을 고려할 수 있다.

㉢ 구름 같은 모양의 수관: 공상을 적극적으로 하는 경우나 낮은 에너지 수준, 현실부정을 생각할 수 있다.

㉣ 아무렇게나 그린 선에서 뒤범벅된 수관: 혼란되어 있거나 흥분, 충동성, 정서적 불안정 등을 고려할 수 있다.

㉤ 수관에 음영을 그린 경우: 대인관계가 피상적일 수 있으나 정상적이고 재치 있는 경우도 있다.

⑤ 잎

㉠ 많은 잎: 생산적이고 효과적으로 보이고 싶은 욕구이거나 강박적 경향을 나타내기도 한다.

㉡ 잎 생략: 내적 황폐나 자아통합의 어려움을 시사할 수 있으나 계절을 감안하여 해석하는 것이 좋다.

㉢ 떨어져 있거나 떨어지는 잎: 자신의 능력이나 생산성에 대한 회의감을 경험할 수 있으며, 그로 인해 사회적 요구에 순응하거나 충족시킬 수 없다는 느낌을 반영한 것일 수 있다.

㉣ 끝이 뾰족한 잎: 공격적 혹은 행동화 경향을 나타낸다.

⑥ 나무껍질

㉠ 껍질을 쉽고 수월하게 그렸다면 정상적인 것으로 볼 수 있다.

㉡ 불연속적으로 그려지거나 강조된 껍질: 불안을 나타낸다.

㉢ 지나치게 꼼꼼하게 그려진 껍질: 환경과의 상호작용에 과도하게 염려하는 강박적 경향을 나타낸다.

⑦ 나무 그림의 주제

㉠ 사과나무(과일나무)

ⓐ 성인: 미성숙이나 퇴행을 나타내며 임산부에게서 흔하다.

ⓑ 아동: 의존욕구나 애정욕구를 나타낸다.

ⓒ 떨어진 사과: 거부당한 느낌을 나타낸다.

ⓛ 버드나무: 우울감을 나타낸다.

ⓒ 크리스마스 나무: 의존욕구를 나타낸다.

ⓔ 죽은 나무

  ⓐ 심한 절망감이나 부적응 및 병적 적응상태를 반영한다.

  ⓑ 기생충, 바람, 번개 등에 의해 죽었다는 식으로 외현화하면 외상 경험의 가능성을 살펴봐야 한다.

  ⓒ 뿌리나 기둥, 가지가 말라죽었다는 식으로 내재화하면 부적절감이 깊을 가능성이 있다. 병리가 더욱 깊을 수 있음을 고려해야 한다.

ⓜ 개가 오줌을 누는 나무: 공격적 성향을 나타내거나 끝없는 자존감의 하락을 나타낸다.

ⓗ 열쇠 구멍처럼 생긴 나무: 반항적이고 적대적인 충동을 나타낸다. 검사에 협조적이거나 동기가 적을 수도 있고, 잠재적으로 정서적 폭발의 가능성이 있는 경직된 성격을 지닐 수도 있다.

ⓢ 언덕 꼭대기에 홀로 서 있는 나무: 과대감, 우월감이나 고립감 또는 자율성을 위한 노력을 나타낸다.

4. 사람 그림의 개별적 특징

(1) 사람 그림의 특징

① 자신과 환경과의 관계에 대해 보다 의식 수준에서 드러나는 문제를 반영한다.

② 부적절감이 큰 사람이 실패에 대한 공포를 가장 잘 느끼는 검사이므로, 피검자로부터 가장 많이 거부당하는 검사이며 정서적 지지가 필요한 검사이기도 하다.

③ 인물화는 심리적인 자화상으로서 의식적인 자기모습이다.

  ㉠ 청소년기: 이상적 자화상을 그리는 경우가 많다.

  ㉡ 비만인의 경우: 가늘게 이상적 자화상을 그리는 것이 예후가 낮다.

  ㉢ 아동의 경우: 주변 인물로 부모의 이미지를 그리는 경우가 많은데, 이는 아이가 삽입한 부모의 특질을 묘사하는 경우가 많다.

(2) 사람 그림의 세부 요소별 특징

① 머리(Head)

  ㉠ 자아(self)의 자리이며, 지적·공상적 활동, 충동과 정서통제, 사회적 의사소통 등의 중추이다.

  ㉡ 정상인은 머리와 얼굴에 중점을 두고 그리는 반면, 우울하거나 철수되어 있거나 신경증적인 문제가 있는 등의 부적응적인 사람은 그렇지 않은 경향이 있다.

  ㉢ 큰 머리: 공상에 몰두하는 경향, 과잉사고, 편집증 등을 시사할 수 있다.

  ㉣ 작은 머리: 지적·사회적 부적절감, 무능감, 열등감 등을 시사할 수 있으며 피하고 싶은 생각의 억압, 부인을 나타낼 수도 있다.

② 얼굴

  ㉠ 개인적 만족이나 불만족을 전하고, 상호 의사전달을 할 수 있는 중추이다.

  ㉡ 이목구비 생략: 대인관계에서 마찰이나 갈등이 있고 이러한 문제를 회피하거나 피상적으로 처리하는 경향이나 과도한 경계심과 공격충동이 있을 수 있고 심리치료 예후가 좋지 않을 가능성도 있으며, 정신증이나 기질적 장애가 나타날 수 있다.

  ㉢ 이목구비는 강조했으나 신체부위는 흐릿한 경우: 열등감에 대한 보상적 방안으로써 습관적으로 공상에 의존하는 경우나 신체부위, 기능에 수치심 또는 열등감이 있는 경우일 수 있다.

ⓔ 입: 관능적 만족의 원천으로, 구강적 욕구와 공격성의 상징이다.
　　ⓐ **입의 강조**: 어린아이, 퇴행, 알코올 중독자와 관련이 있다.
　　ⓑ **과도한 강조**: 식욕 상실, 위장장애, 구강 공격성과 관련된다.
　　ⓒ **생략**: 구강 공격성에 대한 죄책감, 타인과의 의사소통이 어려움, 애정욕구의 거부와 관련이 있다.
　　ⓓ **성인이 치아를 그림**: 유아적 구강 공격성과 관련이 있다.
　　ⓔ **짧고 진한 선으로 그려진 입**: 강한 공격 충동을 반영한다.
ⓜ 입술
　　ⓐ **남자가 두툼한 입술을 그림**: 나약, 우유부단과 관련이 있다.
　　ⓑ **정교한 입술 묘사와 짙은 화장을 한 듯한 그림**: 구강애적 경향을 나타낸다.
ⓗ 턱: 전형적으로 힘과 결단력을 상징한다.
　　ⓐ **큰 턱**: 강한 욕구, 공격적 경향, 유약함과 우유부단에 대한 보상과 관련이 있다.
　　ⓑ **자주 지우거나 강조되거나 튀어나온 턱**: 유약, 우유부단, 책임지는 것을 두려워하는 경향 등이 있으며, 사회적으로 강하고 우월해지려는 강한 욕구를 시사하기도 한다.
ⓢ 눈: 외부세계와의 접촉을 위한 가장 기본적인 기관으로, 환경에 대한 예민성 등과 관련하여 집 그림의 창문과 유사한 의미를 갖는다.
　　ⓐ **눈동자 없이 원모양으로 그림**: 자기중심적, 미성숙, 퇴행, 히스테리적 성향과 관련이 있다.
　　ⓑ **강하게 점으로 그림**: 관계망상이나 편집증과 관련이 있다.
　　ⓒ **눈을 강조**: 공격성이나 편집증과 관련 있다.
　　ⓓ **큰 눈**: 정보를 얻고자 세계를 자세히 조사하는 성향 또는 편집증적 경향과 관련이 있다.
　　ⓔ **작거나 감은 눈**: 정보를 배제하려고 하고 걱정에 사로잡혀 있다거나 자신이 본 것에 대한 죄책감을 나타내기도 한다.
　　ⓕ **눈 생략**: 관음증 또는 환시의 가능성이 있다. 조현병과도 관련이 있으며, 아동의 경우 부적응 상태를 나타낼 수 있다.
ⓞ 귀: 외부환경과의 접촉수단으로, 청각적 정보의 수용 민감성과 관련이 있다.
　　ⓐ 귀는 대부분 잘 그리지 않는 경향이 있다.
　　ⓑ **귀의 강조나 확대**: 사회적 비평에 대한 과민성, 청각 영역에서의 기질적 손상 가능성, 환청, 관계망상과 관련이 있다.
　　ⓒ **귀걸이**: 노출증적 경향이나 과시적 경향과 관련이 있다.
ⓩ 머리카락: 육체적 욕구와 관련 있으며, 간접적으로는 성적 에너지를 나타내기도 한다.
　　ⓐ **지나치게 강조**: 공격성, 주장성, 자기애적 경향과 관련이 있으며 사고 또는 공상에의 몰두를 반영하기도 한다.
　　ⓑ **생략**: 성적 부적절감, 정신분열증과 관련이 있다.
　　ⓒ **턱수염, 구렛나루 등 얼굴의 털**: 성적 부적절감이나 남성다움의 대한 회의와 관련이 있다.
ⓩ 코: 일차적으로 성적 상징으로 생각되지만 주장성, 공격성과도 관련이 있다.
ⓚ 목: 신체(충동)와 머리(지적 통제)의 연결 부위로서 의미가 있다. 길고 가는 목은 신체적 허약함, 열등감, 이성과 감정을 분리하는 경향을 반영할 수 있고, 짧고 굵은 목은 충동성이나 사고 부족을 시사할 수 있다.

③ 사지

   ㉠ 팔: 물리적 환경의 통제자로서 자아 발달과 환경과의 접촉, 대인관계, 사회적 적응을 나타낸다.

      ⓐ 짧은 팔: 환경과의 접촉이 제한되어 있다는 느낌이나 수동 의존성을 반영한다.

      ⓑ 긴 팔: 환경을 통제하려는 시도, 성취욕, 획득욕, 자율성에 대한 욕구와 관련이 있다.

      ⓒ 길고 약한 팔: 수동성과 의존욕구를 시사한다.

      ⓓ 팔의 생략: 죄책감, 심한 우울증을 시사한다.

      ⓔ 길이가 다른 팔: 손으로 하는 활동에 대한 불안을 나타낸다.

      ⓕ 뒷짐 진 팔: 의심이 많고 적대적이며 공격성을 경직되게 통제하려는 욕구를 나타낸다.

   ㉡ 손

      ⓐ 흐릿하고 분명치 않은 손: 사회적 접촉이나 생산 활동에서의 자신감 결여를 나타낸다.

      ⓑ 손을 주머니에 넣고 있는 것: 갈등이나 죄책감에 대한 회피의 표현일 수 있다.

      ⓒ 극단적으로 큰 손: 부적절감에 대한 보상이나 충동성을 나타내기도 한다.

      ⓓ 작은 손: 불안정과 무력감을 반영한다.

      ⓔ 주먹 쥔 손: 억압된 공격성을 반영한다.

      ⓕ 손 생략: 정상인에게 자주 나타나지만, 심리적 문제의 가능성이 있다.

   ㉢ 손가락: 환경과의 실제 접촉지점이자 조작 도구로 건설, 파괴, 공격에서 잠재력을 가진다. 손가락은 중요한 부분으로, 아동의 경우 손보다 손가락을 먼저 그리는 경우도 있다.

      ⓐ 손이 없이 손가락만 그림: 유아적 공격성을 나타낸다.

      ⓑ 매우 큰 손가락: 공격성과 관련이 있다.

      ⓒ 심하게 덧칠 또는 강조된 손가락: 절도, 자위행위와 관련된 죄책감을 반영한다.

      ⓓ 꽉 쥔 주먹과 팔이 몸 밖으로 뻗어 있는 경우: 청소년 범죄자, 반항적인 행동이 곧 터져나올 가능성을 시사한다.

      ⓔ 꽉 쥔 주먹과 팔이 몸에 붙어 있는 경우: 억압된 내적 반항을 나타낸다.

      ⓕ 5개 이상의 손가락: 욕심 많은 성격, 야심, 공격성 등과 관련이 있다.

      ⓖ 5개 미만인 손가락: 의존, 무력감과 관련이 있다.

   ㉣ 다리와 발: 신체 및 균형을 유지하는 기능을 하며 안정감, 불안정감, 신체적·심리적 이동성과 관련된다.

      ⓐ 매우 긴 다리: 자율성에 대한 갈구와 관련이 있다.

      ⓑ 매우 짧은 다리: 위축 및 비자율성과 관련이 있다.

      ⓒ 매우 큰 발: 과도하게 안정감을 추구하는 경향과 관련이 있다.

      ⓓ 매우 작은 발: 불안정감, 위축, 의존성을 나타낸다.

      ⓔ 발 생략: 무기력감, 속박감, 자율성 부족을 나타낸다.

   ㉤ 그 외 신체 부위

      ⓐ 몸통: 기본 추동과 관련이 있다. 매우 큰 몸통은 욕구와 충동의 불만족, 매우 작은 몸통은 욕구의 거부나 열등감, 가는 몸통은 신체적 허약이나 심리적 취약감을 나타낼 수 있다.

      ⓑ 젖가슴: 강한 구강기적 의존욕구와 관련된다. 지나치게 강조하여 그린 경우 심리성적·정서적 미성숙을 시사하며 정신증도 고려해야 한다.

ⓒ 어깨: 신체적 힘에 대한 욕구를 보여준다. 떡 벌어진 어깨를 그리는 청소년은 신체적 부적절감을 과잉보상하려는 시도를 하는 것일 수 있으며, 좁은 어깨는 열등감을 반영할 수 있다.

④ 인물에 대한 조망
  ㉠ 일반적으로 정면을 바라보는 모습을 그린다.
  ㉡ 옆모습: 대인관계에 회피적인 경향이나 조심스러움, 부적응, 철수, 반항성 등으로 나타날 수 있다.
  ㉢ 뒷모습: 편집증 경향이나 반사회적 경향을 고려할 수 있으며 정신증일 가능성도 있다.

⑤ 의상
  ㉠ 옷 일반
    ⓐ "옷을 입히느냐?" 라는 질문을 하는 경우: 과도하게 신체를 의식하여 괴로움을 느끼는 사람에게서 나타날 수 있는 반응이다.
    ⓑ 옷을 너무 많이 입히거나 꾸미는 것: 피상적이고 외향적 성격, 사회적 지지에의 강한 욕구, 자기중심적·유아적 경향을 시사할 수 있다.
    ⓒ 몸이 투명하게 비치는 옷: 관음증, 노출증이나 성격장애, 정신증, 기질적 장애 등을 고려해야 한다.
  ㉡ 단추: 모성 의존을 나타낸다.
    ⓐ 단추 강조: 특히 덧칠을 하거나 부적합한 위치일 때 의존성과 퇴행이 시사될 수 있다.
    ⓑ 단추가 가운데에 위치하고 줄줄이 강조되는 경우: 자기중심성과 관련이 있다.
  ㉢ 주머니: 사적 소유물을 보관하는 장소로, 물질적·애정적 박탈과 관련이 있다.
    ⓐ 주머니 강조: 유아적이고 의존적인 경향을 반영한다. 특히 어머니에 대한 정서적 의존성과 관련 있을 수 있다.
    ⓑ 가슴 위의 주머니: 구강 의존적인 경향과 관련이 있다.
  ㉣ 넥타이: 일차적으로 성적 상징으로 알려져 있으나 사회적·직업적 성취와도 관련된다.

⑥ 기타
  ㉠ 막대 같은 모습이나 추상화적인 묘사: 회피의 지표로, 불안정하고 자기회의적인 사람에게 자주 나타난다.
  ㉡ 광대, 만화 또는 바보 같은 모습: 자신에 대한 경멸과 적대감을 나타내며, 거부당했다고 느낀 청소년에게 흔히 나타난다.
  ㉢ 여성상을 마녀 같이 그림: 여성에 대한 적대감과 관련이 있다.
  ㉣ 의자에 앉은 사람: 에너지 고갈과 관련이 있다.
  ㉤ 공격적이고 유인원 같은 원시인: 강간범에게 흔하다.
  ㉥ 마네킹 같은 사람: 의인화 경향과 관련이 있다.
  ㉦ 기대거나 누운 사람: 타인의 인정과 지지를 받고 의존하고 싶은 욕구와 관련이 있다.
  ㉧ 자기 초상
    ⓐ 인물화에는 신체적 자아나 심리적 자아가 표현되어, 어떤 경우 놀랄 만큼 내담자와 그가 그린 그림이 닮기도 한다.
    ⓑ 평균 이하의 지능을 가진 피검자는 대개 자신의 신체적 이미지나 결점을 투사한다.
    ⓒ 생리적·신체적·심리적 약점을 투사하여 넓고 근육질의 어깨를 가진 매혹적인 모습을 그리기도 한다.

5. 해머(Hammer)의 HTP에 나타나는 기질적 장애의 신호들(1978)

- 정확한 대칭성의 지나친 강조
- 분절(segmentation)
- 과도한 단순화, 일차원적 표현(선 그림)
- 필수적인 세부 묘사 생략
- 보속적인 경향성(perseveration)
- 무기력(impotency)
- 지나치게 강한 필압
- 과도한 소요시간
- 그림 그리는 방식이 경직되고, 각 부분이 잘 통합되지 못한 경우
- 질문 시 추상적인 대답을 못하는 경우 또는 부적절한 대답을 하는 경우
- 그림의 질은 매우 저하되어 있는데 질문에 대한 언어적 표현은 우수한 경우
- 사람에 비해 집이나 나무 그림의 질이 매우 저하된 경우
- 사람의 머리가 크게 과장되거나 머리, 목 부분의 왜곡이 심한 경우
- 폐쇄곤란(closure difficulty), 특히 몸통을 완성하지 못한 경우

6. DAP(Draw a Person)

(1) 특징

유아는 쓰기 전에 그리기 기술부터 발달하므로, 인물화검사는 지능과 성격의 지표(indicator)로서 지적인 통제가 시작되기 전에 정착된 성격의 원초적인 층을 다룬다.

(2) 장점

① 간단하고 쉽다.
② 빨리 실시할 수 있다.
③ 몇 안 되는 그림검사 중 하나이다.
④ 외적 자극이나 구조가 없는 유일한 투사검사이다.
⑤ 자기개념, 성격양식, 갈등 영역에 관련된 많은 정보를 제공한다.
⑥ 연령이나 지능의 제약을 덜 받는다.
⑦ 억제적이고 말없는 환자(언어, 교육, 문화 철회 성향)에게 유리하다.
⑧ 회피적이거나 방어적인 사람의 경우 그림의 의미가 불분명하므로 통제가 적다.
⑨ 자주 실시할 수 있다.
⑩ 특정한 갈등 영역을 지켜볼 수 있다.

KFD의 해석

1. KFD의 구조적 해석

(1) 번스(Burns)와 카우만(Kauman): KFD의 객관적인 평가를 위해 활동(action), 양식(style), 상징(symbol)의 세 영역에 바탕을 둔 해석체계를 발전시켰다.

(2) 해석 시 가장 먼저 고려할 요소: '가족 구성원을 어떻게 그렸는가' 하는 것이다.

① 자주 지웠는지, 신체부위 중 생략된 것은 없는지, 팔·다리의 길이는 적절한지, 가족 구성원 중 안 그린 사람이 있거나 가족이 아닌 다른 사람을 그리지 않았는지 등을 관찰한다.

② 특정 가족원을 그리지 않은 경우: 그 가족 구성원에게 가지는 아동의 태도가 부정적인 경우가 많다.

③ 자신을 빠뜨리고 그린 경우: 자기가치감과 자존감이 낮은 경우가 많고, 특히 우울한 아동에게 자주 관찰된다.

(3) 인물의 활동(action)

① 그려진 가족의 모두가 상호작용을 하고 있는지, 일부만 상호작용을 하고 있는지, 상호작용이 없는지에 따라 아동이 지각하는 가족의 역동성을 살펴볼 수 있다.

> 예 • 형과 권투를 하는 그림이나 아버지와 야구를 하는 그림 등에는 상호작용이 드러나 있지만, 앉아서 서로 다른 방향을 보고 있는 그림에서는 낮은 수준의 상호작용을 고려해볼 수 있다.
> • 자신이 아버지와 공 던지기를 하는 그림을 그린 아동의 작품을 보면 공이라는 사물을 개입시켜 아버지와 자녀 사이의 경쟁, 갈등, 회피 등을 상징적으로 표현하고 있음을 알 수 있다.

② KFD에서 자주 묘사되는 각 가족의 개인적 행동

ㄱ 아버지의 행동: 'TV를 본다', '신문을 읽는다', '식사를 한다', '일한다', '담배를 피운다'로 표현한다.

ㄴ 어머니의 행동: 'TV를 본다', '청소를 한다', '식사를 한다', '밥을 한다', '빨래를 한다'로 표현한다.

ㄷ 남자형제 행동: 'TV를 본다', '식사를 한다', '컴퓨터 게임을 한다', '만화책을 본다'로 표현한다.

ㄹ 여자형제 행동: 'TV를 본다', '식사를 한다', '청소를 한다' 등으로 표현한다.

③ KFD의 일반적 행동의 출현빈도가 높은 것은 가족이 단란할 때이다. 가족은 안식이나 휴식을 제공하는 장소이며 교육하거나 영양을 섭취할 수 있는 곳이라는 이미지가 뿌리깊게 자리잡혀 있었다. 하지만 어려움을 가진 가족의 경우 휴식, 교육, 양육의 장소로 표현되는 일반적인 행동의 출현이 낮거나 그와 같은 행동이 왜곡되어 표현되기도 한다.

④ 동적 가족화에 그려진 가족 간의 행동을 통해 그리는 사람의 가정 내의 위치나 역할을 추론할 수 있다. 어린 아동의 경우 부모와 같이 놀거나 산책하는 것이 많이 그려지며, 초등학생의 경우 상호작용 속에서 게임이나 운동이 자주 나타난다. 그러나 일반적으로 유아에서 성인에 이르기까지 가족이 직접적으로 상호작용하는 것을 그리는 경우는 그다지 많지 않다.

⑤ 가족이 서로 상호작용하는 장면이 직접적으로 표현되는 경우에는 두 사람의 협조, 화합, 대결, 공격, 회피 등이 반영되어 있다고 추론할 수 있다.

> 예 가족끼리 공던지기 놀이를 하면 그들 사이에 경쟁심이 있다고 볼 수 있으며 공을 직접 던지는 행동은 분노가 내재되어 있고, 공이 머리 위에 멈추어 있으면서 던지지 않을 때에는 경쟁심의 금지, 다른 사람과의 접촉 금지나 접촉할 능력이 없다는 점을 시사할 수 있다.

(4) 양식(style)

① 양식은 가족 구성원과 사물의 위치를 용지 안에서 어떻게 구성하는지를 의미한다.

② **일반적 양식**: 긍정적이고 온정적인 상호작용을 하는 그림을 그린다. 기리감을 느낄 수 있는 사물이나 벽이 존재하지 않고 가족 간에 친밀감이 있으며, 온정적인 상호작용을 경험하는 아동에게서 보인다.

③ **구획화(구분화)**: 직선이나 곡선을 이용하여 인물들을 의도적으로 분리되게 그리는 경우이다.

    ㉠ 적극적인 애정표현이 이루어지지 않거나 가족 간의 응집력과 상호작용이 부족한 경우가 많다.

    ㉡ 외롭거나 억압된 분노감이 있는 아동에게서도 자주 그려진다.

    ㉢ 일반적으로 가족 구성원으로부터 자신과 감정을 철회하고 분리하려는 욕구를 드러내는 것으로 해석된다.

④ **포위**: 가족 구성원 중 한 명 이상을 선으로 둘러싸이게 그리는 경우이다. 포위시킨 가족 구성원은 아동에게 위협적인 대상으로서 분리하거나 제외하고 싶은 욕구가 표현된 것으로 해석되기도 하고, 가족관계에서 포위한 대상과 정서적으로 단절되어 있을 가능성이 있다.

⑤ **가장자리**: 그림의 가장자리 부분에 나열하여 그리는 경우로, 이러한 그림을 그린 아동은 상당히 방어적이고 가족 내에서 느끼는 문제를 회피하려는 경향이 강하다. 또한 다른 가족 구성원과 친밀한 관계를 맺는 것에 저항을 보일 가능성이 높다.

⑥ **인물 아래의 선**: 특정 인물의 밑에 선을 긋는 경우로, 보통 아래에 선이 그어진 대상에 대해 불안감이 있는 아동에게서 나타난다.

⑦ **상부의 선**: 용지의 윗부분에 한 개 이상의 선을 그리는 경우이다. 가정 내에서 안정감이 부족하거나 불안, 걱정, 위기감을 느끼는 아동에게서 보인다.

⑧ **하부의 선**: 기저선과 같이 한 개 이상의 선을 종이의 하단을 따라 그린 경우이다. 가정이 아동에게 안정감을 제공하지 못하거나 정서적으로 지지 또는 인정받지 못하는 경우 이러한 기저선은 안전욕구를 의미한다.

(5) 상징(symbol)

① 상징을 고려할 때 염두에 둘 점은 지나친 해석을 하지 않는 것이 중요하다는 점이다. 상징을 해석할 경우 KFD 전체 맥락과 그림을 그린 피검자에 관한 자료를 통합하여 활용해야 한다.

② 비교적 많이 그려지는 사물의 상징

    ㉠ **TV**: 가족의 단란 또는 가족끼리 의사소통의 매개물이다.

    ㉡ **부엌**: 어머니의 양육 욕구 또는 애정표현이다.

    ㉢ **신문**: 지적, 정보에 대한 관심, 합리화된 자기방어를 뜻한다.

    ㉣ **식탁**: 가족관계의 매개물이다.

    ㉤ **이불, 침대**: 우울감을 나타낸다.

    ㉥ **청소기, 빗자루**: 집 안 정리정돈에 대한 관심, 타인에 대한 지배욕, 합리화된 자기주장 등을 나타낸다.

    ㉦ **자동차**: 다른 가족과의 물리적·심리적 거리를 뜻한다.

    ㉧ **열(태양, 불 등), 빛(전구, 램프, 조명 등), 난방(다리미질)**: 따뜻함이나 애정에 대한 욕구, 불에 대한 주제를 가진 사물은 분노나 파괴 경향을 나타내기도 한다. 특히 애정이 충족되지 않은 경우 이러한 파괴 경향과 연결된다. 난로는 양육 욕구와 관계가 있다.

    ㉨ **냉장고**: 애정 박탈과 박탈에 대한 우울반응을 나타낸다.

    ㉩ **칼, 바늘**: 이 같은 도구가 인물과 직접 관계하고 있을 때는 분노를 표현하는 것이며, 간접적일 때는 수동적 공격으로 볼 수 있다. 가정 내의 거부적 분위기를 나타내기도 한다.

ⓗ 물과 관련된 주제: 바다, 연못, 수영장 등으로 판타지나 강한 우울증의 경향을 보인다.

2. 역동성

⑴ 인물묘사의 순서

① 가족을 그린 순서: 아동이 지각한 가족 내 힘의 서열이나 아동에게 중요한 대상의 순서를 반영하기도 한다.

② 가족 이외의 인물을 먼저 그린 경우: 가족 내 소속감이나 유대감이 형성되어 있지 않을 가능성이 많다.

⑵ 인물상의 위치

① 용지 상단: 가족 내에서 가족을 이끌어가는 주도적인 인물일 가능성이 높다.

② 용지 하단: 우울하거나 활력이 부족한 인물일 가능성이 높다.

③ 용지 중앙: 실제로 가족의 중심인물인 경우가 많다.

④ 용지 우측: 외향성, 활동성과 관련이 있다.

⑤ 용지 좌측: 내향성, 침체성과 관련이 있다.

⑥ 성별에 따른 차이: 일반적으로 남아는 자기상을 우측에, 여아는 좌측에 그리는 성향을 보인다.

⑶ 인물상의 크기

① 크기는 가족 구성원의 실제 키를 반영하거나 그 가족원에 대해 지닌 감정과 태도를 나타낼 수 있다.

② 가장 크게 그려진 인물: 존경받거나 권위 있는 대상으로 가정의 중심적 위치에 있을 가능성이 높다.

③ 가장 작게 그려진 인물: 가족에게 무시당하는 위치에 있을 가능성이 높다.

⑷ 인물상의 거리

① 거리는 아동이 지각하는 가족 구성원 간 친밀도나 심리적 거리를 나타내는 것으로 해석될 수 있다.

② 인물상이 방해물 없이 가깝게 그려진 경우: 두 가족원이 서로 친밀함을 의미하는 것일 수 있고, 반대로 두 가족원 간에 정서적 거리감이 존재하여 보상하고자 하는 표현일 수 있다.

③ 거리가 멀게 그려진 두 인물의 관계는 실제의 상황에서도 상호작용이 별로 없어 친밀감의 경험이 부족하고 심리적인 거리감을 느끼고 있을 가능성이 높다.

⑸ 인물상의 방향

① 정면: 아동이 긍정적으로 지각하는 대상이다.

② 뒷모습: 아동이 부정적인 태도와 억압된 분노감을 가지는 대상이다.

③ 옆면: 양가적인 태도를 가지고 있음을 나타낸다.

⑹ 인물상의 생략

① 특정 인물을 빼고 그렸거나 그렸다 지운 흔적이 있는 경우: 아동이 지워진 가족원에게 양가감정을 느끼거나 그 구성원과 갈등적인 관계에 있음을 시사한다.

② 인물을 용지의 뒷면에 그리는 경우: 양가감정을 느끼고 있을 가능성이 높다.

⑺ 타인의 묘사

① 가족이 아닌 타인을 그린 경우: 가족 누구에게도 정서적 교류나 친밀감을 느낄 수 없는 상태일 가능성이 높다.

② 그려진 타인: 정서적으로 가장 친밀감을 느끼거나 초기에 기본적 신뢰감, 애착을 형성한 대상일 가능성이 높다.

3. 인물상의 특징

(1) 음영

① 신체의 한 부분에 음영이 그려질 경우 그 신체 부분에 몰두하거나 불안감을 느끼고 있음을 시사하기도 한다.

② 음영이 표시된 인물에 대한 분노감의 표현일 수 있다.

(2) 얼굴표정

① 가족화에서 드러나는 인물의 표정은 실제 가족활동 안에서 아동이 지각한 정서반응일 수 있고, 반면 아동이 가족 구성원에게 느끼는 정서감정일 수도 있다.

② 얼굴표정을 생략하는 경우 가족 내에서 느끼는 갈등, 정서적 어려움을 회피하거나 거리감을 두려는 시도로도 해석할 수 있다.

(3) 회전된 인물상

특정 가족원만 다른 구성원과 다른 방향으로 그린 경우, 그 가족원에 대한 거리감, 거부감, 갈등을 나타낸다.

(4) 막대기 모양 인물상

가족 간에 정서적 유대감과 애정적 교류가 부족하여 갈등관계에 있거나, 갈등관계에 있는 대상에 대한 저항을 나타낼 수 있다.

(5) 길게 연장된 팔을 가진 인물

① 일반적으로 환경을 통제하려는 욕구를 표현한다.

② 단지 자신의 팔을 길게 그리는 것은 다른 가족 구성원의 거부나 피하고 싶은 욕구를 나타내기도 한다.

③ 다른 가족의 모습을 그릴 때 이러한 표현을 하는 경우 거부하고 있는 사람으로 보여진다.

④ 두 사람 사이에서 이러한 표현이 보이면 경쟁, 지배 통제에 대한 경향이나 두 사람 간의 불안정함을 나타내는 것으로 보인다.

(6) 높은 곳에 올라가 있는 인물: 강한 지배 욕구를 표현한다.

예 어떤 남자아이는 아버지를 다른 가족들보다 한층 높은 단위에 올라가있는 KFD를 그림으로써, 아버지가 가정에서 보이는 가부장적 태도를 표현한다.

(7) 공중에 매달린 인물: 강한 긴장이나 불안이 존재한다.

(8) 추상화와 같은 눈을 가진 인물: 그 인물에 대한 강한 관심과 경계를 나타낸다.

(9) 거꾸로 그려진 인물

주목받고 싶은 욕구, 가족 내의 부적응감, 때로는 신경학적 장애를 나타내는 경우도 있다.

(10) 투시적인 인물

① 신체 내부가 훤히 보이도록 그린 것으로, 현실왜곡이나 현실검증력이 결여된 것을 나타낸다.

② 지능 정도가 낮은 경우에도 이와 같은 표현을 하기 쉽다.

(11) 기묘한 인물

① 별난 인물이라고 불리는데, 예를 들면 사람을 로봇이나 동물처럼 그리는 것이다.

② 현실왜곡이나 현실검증력이 결여된 것과 관계가 있다.

③ 청소년의 KFD에 기묘한 표현이 나타나는 경우 정신질환 가능성이나 사고양식 왜곡을 의심해야 한다.

III 학생정서 · 행동특성검사

1. 학생정서 · 행동특성검사

초등학생	학부모 평가(온라인/서면검사)		학교 상(면)담		관심군
초등학생	• CPSQ – Ⅱ 검사결과(정서·행동특성) – 초1: 총점 남학생 20점, 여학생 17점 이상 – 초4: 총점 남학생 21점, 여학생 19점 이상	⇒	문제 유형과 심각성 확인	⇒	• 일반관리 • 우선관리
중·고등학생	학생 평가(온라인/서면검사)		학교 상(면)담		관심군
중·고등학생	• AMPQ – Ⅲ 검사결과(정서·행동특성) – 중1: 총점 남학생 31점, 여학생 33점 이상 – 고1: 총점 남학생 33점, 여학생 31점 이상	⇒	문제 유형과 심각성 확인	⇒	• 일반관리 • 우선관리
중·고등학생	• 자살 관련 문항(AMPQ – Ⅲ 53번, 57번) 점수 합이 2점 이상 • 자살시도 문항(60번)에 '예'로 응답한 학생 중 신뢰도 문항(49번, 62번)의 합이 '5점' 이상	⇒	자살면담 '중간위험' 수준 이상	⇒	• 우선관리

(1) 개관
① 대상: 초등학교 1·4학년, 중·고등학교 1학년 학생
② 방법: 온라인검사 또는 서면검사
③ 주관: 학교
④ 내용: 성격특성, 주의력결핍 과잉행동장애(ADHD), 우울, 불안, 학교폭력 피해, 자살위기 등 주요 정서·행동 특성 전반
⑤ 결과처리: 검사도구별 기준점수 이상인 경우(관심군) 학교 내 면(상)담 후 문제 수준별(자살징후 즉각 조치) 심층평가를 위한 전문기관 연계지원 및 학교 내 상담 등 지속관리
  ※ 성격특성 검사 결과는 학생들의 성격 특성을 이해하기 위한 것으로, 학교와 부모의 지도 관리에 참고할 수 있으며 관심군 판정에는 포함되지 않음
  ※ 신뢰도 문항은 학생 면담 등의 재검사 참고자료로 활용함

(2) 주의사항
① 초등학생의 경우 자살위기에 대한 별도검사를 포함하지 않으나 면담과정에서 자살생각이 확인되면 자살면담지를 사용하여 위험수준을 확인하고 면담결과 수준별 조치방법에 따라 조치
② 검사결과 재확인(관심군 ↔ 정상군 변경 필요 시) 절차 및 방법
  ㉠ 면담을 통해 문제가 있을 경우 재검사를 실시하고 결과에 따라 내부 결재를 거쳐 진행하며, 신뢰도 문항은 참고자료로 활용
  ㉡ 재검사(별도의 표준화 검사 또는 특성검사: CPSQ-Ⅱ, AMPQ-Ⅲ/AMPQ-Ⅲ-T)를 통한 확인
  ㉢ 검사결과 변경(관심군 ↔ 정상군)이 필요한 경우: 상기 재검사결과와 기본(1차) 검사결과 등 관련 내용(내부 결재)에 근거하여 처리

2. 전문기관 심층평가

관심군 (초)	일반관리	• CPSQ-II – 초1 남학생 20~22점/여학생 17~19점 – 초4 남학생 21~24점/여학생 19~21점	→	전문기관 의뢰 및 학교 내 관리
	우선관리	• CPSQ-II – 초1 남학생 23점 이상/여학생 20점 이상 – 초4 남학생 25점 이상/여학생 22점 이상	→	전문기관 우선의뢰 및 학교 내 관리
관심군 (중·고)	일반관리	• AMPQ-III – 중1 남학생 31~36점/여학생 33~38점 – 고1 남학생 33~38점/여학생 31~36점 • AMPQ-III-T – 중1 남학생 7점/여학생 4점 – 고1 남학생 4점/여학생 4점	→	학교 내 관리 및 전문기관 의뢰
	우선관리 (자살위험 포함)	• AMPQ-III – 중1 남학생 37점 이상/여학생 39점 이상 – 고1 남학생 39점 이상/여학생 37점 이상 – 자살위기 문항(AMPQ-III Q. 53, Q. 57) 점수의 합이 2점 이상인 응답자 및 자살시도 문항(60번)에 '예'로 응답한 학생 중 신뢰도 문항(49번, 62번)의 합이 '5' 이상인 응답자 중 자살면담 결과 중간위험도 이상인 경우 • AMPQ-III-T – 중1 남학생 8점 이상/여학생 5점 이상 – 고1 남학생 5점 이상/여학생 5점 이상 – 자살위기 문항(AMPQ-III-T Q. 7) 2점 이상 응답자 중 자살면담 결과 중간위험도 이상	→	전문기관 우선의뢰 및 학교 내 관리 *자살위험: 즉각 조치

(1) 개관

① **대상**: 학생정서·행동특성검사 관심군(일반관리군·우선관리군)으로 분류된 학생

※ 관심군은 성격특성 검사결과는 포함하지 않으며 정서·행동문제 검사 결과만으로 선별함

② **주관**: 학교

③ **방법**: 학생 의뢰서(학부모 동의서) 전달 및 유선 협의

※ 전문기관 담당자와 사전 협의, 일정 및 방법 등 세부사항을 조정한 후 안내

※ 자살위험 등의 우선관리 학생은 연간계획 수립 시 전문기관과 사전협의·협력체계 구축으로 대상학생 확인 시 학부모 면담과 전문기관(병의원) 의뢰 등 즉각 조치

※ 교육(지원)청은 특히 자살위기 학생 지원을 위하여 관내 전문기관을 사전에 지정하고 단위 학교에 안내

(2) 전문기관 2차 조치 연계현황 분류 체계: 관심군은 모두 전문기관 연계 조치 대상으로 분류

① **학부모(학생) 거부**: 전문기관 미연계 사유가 학부모(또는 학생)의 거부에 의한 경우

② **출결 문제**: 해당 학생이 장기결석, 휴학, 전학, 대안교육시설 위탁 등으로 조치가 불가한 경우

③ **기타**: 상기 ①, ② 이외의 미연계 사유

④ 가정요인(경제 문제, 보호자 부재 등), 지역 내 이용시설 부재 등은 관할 교육청 Wee센터의 학교방문 관리를 원칙으로 하며 미연계 사유에 포함되지 않음

⑤ 이미 전문기관 치료중이거나 개별적으로 학교 연계기관 이외의 전문기관에서 관리 받는 경우는 연계(해당 기관 유형)로 분류

3. 검사 구조

초등학생			중·고등학생		
CPSQ-Ⅱ(Child Personality and Mental Health Screening Problems Screening Questionnaire, Second Version)			AMPQ-Ⅲ(Adolescent Personality and Mental Health Problems Screening Questionnaire, Third Version)		
유형	내용		유형	내용	
개인 성격특성	내적: 성실성, 자존감, 개방성 외적: 타인이해, 공동체의식, 사회적 주도성		개인 성격특성	내적: 성실성, 자존감, 개방성 외적: 타인이해, 공동체의식, 사회적 주도성	
위험문항	학교폭력피해		위험문항	학교폭력피해	
외부요인	부모자녀관계			자살 관련: 자살사고, 자살계획	
정서행동 문제요인	집중력 부진: 주의력결핍 과잉행동장애(ADHD), 품행장애		정서행동 문제요인	심리적 부담: 자해, 자살, 학교폭력피해, 피해의식, 관계사고, 반항성향, 폭식	
	불안/우울: 불안장애, 우울증, 심리적 외상 반응, 신체화 성향, 강박 성향			기분문제: 우울증, 기분조절장애, 조울증 등 기분장애, 신체화 성향, 강박 성향	
	학습/사회성 부진: 언어장애, 사회적 의사소통 장애, 학습장애, 지적장애, 자폐 스펙트럼 장애, 강박 성향 등			불안문제: 시험 및 사회적 상황 등에 대한 공포증, 강박 성향, 심리적 외상 반응, 환청, 관계사고	
	과민/반항성: 우울증, 기분조절장애, 반항장애, 품행장애			자기통제부진: 학습부진, 주의력결핍 과잉행동장애, 품행장애, 인터넷 또는 스마트폰중독	
기타	전반적 삶의 질, 상담경험, 지원 선호도		기타	전반적 삶의 질, 상담경험, 지원 선호도	
황준원 등(2016), 교육부			황준원 등(2016), 교육부		

4. 초등학생용 정서·행동특성검사(CPSQ-Ⅱ)

(1) 요인별 내용

① 집중력 부진

㉠ 집중력 부족, 부주의함, 충동성, 행동문제 등으로 구성되며, 다양한 상황에서 행동조절의 어려움과 관련된 항목 포함

㉡ 이 요인의 점수가 높을수록 위의 문제를 가질 가능성이 있음

② 불안/우울

㉠ 분리불안장애 등의 불안장애, 우울증, 심리적 외상반응, 신체화성향, 강박성향 등에서 흔한 정서·행동문제로 구성

㉡ 이 요인의 점수가 높을수록 불안/우울 문제를 가질 가능성이 있음

③ 학습/사회성 부진

　　㉠ 판단력과 적응 능력, 학습 능력, 대인관계 및 의사소통 능력에 관련된 항목이 포함

　　㉡ 언어장애 및 사회적 의사소통장애, 학습장애, 지적장애, 자폐스펙트럼장애, 강박성향 등 흔히 학습과 사회성 부진을 초래하는 정서·행동문제의 경향성을 파악

　　㉢ 이 요인의 점수가 높을수록 위의 문제를 가질 가능성이 있음

④ 과민/반항성

　　㉠ 우울증, 기분조절장애, 적대적 반항장애, 품행장애에서 흔한 정서·행동문제로 구성

　　㉡ 불안정한 정동, 자극 과민성, 반항적 행동, 자존감 저하가 포함

　　㉢ 이 요인의 점수가 높을수록 과민/반항성 문제를 가질 가능성이 있음

(2) 요인별 문항 및 절단점

구분			원점수 범위	문항	절단점
성격 특성	내적	성실성	0~12	5, 9, 12, 17	–
		자존감	0~12	1, 13, 15, 16	
		개방성	0~12	3, 8, 14, 24	
	외적	타인이해	0~12	4, 7, 21, 22	
		사회적 주도성	0~12	2, 6, 20, 23	
		공동체의식	0~12	10, 11, 18, 19	
위험문항		학교폭력 피해	0~6	39, 56	1점
외부요인		부모자녀 관계	0~12	59, 60, 61, 62	초1 남학생 6점/여학생 5점 초4 남학생 6점/여학생 5점
요인	정서 행동 특성	집중력 부진	0~21	34, 35, 36, 37, 44, 47, 53	초1 남학생 7점/여학생 5점 초4 남학생 8점/여학생 6점
		불안/우울	0~30	28, 29, 30, 31, 32, 45, 48, 51, 52, 54	초1 남학생 7점/여학생 8점 초4 남학생 8점/여학생 8점
		학습/사회성 부진	0~24	27, 33, 40, 41, 42, 51, 52, 53	초1 남학생 5점/여학생 5점 초4 남학생 6점/여학생 5점
		과민/반항성	0~12	25, 26, 31, 55	초1 남학생 4점/여학생 4점 초4 남학생 5점/여학생 5점
기타			–	57, 58, 63, 65	–
정서·행동문제 총점			0~84	25~38, 40~42, 44~48, 50~55	초1 남학생 20점/여학생 17점 초4 남학생 21점/여학생 19점

※ 위 개별요인 항목으로 구분되지 않은 문항 38, 46, 50번도 정서·행동문제의 총점 산정에 포함

※ 개인성격특성, 학교폭력피해, 부모자녀관계, 기타에 해당하는 문항은 정서·행동문제 총점 산정에 포함되지 않음

※ 신뢰도 문항은 총 3개 문항(43번, 49번, 64번)이며, 총점 산정에는 포함되지 않음

(3) 결과 판정 기준

판정 기준	결과 판정			원점수 범위
정서·행동문제 총점	일반관리	초1	남	20~22점
			여	17~19점
		초4	남	21~24점
			여	19~21점
	우선관리	초1	남	23점 이상
			여	20점 이상
		초4	남	25점 이상
			여	22점 이상
문항 39, 56 점수 총점	학교폭력피해			1점 이상

① CPSQ-Ⅱ 검사의 성격특성 부분은 학생들의 성격특성의 장점을 파악하기 위한 것으로 관심군 선별에는 포함되지 않습니다. 개인의 성격특성은 외적요인과 내적요인으로 구성되어 있습니다. 외적요인은 타인과의 차이를 존중하고 적극적인 대인관계를 형성하고자 하는 태도를 말하며, 내적요인은 책임감이 높고 신중하며, 스스로를 긍정적으로 생각하는 태도를 의미한다고 해석할 수 있습니다. 성격특성 검사를 통해 학생이 갖고 있는 긍정적 자원을 평가함으로써 부모는 학생의 성격을 이해하는 데 도움을 받을 수 있고, 학교에서는 학생의 생활지도에 활용할 수 있습니다.

② CPSQ-Ⅱ 검사의 정서·행동특성 부분은 점수가 높을수록 해당 요인의 성향이 높을 가능성을 의미합니다. 정서·행동특성 총점에 따라 관심군과 정상군으로 판정됩니다. 관심군은 정서·행동문제 총점이 초1 남학생 20점/여학생 17점, 초4 남학생 21점/여학생 19점 이상이며 이 점수는 평균에서 1.5SD(표준편차)를 벗어나는 경우에 해당합니다. 관심군 중에서 CPSQ-Ⅱ 총점이 초1 남학생 23점/여학생 20점 이상, 초4 남학생 25점/여학생 22점 이상인 경우에는 우선관리군에 해당하며 평균에서 2SD(표준편차)를 벗어나는 경우에 해당합니다.

③ 2016년도 개정판 학생정서·행동특성검사 표준화 연구를 바탕으로 할 때 100명의 학생 중 약 6~7명의 학생이 관심군으로 선별될 수 있는데, 이 경우 정서나 행동상의 어려움을 호소할 가능성이 높다는 의미입니다. 만일 학생이 관심군으로 분류된다면 주로 집중력부진, 불안이나 우울, 학습부진 또는 사회성부진, 과민성 및 반항적 태도 등의 문제에 대해 세심한 관심과 심층평가가 필요합니다. 특히, 우선관리군에 속할 경우에는 정서·행동의 문제를 가질 가능성이 보다 높기 때문에 우선적인 개입이 필요할 수 있습니다.

④ 학교폭력피해 관련 문항(CPSQ-Ⅱ 39번 문항 및 56번 문항)에 응답한 학생자료는 생활지도 담당교사에게 인계하고 개인면담 등을 통해 폭력 정도를 확인(진위 규명 등)하고 추가조치가 필요한 경우 '학교폭력 전담기구'에 의뢰하여 학교 폭력근절대책 추진계획에 따라 조치할 수 있도록 합니다.

5. 중·고등학생용 정서·행동특성검사(AMPQ-Ⅲ)

(1) 요인별 내용

① 심리적 부담

ㄱ 자해, 자살, 학교폭력피해, 피해의식, 관계사고, 반항성향, 폭식, 스트레스 등과 관련된 항목 포함

ㄴ 이 요인의 점수가 높을수록 위의 문제를 가질 가능성이 있음

② 기분문제

    ㉠ 우울증, 기분조절장애, 조울증 등의 기분장애, 신체화성향, 강박성향 등에서 흔한 정서행동문제와 관련된 항목 포함

    ㉡ 이 요인의 점수가 높을수록 위의 문제를 가질 가능성이 있음

③ 불안문제

    ㉠ 시험·사회적 상황 등에 대한 공포증 또는 불안장애, 강박성향, 심리적 외상반응, 환청·관계사고 등과 관련된 항목 포함

    ㉡ 이 요인의 점수가 높을수록 위의 문제를 가질 가능성이 있음

④ 자기통제부진

    ㉠ 학습부진, 주의력결핍 과잉행동장애, 품행장애, 인터넷 또는 스마트폰중독 등에서 흔한 정서행동 문제와 관련된 항목 포함

    ㉡ 이 요인의 점수가 높을수록 위의 문제를 가질 가능성이 있음

(2) 요인별 문항 및 절단점

구분			원점수 범위	문항	절단점
개인 성격 특성	내적	성실성	0~12	3, 7, 10, 17	–
		자존감	0~12	1, 11, 14, 15	
		개방성	0~12	2, 6, 12, 24	
	외적	타인이해	0~12	5, 13, 21, 22	
		공동체의식	0~12	8, 9, 18, 19	
		사회적 주도성	0~12	4, 16, 20, 23	
위험문항		학교폭력피해	0~6	27, 51	2점
		자살	0~6	53, 57	2점
			0~6	60	문항 60에 '예'라고 응답하고 49번과 62번의 합이 '5점' 이상
요인	정서 행동 문제	심리적 부담	0~30	27, 31, 34, 47, 51, 52, 53, 55, 56, 57	중1 남학생 6점/여학생 7점 고1 남학생 7점/여학생 7점
		기분문제	0~21	26, 29, 32, 35, 48, 53, 54	중1 남학생 10점/여학생 11점 고1 남학생 10점/여학생 11점
		불안문제	0~27	35, 36, 37, 38, 39, 41, 43, 44, 45	중1 남학생 13점/여학생 11점 고1 남학생 13점/여학생 11점
		자기통제 부진	0~24	28, 30, 32, 33, 34, 40, 48, 55	중1 남학생 10점/여학생 10점 고1 남학생 11점/여학생 10점
기타			–	58, 59, 61, 63	–
정서·행동문제 총점			0~93	25~41, 43~48, 50~57	중1 남학생 31점/여학생 33점 고1 남학생 33점/여학생 31점

※ 문항 25, 46, 50은 정서·행동문제 총점에는 포함되지만, 개별 요인 점수에는 포함되지 않음

※ 성격특성 및 기타에 해당하는 문항은 정서·행동문제 총점 산정에 포함되지 않음

※ 신뢰도 문항은 총 3개 문항(42번, 49번, 62번)이며, 총점 산정에는 포함되지 않음

※ 자살시도 문항(60번)에 '예'로 응답한 학생 중에서 신뢰도 문항(49번, 62번)의 합이 '5점' 이상인 학생은 관심군(자살위기)으로 선별, 개인면담(자살관련 면담지 활용)·조치

(3) 결과 판정 기준

판정 기준	결과 판정			원점수 범위
정서행동문제 총점	일반관리	중1	남	31~36점
			여	33~38점
		고1	남	33~38점
			여	31~36점
	우선관리	중1	남	37점 이상
			여	39점 이상
		고1	남	39점 이상
			여	37점 이상
문항 53, 57 점수 총점				2점 이상
문항 60	우선관리(자살위기)			자살시도 문항에 '예'로 응답하고 신뢰도 문항(49번, 52번)의 합이 '5' 이상인 경우
문항 27, 51 점수 총점	학교폭력피해			2점 이상

① AMPQ-Ⅲ 검사의 성격특성 부분은 학생들의 성격특성의 장점을 파악하기 위한 것으로 관심군 선별에는 포함되지 않습니다. 개인의 성격특성은 외적요인과 내적요인으로 구성되어 있습니다. 외적요인은 타인과의 차이를 존중하고 적극적인 대인관계를 형성하고자 하는 태도를 말하며, 내적요인은 책임감이 높고 신중하며, 스스로를 긍정적으로 생각하는 태도를 지녔다고 해석할 수 있습니다. 성격특성 검사를 통해 학생들이 갖고 있는 긍정적 자원을 평가함으로서 부모는 학생의 성격을 이해하는데 도움을 받을 수 있고, 학교에서는 학생의 생활지도에 활용할 수 있습니다.

② AMPQ-Ⅲ 검사는 정서·행동특성 부분의 점수가 높을수록 정서나 행동상 어려움이 많을 가능성을 의미하며 정서·행동문제 총점에 따라 관심군과 정상군으로 판정됩니다. 관심군의 기준은 성별과 연령에 따라 달라지며 평균에서 1.5SD(표준편차)를 벗어나는 경우에 해당합니다. 관심군 중에서 정서·행동문제 총점이 중1 남학생 37점/여학생 39점, 고1 남학생 39점/여학생 37점 이상인 경우에는 우선관리군에 속하며 평균에서 2SD(표준편차)를 벗어나는 경우에 해당합니다. 즉, 2016년도 학생정서·행동특성검사 표준화연구 결과분석을 바탕으로 할 때, 100명의 학생 중에 약 8명의 학생이 관심군으로 선별될 수 있으며 이는 정서나 행동상의 어려움을 호소할 가능성이 있다는 의미입니다. 만일 관심군으로 분류가 된다면, 심리적 부담이나 스트레스, 우울한 생각이나 자살에 대한 생각 및 계획, 불안문제, 학습·주의력·품행·인터넷 사용의 문제 등과 같은 문제들에 대해서 세심한 관심과 심층평가가 필요하다는 의미입니다. 특히 우선관리군에 속할 경우에는 정서행동의 문제를 가질 가능성이 보다 높기 때문에 우선적인 개입이 필요할 수 있습니다.

③ AMPQ-Ⅲ는 심리적 부담, 기분문제, 불안문제, 자기통제부진의 하부 요인들로 구성되어 있으며, 만일 요인별 절단점을 넘는 항목이 있으면 그 요인의 경향성이 높다는 의미이기에 이에 대한 세심한 관심과 평가가 필요할 수 있습니다.

④ 자살위기 관련 문항(AMPQ-Ⅲ 53번 문항 및 57번 문항) 점수 합이 2점 이상이거나, 자살시도 관련 문항(AMPQ-Ⅲ 60번)에 '예'로 응답한 학생 중 신뢰도 문항(49번, 62번)의 합이 5점 이상인 학생은, 반드시 개인 면담(자살관련 면담지 활용)하고 면담결과 중간위험 이상인 경우에는 즉시 학부모에게 통보하고 자살예방센터 및 병의원 등 전문기관 연계·치료지원 등 필요한 사항 조치 후 해당 사항에 대해 기록·관리해야 합니다.

⑤ 학교폭력피해 관련 문항(AMPQ-Ⅲ 27번 문항 및 51번 문항) 점수 합이 2점 이상으로 응답한 학생 자료는 생활지도 담당교사에게 인계하여 폭력 정도를 확인(진위 규명 등)하고 추가조치가 필요한 경우 '학교폭력 전담기구'에 의뢰하여 학교폭력근절대책 추진계획에 따라 조치할 수 있도록 합니다.

6. 중·고등학교 교사용 정서·행동특성검사(AMPQ-Ⅲ-T)의 요인별 내용

(1) 교사용 정서·행동특성검사(AMPQ-Ⅲ-T)의 특징

① 담임교사 또는 학생정서·행동특성검사 사업의 학교 담당교사 등 학생을 잘 이해하는 관련 교사가 추가적으로 실시하여 관찰된 학생의 정서·행동특성을 파악할 수 있도록 하는 보조 도구

② 학생이 본인 보고에 의한 관심군으로 분류된 경우, 교사가 관심군 여부를 최종 확정할 때에도 사용할 수 있음

③ 전체 학생에게 적용할 필요는 없으며, 위의 사항과 같이 학교에서 추가적인 판단이 필요할 시에 보조 도구로 활용할 수 있음

④ 정서·행동문제에 대해 두 가지 요인(외현화문제, 우울/소외)으로 구성

(2) 외현화 문제

적대적 반항장애, 품행장애, 자살·자해 등과 관련된 정서·행동문제로 구성

(3) 우울/소외

우울증, 또래관계 소외 등에서 흔한 정서·행동문제로 구성

(4) 요인별 문항 결과판정 기준

① 문항 및 절단점

구분	원점수범위	문항	절단점
자살 및 자해	0~3	7	2점
외현화 문제	0~18	1, 2, 4, 5, 7, 8	중1 남학생 4점/여학생 2점 고1 남학생 4점/여학생 1점
우울/소외	0~12	3, 6, 7, 9	중1 남학생 2점/여학생 2점 고1 남학생 1점/여학생 1점
정서행동문제 총점	0-27	1~9	중1 남학생 7점/여학생 4점 고1 남학생 4점/여학생 4점

② 결과 판정 기준

판정기준	결과 판정			원점수범위
정서행동문제 총점	일반관리	중1	남	7점
			여	4점
		고1	남	4점
			여	4점
	우선관리	중1	남	8점 이상
			여	5점 이상
		고1	남	5점 이상
			여	5점 이상
문항 7 점수 총점	자살위기(우선관리)			2점 이상 * 자살면담 결과 중간위험 이상일 때 즉각 조치

⑸ 판정 관련 상세 기준

① AMPQ-Ⅲ-T는 담임교사 또는 학생정서·행동특성검사 학교 담당교사 등 학생을 잘 이해하는 관련 교사가 추가적으로 실시할 수 있는 보조 도구입니다. 따라서 전체 학생에게 적용할 필요는 없으며, 학교에서 추가적인 판단이 필요할 시 보조 도구로 활용할 수 있습니다.

② 관심군의 기준은 성별과 연령에 따라 달라지며 평균에서 1.5SD(표준편차)를 벗어나는 경우에 해당합니다. 관심군 중에서 정서·행동문제 총점이 중1 남학생 8점/여학생 5점, 고1 남학생 5점/여학생 5점 이상인 경우는 우선관리군에 속하며 평균에서 2SD(표준편차)를 벗어나는 경우에 해당합니다.

③ AMPQ-Ⅲ-T는 외현화문제, 우울/소외의 하부 요인들로 구성되어 있으며, 만일 요인별 절단점을 넘는 항목이 있으면 그 요인의 경향성이 높다는 의미입니다.

④ 자살위기 관련 문항(AMPQ-III-T 7번 문항) 점수가 2점 이상으로 응답된 학생은 개인면담을 통해 문제경향을 확인하고, 이상이 있다고 판단되는 경우에는 관련 전문가 의뢰 및 학부모에게 통보하여 학생에 대한 심층사정평가 및 필요한 지원을 할 수 있도록 조치하고 해당 사항에 대해 기록·관리 [자살 관련 면담기록지 활용]

> **참고** **자살 관련 면담 기록지 사용이 필요할 때**
>
> • AMPQ-Ⅲ 53번 및 57번 문항 점수의 합이 2점 이상으로 응답한 경우
> • AMPQ-Ⅲ 60번 문항에 '예'로 응답한 학생 중 신뢰도 문항(49번, 62번) 점수의 합이 5점 이상인 경우
> • AMPQ-Ⅲ-T 7번 문항 점수 합이 2점 이상으로 응답한 경우
> • 초등학생의 경우 학교에서 자살생각에 대한 별도문항을 포함하지 않으나 면담과정에서 자살생각이 확인된 경우

7. 학생정서·행동특성검사의 사용 방법

> ○ 검사의 대상자는 초등학교 1, 4학년의 경우 학부모이며, 중학교 1학년 및 고등학교 1학년의 경우 학생 자신과 담임교사 또는 학생정서·행동특성 검사 사업의 학교 담당자 및 관련 교사이다.

(1) 학생정서·행동특성검사(초등학생용): 65문항

가정통신문을 통해 본 검사가 학생의 긍정적 성격특성을 파악하고 인지·행동·정서의 어려움이 있는지 알아보는 선별검사임을 안내하고, 부모님이 평가하는 65개 문항에 대해서 주로 자녀인 학생의 최근 3개월간(문항 39, 56의 경우 최근 1개월간, 문항 63, 64, 65는 지금까지의 경험 또는 지금의 성향)의 성격, 기분, 행동, 생활, 적응 상태 및 부모님 본인의 양육과 관련된 질문에 솔직히 답하도록 교육해야 한다. 각 문항은 0~3점의 4점 척도로 구성되어 있으며 다음과 같이 표시한다.

> 자녀 또는 본인에 전혀 해당되지 않는 경우 ➡ 전혀 아니다 (0점)
> 자녀 또는 본인에 약간은 해당되고 평소 생활에 분명한 영향이 별로 없는 경우 ➡ 조금 그렇다 (1점)
> 자녀 또는 본인의 평소 생활에 영향을 주지만 항상 또는 전적으로는 해당되지 않는 경우 ➡ 그렇다 (2점)
> 자녀 또는 본인에게 거의 항상 또는 전적으로 해당되는 경우 ➡ 매우 그렇다(3점)

(2) 학생정서·행동특성검사(중·고등학생용): 63문항

교사는 검사 이전에 구두로 본 검사가 학생의 긍정적 성격특성을 파악하고 인지·행동·정서의 어려움이 있는지 알아보는 선별검사임을 안내하고, 학생 스스로 평가하는 63개 문항에 대해서 주로 최근 3개월간(문항 27, 51의 경우 최근 1개월간, 문항 60, 61, 62, 63은 지금까지의 경험 또는 지금의 성향)의 성격, 기분, 행동, 생활, 적응 상태에 대한 질문에 솔직하게 답하도록 안내해야 한다. 각 문항은 0~3점의 4점 척도로 구성되어 있으며 다음과 같이 표시한다.

> 본인에 전혀 해당되지 않는 경우 ➡ 전혀 아니다 (0점)
> 본인에 약간은 해당되고 평소 생활에 분명한 영향이 별로 없는 경우 ➡ 조금 그렇다 (1점)
> 본인의 평소 생활에 영향을 주지만 항상 또는 전적으로는 해당되지 않는 경우 ➡ 그렇다 (2점)
> 본인에게 거의 항상 또는 전적으로 해당되는 경우 ➡ 매우 그렇다(3점)

(3) 학생정서·행동특성검사(중·고등학교 교사용): 9문항

해당 중학교 1학년, 고등학교 1학년 학생의 최근 1개월간 기분, 행동, 생활, 적응 상태를 파악하고 있는 담임교사 또는 학생정서·행동특성 검사 사업의 학교 담당자 및 관련 교사가 평가한다. 각 문항은 0~3점의 4점 척도로 구성되어 있으며 다음과 같이 표시한다.

> 학생에게 전혀 해당되지 않는 경우 ➡ 전혀 아니다 (0점)
> 학생에게 약간은 해당되고 평소 생활에 분명한 영향이 별로 없는 경우 ➡ 조금 그렇다 (1점)
> 학생의 평소 생활에 영향을 주지만 항상 또는 전적으로는 해당되지 않는 경우 ➡ 그렇다 (2점)
> 학생에게 거의 항상 또는 전적으로 해당되는 경우 ➡ 매우 그렇다(3점)

(4) 관심군 학생의 지정

① 관심군은 정서·행동특성 문항 총점 산정에서 제외되는 항목을 제외한 정서·행동문항 점수의 총점 원점수가 해당 학년과 성별 기준 점수(T 점수) 이상인 경우에 해당한다.

② T 점수의 평균은 50, 표준편차는 10으로, T 점수 70점 이상에 해당하는 경우 우선 관리군, T 점수 65-69에 해당하는 경우 일반 관리군으로 분류한다.

③ 초등학생에서 면담 중 자살생각이 확인되거나, 중·고등학생용 학생정서·행동특성검사 자살관련 문항(53, 57, 60 & 42+49)에서 기준 점수 이상인 경우 개인면담(자살관련 면담지 활용) 후 위험수준을 확인하고 우선관리군으로 구분하여 전문기관으로 의뢰한다.

부록 2

전문상담 과목별 평가영역

기본 이수 과목 및 분야	평가영역	평가 내용 요소
심리검사	심리검사의 이론적 기초	• 심리검사 배터리의 개념
		• 개별검사와 배터리 접근의 장단점
		• 학교 장면에서 심리검사의 필요성과 이해
		• 좋은 심리검사의 조건
		• 백분위, Z 점수, T 점수, IQ 점수의 의미
	인지 및 인지기능검사	• 지능의 정의
		• 유전과 환경이 지능에 미치는 영향
		• 지능검사의 실시 및 결과 해석
		• 다양한 인지기능검사 실시 및 결과 해석
		• 학업성취에 영향을 미칠 수 있는 다양한 요인(예 낮은 지능, 주의력 결핍, 정서문제)
	학습 및 진로검사	• 진로, 적성 및 직업 흥미의 개념 이해
		• 진로 탐색, 적성 및 직업 흥미검사의 실시 및 결과 해석
		• 다양한 학습검사의 실시 및 결과 해석
	성격 및 적응검사	• 객관적 검사와 투사적 검사의 이해 및 장단점
		• 성격, 적응 및 정신병리 측정검사에 대한 이해와 실시
		• 주요 객관적 성격검사(예 MMPI, MBTI, PAI, K-CBCL)의 실시 및 결과 해석
		• 집-나무-사람검사, 인물화검사, 가족화검사, 문장완성검사 등 간단한 투사검사의 실시 및 결과 해석
		• 다양한 정서 및 행동문제(예 우울, 불안, 인터넷중독, 공격성, 성 문제, 자살 위기, 자아정체성 문제)의 스크리닝(선별) 검사의 실시 및 결과 해석
	검사결과의 통합 및 활용	• 심리평가의 상담 개입에 활용
		• 심리평가 보고서 작성
		• 검사결과를 학생, 보호자, 교사에게 설명하기
		• 학교 장면에서 심리검사결과의 활용
		• 심리검사와 관련된 윤리적 쟁점의 이해
		• 개별 사례에서 윤리적 원칙의 위반 사항 분석

Ⅱ 특수아 상담 평가영역

기본 이수 과목 및 분야	평가영역	평가 내용 요소
특수아 상담	특수 아동 상담 개요	• 특수 아동 상담의 정의 이해
		• 특수 아동 발생의 이론 이해
		• 특수 아동 집단평가 도구 이해, 활용
	특수 아동의 증상별 이해	• 학습장애의 특성 이해
		• 행동장애(품행장애, ADHD)의 특성 이해
		• 지적장애와 발달장애의 특성 이해
		• 정서장애 및 기타 장애의 특성 이해
		• 영재 아동의 특성 이해
	특수아 상담 기법	• 행동수정의 주요 원리 이해
		• 놀이, 미술, 음악, 독서 등 특수 아동 상담의 주요 기법 이해
		• 특수아 집단상담, 가족상담의 주요 기법 이해
	특수 아동 관리	• 특수교육 및 통합교육, 개별화교육의 체계 이해 및 활용
		• 가족교육의 체계의 이해 및 활용
		• 교사 자문의 체계 이해 및 활용
		• 전환교육 및 위탁보호의 체계 이해 및 활용
		• 위기관리의 체계 이해 및 활용

기본 이수 과목 및 분야	평가영역	평가 내용 요소
이상심리학	이상행동의 분류와 평가	• 이상행동의 분류와 특징
		• 이상행동과 DSM-5
		• 정신장애의 유형과 특징
	불안장애	• 일반화된 불안장애
		• 공황장애
		• 강박장애
		• 외상 후 스트레스장애
	기분장애	• 주요 우울장애
		• 양극성장애
		• 기분장애의 원인
		• 자살
	해리장애	• 해리장애
	정신분열증	• 정신분열증의 유형
		• 정신분열증의 원인
	성격장애	• 군집 A: 편집성, 분열성, 분열형 성격장애
		• 군집 B: 반사회성, 경계선, 연기성, 자기애성 성격장애
		• 군집 C: 회피성, 의존성, 강박성 성격장애

기본 이수 과목 및 분야	평가영역	평가 내용 요소
심리학개론	심리학의 이해	• 심리학의 정의
		• 심리학의 역사
		• 심리학의 역할
	심리학 연구방법	• 연구 절차
		• 심리측정
		• 인간과 동물연구에서의 윤리문제
	행동의 생물학적 이해	• 행동의 생물학적 이해
		• 신경과학과 행동
	감각과 지각	• 정신물리학
		• 감각과정
		• 시각, 청각 및 여러 가지 감각
		• 지각과정
	의식과 변경 상태	• 의식의 내용과 기능
		• 수면과 꿈
		• 변경된 의식 상태
		• 마음에 작용하는 약물
	기억과 인지과정	• 기억 모델 및 기억 과정
		• 회상과 망각
		• 기억의 생물학적 특성
		• 기억 향상 전략
	언어와 사고	• 언어 구조와 언어 과정
		• 언어와 사고
	사회심리	• 사회적 지각
		• 사회적 관계
		• 사회적 영향
		• 집단행동
	동기, 정서 및 스트레스	• 동기에 대한 이해
		• 다양한 동기: 섭식 동기, 성 행동, 성취 동기
		• 정서
		• 스트레스의 이해 및 대처

참고문헌

- 강문희, 박경, 정옥환(2022), 아동 심리검사 3판, 교문사
- 강진령 역(2018), DSM-5 가이드북, 학지사
- 강진령(2023), 쉽게 풀어 쓴 심리학 개론, 학지사
- 고영건, 김미리혜 외 17명(2019), 이상심리학(2판), 학지사
- 고주연, 박희숙, 송주영 외 3명(2023), 장애아동의 이해(2판), 학지사
- 곽금주, 오상우, 김청택(2011), K-WISC-Ⅳ 전문가 지침서, 인싸이트
- 곽금주, 장승민(2019), K-WISC-Ⅴ 실시와 채점 지침서, 인싸이트
- 곽유미, 김경, 김경희, 김수정, 이유미, 차영희(2019), 교육심리학, 창지사
- 권대훈(2016), 교육심리학의 이론과 실제(3판), 학지사
- 권석만(2013), 현대 이상심리학(2판), 학지사
- 권석만(2014), 이상심리학의 기초, 학지사
- 권석만(2016), 이상심리학 총론, 학지사
- 권정혜, 강연욱 외 4명 역(2014), 임상심리학(8판), 센게이지러닝코리아
- 권준수 역(2018), DSM-5 간편정신질환통계편람, 학지사
- 권준수 외 공역(2015), 정신질환의 진단 및 통계편람(제5판), 학지사
- 김도연, 김현미, 박윤아, 옥정(2021), K-WISC-Ⅴ의 이해와 실제, 시그마프레스
- 김도연, 옥정, 김현미(2015), K-WISC-Ⅳ의 실제, 시그마프레스
- 김동민, 강태훈, 김명식 외 6명(2019), 심리검사와 상담(2판), 학지사
- 김동일, 고은영 외 12명(2019), 다양한 학습자를 위한 특수교육의 이해, 학지사
- 김동일, 고은영, 이기정, 최종근, 홍성두(2017), 특수교육 심리진단과 평가, 학지사
- 김동일, 이대식, 신정호(2016), DSM-5에 기반한 학습장애아동의 이해와 교육(3판), 학지사
- 김동일, 정여주, 이윤희, 김병관, 전호정(2016), 청소년 스마트폰 중독 자가진단 척도 개발 및 타당화, 상담학연구
- 김아영, 김성일, 봉미미, 조윤정(2022), 학습동기 이론 및 연구와 적용, 학지사
- 김아영, 백화정, 정명숙 역(2007), 교육심리학, 박학사
- 김영숙, 윤여홍(2009), (교사와 부모를 위한) 특수아 상담의 이해(개정판), 교육과학사
- 김영환, 문수백, 홍상황(2005), 심리검사의 이론과 실제, 학지사
- 김재환, 오상우, 홍창외 외 6명(2014), 임상심리검사의 이해(2판), 학지사
- 김중술, 임지영 외 3명(2005), 다면적 인성검사 Ⅱ 매뉴얼, (주)마음사랑
- 김진호, 김려원, 김성희 외 4명(2022), 최신 특수아 진단 및 평가, 학지사
- 김청송(2016), 사례중심의 이상심리학, 싸이북스
- 김청송(2019), 현대 청소년 심리 및 상담, 싸이북스
- 김형일(2013), 전환교육의 이해와 실행, 교육과학사
- 문수백(2014), K-ABC Ⅱ 한국 카우프만 지능검사(2판) 전문가지침서, 학지사
- 민경환, 김명선, 김영진 외 6명 역(2016), 심리학개론(3판), 시그마프레스
- 민경환, 김민희, 황석현, 김명철 역(2015), Pervin: 성격심리학(12판), 시그마프레스
- 박경, 김혜은(2017), 심리평가의 이해와 활용, 학지사
- 박아청, 최성열(2019), 교육심리학의 세계, 창지사
- 박영숙, 박기환, 오현숙, 외 4명(2019), 현대심리평가의 이해와 활용, 학지사
- 박주용, 곽금주, 권석만 외 4명(2021), 심리학 개론, 서울대학교 출판문화원
- 박창호, 강희양 외 7명(2019), 인지학습 심리검사의 이해, 학지사
- 성태제(2020), 연구방법론(3판), 학지사
- 송영명, 유신복, 홍순천 외 4(2022), 예비교사를 위한 교육심리학, 어가

- 신명희, 강소연 외 7명(2018), 교육심리학(4판), 학지사
- 신민섭, 권석만 외 14명(2019), 최신 임상심리학, 사회평론아카데미
- 신민섭, 김수경, 김용희 외 10명(2002), 그림을 통한 아동의 진단과 이해, 학지사
- 신성만, 이자명 외 15명(2019), 중독상담학 개론, 학지사
- 신재흡(2023), 교육과 심리: 교육의 심리학적 이해. 교육과학사
- 신종호, 김동민 외 5명 역(2015), 교육심리학: 교육실제를 보는 창(8판), 학지사
- 신종호, 김민성, 최지영 외 2명(2018), 교육심리학, 교육과학사
- 신진아, 시기자, 성태제(2021), 검사제작과 분석. 학지사
- 신현숙, 오선아, 류정희, 김선미(2019), 교육심리학, 학지사
- 신현정, 김비아 역(2016), 마이어스의 심리학 개론(11판), 시그마프레스
- 여승수, 유은정(2019), 특수교육 평가의 이해, 학지사
- 오경자, 김영아(2010), ASEBA 아동·청소년 행동평가척도(ASEBA CBCL 6-18) 매뉴얼, 휴노컨설팅
- 오세진, 김청송, 신맹식 외 8명(2015), 인간행동과 심리학(4판), 학지사
- 윤가현, 권석만, 김경일 외 12명(2019), 심리학의 이해(5판), 학지사
- 이미리, 김춘경, 여종일(2019), 청소년 심리 및 상담, 학지사
- 이미선, 박미숙, 김미경(2023), 특수아동 교육, 양서원
- 이소현, 윤선아, 신민섭(2019), (K-CARS2 한국판) 아동기 자폐 평정 척도(2판), 인싸이트
- 이용남, 신현숙(2017), 교육심리학(2판), 학지사
- 이우경(2016), DSM-5에 의한 최신 이상심리학, 학지사
- 이우경, 이원혜(2019), 심리평가의 최신 흐름(2판), 학지사
- 이종택, 고재홍, 김범준 외 3명 역(2020), 마이어스의 사회심리학, 시그마프레스
- 이훈진 외 4명 역(2007), MMPI-2 성격 및 정신병리 평가, 시그마프레스
- 임경희. 조봉환(2023), 학교심리검사의 활용. 양서원
- 임영식, 김혜원 외 3명 역(2005), 청소년이상심리학, 시그마프레스
- 임은미, 강지현, 권해수 외 11명(2019), 인간발달과 상담(2판), 학지사
- 장현갑, 안신호, 이진환 외 4명 역(1999), Gleitman 심리학(4판), 시그마프레스
- 장현갑, 이진환, 신현정 외 3명 역(2004), 힐가드와 애트킨스의 심리학 원론, 박학사
- 전경원(2020), 뇌의 창의적인 잠재력을 키워주는 교육 심리학, 창지사
- 정명숙, 박영신, 정현희 공역(2022), 아동·청소년 이상심리학(9판), 시그마프레스
- 정명숙, 신현정, 정봉교, 이광오 외 4명 역(2016), 앳킨스와 힐가드의 심리학(16판), 박학사
- 정태연, 이장주, 박준성 외 8(2016), 사회심리학, 학지사
- 최정윤(2016), 심리검사의 이해(3판), 학지사
- 최정윤, 박경, 서혜희(2015), 이상심리학, 학지사
- 하은혜(2021), 아동·청소년 심리평가, 학지사
- 한국정보문화진흥원(2011), 인터넷중독 진단척도 고도화(3차) 연구
- 한국정보문화진흥원(2014), 스마트미디어 중독 척도(S-척도) 개편 연구
- 한규석(2017), 사회심리학의 이해(4판), 학지사
- 현성용, 김교헌 외 16명(2016), 현대 심리학의 이해(3판), 학지사
- 현성용, 김교헌, 김미리혜 외 14명(2016), 현대 심리학 입문(2판), 학지사
- 홍강의(2014), DSM-5에 준하여 새롭게 쓴 소아정신의학, 학지사
- 황매향(2008), 학업상담, 학지사
- 황순택, 김지혜, 박광배, 최진영, 홍상황(2012), 한국 웩슬러 성인지능검사(4판), 인싸이트
- 황순택, 김지혜, 홍상황(2015), 바인랜드 적응행동척도(2판), 한국심리주식회사

해커스임용

김진구
전문상담
기본개념 **3**

개정 6판 1쇄 발행	2024년 1월 2일

지은이	김진구
펴낸곳	해커스패스
펴낸이	해커스임용 출판팀

주소	서울특별시 강남구 강남대로 428 해커스임용
고객센터	02-566-6860
교재 관련 문의	teacher@pass.com
	해커스임용 사이트(teacher.Hackers.com) 1:1 고객센터
학원 강의 및 동영상강의	teacher.Hackers.com

ISBN	979-11-6999-663-1 (13370)
Serial Number	06-01-01

교원임용 교육 1위,
해커스임용 teacher.Hackers.com

해커스임용

- 임용 합격을 앞당기는 전문 교수님의 **본 교재 인강**
- 풍부한 **무료강의·학습자료·최신 임용 시험정보** 제공
- **모바일 강좌 및 1:1 학습 컨설팅 서비스** 제공

이제 **해커스임용 강의**를
더욱 편리하고 스마트하게 수강하자!

해커스 ONE
통합 앱

지금 바로! 구글 플레이와 앱스토어에서
해커스 ONE 다운로드 받기

01 관심분야 설정과 빠른 수강 신청

02 간편해진 강좌 수강과 학습 관리

03 과목별 교재 구매

04 최근 본 콘텐츠 & 새로운 소식